# Aufstand des Gewissens

Militärischer Widerstand
gegen
Hitler und das NS-Regime 1933 – 1945

Katalog zur

## Wanderausstellung

herausgegeben im Auftrag des
Militärgeschichtlichen Forschungsamtes
von Heinrich Walle

SEIT 1789

Verlag E.S. Mittler & Sohn GmbH · Berlin · Bonn · Herford

Die Deutsche Bibliothek — CIP-Einheitsaufnahme

**Aufstand des Gewissens** : Militärischer Widerstand gegen
Hitler und das NS-Regime 1933−1945 ; Katalog zur
Wanderausstellung / im Auftr. des Militärgeschichtlichen
Forschungsamtes hrsg. von Heinrich Walle. — 4. Aufl. — Berlin ;
Bonn ; Herford : Mittler, 1994
ISBN 3-8132-0436-7
NE: Walle, Heinrich [Hrsg.]

ISBN 3 8132 0436 7
© by Verlag E.S. Mittler & Sohn GmbH, Herford
4. durchgesehene und wesentlich erweiterte Auflage 1994

# Inhalt

# Grußwort des Bundespräsidenten*

Die Gedanken und Taten der Männer und Frauen, an die wir uns heute erinnern, und die ganze Zielrichtung des 20. Juli 1944 wurde die prägende Grundlage im Reifeprozeß meiner Generation und meines eigenen Freundeskreises.

Zugleich wurde sie eine zentrale Thematik im Gespräch mit der nachfolgenden Generation. Dieser Austausch diente der Information, er war oft begleitet von Verständigungsschwierigkeiten, von Leidenschaften und Konflikten. Es war und bleibt ein ebenso schwieriges wie notwendiges Gespräch, damit wir Orientierung im heutigen Leben finden.

Es gab, wie wir alle wissen, keine staatliche oder gesellschaftliche Institution, keinen Berufsstand und keine Schicht als ganzes, die den Widerstand gegen Hitler getragen hätte. Vielmehr waren es Gedanken und Entscheidungen einzelner Menschen, die sich zur Einsicht durchrangen, es müsse Widerstand geleistet werden durch Wort und Tat, und zwar gegen die erzwungene, widerwillige oder freiwillige Haltung ihrer eigenen Institution oder Schicht. Widerstand war ein Akt höchstpersönlicher Verantwortung.

Aus allen Landschaften und Schichten der Bevölkerung, aus unterschiedlichen, ja oft gegensätzlichen geistigen, sozialen und politischen Traditionen kamen verantwortlich handelnde Menschen. Es hatte tiefe Gräben unter ihnen gegeben, aber sie hatten erkannt, wie unwichtig dies gegenüber ihren gemeinsamen und lebensgefährlich bedrohten Überzeugungen der Humanität geworden war.

Es waren Entscheidungen des verantwortlichen Gewissens. Das Gewissen ist persönlich, nicht kollektiv. Folglich gab es auch ganz unterschiedliche Gewissensentscheidungen. Sie reichten vom Attentat des 20. Juli bis zu dem stummen und immer nachdrücklicheren Protest des Arbeiters im Wedding, den uns Fallada in seinem Stück „Jeder stirbt für sich allein" so eindrücklich vor Augen geführt hat.

Die Unterschiedlichkeit der Entscheidungen war verständlich und sachgemäß. Was dem Widerstand gemeinsam ist, war nicht die soziale Herkunft, die politi-

---

\* Aus der Ansprache von Bundespräsident Richard von Weizsäcker zum 40. Jahrestag des 20. Juli 1944 im Schloß Bellevue in Berlin am 20. Juli 1984

sche Überzeugung oder der Glaube, sondern die Kraft, sich dem Gewissen in seiner ganzen Last zu stellen, für den anderen einzutreten und das eigene Leben für die Folgen einzusetzen.

Wir leben heute in einer anderen Zeit. Die Herausforderungen, vor die sie uns stellt, sind weniger handgreiflich, sie sind oft komplex und unklar. Probleme und Lösungswege erscheinen im Vergleich zu damals verschwommen.

Aber die Anforderungen an ein verantwortliches Leben gelten heute wie damals. Die Menschen, derer wir heute gedenken, bieten uns dafür Maßstäbe. Es sind nicht historische Zusammenhänge oder politische Berechnung, die vom damaligen Widerstand fortwirken, sondern Wesen und Charakter, Worte und Taten der Personen. Ihre Zielrichtung war auf die zentralen Fragen des Lebens bezogen, ihr Gewissen war ihr Antrieb.

Aber das schließt die schon erwähnte und oft schwierige Auseinandersetzung der heutigen Menschen, zumal der jungen, mit der damaligen Zeit nicht aus. Junge Menschen sind geprägt von den Forderungen eines moralischen Rigorismus. Das war zu allen Zeiten das Privileg der Jugend. Wir Älteren sollten dagegen nicht Front machen. Verantwortliche ethische Grundsätze habe es schwer genug in der Welt. Wer soll für sie kämpfen, ohne sie gleich zu relativieren, ohne gleich an Bedenken, Relativierung und Kompromisse zu denken, wenn nicht die Jugend?

Wir Älteren schulden der Jugend Offenheit und Rechenschaft. Dazu gehört es, ihr unsere Erfahrungen zu vermitteln und ihr eine Zeit nahezubringen, die sie sich überhaupt nicht vorstellen kann. Wir Älteren haben uns darum zu bemühen, daß sie zuhört; die Jungen haben zu beanspruchen, daß wir gemeinsam mit ihnen um die ethischen Maßstäbe des Gewissens ringen und uns an ihnen messen lassen, und zwar im Blick auf Geschichte, Gegenwart und Zukunft.

Wenn junge Menschen die Haltung vieler der Älteren in der Zeit des Nationalsozialismus als unbegreiflich und unannehmbar empfinden, dann ist das so; dann gilt es, nicht sich zu verhärten, wohl aber ihnen, den Jungen, zu wünschen und alles in unseren Kräften Stehende zu tun, daß sie nie in ihrem Leben in die Lage kommen mögen, in der die Älteren waren.

Der Gedanke an die Männer und Frauen des 20. Juli 1944 ist dafür eine entscheidende menschliche Hilfe.

# Geleitwort
## des Bundesministers der Verteidigung

Der 50. Jahrestag des Attentats auf Hitler am 20. Juli 1944 ist in besonderer Weise geeignet, auf die Bedeutung des militärischen Widerstandes gegen den nationalsozialistischen Unrechtsstaat hinzuweisen. Mit dem Attentat durch Oberst i.G. Claus Schenk Graf von Stauffenberg wollte der militärische Widerstand dem Unrechtssystem ein Ende setzen. Es sollte die Herrschaft des Rechts wiederhergestellt werden.

Dem deutschen Widerstand ist der Erfolg versagt geblieben, das Nazi-Regime zu stürzen. Aber: Diese Frauen und Männer haben ihr Leben gegeben, um Deutschland von der Schande zu befreien, die nationalsozialistische Verbrecher über unser Vaterland gebracht haben. Der deutsche Widerstand war eine wichtige moralische Voraussetzung für die Rückkehr des deutschen Volkes in die Gemeinschaft der zivilisierten Nationen.

Die führenden Köpfe des militärischen Widerstandes sind im Bendler-Block in Berlin ermordet worden. Dort ist seit langen Jahren die Gedenkstätte „Deutscher Widerstand" untergebracht. Der militärische Widerstand ist für die deutschen Streitkräfte Vermächtnis und Verpflichtung zugleich. Deshalb habe ich den Bendler-Block als zweiten Dienstsitz des Bundesministers der Verteidigung gewählt.

Das Militärgeschichtliche Forschungsamt legt mit dem Katalog zur Wanderausstellung „Aufstand des Gewissens" ein aktualisiertes Standardwerk über den militärischen Widerstand gegen Hitler und das NS-Regime vor. Zehn Jahre nach dem ersten Erscheinen gewinnt die Neuauflage dieses Katalogs besonderes Gewicht durch weiterführende Beiträge von Autoren aus den neuen Bundesländern. Es ist eine der ersten, an ein breites Publikum gerichteten gesamtdeutschen Veröffentlichungen des Militärgeschichtlichen Forschungsamtes und ein sichtbares Zeichen für das Zusammenwachsen unseres Landes auch in diesem Bereich.

Wir beherzigen die Lehre aus unserer Geschichte und das Vermächtnis der Frauen und Männer des deutschen Widerstandes, die für Frieden und Freiheit ihr Leben gaben: Wir leben, wofür sie gestorben sind, für ein freies, ein solidarisches Deutschland in einem geeinten Europa und für den Frieden in der Welt.

*Volker Rühe*
Bundesminister der Verteidigung

Eröffnung der Ausstellung „Aufstand des Gewissens. Militärischer Widerstand gegen Hitler und das NS-Regime 1933−1945" am 25. Juni 1984 im Deutschen Bundestag. In der Bildmitte der frühere Präsident des Deutschen Bundestages, Professor Dr. Eugen Gerstenmaier, der am 20. Juli 1944 als Augenzeuge den Umsturzversuch im Bendlerblock miterlebte und dort verhaftet wurde, rechts hinter ihm der damalige Bundesminister der Verteidigung, Dr. Manfred Wörner.

*Archiv BMVg*

# Einführung

## Die Neugestaltung der Ausstellung „Aufstand des Gewissens. Militärischer Widerstand gegen Hitler und das NS-Regime 1933 — 1945"

Das Militärgeschichtliche Forschungsamt hat 1984 mit der Wanderausstellung „Aufstand des Gewissens. Militärischer Widerstand gegen Hitler und das NS-Regime 1933 — 1945" neue Wege zur Durchdringung und zum Verstehen der Motive des Widerstandes gegen Adolf Hitler und das NS-Regime beschritten. Die vornehmlich auf Dokumente und zeitgenössisches Bildmaterial aufgebaute Ausstellung wollte von vornherein keinen bloßen chronologischen Abriß der Attentatsversuche darstellen. Der entscheidende Leitgedanke war, die *sittlichen* Grundlagen der Männer und Frauen aufzuzeigen, die zum „Aufstand des Gewissens" und letztlich zum Attentat des Obersten im Generalstab, Claus Graf Schenk v. Stauffenberg, führten.

Dabei galt es auch, die moralischen Probleme eines Umsturzversuchs gerade für den an seinen Eid gebundenen Offizier aufzuzeigen, zu einer Zeit, als das Vaterland Krieg führte und sich die Wehrmacht — wenigstens im Bewußtsein der meisten — in einem schicksalhaften Abwehrkampf befand. Darüber hinaus galt es aber auch, den Mut und die innere Gewissensbindung der Männer und Frauen des Widerstandes aufzuzeigen, die sich über die Konsequenzen ihres Tuns unter dem Druck eines totalitären Staates im klaren waren und ihr eigenes und das Leben ihrer Familien und Angehörigen aufs Spiel setzten, um der Welt das „andere Deutschland" zu zeigen.

Am 25. Juni 1984 wurde die Ausstellung „Aufstand des Gewissens. Militärischer Widerstand gegen Hitler und das NS-Regime 1933 — 1945" durch den Präsidenten des Deutschen Bundestages, Dr. Rainer Barzel, und durch den Bundesminister der Verteidigung, Dr. Manfred Wörner, im Deutschen Bundestag in Anwesenheit zahlreicher Politiker und anderer Gäste eröffnet. Es nahm auch der frühere Präsident des Deutschen Bundestages und Beteiligte am Umsturzversuch vom 20. Juli 1944, Professor Dr. Eugen Gerstenmaier, teil, der sich beim Rundgang durch die Ausstellung noch lebhaft an seine Anwesenheit bei den Aktionen des 20. Juli 1944 im Bendlerblock in Berlin erinnerte.

Da jedoch eine Ausstellung schwerlich die inneren Zusammenhänge, die historischen Korrelationen, vor allem aber auch die wissenschaftlichen Fragestellungen in ihrer Zeitgebundenheit wiedergeben kann, wurde zur Ausstellung ein Ka-

9

talog herausgegeben, in dem Zeitzeugen und namhafte Wissenschaftler die unterschiedlichen Betrachtungsweisen des Widerstandes darlegten. Dieser Katalog, der nun eine Gesamtauflage von 60 000 Exemplaren erreicht hat, wollte einerseits einer Auffassung Johann Huizingas entsprechen, wonach „Geschichte die geistige Form ist, in der sich eine Kultur von ihrer Vergangenheit Rechenschaft ablegt"; andererseits sollte er ein möglichst großes Spektrum differenzierender Anschauungen wiedergegeben, um dem einzelnen Betrachter ein eigenständiges Urteil zu ermöglichen.

Diese Publikation hat sich als eine Art Handbuch zur Geschichte des militärischen Widerstandes und als Hilfe für den Unterricht im zivilen und militärischen Bereich vielfach bewährt. So wurde die hier vorgelegte 4., durchgesehene und wesentlich erweiterte Auflage nicht völlig neu gestaltet. Der ursprüngliche Text erfuhr eine Erweiterung durch neue Beiträge. Vier davon entstammen der Feder von Autoren aus den neuen Bundesländern, wodurch dem Anspruch des Militärgeschichtlichen Forschungsamts Ausdruck verliehen wird, Historiker aus dem vereinten Deutschland zu Wort kommen zu lassen. Durch diese inhaltliche Erweiterung wurde der Katalog auch dem aktuellen Forschungsstand angepaßt.

Die in den vergangenen zehn Jahren mit der Wanderausstellung gemachten positiven Erfahrungen haben zu einer Neubewertung solcher Aktivitäten durch das Verteidigungsministerium geführt. Dort erkennt man dieses Projekt nunmehr als Mittel zur Öffentlichkeitsarbeit der Bundeswehr an und läßt ihm nachhaltig Unterstützung angedeihen. Dadurch konnte die Schautafeldokumentation der Ausstellung, die ebenfalls ergänzt wurde, in einer erheblich anspruchsvolleren graphischen Gestaltung völlig neu zusammengestellt werden und hat nunmehr ein Erscheinungsbild erhalten, das der Bedeutung ihres Themas und ihrem hohen staatsbürgerlichen politischen Anliegen entspricht.

Mit dieser Darstellung des militärischen Widerstandes gegen Hitler und das NS-Regime sollen bewußt die Grenzen einer gruppenbezogenen Widerstandsgeschichte verlassen werden. Eine solche Einengung hatte bisher stets der Selbstrechtfertigung von Gruppen, Institutionen und Traditionen gedient. So wird in der Ausstellung der Begriff „Militärischer Widerstand" nicht allein als gruppenspezifisches Verhalten von Soldaten der Wehrmacht gesehen, sondern ein breites Spektrum von Aktivitäten gegen das NS-Regime dargestellt, an dem sich in den Jahren von 1933 bis 1945 neben Soldaten Deutsche unterschiedlichster Herkunft gegen das Unrecht des Nationalsozialismus und seiner Machthaber zur Wehr gesetzt haben. Damit knüpft diese Ausstellung an die vergleichende Sicht des Widerstandes an, wie sie heute in der Geschichtswissenschaft üblich ist und in der zentralen Dokumentation der Berliner Gedenkstätte Deutscher Widerstand beispielhaft praktiziert wird. Damit wird eine einseitig wertende und ausgrenzende Betrachtungsweise ausgeschlossen; andererseits werden durch die Einbeziehung neuer Forschungsergebnisse Vorurteile bereinigt, die in der Vergangenheit bestimmte Bereiche der Widerstandsgeschichte mit dem Odium des Hoch- und Landesverrats belegt haben. Die Herausgeber sind sich sehr wohl bewußt, daß mit dem Medium einer historischen Ausstellung — vor allem im Bereich der Zeitgeschichte — in besonderer Weise öffentliche Kritik und engagierte Diskussionen ausgelöst werden können. Dies soll als Teil eines Bewußtwerdungsprozesses verstanden werden.

In der Ausstellung und dem sie ergänzenden Katalog wird insgesamt versucht, in eingängiger Weise thematische Beziehungen zwischen Ereignissen und Persönlichkeiten herzustellen. Durch die Darstellung unterschiedlicher Gruppen des Widerstandes, an dem auch Soldaten beteiligt waren, wie etwa dem Kreisauer Kreis, den wehrpflichtigen Soldaten der Gruppe „Weiße Rose" oder der „Roten Kapelle" sollen Zusammenhänge verdeutlicht und Vergleiche ermöglicht werden, die es dem geistig aufgeschlossenen Besucher ermöglichen sollen, den Blick vom Vertrauten zum Fremden richten zu können. Mit diesen Vergleichs- und Assoziationsmöglichkeiten sollen Hilfestellungen geboten werden, geradezu versteinerte Anschauungen und Bewertungen zu differenzieren, deren Ursprünge nicht selten in den Erfahrungen der NS-Zeit und des Kalten Krieges begründet sind. Das geht in der Regel nicht ohne Konflikte ab. Jedoch lebt Ausstellungsarbeit in einer pluralistischen Gesellschaft gerade von der Vielfältigkeit und der eigenen Urteilskraft der Besucher. Sie soll angestoßen, aber nicht durch einseitig getroffene Vorauswahl eingeschränkt werden.

Die Dokumentation des *militärischen* Widerstandes — d.h. des Widerstandes von Soldaten aller Dienstgrade und in den unterschiedlichsten militärischen Positionen — versucht, vielen Gruppen oder einzelnen durch Erinnerung und Betrachtungsmöglichkeit Gerechtigkeit widerfahren zu lassen. Es soll ein realistisches Bild vom Widerstand vermittelt werden, der als Prozeß zu begreifen ist. Jede der hier erwähnten Personen reagierte auf den Nationalsozialismus auf ihre individuelle Weise und mit ihren persönlichen Möglichkeiten. Das konnte sich von Kritik bis zur Konspiration radikalisieren, das mochte aber auch partielle Anpassung bedeuten, was keineswegs immer automatisch „Kapitulation vor dem System" bedeuten muß, weil sich im Erlahmen der Widerstandskraft der Opfer gerade der Erfolg der menschenverachtenden Verhaltensweisen des NS-Regimes und seines Terrors zeigte.

Die freiheitlich-demokratische Grundordnung unserer Gesellschaft ist eine

Schöpfung des Grundgesetzes der Bundesrepublik Deutschland. Wenngleich aus den leidvollen Erfahrungen mit dem Unrechtsregime des Nationalsozialismus entstanden, läßt sie sich allerdings nicht zu einer nach rückwärts gewandten Richtschnur für die politisch-moralische Bewertung der Widerstandsgeschichte machen. Dies müßte beispielsweise zwangsläufig die Debatte um die in der Perspektive des freiheitlichen Verfassungsstaates frag- und kritikwürdigen Ordnungsvorstellungen des Widerstandes aus dem Umkreis des 20. Juli 1944 neu entfachen und damit zu erneuten Ausgrenzungen führen.

Breite und Vielfalt des Widerstandes von Soldaten muß als Teil der *gesamten* deutschen Geschichte dargestellt werden. Dabei sind auch solche Widerstandsgruppierungen zu berücksichtigen, die nach 1945 in beiden deutschen Staaten in der Periode des Kalten Krieges, nicht selten wechselseitig, geradezu hermetisch mit den jeweiligen deutschen *Teil*geschichten verbunden wurden. Sie sollten lange Jahre dazu dienen, den jeweiligen deutschen Teilstaaten eine ganz spezifische Teillegitimation zu geben. Dem Verhaftetsein der Bundesrepublik auf den 20. Juli 1944 entsprach lange Zeit in der ehemaligen DDR die besondere Würdigung des „Nationalkomitees Freies Deutschland" als Widerstandsorganisation sowie der angeblichen „Kundschaftergruppe" um Arvid Harnack und Harro Schulze-Boysen. Letztere hatten seit 1933 konsequent eine Widerstandsgruppe aufgebaut und können nicht auf eine Spionageorganisation und als Verräter für Stalin reduziert werden.

Die Breite und Vielfalt des Widerstandes von Soldaten soll zeigen, daß dieser Widerstand als eine Gesamtgegnerschaft gegen den Nationalsozialismus zu verstehen ist, dessen Konsequenz die gemeinsam erlittene Verfolgung und Unterdrückung durch das NS-Regime war. Im Respekt vor Andersdenkenden innerhalb einiger Gruppierungen des Widerstandes zeichnete sich erstmals die Entscheidung für eine Gesellschaftsordnung ab, die sich zur politischen, kulturellen und weltanschaulichen Pluralität bekannte und Vielfältigkeit nicht nur bewältigen wollte, sondern sie geradezu als Bereicherung empfand. So wurde im Widerstand jener „Grundstein von Politik" gelegt, der politische Existenz aus pluralistischer Überzeugung später ermöglichen sollte. Gegensätze durften nach den Vorstellungen vieler Widerstandskämpfer nicht mehr allein in einem Gemeinwesen „ausgehalten" werden, sondern galten geradezu als notwendige Begleiterscheinung einer freiheitlichen und menschenwürdigen Entwicklung.

Die Aufgeschlossenheit für unterschiedliche Traditionen und Positionen innerhalb der Gegnerschaft zum NS-Regime, wie sie auch von den Soldaten im Widerstand vertreten wurde, ist aber die wichtigste Voraussetzung einer politisch bewußten — reflektierten und praktizierten — Toleranz, die sich in der Würdi-

12

gung auch der Gegnerschaft erweist, die möglicherweise dem Betrachter einzelner Themenbereiche ganz fremd ist.

In dieser Ausstellung wird an verantwortungsbewußte, leidensbereite und an Menschen von hohen ethischen Grundsätzen erinnert. Damit soll durch eine militärgeschichtliche Ausstellung mit der Zielsetzung staatsbürgerlicher Bildung ein Beitrag zur demokratie- und pluralitätsbejahenden Auseinandersetzung mit Grundfragen der Widerstandsgeschichte geleistet werden. Ich danke den Autoren der ursprünglichen Fassung des Kataloges für ihre Bereitschaft, auch für die Neufassung ihre grundlegenden Beiträge zur Verfügung gestellt zu haben. Sie alle haben in wissenschaftlicher Verantwortung ihre Zustimmung erteilt und damit das Anliegen des Projektes wesentlich gefördert. Mein besonderer Dank gilt aber auch den neu hinzugekommenen Autoren, die gerade durch ihre Darstellungen zu den bisher teilweise nicht unumstrittenen Themen den im Vorangegangenen erhobenen Anspruch auf Pluralität in überzeugender Weise erfüllen. Durch ihre engagierte Mitarbeit haben sie einen unverzichtbaren Beitrag zum geistigen Zusammenwachsen unseres wiedervereinigten Landes geleistet.

Mein besonderer Dank gilt dem Projektoffizier der Ausstellung, Fregattenkapitän Dr. Heinrich Walle, der bereits die erste Fassung der Ausstellung erarbeitet und den Katalog zusammengestellt hat. Dr. Walle hat die Neugestaltung der Ausstellung und die Überarbeitung und Erweiterung des Kataloges wiederum mit großem Engagement konzipiert und durchgeführt.

Dank schulde ich auch dem wissenschaftlichen Leiter der Gedenkstätte Deutscher Widerstand in Berlin, Herrn Professor Dr. Peter Steinbach, der seit 1982 die Ausstellung gleichsam als unermüdlicher Mentor mit Rat und Tat unterstützt und auch jetzt wieder seine Hilfe in uneigennütziger Weise zur Verfügung gestellt hat.

In meinen Dank schließe ich auch die Damen und Herren im Bundesministerium der Verteidigung und anderen Dienststellen der Bundeswehr ein, die durch tatkräftige Unterstützung zum Gelingen dieser neuen Fassung von Ausstellung und Katalog beigetragen haben. Schließlich gilt mein Dank auch Herrn Hauptmann d.R. Johann W. Jakob von der Firma Phoenix Design und seinen Mitarbeitern, die unter großem persönlichen Einsatz dem Schautafelzyklus eine überzeugende und optisch einprägsame, dem Anliegen entsprechend würdige, graphische Gestaltung gegeben haben.

In einem „Aufstand des Gewissens" haben sich während der NS-Herrschaft deutsche Soldaten aller Dienstgrade aus ihren unterschiedlichen Positionen heraus und mit den ihnen zur Verfügung stehenden Mitteln in vielfältiger Weise gegen das Unrecht des Nationalsozialismus zur Wehr gesetzt. Sie haben zwischen militärischer Pflicht gegenüber dem Vaterland und dem Mißbrauch durch ein verbrecherisches Regime zu unterscheiden gewußt. Diese Männer setzten Deutschland nicht mit dem Nationalsozialismus gleich, wenngleich sie die von der NS-Propaganda betriebene Verquickung von Vaterland und Nationalsozialismus als tragischen Konflikt empfanden, aus dem sie keinen Ausweg sahen. Mit ihrem Handeln und dem Einsatz ihres Lebens haben sie der Welt gezeigt, daß es auch das „andere Deutschland" gab. Ihnen — die Ausstellung kann nur einige Schicksale, stellvertretend für viele andere ungenannte, vermitteln — und allen Männern und Frauen des Widerstandes gegen Hitler und das NS-Regime sowie allen Opfern der Gewaltherrschaft sind Ausstellung und Katalog gewidmet.

*Dr. Günter Roth*
Brigadegeneral
Amtschef des Militärgeschichtlichen Forschungsamtes

IHR·TRUGT·DIE·SCHANDE·NICHT·
IHR·WEHRTET·EUCH·
IHR·GABT·DAS·GROSSE·EWIG·WACHE·ZEICHEN·
DER·UMKEHR·
OPFERND·EUER·HEISSES·LEBEN·
FÜR·FREIHEIT·RECHT·UND·EHRE·

Mahnmal für die Opfer des 20. Juli 1944 im Hof des ehemaligen Bendlerblocks, heute Gedenk- und Bildungsstätte Berlin, Stauffenbergstraße.

*Landesbildstelle Berlin*

15

Heinrich Walle

# Ein Rundgang durch die Ausstellung

Die Wanderausstellung „Aufstand des Gewissens. Militärischer Widerstand gegen Hitler und das NS-Regime 1933-1945" besteht aus einem Zyklus von 48 Einzelthemen, die sich in 11 Tafelgruppen unterteilen. Jede dieser 11 Tafelgruppen ist durch eine eigene farbliche Grundierung auch optisch aus dem Gesamtzyklus herausgehoben, so daß dem Besucher die thematische Untergliederung des Stoffes augenfällig gemacht wird.

Der Schautafelzyklus stellt die Thematik vor dem allgemeingeschichtlichen Hintergrund dar. Jedes Einzelthema umfaßt einen in sich geschlossenen Abschnitt der Gesamtdarstellung. Außer der Sachinformation durch den Tafeltitel kann der Betrachter aus dem Leittext eine Zusammenfassung des behandelten Abschnittes entnehmen. Die Leittexte werden im wesentlichen auch in diesem Katalogbeitrag wiedergegeben. Sie sind in Anlehnung an die Standardliteratur formuliert, ohne daß dies im einzelnen nachgewiesen wurde. Bilder und Dokumente erläutern den jeweiligen Themenabschnitt. Die Bildunterschriften vermitteln weitergehende Informationen.

Aus Gründen der Erhaltung und Sicherheit des Archivguts mußte auf die Ausstellung von Originalmaterialien verzichtet werden, doch wurden zeitgenössische Bilder und die wichtigsten Dokumente in Form von Kopien herangezogen. In ihnen spiegelt sich die damalige Zeit.

Da eine Ausstellung niemals die Differenziertheit und Ausgewogenheit einer schriftlichen Darstellung erreichen kann, kommt den wissenschaftlichen Beiträgen im Katalog eine wichtige ergänzende Rolle zu.

Das Wissen über den Widerstand gegen Hitler und das NS-Regime ist vielfach nur auf die Verschwörung und das Attentat vom 20. Juli 1944 begrenzt. Dies ist wegen der starken Symbolkraft des Ereignisses zwar durchaus verständlich. Es läßt jedoch vergessen, daß es seit der „Machtergreifung" Hitlers, als legale Opposition nicht mehr möglich war, bis zum Ende der nationalsozialistischen Diktatur Widerstand gegeben hat. Dieser entsprechend den Rahmenbedingungen des Systems mehr oder weniger organisierte Widerstand vollzog sich in verschiedenen Formen und Phasen. Sie reichten von Schritten spontaner Verweigerung, vor allem schon in den frühen Jahren 1933/34, bis hin zu den Staatsstreich- und Attentatsplänen, die seit 1938 immer stärker Gestalt annahmen.

Angesichts der Tatsache, daß jeder, der sich nicht vollkommen mit den Zielen der NS-Herrschaft identifizierte, als außerhalb der Volksgemeinschaft stehend betrachtet wurde und der allgemeinen Ächtung und Verfolgung verfiel, war bereits ein geistiges Abweichen von dem von einer allgegenwärtigen Propaganda vorgezeichneten Wege ein Schritt in die Isolation. Bereits ein Verweigern oder Abseitsstehen wurde von den braunen Machthabern als aktive Gegnerschaft angesehen und verfolgt. Eine Mitwisserschaft von möglichen Aktionen gegen das System oder auch nur von kritischen Äußerungen anderer, konnte, wenn sie nicht sofort „angezeigt" wurden, tödlich sein. Viele der in den Prozessen nach dem Staatsstreichversuch vom 20. Juli 1944 zum Tode Verurteilten büßten so allein ihre Mitwisserschaft oder ein nicht sofort entschiedenes Eintreten für den NS-Staat mit dem Tode.

Aus diesem Grunde mußte jeder, der sich in irgendeiner Weise an Widerstandshandlungen beteiligte, äußerste Vorsicht walten lassen, wenn er andere ins Vertrauen zog. So erklärt sich, daß die Angehörigen der verschiedenen Widerstandskreise häufig Persönlichkeiten waren, die in engen verwandtschaftlichen oder kameradschaftlichen Beziehungen zueinander standen. Dies ist bei den im Widerstand beteiligten Offizieren besonders augenfällig.

Die Motive und Ziele derer, die sich zum Widerstand entschlossen, waren durchaus unterschiedlicher Natur. Dies gilt auch für die Männer des militärischen Widerstandes, mit dem sich diese Ausstellung befaßt. Gemeinsam war den meisten in ihrer Gegnerschaft und im Kampf gegen Hitler und das NS-Regime jedoch ein moralischer Antrieb. Er entsprang der Empörung über die Brutalität und Menschenverachtung, mit der die Nationalsozialisten einzelne und ganze Völker, die sich ihnen nicht unterwarfen, verfolgten und vernichteten.

## Aufstand des Gewissens

Der erste Bundespräsident, Professor Dr. Theodor Heuss, würdigte am 19. Juli 1954 in der Feierstunde zur 10. Wiederkehr des 20. Juli 1944 im Auditorium Maximum der Freien Universität Berlin den deutschen Widerstand mit den Worten: „Hier wurde in einer Zeit, da die Ehrlosigkeit und der kleine feige und darum brutale Machtsinn den deutschen Namen besudelt und verschmiert hatte, der reine Wille sichtbar, im Wissen um die Gefährdung des eigenen Lebens den Staat der mörderischen Bosheit zu entreißen und, wenn es erreichbar, das Vaterland vor der Vernichtung zu retten."

Der geschichtliche Hintergrund dieser Gedenkrede ist der Beginn der Wiederaufnahme auswärtiger Beziehungen der jungen Bundesrepublik Deutschland, die

Gedenkfeier zum 10. Jahrestag des 20. Juli 1944; Bundespräsident Professor Dr. Theodor Heuss betritt die FU Berlin am 19. Juli 1954.

*Landesbildstelle Berlin*

Gedenkfeier zum 10. Jahrestag des 20. Juli 1944; Bundespräsident Professor Dr. Theodor Heuss und Bundeskanzler Dr. Konrad Adenauer bei der Kranzniederlegung im Hof des ehemaligen Bendlerblocks am 20. Juli 1954.

*Landesbildstelle Berlin*

nach den furchtbaren Ereignissen des Krieges Vertrauen in der Welt gewinnen mußte. Im Frühjahr 1954 hatte die Bundesrepublik durch die Erste Wehrergänzung des Grundgesetzes die grundsätzliche Wehrhoheit beansprucht. Die Wiederherstellung der Souveränität und die Aufnahme als gleichberechtigter Partner in das westliche Bündnis erfolgte 1955. So waren die Äußerungen des Bundespräsidenten am 19. Juli 1954 über die Männer des militärischen Widerstandes und auch über die deutschen Soldaten, welche in gutem Glauben bis zum bitteren Ende für ihr Vaterland gekämpft hatten, für das Selbstverständnis und die Rolle der zukünftigen Soldaten der Bundeswehr von großer Bedeutung.

Über die deutschen Soldaten, die nicht zum Widerstand gegen Hitler fanden, führte der Bundespräsident aus: „Als ich kürzlich mit einem früheren Berufsoffizier zusammen war, ich kannte ihn vorher nicht, meinte er, ich möge aber doch in der Gedenkrede nicht die anklagen, die nach dem 20. Juli, die bis zur Schlußkatastrophe weiterkämpften. Ich konnte ihn nur bitten, mich nicht für so töricht und ungerecht zu halten. Ich müßte dann ja Freunde und geliebte Verwandte anklagen, die Hitler, die den Nationalsozialismus haßten, aber, als sie starben, glauben mochten, glauben durften, daß ihr Kämpfen Deutschland vor dem Äußersten vielleicht doch rette. Und der gute Truppenoffizier dachte an seine Leute."

Auf die Frage: „Widerstandsrecht — kann es zur Widerstandspflicht werden?" gab Theodor Heuss die Antwort: „Die Verantwortung vor der *Geschichte* wird bei *den* Soldaten, die einen Führerrang bekleiden, größer und tiefer sein, aber auch die innere Selbstprüfung stärker oder doch geschichtsträchtiger als bei einem Leutnant, bei einem Schützen oder Kanonier, der sich einfach in den paragraphierten Pflichtenkodex des Instruktionsbuches eingebunden, vielleicht auch in ihm gesichert fühlt.

Die seelische Situation von hunderttausenden, von Millionen Soldaten war furchtbar, denn es zogen doch nicht bloß fanatisierte Nationalsozialisten ins Feld, sondern deutsche Menschen, darunter zahllose, die durch diesen Krieg hindurch, in dem sie sich durch ihre Tapferkeit auszeichneten, von einem dauernden inneren Konflikt begleitet waren."

Dem Andenken und Vermächtnis der Männer, die den Schritt zum Widerstand wagten und dafür ihr Leben hingaben, galten die folgenden Worte des Bundespräsidenten: „Hitler selber war es, der den Widerstand provoziert hat. ... Hier war ein Unternehmen, das *ein Volk retten sollte,* indem es ihm die innere Freiheit zurückgewann, um den Weg zu einem gerechten Frieden zu finden, einem Frieden, in dem nicht Übermut oder tobender Haß wirken sollten, sondern die realistische Einsicht in die Lebensnotwendigkeit einer Nachbarschaft, zugleich das

nüchterne Wissen, daß *Schuld* auch *Sühne* fordere. ... Ich glaube, das Pathos des Geschichtsvorganges, in den sie sich selber gestellt hatten, hat sie über das individuelle Schicksal hinausgehoben, mit all den Demütigungen und Erbärmlichkeiten, die der Tag, die die Tage oder Wochen oder Monate vor dem Sterben ihnen zutrugen. ... Die Scham, in die Hitler uns Deutsche gezwungen hatte, wurde durch ihr Blut vom besudelten deutschen Namen wieder weggewischt.
Das Vermächtnis ist noch in Wirksamkeit, die Verpflichtung noch nicht eingelöst."
Die Worte von Bundespräsident Theodor Heuss haben nach 30 Jahren nichts an Aktualität verloren. Die Männer und Frauen des Widerstandes waren als Patrioten zu höchsten Opfern bereit. Sie erstrebten die Verwirklichung von Recht, Freiheit und Menschenwürde als oberste Ziele. Dies macht sie und insbesondere die Soldaten unter ihnen zu Vorbildern für die Bundeswehr.

## Der Erste Weltkrieg und seine Folgen

### Der verlorene Weltkrieg

Die Tatsache, daß sich deutsche Soldaten im Aufstand des Gewissens gegen das verbrecherische Staatsoberhaupt und ihren obersten Befehlshaber erhoben, ist in der geschichtlichen Entwicklung Deutschlands seit 1914 mit begründet.
Der Ausbruch des Ersten Weltkrieges im August 1914 hatte eine Welle patriotischer Begeisterung ausgelöst. In der Überzeugung, das von einer Welt von Feinden bedrängte Vaterland zu verteidigen, waren Deutschlands Männer zu den Fahnen geeilt. Nach großen Anfangserfolgen wich die Siegeszuversicht einer immer schwerer werdenden Bedrückung.
Die Errungenschaften der modernen Technik und Industrialisierung begannen das herkömmliche Kriegsbild zu revolutionieren: Eine bis dahin nicht gekannte Massierung von Artillerie verwandelte die Schlachtfelder in Kraterlandschaften. Neue Waffen wie „Tanks" (Panzer) und Flugzeuge bestimmten fortan das Gesicht des Krieges. In gewaltigen Materialschlachten verbluteten Millionen von Soldaten.
Der Frontsoldat im Stahlhelm, namenloser Kämpfer und Erdulder unsäglicher Leiden, wurde zur Symbolfigur und zum Mythos einer ganzen Generation.
Das Reichsgebiet blieb zwar von Kampfhandlungen weitgehend verschont. Dennoch hatte die deutsche Zivilbevölkerung infolge der völligen Unterbrechung der

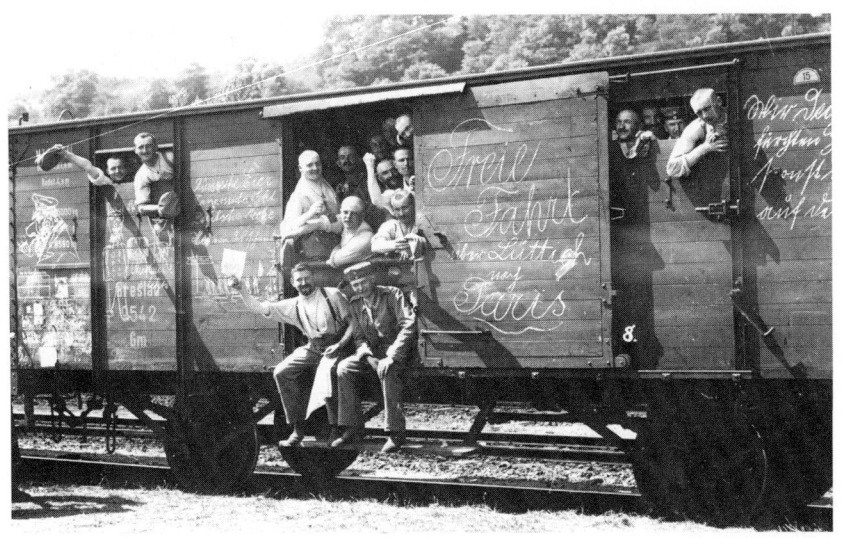

August 1914: deutsche Truppen fahren voller Siegeszuversicht an die Front.
*Bundesarchiv Koblenz*

September 1917: in einem Granattrichter in Flandern.
*Bundesarchiv Koblenz*

7. Extraausgabe — Sonntag, den 10. November 1918.

# Vorwärts
### Berliner Volksblatt.
Zentralorgan der sozialdemokratischen Partei Deutschlands.

# Die Einigung

Zwischen den beiden sozialdemokratischen Parteien ist vollzogen.

## Ebert   Haase
## Scheidemann   Dittmann
## Landsberg und Barth

werden die neue Regierung bilden.

**An die Arbeiter- und Soldatenräte!**

Das Volk muß verhungern, wenn der Bahntransport gestört wird. Das geschieht aber durch jeden Eingriff unzuständiger Stellen in den Bahnbetrieb und die Bahnverwaltung.

Gestern sind an verschiedenen Orten von Arbeiter- und Soldatenräten solche Eingriffe vorgenommen worden, z. B. in dem Betrieb von Rangierbahnhöfen und in die Kassenverwaltung von Bahnstationen. Das darf nicht wieder vorkommen! Wiederholungen müssen zur Arbeitsverweigerung unserer braven Eisenbahner und zum Stillstand jedes geregelten Bahnverkehrs führen.

Berlin, am 10. November 1918.

(gez.) Ebert

---

2. Extraausgabe — Sonnabend, den 9. November 1918.

# Vorwärts
### Berliner Volksblatt.
Zentralorgan der sozialdemokratischen Partei Deutschlands.

# Der Kaiser hat abgedankt!

Der Reichskanzler hat folgenden Erlaß herausgegeben:

Seine Majestät der Kaiser und König haben sich entschlossen, dem Throne zu entsagen.

Der Reichskanzler bleibt noch so lange im Amte, bis die mit der Abdankung Seiner Majestät, dem Thronverzichte Seiner Kaiserlichen und Königlichen Hoheit des Kronprinzen des Deutschen Reichs und von Preußen und der Einsetzung der Regentschaft verbundenen Fragen geregelt sind. Er beabsichtigt, dem Regenten die Ernennung des Abgeordneten Ebert zum Reichskanzler und die Vorlage eines Gesetzentwurfs wegen der Ausschreibung allgemeiner Wahlen für eine verfassunggebende deutsche Nationalversammlung vorzuschlagen, der es obliegen würde, die künftige Staatsform des deutschen Volkes, einschließlich der Volksteile, die ihren Eintritt in die Reichsgrenzen wünschen sollten, endgültig festzustellen. Der Reichskanzler.

Prinz Max von Baden.

Berlin, den 9. November 1918.

# Es wird nicht geschossen!

Der Reichskanzler hat angeordnet, daß seitens des Militärs von der Waffe kein Gebrauch gemacht werde.

**Parteigenossen! Arbeiter! Soldaten!**

Soeben sind das Alexanderregiment und die vierten Jäger geschlossen zum Volke übergegangen. Der sozialdemokratische Reichstagsabgeordnete Wels u. a. haben zu den Truppen gesprochen. Offiziere haben sich den Soldaten angeschlossen.

Der sozialdemokratische Arbeiter- und Soldatenrat.

*Archiv der sozialen Demokratie/Friedrich-Ebert-Stiftung*

23

Generalfeldmarschall Paul von Hindenburg,
Reichspräsident von 1925 bis 1934.
*Archiv der sozialen Demokratie/Friedrich-Ebert-Stiftung*

Friedrich Ebert, Reichspräsident von 1919 bis 1925.
*Archiv der sozialen Demokratie/Friedrich-Ebert-Stiftung*

wichtigen Lebensmittel- und Rohstoffzufuhren aus Übersee in den langen Kriegsjahren große Entbehrungen durch Hunger und Knappheit zu erleiden.

Im Herbst 1918, nach vier Jahren verzweifelten Ringens, waren die personellen und materiellen Reserven erschöpft. Das deutsche Heer war gezwungen, den Kampf einzustellen, bevor es zur totalen Niederlage kam.

## Im Felde unbesiegt?

Am 10. Dezember 1918 marschierten von der Front heimkehrende Truppen durch das Brandenburger Tor in Berlin.

Vier Jahre hatten deutsche Soldaten an allen Fronten des Weltkrieges tapfer gekämpft. Berlin feierte die heimkehrenden Truppen wie Sieger.

Der gleichsam als Reichskanzler amtierende Volksbeauftragte Friedrich Ebert begrüßte die Heimkehrenden mit den Worten: „Kein Feind hat euch überwunden!" Ungewollt leistete er damit der später so verhängnisvollen „Dolchstoßlegende" Vorschub: Dem im Felde unbesiegten deutschen Heer sei von der Heimat der Dolch in den Rücken gestoßen worden. Diese „Dolchstoßlegende" wurde auch von der Obersten Heeresleitung verbreitet. Niemand wollte die militärische Niederlage des deutschen Heeres eingestehen. Generalfeldmarschall von Hindenburg bestätigte sie vor dem Untersuchungsausschuß des Reichstages im Jahre 1919: Das Heer habe mit realen Siegeschancen gekämpft und sei durch den Dolchstoß sozialistischer Zersetzungstätigkeit in seinem Kampfwillen gebrochen worden.

## Der Vertrag von Versailles

Angesichts der drohenden totalen militärischen Niederlage war Deutschland gezwungen, die Waffenstillstandsbedingungen der Alliierten anzunehmen. Ihre Forderungen kamen einem Diktat gleich: Rückführung des Millionenheeres aus dem Westen innerhalb von 15 Tagen, Besetzung des linken Rheinufers mit

Dezember 1918; heimkehrende Truppen ziehen durch das Brandenburger Tor in Berlin.
*Landesbildstelle Berlin*

Wer hat im **Weltkrieg** dem deutschen Heere den Dolchstoß versetzt? Wer ist schuld daran, daß unser Volk und Vaterland so tief ins Unglück sinken mußte? Der Parteisekretär der Sozialdemokraten **Vater** sagt es nach der Revolution 1918 in Magdeburg:

„**Wir** haben unsere Leute, die an die Front gingen, zur Fahnenflucht veranlaßt. Die Fahnenflüchtigen haben wir organisiert, mit falschen Papieren ausgestattet, mit Geld und unterstützungen en Flugblätter ا versehen. Wir haben diese Leute und allen Himmelsrichtungen, hauptsächlich wieder an die Front geschickt, damit sie die Frontsoldaten bearbeiten und die Front zermürben sollten. Diese haben die Soldaten bestimmt, überzulaufen, und so hat sich der Verfall allmählich, aber sicher vollzogen."

Wer hat die **Sozialdemokratie** hierbei unterstützt? Die Demokraten und die Leute um Erzberger. Jetzt, am 7. Dezember, soll das Deutsche Volk den

**zweiten Dolchstoß**

erhalten. Sozialdemokraten in Gemeinschaft mit den Demokraten wollen uns

**zu Sklaven der Entente machen,**

wollen uns für immer zugrunde richten.

**Wollt ihr das nicht,**
dann
**Wählt deutschnational!**

Nr. 306

Die „Dolchstoßlegende" als politische
Parole rechtsgerichteter Parteien.
Wahlplakat der DNVP von 1924.
*Archiv der sozialen Demokratie/Friedrich-Ebert-Stiftung*

26

Brückenköpfen in Köln, Koblenz und Mainz durch alliierte Truppen, Abgabe von großen Mengen wichtigen Kriegsmaterials einschließlich aller U-Boote sowie Auslieferung aller Kriegsgefangenen ohne entsprechende Gegenleistung. Der Waffenstillstand sollte außerdem zunächst nur 36 Tage dauern, die Blockade wurde aufrechterhalten.

Damit war das Deutsche Reich im wesentlichen seiner militärischen Machtmittel beraubt und den Siegermächten ausgeliefert.

Am 18. Januar 1919 begann im Schloß zu Versailles die Friedenskonferenz. Deutsche Vertreter waren nicht zugelassen. Die Verhandlungen wurden von den „Großen Vier" bestimmt, dem Präsidenten der Vereinigten Staaten von Amerika, Wilson, dem französischen Ministerpräsidenten Clemenceau, dem britischen Premierminister Lloyd George und dem italienischen Ministerpräsidenten Orlando.

Die Politik Frankreichs, das am meisten unter den Kriegseinwirkungen zu leiden hatte, war durch Revanche und das Bedürfnis nach Sicherheit geprägt.

Am 7. Mai 1919 wurde den deutschen Vertretern das Vertragswerk übergeben. Ohne Möglichkeiten, mit militärischen Mitteln eine Revision der als unerträglich hart empfundenen Vertragsbedingungen herbeiführen zu können, sah sich die Nationalversammlung nach heftigen Auseinandersetzungen gezwungen, das „Diktat von Versailles" anzunehmen.

Am 28. Juni 1919 unterzeichneten die Beauftragten der neuen deutschen Regierung im Spiegelsaal zu Versailles, wo 1871 das Deutsche Reich proklamiert worden war, den Vertrag. Mit diesen Unterschriften übernahm die junge Weimarer Republik die Haftung für Fehler und Versäumnisse der untergegangenen Monarchie. Die Nachwirkungen dieses Vertrages dauerten Jahrzehnte. Dieser Frieden brachte weder Siegern noch Besiegten Segen. Zu deutlich trug er die Spuren der vom Krieg entfesselten Leidenschaften. Die Mehrheit der damaligen Deutschen empfand den Vertrag als „Schand-und Schmachfrieden" und als eine Fessel, die man entweder auf immer tragen müsse oder nur mit Gewalt wieder sprengen könne.

Die Politik Clemenceaus, ein Nachbarvolk von 65 Millionen Menschen mit seiner hochentwickelten Industrie auf Dauer durch Gewalt niederzuhalten, sollte sich als gefährliche Illusion erweisen.

Erst eine Generation später, nach ungleich leidvolleren Erfahrungen eines Zweiten Weltkrieges, kam es zur Aussöhnung zwischen Deutschen und Franzosen. Den demokratischen Politikern, die 1919 notgedrungen die schwere Verantwor-

Der Versailler Vertrag; Gebietsverluste des Deutschen Reiches in einer zeitgenössischen Darstellung.

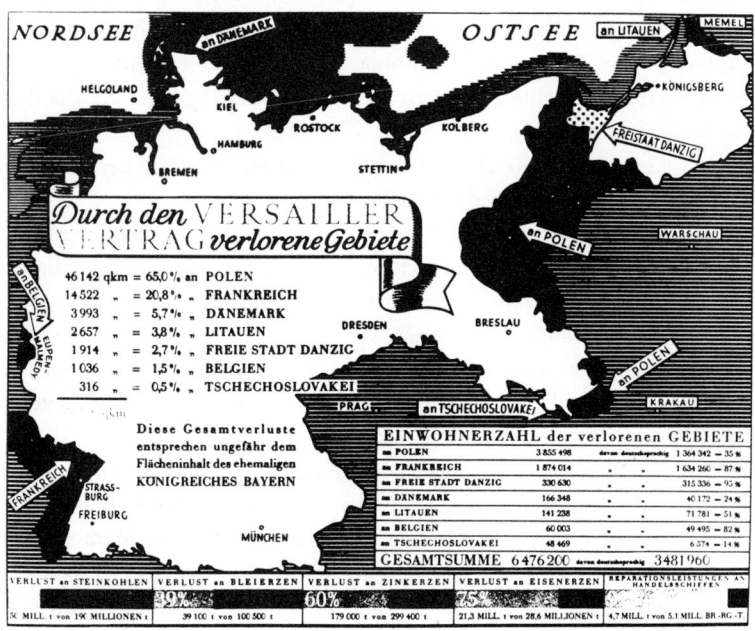

*Zigarettenbilderalbum: Die Nachkriegszeit, historische Bilddokumente 1918—1934.*

tung auf sich nahmen, das aus vielen Wunden blutende Reich wieder aufzubau-
en, schlug bald der blindwütige Haß all derjenigen entgegen, die in ihnen nur die
Gehilfen einer Erfüllungspolitik der Sieger zu erblicken glaubten.


## Die Weimarer Republik

### Die ungeliebte Republik


Am frühen Nachmittag des 9. November 1918 rief der sozialdemokratische
Reichstagsabgeordnete Philipp Scheidemann von einem Fenster des Reichstags-
gebäudes die „Deutsche Republik" aus.
Sie wurde im Juli 1919 von einer großen Mehrheit der freigewählten Nationalversammlung in Weimar als parlamentarische Demokratie bestätigt. Diese aus
dem Zusammenbruch des Kaiserreiches hervorgegangene „Weimarer Republik"
entwickelte sich auf Dauer nicht zu einem stabilen Staatswesen. Mit der schweren militärischen Niederlage hatte die Monarchie der jungen Republik den
Zwang zu einem Friedensschluß hinterlassen. Dieser bedrohte ihre wirtschaftliche und politische Entwicklung von Anfang an auf das äußerste. Frieden und
Demokratie waren zu den Deutschen im grauen Gewande der Not gekommen.
Weite Kreise der Bevölkerung neigten deshalb vorschnell dazu, der neuen politischen Ordnung die Schuld an den Schwierigkeiten zu geben, die aus dem Erbe
des alten Staates, eines vierjährigen Krieges und den überaus harten Friedensbedingungen entstanden. Mit der Erinnerung an eine glückliche Vorkriegszeit verband sich das Verlangen, anstelle der schwerfälligen, glanzlosen parlamentarischen Demokratie, wenn schon nicht das verlorene Kaiserreich, so doch eine
straffere Staatsführung zu erlangen.
Bereits 1920 stimmte ein Großteil der Bevölkerung für Parteien, die der republikanischen Verfassung ablehnend, gleichgültig oder gar feindlich gegenüberstanden. Bis Ende 1923 wurde das Reich von rechts- und linksgerichteten Umsturzversuchen erschüttert, die nur mit Mühe niedergeschlagen werden konnten. Die
bisher staatstragende Schicht des Mittelstandes fühlte sich durch eine bis dahin
nie gekannte Inflation, welche die Folge der kriegsbedingten Überschuldung
war, nahezu aller ihrer Sparguthaben und Kapitalien enteignet. Sie wurde dadurch politisch radikalisiert. Die deutsche Wirtschaft wurde durch Reparationen
und die Ruhrbesetzung an den Rand des Zusammenbruches getrieben.

Erst 1924 setzte eine Phase der Stabilisierung ein. Sie endete mit dem Bruch der großen Koalition aus SPD, Zentrum, DDP und DVP im Jahre 1930, die unter dem sozialdemokratischen Reichskanzler Hermann Müller fast zwei Jahre lang regiert hatte.

Eine gewisse Gewöhnung an die Republik, Erfolge der Verständigungspolitik des Außenministers Gustav Stresemann sowie die Aussicht auf innere und äußere Versöhnung begannen ihre Früchte zu tragen.

## Reichswehr und Weimarer Republik

Das Bündnis, welches der Erste Generalquartiermeister der Obersten Heeresleitung, Generalleutnant Wilhelm Groener, und der Rat der Volksbeauftragten unter Ebert am 10. November 1918 schlossen, hatte starken Einfluß auf die Entstehung der Weimarer Republik. Die Parteien, die in der Nationalversammlung die Verfassung der neuen Republik schufen, vermochten jedoch keine Armee eigenen Gepräges aufzubauen.

Der innere Zusammenhalt der Armee und vor allem des Offizierkorps vor dem Kriege hatte auf ihrem persönlichen Verhältnis zum Monarchen beruht. Er blieb zunächst noch erhalten, als viele Offiziere nach dem Zusammenbruch der Monarchie die Grundlage ihres Berufes erschüttert sahen. Es stellte sich die Frage, ob das Offizierkorps die Führung der Armee in der demokratischen Republik behalten könne.

Groener glaubte, daß nunmehr anstelle der persönlichen Loyalität gegenüber dem Obersten Kriegsherrn eine „nationale" Loyalität gegenüber dem Reich zu treten habe. Auf dieser Basis eines Reichspatriotismus schloß er das Bündnis mit Friedrich Ebert. Äußerer Grund für dieses Zusammengehen war das gemeinsame Ziel, die Ausbreitung des „terroristischen Bolschewismus" in Deutschland zu verhindern. Damit hatten sich jedoch die Reste der alten Armee und die seit März 1919 aus ihr hervorgehende „Reichswehr" keineswegs uneingeschränkt der Republik zur Verfügung gestellt.

Die meisten Offiziere, die das neue Heer aufbauten, standen ihrer Erziehung und Gesinnung nach der Republik distanziert gegenüber. Sie sahen in ihr nur eine vorläufige Staatsform des Deutschen Reiches. Unter Generaloberst Hans von Seeckt, von 1920 bis 1926 Chef der Heeresleitung, wurde die Reichswehr in die-

30

Der Hitler-Putsch vom 9. November 1923 in München

Barrikaden in München am 9. November 1923 vor dem Kriegsministerium

*Zigarettenbilderalbum: Deutschland erwacht, Werden, Kampf und Sieg der NSDAP.*

# Proklamation

## an das deutsche Volk!

Die Regierung der November=
verbrecher in Berlin ist heute
für abgesetzt erklärt worden.

Eine provisorische deutsche
National-Regierung
ist gebildet worden.

Diese besteht aus

General Ludendorff, Adolf Hitler
General von Lossow, Oberst von Seisser

Gustav Noske,
Reichswehrminister 1919—1920

Otto Geßler, Reichswehrminister 1920—1928
und Generaloberst Hans v. Seeckt (links),
Chef der Heeresleitung 1920—1926

Generalleutnant Wilhelm Groener,
Reichswehrminister 1928—1932

General der Infanterie Kurt von Schleicher (links)
Reichswehrminister 1932—1933 und
Generaloberst Kurt Freiherr von
Hammerstein-Equord,
Chef der Heeresleitung 1930—1934

sem Sinne bewußt „entpolitisiert". Obwohl sie dem Staat in Krisenlagen beistand, wuchs die innere Distanz zu ihm.

Gleichzeitig gelang es Seeckt, die Reichswehr der Kontrolle durch den Reichstag und dem Einfluß ihres Oberbefehlshabers, des Reichspräsidenten, und auch dem des Reichswehrministers zu entziehen. Durch die erzwungene Verringerung auf 100 000 Mann konnte er ein Offizierkorps schaffen, das nahezu ausschließlich aus Anhängern seines Programms der „Entpolitisierung" bestand. Damit war die Integration der Reichswehr in die Republik nachhaltig erschwert. Sie wurde zum Staat im Staate.

Die Reichswehr lebte in Vergangenheit und Zukunft, nicht aber in der Gegenwart. Sie kultivierte die Erinnerung an die alte Armee, in der sie verwurzelt war, deren Ehrenkodex, Leitbilder und Traditionen für sie unangefochten Gültigkeit behielten. Ohne Verständnis für das „demokratische Treiben" der Gegenwart lebte sie für einen neuen Staat der Zukunft.

## Der Zusammenbruch der Demokratie

Mit der Konsolidierung der wirtschaftlichen Verhältnisse in den Jahren 1924 bis 1928 war zugleich eine gewisse politische Stabilisierung in Deutschland verbunden. Eine latente Gefahr für den Bestand der parlamentarisch-demokratischen Ordnung bedeutete jedoch die Tatsache, daß die demokratischen Parteien weder die Notwendigkeit erkannten noch willens waren, tragfähige parlamentarische Mehrheiten zu bilden.

Die Ende 1929 von Amerika auf Deutschland übergreifende schwere Finanz- und Wirtschaftskrise weitete sich zu einer Krise des gesamten politischen Systems aus. Wirtschaftliche Not und Massenarbeitslosigkeit führten seit 1930 zu einem schlagartigen Anwachsen der radikalen Parteien NSDAP und KPD.

Unter der Voraussetzung, die Zahl der Arbeitslosen werde höchstens auf 800 000 steigen, waren 1927 die gesetzlichen Regelungen für die Arbeitslosenunterstützung geschaffen worden. Im März 1930 scheiterte die letzte auf eine parlamentarische Mehrheit gestützte Regierung des Reichskanzlers Hermann Müller (SPD) an der Frage der Versorgung von nunmehr 2,3 Millionen Arbeitslosen. Bürgerliche und Sozialdemokraten wollten jeweils für ihre Anhängerschaft Mehrbelastungen vermeiden. Dies offenbarte die Krise des Parteienstaates.

# Zahl der Mandate

**14. September 1930** — Insgesamt **577** Mandate

- SPD — 143
- KPD — 77
- Zentrum — 68
- Bayerische Volkspartei — 19
- Dtsch. Volkspartei — 30
- Christl. soz. Volksdienst — 14
- Dtsch. Staatspartei — 20
- Wirtschaftspartei — 23
- Dtsch. Landvolk — 19
- Splitterparteien — 16 (Württ. Bau. 3 · Dt. Hann. P. 3 · Dt. Bauernp. 6 · Kons. Vp. 4)
- 41 — Dt. Nat.
- 107 — N.S.D.A.P.

**31. Juli 1932** — Insgesamt **608** Mandate

- SPD — 133
- KPD — 89
- Zentrum — 75
- Bayerische Volkspartei — 22
- 22
- Splitterparteien: Dtsch. Volksp. 7 · Chr. soz. Volkd. 3 · Dtsch. Bauernp. 2 · Dtsch. Staatsp. 4 · Wirtschp. 2 · Württ. Bau. 2 · Thür. Landb. 1 · Volksrechtp. 1
- 37 — Dt. Nat.
- 230 — N.S.D.A.P.

**6. November 1932** — Insgesamt **583** Mandate

- SPD — 121
- KPD — 100
- Zentrum — 69
- Bayerische Volkspartei — 19
- 22
- Splitterparteien: Dtsch. Volksp. 11 · Chr. soz. Volkd. 5 · Dtsch. Bauernp. 3 · Dtsch. Staatsp. 2 · Wirtschp. 2 · Württ. Bau. 2 · Thür. Landb. 1 · Dtsch. Hann. P. 1
- 51 — Dt. Nat.
- 196 — N.S.D.A.P.

## Ergebnis der Wahl zum 8. Reichstag

**5. März 1933** — Insgesamt **647** Mandate

- SPD — 120
- KPD — 81
- Zentrum — 74
- Bayerische Volkspartei — 18
- Dtsch. Volkspartei — 5
- Kl. Mittelparteien — 2
- 2 — Dtsch. Demokrat. P.
- Kl. Rechtsparteien — 5
- 52 — Dt. Nat. Volkspartei
- 288 — NSDAP

Im Vertrauen auf die Möglichkeiten des Artikels 48 der Reichsverfassung ernannte Reichspräsident Paul von Hindenburg den Zentrumspolitiker Heinrich
Brüning zum Reichskanzler, obwohl dessen Regierung über keine feste Mehrheit
im Reichstag verfügte. Die Regierung Brüning brachte zwar einige Vorlagen mit
Mehrheitsbeschlüssen im Reichstag durch. In anderen Fällen hat sie immerhin
erreicht, daß die Reichstagsmehrheit die von ihr veranlaßten Ausnahmeverord-
nungen des Reichspräsidenten nicht aufhob. Am 18. Juli 1930 mißlang dies.
In den daraufhin ausgeschriebenen Wahlen vom 14. September 1930 stieg die
Zahl der kommunistischen Mandate von 54 auf 77 und die der Nationalsozialisten von 12 auf 107. Die jetzt zunehmende Polarisierung und Radikalisierung erschwerte die Bildung von Mehrheiten. Indem sich der Reichstag durch Flucht
vor der Verantwortung zunehmend selbst ausschaltete, gewann die Macht des
Reichspräsidenten einen erheblichen Zuwachs. Er fungierte jetzt mit Hilfe des
Notverordnungsrechtes nach Artikel 48 der Reichsverfassung auch als Gesetzge-
ber.
Der Politik Brünings, mit drastischen Sparmaßnahmen die Not zu wenden, blieb
der Erfolg versagt. Hindenburg, der unter dem Einfluß seiner Berater für eine
„weitere Öffnung nach rechts" plädierte, entließ Reichskanzler Heinrich Brüning am 30. Mai 1932.
Der Nachfolger, Franz von Papen, neigte zu einem autoritär-antiparlamentari-
schem Regierungssystem. Doch hätten derartige Bestrebungen im Reichstag keine Zustimmung finden können. In den Wahlen von 1932 wuchsen die radikalen
Parteien erneut stark an. Die NSDAP wurde in den Sommerwahlen mit 37 %
der Mandate zur stärksten Fraktion. Hand in Hand mit dieser Entwicklung ging
eine Radikalisierung des öffentlichen Lebens einher. Die Demonstrationen der
Kampfverbände, des kommunistischen Roten Frontkämpferbundes und der nationalsozialistischen Sturmabteilungen (SA) nahmen immer brutalere Formen
an. Die Gefahr eines Bürgerkrieges begann sich abzuzeichnen.
Nachdem Reichskanzler von Papen keinen Rückhalt im Parlament finden konnte — die Nationalsozialisten lehnten es ab, sich mit dem Vizekanzlerposten für
Adolf Hitler abspeisen zu lassen -, ernannte Reichspräsident von Hindenburg
am 2. Dezember 1932 den Reichswehrminister General von Schleicher zum
Reichskanzler. Dessen sozialpolitisch begründeter Versuch der Bildung einer
„Querfront", d.h. eines Bündnisses mit dem linken Flügel der NSDAP und den
Gewerkschaften, schlug jedoch fehl. Hindenburg ernannte trotz schwerer Bedenken am 30. Januar 1933 Adolf Hitler zum Reichskanzler. Der Reichstag wurde am 1. Februar aufgelöst und Neuwahlen für den 5. März 1933 ausgeschrie-
ben.

Als Alternative zu dieser folgenschweren Entscheidung wäre ein Fortbestand der Regierung Schleicher denkbar gewesen. Dafür hatte Schleicher die Auflösung des Reichstages und eine Hinausschiebung der Wahlen gefordert. Dieses oder eine gleichfalls erörterte neue Regierung Papen wäre mit einer ernsten Bürgerkriegsgefahr verbunden gewesen. Niemand konnte sagen, wie sich die Reichswehr verhalten würde.

Dem neuen Kabinett gehörten außer Hitler nur zwei Nationalsozialisten an, Hermann Göring und Wilhelm Frick. Daraus entstand die Illusion, die „Regierung der nationalen Einigung" mit Vizekanzler von Papen und den anderen nationalkonservativen Ministern könne Hitlers Alleinherrschaft verhindern.

## *Anfänge und Etablierung des NS-Regimes*

### *Die „Machtergreifung"*

Die Ernennung Hitlers zum Reichskanzler am 30. Januar 1933 wurde von der nationalsozialistischen Propaganda mit gewaltigem Aufwand zu einer nationalen Erhebung hochstilisiert.

Tausende von SA-Männern und ungezählte Sympathisanten zogen am Abend des 30. Januar in einem Fackelzug durch das Berliner Regierungsviertel. „Deutschland ist im Erwachen", verkündete Joseph Goebbels, der Chefpropagandist der NSDAP und geniale Demagoge, der am 13. März 1933 zum Reichsminister für Volksaufklärung und Propaganda ernannt wurde.

Die Presse verglich den von den Nationalsozialisten entfachten Begeisterungssturm mit der Stimmung des August 1914. Indes, dieser Vergleich war schlecht. Damals trieben Patriotismus und Kriegsbegeisterung die Menschen auf die Straßen, jetzt, am 30. Januar 1933, hofften die meisten nur auf Arbeit, Brot und Frieden.

Des schändlichen Schauspiels der vergangenen acht Monate überdrüssig, versprachen sie sich nichts mehr von den Rezepten der Republik, die das Elend nicht wenden konnte. Die Verhetzung durch ständig neue Wahlkämpfe, bürgerkriegsähnliche Zustände und das martialische Gehabe der politischen Kampforganisationen begannen ihre unheilvollen Früchte zu tragen.

Die Kommunisten glaubten, daß der Zusammenbruch des kapitalistischen Systems jetzt einsetzen und damit der Triumph des Proletariats beginnen würde.

36

Die SPD fiel von „selbstgefälliger Ratlosigkeit" (Bracher) in ohnmächtige Aufgeregtheit. Das Zentrum glaubte noch immer an die Zusammenarbeit mit der neuen Rechtskoalition, und die bürgerlich-konservativen Koalitionspartner waren stolz, an der Macht zu sein und Hitler „eingerahmt" zu haben.

Am 27. Februar 1933 brannte der Reichstag. Die Brandstiftung schoben sich Kommunisten und Nationalsozialisten gegenseitig in die Schuhe. Für Hitler jedoch kam dieser Brand äußerst gelegen. Er gab ihm den Vorwand für die Unterdrückung der Freiheit. Am 28. Februar 1933 wurde die „Verordnung des Reichspräsidenten zum Schutz von Volk und Staat" erlassen. Diese sogenannte „Reichstagsbrandverordnung" war der erste Meilenstein zur Errichtung der nationalsozialistischen Diktatur. Mit diesem aufgrund des Artikels 48 der Reichsverfassung erlassenen Gesetz wurden die wichtigsten in der Verfassung garantierten Freiheitsrechte aufgehoben. Der jetzt verstärkt einsetzende Terror gegen die Gegner des Nationalsozialismus wurde hiermit legalisiert.

Die Reichstagswahl am 5. März 1933 stand ganz im Zeichen des Reichstagsbrandes. Die NSDAP verfügte über alle Mittel des Staates, des Rundfunks und der Presse. Großzügige Geldspenden der Großindustrie taten ein übriges. Dennoch, trotz Terror und ungeheuerem Propagandaaufwand erreichte die NSDAP nicht die absolute Mehrheit. Sie erhöhte die Zahl ihrer Sitze im Reichstag von 196 auf 288 und erreichte 43,9 % der Wählerstimmen. Hitler konnte sich damit jedoch immer noch nicht endgültig von seiner bürgerlichen „Einrahmung" freimachen.

Am 21. März 1933, dem Jahrestag der Eröffnung des ersten Reichstages durch Bismarck im Jahre 1871, wurde der neue Reichstag eröffnet. Der „Tag von Potsdam" wurde vom neuen Propagandaminister Goebbels als ein Meisterstück der Demagogie inszeniert. Generalfeldmarschall und Reichspräsident Paul von Hindenburg, „Heros einer glorreichen Vergangenheit", reichte dem „unbekannten Frontsoldaten" Adolf Hitler, „visionärer Künder einer großen Zukunft", die Hand.

## Die Etablierung der Diktatur

Während in einem Anschein von Religiosität, preußischer Traditionspflege, bürgerlichem Habitus und Heldenverehrung in der Garnisonkirche von Potsdam der Staatsakt zur Eröffnung des Reichstages in Szene gesetzt wurde, errichtete

Hitler nach seiner Ernennung zum Reichskanzler am 30. Januar 1933 im Kreise seiner Minister.

*Bundesarchiv Koblenz*

SA-Männer marschieren am Abend des 30. Januar 1933 durch das Berliner Regierungs-viertel.

*Archiv der sozialen Demokratie/Friedrich-Ebert-Stiftung*

Der brennende Reichstag am 27. Februar 1933
*Archiv der sozialen Demokratie/Friedrich-Ebert-Stiftung*

# Reichsgesetzblatt
## Teil I

| 1933 | Ausgegeben zu Berlin, den 28. Februar 1933 | Nr. 17 |

**Inhalt:** Verordnung des Reichspräsidenten zum Schutz von Volk und Staat. Vom 28. Februar 1933 ...... S. 83

### Verordnung des Reichspräsidenten zum Schutz von Volk und Staat. Vom 28. Februar 1933.

Auf Grund des Artikels 48 Abs. 2 der Reichsverfassung wird zur Abwehr kommunistischer staatsgefährdender Gewaltakte folgendes verordnet:

**§ 1**

Die Artikel 114, 115, 117, 118, 123, 124 und 153 der Verfassung des Deutschen Reichs werden bis auf weiteres außer Kraft gesetzt. Es sind daher Beschränkungen der persönlichen Freiheit, des Rechts der freien Meinungsäußerung, einschließlich der Pressefreiheit, des Vereins- und Versammlungsrechts, Eingriffe in das Brief-, Post-, Telegraphen- und Fernsprechgeheimnis, Anordnungen von Haussuchungen und von Beschlagnahmen sowie Beschränkungen des Eigentums auch außerhalb der sonst hierfür bestimmten gesetzlichen Grenzen zulässig.

**§ 2**

Werden in einem Lande die zur Wiederherstellung der öffentlichen Sicherheit und Ordnung nötigen Maßnahmen nicht getroffen, so kann die Reichsregierung insoweit die Befugnisse der obersten Landesbehörde vorübergehend wahrnehmen.

**§ 3**

Die Behörden der Länder und Gemeinden (Gemeindeverbände) haben den auf Grund des § 2 erlassenen Anordnungen der Reichsregierung im Rahmen ihrer Zuständigkeit Folge zu leisten.

**§ 4**

Wer den von den obersten Landesbehörden oder den ihnen nachgeordneten Behörden zur Durchführung dieser Verordnung erlassenen Anordnungen oder den von der Reichsregierung gemäß § 2 erlassenen Anordnungen zuwiderhandelt oder wer zu solcher Zuwiderhandlung auffordert oder anreizt, wird, soweit nicht die Tat nach anderen Vorschriften mit einer schwereren Strafe bedroht ist, mit Gefängnis nicht unter einem Monat oder mit Geldstrafe von 150 bis zu 15 000 Reichsmark bestraft.

Wer durch Zuwiderhandlung nach Abs. 1 eine gemeine Gefahr für Menschenleben herbeiführt, wird mit Zuchthaus, bei mildernden Umständen mit Gefängnis nicht unter sechs Monaten und, wenn die Zuwiderhandlung den Tod eines Menschen verursacht, mit dem Tode, bei mildernden Umständen mit Zuchthaus nicht unter zwei Jahren bestraft. Daneben kann auf Vermögenseinziehung erkannt werden.

Wer zu einer gemeingefährlichen Zuwiderhandlung (Abs. 2) auffordert oder anreizt, wird mit Zuchthaus, bei mildernden Umständen mit Gefängnis nicht unter drei Monaten bestraft.

**§ 5**

Mit dem Tode sind die Verbrechen zu bestrafen, die das Strafgesetzbuch in den §§ 81 (Hochverrat), 229 (Giftbeibringung), 307 (Brandstiftung), 311 (Explosion), 312 (Überschwemmung), 315 Abs. 2 (Beschädigung von Eisenbahnanlagen), 324 (gemeingefährliche Vergiftung) mit lebenslangem Zuchthaus bedroht.

Mit dem Tode oder, soweit nicht bisher eine schwerere Strafe angedroht ist, mit lebenslangem Zuchthaus oder mit Zuchthaus bis zu 15 Jahren wird bestraft:

1. Wer es unternimmt, den Reichspräsidenten oder ein Mitglied oder einen Kommissar der Reichsregierung oder einer Landesregierung zu töten oder wer zu einer solchen Tötung auffordert, sich erbietet, ein solches Erbieten annimmt oder eine solche Tötung mit einem anderen verabredet;

2. wer in den Fällen des § 115 Abs. 2 des Strafgesetzbuchs (schwerer Aufruhr) oder des § 125 Abs. 2 des Strafgesetzbuchs (schwerer Landfriedensbruch) die Tat mit Waffen oder in bewußtem und gewolltem Zusammenwirken mit einem Bewaffneten begeht;

3. wer eine Freiheitsberaubung (§ 239) des Strafgesetzbuchs in der Absicht begeht, sich der Freiheit Beraubten als Geisel im politischen Kampfe zu bedienen.

**§ 6**

Diese Verordnung tritt mit dem Tage der Verkündung in Kraft.

Berlin, den 28. Februar 1933.

Der Reichspräsident
von Hindenburg

Der Reichskanzler
Adolf Hitler

Der Reichsminister des Innern
Frick

Der Reichsminister der Justiz
Dr. Gürtner

Herausgegeben vom Reichsministerium des Innern. — Gedruckt in der Reichsdruckerei, Berlin.

Der Tag von Potsdam am 21. März 1933.
*Bundesarchiv Koblenz*

41

die SA am 21. März 1933 in einer früheren Brauerei in Oranienburg bei Berlin ein Konzentrationslager. Am Vortage war in Dachau das erste offizielle KZ durch die SS eingerichtet worden. In kurzer Zeit sollte ein ganzes Netz von Konzentrationslagern, über das Reichsgebiet verteilt, aufgebaut und zum Schauplatz unsäglicher Leiden werden.

Die Etablierung der Diktatur begann unmittelbar nach der Ernennung Hitlers zum Reichskanzler. Eine Verordnung vom 4. Februar brachte bereits Einschränkungen der Presse- und Versammlungsfreiheit. Am 6. Februar wurde durch eine Verordnung die kommissarische Regierung in Preußen aufgehoben und Hermann Göring zum preußischen Innenminister ernannt. Damit unterstand ihm der Polizeiapparat des größten deutschen Staates. War die preußische Polizei bisher ein Bollwerk der Republik, so wurde sie nunmehr durch radikale Entfernung ihrer republiktreuen Beamten und deren Ersetzung durch SA- oder SS-Leute zu einem gefährlichen Machtinstrument der neuen Machthaber.

Göring wies seine Polizeibeamten im Februar 1933 an, bei der Verfolgung von Kommunisten rigoros von der Waffe Gebrauch zu machen. Wer zauderte, sollte bestraft werden. Eine Verordnung am 22. Februar erklärte Einheiten der SA und SS sowie Stahlhelmverbände zur Hilfspolizei.

Den entscheidenden Schritt in die Unfreiheit ermöglichte dann die „Reichstagsbrandverordnung" vom 28. Februar 1933, welche praktisch alle Grundrechte „bis auf weiteres" aufhob. Sie begründete den permanenten Ausnahmezustand und blieb bis 1945 in Kraft.

Da das Wahlergebnis vom 5. März 1933 wiederum zu einer Koalition mit den Deutschnationalen zwang, sollte der Reichstag ein pauschales Ermächtigungsgesetz erlassen und hierdurch der Reichsregierung vier Jahre völlige Handlungsfreiheit ermöglichen. Hitler machte den bürgerlich-konservativen Kreisen, vor allem der katholischen Zentrumspartei, politische Zugeständnisse, so daß diese immer noch davon überzeugt waren, das Schlimmste verhindern zu können. Am 23. März 1933 stimmten mit Ausnahme der Sozialdemokraten alle Reichstagsabgeordneten für das „Gesetz zur Behebung der Not von Volk und Reich". Die Mandate der KPD waren bereits aufgehoben, ihre Träger verhaftet oder geflohen.

Mit der „Reichstagsbrandverordnung" und dem „Ermächtigungsgesetz" vom 24. März 1933 hatten die Nationalsozialisten freie Bahn zur Verwirklichung ihrer Ziele.

Die ersten Schritte auf diesem Wege folgten schnell: Am 1. April 1933 setzte eine Boykottwelle gegen jüdische Geschäfte ein. Am 7. April schloß das „Gesetz zur

Abrechnung der SA mit politischen Gegnern nach dem 30. Januar 1933.

*Archiv der sozialen Demokratie/Friedrich-Ebert-Stiftung*

Appell in dem am 21. März 1933 in einer früheren Brauerei in Oranienburg bei Berlin errichteten Konzentrationslager.

*Landesbildstelle Berlin*

Abstimmung über die Annahme des ,,Ermächtigungsgesetzes'' des in der Berliner Kroll-Oper tagenden Reichstages am 23. März 1933.
*Archiv der sozialen Demokratie/Friedrich-Ebert-Stiftung*

Als einzige Fraktion stimmten die Abgeordneten der SPD gegen die Annahme des ,,Er-mächtigungsgesetzes''. Fraktionsführer Otto Wels.
*Archiv der sozialen Demokratie/Friedrich-Ebert-Stiftung*

# Reichsgesetzblatt

## Teil I

| 1933 | Ausgegeben zu Berlin, den 24. März 1933 | Nr. 25 |

**Gesetz zur Behebung der Not von Volk und Reich.**
**Vom 24. März 1933.**

Der Reichstag hat das folgende Gesetz beschlossen, das mit Zustimmung des Reichsrats hiermit verkündet wird, nachdem festgestellt ist, daß die Erfordernisse verfassungändernder Gesetzgebung erfüllt sind:

### Artikel 1

Reichsgesetze können außer in dem in der Reichsverfassung vorgesehenen Verfahren auch durch die Reichsregierung beschlossen werden. Dies gilt auch für die in den Artikeln 85 Abs. 2 und 87 der Reichsverfassung bezeichneten Gesetze.

### Artikel 2

Die von der Reichsregierung beschlossenen Reichsgesetze können von der Reichsverfassung abweichen, soweit sie nicht die Einrichtung des Reichstags und des Reichsrats als solche zum Gegenstand haben. Die Rechte des Reichspräsidenten bleiben unberührt.

### Artikel 3

Die von der Reichsregierung beschlossenen Reichsgesetze werden vom Reichskanzler ausgefertigt und im Reichsgesetzblatt verkündet. Sie treten, soweit sie nichts anderes bestimmen, mit dem auf die Verkündung folgenden Tage in Kraft. Die Artikel 68 bis 77 der Reichsverfassung finden auf die von der Reichsregierung beschlossenen Gesetze keine Anwendung.

### Artikel 4

Verträge des Reichs mit fremden Staaten, die sich auf Gegenstände der Reichsgesetzgebung beziehen, bedürfen nicht der Zustimmung der an der Gesetzgebung beteiligten Körperschaften. Die Reichsregierung erläßt die zur Durchführung dieser Verträge erforderlichen Vorschriften.

### Artikel 5

Dieses Gesetz tritt mit dem Tage seiner Verkündung in Kraft. Es tritt mit dem 1. April 1937 außer Kraft; es tritt ferner außer Kraft, wenn die gegenwärtige Reichsregierung durch eine andere abgelöst wird.

Berlin, den 24. März 1933.

Der Reichspräsident
von Hindenburg

Der Reichskanzler
Adolf Hitler

Der Reichsminister des Innern
Frick

Der Reichsminister des Auswärtigen
Freiherr von Neurath

Der Reichsminister der Finanzen
Graf Schwerin von Krosigk

---

Das Reichsgesetzblatt erscheint in zwei gesonderten Teilen — Teil I und Teil II —.
**Fortlaufender Bezug** nur durch die **Postanstalten.** Bezugspreis vierteljährlich für Teil I = 1,10 *RM*, für Teil II = 1,50 *RM*.
**Einzelbezug** jeder (auch jeder älteren) Nummer nur vom **Reichsverlagsamt,** Berlin NW 40, Scharnhorststr. 4 (Postscheckkonto: Berlin 96 200). Preis für den achtseitigen Bogen 15 *Rpf,* aus abgelaufenen Jahrgängen 10 *Rpf* ausschließlich der Postdrucksachengebühr Bei größeren Bestellungen 10 bis 40 v. H. Preisermäßigung
Herausgegeben vom Reichsministerium des Innern. — Gedruckt in der Reichsdruckerei, Berlin.

(Vierzehnter Tag nach Ablauf des Ausgabetags: 7. April 1933.

Wiederherstellung des Berufsbeamtentums" mit § 3, dem berüchtigten „Arierparagraphen", alle „Nichtarier" von der Beamtenlaufbahn aus. Bis Ende April 1933 wurden die gesetzlichen Regelungen zur Gleichschaltung der Länder erlassen.

Am 2. Mai 1933 wurden die deutschen Gewerkschaften aufgelöst. An ihre Stelle trat die „Deutsche Arbeitsfront" als nationalsozialistische Einheitsgewerkschaft.

Am 22. Juni 1933 wurde die SPD aufgelöst. Die Selbstauflösung des Koalitionspartners vom 5. März, der DNVP, erfolgte am 27. Juni. Nach Verbot oder Selbstauflösung aller übrigen Parteien erklärte Reichsinnenminister Frick am 11. Juli 1933 die Revolution nach der „Gleichschaltung" als abgeschlossen. Im „Gesetz gegen die Neubildung von Parteien" vom 14. Juli 1933 wurde die NSDAP zur einzigen Partei in Deutschland bestimmt. Das „Gesetz zur Sicherung der Einheit von Partei und Staat" vom 1. Dezember 1933 erklärte die NSDAP zum einzigen „politischen Willensträger" im Reich und bezweckte nichts Geringeres als die Gleichsetzung von Partei und Staat. Die Diktatur hatte sich etabliert!

## Die Reichswehr im NS-Staat

Am 3. Februar 1933 legte Hitler vor den Befehlshabern der Reichswehr seine machtpolitischen Ziele dar. Er garantierte der Reichswehr ihre Stellung als alleiniger Waffenträger der Nation und versprach die Aufhebung aller Beschränkungen des Versailler Vertrages sowie den Aufbau einer starken Wehrmacht. Diese sollte Garant und Sachwalter einer starken Staatsautorität und der Reichseinheit sein. Gleichzeitig deutete Hitler an, daß die Wehrmacht zur Erreichung seiner machtpolitischen Ziele in einem Kriege benötigt werde.
Schauplatz dieser geheimgehaltenen Ansprache war das Dienstzimmer des Chefs der Heeresleitung, derselbe Raum, der am 20. Juli 1944 der zentrale Ort des Staatsstreichversuches sein sollte. Aufrüstung, geistige Wehrhaftmachung, Stärkung der Staatsautorität und Festigung der nationalen Gesinnung waren Ziele, in denen Heer und Nationalsozialismus übereinstimmten. Weil der Nationalsozialismus kein klar definiertes Weltanschauungssystem war, glaubten viele Offiziere, in dieser Ideologie ihre nationalen, patriotischen Ziele und Wunschbilder wiederzufinden.

Im Glauben, jetzt sei der Weg zu nationaler Größe und Wiedergeburt beschritten, wurden viele Vorbehalte gegenüber der revolutionären Hemmungslosigkeit der „Bewegung" beiseitegeschoben. Hinzu kam, daß man ohne große Bedenken das nationale Interesse mit dem Interesse der bewaffneten Macht gleichsetzte. Viele ältere Offiziere, die ihre soldatische Erziehung im Kaiserreich erhalten hatten, fühlten sich von den rüden Methoden der SA abgestoßen. Die Andeutungen Hitlers, seine Ziele durch Krieg erreichen zu wollen, wurden als politische Prahlerei abgetan. Ein großer Teil des jüngeren Offizierkorps ließ sich jedoch von der Welle der nationalen Begeisterung forttragen und durch die geschickte Agitation der Nationalsozialisten blenden. Erst als manchen von ihnen später die Augen über das wahre Wesen des „Führers" und seines Regimes aufgingen, vollzogen sie eine radikale Hinwendung zum Widerstand.

Der neue Reichswehrminister, Generaloberst Werner von Blomberg, und sein engster politischer Berater, Oberst von Reichenau, trieben eine nachhaltige Anpassungspolitik an den Nationalsozialismus. Sie taten dies vordergründig mit dem Ziel, die Autonomie der Armee und ihre Machtposition in dem neuen Staat zu erhalten. Durch die nach 1933 bereits auf Millionenstärke angewachsene SA und die Partei sahen sie die Stellung der Armee gefährdet. Der Stabschef der SA, Ernst Röhm, ein früherer Hauptmann im bayerischen Generalstab, verfolgte das ehrgeizige Ziel, die Reichswehr mit der SA zu einer Miliz zu verschmelzen und in seiner Hand zu vereinigen.

Um den neuen Machthabern seine Loyalität zu beweisen und die Autonomie der Armee zu bewahren, lehnte Blomberg einen Einsatz der Reichswehr im Inneren ab. Sie sollte fortan nur noch gegen die äußeren Feinde des Reiches zum Einsatz kommen. Das Vorgehen gegen Staatsfeinde im Innern sollten Organisationen der NSDAP übernehmen. In diesem Sinne verbot er auch der Truppe, Verfolgten des Regimes Zuflucht zu gewähren. Hierdurch begab sich die Reichswehr ihrer Möglichkeit, Hitler am Ausbau seines Unrechtssystems zu hindern.

Vor diesem Hintergrund ist auch die eigenmächtige Anordnung Blombergs vom 28. Februar 1933 zu sehen, welche die Überprüfung der arischen Abstammung aller Soldaten vorsah. Er kam damit dem berüchtigten „Arierparagraphen" zuvor und leitete die Entlassung „nichtarischer" Soldaten aus der Reichswehr ein.

Zu den Gegnern der SA-Führung zählten auch Nationalsozialisten in hohen Funktionen, wie Hermann Göring und Joseph Goebbels, vor allem die SS unter ihrem Reichsführer Heinrich Himmler. Unter dem Vorwand, einen unmittelbar bevorstehenden Putsch Röhms zu vereiteln, befahl Hitler am 30. Juni 1934 eine Mordaktion durch Kommandos der SS, die drei Tage dauerte.

„Das Hoheitszeichen der NSDAP am Stahlhelm der deutschen Wehrmacht! Reichswehrminister Generaloberst Werner von Blomberg mit dem Hoheitszeichen der NSDAP am Stahlhelm". (Original-Bildunterschrift).

*Bundesarchiv Koblenz*

## Hoheitsabzeichen und Wehrmacht.

Der Reichspräsident hat auf Vorschlag des Reichswehrministers angeordnet, daß die Landeskokarde an der Mütze abgelegt wird und an ihrer Stelle das Hoheitsabzeichen der NSDAP. zu tragen ist. Ferner wird das Hoheitsabzeichen am Rock über der rechten Brusttasche und an der linken Stahlhelmseite angelegt. Diese Anordnung ist die Folge des Gesetzes zum Neuaufbau des Reiches, das am Jahrestage der nationalsozialistischen Machtergreifung verabschiedet wurde.

Durch den Wegfall der Landeskokarde kommt die durch Hitler geschaffene Einheit des Reiches nunmehr auch äußerlich in der Wehrmacht zum Ausdruck. Es gibt nur noch ein großes deutsches Volk und auch nur eine Wehrmacht mit einheitlicher Uniform. Damit ist das letzte Zeichen von Deutschlands ehemaliger Zerrissenheit und der Kleinstaaterei gefallen.

In den Nachkriegsjahren war die Wehrmacht der Machtfaktor, der sich entgegen den Bestrebungen der damaligen Führer des Reiches, die nur Parteiführer waren, erfolgreich als überparteiliche Macht behauptete. Diese Absonderung ermöglichte es allein, eine Wehrmacht auf nationaler Grundlage aufzubauen und zu erhalten. Jetzt ist das erreicht, was jeder Soldat von jeher erstrebte. Der Parteienstaat ist zerschlagen. Dafür ist die gesamte Reichseinheit unter die nationalsozialistische Devise „Gemeinnutz geht vor Eigennutz" gestellt. Das Symbol, unter dem dieser neuerwachte nationale Geist steht, ist das Hoheitszeichen der NSDAP.

Der Soldat wird dieses Zeichen des Wiederauftriegs mit besonderer Freude an seine Uniform heften, denn es bringt auch äußerlich zum Ausdruck, was die Wehrmacht im Herzen von jeher erstrebte: der mit dem Volksganzen verbundene Waffenträger eines geschlossenen nationalen Volkes zu sein, jederzeit bereit, Regierung und Volk gegen äußere Widersacher zu schützen.      386.

48

**Montag, 2. Juli 1934**

# Ernst Röhm erschossen

Berlin, 1. Juli.

Dem ehemaligen Stabschef Röhm ist Gelegenheit gegeben worden, die Konsequenzen aus seinem verräterischen Handeln zu ziehen. Er tat das nicht und wurde daraufhin erschossen.

\*

München, 1. Juli. Die Reichspressestelle der N.S.D.A.P. gibt bekannt:

Im Zusammenhang mit dem aufgedeckten Komplott wurden nachstehende S.A.-Führer erschossen:

Obergruppenführer August Schneidhuber, München,

Obergruppenführer Edmund Heines, Schlesien,

Gruppenführer Karl Ernst, Berlin,

Gruppenführer Wilhelm Schmid, München,

Gruppenführer Hans Hayn, Sachsen,

Gruppenführer Hans Peter von Heydebred, Pommern,

Standartenführer Hans Erwin Graf Spreti, München.

## Aus dem Preußischen Staatsrat ausgeschlossen

Berlin, 1. Juli.

Das preußische Staatsministerium teilt mit: Ministerpräsident Göring hat am Sonntagvormittag die bisherigen S.A.-Führer Stabschef Röhm, Obergruppenführer Heines, Gruppenführer von Detten und Gruppenführer Ernst aus dem Preußischen Staatsrat ausgeschlossen.

## Schleicher bei der Verhaftung erschossen

Berlin, 1. Juli.

In den letzten Wochen wurde festgestellt, daß der frühere Reichswehrminister General a.D. von Schleicher mit den staatsfeindlichen Kreisen der S.A.-Führung und ausländischen Mächten staatsgefährdende Verbindungen unterhalten hat. Damit war bewiesen, daß er sich in Worten und Werken gegen diesen Staat und seine Führung betätigt hat. Tatsache machte seine Verhaftung im Zusammenhang mit der gesamten Säuberungsaktion notwendig.

Bei der Verhaftung durch Kriminalbeamte widersetzte sich General a.D. von Schleicher mit der Waffe. Durch den dabei erfolgten Schußwechsel wurden er und seine dazwischentretende Frau tödlich verletzt.

Völkischer Beobachter vom 2. Juli 1934.

Ernst Röhm, Stabschef der SA
*Bundesarchiv Koblenz*

49

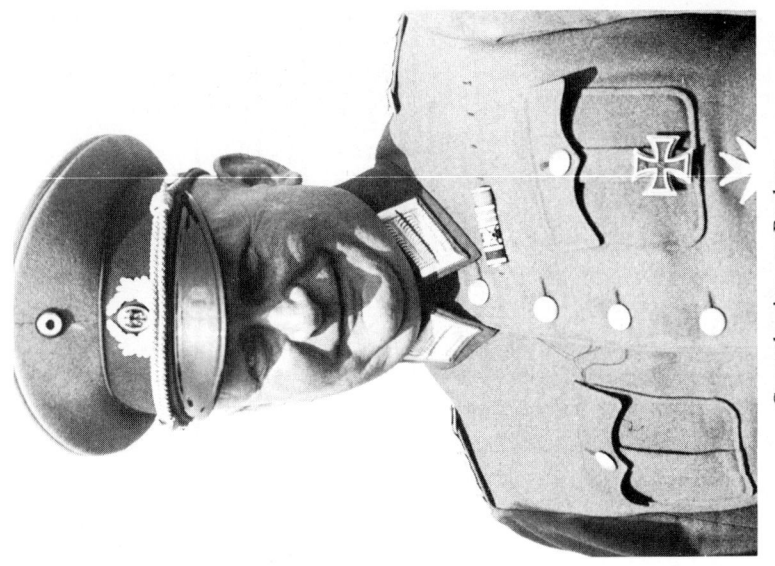

Generalmajor von Bredow

General der Infanterie Kurt von Schleicher mit Frau

*Bundesarchiv Koblenz*

50

# Reichsgesetzblatt

## Teil I

| 1934 | Ausgegeben zu Berlin, den 3. Juli 1934 | Nr. 71 |

### Gesetz über Maßnahmen der Staatsnotwehr.
### Vom 3. Juli 1934.

Die Reichsregierung hat das folgende Gesetz beschlossen, das hiermit verkündet wird:

#### Einziger Artikel

Die zur Niederschlagung hoch- und landesverräterischer Angriffe am 30. Juni, 1. und 2. Juli 1934 vollzogenen Maßnahmen sind als Staatsnotwehr rechtens.

Berlin, den 3. Juli 1934.

Der Reichskanzler
Adolf Hitler

Der Reichsminister des Innern
Frick

Der Reichsminister der Justiz
Dr. Gürtner

### Änderungsgesetz zum Gesetz zur Sicherung der Einheit von Partei und Staat.
### Vom 3. Juli 1934.

Die Reichsregierung hat das folgende Gesetz beschlossen, das hiermit verkündet wird:

Der § 2 des Gesetzes zur Sicherung der Einheit von Partei und Staat vom 1. Dezember 1933 (Reichsgesetzbl. I S. 1016) erhält folgende Fassung:

„Zur Gewährleistung engster Zusammenarbeit der Dienststellen der Partei mit den öffentlichen Behörden ist der Stellvertreter des Führers Mitglied der Reichsregierung."

Berlin, den 3. Juli 1934.

Der Reichskanzler
Adolf Hitler

Der Reichsminister des Innern
Frick

Unter den mehr als 100 Opfern befanden sich nicht nur Röhm und viele SA-Führer, sondern auch zahlreiche Persönlichkeiten, die dem Regime unbequem waren oder zu seinen Gegnern zählten, darunter die beiden verabschiedeten Generale von Schleicher und von Bredow. Durch indirekte Hilfeleistung bei der „Niederschlagung des Röhmputsches" verstrickte sich die Reichswehr auf unheilvolle Weise in die Machenschaften des Regimes. Die Tatsache, daß man die Ermordung der beiden Generale ohne nachhaltigen Protest hinnahm, zeigte, daß sich das Offizierkorps in einer moralischen Krisensituation nicht mehr entsprechend seinem traditionellen Ehrenkodex verhielt. Dennoch setzte unter dem Eindruck dieses von der Staatsführung organisierten Verbrechens, welches jeder Vorstellung von Rechtsstaatlichkeit ins Gesicht schlug, bei einigen Offizieren ein Prozeß der Abwendung vom Nationalsozialismus ein. Bei anderen wurden die schon vorhandenen Abneigungen gegenüber dem NS-Staat verstärkt. Für eine Reihe von Offizieren wurde das Erlebnis des 30. Juni 1934 mitbestimmend für ihren späteren Entschluß, sich am Widerstand gegen Hitler und das NS-Regime zu beteiligen.

Der Öffentlichkeit wurden die Morde als innerparteiliche Säuberungswelle dargestellt, bei der sittlich verkommene SA-Führer ihre verdiente Strafe erhalten hätten. Das Verbrechen wurde am 3. Juli 1934 durch ein Gesetz als Staatsnotwehr für rechtens erklärt.

Die Reichswehrführung glaubte, nunmehr ihre Machtposition als alleinige bewaffnete Macht gesichert zu haben. In Wirklichkeit ging jedoch die SS als Sieger aus dem Machtkampf hervor. Ihr wurde die Bewaffnung von Verbänden in Stärke einer Division zugestanden. Dies war der Beginn eines zielstrebigen Aufbaus, der am 20. Juli 1944 seinen äußeren Höhepunkt erreichen sollte, als der Reichsführer SS, Heinrich Himmler, zum Befehlshaber des Ersatzheeres ernannt wurde.


## Der Tod Hindenburgs und der Eid auf Hitler


Am 2. August 1934 verstarb Reichspräsident Paul von Hindenburg auf seinem Gut Neudeck in Ostpreußen. Hitler hatte eine vorherige Regelung der Nachfolge des Reichspräsidenten zu seinen Gunsten für notwendig gehalten. So beschloß die Reichsregierung schon am 1. August 1934 das „Gesetz über das Staatsoberhaupt des Deutschen Reiches". Danach sollte das Amt des Reichspräsidenten

52

nach Hindenburgs Tod mit dem des Reichskanzlers vereinigt werden. Damit wurde Hitler auch „Oberster Befehlshaber der gesamten Wehrmacht".

Reichswehrminister von Blomberg stimmte nicht nur jenem Gesetzentwurf zu, sondern befahl nach Hindenburgs Tod von sich aus, nur gestützt auf sein Verordnungsrecht als Minister und damit ohne gesetzliche Grundlage, die sofortige Vereidigung der Reichswehr auf Hitler.

Der neue Eid verpflichtete die Soldaten der Reichswehr nicht mehr, wie bisher, „Volk und Vaterland", also dem Gemeinwohl zu dienen, sondern allein dem „Führer" Adolf Hitler. Damit war ein Zeitabschnitt beendet, in dem sich die Reichswehr als „sinnfälligen Ausdruck der Staatsidee als eines überpersönlichen Ethos" (Krausnick) begriff. Die Begründung, daß durch die Vereidigung auf die Person Hitlers eine direkte Analogie zur früheren Eidesbindung des Soldaten an die Person des Monarchen gegeben sei, sollte sich schnell als vordergründig erweisen. Im Gegensatz zu früheren Eidesformeln war der Soldat nunmehr zu „unbedingtem Gehorsam" gegenüber dem Eidnehmer und Oberbefehlshaber verpflichtet.

In den am 25. Februar 1934 von Hindenburg proklamierten „Pflichten des deutschen Soldaten" waren noch gottesfürchtige Haltung und Verantwortungsfreude gefordert. Das setzte einer Absolutheit in der Befehlsgebung durch die Bindung an das Sittengesetz noch gewisse Grenzen. Die neue Eidesformel setzte die in den „Pflichten" angesprochenen ethischen Regulative außer Kraft und mußte zur Ausschaltung des Bereiches eigener Verantwortung führen. Für den Soldaten hatte dies zur Folge, daß er sich bei der Nichtausführung eines Befehls, der gegen das Sittengesetz verstieß, gegenüber einem Vorgesetzten nicht mehr auf den Einspruch seines Gewissens berufen konnte.

Hitler konnte nunmehr den Kampf um die Macht als abgeschlossen betrachten. Durch die Vereidigung der Reichswehr auf seine Person und die bereits erfolgte Beseitigung aller übrigen Beschränkungen seiner innenpolitischen Handlungsfreiheit vereinigte er nunmehr eine Machtfülle auf sich, die ihresgleichen in der deutschen Geschichte suchte.

Die Unbedingtheit des Gehorsams und der Fortfall des Bezuges auf Volk und Vaterland in der neuen Eidesformel rief bei einigen Offizieren ernste Bedenken hervor. Dennoch wollten sie den Wiederaufbau der Armee, die Revision des Versailler Vertrages und die Wiederherstellung der Großmachtstellung Deutschlands durch ihre Verweigerung nicht aufhalten.

Für den geleisteten Treueid bedankte sich Hitler in einem Schreiben an Blomberg vom 20. August 1934.

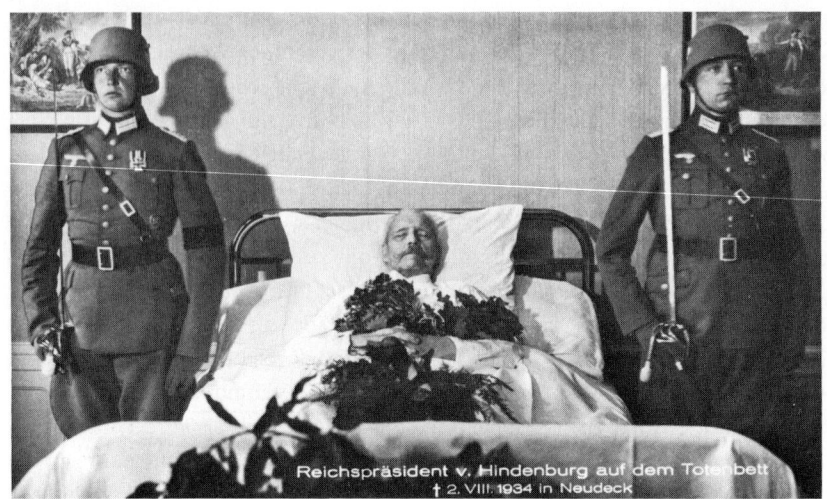

*Bundesarchiv Koblenz*

Beisetzung Hindenburgs im Ehrenmal
von Tannenberg am 7. August 1934.

*Bundesarchiv Koblenz*

54

# Die Pflichten
# des deutschen Soldaten

1. Die Wehrmacht ist der Waffenträger des deutschen Volkes. Sie schützt das Deutsche Reich und Vaterland, das im Nationalsozialismus geeinte Volk und seinen Lebensraum. Die Wurzeln ihrer Kraft liegen in einer ruhmreichen Vergangenheit, in deutschem Volkstum, deutscher Erde und deutscher Arbeit.
   Der Dienst in der Wehrmacht ist Ehrendienst am deutschen Volk.

2. Die Ehre des Soldaten liegt im bedingungslosen Einsatz seiner Person für Volk und Vaterland bis zur Opferung seines Lebens.

3. Höchste Soldatentugend ist der kämpferische Mut. Er fordert Härte und Entschlossenheit. Feigheit ist schimpflich, Zaudern unsoldatisch.

4. Gehorsam ist die Grundlage der Wehrmacht, Vertrauen die Grundlage des Gehorsams.
   Soldatisches Führertum beruht auf Verantwortungsfreude, überlegenem Können und unermüdlicher Fürsorge.

5. Große Leistungen in Krieg und Frieden entstehen nur in unerschütterlicher Kampfgemeinschaft von Führer und Truppe.

6. Kampfgemeinschaft erfordert Kameradschaft. Sie bewährt sich besonders in Not und Gefahr.

7. Selbstbewußt und doch bescheiden, aufrecht und treu, gottesfürchtig und wahrhaft, verschwiegen und unbestechlich soll der Soldat dem ganzen Volk ein Vorbild männlicher Kraft sein. Nur Leistungen berechtigen zum Stolz.

8. Größten Lohn und höchstes Glück findet der Soldat im Bewußtsein freudig erfüllter Pflicht.
   Charakter und Leistung bestimmen seinen Weg und Wert.

Berlin, den 25. Mai 1934.

Der Reichspräsident
von Hindenburg

Der Reichswehrminister
von Blomberg

# Reichs=Gesetzblatt

**Jahrgang 1919**

## Nr. 153

**Inhalt:** Verordnung über die Vereidigung der öffentlichen Beamten. S. 1419. — Bekanntmachung, betreffend die Angestelltenpflicht für die Gehalts-Rückerstattungsanleihung und die Gehaltsergänzung der Reiche. S. 1420. — Verordnung über die Preise für Hochseefischerzeugnisse. S. 1420. — Verordnung über die Bildung einer Preisausgleichsstelle für Zigarettenpapier. S. 1421. — Bekanntmachung über die Verordnung des Bundesrats vom 3. August 1918. S. 1424. — Verordnung über die künftige Düngemittel. S. 1424. — Verordnung über die Preise für Stickstoffdüngemittel. S. 1424.

(Nr. 6983) **Verordnung über die Vereidigung der öffentlichen Beamten. Vom 14. August 1919.**

**A**uf Grund des Artikel 176 der Verfassung des Deutschen Reichs vom 11. August 1919 (Reichs-Gesetzbl. S. 1383) wird verordnet:

### Artikel 1

Alle öffentlichen Beamten und Angehörigen der Wehrmacht sind unverzüglich auf die Verfassung des Deutschen Reichs zu vereidigen, und zwar leisten

1. die Reichsbeamten den Eid:
„Ich schwöre Treue der Verfassung, Gehorsam den Gesetzen und gewissenhafte Erfüllung meiner Amtspflichten."
2. alle übrigen öffentlichen Beamten den Eid:
„Ich schwöre Treue der Reichsverfassung."
3. die Angehörigen der Wehrmacht den Eid:
„Ich schwöre Treue der Reichsverfassung und gelobe, daß ich als tapferer Soldat das Deutsche Reich und seine gesetzmäßigen Einrichtungen jederzeit schützen, dem Reichspräsidenten und meinen Vorgesetzten Gehorsam leisten will."

### Artikel 2

Die Landesregierungen können an Stelle der Eidesleistung nach Artikel 1 Ziffer 2 anordnen, daß in den Diensteid, den die Beamten nach Landesrecht zu leisten haben, die Worte eingesetzt werden:
„Treue der Reichsverfassung."

Reichs-Gesetzbl. 1919.
Ausgegeben zu Berlin den 15. August 1919.

256

---

# Reichsgesetzblatt

**Teil I**

| 1934 | Ausgegeben zu Berlin, den 22. August 1934 | Nr. 98 |

### Inhalt

**Gesetz über die Vereidigung der Beamten und der Soldaten der Wehrmacht.**
**Vom 20. August 1934.**

Die Reichsregierung hat folgendes Gesetz beschlossen, das hiermit verkündet wird:

#### § 1

Die öffentlichen Beamten und die Soldaten der Wehrmacht haben beim Eintritt in den Dienst einen Diensteid zu leisten.

#### § 2

1. Der Diensteid der öffentlichen Beamten lautet:
„Ich schwöre: Ich werde dem Führer des Deutschen Reiches und Volkes Adolf Hitler treu und gehorsam sein, die Gesetze beachten und meine Amtspflichten gewissenhaft erfüllen, so wahr mir Gott helfe."

2. Der Diensteid der Soldaten der Wehrmacht lautet:
„Ich schwöre bei Gott diesen heiligen Eid, daß ich dem Führer des Deutschen Reiches und Volkes Adolf Hitler, dem Oberbefehlshaber der Wehrmacht, unbedingten Gehorsam leisten und als tapferer Soldat bereit sein will, jederzeit für diesen Eid mein Leben einzusetzen."

#### § 3

Die im Dienst befindlichen Beamten sind unverzüglich gemäß § 2 Ziffer 1 zu vereidigen.

#### § 4

Das Gesetz über die Vereidigung der Beamten und der Soldaten der Wehrmacht vom 1. Dezember 1933 (Reichsgesetzbl. I S. 1016) und die Verordnung vom 2. zur zweiten Monat (Reichsgesetzbl. I S. 1017) werden aufgehoben.

Berlin, den 20. August 1934.

Der Führer und Reichskanzler
Adolf Hitler

Der Reichswehrminister
von Blomberg

Der Reichsminister des Innern
Frick

**Verordnung über Ernennung und Entlassung von Reichsbeamten. Vom 18. August 1934.**

In Ergänzung der Verordnung über die Ernennung und Entlassung von Reichsbeamten vom 14. Juni 1922 (Reichsgesetzbl. I S. 577) in der Fassung der Verordnung vom 6. Juli 1928 (Reichsgesetzbl. I S. 196) übertrage ich die Ausübung des mit politischen Ernennungs- und Entlassungsrechts auch hinsichtlich der Beamten der Gruppen 2a und 3 der Reichsbesoldungsordnung A den Untern der Dienststelle.

Für besondere Fälle behalte ich mir das Recht der persönlichen Entscheidung nach bezüglich Bes. vor.

Berlin, den 18. August 1934.

Der Führer und Reichskanzler
Adolf Hitler

Der Reichsminister des Innern
Frick

Vereidigung von Soldaten der Reichswehr auf Hitler am 2. August 1934.
Die Soldaten des Berliner Wachbataillons haben Trauerflor angelegt.

f. Lütze

**Dieser Händedruck zwischen dem Führer
und dem Reichswehrminister Generaloberst v. Blomberg**

besiegelt von neuem die Gefolgschaftstreue der Reichswehr, deren oberster Führer nach dem Tode v. Hindenburgs
nunmehr der Führer und Reichskanzler Adolf Hitler ist.

*Bundesarchiv Koblenz*

**Die große Parade der Wehrmacht vor dem Obersten Befehls-
haber. Der Führer grüßt vorbeimarschierende Infanterie**

*Bundesarchiv Koblenz*

Die Stellung der Reichswehr im Staat wurde 1934 durch den Prestigeverlust der SA im Zusammenhang mit den Ereignissen des 30. Juni gestärkt. Hitler sprach am 17. August in einer öffentlichen Rede in Hamburg von den zwei Säulen, auf denen die Staatsführung ruhe: auf der Säule der in der nationalsozialistischen Bewegung organisierten Volksgemeinschaft und auf der militärischen Säule der Wehrmacht.

Alleiniger politischer Willensträger sollte die NSDAP und alleiniger militärischer Waffenträger die Wehrmacht sein. In der Armee nahm man es mit Erleichterung auf, in Zukunft im Unterschied zur Zeit der Weimarer Republik nicht mehr mit einem Einsatz im Rahmen innenpolitischer Auseinandersetzungen rechnen zu müssen. Daß Hitlers „Zwei-Säulen-Theorie", noch ehe sie ausgesprochen war, durch den Aufbau bewaffneter SS-Verbände unterlaufen wurde, war damals nur wenigen bekannt.

## Militärische Aufrüstung und die Faszination der Diktatur

Der von Hitler angekündigte Wiederaufbau starker deutscher Streitkräfte wurde seit dem 30. Januar 1933 konsequent und schnell vorangetrieben. Dies geschah bis zum Frühjahr 1935 noch getarnt. Hitler mußte bis zur endgültigen Festigung seiner Macht bei dem hierbei unumgänglichen Bruch der Bestimmungen des Versailler Vertrages militärische Sanktionen der Westmächte, vor allem des militärisch weit überlegenen Frankreich befürchten. Am 16. März 1935 verkündete er das „Gesetz für den Aufbau der Wehrmacht", mit dem zugleich auch die Allgemeine Wehrpflicht wiedereingeführt wurde. Das war ein klarer Bruch internationaler Vereinbarungen, den Hitler außerdem noch ohne diplomatische Konsultation vollzog.

Die militärische Führung begrüßte das der Wehrmacht von Hitler zugesicherte Waffenmonopol und stimmte dem Aufbau starker deutscher Streitkräfte für die Verteidigung des Reiches im Grundsatz zu. Dennoch entstanden über die Methode des Aufbaus starke Bedenken. Vor allem der Chef des Generalstabes des Heeres, General der Artillerie Ludwig Beck, vertrat die Ansicht, daß das Ausland die Heeresvermehrung, durch welche die Wehrmacht vom Mai 1934 bis zum 1. April 1935 oder sogar schon bis zum 1. Oktober 1934 von 100 000 Mann auf eine Stärke von 300 000 Mann anwachsen sollte, nicht als Maßnahme zum Aufbau eines Friedensheeres ansehen werde, sondern als Schritt zur Mobilmachung.

**Der Führer bei der Weihe neuer Feldzeichen und Fahnen**

Pseudoreligiöses Zeremoniell bei Veranstaltungen der NSDAP.

*Bundesarchiv Koblenz*

*Archiv der sozialen Demokratie/Friedrich-Ebert-Stiftung*

**Geheime Staatspolizei**

Geheimes Staatspolizeiamt

B-Nr. II D Haft-Nr. R 2309.

Berlin SW 11, den 25.11. — 193**B**
Prinz-Albrecht-Straße 8

## Schutzhaftbefehl

Vor- und Zuname: Erwin Rossmeissl

Geburtstag und -Ort: 20.6.03 in Schönfeld

Beruf: Dr. Rechtsanwaltsamwärter

Familienstand: led.

Staatsangehörigkeit: DR.

Religion: kfl.

~~Nähe bei Vielleien angeküßt~~

Wohnort und Wohnung: Schönfeld b.Karlsbad Nr. 108,
wird in Schuhhaft genommen.

Gründe:

Er — ~~Sie~~ gefährdet nach dem Ergebnis der staatspolizeilichen Feststellungen durch
~~sein~~ — ~~ihr~~ — Verhalten den Bestand und die Sicherheit des Volkes und Staates, indem
er — ~~Sie~~ in den Verdacht steht, sich auch heute noch für
den Marxismus zu betätigen.

~~i.V.: H o y d r i c h .~~

~~beglaubigt:~~
~~Kanzlei-Angestellte.~~

*Bundesarchiv Koblenz*

,,KdF-Wagen'' und Schutzhaftbefehl; mit Verlockungen wie dem ,,Volkswagen'', einem Auto für jedermann, und Terrormaßnahmen sollte das deutsche Volk den Zielen der braunen Machthaber willfährig gemacht werden.

61

In der deutschen Öffentlichkeit wurde die „Verkündung der Wehrfreiheit" als grandioser Erfolg des neuen Regimes und seines „Führers" auf dem Wege der Befreiung aus den Fesseln des Versailler Vertrages gefeiert. Das Ausland nahm diesen Schritt, wenngleich unter Protest, hin.

Nach der Mitte 1934 abgeschlossenen Konsolidierung der NS-Herrschaft hatte die NSDAP für das System vornehmlich den Zweck, die Menschen mit dem Geist des Nationalsozialismus zu erfüllen. Die Institutionen des Staates sollten durch Erziehung und Propaganda sowie mit Unterstützung von Justiz und Polizei eine Situation herbeiführen, in der allein der „Nationalsozialismus die Luft ist, in der wir atmen" (Goebbels). Das wahre Ziel dieser Politik, die Vorbereitung von Staat, Wirtschaft und Gesellschaft auf einen Eroberungskrieg, blieb geheim.

Die allgemeine Besserung der Weltwirtschaftslage nach 1930, ein umfangreiches Programm öffentlicher Arbeiten bei geringem Lohn, dessen Grundlagen bereits in der Zeit der Weimarer Republik erarbeitet worden waren, die Vermehrung der Streitkräfte und vor allem der Aufbau einer gewaltigen Rüstungsindustrie beendeten die Arbeitslosigkeit in kurzer Zeit. Dies hatte jedoch eine Verschuldung des Reiches in bisher ungeahntem Ausmaß zur Folge, die zwangsläufig zu einem Staatsbankrott führen mußte. Hitler jedoch glaubte, diesen durch „Eroberung von neuem Lebensraum im Osten" verhindern zu können.

Eine gigantische Propaganda feierte zunächst die „Erfolge" des Aufbaus und verstand, damit erhebliche Teile der Bevölkerung und der Arbeiterschaft für das „Dritte Reich" zu gewinnen.

Wer nicht vorbehaltlos seine Sympathien für das neue Regime erklärte, wurde als außerhalb der Volksgemeinschaft stehend angesehen und diffamiert. Die Mitgliedschaft in der NSDAP oder wenigstens einer ihrer Organisationen war häufig die Voraussetzung zur Niederlassung in einem freien Beruf oder zur Ausübung eines Gewerbes. Das brutale Vorgehen gegen Andersdenkende oder „vermeintlich" Andersdenkende bewirkte eine Atmosphäre der Angst, die viele zu ungewollten Beifallskundgebungen zwang.

## Anfänge des militärischen Widerstandes bis 1939

### Die Fritsch-Affäre und erste Ansätze des militärischen Widerstandes

Am 27. Januar 1938 mußte der Reichskriegsminister und Oberbefehlshaber der Wehrmacht, Generalfeldmarschall Werner von Blomberg, seinen Abschied nehmen. Äußerer Anlaß war seine Heirat am 12. Januar 1938 mit einer Frau, deren früherer Lebenswandel auf Kritik gestoßen war.

In der Absicht, Blombergs Nachfolger zu werden, hatte der Oberbefehlshaber der Luftwaffe, Generaloberst Hermann Göring, Hitler Material über Frau von Blomberg zugespielt. Um den Oberbefehlshaber des Heeres, Generaloberst Werner Freiherr von Fritsch, als Konkurrenten auszuschalten, legte Göring auch Aktenmaterial vor, worin gegen Fritsch der Vorwurf der Homosexualität erhoben wurde. Helfer dieser niederträchtigen Intrige war die Geheime Staatspolizei. Hitler entließ den General am 4. Februar 1938, noch bevor eine Untersuchung eingeleitet war, in der später seine völlige Unschuld erwiesen wurde.

Die Generalität des Heeres erhob keinen Protest gegen die überaus entwürdigende Behandlung ihres Oberbefehlshabers und begnügte sich mit dessen formaler Rehabilitierung.

Blomberg wie auch Fritsch hatten geglaubt, der Wehrmacht durch Anpassung einen herausragenden Platz im Dritten Reich sichern zu können. Bei der übereilt durchgeführten Aufrüstung waren diesen Offizieren jedoch Bedenken vor Sanktionen des Auslandes gekommen, vor allem als Hitler am 5. November 1937 vor den Oberbefehlshabern und dem Außenminister die Lösung seiner Lebensraumforderungen durch eine kriegerische Auseinandersetzung in naher Zukunft bekanntgab und die militärische Niederwerfung der Tschechoslowakei und Österreichs 1939 ins Auge faßte. Dagegen hatten Blomberg und Fritsch Einwände erhoben.

Bei Generaloberst von Fritsch hatte sich nach der Röhmaffäre, durch die Eindrücke der zunehmenden Kirchenverfolgung und durch dauernde Reibereien mit der SS eine Distanzierung vom Nationalsozialismus vollzogen.

So kam es Hitler gelegen, den zögernden Kriegsminister und den unbequem gewordenen Oberbefehlshaber des Heeres entlassen zu können. Gleichzeitig wurden weitere Generale entlassen. Hitler übernahm selbst den Oberbefehl über die Wehrmacht und schaffte sich mit dem neuerrichteten „Oberkommando der Wehrmacht" (OKW) unter dem fügsamen General Wilhelm Keitel einen technischen Befehlsapparat ohne eigene Autorität. Nachfolger von Fritsch wurde Generaloberst Walther von Brauchitsch.

Hitler hatte jetzt die direkte Führung der Wehrmacht in die Hand bekommen und konnte somit ihre innere Gleichschaltung vorantreiben. Blindheit und Beflissenheit von höchsten Offizieren hatten diese Entwicklung entscheidend gefördert. Eine nicht zu unterschätzende Rolle spielten dabei auch Hitlers außenpolitische Erfolge: Im Januar 1935 wurde nach einer Volksabstimmung das Saargebiet wieder an das Reich zurückgegeben. Die Besetzung des nach dem

Generaloberst Werner Freiherr von Fritsch (links), Oberbefehlshaber des Heeres, und General der Artillerie Ludwig Beck, Chef des Generalstabes des Heeres, 1937 im Manöver.
*Bundesarchiv Koblenz*

Generaloberst Walther von Brauchitsch,
Oberbefehlshaber des Heeres,
der Nachfolger Fritsch'
*Landesbildstelle Berlin*

Versailler Vertrag entmilitarisierten Rheinlandes gelang ohne Reaktion der Westmächte im März 1936. Der von Hitler befohlene Einmarsch nach Österreich und dessen „Heimkehr ins Reich" am 13. März 1938 vermittelte nicht allein der Wehrmacht, sondern auch dem ganzen deutschen Volk ein neues nationales Erfolgserlebnis.

Dennoch blieb Hitlers Mißtrauen gegen das Offizierkorps zu Recht wach. In der Tat begannen als Folge der Fritsch-Affäre die Ansätze zur Bildung einer bürgerlich-konservativen Opposition gegen Hitler. (Vgl. den Beitrag von Helmut Krausnick in diesem Band.)

Ihr technisches Zentrum bildete sich im Amt Ausland/Abwehr (Spionage und Spionageabwehr) im OKW unter Admiral Wilhelm Canaris und seinem engsten Mitarbeiter Oberstleutnant Hans Oster. Diesen Männern waren schon bald aufgrund ihrer eingehenden Informationen die Augen über die verbrecherischen Methoden und Ziele der neuen Machthaber aufgegangen.

Canaris und vor allem Oster traten mit dem Chef des Generalstabes des Heeres, General der Artillerie Ludwig Beck, in Verbindung. Hatte General Beck 1933 noch den Siegeszug der nationalsozialistischen Bewegung begrüßt, so kamen ihm schon bald aus vorwiegend fachlich-technischen Gründen ernste Bedenken über die Folgen der neuen Politik. Spätestens nach dem endgültigen Entschluß Hitlers am 30. Mai 1938, die Tschechoslowakei anzugreifen, sah er eine drohende kriegerische Verwicklung mit Frankreich und England, die den Bestand von Volk und Vaterland ernsthaft gefährden mußte. Hier waren für ihn die Grenzen des militärischen Gehorsams erreicht.

Oberstleutnant Oster war auch der maßgebliche Verbindungsmann zu zivilen Oppositionellen, vor allem aus dem Bereich des Auswärtigen Amtes. Dort hatten einige verantwortungsbewußte Diplomaten ebenfalls die Gefahren von Hitlers außenpolitischem Hasardspiel erkannt. Am 4. Februar wurde der konservative Reichsaußenminister Konstantin Freiherr von Neurath durch den willfährigen Nationalsozialisten Joachim von Ribbentrop ersetzt. Gleichzeitig fanden zu diesem Zeitpunkt auch dort wichtige Personalveränderungen im Sinne Hitlers statt.


*Aus den Denkschriften von Generaloberst Beck*

Infolge der mit hohem Tempo betriebenen Aufrüstung, vom Generalstab mitgetragen, in mancher Hinsicht auch gefordert, verfügte Hitler über ein Instrument für kriegerische Unternehmungen. Doch hielt der Chef des Generalstabes des

Heeres, General Beck, Deutschlands Stärke 1938 für unzureichend. Als deutlich wurde, daß Hitler auf den Krieg hinsteuerte, der das Risiko einer Konfrontation mit den Westmächten wahrscheinlich machte, sah Beck die Existenz von Staat und Nation gefährdet. Obgleich er den Primat der Politik bejahte, hielt er es für selbstverständlich, daß die politisch Verantwortlichen in bedrohlichen Situationen sich den Argumenten der militärischen Sachverständigen nicht verschlossen. Er lehnte eine bloße Erfüllungsgehilfenrolle der militärischen Führung entschieden ab.

Als Hitler Ende Mai 1938 seinen „unabänderlichen Entschluß" bekanntgab, „die Tschechoslowakei in absehbarer Zeit durch eine militärische Aktion zu zerschlagen", erkannte Beck, daß jetzt gehandelt werden mußte. Er sah die Verwicklung Deutschlands in einen kommenden Weltkrieg voraus.

Zwar dachte Beck noch durchaus in den Kategorien traditioneller Machtpolitik, die damals das außenpolitische Denken wohl aller Staatsmänner und hohen Militärs in Europa beherrschten. Dennoch trennte ihn von Hitlers „politischen Zielen" ein Abgrund. In seiner Vortragsnotiz vom 16. Juli 1938 forderte er eine eindeutige, vornehmlich politisch begründete Gehorsamsverweigerung der Generale. Die Führer des zu „unbedingtem Gehorsam" verpflichteten Heeres sollten sich geschlossen hinter ihren Oberbefehlshaber von Brauchitsch stellen und, falls sie nichts erreichten, ihren Abschied einreichen.

Mit einem solchen Schritt wäre eine Bereinigung der innenpolitischen Verhältnisse notwendig geworden. Beck hatte hiermit die Schwelle von der Opposition zum aktiven Widerstand erreicht. Er hat aber 1938 noch nicht eine direkte Gegnerschaft gegen Hitler gefordert, sondern zunächst nur die Beseitigung von Mißständen des NS-Regimes, wie die „unvermeidliche Auseinandersetzung mit der SS" und die „Abschaffung der Bonzokratie". Solche Maßnahmen hätten jedoch keineswegs nur „Auswüchse" beseitigen, sondern das NS-Regime in seinem Kern erschüttern müssen. Sie wären nur mit Hitlers Zustimmung „systemintern" geblieben. Zwar wies Beck jedes Ansinnen eines Komplotts weit von sich, dennoch rechnete er, wie der letzte Satz seiner Vortragsnotiz vom 29. Juli 1938 ausweist, durchaus mit einer „inneren Auseinandersetzung" in Berlin.

General Beck hat diese im Sinne der nationalsozialistischen Machthaber „zersetzenden" Gedanken schriftlich niedergelegt. Deutlicher als in seiner Vortragsnotiz vom 29. Juli konnte er sich nicht äußern. Dies war nicht das persönliche Engagement eines Mannes, dem es nur um die Rettung von Grundlagen einer künftigen Hegemonialpolitik in Mitteleuropa ging. Dem Patrioten Ludwig Beck ging es vielmehr um die Verhütung einer allgemeinen Katastrophe für Deutschland.

Amt Ausland/Abwehr im OKW, Berlin, Tirpitzufer, heute: Reichpietschufer.
*Landesbildstelle Berlin*

Admiral Wilhelm Canaris        Generalmajor Hans Oster
*Bundesarchiv Koblenz*

67

### General der Artillerie Ludwig Beck,
### Chef des Generalstabes des Heeres
*Privatbesitz Oberst i.G. Groscurth*

Vortragsnotiz Becks über mögliche innen- und außenpolitische
Entwicklungen,
insbesondere über das Verhalten
der obersten militärischen Führung
angesichts der Gefahr eines Krieges mit der Tschechoslowakei
vom 16.07.1938

*- 1 -*  36. *55* 278

*Vortrags-Notiz 16. Juli 38* 278

Der Führer hält anscheinend eine gewaltsame
Lösung der sudetendeutschen Frage durch Einmarsch in die
Tschechei für unabwendbar; er wird in dieser Auffassung
bestärkt durch eine Umgebung verantwortungsloser, radikaler Elemente. Über die Einstellung von Göring ist man
geteilter Auffassung. Die einen glauben, dass er den Ernst
der Lage erkennt und versucht, auf den Führer beruhigend
einzuwirken, die anderen meinen, dass er wie in dem
Falle Blomberg und Fritsch ein doppeltes Spiel treibt
und umfällt, wenn er vor dem Führer steht.

Alle aufrechten und ernsten deutschen Männer in
staatsverantwortlichen Stellungen müssen sich berufen
und verpflichtet fühlen, alle erdenklichen Mittel und
Wege bis zur letzten Konsequenz anzuwenden, um einen
Krieg gegen die Tschechei abzuwenden, der in seinen
Auswirkungen zu einem Weltkrieg führen muss, der das
finis Germaniae bedeuten würde.

Die höchsten Führer in der Wehrmacht sind hierzu
in erster Linie berufen und befähigt, denn die Wehrmacht
ist das ausübende Machtmittel der Staatsführung in der
Durchführung eines Krieges.

Es stehen hier letzte Entscheidungen für den Bestand der Nation auf dem Spiel; die Geschichte wird
diese Führer mit einer Blutschuld belasten, wenn sie
nicht nach ihrem fachlichen und staatspolitischen
Wissen und Gewissen handeln.

*- 2 -* 37 279

Ihr soldatischer Gehorsam hat dort eine Grenze, wo
ihr Wissen, ihr Gewissen und ihre Verantwortung die Ausführung eines Befehles verbietet.

Finden ihre Ratschläge und Warnungen in solcher Lage
kein Gehör, dann haben sie das Recht und die Pflicht vor
dem Volk und vor der Geschichte, von ihren Ämtern abzutreten.

Wenn sie alle in einem geschlossenen Willen so handeln, ist die Durchführung einer kriegerischen Handlung
unmöglich. Sie haben damit ihr Vaterland vor dem
Schlimmsten, vor dem Untergang bewahrt.

Es ist ein Mangel an Grösse und an Erkenntnis der
Aufgabe, wenn ein Soldat in höchster Stellung in solchen
Zeiten seine Pflichten und Aufgaben nur in dem begrenzten Rahmen seiner militärischen Aufträge sieht, ohne sich
der höchsten Verantwortung vor dem gesamten Volke bewusst
zu werden.

Aussergewöhnliche Zeiten verlangen aussergewöhnliche
Handlungen!

Andere aufrechte Männer in staatsverantwortlichen
Stellungen ausserhalb der Wehrmacht werden sich auf ihrem
Wege anschliessen.

Wenn man die Augen und Ohren offen hält, wenn man
sich durch falsche Zahlen nicht selbst betrügt, wenn man
nicht in dem Rausch einer Ideologie lebt, dann kann man
nur zu der Erkenntnis kommen, dass wir zurzeit wehrpoli-
tisch (Führung, Ausbildung und Ausrüstung), wirtschafts-
politisch und stimmungspolitisch für einen Krieg <u>nicht</u>
gerüstet sind.

Anmerkung von Klaus Jürgen Möller:
1) Das könnte eine indirekte Kritik an Hitler sein, der, wie der Heeresadjutant Engel überlieferte (Engel, Aufzeichnungen, S. 27 f., Eintragung von 18.7.38), Becks Denkschrift heftig kritisierte: „. . . das sei ein verlogenes Stück Papier,
aber ihm mache man nichts vor. Kindische Kräfteberechnungen. . . .B[eck] solle ihn nicht für dumm halten. Er werde
eine Gegenaufstellung machen und dann den Herren vor die Nase halten." Vgl. auch Engel, Aufzeichnungen, S. 28
(Eintragung v. 24.7.38).

*- 2 -*

Mit seinen kühnen Vorstellungen über die Grenzen der Gehorsamspflicht der militärischen Führungsspitze trat Beck aus der preußisch-deutschen militärischen Tradition heraus. Zwar waren auch damals im Rahmen der bei der Wehrmacht praktizierten Auftragstaktik Zuwiderhandlungen gegen Befehle im taktischen Bereich möglich. Dennoch galten solche Handlungen immer als Ausnahmen. Die hier beabsichtigte Aufkündigung des Gehorsams aus politischen Gründen war dagegen von jeher umstritten. Das vielfach bemühte Beispiel der eigenmächtigen Abschließung eines Waffenstillstandes mit dem Feind durch General von York im Jahre 1812 bei Tauroggen erlaubt keinen einfachen Analogieschluß. Trotz des politisch-militärischen Erfolges verzieh König Friedrich Wilhelm III. niemals die Eigenmächtigkeit Yorks.

Die Generale folgten dem Vorschlage Becks nicht. Sie scheuten eine offene Auflehnung gegen die Politik des Diktators und zogen sich auf das Prinzip des militärischen Gehorsams zurück. Auch der Oberbefehlshaber des Heeres, Generaloberst von Brauchitsch, brachte es nicht über sich, die mit dem militärischen Herkommen so schwer zu vereinbarende Aufkündigung des Gehorsams ins Werk zu setzen.

Am 18. August 1938 kam Beck um die Ablösung vom Posten des Chefs des Generalstabes des Heeres ein. Sein Rücktritt wurde erst nach Beendigung der Besetzung des Sudetenlandes bekanntgegeben. Am 31. Oktober 1938 wurde er unter Verleihung des Charakters eines Generalobersten in den Ruhestand versetzt.

## Der Staatsstreichversuch vom September 1938

Becks Nachfolger, General der Artillerie Franz Halder, übernahm am 28. August das Amt des Chefs des Generalstabs des Heeres. Er wollte ebenfalls das Risiko eines großen Krieges vermeiden und griff daher frühere Staatsstreichpläne seines Vorgängers auf, für den Fall, daß Hitler den Angriff gegen die Tschechoslowakei befehlen sollte.

Eine wichtige Rolle spielte bei diesen Vorbereitungen Oberstleutnant Oster von der Abteilung Ausland/Abwehr im OKW. Er knüpfte die Kontakte zu Regimegegnern im Auswärtigen Amt, im Innen- und Justizministerium sowie zur Berliner Polizei.

Emissäre Halders und Osters informierten Mitglieder der britischen Regierung und versuchten, sie zu einem Kurs der Härte gegen Hitlers Forderungen zu bewegen. Oberstleutnant Oster hatte den konservativen Ewald von Kleist-Schmenzin zum damaligen britischen Oppositionsführer Winston Churchill entsandt, General Halder hatte durch den Hauptmann Karl Boehm-Tettelbach mit dem britischen Kriegsministerium Verbindung aufnehmen lassen. Im Auftrage des Staatssekretärs des Auswärtigen Amtes, Ernst Freiherr von Weizsäcker, informierte der Botschaftsrat der deutschen Botschaft in London, Theo Kordt, den britischen Außenminister Halifax über die Pläne der Opposition. Großbritannien sollte dadurch zu einer unnachgiebigen Haltung veranlaßt werden, damit Hitler das Kriegsrisiko unmißverständlich klar gemacht würde. Die Engländer blieben jedoch mißtrauisch. Großbritannien suchte zu einer vertraglichen Lösung der Sudetenfrage zu kommen. Für die Durchführung einer möglichen Aktion im Rahmen der Staatsstreichpläne wurde der Kommandierende General des III. Armeekorps und Befehlshaber im Wehrkreis III (Berlin), General der Infanterie von Witzleben, gewonnen. Er arbeitete eng mit Generalmajor Graf von Brockdorff-Ahlefeldt, dem Kommandeur der 23. Division, in Potsdam zusammen. Durch Osters Vermittlung hatte sich der Polizeipräsident von Berlin, Graf Helldorff, zusammen mit dem Leiter der Kriminalpolizei im Reich, Nebe, zur Verfügung gestellt.

General Halder sollte den auslösenden Befehl geben, General von Witzleben die Durchführung leiten. Den Oberbefehlshaber des Heeres, Generaloberst von Brauchitsch, hatte Halder nicht in die Planungen eingeweiht. Er sollte erst später hinzugezogen werden. Man wollte Berlin mit den Potsdamer Truppen und mit Kräften der Polizei besetzen und mit Hilfe der Kommandierenden Generale in den Wehrbereichen die Macht im Reich übernehmen. Generalleutnant Hoepner sollte als Kommandeur der 1. leichten Division mit seinen Panzerverbänden der „SS-Leibstandarte Adolf Hitler" den Weg nach Berlin verlegen.

Auf dem Reichsparteitag in Nürnberg, der am 12. September beendet war, hatte Hitler seine unbeirrbare Entschlossenheit erklärt, die sudetendeutsche Frage um jeden Preis zu lösen. In Erwartung des Angriffbefehls, womit man den Staatsstreich vor der Öffentlichkeit rechtfertigen wollte, hatte man als Zeitpunkt zum Losschlagen den 14. bis 16. September vorgesehen. Außer der Verhaftung von Regierungsmitgliedern und Parteifunktionären war die Verhaftung Hitlers in der Reichskanzlei geplant. Hitler sollte nach den Vorstellungen von General Beck und einigen Verschwörern vor Gericht gestellt und abgeurteilt werden. Damit hoffte man die Entstehung einer neuen „Dolchstoßlegende" zu verhindern. Oster und der an der Verschwörung beteiligte Reichsgerichtsrat Dr. Hans von Dohnanyi wollten ihn durch ein Ärztekonsilium unter dem Vorsitz von Dohnanyis Schwiegervater, dem Psychiater Professor Karl Bonhoeffer, für geistes-

Die Reichskanzlei in der Wilhelmstraße; Zustand 1938.
*Landesbildstelle Berlin*

General der Artillerie Franz Halder
*Bundesarchiv Koblenz*

Ewald von Kleist Schmenzin
*Landesbildstelle Berlin*

Die Münchener Konferenz am 29./30. September 1938; v.l.n.r.: Mussolini, Hitler,
Dr. Schmidt, Chamberlain.

Sudetenlandbesetzung im Oktober 1938; Einmarsch deutscher Truppen in Saaz.

*Bundesarchiv Koblenz*

krank erklären lassen. Weiter ging der Führer des im Auftrage Witzlebens und Osters zusammengestellten Stoßtrupps, Major Friedrich Wilhelm Heinz, ein ehemaliger Offizier des Freikorps „Brigade Ehrhardt". Er und seine Männer wollten Hitler beim Handstreich in der Reichskanzlei erschießen.

Politische Planungen für den Fall eines gelungenen Umsturzes waren nur ungenau getroffen. Zunächst dachte man an eine zeitlich befristete Militärdiktatur.

Zur Durchführung des Staatsstreiches kam es jedoch nicht. Als die Verschwörer bereit zum Losschlagen waren, kam es zur „Münchener Konferenz" am 29./30. September 1938. Hier erklärte sich der britische Premierminister Chamberlain, der französische Ministerpräsident Daladier und der italienische Staatsführer („Duce") Mussolini mit der Angliederung des Sudetenlandes an das Reich einverstanden. Ein Staatsstreich gegen den wiederum erfolgreichen „Führer" war damit unmöglich geworden. Am 1. Oktober 1938 marschierten deutsche Truppen in das Sudetenland ein.

## NS-Justiz und Regimegegner

Das NS-Regime wird häufig als „Unrechtsstaat" bezeichnet. Dieser Begriff bedarf einer näheren Erläuterung: Die schon unmittelbar nach der Machtergreifung am 30. Januar 1933 einsetzende Verfolgung politischer Gegner mit den Mitteln der Unterdrückung und des Terrors geschah planmäßig und wurde von den neuen Machthabern gedeckt. Bald wurde durch eine Flut von Gesetzen und Erlassen solchen verbrecherischen Maßnahmen der Schein des Rechts verliehen. Der nationalsozialistische Unrechtsstaat war eine Perversion des Rechtsstaates. Mit der am 28. Februar 1933 erlassenen „Verordnung des Reichspräsidenten zum Schutz von Volk und Staat", der sogenannten „Reichstagsbrandverordnung", waren die Grundrechte der Reichsverfassung praktisch aufgehoben. Das „Gesetz zur Behebung der Not von Volk und Reich" vom 24. März 1933, das sogenannte „Ermächtigungsgesetz", beseitigte das Verfassungsprinzip der Gewaltenteilung. Damit war der Weg zur Legalisierung des Unrechts frei. Schließlich galt der Wille des „Führers" nach der Staatsrechtslehre der Zeit als letzte Rechtsquelle.

Auch die Strafjustiz sollte den politischen Zielen des Systems dienen. Das „Gesetz zur Änderung von Vorschriften des Strafrechts und des Strafverfahrens" vom 24. April 1934 verschärfte in diesem Sinne die Strafandrohung gegen Hochverrat und Landesverrat. Es sah für diese Delikte die ausschließliche Zuständigkeit des neu errichteten „Volksgerichtshofs" vor, der insoweit an die Stelle des Reichsgerichts trat.

Der Volksgerichtshof entschied in der Hauptverhandlung mit fünf Richtern, wovon — abweichend vom Reichsgericht — drei ehrenamtlich tätig waren. Für das Richteramt sollten bewährte und zuverlässige Nationalsozialisten herangezogen werden. Als ehrenamtliche Richter wurde vor allem SS- und SA-Führer, aber auch Offiziere und Polizeioffiziere eingesetzt.

Durch die Bestallung der Mitglieder des Volksgerichtshofes (VGH) durch den „Führer und Reichskanzler", durch Errichtung von Senaten und die prozessuale Behandlung der Verfahren sollte die Öffentlichkeit über den wahren Charakter dieses neuen „Rechtsinstrumentes" getäuscht werden.
Aufgabe des Volksgerichtshofs war nicht, Recht zu sprechen, sondern die Vernichtung der Gegner des Nationalsozialismus. So wurde er wie auch die neu errichteten Sondergerichte zum wirkungsvollen Werkzeug der nationalsozialistischen Blutjustiz, deren Verhandlungen nur noch entfernt an ordentliche Gerichtsverfahren erinnerten.

Mit dem „Gesetz gegen heimtückische Angriffe auf Staat und Partei und zum Schutz der Parteiuniformen" vom 20. Dezember 1934 war die juristische Handhabe geschaffen worden, Bürger wegen kritischer Äußerungen ins Gefängnis zu werfen. Dieses Gesetz begünstigte Denunziation und Bespitzelung. Bereits durch einen relativ geringfügigen Verstoß gegen das sogenannte „Heimtückegesetz" wurde man zum „Volksschädling", zum „Meckerer", „Oppositionellen" oder „Querulanten", der sich außerhalb der Volksgemeinschaft gestellt hatte. Fortan mußte man bei Gesprächen in der Öffentlichkeit oder im Bekanntenkreis immer damit rechnen, daß kritische Bemerkungen „angezeigt" wurden.

Seit dem 28. Juni 1935 gab der neugefaßte § 2 des Strafgesetzbuches den Richtern die Möglichkeit, eine Tat auch dann „nach gesundem Volksempfinden" zu bestrafen, wenn kein bestimmtes Strafgesetz anwendbar war. Es genügte, die Strafe einem Gesetz zu entnehmen, dessen „Grundgedanken" auf die Tat am besten zutrafen. Damit waren seit langem bestehende Rechtsgrundsätze außer Kraft gesetzt und der Willkür Tür und Tor geöffnet.

## Was Recht ist, bestimmt der Führer

Leitsätze des Reichsrechtsführers Hans Frank[1]) vom 14.1.1936

1. Der Richter ist nicht als Hoheitsträger des Staates über den Staatsbürger gesetzt, sondern er steht als Glied in der lebendigen Gemeinschaft des deutschen Volkes. Es ist nicht seine Aufgabe, einer über der Volksgemeinschaft stehenden Rechtsordnung zur Anwendung zu verhelfen oder allgemeine Wertvorstellungen durchzusetzen, vielmehr hat er die konkrete völkische Gemeinschaftsordnung zu wahren, Schädlinge auszumerzen, gemeinschaftswidriges Verhalten zu ahnden und Streit unter Gemeinschaftsgliedern zu schlichten.

2. Grundlage der Auslegung aller Rechtsquellen ist die nationalsozialistische Weltanschauung, wie sie insbesondere in dem Parteiprogramm und den Äußerungen unseres Führers ihren Ausdruck findet.

3. Gegenüber Führerentscheidungen, die in die Form eines Gesetzes oder einer Verordnung gekleidet sind, steht dem Richter kein Prüfungsrecht zu. Auch an sonstige Entscheidungen des Führers ist der Richter gebunden, sofern in ihnen der Wille, Recht zu setzen, unzweideutig zum Ausdruck kommt.

4. Gesetzliche Bestimmungen, die vor der nationalsozialistischen Revolution erlassen worden sind, dürfen nicht angewendet werden, wenn ihre Anwendung dem heutigen gesunden Volksempfinden ins Gesicht schlagen würde. Für die Fälle, in denen der Richter mit dieser Begründung eine gesetzliche Bestimmung nicht anwendet, ist die Möglichkeit geschaffen, höchstrichterliche Entscheidung herbeizuführen.

5. Zur Erfüllung seiner Aufgaben in der Volksgemeinschaft muß der Richter unabhängig sein. Er ist nicht an Weisungen gebunden. Unabhängigkeit und Würde des Richters machen geeignete Sicherungen gegen Beeinflussungsversuche und ungerechtfertigte Angriffe erforderlich.

---

[1]) Dr. Hans Frank (1900–1946), führender Jurist der NSDAP, 1933–1942 Reichsleiter der Rechtsunion der NSDAP und Präsident der von ihm gegründeten Akademie für Deutsches Recht (von 1934 an als Reichsminister), 1939–1945 Generalgouverneur für die besetzten polnischen Gebiete, vom Nürnberger Gerichtshof als Kriegsverbrecher zum Tode verurteilt und hingerichtet.

Rede des SA-Obergruppenführers Dr. Thierack bei der Vereidigung der Mitglieder des Volksgerichtshofes am 3. Juni 1936.
*Bundesarchiv Koblenz*

Nach Kriegsausbruch im September 1939 wurde durch die „Verordnung über außerordentliche Rundfunkmaßnahmen" das Abhören ausländischer Rundfunksendungen unter schwere Strafen gestellt.

Neben den Strafen, welche die NS-Justiz verhängte, konnte die Geheime Staatspolizei (Gestapo) ohne Richterspruch „Schutzhaft", d.h. eine Einweisung in ein Konzentrationslager, anordnen.

Auch diese Maßnahmen erfolgten in scheinbarer Legalität. Anlaß zur Einweisung in ein Konzentrationslager konnte oft eine unbedachte Äußerung gegen das Regime sein, die ein Spitzel der Gestapo oder ein übelwollender Nachbar gemeldet hatte. Vor diesem Hintergrund wird deutlich, welches Risiko im damaligen Deutschland Menschen eingingen, die eine abweichende Haltung zu den befohlenen Parolen zu äußern wagten. Jeder Gedanke, die bestehenden Verhältnisse in irgendeiner Form ändern zu wollen, war ein Spiel mit dem Tode.

## Kriegsausbruch und militärischer Widerstand

Das von Hitler am 29. September 1938 im Münchener Abkommen erreichte Zugeständnis zur Angliederung des Sudetenlandes führte zu einer gewissen Resignation in den Widerstandskreisen. Es war schwierig, nochmals eine enge Fühlungnahme der verschiedenen Oppositionellen zu erreichen. Angesichts solch spektakulärer Erfolge war es kaum möglich, die Bevölkerung von der verderblichen Politik Hitlers zu überzeugen.
Entscheidend für den militärischen Widerstand war es, daß sich nunmehr General Halder Staatsstreichüberlegungen versagte, in denen er keine Erfolgsaussichten sah. Der Oberbefehlshaber des Heeres, Generaloberst von Brauchitsch, hatte sich ohnehin im September 1938 keineswegs eindeutig für eine Teilnahme an dem geplanten Staatsstreich ausgesprochen.

In der Nacht vom 9. zum 10. November 1938 kam es zu großen Ausschreitungen gegen die deutschen Juden aus Anlaß der Ermordung des Botschaftsangehörigen Rath in Paris. In allen Städten des Reiches zündeten SA-Trupps die Synagogen an. Zahlreiche jüdische Geschäfte wurden geplündert. Zehntausende von deutschen Juden wurden verhaftet. Initiator dieses Pogroms war der Propagandaminister Goebbels, der von spontanen Reaktionen des „Volkszorns" sprach. Viele Deutsche, darunter auch zahlreiche Offiziere, erfüllten diese Verbrechen mit tiefem Abscheu. Manche von ihnen haben sich schützend vor ihre jüdischen Mitbürger gestellt. Zu der entscheidenden Aktion des Widerstandes gegen das NS-Regime kam es jedoch nicht.

Am 15. März 1939 zwang Hitler unter massiven Drohungen, darunter auch der Bombardierung Prags, den tschechoslowakischen Staatspräsidenten Hacha zur Unterzeichnung eines Vertrages über die Schaffung des „Reichsprotektorats Böhmen und Mähren". Noch am gleichen Tage marschierten deutsche Truppen in die Tschechoslowakei ein. War die Besetzung des Sudetenlandes noch wegen des dort lebenden überwiegend deutschen Bevölkerungsanteils von den Westmächten hingenommen worden, so setzte sich Hitler nunmehr mit der Besetzung eines fremden Staates und wegen des Bruchs der Garantieabsprachen mit den Westmächten eindeutig ins Unrecht.

Am 17. März 1939 rückte der britische Premierminister Chamberlain in einer Rede in Birmingham von seiner bisherigen Appeasementpolitik ab. England und Frankreich gaben bald darauf Garantieerklärungen für Polen, Rumänien, Griechenland und die Türkei ab.

Als das Memelgebiet nach dem erzwungenen Vertrag mit Litauen am 23. März 1939 wieder dem Reich angegliedert wurde, hatte Hitler die internationale Vertrauensbasis endgültig verspielt. Seine öffentliche Argumentation, er erstrebe nunmehr von Polen nur noch die Zustimmung zur Rückgliederung des unter Völkerbundmandat stehenden Danzig und zu einer exterritorialen Straßen- und Eisenbahnverbindung durch den polnischen Korridor nach Ostpreußen, fand keinen Glauben mehr. Dieses Mißtrauen war berechtigt. Schon im April gab Hitler die Weisung zur Vorbereitung des Überfalls auf Polen. Am 23. Mai 1939 bekannte Hitler intern vor Befehlshabern der Wehrmacht:

„Danzig ist nicht das Objekt, um das es geht. Es handelt sich für uns um die Erweiterung des Lebensraumes im Osten."

Angesichts der drohenden Kriegsgefahr kam es im Sommer 1939 neben zahlreichen Plänen und Besprechungen Oppositioneller in verschiedenen Stellungen zu Bemühungen des ehemaligen Wirtschaftsministers und Reichsbankpräsidenten Hjalmar Schacht und anderer, den Chef des Generalstabes des Heeres, General Halder, und den Oberbefehlshaber des Heeres, Generaloberst von Brauchitsch, zu einer Aktion gegen Hitler zu bewegen. Diese Bemühungen blieben erfolglos. Vor allem Halder wollte erst einen nachhaltigen Prestigeverlust Hitlers nach

Extrablatt        Extrablatt

Berlin, Freitag, 1. September 1939

# VÖLKISCHER BEOBACHTER

Kampfblatt der nationalsozialistischen Bewegung Großdeutschlands

# Aufruf des Führers
# an die Wehrmacht

### Polen nicht mehr gewillt, die deutsche Reichsgrenze zu achten
### Von jetzt ab: Gewalt gegen Gewalt!
### Kampf um Ehre und Lebensrecht des wiedererstandenen deutschen Volkes

## An die Wehrmacht!

Der polnische Staat hat die von mir erstrebte friedliche Regelung nachbarlicher Beziehungen verweigert, er hat stattdessen an die Waffen appelliert.

Die Deutschen in Polen werden mit blutigem Terror verfolgt, von Haus und Hof vertrieben. Eine Reihe von für eine Großmacht unerträglichen Grenzverletzungen beweist, daß die Polen nicht mehr gewillt sind, die deutsche Reichsgrenze zu achten. Um diesem wahnwitzigen Treiben ein Ende zu bereiten, bleibt mir kein anderes Mittel, als von jetzt ab Gewalt gegen Gewalt zu setzen.

Die deutsche Wehrmacht wird den Kampf um die Ehre und die Lebensrechte des wiederauferstandenen deutschen Volkes mit harter Entschlossenheit führen.

Ich erwarte, daß jeder Soldat, eingedenk der großen Tradition des ewigen deutschen Soldatentums, seine Pflicht bis zum Letzten erfüllen wird.

Bleibt Euch stets und in allen Lagen bewußt, daß Ihr die Repräsentanten des nationalsozialistischen Großdeutschlands seid!

### Es lebe unser Volk und unser Reich!

Berlin, den 1. September 1939.

Adolf Hitler

Deutsche Soldaten beseitigen einen Schlagbaum an der polnischen Grenze.
*Bundesarchiv Koblenz*

Hitler und Generaloberst von Brauchitsch bei der Siegesparade in Warschau am 5. Oktober 1939.
*Bundesarchiv Koblenz*

Massenerschießungen durch „Einsatzgruppen"

*Kommission für Zeitgeschichte*

Kriegsausbruch abwarten, um damit für einen Staatsstreich bessere Erfolgschancen zu haben.

Mit dem Abschluß des deutsch-sowjetischen Nichtangriffspaktes am 23. August 1939 war die Gefahr eines Zweifrontenkrieges zunächst gebannt. Dieser außenpolitische Erfolg Hitlers hat ein Handeln der Militäropposition damals ganz entscheidend behindert. Ein nochmaliger Versuch, Halder und Brauchitsch zu gewinnen, schlug am 25. August 1939 fehl.

Am 31. August 1939 gab Hitler den Angriffsbefehl gegen Polen. Am 1. September 1939 um 4.45 Uhr begann der deutsche Überfall. Am 3. September folgten die Kriegserklärungen Englands und Frankreichs.
Mit Kriegsbeginn veränderten sich für viele Soldaten die Rahmenbedingungen für Opposition und Widerstand entscheidend. Der Oberbefehlshaber des Heeres, Generaloberst von Brauchitsch, versagte sich nun endgültig den Verschwörern.

## Das Spektrum des Widerstandes von Soldaten

### Die Folgen von Hitlers Überfall auf Polen

Der Angriff gegen Polen wurde, von wenigen Ausnahmen abgesehen, von den militärischen Führungsspitzen als ein Schritt zur Rückgewinnung der Großmachtstellung des Reiches prinzipiell gebilligt. Damit bewegte man sich noch im Rahmen einer Revision der Bestimmungen des Versailler Vertrages. Man war sich durchaus über die Notwendigkeit einer militärischen Lösung der Danzig-, Korridor- und Polenfrage einig. General Halder und andere Generale vertraten die Ansicht, daß die Grenzziehung im Osten ohnehin korrigiert werden müsse. So befanden sich die Männer der konservativen Militäropposition in einem Dilemma. Als nationale Sachwalter waren sie von der Lösbarkeit der aus Gründen der Machtpolitik zu stellenden Forderungen im Osten überzeugt, in der Art und Weise der Durchführung sahen sie jedoch eine Gefährdung für den Bestand des Reiches.
Einzelne, wie beispielsweise Admiral Canaris, zeigten sich jedoch über eine solche Politik empört und sprachen Hitlers Kriegsabsicht „jede sittliche Grundlage" ab. Zu einer allgemeinen, grundsätzlichen Gegenposition kam es nicht.

Hitlers „Lebensraumpolitik" stand in engem Zusammenhang mit seiner Rassenideologie, in gewisser Weise war sie sogar die Folge davon. Die „überlegene arische Rasse" sollte sich im Osten den notwendigen Lebensraum erkämpfen. Die dort lebenden Slawen hatten als Angehörige einer „minderen" Rasse als „Untermenschen" den arischen „Herrenmenschen" zu dienen. So begann unmittelbar nach dem Einmarsch in Polen eine grausame Unterjochungs- und Ausrottungspolitik.

Die Ausschreitungen gegen die polnische Zivilbevölkerung, die Plünderungen und Mordaktionen, wurden größtenteils von den „Einsatzgruppen" der Sicherheitspolizei, d.h. Angehörigen des Sicherheitsdienstes (SD) der SS verübt. Auch Soldaten der Wehrmacht beteiligten sich in verschiedenen Fällen an solchen Verbrechen. Viele Soldaten, die davon Kenntnis erhielten, waren jedoch von tiefem Abscheu und Entsetzen erfüllt.

Es kam stellenweise zu energischen Protesten militärischer Führer und zur Verurteilung von Schuldigen, wenngleich die Urteile oft abgemildert oder sogar aufgehoben wurden. Der massivste Protest wurde von Generaloberst Blaskowitz, damals Oberbefehlshaber Ost, erhoben. Oberst i.G. Wagner, Generalquartiermeister im Generalstab des Heeres, und Oberstleutnant i.G. Groscurth informierten den Chef des Generalstabes des Heeres über die Verbrechen im Osten, um diesen zum Handeln gegen Hitler zu bewegen.

Weil die Verbrechen im Befehlsbereich des Oberbefehlshabers Ost begangen wurden, bestand die Gefahr, daß dem Heer die Verantwortung für die Taten der SS und der Polizei angelastet wurde. Dies zu akzeptieren, war das Heer aus disziplinarischen, politischen und auch aus moralischen Gründen nicht bereit. Als die nicht dem Reich angegliederten Gebiete Polens am 12. Oktober 1939 einem Generalgouverneur, dem früheren Reichsminister ohne Geschäftsbereich Hans Frank, unterstellt wurden, ging die Verwaltung Polens ganz in die Hände von nationalsozialistischen Erfüllungsgehilfen über. Damit trug Hitler — sicher ungewollt — dem Anliegen des Heeres Rechnung.
In den vorliegenden Dokumenten werden die Proteste gegen die Ausschreitungen vornehmlich mit Argumenten der Aufrechterhaltung der Truppendisziplin begründet. Eine Parteinahme aus humanitären Gründen war damals gefährlich. Die Denkschrift des Generalobersten Blaskowitz ist ein Beispiel für mutiges Eintreten gegen Unrecht, welches Nationalsozialisten im Namen Deutschlands begangen haben. Groscurth hat Abschriften dieses Berichtes an mehrere Generale

Generaloberst Johannes Blaskowitz

Abschrift.

Denkschrift Blaskowitz

Der Oberbefehlshaber Ost    H.Qu. Schloß Spala, den 6.2.40.

## I. Militärpolitische Lage.

Im Industriegebiet Kasienna ist zum ersten Male das Bestehen einer weitverzweigten Aufstands- und Sabotageorganisation festgestellt. Hauptträger der Organisation sind Angehörige des ehemaligen polnischen Heeres. Das bei zahlreichen Verhafteten vorgefundene Material wird nur zum Teil noch gesichtet. Die Staatspolizei sieht zunächst von weiteren Verhaftungen ab, um die spätere Zerstörung der Gesamtorganisation nicht zu gefährden.

Die sich hiermit aufzeigende Gefahr zwingt, zur Frage der Behandlung des polnischen Volkes allgemein Stellung zu nehmen.

Es ist abwegig, einige 10 000 Juden und Polen, so wie es augenblicklich geschieht, abzuschlachten; denn damit werden angesichts der Masse der Bevölkerung weder die polnische Staatsidee totgeschlagen noch die Juden beseitigt. Im Gegenteil, die Art und Weise des Abschlachtens bringt größten Schaden mit sich, kompliziert die Probleme und macht sie viel gefährlicher, als sie bei überlegtem und zielbewußtem Handeln gewesen wären. Die Auswirkungen sind:

a) Der feindlichen Propaganda wird ein Material geliefert, wie es wirksamer in der ganzen Welt nicht gedacht werden kann. Was die ausländssender bisher gebracht haben, ist nur ein winziger Bruchteil von dem, was in Wirklichkeit geschehen ist. Es muß damit gerechnet werden, daß das Geschrei des auslandes stetig zunimmt und größten politischen Schaden verursacht, zumal die Scheußlichkeiten tatsächlich geschehen sind und durch nichts widerlegt werden können.

b) Die sich in aller Öffentlichkeit abspielenden Gewaltakte gegen Juden erregen bei den religiösen Polen nicht nur die tiefsten Abscheu, sondern ebenso grosses Mitleid mit der jüdischen Bevölkerung, der der Pole bisher mehr oder weniger feindlich gegenüber stand. In kürzester Zeit wird

es dahin kommen, daß unsere Erzfeinde im Ostraum - der Pole und der Jude, dazu noch besonders unterstützt von der kath. Kirche - sich in ihrem Haß gegen ihre Peiniger auf der ganzen Linie gegen Deutschland zusammenfinden werden.

c) Auf die Rolle der Wehrmacht, die gezwungen ist, diesen Verbrechen tatenlos zuzuschauen, und deren Ansehen besonders bei der polnischen Bevölkerung eine nicht wieder gut zu machende Einbuße erleidet, braucht nicht nochmal hingewiesen zu werden.

d) Der schlimmste Schaden jedoch, der dem deutschen Volkskörper aus den augenblicklichen Zuständen erwachsen wird, ist die maßlose Verrohung und sittliche Verkommenheit, die sich in kürzester Zeit unter wertvollen deutschen Menschenmaterial wie eine Seuche ausbreiten wird.

Wenn hohe Amtspersonen der SS und Polizei Gewalttätaten und Brutalität verlangen und sie in der Öffentlichkeit beloben, dann regiert in kürzester Zeit nur noch der Gewalttätige. Überraschend schnell finden sich Gleichgesinnte und charakterlich Angekränkelte zusammen, um, wie es in Polen der Fall ist, ihre tierischen und pathologischen Instinkte auszutoben. Es besteht kaum noch die Möglichkeit, sie im Zaun zu halten; denn sie müssen sich mit Recht von Amtswegen autorisiert und zu jeder Grausamkeit berechtigt fühlen.

Die einzige Möglichkeit, sich dieser Seuche zu erwehren, besteht darin, die Schuldigen und ihren Anhang schleunigst der militärischen Führung und Gerichtsbarkeit zu unterstellen.

Der Oberbefehlshaber im Grenzabschnitt Süd, General der Infanterie U l e x , äußert sich am 2. Februar 1940:

An    den Oberbefehlshaber O s t
                              S p a l a

Die sich gerade in letzter Zeit anhäufenden Gewalttaten der polizeilichen Kräfte zeigen einen ganz unbe-

Zentrale Stelle der Landesjustizverwaltungen Ludwigsburg: Verschiedenes, Ord. Nr. 12, Dok. Nr. 3423 ff.

83

Gespräch mit Berliner Polizeipräsident

Graf Helldorf am 5.1.1940

– – – – – – – – – –

Major d.G. H e d k e hatte angeregt, dass Chef d.Abt.z.b.V. Führung aufnehmen solle mit Graf Helldorf, um von ihm fortlaufend über die Stimmung in Berlin unterrichtet zu werden. Die erste Besprechung mit dem mir bereits persönlich bekannten Grafen Helldorf fand am 5.1.40 bei der Abwehrabteilung in Gegenwart des Oberst Oster statt.

Graf Helldorf machte zunächst längere Ausführungen über die Lage im Osten. Er bezeichnete sie als katastrophal. Nicht die Kreolnessungen seien das Schlimmste, sondern am bedenklichsten seien die sonstigen Unterdrückungsmassnahmen, die durch einen neuen verschärften Befehl der SS noch zunehmen würden. Der Polizeivizepräsident Grunstein, selbst höherer SS-Führer, habe sich kürzlich selbst von den Zuständen in Krakau überzeugt. Er habeich eingehend und offen mit den dortigen höheren SS-Führer Streckenbach unterhalten der völlig verzweifelt gewesen sei und in einen Weinkrampf ausgebrochen sei. Seine Leute könnten die Befehle nur noch unter starker Alkoholwirkung durchführen.

Der Major d.Res. S.A.-Gruppenführer Reimann habe festgestellt, dass aus einem Offz.-Gefangenenlager 4 polnische Offiziere durch SS-Leute abgeholt und erschossen seien. Er habe die Leichen selbst gesehen.

Graf Helldorf befürchtet, dass die SS – Leute aus Polen bei der Rückkehr nach Deutschland nicht mehr den Anschluss an ein bürgerliches Leben finden werden. Er hat Besorgnisse wegen der ihm aufgenötigten Einstellung von 500 Leuten des " Heimatschutzes" in die Berliner Polizei. Einer zurückgekehrten Polizeihundertschaft wurde ein Krieg des Innenministerium verlassen, wonach die Polizeibeamten nunmehr wieder nach Recht und Gesetz zu handeln hätten und sie über alle Vorgänge in Polen absolut zu schweigen hätten.

*Bundesarchiv-Militärarchiv Freiburg N 104*

Wolf Heinrich Graf von Helldorff
*Bundesarchiv Koblenz*

weitergegeben, mit dem Ziel, diese für den Widerstand gegen Hitler zu gewinnen.

Der mutige Protest des Generalobersten Blaskowitz blieb erfolglos. Das Antwortschreiben des Reichsführers SS, Heinrich Himmler, enthielt zwar die Zusicherung, die Täter mit aller Strenge zu bestrafen, jedoch behielt sich Himmler die genaue Nachprüfung der jeweiligen Fälle vor. Damit wurde deutlich, wie sehr er die Richtigkeit der Behauptungen des Oberbefehlshabers Ost in Frage stellte.

Die Mordaktionen im besetzten Polen wurden damals nur einem Teil der militärischen Führung und den in unmittelbarer Nähe eingesetzten Truppenteilen bekannt. Jedoch trugen sie dazu bei, daß einige der späteren aktiven Widerstandskämpfer nunmehr zu entschiedenen Gegnern Hitlers wurden oder in ihrer Gegnerschaft noch bestärkt wurden. In seiner Vernehmung vor dem Volksgerichtshof im August 1944 erklärte Ulrich Wilhelm Graf von Schwerin von Schwanenfeld, im Polenfeldzug Adjutant des Generals von Witzleben, daß ihm „die vielen Morde" in Polen endgültig den verbrecherischen Charakter des Nationalsozialismus enthüllt hätten.

*Die Staatsstreichplanung Halders vom Oktober 1939*

Den konkreten Anlaß zur Wiederaufnahme der Staatsstreichpläne bildete Hitlers Absicht, unmittelbar nach der Niederwerfung Polens im Westen anzugreifen.

Das Oberkommando des Heeres vertrat demgegenüber die Auffassung, „im Westen noch auf Jahre hinaus den Krieg nur verteidigungsweise führen zu können". Wegen der mangelhaften Rüstung und der schlechten kriegswirtschaftlichen Lage werde Deutschland in einem Krieg gegen die Westmächte unterliegen. Trotz dieser Bedenken wollte Hitler noch im Herbst 1939 den Angriff unter Verletzung der Neutralität der Niederlande, Belgiens und Luxemburgs wagen.

Mitte Oktober 1939 bildete sich unter maßgeblicher Beteiligung des Leiters der Verbindungsgruppe zwischen Abwehr und Oberkommando des Heeres (OKH), Oberstleutnant i.G. Groscurth, ein Kreis um den Chef des Generalstabes des

General der Artillerie Franz Halder · General der Infanterie Erwin von Witzleben

General der Kavallerie Erich Hoepner · Oberstleutnant i.G. Helmuth Groscurth

*Bundesarchiv Koblenz*

Heeres, General der Artillerie Halder. Wie 1938 arbeiteten zivile und militärische Widerstandskämpfer gemeinsam an einem Plan, Hitler auszuschalten. Ob General Halder schon zu diesem Zeitpunkt zum Staatsstreich entschlossen war, ist strittig.

Sobald Hitler den Angriffsbefehl gegeben hatte, sollte der Staatsstreich ausgelöst werden. Dazu wollte man sich der Mitwirkung der höheren Truppenbefehlshaber versichern. Ansatzpunkt für ein gemeinsames Handeln sollten die schwerwiegenden fachlichen Bedenken gegen die Offensive sein, welche die Oberbefehlshaber im Westen, Generaloberst Ritter von Leeb, Generaloberst von Bock, Generaloberst von Rundstedt, und sogar der dem NS-System nahestehende Armeeoberbefehlshaber Generaloberst von Reichenau ohne Erfolg gegenüber Hitler erhoben hatten.

Auch der Oberbefehlshaber des Heeres sollte für eine Teilnahme am Staatsstreich gewonnen werden. General der Infanterie von Stülpnagel, damals Oberquartiermeister I im Generalstab des Heeres, legte am 19. Oktober 1939 Generaloberst von Brauchitsch eine Denkschrift vor, an der die Legationsräte Hasso von Etzdorf und Erich Kordt sowie Oberstleutnant i.G. Groscurth maßgeblich mitgearbeitet hatten und die zum rechtzeitigen Sturz der Regierung Hitlers vor Feldzugsbeginn im Westen aufrief.

Ende Oktober versuchten Vizeadmiral Canaris und Oberst Oster, die Generale Halder und Stülpnagel zum Handeln zu drängen. Als nach wiederholten Verschiebungen Hitler schließlich den 12. November als Angriffstermin im Westen festsetzte, beabsichtigte General Halder, am 5. November mit Generaloberst von Brauchitsch zusammen zu versuchen, Hitler von seinem Angriffsplan abzubringen. Falls dies ergebnislos blieb, sollte der Staatsstreich rechtzeitig vor Beginn der Angriffsoperationen eingeleitet werden. Die Sondierungen bei den Oberbefehlshabern an der Westfront ergaben, daß sich zur Beteiligung am Staatsstreich nur die Generalobersten Ritter von Leeb und von Witzleben bereit erklärten. Die Generalobersten von Bock und von Rundstedt waren gegen den Angriff, konnten sich jedoch nicht zur Teilnahme an einem Umsturz entschließen. Auch General der Artillerie Friedrich Fromm, Chef der Heeresrüstung und Befehlshaber des Ersatzheeres, lehnte eine Teilnahme am Staatsstreich ab.

Halder hatte bereits Oberst Oster zur Wiederaufnahme der Staatsstreichpläne des Jahres 1938 aufgefordert. Groscurth sollte die Vorbereitungen dazu anlaufen lassen. Die zivilen Mitglieder der Verschwörung, Regierungsrat Dr. Hans Bernd Gisevius und Oberregierungsrat Dr. Hans von Dohnanyi, Reichsbankpräsident a.D. Schacht, sowie der verabschiedete Generaloberst Beck, hielten sich bereit, ebenso der Chef des Wehrwirtschafts- und Rüstungsamtes, Generalmajor Thomas, und Oberst i.G. Wagner. Innerhalb kurzer Zeit war es wiederum zu einer engen Koordination ziviler und militärischer Widerstandsgruppierungen gekommen.

Der Vortrag Brauchitschs bei Hitler am 5. November 1939 nahm einen unvorhergesehenen Verlauf. Hitler wies nicht nur den Vorschlag, die Offensive aufzugeben, zurück, sondern überschüttete den Oberbefehlshaber des Heeres mit schwersten Vorwürfen und Anklagen gegen den im Oberkommando des Heeres vorherrschenden destruktiven „Geist von Zossen". Unsicher geworden, versagten sich Brauchitsch und Halder nunmehr jeglicher Teilnahme an der Verschwörung und entzogen damit einer weiteren militärischen Umsturzplanung den Boden. Eine „Meuterei" wolle er nicht anführen, erklärte Brauchitsch kurz darauf.


## Versuche zur Verhinderung der Kriegsausweitung

Der Chef des Generalstabes des Heeres, General der Artillerie Franz Halder, lehnte die Teilnahme an weiteren Umsturzplanungen ab, weil der Oberbefehlshaber des Heeres, Generaloberst von Brauchitsch, sich nicht an die Spitze der Verschwörung stellen wollte. Ein weiteres Argument war seine Auffassung, daß sich der Kampf Englands nicht allein gegen den Nationalsozialismus, sondern gegen das ganze deutsche Volk richte. Es sei „nicht zu ertragen, daß Deutschland auf die Dauer ein Helotenvolk Englands" sei. Auch sah er keine breite Basis für eine Verschwörung, da die Truppe nach wie vor an den „Führer" glaube. Im Gegensatz dazu sahen jüngere Offiziere wie Oster und Groscurth und vor allem die zivilen Mitglieder des Widerstandes durchaus noch eine Möglichkeit, die Ausweitung des Krieges zu einem Weltkrieg zu verhindern, bevor es im Westen zu ernsten Kampfhandlungen mit den Westmächten käme. In seiner Denkschrift vom 20. November 1939 forderte Generaloberst Beck, den „von vornherein aussichtslosen Weltkrieg je eher je besser zu liquidieren".
Von dieser Überzeugung ausgehend, versuchten der ehemalige Botschafter in Rom, Ulrich von Hassell, über die Schweiz und der Legationsrat im Auswärtigen Amt, Adam von Trott zu Solz, über die USA Möglichkeiten zu erkunden, wie

Generaloberst Gerd von Rundstedt (links)
und Generaloberst Erwin von Witzleben

Generaloberst Walther von Brauchitsch (links)
und Generaloberst Fedor von Bock

*Bundesarchiv Koblenz*

General der Infanterie
Karl Heinrich von Stülpnagel

Generaloberst Wilhelm Ritter von Leeb

Oberst i.G. Wagner

Generaloberst
Kurt Freiherr von Hammerstein-Equord

*Bundesarchiv Koblenz*

man unter der Voraussetzung, daß Hitler und sein Regime gestürzt würden, Frieden schließen könne. Ihre Sondierungen blieben erfolglos.

Im Auftrage von Beck und Oster knüpfte der Rechtsanwalt Dr. Josef Müller durch Vermittlung von Papst Pius XII. Kontakte zum britischen Gesandten beim Heiligen Stuhl. Ziel dieser Sondierungen war zum einen die Zusicherung der Westmächte, eine Staatsstreichsituation in Deutschland nicht zu einem Großangriff auszunutzen. Zum anderen wollte man Klarheit über die Möglichkeit gewinnen, annehmbare Friedensbedingungen für eine Regierung nach Hitlers Sturz zu erhalten. Auf der Grundlage entsprechender Erklärungen der Westmächte sollte die Entscheidung zum Staatsstreich fallen. Diese Gespräche zogen sich bis zum Februar 1940 hin. London war zum Friedensschluß bereit, wenn es zur Beseitigung Hitlers und des NS-Regimes durch eine Aktion des Widerstandes kommen würde. Ferner sollte ein Angriff im Westen unterbleiben und der Fortbestand der Grenzen von 1937 gewährleistet sein. Über den Verbleib Österreichs bei Deutschland sollte eine neue Abstimmung entscheiden.

Müller faßte Ende Februar 1940 zusammen mit Hans von Dohnanyi die Ergebnisse seiner Bemühungen in einem Bericht zusammen. Der später verlorengegangene Bericht wurde dem Chef des Generalstabes des Heeres und dem Oberbefehlshaber des Heeres zur Kenntnis gebracht. Generaloberst von Brauchitsch soll geäußert haben: „Sie hätten mir das nicht vorlegen sollen. Das ist glatter Landesverrat, das mitzumachen, kommt für mich unter keinen Umständen in Frage. Im Kriege ist für den Soldaten keinerlei Verbindung mit einer ausländischen Macht zulässig." Halder nutzte nicht die Möglichkeit, mit Brauchitsch die in dem Bericht aufgezeigten Friedensmöglichkeiten in einem persönlichen Gespräch zu erörtern.

Am 9. April 1940 besetzten deutsche Truppen Dänemark und Norwegen. Wiederum hatte Hitler einen großen Prestigeerfolg errungen. Auch die oppositionell eingestellten Befehlshaber sahen nunmehr in der unmittelbar bevorstehenden Westoffensive keinen geeigneten Ansatzpunkt mehr für einen Staatsstreich.

So berichtete Dr. Müller im Auftrag Becks Anfang Mai 1940 im Vatikan, daß eine Aktion der Generale jetzt nicht mehr zu erwarten sei. Gleichzeitig warnte er vor dem unmittelbar bevorstehenden Angriff im Westen, bei dem die Verletzung der Neutralität von Belgien, Holland und Luxemburg bewußt in Kauf genommen werden sollte. Müller wollte damit deutlich machen, daß es den Männern des Widerstandes bei den Sondierungen nicht um ein Täuschungsmanöver gegangen war und man sich eindeutig von Hitlers Kriegspolitik und seiner Angriffsabsicht distanzierte.

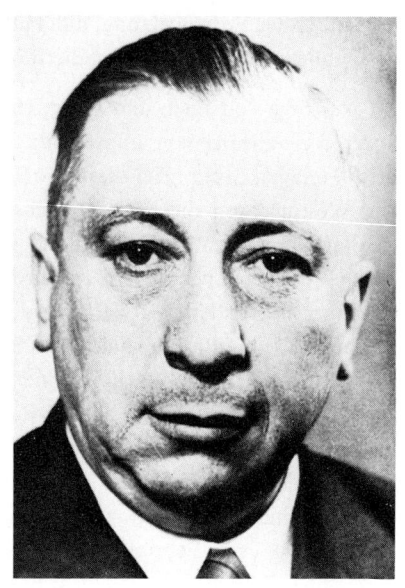

Papst Pius XII.
*Bundesarchiv Koblenz*

Dr. Josef Müller
*Konrad Adenauer Stiftung*

Dr. Adam von Trott zu Solz
Legationsrat im Auswärtigen Amt

Oberst Hans Oster

*Bundesarchiv Koblenz*

Sprengstoffattentat im Bürgerbräu-Keller in München am 8. November 1939.
*Bundesarchiv Koblenz*

Dr. Carl Goerdeler

Ernst Freiherr von Weizsäcker
Staatssekretär des Auswärtigen Amtes

*Bundesarchiv Koblenz*

Auch Oberst Oster hatte sich nach reiflicher Gewissensprüfung und aus der Erkenntnis, daß Halder und Brauchitsch nicht zum Handeln gedrängt werden konnten, zur Warnung der Westmächte vor dem bevorstehenden Angriff entschlossen. Die Abwehrmaßnahmen der Gegner, die Oster damit auslösen wollte, sollten Hitler vom Angriff abschrecken. Ein Scheitern des möglicherweise nicht verhinderten Angriffes sollte den Ansatzpunkt zum Sturz Hitlers und zur Rettung Deutschlands bilden.

Solche Warnungen waren formal gesehen Landesverrat. Es handelte sich aber hierbei um nach persönlicher Gewissensentscheidung getroffene Maßnahmen in alleiniger Verantwortung mit dem Ziel, den Krieg zu verhindern oder seine Ausweitung zu einem Weltkrieg und die dadurch drohende Vernichtung Deutschlands zu vermeiden. Dies muß klar von Handlungen des Landesverrates unterschieden werden, welche im Auftrage einer fremden Macht und auf Bezahlung, jedoch immer mit der Absicht, dem eigenen Lande zu schaden, unternommen werden. Nach neueren Forschungsergebnissen haben offenbar auch Generaloberst von Reichenau, Oberst d.G. Warlimont und der Staatssekretär des Auswärtigen Amtes, Freiherr von Weizsäcker, unabhängig voneinander zu verschiedenen Zeiten zwischen 1938 und 1940 das Ausland über Hitlers Angriffsabsichten informiert.

Der am 10. Mai 1940 begonnene Westfeldzug endete wider Erwarten mit einem Sieg. Dadurch wurde Hitlers Stellung als Oberbefehlshaber der Wehrmacht in ganz entscheidendem Maße gefestigt. Nach dem Abschluß des Waffenstillstandes im Wald von Compiègne am 22. Juni 1940 hatte Hitler den Gipfel seiner Macht erreicht.


## Der Überfall auf die Sowjetunion, Hitlers Weltanschauungskrieg

Der von den Fachleuten für unmöglich gehaltene militärische Erfolg gegen Frankreich führte zu einer weitverbreiteten Siegeseuphorie. Der Staatssekretär des Auswärtigen Amtes, Freiherr von Weizsäcker, notierte: „Auch diejenigen Generale, die vor dem 10. Mai 1940 einer Offensive gegen Westen abgeneigt waren, sind jetzt von ihrer Zweckmäßigkeit überzeugt, sprechen abfällig über den Gegner und wollen nicht mehr gern an ihre früheren Urteile erinnert werden". Neue Aufgaben erklärten sie bald für „reizvoll". So war es kaum verwunderlich, daß allein schon aus dieser Haltung heraus keine ernsten Bedenken gegen Hitlers

Ende Juli 1940 gefaßten Entschluß zum Überfall auf den damaligen Vertrags-partner Sowjetunion erhoben wurden. Am 18. Dezember 1940 erließ Hitler die „Weisung Nr. 21, Fall Barbarossa" zum Überfall auf die Sowjetunion.

Außer den genannten Gründen verhinderte eine allgemein verbreitete Gering-schätzung der militärischen Stärke der Sowjetunion zu diesem Zeitpunkt neue Ansätze für einen militärfachlich begründeten Widerstand. Darüber hinaus teilte man die auch in Deutschland weitverbreitete Bewertung der Sowjetunion als Hort des Weltkommunismus, den man für die Niederlage von 1918 mitverant-wortlich hielt. So konnte es nicht verwundern, daß der Krieg gegen die Sowjet-union von vielen auch als eine Art Kreuzzug gegen den Kommunismus angese-hen wurde.

Für Hitler war der Krieg gegen die Sowjetunion ein „Weltanschauungskrieg" zur Gewinnung von Lebensraum für die „arische Herrenrasse", dem er durch Maßnahmen, die im krassen Gegensatz zum Völkerrecht und zur Genfer Kon-vention standen, bereits bei den Vorbereitungen den Stempel eines rassenideolo-gischen Vernichtungskrieges aufdrückte. So gab der „Führererlaß" über die Aus-übung der Kriegsgerichtsbarkeit im Gebiet ‚Barbarossa'" vom 13. Mai 1941 je-dem Offizier unter bestimmten Voraussetzungen die selbständige Entschei-dungsbefugnis, Landeseinwohner zu erschießen und „kollektive Gewaltmaß-nahmen" gegen partisanenverdächtige Ortschaften zu befehlen. Ferner wurde der Verfolgungszwang für Straftaten von Wehrmachtangehörigen gegen Lan-deseinwohner, ausgenommen bei gewissen Gewaltdelikten, aufgehoben. Trauri-ge Berühmtheit erlangten die im Nachgang zu diesem Führererlaß angeordneten „Richtlinien für die Behandlung politischer Kommissare", der sogenannte „Kommissarbefehl" vom 6. Juni 1941, der die Erschießung gefangengenomme-ner Politoffiziere der Roten Armee anordnete.

Im Kreis der Verschwörer um Hassell, Beck, Oster, Popitz und Goerdeler hoffte man vergeblich, daß es durch Verweigerung bei Annahme und Ausführung die-ser verbrecherischen Erlasse zu einem neuen Anstoß für eine Umsturzaktion kä-me. Oberstleutnant i.G. Henning von Tresckow, damals Ia im Stabe der Heeres-gruppe Mitte, bemühte sich, seinen Oberbefehlshaber, Generalfeldmarschall von Bock, dazu zu bewegen, beim Oberbefehlshaber des Heeres Protest einzule-gen. Bock tat dies und erreichte vom Oberbefehlshaber des Heeres einschrän-kende Klarstellungen zum „Kriegsgerichtsbarkeitserlaß."

Das Beispiel des Generalfeldmarschalls Ritter von Leeb zeigt, daß auch der „Kommissarbefehl" von Truppenführern nicht ohne weiteres „nach unten" weitergegeben wurde. Auch wurde seine Ausführung häufig nach mündlichen Absprachen unterlaufen, oder es wurden bewußt Falschmeldungen „nach oben" abgegeben.

Am 22. Juni 1941 begann um 03.15 Uhr ohne vorherige Ankündigung der Angriff auf die Sowjetunion. Etwa 3,2 Millionen deutsche Soldaten traten an. Die Heeresgruppe Nord führte Generalfeldmarschall Ritter von Leeb, die Heeresgruppe Mitte Generalfeldmarschall von Bock und die Heeresgruppe Süd Generalfeldmarschall von Rundstedt.

Der Feldzugplan sah die Vernichtung der Masse der im Westen Rußlands stehenden Roten Armee vor. Unter dem Vorantreiben von Panzerkeilen und Bildung großer Kessel sollte der Rückzug der russischen Truppen in die Weite des Raumes verhindert werden. Innerhalb weniger Monate wollte man die Linie Astrachan-Wolga-Archangelsk gewinnen.

Die deutschen Truppen drangen zunächst in einem gewaltigen Siegeszug weit nach Osten vor. Das gesteckte Ziel des Feldzuges wurde jedoch nicht erreicht. Die Mitte Oktober bis Mitte November dauernde Schlammperiode und immer stärker werdende russische Gegenangriffe hemmten den Vormarsch zunehmend. Die Heeresgruppe Mitte kam zwar bis zum 5. Dezember 1941 bis auf wenige Kilometer vor Moskau. Eine starke russische Offensive und plötzlich eintretender Frost, für den die deutschen Truppen nur unzureichend ausgerüstet waren, brachte jedoch seit dem 5./6. Dezember 1941 den Vormarsch auf Moskau endgültig zum Stehen.

Hitler befahl daraufhin, „fanatischen Widerstand" zu leisten und keinen Fußbreit Boden aufzugeben. Am 19. Dezember 1941 entließ er den Oberbefehlshaber des Heeres, Generalfeldmarschall von Brauchitsch, und übernahm den Oberbefehl über das Heer selbst. Damit wurde die letzte noch verbliebene geringe Handlungsfreiheit der Heeresführung beseitigt.

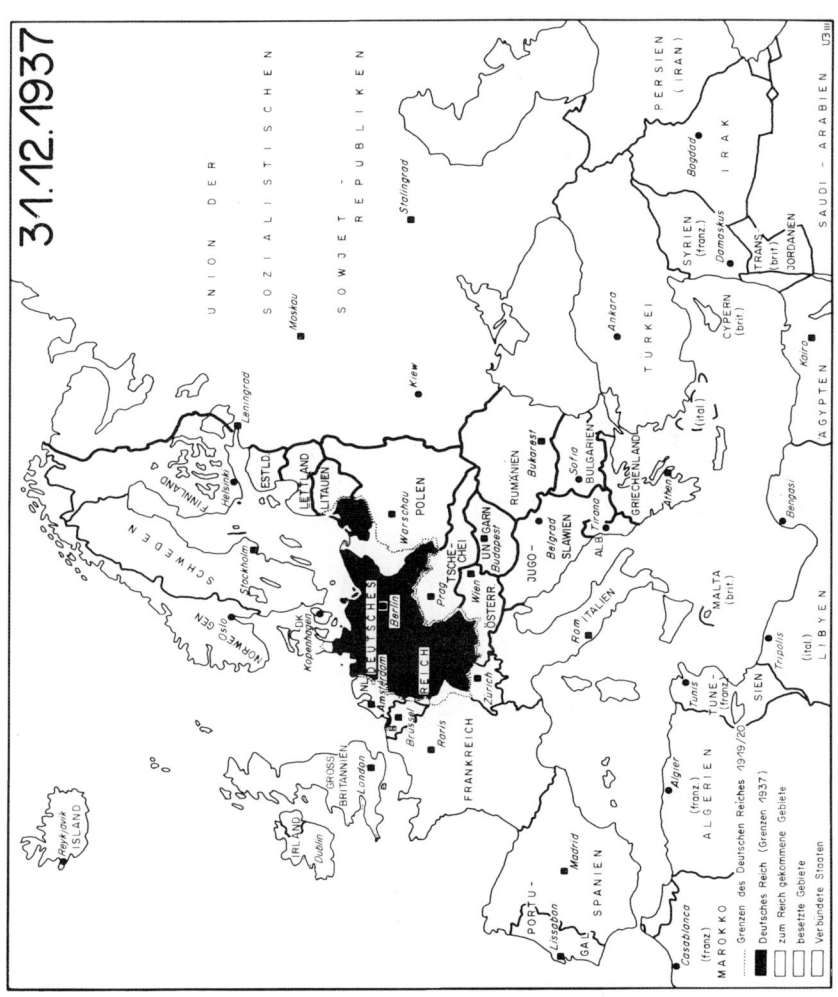

**31.12.1937**

Grenzen des Deutschen Reiches

■ Deutsches Reich (Grenzen 1937)
☐ zum Reich gekommene Gebiete
☐ besetzte Gebiete
☐ Verbundete Staaten

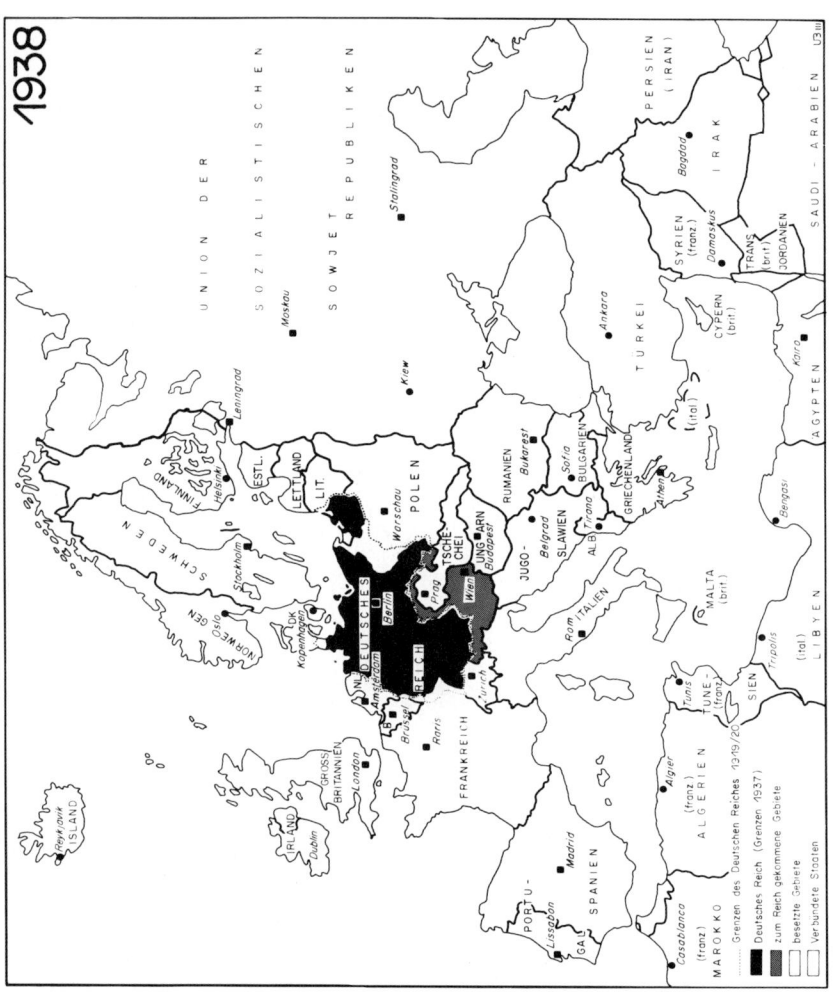

1938

UNION DER SOZIALISTISCHEN SOWJETREPUBLIKEN

Grenzen des Deutschen Reiches 1919/20
Deutsches Reich (Grenzen 1937)
zum Reich gekommene Gebiete
besetzte Gebiete
Verbundete Staaten

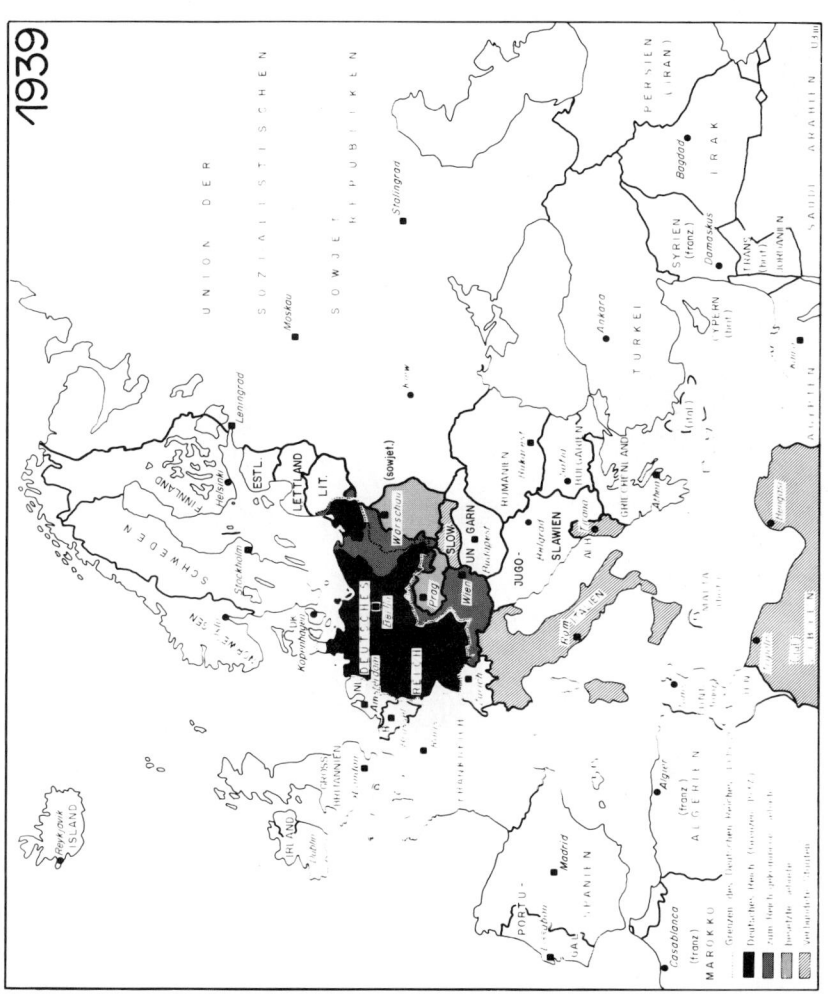

99

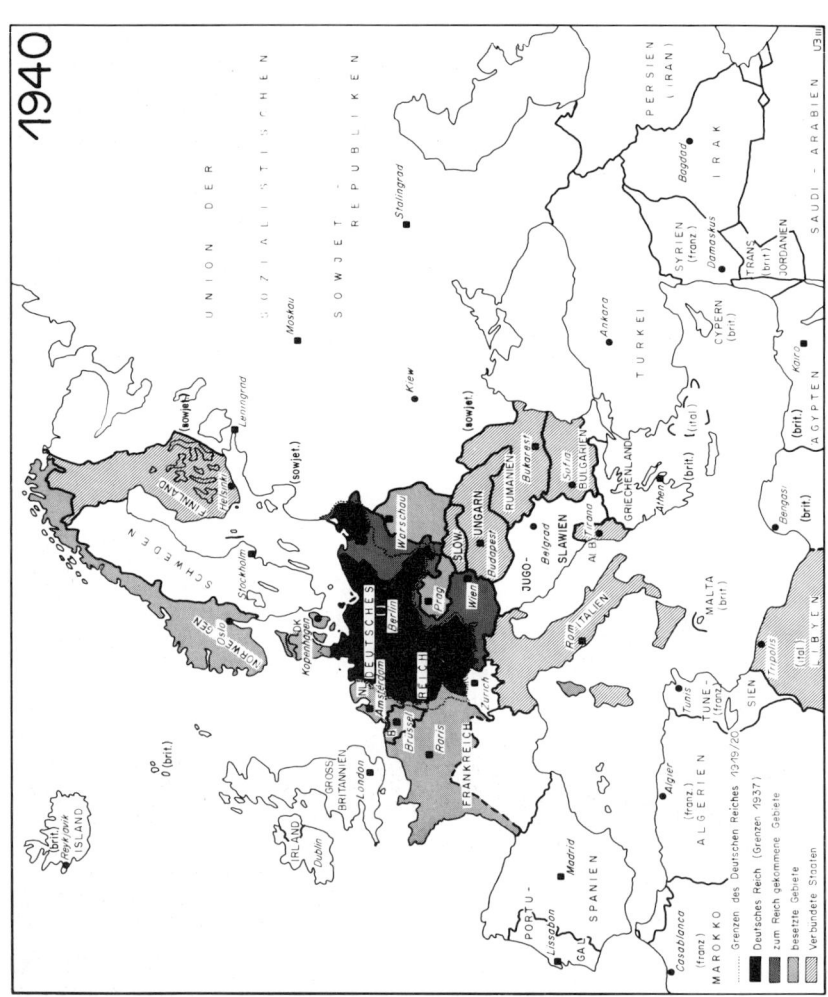

Deutsche Panzer (IV und III E) im Frankreichfeldzug.

Siegesparade deutscher Truppen in Paris im Juni 1940.

*Bundesarchiv Koblenz*

Die in Rußland einmarschierenden deutschen Soldaten wurden häufig von der Bevölkerung als Befreier begrüßt.

Deutsche Panzer (Pz IV) und Infanterie im Angriff auf ein russisches Dorf im Sommer 1941.

*Bundesarchiv Koblenz*

...r Chef
des Oberkommandos der Wehrmacht

14 n 16 WR (I 3/4)
Nr.1657/41 g.

... 4. Dezember 1941.

L 15 DEZ 1941

Betr.: Verfolgung von Straftaten gegen das Reich oder die Besatzungsmacht in den besetzten Gebieten.

1 Anlage

Es ist der lange erwogene Wille des Führers, daß in den besetzten Gebieten bei Angriffen gegen das Reich oder die Besatzungsmacht den Tätern mit anderen Maßnahmen begegnet werden soll als bisher. Der Führer ist der Ansicht: Bei solchen Taten werden Freiheitsstrafen, auch lebenslange Zuchthausstrafen, als Zeichen von Schwäche gewertet. Eine wirksame und nachhaltige Abschreckung ist nur durch Todesstrafen oder durch Maßnahmen zu erreichen, die die Angehörigen und die Bevölkerung über das Schicksal des Täters in Ungewissen halten. Diesem Zwecke dient die Überführung nach Deutschland.

Die anliegenden Richtlinien entsprechen dieser Auffassung des Führers. Sie sind von ihm geprüft und gebilligt worden.

Keitel

---

Anlage zu OKW/WFSt/Abt.L IV/Qu
Nr.44822/41 g.K.Chefs.

2047/110

WB 15/8 (3)

Richtlinien für die Behandlung
politischer Kommissare.

Im Kampf gegen den Bolschewismus ist mit einem Verhalten des Feindes nach den Grundsätzen der Menschlichkeit oder des Völkerrechts nicht zu rechnen. Insbesondere ist von den politischen Kommissaren aller Art als den eigentlichen Trägern des Widerstandes eine haßerfüllte, grausame und unmenschliche Behandlung unserer Gefangenen zu erwarten.

Die Truppe muß sich bewußt sein:

1.) In diesem Kampfe ist Schonung und völkerrechtliche Rücksichtnahme diesen Elementen gegenüber falsch. Sie sind eine Gefahr für die eigene Sicherheit und die schnelle Befriedung der eroberten Gebiete.

2.) Die Urheber barbarisch asiatischer Kampfmethoden sind die politischen Kommissare. Gegen diese muß daher sofort und ohne weiteres mit aller Schärfe vorgegangen werden.

Sie sind daher, wenn im Kampf oder Widerstand ergriffen, grundsätzlich sofort mit der Waffe zu erledigen.

Im übrigen gelten folgende Bestimmungen:

I. Operationsgebiet.

1.) Politische Kommissare, die sich gegen unsere Truppe wenden, sind entsprechend dem "Erlaß über die Ausübung der Gerichtsbarkeit im Gebiet Barbarossa" zu behandeln. Dies gilt für Kommissare jeder Art und Stellung, auch wenn sie nur des Widerstandes, der Sabotage oder der Anstiftung hierzu verdächtig sind.

Auf die "Richtlinien über das Verhalten der Truppe in Rußland" wird verwiesen.

- 2 -

G mü|18/29

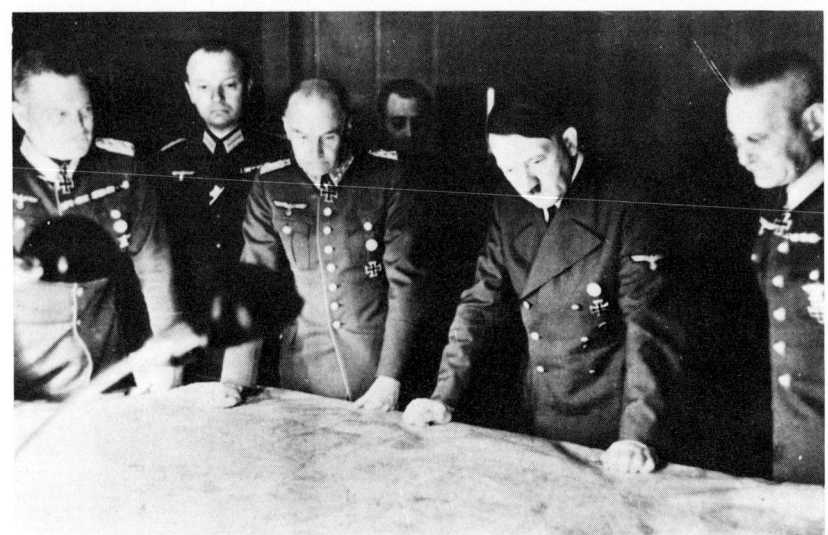

Hitler im Hauptquartier des Oberbefehlshabers des Heeres Generalfeldmarschall von Brauchitsch. V.l.n.r. am Kartentisch: GFM Keitel, GFM v. Brauchitsch, Hitler, Gen.Oberst Halder

*Bundesarchiv Koblenz*

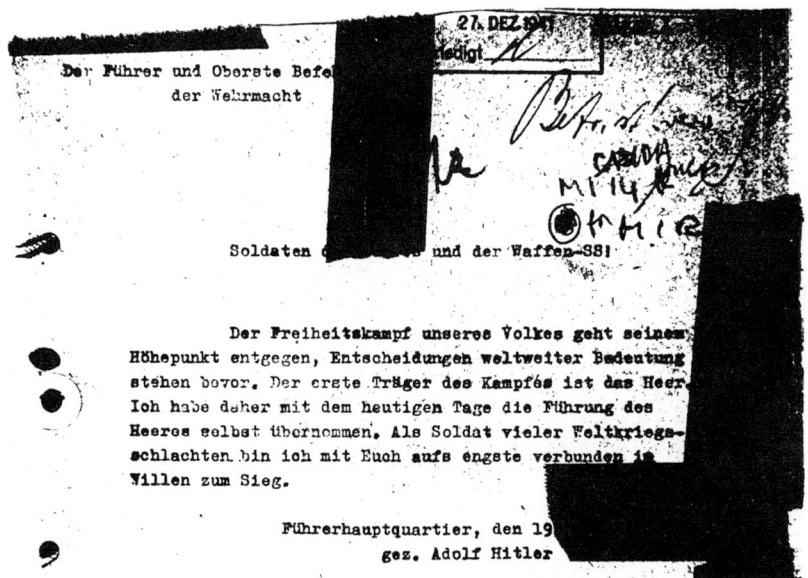

Der Führer und Oberste Befe... der Wehrmacht

Soldaten ... und der Waffen-SS!

Der Freiheitskampf unseres Volkes geht seinem Höhepunkt entgegen, Entscheidungen weltweiter Bedeutung stehen bevor. Der erste Träger des Kampfes ist das Heer. Ich habe daher mit dem heutigen Tage die Führung des Heeres selbst übernommen. Als Soldat vieler Feltkriegsschlachten bin ich mit Euch aufs engste verbunden im Willen zum Sieg.

Führerhauptquartier, den 19...

gez. Adolf Hitler

*Bundesarchiv-Militärarchiv Freiburg RW 4./v. 460*

## Widerstand aus der Verantwortung des Truppenführers

Ende September 1941 stand die Wehrmacht bereits drei Monate in einem kräfteverzehrenden Ringen, ohne daß sich ein Zusammenbruch des „Riesenreichs im Osten" abzuzeichnen begann. Man hatte die Stärke und vor allem die Kampfkraft der Roten Armee erheblich unterschätzt. Am 2. Oktober 1941 begann die Operation „Taifun". Mit sechs Armeen griff die Heeresgruppe Mitte unter Führung von Generalfeldmarschall von Bock an, um die Hauptstadt Moskau, den bedeutendsten Verkehrs- und Eisenbahnknotenpunkt, zu erobern und der Roten Armee den vernichtenden Stoß zu versetzen.

Generaloberst Erich Hoepner führte die Panzergruppe 4, die seit dem 18. September 1941 im Rahmen der Heeresgruppe Mitte eingesetzt war. Bis zum 13. Oktober kam der Angriff gut voran. Die jetzt einsetzende vierwöchige „Schlammperiode" erstickte dann jede schnelle Vorwärtsbewegung, vor allem der motorisierten Verbände. Gleichzeitig versteifte sich der russische Widerstand. Gegen die Bedenken mehrerer Armeeführer wurden keine Vorbereitungen für eine Winterstellung getroffen, sondern der Angriff auf Moskau fortgeführt. Generaloberst Hoepner hielt dies für unverantwortlich. Er ließ von sich aus ostwärts von Gshatsk eine Abwehrstellung erkunden, was im Führerhauptquartier kritisiert wurde. Generaloberst Hoepner hatte klar erkannt, daß durch die vorangegangenen Anstrengungen und die zunehmende Kälte die Kampfkraft seiner Truppe erhebliche Einbußen erlitten hatte.

Dennoch gelang es den Spitzen der Panzergruppe 4 bis 25 km an die russische Metropole vorzudringen. Temperaturen bis minus 30° C, mangelhafte Winterausrüstung und eine zunehmende Zahl bestens für den Winter ausgerüsteter russischer Verbände brachten den Angriff zum Erliegen. Am 3. Dezember 1941 befahl Hoepner in eigener Verantwortung die Einstellung des Angriffs.

Am 5. Dezember 1941 begann überraschend die russische Gegenoffensive. Von der deutschen Fernaufklärung unbemerkt, hatte die russische Führung für den Winter gut ausgerüstete Verbände aus Sibirien herangeführt. Der Angriff der Roten Armee richtete sich gegen die am weitesten nach Osten nördlich und südlich von Moskau vorgestoßenen deutschen Verbände. Ziel war es, die Heeresgruppe Mitte zu zerschlagen. Am 6. Dezember erhielt die Panzergruppe 4 von der Heeresgruppe Mitte den Befehl, zur Verteidigung überzugehen. Am 13. Dezember 1941 kamen die Feldmarschälle von Brauchitsch und von Bock zu der Überzeugung, daß nunmehr ein Ausweichen in eine vorbereitete Winterstellung nicht mehr zu vermeiden war. Entsprechende Vorschläge stießen auf brüske Ablehnung Hitlers. Er erließ vielmehr am 16. Dezember 1941 den „grundsätzlichen Befehl", keinen Fußbreit Boden dem Feinde zu überlassen.

Ende Dezember durchbrachen sowjetische Verbände die Front der 4. Armee. Hoepner hielt Anfang Januar 1942 die Zurücknahme zweier ihm unterstellter Armeekorps (VII. und XX.) für unerläßlich, um ihre Einkesselung und Vernichtung zu verhindern. Hitler jedoch befahl, die Front des XX. Armeekorps unter allen Umständen zu halten.

Am 8. Januar 1942 meldete um 09.00 Uhr der Kommandierende General des XX. Armeekorps, General der Infanterie Materna, daß die Lage des Korps zur Krise eskaliere und die Einkesselung unmittelbar bevorstehe. Generaloberst Hoepner entschloß sich um 13.30 Uhr nach schwerem Ringen, den Rückzugsbefehl für das Korps zu erteilen, nachdem er bis dahin vergeblich auf die Genehmigung der für ihn unerläßlichen Entscheidung gewartet hatte. Hoepners aus eigener Verantwortung und gegen den Durchhaltebefehl Hitlers gegebener Befehl rettete das Armeekorps vor der Katastrophe. Weder der neue Oberbefehlshaber der Heeresgruppe Mitte, Generalfeldmarschall von Kluge, noch der Chef des Generalstabes des Heeres, Generaloberst Halder, billigten Hoepners Entscheidung. Auf schwere Vorwürfe Kluges entgegnete Hoepner: „Herr Feldmarschall, ich habe Pflichten, die höher stehen als die Pflichten Ihnen gegenüber und die Pflichten gegenüber dem Führer. Das sind die Pflichten gegenüber der mir anvertrauten Truppe."

Am 9. Januar 1942 ging folgender Führerbefehl bei der Heeresgruppe Mitte ein: „1. Der Generaloberst Hoepner hat meine Autorität als Oberbefehlshaber der Wehrmacht und als Staatsoberhaupt des Großdeutschen Reiches gefährdet. 2. Der Generaloberst Hoepner wird aus der Wehrmacht ausgestoßen mit allen sich daraus ergebenden Konsequenzen."

Am 15. Januar 1942 mußte Hitler schließlich dem Drängen des Oberkommandos des Heeres nachgeben und den allgemeinen Rückzug auf die Winterstellung genehmigen, welche gegen weitere Feindangriffe gehalten wurde.

Der Fall des Generaloberst Hoepner war eines der ersten herausragenden Beispiele einer Nichtbefolgung von Hitlers „Haltebefehlen" aus der Verantwortung des Truppenführers. Mit der Fortdauer des Krieges und der Verschlechterung der militärischen Lage mehrten sich solche Beispiele.

Generaloberst Erich Hoepner, Befehlshaber der Panzergruppe 4

## 5

**Am 8.1.42 – 9:00** meldet General Materna, dass die Lage zur Krise geworden sei, er könne die Verantwortung, die Truppe in ihrer jetzigen Lage zu lassen, nicht mehr tragen. Die Russen haben Boljereschna genommen, mehrere hundert Schlitten sind in Prochma. – Teil im Vorgehen nach Nerlowo. Erreichen die Njersja, so ist jede Versorgung des Korps unterbrochen. Er bittet dringend um Befehl zum Zurückgehen. Dann er Kräfte zum Freikämpfen frei macht.

**9:20** melde ich dieses dem Feldm.v.Kluge mit Hinweis auf meine Bitte v.6.1. Er will sofort mit Generaloberst Halder sprechen.

**10:00** mein vergeblicher Versuch, Generaloberst Halder zu sprechen.

**11:00** dasselbe.

**11:45** Feldm.v.Kluge: Lage am Nordflügel 4.Armee hat sich weiter verschärft. Russe ist im Vorgehen gegen Strasse nMdl.Medyn. Krisenhafte Lage bei Juchnow hat als Reserven der 4. Armee dorthin gesogen. Wes steht in Kremjenkoje ? – Eine Komp. und Trosse der 183.Div.! Andere Teile, die dorthin kommen sollten, sind südl. Jegorjenkoje festgehalten worden. Ich bitte nochmals um baldige Entscheidung über Zurücknahme, da sonst keine Kräfte mehr zur Verfügung stehen werden, die Lücke zur 4.Armee zu schliessen.

Feldm.v.Kluge: Ich habe von Halder keine von Halder bisgesordert, jetzt einen grossen Entschluss gefordert. Er ist beim Führer. Es kann sein, dass der Entschluss sehr schnell fällt. Alle Vorbereitung für eine kurzfristige Ausführung sind zu treffen." Chef erhält Auftrag, die Korpschefs zu unterrichten.

**13:00** Neuer vergeblicher Versuch, Generaloberst Halder zu sprechen.

Mein Entwurf zur Weisung für die weitere Kampfführung.

292. Div. soll sofort im Raum zwischen Jotma und Isma um Wjerzja zu decken und Lücke zwischen 267. und 15. Div. zu schliessen.

183. Div. südl.Wjersja vorbei im Raum westl. 267.Div.

15.Div. durch Zurückschwenken linken Flügels Verbindung mit 258.Div. nehmen, die nordostw. Wjersja halten soll.

VII.A.K. [...] soll bald 3.I.D.(mot) mch Jelnja als Armeereserve.

IX.A.K. dgl. 20.Pz.Div. herausnehmen.

**13:30** meldet Chef, dass Oberst Vogel, Chef XX.A.K., jetzige Lage des Korps nicht mehr für haltbar ansieht, ganz Versorgung stockt, 15.Div. am linken Flügel stark angegriffen, kann nicht mehr lange halten. Wenn Befehl zum Ausweichen nicht sofort gegeben wird, sind 15., 183., und wahrscheinlich auch 258. Div. verloren.

Hierauf gab ich den Befehl an XX.A.K. und VII.A.K. unter Belassen starker Nachhuten in bisheriger Stellungen in der Nacht die Bewegung in die sog. A – Linie zu beginnen.

Ich habe diesen Entschluss noch schweren inneren Kämpfen gefasst. Er war m.E. notwendig, weil ich auf andere Weise den Auftrag vom 2. und 3.1. Schliessen der Lücke zwischen 4. und 4. Pz.Armee, nicht erfüllen konnte. Die Lösung dieser Aufgabe war mit Rücksicht auf die Lage der 4.Armee bei Juchnow dringend. Noch dem Befehl vom 2.1. war ich aus besonderem Vertrauen des Führers mit ihr beauftragt worden und nehm deshalb an, dass ich in der schwierigen Lage auch das letzte Mittel anwenden musse. Dann war ich proh dem Gespräch mit dem Feldm. v.Kluge am 8.1. 11:45 vorm, der keinung, dass der Befehl vom Zurückgehen für die ganze Heeresgruppe unmittelbar bevorstünd, dass hierfür frühzeitig vorgearbeitet werden musste ( vgl. Gespräch mit Feldm.v.Kluge vom 5.1. und meine Meldung vom 6.1.). Die Heeresgruppe war über die Lage und meine Auffassung voll im Bilde. Eine neue Anfrage brachte mit Sie arbeit einen Zeitverlust, durch den der Befehl am 8.1.abds. nicht mehr ausführbar war. Ich handelte noch dem Grundsatz, dass "Unterlassen und Versäumnis sogverer Belasten als ein Fehlgreifen in der Wahl der Mittel".

Hoepner.

Der Rußlandfeldzug wurde von vielen deutschen Soldaten als notwendiger „Kreuzzug gegen den Kommunismus" empfunden. Die NS-Propaganda hat dieses Klischee bewußt gepflegt und damit sogar im besetzten Frankreich, Belgien, den Niederlanden und den skandinavischen Ländern eine beträchtliche Anzahl von Freiwilligen zum Kampf für die Befreiung Europas vom Kommunismus zu werben verstanden.

Auch Teile der russischen Bevölkerung, vor allem in Weißrußland, begrüßten die deutschen Soldaten zunächst noch als Befreier vom kommunistischen Joch. Doch allzuschnell sollte sich herausstellen, daß die deutsche Besetzung nicht die Befreiung, sondern häufig eine noch härtere Unterdrückung als zuvor mit sich brachte. Dies führte schon im September 1941 zu einem Anwachsen der Partisanentätigkeit im Rücken der Front.

Der Partisanenkrieg wurde auf beiden Seiten mit unerhörter Grausamkeit geführt. Die Folge waren zahlreiche Vergeltungsaktionen gegen die Zivilbevölkerung. Darüber hinaus wurde, wie bereits in Polen, eine schonungslose Ausrottungspolitik gegenüber der jüdischen Bevölkerung in Rußland betrieben. Wiederum waren es in erster Linie die „Einsatzgruppen" der SS und der Polizei, welche die Mordaktionen durchführten. Aber auch Einheiten der Wehrmacht und einzelne Soldaten ließen sich zu solchen Verbrechen hinreißen. Der „Führererlaß" über die Ausübung der Kriegsgerichtsbarkeit im Gebiet Barbarossa" konnte hierfür als Freibrief gelten. Eine weitere Bestimmung dieser Art waren die „Anordnungen des Chefs des Oberkommandos der Wehrmacht vom 12.12.1941", der sogenannte „Nacht-und-Nebel-Erlaß", der die Unterschrift von Generalfeldmarschall Keitel trug. Danach sollten „Täter" von „Angriffen gegen das Reich oder die Besatzungsmacht" zur Abschreckung bei „Nacht und Nebel" verhaftet und in ein Konzentrationslager nach Deutschland verbracht werden. Vom spurlosen Verschwinden der Opfer versprach man sich eine besonders abschreckende Wirkung.

Auch hier hat es eine ganze Anzahl mutiger deutscher Soldaten aller Dienstgrade gegeben, die aus der Situation heraus gegen solche Verbrechen Widerstand geleistet und damit ihr Leben riskiert haben. Oberstleutnant i.G. Groscurth erfuhr am 20. August 1941, daß ein Sonderkommando aus Angehörigen von Gestapo-Kriminalpolizei und SD-Männern in Bjelaia Zerkow in der Westukraine 90 jüdische Kinder erschießen wollte. Groscurth setzte unverzüglich alles daran, wegen der „grundsätzlichen Bedeutung dieser Frage" eine Entscheidung der Heeresgruppe Süd herbeizuführen. Dies gelang ihm nicht. Seine schriftliche Meldung bezeichnete der Oberbefehlshaber der 6. Armee, Generalfeldmarschall von Reichenau, als „in höchstem Maße ungehörig". Die Kinder wurden ermordet.

Aus den Akten der deutschen Sicherheitspolizei ist der Fall des Majors Witmer bekannt. Er weigerte sich, ohne ausdrücklichen Befehl einer zuständigen Wehrmachtdienststelle jüdische Gefangene aus seinem Lager zur „Sonderbehandlung" herauszugeben, was nach damaligem Sprachgebrauch Ermordung bedeutete. Die SS warf Major Witmer auch vor, daß er die Liquidierung partisanenverdächtiger Zivilisten ablehnte. Dies kommentierte Witmer mit den Worten, er wolle keinen „glatten Mord" begehen.

Daß solche Berichte für Männer, welche sich für die von der Vernichtung bedrohten Opfer einsetzten, lebensgefährliche Folgen haben konnten, wird aus den Akten des Höheren SS- und Polizeiführers Ost ersichtlich: Der Rechtsanwalt und Hauptmann d.R. Dr. Albert Battel versuchte, unter Androhung von Waffengewalt am 10. August 1942 in Przemysl die Polizei an der „Umsiedlung" von Juden, die unter seiner Obhut für die Wehrmacht arbeiteten, zu hindern. Battel hatte sich bereits vor dem Kriege durch korrektes Verhalten gegen jüdische Mitbürger „verdächtig" gemacht. Das Aktenstück enthält als letzten Vorgang einen Brief Himmlers an den Reichsleiter Martin Bormann, worin die Absicht ausgesprochen wird, Dr. Battel sofort nach dem Kriege zu verhaften. Glücklicherweise entging dieser mutige Reserveoffizier der Verfolgung. Er wurde nach dem Kriege in Israel für seinen Einsatz zur Rettung von Juden geehrt.

## Militärischer Widerstand aus christlicher Verantwortung

Struktur und Motivation der verschiedenen Gruppierungen der Militäropposition und des Widerstandes waren höchst unterschiedlich. Das wird deutlich am Beispiel von Soldaten, die aus religiöser Überzeugung das nationalsozialistische Regime konsequent ablehnten und dies durch ihr Verhalten zum Ausdruck brachten, ohne sich an Staatsstreichplanungen zu beteiligen.

Zu ihnen gehörte Generalleutnant Theodor Groppe. Er hatte sich bereits im Er-

Verhaftung
,,verdächtiger
Zivilpersonen''
in Rußland
1941/42

Erschießung von
Zivilpersonen in
Rußland 1942

In Brand gesteckte
Häuser russischer Bauern

*Bundesarchiv Koblenz*

111

sten Weltkrieg als Hauptmann durch besondere Tapferkeit ausgezeichnet und als Führer eines Infanteriebataillons an der Westfront die höchste preußische Auszeichnung, den Orden „Pour le mérite", erhalten. Als gläubiger Katholik hatte Groppe bereits vor der Machtergreifung unter Kameraden, Vorgesetzten wie Untergebenen, vor dem Nationalsozialismus gewarnt. Auch nach 1933 hatte er aus seiner ablehnenden Haltung gegenüber dem Nationalsozialismus kein Hehl gemacht, was ihm in Parteikreisen die Titulierung „schwarzer General" oder „katholischer Hund" einbrachte. Im September 1939 wurde er Kommandeur der 214. Infanteriedivision. Generalleutnant Groppe wagte es, offen gegen einen Befehl Himmlers vom 28. Oktober 1939 zu protestieren. In diesem Befehl hatte der Reichsführer SS den Angehörigen der SS und der Polizei befohlen, zwecks Ausgleichs der zu erwartenden Kriegsverluste auch außerhalb der Ehe Kinder zu zeugen. Wegen dieser und anderer Maßnahmen des ihm verhaßten NS-Regimes hatte Groppe in einer Kommandeurbesprechung erklärt, ihm wolle scheinen, daß das Jahr 1940 nicht die Entscheidung bringen müßte „zwischen uns und England", sondern zwischen „Gott und dem Satan". Ein Denunziant unter seinen Offizieren hatte diese Äußerungen „angezeigt". Hinzu kam, daß Groppe zuvor unter Androhung des Waffengebrauchs vom Kreisleiter der NSDAP von Saarlautern angeordnete „spontane" Ausschreitungen gegen Juden verhindert hatte. Am 6. Februar 1940 sprach der Oberbefehlshaber des Heeres Groppe sein „ernstes Mißfallen" aus und enthob ihn seines Kommandos. Auch nach seiner mit bewußt schimpflichen und ehrenkränkenden Bestimmungen verbundenen Entlassung ging Groppe unbeirrt seinen Weg weiter. Nach dem 20. Juli 1944 wurde er verhaftet und entging nur mit knapper Not dem Tode.

Auch der Lebensweg des Generals der Artillerie Friedrich von Rabenau wurde entscheidend von seiner Verwurzelung im christlichen Glauben geprägt. Als Oberst und Kommandant von Breslau in den Jahren 1932 bis 1934 hielt er an der dortigen Universität Vorlesungen über militärgeschichtliche Themen und wurde dafür zum Ehrendoktor der Philosophischen Fakultät promoviert. Während der Röhmaffäre war es seiner Entschlossenheit zu verdanken, daß es nicht zu einer bewaffneten Auseinandersetzung von Reichswehreinheiten mit der Breslauer SA kam.

Während seiner Verwendung als Wehrersatzinspekteur in Münster in Westfalen pflegte Generalmajor von Rabenau Verbindung zu katholischen „Una sancta-Bewegung", die sich um die Wiedervereinigung der christlichen Kirchen bemühte. Der überzeugte Protestant konnte hier freundschaftliche Beziehungen zum Bischof von Münster, dem späteren Kardinal Graf von Galen, knüpfen. Er be-

Generalleutnant Theodor Groppe
*Archiv BMVg*

General der Artillerie Friedrich von Rabenau
*Privatbesitz Oberstleutnant Reinhard von Plessen*

113

wies diese Freundschaft durch sein persönliches Eintreten beim Reichsführer SS, der die Abtei Maria Laach in der Eifel zu einer Parteihochschule machen wollte. Dank Rabenaus Einsatz bei Himmler, bei dem er die Benediktinerabtei als „Pflegestätte altarischer Gesänge" darzustellen verstand, wurde die beabsichtigte Entweihung verhindert.

Der Chef des Generalstabes des Heeres, General der Artillerie Beck, beauftragte Rabenau 1937 mit dem Aufbau und der Organisation der Heeresarchive. Diese Aufgabe entsprach ganz seinen militärwissenschaftlichen Neigungen. Neben seiner dienstlichen Tätigkeit verfaßte er ab 1937 eine Biographie des Generaloberst von Seeckt. Bei Kriegsausbruch vorübergehend mit der Führung einer Division in Polen beauftragt, nahm er im Oktober 1939 seine Tätigkeit als Chef der Heeresarchive wieder auf.

Hier trat der Konflikt mit dem NS-Regime offen zutage, als Rabenau aus den ihm zugeleiteten Akten von den Verbrechen an der polnischen Bevölkerung erfuhr und sich weigerte, derartige Berichte zu unterdrücken oder „retouchieren" zu lassen. Bewußt wollte er die Dokumente der im deutschen Namen begangenen Grausamkeiten für eine spätere wissenschaftliche Abrechnung mit dem NS-System sichern.

In Vorträgen und Publikationen hatte General von Rabenau immer wieder auf die entscheidende Bedeutung christlicher Grundlagen für das Soldatentum hingewiesen und jegliche Bezüge zum Nationalsozialismus bewußt vermieden. Dies machte ihn in den Augen hoher nationalsozialistischer Funktionäre verdächtig. Als er 1940 neben seiner Diensttätigkeit an der Berliner Universität evangelische Theologie studierte, wurde ihm aus Schikane verboten, für die Abfassung seiner Examensarbeit über die Entwicklung der deutschen Militärseelsorge die eigenen Aktenbestände zu benutzen.

Mitte 1942 seiner Stellung enthoben, wurde ihm auf seine Bitten hin 1943 der Abschied bewilligt. Von Rabenau widmete sich nunmehr voll seinen theologischen Studien. Im März 1944 erhielt er die Kanzelerlaubnis. Auch in seinen Predigten trat die Sorge um die Irreführung durch die Ideologie des Nationalsozialismus offen zutage. Hatte er sich bereits durch sein Bekenntnis zum Glauben verdächtig gemacht, so kompromittierte er sich vollends durch seine Freundschaft zu Generaloberst Beck und Dr. Goerdeler. Wenngleich nicht in die Attentatspläne eingeweiht, stand er doch dem Kreis der Verschwörer nahe. Er versuchte, Kontakte der Verschwörer zu Brauchitsch und Guderian herzustellen.

Am 25. Juli 1944 wurde er von der Gestapo verhaftet. Sein Leidensweg führte ihn durch verschiedene Gefängnisse und Konzentrationslager in das KZ Flossen-

114

bürg, wo er wahrscheinlich am 14. April 1945 ermordet wurde. Bis zum Januar 1945 konnte er auf kleinen Zetteln in seiner Zelle Tagebuchnotizen machen. Sie sind ein erschütterndes Dokument einer beispielhaften Glaubensstärke.

### Die „Weiße Rose". Widerstand wehrdienstleistender Studenten

Am 22. Februar 1943 verurteilte der Volksgerichtshof unter dem Vorsitz von Roland Freisler in München Hans und Sophie Scholl sowie Christoph Probst zum Tode, weil sie Flugblätter verteilt hatten. Darin hatten sie „zur Sabotage der Rüstung und zum Sturz der nationalsozialistischen Lebensform unseres Volkes aufgerufen, defaitistische Gedanken propagiert und den Führer aufs gemeinste beschimpft und dadurch den Feind des Reiches begünstigt und unsere Wehrkraft zersetzt"'. Hans Scholl und Christoph Probst waren zum Zeitpunkt ihrer Verhaftung am 18. Februar Studenten der Medizin und gehörten als Sanitätsfeldwebel einer Studentenkompanie in München an. Für das gleiche Vergehen verurteilte der Volksgerichtshof in der Hauptverhandlung vom 19. April 1943 Alexander Schmorell, Willi Graf und Professor Dr. Kurt Huber zum Tode. Alexander Schmorell war zum Zeitpunkt seiner Verhaftung am 24. Februar 1943 Sanitätsunteroffizier. Willi Graf, der bereits am 18. Februar verhaftet wurde, war Sanitätsfeldwebel. Beide gehörten wie Hans Scholl und Christoph Probst der Studentenkompanie an und studierten Medizin. In der vorlesungsfreien Zeit wurden sie zum Einsatz in Lazaretten an die Front kommandiert.

Die Urteile gegen die Geschwister Scholl und Christoph Probst wurden noch am Tage ihrer Verkündung am 22. Februar vollstreckt, Alexander Schmorell und Professor Huber starben am 13. Juli. Willi Graf wurde am 10. Oktober 1943 hingerichtet. Mit dem Tode dieser fünf Studenten und ihres geistigen Vaters, Professor Huber, war der Kern einer Widerstandsgruppierung vernichtet worden, die sich „Weiße Rose" nannte. Sie war eine von mehreren oppositionell eingestellten Studentengruppen in München, wurde aber am härtesten durch die Verfolgung getroffen.

Die Studenten der „Weißen Rose", von denen keiner älter als 25 Jahre war, kamen alle aus Elternhäusern, die von einer bürgerlich-christlichen Tradition be-

115

stimmt waren. Der Freundeskreis in München entstand langsam. Wer sich durch seine Haltung und gelegentliche Äußerungen als vertrauenswürdig erwiesen hatte oder von bereits Zugehörigen eingeführt worden war, durfte damit rechnen, aufgenommen zu werden. Man lehnte den Nationalsozialismus keineswegs aus betont politischen Gründen ab. Entscheidend war die Ablehnung aus moralischen Gründen und die Bejahung jener geistigen, kulturellen und religiösen Werte, die der Nationalsozialismus mißachtete, mißbrauchte und bekämpfte. Das Verbindende zwischen den Freunden waren gemeinsame künstlerische und literarische Interessen, die beim Singen im Bach-Chor, beim gemeinsamen Konzert- und Theaterbesuch und bei Lese- und Gesprächsabenden gepflegt wurden. Alle fünf Studenten kamen aus der bündischen Jugend und waren bereits bei ihrer zwangsweisen Überführung in die Hitlerjugend, der offiziellen staatlichen Jugendorganisation, mit dem NS-System in Konflikt geraten.

Hans Scholl und Christoph Probst hatten sich freiwillig zur Wehrmacht gemeldet, wohl hauptsächlich in der Absicht, dadurch zum Studium der Medizin zugelassen zu werden. Alexander Schmorell und Willi Graf waren zur Ableistung ihrer Wehrpflicht eingezogen worden. Die Erlebnisse an der Front im Frankreich-, Balkan- und Rußlandfeldzug bestärkten sie in ihrer oppositionellen Haltung. Dies führte jedoch nicht zu konkreten Widerstandshandlungen, wie beispielsweise Vorbereitungen zum Umsturz oder Sabotage, sondern vornehmlich zu einer geistigen Abrechnung mit dem NS-System. Seit Juli 1942 wurde eine Reihe von Flugblättern verfaßt und an bekannte oder an aus dem Telefonbuch entnommene Adressaten verteilt. Ihr Inhalt waren Anklagen gegen die Unsittlichkeit der nationalsozialistischen Ideologie. In ihrem letzten Flugblatt, welches sie Mitte Februar 1943 in zwei Auflagen mit insgesamt 3.000 Exemplaren herstellten, nahmen sie Bezug auf die soeben bekannt gewordene Katastrophe der 6. Armee bei Stalingrad, in der sie den unmittelbar bevorstehenden Zusammenbruch Deutschlands vorgezeichnet sahen. Sie zogen daraus den Schluß, „der Tag der Abrechnung ist gekommen", und riefen zur „Brechung des nationalsozialistischen Terrors aus der Macht des Geistes" auf. Beim Verteilen dieses Flugblattes ließen die Geschwister Scholl jede Vorsicht außer acht, so daß sie am Morgen des 18. Februar 1943 vom Hausmeister der Universität entdeckt und festgehalten wurden.

Außer den sechs Todesurteilen wurden weitere Beteiligte aus dem Kreis der „Weißen Rose", zumeist Mitstudenten, wegen Mitwisserschaft zu Gefängnisstrafen verurteilt, nach deren Verbüßung dann unmittelbar die erneute Verhaftung durch die Gestapo erfolgte.

Feldwebel d.R. Hans Scholl

*Institut für Zeitgeschichte*

Feldwebel d.R. Christoph Probst

*Bundesarchiv Koblenz*

Unteroffizier d.R. Alexander Schmorell

*Bundesarchiv Koblenz*

Feldwebel d.R. Willi Graf

*Bundesarchiv Koblenz*

# Manifest der Münchner Studenten

Erschüttert steht unser Volk vor dem Untergang der Männer von Stalingrad. 330.000 deutsche Männer hat die geniale Strategie des Weltkriegsgefreiten sinn- und verantwortungslos in Tod und Verderben gehetzt. Führer, wir danken Dir!

Es gärt im deutschen Volk. Wollen wir weiter einem Dilettanten das Schicksal unserer Armeen anvertrauen? Wollen wir den niedrigsten Machtinstinkten einer Parteiclique den Rest der deutschen Jugend opfern? Nimmermehr!

SA und SS haben uns in den fruchtbarsten Bildungsjahren unseres Lebens zu uniformieren, zu revolutionieren, zu narkotisieren versucht. Weltanschauliche Schulung hieß die verächtliche Methode, das aufkeimende Selbstdenken und Selbstwerten in einem Nebel leerer Phrasen zu ersticken. Eine Führerauslese, wie sie teuflischer und zugleich borntierter nicht gedacht werden kann, zieht ihre künftigen Parteibonzen auf Ordensburgen zu gottlosen, schamlosen und gewissenlosen Ausbeutern und Mordbuben heran, zur blinden, stupiden Führergefolgschaft. Wir „Arbeiter des Geistes" wären gerade recht, dieser neuen Herrenschicht den Knüppel zu machen.

Frontkämpfer werden von Studentenführern und Gauleiteraspiranten wie Schulbuben gemaßregelt, Gauleiter greifen mit geilen Spähen den Studentinnen an ihre Ehre. Deutsche Studentinnen haben an der Münchner Hochschule auf die Besudelung ihrer Ehre eine würdige Antwort gegeben, deutsche Studenten haben sich für ihre Kameradinnen eingesetzt und standgehalten. Das ist ein Anfang zur Erkämpfung unserer freien Selbstbestimmung, ohne die geistige Werte nicht geschaffen werden können. Unser Dank gilt den tapferen Kameradinnen und Kameraden, die mit leuchtendem Beispiel vorangegangen sind.

Es gibt für uns nur eine Parole: Kampf gegen die Partei! Heraus aus den Parteigliederungen, in denen man uns politisch weiter mundtot machen will! Heraus aus den Hörsälen der SS-Unter- und Oberführer und Parteikriecher! Es geht uns um wahre Wissenschaft und echte Geistesfreiheit! Kein Drohmittel kann uns schrecken, auch nicht die Schließung unserer Hochschulen. Es gilt den Kampf jedes einzelnen von uns um unsere Zukunft, unsere Freiheit und Ehre in einem seiner sittlichen Verantwortung bewußten Staatswesen.

Freiheit und Ehre! Zehn Jahre lang haben Hitler und seine Genossen die beiden herrlichen deutschen Worte bis zum Ekel ausgequetscht, abgedroschen, verdreht, wie es nur Dilettanten vermögen, die die höchsten Werte einer Nation vor die Säue werfen. Was ihnen Freiheit und Ehre gilt, das haben sie in zehn Jahren der Zerstörung aller materiellen und geistigen Freiheit, aller sittlichen Substanz im deutschen Volk genugsam gezeigt. Auch dem dümmsten Deutschen hat das furchtbare Blutbad die Augen geöffnet, das sie im Namen von Freiheit und Ehre der deutschen Nation in ganz Europa angerichtet haben und täglich neu anrichten. Der deutsche Name bleibt für immer geschändet, wenn nicht die deutsche Jugend endlich aufsteht, rächt und sühnt zugleich, seine Peiniger zerschmettert und ein neues, geistiges Europa aufrichtet.

Studentinnen! Studenten! Auf uns sieht das deutsche Volk. Von uns erwartet es, so wie in 1813 die Brechung des napoleonischen, so 1943 des nationalsozialistischen Terrors aus der Macht des Geistes. Beresina und Stalingrad flammen im Osten auf, die Toten von Stalingrad beschwören uns: Frisch auf, mein Volk, die Flammenzeichen rauchen!

Unser Volk steht im Aufbruch gegen die Verknechtung Europas durch den Nationalsozialismus, im neuen gläubigen Durchbruch von Freiheit und Ehre!

Das letzte Flugblatt der „Weißen Rose"

*Institut für Zeitgeschichte, Fa 215, Weiße Rose, Prozessakten Bd 1*

# Im Namen
# des Deutschen Volkes

In der Strafsache gegen

1.) den Hans Fritz S c h o l l aus München, geboren in Ingersheim am 22. September 1918,
2.) die Sophia Magdalena S c h o l l aus München, geboren in Forchenberg am 9.Mai 1921,
3.) den Christoph Hermann P r o b s t aus Aldrans bei Innsbruck, geboren in Murnau am 6. November 1919,

zur Zeit in dieser Sache in gerichtlicher Untersuchungshaft,

wegen landesverräterischer Feindbegünstigung, Vorbereitung zum Hochverrat, Wehrkraftzersetzung

hat der Volksgerichtshof, 1. Senat, auf Grund der Hauptverhandlung vom 22. Februar 1943, an welcher teilgenommen haben

als Richter :

Präsident des Volksgerichtshofs Dr.Freisler, Vorsitzer,
Landgerichtsdirektor Stier,
SS-Gruppenführer Breithaupt,
SA-Gruppenführer Bunge,
Staatssekretär und SA-Gruppenführer Köglmaier,

als Vertreter des Oberreichsanwalts:

Reichsanwalt Weyersberg,

für Recht erkannt :

Die Angeklagten haben im Kriege in Flugblättern zur Sabotage der Rüstung und zum Sturz der nationalsozialistischen Lebensform unseres Volkes aufgerufen, defaitistische Gedanken propagiert und den Führer aufs gemeinste beschimpft und dadurch den Feind des Reiches begünstigt und unsere Wehrkraft zersetzt.

Sie werden deshalb mit dem

T o d e

bestraft.

Ihre Bürgerehre haben sie für immer verwirkt.

---

# Im Namen
# des Deutschen Volkes

In der Strafsache gegen

1.) den Alexander S c h m o r e l l aus München, geboren am 16. September 1917 in Orenburg (Rußland),
2.) den Kurt H u b e r aus München, geboren am 24. Oktober 1893 in Chur (Schweiz),
3.) den Wilhelm G r a f aus München, geboren am 2. Januar 1918 in Kuchenheim,
4.) den Hans H i r z e l aus Ulm, geboren am 30. Oktober 1924 in Untersteinbach (Stuttgart),
5.) die Susanne H i r z e l aus Stuttgart, geboren am 7. August 1921 in Untersteinbach,
6.) den Franz Joseph M ü l l e r aus Ulm, geboren am 8. September 1924 in Ulm,
7.) den Heinrich G u t e r aus Ulm, geboren am 11. Januar 1925 in Ulm,
8.) den Eugen G r i m m i n g e r aus Stuttgart, geboren am 29. Juli 1892 in Crailsheim,
9.) den Dr. H e i n r i c h Philipp B o l l i n g e r aus Freiburg, geboren am 23. April 1916 in Saarbrücken,
10.) den H e l m u t Karl Theodor August B a u e r aus Freiburg, geboren am 19. Juni 1919 in Saarbrücken,
11.) den Dr. F a l k Erich Walter H a r n a c k aus Chemnitz, geboren am 2. März 1913 in Stuttgart,
12.) die Gisela S c h e r t l i n g aus München, geboren am 9. Februar 1922 in Poßneck/Thür.,
13.) die Katharina S c h ü d d e k o p f aus München, geboren am 8. Februar 1916 in Magdeburg,
14.) die Traute L a f r e n z aus München, geboren am 3. Mai 1919    nur

zu Hamburg,

IV g IIIa 501 43g

- 2 -

zur Zeit in dieser Sache in gerichtlicher Untersuchungshaft,

wegen Feindbegünstigung u.a.,

hat am Volksgerichtshof, 1. Senat, auf Grund der Hauptverhandlung vom
19. April 1943, an welcher teilgenommen haben

als Richter:

Präsident des Volksgerichtshofs Dr- Freisler, Vorsitzer,
Landgerichtsdirektor Stier,
SS-Gruppenführer und Generalleutnant der Waffen-SS Breit-
haupt,

SA-Gruppenführer Bunge,
SA-Gruppenführer und Staatssekretär Köglmaier,

als Vertreter des Oberreichsanwalts:

Erster Staatsanwalt Bischoff,

für Recht erkannt:

Alexander Schmorell, Kurt Huber und Wilhelm
Graf haben im Kriege in Flugblättern zur Sabotage der Rüstung und
zum Sturz der nationalsozialistischen Lebensform unseres Volkes aufgerufen, defaitistische Gedanken propagiert und den Führer aufs gemeinste
beschimpft und dadurch den Feind des Reiches begünstigt und unsere Wehrkraft zersetzt.

Sie werden deshalb mit    dem Tode

bestraft.

Ihre Bürgerrechte haben sie für immer verwirkt.

Eugen Grimminger hat einen feindbegünstigenden
Hochverräter Geld gegeben. Zwar kam ihm nicht zum Bewußtsein, daß er dadurch half, den Feind des Reiches zu begünstigen. Aber er rechnete damit,
daß dieser das Geld benutzen könnte, um unserem Volk seine nationalsozialistische Lebensform zu rauben.

Weil er so einen Hochverrat unterstützt hat, bekommt er
zehn Jahre Zuchthaus und hat seine Ehre für zehn Jahre verwirkt.

Heinrich Bollinger und Helmut Bauer haben
Kenntnis von hochverräterischen Umtrieben gehabt, das aber nicht angezeigt. Dazu haben sie fremde Rundfunknachrichten über Kriegsereignisse
oder Vorkommnisse im Innern Deutschlands zusammen angehört. Dafür bekommen sie sieben Jahre Zuchthaus und haben ihre Bürgerrechte für sieben Jahr
verloren."

Institut für Zeitgeschichte FA 215

Gefängnisse München
Stadelgericht München-Stadelheim

München, den    11. V 43

*Abschiedsbrief von Willi Graf*
*Kommission für Zeitgeschichte*

Hans
121

## Auf dem Weg zu Umsturzversuch und Attentat

## Der „Kreisauer Kreis" und seine Verbindung zum militärischen Widerstand

In der deutschen Widerstandsbewegung gab es Gruppierungen, die eine enge Verzahnung von zivilem und militärischem Widerstand erkennen ließen. Der wohl bedeutendste Gesprächskreis, in dem sich entschiedene Gegner des nationalsozialistischen Systems trafen und nach den Prinzipien des „anderen Deutschland" suchten, war der „Kreisauer Kreis". Er war nach seinem wichtigsten Treffpunkt, dem Gut Kreisau in Schlesien, das dem Grafen Helmuth James von Moltke gehörte, benannt. Eines seiner Mitglieder, der spätere Präsident des Deutschen Bundestages, Professor Dr. Eugen Gerstenmaier, hat diese Widerstandsgruppe folgendermaßen charakterisiert:

"Konservative und Sozialisten, Gutsbesitzer und Gewerkschaftler, Protestanten und Katholiken hatten sich im Kreisauer Kreis vereint. Die Aufgabe, zu der sie sich verbunden haben, galt, wie die mancher anderer Gemeinschaft im geheimen Deutschland, dem Tage X. ... Ihr Feld war der Gedanke, ihre Aufgabe der Entwurf einer neuen rechtsstaatlichen Ordnung, ihr Wille, die Ideologie des totalen Staates zu überwältigen, ihr Ziel, Deutschland im Geist des Christentums und der sozialen Gerechtigkeit wieder aufzubauen und in ein vereintes Europa einzufügen."

Der Initiator und die führende und zusammenhaltende Kraft dieser durchaus heterogenen Widerstandsgruppe war Helmuth James Graf von Moltke, der nach dem Studium der Landwirtschaft und Rechtswissenschaft während des Krieges Sachverständiger für Kriegs- und Völkerrecht im Oberkommando der Wehrmacht war. Graf Moltke gehörte aufgrund seiner Vorstellungen von menschlicher Freiheit und Würde und von Recht und Gerechtigkeit von Anfang an zu den Gegnern des Nationalsozialismus. Er warnte bereits vor dem Kriege englische Politiker, mit denen er durch familiäre und berufliche Verbindungen in Kontakt kam, vor Hitlers Plänen. Wie andere bemühte er sich im Kriege mit seinen Freunden in jahrelangen Anstrengungen um eine Verständigung mit den Westmächten. Alle diese Bemühungen scheiterten jedoch. Es gelang weder, die Alliierten von ihrer im Januar 1943 in Casablanca festgeschriebenen Forderung nach „bedingungsloser Kapitulation" (Unconditional Surrender) abzubringen noch zur Annahme einer erwogenen Teilkapitulation im Westen zu bewegen.

121

Seine Gedanken über menschliche Freiheit und christliche Verantwortung hat Graf Moltke in mehreren Grundsatzdokumenten niedergelegt. In der Idee eines „christlichen Sozialismus" nahm er in vielen Zügen die Ordnungsvorstellungen der Nachkriegszeit voraus (Steinbach).

Neben Moltke gehörte zur Kerngruppe des Kreisauer Kreises schon sehr früh Peter Graf Yorck von Wartenburg, dessen berühmter Vorfahre durch die Konvention von Tauroggen im Jahre 1812 das Zeichen zum Aufstand Preußens gegen die napoleonische Herrschaft gegeben hatte. Zu den frühesten Mitarbeitern zählten weiterhin ein Vetter Moltkes, Carl Dietrich von Trotha, dessen Freund, Horst von Einsiedel, der Pädagoge Adolf Reichwein, der Berliner Staatsrechtler Hans Peters und der 1933 von den Nationalsozialisten als Oberpräsident der preußischen Provinz Oberschlesien entlassene Hans Lukaschek. Später traten noch hinzu: die sozialdemokratischen Arbeiterführer Carlo Mierendorff und Theodor Haubauch, Friedrich Werner Graf von der Schulenburg, bis 1941 Botschafter in Moskau, die Diplomaten Adam von Trott zu Solz und Hans Bernd von Haeften, ein Bruder des späteren Adjutanten Stauffenbergs. Haeften unterhielt enge Beziehungen zur Bekennenden Kirche. Über ihn war Eugen Gerstenmaier mit den Kreisauern in Kontakt getreten. Von katholischer Seite wurden vor allem die Jesuitenpatres Alfred Delp, Lothar König und Augustin Rösch in die Gruppe einbezogen.

Über Kontaktpersonen stellten die Kreisauer die Verbindung zu anderen Widerstandsgruppen her. Sie waren sich darüber im klaren, daß ein Staatsstreich „stets nur militärisch und das heißt mit einer verhältnismäßig breiten Unterstützung deutscher militärischer Führer und Truppenteile durchführbar war" (Gerstenmaier). Durch Peter Graf Yorck von Wartenburg, einen Vetter Stauffenbergs, standen sie deshalb in fortgesetzter Verbindung mit dem Kreis von Offizieren, die im Oberkommando der Wehrmacht und im Oberkommando des Heeres seit langem an Hitlers Sturz arbeiteten.

In der Frage des Attentats bestand unter den Kreisauern keine einheitliche Auffassung. Moltke hat sich in dieser Frage aus christlich-ethischen Motiven eher ablehnend verhalten, wobei er aber offensichtlich die Zulässigkeit einer Tötung Hitlers für den äußersten Notfall nicht verneinte.

Nach dem gescheiterten Attentat vom 20. Juli 1944 wurde etwa die Hälfte der Kerngruppe des Kreisauer Kreises — Moltke, Yorck, Reichwein, Trott, Haeften, Delp, Haubach und Leber — nach schweren Folterungen vom Volksgerichtshof zum Tode verurteilt und danach umgebracht. Sie wurden hingerichtet, so Hitlers

Schloß der Familie Moltke in Kreisau, Schlesien

Das Berghaus in Kreisau. Dort fanden größere Versammlungen des Kreisauer Kreises statt.

*Archiv MGFA*

Helmuth James Graf von Moltke  Peter Graf Yorck von Wartenburg

Dietrich Bonhoeffer  Pater Alfred Delp S.J.

*Bundesarchiv Koblenz*

Friedrich Werner Graf
von der Schulenburg

Julius Leber

Theodor Haubach

Professor Dr. Adolf Reichwein

*Bundesarchiv Koblenz*

Blutrichter und Präsident des Volksgerichtshofes, Roland Freisler, weil sie sich mit Fragen befaßt hatten, „die zur ausschließlichen Zuständigkeit des Führers gehören".

Der Beitrag von Peter Steinbach in diesem Band geht auf die Beziehungen zwischen zivilem und militärischem Widerstand näher ein.

## Grenzbereiche militärischen Widerstandes: „Wehrkraftzersetzung" und Spionage

Das bisher dargestellte Spektrum des militärischen Widerstandes umfaßte Beispiele von Umsturzversuchen hoher Militärs, Beispiele von Nichtausführung militärisch unsinniger Befehle, deren Befolgung Tausenden von Soldaten an der Front Leben und Freiheit gekostet hätte, Fälle spontaner Reaktion zur Verhinderung von Verbrechen an unschuldigen Zivilpersonen, Proteste gegen Befehle, welche die Grundlagen des christlichen Sittengesetzes mißachteten, bis hin zu Flugblattaktionen, in denen die Perversion des nationalsozialistischen Staates angeprangert wurde. Bei den folgenden Beispielen wird ein Grenzbereich militärischen Widerstandes berührt. Die drakonischen Gesetze des NS-Regimes bedrohten jeden mit der Todesstrafe, der sich weigerte, den Eid auf Hitler abzulegen oder in Äußerungen am „Endsieg" zweifelte oder sich in irgendeiner Weise zu kritischen Bemerkungen gegen den „Führer" hinreißen ließ. Tausende deutscher Soldaten wurden wegen solcher Delikte, die den Tatbestand der „Wehrkraftzersetzung" erfüllten, zum Tode verurteilt.

Die kritischen Äußerungen, welche als Wehrkraftzersetzung geahndet wurden, fielen in der Mehrzahl der Fälle wohl im Affekt und waren nicht unbedingt Handlungen eines sittlich motivierten Widerstandes. Dennoch sind auch diese Menschen Opfer der nationalsozialistischen Verfolgung geworden.
Eine Verweigerung des Wehrdienstes aus Gewissensgründen war nach der Einführung der allgemeinen Wehrpflicht nicht möglich. Ebenso konnte sich kein zum Wehrdienst eingezogener Mann einer Vereidigung auf den Führer Adolf Hitler entziehen. Berufssoldaten wie Ludwig Beck und Hans Oster haben den Eid auf Hitler erst nach Überwindung schwerer Gewissenskämpfe geleistet.

126

Leutnant d.R. Michael Kitzelmann
*Archiv MGFA*

Pater Franz Reinisch SAC
*Kommission für Zeitgeschichte*

Auch die Soldaten unter den Angehörigen der „Weißen Rose" leisteten den Eid auf Hitler nur unter Zwang. Der Pallotinerpater Franz Reinisch, der als Männerseelsorger bereits 1940 mit dem NS-Regime in Konflikt geraten war, glaubte nach seiner Einziehung zum Wehrdienst, den er als Sanitätssoldat leisten sollte, einen persönlichen Eid auf Hitler vor seinem Gewissen nicht verantworten zu können. Pater Reinisch wollte sich keineswegs dem Wehrdienst entziehen. Für seine standhafte Haltung wurde er am 7. Juli 1942 zum Tode verurteilt und am 21. August 1942 enthauptet. So wie er gingen auch zahlreiche Angehörige der „Zeugen Jehovas", die den Wehrdienst und jegliche Eidesleistung aus religiösen Gründen ablehnten, in den Tod.

Leutnant d.R. Michael Kitzelmann hatte katholische Theologie studiert und sich zur Ableistung seiner Wehrpflicht freiwillig zur Wehrmacht gemeldet. Während des Rußlandfeldzuges war er Kompanieführer. Michael Kitzelmann war ein gläubiger Christ und durch seine Kriegserlebnisse immer mehr in seiner gegnerischen Einstellung zum NS-Regime bestärkt. Er brachte dies auch zum Ausdruck. Sein Ausspruch: „Wenn diese Verbrecher siegen, mag ich nicht mehr leben", wurde gemeldet. Ein Kriegsgericht verurteilte ihn wegen „Wehrkraftzersetzung" am 11. April 1942 in Orel zum Tode. Das Urteil wurde am 12. Juni 1942 durch Erschießen vollstreckt. Unmittelbar vor seinem Tod schrieb er in sein Tagebuch: „Gott hat mir das große Glück einer gnadenvollen Todesstunde bereitet".

Umstritten ist die Widerstandsgruppe Schulze-Boysen/Harnack, der die Gestapo den Namen „Rote Kapelle" beigelegt hat. Harro Schulze-Boysen, Sohn eines höheren Marineoffiziers, tat seit 1936 als Oberleutnant im Reichsluftfahrministerium Dienst. Ein Vertrauter von ihm war der Oberregierungsrat im Wirtschaftsministerium Dr. Arvid Harnack. Schulze-Boysen war bereits 1933 als Mitglied des konservativen „Jungdeutschen Ordens" verhaftet worden und nahm nach seiner Freilassung Kontakt zum kommunistischen Widerstand auf. Harnack besorgte sich kurz vor dem Angriff auf Rußland Funkgeräte von der sowjetischen Botschaft in Berlin und übermittelte dem sowjetischen Geheimdienst damit wichtige Informationen über politische und militärische Vorgänge, vor allem auf dem Gebiet der Rüstung.

Schulze-Boysen und Harnack waren Mittelpunkt eines größeren Kreises, dem Beamte, Intellektuelle und Künstler angehörten. Nicht alle waren Kommunisten, und nur ein kleiner Ring Vertrauter wußte um die Spionagetätigkeit. Man verteilte in einer Geheimdruckerei hergestellte Zeitschriften, die sich in mehreren Fremdsprachen auch an die ausländischen Zwangsarbeiter wandten, Abzüge der Reden der Bischöfe Graf von Galen und Wurm sowie Texte von Winston Churchill, Stalin, Thomas Mann und Ernst Wiechert mit dem Ziel, den geistigen Widerstand zu stärken.

Aufgrund der Aussagen, die ein sowjetischer Fallschirmagent unter der Folter im August 1942 machte, konnte die Gestapo diese Widerstands-Spionagegruppe aufdecken.

Die Prozesse dauerten bis zum Oktober 1943. 75 Angeklagte wurden zum Tode verurteilt, manche, wie Harro Schulze-Boysen selbst, nach schweren Folterungen. Unter den Verurteilten befanden sich 19 Frauen, dabei auch die Ehefrauen Libertas Schulze-Boysen und Mildred Harnack. Alle wurden hingerichtet.

Der Historiker Hans Rothfels schrieb über die „Rote Kapelle": „Es sollte zwar in keiner Weise verwischt werden, daß sie die russische Armeeführung mit militärischen Informationen versorgt hat, doch ebensowenig ist eine summarische Abschüttelung der Männer und Frauen dieses Kreises als bloße Kreml-Agenten und daher nicht zum Bereich der echten Opposition gehörig am Platze. ... Mochten ihre Ziele und Mittel von denen der übrigen Gruppen abweichen, Gesinnung und Haltung taten es nicht."

## Henning von Tresckow und das Widerstandszentrum im Stab der Heeresgruppe Mitte

Die ersten schweren Rückschläge für die deutschen Armeen an der Ostfront traten im Winter 1941/42 ein. Diese „Wende vor Moskau", die infolge des Kriegseintritts der USA am 11. Dezember 1941 zeitlich mit der Ausweitung vom europäischen Krieg zum Weltkrieg zusammenfiel, wurde damals nur wenigen bewußt.

Zwar gelang es noch einmal in der Sommeroffensive des Jahres 1942, große Geländegewinne in Rußland zu erzielen, doch begrub die Vernichtung der 6. Armee bei Stalingrad und ihre Kapitulation am 2. Februar 1943 jegliche Siegesaussicht.

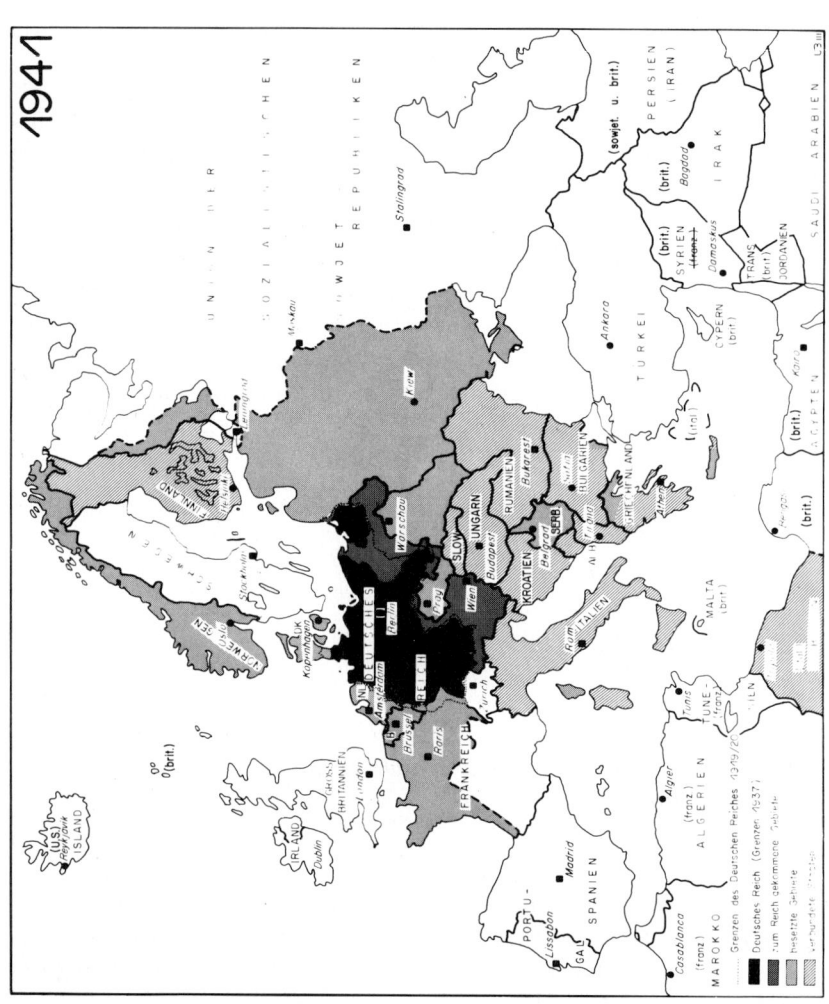

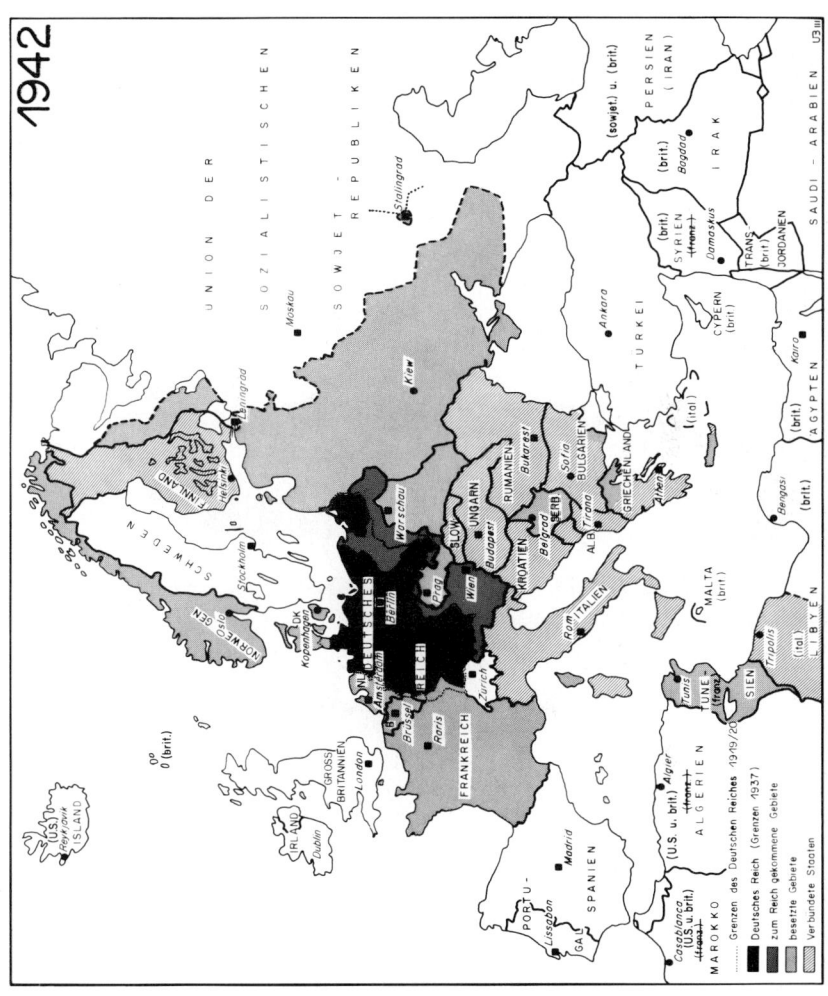

1942

UNION DER SOZIALISTISCHEN SOWJET REPUBLIKEN

Moskau

Stalingrad

Leningrad

Kiew

SCHWEDEN

FINNLAND

Helsinki

Stockholm

NORWEGEN

DK
Kopenhagen

Oslo

0°
0 (brit.)

Reykjavik (US.)
ISLAND

GROSS-
BRITANNIEN
London

IRLAND
Dublin

NIEDER-
LANDE
Amsterdam

DEUTSCHES
Berlin
REICH

Prag

Brüssel

Paris
Zürich

FRANKREICH

PORTU-
GAL
Lissabon

SPANIEN
Madrid

Casablanca
(U.S. u. brit.)
MAROKKO

Algier
(U.S. u. brit.)
A L G E R I E N

Tunis
(franz.)
TUNE-
SIEN

Rom
ITALIEN

SLOW.
Wien
Budapest
UNGARN

KROATIEN
Belgrad
SERB.
Sofia
BULGARIEN
RUMÄNIEN
Bukarest

ALB.
Tirana

GRIECHENLAND

Tripolis
L I B Y E N (ital.)

MALTA
(brit.)

(ital.)

TÜRKEI
Ankara

CYPERN
(brit.)

SYRIEN
(brit.)
Damaskus
← franz.

TRANS-
JORDANIEN
(brit.)

IRAK
Bagdad
(brit.)

P E R S I E N
( I R A N )
(sowjet.) u. (brit.)

ÄGYPTEN
(brit.)

Bengasi
(brit.)

Kairo

SAUDI – ARABIEN (U3)

Grenzen des Deutschen Reiches 1919/20

Deutsches Reich (Grenzen 1937)
zum Reich gekommene Gebiete
besetzte Gebiete
Verbündete Staaten

131

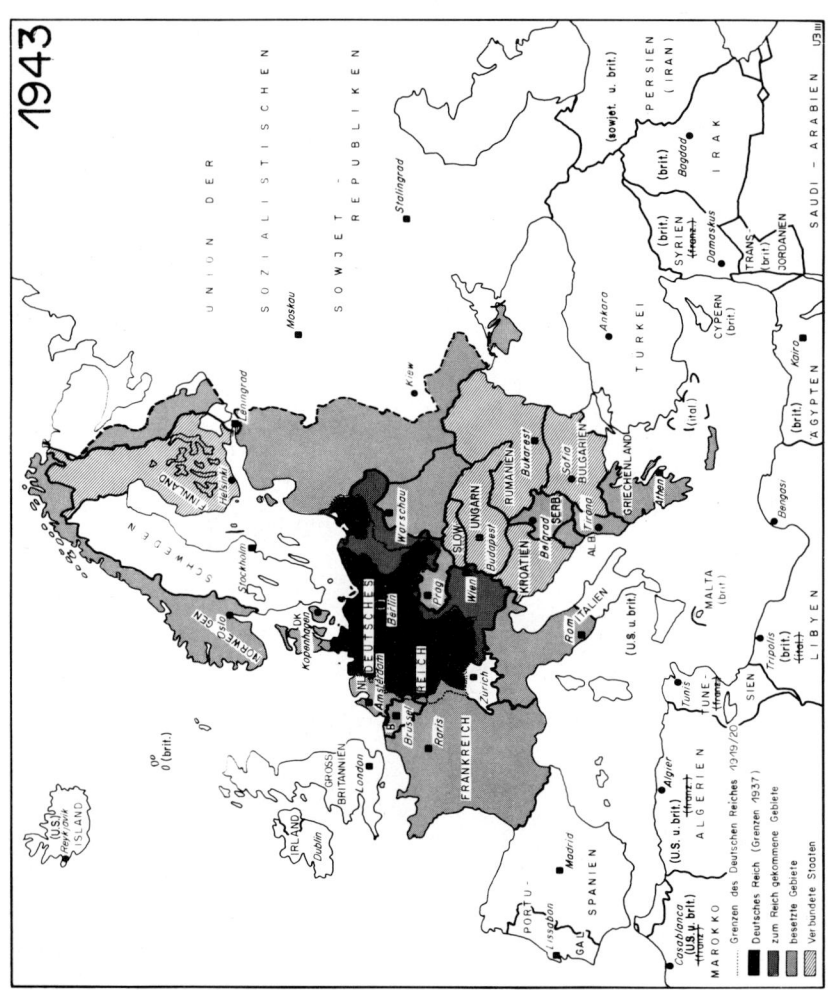

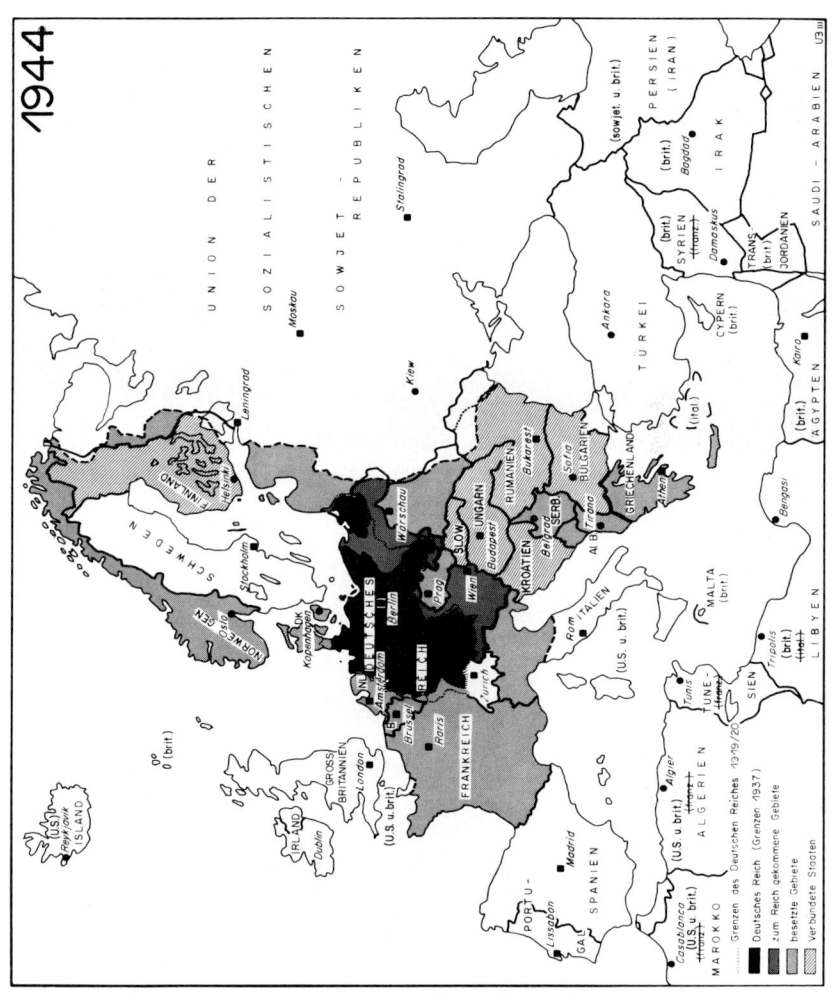

Im Stab der Heeresgruppe Mitte, 1943, Oberst i.G. Henning von Tresckow (links außen),
Leutnant d.R. Fabian von Schlabrendorff (rechts außen)

*Privatbesitz Oberstleutnant a.D. Ph. Freiherr von Boeselager*

Oberst i.G. Rudolf-Christoph
Freiherr von Gersdorff

*Bundesarchiv Koblenz*

Durch weitere Rückschläge auf den übrigen Kriegsschauplätzen verschlechterte sich die Gesamtlage Deutschlands nachhaltig.

Vor diesem Hintergrund gewannen die Aktivitäten des Widerstandskreises um den Ersten Generalstabsoffizier (Ia) der Heeresgruppe Mitte, Oberst i.G. Henning von Tresckow, im Jahre 1943 zunehmend an Bedeutung.

Tresckow stammte aus einer traditionsreichen preußischen Offizierfamilie. Den Nationalsozialismus lehnte er als unmoralisch ab und hielt es schon im Sommer 1939 für seine Pflicht, Hitler und sein Regime zu Fall zu bringen, um Deutschland und Europa vor der Gefahr der Barbarei zu retten. Aus diesem Grunde hatte er sich als Angehöriger des Generalstabes des Heeres an den Staatsstreichplanungen Halders vom Oktober 1939 beteiligt.

Als Ia im Stab der Heeresgruppe Mitte teilte er mit zahlreichen Kameraden die Abscheu über Hitlers verbrecherischen ,,Kriegsgerichtsbarkeitserlaß'' vom 13. Mai 1941 und den ,,Kommissarbefehl'' vom 6. Juni 1941. Er bemühte sich, den Oberbefehlshaber der Heeresgruppe Mitte, Generalfeldmarschall Fedor von Bock, seinen Onkel, dazu zu bewegen, die Rücknahme dieser gegen das Völkerrecht verstoßenden Erlasse zu erwirken.

Seit Sommer 1941 schuf er im Stab der Heeresgruppe ein Widerstandszentrum, das durch seine Energie und Radikalität die Entwicklung bis zum 20. Juli 1944 stark beeinflußte.

Es gelang ihm, eine Reihe von Offizieren des Stabes zu gewinnen. Zu ihnen gehörten u.a.: Leutnant d.R. und Rechtsanwalt Fabian von Schlabrendorff, der als wichtiger Verbindungsmann zu den Kreisen des zivilen Widerstandes um Goerdeler und Beck in Berlin wirkte, sowie Major i.G. Rudolf Christoph Freiherr von Gersdorff und Rittmeister Eberhard von Breitenbuch, die beide später einen Attentatsversuch wagten.

Bemühungen, Generalfeldmarschall von Bock an der Verschwörung zu beteiligen, schlugen fehl. Auch dessen Nachfolger, Generalfeldmarschall von Kluge, vermochte sich — von Tresckow auf eine Beteiligung angesprochen — nicht zu einer klaren Zusage durchzuringen. Hingegen wurde sein Ordonnanzoffizier, Oberleutnant Philipp Freiherr von Boeselager, gewonnen, dessen Bruder, Oberstleutnant Georg Freiherr von Boeselager, sich ebenfalls in den Dienst der Verschwörung stellte.

Tresckow hatte im Laufe des Jahres 1942 eine Gruppe zum Attentat auf Hitler entschlossener Offiziere um sich geschart. Es fehlten jedoch für einen Umsturz zunächst noch die psychologischen Voraussetzungen, solange die Niederlage Deutschlands sich noch nicht in aller Schärfe abzeichnete.

Generalfeldmarschall Günther von Kluge, Oberbefehlshaber der Heeresgruppe Mitte; hinter ihm sein Adjutant Oberleutnant Philipp Freiherr von Boeselager.

Oberstleutnant
Georg Freiherr von Boeselager

*Privatbesitz Oberstleutnant D. Philipp Freiherr*
*von Boeselager*

Ende März 1942 hatte sich die Widerstandsgruppe in Berlin um Generaloberst Beck, Botschafter von Hassell, Oberst Oster, General Olbricht und Dr. Goerdeler, die über Schlabrendorff mit den Männern um Tresckow in Verbindung stand, darüber geeinigt, daß alle Fäden der Verschwörung bei Beck zusammenlaufen sollten.

Um die Jahreswende 1942/43, als sich die Katastrophe von Stalingrad abzeichnete, kam es in Berlin zu einem Treffen zwischen Dr. Goerdeler, Tresckow und dem Chef des Allgemeinen Heeresamtes im OKH, General der Infanterie Friedrich Olbricht. Olbricht verpflichtete sich, mit Hilfe von Einheiten des Ersatzheeres in Berlin und anderen Städten den Staatsstreich durchzuführen. Voraussetzung für ihn war die Ermordung Hitlers und der hierdurch zu erreichende „eidfreie" Zustand. Zu diesem Zeitpunkt waren nur Tresckow und seine Mitverschworenen zur Ermordung Hitlers entschlossen und fähig. Dabei mußten Attentat und Umsturzmaßnahmen aufeinander abgestimmt werden, da man von der Fähigkeit der SS-Organisation überzeugt war, auch nach Hitlers Tod das Regime aufrechtzuerhalten. So kam alles darauf an, einen Attentäter zu finden, der einen zeitlich vorausplanbaren Zugang zu Hitler hatte, damit dann nach erfolgreichem Attentat die Umsturzmaßnahmen eingeleitet werden konnten.

Im Frühjahr 1943 erklärten sich Rittmeister Schmidt-Salzmann und Oberstleutnant i.G. von Kleist bereit, zusammen mit 10 Offizieren des „Reiterverbandes Boeselager" Hitler bei einem Frontbesuch im Kasino des Hauptquartiers der Heeresgruppe Mitte zu erschießen. Generalfeldmarschall von Kluge, den man ins Vertrauen zog, lehnte es wegen der Gefährdung anderer ab, „den Mann einfach so beim Essen zu erschießen."

Als Hitler am 17. Februar 1943 überraschend zum Hauptquartier der Heeresgruppe Don in Saporoshe flog, hoffte man auch im Hauptquartier der Heeresgruppe B in Poltawa auf seinen Besuch. Bei dieser Gelegenheit wollten ihn General der Gebirgstruppe Lanz, Befehlshaber der Armeeabteilung Lanz, und sein Chef des Generalstabes, Generalmajor Dr. Speidel, mit Hilfe des Panzerregiments „Großdeutschland" unter Oberst d.R. Graf Strachwitz festnehmen und bei Gegenwehr erschießen lassen. Der Besuch fand jedoch nicht statt.

Bei einer Dienstreise, die Admiral Canaris am 7. März 1943 in Begleitung seiner Mitarbeiter, Generalmajor Oster, Oberst Lahousen und Sonderführer Dr. von Dohnanyi nach Smolensk führte, erhielt Tresckow die Versicherung, daß in Berlin alles Nötige für den Umsturz vorbereitet sei.

Am 13. März 1943 traf Hitler beim Oberkommando der Heeresgruppe Mitte in Smolensk ein. Der ursprüngliche Plan, ihn dort zu erschießen, konnte jedoch

Hitler beim Besuch des Berliner Zeughauses am 21. März 1943
*Bundesarchiv Koblenz*

Erinnerungsalbum für die Mitglieder des Stabes der Heeresgruppe Mitte.
*Privatbesitz Oberstleutnant a.D. Ph. Freiherr von Boeselager*

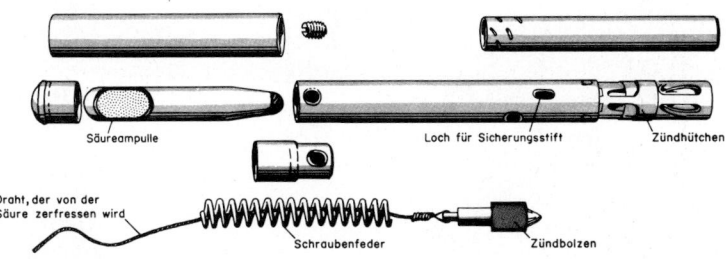

Englischer chemischer Zeitzünder
der von Tresckow/Schlabrendorff, Gersdorff und Stauffenberg verwendeten Art.
(National-Archive EAP 105/16)

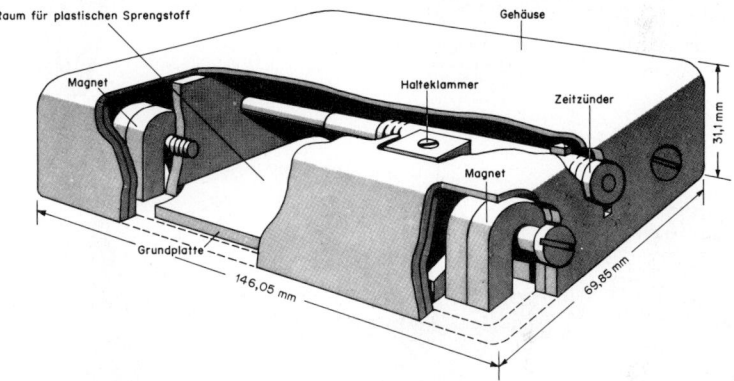

Englische Haftmine "Clam", wie sie von Tresckow/Schlabrendorff und Gersdorff verwendet wurde.
(Field Engineering and Mine Warfare Pamphlet No.7: Booby Traps, London 1952)

# Focke - Wulf  FW 200  "Condor"      (Führermaschine)

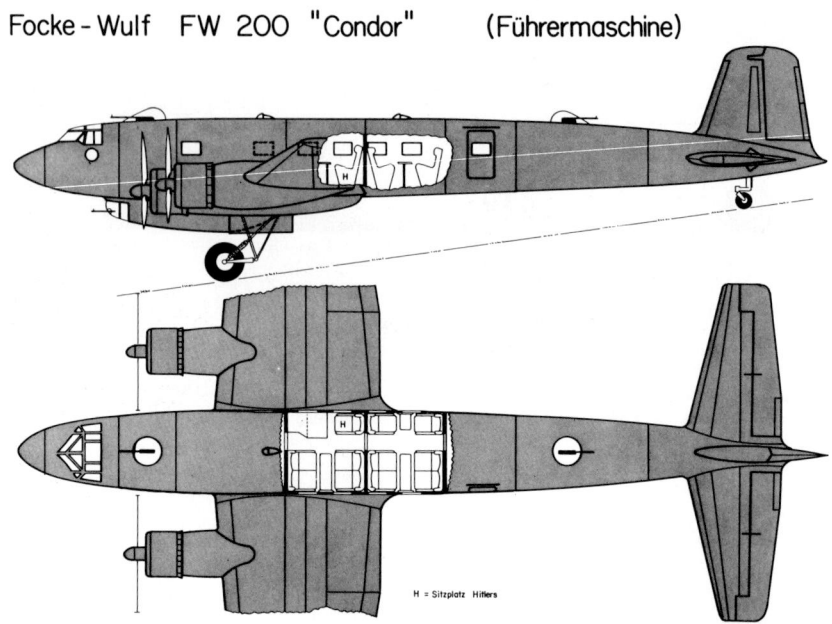

H = Sitzplatz Hitlers

Hitler beim Verlassen der „Führermaschine" in Smolensk am 13. März 1943
*Bundesarchiv Koblenz*

Oberst i. G. v. Tresckow, Ia

Erinnerungsalbum für die Mitglieder des Stabes der Heeresgruppe Mitte.

*Privatbesitz Oberstleutnant a.D. Ph. Freiherr von Boeselager*

Hitler läßt sich 1944 neue Felduniformen vorführen. In der Mitte Generalmajor Helmuth Stieff.

*Bundesarchiv Koblenz*

nicht in die Tat umgesetzt werden. So versuchten Tresckow und Schlabrendorff mit Hilfe eines als Cointreau-Flasche getarnten Sprengstoffpaketes, das sie in Hitlers Flugzeug manipulieren konnten, zum Erfolg zu gelangen. Der Zünder versagte jedoch. Der auf dem Rückflug erwartete Absturz der Maschine blieb aus und Hitler landete unversehrt in Rastenburg.

Eine neue Gelegenheit für ein Attentat bot die Feier am Heldengedenktag 1943, die auf Hitlers Veranlassung am 21. März stattfinden sollte. Auf Tresckows Frage erklärte sich Oberst i.G. Freiherr von Gersdorff bereit, Hitler bei einem an diesem Tag im Zeughaus erwarteten Besuch einer Ausstellung von erbeutetem Kriegsmaterial der Heeresgruppe Mitte unter Opferung seines eigenen Lebens in die Luft zu sprengen. Wider Erwarten eilte Hitler jedoch so schnell durch die Ausstellung, daß Gersdorff seinen Plan nicht verwirklichen konnte.

Trotz dieser Rückschläge und Mißerfolge setzte Tresckow seine Bemühungen mit unvermindertem Eifer fort und wurde so — stärker noch als zuvor — zum führenden Kopf unter den militärischen Verschwörern. Nunmehr versprach man sich von dem Plan, das Ersatzheer für einen Staatsstreich einzusetzen, den entscheidenden Erfolg.


### Attentat und Umsturzversuch vom 20. Juli 1944

### Claus Schenk Graf von Stauffenberg und der Plan „Walküre"


Im April 1943 war es der Gestapo durch Zufall gelungen, den wichtigen Stützpunkt der Verschwörer im Amt Ausland/Abwehr im OKW um Admiral Canaris und Generalmajor Oster lahmzulegen. Glücklicherweise hatte Oberst i.G. von Tresckow während der folgenden Monate die Möglichkeit, in der Hauptstadt Berlin an den Planungen für den Umsturz intensiv weiterzuarbeiten. Die Grundlage hierfür bildeten die sogenannten „Walküre"-Befehle. Kernpunkt dieser Alarmbefehle war die Zusammenfassung der in den jeweiligen Bereichen der Wehrkreiskommandos liegenden Ersatz- und Ausbildungseinheiten sowie der an Schulen und in Lehrgängen eingesetzten Soldaten in Kampftruppen und Alarmeinheiten. War es der ursprüngliche Gedanke, dadurch rasch Reserven zum Auffüllen des Feldheeres verfügbar zu haben, so rückte in den am 31. Juli 1943 erlassenen neuen „Walküre"-Bestimmungen der Gedanke an den Einsatz dieser Kräfte innerhalb des Reichsgebietes bei eventuellen Unruhen wie organisierter

Sabotage in großem Ausmaß oder einem Aufstand der Millionen ausländischer „dienstverpflichteter" Arbeiter und Kriegsgefangenen in den Vordergrund. Die eigentlich politisch neutralen „Walküre"-Befehle eigneten sich bei entsprechender Fassung der speziellen Ausführungsbestimmungen in besonderer Weise für die Absichten der Verschwörer. Bei der Bearbeitung der Pläne wurde Tresckows engster Mitarbeiter seit dem Spätsommer 1943 der von einer schweren Verwundung kaum genesene Oberstleutnant i.G. Claus Schenk Graf von Stauffenberg. Dieser hatte eine ähnliche Entwicklung wie Tresckow durchgemacht und war wie er überzeugt, daß Hitler durch ein Attentat beseitigt werden müsse, sobald sich eine Gelegenheit bot.

Stauffenberg entstammte einem katholischen reichsritterlichen Geschlecht. Seine Mutter war eine Urenkelin des preußischen Militärreformers Generalfeldmarschall Graf Neidhardt von Gneisenau. Seit seiner Schulzeit gehörte er dem Kreis um den Dichter Stefan George an, dessen strenge Ideale ihn anzogen. Er interessierte sich für Geschichte und Philosophie und hatte feste, in seinem Glauben wurzelnde ethische und moralische Grundsätze. Graf Stauffenberg wurde 1926 Soldat und diente bis 1936 als Offizier im renommierten Reiterregiment 17 in Bamberg. Von 1936 bis 1938 erhielt er seine Generalstabsausbildung an der Kriegsakademie, wo er seine Jahrgangskameraden deutlich überragte. Nach seiner Teilnahme am Polen- und Frankreichfeldzug wurde er im Mai 1940 in die Organisationsabteilung des Generalstabes des Heeres versetzt.

Obgleich Stauffenberg die Revision des Versailler Vertrages und die Wiederherstellung der alten Großmachtstellung Deutschlands wünschte, hielten ihn Herkommen und Erziehung davon ab, Nationalsozialist zu werden oder sich von dieser Ideologie blenden zu lassen.

Als junger Offizier hatte Stauffenberg zwar den „Anschluß" Österreichs begrüßt und war auch von den Siegen über Polen und Frankreich nicht unbeeindruckt geblieben, doch wurde ihm bald klar, welche schrecklichen Folgen für Deutschland ein „Endsieg" ebenso haben müßte wie die Niederlage, an der er aufgrund seiner Einblicke kaum mehr zweifelte. Schon im Sommer 1942 hatte er zunehmend die Überzeugung gewonnen, daß nur durch die Beseitigung Hitlers der Krieg beendet und ein weiteres millionenfaches sinnloses Sterben verhindert werden könne. Gleichwohl hielt er es für unabdingbar, daß die totale Niederlage Deutschlands mit militärischen Mitteln verhindert werden müsse, und betrachtete es als seine vaterländische Pflicht, hierzu seinen Beitrag als Soldat zu leisten.

Oberst i.G. Graf Stauffenberg am 15. Juli 1944 im Führerhauptquartier „Wolfschanze"
*Bundesarchiv Koblenz*

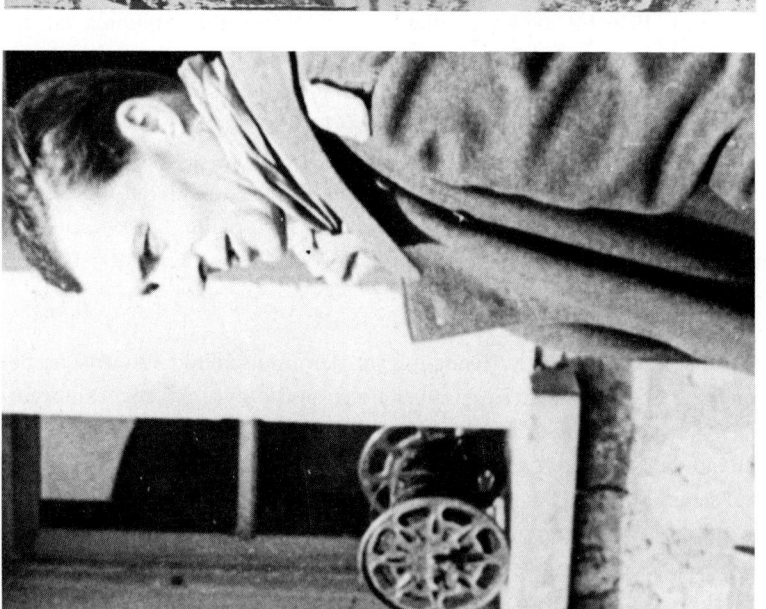

Oberstleutnant i.G. Claus Schenk Graf von Stauffenberg
in Tunis 1943

144

Der Chef der Heeresrüstung
Befehlshaber des Ersatzheeres
A H A Ia VII Nr 1720/42 g Kdos

**Betr.:** "Walküre II"
**Bezug:** OKH/AHA Ia VII Nr 1160/42 g Kdos
v 13 4 42 (nach besonderem Verteiler).

Geheime Kommandosache

## Allgemeines

I. In Fällen überraschender Bedrohung und sonstiger Notstände muss zu deren Beseitigung die Verwendungsbereitschaft des Ersatzheeres bzw von Teilen des Ersatzheeres je nach Lage für einen Einsatz örtlich, in der Heimat oder in Grenzgebiet gewährleistet sein. Die Vorbereitungen und Durchführung laufen unter dem Stichwort

"Walküre II".

II. Hierzu ist durch die stellv Gen Kdo (# Kdos) die Bildung von voll einsatzfähigen Verbänden (Division, Brigade, verst. Regiment oder Kampfgruppen) aus den Ersatztruppenteilen ihrer Bereiche kalendermäßig so vorzubereiten, dass auf gegebenes Stichwort die Durchführung in 3 Stufen erfolgen kann.

a) 1.Stufe: +) Innerhalb von 6 Stunden Herstellung der Einsatzbereitschaft von Einheiten des Ersatzheeres zum örtlichen Einsatz als fechtende Truppe.

Die Vorbereitungen für die 1.Stufe können sich im allgemeinen auf die Maßnahmen beschränken, die im Alarmverfahren eine Einsatzbereitschaft von Einheiten des Ersatzheeres (zusammengestellten Kompanien, Batterien, Zügen evtl auch nur Einzelgeschütze) in der vorgesehenen Zeit gewährleisten. Der 1.Stufe unterliegen entsprechend ihrer Eigenart alle Truppenteile und Dienststellen des Ersatzheeres.

Eine Alarmbereitschaft ... mit den vorzubereitenden Maßnahmen nicht verbunden.

b) 2.Stufe: Gliederung u befehlsmäßige Zusammenfassung der Einheiten der 1.Stufe zu Verbänden für örtliche Einsatz und als Vorbereitung für die 3 Stufe. Örtliche Zusammenlegung dieser Verbände soweit dies ohne Einschränkung

transport und ohne Beeinträchtigung der Durchführung der ...
3.Stufe möglich ist. Eine Zeitdauer wird nicht festgesetzt.

c) 2.Stufe: Durchführung des Gesamtvorhabens. Dazu Erkundung der in der 2. Stufe gebildeten Verbände zur beweglichen Verwendungsbereitschaft innerhalb des Heimatkriegsgebiets (z.B. ...) stellt sein, dass die anderen Stufen auch nach einem seitlichen ... stand noch folgen können. Bei Aufruf der gesamten "Walküre II" ist möglich die 1.Stufe durchzuführen und aus dieser in das Gesamtvorhaben überzugehen) in der 1.Stufe verbleiben diejenigen Dienststellen und Ersatzeinheiten, (auch Reste) die infolge ihrer Eigenart (s.B.Schulen, Wach.Krs.Blnc. usw.) nicht zu Bildung der Verbände herangezogen werden.

III. 1. Stärke und Zusammensetzung der Verbände richtet sich nach dem jeweiligen personellen und materiellen Bestand des Ersatzheeres, wofür die voll auszunutzenden materiellen Möglichkeiten die Grundlage geben

2. Je nach Vorhandensein schneller Ersatztruppen (einschl mot. Ersatzeinheiten) sind diese nach Möglichkeit neben den Verbänden gemäß Ziffer II, Abs.1 zu entspr.mot.Verbänden kriegsgliederungsmäßig zusammenzufassen.

3. Eine Herausziehung von Ergänzungen aller Art hat - soweit nicht ausdrücklich angeordnet - zu unterbleiben.

4. Kriegsstärkenachweisungen werden (auch als Anhalt) nicht vorgeschrieben. Im Vordergrund steht die Einsatzfähigkeit wobei, soweit eine einheitliche Bewaffnung - insbesondere bei der Artillerie nicht möglich ist, Masseneinheit wenigstens innerhalb des Bataillons (Abteilungen) Verbände anzustreben ist.

5. Die vorausehenden nichtmilitärigen Dienst sollen der Zusammensetzung der Verbände entsprechen, wobei
a) Bildung von 1.Inf (Art.) Kolonnen anstelle von Nachschub-

+) Vorbereitung ... mit Truppenverfügung ... hier. Die Bezugsverfügung wird durch die nachfolgende Bestimmungen ersetzt.

Im Nr. 649/42 ... F.Jb

Bei einer Frontverwendung als Ia im Stab der 10. Panzerdivision in Afrika wurde Stauffenberg am 7. April 1943 durch einen Tieffliegerangriff schwer verwundet. Er verlor ein Auge, die rechte Hand und zwei Finger der linken Hand. Daß er seine schwere Verwundung überlebte, betrachtete er als Gnade Gottes und als Verpflichtung, sich für die Rettung des Reiches einzusetzen. Nach monatelangem Lazarett- und Genesungsaufenthalt, während dem er in Berlin auch mit den dortigen Verschwörern zusammentraf, trat er am 1. Oktober 1943 als Oberstleutnant i.G. die Stelle des Chefs des Stabes im Allgemeinen Heeresamt in Berlin unter General der Infanterie Friedrich Olbricht an.

Nachdem Tresckow im Oktober 1943 als Regimentskommandeur an die Ostfront versetzt worden und damit wieder aus dem Zentrum der Verschwörung in Berlin herausgetreten war, übernahm Stauffenberg die weitere Bearbeitung der „Walküre"-Pläne und bemühte sich, die Voraussetzungen für deren Auslösung zu schaffen. In General Olbricht hatte er den zu Wagnis und Hilfe bereiten Vorgesetzten, der ihm die nötige getarnte Wirksamkeit ermöglichte und ihm auch die Beziehungen vermittelte, die er in Berlin, im Hauptquartier und in den Truppenstäben gewonnen hatte. Ende Oktober 1943 war die Bearbeitung der Pläne für den Staatsstreich so weit vorangekommen, daß Stauffenberg mit dessen Auslösung für etwa den 10. November rechnete. Ein weiteres Zuwarten hielt er für nicht mehr verantwortbar.

Als erstes galt es nun, einen Attentäter zu finden, der die Voraussetzungen für das Gelingen des Staatsstreichs schaffen sollte. Problematisch war, daß es unter den Offizieren, die Hitlers Sturz wünschten, kaum einer mit seinem Gewissen vereinbaren zu können glaubte, etwas gegen Hitler als den lebenden Eidträger zu unternehmen. Peter Hoffmann hat dieses Dilemma in seinem Beitrag in diesem Band näher erläutert.

Erst der eidfreie Zustand nach der Ermordung Hitlers bot die Aussicht auf Erfolg, d.h., daß die von Berlin aus gegebenen Befehle der Verschwörer nicht durch Gegenbefehle neutralisiert würden. Durch Hitlers Tod sollten die Bindungen gesprengt werden, die viele Deutsche, vor allem die durch den Eid auf den „Führer" verpflichteten Soldaten, empfinden mochten.

Nach gelungenem Attentat kam es entscheidend darauf an, rasch die vollziehende Gewalt auf den Befehlshaber des Ersatzheeres und durch diesen auf die stellvertretenden Kommandierenden Generale und Wehrkreisbefehlshaber zu übertragen. Als Sofortmaßnahmen waren u.a. vorgesehen (1) Militärische Besetzung der Anlagen des Post-Wehrmacht-Nachrichtennetzes, vor allem aber der Rundfunksender, (2) Verhaftung sämtlicher Gauleiter, Reichsstatthalter, Minister, Höherer SS- und Polizeiführer, Gestapoleiter und Leiter der SS-Dienststellen, (3) Besetzung der Konzentrationslager, (4) Verhaftung der sich widersetzenden oder ungeeigneten Führer der Waffen-SS, (5) Schließung der Dienststellen der Partei und ihrer Gliederungen.

Der Schwerpunkt für „Walküre" lag in Berlin. Dort hatte man die entscheidende Kraftprobe zu bestehen.

## *Die militärische und politische Lageentwicklung bis zum 20. Juli 1944*

Die letzte Phase des militärischen Widerstandes erfuhr unter anderem eine besondere Beschleunigung und Dynamik durch die rasche und entscheidende Verschlechterung der Lage an allen Fronten.

Im Osten hatte die Rote Armee auf ihrem Vormarsch nach Westen bereits Anfang Januar 1944 die ehemalige polnische Ostgrenze erreicht. Im März überschritt sie den Dnjestr, im April den Sereth. Damit griff der Kampf auf den Balkan über. Ab Mitte April mußten die deutschen Truppen die Krim räumen. Am 22. Juni 1944 begann der russische Hauptangriff gegen die Heeresgruppe Mitte im Gebiet der Pripjet-Sümpfe und der Düna. Von 40 Divisionen der Heeresgruppe wurden 28 eingeschlossen und aufgerieben.

Im Norden gelang es dem Gegner, die karelische Landenge zu durchstoßen und damit die Voraussetzung für den entscheidenden Erfolg über den finnischen Bundesgenossen Deutschlands zu schaffen.

Im Süden war Nordafrika von den Alliierten besetzt. Die deutsche Front in Italien wurde immer weiter nach Norden gedrängt. Ende Mai war mit dem Angriff auf den Brückenkopf von Anzio-Nettuno jeder Widerstand südlich Roms unmöglich geworden. Am 14. Juni wurde das zur „Offenen Stadt" erklärte Rom von den Alliierten besetzt.

Im Westen begann am 6. Juni 1944 die seit langem erwartete Invasion. Unter dem Schutz von 6 Schlachtschiffen, 23 Kreuzern und 105 Zerstörern erzwangen die alliierten Streitkräfte die Landung in Nordwestteil Frankreichs an der Kanalküste. Den zahlen- und ausrüstungsmäßig unterlegenen deutschen Kräften gelang es nicht, den Gegner zurückzuwerfen. Pausenlose Angriffe weit überlegener alliierter Luftstreitkräfte bis tief in das Innere Frankreichs hinein verhinderten

Die militärische Lage am 20. Juli 1944

Generalleutnant Dr. Hans Speidel und Generalfeldmarschal Erwin Rommel
an der Kanalküste 1944.

*Bundesarchiv Koblenz*

Anlage zu O.B.West, Ia Nr. 5895/44 g.Kdos. v. 21.7.44.

A b s c h r i f t .

Geheime Kommandosache
Chefsache
Nur durch Offizier!

Der Oberbefehlshaber                    H.Qu., den 15.7.44
der Heeresgruppe B

Betrachtungen zur Lage.

Die Lage an der Front in der Normandie wird von Tag zu Tag schwieriger und nähert sich einer starken Krise.

Die eigenen Verluste sind bei der Härte der Kämpfe, des außergewöhnlich starken Materialeinsatzes des Gegners, vor allem an Artillerie und Panzern, und der Wirkung der uneingeschränkt beherrschenden feindlichen Luftwaffe derart hoch, daß die Kampfkraft der Divisionen sehr rasch absinkt. Ersatz aus der Heimat kommt nur sehr spärlich und erreicht bei der schwierigen Transportlage die Front erst nach Wochen. Rund 97 000 Mann (darunter 2 360 Offiziere) an Verlusten – also durchschnittlich pro Tag 2 500 bis 3 000 Mann – stehen bis jetzt 10 000 Mann in Ersatz gegenüber (davon rund 6 000 eingetroffen).

Auch die materiellen Verluste der eingesetzten Truppen sind außergewöhnlich hoch und konnten bisher in nur ganz geringem Umfange ersetzt werden, z.B. von rund 225 Panzern bisher 17.

Die neu zugeführten Infanterie-Divisionen sind kampfungewohnt und bei der geringen Ausstattung an Artillerie, panzerbrechenden Waffen und Panzernahkampfmitteln nicht in Stande, feindliche Großangriffe nach mehrstündigem Trommelfeuer und starken Bombenangriffen auf die Dauer erfolgreich abzuwehren. Wie die Kämpfe gezeigt haben, wird bei dem feindlichen Materialeinsatz auch die tapferste Truppe Stück für Stück zerschlagen und verliert damit Menschen, Waffen und Kampfgelände.

Die Nachschubverhältnisse sind durch Zerstörung des Bahn-

– 2 –

netzes, die starke Gefährdung der Straßen und Wege bis 150 km hinter die Front durch die feindliche Luftwaffe derart schwierig, daß nur das Allernötigste herangebracht werden kann, und vor allem mit Artillerie- und Werfermunition überall äußerst gespart werden muß. Diese Verhältnisse werden sich voraussichtlich nicht bessern, da der Kolonnenraum durch Feindeinwirkung immer mehr absinkt und die feindliche Lufttätigkeit bei Inbetriebnahme der zahlreichen Flugplätze im Landekopf voraussichtlich noch wirkungsvoller wird.

Neu heranmarsche Kräfte können der Front in der Normandie ohne Schwächung der Front der 15.Armee am Kanal oder der Mittelmeerfront in Südfrankreich nicht zugeführt werden. Allein die Front der 7.Armee benötigt aber dringend 2 frische Divisionen, da die dort befindlichen Kräfte abgekämpft sind.

Auf der Feindseite fließen Tag für Tag neue Kräfte und Mengen von Kriegsmaterial der Front zu. Der feindliche Nachschub wird von der eigenen Luftwaffe nicht gestört. Der feindliche Druck wird immer stärker.

Unter diesen Umständen muß damit gerechnet werden, daß dem Feind in absehbarer Zeit gelingt, die dünne eigene Front, vor allem bei der 7.Armee zu durchbrechen und in die Weite des französischen Raumes zu stoßen. Auf anliegende Meldungen der 7.Armee und des II.Fallsch.Jg.Korps darf ich hinweisen. Abgesehen von örtlichen Reserven der Panzergruppe West, die zunächst durch die Kämpfe an der Front der Panzergruppe gebunden sind und bei der feindlichen Luftherrschaft nur nachts marschieren können, stehen keine beweglichen Reserven für die Abwehr eines derartigen Durchbruchs bei der 7.Armee zur Verfügung. Der Einsatz der eigenen Luftwaffe fällt wie bisher nur ganz wenig ins Gewicht.

Die Truppe kämpft allerorts heldenmütig, jedoch der ungleiche Kampf neigt dem Ende entgegen. Es ist m.E. nötig, die Folgerungen aus dieser Lage zu ziehen. Ich fühle mich verpflichtet als Oberbefehlshaber der Heeresgruppe dies klar auszusprechen.

F.d.R.d.A.                              gez. R o m m e l
                                        Generalfeldmarschall.

[signature]
Oberleutnant.

149

Geheim! Kommandosache

OB West
Ia Nr.5395/44 g.Kdos.

Heeresgruppe B
eing. 22 JULI 1944
Nr. [stamp]

4. Ausfertigung.

Chefsache
Nur durch Offizier!

Mein Führer !

Ich lege Ihnen hiermit einen Bericht des Generalfeldmarschall Rommel vor, den er vor seinem Unfall mir übergab
und den er mit mir durchgesprochen hat.

Ich bin jetzt etwa 14 Tage hier und durch lange Rück-
sprachen mit den entscheidenden Führern der hiesigen Fronten,
insbesondere auch denen der SS, zu der Überzeugung gekommen,
daß der Feldmarschall leider richtig sieht. insbesondere hat
meine gestrige Aussprache mit dem Führern der Verbände bei
Caen, abgehalten unmittelbar nach den schweren letzten Kämpfen,
den traurigen Beweis geliefert, daß es tatsächlich in unserer
gegenwärtigen Lage - auch der materiellen - keinen Weg gibt,
wie wir der alles beherrschenden feindlichen Luftwaffe gegenüber ein Kampfverfahren finden können, das deren geradezu
vernichtende Wirkung ausgleicht, ohne daß der Kampfraum aufgegeben zu werden braucht. Ganze Panzerverbände, zum Gegenstoß angesetzt, wurden von Bombenteppichen stärksten Ausmaße
erfaßt, daß sie erst nach langen Mühen, zum Teil erst nach Ab-
schleppen, aus dem ungewählten Krebboden herausgebracht werden
konnten. Sie kamen praktisch daher zu spät.

Die psychologische Wirkung solcher mit elementarer Natur-
gewalt herankommenden Bombenmassen auf die kämpfende Truppe,
insbesondere die Infanterie, ist dabei ein besonders ernst
zu nehmendes Moment. Es ist dabei gleichgültig, ob ein solcher
Teppich gute oder schlechte Truppen faßt. Sie wird mehr oder
weniger vernichtet und vor allem wird ihr Material zerschlagen. Ereignet sich das mehrere Male, dann ist die Durchhalte-
kraft selbst der höchste Truppe auf die höchste Probe gestellt. Sie bleibt
zwar liegen, stirbt; was aber übrig bleibt, ist als Kämpfer
nicht mehr das, was nach der Lage unbedingt gefordert werden

- 2 -

muß. Die Truppe sieht sich mithin einer Kraft gegenüber,
gegen die kein Kraut mehr gewachsen ist. Das muß sich allmählich in immer stärker werdendem Maße bemerkbar machen.

Ich kann hierbar mit dem festen Willen, Ihren Befehl
zum Stehen um jeden Preis Geltung zu verschaffen, wenn man
aber erleben muß, daß dieser Preis mit der langsamen aber
sicheren Vernichtung der Truppe bezahlt werden muß - ich
denke dabei an die höchstens Lob verdienende Hitlerjugend-
Division -, wenn man sieht, daß die aufstrebende materielle
Ergänzung auf fast allen Gebieten, zum Teil völlig unzureichend ist, und die Kampfmittel, insbesondere Artillerie
und Pak sowie deren Munition, bei weitem nicht für die ge-
forderte Kampfführung ausreichen, mithin der Schwerpunkt
des Abwehrkampfes auf den guten Willen der braven Truppe
liegt, dann ist die Sorge um die nächste Zukunft dieser
Front nur zu berechtigt.

Ich kann melden, daß die Front durch die prachtvolle
Tapferkeit der Truppe und die Willensstärke der gesamten
Führung, insbesondere der unteren, bis jetzt noch gehalten
hat, bei allerdings fast täglichem Geländeverlusten.

Der Augenblick ist aber trotz heißem Bemühen nahe gerückt, daß diese so belastete Front bricht. Und ist der Feind
erst im freien Gelände, wird eine geregelte Führung bei der
mangelhaften Beweglichkeit unserer Truppe kaum noch durchführbar sein. Ich halte mich für verpflichtet als der verantwortliche Führer dieser Front, Sie mein Führer, auf diese
Folgerungen rechtzeitig aufmerksam zu machen.

Mein letztes Wort bei der Führerbesprechung südl. Caen war:
"Es wird gehalten, u. wenn kein Aushilfsmittel unsere Lage
grundsätzlich verbessert, muß anständig auf dem Schlachtfeld
gestorben werden!"

Der Oberbefehlshaber West

gez. v. Kluge

Generalfeldmarschall.

1 Anlage -

F.d.R.:
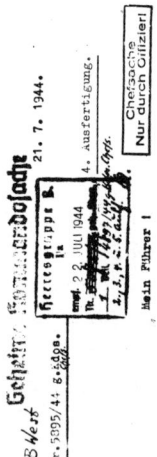
Oberleutnant.

- 2 -

das rechtzeitige Heranführen deutscher Reserven. Am 18. Juli 1944 hatten die amerikanischen und britischen Streitkräfte die Halbinsel Cotentin erobert. Die katastrophale Lage an der Westfront hatte Generalfeldmarschall Erwin Rommel, seit dem 1. Januar 1944 Oberbefehlshaber der Heeresgruppe B, bereits am 15. Juli in einer Denkschrift an Hitler dargestellt und damit die ultimative Forderung nach einer unverzüglichen Beendigung des Krieges im Westen verbunden. Seit Frühjahr 1944 hatte sich der populäre Heerführer dem Kreis der Verschwörer durch seine Verbindung zum Militärbefehlshaber Frankreich, General der Infanterie Karl-Heinrich von Stülpnagel, genähert, nicht zuletzt unter dem Einfluß seines Chefs des Generalstabes, Generalleutnant Dr. Hans Speidel. In den Erwägungen der Verschwörer war Rommel eine entscheidende Rolle zugedacht. Er wurde jedoch am 17. Juli auf der Rückfahrt von einem Frontbesuch bei einem Tieffliegerangriff schwer verwundet und fiel damit aus. Seine Verbindung zu den Verschwörern kostete ihn das Leben; am 14. Oktober 1944 wurde er zum Selbstmord gezwungen.

Deutschlands Lage hatte sich nicht nur militärisch, sondern auch außenpolitisch erheblich verschlechtert. 40 Länder befanden sich inzwischen im Kriegszustand mit dem Deutschen Reich. Wenn auch die kleineren von ihnen militärisch als Gegner nicht unmittelbar in Erscheinung traten, so trugen sie doch durch ihre Rohstoffe wie durch ihre Wirtschafts- und Transportmittel wesentlich zur Stärkung der Alliierten bei. Von den ehemaligen Verbündeten Deutschlands war Italien bereits im Herbst 1943 auf die Seite der Gegner umgeschwenkt, Ungarn wurde im Frühjahr 1944 wegen „Unzuverlässigkeit der Regierung" von deutschen Truppen besetzt. In Bulgarien zeichnete sich ebenfalls ein Umschwung ab. Japan, der fernöstliche Verbündete, befand sich in schwerem Abwehrkampf.

Im Innern Deutschlands wirkten sich die vermehrten Bombenangriffe, die auch am Tage tief in das Reich hineingetragen wurden, verheerend aus. Die Depression der Bevölkerung wurde noch gesteigert durch Evakuierung, Kriegseinsatz und Dienstverpflichtungen, vor allem aber auch durch den sich verstärkenden Druck der politischen Überwachung. Mehr und mehr wüteten Sondergerichte, füllten sich die Konzentrationslager. Allein von April bis Juni 1944 wurden rund 180 000 Menschen festgenommen.

Obwohl kaum Aussicht bestand, daß durch einen Sturz Hitlers die Lage Deutschlands noch verbessert werden konnte, fühlten sich die Verschwörer, vor allem Stauffenberg und Tresckow jetzt mehr denn je zum Handeln gedrängt. Ih-

151

re Überzeugung war: „Das Attentat muß erfolgen, coûte que coûte (koste es was es wolle). Denn es kommt nicht mehr auf einen praktischen Zweck an, sondern darauf, daß die deutsche Widerstandsbewegung vor der Welt und vor der Geschichte den entscheidenden Wurf gewagt hat. Alles andere ist daneben gleichgültig."

## Widerstandskämpfer in der militärischen Spitzengliederung der Wehrmacht

Die Umsturzplanungen gegen Hitler waren nur möglich, da sich viele der zur Tat entschlossenen Männer des militärischen Widerstandes in verantwortlichen Führungspositionen innerhalb der Spitzengliederung der Wehrmacht befanden und ihre dienstlichen Befugnisse und Verbindungen zur Vorbereitung des Attentats und des Staatsstreichs nutzen konnten.

Sie hatten u.a. Dienstposten inne
— im Oberkommando der Wehrmacht
— im Generalstab des Heeres
— beim Chef der Heeresrüstung und Befehlshaber des Ersatzheeres und dem ihm unterstehenden Allgemeinen Heeresamt
— im Bereich des Nachrichtenverbindungswesens
— in den Wehrkreisen und
— in den besetzten Gebieten.

Der einzige Oberbefehlshaber einer Heeresgruppe, mit dem man für den Fall einer Aktion im Jahre 1944 rechnete, war Generalfeldmarschall Erich Rommel.

## Führerhauptquartier „Wolfschanze"

Bereits im November 1940 ließ Hitler im Zuge der Vorbereitungen für den Überfall auf die Sowjetunion in Ostpreußen einen Platz für sein ständiges Hauptquartier aussuchen. Man wählte ein Areal im Rastenburger Stadtwald, etwa

8 km ostwärts der Stadt Rastenburg, inmitten von Seen, Sumpfgebieten und Mischwald gelegen. Dieses Gelände bot vor allem Schutz gegen Fliegersicht. Eine bereits vorhandene Eisenbahnlinie und ein Netz von schmalen Landstraßen ermöglichten problemlos die verkehrsmäßige Anbindung an weitere militärische Befehlszentren in der Umgebung.

Die auf Dauer angelegte Anlage bestand aus Baracken und Bunkern, für deren Platzbedarf nur die nötigsten Rodungen vorgenommen wurden, um die Tarnung nicht zu beeinträchtigen.

Am 4. Januar 1942 wurde das Führerhauptquartier „Wolfschanze" bezogen. In diesem Lager wurden bis zu seiner Sprengung im Januar 1945 fortlaufend bauliche Veränderungen vorgenommen. Die in der Ausstellung gezeigte Rekonstruktion basiert auf der Zeichnung, die Peter Hoffmann 1975 veröffentlicht hat.

Das Führerhauptquartier Wolfschanze war von einem weiten Sicherungsring umgeben, der vom Führerbegleitbataillon (FBB), einer Wehrmachteinheit, überwacht wurde. Die Anlage selbst war von einem Drahthindernis und einem 50 m breiten Minengürtel umgeben. Innerhalb des Lagers bestanden die Sperrkreise I und II. Im Sperrkreis I befand sich der „Führersperrkreis" mit dem Führerbunker und der Lagebaracke, welche am 20. Juli 1944 für die Lagebesprechung genutzt wurde.

Außerhalb des Führersperrkreises waren im Sperrkreis I u.a. das SS-Begleitkommando, Hitlers Diener, Reichsleiter Bormann, Hitlers persönliche Adjutantur, die Wehrmachtadjutantur und Generalfeldmarschall Keitel, der Chef des Oberkommandos der Wehrmacht, untergebracht.

Der südlich der Eisenbahnlinie gelegene Sperrkreis II enthielt außer den Unterkünften und Dienststellen der Lagerbesatzung Dienststellen des Wehrmachtführungsstabes.

Als Hauptbedrohung wurden Bombenangriffe sowie Angriffe feindlicher Luftlandetruppen angenommen. Die Organisation der Sicherung des Lagers und die Stationierung von Eingreifverbänden in der Nähe von „Wolfschanze", wie beispielsweise eines Fallschirmjägerbataillons in Goldap, 70 km nordöstlich von Rastenburg, sowie die Stationierung zahlreicher Flakbatterien rund um das Lager gewährleisteten einen hohen Grad an Sicherheit. So wurde „Wolfschanze" auch nie Ziel eines alliierten Luftangriffes oder eines Kommandounternehmens. Die Kühnheit der Tat von Oberst i.G. Graf Stauffenberg bestand darin, daß er die Sicherheitsmaßnahmen zu unterlaufen wagte. Ein gewaltsames Eindringen in die Sperrbezirke wäre nicht möglich gewesen.

# Führerhauptquartier "WOLFSCHANZE" bei Rastenburg in Ostpreußen.

## Zustand 20. Juli 1944

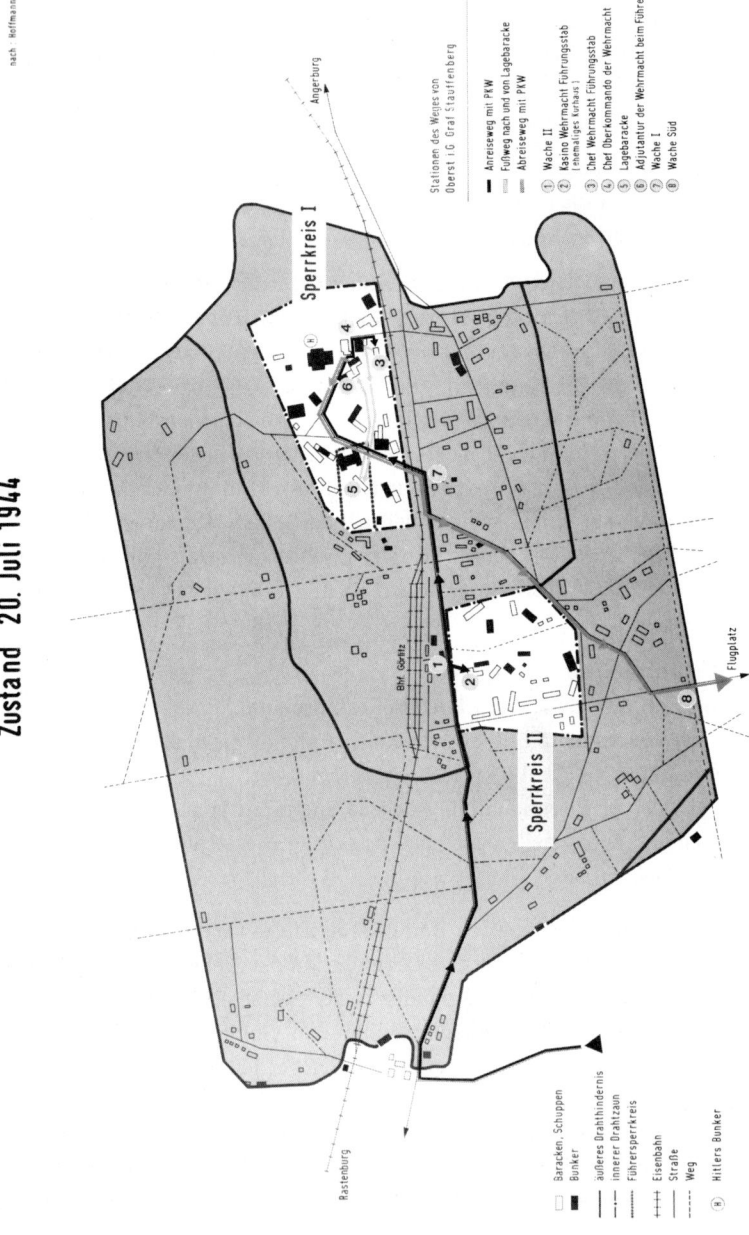

nach Hoffmann

**Stationen des Weges von**
**Oberst i.G. Graf Stauffenberg**

— Anreiseweg mit PKW
— Fußweg nach und von Lagebaracke
---- Abreiseweg mit PKW

1. Wache II
2. Kasino Wehrmacht Führungsstab
   (ehemaliges Kurhaus)
3. Chef Wehrmacht Führungsstab
4. Chef Oberkommando der Wehrmacht
5. Lagebaracke
6. Adjutantur der Wehrmacht beim Führer
7. Wache I
8. Wache Süd

Sperrkreis I

Sperrkreis II

Angerburg

Flugplatz

Bhf. Görlitz

Rastenburg

☐ Baracken, Schuppen
■ Bunker
-··- äußeres Drahthindernis
-·-·- innerer Drahtzaun
······ Führersperrkreis
+++ Eisenbahn
── Straße
······ Weg
Ⓗ Hitlers Bunker

## Das Attentat am 20. Juli 1944

Dem Attentat am 20. Juli 1944 gingen im Spätjahr 1943 und Anfang 1944 von Stauffenberg und Tresckow initiierte Attentatsplanungen und -versuche voraus, die jedoch wegen widriger Umstände nicht zum Erfolg führten. So konnte die Absicht des Hauptmanns Axel Freiherr von dem Bussche, sich bei der Vorführung von Uniformen und Ausrüstungsgegenständen im November 1943 mit Hitler in die Luft zu sprengen, nicht ausgeführt werden, da das für die Vorführung bestimmte Material bei einem Luftangriff zerstört wurde und Bussche bald darauf wegen einer schweren Verwundung für eine Wiederholung des Attentats nicht mehr zur Verfügung stand. Zwar erklärte sich der Oberleutnant Ewald Heinrich von Kleist bereit, Bussches Rolle zu übernehmen. Doch konnte auch er das Attentat nicht ausführen, da der Termin für die Vorführung immer wieder verschoben wurde. Schließlich scheiterte auch ein Versuch des Rittmeisters Eberhard von Breitenbuch, Ordonnanzoffizier des Oberbefehlshabers der Heeresgruppe Mitte, Generalfeldmarschall Busch. Breitenbuch, der Busch am 11. März 1944 zu einer Lagebesprechung auf den Obersalzberg begleitete, wollte Hitler während dieser Besprechung erschießen, durfte jedoch wider Erwarten seinen Oberbefehlshaber nicht in den Besprechungsraum begleiten.

Bis zum Juni 1944 war nicht ernsthaft erwogen worden, daß Stauffenberg, der für die Leitung des Staatsstreichs vorgesehen war, das Attentat selbst ausführen sollte. Man hielt es für unmöglich, daß Attentat und Leitung des Staatsstreiches in einer Hand vereinigt werden konnten.
Nachdem die bisherigen Attentatsversuche aber gescheitert waren und ein neuer Attentäter nicht gewonnen werden konnte, entschloß sich Stauffenberg trotz dieser Bedenken, das Attentat selbst durchzuführen. Mit seiner Ernennung zum Chef des Stabes des Befehlshabers des Ersatzheeres, Generaloberst Friedrich Fromm, am 1. Juli 1944 bot sich ihm die Möglichkeit, an Lagebesprechungen im Führerhauptquartier teilzunehmen. Damit war der Zugang zu Hitler gesichert und die entscheidende Voraussetzung für die Durchführung eines Attentats gegeben.

Wegen seiner Kriegsverletzung kam für Stauffenberg nur ein Sprengstoffattentat in Frage. Am 11. und 15. Juli 1944 mußte er Attentatsversuche abbrechen, am 20. Juli 1944 ergab sich dann eine neue Gelegenheit für einen Anschlag. An diesem Tage war Stauffenberg zum Vortrag ins Führerhauptquartier „Wolfschanze" nach Rastenburg in Ostpreußen befohlen. Nach seiner Ankunft im Hauptquartier führte er zunächst einige Besprechungen. Einen Augenblick des Alleinseins nutzte er, um mittels einer Zange, die er mit den drei Fingern seiner linken Hand betätigen konnte, den Zeitzünder der Bombe in seiner Aktenmappe zu betätigen. Nachdem er den Lageraum betreten hatte, wo die Besprechung bereits begonnen hatte, stellte er seine Aktentasche in Hitlers Nähe ab und verließ wenig später den Raum unter dem Vorwand, telefonieren zu müssen. Um 12.42 Uhr detonierte die Sprengladung. Mehrere Teilnehmer der Besprechung wurden tödlich verwundet, Hitler jedoch nur leicht verletzt.

Stauffenberg gelang es mit seinem Adjutanten Oberleutnant von Haeften, trotz der sofort einsetzenden Alarmmaßnahmen das Führerhauptquartier zu verlassen und nach Berlin zurückzufliegen. Dort waren in der Bendlerstraße wegen ausbleibender genauer Informationen über die Durchführung des Attentats die „Walküre"-Maßnahmen erst gegen 16.00 Uhr — drei Stunden nach dem Anschlag — ausgelöst worden. Damit konnte wertvolle Zeit nicht genutzt werden. Nachdem Stauffenberg gegen 16.30 Uhr in der Bendlerstraße eingetroffen war, versuchte er, die Alarmmaßnahmen beschleunigt in Gang zu setzen. Dies gelang noch am besten in Paris, wo der Militärbefehlshaber Frankreich, General der Infanterie von Stülpnagel, Herr der Lage war, teilweise auch in Wien und Prag. In den übrigen Wehrkreisen trafen die Nachricht vom Überleben Hitlers und die Gegenbefehle zum Teil schon vor den „Walküre"-Befehlen der Verschwörer oder gleichzeitig mit diesen ein und verhinderten die Ausführungen der Staatsstreichmaßnahmen.

Auch in Berlin brach der Staatsstreichversuch bald zusammen, nachdem der Kommandeur des Wachbataillons „Großdeutschland", Major Remer, der an der Rechtmäßigkeit der „Walküre"-Befehle zu zweifeln begann, durch Vermittlung von Goebbels mit Hitler telefoniert und von diesem den Befehl erhalten hatte, den Putsch niederzuschlagen.

Da Hitler das Attentat überlebt hatte, war der „eidfreie" Zustand nicht eingetreten. Sobald sein Überleben nach 18.45 Uhr über Rundfunk und Fernschreiben allenthalben bekannt wurde, blieben die Anordnungen der Verschwörer unbeachtet. Dies war die entscheidende Ursache für das Scheitern des Staatsstreiches.

**Rekonstruktion des Aufenthaltes der Teilnehmer an der Lagebesprechung in der Lagebaracke im Führerhauptquartier „WOLFSCHANZE" am 20. Juli 1944 um 12.40 Uhr, kurz vor der Detonation der Sprengladung.**

nach : Hoffmann

1 Hitler
2 Generalleutnant Heusinger
3 General der Flieger Korten (tödlich verletzt)
4 Oberst i.G. Brandt (tödlich verletzt)
5 General der Flieger Bodenschatz
6 Oberstleutnant d.G. Waizenegger
7 Generalleutnant Schmundt (tödlich verletzt)
8 Oberstleutnant d.G. Borgmann
9 General der Infanterie Buhle
10 Konteradmiral v. Puttkamer
11 Dr. Berger, Stenograph (tödlich verletzt)
12 Kapitän zur See Assmann
13 Major John v. Freyend
14 Generalmajor Scherff
15 Konteradmiral Voss
16 SS-Hauptsturmführer Günsche
17 Oberstleutnant (Lw) v. Below
18 SS-Gruppenführer und Generalleutnant der Waffen-SS Fegelein
19 Buchholz, Stenograph
20 Major i.G. (Lw) Büchs
21 Gesandter I. Klasse v. Sonnleithner
22 General der Artillerie Warlimont
23 Generaloberst Jodl
24 Generalfeldmarschall Keitel
25 Oberst i.G. Graf Stauffenberg

Hitler zeigt am Nachmittag des 20. Juli 1944 Mussolini die zerstörte Lagebaracke.
*Bundesarchiv Koblenz*

Der „Reichsmarschall" Hermann Göring besichtigt die zerstörte Lagebaracke am Nachmittag des 20. Juli 1944. Vorne rechts der Kartentisch, unter dem die Sprengladung detonierte.
*Bundesarchiv Koblenz*

*Berlin, der Schauplatz des Geschehens*

Siehe S. 160


*Maßnahmen der Verschwörer*

Siehe S. 161—164


*Die Ziele der Verschwörer*

Die Männer des Widerstands strebten keinen Militärputsch an, sondern die Wiederherstellung rechtsstaatlicher Verhältnisse und ziviler verfassungsmäßiger Regierungsverantwortung. Dies spiegelt sich wider in vorbereiteten Aufrufen und einer beabsichtigten Regierungserklärung.

Siehe S. 165—175


*Die Reaktion in den Wehrkreisen*

Siehe S. 176



*Verhaftung, Verurteilung und Vernichtung der Verschwörer*

Gegen 21.00 Uhr begann der Staatsstreichversuch zusammenzubrechen. Die ersten Verhaftungen außerhalb des Zentrums der Verschwörung in der Bendlerstraße erfolgten. Kurz vor 23.00 Uhr wurden auch die Verschwörer in den Diensträumen des Befehlshabers des Ersatzheeres von hitlertreuen Offizieren festgenommen. Generaloberst Ludwig Beck wurde nach einem vergeblichen Versuch, sich das Leben zu nehmen, im Dienstzimmer des Befehlshabers des Ersatzheeres erschossen. Nach Verkündung eines Standgerichtsurteils durch Generaloberst Fromm wurden in der Nacht vom 20. auf den 21. Juli 1944 General der Infanterie Olbricht, die Obersten i.G. Ritter Mertz von Quirnheim und Graf Stauffenberg sowie dessen Adjutant, Oberleutnant Werner von Haeften, im Hof des Bendlerblocks durch ein Erschießungskommando hingerichtet.

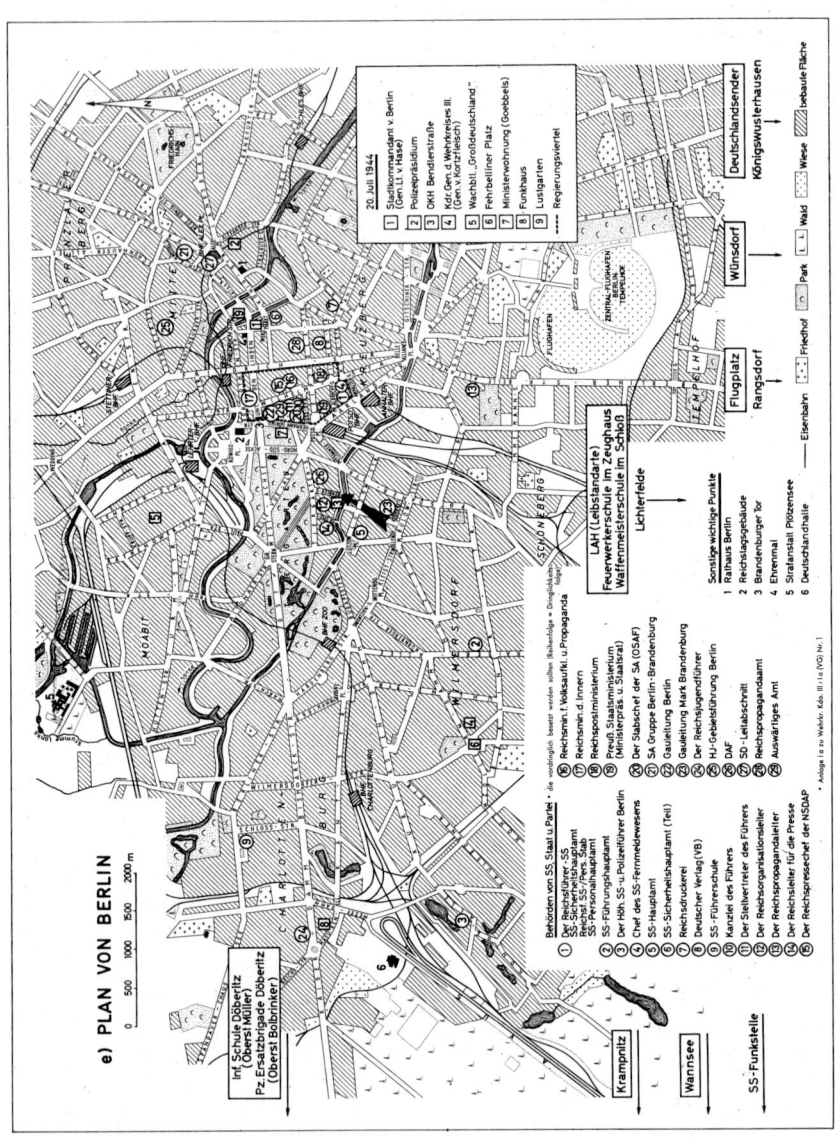

e) PLAN VON BERLIN

0   500   1000   1500   2000 m

20. Juli 1944

1 Stadtkommandant v. Berlin (Gen.Lt. v. Hase)
2 Polizeipräsidium
3 OKH Bendlerstraße
4 Kdr.Gen.d.Wehrkreises III. (Gen.v.Kortzfleisch)
5 Wachbtl. „Großdeutschland"
6 Fehrbelliner Platz
7 Ministerwohnung (Goebbels)
8 Funkhaus
9 Lustgarten
---- Regierungsviertel

Behörden von SS, Staat u. Partei • die vorläufigig besetzt werden sollen (Reihenfolge = Dringlichkeit)

① Der Reichsführer- SS
② SS-Sicherheitshauptamt
③ Reichssf. SS- Pers. Stab SS-Personalhauptamt
④ SS-Führungshauptamt
⑤ Der Höh. SS- u. Polizeiführer Berlin
⑥ Chef des SS-Fernmeldewesens
⑦ SS-Hauptamt
⑧ SS-Sicherheitshauptamt (Teil)
⑨ Reichsdruckerei
⑩ Deutscher Verlag (VB)
⑪ SS-Führerschule
⑫ Kanzlei des Führers
⑬ Der Stellvertreter des Führers
⑭ Der Reichsorganisationsleiter
⑮ Der Reichspropagandaleiter
⑯ Der Reichsleiter für die Presse
⑰ Der Reichspressechef der NSDAP

⑱ Reichsmin.f.Volksaufkl. u.Propaganda
⑲ Reichsmin.d. Innern
⑳ Reichspostministerium
㉑ Preuß.Staatsministerium (Ministerpräs. u. Staatsrat)
㉒ Der Stabschef der SA (OSAF)
㉓ SA Gruppe Berlin-Brandenburg
㉔ Gauleitung Berlin
㉕ Gauleitung Mark Brandenburg
㉖ HJ-Gebietsführung Berlin
㉗ SD - Leitabschnitt
㉘ DAF
㉙ Der Reichspropagandaleiter
㉚ Reichspropagandaamt
㉛ Auswärtiges Amt

LAH (Leibstandarte)
Feuerwerkerschule im Zeughaus
Waffenmeisterschule im Schloß

Lichterfelde

Sonstige wichtige Punkte

1 Rathaus Berlin
2 Reichstagsgebäude
3 Brandenburger Tor
4 Ehrenmal
5 Strafanstalt Plötzensee
6 Deutschlandhalle

Int. Schule Döberitz (Oberstl.Müller)
Pz. Ersatzbrigade Döberitz (Oberstl.Bolbrinker)

Krampnitz

Wannsee

SS-Funkstelle

Deutschlandsender

Königswusterhausen        ▨ bebaute Fläche

Wünsdorf                   ⊥ Wald   Wiese

Flugplatz                  C Friedhof   Park

Rangsdorf                  ···· Friedhof

———— Eisenbahn    ═══ Straße Plötzensee

\* Anlage 1 a zu Wehrkr. Kdo. III / a (VG) Nr.1

| Fernschreibstelle HTGK | 55 | 20/7 | Geheime Kommandosache |
|---|---|---|---|

| Angenommen Aufgenommen | | Befördert: | |
|---|---|---|---|
| Datum: | 19 | Datum: | 19 |
| um: | Uhr | um: | Uhr |
| von: HOKW | | an: | |
| durch: Dennerlei | | durch: | |
| | | Rolle: | |

```
++++2007 EIN FRR GKDOS HOKW 02150 DENNERLEIN HTGK +
+FRR HOKW 02150 20.7. 1645=
AN W. KDO.   G G   -- GKDOS --
ROEM 1.) INNERE UNRUHEN.-
EINE GEWISSENLOSE CLIQUE FRONTFREMDER PARTEIFUEHRER HAT
ES UNTER AUSNUTZUNG DIESER LAGE VERSUCHT, DER
SCHWERRINGENDEN   FRONT IN DEN RUECKEN ZU FALLEN   UND
DIE MACHT ZU EIGENNUETZIGEN ZWECKEN   AN SICH ZU REISSEN.-
ROEM 2.) IN DIESER STUNDE HOECHSTER GEFAHR   HAT DIE
REICHSREGIERUNG ZUR AUFRECHTERHALTUNG VON RECHT UND
ORDNUNG DEN MILITAERISCHEN AUSNAHMEZUSTAND VERHAENGT
UND MIR ZUGLEICH   MIT DEM OBERBEFEHL   UEBER DIE
WEHRMACHT DIE VOLLZIEHENDE GEWALT   UEBERTRAGEN .-
ROEM 3.) HIERZU BEFEHLE ICH :.-    .-
1.) ICH UEBERTRAGE DIE VOLLZIEHENDE  GEWALT - MIT DEM
RECHT DER DELEGATION AUF DIE TERRITORIALEN BEFEHLSHABER-
IN DEM HEIMATKRIEGSGEBIET AUF DEN BEFEHLSHABER DES
ERSATZHEERES UNTER GLEICHZEITIGER ERNENNUNG ZUM
OBERBEFEHLSHABER  IM HEIMATKRIEGSGEBIET .-
   IN DEN BESETZTEN WESTGEBIETEN AUF DEN OBERBEFEHLSHABER
WEST( OBERBEFEHLSHABER DER H. GR. D), IN ITALIEN AUF
DEN OBERBEFEHLSHABER SUEDWEST(  OBERBEFEHLSHABER DER
H. GR. C).
   IN DEM  SUEDOSTRAUM AUF DEN OBERBEFEHLSHABER SUEDOST
```

Bundesarchiv/Militärarchiv RH 53-23/59

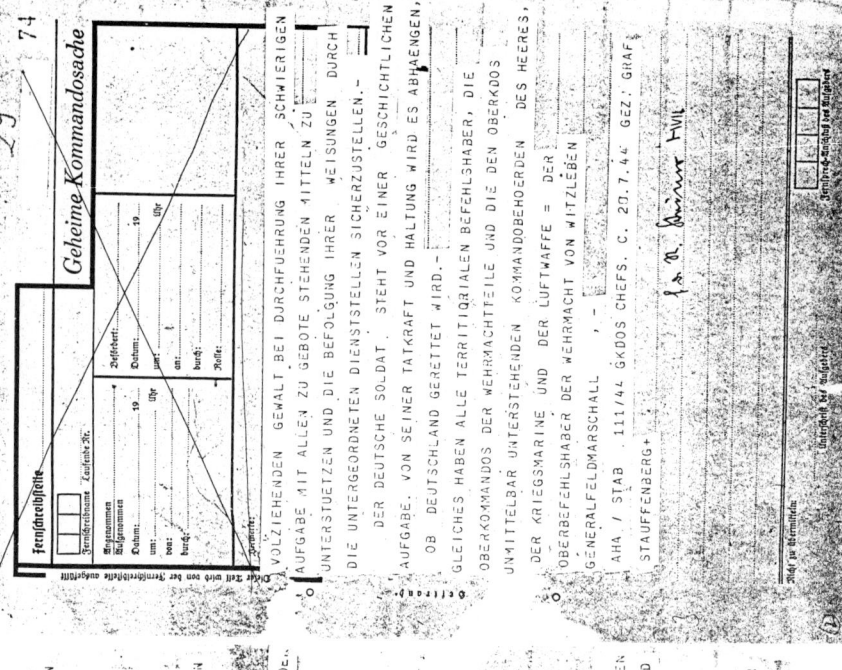

**Geheime Kommandosache**

( OBERBEFEHLSHABER DER H. GR. F ) IN DEN BESETZTEN OSTG-EBIETEN
AUF DIE OBERBEFEHLSHABER DER HEERESGRUPPEN SUEDUKRAINE ,
NORDUKRAINE , MITTE , NORD UND DEN WEHRMACHTBEFEHLSHABER
OSTLAND FUER IHREN JEWEILIGEN BEFEHLSBEREICH , IN DAENEMARK UND
IN NORWEGEN AUF DIE WEHRMACHTBEFEHLSHABER.-

2.) DEN INHABERN DER VOLLZIEHENDEN GEWALT SIND UNTERSTELLT :
A) SAEMTLICHE IN IHREM BEFEHLSBEREICH BEFINDLICHEN DIENSTSTELLEN
UND EINHEITEN DER WEHRMACHT EINSCHL. DER WAFFEN- SS, DES
RAD UND DER OT.-
B) ALLE OEFFENTLICHEN BEHOERDEN ( DES REICHS, DER LAENDER
UND DER GEMEINDEN), INSBES. DIE GESAMTE ORDNUNGS-, SICHERHE
UND VERWALTUNGSPOLIZEI.-
C) ALLE AMTSTRAEGER UND GLIEDERUNGEN DER NSDAP UND DER IHR
ANGESCHLOSSENEN VERBAENDE.-
D) DIE VERKEHRS- UND VERSORGUNGSBETRIEBE.-

3.) DIE GESAMTE WAFFEN- SS IST MIT SOFORTIGER WIRKUNG IN DA
HEER EINGEGLIEDERT.-
4.). DIE INHABER DER VOLLZIEHENDEN GEWALT SIND FUER
AUFRECHTERHALTUNG DER ORDNUNG UND OEFFENTLICHEN SICHERHEIT
VERANTWORTLICH. SIE HABEN INSBESONDERE ZU SORGEN FUER :-
A) DIE SICHERUNG DER NACHRICHTENANLAGEN.-
B) DIE AUSSCHALTUNG DES SD.- JEDER WIDERSTAND GEGEN
DIE MILITAERISCHE VOLLZUGSGEWALT IST RUECKSICHTSLOS ZU ERECHEN
5.) IN DIESER STUNDE HOECHSTER GEFAHR FUER DAS VATERLAND
IST GESCHLOSSENHEIT DER WEHRMACHT UND AUFRECHTERHALTUNG
VOLLER DISCIPLIN OBERSTES GEBOT.-
ICH MACHE ES DAHER ALLEN BEFEHLSHABERN DES HEERES, DER
KRIEGSMARINE UND DER LUFTWAFFE ZUR PFLICHT, DIE INHABER DER

VOLLZIEHENDEN GEWALT BEI DURCHFUEHRUNG IHRER SCHWIERIGEN
AUFGABE MIT ALLEN ZU GEBOTE STEHENDEN MITTELN ZU
UNTERSTUETZEN UND DIE BEFOLGUNG IHRER WEISUNGEN DURCH
DIE UNTERGEORDNETEN DIENSTSTELLEN SICHERZUSTELLEN.-
DER DEUTSCHE SOLDAT STEHT VOR EINER GESCHICHTLICHEN
AUFGABE. VON SEINER TATKRAFT UND HALTUNG WIRD ES ABHAENGEN,
OB DEUTSCHLAND GERETTET WIRD.-
GLEICHES HABEN ALLE TERRITORIALEN BEFEHLSHABER, DIE
OBERKOMMANDOS DER WEHRMACHTTEILE UND DIE DEN OBERKDOS
UNMITTELBAR UNTERSTEHENDEN KOMMANDOBEHOERDEN DES HEERES,
DER KRIEGSMARINE UND DER LUFTWAFFE =
OBERBEFEHLSHABER DER WEHRMACHT VON WITZLEBEN
GENERALFELDMARSCHALL
AHA / STAB  111/44 GKDOS CHEFS. C. 20.7.44' GEZ' GRAF
STAUFFENBERG.

*Bundesarchiv-Militärarchiv Freiburg RH 53-23/59*

+2030 EIN FRR  GEHEIM HOKW 02155 DENNERLEIN HTGK ++

+ FRR HOKW 02155  20.7.  1800 = - G E H E I M -

AN W. KR. GEN. GOUV. =

ROEM 1.) AUF GRUND DER MIR VOM OBERBEFEHLSHABER DER
WEHRMACHT ERTEILTEN ERMAECHTIGUNG UEBERTRAGE ICH DIE
VOLLZIEHENDE GEWALT IN DEN WEHRKREISEN DEN STELLV. KD.
GENERALEN UND WEHRKREISBEFEHLSHABERN.  MIT DER
VOLLZIEHENDEN GEWALT GEHEN AUF DIE WEHRKREISBEFEHLSHABER
DIE BEFUGNISSE DER REICHSVERTEIDIGUNGSKOMMISSARE UEBER.-
ROEM 2.) FOLGENDE SOFORT MASZNAHMEN SIND ZU TREFFEN: .-
A) NACHRICHTENANLAGEN: DIE WICHTIGEN GEBAEUDE UND
ANLAGEN DES POST- WEHRMACHTNACHRICHTENNETZES ( EINSCHL.
FUNKANLAGEN) SIND PLANMAESSIG MILITAERISCH ZU
SICHERN. DIE HIERZU EINGESETZTEN KRAEFTE SIND SO STARK ZU
BEMESSEN, DASZ UNBEFUGTE EINGRIFFE UND GEWALTSAME
ZERSTOERUNGEN VERHINDERT WERDEN. WICHTIGE
NACHRICHTENTECHNISCHE ANLAGEN SIND MIT OFFIZIEREN ZU
BESETZEN. INSBESONDERE SIND ZU SICHERN:
VERSTAERKERAEMTER , DURCHGANGSVERMITTLUNGEN DES HEERES-
FUEHRUNGSNETZES SOWIE GROSSFUNKSTELLEN( RUNDFUNKSENDER),
FERNSPRECH- UND TELEGRAFENAEMTER, SOWEIT WICHTIGE
FERNSPRECHLEITUNGEN DURCHLAUFEN, VERSTAERKER- UND
BATTERIERAEUME, ANTENNEN-, SENDE UND NOTSTROMANLAGEN SOWIE

*Bundesarchiv-Militärarchiv Freiburg RH 53-23/59*

37
Geheim. 76

Geheime Kommandosache

Fernschreibstelle

MIT DEN BEFEHLSHABERN DER KRIEGSMARINE UND LUFTWAFFE IST
VERBINDUNG AUFZUNEHMEN. GEMEINSAMES HANDELN IST
SICHERZUSTELLEN.-

ROEM 3).- FUER DIE BEARBEITUNG ALLER POLITISCHEN FRAGEN,
DIE SICH AUS DEM MILITAERISCHEN AUSNAHMEZUSTAND ERGEBEN,
BESTELLE ICH BEI JEDEM WEHRKREISBEFEHLSHABER EINEN
POLITISCHEN BEAUFTRAGTEN. DIESER UEBERNIMMT BIS AUF WEITERES
DIE AUFGABEN DES VERWALTUNGSCHEFS. ER BERAET DEN
WEHRKREISBEFEHLSHABER IN ALLEN POLITISCHEN FRAGEN.-

ROEM 4.) BEARBEITENDE STELLE DES OBERBEFEHLSHABERS IM
HEIMATKRIEGSGEBIET IST DER HEIMATFUEHRUNGSSTAB. ER ENTSENDET ZU DEN
ZU DEN WEHRKREISBEFEHLSHABERN ZUR WECHSELSEITIGEN
UNTERRICHTUNG UEBER LAGE UND ABSICHTEN EINEN
VERBINDUNGSOFFZ. VO OKH).-

ROEM 5.) BEI AUSUEBUNG DER VOLLZIEHENDEN GEWALT DUERFEN
KEINE WILLKUER- UND RACHEAKTE GEDULDET WERDEN. DIE
BEVOELKERUNG MUSZ SICH DES ABSTANDES ZU DEN WILLKUERLICHEN
METHODEN DER BISHERIGEN MACHTHABER BEWUSST WERDEN.-

GEH. GEZ. FROMM GENERALOBERST. GEZ. GRAF
STAUFFENBERG. FUER DIE RICHTIGKEIT GEZ. V. MERTZ OBERST
DER OBERBEFEHLSHABER IM HEIMATKRIEGSGEBIET NR. 32 160/44
D.G.+

BETRIEBSRAEUME.-
DAS FERNMELDENETZ DER REICHSBAHN IST IM EINVERNEHMEN MIT DEN
TRANSPORTDIENSTSTELLEN ZU SCHUETZEN.-
FUNKNETZ IST AUS EIGENEN MITTELN ZU SCHAFFEN.-

B) VERHAFTUNGEN: -
OHNE VERZUG IHRES AMTES ZU ENTHEBEN UND IN BESONDERS
GESICHERTE EINZELHAFT ZU NEHMEN SIND :.--
SAEMTLICHE GAULEITER , REICHSSTATTHALTER,MINISTER,
OBERPRAESIDENTEN , POLIZEIPRAESIDENTEN, HOEHEREN SS- UND
POLIZEIFUEHRER, GESTAPOLEITER UND KREISLEITER DER SS- DIENSTSTELLEN,
LEITER DER PROPAGANGAAEMTER UND KREISLEITER.-
AUSNAHMEN BEFEHL ICH.-

C) KONZENTRATIONSLAGER
DIE KONZENTRATIONSLAGER SIND BESCHLEUNIGT ZU BESETZEN, DIE
LAGERKOMMANDANTEN ZU VERHAFTEN. DIE WACHMANNSCHAFTEN ZU
ENTWAFFNEN UND ZU KASERNIEREN. DEN POLITISCHEN HAEFTLINGEN IST
ZU EROEFFNEN, DASZ SIE SICH BIS ZU IHRER ENTLASSUNG ALLER
KUNDGEBUNGEN UND EINZELAKTIONEN ZU ENTHALTEN HABEN.-

D) WAFFEN- SS:.- BESTEHEN ZWEIFEL AM GEHORSAM VON FUEHF. RN.
DER VERBAENDE DER WAFFEN- SS ODER DER STANDORTAELTESTEN DER
WAFFEN- SS ODER ERSCHEINEN SIE UNGEEIGNET, SIND SIE IN
SCHUTZHAFT ZU NEHMEN UND DURCH OFFIZIERE DES HEERES ZU
ERSETZEN.-
VERBAENDE DER WAFFEN- SS, DEREN UNEINGESCHRAENKTE UNTERORDNUNG
ZWEIFELHAFT IST, SIND RUECKSICHTSLOS ZU ENTWAFFNEN. DABEI
ENERGISCHES ZUGRIFEN. MIT UEBERLEGENEN KRAEFTEN, DAMIT
STAERKERES BLUTVERGIESSEN VERMIEDEN WIRD.-

C) POLIZEI: .- DIE DIENSTSTELLEN.DER GESTAPO UND DES SD
SIND ZU BESETZEN. IM UEBRIGEN IST DIE ORDNUNGSPOLIZEI ZUR
ENTLASTUNG DER WEHRMACHT WEITGEHEND EINZUSETZEN. BEFEHL
ERGEHT DURCH DEN CHEF DER DEUTSCHEN POLIZEI AUF DEM
POLIZEILICHEN KOMMANDOWEGEN.-

F) KRIEGSMARINE UND LUFTWAFFE::-

*Bundesarchiv-Militärarchiv Freiburg RH 53-23/59*

## Aufruf an das deutsche Volk

Deutsche !

Ungeheuerliches hat sich in den letzten Jahren vor unseren Augen abgespielt. Hitler hat ganze Armeen gewissenlos wider den Rat der Sachverständigen s e i n e r Ruhmsucht, s e i n e m Machtdünkel, s e i n e r gotteslästerlichen Wahnidee geopfert, b e r u f e n e s u n d b e g n a d e t e s W e r k z e u g der "Vorsehung" zu sein !

Nicht vom deutschen Volk gerufen, sondern durch Intrigen schlimmster Art an die Spitze der Regierung gekommen, hat er durch dämonische Künste und Lügen, durch ungeheuerliche Verschwendung, die allen Vorteile zu bringen schien, in Wahrheit aber das deutsche Volk in gewaltige Schulden gestürzt haben, Verwirrung angerichtet. Um sich in der Macht zu halten, hat er damit eine zügellose Schreckensherrschaft verbunden, das Recht zerstört, den Anstand in Acht erklärt, die göttlichen Gebote reinen Menschentums verhöhnt und das Glück von Millionen von Menschen vernichtet.

Mit tödlicher Sicherheit musste seine wahnwitzige Verachtung aller Menschen unser Volk ins Unglück stürzen, musste sein angemasstes Feldherrntum unsere tapferen Söhne, Väter, Männer und Brüder ins Verderben führen, sein blutiger Terror gegen Wehrlose den deutschen Namen

Der von den Verschwörern vorbereitete Aufruf an das deutsche Volk.
*Bundesarchiv Koblenz NS 6/6*

- 3 -

Fern jeden Hasses werden wir der inneren, in Würde
der äusseren Verpflichtung zustreben. Unsere erste
Aufgabe wird sein, den Krieg von seinen Entartungen
zu reinigen und die verheerenden Vernichtungen
von Menschenleben, Kultur- und Wirtschaftswerten
hinter den Fronten zu beenden. Wir wissen alle,
daß wir nicht Herren über Krieg und Frieden sind.
Im festen Vertrauen auf unsere unvergleichliche
Wehrmacht und im zuversichtlichen Glauben an die
von Gott der Menschheit gestellten Aufgaben wollen
wir alles zur Verteidigung des Vaterlandes und
zur Wiederherstellung einer gerechten feierlichen
Ordnung opfern, wieder in chtung vor den göttlichen Geboten, in Sauberkeit und Wahrheit, für
Ehre und Freiheit leben !

- 2 -

der Schande überantworten. Rechtlosigkeit, Vergewaltigung
der Gewissen, Verbrechen und Korruption hat er in unserem
Vaterlande, das von jeher stolz auf seine Rechtlichkeit
und Redlichkeit war, auf den Thron gesetzt. Wahrheit
und Wahrhaftigkeit, zu denen selbst das kleinste Volk
seine Kinder zu erziehen für seine grösste Aufgabe hält,
werden bestraft und verfolgt. So droht dem öffentlichen
Wirken und dem Leben des einzelnen tödliche Vergiftung.

Das aber darf nicht sein, so geht es nicht weiter !
Dafür dürfen Leben und Streben unserer Männer, Frauen
und Kinder nicht fernerhin missbraucht werden. Unserer
Väter wären wir nicht würdig, von unseren Kindern müssten
wir verachtet werden, wenn wir nicht den Mut hätten,
alles, aber auch alles zu tun, um diese furchtbare Gefahr
von uns abzuwenden und wieder Achtung vor uns selbst zu
erringen.

Zu diesem Zweck haben wir, nachdem wir unser Gewissen
vor Gott geprüft haben, die Staatsgewalt übernommen.
Unsere tapfere Wehrmacht ist Bürge für Sicherheit und
Ordnung, die Polizei wird ihre Pflicht erfüllen.

Jeder Beamte soll nur dem Gesetz und seinem Gewissen
gehorchen und seiner Sachkunde folgend sein Amt ausüben.
Helfe jeder durch Disziplin und Vertrauen mit. Erfüllt
euer Tagewerk mit neuer Hoffnung. Helft einander.
Eure gepeinigten Seelen sollen wieder ruhig und getrost
werden.

Deutsche !

H i t l e r s   G e w a l t h e r r s c h a f t
i s t   g e b r o c h e n .

U n g e h e u e r l i c h e s  hat sich in den letzten
Jahren vor unseren Augen abgespielt. Nicht vom deutschen
Volke gerufen, sondern durch Intrigen schlimmster Art
an die Spitze der Regierung gekommen, hat Hitler durch
d ä m o n i s c h e   K ü n s t e   und
L ü g e n ,   durch  u n g e h e u e r l i c h e
V e r s c h w e n d u n g ,  die allen Vorteile zu
bringen schien, in Wahrheit uns aber in Schulden und
Mangel stürzte, in unseren Volke Geister und Seelen
verwirrt, ja selbst  a u ß e r h a l b
D e u t s c h l a n d s   verhängnisvolle
Täuschungen erzeugt. Um sich in der Macht zu halten,

hat er eine  S c h r e c k e n s h e r r s c h a f t
errichtet. Unser Volk dürfte einst stolz auf seine Redlichkeit und Rechtlichkeit sein. Hitler aber hat die
g ö t t l i c h e n  G e b o t e  verhöhnt,
d a s   R e c h t   z e r s t ö r t ,  den
A n s t a n d  v e r f e m t , das Glück von Millionen
vernichtet. Er hat  E h r e   u n d   W ü r d e ,
F r e i h e i t   u n d   L e b e n   a n d e r e r
f ü r   n i c h t s   e r a c h t e t .  Zahllose
Deutsche, aber auch Angehörige anderer Völker, schmachten
seit Jahren in  K o n z e n t r a t i o n s l a g e r n ,
den grössten Qualen ausgesetzt und häufig schrecklichen
Foltern unterworfen. Viele von ihnen sind zu Grunde
gegangen. Durch grausame Massenmorde ist unser gute
Name besudelt. Mit blutbefleckten
Händen ist Hitler seinen Irrweg gewandelt,
T r ä n e n ,  L e i d  u n d  E l e n d  h i n t e r
s i c h   l a s s e n d .

Mit tödlicher Sicherheit hat seine wahnwitzige Verachtung aller menschlichen Regungen unser  V o l k  i n s
U n g l ü c k  gestürzt, hat sein angemaßtes
Feldherrnge nie unsere tapferen Soldaten
ins  V e r d e r b e n  geführt.

In diesem Kriege haben Machtrausch, Selbstüberheblich-
keit und Eroberungswahn ihren letzten Ausdruck gefunden.
Tapferkeit und Hingabe unserer Soldaten sind schmählich

- 2 -

167

mißbraucht, ungeheure Opfer des ganzen Volkes sinnlos ver-geudet. Wider den Rat der Sachverständigen hat Hitler ganze Armeen seiner Ruhmsucht, seinem Macht-dünkel, seiner gotteslästerlichen Wahnidee geopfert, berufenes und begnadetes Werkzeug der Vorsehung zu sein.

Wir werden die Beweise für den ungeheuerlichen Verrat am deutschen Volke und an seiner Seele, für die totale Beugung des Rechts, für die Verhöhnung der edlen Forderung, daß Gemeinnutz vor Eigennutz zu gehen habe, für schamlose Korruption offen darlegen. Wer an diesen furchtbaren Wahrheiten noch zweifeln sollte, weil er als anständiger Mensch es für unmöglich hält, daß hinter hochtönenden Worten sich eine solche Ruchlosig-keit verbergen könnte, wird durch Tatsachen belehrt werden.

So durfte es nicht weiter-gehen!

Unserer Väter wären wir nicht würdig, von unseren Kindern müßten wir verachtet werden, wenn wir nicht den Mut hätten, alles, aber auch alles zu tun, um die furchtbare Gefahr von uns abzuwenden und wieder Achtung vor uns selbst zu erringen.

Hitler hat seinen vor zehn Jahren dem Volke ge-leisteten Eid durch Verletzung göttlichen und menschli-chen Rechts unzählige Male gebrochen. Daher

ist kein Soldat, kein Beamter, überhaupt kein Bürger ihm mehr durch Eid verpflichtet.

In höchster Not habe ich zusammen mit Männern aus allen Ständen des Volkes, aus allen Teilen des Vaterlandes gehandelt. Ich habe die einstwei-lige Führung des deutschen Reichs übernommen und die Bildung einer Regierung unter Führung des Reichskanzlers angeordnet. Sie hat die Arbeit aufgenommen. Den Ober-befehl über die Wehrmacht führt dem sich die Oberbefehlshaber an allen Fronten unter-stellt haben. Diese Männer haben sich mit mir zusammen-gefunden, um den Zusammenbruch zu verhüten.

In ernster Stunde treten wir vor Euch. Die Verant-wortung vor Gott, vor unserem Volke und vor seiner Geschichte, die kostbaren Blutopfer zweier Weltkriege, die ständig wachsende Not der Heimat, das Elend auch der anderen Völker, die Sorge um die Zukunft der Jugend verpflichten uns.

Die Grundsätze und Ziele der Regierung werden bekannt-gegeben werden. Sie sind bindend, bis die Möglichkeit gegeben ist, das deutsche Volk darüber entscheiden zu lassen. Unser Ziel ist die wahre, auf

168

Achtung, Hilfsbereitschaft und soziale Gerechtigkeit gegründete Gemeinschaft des Volkes. Wir wollen Gottesfurcht anstelle von Selbstvergottung, Recht und Freiheit anstelle von Gewalt und Terror, Wahrheit und Sauberkeit anstelle von Lüge und Eigennutz. Wir wollen unsere Ehre und damit unser Ansehen in der Gemeinschaft der Völker wiederherstellen. Wir wollen mit besten Kräften dazu beitragen, die Wunden zu heilen, die dieser Krieg allen Völkern geschlagen hat, und das Vertrauen zwischen ihnen wieder neu zu beleben.

Die Schuldigen, die den guten Rufunseres Volkes geschändet und soviel Unglück über uns und andere Völker gebracht haben, werden bestraft werden.

Wir wollen der Hoffnungslosigkeit, daß dieser Krieg noch endlich weitergehen müsse, ein Ende machen. Wir er- streben einen gerechten Frieden, der an die Stelle der Selbstzerfleischung und Vernichtung der Völker friedliche Zusammenarbeit setzt. Ein solcher Friede kann sich nur auf Achtung, vor der Freiheit und der Gleichberechtigung aller Völker gründen.

Ich rufe alle anständigen Deutschen, Männer und Frauen aller Stämme und Stände, ich rufe auch die deutsche Jugend. Ich baue auf die freudige Mit- arbeit der christlichen Kirch..

Habt Mut und Vertrauen! Die Aufgabe ist ungeheur schwer. Ich kann und will Euch keine leeren Versprechungen machen. Wir werden in harter Arbeit ringen müssen, um langsam wieder vorwärts und aufwärts zu kommen. Aber wir werden diesen Weg als freie Menschen in Anstand gehen undwieder die Ruhe des Gewissens finden.

Erfülle jeder seine Pflicht! Helfe jeder mit, das Vater- land zu retten!

## Regierungserklärung.

Nachdem uns die Geschäfte der Reichsregierung
übertragen sind, ist es unsere Pflicht, die G r u n d -
s ä t z e  bekanntzugeben, nach denen wir die Regierung
führen werden, und die Z i e l e  mitzuteilen, die
wir erstreben.

1. Erste Aufgabe ist die Wiederherstellung der voll-
kommenen M a j e s t ä t  des R e c h t s. Die
Regierung selbst muss darauf bedacht sein, jede Willkür
zu vermeiden, sie muss sich daher einer geordneten
Kontrolle durch das Volk unterstellen. Während des
Krieges kann diese Kontrolle nur vorläufig geordnet
werden. Einstweilen werden l a u t e r e,  s a c h -
k u n d i g e  M ä n n e r  a u s  a l l e n
S t ä n d e n  berufen werden; ihnen werden wir Rede
und Antwort stehen, ihren Rat wollen wir einholen.
Vor allen aber werden wir sie beauftragen, auf allen
Gebieten genau die E r b s c h a f t  f e s t z u s t e l -
l e n, die wir übernommen haben. Jeder Deutsche wird mit
uns mehr oder minder bewusst empfinden, wie schwer sie
ist. Wir lehnen es ab, die Verantwortung Hitlers mit
der von ihm eingeführten Beschimpfung des Gegners einzuleiten. Wir erachten es vielmehr für geboten, mit Anstand
und Gewissenhaftigkeit die Tatsachen festzustellen, aus
denen sich die Verantwortung ergeben wird. So weit es
der Krieg gestattet, wird der Bericht, den jene Männer
verfassen werden, sofort bekanntgegeben werden; soweit

83

Auszug aus der vorgesehenen Regierungserklärung der Regierung Beck/Goerdeler
*Bundesarchiv Koblenz NS 6/6*

das einstweilen möglich ist, wird die restlose Bekanntgabe erfolgen, sobald die Lage es gestattet.

Wir waren einst stolz auf die Rechtlichkeit und Redlichkeit unseres Volkes, auf die Sicherheit und Güte der deutschen Rechtspflege. Umso grösser muss unser aller Schmerz sein, sie fast vernichtet zu sehen.

Keine menschliche Gemeinschaft kann ohne Recht bestehen; keiner, auch derjenige, der glaubt, es verachten zu können, kann es entbehren. Für jeden kommt die Stunde, da er nach dem Recht ruft, Gott hat uns in seiner Ordnung des Weltalls, in seiner Schöpfung die Menschen und in seinen Geboten die Notwendigkeiten des Rechts, seiner gerechten und unparteiischen Anwendung gesetzt. Er hat uns Einsicht und Kraft verliehen, die irdischen Einrichtungen zu seiner Sicherung zu schaffen. Es ist ein Verbrechen, dieser Ordnung nicht zu folgen. Dazu ist es notwendig, Unabhängigkeit, Unversetzbarkeit und Unabsetzbarkeit der Richter sicherzustellen. Wir wissen wohl, dass viele von ihnen nur unter dem Druck des äussersten Terrors gehandelt haben, aber es wird mit unbeugsamer Strenge nachgeprüft werden, ob darüber hinaus Richter das Verbrechen begangen haben, gegen Gesetz und Gewissen Recht zu sprechen. Sie werden entfernt werden;

ug das Vertrauen des Volkes in die Rechtspflege wiederherzustellen, werden Laien bei der Urteilsfindung in allen Strafsachen mitwirken. Das gilt auch für die vorläufig eingesetzten Standgerichte.

Das Recht wird vereinigt werden. Es ist nicht Sache des Richters, neues Recht zu schaffen, er hat das Gesetz anzuwenden und dies auf das peinlichste zu tun. Es ist nicht Sache des Richters, einer Weltanschauung Rechnung zu tragen, die selbst nicht weiss, was sie will und ihr Programm durch ihre Führer auf das schroffste verunstaltet sieht. Es ist unerträglich, dass Menschen verurteilt werden, die nicht wissen konnten, dass ihr Tun strafbar war, soweit etwa der Staat etwa durch Gesetz Handlungen seiner Organe nachträglich für straffrei erklärt hat, die in Wahrheit strafbar sind, werden diese Befreiungsbestimmungen als mit der Natur des Rechts unvereinbar aufgehoben und die Verantwortlichen zur Rechenschaft gezogen werden.

Das Recht wird jedem gegenüber, der es verletzt hat, durchgesetzt... Alle Rechtsbrecher werden der verdienten Strafe zugeführt.

Die Sicherheit der Person und die Sicherheit des Eigentums werden wieder gegen willkürliche Eingriffe der Rechtsbrecher geschützt sein. Nur der Richter darf nach dem Gesetz in diese persönlichen Rechte des

# Rekonstruktion der von den Männern des Widerstandes vorgesehenen Kabinettsliste.

(nach Hoffmann)

| | Januar 43 | August 43 | Januar 44 | Juli 44 | ohne Zeitpunkt, von Gestapo ermittelt |
|---|---|---|---|---|---|
| Staatsoberhaupt (Generalstatthalter, Reichsverweser; oder Erb- oder Wahlmonarch) | Beck | | | Beck Beck | Beck, evtl. später Leuschner |
| Staatssekretär | | | | | Schwerin von Schwanenfeld |
| Reichspräsident | | | | Löbe | |
| Reichskanzler | Goerdeler | | Goerdeler | Goerdeler, Falkenhausen od. Witzleben (versuchte Popitz zu lancieren) | Goerdeler, später Leuschner od. Leber |
| Vizekanzler | Leuschner | | Leuschner | Leuschner | Leuschner |
| Presseabteilung | | | | | Kiep |
| Staatssekretär | | | | Gisevius | Yorck |
| Außenminister | Hassell | Brüning od. Hassell | Hassell | W. Gf. v. d. Schulenburg oder Hassell | W. Gf. v. d. Schulenburg oder Hassell |
| Staatssekretär | | | | W. Gf. v. d. Schulenburg oder Hassell | |
| Innenminister | Gayl oder Leber | F. D. Gf. v. d. Schulenburg | Leber | Leber | F. D. Gf. v. d. Schulenburg od. Leber |
| Staatssekretär | | | | | evtl. F. D. Gf. v. d. Schulenburg |
| Chef der Deutschen Polizei | | | | | interimistisch Helldorff, dann Tresckow |
| Sicherheitspolizei | | | | | Kanstein |
| Finanzminister | Schniewind, dann Loeser | Popitz | Loeser | Loeser | Popitz, später evtl. Schwerin von Krosigk od. Loeser |
| Staatssekretär | | | | | Helfferich |
| Reichsbankpräsident | Blessing | | | | Blessing oder Lejeune-Jung |
| Reichsbankvizepräsident | Wedel | | | | |
| Reichspreiskommissar | | | | | Blessing |
| Wirtschaftsminister | Loeser, dann Schniewind | | Lejeune-Jung | Lejeune-Jung | Blessing oder Lejeune-Jung |
| Staatssekretär | | | | | Ernst |

172

| | Januar 43 | August 43 | Januar 44 | Juli 44 | ohne Zeitpunkt, von Gestapo ermittelt |
|---|---|---|---|---|---|
| Ernährungsminister | | | Hermes | | Blessing oder Lejeune-Jung; interim. F. D. Gf. v.d. Schulenburg, vorgeschl. auch Schlange-Schöningen, Lüninck od. Hermes |
| Landwirtschaftsminister | | | Hermes | | |
| Arbeitsminister | | | | Lejeune-Jung | Blessing oder Lejeune-Jung |
| Justizminister | Langbehn | Wirmer(?) | Wirmer | Wirmer | interim. Sack, später Kriege |
| Staatssekretär | | | | | interim. Kriege |
| Reichsgerichtspräsident | Koch | | | Koch | |
| Reichskriegsgerichtspräsident | | | | Oster | |
| Kriegsminister | | Beck | | Olbricht | Hoepner |
| Staatssekretär | | | | | Olbricht oder Claus Gf. v. Stauffenberg |
| Ob. d. Wehrmacht | | | | | Witzleben |
| Rüstungsminister | | | | | Speer soll gewonnen werden |
| Postminister | | | | | bei Verkehr, falls selbständig Fellgiebel |
| Verkehrsminister | | Königs v. Goerdeler zu gew. versucht | Stegerwald oder ein SPD-Politiker | | Herrmann |
| Staatssekretär | | | | | Königs |
| Kultusminister | Popitz | | Bolz | Bolz | Bolz, Schuschnigg oder Reichwein; zeitweise Popitz |
| Staatssekretär | | | Lenz (vorgeschlagen) | | H. Kaiser |
| Propagandaminister | | | | | nur im Kriegsfall, evtl. Mierendorff bzw. Haubach |
| Wiederaufbauminister | | | | Letterhaus (sonst: Min. o. Geschäftsbereich) | |
| Sprechminister | | | | ein Österreicher | |

schwelgt, die überhaupt keine sittlichen Bindungen weder dem eigenen noch eines anderen Volke gegenüber anerkennt, kann niemals zu einem Frieden mit den übrigen Völkern gelangen. Hieran können Eure Führer nichts ändern, sie erwirken bei solcher Staatsführung nur einer masslosere Wünsche. Statt einer weisen Beschränkung auf die wahren Lebensnotwendigkeiten unseres Volkes wurde unter dem Deckmantel einer Neuordnung Europas die Unterwerfung fast des ganzen Erdteiles betrieben. Die besiegten Völker wurden unterjocht und ausgebeutet, statt sie durch weise Rücksicht auf ihre nationalen Stolz, auf ihren Freiheitswillen und auf ihre Lebensinteressen zu gewinnen und Brücken zu einer dauerhaften Verständigung zu schlagen. So hat die Staatsführung die klaren Lehren der Geschichte, die solches Vorgehen zur Erfolglosigkeit verurteilen, missachtet und überall statt Vertrauen Hass gesät. Sie hat damit den Weg zu einem baldigen dauerhaften Frieden sich hemmungslos verbaut.

Wir wünschen keine Versklavung anderer Völker. Die Freiheit die unsere Väter im vorigen Jahrhundert für Deutschland als köstlichstes Gut völkischen Lebens errungen und die wir in gleicher Begeisterung zu hüten haben, muss auch allen anderen Völkern zustanden werden. Denn nur auf dieser Grundlage kann die Kluft überbrückt werden, die eine hemmungslose Machtgier über Euch rückt werden. Ein weiteres noch droht Euch um den Erfolg Eurer Siege zu bringen, die Ihr unter Führung geschulter und erfahrener Männer erfochten habt: Das "Feldherrngenie" Hitlers, das

086

---

## Anlage 3

*α. a. 17.5.*

### Aufruf an die Wehrmacht.

**Soldaten!**

Tapfer und todesmutig habt Ihr vier Jahre hindurch gekämpft, ohne je zu versagen, allen Gefahren trotzend, unbekümmert um alle Mühen und Leiden, nur durchdrungen von eisernem Pflichtgefühl und glühender Liebe zu Volk und Vaterland. Keine Aufgabe war Euch zu schwer, kein Opfer zu gross. Erfüllt von dem Glauben, der Krieg sei gerecht und notwendig, um das nach dem ersten Weltkrieg geschehene Unrecht wieder gutzumachen und unsere Freiheit zu sichern, seid Ihr in den Kampf gezogen. Zu Lande, in der Luft und auf der See habt Ihr Gewaltiges geleistet und den Lorbeer der Unüberwindlichkeit an Eure Fahnen geheftet. Und trotzdem ist ein Ende des Krieges nicht abzuschauen. Eure Rückkehr zu Frau und Kindern, nach Haus und Hof zu friedlicher Arbeit scheint in weite Ferne gerückt zu sein. Ihr werdet Euch selbst schon oft genug gefragt haben, wie das zu erklären ist. Antwort habt Ihr nicht gefunden. Denn eine Propaganda, die vor keiner Lüge zurückschreckt, mit Eurem Heldenmut und Eurem Leben gewissenlos spielt, hat Euch den Blick getrübt. In Wirklichkeit ist die Antwort klar und einfach, eine Staatsführung, die die Politik nicht mehr als die Kunst des Möglichen ansieht und die Erreichung ihrer Ziele nicht mit sparsamstem Kräfteeinsatz anstrebt, sondern in phantastischen Plänen grenzenloser Eroberungen

174

Auszug aus dem zur Verbreitung über den Rundfunk vorbereiteten Aufruf an die Wehrmacht.

*Bundesarchiv Koblenz NS 6/8 (Kaltenbrunn-Berichte)*

-7-

tige Einsatz der VI. Armee bei Stalingrad und ihre sinnlose Preisgabe beleuchten grell die grausame Wahrheit.
Bezahlte Offiziere, die sich diesen wahnwitzigen Treiben
widersetzten, wurden entfernt, der Generalstab beiseite ge-
schoben. Das angemaßte Feldherrngenie Hitlers treibt uns
trotz Euern Heldentums einem verhängnisvollen Ausgang zu.
In der Heimat werden immer mehr Stätten des Familien-
lebens und der Arbeit zerstört; schon sind 6 Millionen Deutsche heimatlos. In Euern
Rücken nehmen Korruption und Verbrechen von Anfang an
von Hitler geduldet oder gar befohlen, unerhörte Ausmasse
an.

In dieser Stunde höchster Not
und Gefahr haben deutsche
Männer ihre Pflicht vor Gott
und dem Volke getan; sie haben gehandelt
und Deutschland eine erfahrene, verantwortungsbewusste
Führung gegeben.

Der Mann, der rechtzeitig gewarnt hat, der als entschlossen gegen diesen Krieg eingetreten ist und deshalb von Hitler entlassen wurde, ist        .tr
hat die einstweilige Führung
des deutschen Reichs und den
obersten Befehl über die
deutsche Wehrmacht übernom-
men. Die Regierung ist aus erprobten Männern aller
Schichten unseres Volkes, aller Teile
unseres Vaterlandes gebildet. Sie hat ihre Arbeit aufgenommen. Ich bin mit dem Überbefehl über die gesamte
Wehrmacht betraut. Die Oberbefehlshaber an allen Fronten
haben sich
----

-8-

mir unterstellt. Die deutsche Wehrmacht hört jetzt auf
meinen Befehl.

Soldaten ! Es geht um die Sicherung eines
gerechten Friedens, der den deutschen
Volk ein Leben in Freiheit und Ehre,den Völkern freiwillige und fruchtbare Zusammenarbeit ermöglicht. Ich
stehe Euch dafür, dass fortan von Euch nur die
Opfer verlangt werden,die notwendig sind,um dieses
Ziel zu erreichen. Alle Kräfte des Volkes
werden nunmehr einheitlich für diese Aufgabe eingesetzt.
Mit der sinnlosen Vergeudung der Kräfte,mit
den halben, verspäteten Entschlüssen,
die soviel Blut gekostet haben, hat es ein Ende.

Wo immer ihr steht,an der Front oder in den besetzten
Gebieten, verpflichte ich euch auf
die Gesetze unbedingten Gehorsams,soldatischer Manneszucht und ehrenhafter,ritter-
licher Haltung. Vor es daran her fehlen
lassen oder sich künftighin gegen diese Gesetze ver-
geht,wird unnachsichtig zur Rechenschaft gezogen werden.
Auch in der Heimat kämpfen wir für Recht und Freiheit, für Anstand und Sauberkeit.
Ich erwarte von Euch,dass jeder seine Pflicht treu und
tapfer weiter erfüllt. Davon hängt das Geschick unseres
Vaterlandes,hängt unsere und unser Kinder Zukunft ab.

Soldaten ! Es geht um Bestand und
002 ihre unseres Vaterlandes, um eine

175

| Wehrkreis / Frontabschnitt | Von den Verschwörern benannt als: | | Auslösung: | | Veranlaßt im Sinne der Verschwörung |
| --- | --- | --- | --- | --- | --- |
| | militärischer Verbindungsmann | politischer Beauftragter | Walküre | Gegenbefehl | |
| I Königsberg | Oberstleutnant Heinrich Graf v. Lehndorff | Heinrich Graf zu Dohna Tolksdorf | ca 17.00 | ca 18.00 | nichts |
| II Stettin | Major i.G. H.J. von Blumenthal | v. Willisen; Ewald von Kleist Schmenzin | zwischen 17.00 u. 18.00 | ca 20.00 | Alarmierung vorbereitet |
| III Berlin | | | 16.10 | 18.35 | Alarmmaßnahmen teilweise durchgeführt |
| IV Dresden | Gen.Major Hans Oster | Walter Cramer | zwischen 17.00 u. 18.00 | ca 18.00 | Alarmmaßnahmen begonnen |
| V Stuttgart | | Albrecht Fischer; Frank | ca 18.00 | in der Nacht | nichts |
| VI Münster i.W. | | Hauptmann Letterhaus, Hauptmann Sümmemann | zwischen 16.00 und 17.00 | zwischen 17.00 u. 18.00 | Alarmmaßnahmen begonnen, Übungen von Truppen abgesagt |
| VII München | Major F. Freiherr von Leonrod | Otto Gessler | nicht erfolgt | spät am Abend | nichts |
| VIII Breslau | Rittmeister Freiherr von Scholz-Babisch | Lukaschek; Voigt; Kaschny | ca 17.00 | zwischen 19.00 u. 20.00 | nichts |
| IX Kassel | Oberstleutnant von Sell | Gustav Noske; A. Fröhlich | ca 18.00 | ca 22.30 | Alarmmaßnahmen begonnen, Verhaftungen vorbereitet |
| X Hamburg | | Gustav Dahrendorf; Tautzen | ca 19.00 | zwischen 19.00 u. 20.00 | Alarmierung eingeleitet |
| XI Hannover | Oberst Siegfried Wagner | Dr. A. Mengle; Hermann Lindemann | ca 17.00 | zwischen 20.00 u. 21.00 | nichts |
| XII Wiesbaden | Hauptmann Hermann Kaiser | Ludwig Schwamb; Lossmann | spät am Abend | spät am Abend | nichts |
| XIII Nürnberg | | Georg Böhme | ca 18.00 | ca 19.00 | nichts |
| XVII Wien | Oberst i.G. Graf von Marogna-Redwitz | Karl Seitz; Josef Reither | ca 18.00 | ca 20.30 | **Alarmmaßnahmen teilweise durchgeführt. Verhaftungen durchgeführt.** |
| XVIII Salzburg | Oberst Amster | Franz Rehrl; Anton Mörl-Pfalzer | ca 18.00 | ca 18.00 | nichts |
| XX Danzig | Oberstleutnant i.G. Hasso v. Boehmer | Hermann Freiherr von Lüninck | ca 18.00 | ca 18.00 | nichts |
| XXI Posen | Major Georg Conrad Kissling | Oberst Vollert | ca 18.00 | ca 18.00 | nichts |
| Böhmen-Mähren: **Prag** | Oberst Nikolaus Graf v. Üxküll-Gyllenband | General d. Panzertr. Ferdinand Scheel | ca 18.30 | 22.40 | **Alarmierung begonnen. Verhaftungen begonnen.** |
| Belgien / Nordfrankreich | General d. Infanterie Alexander Freiherr von Falkenhausen | | | | |
| Frankreich: **Paris** | General d. Infanterie Karl Heinrich von Stülpnagel | | ca 14.30 | 20.00 | **Alarmierung begonnen. Verhaftungen durchgeführt.** |
| OB West | Genralfeldmarschall Gunther von Kluge | | | | |
| Heeresgruppe B | Generalleutnant Dr. Hans Speidel | | | | |
| Heeresgruppe Mitte (Ost) | Generalmajor Henning von Tresckow | | | | |

Noch in der Nacht begannen die Vernehmungen von mehr oder weniger wahllos in der Bendlerstraße verhafteten Offizieren. Eine aus 400 Kriminalbeamten zusammengesetzte „Sonderkommission 20. Juli" nahm sofort die Ermittlungen auf. Offene Bekenntnisse, mit brutalster Folter erpreßte Aussagen und aufgefundene Dokumente ließen bald den Umriß der Verschwörung erkennen. Es zeigte sich, daß Hitlers Behauptung, der Staatsstreich sei von einer „ganz kleinen Clique ehrgeiziger Offiziere" geplant worden, nicht zutraf.

Es setzte nun eine große Verhaftungswelle ein. Das Attentat vom 20. Juli diente als Vorwand, auch nicht daran beteiligte Regimegegner zu verhaften. Eine besondere Maßnahme dieser Art trug die Bezeichnung „Gewitteraktion" und wurde am 22. August 1944 ausgelöst. Insgesamt sollen bis 1945 im Zusammenhang mit dem 20. Juli ungefähr 7000 Personen verhaftet und fast 5000 hingerichtet worden sein.

Eine ganze Reihe von Verschwörern oder Eingeweihten nahm sich das Leben, um nicht durch unter Folterungen erzwungene Aussagen Kameraden zu gefährden. Zu ihnen gehörte auch Generalmajor Henning von Tresckow, der am 21. Juli 1944 freiwillig aus dem Leben schied.

Um die militärischen Verschwörer der zivilen Gerichtsbarkeit unterstellen zu können, mußten sie zuerst aus der Wehrmacht ausgestoßen werden. Zu diesem Zwecke wurde ein „Ehrenhof" unter dem Vorsitz von Generalfeldmarschall Keitel eingesetzt. Ihm gehörte auch der neuernannte Chef des Generalstabes des Heeres, Generaloberst Heinz Guderian, zusammen mit weiteren Generalen an.

Der „Ehrenhof" stieß die Angeschuldigten ohne Anhörung und Beweisverfahren und Schuldspruch, lediglich aufgrund der Ermittlungsergebnisse der Gestapo aus der Wehrmacht aus und überantwortete sie damit dem Volksgerichtshof.

Am 7. August 1944 begann im großen Saal des Berliner Kammergerichtes der Prozeß gegen die Verschwörer unter dem Vorsitz von Dr. Roland Freisler. Die NS-Propaganda hatte für diese „Abrechnung" mit den entschiedensten Gegnern des Systems genaue Regieanweisungen erteilt. Noch nicht einmal zum Schein wurden die Regeln eines ordentlichen Gerichtsverfahrens eingehalten. Die Urteile standen von vornherein fest. Mit allen Mitteln wurde versucht, die Angeklagten zu entwürdigen. In Tonfilmaufnahmen sollten diese „Verhandlungen" zur persönlichen Befriedigung von Hitlers Rachegelüsten und für die NS-Propaganda festgehalten werden.

Der Chef
der Sicherheitspolizei und des SD

Berlin SW 11, den 24. Juli 1944
Prinz-Albrecht-Straße 8

57516/44 g.Z.   **Geheime Reichssache**

**Betr.: 20. Juli 1944**

Geheime Reichssache

3 Ausfertigungen
1. Ausfertigung

Der Anschlag auf den Führer und der Putschversuch ging von einer kleinen Clique aus, die
in der Dienststelle des Chefs der Heeresrüstung
und Befehlshabers des Ersatzheeres ihren Sitz
hatte. Ihr gehörten an:

Generaloberst B e c k  (+)
General O l b r i c h t  (+)
Oberst Graf von S t a u f f e n b e r g  (+)
und sein Bruder  (v.)
Oberst Mertz von Q u i r n h e i m  (+)
Oberleutnant Graf von S c h u l e n b u r g (v.)
Oberleutnant H a e f t e n  (+)

Für den Plan gewonnen und für besondere Posten aus-
ersehen waren:

Generalfeldmarschall von W i t z l e b e n (v.)
Generaloberst H o e p n e r  (v.)

Die mit Kreuz versehenen Personen sind in der
Nacht vom 20. Juli 1944 standrechtlich erschossen
worden bzw. haben sich selbst erschossen. Die mit
v. bezeichneten Personen befinden sich in Haft.

Der Putsch ist von langer Hand vorbereitet
worden, und zwar auf Grund einer an Defaitismus
grenzenden pessimistischen Ansicht der militärischen und politischen Gesamtlage. Dazu tritt bei
einzelnen Personen (vor allem bei W i t z l e -
b e n und H o e p n e r ) eine starke persönliche Verärgerung über ihre Ablösung aus militäri-

Erste Untersuchungsergebnisse der Gestapo über die Ereignisse des 24. Juli 1944 in den
„Kaltenbrunner-Berichten" vom 20. Juli 1944.

*Bundesarchiv Koblenz NS 6/4*

Generaloberst Ludwig Beck
*Privatbesitz Oberst i.G. Groscurth*

General der Infanterie Friedrich Olbricht
*Bundesarchiv-Militärarchiv Freiburg*

179

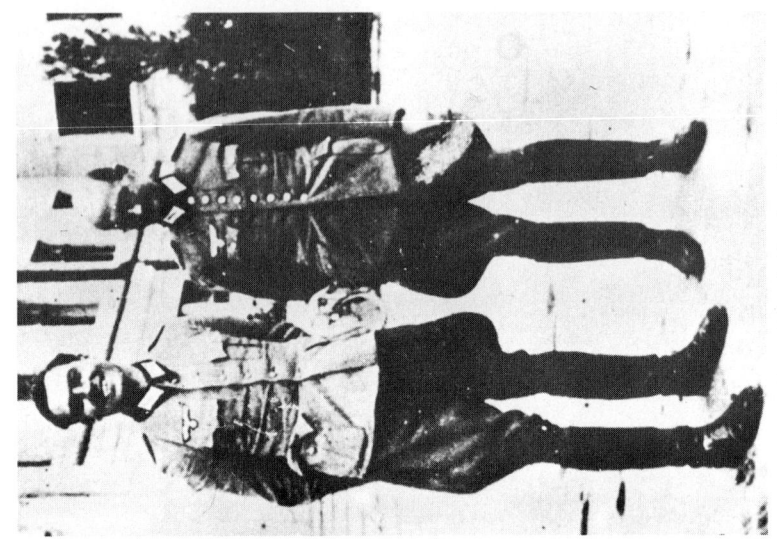

Oberst i.G. Claus Schenk Graf von Stauffenberg,
Oberst i.G. Albrecht Ritter Mertz von Quirnheim

*Bundesarchiv Koblenz*

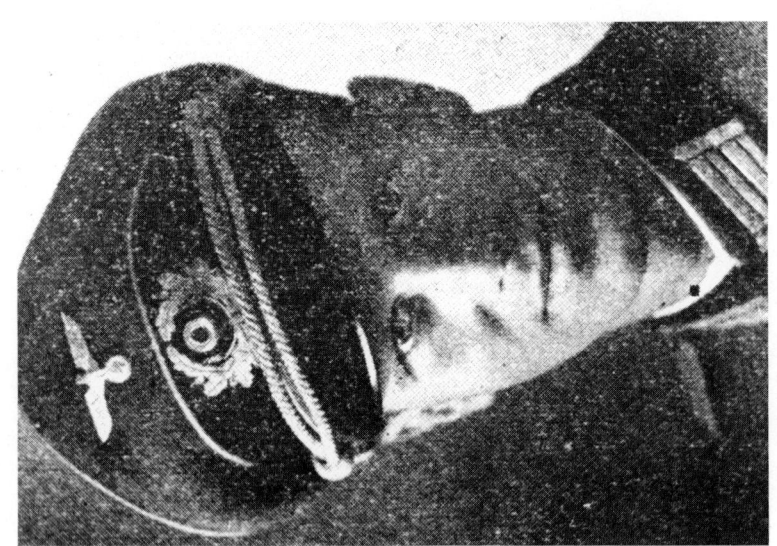

Oberleutnant d.R. Werner von Haeften

*Archiv MGFA*

SS besetzt die Dienststelle des BdE im Bendlerblock am 21. Juli 1944. Vor dem Sandhaufen — links im Bild im Hof des Bendlerblocks — fanden die Erschießungen statt.

Im Hof des Bendlerblocks am 21. Juli 1944.

*Bundesarchiv Koblenz*

BAMA RM 7/101

Marinenachrichtendienst

Eingegangen 22 VII 44 20-- 3
WNOL von
Weiter an MBEB, Tag 22/7, Uhrzeit 2130, Rolle V/14
Verzögerungsvermerk

--- Q E D --- Q E M--

Fernschreiben von

Asto v. D

FS SSD

FRR WNOL 999 22/7 1645=

NACHR. OKM.=

DER FUEHRER HAT NACHSTEHENDEN TAGESBEFEHL AN DAS HEER ERLASSEN. DIESER BEFEHL IST SOFORT BEKANNTZUGEBEN. GEGEN EINE VEROEFFENTLICHUNG DURCH DIE FELDZEITUNGEN BESTEHEN KEINE BEDENKEN. EINE VEROEFFENTLICHUNG DURCH PRESSE UND RUNDFUNK ERFOLGT NICHT.

-- TAGESBEFEHL--.

SOLDATEN DES HEERES.

EIN KLEINER KREIS GEWISSENLOSER OFFIZIERE HAT AUF MICH UND DEN STAB DER WEHRMACHTSFUEHRUNG EINEN MORDANSCHLAG VERUEBT, UM DIE STAATSGEWALT AN SICH REISZEN ZU KOENNEN. DIE VORSEHUNG HAT DAS VERBRECHEN MISZGLUECKEN LASSEN. DURCH DAS SOFORTIGE TATKRAEFTIGE EINGREIFEN TREUER OFFIZIERE UND SOLDATEN DES HEERES IN DER HEIMAT WURDE DIE VERRAETERCLIQUE IN WENIGEN STUNDEN AUSGELOESCHT ODER FESTGENOMMEN. ICH HABE DAS NICHT ANDERS ERWARTET. ICH WEISZ,

BAMA RM 7/101 67

DASZ IHR WIE BISHER IN VORBILDLICHEM GEHORSAM UND TREUER PFLICHTERFUELLUNG TAPFER KAEMPFT BIS AM ENDE DER SIEG TROTZ ALLEM UNSER SEIN WIRD.

FUEHRERHAUPTQUARTIER, 21.7.1944. =

DER FUEHRER, GEZ. ADOLF HITLER+

49466 23/7 1610 =

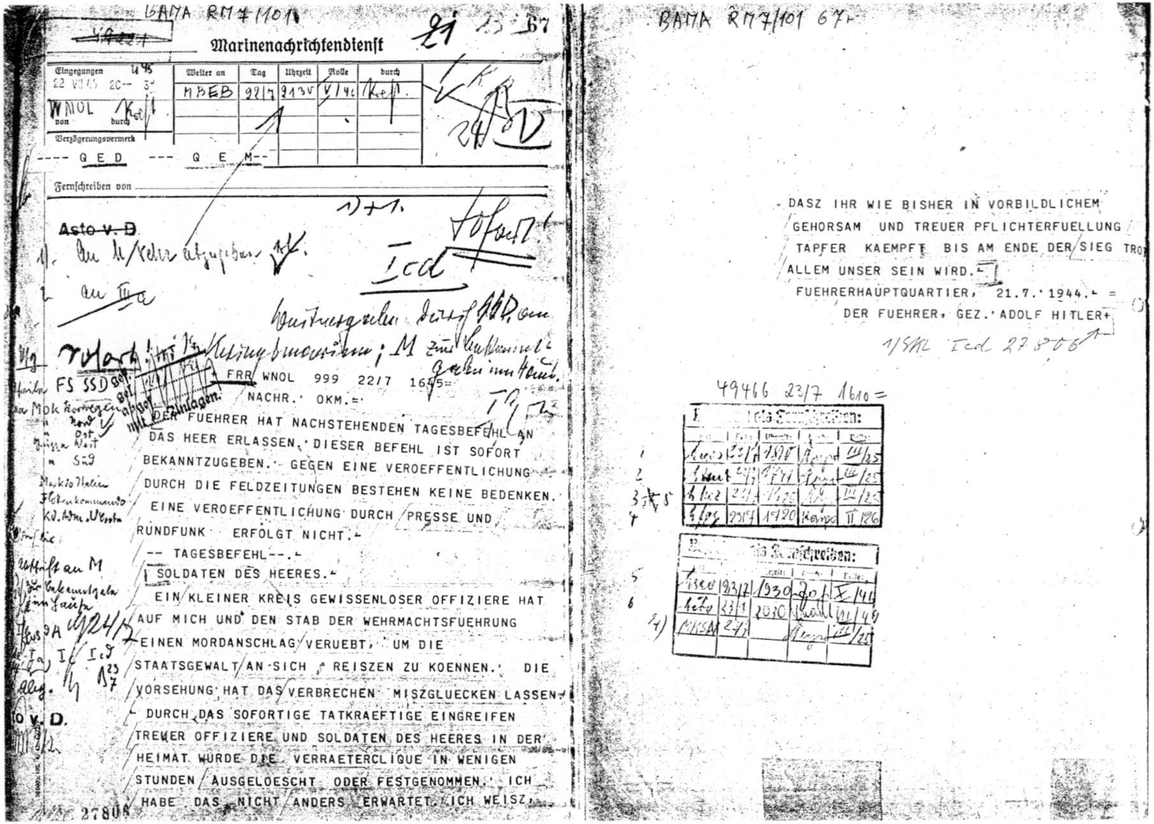

Bundesarchiv-Militärarchiv Freiburg RM 7/101

Freislers fanatisches und oft unflätiges Gebrüll verdarb jedoch vielfach die Filmaufnahmen. Auch verhielten sich die meisten Angeklagten trotz vorangegangener Folter und schäbiger Kleidung, welche man sie zu tragen zwang, mutig und würdevoll. Daher wurden diese Filme damals kaum in der Öffentlichkeit gezeigt.

Im ersten Prozeß wurden Generalfeldmarschall von Witzleben, Generaloberst Hoepner, Generalmajor Stieff, Oberleutnant d.R. von Hagen, Generalleutnant von Hase, Oberstleutnant i.G. Bernardis, Hauptmann Klausing und Oberleutnant d.R. Graf Yorck von Wartenburg zum Tode durch den Strang verurteilt. Alle Angeklagten verhielten sich mutig, und vor allem Generalfeldmarschall von Witzleben sprach furchtlos mit Freisler, von dessen Gebrüll er sich nicht beeindrucken ließ. Zu Freislers „Prozeßführung" gehörte, daß er die Angeklagten dauernd einzuschüchtern versuchte, diffamierte und nicht zu Wort kommen ließ.

Die Urteile wurden gewöhnlich unmittelbar nach der Verkündung vollstreckt. Einige Angeklagte, wie beispielsweise Dr. Goerdeler, ließ man jedoch noch längere Zeit am Leben, um weitere Aussagen aus ihnen herauszupressen. Die Prozesse dauerten bis zum April 1945.

Die Hinrichtungen wurden auf Anordnung Hitlers vorwiegend durch Erhängen vollzogen. Hinrichtungsstätte war ein Schuppen im Gefängnis Plötzensee in Berlin.

Den Verurteilten wurde in ihren letzten Stunden geistlicher Beistand versagt. Dennoch haben der protestantische Gefängnispfarrer Harald Poelchau und sein katholischer Kollege Peter Buchholz das Äußerste gewagt, um den zum Tode Verurteilten Trost zuzusprechen.

Alle Augenzeugenberichte bestätigten die mutige und mannhafte Haltung der Männer des Widerstandes auf ihren letzten Gang. Die Abschiedsbriefe an die nächsten Angehörigen, die diese oftmals erst nach dem Kriege erhielten, sind erschütternde Zeugnisse eines ungebrochenen Geistes.
Das NS-Regime wütete nicht nur gegen die Verschwörer, sondern verhängte auch Sanktionen gegen deren Familien. Es wurde nicht nur deren Vermögen eingezogen, sondern auch gegen die nächsten Angehörigen der maßgeblich am Staatsstreichversuch Beteiligten „Sippenhaft" verhängt. Die Kinder wurden in Erziehungsheime eingewiesen.

Der Volksgerichtshof in Aktion. Nicht Rechtsfindung, sondern die Vernichtung der Regimegegner war sein Ziel. Mitte: Der Präsident des Volksgerichtshofs, Dr. Roland Freisler

*Bundesarchiv Koblenz*

Die Verschwörer vor dem Volksgerichtshof

Oberleutnant d.R. von Hagen (links), Generalmajor Stieff (rechts)

Generalfeldmarschall von Witzleben

Marineoberstabsrichter Berthold Schenk Graf von Stauffenberg

*Bundesarchiv Koblenz*

Oberleutnant d.R. Peter Graf Yorck von Wartenburg

Hauptmann d.R. Ulrich Wilhelm Graf von Schwerin von Schwanenfeld

*Bundesarchiv Koblenz*

Der Reichsmarschall
Oberbefehlshaber der Luftwaffe


Der Reichsmarschall des Grossdeutschen Reiches hat als rangältester
Offizier der deutschen Wehrmacht zugleich im Namen von Generalfeldmarschall Keitel und Grossadmiral Dönitz dem Führer gemeldet, dass
alle Wehrmachtsteile aus Anlass seiner Errettung gebeten haben, in
der Wehrmacht den Deutschen Gruss als ein Zeichen unverbrüchlicher
Treue zum Führer und enger Verbundenheit zwischen Wehrmacht und Partei einführen zu dürfen.
Der Führer hat den Wunsch der Wehrmacht entsprochen und seine Zustimmung erteilt.
Mit sofortiger Wirkung tritt daher an die Stelle der Ehrenbezeigung
durch Anlegen der rechten Hand an die Kopfbedeckung Ehrenbezeigung
durch Erweisen des Deutschen Grusses.

Berlin, den 24. Juli 1944

*Der Reichsmarschall*

Keitel, Generalfeldmarschall          Dönitz, Grossadmiral

*Bundesarchiv/Militärarchiv RH 19/III/20*

**Der Chef
der Amtsgruppe P 2**
HPA/Rechtsgr.(2)
(Bitte in der Antwort vorstehendes Geschäftszeichen,
das Datum und kurzen Inhalt anzugeben)

O.U., den // Oktober 1944
31.10

Herrn

Generalfeldmarschall Ritter v. L e e b

Im Auftrage des Chef HPA lege ich anliegend zur persönlichen
Unterrichtung eine Liste der wegen Beteiligung am Verrat vom 20.7.1944
durch den Volksgerichtshof zum Tode Verurteilten sowie der Offiziere
vor, die im Zusammenhang mit den Ereignissen vom 20.7.1944 durch den
Führer auf Vorschlag des Ehrenhofes des Heeres aus der Wehrmacht ausgestoßen wurden. Die ausgestoßenen Offiziere sehen ihrer Aburteilung
durch den Volksgerichtshof entgegen.

Heil Hitler !

**188**

Wegen Beteiligung am Verrat des 20.7.1944 wurden durch den Volksgerichtshof zum Tode verurteilt:

1.) Erwin von W i t z l e b e n , ehemals Generalfeldmarschall, zuletzt Ob. Bef. Heegru D

2.) Erich H o e p n e r , ehemals Generaloberst

3.) Hellmuth S t i e f f , ehemals Generalmajor, Chef Org.Abt.

4.) Albrecht von H a g e n , ehemals Oberleutnant d.R., O 2 10,/Pz.Div.

5.) Paul von H a s e , ehemals Generalleutnant, Kdt. von Berlin

6.) Robert B e r n a r d i s , ehemals Oberstleutnant i.G., Stab/AHA

7.) Friedrich Carl K l a u s i n g , ehemals Hauptmann Stab/AHA (2) Mitarbeiter

8.) Peter Graf York von W a r t e n b u r g , ehemals Leutnant d.R., bei Chef H Rüst u.BdE

9.) Erich F e l l g i e b e l , General der Nachrichtentruppen, Chef Wehrm.Nachr.Verb.u.Gen.Bev.f.techn. Na-Mittel im OKW

10.) Fritz Graf von der S c h u l e n b u r g , ehemals Oberleutnant d.R.

11.) Georg H a n s e n , ehemals Oberst i.G., Abt.Chef OKW/Abw.Ausl.

12.) Bernhard K l a m r o t h , ehemals Oberstleutnant i.G., OKW/FSt./Abw.III

13.) Hans Georg K l a m r o t h , ehemals Major d.R., OKV/FSt./Abw.III

14.) Egbert H a y e s s e n , ehemals Major i.G., Stab/AHA

15.) Wolf Heinrich Graf von H e l l d o r f , ehemals General d.Pol. und Rittmeister d.R.

16.) Fritz T h i e l e , ehemals Generalleutnant, Chef Heer.Nachr.Wes. im OKH

17.) Ulrich Wilhelm Graf S c h w e r i n  v.  S c h w a n e n f e l d , ehemals Hauptmann d.R., bei Chef H Rüst u.BdE

18.) Ludwig Freiherr von L e o n r o d , ehemals Major, Annahmestelle für Offz.Bew. VII

19.) Friedrich J ä g e r , ehemals Oberst, Kdr.d.Pz.Tr. XXI

20.) Joachim S a d r o s z i n s k i , ehemals Oberstleutnant i.G., Gr.Ltr. I Chef H Rüst u.BdE

21.) Karl Heinrich von S t ü l p n a g e l , ehemals General der Inf., Mil.Bef. in Frankreich

22.) Günther S m e n d , ehemals Oberst i.G., Adj.Chef d.Gen.Stab d.Heer

23.) Karl Ernst R a h t g e n s , ehemals Oberstleutnant i.G., Gen.Stab Heegru F Ia F

24.) Hans Otfried von L i n s t o w , ehemals Oberst i.G., Chef d.Stab. Mil.Bef. Frankreich

25.) Eberhard F i n c k h , ehemals Oberst i.G., Ob.Quartiermeister Mil.Bef. Frankreich

26.) Kurt H a h n , ehemals Oberst, bei Chef Heer.Nachr.Wes.

27.) Gerhard K n a a k , ehemals Major, bei Armee Pi.Fhr.Narwa

28.) Max Graf von D r e c h s e l - D e u f f e n s t e t t e n , ehemals Hauptmann, Sachbearbeiter Annahmestelle München

29.) Hans E r d m a n n , ehemals Oberstleutnant, Ia stellv.Gen.Kdo.I.A.K.

30.) Heinrich Graf von L e h n d o r f f - P r e y l , ehemals Oberleutnant d.R.

31.) Nikolaus Graf U x k ü l l , ehemals Oberst z.V., bei stellv. Gen.Kdo. III.A.K.

- 4 -

46.) Friedrich S c h o l z - B a b i s c h , ehemals Rittmeister d.R. z.V., Wehrkreiskdo. VIII

47.) Roland Richard von H ö s s l i n , ehemals Major, Kdr.Pz.Aufkl.u.Ausb.Abt. Meiningen

Außerdem wurden im Zusammenhang mit den Ereignissen des 20.7.1944 durch den Führer auf Vorschlag des Ehrenhofes des Heeres aus der Wehrmacht ausgestoßen:

1.) Generalmajor Henning von T r e s c k o w , Chef Gen.Stab 2.Armee,freiwillig ins feindliche Feuer gelaufen

2.) General der Inf. Friedrich O l b r i c h t , Chef des AHA, am 20.7.1944 standrechtlich erschossen

3.) Oberst i.G. Klaus Graf von S t a u f f e n b e r g , OKH/Chef H Rüst u.BdE Chef d.Stab., am 20.7.1944 standrechtlich erschossen

4.) Oberst i.G. Albrecht Mertz von Q u i r n h e i m , Stab/AHA, am 20.7.1944 standrechtlich erschossen

5.) Oberleutnant d.R. Werner von H a e f t e n , Stab/Chef H Rüst u. BdE, am 20.7.1944 standrechtlich erschossen

6.) Generaloberst a.D. Ludwig B e c k , zuletzt Chef d.Gen.Stab. d.Heer., hat Selbstmord verübt

7.) General der Art. Eduard W a g n e r , Gen.Stab d.Heer. Gen.Quartiermeister, hat Selbstmord verübt

8.) Oberst i.G. Wessel von F r e y t a g - L o r i n g h o f e n , Abt.Chef Gen.Stab d.Heer. Heer.Wes.Abt., hat Selbstmord verübt

9.) Oberstleutnant Werner S c h r a d e r , Gr.Ltr.Heer.Wes.Abt., hat Selbstmord verübt

- 5 -

10.) General der Art. Fritz L i n d e m a n n , Gen.d.Art. bei Chef Gen.Stab d.Heer., am 22.9.1944 verstorben

11.) Major i.G. Joachim K u h n , Ia 28.Jg.Div., geflüchtet

12.) Hauptmann d.R. Hermann K a i s e r , Stab Chef H Rüst u.BdE

13.) Major i.G. Ulrich von O e r t z e n , Ia Korps-Abt. E, hat Selbstmord verübt

14.) Oberstleutnant d.R. Karl Hans Graf von H a r d e n b e r g , Adj. bei Gen.Feldmarschall Bock

15.) Hauptmann d.R. Bernhard L e t t e r h a u s , OKW/Ausl. IIb

16.) Hauptmann Theodor S t r ü n c k , OKW/Abw.Ausl./Abt.III

17.) Oberst Siegfried W a g n e r , Abt.Chef OKH/AHA/Ag B Wehrrs.Abt.OKW, hat Selbstmord verübt

18.) Oberstleutnant Gert von T r e s c k o w , Wehrkreiskdo.III, hat Selbstmord verübt

19.) Major Busso T h o m a , Stab/AHA

20.) Hauptmann d.R. Jens J e s s e n, OKH/Gen.d.H./Gen.Qu Abt.II

21.) Oberleutnant d.R. Fabian von S c h l a b r e n d o r f f , Ord.Offz.bei Chef d.Stab. A.O.K. 2

22.) Rittmeister d.R. Josef Graf von L e d e b u r , Abwehrstelle V, kdrt. zu OKW/Amt Abw. Abwehr-Abt. I

189

Hinrichtungsstelle im Gefängnis Berlin Plötzensee
*Landesbildstelle Berlin*

Todeszelle in Plötzensee

Hier starben die Männer des Widerstandes

*Bundesarchiv Koblenz*

## Die Reaktion in der NS-Presse

Die Berichterstattung über das Attentat vom 20. Juli 1944 nahm in der NS-Presse breiten Raum ein. So wurde einerseits die „wunderbare Errettung des Führers durch die Vorsehung" herausgestellt, andererseits stellte man die Aktion der Verschwörer als einen gemeinen Verrat an der kämpfenden Truppe dar. Die Verschwörer wurden als adlige Reaktionäre hingestellt, die nur die Befriedigung ihres eigenen Ehrgeizes auf Kosten des Volkes im Sinne gehabt hätten.

Neben der Anstachelung von Vorurteilen gegen die aristokratische Herkunft der Hauptbeteiligten wurde die Tat als besonders schimpfliches Beispiel der Feigheit gebrandmarkt.

Major Remer, der entscheidenden Anteil an der Niederschlagung des Staatsstreichversuchs gehabt hatte, wurde als „der Held aus dem Volke" gefeiert.

Der Bericht über den ersten Volksgerichtsprozeß gegen die Verschwörer vom 7./8. August 1944 rückte die Angeklagten in die Nähe von geistig Unzurechnungsfähigen. Das Urteil wurden als „gerechte Maßnahme des gesunden Volkszorns" hingestellt.

Wie aus den Berichten des Reichssicherheitshauptamtes hervorgeht, erreichte diese verzerrende Berichterstattung durchaus ihr Ziel. Die breite Masse sah in dem gescheiterten Staatsstreichversuch vom 20. Juli 1944 nur den stümperhaft unternommenen Versuch von „reaktionären Büro-Generalen", zur Erreichung eigener Vorteile der schwer ringenden Front in den Rücken zu fallen. Hier wurden Vorurteile begründet, die bis zum heutigen Tag noch Nachwirkungen zeigen. Der Beitrag von Norbert Wiggershaus in diesem Bande schildert die Wirkungsgeschichte des 20. Juli bei den Zeitgenossen und den Nachfahren.


## Der Epilog des Widerstandes 1945

### Versuche, den sinnlos gewordenen Kampf zu beenden

Im Januar 1945 näherten sich die Fronten im Osten und Westen der Reichsgrenze. Seit der Mitte des Monats wurde das Reichsterritorium zum Kampfgebiet.

Münchener und Süddeutsche Ausgabe

# VÖLKISCHER BEOBACHTER

Kampfblatt der nationalsozialistischen Bewegung Großdeutschlands

Münchener und Süddeutsche Ausgabe • München, Samstag/Sonntag, 5./6. August 1944

21.b./21St. Ausg. 57. Jahre Einzelpreis 3.— 15 Rpf., 3.— 20 Rpf. • • •

## Das Heer stößt die Verräter aus

### Die Schuldigen dem Volksgerichtshof übergeben

### Reichs- und Gauehrentagung

## Im Geiste leidenschaftlicher Kampfentschlossenheit

#### Einsatz der gesamten deutschen Kraftpotentiale

### Heiliger Volkskrieg

### Harter Schlag gegen die Invasionsflotte

### Gegen alle Gewalten

### Mannerheim als Staatsoberhaupt bestätigt

### Kabinettsitzung in Tokio

# Soldaten der 2. Armee!

Mitten in schwersten Kämpfen stehend erreicht uns die Nachricht von dem ruchlosen Anschlag auf den Führer. Für die feige Tat empfinden wir tiefste Abscheu, für die Verbrecher Haß und Verachtung. Zugleich aber sind wir von tiefstem Dank gegen das Schicksal bewegt, das uns den Führer erhielt.

Unsere Parole ist nun erst recht: Kampf bis zum Letzten für unser Volk, unser Vaterland und unseren Führer!

Es lebe der Führer!

*[Unterschrift]*

Generaloberst und Oberbefehlshaber
der 2. Armee

A. H. Qu., den 21. Juli 1944

### Den Blick nach vorn!

*Bundesarchiv Koblenz*

193

**Sonderausgabe**

# Front und Heil

Nr. 13 · Juni 1944 · N
Verlag: Franz Eher Nachf. GmbH (Zentralverlag
der NSDAP) Berlin SW 68, Zimmerstr. 88 — Druck:
Buchgewerbehaus M. Müller & Sohn, Berlin SW 68

### DIE DEUTSCHE SOLDATENZEITUNG

Der Führer besichtigt mit dem Duce den Raum
des Mordanschlages

## Wahrzeichen des deutschen Sieges:

# Das Wunder am Führer!

### Nach dem Mordanschlag . . .

Der Führer im Gespräch mit dem Duce (rechts Marschall Graziani)

Aus diesem Chaos ging der Führer unverletzt hervor   Aufnahmen (4): Presse-Hoffmann

Der Führer im Gespräch mit dem Duce, dem Reichsmarschall und dem Reichsführer ℠

### Dankbar empfindet das deutsche Volk die Hand der Vorsehung — Die Verräter ausgemerzt — Bahn frei für den totalen Krieg

FH. Der Führer lebt! Er hat unverzüglich seine Arbeit wieder aufgenommen! Das waren für das ganze deutsche Volk die entscheidenden Sätze in der Mitteilung über den verbrecherischen Mordanschlag, den eine kleine Clique verräterischer Generale am Nachmittag des 20. Juli auf das Leben des Führers verübt worden war. Mit der ganzen tiefen Gläubigkeit, die allen deutschen Menschen eigen ist, empfinden wir das Wunder der Errettung des Führers als ein Wahrzeichen dafür, daß diesem Mann von der Vorsehung eine Aufgabe zu erfüllen übertragen wurde, und daß keine Macht der Welt ihn daran wird hindern können, über alle Wirrnisse, Gefahren und Rückschläge hinweg diesen vorgezeichneten Weg bis zum siegreichen Ende zu durchschreiten. Für uns alle aber, ob an der Front oder in der Heimat, ob im Westen, im Osten oder im Süden kämpfend, an der Bergwerk oder an der Drehbank tätig, ob Mann oder Frau, für uns alle ist dieser furchtbare Mordanschlag ein Alarmruf, der uns noch einmal mit greller Deutlichkeit aufzeigt, worum es in diesem Kriege geht. Es gibt kein Kapitulieren! Der Kampf mag schwer, das Leben hart sein! Trotzdem bedeutet das nichts gegenüber dem grauenvollen Los, das uns erwartet, wenn wir schwach würden und wenn das Reich zu Boden sinken sollte.

Die kleine Verräterclique wahnwitziger Generale ist ausgemerzt! Mit ihnen ist für immer jener Geist der Lauheit, der Entschlußlosigkeit, des feigen Debattierens und der intellektuellen Besserwisserei zum Teufel gejagt, der sich uns oft in den Weg stellte und dessen Träger wir so schwer zu fassen vermochten, weil sie sich hinter salbsalter Höflichkeit und angeblich bestem Willen zu verbergen verstanden.

Wir wußten, daß dieser Krieg das Letzte von uns verlangen wird. Durch mehr als eine Krise sind wir bisher geschritten, und sind niemals geschwächt, sondern immer gestärkt aus ihnen hervorgegangen. Auch diese Vorgänge haben letzten Endes bei allen aufrechten Deutschen die befreiende Ausatmen ausgelöst. Wir wissen, daß nunmehr die Bahn frei ist für einen wirklich totalen Kriegseinsatz aller Menschen und alles zur Verfügung stehenden Mittel. Der Name Heinrich Himmler birgt dafür, daß nunmehr aus der Heimat auch wirklich alles an Männern herausgeholt werden wird, was irgendwie zu entbehren ist, um mit den Waffen, die Albert Speer uns schaffen hilft, überall dort in die Front einzurücken, wo es not tut.

Der Führer lebt! Das Wunder seiner Errettung ist für uns das sichere Zeichen des Sieges!

h.

## So handelt ein deutscher Offizier

### Eichenlaubträger Major Remer berichtet über die Ereignisse in den Nachmittagsstunden des 20. Juli in Berlin

FH. Eine winzig kleine Clique verräterischer Generale, Männer in Stabsstellen und offenkundig längst dem Geist der kämpfenden Truppe entfremdet, inszenierte einen Mordanschlag auf den Führer. Man rechnete damit, daß dann eine allgemeine Verwirrung entstehen und es möglich werden würde, Macht und Gewalt an sich zu reißen. Die Botschaft, die der Führer noch in der Nacht vom Donnerstag auf Freitag an das deutsche Volk richtete, beleuchtet schlaglichtartig die Situation, in der sich eine ganze Reihe von Offizieren befunden haben, die plötzlich vor der Frage standen, an sie ergangene Befehle auszuführen oder nicht.

Der Soldat hat im allgemeinen nicht danach zu fragen, welche Beweggründe wohl seinen Vorgesetzten dazu veranlaßt haben, einen Befehl so und nicht anders herauszugeben. Auf diesem Eckpfeiler aller soldatischen Tugenden, dem blinden Gehorsam, glaubten die Verräter aufbauen zu können. Ihre Rechnung schien klug und war falsch zugleich. Endes ungaubar dumm. Jene noch im Geiste einer längst versunkenen Welt lebende verkalkte Verbrecherclique, deren ganzer wahnwitziger Plan eindeutig beweist, daß es politisierende Militärs, aber keine politischen Menschen unserer Tage sind, haben nicht daran gedacht, daß der deutsche Soldat von heute, Offizier und Mann, ein wahrhaft politischer, ein in der Gedanken-

welt des Nationalsozialismus tief verankerter Soldat ist.

Ein wunderbares Beispiel dafür, wie gerade der junge deutsche nationalsozialistische Offizier in einer solchen Situation handelt, hat der Kommandeur des Wachbataillons der Reichshauptstadt gegeben. Major Remer, ein tapferer, vielfach an der Front bewährter Offizier und Träger des Ritterkreuzes und des Eichenlaubes zum Ritterkreuz des Eisernen Kreuzes, ist als Soldat selbstverständlich guten Glaubens zuerst einmal den an ihn ergangenen Befehl ausgeführt und dem ihm unterstellten Bataillon der Division „Großdeutschland" Absperrmaßnahmen getroffen. Sobald die ersten Anweisungen ausgesprochen waren, nahm Major Remer sofort die Verbindung zu Reichsminister Dr. Goebbels auf, der ja in seiner Eigenschaft als Stadtpräsident von Groß-Berlin sowohl politisch wie verwaltungsmäßig die oberste Instanz des Reichshauptstadt darstellt. In wenigen Minuten einer, wie wir Major Remer glauben, wahrhaft dramatischen Unterredung bekam die ganze Situation ein völlig anderes Bild. Major Remer fiel es wie Schuppen von den Augen, und ihm wurde klar, daß er mit seinen Männern zum Werkzeug einer Verbrecherclique werden sollte.

Wir haben Major Remer gebeten, uns kurz zu schildern, was an diesem Nachmittag des 20. Juli in Berlin vorging. Seine wenigen Worte, die er uns gab, umreißen die ganze ungeheure Spannung dieser historischen Stunden. Wir lassen deshalb nun die Ausführungen des Majors Remer wortwörtlich folgen:

*

**„Hier stimmt etwas nicht . . .**

**Der Führer tödlich verunglückt? — Auch von inneren Unruhen wird gesprochen?**

**Die vollziehende Gewalt hat die Wehrmacht?**

**Uns allen sitzt noch der erste Schock in den Gliedern, aber gottlob, wir Frontsoldaten haben gelernt, in entscheidenden Augenblicken sachlich zu denken und zu handeln.**

**Unfaßbar, daß unser geliebter Führer nicht mehr unter uns weilen soll. Unfaßbar, daß unser anständiges deutsches Volk, das im Schweiße seines Angesichts zu arbeiten gewillt ist, sich zu Unruhen verleiten ließ.**

**Irgend etwas kann und darf doch da nicht stimmen!**

**Für jeden Deutschen, Offizier und Soldat, gilt es jetzt, den Kopf klar zu behalten. Der dem Wachbataillon „Großdeutschland" in der Reichshauptstadt erteilte Befehl, das Regierungsviertel zu besetzen, wird schnell ausgeführt. Unter den herrschenden besonderen Umständen wird das Offizierkorps von mir ausdrücklich verpflichtet, nur auf meine Befehle zu hören. Ich bin mir mit meinen Offizieren darüber klar, daß wir uns zu keinen unverantwortlichen Handlungen mißbrauchen lassen. Offizier und Mann sind politisch erzogen, und alle bewegt der gleiche revolutionäre Schwung, der einst das Dritte Reich hat entstehen lassen. Wir alle sind und bleiben verschworene Soldaten des Führers!**

**Es war für mich klar, daß unter diesen Umständen sofort mit Reichsminister Dr. Goebbels Fühlung aufgenommen werden mußte. Wenig später erlebte ich die glücklichste Stunde meines Lebens. Ich wurde zum Reichsminister befohlen**

**und erfuhr aus seinem Munde, daß der Führer unverletzt ist.**

**Meine Freude kannte keine Grenzen, als ich wenig später mit dem Führer telephonisch verbunden wurde und von ihm genaue Befehle für den Einsatz meines Bataillons erhielt. Ich habe selten so blinkende Augen meiner Männer gesehen, als in dem Augenblick, da Reichsminister Dr. Goebbels vor meinem angetretenen Bataillon die Unversehrtheit des Führers bekanntgab und mit scharfen Worten die gemeine Handlungsweise einer kleinen Clique von Offizieren anprangerte und die in diesem Augenblick notwendigen Aufgaben umriß. In wenigen Stunden schon hatte sich das Bild der Lage entwirrt. Dazu beigetragen zu haben, erfüllt uns mit Stolz."**

### *Der Reichsmarschall:*

## „In heißer Liebe zum Führer"

Der R e i c h s m a r s c h a l l richtete folgende Ansprache an die Luftwaffe:

Kameraden der Luftwaffe! Ein unvorstellbarer gemeiner Mordanschlag wurde am Donnerstag von einem Oberst Graf Stauffenberg im Auftrage einer erbärmlichen Clique von ehemaligen Generalen, die wegen ihrer ebenso feigen wie schlechten Führung davongejagt werden mußten, gegen unseren Führer durchgeführt. Der Führer wurde durch die allmächtige Vorsehung wie durch ein Wunder gerettet.

Diese Verbrecher versuchen jetzt, als Usurpatoren durch falsche Befehle Verwirrung in die Truppen zu bringen. Ich befehle daher: Im Reich führt in meinem Auftrag Generaloberst S t u m p f als Oberbefehlshaber der Luftflotte Reich alle Verbände der Luftwaffe innerhalb des Reichsgebiets. Nur meinen und seinen Befehlen ist Folge zu leisten.

Der Reichsführer-SS H i m m l e t ist von allen Dienststellen der Luftwaffe auf Anforderung tatkräftigst zu unterstützen. Kurierflüge, gleichgültig mit welchen Maschinen, dürfen nur mit meiner Erlaubnis oder seiner Erlaubnis durchgeführt werden.

Offiziere und Soldaten, gleich welchen Ranges, ebenso Zivilpersonen, die für diese Verbrecher auftreten und sich euch nähern, um euch für ihr erbärmliches Vorhaben zu überreden, sind sofort festzunehmen und zu erschießen.

Wo ihr selbst zur Ausrottung dieser Verräter eingesetzt werdet, habt ihr rücksichtslos durchzugreifen. Das sind dieselben Jämmerlinge, die die Front zu verraten und zu sabotieren versuchten.

Offiziere, die sich an diesen Verbrechen beteiligten, stellen sich außerhalb ihres Volkes, außerhalb der Wehrmacht, außerhalb jeder soldatischen Ehre, außerhalb von Eid und Treue. Ihre Vernichtung wird uns neue Kraft geben. Entgegen diesem Verrat setzt die Luftwaffe ihre verschworene Treue und heiße Liebe zum Führer und ihren rückhaltlosen Einsatz für den Sieg. Es lebe unser Führer, den der allmächtige Gott heute so sichtbar segnete!

### *Hier antwortet die Front:*

## „Die Kugel für alle Verräter!"

FH. **Die Wahnsinnstat der kleinen, inzwischen gerichteten Generalsclique, die das deutsche Heer wie ein Geschwür abgestoßen hat, fand an den Fronten ein bezeichnendes Echo: Der Frontsoldat — Offizier und Mann — hat auf diesen Akt der verabscheuungswürdigsten Perfidie und Gemeinheit nur die einzig richtige Antwort: D i e K u g e l f ü r a l l e V e r r ä t e r u n d E r z f e i n d e d e s R e i c h e s, die die restlose Hingabe des Führers für sein Volk und den Ernst der Stunde nicht begreifen. So könnten wir dem Ansturm unserer äußeren Feinde mit noch größerer Einmütigkeit begegnen.**

**Die Atmosphäre ist gereinigt! Wir atmen wieder reine, saubere Luft. Die Wehrmacht mit allen ihren Waffengattungen kämpft weiter, ungebrochen, ungeteilt und einmütig im Vertrauen auf unseren Führer, den uns die Vorsehung neu geschenkt hat.**

Für diese geschlossene Haltung der Truppe zeugt das Echo, das die jüngsten Ereignisse an der heiß umkämpften Ostfront fanden. Darüber gab uns Leutnant Heinrich Albert K u r s c h a t folgenden telephonischen Bericht:

„Als in den Abendstunden des 20. Juli die Nachricht von dem mißglückten Attentat auf das Leben des Führers durch den Rundfunk bekannt und von den Gefechtsständen durch Melder in die vordersten Stellungen verbreitet wurde, löste sie tiefstes Erschrecken aus. Niemals vorher war es unseren Grenadieren so deutlich klar geworden, wie sehr unser aller Wohl und Wehe mit dem Leben des Führers verbunden ist, wie sehr der Ostkämpfer in der Person des Führers die Garantie für den deutschen Sieg erblickt. Als dann der Führer selbst in der Nacht eröffnete, daß es sich bei dem Attentäter um ein Mitglied einer verbrecherischen, wahnsinnigen kleinen Clique handelt, schlug die Nachricht wie ein Blitz ein. Die Gesinnung dieser ehrlosen Verschwörer ist den Offizieren, Unteroffizieren und Mannschaften an der Ostfront derart fremd und unbegreiflich, daß sie unfähig sind, den Gedankengängen nachzuspüren, die sich zu einem Komplott gegen den Führer verdichten konnten.

Niemand weiß so gut wie sie, welches die Folgen der Übertragung des Badoglio-Verrates auf deutsche Verhältnisse sein würden: Zusammenbruch der Ostfront, Überflutung des Reiches und ganz Europas durch den Bolschewismus und damit für die Mehrzahl von uns Tod oder lebenslängliche Zwangsarbeit.

Um unser Volk vor diesem Geschick zu bewahren, dafür kämpft die Ostfront seit über drei Jahren. Diesen Kampf sabotieren heißt: das deutsche Volk und mit ihm die deutschen Soldaten verraten! Daher mußten die Bemühungen der Verschwörerclique an der Front ohne Resonanz bleiben, vielmehr weckten sie die ganze tiefe Abscheu und Verachtung jedes tapferen deutschen Soldaten, der seit fünf Jahren unter bestimmt schwereren Verhältnissen als diese dem Geist der Front entfremdeten Meuterer seinen Mann steht.

Er wird von politisch und militärisch gleich zuverlässigen Befehlshabern geführt, die in den härtesten Bewegungsschlachten sich vielfach bewährten und ihm immer wieder durch das eigene Beispiel das moralische Rückgrat stärkten.

Der Soldat im Osten begrüßt die drakonischen Maßnahmen, mit denen die Verbrecher aus der Gemeinschaft unseres Volkes ausgetilgt werden. Nach dem Ausscheiden dieser schleichenden Fremdkörper scharen wir uns nur noch fester um den Führer als unüberwindlicher festgeschweißter Block.

**So groß das Aufsehen war, das die Ereignisse des 20. Juli an der Ostfront hervorriefen — der glückliche Ausgang für den Führer und die rasche Klärung der Hintergründe bewahrten davor, in dem Komplott mehr zu sehen als eine zwar düstere, aber doch unbedeutende Episode auf dem Wege zum Sieg. Gegen ihren Willen haben die Meuterer unsere Überzeugung bestärkt: daß kein blinder Zufall die Stunde regiert, sondern eine unergründliche, weise Vorsehung, die unser aller Geschick lenkt und das Leben des Führers an das Schicksal des Reiches geknüpft hat. Die heißen Wünsche der Ostfront gelten dem Führer, dem sie in dieser Stunde den Schwur unverbrüchlicher Gefolgschaft erneuert."**

### *Der Führer:*

## „Ich werde mein Werk weiterführen"

**Der Führer hielt in der Nacht zum 21. Juli im deutschen Rundfunk folgende Ansprache an das deutsche Volk:**

**Deutsche Volksgenossen und Volksgenossinnen!**

**Ich weiß nicht, zum wievielten Male nunmehr ein Attentat auf mich geplant und zur Ausführung gekommen ist. Wenn ich heute zu Ihnen spreche, dann geschieht es aber besonders aus zwei Gründen:**

**1. Damit Sie meine Stimme hören und wissen, daß ich selbst unverletzt und gesund bin.**

**2. Damit Sie aber auch das Nähere erfahren über ein Verbrechen, das in der deutschen Geschichte seinesgleichen sucht.**

**Eine ganz kleine Clique ehrgeiziger, gewissenloser und zugleich verbrecherischer dummer Offiziere hat ein Komplott geschmiedet, um mich zu beseitigen und zugleich mit mir den Stab der deutschen Wehrmachtführung auszurotten.**

**Die Bombe, die von dem Oberst Graf von S t a u f f e n b e r g gelegt wurde, krepierte zwei Meter an meiner rechten Seite. Sie hat eine Reihe mir teurer Mitarbeiter sehr schwer verletzt, einer ist gestorben. Ich selbst bin völlig unverletzt bis auf ganz kleine Hautabschürfungen, Prellungen oder Verbrennungen. Ich fasse das als eine Bestätigung des Auftrages der Vorsehung auf, mein Lebensziel weiter zu verfolgen, so wie ich es bisher getan habe. Denn ich darf es vor der ganzen Nation feierlich gestehen, daß ich seit dem Tage, an dem ich in die Wilhelmstraße einzog, nur einen einzigen Gedanken hatte, nach bestem Wissen und Gewissen meine Pflicht zu erfüllen und daß ich, seit mir klar wurde, daß der Krieg ein unausbleiblicher war und nicht mehr aufgeschoben werden konnte, eigentlich nur Sorge und Arbeit kannte und in zahllosen Tagen und durchwachten Nächten nur für mein Volk lebte.**

**Es hat sich in einer Stunde, in der die deutschen Armeen in schwerstem Ringen stehen, ähnlich wie in Italien, nun auch in Deutschland eine ganz kleine Gruppe gefunden, die nun glaubte, wie im Jahre 1918 den Dolchstoß in den Rücken führen zu können. Sie hat sich diesmal aber schwer getäuscht.**

**Die Behauptung dieser Usurpatoren, daß ich nicht mehr lebe, wird jetzt in diesem Augenblick widerlegt, da ich zu euch, meine lieben Volksgenossen, spreche. Der Kreis, den diese Usurpatoren darstellen, ist ein denkbar kleiner. Er hat mit der deutschen Wehrmacht und vor allem auch mit dem deutschen Heer nichts zu tun. Es ist ein ganz kleiner Klüngel verbrecherischer Elemente, d i e j e t z t u n b a r m h e r z i g a u s g e r o t t e t w e r d e n.**

**Ich befehle daher in diesem Augenblick:**

**1. Daß keine zivile Stelle irgendeinen Befehl entgegenzunehmen hat von einer Dienststelle, die sich diese Usurpatoren anmaßen;**

**2. daß keine militärische Stelle, kein Führer einer Truppe, kein Soldat irgendeinen Befehl dieser Usurpatoren zu gehorchen hat, daß im Gegenteil jeder verpflichtet ist, den Übermittler oder den Geber eines solchen Befehls entweder sofort zu verhaften oder bei Widerstand augenblicklich niederzumachen.**

**Ich habe, um endgültig Ordnung zu schaffen, zum Befehlshaber des Heimatheeres den Reichsminister H i m m l e r ernannt. Ich habe in den Generalstab Generaloberst G u d e r i a n berufen, um den durch Krankheit zurzeit ausgefallenen Generalstabschef zu ersetzen, und einen zweiten bewährten Führer der Ostfront zu seinem Gehilfen bestimmt.**

**In allen anderen Dienststellen ändert sich nichts. Ich bin der Überzeugung, daß wir mit dem Austreten dieser ganz kleinen Verräter- und Verschwörerclique nun endlich aber auch im Rücken der Heimat die Atmosphäre schaffen, die die Kämpfer der Front brauchen, denn es ist unmöglich, daß vorn hunderttausende und Millionen braver Männer ihr Letztes hergeben, während zu Hause ein ganz kleiner Klüngel ehrgeiziger, erbärmlicher Kreaturen diese Haltung dauernd zu hintertreiben versucht.**

**Diesmal wird nun so abgerechnet, wie wir das als Nationalsozialisten gewohnt sind.**

**Ich bin überzeugt, daß jeder anständige Offizier, jeder tapfere Soldat in dieser Stunde das begreifen wird.**

**Welches Schicksal Deutschland getroffen hätte, wenn der Anschlag heute gelungen sein würde, das vermögen die wenigsten sich vielleicht auszudenken. Ich selber danke der Vorsehung und meinem Schöpfer nicht deshalb, daß er mich erhalten hat — mein Leben ist nur Sorge und ist nur Arbeit für mein Volk —, sondern ich danke ihm nur deshalb, daß er mir die Möglichkeit gab, diese Sorgen weiter tragen zu dürfen und in meiner Arbeit weiterfortzufahren, so gut ich das vor meinem Gewissen verantworten kann.**

**Es hat jeder Deutsche, ganz gleich, wer er sein mag, die Pflicht, diesen Elementen rücksichtslos entgegenzutreten, sie entweder sofort zu verhaften oder, wenn sie irgendwie Widerstand leisten sollten, ohne weiteres niederzumachen. Die Befehle an sämtliche Truppen sind ergangen. Sie werden blind ausgeführt entsprechend dem Gehorsam, den das deutsche Heer kennt.**

**Ich darf besonders Sie, meine alten Kampfgefährten, noch einmal freudig begrüßen, daß es mir wieder vergönnt war, einem Schicksal zu entgehen, das nicht für mich Schreckliches in sich barg, sondern das den Schrecken für das deutsche Volk gebracht hätte.**

**Ich ersehe daraus auch einen Fingerzeig der Vorsehung, daß ich mein Werk weiterfortführen muß und daher weiter fortführen werde.**

### *Großadmiral Dönitz:*

## „Getreu unserem Eid!"

Der Oberbefehlshaber der Kriegsmarine, Großadmiral D ö n i t z, richtete folgende Ansprache an die Männer der Kriegsmarine:

Männer der Kriegsmarine! Heiliger Zorn und maßlose Wut erfüllt uns über den verbrecherischen Anschlag, der unserem geliebten Führer das Leben kosten sollte. Die Vorsehung hat es anders gewollt — sie hat den Führer beschirmt und beschützt und damit unser deutsches Vaterland in seinem Schicksalskampf nicht verlassen.

Eine wahnsinnige kleine Generalsclique, die mit unserem tapferen Heere nichts gemein hat, hat in feiger Treulosigkeit diesen Mord angezettelt, gemeinsten Verrat an dem Führer und dem deutschen Volke begehend. Denn diese Schurken sind nur die Handlanger unserer Feinde, denen sie in charakterloser, feiger und falscher Klugheit dienen.

In Wirklichkeit ist ihre Dummheit grenzenlos. Sie glauben, durch die Beseitigung des Führers uns von unserem harten, aber unabänderlichen Schicksalskampf befreien zu können — und sehen in ihrer verblendeten angstvollen Borniertheit nicht, daß sie durch ihre verbrecherische Tat uns in entsetzliches Chaos führen und uns wehrlos unseren Feinden ausliefern würden. Ausrottung unseres Volkes, Versklavung unserer Männer, Hunger und namenloses Elend würden die Folge sein. Eine unsagbare Unglückszeit würde unser Volk erleben, unendlich viel grausamer und schwerer als auch die härteste Zeit sein kann, die uns unser jetziger Kampf zu bringen vermag.

Wir werden diesen Verrätern das Handwerk legen. Die Kriegsmarine steht getreu ihrem Eid in bewährter Treue zum Führer bedingungslos in ihrer Einsatz- und Kampfesbereitschaft. Sie nimmt nur von mir, dem Oberfehelshaber der Kriegsmarine und ihren eigenen militärischen Führern Befehle entgegen, um jede Irreführung durch gefälschte Weisungen unmöglich zu machen. Sie wird rücksichtslos jeden vernichten, der sich als Verräter entpuppt. Es lebe unser Führer Adolf Hitler!

### Komplott zusammengebrochen!

**Wie das Deutsche Nachrichtenbüro erfährt, ist das Komplott der verbrecherischen Offiziersklique v ö l l i g z u s a m m e n g e b r o c h e n. Die Rädelsführer haben sich nach dem Scheitern ihres Anschlages zum Teil selbst entleibt, zum Teil wurden sie von Bataillonen des Heeres füsiliert. Unter den Erschossenen befindet sich auch der Attentäter Oberst Graf von S t a u f f e n b e r g. Zu Zwischenfällen ist es nirgends gekommen. Die übrigen durch ihr Verhalten an dem Verbrechen Schuldigen werden zur Verantwortung gezogen werden.**

*Bundesarchiv Koblenz*

Von Osten drang unaufhaltsam die Rote Armee vor, und im Westen begann die Eroberung des Reichsgebietes durch die Armeen der Alliierten. Der Zusammenbruch des Reiches war damit unabwendbar geworden. Dennoch leisteten die deutschen Truppen zähen Widerstand, vor allem im Osten, wo die vordringenden Sowjettruppen teilweise grausame Vergeltungsmaßnahmen an der Zivilbevölkerung für die Verbrechen der deutschen Besatzung in Rußland verübten.

Seit Mitte 1944 wurden in zunehmendem Maße alle Reserven zur Weiterführung des Krieges mobilisiert. Die Propaganda bemühte sich unablässig, den Durchhaltewillen der Bevölkerung anzustacheln. Am 18. Oktober 1944 wurden alle wehrfähigen Männer zwischen 16 und 60 Jahren zum „Deutschen Volkssturm" aufgerufen.

Ohne hinreichende Ausbildung und Ausrüstung wurden diese improvisierten Einheiten aus Jugendlichen und Greisen zur Heimatverteidigung im Westen und Osten an die Front geworfen. Halbwüchsige wurden zur Bedienung von Flakgeschützen eingesetzt. Hitlers unsinnige Durchhaltebefehle trieben Tausende in den Tod. Der Führerbefehl vom 25. November 1944 bestimmte, daß ein Truppenführer, der auf sich gestellt war und den Kampf einstellen zu müssen glaubte, vorher seine Männer zu befragen hatte. Erklärte sich einer von diesen bereit, weiterkämpfen zu wollen, so mußte ihm die volle Führungsverantwortung mit allen Rechten und Pflichten übertragen werden.

In der Tat haben viele Soldaten bis zum Schluß gekämpft und wurden somit Opfer eines sinnlos gewordenen Kampfes. Es gab aber auch nicht wenige, die aufgrund ihres Gewissens eine Weiterführung des Kampfes nicht mehr verantworten konnten. Ein letztes Aufflackern des militärischen Widerstandes war die „Freiheitsaktion Bayern" vom 27. April 1945.

Hauptmann Dr. Gerngroß von der Dolmetscherkompanie in München wollte nicht zulassen, daß die durch Luftangriffe bereits stark zerstörte Stadt München durch sinnlose Verteidigung gegen die vorrückenden US-Streitkräfte vollends zerstört wurde. Er entband daher am 27. April 1945 die Soldaten seiner Kompanie vom Eid auf Hitler, begab sich am folgenden Tag mit einigen seiner Offiziere zum Reichsstatthalter General a.D. Ritter von Epp und versuchte vergeblich, ihn zur Erteilung des Kapitulationsbefehls an die um München liegenden deutschen Truppen zu bewegen.

Abschrift.

Hauptquartier, den 25.11.1944

368

Der Führer

Der Krieg entscheidet über Sein oder Nichtsein des deutschen Volkes. Erfordert rücksichtslosen Einsatz jedes Einzelnen. Todesmutige Tapferkeit der Truppen, standhaftes Ausharren aller Dienstgrade und unbeugsame überlegene Führung haben sich aussichtslos erscheinende Lagen gemeistert.

Führer deutscher Soldaten kann nur sein, wer mit allen Kräften des Geistes, der Seele und des Körpers seinen Männern täglich die Forderungen vorlebt, die er an sie stellen muß. Tatkraft und Entschlußfreudigkeit, Charakterfestigkeit und Glaubensstärke und harte unbedingte Einsatzbereitschaft sind seine unerläßlichen Eigenschaften für den Kampf. Wer sie nicht oder nicht mehr besitzt, kann nicht Führer sein und hat abzutreten.

Ich befehle daher:

Glaubt ein Truppenführer, der auf sich selbst gestellt ist, den Kampf aufgeben zu müssen, so hat er erst seine Offiziere, dann Unteroffiziere, danach die Mannschaften zu befragen, ob einer von ihnen den Auftrag erfüllen und den Kampf fortführen will. Ist dies der Fall, übergibt er diesen – ohne Rücksicht auf den Dienstgrad – die Befehlsgewalt und tritt selbst mit ein. Der neue Führer übernimmt das Kommando mit allen Rechten und Pflichten.

gez. Adolf Hitler

F.d.R.
gez.Unterschrift
Oberst d. G.

---

Abschrift.

Der Reichsführer-SS
RF/M. TgB.549/44

Feld-Kommandostelle, 6.12.1944

An
1. Chef des SS-Führungshauptamtes
2. Chef des Hauptamtes Ordnungspolizei
3. Chef des Reichssicherheitshauptamtes.

Der in Abschrift anliegende Führerbefehl vom 25.11.19
Über das Verhalten von Offizieren, Unteroffizieren und Männern in anscheinend aussichtsloser Lage ist in der Waffen-SS, Ordnungs- und Sicherheitspolizei den SS-Führern und Polizeioffizieren jeden Dienstgrad sowie allen Unterführern gedruckt in die Hand zu geben. Den Mannschaften ist er im Unterricht bekanntzugeben.

Diesen Befehl wollen alle Angehörigen der SS und Polizei in sich aufnehmen mit dem eisernen Willen, nirgends und niemals – selbst wenn das Häufchen noch so klein ist – zu kapitulieren und nachzugeben.

gez. H. Himmler

Bundesarchiv Koblenz R 58/243 Fol 1

# Südhannoversche Zeitung

vereinigt auf Kriegsdauer mit

GÖTTINGER NACHRICHTEN ⚊⚊ GÖTTINGER TAGEBLATT

A / Göttingen    Sonnabend/Sonntag, 7./8. April 1945    Nr. 81 / 13. Jahrgang    Einzelpreis 10 Pfg.

# Lieber tot als Sklav

## Der Gauleiter ruft alle Volksgenossen zum fanatischen Einsatz auf:

NSG. Hannover, den 5. April 1945

### Niedersachsen, meine Volksgenossen und Volksgenossinnen!

Der Feind steht, nachdem er hessisches und westfälisches Gebiet durchschritten hat, mit Panzer- und Infanterieverbänden in unmittelbarer Nähe unserer südwestlichen und westlichen Gaugrenzen.

### Unsere Heimat ist damit in höchster Gefahr

Der Gau und Reichsverteidigungsbezirk Südhannover-Braunschweig wird daher seit Tagen in äußerste Verteidigungsbereitschaft versetzt. Wir sind gewillt und entschlossen, alle uns zur Verfügung stehenden Mittel und Möglichkeiten erbarmungslos einzusetzen, um unsere niedersächsische Erde, unsere Frauen und das höchste und wertvollste Gut, unsere Kinder, vor dem Zugriff der Anglo-Amerikaner und der ihnen folgenden Juden, Neger, Zuchthäusler und Gangster zu schützen.

Verloren ist nur das, was man verloren gibt! Auch dieser Krieg wird nur dann ein unübersehbares und schreckliches Ende finden, wenn wir kapitulieren. Dazu besteht nicht nur keine Veranlassung, sondern auch keine Möglichkeit. Irrsinnig ist, der an die Möglichkeit eines ehrenvollen Friedens glaubt und die englisch-amerikanischen Feinde anders als die Horden Stalins einschätzt. Wir wurden schon im Jahre 1918 betrogen. Heute würden wir, gingen wir feige und ehrlos in die Knie, entmannt und vergewaltigt. Die Tatsachen in den unterjochten Westgebieten unseres Reiches beweisen das. Alle Männer zwischen 14 und 65 Jahren wurden in Sammellagern zusammengefaßt und stehen unter Bewachung von Juden und Schwarzen. Unsere Frauen werden in Negerbordelle verschleppt. Der Hunger grassiert.

Das, meine Volksgenossen, ist der Feind! Alle gegenteiligen Behauptungen sind Feindpropaganda oder Wunschträume Schwacher und Ehrloser.

Es gäbe nach einer deutschen Niederlage kein englisch-amerikanisches West- und kein bolschewistisches Osteuropa. Der Diktator der Alliierten ist Stalin. Europa und Deutschland würden dem innerasiatischen Asygeiern und Dschingiskhanen zum Opfer fallen, und damit würden auch unsere Heimat und wir alle ausgemerzt! Das muß unter Einsatz aller Möglichkeiten — wenn nötig unseres eigenen Lebens — verhindert werden.

Im engsten und entschlossensten Einvernehmen mit der Wehrmacht wird gebaut und geschanzt. Täler und Höhen, Straßen und Übergänge, Wälder und Sumpfgebiete werden von Stunde zu Stunde durch geeignete Maßnahmen zu immer schwierigeren und für den Feind zeitraubenden Hindernissen. Niedersachsen hat schon einmal in seiner Geschichte an der Weser seine große Stunde erlebt und den Feind geschlagen. Es wird jetzt hinter seinen tapferen Vorfahren nicht zurückstehen, sondern seine Soldaten und Volkssturmmänner in höchster Kraftentfaltung einsetzen und immer wieder einsetzen.

Die Partei wird ihrem Eid und ihrem Versprechen getreu diesen Kampf, der nicht minder schwer ist als der unserer Soldaten, aber auch keinesfalls schwerer, mit der Waffe und mit allen Mitteln, die uns heilig sind, da sie für nichts anderes als für das Leben unseres Volkes eingesetzt werden, führen. Kein Politischer Leiter, kein Parteigenosse wird weichen! Jeden Quadratmeter unseres Gaues wird der Feind sich nur unter großen Opfern an Blut und Waffen erkaufen können. Der Führer und Ihr alle, meine Volksgenossen, werdet durch uns nicht enttäuscht werden. Wenn das Schicksal gegen uns sich wenden sollte: werden wir genau so anständig, wie wir glauben gelebt zu haben, auch sterben können. Unser Kampfruf dieser Tage ist:

### „Lieber tot als Sklav"

Wer dabei nicht mit uns ist oder feige oder verräterisch die Hand gegen unsere gerechte Sache erheben sollte, wer weiße Fahnen hißt und sich kampflos ergibt, ist des Todes.

Der Feind kann geschlagen werden, wenn wir anständig und tapfer bleiben. Der Feind wird uns aber überrollen und uns erwürdigen, wenn wir uns selbst untreu werden. Meine Volksgenossen, bewahrt Ruhe und Disziplin, geht Eurer Arbeit nach, bestellt die Felder und Gärten, schafft Waffen und Munition, treibt Euer Handwerk und versorgt die Bevölkerung mit dem Lebensnotwendigen!

Ich werde alles, aber auch alles tun und meine Mitarbeiter werden mir dabei helfen, Euch zu betreuen und zu führen. Euch zu unterrichten und rechtzeitig zu warnen. Glaubt nur den Anordnungen, die Ihr über amtliche Quellen erhaltet, und weist dumme Gerüchte und die Feindpropaganda von Euch! Der Draht- und Rundfunk des Gaubefehlsstandes, die Presse, und falls erforderlich, Lautsprecherwagen werden Euch aufklären.

Nun beißt in dieser Stunde der Krise die Zähne zusammen. Bewährt Euch als Deutsche und Niedersachsen! Im Bombenhagel haben wir gestanden und ein Beispiel geboten, jetzt wollen wir nicht anders handeln!

## Deutschland lebt in uns und unserem Führer

## Im tiefen Glauben an seine Ewigkeit gehen wir in den Kampf

*Archiv der sozialen Demokratie/Friedrich-Ebert-Stiftung*

# Aufruf des Gauleiters
## an die
# Bevölkerung des Gaues München-Oberbayern

Ehrlose Gesellen, die einer Dolmetscherkompanie angehören und die von einem Hauptmann mit dem Namen Gerngroß geführt werden, versuchen durch Rundfunksendungen den Eindruck zu erwecken, als hätten sie in München die Macht an sich gerissen. Der Hauptmann Gerngroß, der über den hoch- und landesverräterischen Sender spricht, beschwindelt die Bevölkerung, wenn er im Namen von hohen Offizieren nennt, die angeblich hinter ihm stehen. Außer seinem kleinen Haufen, einer Hand voll

Leute, denkt niemand daran, Deutschland in den Rücken zu fallen. Alle Soldaten stehen in Treue zu ihrem Eid und lassen sich durch keinen Gerngroß für einen Landesverrat gewinnen.

Alle Positionen in München sind fest in unserer Hand. Wir stehen zu unserem Führer Adolf Hitler. Niemand folgt einem Lumpen wie Gerngroß, der Deutschland verrät.

Gerngroß wird seiner Strafe nicht entgehen. Der Spuk wird bald vorbei sein.

## *Paul Giesler,*

### *Gauleiter und Reichsverteidigungskommissar*

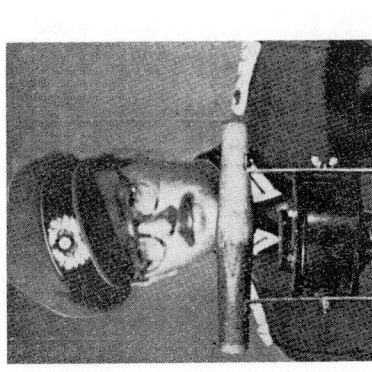

Hauptmann d.R. Dr. Rupprecht Gerngroß

*Institut für Zeitgeschichte*

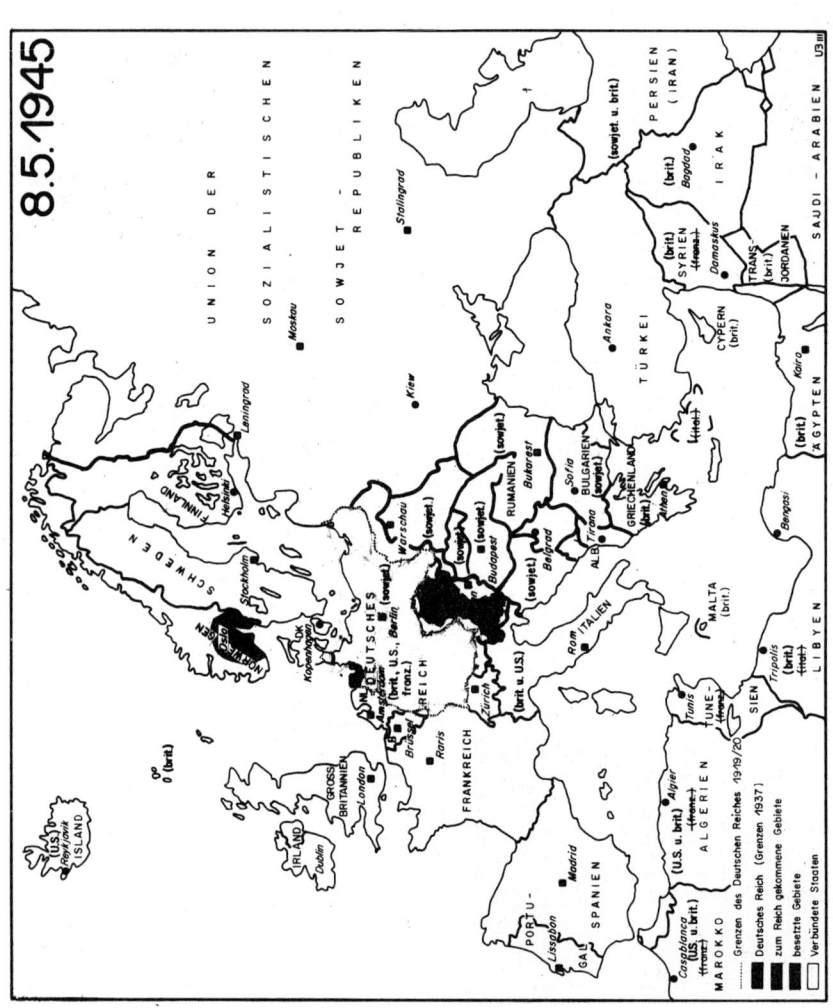

8.5.1945

Unterzeichnung der bedingungslosen Kapitulation am 9. Mai 1945 in Berlin Karlshorst. V.l.n.r. Generaloberst Stumpf, Generalfeldmarschall Keitel, Generaladmiral von Friedeburg.

Ein Zug aus Dr. Gerngroß' Kompanie besetzte inzwischen unter der Führung des Feldwebels Niedermayer den Sender Freimann. Durch Techniker von der Nachrichtenkompanie wurde der Sender betriebsklar gemacht, und Hauptmann Gerngroß gab die erste Nachricht der „Freiheitsaktion Bayern" heraus: „Kampf einstellen - Waffen niederlegen — Vernichtet die Nazis, wo ihr sie trefft — Hißt weiße Fahnen! Alliierte Truppen nähern sich München." Zwar gelang es der SS, den Sender zu besetzen, doch waren die Ausstrahlungen bereits gehört worden, und rund 40000 deutsche Soldaten im Raum München legten die Waffen nieder. Gerngroß und die meisten seiner Männer konnten fliehen.

Die Aktion des Hauptmanns Dr. Gerngroß war wohl die spektakulärste Maßnahme, den unsinnig gewordenen Kampf einzustellen. Oft wurden Männer, die dies versuchten, von SS-Trupps oder Einheiten der Feldpolizei gefaßt und von Standgerichten zum Tode verurteilt, so wie etwa Männer der Gemeinde Brettheim nördlich von Crailsheim im heutigen Baden-Württemberg. Dort wurden am 10. April 1945 der Bürgermeister Leonhard Gackstätter, der Bauer Friedrich Hanselmann und der Lehrer Leonhard Wolfmeyer von einer Einheit der Waffen-SS erhängt, weil sie Hitlerjungen, die den Ort gegen die heranrückenden Amerikaner „verteidigen" sollten, entwaffnet und nach Hause geschickt hatten.


## Vermächtnis des Widerstandes


Der Rundgang durch die Ausstellung schließt mit zwei Zeugnissen von Männern des Widerstandes, die als Selbstaussagen im Angesicht des Todes und im Bewußtsein des Scheiterns zugleich Bekenntnis und Vermächtnis sind.

Professor Dr. Albrecht Haushofer, der wegen seiner Mitarbeit im Widerstand Ende 1944 in das Gefängnis von Berlin — Moabit gebracht und in der Nacht vom 22. zum 23. April 1945 ermordet wurde, verleiht seiner Trauer über die Vergeblichkeit der Warnungen vor den Schrecken des nationalsozialistischen Unrechtsregimes und über die Ohnmacht von Menschlichkeit und Vernunft Ausdruck im 39. seiner „Moabiter Sonette".

Schuld

Ich trage leicht an dem, was das Gericht
mir Schuld benennen wird: an Plan und Sorgen.
Verbrecher wär' ich, hätt' ich für das Morgen
des Volkes nicht geplant aus eigner Pflicht.

Doch schuldig bin ich anders als ihr denkt,
ich mußte früher meine Pflicht erkennen,
ich mußte schärfer Unheil Unheil nennen —
mein Urteil hab ich viel zu lang gelenkt. . . .

Ich klage mich in meinem Herzen an:
ich habe mein Gewissen lang betrogen,
ich hab mich selbst und andere belogen —

ich kannte früh des Jammers ganze Bahn —
ich habe gewarnt — nicht hart genug und klar!
und heute weiß ich, was ich schuldig war . . . .


Generalmajor Henning von Tresckow verabschiedete sich am 21. Juli 1944, bevor er sich an der Front das Leben nahm, von seinem langjährigen Weggefährten im Widerstand und Ordonnanzoffizier Fabian von Schlabrendorff mit den Worten:
„Jetzt wird die ganze Welt über uns herfallen und uns beschimpfen. Aber ich bin nach wie vor der felsenfesten Überzeugung, daß wir recht gehandelt haben. Ich halte Hitler nicht nur für den Erzfeind Deutschlands, sondern auch für den Erzfeind der Welt. Wenn ich in wenigen Stunden vor den Richterstuhl Gottes treten werde, um Rechenschaft abzulegen über mein Tun und Unterlassen, so glaube ich mit gutem Gewissen das Vertreten zu können, was ich im Kampf gegen Hitler getan habe. Wenn einst Gott Abraham verheißen hat, er werde Sodom nicht verderben, wenn auch nur zehn Gerechte darin seien, so hoffe ich, daß Gott auch Deutschland um unsertwillen nicht vernichten wird. Niemand von uns kann über seinen Tod Klage führen. Wer in unseren Kreis getreten ist, hat damit das Nessushemd angezogen.
Der sittliche Wert eines Menschen beginnt erst dort, wo er bereit ist, für seine Überzeugung sein Leben hinzugeben."

Johann Adolf Graf von Kielmansegg

## Gedanken eines Soldaten zum Widerstand

Professor Gerstenmaier, an dessen Stelle ich habe kurzfristig einspringen müssen, wollte zu dem Thema sprechen: „Zur Problematik militärischer Opposition und militärischen Widerstands aus rechtlicher und ethisch-moralischer Sicht", und er wäre diesem Thema sicher in hervorragender Weise gerecht geworden. Aus verschiedenen Gründen habe ich die Frage, ob ich dieses Thema übernehmen sollte und könnte, verneint. Ich habe auch nicht eigentlich versucht, den historischen Referaten ein anderes als das ursprünglich vorgesehene grundsätzliche Thema voranzustellen. Ich bitte Sie, damit vorlieb zu nehmen, daß Sie keinen ordentlich aufgebauten Vortrag von mir hören, auch kein historisch-wissenschaftliches Referat, sondern einige, nicht einmal besonders systematisch, sondern in loser Kette aneinandergereihte Gedanken eines Soldaten zum Widerstand. Dabei wird aber die Thematik, die Professor Gerstenmaier sich vorgenommen hatte, anklingen. Freilich — das, was ich sagen möchte, reicht keineswegs aus, um einen wirklichen Schlußpunkt zu setzen, es langt bestenfalls zu einem Doppelpunkt, hinter dem es weitergeht. Aber ich will versuchen — um meine Satzzeichen-Metapher fortzuführen —, einige Ausrufezeichen vor Sie hinzustellen. Die möglicherweise sich ergebenden Fragezeichen können Sie dann machen.

Voranstellen möchte ich noch, daß ich zum Teil mich sozusagen selber zitieren werde aus dem, was ich vor 20 Jahren zur Bonner Gedenkfeier als Vertreter der Bundeswehr, aber auch an diese selbst gerichtet, gesagt habe. Dies letztere gilt auch für heute, denn diese Tagung dient ja in erster Linie der Fortbildung der hier anwesenden Offiziere, um sie besser in die Lage zu versetzen, über den militärischen Widerstand sprechen und unterrichten zu können, und an sie wende ich mich vor allem. Diese Tagung erhält ihren besonderen Akzent dadurch, daß der 20. Juli sich 1984 zum 40. Male jährt, was die Bundeswehr besonders in das Bewußtsein der Soldaten zu bringen beabsichtigt, wobei dieses Datum stellvertretend für das Ganze des Widerstandes gegen die Diktatur Hitlers steht.
Mit Professor Gerstenmaier, an dessen Stelle ich hier spreche, verbindet mich neben manchem anderen, daß auch ich ein Dabeigewesener bin, der das Dritte Reich von Anfang bis Ende miterlebt und überlebt hat, was für ihn wie für mich als Beteiligte am militärischen Widerstand — er im Zentrum, ich am Rande —

alles andere als zu erwarten war. Wenige nur sind davongekommen, und von diesen wenigen sind viele inzwischen gestorben. Das heißt also, daß ich das bin, was man Zeitzeuge nennt. Da es sich hier um eine historische Tagung handelt, möchte ich hinzufügen, daß ich aus vielfältiger Erfahrung weiß — ich bin auch für dies und jenes andere ein Zeitzeuge —, mit welcher im übrigen grundsätzlich berechtigten Vorsicht Historiker an Zeitzeugen und an das, was sie zu sagen haben, herangehen. Natürlich gilt es, Subjektivität, Gedächtnisfehler, Ungenauigkeiten und Selbstrechtfertigungen herauszufiltern, aber es gilt auch, sorgfältig darauf zu achten, was bei Zeitzeugen alles dieses nicht ist. Und, es sei mir erlaubt zu sagen, Zeitgeschichte *nur* auf der Grundlage von Buchstaben, von Dokumenten und Akten also, zu erforschen und zu schreiben, muß, so meine ich, ein unvollständiges und oft verzerrtes oder falsches Bild ergeben. Dies gilt ganz besonders für einen Gegenstand wie den militärischen Widerstand im Dritten Reich, dessen klandestiner Charakter in ständiger Verbindung mit der Gefährdung des eigenen Lebens und des Lebens anderer, angefangen mit der eigenen Familie, Buchstaben nicht nur vielfach verbot; es zwang auch oft dazu, falsche Buchstaben niederzuschreiben, die heute — ohne Kenntnis des oft sehr persönlichen Hintergrundes, von Lage und Umständen — falsch verstanden und interpretiert würden bzw. werden. Wenn ich, um nur ein persönliches Beispiel zu geben, an meine Aufzeichnungen denke, die ich in der Einzelzelle in der Prinz Albrechtstraße in Berlin gemacht habe, *damit* sie von der Gestapo gelesen wurden, was mir auch gelungen ist, dann bin ich ganz froh, daß sie nirgendwo gedruckt sind. Nach ihnen, ohne Erläuterung von Zweck und Umständen, wäre es heute ziemlich naheliegend, mich noch im Herbst 1944 als getreuen Gefolgsmann des Führers zu sehen.

Dieser persönlich gefärbten Bemerkung über Zeitzeugen möchte ich eine weitere hinzufügen, nämlich daß ich ein Soldat bin, der in drei sehr verschiedenen Armeen unter drei ebensosehr verschiedenen politischen Systemen, aber immer dem gleichen Vaterland gedient hat, eine Tatsache, die allein manchem zur Verurteilung genügt. Ich habe diese beiden Bemerkungen gemacht, um klarzulegen, als was ich vor Ihnen Gedanken zum militärischen Widerstand äußere, als beteiligter Zeitzeuge und als Soldat.

Die besondere Problematik militärischen Widerstandes gegen die Staatsführung mit dem letzten Ziel, sie zu stürzen, liegt in den Besonderheiten, die den Soldaten sowohl als Individuum wie als Teil einer staatlichen Institution gegenüber allen anderen Bürgern kennzeichnen und die eigentlich einen Widerstand ausschließen müßten. Zu ihnen gehört zunächst der militärische Auftrag, der im Frieden Ausbilden, Erziehen, ständig Bereitsein heißt und im Krieg Kämpfen. Das letztere heißt in dürren Worten: Auf Befehl zu sterben und andere dem Tode aussetzen zu müssen. Der Tod durch den Krieg greift heute auch weit hinter die Fronten, aber nur der Tod des Soldaten ist ein Tod unter dem Gesetz von Befehl und Gehorsam.

Da ist weiter das Treueverhältnis zum Dienstherrn, dem das Loyalitätsgebot immanent ist. Das gibt es zwar auch für andere Staatsdiener, aber es erhält für den Soldaten dadurch eine besondere Qualität, daß er Träger der bewaffneten Macht ist. Und da ist schließlich die Verpflichtung, das eigene Land mit der Waffe zu verteidigen — alles zusammen eingebunden in feierliches Gelöbnis und Eid.

Und dann Widerstand? Dazu noch der Widerstand, über den wir hier sprechen, den gegen NS-System und Hitler, der teilweise in den Krieg fiel? In jedem Fall dürfte klar sein, daß der Soldat nicht einfach sozusagen drauflos Widerstand leisten kann und darf und daß es einer nur ihm eigenen besonderen Verantwortung bedarf, die Grenzen des Gehorsams zu überschreiten — die genau festgelegten Fälle beiseite gelassen, wo er dies sogar tun muß, denn diese Fälle haben nichts mit Widerstand zu tun. Ich werde noch darauf zurückkommen, aber diese Überlegung bringt mich zunächst zu einem Punkt, auf den ich kurz eingehen möchte und der heute im übrigen in bedauerlicher und gefährlicher Weise aktuell geworden ist, die Frage des Widerstandsrechts. Natürlich wirft diese Frage zunächst den moralischen und dann den politischen Aspekt auf. Über beide ist viel gesagt und geschrieben worden. Hier möchte ich etwas zum rechtlichen Aspekt sagen, vor allem weil er, oder vielmehr die Unkenntnis, daß es ihn gab, damals eine wesentliche Rolle gespielt hat.

Wenn ich mich an das fast verzweifelte Bemühen erinnere, zu erkennen, was man als Soldat dem von außen und innen gefährdeten Volk und Staat nun wirklich schuldig sei — und dies in einem System, das, wie Dietrich Bonhoeffer zu Ende des Jahres 1942 es ausdrückte, „in der großen Maskerade des Bösen, das in so vielen ehrbaren und verführerischen Verkleidungen erschien" und es meisterlich verstand, einen immer wieder in Gewissenskonflikte zu treiben —, wenn ich mich daran erinnere, dann kann ich jedenfalls für mich und, wie ich weiß, für viele andere sagen, daß ich mir nicht darüber klar war, daß es so etwas wie ein *Recht* auf Widerstand gab und immer gibt — und noch weniger darüber, welcher Art dieses Recht ist, ein Naturrecht nämlich.

Dabei finden wir bereits von früher vorchristlicher Zeit an im abendländischen Rechtskreis, daß das Recht auf Widerstand gegen den das Recht brechenden Herrscher — und nur darum geht es und um nichts anderes — so gut wie überall und immer anerkannt war. Im angelsächsischen Rechtskreis, auch in Dänemark, hat es keine Unterbrechung gefunden. Schon im frühen Mittelalter gibt es feierliche Bekundungen und Festlegungen, so z.B. die Straßburger Eide von 842 anläßlich des Vertrages zwischen den Karolingern Ludwig dem Deutschen und Karl dem Kahlen oder im Sachsenspiegel. Ein westgotischer Satz sagte es in aller Kürze auf lateinisch: „Rex eris, si recte facies, et si non facias, non eris." Hier wie überall im Widerstandsrecht ist der Grundgedanke der der Herrschaftsverwirkung, wenn der Herrscher das Recht, unter dem auch er steht, bricht. Die der Treuepflicht innewohnende Gehorsamspflicht erlischt, wenn der Herrscher seine eigene Treuepflicht zur Wahrung der bestehenden Rechtsordnung nicht mehr erfüllt.

Diesen Kerngedanken drückt für heute der Staatsrechtler Prof. Martin Kriele in einem kürzlich erschienenen Artikel deutlich aus. Er sagt darin: „Wo immer in der Tradition des Naturrechts ein Widerstandsrecht bejaht wurde, orientierte es sich an der grundlegenden Unterscheidung zwischen Rechtszustand und Willkürherrschaft. In Diktaturen [...] ist danach Widerstand gerechtfertigt, vorausgesetzt, er ist darauf gerichtet, einen Rechtszustand herbeizuführen. Ist umgekehrt der Rechtszustand durch Errichtung eines demokratischen Verfassungsstaats einmal hergestellt, so gibt es nur ein Widerstandsrecht gegen Versuche zur Beseitigung dieses Rechtszustandes. Der Maßstab dieses Widerstandsrechts ist die Erforderlichkeit zur Verteidigung der Verfassung."

Solche Rechtsüberlegungen gibt es in Deutschland erst wieder seit dem Kriege. Das mittelalterliche Recht war im Gebiet des Heiligen Römischen Reiches Deutscher Nation immer unsichtbarer geworden und verschwand schließlich in der Praxis mit dem Aufkommen der absolutistischen Fürstenstaaten in Mitteleuropa. In der Theorie hielt es sich unbeachtet bis zur ersten Hälfte des 19. Jahrhunderts, um dann ebenfalls zu verschwinden, und zwar im wesentlichen aus zwei Gründen: In Deutschland setzte sich der Rechtspositivismus durch, für den nicht mehr das Naturrecht, sondern nur noch das staatlich gesetzte Recht Recht war. Zum anderen war es die allmähliche Zivilisierung, die Entwicklung zum Rechtsstaat mit seinen Institutionen, Kanalisierungen und Barrieren, mit Wahlrecht, Parlamenten und Machtkontrolle, die das Widerstandsrecht überflüssig zu machen schien.

Die Problemstellung im Dritten Reich wäre eine einfachere gewesen, die Entschlußfassung eine wesentlich leichtere, überhaupt und insbesondere für den Soldaten, wenn er das Bewußtsein eines für ihn existierenden Widerstandsrechts gehabt hätte — und, um dies deutlich zu machen, habe ich den kurzen Blick in die Rechtsgeschichte getan. *Wir* hatten damals dies Bewußtsein nicht, wir hatten nie etwas davon gehört, auch unsere Väter nicht, die es hätten weitergeben können. Diese historisch so alte Kenntnis mußte in langen und schwierigen Auseinandersetzungen mit sich selbst und mit anderen als neue Erkenntnis erst wieder gefunden werden. Dies war doppelt schwer, weil uns auch etwas anderes, ganz Entscheidendes völlig fehlte, nämlich die historische Erfahrung, daß Menschen durch den Einbruch einer vorher nicht vorstellbaren Barbarei in Situationen gebracht werden können, in denen der Gehorsam aufgekündigt, der aktive Widerstand gegen den Tyrannen und sein Regime geführt werden muß. Wir alle mußten ohne diese historische Erfahrung leben und ohne sie zum Handeln kommen. Das ist vielen nicht gelungen, ja nicht einmal bewußt geworden, und konnte dies auch oft nicht. Ich sage dies nicht, um irgend jemand oder irgend etwas zu entschuldigen, sondern um zu verdeutlichen, welcher schwerwiegende Unterschied zu heute damals bestand.

Heute gibt es so manche, die diese nun vorhandene Erfahrung in *die* Zeit zurückprojizieren, in der es sie nicht gab, und die daraus leichthin Forderungen rückwirkend stellen und rasche Urteile fällen, die Verurteilungen sind. Das geht nicht. Ich erachte dies für eine unmögliche Methode und eine würdelose Herabsetzung der Männer und Frauen des Widerstands, die im Ziel alle einig waren, aber sonst vielfach verschiedener Ansicht, die sicher auch Fehler gemacht haben, die vieles nicht recht wußten, aber eines ganz genau, daß das, was sie dachten, sagten und taten, den Kopf kosten konnte und den allermeisten auch gekostet hat.

Aber nicht nur so etwas geschieht heute. Schlimmer noch ist der bei uns, nur bei uns, in jüngster Zeit in bestimmten politischen Strömungen aufgebrochene Mißbrauch des Begriffs Widerstand, den verlogen oder Wortschwindel zu nennen m.E. nicht zu hoch gegriffen ist. „Unanständig" hat dies das SPD-Mitglied Brigadegeneral Vogel in der FAZ genannt, und „tief erschreckend" Prof. Richard Löwenthal. Gewiß, von der Sprache her gibt es Schwierigkeiten, denn das Wort Widerstand kann in vielfachen Zusammenhängen verwendet werden. Es ist hier nicht der Platz, sich damit und mit diesen oder jenen politischen Auffassungen auseinanderzusetzen, die gegen Regierung und Staat angehen und dies ja auch können, solange sie es ohne Gewalt tun.

Was aber entschieden abgelehnt werden muß, ist die leichtfertige Gleichsetzung des Widerstandes gegen für manche zwar unerwünschte, aber keineswegs verfassungswidrige Entscheidungen mit dem Widerstand im Dritten Reich. Zurückzuweisen ist die Einstellung, die keinen Unterschied macht zwischen dem Widerstandsrecht gegen eine Diktatur und dem Widerstand gegen Verteidigungsmaßnahmen, die gegen eine Diktatur gerichtet sind, oder auch dem Widerstand gegen Startbahn West, Kernkraftwerke, Personalausweis usw. Das ist nicht nur eine Verfälschung, sondern auch eine Verunglimpfung des Widerstandes im Dritten Reich. Viele tun das aber heute, am deutlichsten hat es wohl Günter Grass formuliert.

Ich denke, daß der Bonner Staatsrechtler Josef Isensee diese Erscheinung, die er noch umfassender sieht, richtig deutet, wenn er vor kurzem in der Zeitschrift 'Die neue Ordnung' schrieb: „Die Deutschen proben scharenweise den Widerstand [...]. Sie haben einen Typus des Widerstandskämpfers hervorgebracht, den die Jahrtausende der Geschichte des Widerstandsrechts noch nicht gesehen haben: den nachträglichen Widerstandskämpfer. Er kämpft gegen den Unrechtsstaat Hitlers aus sicherer historischer Distanz, vom bequemen Unterstand einer rechtsstaatlichen Verfassung. Er zielt auf die nationalsozialistische Herrschaft, aber es trifft die parlamentarische Demokratie des Grundgesetzes. Freilich gibt es Rationalisierungsmethoden, um über die Objektvertauschung und Zeitverschiebung hinwegzukommen. Der nachträgliche Widerstandskämpfer muß daran glauben, daß der grundgesetzliche Verfassungsstaat das neue Gehäuse des Nationalsozialismus bilde." Soweit Isensee. Hinzufügen möchte ich, daß es eine Denkspielart gibt, die glaubt, daß die Bundeswehr das neue Gehäuse der hitlerschen Wehrmacht bilde. Einen Satz von Isensee möchte ich noch anfügen: „Der Lohn, der dem nachträglichen Widerstandskämpfer winkt, ist das *gute* Gewissen." Und schließlich, was die Unterschiede zwischen dem Widerstand im Dritten Reich und dem heute proklamierten Widerstand angeht, über die ich gesprochen habe, so gibt es noch einen weiteren: Damals kostete es den Kopf. Heute kommt man dadurch ins Fernsehen.

Und noch eine Anmerkung, die mir im Zusammenhang mit dem Begriff Widerstand in den Sinn kommt. Stauffenberg sprach von Erhebung. Und schon gar nicht sahen wir uns als „Mitglieder des Widerstands", wie es heute manchmal heißt, als ob es sich um einen Verein gehandelt habe, in den man ein- und wieder austreten konnte. In Wirklichkeit war es eine große Zahl von kleinen und kleinsten Gruppen, die nur lose und stets gefährdete Kontakte miteinander hatten oder oft auch überhaupt nichts voneinander wußten, oder es waren nur Verbindungen von Person zu Person.

Bevor ich von dieser Paraphrase über den Begriff Widerstand auf den militärischen Widerstand selbst zurückkomme, möchte ich noch eine Überlegung anstellen, die m.E. sowohl mit dem von mir erwähnten Zurückprojizieren der heute vorhandenen historischen Erfahrung zu tun hat als auch mit dem Mißbrauch des Wortes Widerstand. Warum ist im Lauf der Jahre das Urteil über den Widerstand allgemein wie über den militärischen Widerstand im besonderen immer kritischer, ja teilweise negativ geworden? Warum das erkennbar zunehmende Bemühen um den Nachweis, daß selbst die überzeugtesten und aktivsten militärischen 'Widerständler' — ich gebrauche dies Wort in Anführungszeichen — im Grunde doch Nazis oder Pronazis oder wenigstens Restnazis waren?

Der Kern dieser Haltung ist meiner Auffassung nach der fortschreitende Verlust der Fähigkeit, sich die Umstände und Bedingungen des Lebens und Handelns in einer rücksichtslosen Diktatur, in einem totalitären Regime vorzustellen und ihre Wirkungen zu begreifen, und das dann noch im Kriege. Wenn der Krieg da ist, ist er nun einmal da. Ich lasse weiß Gott nicht außer acht, wie es zum Zweiten Weltkrieg gekommen ist und wofür er und wie er, von den reinen Frontoperationen einmal abgesehen, von Hitler geführt worden ist. Aber das ändert nichts daran, daß er ein Existenzkampf geworden war, in dem es um Deutschland und die Deutschen, um unser aller Schicksal ging, wo die Vernichtungsabsicht der Gegner deutlich geworden war — ich nenne nur die Zerstörung Deutschlands aus der Luft und unconditional surrender —, wobei es in dem Bezug, den ich herstellen möchte, gleichgültig ist, warum und wie es bei den Alliierten dazu gekommen war. Das, was ich meine, ist, daß ein Soldat nur Widerstand leisten konnte, wenn er zu der bitteren Erkenntnis gelangt war, daß es, ich zitiere, was Oberbürgermeister Rommel am 20. Juli 1983 in Berlin sagte, „besser wäre, diesen Krieg mit Hitler zu verlieren als ihn unter Hitler zu gewinnen" und, so füge ich hinzu, dazu auch selbst etwas zu tun, damit er verloren ginge. Versuchen Sie bitte zu erfassen und nachzuvollziehen, was das für einen Soldaten bedeutete, welche bis dahin für ihn schlicht undenkbare Loslösung von überliefertem Vaterlandsdenken und tief verwurzelten geistigen Traditionen dies verlangte. So gesehen ist es eher erstaunlich, daß doch so viele sich zu dieser Erkenntnis durchrangen, und es ist gar nicht sehr erstaunlich, daß dies der Masse der Soldaten nicht gelang.

Der zuvor angesprochene Verlust der Fähigkeit, sich so etwas und anderes vorzustellen, was das Leben damals bestimmte und ausmachte, läßt sich auch bei Historikern feststellen. Bei den älteren, die das Dritte Reich noch bewußt erlebt haben, findet man bei aller Kritik nicht das, worauf man bei einigen jüngeren stößt, die das Naziregime nicht mehr erlebt haben, die nicht betroffen waren. Ich meine die überlegene Richterattitüde nicht nur über den Widerstand, sondern auch gerade über all die, die nicht Widerstand geleistet haben. Pater Provinzial Karl Meyer hat dies in seiner Predigt an der Hinrichtungsstätte Plötzensee am 20. Juli 1983 aufgegriffen, als er sie unter den Text Matthäus 23, Vers 29 und 30 stellte: „Jesus sprach: Wehe Euch Ihr Schriftgelehrten und Pharisäer, ihr Heuchler! Ihr errichtet den Propheten Grabstätten und schmückt die Denkmäler der Gerechten und sagt dabei: Wenn wir in den Tagen unserer Väter gelebt hätten, wären wir nicht wie sie am Tode der Propheten schuldig geworden."

Mir scheint, die heutigen Pharisäer wollen sich durch gnadenloses Ins-Gericht-Gehen eine bestimmte demokratische Haltung bescheinigen: *Wir* hätten das richtig und besser gemacht! Irgendwie trifft sich dies mit dem, was ich im Zusammenhang mit dem Mißbrauch des Wortes Widerstand von Josef Isensee zitiert habe.

Ich möchte jetzt anknüpfen an das, was ich über das damalige Nichtwissen um ein Widerstandsrecht, über das Fehlen der historischen Erfahrung gesagt habe, und ein Wort zur Frage von Eid und Gelöbnis anfügen. Hier müssen wir klar erkennen, daß die bindende Kraft des Soldateneides im Rechtsstaat nicht angetastet werden darf. Die Grenze liegt dort, wo es sich wie gegenüber Hitler um einen Cäsareneid handelt. Theodor Heuss hat einmal gesagt: „Es war das Gespenstische, daß in den Treueid auf Hitler die religiöse Formel 'bei Gott' aufgenommen war. Damit hatte Hitler eine zerbrechende Kraft einmontiert." Hier spricht der erste Bundespräsident das an, was das christliche Denken der Maxime des Widerstandsrechts hinzugefügt hat: Der Mensch solle Gott mehr gehorchen als den Menschen. Hieraus wird in bezug auf Widerstand abgeleitet, daß der Herrscher, der Missetaten begeht, die ja immer auch gegen Gottes Gebot sind, sich selbst des Rechts auf Herrschaft beraubt. Ein Eid also, der bei Gott geschworen wird, schafft eine zusätzliche Dimension.

Für jeden und alle in der Bundesrepublik Deutschland gilt heute Artikel 20, Absatz 4 des Grundgesetzes. Er ist bezeichnenderweise in dem Augenblick in die Verfassung eingefügt worden, als mit der sogenannten Notstandsnovelle 1968 die Verantwortung für Aktion im Notstand endgültig von den früheren Besatzungsmächten auf die Bundesregierung überging. Es war das letzte Stück Souveränität, welches bis dahin der Bundesrepublik gefehlt hatte, immerhin 23 Jahre nach Kriegsende und 19 Jahre nach Entstehung der Bundesrepublik.

Artikel 20, 4 GG sagt unmißverständlich: „Gegen jeden, der es unternimmt, diese Ordnung zu beseitigen," (die im Absatz 3 genannte verfassungsmäßige Ordnung nämlich) „haben alle Deutschen das Recht zum Widerstand, wenn andere Abhilfe nicht möglich ist." Es gibt übrigens, das sei hier angemerkt, auch in den Länderverfassungen von Berlin, Bremen und Hessen Festlegungen eines Widerstandsrechts; es gab eine in der Verfassung von 1947 des schon lange nicht mehr existierenden Landes Mark Brandenburg, eine fast ironische Reminiszenz. Das Grundgesetz stipuliert also eine bindende Voraussetzung des Rechts auf Widerstand und bindet seine Praktizierung an ein Kriterium. Die Voraussetzung ist die Ausnahmesituation, ist das, was die Staatsrechtler den „äußersten Fall" nennen. Das Kriterium ist: „wenn andere Abhilfe nicht möglich ist". Dieses Kriterium macht, wie Isensee feststellt, das Widerstandsrecht subsidiär. Es ist so lange nicht gegeben, als der Rechtsstaat ein solcher ist, als die Institutionen des Staates bis herauf zum Bundesverfassungsgericht, Regierung und Parlament vorhanden und intakt sind. Wenn man, wie Günter Grass und andere es tun, dieses Kriterium beiseiteschiebt und zum aktiven Widerstand gegen staatliche Entscheidungen aufruft, die politisch bestreitbar, aber verfassungsrechtlich gültig und demokratisch legitimiert sind, dann deckt dies das Grundgesetz nicht, dann wird das Widerstandsrecht pervertiert und als Instrument einer Minderheit mißbraucht, um sich über demokratische Mehrheitsentscheidungen nach Belieben hinwegzusetzen.

Schon aus Grund-Voraussetzung und -Kriterium des Grundgesetzes wird deutlich, daß niemand — auch und gerade der besonders gebundene Soldat nicht — ohne weiteres blindlings und nach seinem bloßen Belieben das Widerstandsrecht praktisch verwirklichen darf. Für den Soldaten kommen noch, wie schon erwähnt, der Eid und die Tatsache hinzu, daß er unter dem Gesetz von Befehl und Gehorsam — es ist ein vom Parlament erlassenes Gesetz und nicht nur ein moralisches — steht, stehen muß, denn ohne es kann eine Armee im Frieden nicht bestehen, im Kriege nicht kämpfen. Ich erwähne dieses Gesetz nun zum zweiten Mal. Um möglichen oder absichtsvollen Mißdeutungen zu begegnen, möchte in in Kürze etwas einfügen: Nichteinverständnis mit einem dienstlichen oder taktischen Befehl gibt eo ipso kein Recht auf Ungehorsam oder gar Widerstand. Das Nichtbefolgen eines als solchen erkannten rechtswidrigen oder gar verbrecherischen Befehls ist ein nicht erst vom heutigen Rechtsstaat gewährtes Recht. Es war bereits Bestandteil des alten Militärstrafgesetzbuches von 1872. Die Nichtdurchführung eines sinnlos oder unvollziehbar gewordenen Befehls, der als solcher klar erkannt wird, ist ebenso wie das Handeln ohne Befehl oder über den Befehl hinaus, wenn die Lage es erforderte, gute alte preußische und deutsche Tradition, wobei jeder für sich die Verantwortung für sein Tun und dessen Folgen zu tragen hatte. Ich habe gesagt 'gute, alte' Tradition, womit ich bestimmte Verkrustungen und Hypertrophien des wilhelminischen Zeitalters ausschließe. Beispiele gibt es genug. Denken Sie an den Ungehorsam eines Marwitz aus Ehrempfinden oder eines Seydlitz aus richtiger Beurteilung der Lage heraus bei Zorndorf. Erinnern Sie sich an Yorck in der Poscheruner Mühle und an das Wort des Prinzen Friedrich Carl von Preußen: „Seine Majestät hat Sie nicht deshalb zum Offizier gemacht, damit Sie einfach alle Befehle ausführen, sondern damit Sie auch wissen, wann Sie Befehle nicht ausführen müssen." Erinnern Sie sich auch der Verleihungsbedingungen des österreichischen Maria-Theresia-Ordens und des bayerischen Max-Joseph-Ordens. Und denken Sie schließlich an den Grafen Sponeck 1941 auf der Krim und an Hoepner in der Winterschlacht vor Moskau 1942, der schon als Leutnant geschrieben hatte: „Ich handele nach der Befragung meines Gewissens." Das sind nur zwei Namen aus der Wehrmacht, denen ich weitere anfügen könnte. Wir, um eine persönliche Bemerkung dazu zu machen, sind mit dieser Tradition aufgewachsen, wir haben sie nicht beiläufig irgendwo gelesen, sondern wir haben sie gelernt. Das ging sogar praktisch ziemlich weit. Ich erinnere mich gut, daß in den dreißiger Jahren bei den taktischen Aufgaben an der Kriegsakademie bei jeder zweiten Aufgabe die sogenannte Patentlösung die des — natürlich zu begründenden — Abweichens vom Befehl war.

Vom Feldmarschall Graf Moltke stammt das Wort: „Gehorsam ist ein Prinzip. Der Mann steht über dem Prinzip." Das sagt etwas sehr Wichtiges: Gehorsam und Nichtgehorsam schließen einander im tiefsten Kern nicht aus. Es sind vielmehr die Situationen, durch welche der eine oder der andere ausgeschlossen werden.

Nach dieser kleinen Variation unseres Grundthemas 'Militärischer Widerstand' nun wieder zurück zu der Voraussetzung des Widerstandsrechts.

Von einer Ausnahmesituation, wie sie im Dritten Reich allmählich entstanden war, kann heute überhaupt keine Rede sein und nicht einmal von einer sich abzeichnenden Annäherung an eine Ausnahmesituation. Durch das nationalsozialistische System war der Staat von Jahr zu Jahr zunehmend zu einem Unrechtsstaat geworden. Heute haben wir einen gut funktionierenden Rechtsstaat von einer Liberalität, wie sie sie kaum anderswo gibt.

Aber selbst in einer Ausnahmesituation muß, so meine ich und habe ich immer gemeint, die Verwirklichung des Widerstandsrechts, d.h. die Ausübung eines Widerstands in im übrigen je nach den Möglichkeiten sehr verschiedenen und abgestuften Formen, wenn nicht für jedermann, so doch für den Soldaten, der die Waffe trägt und als einziger damit Widerstand durch Aktion zum Erfolg führen kann, von einigen weiteren Voraussetzungen abhängen. Diese Auffassung finden Sie in vielen Arbeiten, auch moraltheologischen, z.B. von Angermair und Pribilla für die katholische, von Künneth, Iwand, Wolf für die evangelische Theologie. Sie finden sie sehr klar in einem grundlegenden Gutachten des ersten Präsidenten des Bundesgerichtshofes, Weinkauff. Ich möchte einige Sätze zitieren, die genau das besagen, was ich meine.

„Wie überall sonst im Recht gilt bei der Ausübung des Widerstandsrechts zunächst der Grundsatz der Güterabwägung. Weiter muß ich [...] ein klares und sicheres Urteil darüber haben und mir zutrauen dürfen, daß und warum die Staatsführung so sehr gegen Recht und Pflicht verstößt, daß der gewaltsame Widerstand dagegen erforderlich und unerläßlich ist, sowie auch ein Urteil darüber, in welchem Grade Widerstand notwendig ist. Besonders gesteigert wird die Verantwortung, wenn sich der Widerstandsakt im Kriege vollzieht.

Ich darf weiter im Allgemeinen Widerstand nur leisten, wenn ich einigermaßen die begründete Hoffnung haben darf, daß mein Widerstand die Sache zum Besseren wenden wird. 'Aliqua spes eventus' wurde von der Widerstandslehre immer gefordert."

Was besagen diese Sätze? Nichts anderes als das Erfordernis einer ständigen Prüfung seiner selbst, der Situation und der Kenntnis, die man von der Situation hat. Dies ist weder leicht noch in Kürze zu vollziehen.

Weinkauff fährt dann fort: „In äußerster Lage kann — auch bei geringer unsicherer Hoffnung auf äußeren Erfolg — das bloße Aufrichten eines Fanals, eines weithin leuchtenden Zeichens dafür, daß sich überhaupt noch Kräfte gegen die Herrschaft des Bösen zu erheben wagen, den Widerstand rechtfertigen. Das kann Erfolg genug sein. Auch ein solcher Erfolg kann geschichtlich ins Weite wirken." Hier zeigt Weinkauff, wie eine Niederlage — und der 20. Juli war eine Niederlage — zum Erfolg werden kann. Genau dies ist der Sinn von Tresckows Wort, das mit Recht bekanntgeworden ist: „Das Attentat auf Hitler muß erfolgen um jeden Preis. Sollte es nicht gelingen, so muß trotzdem der Staatsstreich versucht werden. Denn es kommt nicht mehr auf den praktischen Zweck an, sondern darauf, daß die deutsche Widerstandsbewegung vor der Welt und der Geschichte unter Einsatz des Lebens den entscheidenden Wurf gewagt hat. Alles andere ist daneben gleichgültig."

Soweit das Gutachten von Weinkauff. Das gleiche meint z.B. Künneth, wenn er als Voraussetzungen abgestufte Verantwortlichkeit, sachkundige Einsicht, Möglichkeit der Realisierung nennt. Und das gleiche meinte schon 1938 Beck, als er vom Handeln aus dem Wissen nach dem Gewissen im Bewußtsein der Verantwortung sprach. Und heute meint das Isensee, wenn er sagt, daß sich die Ausübung des Widerstandsrechts vom Rechtsbruch dadurch abhebe, daß sie „notwendig, geeignet und angemessen, den Verfassungsstaat zu schützen", zu sein habe. Die Abgrenzungen zu finden, die Voraussetzungen zu prüfen, zu einem Urteil zu gelangen kann immer und nur in der Gewissensentscheidung des einzelnen und im Einzelfall geschehen.

Wenn man die eben genannten Kriterien durchdenkt, dann erkennt man, daß sie auch Kriterien für das Urteil im nachhinein sind, nach denen man das Verhalten jedes einzelnen beurteilen sollte, jedes einzelnen der Tausenden, die Widerstand geleistet haben, und der Millionen, die es nicht getan haben und von denen manche es heute so leichthin verlangen. Leider gibt es auch in der jüngeren Geschichtsschreibung einige Beispiele, bei denen man nicht einmal den Versuch erkennen kann, herauszufinden, ob und wie diese Kriterien gegeben waren, wie überhaupt die Umstände auf den einzelnen Fall bezogen tatsächlich aussahen. In jedem Fall waren sie außerordentlich verschieden und vielschichtig. Ich besitze ein Buch aus der Hinterlassenschaft des Generalobersten v. Fritsch, der mein Onkel war. Es enthält Gedanken und Aussprüche von Goethe, und er hat es sich nach seinem Sturz 1938 gekauft. Er hat einige davon angestrichen, darunter den Satz aus dem Werther: „Habt Ihr die inneren Verhältnisse einer Handlung erforscht? Wißt Ihr mit Bestimmtheit die Ursachen zu entwickeln, warum sie geschah, warum sie geschehen mußte? Hättet Ihr das, Ihr würdet nicht so eilfertig mit Euren Urteilen sein." Mir scheint, daß dies eine beherzigenswerte Mahnung ist.

Um zusammenzufassen: Es gibt nicht nur ein Widerstandsrecht, sondern auch Kriterien für seine Ausübung. Die Abgrenzungen zu finden ebenso wie die Voraussetzungen zu prüfen, kann immer und nur in der Gewissensentscheidung des einzelnen und im Einzelfall geschehen, und dabei ist man allein und ohne Hilfe. Man kann also zwar das Widerstandsrecht und die aus ihm entspringenden Forderungen festschreiben, sogar in ein Gesetz, aber nicht eine Widerstandspflicht, es sei denn, man faßt sie als Pflicht zur Gewissensentscheidung auf, wenn man die notwendige Einsicht und das Wissen hat und Möglichkeiten zur Realisierung sieht. Was geht daraus für den Soldaten im Dritten Reich hervor? Für eine bestimmte, nicht sehr große Zahl von ihnen stellte sich die Frage nach Widerstand und Gewissensentscheidung, für die große Masse aber vom General bis zum Grenadier konnte sie sich gar nicht stellen. Das heißt also, daß diejenigen Soldaten, die in gutem Glauben und in gutem Gewissen ihre Pflicht taten, deshalb kein Vorwurf, keine Abwertung ihres sittlichen Verhaltens treffen darf. Daß ich hierin nicht diejenigen einschließe, die Verbrechen begangen oder sich schuldhaft an ihnen beteiligt haben, versteht sich von selbst. All das, was ich zum militärischen

Widerstand im Dritten Reich versucht habe darzulegen, gilt auch für den Soldaten von heute und morgen. Für diesen kommt aber noch eine Fragestellung hinzu, die in dem bisher Gesagten verborgen mitschwingt und auf die eine klare Antwort gegeben werden muß. Es ist die Frage, ob und inwieweit der 20. Juli eine Norm setzt oder setzen sollte.

Als Vorgang kann der militärische Widerstand gegen Hitler, kann der 20. Juli sicher keine Norm setzen, schon ganz einfach deswegen nicht, weil niemals ein Verhalten in einer Ausnahmesituation eine Norm setzen kann. Das außergewöhnliche Extrem kann und darf nicht die Regel des täglichen Handelns sein. Wohl aber können und sollen Geist und Haltung der Männer und Frauen des Widerstands Vorbild sein, und für Soldaten besonders die Soldaten, die ihr Leben für ihre sittliche Überzeugung, für Recht und Freiheit bewußt aufs Spiel setzten.

Darüber hinaus bedeutet der 20. Juli noch mehr als die verpflichtende und vorbildliche Tat, denn seine inneren Probleme und seine Zielsetzungen sind zeitlos. Sie bestehen auch für uns angesichts des Charakters der Epoche, in die wir hineingestellt sind, angesichts der totalitären Unterdrückung, in welcher der eine, und der totalitären Bedrohung, unter welcher der andere, unser Teil Deutschlands lebt. Hintergrund und Vordergrund in einem war damals und ist heute das totalitäre System an sich, welches uns alle bedroht, mit physischer Vergewaltigung wie mit der Vergewaltigung des Gewissens. So wenig der 20. Juli als Modellfall gelten kann, so sehr hat er eine wegweisende Bedeutung.

Die Literatur zum Widerstand ist kaum mehr übersehbar angewachsen. Von allem, was ich davon kenne, ist für mich das beste und trotz klassischer Kürze tiefschürfendste und umfassendste in bezug auf das wahre innere Wesen, Denken und Handeln der Männer und Frauen des Widerstandes gegen Hitler ein Vortrag des großen Historikers Hans Rothfels, eine Quintessenz des vielen, was er zu diesem Thema geschrieben hat. Er hielt ihn 1954 aus Anlaß der 10. Wiederkehr des 20. Juli. Er ist überschrieben: 'Das politische Vermächtnis des deutschen Widerstandes'. Sie finden ihn in Heft 4 des II. Jahrgangs der Vierteljahrshefte für Zeitgeschichte. Darin heißt es: „Es sind damals in der Grenzsituation Möglichkeiten und Umwertungen vorgelebt und vorgestorben worden, die potentiell zum Wesen der Zeit gehören, in der wir existieren. Es sind das die Möglichkeiten und Umwertungen im Sinne einer internationalen Frontbildung des Menschlichen gegen das Unmenschliche." Daneben möchte ich stellen, was Professor Bracher 39 Jahre danach am 20. Juli 1983 bei der Gedenkfeier in Bonn so formulierte: „So kann Widerstand heute niemals heißen Rückfall in Weimarer Verhältnisse und in neutralistisch-nationalistische Sonderwege. Vielmehr gibt es ein Widerstandsrecht der zweiten freiheitlichen deutschen Demokratie selbst: nämlich den Widerstand gegen die diktatorischen Mächte unserer Zeit — diesmal an der Seite jener Demokratien Europas und der atlantischen Gemeinschaft, die für Menschenrechte und für Frieden in Freiheit stehen."

Schließen möchte ich mit zwei Sätzen, die Eugen Gerstenmaier vor kurzem schrieb: „Wir, die dazu gehörten oder sonstwie gegen die Schändung Deutschlands Front gemacht hatten, stimmten [...] völlig darin überein, daß die Rettung Deutschlands und die Sicherung seiner Zukunft allein in der Wiederherstellung des freiheitlichen Rechtsstaates und seiner entschlossenen Verteidigung gegen seine inneren und äußeren Feinde liegen könne. Das ist das bleibende Vermächtnis des 20. Juli 1944."

So verstanden, haben die Worte, die Theodor Heuss am Ende seiner Ansprache an alle Deutschen am 20. Juli 1954 richtete, noch immer Gültigkeit: „Das Vermächtnis ist noch in Wirksamkeit, die Verpflichtung noch nicht eingelöst."

Peter Steinbach

# Der militärische Widerstand und seine Beziehungen zu den zivilen Gruppierungen des Widerstandes

Am 6. Juni 1940, einen Tag nach dem Beginn der „Schlacht um Frankreich",
welche die deutschen Truppen bis nach Paris führte, schrieb Hermann Kaiser in
einem Brief an seine Schwester:

> „Vielleicht kommt es doch so, daß eine siegreiche Armee dann auch innenpolitisch durch-
> greift und alle unreinen Elemente aus der Verwaltung wieder beseitigt, Schulen und Uni-
> versitäten wieder aufbaut, die Wirtschaft reinigt, die Kirche achtet als höchste Instanz ei-
> nes gläubigen Volkes, das durch ein tiefes Tal mußte, um geläutert zu werden[1]."

Kaiser, der die nationalsozialistische Regierungsübernahme zunächst begrüßt
und an der Machtergreifung keinen Anstoß genommen hatte, distanzierte sich in
einer Zeit, die uns heute als Höhepunkt der Faszination nationalsozialistischer
Herrschaft erscheint, unverblümt von der Ordnung, die er ursprünglich innerlich
gewollt haben mochte, die er aber lange Zeit vor den militärischen Niederlagen
der deutschen Wehrmacht in sich überwunden hatte[2]. Seine klaren Bemerkungen sind aber nicht nur von biographischer, sondern von exemplarischer Bedeutung, denn sie belegen, daß der sich im Oberkommando der Wehrmacht formierende Widerstand nicht primär militärische Bezugspunkte besaß.
Damit wird in diesem beiläufigen Zitat ein Thema angeschlagen, welches bis
heute in der Forschungsdiskussion nicht abschließend behandelt wurde, das populäre Bild des militärischen Widerstandes als Militärputsch aber stark bestimmt
hat und zweifellos auf einen Kernbereich unserer Bewertung der Taten eines
Tresckow, Stauffenberg, Oster oder Beck zielt: Ging es der „Militäropposition",
die sich zum „letzten" und „entscheidenden Wurf" des Anschlags auf Hitler
durchrang, um die Verfolgung spezifisch militärischer Ziele angesichts der drohenden Katastrophe, oder handelten die Widerstandskämpfer stellvertretend für
alle Gegner des Nationalsozialismus, weil sie sich ihrer allein erfolgversprechenden Möglichkeiten bewußt waren?

## I. Das Problem

Diese Frage zu beantworten bedeutet, Übereinstimmungen der aktuellen Ziele,
aber auch der Perspektiven unterschiedlicher Widerstandskreise aufzuzeigen,

Kontakte zwischen den Gruppierungen und Widerstandskämpfern darzustellen und zu überprüfen, wie weit die Ähnlichkeiten des politischen Willens und der persönlichen Verbindungen auch nach dem 20. Juli 1944 trugen. Der Rahmen einer möglichen Antwort wurde bereits unmittelbar nach dem Krieg von Hans Rothfels, dem Nestor der deutschen Widerstandsgeschichte, in seiner klassischen und bis heute weder übertroffenen noch überholten Geschichte der „deutschen Opposition gegen Hitler"[3] gezeichnet. Rothfels verwies als erster auf die Breite der deutschen „Opposition" und zeichnete nicht allein die Schattierungen der nuancenreichen Militäropposition, sondern auch der vielfältigen Ziele und Wege widerständigen Verhaltens in zeitlicher und gradueller Differenzierung[4].

Rothfels skizzierte den Anschlag vom 20. Juli 1944 als eine Aktion, die „ihrem Ziele" besonders nahe kam, und verteidigte die politische und moralische Integrität der Attentäter, die im öffentlichen Bewußtsein der späten vierziger und noch der fünfziger Jahre als „Verräter" und „Eidbrüchige" galten. In dieser Einschätzung wirkte die nationalsozialistische Propaganda ebenso wie das Bild des Auslandes vom Widerstand „einiger Offiziere" nach[5]. Selbst das von der marxistischen Geschichtswissenschaft gepflegte Bild des Widerstands von „Junkern, Militaristen und Reaktionären" findet sich in Berichten Kaltenbrunners an Bormann. „Eine immer vermutete Opposition innerhalb der Wehrmacht und eine Clique reaktionärer Generale" hätten versucht, sich in den „Besitz der Macht" zu setzen, führte der erste „Bericht über die stimmungsmäßigen Auswirkungen des Anschlags auf den Führer" aus[6]. Ein zweiter Bericht des selben Tages sollte die Empörung noch deutlicher spiegeln:

„Empört sind die Volksgenossen allgemein darüber, daß deutsche Offiziere sich dieses Verbrechens schuldig gemacht hätten. Wenn auch der Führer in seiner Rede das Offizierskorps und das Heer in Schutz genommen habe, so könne diese Tatsache den ungeheuren Prestigeverlust, den das Ansehen der Offiziere dadurch erlitten habe, trotzdem nicht beseitigen. Es bleibe unverständlich, wie hohe Offiziere zu diesem Anschlag sich hätten hergeben können. Es könne nur einer großen Dummheit zugeschrieben werden, daß sie sich nicht von vornherein darüber klar gewesen seien, welche Folgen ihr Verbrechen haben müsse[7]."

Einen Tag später fällt das Urteil über die „Verschwörerclique" unter Berufung auf die „Wut der Volksgenossen" noch schärfer aus. Die Stimmung richte sich gegen die „Feinde im eigenen Lande", gegen die „Verräter unter den Offizieren und vor allem gegen die Reaktion"[8].

Bereits in den ersten Tagen nach dem Attentat wurde jedoch deutlich, daß sich die Stoßrichtung der von Kaltenbrunner geführten Sicherheitspolizei und des SD in Übereinstimmung mit den hohen NS-Führern nicht allein gegen die militärische „Verschwörerclique", die Hitler bereits in seiner nächtlichen Rundfunkansprache als Verantwortliche ausgemacht hatte[9], richtete. Vielmehr sollte die gesamte potentielle Gegenelite der NS-Führung beseitigt werden. Nicht nur im Offizierkorps, sondern auch an der „gesamten Heimatfront" müsse durchgegriffen werden, um alles „auszumerzen", was den militärischen Sieg behindern könne[10]. Ein derartiger Schritt war gut vorbereitet: Listen waren erstellt, mit der Furcht der Bevölkerung vor einem Umsturz gerechnet worden. Deshalb konnten in einer „Gewitter-Aktion" fast 5 000 Träger der Opposition — die für die Zeit nach der militärischen Niederlage den „Neuanfang" symbolisierten — verfolgt, verhaftet, eingesperrt und schließlich durch das Fallbeil „ausgemerzt" werden[11].

Der NS-Führung wurde schnell bewußt, daß der Anschlag auf Hitler keineswegs das „Komplott" einer „ganz kleinen Clique ehrgeiziger, gewissenloser und zugleich verbrecherischer dummer Offiziere"[12] war. Denn die systematische Ausforschung[13] des Hintergrundes des Attentäters Stauffenberg machte die vielfältigen, langen und intensiven Verbindungen zwischen den zum Handeln entschlossenen Militärs und den zivilen Widerstandskreisen sichtbar; erst diese Verbindung machte den Umsturzversuch derart bedrohlich, daß die Weiterungen der Tat an die Substanz des NS-Systems selbst zu gehen drohten. Bald zeigte sich nämlich, daß von einem „Putsch militärischer Kreise"[14] nicht gesprochen werden konnte, sondern daß viele Bemühungen und Traditionen brennspiegelgleich in der Tat Stauffenbergs zusammenliefen.

Es ist das Verdienst von Hans Rothfels, sehr frühzeitig diese Verbindungen als Charakteristikum des Umsturzversuches vom 20. Juli 1944 herausgestellt zu haben. Das bis heute gültige Ergebnis seiner bahnbrechenden Deutung lautet, die „Motive der militärischen Opposition" seien weder von „rein beruflicher noch von klassenbedingter Art" gewesen[15]. Diese Feststellung hat eine grundlegende These zum Verhältnis zwischen der Opposition der Militärs und zivilen Trägern des Widerstands zur Folge. Beim Attentat auf Hitler habe es sich „in gar keiner Weise [...] um ein rein militärisches Vorgehen" gehandelt, stellt Rothfels mit Blick auf die Beteiligten und Eingeweihten fest: „Es hatte seine Motive sowohl als seine Ziele im politischen und moralischen Bereich"[16].

Die Übereinstimmung politischer und moralischer Ziele prägte auch die unterschiedlichen Gruppierungen des Widerstands, die in der Regel[17] nach Persönlichkeiten benannt werden. So steht einer Goerdeler-Gruppe die Gruppe um Beck, der Stauffenberg-Leber-Gruppe die Saefkow-Gruppe, dem Kreisauer Kreis etwa die Rote Kapelle gegenüber[18]. Bezeichnenderweise gehören diese

Gruppen in fast gleiche Zeiträume: Nach Kriegsbeginn und frühen Siegen spiegeln sie die Abkehr vom NS-System und die Notwendigkeit, die Zeit „danach", nach einer den deutschen Nationalstaat bedrohenden Niederlage, vorzubereiten und im Vorausdenken zu gestalten. Die Gruppen stehen damit aber am Ende einer Entwicklung, die unterschiedliche Widerstandsmotivationen und -traditionen zusammenführt. Jede Gruppe vereinigt ganz unterschiedliche Individuen, die kulturelle und politische, weltanschauliche und pädagogische, schichten- und gruppen-, generations- und regionalspezifische Traditionen verkörpern. Die Betonung nur einer Motivation, die Isolierung eines Zieles mußten die Komplexität, die Vielfalt und Breite des Widerstands verfehlen und seine Pluralität reduzieren[19]. Die Erfassung dieser Breite scheint eine Aufgabe der modernen Widerstandsgeschichte zu sein, die immer in der Gefahr stand, gesellschaftliche und politische, konfessionelle und kulturelle Teilbereiche ohne Blick auf das Gesamtgeflecht des Widerstandes zu beschreiben und letztlich die Gemeinsamkeit der Widerstandskämpfer zu übersehen, die das Ergebnis eines langwierigen und häufig quälenden, schließlich aber bewußten Prozesses war.

## II. Machtergreifung ohne Widerstand?

Als im Laufe des 30. Januar 1933 Gerüchte bestätigt wurden, der deutsche Reichspräsident v. Hindenburg habe Hitler, der augenscheinlich den Zenit seines Erfolges überschritten hatte, das Reichskanzleramt angeboten, meinten selbst politisch wache Menschen, damit sei lediglich eine neue Präsidialregierung berufen worden[20]. Ohne jede Hektik traten die Führungsgremien von SPD und Allgemeinem Gewerkschaftsbund zusammen. In ersten Aufrufen warnten sie ihre Anhänger vor den Nationalsozialisten; die Gefährdung von Demokratie und Rechtsstaat, von Grundrechten und republikanischer Verfassung lag jenseits politischer Phantasie[21]. Auch die Führung der KPD ließ jene Klarsicht vermissen, die ihr enge Parteigeschichtsschreibung gern zubilligt[22]. Sie erwartete die Zuspitzung der gesellschaftlichen Krise, nicht aber ihre scheinbare Bewältigung; deshalb rief die KPD zum Generalstreik gegen die „brutalste, unverhüllteste Kriegserklärung an die Werktätigen" auf. Kaum jemand leistete diesem Aufruf Folge; lediglich in einem württembergischen Industrieort namens Mössingen standen alle Räder still[23].

Die SPD-Fraktion bekannte sich zur Weimarer Reichsverfassung, mußte aber hinnehmen, daß die politische Initiative von der Stunde der Regierungsübernahme an auf die wenigen nationalsozialistischen Minister übergegangen war. Die Übernahme der preußischen Polizei durch Göring, die Position Himmlers in Bayern waren entscheidend, mochte die Partei auch „Kaltblütigkeit, Entschlossenheit, Disziplin, Einigkeit und nochmals Einigkeit"[24] beschwören. Nur in wenigen Städten waren Sozialdemokraten in der Lage, sich in der Konfrontation mit den nationalsozialistischen Sturmtrupps zu behaupten — so blieb nur die Hoffnung, die bevorstehenden Reichstagswahlen würden Hitler eine Niederlage bringen. Angesichts der Rechtsbrüche, der Zerstörung der föderativen Ordnung und des Grundrechtssystems durch die Februarverordnungen stellte sich eine Stimmung der Lähmung ein[25]; das Bekenntnis zur Legalität der geschändeten Verfassungsordnung war eher ein beschwörender Appell und Hilferuf als Ausdruck von Zukunftshoffnung und Vertrauen in Humanität und Rationalität.

Offenen Widerstand leisteten die Parteien der Linken ebensowenig wie die Gewerkschaften: Mit Wandinschriften und Flugblättern, mit Gesinnungspflege und politischem Bekenntnis ließ sich die nationalsozialistische Machtergreifung um so weniger verhindern, als die NS-Führung die übertragene Chance zur Festigung ihrer Herrschaft nutzen wollte und überdies große Teile der Bevölkerung begannen, Hitler zu feiern und die Zerstörung des Weimarer Systems zu begrüßen.

Diese republikanische Ordnung mobilisierte kaum mehr Anhänger. Nicht allein der Makel ihrer Entstehung aus einer militärischen Niederlage und Revolution, ihre außenpolitische Belastung durch Versailler Friedensvertrag und Reparationsverpflichtungen auf der Grundlage des Kriegsschuldartikels, ihre Erfolglosigkeit bei der Überwindung wirtschafts- und arbeitsmarktpolitischer Schwierigkeiten bestimmten das Bild der Republik in Kreisen der politischen Mitte und nationalkonservativer Flügel, sondern das Unverständnis für die Notwendigkeit von politischem Ausgleich durch Diskussion, Entgegenkommen und Kompromiß[26]. Das entscheidende politische Defizit der Weimarer Zeit war die Unfähigkeit von Parteien und Staatsbürgern, von Presse und Verwaltung, politische Kontroversen in einer grundsätzlich verfassungsbezogenen Weise auszutragen, die Minderheiten schützte und den politischen Gegner respektierte. Ein grundlegender Dissens in der Sache braucht keine negativen Folgen für die politischen Alltagsbeziehungen zu haben, ebensowenig wie er den verfassungsbezogenen Grundwertekonsens außer Kraft setzen muß. Wo immer absolute Feindschaftsverhältnisse proklamiert werden, fragmentiert und atomisiert sich die Gesellschaft und wird das Individuum in der Vereinzelung hilflos staatlichen und gesellschaftlichen Kräften ausgeliefert, sofern sie die Mehrheit erringen[27]. Die Tragik vieler der später von den Nationalsozialisten Verfolgten und Unterdrückten war, daß sie zunächst den totalen Herrschaftsanspruch der Nationalsozialisten nicht erkannten oder sogar als wünschenswert empfanden[28].

Diese Illusionen finden sich nicht zuletzt bei vielen Offizieren der Reichswehr, die keine republikanischen Traditionen ausbilden konnten und wollten[29]. Allerdings ist zu bedenken, daß viele dieser Offiziere in einer konservativ motivierten Distanz gegenüber den neuen Bewegungen und Bestrebungen verharrten und sich auf diese Weise wenn schon keine bewußte Nonkonformität, so doch eine latente Resistenz bewahrten. Ihr Gesellschaftsbild war durch den deutschen Obrigkeitsstaat, nicht aber durch die nationalsozialistische Bewegungsdiktatur geprägt worden. Vor allem jüngere Offiziere begrüßten das Ende des verachteten Weimarer Systems freudiger und erwartungsvoller als viele ihrer älteren Kameraden[30], die sich aus einer Wertschätzung sozialer Distanz gegenüber der nationalsozialistischen Ideologie der Volksgemeinschaft heraus gegenüber der „Bewegung der Gosse" reserviert verhielten. Vielleicht erklärte dieses Gefühl die heute vielfach unverständlich anmutende Teilnahmslosigkeit angesichts der Verfolgung von Kommunisten und Sozialdemokraten, von Pazifisten und Gewerkschaftsmitgliedern, schließlich auch des Verbots der KPD, der SPD und der Gewerkschaftsorganisationen aller Richtungen[31]. Die Selbstauflösung der liberalen Mittelparteien und der Zentrumspartei, des Christlichen Volksdienstes und der DNVP atmeten hingegen augenscheinlich weniger den Geist der Unterdrückung als der Freiwilligkeit; deshalb konnte der Untergang dieser Parteien kaum die Empörung der bewußt politikfernen Offiziere wecken.

Am Ende des Jahres 1933 hatten die Nationalsozialisten schließlich ohne nennenswerten Widerstand ihre politische Herrschaft konsolidiert. Hitler hatte in den ersten Monaten seiner Herrschaft die Stellung und das Selbstwertgefühl der Reichswehr strikt beachtet; gerade dadurch hatte er ein „systemkonformes Verhalten" vieler Offiziere ermöglicht und sie, wenn nicht gewonnen, so auch nicht zum Gegner gemacht[32]. Eine Ausnahme bildete lediglich der „rote General" und Chef der Heeresleitung Kurt Freiherr v. Hammerstein-Equord. Ihm trauten vor 1933 und nach seiner kurzfristigen Reaktivierung 1939 viele zu, Hitler aktiv zu bekämpfen oder zumindest zu arretieren. Nach seinem Abschied 1934 verharrte Hammerstein in klarer Distanz zum System, und nach 1939 war kaum damit zu rechnen, daß Hitler ausgerechnet den Truppenführer besuchen würde, der als vergleichsweise republiktreu galt[32a].

## III. Verfolgung, Terror und Entrechtung in der Konsolidierungsphase nationalsozialistischer Herrschaft

Hitlers Berücksichtigung der Stimmung hoher Reichswehroffiziere und die scheinbare Respektierung der politikfernen Stellung der Truppe sicherten und verstärkten möglicherweise die Isolation der Reichswehrangehörigen. Partielle Übereinstimmung mit politischen Zielen und Respekt vor den außenpolitischen Erfolgen — Lösung des von Brüning, Papen und Schleicher beharrlich bearbeiteten Reparationsproblems, Anerkennung durch die päpstliche Kurie beim Abschluß des Reichskonkordats, Verlassen des Völkerbundes, Aufrüstung und allgemeine Wehrpflicht, Besetzung des Rheinlandes — ließen über manche Schatten hinwegsehen. Hierzu gehörte neben dem Straßenterror der SA-Hilfspolizei und der Errichtung „wilder Konzentrationslager" vor allem der Arierparagraph aus dem „Gesetz zur Wiederherstellung des Berufsbeamtentums" vom 7. April 1933[33], der sich in der Folgezeit grundsätzlich auch in der Reichswehr auswirkte[34] und lediglich wegen der verschwindend geringen Zahl der betroffenen Offiziere folgenlos blieb[35]. Der Boykott jüdischer Geschäfte am 1. April 1933, von Goebbels als Reaktion auf Demonstrationen gegen die „deutsche Regierung" gerechtfertigt, verstärkte bei einigen Offizieren das Unbehagen gegenüber der NS-Führung. Auch die Diffamierung deutscher jüdischer Soldaten ließ Nachdenklichkeit aufkommen, führte aber ebensowenig zu Konsequenzen wie die Errichtung des Konzentrationslagersystems.

Deshalb sind aus dieser Zeit kaum Äußerungen über Verfolgung und Terror, über Entrechtung und Unterdrückung überliefert. Dies gilt auch für die Gruppen, die später die „zivile Opposition" bildeten, und ist insofern weniger bemerkenswert als die allgemeine politische Unsensibilität für das Schicksal der Menschen, die schutzlos der Willkür ausgeliefert waren[36]. Bücherverbrennungen, Gleichschaltung von Staat und Gesellschaft, Vertreibung vieler Intellektueller in das Exil oder in die innere Emigration erregten die Stimmung wenig, und das „Gesetz zur Verhütung des erbkranken Nachwuchses" wurde ebensowenig als Schändung alles dessen, „was menschliches Antlitz" trägt, begriffen wie die Vertreibung der Juden aus dem deutschen Wirtschaftsleben[37]. Allerdings bot die Differenzierung zwischen dem abstrakten rassenpolitischen Postulat und der konkreten Auswirkung für den einzelnen einen Weg in die Unverbindlichkeit: Bei vielen der später entschlossensten Widerstandskämpfer entstand Unsicherheit angesichts der Rechtlosmachung guter Bekannter, von Nachbarn, Familienfreunden, Vereinskameraden und Studienfreunden.

Erst der grundsätzliche Konflikt zwischen Deutschen Christen und „Bekenntnistreuen" berührte manches bis dahin unbeteiligte Mitglied der späteren militärischen und zivilen Opposition, weil die weithin akzeptierten[38] politischen Kriterien nicht mehr die Auseinandersetzung um Qualitäten christlich-theologischer Existenz und die Grenzen staatlicher Weltanschauungsansprüche abdeckten. Andererseits war der Kirchenkampf nicht nur ein Kampf zwischen Kreuz und Hakenkreuz[39], sondern unübersehbar ein innerkonfessioneller und innerkirchlicher Streit vor allem des Protestantismus — von Theologen geführt und von Laien nachvollzogen. Die Bedeutung dieser Auseinandersetzung liegt zum einen in der breiten Resonanz innerhalb der deutschen Öffentlichkeit und der Mobilisierung von kritischem Geist, zum anderen in der Schaffung und Festigung eines resistenten Milieus, das innen- und rassenpolitische Vorstellungen des Nationalsozialismus nicht ungefragt und undifferenziert integrierte, schließlich aber in der Festigung von Maßstäben der Mitmenschlichkeit und des Glaubens, der Unbedingtheit und des Gewissens[40].

Drückte sich im Kirchenkampf zum erstenmal eine vergleichsweise breite Dissonanz zwischen landläufiger Meinung und nationalsozialistischer Praxis aus, so wurde diese Stimmung bei sensibilisierten Vertretern der späteren „deutschen Opposition" durch den sogenannten Röhm-Putsch verstärkt und konkretisiert. Dies ist in besonderer Weise bei den Militärs zu beobachten, die der SA stets außerordentlich ablehnend gegenüberstanden. Dies verband sie mit den Angehörigen der gebildeten und wohlhabenden bürgerlichen Schichten, welche die SA als Ausdruck nationalsozialistischer Pöbelherrschaft einschätzten. Die Ausschaltung der SA, die Hitler zur Klärung der innerparteilichen Fronten ebenso wie zur Erhöhung seiner Reputation bei Reichswehr und Bürgertum anstrebte, erschreckte dennoch die von der NS-Führung umworbenen Kreise, weil auch allgemein respektierte Politiker wie der Führer der katholischen Aktion Klausener und die Generale v. Schleicher und v. Bredow im Zuge der Mordaktion umgebracht worden waren[41]. Schien die allgemein erwartete SA-Revolte auch abgeschlagen, so war zugleich ein erster Umsturzversuch gescheitert, den Schleicher mit Hilfe des Chefs der Heeresleitung Werner Freiherr v. Fritsch und mit Unterstützung durch den Vizekanzler v. Papen angestrebt hatte[42]. So heftig die nachträgliche Rechtfertigung der Mordtaten auch abgelehnt wurde, so problematisch ist es, die Abscheu zum Beginn einer kontinuierlichen Entwicklung zu machen, die schließlich mit dem Attentat des 20. Juli 1944 endete. Denn die Stoßrichtung der Unterdrückung richtete sich weiterhin gegen die politischen und weltanschaulichen, gegen die „rassischen" und kulturellen Gegner der NS-Herrschaft.

226

Organisierte Widerstandsbestrebungen der Anhänger von KPD und SPD, die sich zu kleinen Gruppen wie „Neubeginnen", „Roter Stoßtrupp" oder „Sozialistische Aktion" zum Zwecke der Gesinnungspflege und Vorbereitung auf die Zeit nach dem Zusammenbruch des Regimes zusammengefunden hatten oder weiterhin wie die kommunistischen „Kader" zur Verfügung der emigrierten Parteiführung standen, wurden 1935 und 1936 fast vollständig entdeckt und von Gestapo und Sicherheitsdienst zerschlagen[43]. Die Exilparteien konnten nur schwer die Verbindung zu ihren Anhängern halten und mußten sich zunehmend darauf konzentrieren, die Welt über die deutsche Lebenswirklichkeit aufzuklären. Auch dieser Kampf um die Weltmeinung drohte verlorenzugehen, denn das NS-Regime galt in Ost und West als vertragswürdig. Verträge mit Polen, mit Großbritannien, mit dem Papst, mit den Staaten Zwischeneuropas belegten dies — trotz der Verfolgung Andersdenkender und der offen verkündeten Entrechtung der deutschen Juden auf dem Nürnberger Parteitag von 1935[44].

Wer sich dem nationalsozialistischen Unrecht und Terror widersetzen konnte, schwieg verunsichert still oder vertraute sich nur den allerengsten Freunden und Familienmitgliedern an. Wer aber dem Unterdrückungssystem entkommen war, der suchte vielfach bewußt jede antinationalsozialistische Tätigkeit zu vermeiden. Ein beeindruckendes Beispiel stellt der Lebensweg des ehemaligen sozialdemokratischen Reichstagsabgeordneten und Militärpolitikers Julius Leber dar, der lange Jahre der Einzel- und Dunkelhaft überstand und mit seiner Frau in Berlin-Schöneberg eine Kohlenhandlung betrieb[45]. Auch der sozialdemokratische Innenminister des Landes Hessen Wilhelm Leuschner gründete eine Fabrik für Apparatebau[46]; andere Sozialdemokraten fristeten ihre Existenz als Dorflehrer, wie Adolf Reichwein[47]. Immer wieder hatten sie mit Verhaftung zu rechnen, da Vorbeuge- und Schutzhaftbestimmungen jeden polizeilichen Zugriff aus den Bindungen des Rechts befreit hatten. Hunderttausende von ehemaligen Gegnern des Nationalsozialismus befanden sich zwischen 1933 und 1936/37 in Gefängnissen und Lagern[48]. Ihr politischer Wille zerbrach häufig in der Haft, und so fanden viele kaum den Mut, offen und aktiv gegen die NS-Herrschaft zu kämpfen. Innerlich blieben sie zwar vielfach ungebrochen, nonkonform und resistent; zur Tat konnten sie sich freilich nur in seltenen Fällen aufraffen. Für einige der verfolgten Sozialdemokraten und Gewerkschaftsmitglieder führte aus der Distanz der weitere Weg dann in die Nähe der „militärischen Opposition"[49]. Auch die oppositionelle Haltung der Kirche konnte sich nicht auf Dauer gegen den Druck von Polizei, Justiz und Partei behaupten. Im Unterschied zur politisch-sozialistischen und gewerkschaftlichen Opposition konnte die Kirche institutionelle Grundlagen ihres Wirkens verteidigen. Deshalb zeichnete sich ihre Praxis in der Regel durch politische Ambivalenz und das Bestreben aus, die Institution Kirche nicht zu gefährden[50]. Teilweise Kompromisse mit den NS-Staat stießen bei Geistlichen und Gläubigen zuweilen auf Unverständnis oder Ablehnung; teilweise machten diese Kompromisse aber gerade die Kirchen für den Staat, aber auch bei den vom Nationalsozialismus partiell beeinflußten Menschen akzeptabel[51]. Gerade wegen ihrer Flexibilität, die die Kirche in jedem totalitären oder diktatorischen System beweisen muß, gelang es der Kirchenführung, auf die Substanz des Christentums und des christlichen Glaubens zielende Vorstöße der Interpreten nationalsozialistischer Weltanschauung, wie Alfred Rosenberg, abzuwehren[52]. Der machtpolitische Realismus der Kirchen forderte zuweilen einen hohen Preis: Viele Vertreter der Bekennenden Kirche hatten in den Gemeinden lediglich ein Gastrecht und waren deshalb finanziell völlig ungesichert; katholische Geistliche, Mönche und Nonnen waren überdies durch falsche Anschuldigungen wie Devisenvergehen, Homosexualität und Unzucht mit Abhängigen bedroht[53]. Die Geschichte des Kirchenkampfes zwischen Kreuz, Hakenkreuz und „verhakenkreuztem Kreuz" (E. Bethge), zwischen Katholizität und Rassenmythos, zwischen Judenhaß und Judenverfolgung kann hier nicht dargestellt werden. Er spielte sich zwischen einzelnen Nationalsozialisten und Gläubigen, zwischen kirchlichen Landesleitungen und Pfarrern, zwischen Staat und Kirche selbst, aber auch innerhalb der Kirchen zwischen den verschiedenen Strömungen und Gruppierungen ab. Viele Geistliche wurden inhaftiert oder durch stets drohende Hausdurchsuchungen verunsichert und gelähmt. Auch an dieser Front des Weltanschauungskampfes erzielten die Nationalsozialisten Erfolge: Die Bekennende Kirche verlor an Entschiedenheit und schmolz schließlich zu einem kleinen Kern von wenigen hundert ganz entschiedener Geistlicher zusammen, unter ihnen Dietrich Bonhoeffer und Eberhard Bethge, Helmut Gollwitzer und Martin Niemöller, die keinerlei Kompromiß mit den Machthabern erstrebten[54]. Die Stellung der katholischen Kirche schien wegen ihrer institutionellen Festigkeit und Hierarchisierung günstiger zu sein; dennoch litten gerade katholische Geistliche, die individuell den Unterdrückten geholfen hatten, in den Geistlichen-Blocks der Konzentrationslager und zweifelten an der politischen Weisheit ihrer Oberen[55].

## IV. Dimensionen der Widerständigkeit

Die Reaktionen der Kräfte und Gruppen, die gegen den Anspruch und die Praxis nationalsozialistischer Herrschaft Widerstand leisten wollten, wirft die Frage nach dem Widerstandsbegriff selbst auf. Die Problematik dieses Begriffs[56] liegt nicht zuletzt in der Schwierigkeit, unterschiedliche Verhaltensweisen, Sanktionsformen und Zielvorstellungen in gruppenspezifischer, zeitlicher und gradueller Differenzierung zu erfassen. Erschwerend kommen aktuelle Vorstellungen vom Widerstand hinzu: Widerstehen zur rechten Zeit, Widerständigkeit, Zivilcourage, ziviler Ungehorsam, Dissidenz und Resistenz, Nonkonformität und abweichendes Verhalten, Opposition und Obstruktion, Protest und Verweigerung, Aussteigen und Dienst nach Vorschrift, Bummelei und Demonstrationen in allen Varianten werden heute als Dimensionen des Widerstands diskutiert[57]. Gilt heute, daß Widerstand sich nicht allein als Aktion rechtfertigt, sondern auf seine positiven Zielvorstellungen bezogen werden muß, die sich nicht von den Normen der pluralistischen und rechtsstaatlich verfaßten parlamentarischen Demokratie lösen sollen[58], so verweist der Widerstandsbegriff vor allem auf die Lebenswirklichkeit in totalitären und diktatorisch organisierten Staaten.

Widerstand unterscheidet sich von Verfolgtsein, einem Kollektivschicksal unterdrückter Gruppen und ihrer Anhänger, denn er beinhaltet das Moment der Aktivität und der Gefährdung des Systems, aber auch der unkalkulierbaren letzten Selbstgefährdung des eigenen Lebens. Dieser Widerstand richtete sich nicht allein gegen den Träger nationalsozialistischer Herrschaft, sondern konnte sich auch gegen jene wenden, die in der Anpassung an nationalsozialistische Zielvorstellungen eine Möglichkeit des eigenen Überlebens erkennen wollten. Dies wird besonders deutlich an der Haltung Dietrich Bonhoeffers, der sich innerhalb kirchlicher Institutionen ebenso rechtfertigen und durchsetzen mußte wie später gegenüber den nationalsozialistischen Machthabern[59]. Aber auch kommunistische Funktionäre, die sich der Außenlenkung durch die emigrierte Parteiführung widersetzten und eigenständige, von der Sowjetunion unabhängige Gruppen aufbauten, sind hier aufzuführen. Aktivität gegen die Machthaber, Risiko des Handelns und Gefährdung des Systems können die Spektren des Widerstands aber nicht allein ausleuchten. Bethge unterschied schon zu Beginn der sechziger Jahre fünf verschiedene Stufen des Widerstands[60]: Dem „einfachen passiven Widerstand" ordnete er den „offenen ideologischen Gegensatz" nach, wie er das Handeln von Niemöller, Wurm und Graf Galen prägte. Die nächste, dritte, Stufe stellte die Mitwisserschaft an Umsturzvorbereitungen dar. Diese Haltung konnte durch die „aktive Vorbereitung für das Danach" gesteigert werden. In diesem Zusammenhang ist etwa an die Arbeit des Kreisauer Kreises zu erinnern[61]. Die höchste und letzte, fünfte, Stufe des Widerstandes stellte die „aktive Konspiration" dar. Sie erfolgte aus der Einsamkeit individueller Entscheidung, war mit dem größten Risiko für Leib und Leben verbunden und erhielt weder „kirchliche Deckung" noch den Schutz durch Vorgesetzte: Was sich jedem Regelfall entzog, konnte nicht gerechtfertigt werden.

Die Vielfalt dieser Stufen läßt sich mit Konrad Repgen[62] weiter differenzieren. Er beschrieb unterschiedliche Verhaltensformen der Widerständigkeit als Steigerung von der geistigen Nonkonformität bis zum Umsturz. Der „Loyalitäts-Entzug", der sich von punktuellen über graduelle zu generellen Dimensionen steigern konnte, stellt sich als politische Konsequenz eines unbeirrbaren Glaubens dar, die sich aus Beharrung an den traditionellen Glaubensinhalten bis zur Verweigerung gegenüber den Anforderungen des Systems, schließlich — etwa angesichts der Morde an Geisteskranken — zum Protest und zur Unterstützung des Attentats entwickeln konnte. Unbeschadet einer grundsätzlichen Ablehnung der nationalsozialistischen Weltanschauung konnten sich die Opponenten und Widerständigen in „weltanschaulich und sittlich neutralen Bereichen" zur partiellen, begrenzten, sachlich bestimmten Zusammenarbeit mit dem System und seinen Vertretern bereitfinden. Erst durch den Druck des NS-Systems konnte aus dem Loyalitätsentzug Widerstand werden. Dabei ist eine Dynamisierung der Repression und der von der NS-Führung praktizierten Widerstandsvermutung unübersehbar[63]. Was zunächst als Abseitsstehen galt, erschien bald als Auflehnung, schließlich als Demonstration und Widersetzlichkeit, als Verletzung von Recht und Gesetz, als Landes- und Hochverrat. Widerstand wurde nicht von den einzelnen definiert, die dem NS-System und seiner Politik widerstanden, sondern vom NS-Staat und seinen Instanzen. Deshalb bedeutete Widerstehen und Widerstand unvermeidlich die Auslieferung an Partei und Staat, an Polizei und NS-Justiz. Loyalitätsentzug mußte angesichts des totalen Verfügungsanspruches eines totalitären Staates zum Widerstand werden. Weil nahezu alle Lebensbereiche politisiert waren, wurden sie auch für den NS-Staat verfügbar[64]. In vielen Fällen verlangten Glauben und Gewissen von den einzelnen, der Politisierung und Polarisierung zu widerstehen. Die Standfestigkeit des Verhaltens resultierte zu einem wesentlichen Teil aus Traditionen des Christentums, der Humanität, der Aufklärung und des Liberalismus, der wissenschaftlichen Redlichkeit und der Arbeiterbewegung. Die tradierten Normen und den einzelnen selbst bindenden Verpflichtungen bestimmten die Chance, die jeder in der Auseinandersetzung mit dem NS-System besaß[65].

Die Großgruppen, insbesondere die Kirchen, konnten auch nach 1933 eine scharfe Trennlinie zwischen dem individuellen Gewissen und dem Einfluß des Staates markieren; nicht immer aber konnte die ihre eigene Autonomie verteidigende Kirche dem einzelnen in seiner Gewissensentscheidung helfen. Oftmals forderte der Kampf gegen Rassenstaat und verbrecherisches Regime von dem Christen ein existenzgefährdendes Zeugnis des Glaubens — und dieses Zeugnis schloß das Martyrium[66] in vielen Fällen ein.

Wenn Loyalitätsentzug im Sinne von Konrad Repgen partielle Kooperation mit dem System einschloß, konnte Widerstand auch von innen, aus den Funktionsstellen dieses Systems selbst geleistet werden. Dies macht unsere Schwierigkeit aus, den diplomatischen[67] und militärischen, in einzelnen Fällen sogar den innerparteilichen Widerstand[68] als solchen anzuerkennen. In besonderer Weise hat auch der Widerstand in der Abwehr und im OKH stets das Mißtrauen der Nachgeborenen überwinden müssen.

Der Begriff der „Militäropposition" hat in seiner Mißverständlichkeit manchem Fehlurteil Vorschub geleistet, denn er legte unzutreffende Schlüsse auf die Motivation des militärischen Widerstandes nahe. Es ging dabei nicht um die Vorbereitung und Durchführung eines Umsturzes im Interesse und zum Nutzen der militärischen Führung, sondern es ging um einen grundlegenden Wandel des NS-Systems aus der einzig erfolgversprechenden Position heraus[69]. Die Handlungschancen und Verhaltensmöglichkeiten der militärischen Opposition waren ebenso vielfältig wie die anderer Kreise des Widerstands und entwickelten sich wie diese allmählich im Zeitablauf von einer gewaltferneren Form zum Attentatsentschluß, der wiederholt realisiert wurde[70]. Der Militärhistoriker Klaus-Jürgen Müller[71] unterscheidet die Absicht, die staatlichen Zielvorstellungen zu korrigieren und auf die Entscheidungsprozesse durch Beratungen und Denkschriften Einfluß zu nehmen, von den Versuchen, innerhalb der Eliten selbst Unterstützung zu finden, die außenpolitischen Mächte zu beeinflussen oder sogar — wie Oster es tat[72] — vor einem Angriff der deutschen Wehrmacht zu warnen. Der diplomatische Widerstand konnte sogar versuchen, angesichts der deutschen Absicht, den Krieg zu eröffnen und somit den Zweiten Weltkrieg zu „entfesseln", die großen europäischen Mächte zu warnen und zu Reaktionen zu veranlassen, die Hitler vor riskante Entscheidungen stellten. So hofften Kreise um den Staatssekretär des Auswärtigen Amts Ernst Freiherr v. Weizsäcker, durch gezielte Information der britischen Seite Sachzwänge zu schaffen, die Hitler von seinem langfristig verfolgten Kriegsentschluß abrücken lassen sollten[73]. Deshalb finden wir eine unüberschaubare Beeinflussungsstrategie, die sich vielfältiger Gespräche, einer unübersehbaren Zahl von Denkschriften und Umsturzplänen, zahlreicher Reisen innerhalb Deutschlands und Europas bediente[74]. Mit dem Beginn des Zweiten Weltkrieges veränderten sich die Bedingungen des Widerstehens grundlegend. Einerseits erreichte das Regime einen Gipfelpunkt seiner Faszination und Erfolge; andererseits verstärkten sich Repression und Terror. Tatbestände, die lange Jahre vergleichsweise glimpflich und selten mit dem Tode bestraft wurden, galten nun als schwere Straftaten oder gar als todeswürdige Verbrechen[75]. Das Risiko des Widerstandes wurde größer; alle, die außerhalb des Regierungssystems und seiner Funktionsorgane standen, lebten besonders gefährlich und verfügten über keinerlei interne politische Informationen. Dies machte die Bedeutung der mit den NS-Staat teilweise oder auch, wie im Fall des stellvertretenden Berliner Polizeipräsidenten Fritz Graf v. der Schulenburg, weitgehend kooperierenden Funktionsgruppen für die realen Chancen eines Umsturzes aus.

Die Einschätzung der Dimension des widerständigen Verhaltens zeigt, daß sich Widerstand kaum derart definieren läßt, daß er den unterschiedlichen Handlungsmöglichkeiten, Motivationen und Zielvorstellungen im Zeitablauf und angesichts der Dynamisierung des politischen Systems gerecht werden kann. Zur erfolgversprechenden Tat eines Umsturzes waren nur wenige fähig und bereit; weitaus mehr waren willens, sich im Kampf gegen das System zu opfern, um ein Zeichen für Mitmenschlichkeit und Anstand zu setzen. Zu ihnen gehörten zweifellos die Mitglieder der Weißen Rose[76], die vielen einzelnen Widerstandskämpfer, die den Verfolgten und Unterdrückten halfen, indem sie jüdische Mitbürger und Gegner des NS-Regimes versteckten oder über die Grenzen in Sicherheit brachten.

Unbestreitbar war das Potential der Widerständigkeit in Deutschland größer, als angesichts der Stabilität des NS-Systems vermutet werden kann. Insgesamt betrachtet, war es jedoch gering. Es konnte sich erst seit 1938 aus vergleichsweise kleinen Ansätzen verstärken[77]. Allerdings strebte der Widerstand nicht kontinuierlich und gleichmäßig einem Gipfelpunkt zu, sondern war immer wieder durch Brüche und Rückschläge unterbrochen worden.

## V. Zur Motivationslage des Widerstandes

Der traditionsorientierten und -verhafteten, der soziologisch bedingten und politisch geprägten Vielfalt des Widerstands entspricht seine reich differenzierte Motivationsanlage. Sie bezieht sich sowohl auf die Motivation zum Handeln aus gemachten Erfahrungen und gewonnenen Beobachtungen als auch auf die Motivationen, die auf Zielvorstellungen und Zukunftsvorstellungen für die Zeit „danach" verweisen.

Die Motivationslage spiegelte zunächst die traditionsgeprägten Ausgangssituationen: Entrüstung und Empörung über Verfolgungsmaßnahmen und Unterdrückung, über Kirchenkampf und Sondergesetze waren abhängig von politischen Optionen. Diese Optionen schränkten das Wahrnehmungsvermögen ebenso ein wie die Fähigkeit zur moralischen Entrüstung oder mitmenschlichen Solidarität. Insofern hatte gerade der militärische und zivile Widerstand eine ungünstige Startposition, denn die Unterdrückungsmaßnahmen der ersten Stunde bestimmten kaum die Motivationslage der Jahre 1933 und 1934. Als „eigentlich kritischer Zeitpunkt"[78] gilt deshalb die Ermordung Schleichers 1934; diese Tat sensibilisierte für Übergriffe des Staates und nationalsozialistische Gewaltverbrechen. Deshalb faßte General Adolf Heusinger die allgemeine Stimmung wahrscheinlich zutreffend zusammen, als er in einem Gespräch mit Guido Knopp betonte:

„... ich würde auf die Frage, von welchem Moment an ich die Sache ausdrücklich als verbrecherisch angesehen hätte, antworten: Das begann mit der Ermordung von Schleicher und fand ihren Höhepunkt in den Judenverfolgungen[79]."

Allerdings handelte es sich noch nicht um eine Einschätzung, die politisches Verhalten und militärische Führung beeinflußte, sondern eher um eine Stimmung des Unbehagens, die rückblickend die Bedeutung beginnender innerer Distanzierung erhielt. Diese Stimmung war nicht identisch mit einer regimekritischen Motivationslage, begünstigte aber deren Entstehung in der Folgezeit. Die Röhm-Affäre hatte die Reichswehr zugleich begünstigt und schuldig werden lassen: Ihre Stellung wurde respektiert, aber zugleich war angesichts des Unrechts an Angehörigen der bewaffneten Macht die Loyalität vieler Offiziere gegenüber ihrem Gewissen und Rechtsbewußtsein herausgefordert. Zum erstenmal empfanden einige Offiziere die Spannung zwischen Befehl und Gehorsam, zwischen Gehorsam und Schuld[80]. In den Folgejahren mochte diese Erfahrung zunächst verdrängt werden; als später angesichts neuer Zumutungen und offensichtlicher Verbrechen[81] des Systems dieses Gefühl der Ohnmacht und Verstrickung erneut die verantwortungsbewußtesten Offiziere belastete[82], erinnerten sich viele der Juni- und Julitage des Jahres 1934, die überdies den Eid der Wehrmacht auf Hitler nach dem Tode Hindenburgs gebracht hatten.
Etwa vier Jahre später rührte eine weitere politisch-militärische Krise an das Selbstverständnis der militärischen Führung. Die Krise um die Ablösung von Blomberg und Fritsch zeigte, daß die Armee ihre Position im nationalsozialistischen Herrschaftssystem nicht wie selbstverständlich behaupten konnte, sondern

in SS und insbesondere SD einen Gegner besaß, dem Hitler zuneigte. Das Motivationsbündel des militärischen Widerstands erhielt insofern eine entscheidende Färbung, als Hitler in den Umkreis umstürzlerischer Überlegungen ausdrücklich einbezogen wurde. Die Verpflichtung gegenüber dem unrechtmäßig und ehrenwidrig behandelten Kameraden motivierte ebenso wie die Empörung über Hitlers unwürdiges Verhalten gegenüber Fritsch. Deshalb machten sich vereinzelt Gedanken breit, das Regime sei zu reinigen und von Verantwortlichen zu „säubern", die das Unrecht symbolisierten. Damit tauchten Vorstellungen auf, die in der Folgezeit variiert, in ihrer Argumentationsstruktur aber auch später beibehalten wurden: Angesichts der politischen Verwicklungen im Zusammenhang der Sudetenkrise und der Verbrechen nach Ausbruch des Krieges vertiefte sich allerdings die moralische Dimension[83].

In der Ablehnung des totalen Herrschaftsanspruchs des NS-Staates und seiner Träger trafen sich seit 1937/38 zunehmend die Vertreter der militärischen und zivilen Opposition. In ihren politischen Grundvorstellungen, die Klaus-Jürgen Müller als „nationalkonservativ" bezeichnet hat, in ihren Handlungsmöglichkeiten und Zielvorstellungen verfügten beide Stränge über Gemeinsamkeiten. Diese ließen die Ziele der einzelnen Widerständigen und Gruppen des Widerstands zwar niemals deckungsgleich werden, waren aber eine wesentliche Voraussetzung praktischer Kooperation aus einer ähnlichen Motivationslage heraus[84].

Diese Lage wurde überdies durch die gleichartige Verstrickung in das System selbst mitgeprägt. Sowohl die Vertreter der militärischen Gegenströmungen als auch die Gegner des Regimes innerhalb der Verwaltung — der Abwehr, des Auswärtigen Amtes und der Justiz — handelten aus Machtpositionen heraus, die sie zum Teil des Systems machten. Sie nutzten dabei Handlungsspielräume, die von der polykratisch[85] orientierten Zeitgeschichtsforschung dargestellt werden konnten. Entscheidend war aber nicht die Unübersichtlichkeit des in seinen Kompetenzen nicht streng monolithisch strukturierten Systems, das letztendlich aber auf die Zielvorstellungen der Führung orientiert blieb, als die sich abzeichnende weltanschauliche Vielfalt der opponierenden Teilträger dieses Systems selbst. Erst durch die wachsende weltanschauliche Unabhängigkeit der Beamten und Offiziere, die sich angesichts der Blomberg-Fritsch-Krise auch moralisch und handlungsethisch rechtfertigen ließ, konnte dem Handeln aus den Herrschaftspositionen des Regimes heraus gegen dieses System ein neuer Sinn gegeben werden. Entscheidend für die Motivationslage wie für die Handlungsfähigkeit der Opposition gegen Hitler ist also die Unabhängigkeit von den politischen Zielen der NS-Führung, nicht die Erfahrung der Polykratie — diese stellt nur eine Handlungsvoraussetzung dar.

Die Ziele selbst waren ebenso vielfältig wie die Motive. Neben der Absicht, das System müsse völlig gesäubert werden, wie sie etwa Oster vertrat, stand der Versuch, in der Beeinflussung der Willensbildungsprozesse eine Verhinderung des Krieges zu erreichen — sei es durch Denkschriften, die sich an Hitler selbst wandten, sei es durch die Beeinflussung der auswärtigen Mächte[86]. Die Motivation, das Regime wenn nicht zu stürzen, so doch wenigstens grundlegend zu reformieren, bestimmte die Verhaltensweise. Da Reform nur von innen heraus erfolgen kann, richteten sich die Bemühungen zunächst vor allem auf die Beeinflussung der inneren Entscheidungsprozesse. An diesem Punkt trafen sich Vertreter der militärischen Opposition um Beck und Halder mit Einzelgängern des nichtmilitärischen Bereiches, insbesondere mit dem ehemaligen Leipziger Bürgermeister Goerdeler[87]. An die Erfahrungen der Fritsch-Krise und der Kriegsgefahr im Umfeld des Münchener Abkommens konnte in der Folgezeit immer wieder angeknüpft werden.

Die Motivationslage war seit 1938 durch die Kriegsgefahr geprägt. Verstärkt wurde sie ganz zweifellos durch die offensichtliche Entrechtung der jüdischen Mitbürger, selbst dort, wo die positiv bewertete „Lösung der Judenfrage" der Rechtfertigung von Sonderbestimmungen gegen Juden diente[88]. Denn die Fülle von Sondergesetzen, die tief in den Alltag jüdischer Mitbürger und Nachbarn, Freunde und Bekannter eingriffen, entwickelte sich zu einem System der Schikane und Entwürdigung, der Ausgrenzung und Diffamierung, die den Anstand vieler Menschen verletzten[89]. Entzündete sich die Empörung in der Regel auch nur am „Einzelfall"; aus diesem Funken konnten sich dann Begründungen für weitergehende Distanz und Kritik entwickeln.

Die Motivationslage der militärischen und zivilen „nationalkonservativen" Opposition war aber, unbeschadet der Kritik an der Entrechtung der Juden, gerade dadurch geprägt, daß zunächst Funktionskonflikte stärker im Vordergrund standen als die völlige Ablehnung der Unrechtsakte. Sie setzten als Auseinandersetzungen ein, die politische Zielvorstellungen berührten: Fragen der Rüstungspolitik ebenso wie der Wirtschaftspolitik, der Auseinandersetzungen über Stufen und Stadien der Außenpolitik sowie über die Behandlung von auswärtigen Diplomaten und Mächten.

Zunächst wurde die Opposition noch keineswegs durch einen Fundamentalgegensatz geprägt, sondern durch den Willen zur politischen Kurskorrektur. Insofern hatte der Widerstand zwischen 1937 und 1939 charakteristische Züge eines Elitenkonflikts[90]. Die Entwicklung dieser Auseinandersetzungen schildern andere Beiträge[91]; sie lenken das Hauptaugenmerk auf die Militäropposition, die sich in Gruppen und Methoden, Ziele und Ansprechpartner differenzieren läßt. Innerhalb des Spektrums der nationalkonservativen Opposition scheint 1938/39 zum ersten Mal der aktive Umsturzversuch auf, der bewußt den Tod Hitlers in sein Kalkül zieht.

In dieser Radikalität wirkten sich Fehlentscheidungen und Übergriffe des NS-Systems aus, das die Neutralität gegenüber Wehrmacht und Offizierkorps ebenso aufgab, wie es sich innenpolitisch radikalisierte und die Ziele der nationalsozialistischen Weltanschauung zum Bezugspunkt politischer Praxis machte. Immer stärker rückten die nationalsozialistischen Gewaltverbrechen in den bestimmenden Umkreis der Motivationslage der Kritiker und Gegner des NS-Staates.

Die Ablehnung der Verbrechen entzündete sich besonders an den gewaltsamen Übergriffen des Novemberpogroms vom 9./10. November 1938[92]. Überall in Deutschland brannten Synagogen, wurden Geschäfte und Wohnungen jüdischer Mitbürger zerstört, Menschen auf die Straßen getrieben, Mitbürger zehntausendfach in die Konzentrationslager eingewiesen und zur Flucht aus Deutschland gezwungen, nicht ohne ihnen den größten Teil ihres Vermögens abzunehmen. Die Untaten verstärkten die Unzufriedenheit mit der Außenpolitik Hitlers, der immer bewußter einen Krieg nicht nur riskierte, sondern gezielt anstrebte. In der Kritik an der nationalsozialistischen „Volkstumspolitik" gegenüber den deutschen Nachbarstaaten — der Eingliederung des Sudetenlandes, der „Zerschlagung der Resttschechei", der Proklamation eines „Großdeutschland" nach der Einverleibung von Österreich, schließlich die sich abzeichnende Herausforderung des von den westeuropäischen Mächten Großbritannien und Frankreich besonders garantierten Polen — formierten sich innerhalb der militärischen Opposition von Beck und Halder, aber auch der diplomatischen Opposition im Auswärtigen Amt, innerhalb der Abwehr und schließlich in der zivilen Opposition um Goerdeler Strömungen, die Umsturzpläne verfolgten und immer näher aneinanderrückten.

Nach der Entfesselung des europäischen Krieges, der sich zum Weltkrieg ausweitete, erhielt die Motivationslage durch die bereits von den ersten Kriegswochen an verübten Verbrechen eine entscheidende Prägung[93]. Zwar zeigten sich keineswegs alle Offiziere von den Nachrichten über Übergriffe der Einsatzgruppen erschüttert; bei einigen wirkten die unmittelbar beobachteten Verbrechen jedoch schockierend[94]. In Polen rotteten Einheiten von SS und SD, von Sicherheitspolizei und Wehrmacht die kulturelle und politische Elite des Landes aus, verübten Geiselerschießungen ohne Beachtung des Völkerrechts und die Bildung von besonderen jüdischen Wohngebieten im Generalgouvernement.

Die Verbrechen, die in den Folgejahren weiterhin systematisch vorbereitet und ausgeführt wurden, steigerten sich schließlich zur systematischen Ermordung weltanschaulicher Gegner, wie der „Bolschewisten" und „marxistischen Kommissare"[95], und der europäischen Juden[96]. Einsatzgruppen töteten im Rücken der kämpfenden Truppe, aber auch unter Beteiligung einzelner Wehrmachtverbände, Hunderttausende von Juden; viele russische Kriegsgefangene verhungerten in den großen Gefangenenlagern[97], und schließlich steigerte die NS-Führung den Völkermord an Juden und Zigeunern zur „industriemäßig betriebenen Massentötung"[98].

Die Reaktion auf die Verbrechen machte, wie bei Axel v. dem Bussche[99], einen wesentlichen Bezugspunkt ihrer entschiedenen Gegnerschaft zum Nationalsozialismus aus; allerdings erfolgte die Wendung zum Widerstand nicht allein aus der Empörung über Massenmorde. Auch die sich abzeichnende Niederlage, innenpolitische Alternativen, die Kritik an der Behandlung der „fremdvölkischen" Völker Osteuropas[100] und Bemühungen, mit Großbritannien zum Friedensschluß zu gelangen, bestimmten die Motivationslage.

Nach dem Überfall auf die UdSSR wurde der verbrecherische Charakter des nationalsozialistischen Rassen- und Weltanschauungskampfes vollends sichtbar. Der „Generalplan Ost"[101] bedeutete die Unterjochung der als „Untermenschen" behandelten Weißrussen und Ukrainer, die Wannsee-Konferenz koordinierte die schon länger beschlossene „Endlösung der Judenfrage"[102], die „Unconditional Surrender"-Forderung schränkte zugleich wie die „Moskauer Erklärung" die Handlungsalternativen der deutschen Opposition ein. Angesichts der Verbrechen und der unübersehbaren Folgen für die deutsche Politik wurden die diplomatischen Kontakte zu den Kriegsgegnern immer wichtiger, steigerte sich aber auch der Zwang, eine Wende aus eigener Kraft herbeizuführen. Ein Anschlag auf Hitler sollte eine Abkehr von Verbrechen und eine Verhinderung der den Nationalstaat gefährdenden Niederlage gleichermaßen ermöglichen, aber auch den Alliierten die Ernsthaftigkeit der Oppositionsbestrebungen beweisen. Deshalb nahmen nicht nur die diplomatischen Kontakte zwischen der deutschen Opposition und Vertretern der britischen und schwedischen Diplomatie und Kirchen zu[103], sondern verstärkten sich auch die Attentatsbemühungen selbst.

Auch vor 1938/39 hatte es verschiedene Attentatsversuche gegeben, die allerdings ausnahmslos nicht die „Sicherheit des Diktators"[104] zerstören konnten, möglicherweise sogar teilweise inszeniert worden waren, um Hitlers Unverwundbarkeitsmythos zu bekräftigen. Nach 1939 nahmen diese Attentatsbestrebungen jedoch eine neue Qualität an, denn sie waren wesentliche Voraussetzung und Grundbestandteil von Staatsstreichplanungen. Wie alle Rechtfertigungen von Opposition und Widerstand waren auch die Motivationen dieser Staatsstreichabsichten vielfältig; ebenso vielgestaltig waren die Zusammenhänge zwischen den Widerstandsgruppen und Kreisen und die Formen ihrer Arbeit. Im Kern ging es aber nicht mehr um die Bewahrung von Nonkonformität und Resistenz, sondern um die Schaffung günstiger Voraussetzungen einer Widerstandstat, die sowohl Voraussetzung eines realen Umsturzes des Systems als auch Zeichen sein sollte.

Damit hatte sich die Widerstandsmotivation entscheidend verändert und die Reformorientierung und Kriegsverhinderungsabsicht der späten dreißiger Jahre verloren. Die nationalkonservative Motivation bezog sich nicht mehr auf den Willen, Entscheidungen beeinflussend zu modifizieren oder zu verhindern, denn sie reflektierte die Praxis des NS-Systems grundsätzlich-kritisch, gleichsam von außen kommend. Die Träger des Widerstands mochten aufgrund ihrer aktuellen Position noch Teil des Herrschaftssystems sein, weil sie innerhalb des Staates Funktionen ausübten. Mental standen sie aber außerhalb. Deshalb handelte es sich zunehmend weniger um den Kampf einer „Teileinheit" des Systems gegen übergeordnete, dominierende Herrschaftseinheiten, als um einen entschiedenen Akt von „Systemgegnern" gegen Anspruch, Rechtfertigung und Praxis des Systems und seiner Träger selbst[105].

Der motivierende Durchbruch war das Ergebnis eines Prozesses, dessen Anfänge lange zurückreichten, der immer wieder von Mitgliedern anderer Widerstandskreise beeinflußt worden war und der nicht zuletzt aktuelle Erfahrungen des Krieges, aber auch der Verwaltungspraxis spiegelte. Dies kann den moralischen Anspruch des Widerstands, der schließlich formuliert und mit dem Leben bezahlt wurde, nicht schmälern, sondern lediglich die Komplexität der Entscheidungsfindung von Widerstandskämpfern verdeutlichen. Mit der Kritik an der Kriegführung, an der sinnlosen und verantwortungsfernen Opferung von Menschen, an der dilettantischen, kaum sachadäquaten Aufstellung von Reserven und Materialersatz[106] konnte sich eine Haltung der Distanz entwickeln, die die Gewinnung einer grundsätzlichen Widerstandsposition erleichterte. So läßt sich Stauffenbergs Erfahrung in der Verwaltung des Heeres und beim Befehlshaber des Ersatzheeres durchaus in seiner Motivation zum Widerstand einbinden. Bei aller Kritik an der Dominanz der militärischen Trägerschicht des Widerstands gegen Hitler ist jedoch unbestreitbar, daß selbst zur Zeit abzusehender militärischer Schwierigkeiten und Niederlagen die aussichtslose Stellung der deutschen Wehrmacht nicht die Primärmotivation darstellte. Im Vorfeld des Krieges und vollends nach 1939 mußten Angehörige der Wehrmacht das Gesetz des Handelns an sich ziehen, weil sie allein erfolgversprechend mit den Mitteln der Gewalt das Regime Hitlers zu stürzen vermochten. Wurde deshalb auch vereinzelt die These aufgestellt, erst angesichts der militärischen Niederlage, die den deutschen Nationalstaat von außen bedrohte, nachdem die Verstrickung in Verbrechen bereits seine innere Legitimation und damit die deutsche Identität zerstört hatte, hätten die zum Umsturz bereiten Offiziere die entscheidenden Anstöße gefunden, so umgreift diese Behauptung keineswegs das aufgeführte Motivbündel. Die These spiegelt eher die Auseinandersetzungen um den Aufbau der Bundeswehr in den fünfziger Jahren[107], die sogar das Verdienst Stauffenbergs und Tresckows relativierten, weil beide — heute „Motoren" des Widerstands — primär die engen Interessen der Junker, wenn nicht sogar der Generalität vertreten sollten, die sich für einen späteren Waffengang hätte schonen wollen. Heute stehen gerade Claus Schenk Graf v. Stauffenberg und Henning v. Tresckow[108] für eine moralische Rigidität, die nicht aus ihrer militärischen Tradition allein zu erklären ist. Vor allem aber standen Stauffenberg und Tresckow mit den Widerstandskreisen um Beck und Goerdeler, um Helmuth James Graf v. Moltke und Peter Graf Yorck v. Wartenburg in enger Verbindung. Niemals hätten sie den Begriff der „Militäropposition" akzeptiert, sondern ihre Umsturzbemühungen in den Zusammenhang politischer Zielvorstellungen einbezogen. Die Armee sollte die Voraussetzungen einer Befreiung vom nationalsozialistischen Unrechtssystems schaffen; sie war — in den Worten von Rothfels — ein „Sektor" der gesamten Widerstandsbewegung, „ein Teil des Ganzen"[109]. Die führenden Attentäter stellten niemals in Frage, gemeinsam mit „Zivilisten" den festen politischen Willen zu verwirklichen, die „Herrschaft des Rechts"[110] als Voraussetzung für Freiheit und „Reform" wiederherzustellen. Dies drückte Goerdelers Regierungserklärung aus, die nach dem gelungenen Anschlag auf Hitler im Rundfunk verlesen werden sollte[111].

Daß diese Erklärung die Handschrift der Zivilisten trug, verdeutlichte schlagend, daß keineswegs eine „kleine Clique ehrgeiziger Offiziere"[112] Hauptantriebskraft der für die Nationalsozialisten unerwartet breiten Widerstandsbewegung war, sondern daß politische, „zivile" Ideen von Anfang vorwalteten und bis zum Ende vieler Widerstandskämpfer bestimmend blieben. Dies kann ihre Bedeutung nicht schmälern, sondern zusätzlich hervorheben. Sie waren auf Ziele und Maßstäbe verpflichtet, die den Geist einer Bewegung atmeten, die der hessische Generalstaatsanwalt Fritz Bauer später als „Menschenrechtsbewegung"[113] charakterisierte. Dieser Geist kollidiert keineswegs von vornherein mit den Prinzipien militärischen Denkens[114], und er bildet keinen Widerspruch zur soldatischen Moralität. Insofern greift jeder Versuch, militärischen und zivilen Widerstand zu trennen, immer dann zu kurz, wenn Ziele und Rechtfertigungen des Widerstands erörtert werden.

## VI. Ziele des Widerstands militärischer und ziviler Gruppen

Seit der Sudetenkrise bildeten sich allmählich Gruppierungen und Kreise, Zirkel und Verbindungen heraus, die oberflächlich betrachtet Ausdruck einer „Vereinsmeierei"[115] waren, aber unter schwierigen Bedingungen die Vereinzelung des Individuums unter totalitären Lebensverhältnissen günstig zu beeinflussen suchten. Teilweise aktivierten diese Gruppierungen persönliche Beziehungen aus der vornationalsozialistischen Zeit, teilweise mußten sie unter der durchpolitisierten Lebenswirklichkeit nahezu unvermeidlich in die Gegnerschaft zum Nationalsozialismus geraten[116]. So wandelte sich in der Kontinuität der organisatorisch verfestigten Tätigkeit die Stoßrichtung des Vereinslebens, damit aber auch das ursprüngliche Ziel der Vereinigung. Allmählich schälten sich Kontakte zwischen den einzelnen Kreisen und Gruppen heraus, sofern sie nationalkonservativen Wertvorstellungen verhaftet waren. Dies zeigte sich vor allem beim Kreis um das Ehepaar Solf und bei der traditionsreichen Mittwochsgesellschaft[117]. Diesen Kreisen gehörten Verwaltungsbeamten, Diplomaten, Wissenschaftler, im Ruhestand lebende Offiziere, vereinzelt auch Geistliche an — soziologisch vergleichsweise eng auf das höhere Bildungsbürgertum beschränkt, herrschte auch eine eher konservative Grundströmung vor, die allerdings nicht im Widerspruch zu der Radikalität bürgerlichen Denkens und bürgerlicher Traditionen zu stehen brauchte, wie es von Dolf Sternberger 1949 in der von ihm entscheidend geprägten Zeitschrift „Die Wandlung" definiert worden ist[118]. „Bürgerlich" stellte für ihn keinen sozialgeschichtlichen oder gegenwartssoziologischen, sondern einen „philosophischen Begriff" dar, welcher die „Freiheit der Erkenntnis" verlangte. Diese Freiheit war unter dem Nationalsozialismus nicht gegeben und mußte deshalb immer wieder in der Praxis des Diskutierens und Denkens, der wissenschaftlichen Arbeit und der politischen Meinungsbildung im Alltag, im kleinen

Kreis der Angehörigen und Freunde, der guten Bekannten und Kollegen, verwirklicht werden. Zwangsläufig mußten deshalb die „Unbestechlichkeit des Denkens" und die „Beschränkung des Individuums auf seine Autonomie" zur Berührungsfurcht gegenüber dem Nationalsozialismus und schließlich zur bewußten Ablehnung führen. Passivität des Verhaltens angesichts der Herausforderungen des Systems — von der zur Pflicht gemachten Konsumierung eines Eintopfgerichtes bis zur Begrüßung verfemter ehemals guter Bekannter nach dem Erlaß der Nürnberger Gesetze —, innere Emigration, Nonkonformität, schließlich bewußt gesicherte Dissidenz waren die Folge.

Einige Opponenten ließen es damit nicht genug sein. „Pflicht" und „Gesetz" wurden ihnen zur inneren Norm, zur moralischen Verpflichtung, die schließlich die ganze Persönlichkeit forderte[119]. Dieser Norm diente der in der „Radikalität des bürgerlichen Denkens" stehende „Bürger" aus einem Eifer für das verpflichtende „höhere Ganze". Angesichts einer Gefährdung des Denkens, der Moral und des Gewissens konnte der einzelne schließlich sogar zum „moralischen Terroristen" werden: „tückisch, verräterisch an einzelnen Menschen, grausam gegen seinen Nächsten, immer in der Verfolgung seiner Grundsätze", die mit zunehmender Unbedingtheit verfolgt wurden. Schließlich „verbündet er sich mit der Idee des Ganzen, mit der Idee des Staates, um gegen die einzelnen Mächtigen und Glänzenden, gegen die Autoritäten eine stärkere Stellung zu haben"[120].

Dieser Rigorismus traf sich in der Vorbereitungsphase des Krieges mit einem Gefühl der Widersetzlichkeit, das auf radikalen Wandel der politischen und militärischen Entscheidungsstrukturen zielte. Der moralische Rigorismus, teilweise aus Traditionen entstanden, teilweise in der aktuellen Auseinandersetzung mit weltanschaulichen Bedrängnissen des Gewissens und in der Konfrontation mit Verbrechen gewachsen, verband sich mit dem kritischen Bewußtsein einer Funktionselite hoher Beamter und Militärs, die sich durch das Regime beengt und behindert wähnten, entsprechend ihrer Einsicht und ihrem Gewissen verantwortungsvoll zu handeln.

Bereits in der Sudetenkrise hatte Beck den Kontakt zu Goerdeler gefunden, der nahezu als isolierter und ohne breite Resonanz schreibender und in Gesprächen erfolglos beeinflussender einzelner Opponent die als schädlich eingeschätzte politische Entwicklung korrigieren wollte. Dieser Kontakt fand eine starke inhaltliche Gemeinsamkeit, bei allen Kontroversen im Detail und auch in der Zielfrage. Er hielt auch, als die NS-Führung von Triumph zu Triumph stürmte und fast die Herrschaft über ganz Europa errang[121]. Denn die Opposition ließ sich aufgrund ihrer festen Ziele nicht vom militärischen Erfolg faszinieren. Lediglich ihre Isolation von möglichen, zur initiierenden Handlung nicht bereiten, aber sich einem Umsturz möglicherweise anschließenden Kräften wurde größer[122]. Die daraus resultierende Begrenzung des Handelns konnte aber allmählich ausgeweitet werden, weil der ältere Kreis der Widerstandsgruppen um Beck, Hassell, Goerdeler und Canaris sich um jüngere Mitglieder ausweitete, die weniger stark national-konservativen Vorstellungen verpflichtet waren und deshalb in unerschrockener Radikalität und vertraut mit den politischen Strukturen neue Ziele formulierten. Diese Zielsetzung ging mit einer Entschlossenheit des Handelns einher, die versprach, auch die praktische Initiative im Zuge einer überraschenden Tat zu erringen.

Überraschend war, daß die Ziele keineswegs militärspezifisch bestimmt waren: Sie spiegelten vielmehr Wertvorstellungen, die z.T. nationalkonservative Traditionen neu artikulierten, z.T. aber auch neue Wege politischer Zielfindung beschritten[123]. Die Aktivitäten stützten sich überdies aber nicht nur auf politische Übereinstimmungen, sondern wurden durch ein dichtes Netz familiärer, kollegialer und kameradschaftlicher Bindungen ermöglicht. Die Vertreter einer sich radikalisierenden Opposition, die schließlich den harten Kern des militärischen und zivilen Widerstands gegen Hitler ausmachten, kannten sich überwiegend seit langen Jahren, waren verschwägert, hatten gemeinsam gedient — insbesondere dem Potsdamer Infanterieregiment Nr. 9 kam dabei eine Schlüsselstellung zu — und sich seitdem niemals aus den Augen verloren. Die Kasinofreiheit und die Atmosphäre des Salons ermöglichten die Entwicklung eines unabhängig-kritischen politischen Geistes, der auch überkommene und im strengen Sinne hinter Weimar zurückgehende politische Vorstellungen, wie sie viele der Ordnungsvorstellungen Becks und Goerdelers prägten[124], in einer zukunftsgerichteten Weise überwand.

Diese Zieldiskussion hat die Forschung in den vergangenen Jahren intensiv beschäftigt und Klarheit in viele Konzeptionen, aber auch Unklarheit in mancherlei Wertungen gebracht. Die Ablehnung der Repräsentanten des nationalkonservativen Widerstands kann aus einer kritischen Beurteilung ihrer Denkvorstellungen nicht folgen, denn den in engen Zeitvorstellungen ihrer Gegenwart und in Grundanschauungen des deutschen Obrigkeitsstaates verhafteten Widerstandskämpfern kann doch kaum „vorgehalten" werden, daß sie die innen- und außenpolitischen Maßstäbe, Werte und Ziele einer parlamentarischen Demokratie damals noch nicht als ihre eigenen betrachteten. Dies würde bedeuten, die „politische Gedankenwelt der Widerstandskämpfer mit den für sie nicht verbindlichen und insgesamt für die damalige politische Kultur in Deutschland wohl nicht zeitgemäßen Maßstäben zu messen[125]."

Der Widerstand verkörperte in seinen Zielen entscheidende und damals gegen breite Denkströmungen entwickelte Alternativen zur Wirklichkeit des Dritten Reiches. Diese Alternativen sind auch an der Wirklichkeit zu messen, die sie ablehnen und überwinden wollen. Ihre Vielfalt auf eine einzige charakteristische Prägung der Staats- und Gesellschaftsvorstellungen zu reduzieren, würde bedeuten, die Pluralität des Widerstandes ganz unterschiedlicher Gruppen mit je spezifischen Traditionen — vom Christentum und der Tradition der Arbeiterbewegung bis hin zu unterschiedlichen Strömungen der Jugendopposition — zu übersehen oder gar zu leugnen.

Unbestreitbar lassen sich in einzelnen Stellungnahmen von Goerdeler ständische Vorstellungen, antiparlamentarische und parteienfeindliche Grundannahmen benennen. Sie spiegeln aber stärker die negativen Erfahrungen mit der Weimarer Republik als ein starres politisches Programm. Wie sich bei einzelnen überlebenden Widerstandskämpfern nach dem Kriege zeigte, konnten diese Vorstellungen rasch überwunden werden und in den Neuaufbau eines parlamentarisch verfaßten Parteienstaates rechtsstaatlichen Typs einmünden[126]. Nicht die Frage der Ziele ist entscheidend, sondern die Methode der Auseinandersetzung zwischen den Anhängern unterschiedlicher Zielvorstellungen und die Dominanz der eine größere gruppenübergreifende Resonanz findenden Programmpunkte, die dem Widerstand ihre Richtung geben.

Für das Verhältnis zwischen den militärischen und zivilen Widerstandsgruppen ist bestimmend, daß im Verlauf des Krieges ihre Grenzen zunehmend verfließen. Alle Richtungen einte die doppelte Front: „Zwischen Bomben und Gestapo"[127], damit auch die Gefährdung des Lebens und des Erfolgs ihres Umsturzversuches. Bereits auf der Grundlage dieser Unsicherheiten mußten die Verbindungen enger werden, um unvorhersehbare Ereignisse — etwa die Versetzung an berlinferne Frontabschnitte oder die schwere Kriegsverletzung eines zum Attentat entschlossenen Verschwörers[128] — bewältigen zu können. Die Verbindungen zwischen der sich aus den unterschiedlichen Ansätzen einer Kriegsverhinderungsstrategie herausbildenden Opposition von Militärs und der sich im Umkreis von Goerdeler und von einzelnen „Ziviloffizieren" zusammenfindenden „bürgerlichen" Gruppen mit prinzipiellen Neuordnungsvorstellungen werden personell stabilisiert. Eine wichtige Scharnierfunktion übernimmt dabei Hauptmann Hermann Kaiser, der zum engen Vertrauten Goerdelers wird. Er hat Kontakte zwischen den hohen Offizieren zu knüpfen, sie über die Zielvorstellungen Goerdelers zu informieren, schließlich auch die Schwierigkeiten zu bewältigen, die immer wieder in Lähmung und Passivität, Rückzug von mündlich bekräftigten Positionen und Erringung neuer Ausgangspositionen mündet[129].

Den engsten Kontakt zu den Kreisen der Zivilisten hält der in den Ruhestand versetzte Beck[130], ein Mitglied der Mittwochsgesellschaft. Allerdings belastet er sich nicht selten durch Goerdeler, der keineswegs eine unangefochtene Position im Kreis der zivilen Widerstandsgruppen einnimmt. Weil Becks Austrahlung auf seine ehemaligen Offizierskameraden ungebrochen ist, kann er aber immer wieder neue Unterstützung mobilisieren. Entscheidend wird schließlich der Kontakt zum Allgemeinen Heeresamt und zu General Olbricht, der sicherlich stark unterschätzten[131] treibenden Kraft im Bendlerblock, die sich bis heute weitgehend einem abwägenden Urteil verstellt. Olbricht ist eher der Typ des Verwaltungsoffiziers. Er hält immer wieder Gespräche mit Goerdeler ab, der sich über seine abwartende Haltung mehrfach erregt[132]. Zurückhaltung ist aber kein Ausdruck militärischer Dominanz über die Widerstandsbestrebungen. Auch die übrigen Verschwöreroffiziere denken nicht primär militärbezogen, sondern erhalten durch die Verteidigung spezifisch militärischer Prinzipien eine mitreißende Gewalt über jüngere Kameraden und auch Einfluß auf die Offiziere, die aus ihren Zivilberufen zur Wehrmacht eingezogen wurden. Zu ihnen zählen Berthold Graf v. Stauffenberg, Cäsar v. Hofacker, Hermann Kaiser — sie fordern vielfach ihre länger dienenden Kameraden heraus und schärfen ihr moralisches Urteil. Die Frage nach dem Verhältnis zwischen militärischem und zivilem Widerstand stellte sich für sie nicht, weil sie im Ziel übereinstimmten.

Die vielfältigen und im Zeitablauf schwankenden, Abwehr, Kirchen, OKH, Heeresgruppe Mitte, Kreisau einbeziehenden Verbindungen sind in den Kaltenbrunner-Berichten aufgeschlüsselt worden[133]. Sie zeigen, daß die Widerstandskreise zu gemeinsamen Zielen kamen, die sich in klarer Form in späteren Denkschriften Goerdelers, in den Stellungnahmen des Kreisauer Kreises, schließlich in den Regierungserklärungen fanden, die nach einem gelungenen Anschlag auf Hitler und die NS-Führungsspitze verlesen werden sollten[134]. Diese Ziele waren durch das Vertrauen in die Öffentlichkeit geprägt, die — vorausgesetzt, die Verschwörer erhielten für wenige Stunden die Gelegenheit, die „Wahrheit" über das Regime und seine Politik zu verbreiten — nach einem gelungenen Anschlag auf die Seite der Umstürzler einschwenken müßte[135]. Sie waren überdies durch den Willen geprägt, die Willkürherrschaft mit Lagern und Terrorjustiz, Völkermord und Unterdrückung der abweichenden Meinung wieder an die Herrschaft des Rechts zu binden. Diese Wiederherstellung des Rechts und die Sicherung seiner Majestät erschien doch als der innenpolitisch relevante gemeinsame Nenner. Außenpolitisch konnten die Richtungen des Widerstands nicht mit einer ähnlich geschlossenen Konzeption aufwarten. Die Frage des Friedensschlusses, des Separatfriedens an einer Front, der Sicherung des Nationalstaates und der künftigen Friedensordnung, die angesichts der alliierten Kriegsziele ohne reale Grundlage bedacht wurde, brachte unterschiedliche Antworten hervor — von der Befestigung eines Nationalstaatskonzepts bis zu europäischen Konföderationsplänen[136]. Einheitsbildend wirkten auf diesem Gebiet die Friedensbekräftigungen, die Ablehnung von Gewalt, die Forderung einer internationalen Friedensordnung — schließlich auch die Befürwortung demokratischer Grundprinzipien. So bestanden nicht nur Gemeinsamkeiten in der Bestimmung des Unrechts, sondern auch im Hinblick auf Zukunftsvorstellungen. Dennoch sollten die Kontroversen, die z.T. heftig ausdiskutiert wurden und noch im unmittelbaren Vorfeld des Attentats zu neuen Kabinettslisten führten, nicht ungebührlich harmonisiert werden. Entscheidend war, daß der Widerstand die Vielfalt von Motivationen und Zielen akzeptierte und dennoch zur Gemeinsamkeit des Handelns kommen wollte. In diesem Ziel lag das gemeinsame, von keinem gravierenden Mißtrauen geprägte Wirken militärischer und ziviler Kreise unter möglichst breiter politischer Auffächerung begründet. In der Auseinandersetzung mit dem nationalsozialistischen Unrechtsstaat hatten sich Grundprinzipien eines politischen Zusammenlebens herauskristallisiert, die im Kern von ganz unterschiedlichen Opponenten und Gruppen geteilt werden konnten.

## VII. Zum Verhältnis des militärischen und zivilen Widerstandes

Die Widerstandskämpfer gegen die Herrschaft Hitlers haben über die klassische Frage nach dem Verhältnis von Militär und Politik nach allem, was wir wissen, kaum nachgedacht. Die zivilen Widerstandskämpfer akzeptierten die tatsächliche Schlüsselposition der Offiziere beim erstrebten Umsturz, während die Militärs aus dieser starken Position nicht die Verneinung des politischen Primats ableiteten. Dies zeigen bereits die Kabinettslisten, die Beck als provisorisches Staatsoberhaupt und auch einige Minister- oder Staatssekretärposten als Einflußbereich der Wehrmacht ausweisen, den entscheidenden Gestaltungsbereich aber Mitgliedern der zivilen Opposition unter Anerkennung einer denkbar breiten politischen, gewerkschaftlichen und weltanschaulich-konfessionellen Grundlage zuerkennen[137]. Obwohl der Umsturz selbst ausschließlich in die Hand von Militärs gegeben war — vom Attentat bis zur von Olbricht gelenkten Operation

Walküre —, kann er deshalb wegen seiner begrenzten und falschen Assoziationsmöglichkeiten nicht als Offizierrevolte oder „Militärputsch" bezeichnet werden.

Allerdings münden nicht alle Widerstandsaktivitäten in das Attentat vom 20. Juli 1944, wie auch unabhängig davon Widerstandshaltungen innerhalb der Wehrmacht, bis hinunter zum einfachen Soldaten, nachzuweisen sind. In einer Gesellschaft, die unter dem von Goebbels erklärten „totalen Krieg" lebte, waren überdies immer 'Uniformträger' in Widerstandsaktionen integriert. Streng betrachtet, waren sogar die Mitglieder der 'Weißen Rose' zu einem erheblichen Teil Soldaten, wie sie denn auch einen entscheidenden Anstoß zu ihrer Tat in der Konfrontation mit den NS-Verbrechen in Polen erhalten hatten. Spezifisch militärische Perspektiven und Wahrnehmungsweisen herrschten hier allerdings ebenso wenig vor wie bei den zum Militärdienst verpflichteten Mitgliedern der zivilen Oppositionsgruppen Berlins. Ihre übergreifende Gemeinsamkeit war die Ablehnung des Erfolgsprinzips. Es ging nicht primär um das Gelingen des Umsturzes, sondern um die Auflehnung gegen ein verbrecherisches Regime, um die Demonstration von Zielen, die gemeinsames Handeln rechtfertigten und bestimmten.

Auf dieser Grundlage konnten ganz unterschiedliche Denkvorstellungen, Traditionsbindungen und Ziele zu einem neuen Konsens gebündelt werden[138]. Diese Gemeinsamkeit stellte einen grundlegenden und zukunftweisenden Neuansatz des konkreten politischen Denkens der Deutschen dar und führte zur Überwindung des Weimarer Erfahrungssyndroms. Kooperation und Kompromiß, lange Jahre aus einem Unbedingtheitsdenken abgelehnt, bestimmten die Form der Willensbildung — erst dieser Wille zur neuen Gemeinsamkeit erklärt die Versuche Stauffenbergs, den Kreis des Widerstandes über die Gruppe um Beck und Goerdeler, um Moltke und Yorck, um Schulenburg und seine engeren Kameraden hinaus auszudehnen[139]. Deshalb wurden Politiker der Weimarer Zeit bewußt integriert und mit wichtigen Aufgaben versehen: Liberale wie Bolz, Sozialdemokraten wie Leber, Gewerkschafter wie Leuschner und Kaiser, Zentrumsvertreter ebenso wie Interessenvertreter waren zur Mitarbeit aufgerufen und hatten entscheidende Zukunftsaufgaben erhalten[140]. Militärs und reine Verwaltungsbeamte waren stattdessen für die Sicherung des Umsturzes selbst vorgesehen worden und erhielten ihren Wirkungsbereich in den Wehrkreisen und ehemaligen Länderverwaltungen.

So zeigt sich gerade im militärischen Widerstand die Selbstbegrenzung des Handelns und die Akzeptierung des Primats der Politik. Erst auf dieser Grundlage konnte der Gesamtwiderstand den politischen Konsens verkörpern, der sich nach 1945 in der Auseinandersetzung mit dem Widerstand gegen Hitler allmählich herausbildete und eine auf die Verfassungsinhalte bezogene, wertgeprägte und zielorientierte Widerstandsdiskussion gestattete, die bis heute unser Denken über die Grenzen und Rechtfertigungen von Widerstand bestimmen[141]. Angesichts modischer Inflationierung des Widerstandsbegriffs scheint dieses Bewußtsein in der Gegenwart verlorenzugehen. Gerade die Vielfalt der Ansätze, Traditionen und Gruppen, die insgesamt die deutsche Widerstandsgeschichte prägen, verdeutlichen den Anspruch der Pluralität, Toleranz und Nächstenliebe, die Fritz Bauer in seiner historisch weit ausgreifenden Dimensionierung des Widerstandsrechts betont hat[142]. Widerstandshandeln genügte niemals sich selbst und diente einem Gruppeninteresse ebenso wenig wie dem Vorteil einer Funktionselite. Gerade die Beziehungen zwischen dem militärischen und zivilen Widerstand zeigen, daß er durch den Willen zum stellvertretenden mitmenschlichen Handeln geprägt war. Dies bindet den militärisch-zivilen Widerstand des nationalskonservativen Umfeldes an die alltäglichen Bereiche des Widerstands gegen den Nationalsozialismus, die sich im Kriegsalltag, in Lagern und Gefängnissen, in Nachbarschaften und Kirchengemeinden ebenso zu bewähren hatten wie in Teilbereichen des Herrschaftssystems, die nicht in unmittelbarer Verbindung zum Widerstand im Umkreis des 20. Juli standen. Die ganze Breite des Widerstands läßt sich hier nicht skizzieren — dazu sei auf die ständige Ausstellung „Widerstand gegen den Nationalsozialismus" verwiesen, die in der Gedenk- und Bildungsstätte Deutscher Widerstand in den ehemaligen Diensträumen des Allgemeinen Heeresamtes und des Befehlshabers des Ersatzheeres erarbeitet wird[143]. Allerdings zeigt sich auch hier, daß es keine Konkurrenz zwischen militärischem und zivilem Widerstand gibt.

## VIII. Historisch-politische Perspektiven

Im Anschlag auf Hitler, den Stauffenberg in der Wolfschanze stellvertretend für den deutschen Widerstand verübte, vereinigten sich die Erwartungen und Zielvorstellungen unterschiedlichster Widerstandskreise, wenngleich die volle Bedeutung dieser Tat erst in den Folgewochen und -monaten erkannt wurde. Zugleich bündelte sich eine langwierige und schwierige zeitgeschichtliche Widerstandsdiskussion, die in ihrer Klarheit jedoch überschaubar war und mit der Verteidigung von Prinzipien einen „Grund von Politik"[144] schlechthin verdeutlicht hatte. Der 20. Juli erscheint nicht nur als Ergebnis eines durch vielfache Brüche[145] gekennzeichneten Prozesses; in ihm brechen sich auch unsere Widerstandsdiskussionen und Widerstandserfahrungen, die uns bis in die unmittelbare Gegenwart hinein beschäftigen[146].

Als unabdingbare Bezugspunkte[147] unserer Auseinandersetzung mit dem Widerstand lassen sich Menschen- und Naturrecht, klare Staatsziele und Staatszwecke, die Verbindlichkeit des Rechts als „Schutz und Schirm" der Schwachen und der Untertanen im Spannungsfeld von Staat und Gesellschaft, schließlich die Achtung vor dem menschlichen Leben und die Respektierung der Gottesebenbildlichkeit des einzelnen benennen. Ohne jeden Zweifel dachten die Widerstandskämpfer nicht die konkrete Ordnung des Grundgesetzes voraus; aber sie antizipierten seine Prinzipien und gaben einer Zivilität Ausdruck, die sogar die bewaffnete Macht prägte. Nicht zuletzt wurde die Tradition der Widerstandsdiskussion politischer Philosophie angesichts der Wirklichkeit nationalsozialistischer Herrschaft für jeden bis in seinen Alltag hinein spürbar. Insofern geht heute jede Widerstandsdiskussion in Deutschland von den Erfahrungen des Dritten Reiches aus, ohne sich in der zeitgeschichtlichen Reflexion erschöpfen zu können. Die Einigung der Gruppen und Richtungen erfolgte zunächst in den Zielbestimmungen, anschließend in der Tat — die Nationalsozialisten respektierten diese Gemeinsamkeit, indem sie alle Anhänger der deutschen Opposition in gleicher Weise verfolgten und gleichermaßen bestraften. Sie unterschieden nicht nach Haltungen der Dissidenz und Resistenz, der Nonkonformität und Verweigerung, des Umsturz- und Attentatswillens. Der gemeinsame Nenner der Strafgründe war vielmehr der Vorwurf, sich den „Kopf des Führers zerbrochen zu haben", wie Freisler den Mitgliedern des Kreisauer Kreises vorwarf[148].

Die Anstrengung der nationalsozialistischen Unterdrückungsorgane richtete sich gegen die *Zukunftsgewißheit der Widerstandsbewegung und ihre Integrität*. Ausdruck dieser Integrität war die Standhaftigkeit, mit der viele der nach dem 20. Juli 1944 Verhafteten und Verfolgten die Untaten der deutschen Führung und ihrer Handlanger geißelten und eine Bestrafung verlangten. Die Unsicherheit der Nationalsozialisten wurde noch größer, als sie erkannten, daß es dem Widerstand niemals um Vergeltung, sondern stets um Sühne und Wiedergutmachung, um eine Übernahme der Schuld durch Bestrafung der Schuldigen ging. Sie verstanden den Anspruch Bonhoeffers, die Widerstandsbewegung dürfe nicht die Menschenverachtung ihrer Gegner praktizieren[149], als eine Bedrohung, denn gerade durch diesen Anspruch lehnte der Widerstand die Vergeltung, die Rache ab und erhob sich zu jener Moralität, die vielleicht die schärfste Waffe der Widerstandsgruppen darstellte[150].

Der Herrschaftsanspruch des NS-Führung wurde aber vor allem dadurch beschränkt, daß die Widerstandsbewegung einen eigenen Zukunftsanspruch erhob, demonstrierte und schließlich durchsetzte. Ihre Anhänger überwanden die

Angst, die sie wie jeder Mensch angesichts des Todes empfanden, indem sie über ihren Todestag hinausschauten und sich eine Nachkriegsordnung vorstellten, die scharfe Alternative des NS-Staates war. In diesem Sinne beschwor Dietrich Bonhoeffer die Zukunft, als er *Optimismus als die Grundtriebkraft des Widerstandes* beschwor, als eine „Kraft, die die Zukunft niemals dem Gegner läßt, sondern sie für sich in Anspruch nimmt"[151]. Dieser Optimismus hatte die Vielfalt des Widerstands gegen den Nationalsozialismus geprägt und schließlich die Gruppen, Individuen und Strömungen zu jener Aktion vereinigt, die „nahe zum Ziele kam" (Rothfels) — vereinigt nicht in der unmittelbaren Mitwirkung, sondern in der Hoffnung und Sehnsucht, der Anschlag möge gelingen.

Es war die Tragik des Widerstands, daß er sich nicht auf das Volk in seiner Breite stützen konnte. Nach dem Attentat flog Hitler, der nahezu unverletzt geblieben war, eine neue Welle der Sympathie zu, wie alle „Meldungen aus dem Reich" belegten[152]. Viele Widerstandskämpfer waren Jahre hindurch niemals irre geworden an ihrer Aufgabe, ihren Weg zu Ende zu gehen, wie Julius Leber bereits 1933 geschrieben hatte. Sie lebten bald in dem Bewußtsein, „die Letzten zu sein", wie Albrecht Haushofer in seinem Sonett „Das Erbe" geschrieben hatte[153]. Sie lebten vielfach auch im Bewußtsein ihres Versagens, ihrer Schuld[154], denn sie hatten große Teile der Ordnung, die sie überwanden und bekämpften, ursprünglich häufig „miterdacht, mitermöglicht und mitverwirklicht"[155].

Dieses Gefühl des gemeinsamen Versagens und der gemeinsamen Schuld war Voraussetzung einer neuen Gemeinsamkeit, die im Kern einen Bezugspunkt hatte: „Die Majestät des Rechts" in der Zukunft zu sichern.

Dieses Bewußtsein gilt es, auch in gegenwärtigen und zukünftigen Widerstandsdiskussionen nicht preiszugeben. Widerstand hat nichts gemeinsam mit Minoritätenkult, Fragwürdigkeit einer Mehrheitsentscheidung oder gar einem Widerstandstourismus[156], sondern hängt unverbrüchlich mit dem Willen zum Recht als der Voraussetzung für die Entfaltung der menschlichen Würde zusammen. Erst in diesem Sinne ist Staat niemals Selbstzweck und Eigenwert, sondern Mittel zur Sicherung einer Lebensordnung, die über die Interessen von Staat und Gesellschaft hinaus dem einzelnen dient und verteidigenswert ist.

Widerstand kann vor dem Hintergrund der zeitgeschichtlichen Erfahrungen der Deutschen nur gedacht werden als Kampf gegen eine menschenfeindliche Ordnung, die ihre Untertanen in Verbrechen verstrickt und den Nationalstaat mit schwerer Schuld belastet, die zur entscheidenden Hypothek zukünftiger Politik wird. Das gemeinsame Anstehen gegen Zumutungen der Unrechtmäßigkeit, der Widerstand gegen die politischen Urheber schuldhafter Verstrickung zeichnet den deutschen Widerstand unbeschadet seiner weltanschaulichen, sozialen, kulturellen, konfessionellen und politischen Differenzierung aus. Deshalb greift das eingangs angeführte Zitat aus dem Tagebuch des Hauptmanns Hermann Kaiser, der das Kriegstagebuch beim Befehlshaber des Ersatzheeres führte und ein wichtiger „Verbindungsmann und Vermittler zwischen dem militärischen und zivilen Widerstand"[157] war, das gemeinsame Anliegen des Gesamtwiderstandes nach 1938/39 auf. In einem Brief drückte er die vorherrschende Motivationslage aus:

„Das ist die höchste Kunst, wo die politische Tat beim Erringen großer Erfolge vermeidet, gemeine Mittel anzuwenden und Verbrechen zu begehen. Der wirkliche Staatsmann wird vor solchen Versuchungen immer bewahrt bleiben, weil die tiefe Quelle für seine staatsmännische Kraft seine moralische Festigkeit ist[158]."

Hier findet sich das Menschenbild des Widerstandes, das zu verwirklichen ist, hier findet sich auch die Begrenzung der Staatsgewalt, nicht weil sie schlecht ist, sondern weil sie, wie jede Institution, eine dienend-zweckbestimmte Funktion hat. In diesem Sinn schreibt Kaiser im März 1942, daß die „Schranke der weltlichen Gewalt" dort liege, wo über die „Seele" des Menschen befohlen würde[159]. Die enge Verbindung zwischen dem militärischen und zivilen Widerstand überwindet die Politikferne der sensibelsten und politisch offensten Offiziere und löst die alte Frage nach dem Primat von Politik und Kriegführung auf. Es war ein Zivilität und militärische Grundanschauung verbindender sogenannter „Ziviloffizier", Gymnasiallehrer und Hauptmann, der den folgenden Satz formulierte:

„Der moralische Mensch, als Träger der Politik, wird sich nie vermessen, in Glaubensfragen einzugreifen und die letzten Dinge des Seelenlebens mit Gewalt zu beeinflussen. Er wird die Schranken erkennen, vor denen die Staatsgewalt halt machen muß, und die Bürger vor Konflikten zwischen dem Gewissen und ihren staatlichen Pflichten bewahren. Als Inhaber der staatlichen Gewalt wird er auch seine Aufgabe darin sehen, die Kirche als Gemeinschaft der Gläubigen gegen äußere Einflüsse und Gefahren zu schützen[160]."

Diese Zivilität ermöglicht vielen der aus der Militäropposition hervorgehenden Verschwörer den gefahrvollen und schließlich den höchsten Einsatz des Lebens verlangenden Weg in den Widerstand und stellt ein positives Moment der deutschen Tradition dar — zumindest, wie Axel v. dem Bussche sagte — "post festum"[161].

*Anmerkungen*

1 Hermann Kaiser an seine Schwester, 6.6.1940, zit. nach Ger van Roon, Hermann Kaiser und der deutsche Widerstand, in: VfZG, 24 (1976), S. 265.

2 Rüdiger v. Voss, Vorwort, in: Otto-Ernst Schüddekopf, Der deutsche Widerstand gegen den Nationalsozialismus, Frankfurt/M. 1977, S. XII.

3 Hans Rothfels, Deutsche Opposition gegen Hitler. Neue, erw. Aufl. Frankfurt/M. 1977 (= Fischer Taschenbuch, Nr. 1989).

4 Vgl. zu dieser Forderung Andreas Hillgruber, Endlich genug über Nationalsozialismus und Zweiten Weltkrieg? Forschungsstand und Literatur, Düsseldorf 1982, S. 47.

5 Vgl. die entsprechenden Umfragen des Instituts für Demoskopie, Allensbach, teilweise veröffentlicht in den „Jahrbüchern der öffentlichen Meinung".

6 Bericht vom 21.7.1944, in: Spiegelbild einer Verschwörung. Die Kaltenbrunner-Berichte an Bormann und Hitler über das Attentat vom 20. Juli 1944. Geheime Dokumente aus dem ehemaligen Reichssicherheitshauptamt, hg. vom Archiv Peter für historische und zeitgeschichtliche Dokumentation, Stuttgart 1961, S. 2.

7 Bericht vom 21.7.1944, ebd., S. 4 f.

8 Bericht vom 22.7.1944, ebd., S. 6; dabei ist allerdings zu berücksichtigen, daß diese Berichte auch politisches Handeln initiieren sollten. Vgl. in diesem Zusammenhang auch Interviews in Berlin nach dem 20. Juli 1944, Deutsches Rundfunkarchiv Frankfurt/M., Nr. 639.

9 20. Juli 1944, bearb. von Hans Royce, Bonn 1961, S. 185 f.; Deutsches Rundfunkarchiv Frankfurt/M., Nr. 641.

10 Bericht im Schreiben Kaltenbrunner an Bormann vom 24.7.1944, in: Spiegelbild (Anm. 6), S. 8. Diese Formulierung taucht dann in modifizierter Form in einem Rundschreiben der Gauleitung Franken an alle Kreisleitungen auf: „rücksichtslose Ausmerzung aller Verräter, Defaitisten und ähnlicher Handlanger des Feindes." Vgl. zu weiteren Passagen Peter Hoffmann, Widerstand — Staatsstreich — Attentat. Der Kampf der Opposition gegen Hitler, Frankfurt/M. 1974 (= Ullstein-Taschenbuch, Nr. 3077), S. 866, Anm. 59.

11 Walter Hammer, Die 'Gewitter-Aktion' vom 22.8.1944, in: Freiheit und Recht, 5 (1959), H. 8/9, S. 15-18; Hoffmann, Widerstand (Anm. 10), S. 614.

12 Im Laufe seiner Rundfunkansprache variierte Hitler diese Begriffe bis zum „Klüngel ehrgeiziger erbärmlicher Kreaturen".

13 Eine Neubearbeitung der Kaltenbrunner-Berichte wird von Hans-Adolf Jacobsen, Stuttgart: Seewald vorbereitet.

14 Kaltenbrunner an Bormann, 21.7.1944, in: Spiegelbild (Anm. 6), S. 2.

15 Rothfels, Opposition (Anm. 3), S. 101.

16 Ebd., S. 97.

17 Ausnahmen sind sich programmatisch nennende Zirkel wie die Gruppen „Neu Beginnen", Gesinnungskreise wie die schon in die Weimarer Zeit zurückreichende „Mittwochsgesellschaft", Widerstandsgruppen Jugendlicher und Studenten wie die „Weiße Rose", die sogenannte, organisatorisch allerdings weniger verfestigte „Swing-Jugend" oder die unterschiedlichen Gruppen der „Edelweißpiraten".

18 Die Bezeichnung nach Namen ist in der Regel erst ein Ergebnis der zeitgeschichtlichen Forschung, keine Gewohnheit der Widerstandskämpfer selbst. Zu einem guten Teil spiegelt sich in den Benennungen auch nationalsozialistische Ermittlungspraxis. Die Widerstandskämpfer selbst benutzten Tarnnamen, wie etwa die „Rote Kapelle" zeigt, sobald sie bewußt konspirativ gegen das NS-Regime arbeiteten.

19 Dem Ziel, die Geschichte des Widerstands in seiner ganzen Breite zu verdeutlichen, ist die geplante Ständige Ausstellung 'Widerstand gegen den Nationalsozialismus' in der *Gedenk- und Bildungsstätte Deutscher Widerstand zu Berlin* verpflichtet, die nach dem Willen des ehemaligen Regierenden Bürgermeisters Dr. Richard v. Weizsäcker als „nationales Zentrum einer Beschäftigung mit dem Widerstand gegen den Natio-

nalsozialismus" eingerichtet wird. Viele Überlegungen, die im Zusammenhang mit der Konzipierung dieser Aufstellung angestellt wurden, sind in meinen Beitrag eingegangen.

20 Vgl. Karl Barth an seine Mutter, 1.2.1933, in: Josef und Ruth Becker, Hg., Hitlers Machtergreifung 1933. Vom Machtantritt Hitlers 30. Januar 1933 bis zur Besiegelung des Einparteienstaates 14. Juli 1933, München 1983 (= dtv dokumente, Nr. 2938), Nr. 9.
21 Wilhelm Hoegner, Flucht vor Hitler, Frankfurt/M. 1979, S. 85 schreibt: „Wir waren alle in einem Rechtsstaat aufgewachsen [...] Es ging uns nicht ein, daß eine deutsche Staatsgewalt die rohen Mißhandlungen wehrloser Menschen, die Befriedigung aller grausamen und sadistischen Triebe vertierter Kerle an unschuldigen Opfern zuließ, ja zu begünstigen schien."
22 Institut für Marxismus-Leninismus beim ZK der SED, Hg., Geschichte der deutschen Arbeiterbewegung, Bd 5, Berlin (Ost) 1966, S. 13 u.ö.
23 Hans-Joachim Althaus u.a., Da ist nirgends nichts gewesen außer hier — Das „rote Mössingen" im Generalstreik gegen Hitler. Geschichte eines schwäbischen Arbeiterdorfes, Berlin 1982.
24 Becker, Machtergreifung (Anm. 20), Nr. 7.
25 Karl-Dietrich Bracher, Stufen der Machtergreifung, in: ders. u.a., Die nationalsozialistische Machtergreifung. Studien zur Errichtung des totalitären Herrschaftssystems in Deutschland 1933/34, Frankfurt/M. 1974, S. 104 ff.
26 Vgl. Peter Steinbach, Grundwerteverfall und Systemstabilität. Das Ende von Weimar im Licht der aktuellen Grundwertediskussion, in: Politische Bildung, 12 (1979), H. 3, S. 32-50; Klaus Megerle und Peter Steinbach, Politische Kultur in der Krise, Teil I, in: Politische Vierteljahrsschrift (PVS-Literatur), 2/81, S. 123-157; Teil II in: PVS-Literatur, 1/82, S. 6-26.
27 Peter Steinbach, Republik ohne Grundkonsens. Grundwertverlust und Zerstörung der politischen Kultur in der Weimarer Republik, in: Rudolf Lill u. Heinrich Oberreuter, Hg., Machtverfall und Machtergreifung. Aufstieg und Herrschaft des Nationalsozialismus, München 1983, S. 63-92.
28 Sowohl Stauffenberg als auch Tresckow waren zunächst von den nationalsozialistischen Zielen beeindruckt; sie erwarteten die Glättung und Überwindung der Bruchlinien, die ihrer Meinung nach die Republik hervorgebracht hatte. Vgl. z.B. die vorsichtig abwägenden Überlegungen bei Christian Müller, Oberst i.G. Stauffenberg. Eine Biographie, Düsseldorf 1970, S. 93 ff., oder die Bemerkungen von Othmar v. Aretin zu Henning v. Tresckow in dem im Druck befindlichen Sammelband von Rudolf Lill und Heinrich Oberreuter, Hg., Der 20. Juli 1944. Portrait des Widerstands, Düsseldorf 1984.
29 Gotthard Breit, Das Staats- und Gesellschaftsbild deutscher Generale beider Weltkriege im Spiegel ihrer Memoiren, Boppard 1973 (= Militärgeschichtliche Studien, Bd 17), S. 153: „An der neuen Staatsordnung bejahten die Offiziere eigentlich nur, daß den Soldaten jegliche aktive politische Betätigung untersagt wurde. Als Offizier konnte man sich daher ruhigen Gewissens ganz auf den Dienst innerhalb der Reichswehr konzentrieren und brauchte sich um das politische Geschehen nicht zu kümmern."
30 Ebd., S. 159.
31 Hitler berücksichtigte das Unbehagen der Reichswehr gegenüber den „marxistischen Strömungen" in seiner Rede vor den Befehlshabern des Heeres und der Marine vom 3.2.1933, als er hervorhob: „Allgemeine Wehrpflicht muß wieder kommen. Zuvor aber muß Staatsführung dafür sorgen, daß die Wehrpflichtigen vor Eintritt nicht

schon durch Pazifismus, Marxismus, Bolschewismus vergiftet werden oder nach
Dienstzeit diesem Gifte verfallen." Becker, Machtergreifung (Anm. 20), Nr. 13.
32 Breit, Staats- und Gesellschaftsbild (Anm. 29), S. 160 f.
32a Rothfels, Opposition (Anm. 3), S. 80 und 93 sowie S. 215, Anm. 55, und S. 217 f.,
Anm. 75.
33 Rudolf Absolon, Die Wehrmacht im Dritten Reich, Bd I, Boppard 1969, S. 78. Vgl.
Manfred Messerschmidt, Juden im preußisch-deutschen Heer, in: Deutsche Jüdische
Soldaten 1914-1945, hg. vom Militärgeschichtlichen Forschungsamt, Herford und
Bonn o.J. (1983), S. 96-127, besonders S. 113 ff.
34 Allerdings muß auch erwähnt werden, daß es in der Reichswehr eine längere anitsemi-
tische Tradition gab. Vgl. Messerschmidt, Juden (Anm. 33), S. 110 ff.
35 Vgl. Manfred Messerschmidt, Die Wehrmacht im NS-Staat. Zeit der Indoktrination,
Hamburg 1969, S. 43 ff., der eine Gesamtzahl von 70 Betroffen anführt, die er allerdings als zu nieder bezeichnet, weil die Frontkämpfer nicht einbezogen worden sei-
en, und der andererseits erwähnt, Gen. Maj. v. Reichenau habe die vom Reichsbund
der höheren Beamten in einer Anfrage genannte Zahl von 800 trotz „nichtarischer
Abstammung" im Heer Verbliebenen als „in keiner Weise" zutreffend bezeichnet.
36 Vgl. als sehr frühes Zeugnis die Schilderung des Schriftstellers Erich Ebermayer, der
über ein Gespräch mit dem damaligen Leipziger Oberbürgermeister Dr. Goerdeler berichtet: „Erhebung, Aufbruch der Nation, Wirtschaftskonjunktur, Kampf gegen die
Kommunisten, in Grenzen auch gegen die Ostjuden — für all das sind die Leipziger
Patrizier durchaus zu haben." Becker (Anm. 20), Machtergreifung, Nr. 32.
37 Ernst Klee, 'Euthanasie' im NS-Staat. Die 'Vernichtung lebensunwerten Lebens',
Frankfurt/M. 1983, S. 34 ff.; Helmut Genschel, Die Verdrängung der Juden aus der
Wirtschaft im Dritten Reich, Göttingen/Berlin/Frankfurt/Zürich 1966, S. 60 ff.
38 Der Kirchenkampf um Bekenntnis und höchste Autorität des Glaubens war zunächst
durchaus mit einer partiellen Übereinstimmung zwischen Bekennender Kirche und
NS-Staat, etwa auf außenpolitischem Feld, vereinbar. Vgl. in diesem Zusammenhang
etwa die politischen Zielvorstellungen von Niemöller, Dibelius, Theophil Wurm.
Allg. Klaus Scholder, Die Kirchen und das Dritte Reich, Bd I: Vorgeschichte und Zeit
der Illusionen 1918-1934, Frankfurt/a.M./Berlin/Wien 1977, S. 212 ff.; Kurt
Nowak, Evangelische Kirche und Weimarer Republik. Zum politischen Weg des
deutschen Protestantismus zwischen 1918 und 1932, Göttingen 1981; Überblick bei
Andreas Lindt, Das Zeitalter des Totalitarismus. Politische Heilslehren und ökume-
nischer Aufbruch, Stuttgart 1981, S. 169 ff.
39 Eberhard Röhm und Jörg Thierfelder, Evangelische Kirche zwischen Kreuz und Hakenkreuz. Bilder und Texte einer Ausstellung, Stuttgart 1981.
40 Vgl. Klaus Gotto, Hans Günter Hockerts und Konrad Repgen, Nationalsozialistische
Herausforderung und kirchliche Antwort. Eine Bilanz, in: Klaus Gotto und Konrad
Repgen, Hg., Kirche, Katholiken und Nationalsozialismus, Mainz 1980, S. 101-118.
Die Verfasser bezeichnen die katholische Kirche als „wichtigste Großgruppe" mit einem weitgehend „intakten Wertsystem" (S. 117).
41 Dennoch ging Hitler, wie Hermann Mau feststellte, mit einem „bedeutenden Gewinn
an Macht und Ansehen aus der Aktion hervor". Auch äußerlich schien die Stellung
der Reichswehr befestigt. Hitler bekräftigte sogar öffentlich, „er könne von den Offizieren und Soldaten nicht fordern, 'daß sie im einzelnen ihre Stellung zu unserer Bewegung finden'!" Vgl. Hermann Mau, Die 'Zweite Revolution' — der 30. Juni 1934,
in: VfZG, 1 (1953), H. 2, S. 136. Insofern sind also Zweifel angebracht, ob die Niederschlagung der „Röhm-Revolte" wirklich als Durchbruch regimekritischer Menta-
litätsreserven zu benennen ist.

42 Helmut Krausnick, Vorgeschichte und Beginn des militärischen Widerstandes gegen Hitler, in: Vollmacht des Gewissens, Bd I, München 1960, S. 227 ff.; allerdings sollte sich der Plan eines Eingriffs nicht vorrangig gegen Hitler richten.

43 Dieser Tiefpunkt der sozialdemokratischen, sozialistischen und kommunistischen Widerstandtätigkeit wird in den parteinahen Widerstandsdarstellungen häufig überspielt; dennoch läßt sie sich als Zäsur namhaft machen. Vgl. etwa Hermann Weber, Die KPD in der Illegalität, in: Richard Löwenthal und Patrik v. zur Mühlen, Hg., Widerstand und Verweigerung in Deutschland 1933 bis 1945, Berlin und Bonn 1982, S. 94 f.

44 Hans-Adolf Jacobsen, Nationalsozialistische Außenpolitik 1933-1938, Frankfurt/M. 1968.

45 Dorothea Beck, Julius Leber. Sozialdemokrat zwischen Reform und Widerstand, Berlin 1983, S. 136 ff.

46 Joachim G. Leithäuser, Wilhelm Leuschner. Ein Leben für die Republik, Frankfurt a.M./Zürich/Wien 1962; vgl. auch Eugen Kogon, Wilhelm Leuschners politischer Weg, in: Wilhelm Leuschner, Auftrag und Verpflichtung, Wiesbaden 1982, S. 7-28.

47 Rosemarie Reichwein, Hg., Adolf Reichwein. Ein Lebensbild aus Briefen und Dokumenten, München 1974.

48 Martin Broszat, Recht und Justiz, in: ders., Der Staat Hitlers. Grundlegung und Entwicklung seiner inneren Verfassung, München 1969, S. 402 ff.; Lothar Gruchmann, Rechtssystem und nationalsozialistische Jusitzpolitik, in: Martin Broszat und Horst Möller, Hg., Das Dritte Reich. Herrschaftsstruktur und Geschichte, München 1983, S. 83-103.

49 Beck, Leber (Anm. 45), S. 171 ff.

50 Günther v. Norden, Widerstand in den Kirchen, in: Löwenthal/v. zur Mühlen, Widerstand und Verweigerung (Anm. 43), S. 111 ff., bes. S. 114 ff., wo der „institutionelle Protest" differenziert wird in die Verteidigung des kirchlichen Bekenntnisses und die Verteidigung der kirchlichen Organisationen, die Verteidigung von Recht und Menschlichkeit. Allg. auch Leonore Siegele-Wenschkewitz, Nationalsozialismus und Kirchen. Religionspolitik von Partei und Staat bis 1935, Düsseldorf 1974.

51 Dies hat Martin Höllen in beeindruckender Weise herausgearbeitet. M. Höllen, Heinrich Wienken, der 'unpolitische' Kirchenpolitiker. Eine Biographie aus drei Epochen des deutschen Katholizismus, Mainz 1981. Wienken war kein Widerstandskämpfer, sondern stand in besonderer Weise unter dem Vorwurf der Zusammenarbeit mit den Machthabern der „braunen" und später dann auch der „roten" Diktatur; Höllen arbeitet ohne Beschönigung die Handlungsspielräume und Erfolge derartiger Kooperation heraus.

52 Raimund Baumgärtner, Weltanschauungskampf im Dritten Reich. Die Auseinandersetzung der Kirchen mit Alfred Rosenberg, Mainz 1977, S. 138 ff.; Joachim Maier, Schulkampf in Baden 1933-1945. Die Reaktion der katholischen Kirche auf die nationalsozialistische Schulpolitik, dargestellt am Beispiel des Religionsunterrichts in den badischen Volksschulen, Mainz 1983.

53 Hans Günter Hockerts, Die Sittlichkeitsprozesse gegen katholische Ordensangehörige und Priester 1936/1937. Eine Studie zur nationalsozialistischen Herrschaftstechnik und zum Kirchenkampf, Mainz 1971; Klaus J. Volkmann, Die Rechtsprechung staatlicher Gerichte in Kirchensachen 1933-1945, Mainz 1978.

54 Eberhard Bethge, Dietrich Bonhoeffer. Theologe — Christ — Zeigenosse, München [5]1983, S. 673 ff.

55 Benedicta Maria Kempner, Priester vor Hitlers Tribunalen, München 1966.

56 Peter Hüttenberger, Vorüberlegungen zum 'Widerstandsbegriff', in: Jürgen Kocka, Hg., Theorien in der Praxis des Historikers. Forschungsbeispiele und ihre Diskussion, Göttingen 1977, S. 117 ff. Hüttenberger kommt zu einer politisch, funktional, weltanschaulich und auch regional differenzierten Definition, kann aber das Problem der zeitlichen Entwicklung nicht in den Widertstandsbegriff integrieren. Gerade in der Berücksichtigung des Zeitfaktors läge aber der besondere Anspruch an eine historisch gesättigte und handhabbare Widerstandsdiskussion. In dem vorgeschlagenen Widerstandsbegriff spiegeln sich die Überlegungen, die im Zusammenhang mit dem Münchener Forschungsprojekt „Bayern in der NS-Zeit" angestellt wurden. Vgl. Martin Broszat, Hg., Bayern in der NS-Zeit, 6 Bde, München 1977-1983.

57 Dem wird allerdings durch eine wissenschaftliche Definition des Widerstands als „Leistungsverweigerung" zuweilen Vorschub geleistet. Vgl. Hüttenberger, Vorüberlegungen (Anm. 56), S. 130: „Widerstand heißen sämtliche auflehnenden Handlungen, die einem Herrschaftsträger die Möglichkeit nehmen, an soziale Einheiten Leistungsforderungen zu stellen, sowie sämtliche Handlungen, die Leistungsverweigerungen sind oder zu Leistungsverweigerungen hinführen können." Vgl. auch Peter Steinbach, Widerstand gegen den Nationalsozialismus, in: Rudolf Lill und Heinrich Oberreuter, Machtverfall (Anm. 27), S. 305 ff. Zur aktuellen Diskussion Basilius Streithofen, Hg., Frieden im Lande. Vom Recht auf Widerstand, Bergisch Gladbach 1983; Peter Glotz, Hg., Ziviler Ungehorsam im Rechtsstaat, Frankfurt/M. 1983.

58 Vgl. Art. 20/4 GG; Arthur Kaufmann, Hg., Widerstandsrecht, Darmstadt 1972.

59 Bethge, Bonhoeffer (Anm. 54), passim.

60 Eberhard Bethge, Adam von Trott und der deutsche Widerstand, in: VfZG, 11 (1963), S. 213-223, hier S. 221 f., auch ders., Bonhoeffer (Anm. 54), S. 891 ff.

61 Ger van Roon, Neuordnung im Widerstand. Der Kreisauer Kreis innerhalb der deutschen Widerstandsbewegung, München 1967; vgl. aber auch Eugen Gerstenmaier, Der Kreisauer Kreis, in: VfZG, 15 (1967), S. 221-246.

62 Konrad Repgen, Katholizismus und Nationalsozialismus. Zeitgeschichtliche Interpretationen und Probleme, Köln 1983, S. 10 f.

63 Klaus Hildebrand, Das Dritte Reich, München 1979, S. 45 ff. und S. 72 ff.; Wolfgang Sauer, Die Mobilmachung der Gewalt, Frankfurt/a.M./Berlin/Wien 1974, Ullstein-Buch, Nr. 2994 (= Bracher/Schulz/Sauer, Die nationalsozialistische Machtergreifung. Studien zur Errichtung des totalitären Herrschaftssystems in Deutschland 1933/34, Teil III), S. 226 ff.

64 Dietrich Güstrow, Tödlicher Alltag. Strafverteidiger im 3. Reich, Berlin 1981, passim; Detlef Peukert, Alltag unterm Nationalsozialismus, Berlin 1981 (mit weiteren Literaturhinweisen).

65 Damit ergeben sich über den Traditionsbegriff Möglichkeiten, die Startbedingungen des Widerstands zu bestimmen. Unter diesem Aspekt erscheinen die „geborenen Gegner" Hitlers, die bereits in der Weimarer Republik gegen die NSDAP ohne Kompromißwillen gestritten haben, als die Gegner der ersten Stunde. Ihre Tragik liegt darin, daß sie als erste unter dem NS-Terror aufgerieben wurden. Die Startbedingungen der erst 1934 und später zum Widerstand stoßenden Gruppen waren dadurch geprägt, daß zunächst die häufig vorhandene partielle Übereinstimmung überwunden oder relativiert werden mußte.

66 Heinz Hürten, Zeugnis und Widerstand der Kirche im NS-Staat. Überlegungen zu Begriff und Sache, in: Stimmen der Zeit, 201 (1983), S. 363-373.

67 Rainer A. Blasius, Für Großdeutschland — gegen den großen Krieg. Staatssekretär Ernst Frhr. von Weizsäcker in den Krisen um die Tschechoslowakei und Polen 1938/39, Köln und Wien 1981; Marion Thielenhaus, Die politischen Aktivitäten der

Beamtengruppe um Ernst von Weizsäcker im Auswärtigen Amt 1938-1941. Anpassung, Opposition, Widerstand, phil. Diss. Köln 1982.

68 In diesem Zusammenhang ist an Personen wie den Berliner Polizeipräsidenten Graf Helldorff oder gar an Karl Gerstein zu erinnern, die wichtige Funktionsträger des Systems waren oder sogar im System der industriemäßig betriebenen Massenermordungen eine zentrale Stellung einnahmen.

69 Ganz deutlich Rothfels, Opposition (Anm. 3), S. 78 ff.; Ger van Roon, Widerstand im Dritten Reich. Ein Überblick, München 1979, S. 119 ff.

70 Hoffmann, Widerstand (Anm. 10), S. 297 ff., S. 328 ff. und S. 378 ff.

71 Klaus-Jürgen Müller, Die national-konservative Opposition vor dem Zweiten Weltkrieg. Zum Problem ihrer begrifflichen Erfassung, in: Militärgeschichte. Probleme — Thesen — Wege, hg. vom MGFA, Stuttgart 1982, S. 215-242. Vgl. auch den Beitrag von Müller in diesem Band.

72 Romedio Galeazzo Graf v. Thun-Hohenstein, Der Verschwörer. General Oster und die Militäropposition, Berlin 1982, S. 134 ff.

73 Vgl. Leonidas E. Hill, Bearb., Die Weizsäcker-Papiere 1933-1950, Frankfurt/M. 1974, S. 29 f.

74 Harold C. Deutsch, Verschwörung gegen den Krieg. Der Widerstand in den Jahren 1939-1940, München 1969, passim.

75 Vgl. außer dem noch nicht abgeschlossenen Werk „Die deutsche Justiz und der Nationalsozialismus", Stuttgart 1968 ff., jetzt die Beiträge in Hubert Rottleuthner, Hg., Recht, Rechtsphilosophie und Nationalsozialismus, Wiesbaden 1983.

76 Hans und Sophie Scholl, Briefe und Aufzeichnungen, hg. von Inge Jens, Frankfurt/M. 1984.

77 Vgl. Eberhard Zeller, Geist der Freiheit. Der Zwanzigste Juli, München 1963; Kurt Zentner, Illustrierte Geschichte des Widerstandes in Deutschland und Europa 1933 bis 1945, München 1983.

78 Adolf Heusinger, in: Guido Knopp und Bernd Wiegmann, Warum habt ihr Hitler nicht verhindert? Fragen an Mächtige und Ohnmächtige, Frankfurt/M. 1983, S. 106.

79 Ebd.

80 Vgl. die Diskussion in: Vollmacht des Gewissens, 2 Bde, Frankfurt/M. 1960 und 1965; ferner die Diskussion im Umfeld des Prozesses gegen Remer. Dazu eine kurze Darstellung der Positionen bei Hans-Jochen Markmann, Der deutsche Widerstand gegen den Nationalsozialismus 1933-1945, Mainz 1984, S. 173 ff.

81 In diesem Zusammenhang muß nur an die Verbrechen in Polen, an die Einsatzgruppen und die Behandlung der sowjetischen Kriegsgefangenen sowie die Realität des Besatzungsregimes erinnert werden. Vgl. zu den „nichtkonformistischen Tendenzen im Ostheer" Helmut Krausnick und Hans-Heinrich Wilhelm, Die Truppe des Weltanschauungskrieges. Die Einsatzgruppen der Sicherheitspolizei und des SD 1938-1942, Stuttgart 1981, S. 255 ff.

82 Vgl. allg. Messerschmidt, Wehrmacht (Anm. 35); Müller, Das Heer und Hitler. Armee und nationalsozialistisches Regime 1933-1940, Stuttgart 1969 (= Beiträge zur Militär- und Kriegsgeschichte, Bd 10); Harold C. Deutsch, Das Komplott oder die Entmachtung der Generale. Blomberg- und Fritsch-Krise. Hitlers Weg zum Krieg, Zürich 1974.

83 Vgl. den Aufruf, den Beck und Witzleben an die Wehrmacht richten wollten, in: Bodo Scheurig, Hg., Deutscher Widerstand 1938-1944. Fortschritt oder Reaktion? München 1969, Nr. 24.

84 Dazu, wenngleich mit problematischer Zuschreibung der Verfasserschaft, Wilhelm Ritter von Schramm, Hg., Beck und Goerdeler, Gemeinschaftsdokumente für den Frieden 1941-1944, München 1965.

85 Klaus Hildebrand, Monokratie oder Polykratie? Hitlers Herrschaft und das Dritte Reich, in: Karl-Dietrich Bracher u.a., Hg., Nationalsozialistische Diktatur 1933-1945. Eine Bilanz, Düsseldorf 1983, S. 73-96 (mit weiterführenden Literaturangaben).

86 Helmuth Groscurth, Tagebücher eines Abwehroffiziers 1938-1940. Mit weiteren Dokumenten zur Militäropposition gegen Hitler, hg. von Helmut Krausnick und Harold C. Deutsch, Stuttgart 1970.

87 Gerhard Ritter, Carl Goerdeler und die deutsche Widerstandsbewegung, München 1964 (= dtv, Nr. 216/217), S. 158 ff.

88 Vgl. Christof Dipper, Der deutsche Widerstand und die Juden, in: Geschichte und Gesellschaft, 9 (1983), H. 3, S. 349-380.

89 Joseph Walk, Hg., Das Sonderrecht für die Juden im NS-Staat. Eine Sammlung der gesetzlichen Maßnahmen und Richtlinien — Inhalt und Bedeutung, Heidelberg und Karlsruhe 1981. Insbesondere für den evangelischen Kirchenkampf wird die Judenfrage als Frage der Juden im die Christen aufgefaßt und zum Scheitelpunkt bestimmt. Vgl. Eberhard Busch, Juden und Christen im Schatten des Dritten Reiches, München 1979. Auch E. Bethge, Bonhoeffer (Anm. 54), betont immer wieder die Bedeutung der Judenfrage für die Motivationslage des Kerns der Bekennenden Kirche.

90 Vgl. dazu den Beitrag von Klaus-Jürgen Müller in diesem Band.

91 Vgl. die Beiträge von Ueberschär und Krausnick in diesem Band.

92 Peter Freimark und Wolfgang Kopitzsch, Der 9./10. November 1938 in Deutschland. Dokumentation zur 'Kristallnacht', Hamburg 1978.

93 Helmut Krausnick, Hitler und die Morde in Polen. Ein Beitrag zum Konflikt zwischen Heer und SS um die Verwaltung der besetzten Gebiete, in: VfZG, 11 (1963), S. 196-209.

94 Hans Rothfels, Ausgewählte Briefe von Generalmajor Helmuth Stieff, in: VfZG, 2 (1954), S. 291-305.

95 Alfred Streim, Die Behandlung sowjetischer Kriegsgefangener im 'Fall Barbarossa', Heidelberg und Karlsruhe 1981; ders., Sowjetische Gefangene in Hitlers Vernichtungskrieg, Heidelberg 1982.

96 Raul Hilberg, Die Vernichtung der europäischen Juden. Die Gesamtgeschichte des Holocaust, Berlin 1982.

97 Christian Streit, Keine Kameraden. Die Wehrmacht und die sowjetischen Kriegsgefangenen 1941-1945, Stuttgart 1978.

98 Adalbert Rückerl, Hg., NS-Vernichtungslager im Spiegel deutscher Strafprozesse, München 1977.

99 Bericht Axel von dem Bussche, in: Christoph Kleßmann und Falk Pingel, Hg., Gegner des Nationalsozialismus. Wissenschaftler und Widerstandskämpfer auf der Suche nach historischer Wahrheit, Frankfurt/M. 1980, S. 272-275.

100 Hans von Herwarth, Zwischen Hitler und Stalin. Erlebte Zeitgeschichte 1931-1945, Frankfurt/M. 1982, S. 241 ff.

101 Helmut Heiber, Der Generalplan Ost, in: VfZG, 6 (1958), S. 281-325.

102 Wolfgang Scheffler, Zur Entstehungsgeschichte der 'Endlösung', in: Aus Politik und Zeitgeschichte B 43/82 vom 30.10.1982, S. 3-10.

103 Hans Rothfels, Trott und die Außenpolitik des Widerstandes, in: VfZG, 12 (1964), S. 300-323; Henrik Lindgren, Adam von Trotts Reisen nach Schweden 1942-1944. Ein Beitrag zur Frage der Auslandsverbindung des deutschen Widerstandes, in:

VfZG, 18 (1970), S. 274-291; Ger van Roon, Graf Moltke als Völkerrechtler im OKW, ebd., S. 12-61; ders., Oberst Wilhelm Staehle. Ein Beitrag zu den Auslandskontakten des deutschen Widerstandes, in: VfZG, 14 (1966), S. 209-223; Hans Rothfels, Zwei außenpolitische Memoranden der deutschen Opposition, in: VfZG, 5 (1957), S. 388-397.

In diesem Zusammenhang kommt es weniger auf die Darstellung der außenpolitischen Konzeptionen als auf die Tatsache an, daß die „zivilen" Gruppen des Widerstands im außenpolitisch-diplomatischen Bereich die Initiative übernommen hatten, weil sie auf diesem Feld der Aktivität der militärischen Opposition überlegen waren. Auch hier trägt also ein Konzept der Arbeitsteilung, wie es in Anlehnung an Rothfels' Überlegungen entwickelt wurde.

104 Peter Hoffmann, Die Sicherheit des Diktators, München 1975.

105 In dieser Hinsicht sind m.E. die o.a. Widerstandsdefinitionen und Dimensionen zu modifizieren. Denn es ging ja nicht um „Leistungsverweigerung", sondern um einen aktiven Kampf gegen das System, der durchaus in Einklang zu bringen war mit einer Erfüllung soldatischer Aufgaben und Pflichten an der Front. Die grundsätzlich geschiedene Praxis des Widerstandskämpfers, der vor allem als Soldat zwischen Gehorsam und höheren Verpflichtungen stand, ist bisher nur ungenügend berücksichtigt und zum Thema wissenschaftlich-darstellender Studien gemacht worden.

106 Besonders Stauffenberg wurde durch seine Erfahrungen im AHA/BdE geprägt und für die Notwendigkeit eines aktiven Widerstands sensiblisiert. Es wäre zu untersuchen, inwieweit die Motivationslage von sog. „Zivil-Offizieren" und Berufsoffizieren unterschiedlich war.

107 Vgl. den Beitrag von Wiggershaus in diesem Band.

108 Bodo Scheurig, Henning von Tresckow. Eine Biographie, Oldenburg [3]1973; Fabian von Schlabrendorff, Offiziere gegen Hitler, Frankfurt/M. 1959.

109 Rothfels, Opposition (Anm. 3), S. 101.

110 Besonders klar finden sich die rechtspolitischen Argumentationen in den Protokollen der Kreisauer Zusammenkünfte. Vgl. van Roon, Neuordnung (Anm. 61), Anhang.

111 Goerdeler, Regierungserklärung, in: Scheurig, Hg., Deutscher Widerstand (Anm. 83), Nr. 22 und 23.

112 So Hitler in seiner nächtlichen Rundfunkansprache (wie Anm. 7).

113 Fritz Bauer, Widerstand gegen die Staatsgewalt. Dokumente der Jahrtausende, Frankfurt/M. 1965.

114 Dies hebt gerade Rothfels hervor, weil er das Konzept der Arbeitsteilung, wie es sich innerhalb der Widerstandsbewegung als einer deutschen Gesamtopposition herausschälte, immer wieder reflektiert.

115 Rothfels, Opposition (Anm. 3), S. 39.

116 Erst der totale Staat maßt sich an, unbestreitbar zu definieren, wann der Widerstandsfall vorliegt. Ziele und Zwecke begrenzen den totalen Staat nicht mehr aus der Tradition des politischen Denkens heraus, sondern aus seinen gegenwarts- und zukunftsbezogenen Herrschafts- und Verfügungsansprüchen über Individuen in der Gegenwart und ihre Zukunft.

117 Klaus Scholder, Hg., Die Mittwochsgesellschaft. Protokolle aus dem geistigen Deutschland 1932-1944, Berlin 1982.

118 Dolf Sternberger, Aspekte des bürgerlichen Charakters, in: ders., 'Ich wünschte, ein Bürger zu sein'. Neun Versuche über den Staat, Frankfurt/M. 1967, S. 10-27.

119 Ebd., S. 24 f.

120 Ebd., S. 25.

121 Ritter, Goerdeler (Anm. 87), drückte diese Unabhängigkeit und geistige Beständigkeit in den Worten aus: „Wider den Siegestaumel — Zukunftspläne für Deutschland".

122 Roon, Kaiser (wie Anm. 1).

123 Roon, Neuordnung (Anm. 61), passim.

124 Vgl. Walter Schmitthenner und Hans Buchheim, Hg., Der deutsche Widerstand gegen Hitler, Köln und Berlin 1966, insbesondere den Aufsatz von Hans Mommsen über die Staats- und Gesellschaftsvorstellungen sowie die Verfassungspläne des Widerstands.

125 Klaus Hildebrand, Das Dritte Reich (Anm. 85), S. 185.

126 Dies konnte Winfried Becker in einem Vortrag zeigen, der sich auf den Nachlaß Hermes (im Archiv der Adenauer-Stiftung Bonn) stützte: „Die Neugründung der CDU in der sowjetischen Besatzungszone", Vortrag Passau 27.2.1984.

127 Ursula von Kardorff, Berliner Aufzeichnungen. Aus den Jahren 1942-1945, München 1976, S. 192. An anderer Stelle spricht sie von der „äußeren und geheimen inneren Front" (S. 144).

128 Dies zeigt sich wiederum am Schicksal des zum Attentat entschlossenen Axel von dem Bussche.

129 Ger van Roon, Hermann Kaiser (Anm. 1), arbeitet den inneren Wandlungsprozeß von Kaiser sehr verständnisvoll heraus, S. 266.

130 Vgl. Klaus-Jürgen Müller, General Ludwig Beck. Studien und Dokumente zur politisch-militärischen Vorstellungswelt und Tätigkeit des Generalstabschefs des deutschen Heeres 1933-1938, Boppard 1980; ders., Staat und Politik im Denken Ludwig Becks, in: HZ, 215 (1972), S. 607-631: Nicholas Reynolds, Beck. Gehorsam und Widerstand. Das Leben des deutschen Generalstabschefs 1935-1938, München 1983. Das Bild Becks steht stark unter dem Eindruck seiner Tätigkeit als aktiver Offizier; hingegen ist die Entwicklung nach 1938 bisher außerordentlich blaß. Gerade bei Beck müßte der Beginn des Krieges in seiner biographischen Konsequenz erfaßt werden.

131 Günther Wollstein, General Olbricht, in: Lill und Oberreuter, 20. Juli (Anm. 28).

132 van Roon, Kaiser (Anm. 1), S. 277.

133 Vgl. Anm. 13.

134 Vgl. durchgängig Scheurig, Deutscher Widerstand (Anm. 83).

135 Goerdeler war sich sicher, daß einige Stunden Freiheit, um die Wahrheit im Rundfunk zu verbreiten, den Sturz des Regimes besiegeln müßten. Auch Beck knüpfte in seinem Aufruf an die Wehrmacht an ähnliche Hoffnungen an.

136 Walter Lipgens, Hg., Europa-Föderationspläne der Widerstandsbewegungen 1940-1945, München 1968; Klaus Hildebrand, Die ostpolitischen Vorstellungen im deutschen Widerstand, in: GWU, 29 (1978), S. 213-241.

137 Ritter, Goerdeler (Anm. 87), Anhang.

138 Peter Steinbach, Gruppen, Zentren und Ziele des deutschen Widerstandes, in: Lill und Oberreuter, 20. Juli (Anm. 28).

139 In dieser Hinsicht bleibt eine frühe Gesamtdarstellung wie Zeller, Geist der Freiheit (Anm. 77), unersetzbar.

140 Karl Dietrich Bracher, Hg., Das Gewissen steht auf. Lebensbilder aus dem deutschen Widerstand 1933-1945, Mainz 1984. Dabei handelt es sich um eine Neuauflage der beiden Bände „Das Gewissen steht auf" und „Das Gewissen entscheidet", die in der Mitte der fünziger Jahre das Gespür für die individuelle Dimension des Widerstandes geweckt haben.

141 Wer Aussagen über den Widerstandsfall macht, bestimmt zugleich Ziele, Zwecke und Grenzen des Staates, die gegen Mißbrauch zu schützen sind. Insofern hätte das

Grundgesetz gar nicht eines Widerstandsartikels bedurft. Die mit rechtsstaatlichen und verfassungsmäßigen Mitteln nicht zu korrigierende Verletzung eines Grundrechtes rechtfertigt zumindest jeden, entsprechend seinem Gewissen zu handeln. Allerdings ist hier an einen Satz von Adolf Arndt zu erinnern, der sagte: „Wenn Gesetz und Gewissen zueinander in Widerspruch geraten, befreit Art. 4 Abs. 1 GG allein von der Verpflichtung, die vom Gewissen unüberwindlich als böse erkannte Handlung eigenständig zu vollziehen. Die Gewissensfreiheit erspart insoweit einzig das Selber-Tun." Widerstand erfolgt aus einer individuellen Gewissensentscheidung; weil aber gerade die freiheitlich-demokratische Verfassung in der Würde des Menschen ihren wichtigsten Bezugspunkt findet, ist sie besonders sensibilisiert für Verstöße gegen Ziele, Zwecke und Grenzen des Verfassungsstaats, die in der Reflexion über Voraussetzungen, Formen und Konsequenzen des Widerstandes gebündelt werden.

142 Fritz Bauer, Widerstandsrecht und Widerstandspflicht des Staatsbürgers, in: Arthur Kaufmann, Hg., Widerstandsrecht, Darmstadt 1972, S. 500 f.

143 Zur Konzeption vgl. den Artikel „Widerstand in seiner ganzen Breite", in: Das Parlament Nr. 6 vom 11.2.1984, S. 13, sowie Peter Steinbach, Widerstand gegen den Nationalsozialismus. Zur Konzeption der ständigen Ausstellung „Ausstellung des Widerstands" in der Gedenk- und Bildungsstätte Stauffenbergstraße, in: Materialien zur politischen Bildung 1/84, im Druck. Vor allem sollen die Chancen einer ausstellungsbedingten Beschreibung von Voraussetzungen und Erscheinungen, Erfolgen und Nachwirkungen widerständigen Verhaltens genutzt werden. Denn Widerstand läßt sich ebensowenig wie der Begriff Faschismus in der Weise definieren, daß sich historisch und systematisch damit arbeiten ließe. Insofern könnte man einen axiomatisch anmutenden Satz der Faschismusforschung abwandeln, demzufolge derzeit der wichtigste Beitrag zur Faschismusanalyse von der historischen Untersuchung, der „Beschreibung" zu erwarten ist. Vgl. zur begrifflichen Diskussion Richard Löwenthal, Widerstand im totalen Staat, in: ders. und Patrik von zur Mühlen, Widerstand (Anm. 43), S. 11-24.

144 Richard von Weizsäcker, Der 20. Juli 1944 — Attentat aus Gewissen, in: ders., Die deutsche Geschichte geht weiter, Berlin 1983, S. 21-43, als erster Aufsatz des Teiles „Der Grund der Politik".

145 Van Roon, Kaiser (Anm. 1), S. 283 weist beispielsweise auf die eigenständige Bedeutung der Widerstandsversuche von 1943 hin, die sich nicht ohne weiteres in die praktische Kontinuität des Widerstandes einfügen.

146 Material für die Diskussion bei Markmann, Widerstand (Anm. 80), allerdings in problematischer Akzentuierung auf den derzeit im Mittelpunkt unseres Interesses stehenden Jugend- und linken Widerstand. Vgl. weiterhin den Band: Der Nationalsozialismus als didaktisches Problem, Bonn 1980; Karl Dietrich Bracher, Hg., Gedanken zum 20. Juli 1944 (Reden der deutschen Bundespräsidenten zum Widerstand unter besonderer Berücksichtigung des 20. Juli), Mainz 1984.

147 Neben Kaufmann, Widerstandsrecht (Anm. 58), ist auf die einschlägigen Kommentare des GG zu verweisen, die hier nicht einzeln nachgewiesen werden sollen. Dazu Josef Isensee, Das legalisierte Widerstandsrecht. Eine staatsrechtliche Analyse des Art. 20 Abs. 4 Grundgesetz, Bad Homburg v.d.H./Berlin/Zürich 1969. Ferner Martin Kriele, Die Rechtfertigungsmodelle des Widerstands, in: Aus Politik und Zeitgeschichte, B 39/83 vom 1.10.1983, S. 12-24.

148 Die Geschichte der Verfolgung des Widerstands muß polizeigeschichtliche, verwaltungsrechtsbezogene und schließlich auch prozeßgeschichtliche Aspekte berücksichtigen. Vgl. Walter Wagner, Der Volksgerichtshof im nationalsozialistischen Staat,

Stuttgart 1974 (= Quellen und Darstellungen zur Zeitgeschichte, Bd 16/III: „Die deutsche Justiz und der Nationalsozialismus", Teil III), bes. S. 660 ff.

149 Dietrich Bonhoeffer, Nach zehn Jahren, in: ders., Widerstand und Ergebung. Briefe und Aufzeichnungen aus der Haft, hg. von Eberhard Bethge, Gütersloh [10]1978, S. 17.

150 So betrachtet, erscheint Widerstand als exemplarische „Beschwerde des Menschen". Vgl. Steinbach, Widerstand (Anm. 57), S. 324 ff.

151 Bonhoeffer, Nach zehn Jahren (Anm. 149), S. 23.

152 Sie schlagen sich in den stimmungsbeschreibenden Anlagen der Kaltenbrunner-Berichte nieder.

153 Albrecht Haushofer, Moabiter Sonette, München 1975 (= dtv, Nr. 10099), Nr. XLVIII.

154 Ebd., Nr. XXXIX.

155 Voss, Einleitung, S. XII (wie Anm. 2).

156 Vgl. Konrad Adam, Der Spaß am Widerstand, in: FAZ Nr. 298 vom 23.12.1983.

157 Roon, Kaiser (Anm. 1), S. 259.

158 Hermann Kaiser an Oberst Martin, 13.11.1942, zit. nach Roon, Kaiser (Anm. 1), S. 273.

159 Hermann Kaiser an Leutnant Stath, 6.3.1942, ebd., S. 272.

160 Ebd., S. 273.

161 Bericht von Axel von dem Bussche, in: Kleßmann und Pingel, Gegner des Nationalsozialismus (Anm. 99), S. 275.

Klaus-Jürgen Müller

# Struktur und Entwicklung der nationalkonservativen Opposition

## I.

Die Entwicklung der Erforschung dessen, was „der deutsche Widerstand" oder auch „die deutsche Opposition" genannt wird, hat verschiedene Phasen durchlaufen[1]. In einer ersten Phase stand der Nachweis ihrer faktischen Existenz, ihrer Aktivitäten, Motive und politischen Vorstellungen im Mittelpunkt der Forschung. Das entsprach sowohl einem politisch-psychologischen Bedürfnis angesichts der verbreiteten These von der deutschen Kollektivschuld als auch dem Legitimationsbedürfnis des neuen Staates der Bundesrepublik. Diese Phase war daher von einem primär politisch-moralischen Widerstandsbegriff bestimmt, dessen Langzeitwirkung auch noch in den weiteren Entwicklungsphasen spürbar ist. Auf einer zweiten Entwicklungsstufe hat die geschichtswissenschaftliche Forschung den Rahmen ihrer Betrachtung erweitert. Sie gab die Blickverengung auf den Ereigniskomplex des Zwanzigsten Juli und auf die nationalkonservative Opposition durch Einbeziehung von politisch sich anders definierenden Oppositions- und Widerstandsgruppen unterschiedlichster gesellschaftlicher Herkunft auf. Gleichzeitig wurde, einer dominierenden Tendenz in der neueren deutschen Geschichtswissenschaft folgend, das Kontinuitätsproblem auch im Zusammenhang mit dem Widerstand aufgegriffen. Seit geraumer Zeit zeichnet sich eine dritte Entwicklungsstufe ab[2]. Sie ist vornehmlich durch das intensive Bemühen gekennzeichnet, das Widerstandsphänomen, dessen Vielschichtigkeit die Forschung inzwischen deutlich gemacht hat, auch begrifflich angemessen zu erfassen und auf diese Weise einen umfassenden historischen Erklärungsansatz zu finden. Dieses Bestreben erwuchs gleichsam aus zwei Wurzeln. Zum einen hatten neuere Forschungsergebnisse über Struktur und Eigenart des nationalsozialistischen Herrschaftssystems, wie sie sich etwa in den dichotomischen Begriffen „monolithisches System" und „Polykratie" niederschlagen, die Notwendigkeit einer differenzierten Theoriebildung über das nationalsozialistische System offenkundig gemacht. Das tangierte natürlich auch den Widerstandsbegriff. Die Widerstandsforschung mußte mit der wissenschaftlichen Debatte über das NS-System Schritt halten. Zum anderen war aufgrund von Forschungen im Bereich des Verhaltens breiter Sozialschichten im Dritten Reich — wie etwa nicht-systemkonformes Verhalten von Teilen der katholischen Landbevölkerung oder

Teilen der Industriearbeiterschaft — die analytische Unzulänglichkeit des traditionellen, weitgehend politisch-moralisch bestimmten Widerstandsbegriffs deutlich geworden. Die gegenwärtige Widerstandsforschung stellt es daher zu einem erheblichen Teil darauf ab, weiterführende und, verglichen mit der bisherigen Auffassung, alternative Analyse- und Begriffsmethoden zu entwickeln. In diesem Zusammenhang scheint im übrigen der Hinweis notwendig, daß es dabei keineswegs darum geht, den politisch-moralischen Gehalt des Umsturzversuches vom Zwanzigsten Juli und der Widerstandsfähigkeit anderer Widerstandsgruppen oder gar die Tatsache einer ernsthaften Anti-Hitler-Opposition überhaupt etwa mit der Überheblichkeit des Nachgeborenen leugnen oder gering achten zu wollen. Es geht vielmehr um eine geschichtswissenschaftlich angemessene Analyse — und das bedeutet nicht zuletzt auch angemessene begriffliche und kategoriale Erfassung — eines Phänomens, das sich inzwischen als vielschichtiger, differenzierter und problembeladener herausgestellt hat, als frühere Betrachtungen und Interpretationen es vermittelten.

Im Rahmen dieser Arbeit sollen lediglich einige, allerdings sehr wesentliche Aspekte der national-konservativen Opposition untersucht werden. Die terminologische Entscheidung — es wird bewußt nicht von Militäropposition oder militärischem Widerstand gesprochen, sondern von nationalkonservativer Opposition — rechtfertigt sich unseres Erachtens durch die Tatsache, daß die infrage stehende historische Erscheinung nicht ausschließlich eine Sache der Berufsmilitärs gewesen ist. Schon bei den Reserveoffizieren, die zahlreich, oft zudem an zentraler Stelle, an der Verschwörung beteiligt waren, ist fraglich, ob auf sie die Bezeichnung 'Militär' im historischen Kontext angebracht ist, da sie doch durch andere Bildungs- und Ausbildungsinstanzen sowie unterschiedliche Sozialisationsfaktoren geprägt waren als die Berufsmilitärs; ebenfalls darf nicht der hohe Anteil von Angehörigen traditioneller Führungsschichten, die in anderen Berufen oder Funktionen innerhalb wie außerhalb des staatlichen Apparates tätig waren, bei der Analyse der Opposition aus den Augen verloren werden.

In den nachfolgenden Darlegungen soll es *erstens* darum gehen, die national-konservative Opposition in den ihr entsprechenden historischen Gesamtzusammenhang einzuordnen. Damit soll sie aus der immer noch vorherrschenden politisch-moralischen Perspektive gelöst und in eine angemessene historische Betrachtungsperspektive gestellt werden. Sie soll damit auch als eigenständige historische Erscheinung gleichsam eigenen Rechtes aufgefaßt werden, und nicht nur als eine Art Teileinheit eines als homogen und monolithisch aufgefaßten umfassenden Widerstandes, die mit anderen Teileinheiten wie dem ,,Widerstand der Kirchen", dem ,,Widerstand der Jugend", dem ,,Widerstand der Arbeiterschaft" und anderer mehr erst die Gesamterscheinung „deutscher Widerstand" ausgemacht habe. Was als „Widerstand aus der Arbeiterschaft" — gelegentlich auch „linker Widerstand" genannt — angesehen werden kann, war einerseits der Versuch, durch Schaffung einer Massenbasis das Regime zu stürzen (KPD) und andererseits einen gewissen organisatorischen und politischen Zusammenhalt zu bewahren (SPD und Gewerkschaften)[3]. Der „Widerstand der Kirchen" wiederum kann als „Widerstehen" und als „kirchliche Abwehrbemühung" gegenüber totalitären Herrschaftsansprüchen verstanden werden und ist somit eine Erscheinung, die nicht nur auf das 'Dritte Reich' beschränkt ist[4]. Der „Widerstand der Jugend"[5] wiederum ist überaus vielschichtig gewesen und könnte — soweit er nicht dem kirchlichen oder dem „linken" Widerstand zuzurechnen ist — mit vorsichtigem Vorbehalt als vielgestaltige Abwehrreaktion von Heranwachsenden auf die Zumutungen und Zugriffe des totalitären Systems aufgefaßt werden. Demgegenüber ist das, was gemeinhin als „national-konservativer Widerstand" bezeichnet wird, im Grunde ein eigenständiges Phänomen. Es ist eine spezielle Erscheinungsform des Verhaltens traditioneller Eliten gegenüber dem Nationalsozialismus und dem nationalsozialistischen Regime aufzufassen. In dieser Hinsicht ist es einzufügen in den größeren Rahmen des Verhaltens traditioneller Machteliten in einer Umwelt, die einem tiefgreifenden säkularen Wandlungsprozeß unterworfen war. Von einem solchen Ansatz wird die konservative Opposition als spezielles Symptom von politisch-sozialem Wandel begriffen. Es geht also hier um Handeln und Verhalten von Oppositionskräften aus dem Bereich der traditionellen national-konservativen Führungseliten vornehmlich aus Militär, Diplomatie und hoher Verwaltung.

Zum *zweiten* geht es hier um den Versuch, diesen national-konservativen Widerstand begrifflich angemessen zu erfassen und dazu entsprechende analytische Kategorien zu entwickeln. Bezüglich der traditionellen Führungseliten bereitet bereits der üblich gewordene Begriff 'Opposition' einige Schwierigkeiten. Was heißt in diesem Zusammenhang 'Opposition'? Was heißt 'Widerstand'? Worin unterscheiden sich 'Opposition' und 'Widerstand'? Ist im nationalsozialistischen Führerstaat jeder Widerspruch z.B. hoher staatlicher Funktionsträger in wichtigen politischen Einzelfragen schon als 'Opposition' zu qualifizieren, etwa auch dann, wenn wesentliche Züge des Herrschaftssystems von den betreffenden Funktionsträgern akzeptiert und herkömmliche Prozeduren (Vorträge, Denkschriften) eingehalten werden? Ist es 'Opposition', wenn tatsächliche oder vermeintliche Zielübereinstimmungen zwar herrschen, aber gravierende Methodendivergenzen vorhanden sind und auch artikuliert werden? Setzt etwa der 'Opposition'-Begriff zwar Widerspruch, Dissens voraus, aber ebenso noch einen gewissen Grundkonsens, wohingegen 'Widerstand' eben durch das Fehlen des Grundkonsenses sich vom Begriff 'Opposition' unterscheidet? Ein Blick in die bisherige Literatur zeigt sehr rasch, daß relativ wenig Überlegungen auf diese terminologischen Probleme verwandt worden sind; die Begriffe 'Opposition' und 'Widerstand' werden oft synonym benutzt. Erst in jüngerer Zeit sind bedeutsame Bemühungen zu registrieren, das terminologische Problem in einem umfassenderen theoretischen Rahmen zu klären. Ein anspruchsvoller und umfassender Ansatz ist von P. Hüttenberger[6] auf spieltheoretischer Grundlage zur Diskussion gestellt worden. Er begreift 'Widerstand' allgemein als besondere Form der Auseinandersetzung innerhalb eines ungleichgewichtigen Herrschaftsverhältnisses; sie kann von non-konformistischem Verhalten über abweichendes Verhalten bis zu zivilem Ungehorsam, bis zu systemimmanenten und schließlich bis zu systemsprengenden Konflikten reichen. Das ist fraglos ein der Komplexität der historischen Erscheinung angemessener, weil flexibler begrifflicher Rahmen. Innerhalb dieses Rahmens ließe sich die 'national-konservative Opposition' rein formal als abweichendes Verhalten von Teilen einer Herrschaft gegenüber dominierenden Teilen dieser Herrschaft definieren. Es bleibt damit aber immer noch das Problem der konkreten Anwendbarkeit dieses formalen Ansatzes zu lösen. Um zu einer differenzierten *Beschreibung* und einer in sich schlüssigen *Erklärung* der hier zu behandelnden historischen Erscheinung zu kommen, bedarf es nämlich nicht nur formaler Kriterien, sondern auch inhaltlicher Bestimmungen, die von der in den Quellen reflektierten Realität abgeleitet und überprüfbar sind.

Wir wollen bei unseren Überlegungen in zwei Schritten vorgehen: *Erstens* soll ein interpretatorischer Bezugsrahmen skizziert werden, der eine angemessene *historische Einordnung* dessen erlaubt, was undifferenziert 'die national-konservative Opposition' genannt wird. *Zweitens* soll dieses Phänomen in seiner personalen, politischen und aktionsmäßigen Struktur untersucht werden, um eine differenzierte und den quellenmäßigen Realitäten *angemessene begriffliche* Erfassung zu ermöglichen.

Zum historischen Bezugsrahmen[7]: das Verhalten der traditionellen Eliten in Staat und Gesellschaft muß gesehen werden vor dem Hintergrund der geschichtlichen Entwicklung des preußisch-deutschen Nationalstaates und seiner politisch-strukturellen Problematik seit der Reichsgründung. Die Tatsache, daß der Nationalstaat von einer vor-industriell-agrarischen Elite begründet und geführt wurde und daß dieser sich als Wirtschafts- und Bildungsbürgertum politisch-sozial anpaßte und mit ihr zu einer weitgehend abgeschlossenen Führungsschicht verwuchs[8], andere Sozialschichten, vor allem jene, die im Prozeß der Industrialisierung entstanden waren, von der politisch-gesellschaftlichen Ge-

266

staltung des Gemeinwesens dagegen ausgeschlossen blieben[9], bescherte dem neuen Nationalstaat eines seiner grundlegenden Existenzprobleme: das der *Integration*. Dieses Problem wurde zu einem entscheidenden Strukturproblem des neuen Staates[10]. Konkret stellte sich dies für die Führungseliten zugleich als *Legitimationsproblem* dar. Dieses wurde um so akuter, je stärker sozialer und politischer Wandel sich bemerkbar machte. Eine weitere entscheidende Verschärfung brachte die Desintegration des überkommenen gesellschaftlichen Gefüges und der politischen Strukturen infolge von Weltkrieg, Inflation und Weltwirtschaftskrise. All dies vereinte sich zu einem Bedrohungssyndrom für die traditionellen Führungseliten. Ihre vielfältigen Reaktionen darauf lassen sich in historischer Analyse alle auf ein bestimmtes Grundmuster reduzieren, nämlich auf die Vorstellung, daß die erwähnte als existentiell aufgefaßte und erfahrene Doppelproblematik auf lange Sicht nur gelöst werden könnte, wenn erstens die staatlichen Strukturen wieder in autoritärem Sinne umgeformt würden und zweitens eine neue legitimierende Massenbasis für die traditionellen Eliten gewonnen werden könnten. Die Wiederherstellung einer autoritären Staatsstruktur wurde von den zivilen Eliten als Voraussetzung effektiver Regierungstätigkeit im modernen Staat, aber auch als bestes Mittel zur Wahrung der eigenen politisch-sozialen Interessen angesehen, während die Militärelite in ihr die einzige Möglichkeit sah, die Organisation der gesamten Nation und aller ihrer Ressourcen für den modernen, von ihr als total definierten Krieg durchzusetzen. Denn die autoritäre Lösung der Integrations- und Legitimationsproblematik wurde in der Auffassung der überkommenen Machteliten gleichzeitig verknüpft mit der Lösung dessen, was seit 1918 als das nationale Problem galt: die Wiederherstellung der im Ersten Weltkrieg verlorenen Großmachtposition in Europa[11].

Dieses historische Problemsyndrom bestimmte letztlich die Konstellation, in der es im Januar 1933 zur Bildung der Regierung Hitler kam. Sie beruhte auf der Basis einer Entente von maßgeblichen Kräften der traditionellen Machteliten und den Führern der nationalsozialistischen Massenbewegung. Jede dieser beiden Gruppen sah in dieser Entente für sich jeweils besondere Vorteile. Hitler hatte bislang erfahren müssen, daß er letztlich unfähig war, aus eigener Kraft an die Macht zu gelangen. Weder die Coup d'Etat-Methode von 1923 noch die Wahlerfolge 1930-1933 hatten ihn an die Macht gebracht. Die Massenbewegung hatte ihn zwar an ihre Schwelle getragen, aber nur die alten Eliten, welche immer noch an den Schalthebeln der Machtapparaturen saßen, konnten ihm über diese Schwelle hinweghelfen. Die traditionellen Eliten ihrerseits hatten die Basis in der Gesellschaft zunehmend verloren. Die Verfechter einer Allianz mit der NS-Bewegung in ihren Reihen hofften daher, diese Grundlage im Bunde mit Hitler wiederzufinden. Hitler schien ihnen die erforderliche Massenbasis zu verschaffen und damit die Voraussetzungen zu bieten, das Integrationsproblem wie das nationale Problem lösen zu können. Damit schien die Verwirklichung der zentralen dreigliedrigen Zielsetzungen der traditionellen Machteliten erstmals seit 1918 wieder möglich: *innenpolitisch* die Neufundierung und Absicherung der seit 1918 als besonders bedroht empfundenen traditionellen Machtposition in Staat und Gesellschaft; *außenpolitisch* die Wiederherstellung der Großmachtstellung des Reiches; und schließlich — was für die Militärelite besonders wichtig war — *militärpolitisch* die mit dem Euphemismus „Wehrhaftmachung der Nation" umschriebene permanente und totale Mobilisierung der Gesellschaft, die im industriell-technischen Zeitalter als unumgängliche Voraussetzung nationaler Großmachtstellung angesehen wurde.

In dieser Entente kam der Armee nach ihrem Selbstverständnis eine bevorzugte Stellung zu; Hitler hat, indem er die Formel von den „Zwei Säulen" aufgriff, auf denen das Regime beruhe — Armee und Partei —, taktisch geschickt auf die Erwartungshaltung der Militärs geantwortet [12]. Auch in Kreisen des Auswärtigen Amtes hatte sich trotz der lässigen Indolenz des Reichsaußenministers v. Neurath, „dem es mehr um das Dabeisein als um die Durchsetzung einer vernünftigen Außenpolitik ging" [13], eine Tradition der Mitverantwortung und der Teilhabe an der Macht gehalten; sie wurde durch Staatssekretär v. Weizsäcker verkörpert, der dieses Konzept einmal mit dem Bild beschrieb, es gelte, „den Leerlaufmotor des A.A. wieder an die Staatsmaschine an[zu]kuppeln [...], so daß er mitzieht" [14]. Aufgrund dieses historischen Zusammenhanges erhielt der Ententecharakter der Koalition zusammen mit der dreifachen Zielsetzung eine entscheidende Funktion für die Entwicklung des Verhältnisses von traditionellen Führungseliten und dem NS-Regime. Die künftige Entwicklung dieses Verhältnisses wurde fortan im wesentlichen bestimmt von dem Grad der Erfüllung bzw. der Enttäuschung jener Erwartungen, welche die Eliten mit der damals eingegangenen Kollaboration an jene Entente von 1933 geknüpft hatten. Konkret gesprochen hieß dies, daß dieses Verhältnis sich entwickelte *innerpolitisch* nach dem Ausmaß der Verwirklichung bzw. der Infragestellung einer mit-entscheidenden Machtposition im Staat und *im außenpolitischen* Rahmen gemäß der Gewährleistung, Durchsetzung oder Gefährdung der machtpolitisch definierten Großmachtaspiration. Damit ist ein geeigneter interpretatorischer Raster gegeben, der eine hinreichend präzise historische Bestimmung des Phänomens 'nationalkonservative Opposition' ermöglicht. Was im Hüttenbergerschen Begriffssystem als „Widerstand von Teileinheiten einer Herrschaft gegen dominierende Teile der Herrschaft" formal umschrieben wird [15], stellt sich in der historischen Konkreti-

268

sierung der national-konservativen Opposition dar als eine bestimmte Komplementärerscheinung der Entente traditioneller Eliten mit Hitler und seiner Bewegung. *National-konservative Opposition war also ein differenziertes Konfliktsphänomen im Rahmen dieser Entente.*

Dieses Konfliktsphänomen als Komplementärerscheinung der Entente traditioneller Führungsschichten mit der NS-Führung muß in seiner ganzen Erscheinungsbreite von systemimmanenten bis zu systemüberwindenden Alternativpositionen zureichend, d.h. differenziert, beschrieben werden; die inhaltlich wie intensitätsmäßig divergierenden Reaktionen einzelner Repräsentanten dieser traditionellen Eliten auf die verschiedenen Herausforderungen von seiten des Regimes müssen angemessen erfaßt werden. Dazu sind folgende zusätzliche analytische Kategorien einzuführen:

*Erstens* wäre das Konfliktsphänomen zu analysieren unter der Frage, welche der beiden essentiellen Zielvorstellungen in der Sicht maßgeblicher Vertreter der Eliten gefährdet erschienen: Der Bündnischarakter des Systems oder die außenpolitische Großmachtkonzeption oder beide? Unter dieser, an den wesentlichen Zielvorstellungen ausgerichteten Fragestellung läßt sich z.B. plausibel erklären, warum bestimmte unmoralische Praktiken und Erscheinungsformen in den ersten Jahren des „Dritten Reiches" wohl Unbehagen und Kritik innerhalb der traditionellen Eliten ausgelöst haben (wie z.B. die Unterdrückung politischer und weltanschaulicher Gegner, antisemitische und antikirchliche Maßnahmen), warum jedoch erst das außenpolitische Vabanque-Spiel 1938 oder innenpolitische Machtkämpfe wie jener mit der SA 1934 bzw. die Intrige gegen Fritsch politisch bedeutsame Oppositionsregungen hervorgerufen haben.

*Zweitens* wäre die Frage zu stellen, welche dieser beiden Zielkomplexe in der jeweiligen konkreten Konfliktsituation für die beteiligten bzw. betroffenen Elitegruppen Priorität besaß, also die Frage nach der jeweiligen Hierarchisierung der Zielvorstellungen. Unterschiede in dieser Hinsicht führten in bestimmten Situationen zu divergierenden Konfliktsstrategien. Beispielsweise gab es 1938 Meinungsunterschiede innerhalb der Opposition, ob der Regimebeseitigung oder der Kriegsverhinderung Priorität zukam. Später im Kriege stand hinter der Frage, ob der kriminelle Charakter des Regimes oder die militärische Katastrophe bzw. deren Vermeidung wesentliches Handlungsmotiv war, ebenfalls das Problem der Hierarchisierung der Ziele.

*Drittens* wäre zu fragen, von wem und in welcher Weise die Gefährdung der Zielsetzungen aus der Sicht der traditionellen Eliten erfolgte, also die Frage der Gegner- und der Gefahren-Einschätzung. Mit ihrer Beantwortung eröffnet sich eine Möglichkeit, die Bandbreite der jeweiligen Reaktionen in Konfliktslagen präzise zu beschreiben und zu erklären: also die Entwicklung etwa von defensiver Sicherung der eigenen Position über offensive Positionsstabilisierung (z.B. „Säuberung des Regimes von 'radikalen' Elementen" oder deren Ausschaltung aus dem außenpolitischen Entscheidungsprozeß) bis zu systemdestabilisierenden Umsturzplanungen und -versuchen. Unter diesem Gesichtspunkt war es von erheblicher Bedeutung, ob bestimmte Gefährdungen nach Auffassung von Repräsentanten der Eliten etwa von Einzelpersönlichkeiten bzw. bestimmten Gruppen der NS-Bewegung ausgingen oder etwa von Hitler selbst. Die Qualität ihrer Reaktion wurde entscheidend davon bestimmt. Fünf Beispiele mögen die analytische Trennschärfe und die Erklärungskraft unserer Kategorien demonstrieren:

a) Die „Röhm-Affäre"[16] vom Juni 1934: Warum haben die Morde an konservativen Persönlichkeiten anläßlich der Liquidierung der SA-Führung keine politisch bedeutsame Reaktion von seiten der berufenen Repräsentanten des Offizierkorps hervorgerufen? Die Antwort ist im Rahmen des skizzierten Interpretationsrahmens klar: Röhms Politik war für die Reichswehr-Führung der erste gefährliche Angriff auf die innenpolitische Stellung der Armee in ihrer Eigenschaft als Monopolistin staatlicher Gewaltmittel wie auch in ihrer Qualität als eine der beiden konstitutiven „Säulen" des Regimes. Röhm und seine SA stellten mit ihren innen- und militärpolitischen Aspirationen die Entente von 1933 in Frage. Hitler dagegen hatte sich gleichsam als loyaler Bündnispartner erwiesen, der mit seinem Vorgehen gegen die SA-Führung das System der zwei „Säulen" stabilisierte. Aus dieser Sicht wird die Passivität gegenüber den Morden, wie die Entscheidung für Hitler als Hindenburgs Nachfolger, wird der Eid auf Hitler erklärbar.

b) Das Verhalten des Staatssekretärs v. Weizsäcker[17] in einigen Phasen der deutsch-polnischen Krise, die dann zum Ausbruch des Zweiten Weltkrieges führte, war noch relativ lange von der Überzeugung bestimmt, daß der Reichsaußenminister v. Ribbentrop der eigentliche Kriegstreiber sei, während Hitler nur einer, wenngleich fatalen, Fehleinschätzung der internationalen Lage zum Opfer gefallen sei; sie gelte es, durch informierende Einwirkung zu korrigieren. Weizsäcker bemühte sich daher, Einfluß auf Hitlers Entscheidungen unter Ausschaltung des Reichsaußenministers zu erlangen. Unter anderem versuchte er, die Briten zu deutlichen Warnungen zu veranlassen, damit Hitler sich keinerlei Illusionen über die britischen Reaktionen auf eine deutsche Aggression gegen Polen hingebe. Diese Warnung aber sollte einerseits diskret, also nicht-öffentlich sein, um des 'Führers' Prestige zu schonen (jede Art von Systemdestabilisierung sollte also vermieden werden), andererseits sollte sie nach Möglichkeit unter Umgehung des Außenministers erfolgen. Weizsäcker ging sogar soweit, dem britischen Botschafter eine Aktion zur Diskreditierung Ribbentrops nahezulegen[18]. Es war geradezu ein klassischer Fall von Gegendiplomatie im Rahmen eines system-immanenten Machtkampfes um Einfluß bei Hitler.

c) Ein anderes Beispiel ist die Blomberg-Fritsch-Krise[19]. Im Gegensatz zu den beiden vorstehend behandelten Ereignissen war Hitlers Verhalten in den Augen mancher Militärs in der Blomberg-Fritsch-Krise nicht mehr so eindeutig. Vordergründig waren es Gestapo und SS/SD, die mit der Intrige gegen Fritsch einen perfiden Schlag gegen die Armee als der einen tragenden Säule der Entente von 1933 geführt hatten. Hitlers Verhalten jedoch war nun mindestens undurchsichtig; die von ihm schließlich durchgesetzten personellen und organisatorischen Lösungen ließen ihn nicht mehr zweifelsfrei als einen dem national-konservativen Bündnispartner wohlwollenden Schiedsrichter erscheinen. Die Fritsch-Krise wurde daher für etliche Schlüsselfiguren des späteren Widerstands zum Beginn einer entscheidenden Wende[20]. Einige Offiziere haben damals schon verschiedene Schritte zur inneren Säuberung des Regimes vorgeschlagen, also offensive Maßnahmen zur Stabilisierung der Stellung der Armee innerhalb des Regimes, da Hitler offenkundig nicht mehr als Regulativ funktionierte.

d) Ein ähnliches Beispiel bietet Karl Goerdeler, eine der zivilen Hauptfiguren des national-konservativen Widerstandes[21]. Er verkörperte die Entente konservativer Kräfte mit Hitler in der Überzeugung, daß allein ein autoritärer Staat die für Deutschland gemäße Regierungsform sei. 1934 diente er Hitler als Reichspreiskommissar; Ende 1935 arbeitete er für Hitler maßgeblich ein neues Gesetz für die städtische Verwaltung aus. Mehrfach ließ er Hitler Denkschriften zugehen, tief davon überzeugt, daß der 'Führer' ein idealistisch gesonnener 'aufgeklärter Diktator' sei, den sachliche Argumente überzeugen könnten. Als Hitler seinen Ratschlägen nicht folgte, sondern sich für eine hasardierende Finanz- und Kreditpolitik entschied, als Partei-Organe sich massive Übergriffe in Goerdelers Verantwortungsbereich als Oberbürgermeister von Leipzig zuschulden kommen ließen, legte dieser seine staatlichen und städtischen Ämter nieder und begann den Weg in die Opposition. Noch lange aber hoffte er, Hitler durch Vorträge und Denkschriften überzeugen zu können, lehnte die Partei jedoch mit zunehmender Schärfe ab. Erst als er erkannte, daß Hitler das Reich in einen Krieg stürzen würde, wandte er sich grundsätzlichem Widerstand zu. Ähnlich wie er haben auch andere hohe Amtsträger wie etwa der preußische Finanzminister Popitz noch längere Zeit in illusionärer Verkennung des Systems geglaubt, das Grundmuster ihrer Entente durch Zusammenarbeit mit Hitler gegen die Partei, später dann mit Göring gegen Hitler retten zu können. Viele verloren dabei, wie Goerdeler, ihr Leben.

e) Sehr deutlich zeigt sich in der Entwicklung Henning v. Tresckows[22], der im Krieg eine der großen Schlüsselfiguren des militärischen Widerstandes war, wie unser kategoriales Interpretationsmuster über individuelle Momente hinweg sich im Vergleich zu bewähren vermag: Tresckow hatte 1934 trotz großer innenpolitischer Sorgen wegen nationalsozialistischer Machenschaften (z.B. im Bereich der Kirchenpolitik) doch den Eid auf Hitler bejaht: Die Entente mit Hitler hatte damals für ihn höhere Priorität als vermeintlich partikulare Negativ-Erscheinungen des Regimes. Zwei Jahre darauf forderte er Schritte der Armee gegen SS und Gestapo, während er intensiv an den Aufmarschplänen gegen die Tschechoslowakei arbeitete: hinsichtlich deutscher Großmachtbestrebungen befand er sich im Einklang mit dem Regime; von SS und Gestapo — aber noch nicht vom Totalitätsanspruch des Regimes — sah er die Position der Armee gefährdet; daher riet er, wie auch während der Fritsch-Krise, zu offensiver Positionsbewahrung. 1938/39 dann überwog die Sorge vor einer Beeinträchtigung der Großmachtzielsetzung seine positive Einstellung zum System der Entente: Der Krieg müsse verhindert werden, da er nicht zu gewinnen sei. Hitler, der „tanzende Derwisch", müsse erschossen werden. Starke Worte eines jungen Generalstäblers, vor allem aber eine klare Prioritäten-Setzung: die Bewahrung der deutschen Großmacht-Zielsetzung war ihm in diesem Moment wichtiger als die Bewahrung des Systems. Folgerichtig war er umgekehrt nach dem Sieg über Frankreich 1940 für eine gewisse Zeit wieder begeistert, in der Hoffnung, dieser Krieg könne erfolgreich beendet und die errungene Großmachtstellung des Reiches erhalten werden. Das System hatte offenbar die deutsche Zukunft doch nicht in Frage gestellt. Mit dem Rußlandfeldzug sah er dann die Katastrophe eines Systems kommen, das ihm inzwischen auch in seinem verbrecherischen Charakter deutlich geworden war (Barbarossa- und Kommissarbefehl). Der Weg zur Staatsstreichplanung war für ihn nunmehr offen.

In Tresckows komplexer individueller Entwicklung zeigt sich eindrucksvoll, wie das Bewußtsein einer Gefährdung des Entente-Charakters und die Sorge um die Infragestellung der Großmachtzielsetzung von einem bestimmten Moment an zusammenflossen mit der wachsenden Erkenntnis des verbrecherischen Charakters des Regimes und schließlich mit der Einsicht, daß Hitler selbst die Quelle des Bösen sei. Ihm müsse man daher mit allen Mitteln entgegentreten.

272

Es waren also die unterschiedliche Einschätzung des Gegners, die verschiedenartige Perzeption von Gefahren für die Entente und damit die je nach diesen und den Gegebenheiten wechselnden Zielprioritäten und Methodendivergenzen, die von entscheidender Bedeutung wurden für die sich wandelnde Einstellung gegenüber dem Regime, für die Entwicklung, die Intensität und die Radikalität oppositioneller Verhaltensweisen und Aktivitäten. Auf diese Momente abhebende Kategorien sind daher zur Beschreibung und Erklärung der hier zu diskutierenden historischen Erscheinungen erforderlich.

## II.

Der im Vorstehenden skizzierte analytische Bezugsrahmen ermöglicht zwei Feststellungen: Erstens kann die national-konservative Opposition im Rahmen einer qualitativen Beurteilung nicht mehr als monolithisches und kohärentes Phänomen begriffen werden. Und zweitens wird erkennbar, daß sie auf weite Strecken hin als Reflex eines Machtkampfes zwischen regime-konstituierenden Kräften aufgefaßt werden kann, der die Tendenz in sich trug, zunächst punktuell, schließlich generell die Grenzen der System-Immanenz zu überschreiten.

Von dieser Erkenntnisbasis her soll im folgenden das komplexe Konfliktsphänomen der national-konservativen Opposition hinsichtlich seiner *personellen*, *politischen* und *aktionsmäßigen* Struktur analysiert und erklärt werden.

1. Vor der Blomberg-Fritsch-Krise fanden auf zwei Ebenen Aktivitäten statt, die von einer ausschließlich auf den Widerstands-Aspekt fixierten, stark politisch-moralisch bestimmten Literatur als Manifestation entschlossenen Widerstandes angesprochen werden, die jedoch, wie eine nähere Betrachtung zeigt, alles andere als dies waren: *Einmal* sind die etwa seit 1936/37 einsetzenden Aktivitäten des Oberstleutnants Oster zu nennen, der im Rahmen der Abwehr einen von Canaris geduldeten und geförderten innerpolitischen Informations- und Nachrichtendienst aufbaute; Oster richtete vor allem sein Augenmerk auf die gegenüber der Armee feindselig eingestellten Parteigliederungen (SS und SD insbesondere) und auf deren verbrecherische Machenschaften[23]. Oster hatte die ihm durch die Abwehr gleichsam amtlich zu Verfügung stehenden Informationsmöglichkeiten ergänzt durch den Aufbau eines locker geknüpften Netzwerkes von Informationen. Er hielt die Verbindung zu zahlreichen der Partei oder dem Regime gegenüber kritisch eingestellten Einzelpersönlichkeiten aus dem rechts-konservativen Milieu, die ihm für seine Zwecke ansprechbar erschienen und die ihrerseits wiederum zahlreiche entsprechend wertvolle Kontakte besaßen. Aber dies war kei-

neswegs jene „bedeutsame Verflechtung und Weitläufigkeit der in der zweiten Hälfte der dreißiger Jahre beginnenden Verschwörung"[24]. Von 'Verschwörung' im Sinne einer zielgerichtet auf Umsturz der Verhältnisse abgestellten Konspiration kann schon gar nicht die Rede sein. Vielmehr war es eine Art von sehr lockerem 'Old-Boy-Network' ehemaliger Freikorpsler und Rechtskonservativer, ergänzt durch zufällige oder gesellschaftlich etablierte Verbindungen mit kritisch eingestellten Einzelpersönlichkeiten, das die Grundlage für Osters innenpolitisches Informations- und Kontaktsystem bildete, keineswegs aber mehr darstellte.

*Zweitens* hatten Fritsch und Beck sich ihrerseits um möglichst ungefilterte und umfassende In- und Auslands-Information bemüht. Ihnen persönlich verbundene Militärattachés wie Geyr v. Schweppenburg aus London oder Kühlenthal aus Paris sandten vielfältige Informationen außerhalb des normalen Dienstweges; außerdem dienten Privatpersonen aus ihrem weiteren privaten und dienstlichen Umfeld ihnen als Informationsquelle[25]. Zu ihnen hat auch Goerdeler gehört, der seit Sommer 1937 eine rege Auslandsreisetätigkeit entfaltete und dabei Kontakte zum Foreign Office unterhielt; er hat seine Berichte an die beiden entscheidenden Männer in der Heeresleitung genauso gelangen lassen, wie er sie über den „Führer"-Adjutanten Wiedemann an Hitler zu senden versuchte[26]. Gegenüber seinen ausländischen Gesprächspartnern konnte Goerdeler jedoch nur seine private, persönliche Meinung darlegen; bestenfalls gab er die Stimmung in gewissen Kreisen des national-konservativen Milieus wieder[27]; keine irgendwie geartete Oppositionsgruppe stand hinter ihm. Er war keineswegs Träger eines Mandates weder von seiten der Heeresleitung, für die er ein, wenngleich kompetenter und hochkarätiger Informant war, noch von seiten irgendeiner möglicherweise existierenden Oppositionsgruppe.

Diese beiden, den engeren dienstlichen Bereich teilweise überschreitenden Aktivitäten — Osters Aufbau eines Informationssystems und weniger organisierte Informationsbemühungen der Heeresführung — waren alles andere als Vorbereitungen zu einer oppositionellen Konspiration, sondern zunächst schlicht und einfach Initiativen zum Ausgleich des für eine totalitäre Gesellschaft symptomatischen Informationsdefizites hoher Amtsträger; daß sie gleichzeitig auch Ergebnisse brachten, die im Rahmen des system-immanenten Machtkampfes um die Position der Armee im Staat wertvoll waren, liegt in der Sache selbst.


2. *Die Blomberg-Fritsch-Krise*[28] bildete in mehrfacher Hinsicht einen entscheidenden Markstein in der Vorgeschichte der späteren Militär-Opposition. Zum einen wurde sie für manche bereits mehr oder weniger kritisch gegenüber bestimm-

274

ten Erscheinungsformen und Entwicklungstendenzen des Regimes eingestellte Nationalkonservative zum Beginn fortschreitender Desillusionierung über den Charakter des Regimes selbst. Hier wurden entscheidende Weichen in Richtung auf spätere Widerstandsaktivitäten gestellt. Zum anderen wirkte die Krise gleichsam als Katalysator: Bisher nur in lockerem Kontakt zueinander stehende Personen fanden nunmehr erstmals zu unmittelbaren und direkten Beziehungen zusammen. Dabei handelte es sich noch keineswegs um die Bildung einer Art einheitlicher Oppositionsgruppierung, sondern um Aktivitäten auf sehr verschiedenen Ebenen, mit durchaus unterschiedlichen Motiven und Methoden[29].

*Erstens* war Rechtsanwalt Graf v. der Goltz, der Rechtsbeistand des Generalobersten v. Fritsch, mit einigen Vertretern der Militärjustiz bemüht, nicht nur seinen Mandanten zu entlasten, sondern zugleich auch die Hintergründe der Affäre aufzuhellen. Oster gab mit seinem Apparat diesen im Kern zunächst unpolitischen Bestrebungen wertvolle Hilfestellung.

*Sodann* gab es einige unkoordinierte Aktivitäten einzelner außerhalb der Streitkräfte stehender Persönlichkeiten, die darauf abzielten, hohe Militärs über die Hintergründe, die anfangs mehr erahnt als nachgewiesen werden konnten, zu orientieren, in der Hoffnung, sie irgendwie zum Eingreifen veranlassen zu können. Allerdings wußte niemand genau, wie, mit welchen Mitteln und letztlich zu welchem Ende dies geschehen sollte. So wirkten Goerdeler, Gisevius, Schacht, auch der SA-Stabschef Lutze in diesem Sinne auf einige Kommandierende Generale und teilweise auch auf den Nachfolger Fritschs ein. Das waren aber vollkommen illusionäre Interventionen, soweit sie mehr bewirken sollten, als nur die Rehabilitierung des Generalobersten zu forcieren. Der moralische Impetus dieser Initiativen stand in umgekehrtem Verhältnis zu ihrem Realitätsbezug.

*Des weiteren* entwickelte Oster mit einigen Gesinnungsgenossen und Freunden aus der Abwehr (Liedig, Heinz) und aus alten Freikorpstagen (Nebe), zu denen als sehr dynamische Kraft Dr. v. Dohnanyi, der Persönliche Referent des Reichsjustizministers, stieß, eine starke Aktivität mit dem doppelten Ziel, sowohl die Urheberschaft von SS, SD und Gestapo bei der bösartigen Intrige gegen die oberste militärische Führung aufzudecken, als auch eine Art außergewöhnlicher, gewaltsamer Selbsthilfe-Aktion der Armee gegen diese Organisation in die Wege zu leiten, damit jene Hauptgefahrenquelle für die Position der Armee im Staat beseitigt *und* eine Reform der innenpolitischen Verhältnisse im Sinne einer Wiederherstellung des Entente-Charakters des Regimes durchgesetzt würde[30].

*Schließlich* wurden auf höchster militärischer Ebene der Generalstabschef Beck, der Chef der Abwehr Canaris und der soeben entlassene Chefadjutant der Wehrmacht bei Hitler, Hoßbach, aktiv, um im Zusammenhang mit der Bereinigung des Falles Fritsch zugleich grundlegende Veränderungen durchzusetzen, welche die Stellung der Streitkräfte im Staat wieder stabilisieren und damit dem Regime seinen ursprünglichen Charakter wiedergeben sollten[31]. Beck bemühte sich um eine Reorganisation der obersten militärischen Führungsstruktur, durch welche die Heeresleitung eine militärische wie militärpolitische Schlüsselposition erhalten hätte. Canaris und Hoßbach entwarfen einen Plan, der eine ultimative Intervention der Heeresführung bei Hitler vorsah mit dem Ziel, die SS- und Gestapo-Führung zu entmachten und „die Befreiung der Wehrmacht von dem Albdruck einer Tscheka"[32] zu erzwingen. Im Gegensatz zu den verschwörerischen, ein gewaltsames Vorgehen einkalkulierenden Überlegungen der Oster-Gisevius-Gruppe hielten sich die Initiativen und Pläne der drei hohen Militärs im Rahmen amtlicher Prozeduren, wenngleich sie teilweise durchaus außergewöhnlicher Natur waren.

So wurden damals von unterschiedlichen Kreisen sehr verschiedene Ziele mit jeweils sehr unterschiedlichen Mitteln und Methoden angestrebt: Aktivitäten zur Entlastung des Generalobersten v. Fritsch trafen zusammen mit Versuchen, SS, SD und Gestapo zu entlarven. Diese wiederum flossen teilweise mit dem Bemühen zusammen, jene Organisationen ihrer Machtstellung zu entkleiden, was zugleich die innerpolitische Position der Streitkräfte im Staat stabilisiert, vielleicht gar den Charakter des Regimes modifiziert, es aber nicht beseitigt hätte. Gemeinsam war der Anlaß — die Rehabilitation des Generalobersten v. Fritsch; gemeinsam war die Stoßrichtung gegen die SS und die von dieser gelenkten Gestapo und den SD; divergierend aber waren Reichweite der Absichten, Intensität des Wollens und Ausmaß der Zielsetzung. Unterschiedlich waren die ins Auge gefaßten Methoden. Der Kreis um Oster und Gisevius wollte mit einer gewaltsamen Säuberungsaktion die innenpolitischen Verhältnisse modifizieren, wollte die SS als die neue, die Entente von 1933 gefährdende Kraft als Machtfaktor beseitigen; in der Heeresleitung dagegen dachte man eher an eine mit mehr oder weniger gelindem Druck in die Wege geleitete, amtlich legitimierte Neuverteilung der Kompetenzen und an die Beschneidung von problematischem Wildwuchs im NS-Organisationsdschungel; angestrebtes Ziel war nicht die Modifizierung des Regimes, sondern, neben der Rehabilitation Fritschs, die Machtverstärkung der Armeeführung innerhalb des Systems. Etwas schematisierend könnte man davon sprechen, daß es sich hier wiederum um einen *system-internen* Machtkampf handelte, dem nunmehr Tendenzen sowohl zur *evolutionären Regime-Reform* wie zur *gewaltsamen Regime-Säuberung* innewohnten.

So brachte die Fritsch-Krise vor allem einen Höhepunkt im systemimmanenten innerpolitischen Machtkampf, keineswegs aber irgendeine, auch nur im Ansatz auf Systemsturz abzielende Verschwörung.

3. Erst die *Sudetenkrise*[33] zwischen April und September 1938 brachte in dieser Hinsicht entscheidende Entwicklungsschübe. Jetzt entstanden erstmals einige Kräftegruppierungen, die als *Anti-Kriegs-Partei* bezeichnet werden können. Sie verliehen den Tendenzen der evolutionären Regime-Reform wie denen der gewaltsamen Regime-Säuberung neue Dynamik. Diese drei Komponenten — Anti-Kriegs-Partei, evolutionäre Regime-Reform und gewaltsame Regime-Säuberung — verliehen dem Phänomen, das allzu undifferenziert und verkürzt oft 'die deutsche Opposition' genannt wird, eine sehr komplexe Struktur, die jede von der Vorstellung einer monolithischen Erscheinung ausgehende Etikettierung[34] verbietet. Begriffe wie 'Verschwörung', 'Konspiration' oder 'Anti-Hitler-Fronde' können nur als sehr unscharfe Annäherungsbegriffe aufgefaßt werden; sie greifen als Beschreibungs- und Erklärungskategorien zu kurz und besitzen nicht die der Sache angemessene analytische Trennschärfe.

Die hervorragenden Repräsentanten dieser Anti-Kriegs-Partei in der internationalen Krisensituation von 1938 waren im militärischen Bereich der Generalstabschef Beck[35] und dessen Nachfolger General Halder[36] sowie der Abwehrchef Admiral Canaris[37]; auf seiten der Diplomatie war es Staatssekretär v. Weizsäcker[38]. Das teilweise und zeitweilige Zusammenfließen von Bestrebungen der Kriegsverhinderung mit Erscheinungen des innerpolitischen Machtkampfes (in seiner evolutionär-reformerischen Ausprägung), vor allem aber die *politische Motiv-Struktur* der Anti-Kriegs-Partei und die Auswirkungen dieser drei Komponenten haben die Eigenart der Aktivitäten und die Begrenzung der Aktionsfähigkeit dieser Kräfte in entscheidendem Maße bestimmt.

Bei allen vier Repräsentanten der Anti-Kriegs-Partei war das zentrale Element ihrer außenpolitischen Zielvorstellungen die Idee einer deutschen hegemonialen Großmachtstellung in Mittel- und Mittel-Ost-Europa. Das war eine Zielsetzung, die eindeutig über eine bloße Revision von Versailles hinausging.

Hinsichtlich der Methoden, mit denen ein solches Konzept durchgeführt werden sollte, bestand ebenfalls Übereinstimmung im Grundsätzlichen. Keiner von ihnen schloß die Möglichkeit des Einsatzes militärischer Macht, also letztlich auch Krieg, aus. Einig waren sie sich wiederum in der Voraussetzung, daß eine derartige Machtpolitik nie und nimmer zu einem allgemeinen europäischen Krieg führen dürfe. Begrenzte kriegerische Konflikte waren in diesem Konzept nicht ausgeklammert, allerdings auch nicht als zwangsläufig eingeplant. Eine Kombination von Diplomatie mit militärischer Machtentfaltung waren Kennzeichen des methodischen Konzeptes, in dem diese Männer bei allen individuellen Unterschieden übereinstimmten.

Die außenpolitischen Zielsetzungen und Methoden brachten ihre Vertreter angesichts der Entwicklung der internationalen Situation und der voluntaristischen Entschlüsse des deutschen Diktators in eine schier ausweglose Lage. Das wird besonders eindrucksvoll am Beispiel des Generalstabschefs Ludwig Beck deutlich, aber auch an dem des Staatssekretärs v. Weizsäcker.

Für den Generalstabschef war die Verfügbarkeit starker deutscher militärischer Machtmittel eine notwendige Voraussetzung für die Realisierung seiner außenpolitischen Zielvorstellungen, zu denen übrigens auch die Ausschaltung des tschechoslowakischen Staates als machtpolitischer Größe in Europa gehörte. Dem entsprach seine konkrete Aufrüstungspolitik, die er Ende 1933 als einseitige, autonome, also durch keinerlei internationale Abmachungen begrenzte Militär-Rüstung auffaßte und durchführte. Ab Anfang 1936 konzipierte er, nicht zuletzt unter dem Eindruck der Nachrüstungs- und Bündnisbemühungen der anderen Großmächte, den Aufbau „eines zu einem entscheidungsuchenden Angriffskrieg befähigten Heeres" mit einem Kern starker motorisierter und Panzerverbände und trieb ihn ungeachtet aller ökonomischen und finanziellen Bedenken voran. Die Ratio dieser übersteigerten Aufrüstung lag einerseits in dem Bestreben, möglichst rasch durch die damit gegebene außenpolitische Risikophase hindurchzugelangen, andererseits in dem Kalkül, militärisch so stark zu werden, daß bei der Realisierung der außenpolitischen Zielsetzungen entweder andere Großmächte sich von vornherein fernhielten oder deutsche Militäraktionen so rasch und durchschlagend beendet würden, daß eine Intervention dritter Mächte nicht mehr rechtzeitig erfolgen könnte[39]: Unter Umständen könnte der angestrebte politische Zweck gar durch bloße Demonstration überwältigender militärischer Stärke ohne unmittelbaren Einsatz erreicht werden.

Die erforderlichen außenpolitischen Voraussetzungen für diese Expansionspolitik, nämlich die deutsche machtpolitische Überlegenheit, sollte zusätzlich zu der militärisch-rüstungsmäßigen Macht durch Bündnisse und Militärallianzen geschaffen werden. In diesem Sinne wies der Generalstabschef in einer Aufzeichnung vom 12. November 1937 schon darauf hin, daß man, da „verschiedene Gründe für eine baldige gewaltsame Lösung" der tschechischen Frage sprächen, bei den „auf unserer Seite oder nicht gegen uns stehenden Mächten das politische Vorfeld" klären, sogar „in dem einen oder anderen Fall in militärische Besprechungen" eintreten sollte, was schon längst hätte geschehen müssen[40]. Bereits seit 1935 hatte er mit Staatssekretär v. Bülow und dem ungarischen Gene-

278

ralstabschef ein deutsch-ungarisches Zusammengehen „zur Aufteilung der Tschechoslowakei" ins Auge gefaßt. Diese außenpolitische Zielsetzung und die Militär- und Aufrüstungspolitik brachten diese Militärs und Diplomaten am Ende in eine ausweglose Lage. In der bekannten Besprechung am 5. November 1937 begründete Hitler seine geplante kriegerische Expansionspolitik unter anderem mit dem Zeitdruck, in dem man durch den Rüstungswettlauf hineingeraten sei. In einigen Jahren würden die potentiellen Gegner stärker als das Reich geworden sein. Daß Hitler derart argumentieren konnte, war nicht zuletzt das Ergebnis der von Beck konzipierten Aufrüstungs- und Militärpolitik. Er kritisierte daher auch nicht Hitlers unmittelbare expansive Zielsetzung: Mit ihr stimmte er prinzipiell überein: Die Existenz der ČSR „in ihrer jetzigen Gestalt" sei für Deutschland unerträglich, schrieb er[41]. Er stimmte mit Hitler allerdings nicht über den von diesem ins Auge gefaßten Zeitpunkt und nicht in der Frage der außenpolitischen Opportunität überein. Es war also kein prinzipieller Konflikt über das 'Ob', sondern ein Dissens über das „Wie" und „Wann". Seine Schärfe sollte er dadurch gewinnen, daß Beck in einem Krieg zum unpassenden Zeitpunkt und unter ungünstigen Bedingungen eine Katastrophe für das Reich sah.

Auch Weizsäcker hatte stets nicht nur die Revision von Versailles, sondern in zunehmendem Maße auch eine Neubegründung deutscher hegemonialer Vormachtstellung in Mittel-Europa als Ziel der deutschen Politik gefordert. Ende 1937/Anfang 1938 sprach er davon, daß „wir von England Kolonien und freie Hand im Osten" wollen. Er war sich zwar klar, „die Verwirklichung unserer expansiven Ideen verlange englische Toleranz", aber ein Ausgleich mit den Briten sei nicht unmöglich[42]. Auf keinen Fall jedoch dürfe es wegen der deutschen Ambitionen zu einem europäischen Krieg kommen. Zwar bejahte er die machtpolitische Ausschaltung der Tschechoslowakei als außenpolitisches Ziel, aber spätestens seit Frühjahr 1938 war ihm klar, daß die Lokalisierung eines deutsch-tschechoslowakischen Krieges nicht möglich sein werde. Die Westmächte würden unter den gegebenen Bedingungen mit Sicherheit eingreifen.

Für Beck wurde die berühmte Wochenend-Krise vom Mai 1938 zum entscheidenden Wendepunkt. Bis Frühjahr 1938 hatte er die militärische und militärpolitische Planung gegen die ČSR vorangetrieben, in der Annahme, es sei frühestens 1940 mit einer militärischen Intervention gegen die ČSR zu rechnen, keineswegs aber 1938; nun traf ihn Hitlers Reaktion auf die Wochenend-Krise wie ein Schock, als der Diktator nicht nur von einem kriegerischen Konflikt mit der ČSR, sondern auch eventuell mit den Westmächten für 1938 sprach. Für Beck brachen damit nahezu alle Voraussetzungen seiner gesamten Militärpolitik zusammen. Seit Ende Mai — so bekannte er im November 1938 einem Vertrauten — habe er nur noch einen Gedanken gehabt: „Wie verhindere ich einen Krieg[43]?" Auch für Canaris und Halder war die Mai-Krise der entscheidende Zeitpunkt ihrer Desillusionierung hinsichtlich des außenpolitischen Vabanque-Spiels Hitlers.

Weizsäcker reagierte etwas anders auf die Ereignisse Ende Mai. Er entwickelte angesichts der sich zuspitzenden internationalen Krise ein eigenes Konzept, das die Vernichtung der ČSR als souveränen Staat von machtpolitischem Gewicht mit der Vermeidung eines europäischen Krieges zu verbinden suchte. Er beschrieb dieses Konzept mit dem bildhaften Begriff „chemischer Auflösungsprozeß" des tschechoslowakischen Staates, also Desintegration der ČSR durch äußeren Druck unterhalb der Schwelle des Krieges und durch innere Subversion. Er bevorzuge — so stellte er fest — ein „rein politisches Zersetzungsverfahren gegen die Tschechen" an Stelle eines Krieges. Dies blieb während der gesamten internationalen Krise des Sommers die Leitlinie seiner Politik[44]. Während Beck bereits Ende Mai Hitlers Kriegsabsichten erkannt hatte, erging sich Weizsäcker den ganzen Juni und Juli über in „ständigem Rätselraten über die wirklichen Absichten Hitlers"[45]. Er glaubte einerseits, Hitler habe eine großangelegte Bluffstrategie, ein großes Einschüchterungsmanöver, gestartet, um die Tschechen mürbe zu machen, aber keinen Krieg; andererseits wurde er nach vergeblichen Bemühungen, den Außenminister für sein Konzept der chemischen Auflösung zu gewinnen, mehr und mehr davon überzeugt, das Ribbentrop Hitler zum Kriege dränge. Seit Anfang/Mitte August versuchte er sodann, zum Teil an Ribbentrop vorbei, direkt oder indirekt auf Hitler einzuwirken, um diesen von möglicherweise riskanten politischen Entschlüssen abzubringen[46].

Die Sorge, daß eine allzu aggressive deutsche Politik das Risiko eines nicht zu isolierenden Krieges um die Tschechoslowakei herbeiführe, solange die deutsche Rüstung unvollständig und die außenpolitische Absicherung nicht erfolgt war, ließ diese hohen Amtsträger zu entschiedenen Gegnern einer bedenkenlosen Machtpolitik werden, deren Voraussetzungen sie indessen in erheblichem Maße mitgeschaffen hatten. Das, was oft allzu pauschal und undifferenziert „deutsche Opposition" in diesem Zusammenhang genannt zu werden pflegte, stellt — wie vorstehende Analyse zeigt — weder eine System-Alternative noch inhaltlich eine grundlegende außenpolitische Alternative dar; vielmehr handelte es sich um eine über Differenzen hinsichtlich Opportunität, Methoden und Risikofaktoren deutscher Machtpolitik in Europa sich herausbildende *Anti-Kriegs-Partei* hoher Staatsfunktionäre.

Der Konflikt, der damals zwischen Beck und Hitler aufbrach und in dem Canaris und Halder ihm zur Seite standen und auch Weizsäcker Fühlung mit ihm hielt, ist häufig beschrieben worden. Ihn jedoch als ersten Staatsstreichversuch darzustellen[47] greift fehl; ihn lediglich als 'Kampf gegen den Krieg'[48] zu bezeichnen und damit seinen Charakter als innenpolitischen Machtkampf und vor allem seine militärpolitische Tiefendimension zu übersehen, wäre eine unzutreffende Verkürzung. Becks Bemühungen im Sommer 1938 entwickelten sich, methodisch gesehen, in zwei Stufen: Zunächst versuchte der Generalstabschef auf dem Wege normaler dienstlicher Einwirkungsmöglichkeiten, also durch Denkschriften und Vorträge, sein Ziel zu erreichen: nämlich den Oberbefehlshaber des Heeres zu veranlassen, auf Hitler einzuwirken, damit dieser seine kriegerischen Pläne aufgebe. Seine wesentlichen Argumente dabei waren politischer, militärpolitischer und militärischer Art. In einer zweiten Stufe, in der nunmehr offenbar Canaris einen wichtigen Einfluß auf den Generalstabschef ausübte[49], versuchte Beck, einen drohenden Krieg durch ungewöhnliche Maßnahmen zu verhindern: durch den kollektiven Rücktritt der höchsten Generalität etwa; schließlich nahm er den von Canaris in der Fritsch-Krise zusammen mit Hoßbach erarbeiteten Plan wieder auf, modifizierte ihn etwas und faßte massive Pressionen gegenüber Hitler selbst ins Auge, die bis an die Grenze der Auflehnung gehen sollten: nämlich eine mit der Rücktrittsdrohung gekoppelte Aktion des Militärs gegen jene radikalen Kräfte der NS-Bewegung, die er und andere Militärs hinter Hitlers Kriegsabsichten am Werke sahen: Die durch den Kollektiv-Rücktritt wahrscheinlich entstehende politische Erschütterung sollte zu einer innerpolitischen Flurbereinigung benutzt werden, nämlich zur Entmachtung jener „radikalen Kräfte", die augenscheinlich für das außenpolitische Vabanque-Spiel mitverantwortlich waren und die sich schon früher als innerpolitische Gegner der Armee demaskiert hatten. In den Vorschlägen Becks floß also der Kampf gegen den Krieg zusammen mit dem langjährigen Machtkampf um die Bewahrung bzw. Wiederherstellung des Zwei-Säulen-Charakters des Systems.

Bei allen Unterschieden zwischen den Aktivitäten Becks und Weizsäckers ist hier eine Parallelität festzustellen. So wie Beck seinen Kampf gegen den Krieg zu verknüpfen trachtete mit seiner Aktion gegen kriegstreiberische 'Radikale' in der NS-Bewegung, die schon zuvor die Position der Armee im System zu beeinträchtigen versucht hatten und in seiner Einschätzung nunmehr Hitler zum Kriege trieben, so bemühte sich Staatssekretär v. Weizsäcker darum, den seines Erachtens unheilvollen Einfluß des nationalsozialistischen Außenministers auf Hitler einzudämmen und das Gewicht der traditionellen diplomatischen Führungs-Elite des Auswärtigen Amtes, dessen professionelle Spitze er darstellte, im außenpolitischen Entscheidungsprozeß wieder zur Geltung zu bringen[50]. Es ist also festzuhalten, daß im Augenblick der akuten internationalen Zuspitzung der Sudeten-Krise unter hohen staatlichen Amtsträgern eine *Anti-Kriegs-Partei* entstand[51], die einen ihrer Ansicht zur Zeit nicht isolierbaren Konflikt vermeiden wollte, die jedoch die Zielsetzung deutscher Großmachtpolitik, nämlich die Errichtung einer hegemonialen Stellung des Reiches in Mittel-Europa, was die Zerstörung der ČSR implizierte, durchaus bejahte und auch die Anwendung militärischer Machtmittel (Beck, Halder)[52], politisch-militärischen Drucks (Weizsäcker) oder gezielter Subversionsmaßnahmen (Canaris) keineswegs grundsätzlich ablehnte. Sie wandte sich vielmehr aus Opportunitätsgründen und Risikokalkül gegen eine militärische Lösung des Konfliktes zum damaligen Zeitpunkt. Auf einer tieferen Ebene war diese Anti-Kriegs-Politik der hohen Staatsfunktionäre zugleich der Versuch, die Konsequenzen einer deutschen Großmachtpolitik zu bewältigen, die sie selbst grundsätzlich billigten, die sie selbst mitkonzipiert und deren Mittel sie selbst zu einem guten Teil mitgeschaffen hatten. In einer dritten Dimension war die Anti-Kriegs-Politik verknüpft mit einem innenpolitischen Machtkampf, in dem es darum ging, die Position von Armeeführung und diplomatischer Führungs-Elite innerhalb des Regimes, insbesondere innerhalb des politischen Entscheidungszentrums, wieder zu stabilisieren, was gleichzeitig die Kriegspolitik verhindert hätte.

Um die Frage nach den *Chancen dieser Anti-Kriegs-Partei* und damit nach ihrem politischen Gewicht beantworten zu können, muß folgendes berücksichtigt werden: Weder Beck noch Canaris — und erst recht nicht Weizsäcker — konnten, da sie nicht an einen Militärputsch dachten[53] und da sie in zwar hohen, aber nicht mit Befehlsbefugnis für die gesamte Armee oder gar Wehrmacht ausgestatteten Stellungen waren, etwas bewirken ohne den Inhaber der höchsten Kommandogewalt. Die Führung des Heeres, also der Oberbefehlshaber des Heeres, müßte sich in Übereinstimmung mit den Kommandierenden Generalen ihre Kriegsverhinderungsbemühungen zu eigen machen und mittragen. Gerade diese entscheidenden Funktionsträger für die Anti-Kriegspolitik zu gewinnen, gelang nicht.

Canaris und Beck vermochten es nicht, den Oberbefehlshaber des Heeres und die führende Heeresgeneralität davon zu überzeugen, daß der von Hitler intendierte militärische Konflikt nicht zu isolieren sei, daß die Westmächte unweigerlich eingreifen würden. Denn vom rein militärisch-professionellen Standpunkt aus vermochte Beck keine überzeugenden Beweise für die Richtigkeit dieser Prognose und damit für die Richtigkeit der Prämissen des vorgeschlagenen Handelns vorzulegen[54]: Im Gegenteil, rein militärisch gesehen, war ein Krieg gegen die ČSR durchaus chancenreich. Becks Aufrüstungs- und Militärpolitik hatte also höchst ambivalente Ergebnisse gebracht. Staatssekretär v. Weizsäcker stand ebenfalls vor einem Dilemma. Als höchster Beamter des Auswärtigen Amtes hatte er keinen unmittelbaren Zugang zu Hitler, sein Vorgesetzter und Ansprechpartner war zunächst der Reichsaußenminister. Da dieser jedoch in seinen Augen einer der entscheidendsten Kriegstreiber war, stellte sich ihm das Problem, ihn von seiner verhängnisvollen Position abzubringen und ihn gleichzeitig daran zu hindern, den Staatsführer in einer Politik des Kriegsrisikos zu bestärken[55]; vielmehr mußte er auf den 'Führer' selbst im Sinne des eigenen politischen Konzeptes einzuwirken versuchen. Hier aber lag ein weiteres schweres Dilemma. Abgesehen von den in seiner amtlichen Position liegenden Hindernissen, waren seinen Einwirkungsversuchen bestimmte Grenzen gesetzt, da er selbst das Ziel, die Zerstörung der ČSR, auch anstrebte. Die Debatte mußte sich daher um schwer beleg- und beweisbare Fragen der Lageeinschätzung und der daraus zu ziehenden Konsequenzen drehen. Weizsäckers länger gehegte Auffassung, Hitler betreibe eine großangelegte Bluff-Politik, ist ein typischer Ausdruck dieses Dilemmas[56].

An diesem Punkt der Analyse wird auch die funktionale Bedeutung der häufig dargestellten diskreten Missionen verschiedener Emissäre und direkten Interventionen deutlich, die alle unter einer ganz bestimmten Zwecksetzung standen[57]. Sie wurden von Canaris, von dem Kreis um Oster und von Weizsäcker initiiert, und zwar mit dem Primär-Ziel, die Richtigkeit der Prämissen jener Kriegsverhinderungspolitik zu bestätigen, nämlich daß die Westmächte im Falle eines deutschen Angriffes auf die ČSR mit Sicherheit eingreifen würden. Das war die Funktion, die etwa Kleist-Schmenzin (18.-24.8.1938), die auch die Brüder Kordt (Erich K. durch Einwirkung auf Brauchitsch, Theo K. in London, zwischen dem 23.8.1938 und dem 7.9.1938) und Carl Jakob Burckhardt (Ende August und Anfang September) erfüllen sollten: flankierende Aktivitäten für Weizsäckers, Becks und Canaris' Anti-Kriegs-Politik. Canaris entsandte zudem einen gegenüber SS und Partei kritisch eingestellten Mitarbeiter (Groscurth) nach Budapest (22.8.) und sprach selbst in Rom mit Pariani (2.9.), um negative Stellungnahmen der wichtigsten deutschen Verbündeten zur Kriegspolitik Hitlers zu provozieren. Weizsäcker holte außerdem ein gemeinsames Votum der Missionschefs der wichtigsten deutschen Botschaften in Europa ein über die Unmöglichkeit, einen deutsch-tschechischen Konflikt rebus sic stantibus zu isolieren[58]. Bekanntlich blieben diese Bemühungen fruchtlos. Beck trat daher trotz der Versuche Weizsäckers, ihn umzustimmen, von seinem Posten zurück — mehr ein Zeichen der Resignation denn ein Symbol der Auflehnung[59].

Die Eigenart der Anti-Kriegs-Partei, damit aber auch ihrer Chancen, kann weiterhin durch eine *Analyse ihrer Struktur* verdeutlicht werden.

Ihren eigentlichen Kern — dieses Wort nicht im organisatorischen Sinn gemeint, sondern als Kennzeichnung der vornehmlichen Repräsentanten jener zentralen Zielsetzung, der Kriegsverhinderung — bildeten die genannten hohen Militärs und im diplomatischen Bereich Staatssekretär v. Weizsäcker. Unterhalb dieser kleinen Gruppe hoher Staatsfunktionäre gab es sodann den Kreis um Oster und Gisevius. Im Gegensatz zur Beck-Canaris-Weizsäcker-Gruppe wurde für sie das Bestreben um Kriegsverhinderung rasch zum Vehikel von Staatsstreich-Überlegungen. Für sie war der Sturz des Regimes das primäre Ziel, demgegenüber die Kriegsverhinderung eine sekundäre, gleichsam instrumentale Funktion einnahm. In ihrem oppositionellen Wollen waren sie radikaler, in ihren Aktionsmöglichkeiten waren sie aufgrund ihrer untergeordneten Position im Machtapparat viel beschränkter. Daher waren sie beständig um Verbreiterung ihrer Aktionsbasis durch Aktivierung möglichst hochkarätiger staatlicher Machtträger bemüht. Auf einer dritten Ebene gab es eine Reihe von Einzelpersönlichkeiten, die von diesen beiden Gruppierungen, weitgehend voneinander unabhängig, aktiviert wurden. Sie übernahmen für die Anti-Kriegs-Partei gleichsam Hilfsfunktionen, entweder als Emissäre in geheimdiplomatischen Missionen ausgesandt oder zum Zwecke interner Einwirkungen auf hohe Amtsträger angesetzt (s.o.). Es waren sowohl Persönlichkeiten aus dem kritisch-unzufriedenen nationalkonservativen Milieu wie Kleist, als auch Männer, die im Staatsdienst Funktionen von sehr unterschiedlichem Gewicht innehatten wie Groscurth, Schwerin, die Brüder Kordt[60] oder, auf hoher politischer Ebene, Schacht. Im Rahmen unserer Fragestellung spielen sie jedoch lediglich eine instrumentale Rolle als „Hilfsorgane" der Anti-Kriegspartei oder der Umsturz-Gruppe. Ein oppositionelles Eigengewicht besaßen sie nicht.

Von diesen funktionalen Aktivitäten sind deutlich die Initiativen zu trennen, die einige nationalkonservative Oppositionelle auf eigene Faust gegenüber ausländischen Gesprächspartnern entwickelten wie etwa Koerber in seinen Gesprächen mit dem britischen Militär-Attaché oder Goerdeler auf seinen Auslandsreisen[61]. Diese Persönlichkeiten sprachen zwar immer von ihren Beziehungen zu hohen Militärs, hatten aber — soweit erkennbar — von diesen dazu keinerlei Mandat. Sie traten zwar auch als Angehörige ‘der deutschen Opposition‘ auf; diese jedoch gab es als solche lediglich in ihren Wunschvorstellungen; bestenfalls beschrieben sie damit eine vage Stimmungstendenz in national-konservativen Kreisen. In die *Anti-Kriegs-Politik* des Beck-Canaris-Weizsäcker-Kreises oder gar in die Coup d'Etat-Träume der Oster-Gisevius-Gruppe waren sie in keiner Weise einbezogen. Daher sind auch jene oft pauschal „der" Opposition zugeschriebenen Auslandskontakte klar von denjenigen Aktivitäten der Anti-Kriegs-Partei zu trennen, die in vielfältiger Weise damals Teil des offiziellen bzw. offiziösen deutsch-britischen Dialoges[62] waren wie etwa die Kontakte Wiedemanns, Hewels und auch teilweise diejenigen Weizsäckers, bei dessen Aktivitäten die Trennlinie zwischen amtlichem Handeln und eigener politischer Akzentsetzung sehr schwierig auszumachen ist[63].

Eine derartige, auf den ersten Blick etwas schematische Differenzierung erscheint aus analytischen Gründen auch deswegen angebracht, um Vorstellungen zu begegnen, welche dem Begriff 'Opposition' eine Kohärenz und Einheitlichkeit unterlegen, die mitnichten der Realität entsprachen. Auch die Strukturanalyse der Anti-Kriegs-Partei ergibt somit, daß ihr Kern von hohen Amtsträgern in Militär, Diplomatie und Geheimdiensten gebildet war, die sich in einer Kriegsverhinderungspolitik zusammengefunden hatten. Diese Kriegsverhinderungspolitik besaß indessen auch immer die Dimension des innerpolitischen Machtkampfes. Aus dieser Konstellation heraus versuchte eine kleine Gruppe von radikalen Oppositionellen nunmehr die Kriegsverhinderungs-Bemühungen in Richtung auf einen Coup d'Etat oder doch wenigstens auf eine das Regime verändernde, gar destabilisierende Gewaltaktion auszuweiten. Die Gruppierung, welche diese Tendenz vertrat, kam jedoch infolge ihrer politischen und funktionalen Bedeutungslosigkeit nicht zum Zuge.

4. Diese Konstellation änderte sich entscheidend in der *nächsten Phase* der Entwicklung, die mit Halders Amtsantritt (1.9.) begann[64]. Die Oster-Gisevius-Gruppe benutzte den Amtswechsel, um über Canaris direkten Kontakt zu Halder aufzunehmen und sich von ihm sowie von Canaris gleichsam ein Mandat zur Staatsstreich-Vorbereitung geben zu lassen sowie ihr personelles Oppositions-Potential der Anti-Kriegs-Gruppe zur Verfügung zu stellen. Mit diesen Kontakten gewann die Kriegsverhinderungs-Politik eine neue Dimension; sie konnte nunmehr auf zwei verschiedenen Ebenen operationalisiert werden: Kennzeichen dieser Phase wurde es daher, daß fortan Aktivitäten der konspirativen Staatsstreich-Planung einerseits und die politischen, geheim-diplomatischen Bemühungen der Kriegsverhinderung im In- und Ausland andererseits alternativ — wenngleich oft wenig koordiniert — nebeneinanderliefen. So gingen die schon zu Becks Zeiten begonnenen Geheimkontakte mit London, vor allem Initiativen Weizsäckers und Canaris', aber auch Halders (Mission Boehm-Tettelbach) ebenso weiter wie die Bemühungen, hohe Amtsträger wie Keitel und Brauchitsch durch gezielte und ausgewählte Informationen für eine Kriegsverhinderungs-Politik und für entsprechende Einwirkungen auf Hitler zu gewinnen; gleichzeitig

aber begann der Oster-Gisevius-Kreis im Auftrage Halders mit der technischen Vorbereitung einer Staatsstreich-Aktion.

Im Gegensatz zu Becks Amtszeit war nunmehr jedoch aus den persönlichen und dienstlichen Kontakten zwischen den Repräsentanten der Kriegsverhinderungspolitik in hohen Ämtern und den aktivistisch-verschwörerischen Elementen in untergeordneten Stellungen eine konspirative Aktionsverbindung geworden. Dabei war es auch zu einer politisch wie technisch nicht unwichtigen personellen Basiserweiterung gekommen[65]. Jetzt kann erstmals von einer gegen die Führung des Regimes gerichteten Aktivität im militärisch-politischen Bereich die Rede sein, die man mit dem allgemeinen Begriff 'Opposition' bezeichnen könnte, sofern die Komplexität und Mehrschichtigkeit des Phänomens dabei stets mitgedacht wird.

Diese Opposition war jedoch von prinzipiellen Divergenzen in Motiven und Zielsetzungen gekennzeichnet. Was für Halder und Canaris als letzte verzweifelte Möglichkeit zur Kriegsverhinderung gedanklich erwogen und für alle Fälle vorbereitet wurde — der Staatsstreich —, war für den Oster-Gisevius-Kreis das eigentliche Ziel, und dieses könnte man — so meinten sie — aus Anlaß eines unmittelbar drohenden Kriegsausbruchs am besten erreichen. Diese Gruppe, die bereits seit einiger Zeit nach einer Plattform für einen Coup d'Etat gesucht hatte, begann daher Umsturzvorbereitungen mit sehr viel weitergehenden Absichten, als sie Halder im Sinne hatte. Zugespitzt kann man somit von der Existenz einer Verschwörung innerhalb der Verschwörung sprechen: Auf der Grundlage des Halder-Canaris-Mandates arbeiteten Oster und seine Freunde gleichsam auf eigene Rechnung. Mehr noch: Auch ihre Vorbereitungen verselbständigten sich zu einem gewissen Grad. Planten Oster und Gisevius im Zusammenwirken mit General v. Witzleben, Hitler im Rahmen eines Staatsstreiches zu verhaften[66], so beschlossen die dem romantisch-nationalrevolutionären Milieu der früheren Freikorps entstammenden Führer des für die Durchführung des Schlages gegen den Reichskanzler vorgesehenen Kommandos (F.W. Heinz und Liedig) offenbar in selbständiger Ausweitung ihres Auftrages, den Diktator sofort zu töten. Innerhalb des Rahmens der von der Anti-Kriegs-Partei (Halder, Canaris) vorgesehenen Kriegsverhinderungspolitik hatte sich damit eine fatale Mehrgleisigkeit entwickelt: Wo Halder und Canaris primär auf Kriegsverhinderung abzielten, strebten Oster und seine Freunde ausschließlich den Umsturz an; diese *Umsturz-Gruppe* wiederum wurde zu überspielen versucht von einer *Attentats-Gruppe*. Wenn also im Zusammenhang mit den geschilderten Ereignissen seit Halders Amtsantritt von einer 'Opposition' gesprochen wird, dann darf man diesen — an sich zu unscharfen — Begriff nur im Sinne einer grobschnittigen Pauschalbezeichnung für drei kooperierende, wiewohl in Zielsetzung und Methoden gründlich divergierende Gruppierungen gebrauchen.

In dieser Divergenz der Motive, Zielsetzungen und Methoden lag auch die Ursache dafür, daß — nachdem Halder in der Krise der Godesberger Verhandlungen die unmittelbaren Staatsstreichvorbereitungen hatte anlaufen lassen[67] — die verschiedenen beteiligten, sehr unterschiedlich motivierten Kräftegruppierungen aufgrund der Nachricht von der bevorstehenden Konferenz von München rasch desintegrierten und danach für entscheidende Monate praktisch gelähmt waren.

Für die eigentliche Anti-Kriegs-Partei entfiel mit der Konferenz von München jeder Grund für irgendwelche system-destabilisierenden Maßnahmen, da mit der offensichtlichen Beseitigung einer Kriegsgefahr das angestrebte Hauptziel ihrer Kriegsverhinderungspolitik erreicht war; für sie gab es fortan (bis zur nächsten lebensgefährlichen Krise) die Rückkehr zur Normalität, zur normalen Weiterführung ihrer Amtsgeschäfte: Weizsäcker versuchte, bei der Reichsführung seine Vorstellungen einer deutschen Außenpolitik nach 'München' durchzusetzen; Halder widmete sich der Fortsetzung des Heeresaufbaues und der Ausarbeitung operativer Planung, während Canaris zum Alltag des Geheimdienstgeschäftes zurückkehrte.

Die Umsturzgruppe dagegen sah sich durch die britische Politik, die zur Konferenz von München geführt hatte, der entscheidenden Aktionsvoraussetzung beraubt (spektakuläre diplomatische Niederlage Hitlers oder der unmittelbar bevorstehende Kriegsausbruch) und kritisierte diese Wendung der Dinge heftig: „Chamberlain hat Hitler gerettet[68]!" Aber sie war innerhalb des oppositionellen Kräftefeldes, das sich in der Sudetenkrise gebildet hatte, nur eines von mehreren Elementen, noch dazu eines der schwächsten, gemessen an ihrem geringen politischen Gewicht und an den Positionen, die ihre Mitglieder innerhalb des staatlich-militärischen Apparates einnahmen; die Attentatsgruppe wiederum war in jeder Hinsicht bedeutungslos, zumal die konkreten Vorbereitungen zum Coup d'Etat zu keiner Zeit über das Stadium der Improvisation hinausgelangt waren[69].

Eine Strukturanalyse der in der einschlägigen Literatur auch als „September-Verschwörung" bezeichneten Oppositionsmanifestationen erbringt folgendes Resultat: Im Kern handelte es sich um die Fortsetzung einer *Anti-Kriegs-Politik*; diese aber verlief nunmehr doppelgleisig: Politische und geheim-diplomatische Aktivitäten wurden ergänzt durch eine *Staatsstreich-Eventualplanung*. Primäres Ziel blieb aber dabei die Kriegsverhinderung, nicht der Umsturz. Innerhalb dieser system-destabilisierenden Anti-Kriegs-Eventualplanung lief jedoch eine sich verselbständigende und zugleich sich auffächernde *Umsturzplanung*, die viel weitergehende Ziele als die bloße Kriegsverhinderung anstrebte, nämlich Regime-Umsturz und sogar *Attentat* mit der Absicht, nicht nur die Ursache der Kriegsgefahr innerhalb der Regime-Führung zu beseitigen, sondern zu politisch-gesellschaftlicher Neuordnung vorzustoßen. Was die beteiligten Kräfte insgesamt angeht, so ist festzuhalten, daß die Radikalität der Zielsetzungen in umgekehrtem Verhältnis zu dem amtlichen und politischen Gewicht stand. Es waren — wie sich abschließend sagen läßt — überaus heterogene, ja disparate Kräfte auf sehr verschiedenen Ebenen aktiv geworden, denen eine gemeinsame politische Grundlage fehlte, deren Zielsetzung zudem sehr unterschiedliche Akzente (Kriegsverhütung bzw. Regime-Umsturz bzw. Attentat) aufwies.

5. Die Zeitspanne *zwischen der Konferenz von München und dem Kriegsausbruch* war gekennzeichnet durch den Zerfall der in der Phase zwischen Fritsch-Krise und 'München' enger gewordenen Kontakte und Aktionsverbindungen zwischen den verschiedenen oppositionellen Persönlichkeiten und Aktionsgruppen sowie durch die völlige Divergenz der Kräfte, die sich um eine Kriegsverhinderung bemühten, und denen, die vornehmlich auf Umsturz und grundlegende Regime-Änderung hinarbeiteten[70]. Im systemkritischen Umfeld herrschten erhebliche interne Spannungen. Alte Kontakte unter konservativen Regimegegnern rissen ab; man erging sich in unverbindlichen Gesprächen mit außer Amt befindlichen Persönlichkeiten (Beck, Hassell, Goerdeler, Planck etc.), begleitete mit kritischen Kommentaren die Entwicklung[71] und kam entweder über vage, auf langfristige Entwicklungen abgestellte Überlegungen (Witzleben, Sodenstern)[72] oder über illusionäre ad-hoc-Pläne (Gisevius, Schacht) nicht hinaus. Den *Kräften einer Umsturz-Politik* war nach München die Aktionsbasis weitestgehend entglitten; sie hatten den Kontakt mit dem Gang der Entwicklung vollkommen verloren[73]. Erst im Spätherbst nach dem Polenfeldzug tauchte die Umsturzgruppe im oppositionellen Kräftefeld wieder auf[74].

Die Exponenten einer Anti-Kriegs-Politik dagegen begannen etwa seit der Besetzung Prags bis zum Kriegsausbruch eine intensive, wenngleich letztlich ergebnislose Aktivität auf den verschiedensten Ebenen zu entfalten. Ihre *personelle Struktur* war in dieser Zeit einigermaßen konsistent geblieben, sieht man davon ab, daß in der entscheidenden Phase vor Kriegsausbruch Görings Bemühungen teilweise mit der Kriegsverhinderungs-Politik dieser Kreise konvergierten.

Die *Aktionsstruktur* dieser Kriegsverhinderungspolitik war differenziert und vielschichtig. Hauptziel der verschiedensten Aktivitäten war es — je nach der Einschätzung der Rolle Hitlers —, entweder den 'Führer' dem kriegstreiberischen Einfluß sogenannter 'Radikaler' zu entziehen oder ihn von einer Kriegspolitik abzuhalten. Dementsprechend spielten sich diese Aktivitäten der Anti-Kriegs-Kräfte auf sehr verschiedenen Ebenen mit unterschiedlichen Zielsetzungen ab. *Einerseits* wurde versucht, den Entscheidungsprozeß auf höchster Ebene durch Informationen und Interventionen zu beeinflussen, um den als verhängnisvoll angesehenen Kurs der deutschen Außenpolitik noch zu verändern. So wurde von den verschiedensten Seiten — von Halder und Canaris, ebenso von Goerdeler, Beck, Hassell und Schacht — auf den Oberbefehlshaber des Heeres und den Chef OKW, Keitel, eingewirkt, damit diese beiden Militärs in verantwortlichen höchsten Stellungen ihren Einfluß bei Hitler im Sinne einer Vermeidung des Krieges einsetzten[75]. Staatssekretär v. Weizsäcker wiederum bemühte sich, wie ein Jahr zuvor in der Sudetenkrise, sowohl seinen Chef, Reichsaußenminister v. Ribbentrop, als auch Hitler von den Gefahren einer anti-britischen Konfliktkurs steuernden Politik zu überzeugen[76]. Das alles waren im Grunde Versuche einer Einflußnahme auf die Entscheidungsträger der deutschen Außenpolitik innerhalb wie außerhalb des Dienstweges[77]. *Andererseits* waren die Kräfte der Anti-Kriegspartei bestrebt, durch Gespräche mit ausländischen Diplomaten und durch Demarchen in London und Rom das Ziel einer Kriegsvermeidung zu erreichen. General Halder sagte dem französischen Botschafter, man müsse Hitler den vollen Ernst der Lage eindringlich klar machen; und den britischen Botschafter drängte er, dieser möge Hitler deutlich zu verstehen geben, daß Großbritannien nicht weiter zurückweichen, sondern einen deutschen Angriff auf Polen unvermeidlich mit einer Kriegserklärung beantworten werde. Eine ganze Reihe von Emissären und Interventen sprach in London vor[78]: Aus eigener Initiative handelnde Persönlichkeiten wie Schacht oder Goerdeler und z.T. wohl auch die Gebrüder Kordt, Moltke, Trott oder Vertrauensleute und Beauftragte von Canaris' Abwehr oder von Weizsäcker (wie etwa Schlabrendorff, Selzam, Schwerin-Schwanenfeld, C.J. Burckhardt). Canaris selbst versuchte, wie im Jahr zuvor auch jetzt die Italiener zu einer deutlichen Absage an Hitlers Kriegspolitik zu veranlassen[79]. Auf eigene Faust haben zudem Mitarbeiter von Canaris, nämlich der Kreis um Oster[80], den Briten Informationen in der doppelten Absicht zugespielt, den Westmächten Warnungen über Hitlers friedensgefährdende Absichten zukommen zu lassen und gleichzeitig auf diese Weise energische Reaktionen und Gegenmaßnahmen der Briten zu provozieren, die Hitler wiederum vor Abenteuern zurückschrecken lassen könnten[81]. Weizsäcker seinerseits war mindestens auf drei Ebenen aktiv: Neben seiner Einflußnahme auf dem Dienstweg bemühte er sich weiterhin, gleichsam flankierend hierzu, durch Gespräche mit ausländischen Diplomaten (Sir Nevile Henderson, Graf Attolico), diese im Sinne einer Friedenserhaltung zu aktivieren. Das war — wie richtig bemerkt worden ist[82] — eine Art Wiederholung des vom Staatssekretär in der Sudetenkrise so erfolgreich betriebenen Krisen-Managements, das nun auf eine politische Lösung des Polen-Konflikts abgestellt war. Schließlich versuchte Weizsäcker, eine diplomatische Konstellation herbeizuführen, welche in der europäischen Konfliktsituation des Sommers 1939 entspannend wirken könnte[83].

In der einschlägigen Literatur sind die geschilderten vielfältigen Bemühungen stets im Zusammenhang mit dem Komplex 'Widerstand' bzw. Opposition behandelt worden. Bei genauerer Betrachtung drängt sich indessen die Frage auf, ob diese beiden Begriffe wirklich die skizzierten Phänomene angemessen beschreiben. Sie waren gewiß alles andere als 'Widerstand' im Sinne von bewußt system-destabilisierenden Aktivitäten. Derartige Aktivitäten können vielmehr — auch und gerade unter den Bedingungen eines totalitären Regimes — als *system-immanente Opposition* aufgefaßt werden. Damit ist die ethisch bedeutsame Absicht, für Europa und das Reich den Frieden zu erhalten, nicht gering geachtet; nur ist für diese Bestrebungen die Bezeichnung *'Opposition'* im Sinne eines system-feindlichen Widerstandes einfach nicht angemessen; sondern es war eher *Opposition als ein Versuch, eine alternative Politik innerhalb des Systems durchzusetzen.* Das machen die Aktivitäten der Anti-Kriegs-Partei in dieser Phase ganz deutlich: Es waren Einwirkungen auf den Entscheidungsprozeß mittels normaler Prozeduren, teilweise waren es auch Aktionen, die man als *Gegen-Diplomatie* auffassen könnte: Ein Zusammenspiel mit Verbündeten und mit Vertretern von Staaten, mit denen die Reichsführung im Moment in kontroverser Diskussion stand, die aber ebenfalls an der Kriegsverhinderung interessiert waren. Welcher Art auch immer diese Aktivitäten gewesen sind — Information, Gegeninformation, gelegentlich auch Desinformation, Hintergrundgespräche und Gegenwirkung bezweckende Gespräche —, es blieb stets bei *system-immanenter Opposition*[84]: Ernsthafte Überlegungen oder gar Vorbereitungen zur Kriegsverhütung durch system-destabilisierende Maßnahmen gab es im Gegensatz zum Herbst 1938 in *dieser* Phase der Entwicklung vor Kriegsausbruch nicht. Wenn Goerdeler im Mai 1939 seinen britischen Gesprächspartnern berichtete, die deutsche Armee sei immer noch zum Regime-Sturz bereit, aber die Entscheidung dafür sei eine Frage des geeigneten Zeitpunktes, er selbst sei zwar schon jetzt zum Losschlagen bereit, aber „die Führer der Gesamtbewegung [...] betrachteten es noch als zu früh", dann war das entweder eine seinem Wunschdenken entspringende Lageeinschätzung oder eine bewußte Fehlinformation, durch die er die Briten zum Handeln veranlassen wollte[85]. Gisevius stellt daher mit bitterer Selbstkritik zutreffend fest: „An der Haltung der deutschen Opposition gibt es für diese dramatischen Tage vor Kriegsausbruch nichts zu heroisieren

[...]. Wir müssen uns mit der schlichten Tatsache begnügen, irgend etwas Mitreißendes wurde nicht getan[86]. " Das war vom Standpunkt jener kleinen radikalen Opposition aus gesprochen, die das System überwinden wollte, gilt aber mehr noch für die system-immanente Anti-Kriegs-Partei. Deren Bemühungen waren aus mindestens drei Gründen vergeblich. Einmal vermittelten sie den ausländischen Gesprächspartnern infolge der fehlenden Koordination ihrer Aktivitäten auf weite Strecken hin ein überaus uneinheitliches, ja widersprüchliches Bild[87]. Sodann waren manche ihrer Interventionen und Ratschläge widersprüchlich und sogar gegenläufig[88]. Und drittens lag der tiefste Grund der Vergeblichkeit darin, daß sie einerseits Hitlers absoluten Kriegswillen zutiefst verkannten — Weizsäcker hat im Sommer 1939 längere Zeit noch an einen „hochgespannten Bluff [Hitlers] mit der Absicht, doch schließlich noch einzulenken", geglaubt[89]—, andererseits ihre preußisch-deutschen Revisions- und Großmachtvorstellungen im Fall Polen mit Hitlers unmittelbaren Zielsetzungen weitestgehend konvergierten, als dieser gegenüber dem östlichen Nachbarn des Reiches auf Konfrontationskurs ging. Canaris förderte die antipolnische Volkstums- und Ukraine-Politik, Weizsäcker versuchte, Ende 1938 Ribbentrop und Hitlers Überlegungen von der Rest-Tschechoslowakei fort und auf Polen (Danzig- und Korridor-Frage) hinzulenken, und er hat, etwas später, dazu geraten, „wegen einer Teilung Polens in Moskau deutlicher zu werden"[90]. Es steht außer Frage, daß dies alles nicht nur zur fatalen Dynamisierung der krisenhaften Entwicklung zwischen München und Kriegsausbruch beigetragen hat, sondern auch zur letztlichen Vergeblichkeit aller Bemühungen der Anti-Kriegs-Partei.

Will man abschließend die eingangs aufgeworfene Frage nach einer differenzierten begrifflichen Erfassung des Phänomens der national-konservativen Opposition für die Zeit bis Kriegsbeginn zu beantworten versuchen, so wird diese Antwort nicht darin liegen können, daß man den Begriff 'Opposition' schlichtweg durch einen einzigen anderen Begriff ersetzt. Dazu hat sich bei näherer Betrachtung die historische Realität als zu komplex erwiesen. Eine derartige Realität wird höchstens in einem System aufeinander bezogener Begriffe angemessen erfaßt werden können, das die notwendige analytische Trennschärfe bietet: Das komplexe Konfliktsphänomen 'national-konservative Opposition' stellt sich bis Kriegsausbruch zunächst dar als ein *system-immanenter Machtkampf* zum Zwecke der Stabilisierung national-konservativer Macht- und Einflußpositionen, der vornehmlich auf *evolutionäre Regime-Reform* abzielte, in dem aber auch gewisse, wenngleich eindeutig *schwächere Tendenzen zur gewaltsamen Regime-Säuberung* nicht fehlten. Dieser system-immanente Machtkampf floß dann zusammen mit der *Kriegsverhinderungspolitik einer Anti-Kriegs-Partei*, die sich primär die *Durchsetzung einer alternativen Außen- und Militär-Politik* zum Ziel gesetzt hatte. In einer kritischen Phase der internationalen Entwicklung, in der Sudetenkrise, machten sich jedoch auch system-destabilisierende Tendenzen bemerkbar: jetzt entwickelte die Anti-Kriegs-Partei parallel zu ihren system-immanenten Bemühungen um eine Alternativ-Politik eine neue Handlungs-Dimension mit einer *Staatsstreich-Eventual-Planung*. An sie hefteten sich kurzfristig *marginale Kräfte einer Umsturz- und Attentats-Politik* an. Mit 'München' fiel jedoch diese ephemere Radikalisierung der Anti-Kriegs-Politik in sich zusammen. Im letzten Jahr vor Kriegsausbruch kann daher wiederum nur von einer eindeutig system-immanenten Anti-Kriegs-Partei mit ihrer Alternativ-Politik der Kriegsverhinderung geredet werden.

III.

In der Zeit vom Kriegsausbruch bis zum 20. Juli 1944 waren Entwicklung und Aktivitäten der Oppositionskräfte dominierend bestimmt von den besonderen Rahmenbedingungen des Kriegszustandes[91]. Der gesteigerte Patriotismus eines Volkes im Kriege, das Gefühl strengerer Einbindung in nationalstaatliche Loyalität, die Sorge, daß Aktivitäten gegen das bestehende Regime unter Umständen legitime nationale Interessen schädigen könnten, ja daß man für den möglichen Verlust des Krieges verantwortlich gemacht werden, daß man einer neuen Dolchstoßlegende Vorschub leisten könnte, welche das nachfolgende Regime schwer belasten würde, dazu die Beanspruchung der militärischen Führer an der Front, speziell in Zeiten krisenhafter militärischer Lage — all das schlug als Hemmnis jeglicher nationalkonservativer Oppositionsaktivität gewichtig zu Buche. Allerdings standen dieser Belastung auch vorteilhafte Momente gegenüber, welche die Kriegssituation für oppositionelle Bestrebungen gegen die totalitäre Diktatur mit sich brachte. In manchen Bereichen lockerte sich der Griff des Systems, die Streitkräfte gewannen, mindestens in der Zeit der großen Siege, größeres Gewicht; vor allem erleichterte die Mobilisierung großer Teile der männlichen Bevölkerung in den Streitkräften Aufnahme und Ausbau konspirativer Kontakte unter dem Schutz und der Abschirmung der noch sehr weitgehend autonomen Welt des Militärs. Die allmähliche Basiserweiterung der Opposition war in nicht geringem Maße erst durch diese besonderen Bedingungen möglich geworden.

Die Entwicklung der zu Kriegsbeginn paralysierten und fragmentierten Oppositionskräfte bis zu der am 20. Juli in erstaunlicher Entschlossenheit handelnden Widerstandsfronde verlief etwa in *drei Phasen*. Wendet man die im Vorstehen-

292

den entwickelten *Kategorien* zur Erfassung und Erklärung des historischen Phänomens an, so kann man generell sagen, daß in der Kriegszeit einerseits eine personelle und politische Verbreiterung der Opposition stattfand, andererseits hinsichtlich der Struktur ihrer Aktionen und Zielsetzungen eine fortschreitende Reduktion der bisher zu konstatierenden Komplexität erkennbar ist, die einer zunehmenden Radikalisierung entsprach. Das zeigte sich bereits in der *ersten Phase der Entwicklung* zwischen Polenfeldzug und Westoffensive[92]. Personell kam es zu einer engeren Verbindung zwischen politisch-zivilen und militärischen Oppositionskräften. So wurden zivile Oppositionelle nunmehr aktiv in die militärische Staatsstreichplanung einbezogen: der Jurist v. Dohnanyi, der Bekenntnispfarrer Bonhoeffer[93], der Vertrauensmann des hohen katholischen Klerus, Dr. Josef Müller[94], beispielsweise wurden als Offiziere bzw. Sonderführer zur Abwehr eingezogen und verstärkten dort den Aktionskreis um Oberst Oster; Canaris entsandte den Major Groscurth als Verbindungsoffizier der Abwehr[95] — und inoffiziell auch der dortigen Oppositionskräfte — ins OKH zum Chef des Generalstabes Halder. Legationsrat v. Etzdorf war Verbindungsmann des Auswärtigen Amtes bei Halder und sicherte damit nicht nur den Kontakt zwischen dem Generalstabschef und Staatssekretär v. Weizsäcker, sondern auch zu der Oppositionsgruppe um die Gebrüder Kordt[96].

Als Hitler im Herbst 1939 nach dem Abschluß des Polenfeldzuges die Vorbereitung des Angriffs gegen Frankreich unter Bruch der Neutralität Belgiens und der Niederlande befahl und alle Gegenvorstellungen der Heeresführung zurückwies, da gab Halder in Erkenntnis der Nutzlosigkeit einer sich im Rahmen herkömmlicher Methoden haltenden 'Opposition mit den Mitteln des Ressorts' erneut das Startzeichen zur Staatsstreichvorbereitung; vor allem Groscurth trieb diese in seinem Auftrag zusammen mit der Gruppe um Oster und in Fühlung mit dem Kreis um Beck und Goerdeler voran. Hier wird von der *Aktionsstruktur* her deutlich, daß Halders einstige Kriegsverhinderungspolitik sich nunmehr nach Kriegsausbruch zu einer *Kriegsbegrenzungs- und Kriegsbeendigungspolitik* gewandelt hatte und daß die Methode nunmehr eindeutig auf einen Staatsstreich abzielte. Alternativen zum Coup d'Etat gab es nun nicht mehr. Die Kriegsbegrenzungs- und -beendigungspolitik war also gleichzeitig zu einer *Umsturzpolitik* geworden — die Reduktion der früheren Aktionsvielfalt und die Radikalisierung des Ansatzes ist nicht zu übersehen. Damit hatten sich auch automatisch die *Zielprioritäten* gewandelt. Das Ziel, eine Gefährdung des machtpolitisch erreichten Status des Reiches zu verhindern, war identisch mit dem der Beseitigung des Regimes: auch hier keine Vielfalt der Zielvorstellungen mehr, wie sie noch in der Fritsch-Blomberg-Krise und in der Zeit vor München innerhalb der Opposition geherrscht hatte! Dazu hatte fraglos beigetragen, daß ein von der Motivation her stärkerer moralischer Akzent jetzt auch in die Kreise der Opposition hineingekommen war, die zuvor primär auf einen system-immanenten Machtkampf ausgerichtet waren. Die inzwischen ruchbar gewordenen Verbrechen von SS und Sicherheitspolizei im besetzten Polen, in die das Heer fast mit verstrickt worden wäre[97], und der beabsichtigte Überfall auf kleine neutrale Länder gaben der Opposition neben der machtpolitisch-militärischen Motivationsbasis einen deutlicheren *politisch-moralischen Impuls.* Extremer Ausdruck dessen war das Handeln Osters, der die verschiedenen Angriffstermine dem niederländischen Militärattaché mitteilte. Ihn leitete das Motiv, einerseits die Glaubwürdigkeit der Opposition vor den Augen der Welt nach so vielen vergeblichen Anläufen zu retten und andererseits mit der unbedingten Gegnerschaft gegen das NS-Regime in radikaler Konsequenz Ernst zu machen[98].

Die in technischer Hinsicht relativ weit getriebene Staatsstreichplanung vom Spätherbst 1939 scheiterte letztlich an zwei miteinander zusammenhängenden Ursachen[99]. Es gelang Halder und seinen Mitverschworenen nicht, den Oberbefehlshaber des Heeres und die drei obersten Frontbefehlshaber[100] für den Plan zu gewinnen, obwohl diese höchsten Offiziere von der Notwendigkeit überzeugt waren, eine Ausweitung des Krieges zu verhindern. Ihr Verhalten wurde über rein individuell-charakterliche Momente hinaus bestimmt von der Unsicherheit über die Haltung der Truppen im Augenblick des Staatsstreiches sowie von Unklarheit und Zweifel, ob eine hinreichende außenpolitische Absicherung des Unternehmens gewährleistet sei. Um dies zu klären, hatte man bereits über den Vatikan Kontakte mit den Briten aufgenommen[101]. Damit waren zwei Faktoren aufgetaucht, die mindestens bis 1943 hin zu den zentralen Problemen der Verschwörung gehören sollten: die außenpolitische Absicherung eines Putsches und die Suche nach einem Befehlshaber. Da weder der Generalstabschef noch die an der Verschwörung beteiligten anderen hohen Offiziere unmittelbar Kommandogewalt über Truppenteile besaßen, wurde ein hoher Offizier benötigt, der über einsatzfähige Truppen für einen Staatsstreich verfügte.

Die *nächste Phase* der Entwicklung, die etwa vom Sommer 1940 bis zur Winterkrise in Rußland 1941/42 anzusetzen wäre, ist gekennzeichnet einerseits von einer bedrückenden Isolierung und Fruchtlosigkeit der Oppositionskräfte nach dem Scheitern des Ansatzes vom Herbst 1939 und den glänzenden Siegen der Wehrmacht in den Blitzfeldzügen im Norden, Westen und Südosten Europas, andererseits aber dadurch, daß nicht zuletzt infolge des organisatorischen 'Korsetts' der Wehrmacht der Zusammenhalt dieser oppositionellen Kräfte sich nicht mehr lockerte, die Kontinuität der Opposition also erhalten blieb. Aber gerade in dieser Phase machte sich die *Dialektik von Widerstand und Kriegslage* exemplarisch bemerkbar. In Zeiten großer Erfolge waren der Diktator und sein System — wie es schien — kaum zu stürzen — sein Prestige im Volk war zu groß, und das für das Reich Errungene war auch vielen Oppositionellen ein wertvolles Gut. Manche hegemonialen Großmachtvorstellungen traditioneller Art schienen durch Hitlers Siege jetzt realisiert oder realisierbar geworden — was oppositionelle Entschlossenheit fraglos schwächte, mindestens nicht förderte[102]. Zudem kam es unter den Frondeuren zu mancherlei *Divergenzen* über die Zielsetzungen und — bezüglich der Frage eines Attentates gegen Hitler — auch über wichtige Methodenfragen. Hatte Hitlers Siegeszug die Opposition zuerst behindert, so hatte später die Serie der deutschen Niederlagen einen ähnlichen Effekt. Nun argumentierten manche, vor einem Umsturz müßte erst die Lage wieder stabilisiert werden. Das war auch einer der Gründe, warum es in der Winterkrise 1941/42 nicht zu entsprechenden Initiativen gekommen ist[103].

Die *dritte Entwicklungsphase*, die sich ungefähr von Anfang 1942 bis Herbst 1943 erstreckt, ist gekennzeichnet durch eine entscheidende *Veränderung der personellen und der aktionsmäßigen Struktur*, und stellt — obzwar sie historisch gesehen eine in sich selbständige Phase war — damit doch den entscheidenden Entwicklungssprung dar, der schließlich zum 20. Juli 1944 führte.
In personeller Hinsicht hatte sich die Opposition verbreitert und war in sich durch vielfältige Querverbindungen kohärenter geworden. Neue Kräfte stießen zu ihr, brachten neue Ideen und neue Dynamik. An der Ostfront hatte sich beim Oberkommando der Heeresgruppe Mitte ein neues Zentrum des Widerstandes um den Ia der Heeresgruppe, den Oberst und späteren Generalmajor Henning v. Tresckow[104], gebildet. Die Gruppe wurde zu einem Impulszentrum, das durch seine Energie und Radikalität die kommende Entwicklung stark beeinflußte. Tresckow gelang es vor allem, eine enge Kooperation mit dem Berliner Kreis um Beck und Goerdeler und den oppositionellen Elementen in den militärischen Dienststellen der Reichshauptstadt[105], vor allem beim Befehlshaber des Ersatzheeres, in die Wege zu leiten. Daher kann man etwa von 1942/43 an von einer *Bündelung der oppositionellen Kräfte* in Berlin und deren Koordinierung mit den Bestrebungen des Oppositionszentrums bei der Heeresgruppe Mitte sprechen.
Als neues Element, das die Entwicklung der Opposition in dieser Phase nachhaltig beeinflußte, ist jene etwa seit Ende 1938 entstandene Gruppierung zu nennen, die unter der Bezeichnung 'Kreisauer Kreis' bekannt geworden ist. Sie hat ihren

Namen nach dem schlesischen Landgut einer ihrer führenden Persönlichkeiten, des Grafen Helmuth James v. Moltke, erhalten [106]. Die Zusammensetzung dieses Kreises, der sich um Moltke (geb. 1907) und um den fast gleichaltrigen Grafen Yorck v. Wartenburg (geb. 1904) [107] gebildet hatte, zeigt bereits die *politische und soziale Basiserweiterung*, die eine Zusammenarbeit mit diesen Kräften für die nationalkonservative Opposition bedeutet haben würde. Jüngere, sozial aufgeschlossene preußische Adlige, katholische und protestantische Geistliche und Universitätslehrer, sozialdemokratische Politiker und Gewerkschaftler, katholische Arbeiterführer und hohe Beamte und Diplomaten gehörten diesem Kreise an und repräsentierten nicht nur eine politische und soziale Pluralität, sondern — das war das Typikum dieser Gruppe —, sie waren alle der Überzeugung, daß es im Falle eines Umsturzes kein Zurück zu früheren Verhältnissen mehr geben dürfte, sondern daß eine grundlegende Erneuerung des politischen, sozialen, ökonomischen und geistigen Lebens notwendig sei. Daher ist dieser Kreis wohl am besten als *anti-totalitäre Reformbewegung* zu kennzeichnen. *In historischer Perspektive* stellt sich das Denken der Kreisauer dar als der — bei allen im Rückblick utopisch und unrealistisch anmutenden Vorstellungen und Ideen — letztlich imponierende Versuch, das grundlegende Legitimationsproblem alter Eliten, das der Bildung neuer Eliten und das Problem der Integration unterschiedlicher sozialer Schichten und Interessen in der modernen Gesellschaft, auf eine Weise zu lösen, die sich von den Denkschemata preußischdeutscher Staatstraditionen ebenso weit entfernt hatte wie von der nationalsozialistischen Realität, aber andererseits auch weder dem liberal-demokratischen noch dem kommunistischen Modell zuzurechnen war. Die Einbeziehung von Persönlichkeiten aus dem Kreisauer Kreis bedeutete für die nationalkonservative Opposition politisch fraglos eine *Öffnung nach links*. In gewisser Weise läßt sich daher fortan von einem ,,linken'' und einem ,,konservativen'' Flügel innerhalb der (im umfassenden Wortsinn nun gemeinten) nationalkonservativen Opposition sprechen.

Diese hatte inzwischen politisch und personell gewisse *Modifikationen* erfahren. Dank Tresckows Initiative waren die Kontakte zwischen den Berliner Kreisen und der Fronde bei der Heeresgruppe Mitte auf oppositionelle Elemente in den Stäben der Militärbefehlshaber in Paris (General K.H. v. Stülpnagel) und Brüssel (General v. Falkenhausen) ausgedehnt worden [108]. Seit August/September 1943 war mit Oberstleutnant Schenk Graf *v. Stauffenberg* [109], dem späteren Attentäter, eine neue dynamische Kraft zu der Berliner Staatsstreichgruppe gestoßen. Dieser Offizier, aus schwäbischem Adel stammend, hatte zunächst aus idealistisch-vergeistigtem Nationalismus und elitärem Denken den Nationalsozialismus als Kraft der Erneuerung begrüßt, war dann aber angesichts der Hitler-schen Kriegspolitik und nachdem sich ihm die verbrecherischen Seiten des Regi-mes allmählich erschlossen hatten, zunehmend regime-kritischer geworden. Nach einer Phase, in der er trotz dieser Einsichten einen Umsturz im Kriege ab-lehnte, hat er ab 1943 nach schwerer Verwundung sich zu einem der entschlos-sensten Gegner des Regimes entwickelt, der mit aller Kraft auf den Sturz Hitlers hinarbeitete.

Mit der Erweiterung der personellen Basis und der Intensivierung der konspirati-ven Kontakte hatte sich auch die *Aktionsstruktur* der Oppositionskräfte ent-scheidend gewandelt. Sie hatte sich weiter radikalisiert und in ihren Optionsmög-lichkeiten reduziert. Seit etwa Ende 1942 ging es zunehmend nicht mehr um ir-gendeine Systemreform, sondern angesichts der offenkundigen Verbrechen des Regimes um systemdestabilisierende Aktion, um *Umsturz*; suchte man zunächst noch — wie zuvor — eine außenpolitische Absicherung der angestrebten Aktion zu erreichen, so wurde ab Mitte/Ende 1943 klar, daß angesichts der politischen und militärischen Entwicklung des Krieges dazu keine Chance mehr bestand und nur noch der bedingungslose Umsturz das Ziel sein konnte[110]. Schon gar nicht mehr konnte es um die Verhinderung der Kriegsausweitung oder um Erhaltung des bis 1940/41 Errungenen gehen, sondern nur noch um möglichst rasche Kriegsbeendigung, nur noch darum, die Vernichtung des preußisch-deutschen Nationalstaates zu verhindern.

Auch was die *Methoden der Aktion* anging, war eine Radikalisierung eingetre-ten, die sowohl in der wachsenden Einsicht in den verbrecherischen Charakter des Systems als auch in der offenkundigen Vergeblichkeit weniger radikaler Vor-gehensweise begründet lag. Innerhalb der entscheidenen Gruppierung der Oppo-sition setzte sich allmählich die Überzeugung durch, daß der Tod des Diktators Voraussetzung eines jeden erfolgreichen Umsturzes sei; das Attentat müsse am Beginn der Befreiungsaktion stehen[111]. Das war das Ergebnis eines inneren Um-bildungsprozesses, einer Loslösung von Traditionen und Verhaltensmaßstäben überkommener Eliten, die von jüngeren Mitgliedern der Opposition wie Tresckow, Oster, Olbricht, Bonhoeffer und Stauffenberg angesichts der Heraus-forderung durch die totalitäre Diktatur für notwendig erachtet wurde. Sie waren bereit, bewußt das Risiko einer neuen Dolchstoßlegende auf sich zu nehmen, und wollten aus Gründen der Moral wie aufgrund der Kriegslage bedingungslos den Sturz des Regimes herbeiführen[112]. In dieser Radikalisierung und in der Re-duktion von Aktionsmethoden spiegelt sich erneut die Dialektik von Wider-standsentwicklung und Entwicklung des Kriegsverlaufes.

Vom *äußeren Ereignisablauf* her[113] brachte das Jahr 1943 die ersten konkreten Neuansätze eines Umsturzversuches, nachdem 1942 die Opposition sich konsolidiert, verbreitert und dynamisiert hatte. Seit Januar hatten Tresckow und seine Vertrauensleute in Berlin die Umsturzplanung der Oppositionskräfte zu koordinieren versucht; Olbricht trieb in technisch-organisatorischer Hinsicht die konkreten Vorbereitungen voran. Im März jedoch scheiterten aus technischen bzw. organisatorischen Gründen zwei Attentatsversuche, die Tresckow und seine Freunde bei der Heeresgruppe Mitte initiiert hatten. Andere Attentats-Projekte gelangten nicht über das Stadium der Planung hinaus[114]. Das größte Handicap lag jedoch nicht in diesen Fehlschlägen, sondern darin, daß es nicht gelang, einen prominenten Front-Oberbefehlshaber zu gewinnen. Zudem zerschlug die Gestapo im April 1943 Osters Verschwörerzentrale in der Abwehr[115], ohne allerdings die wesentlichen Gruppierungen des Widerstandes aufzuspüren. Im Sommer 1943 bemühte sich Tresckow um einen Neuansatz. Die Kriegslage hatte sich mit dem Ausscheiden Italiens aus dem Achsenbündnis und durch schwere Rückschläge, die auf die großen Niederlagen des ersten Vierteljahres (Stalingrad, Tunis) nunmehr an der Ostfront erneut eintraten (Kursk, Juli 1943), entscheidend verschlechtert. Eile war geboten. Bald schien in Feldmarschall v. Kluge ein prominenter Befehlshaber gefunden, aber im Oktober fiel dieser durch einen schweren Autounfall aus. Das Jahr 1943 ging — was den Staatsstreich anbelangte — mit einer negativen Bilanz zu Ende. Aber die beständigen und intensiven Kontakte zwischen den verschiedenen Gruppen in Berlin, Paris, Brüssel und bei der Heeresgruppe Mitte sowie die Zusammenarbeit zwischen den politisch-zivilen und den militärischen Kräften hatten sich trotz mancherlei Reibungen als stark genug erwiesen, um diese Rückschläge zu überdauern. Daher ist auch die Dynamik ihrer auf Umsturz abzielenden Bestrebungen nicht gemindert worden. Tresckow und vor allem der nach Genesung von seiner schweren Verwundung ab Spätsommer/Herbst 1943 in Berlin in zentraler Position tätige Stauffenberg trieben die Vorbereitungen zum Umsturz energisch voran, obwohl weitere Attentatspläne Ende 1943 und Anfang 1944 sich wiederum als unrealisierbar erwiesen[116]. Seit Mai 1944 wurde dann auf Tresckows Vorschlag von Stauffenberg ein Attentat bei einer der täglichen Lagebesprechungen im Führerhauptquartier ins Auge gefaßt und vorbereitet.

Damit hatte schon *die letzte Phase* in der Entwicklung der seit geraumer Zeit eindeutig systemüberwindenden Opposition begonnen, *die unmittelbare Vorgeschichte und Geschichte des 20. Juli 1944.* Zwei Momente gaben dieser Entwicklung eine besondere Beschleunigung und Dynamik. Einmal hatte sich die Lage

298

an den Fronten rasch und entscheidend verschlechtert. Zweitens war der Gestapo seit Anfang Juli ein gefährlicher Einbruch in die Reihen der Verschwörung gelungen. Leber und Reichwein waren am 4. Juli bei dem Versuch, Kontakte zu kommunistischen Widerstandsgruppen aufzunehmen, verhaftet worden; gegen Goerdeler erging am 18. Juli ein Haftbefehl. Das alles bestimmte Stauffenberg, in der Juli-Mitte loszuschlagen. Rein technisch gesehen bestand der Umsturzplan[117] aus drei Elementen: 1.) dem *Bombenattentat* als Voraussetzung des Staatsstreiches; 2.) der Übernahme der Vollziehenden Gewalt durch die Wehrmacht auf der Grundlage bestehender Pläne für den *Ausnahmezustand* (Walküre-Plan) zur Durchführung und Sicherung des Staatsstreiches; 3.) *Aufrufe und Rundfunkansprachen* sollten Bevölkerung und Streitkräfte dann über die Verbrechen des Regimes und über das ideale Wollen der Verschwörer informieren[118]. Der Tod des Diktators sollte die Bindungen sprengen, die viele Deutsche, vor allem in den durch Eid auf den 'Führer' verpflichteten Streitkräften, noch empfinden mochten.

Unter der Fiktion, eine „gewissenlose Clique frontfremder Parteiführer" habe „versucht, der schwerringenden Front in den Rücken zu fallen und die Macht aus eigennützigen Zwecken an sich zu reißen", sollte der militärische Apparat auf der Grundlage der existierenden Notstands-Eventualpläne über die regulären militärischen Befehlsstränge für den Befreiungsversuch in Gang gesetzt werden. Am 20. Juli 1944 scheiterte dieser — abgesehen von technischen 'Pannen' — letztlich daran[119], daß die beiden zentralen Elemente des Umsturzplanes sich als unwirksam erwiesen: 1) Hitler überlebte das Attentat, und 2) der militärische Apparat funktionierte in dem Augenblick nicht mehr in der — wie die Verschwörer vorausgesetzt hatten — gewohnten Art nach Befehl und Gehorsam, als Befehle von hoher politischer Brisanz erteilt wurden (Anordnungen zur Verhaftung der Gauleiter, Ausschaltung der SS etc.). Das Offizierkorps des Kriegsheeres bildete nicht mehr die festgefügte militärische Elite, die auf der Grundlage des absoluten Vertrauens in die Vorgesetzten nach Befehl und Gehorsam funktionierte; bei Befehlen, deren politischer Gehalt den Rahmen des Gewohnten so offenkundig überschritt und an die Substanz des Systems rührte, reagierte der militärische Apparat weitgehend mit Unsicherheit oder Renitenz: Rückfragen mit Verzögerungseffekt, passives absicherndes Abwarten, kontraproduktive Reaktionen gar waren das Ergebnis. Nur an wenigen Stellen, wie in Paris, wo eine beherzte Gruppe von Mitverschwörern die SS-Kräfte hinter Schloß und Riegel setzte[120], wurde planmäßig reagiert.

Insgesamt zeigte sich, daß die Streitkräfte nicht mehr ein auch politisch einsetzbares Instrument in der Hand der traditionellen militärischen Führungselite wa-

ren. Diese Elite war spätestens seit 1938 zu einer bloßen militärischen Funktionselite reduziert worden, sie war nicht länger eine auch politisch-soziale Elite, der
ein Instrument wie das Kriegsheer noch in jeder Lage bedingungslos folgte. Jene
Offiziere und mit ihnen die zivilen Oppositionellen, die schließlich zu grundsätzlichem, auf Umsturz und Tyrannenmord abzielenden Widerstand sich zusammenfanden, repräsentierten dagegen — legt man für eine historische Beurteilung
die hier verwandten Kategorien zugrunde — jene Kräfte der überkommenen wie
der neuen Eliten aus Arbeiterbewegung, Kirchen und Intelligenz, die sich in letzter Konsequenz weigerten, zu einer beliebig manipulierbaren Funktionsschicht
reduziert zu werden. In wenigen Jahren war ein langer Weg durchmessen worden: von der zur Neufundierung der eigenen Position eingegangenen Kooperar-
tion mit der Hitler-Bewegung war man über system-immanente Machtkämpfe
zur Sicherung der eigenen Stellung über Ansätze zur System-Säuberung und zu
alternativer, kriegsverhindernder Außenpolitik dann zur systemüberwindenden
Opposition, zur Staatsstreichplanung, und schließlich in auswegloser Lage zu
Umsturzversuch und Attentat gelangt. Am Ende dieses Weges hatten sich jene
Kräfte, die anfangs noch weitgehend von partikularen Interessen bestimmt wa-
ren, schließlich — wie das Beispiel ihrer hervorragenden Vertreter zeigt — im
Augenblick des endgültigen Unterganges der alten Eliten auch den allgemeinen
Interessen der Nation wie, in Ansätzen, der Völkerfamilie aufgeschlossen[121].
Eine historische Bilanzierung wird dies ebenso zu berücksichtigen haben wie die
Tatsache, daß die Kooperation traditioneller Eliten mit der Führung der NS-
Bewegung in der Zerstörung des preußisch-deutschen Nationalstaates endete.

*Anmerkungen*

1 Allgemein zur Literatur und Entwicklung der Forschung vgl. die Spezialbibliogra-
phien von U. Hochmuth, Faschismus und Widerstand: 1933-1945, ein Verzeichnis
deutschsprachiger Literatur, Frankfurt a.M. 1973, und R. Büchel, Der Deutsche Widerstand im Spiegel von Fachliteratur und Publizistik seit 1945, München 1975, ferner die Literaturberichte von K.O. Frhr. v. Aretin, in: Geschichte in Wissenschaft
und Unterricht, 25 (1974), S. 507-512 und 565-570; R. Mann, Widerstand gegen den
Nationalsozialismus, in: Neue politische Literatur, 22 (1977), S. 425-442, und G.
Plum, Das „Gelände" des Widerstandes. Marginalien zur Literatur über den Widerstand gegen den Nationalsozialismus, in: W. Benz (Hrsg.), Miscellanea. Festschrift
für Helmut Krausnick zum 75. Geburtstag, Stuttgart 1980, S. 93-102. Für die DDR
gibt den letzten Stand der Auffassungen K. Mammach, Die deutsche antifaschistische
Widerstandsbewegung 1933-1939, Berlin (Ost) 1976.
2 Hierzu und zum folgenden vgl. ausführlicher meinen Aufsatz: Die deutsche Militäropposition gegen Hitler. Zum Problem ihrer Interpretation und Analyse, in: K.-J.
Müller, Armee, Politik und Gesellschaft in Deutschland 1933-1945. Studien zum Verhältnis von Armee und NS-System, Paderborn [3]1981, S. 101-123; dort auch die einschlägige Literatur.

3 Vgl. H.-J. Steinberg, Thesen zum Widerstand aus der Arbeiterbewegung, in: Ch. Kleßmann und F. Pingel (Hrsg.), Gegner des Nationalsozialismus. Wissenschaftler und Widerstandskämpfer auf der Suche nach historischer Wirklichkeit, Frankfurt/New York 1980, S. 67-72, und D. Peukert, Zur Rolle des Arbeiterwiderstandes im „Dritten Reich", ebd., S. 73-90.

4 Vgl. K. Scholder, Die Kirchen und das Dritte Reich, Bd 1: Vorgeschichte und Zeit der Illusionen 1918-1934, Frankfurt/Berlin/Wien 1977; G. van Norden, Widerstand im deutschen Protestantismus 1933-1945, in: Kleßmann/Pingel (s. Anm. 3), S. 103-125; L. Volk SJ, Der Widerstand der katholischen Kirche, ebd., S. 126-139. H. Hürten, Zeugnis und Widerstand der Kirche im NS-Staat. Überlegungen zu Begriff und Sache, in: Stimmen der Zeit, Bd 201, H. 6 (Juni 1983), S. 363-373.

5 Vgl. A. Klönne, Gegen den Strom. Bericht über den Jugendwiderstand im Dritten Reich, Hannover u. Frankfurt/M. [1958], und K.-H. Jahnke, Entscheidungen. Jugend im Widerstand 1933-1945, Frankfurt 1970.

6 P. Hüttenberger, Vorüberlegungen zum „Widerstandsbegriff", in: Theorien in der Praxis des Historikers. Forschungsbeispiele und ihre Diskussion, hrsg. von Jürgen Kocka, Göttingen 1977 (Geschichte und Gesellschaft, Sonderheft 3), S. 117-134. Vgl. auch die knappen Erwägungen zum Widerstandsbegriff bei C. Kleßmann, Gegner des Nationalsozialismus. Zum Widerstand im Dritten Reich, in: Aus Politik und Zeitgeschichte, Beilage zur Wochenzeitschrift Das Parlament, B 46/1979 vom 17.11.1979, S. 25-37.

7 Vgl. dazu ausführlich meine Studie Armee und Drittes Reich. Versuch einer historischen Interpretation, in: Armee, Politik und Gesellschaft (s. Anm. 2), S. 11-50.

8 Zu dieser Auffassung von der Struktur des preußisch-deutschen Kaiserreichs vgl. H.-U. Wehler, Das Deutsche Kaiserreich 1871-1918, Göttingen 1973, ²1975, und die wichtigen Rezensionen dazu von T. Nipperdey, Wehlers „Kaiserreich". Eine kritische Auseinandersetzung, in: Geschichte und Gesellschaft, 1 (1975), S. 539-560, sowie von H.-G. Zmarzlik, Das Kaiserreich in neuer Sicht?, in: Historische Zeitschrift (zit. HZ), 222 (1976), S. 105-126. Wehlers Antwort auf diese Kritik in: HZ, 225 (1977), S. 347-348.

9 Vgl. hierzu und zum folgenden Th. Schieder, Das Deutsche Kaiserreich von 1871 als Nationalstaat, Köln/Opladen 1961; H.-U. Wehler, Krisenherde des Kaiserreichs 1871-1918. Studien zur deutschen Sozial- und Vefassungsgeschichte, Köln 1970; weitere Literatur in H.-U. Wehler, Das Deutsche Kaiserreich (s. Anm. 8). Wichtig auch: W. Sauer, Das Problem des deutschen Nationalstaates, in: Probleme der Reichsgründungszeit 1848-1879, hrsg. von H. Böhme, Köln 1968 (= Neue Wissenschaftliche Bibliothek, 26, Geschichte), S. 448-479.

10 Allgemein hierzu vgl. die Sammelbände: Reichsgründung 1870/71. Tatsachen, Kontroversen, Interpretationen, hrsg. von Th. Schieder und E. Deuerlein, Stuttgart 1970, und: Das kaiserliche Deutschland. Politik und Gesellschaft 1870-1918, hrsg. von M. Stürmer, Düsseldorf 1970, insbesondere aber H.-U. Wehlers Buch: Das Deutsche Kaiserreich (s. Anm. 8) sowie D. Stegmann, Zwischen Repression und Manipulation: Konservative Machteliten und Arbeiter- und Angestelltenbewegung 1910-1918, in: Archiv für Sozialgeschichte, 12 (1972), S. 351-432. In Krisenherde des Kaiserreichs (s. Anm. 9), S. 137, weist Wehler auf das Fehlen „einer allgemein verbindlichen Legitimationsbasis" des Reiches hin, das er aus der „Tradition der Revolution von Oben" erklärt.

11 Vgl. dazu Müller, Armee und Drittes Reich (s. Anm. 7). Dort auch der Nachweis der einschlägigen Literatur.

12 Vgl. M. Messerschmidt, Die Wehrmacht im NS-Staat. Zeit der Indoktrination, Hamburg 1969, passim.

13 Zitiert nach R. A. Blasius, Für Großdeutschland — gegen den großen Krieg. Staatssekretär Ernst Frhr. von Weizsäcker in den Krisen um die Tschechoslowakei und Polen 1938/39, Köln/Wien 1981, S. 24 (dort auch die einschlägige Literatur zu E. v. Weizsäcker).

14 E. v. Weizsäcker, Die Weizsäcker-Papiere 1933-1950, hrsg. von Leonidas E. Hill, Berlin 1974, S. 121 und S. 122: „Das A.A. muß an den Reichswagen angekuppelt werden."

15 Hüttenberger (s. Anm. 6), S. 133.

16 Zur Röhm-Affäre vgl. Müller, Das Heer und Hitler. Armee und nationalsozialistisches Regime 1933-1940, Stuttgart 1969 ( = Beiträge zur Militär- und Kriegsgeschichte, Bd 10), Kap. III, sowie ders., Reichswehr und „Röhm-Affäre", in: Militärgeschichtliche Mitteilungen (zit. MGM), 3 (1968), S. 107-144, und Ch. Bloch, Die SA und die Krise des NS-Regimes 1934, Frankfurt a.M. 1970.

17 Hierzu vgl. Blasius (s. Anm. 13), passim, und die dort angeführte Literatur.

18 Ebd., S. 120, 121, 125. Vgl. speziell Botschafter Hendersons Brief an Lord Halifax vom 21.8.1939 über Weizsäckers Vorschlag, General Ironside möge einen warnenden Brief des britischen Premierministers an Hitler überbringen: „His visit might at least help to discredit Ribbentrop." (Documents on British Foreign Policy 1919-1939, hrsg. von E.L. Woodward und R. Butler, London 1946 ff. [zit. DBFP], 3. Serie, vol. VII, Nr. 117, S. 109.)

19 Vgl. Müller, Heer und Hitler (s. Anm. 16), Kap. IV: Blomberg-Skandal und Fritsch-Krise, sowie H. C. Deutsch, Das Komplott oder die Entmachtung der Generale. Blomberg- und Fritsch-Krise. Hitlers Weg zum Krieg, Zürich 1974.

20 So z.B. Canaris, Oster und Tresckow. Vgl. B. Scheurig, Henning von Tresckow. Eine Biographie, Neuaufl. Hamburg 1980 ( = Ullstein-Buch, Nr. 27503). H. Graml, Der Fall Oster, in: Vierteljahrshefte für Zeitgeschichte (zit. VfZG), 14 (1966), S. 26-39. R.G. Graf von Thun-Hohenstein, Der Verschwörer. General Oster und die Militäropposition, Berlin 1982. General Beck notierte damals als seinen Eindruck, der Fall Fritsch „hat zwischen Hitler und dem Offizierkorps eine Kluft gerissen, auch in bezug auf das Vertrauen, die nie wieder zu überbrücken ist." Bundesarchiv-Militärarchiv (BA-MA), N 28/3, Bl. 43-45, Aufzeichnung vom 19.7.1938; vgl. H. Höhne, Canaris. Patriot im Zwielicht, München 1976.

21 Vgl. G. Ritter, Carl Goerdeler und die deutsche Widerstandsbewegung, Stuttgart 1956.

22 Scheurig, Henning von Tresckow (s. Anm. 20).

23 Hierzu vor allem Höhne, Canaris (s. Anm. 20), Kap. 8, und Thun-Hohenstein (s. Anm. 20), S. 51 ff.

24 So die Formulierung bei P. Hoffmann, Widerstand, Staatsstreich, Attentat. Der Kampf der Opposition gegen Hitler, München 31979, S. 52.

25 Vgl. Müller, Heer und Hitler (s. Anm. 16), S. 232 ff.

26 Vgl. Ritter, Goerdeler (s. Anm. 21), S. 154 ff., 167 f.; G. sandte seine Reiseberichte u.a. auch an Goering und Schacht sowie an die Reichskanzlei (Wiedemann).

27 Die britische Reaktion auf Goerdelers Information und die Beurteilung seiner Berichte schildert ausführlich und mit wertvollem dokumentarischen Material A.P. Young, The ‚X'- Documents. Edited by S. Aster, London 1974, sowie S. Aster, 1939, The Making of the Second World War, London 1973, insbesondere S. 43-49, 57, 230 ff., 345, 362.

28 Vgl. hierzu und zum folgenden Deutsch, Das Komplott (s. Anm. 19), sowie die einschlägigen Kapitel bei Hoffmann, Widerstand (s. Anm. 24), Kap. III, und Müller, Heer und Hitler (s. Anm. 16), Kap. VI. Für Canaris vgl. Höhne, Canaris (s. Anm. 20), S. 244 ff.

29 Der Hintergrund, vor dem diese Entwicklungen erfolgten, war die zunehmend kritische Einstellung, die in Teilen des von der Entwicklung des Regimes enttäuschten national-konservativen Milieus herrschte. Die sich ausbreitende Unzufriedenheit in diesen Kreisen, die 1933 weitestgehend die „nationale Erhebung" mit getragen hatten, ist jedoch keineswegs mit dem Begriff „Opposition" zu kennzeichen. Sie war bestenfalls der Wurzelboden für die mögliche Entstehung einer solchen Opposition, nicht mehr, auch wenn manche dieser enttäuschten Nationalkonservativen gegenüber dem Ausland diese geschilderte Stimmungslage in ihren Kreisen in Verkennung der Machtverhältnisse als Opposition auszugeben geneigt waren (vgl. beispielsweise die Ausführungen Koerbers gegenüber Mason MacFarlane [DBFP, 3. Serie, vol. II, Nr. 595, S. 65]). Beck, Canaris und Hoßbach dagegen waren zu dieser Zeit von derartigen Illusionen völlig frei.

30 Hierzu Thun-Hohenstein (s. Anm. 20), S. 57-80.

31 Über Canaris: Höhne (s. Anm. 20), Kap. 8; über Hoßbach vgl. Deutsch, Das Komplott (s. Anm. 19), und für Beck vgl. Müller, Heer und Hitler (s. Anm. 16), S. 262, 267 ff., 281-298, sowie ders., General Ludwig Beck. Studien und Dokumente zur politisch-militärischen Vorstellungswelt und Tätigkeit des Generalstabschefs des deutschen Heeres 1933-1938, Boppard 1980, Kap. III.

32 Abgedruckt in Müller, Heer und Hitler (s. Anm. 16), Dokument Nr. 34. Aufschlußreich für den Machtkampfcharakter ist die Formulierung „Befreiung der Wehrmacht" (nicht also primär der Nation!).

33 Hierzu und zum folgenden vgl. H.K.G. Roennefarth, Die Sudetenkrise in der internationalen Politik. Entstehung, Verlauf, Auswirkung, 2 Bde, Wiesbaden 1961; sowie Müller, Ludwig Beck (s. Anm. 31), Kap. V und VI, und Blasius, Großdeutschland (s. Anm. 13), passim (mit der neuesten Literatur).

34 Dies suggeriert vor allem das Werk von Hoffmann, Widerstand (s. Anm. 24).

35 Hierzu und zum folgenden ausführlich Müller, Ludwig Beck (s. Anm. 31); eine Zusammenfassung der Ergebnisse dieses Buches in: Müller, Armee, Politik und Gesellschaft (s. Anm. 2), Abschnitt: Generaloberst Ludwig Beck. Generalstabschef des deutschen Heeres 1933-1938. Einige Reflexionen und neuere Forschungsergebnisse, S. 51-100.

36 Vgl. G.R. Ueberschär, Generaloberst Halder im militärischen Widerstand 1938-1940, in: Wehrforschung, 1 (1973), S. 20-31.

37 Vgl. dazu Höhne, Canaris (s. Anm. 20), passim.

38 Vgl. Blasius, Großdeutschland (s. Anm. 13).

39 Vgl. hierzu die gleichartige Überlegung Weizsäckers in einer Aufzeichnung vom Februar 1939 in bezug auf die Resttschechoslowakei (Weizsäcker-Papiere 1933-1950 [s. Anm. 14], S. 150).

40 Abgedruckt als Dokumente 31 und 43 bei Müller, Ludwig Beck (s. Anm. 31).

41 Ebd., Dokument Nr. 46, Aufzeichnungen vom 29.5.1938.

42 Akten zur Deutschen Auswärtigen Politik 1918-1945 (zit. ADAP), Serie D, Bd I, Nr. 21, und Weizsäcker-Papiere (s. Anm. 14), S. 126: Eintrag vom 19.4.1938.

43 Müller, Ludwig Beck (s. Anm. 31), Dokument Nr. 55.

44 Blasius, Großdeutschland (s. Anm. 13), Kap. 2, Abschnitt I, speziell S. 41 ff.

45 Ebd., S. 49

46 Weizsäcker-Papiere 1933-1950 (s. Anm. 14), S. 168: „Ribbentrop monopolisierte daher auch die tschechische Sache ganz auf sich." Vgl. auch ebd., S. 145 (Aufzeichnung vom 9.10.1938), wo Weizsäcker im Rückblick auf die Godesberger Verhandlungen mit Chamberlain schreibt: „Es wäre der Gruppe, die den Krieg wollte, nämlich Ribbentrop und der SS, beinahe doch noch gelungen, den Führer zum Losschlagen zu veranlassen."

47 So gegen die Mehrzahl der einschlägigen Untersuchungen Hoffmann, Widerstand (s. Anm. 24), S. 104 ff. und S. 685 f. (Dort auch die einschlägige Literatur.)

48 So die überwiegende Mehrzahl der Literatur in Aufnahme der von W. Foerster (Generaloberst Ludwig Beck. Sein Kampf gegen den Krieg. Aus nachgelassenen Papieren des Generalstabschefs, München 1953) benutzten Formulierung.

49 Vgl. Höhne, Canaris (s. Anm. 20), S. 284 ff., Thun-Hohenstein (s. Anm. 20), S. 89 f., sieht eher Oberstleutnant Osters Einfluß auf Beck als entscheidend an.

50 Vgl. Blasius, Großdeutschland (s. Anm. 13), S. 51 ff.

51 Die in diesem Zusammenhang oft zitierten Denkschriften und Aufzeichnungen hoher Marine-Offiziere (Guse, Heye) vom Juli 1938, in denen vor einem Kriegsrisiko gewarnt wurde, sind — wie neuere Untersuchungen erwiesen haben — von H. Krausnick (Vorgeschichte und Beginn des militärischen Widerstandes gegen Hitler, in: Vollmacht des Gewissens, hrsg. von der Europäischen Publikation e.V., Bd 1, Frankfurt a.m./Berlin 1960, S. 177-384, hier S. 315 ff.) „zu unrecht als Widerstandshandlung" (so M. Salewski, Die deutsche Seekriegsleitung 1935-1945, Bd I: 1935-1941, Frankfurt a.M. 1970, S. 45) überschätzt worden.

52 Vgl. Becks Memorandum vom 16.7.1938 (abgedruckt bei Müller, Ludwig Beck [s. Anm. 31], Dok. Nr. 49/50), wo es heißt: „die Absicht der gewaltsamen Lösung des tschechischen Problems so lange zurückzustellen, bis sich die militärischen Voraussetzungen dafür grundlegend geändert haben. Zur Zeit halte ich sie für aussichtslos."

53 E. v. Weizsäcker (Erinnerungen. Mein Leben, hrsg. von R. v. Weizsäcker, München/Leipzig/Freiburg i. Br. 1950) hat eine sehr vorsichtig formulierte Passage aufgenommen, nach der er zwar nie Mitglied einer auf Hitlers Beseitigung abzielenden Umsturzgruppe im Auswärtigen Amt gewesen sei, aber wie ein „Dazugehöriger" stets gehandelt und seit Sommer 1938 stets zu Hitlers Beseitigung geraten habe. Diese Aussage findet keinerlei Stütze in den Weizsäcker-Papieren, was immerhin in der Eigentümlichkeit konspirativer Verhaltensweisen seine Ursache finden mag. Allerdings kommt auch die neueste eingehende Untersuchung zu dem Schluß (Blasius, Großdeutschland [s. Anm. 13], Kap. 3), daß keine Beteiligung W.s an Umsturzplanungen nachzuweisen sei.

54 Belege hierfür bei Müller, Ludwig Beck (s. Anm. 31), Kap. IV; über die Feindlage-Einschätzung bezüglich Frankreich vgl. auch die Lagebeurteilung bei H. Speidel, Aus unserer Zeit. Erinnerungen, Berlin/Frankfurt a.M./Wien 1977, S. 431-453: „Französischer Sicherheitsbegriff und französische Führung"; die Unterlagen zum Kriegsspiel des Generalstabes größtenteils in: BA-MA, Wi/IF 5.1502.

55 Vgl. Anm. 46.

56 So Weizsäcker-Papiere 1933-1950 (s. Anm. 14), S. 128 (22.5.1938: „Wir bluffen") und S. 131 f. (Gefahren einer Bluff-Politik) sowie im Rückblick (9.10.1938), S. 145 („Die Annahme ist daher unrichtig, daß der Führer etwa einen ganz großen und aufs höchste gesteigerten Bluff betrieben habe.").

57 Zu diesen Demarchen und Aktivitäten vgl. B. Scheurig, Ewald v. Kleist-Schmenzin. Ein Konservativer gegen Hitler, Oldenburg/Hamburg 1968, S. 155 ff.; Krausnick, Vorgeschichte (s. Anm. 51), S. 307, 330 f., 340 f.; Roennefarth, Sudetenkrise (s. Anm. 33), Bd 1, Kap. 8; H. Groscurth, Tagebücher eines Abwehroffiziers 1938-1940.

Mit weiteren Dokumenten zur Militäropposition gegen Hitler, hrsg. von H. Krausnick und H.C. Deutsch unter Mitarbeit von H. v. Kotze, Stuttgart 1970, S. 102; E. Kordt, Nicht aus den Akten ... Die Wilhelmstraße in Frieden und Krieg, Erlebnisse, Begegnungen und Eindrücke 1928-1945, Stuttgart 1950, S. 228 ff.; Höhne, Canaris (s. Anm. 20), S. 287 ff.; Weizsäcker-Papiere 1933-1950 (s. Anm. 14), S. 142 f.

58 Vgl. Blasius, Großdeutschland (s. Anm. 13), S. 60 f.

59 Vgl. Weizsäcker-Papiere 1933-1950 (s. Anm. 14), S. 169: „Ein entschiedener Gegner des Krieges war der Chef des Generalstabes Beck. Dieser sagte mir Anfang August, er gehe weg. Denn er wolle die Verantwortung für das kommende Unheil nicht mittragen. Meine Versuche, ihn umzustimmen, beantwortete er damit, daß man in dem Moment der Krise als Soldat nicht gehen könne, also müsse man es vorher tun. Für mich war er anderer Meinung, da der Politiker anders als der Soldat bis zum Schluß Möglichkeiten habe, abzuwenden." (Aufzeichnungen von Mitte Oktober 1939).

60 Zur Rolle der Gebrüder Theo und Erich Kordt im Auswärtigen Amt, über den Kreis um diese und deren Kontakte mit anderen Oppositionellen vgl. Blasius, Großdeutschland (s. Anm. 13), S. 55 f. und 141 ff. (mit entsprechenden Quellen und Literatur).

61 Bezüglich Goerdeler vgl. S. Aster, Carl Goerdeler and the Foreign Office, in: Young, The 'X'-Documents (s. Anm. 27), Appendix, S. 219-240 und ders., 1939, Second World War (s. Anm. 27); bezügl. v. Koerber vgl. DBFP, II, Nr. 594, 595, 658 und E. Butler, Mason Mac, The Life of Lt.-General Sir Noel Mason-Macfarlane, London 1972, S. 74.

62 Hierzu vgl. die Arbeiten von Aster, 1939, Second World War (s. Anm. 27); J. Henke, England in Hitlers politischem Kalkül 1935-1939, Boppard 1973; W. Michalka, Ribbentrop und die deutsche Weltpolitik, 1939-1940. Außenpolitische Konzeptionen und Entscheidungsprozesse im 3. Reich, München 1980, sowie Weizsäcker-Papiere 1933-1950 (s. Anm. 14). In der einschlägigen Literatur wird immer noch zu wenig unterschieden zwischen offiziellen, offiziösen und konspirativen Kontakten mit dem Ausland.Vgl. auch den neueren Aufsatz von O. Hauser, England und der deutsche Widerstand im Spiegel britischer Akten, in: Weltpolitik, Europagedanke, Regionalismus. Festschrift für Heinz Gollwitzer zum 65. Geburtstag, hrsg. von H. Dollinger, H. Gründer, A. Hanschmidt, Münster 1982.

63 Blasius, Großdeutschland (s. Anm. 13), S. 51 ff. versucht eine analytische Unterscheidung in „Einflußnahme auf dem Dienstweg", „Einwirkungen von innen" und „Beeinflussung von außen"; dann aber übernimmt er (S. 57) Weizsäckers eigene Nachkriegsformulierungen zur Kennzeichnung der Henderson-Weizsäcker-Gespräche: „Konspiration mit dem potentiellen Gegner zum Zwecke der Friedenssicherung" (Weizsäcker, Erinnerungen [s. Anm. 53], S. 178). Hier ist der Ausdruck „Konspiration" gewiß unangebracht, eher könnte man von „persönlicher Diplomatie" oder höchstens von „Gegen-Diplomatie" des Staatssekretärs sprechen, von „Opposition mit den Mitteln des Ressorts".

64 Ausführliche Darstellung der Entwicklung bei Hoffmann, Widerstand (s. Anm. 24), Kap. IV/4, sowie die eingehende Analyse bei Müller, Heer und Hitler (s. Anm. 16), Kap. VIII („Die September-Verschwörung"). Vgl. auch den Überblick von Ueberschär (s. Anm. 36), S. 20-31.

65 Politisch wichtig dabei waren die Fühlung zwischen Halder und Schacht sowie die über Gisevius laufenden lockeren Kontakte zu Goerdeler; technisch wertvoll waren die Beziehungen zu Polizeipräsident Helldorff und dessen Vize Schulenburg; lockere Beziehungen hatte die Gruppe um F.W. Heinz zu einigen ehemaligen Gewerkschaftlern (Leuschner).

66 Einzelheiten über die Planung Osters bei Hoffmann, Widerstand (s. Anm. 24), S. 118
ff.; Müller, Heer und Hitler (s. Anm. 16), S. 369 und Thun-Hohenstein (s. Anm. 20),
S. 100-118. Hinzuweisen ist im übrigen auf die Tatsache, daß die Quellenbasis, auf
der die einschlägigen Untersuchungen beruhen, außergewöhnlich schmal und qualitativ sehr schlecht ist. Es handelt sich ausschließlich um nachträgliche Aussagen.

67 Brauchitsch wurde in der Krise der deutsch-britischen Verhandlungen vom 26. bis
29.9. von Halder und Witzleben offensichtlich in die Antikriegsaktivitäten einbezogen; unklar bleibt, ob er über die geplante Aktion informiert worden ist. Weizsäcker
dagegen lehnte damals einen Sturz Hitlers als zu risikoreich ab, hatte aber Kontakte
zu den Verschwörern; Blasius, Großdeutschland (s. Anm. 13), S. 160.

68 Vgl. die Formulierungen in Goerdelers Brief vom 11.10.1938 bei Ritter, Goerdeler
(s. Anm. 21), S. 198, und die Tagebuch-Eintragung bei U. v. Hassel, Vom anderen
Deutschland. Aus den nachgelassenen Tagebüchern 1938-1944, Zürich/Freiburg
²1946, S. 18; vgl. auch die Äußerung Hendersons in einem Brief an Halifax vom
6.10.1938: „Dadurch, daß wir den Frieden gerettet haben, haben wir Hitler und sein
Regime gerettet" (R. Strauch, Sir Nevile Henderson. Britischer Botschafter in Berlin
von 1937 bis 1939. Ein Beitrag zur diplomatischen Vorgeschichte des Zweiten Weltkrieges, Bonn 1959, S. 176).

69 Erst am 24. September gelang es den Verschwörern, einen für den Stoßtrupp-Einsatz
benötigten Grundriß-Plan der Reichskanzlei zu erhalten (Kordt, Nicht aus den Akten
[s. Anm. 57], S. 263); Halder monierte, Witzleben habe sich nicht genügend um die
Detailplanung gekümmert (Ritter, Goerdeler [s. Anm. 21], S. 479, Anm. 75). Vgl.
auch Müller, Heer und Hitler (s. Anm. 16), S. 360 und 375.

70 Zusammenfassung des Forschungsstandes bei Hoffmann, Widerstand (s. Anm. 24),
Kap. IV, Abschn. 1 und 2, sowie mit anderer Wertung Müller, Heer und Hitler
(s. Anm. 16), Kap. IX.

71 Vgl. z.B. die Eintragung Hassells (Vom anderen Deutschland [s. Anm. 68], S. 66 f.)
in sein Tagebuch vom 7.8.1939 über eine Mitteilung eines Vertrauten aus dem Auswärtigen Amt: „Ribbentrop benimmt sich wie ein [...] Verrückter [...]. Göring
scheint noch am vernünftigsten, will aber [...] 'nicht wieder als Feigling verschrieen
werden'. Von den Generalen sei nichts zu hoffen. Von Keitel ganz zu schweigen, doch
sei auch Brauchitsch ganz in den Händen der Partei. Klaren Kopf behielten wenige:
Halder, Canaris, Thomas."

72 Hierzu vgl. Müller, Heer und Hitler (s. Anm. 16), Kap. IX, speziell S. 399-405.

73 Vgl. das kritische Urteil eines Beteiligten: H.B. Gisevius, Bis zum bitteren Ende. Vom
Reichstagsbrand bis zum 20. Juli 1944 (Sonderausgabe), Hamburg 1964, S. 403 f.
Auch die Besetzung der Rest-Tschechei wurde — wie Beck feststellte — nicht zum
aufrüttelnden Ereignis (ebd., S. 389). Vgl. auch Thun-Hohenstein (s. Anm. 20),
S. 119-126.

74 Lediglich die von Weizsäcker nicht angeregten und mit ihm in wesentlichen Punkten
nicht abgestimmten Demarchen, welche die Gebrüder Kordt im Juni 1939 in London
unternahmen, sollen neben Einwirkungen auf die britische Regierung, damit diese
Hitler durch eine deutliche Warnung vom Kriege abhalte, auch zum Zweck gehabt
haben, eine öffentliche britische Erklärung gegen Hitlers Kriegspolitik zu initiieren,
welche ein auslösender Faktor für die Destabilisierung des Regimes sein sollte (vgl.
hierzu die Belege und die kritische Analyse bei Blasius, Großdeutschland [s. Anm.
13], S. 141 ff.). Hier könnte ein schwacher Berührungspunkt zwischen der Anti-
Kriegs-Politik und gewissen Umsturzüberlegungen zu jener Zeit liegen; allerdings
sieht man angesichts der damaligen Disparatheit der radikalen Opposition nicht, wie
und durch wen ein derartiger Umsturz in Deutschland als Folge einer öffentlichen bri-

tischen Erklärung hätte durchgeführt werden sollen. So eindeutig die Demarchen der Kordts in London belegt sind, so wenig erkennbar sind konkrete Ansätze eines Umsturzplanes oder gar entsprechende Vorbereitungen.

75 Vgl. Müller, Heer und Hitler (s. Anm. 16), Kap. IX, sowie Höhne, Canaris (s. Anm. 20), S. 318 f. und 329 f. Im übrigen scheint Keitel sich zeitweilig tatsächlich bei Hitler für eine Vermeidung des Krieges eingesetzt zu haben. W. Görlitz (Hrsg.), Generalfeldmarschall Keitel, Verbrecher oder Offizier? Erinnerungen, Briefe, Dokumente des Chefs OKW, Göttingen/Berlin/Frankfurt 1961, S. 208.

76 Hierzu vgl. Weizsäckers Rückschau vom Oktober 1939: Weizsäcker-Papiere 1933-1950 (s. Anm. 14), S. 172, sowie Michalka, Ribbentrop (s. Anm. 62), Kap. IV und Blasius, Großdeutschland (s. Anm. 13), S. 92 ff. und 117 ff., sowie Henke, England (s. Anm. 62), Kap. III.

77 So Blasius, Großdeutschland (s. Anm. 13), S. 91.

78 Für die britische Seite: Aster, 1939, Second World War (s. Anm. 27). Im übrigen vgl. Hoffmann, Widerstand (s. Anm. 24), S. 138 ff.

79 Vgl. Höhne, Canaris (s. Anm. 20), Kap. 9.

80 Allgemein zu Oster vgl. Thun-Hohenstein (s. Anm. 20), S. 126-133.

81 Das bekannteste Beispiel ist jener zu den genannten Zwecken frisierte Text der Hitler-Rede vom 22.8.1939, der den Briten zugespielt wurde. Vgl. Müller, Heer und Hitler (s. Anm. 16), S. 409-413.

82 Blasius, Großdeutschland (s. Anm. 13), S. 162.

83 Ebd., S. 98 ff.

84 Vgl. das Resümee der Analyse von Blasius, ebd., S. 162: Weizsäcker „verachtete zwar das nationalsozialistische Regime, ist jedoch aufgrund seines Verhaltens während der Krisen um die Tschechoslowakei und Polen nicht als ein 'Mann des Widerstandes' gegen Hitler zu betrachten. Weizsäcker setzte nämlich auf die Vernunft des 'Führers', und um dessen Entscheidungen glaubte er mit dem 'Kriegstreiber' Ribbentrop zu ringen."

85 Zitat nach Aster, 1939, Second World War (s. Anm. 27), S. 230 f.

86 Gisevius, Bis zum bitteren Ende (s. Anm. 73), S. 403 f.

87 Das zeigen die bei Aster, 1939, Second World War (s. Anm. 27), ausgewerteten Materialien sehr eindrucksvoll. Im übrigen hatten die Briten es ja auch mit offiziellen Abgesandten Hitlers zu tun, die außerhalb der diplomatischen Routine nach London kamen, wie Wiedemann, Reichenau u.a.

88 Zum Beispiel schlug Schwerin den Briten vor, als Demonstration einen Flottenverband in die Ostsee zu entsenden, während zur gleichen Zeit Weizsäcker sich bemühte, Hitler aus Entspannungsgründen den Plan auszureden, einen deutschen Flottenverband nach Danzig zu schicken. (Zur Schwerin-Mission: Aster, 1939, Second World War [s. Anm. 27], S. 235, 237 f.)

89 Weizsäcker-Papiere 1933-1950 (s. Anm. 14), S. 163 (31.8.1939).

90 Zu Canaris vgl. Höhne, Canaris (s. Anm. 20), S. 302 f. und 320 ff., sowie Groscurth, Tagebücher (s. Anm. 57), S. 171 und 173 („Die große Reichstagsrede des Führers gibt nun die Arbeit gegen Polen frei. Das ist gut und wurde Zeit.") und S. 178 ff.; zu Weizsäcker: vgl. Weizsäcker-Papiere 1933-1950 (s. Anm. 14), S. 150 ff. und 175 f. (Zitat S. 157, Eintragung vom 30.7.1939); zu Halder: vgl. die bei Müller, Heer und Hitler (s. Anm. 16), S. 545 f. und 567 angeführten Belege für Halders grundsätzliche Anglophobie und seine innere Zustimmung zu einer 'Regelung' der Frage der Ostgrenzen; Halder schrieb am 15.10.1965 dem Verfasser: „Daß England der eigentliche Treiber im Kampf der Westmächte gegen Deutschland war, habe ich nie bezweifelt."

91 Hierzu vgl. K.D. Bracher, Auf dem Wege zum 20. Juli 1944, in: R. Löwenthal und P. von zur Mühlen (Hrsg.), Widerstand und Verweigerung in Deutschland 1933 bis 1945, Berlin/Bonn 1982, S. 143-172, hier S. 148 f., und ders., Die deutsche Diktatur. Entstehung, Struktur, Folgen des Nationalsozialismus, Köln [5]1976, S. 469 f., sowie P. Hoffmann, Widerstand gegen Hitler, Probleme des Umsturzes, München 1979, S. 37 ff.

92 Zum folgenden H.C. Deutsch, Verschwörung gegen den Krieg. Der Widerstand in den Jahren 1939-1940, München 1969, und allgemein Hoffmann, Widerstand (s. Anm. 24), S. 154-219; ebenso Ueberschär (s. Anm. 36), S. 25 ff., sowie Müller, Heer und Hitler (s. Anm. 16), Kap. XI.

93 Über Bonhoeffer vgl. E. Bethge, Dietrich Bonhoeffer. Theologe, Christ, Zeitgenosse, München [3]1970.

94 J. Müller, Bis zur letzten Konsequenz. Ein Leben für Frieden und Freiheit, München 1975.

95 Groscurth, Tagebücher (s. Anm. 57), S. 43 ff.

96 Kordt, Nicht aus den Akten (s. Anm. 57), S. 320 ff.

97 H. Krausnick und H.H. Wilhelm, Die Truppe des Weltanschauungskrieges. Die Einsatzgruppen der Sicherheitspolizei und des SD 1938-1942, Stuttgart 1981 (= Quellen und Darstellungen zur Zeitgeschichte, Bd 22).

98 Thun-Hohenstein (s. Anm. 20), S. 153 ff.

99 Vgl. hierzu Deutsch, Verschwörung (s. Anm. 92), Kap. VII, und Hoffmann, Widerstand (s. Anm. 24), S. 158 ff.

100 Zum Verhalten des OB der H.Gr.C, Gen.Oberst Ritter v. Leeb, der dem Vorhaben Halders relativ positiv gegenüberstand, vgl. den einleitenden Lebensabriß von Georg Meyer zu: Generalfeldmarschall Wilhelm Ritter von Leeb. Tagebuchaufzeichnungen und Lagebeurteilungen aus zwei Weltkriegen. Aus dem Nachlaß hrsg. und mit einem Lebensabriß versehen von G. Meyer, Stuttgart 1976 (= Beiträge zur Militär- und Kriegsgeschichte, Bd 16), S. 49-59.

101 Vgl. hierzu außer der Arbeit von Deutsch, Das Komplott (s. Anm. 19), B. Martin, Friedensinitiativen und Machtpolitik im Zweiten Weltkrieg 1939-1942, Düsseldorf 1974, sowie die Zusammenfassung bei Hoffmann, Widerstand (s. Anm. 24). Insbesondere auch P. Ludlow, Papst Pius XII., die britische Regierung und die deutsche Opposition im Winter 1939/40, in: VfZG, 22 (1974), S. 299-341, und ders., The Unwinding of Appeasement, in: L. Kettenacker (Hrsg.), Das „Andere Deutschland" im Zweiten Weltkrieg. Emigration und Widerstand in internationaler Perspektive, Stuttgart 1977, S. 9-48.

102 Die Vermutungen G. van Roons, Widerstand im Dritten Reich, München 1979, S. 133, über Widerstandspläne 1941 beruhen, wie der Verf. selbst betont, auf sehr unsicherer Überlieferung.

103 Über die außen- und gesellschaftspolitischen Vorstellungen der nationalkonservativen Opposition vgl. H. Graml, Die außenpolitischen Vorstellungen des deutschen Widerstandes, in: W. Schmitthenner u. H. Buchheim (Hrsg.), Der deutsche Widerstand gegen Hitler. Vier historisch-kritische Studien, Köln 1966, S. 15-72, und H. Mommsen, Gesellschaftsbild und Verfassungspläne des deutschen Widerstandes, ebd., S. 73-167, sowie W. Ritter v. Schramm (Hrsg.), Beck und Goerdeler. Gemeinschaftsdokumente für den Frieden, 1941-1944, München 1965, sowie Müller, Staat und Politik im Denken Ludwig Becks. Ein Beitrag zur politischen Ideenwelt des deutschen Widerstandes, in: HZ, 215 (1972), S. 607-631.

104 Vgl. die Biographie von Scheurig über Tresckow (s. Anm. 20) und zum Gesamtkomplex Hoffmann, Widerstand (s. Anm. 24), Kap. IX, sowie van Roon, Widerstand (s. Anm. 102), S. 133 ff.

105 Vgl. hierzu G. van Roon, Hermann Kaiser und der deutsche Widerstand, in: VfZG, 24 (1976), S. 259-286, und Hoffmann, Widerstand (s. Anm. 24), S. 336 ff.

106 Zu Kreisau: G. van Roon, Neuordnung im Widerstand. Der Kreisauer Kreis innerhalb der deutschen Widerstandsbewegung, München 1967; ders., Widerstand (s. Anm. 102), Kap. 10; ders., German Resistance to Hitler, Count von Moltke and his Circle, London 1971, sowie Gräfin Freya von Moltke, Aus dem Kreisauer Kreis, in: Löwenthal/von zur Mühlen (s. Anm. 91), S. 173-176.

107 Zu Yorck vgl. außer van Roon, Neuordnung (s. Anm. 106), S. 76-87 noch immer Hoffmann, Widerstand (s. Anm. 24), passim.

108 Hoffmann, Widerstand (s. Anm. 24), S. 432 ff.

109 Ch. Müller, Oberst i.G. Stauffenberg. Eine Biographie, Düsseldorf 1970; B. Scheurig, Claus Graf Schenk von Stauffenberg, Berlin 1964. J. Kramarz, Claus Graf Stauffenberg. 15. November 1970 — 20. Juli 1944. Das Leben eines Offiziers, Frankfurt/M. 1965; K. Finker, Stauffenberg und der 20. Juli 1944, Berlin (Ost) [3]1972.

110 Hierzu vgl. Hoffmann, Widerstand gegen Hitler (s. Anm. 91), S. 54 ff.

111 Nicht alle Verschwörer konnten sich dem Attentatsgedanken öffnen, so z.B. Goerdeler, vgl. Ritter, Goerdeler (s. Anm. 21), S. 390 ff. und 409 f. Auch Rommel lehnte ein Attentat ab (vgl. H. Speidel, Invasion 1944. Ein Beitrag zum Rommels und des Reiches Schicksal, ungek. Taschenbuchausgabe [= Ullstein-Bücher 33006], Frankfurt/Berlin/Wien 1979, S. 64). Vgl. hierzu die Ausführungen bei Hoffmann, Widerstand gegen Hitler (s. Anm. 91), S. 66 ff.

112 Vgl. hierzu die Ausführungen bei Hoffmann, Widerstand gegen Hitler (s. Anm. 91), S. 66 f.

113 Vgl. hierzu die detaillierte Darstellung bei Hoffmann, Widerstand (s. Anm. 24), S. 346-360 und den Überblick bei van Roon, Widerstand (s. Anm. 102), S. 134 ff. und 175 ff.

114 Vgl. Hoffmann, Widerstand gegen Hitler (s. Anm. 91), S. 42 ff.

115 Thun-Hohenstein (s. Anm. 20), S. 236 ff.

116 Vgl. die Übersicht bei Hoffmann, Widerstand gegen Hitler (s. Anm. 91), S. 43 f.

117 Über die Planung und den Ablauf der Ereignisse am 20.7.1944 vgl. ebd., S. 73-89, und ders., Widerstand (s. Anm. 24), S. 468 ff. und 488-540, sowie Müller, Stauffenberg (s. Anm. 109), S. 400-509.

118 Texte der Aufrufe und Ansprachen einschließlich des Tagesbefehls an die Wehrmacht abgedruckt in: 20. Juli 1944, bearb. von E. Zimmermann und H.A. Jacobsen, hrsg. von der Bundeszentrale für Heimatdienst, Bonn [3]1960, S. 159-176.

119 Ausführliche Darstellung des Ablaufes und Erörterung der damit verbundenen Probleme bei Hoffmann, Widerstand (s. Anm. 24), Kap. XI.

120 Über die Vorgänge in Paris vgl. W. Ritter von Schramm, Aufstand der Generale. Der 20. Juli in Paris, München [2]1964; über jene in den Wehrkreisen: Hoffmann, Widerstand (s. Anm. 24), S. 468 ff.

121 Vgl. die Tresckow zugeschriebenen Worte: „Das Attentat muß erfolgen, coûte que coûte. Sollte es nicht gelingen, so muß trotzdem in Berlin gehandelt werden. Denn es kommt nicht mehr auf den praktischen Zweck an, sondern darauf, daß die deutsche Widerstandsbewegung vor der Welt und vor der Geschichte den entscheidenden Wurf gewagt hat. Alles andere ist daneben gleichgültig." (zit. nach Hoffmann, Widerstand [s. Anm. 24], S. 462).

Helmut Krausnick

# Zum militärischen Widerstand gegen Hitler 1933 – 1938 — Möglichkeiten, Ansätze, Grenzen und Kontroversen

Der deutsche Widerstand gegen Hitler ist seit dem Ende des Zweiten Weltkrieges, insbesondere seit Mitte der sechziger Jahre, in Wissenschaft und Publizistik immer wieder Gegenstand lebhafter Diskussion gewesen. Als ein fraglos positiv zu bewertendes Ergebnis dieser Diskussion muß man verbuchen, daß sie dazu beigetragen hat, den Widerstand vor einer unangemessenen Glorifizierung zu bewahren. Beide Feststellungen gelten auch für Opposition und Widerstand, die sich von seiten Angehöriger der Wehrmacht gegen Hitler und den Nationalsozialismus gerichtet haben.

Im Rahmen der erwähnten Diskussion ist der älteren deutschen Geschichtsschreibung zu unserem Thema der allgemeine Vorwurf gemacht worden, sie habe den von Gruppen der politischen Linken geleisteten Widerstand gleichsam „links liegengelassen"; dagegen habe sie den hinter dem Umsturzversuch vom 20. Juli 1944 stehenden bürgerlich-konservativen Kreisen und den mit diesen verbundenen Offizieren, ihren Motiven und politischen Vorstellungen eine unverhältnismäßig ausgedehnte und allzu positive Darstellung gewidmet. In der Tat hat das publizistische und wissenschaftliche Interesse zunächst ganz überwiegend der Geschichte und Vorgeschichte der Aktion vom 20. Juli gegolten. Dies geschah einmal schon deshalb, weil sie spektakulär war und ihr Ziel, Hitler zu töten, nur knapp verfehlt hatte; ferner — und zwar in hohem Maße — deswegen, weil die Aktion sich nach 1945 am ehesten gegen eine restlose Gleichsetzung des deutschen Volkes, nicht zuletzt seiner ehemals führenden Schichten, mit dem Nationalsozialismus geltend machen ließ; und endlich auch, weil es sich leider als notwendig erwies, den Umsturzversuch bzw. seine Träger gegen den besonders — aber nicht allein — von rechtsextremen Kreisen erhobenen Vorwurf des Landesverrats zu verteidigen. Unleugbar ist dabei manches „geschönt", sind manche Argumente, Motive oder Ziele der Beteiligten unter dem ausschließlichen Aspekt des Widerstandes verkannt und „moralisch" akzentuiert worden, statt politisch interpretiert zu werden.

Inzwischen aber ist das Pendel zu stark nach der anderen Seite ausgeschlagen. Die soziologische Betrachtungsweise, an der die Geschichtswissenschaft es lange fehlen ließ, bringt in dem seither erfolgten Ausmaß ihrer Anwendung Gefahren der Generalisierung und Pauschalisierung mit sich und läßt individuelle Momente und Motive leicht zu kurz kommen. Wurde früher der Umfang der „Kollaboration" von Hitlergegnern mit dem Regime heruntergespielt, so wird heute auch eine begrenzte oder durch besondere Umstände bedingte Kollaboration mit ihm von manchen Betrachtern mit einer „echten" Ablehnung des Nationalsozialismus für mehr oder weniger unvereinbar gehalten. Wohl haben Nationalismus und Antikommunismus gerade bei vielen Offizieren eine positive Einstellung zum Nationalsozialismus bewirkt; in anderen Fällen aber haben sie sich mit aktivem Widerstand gegen Hitler als durchaus vereinbar erwiesen, und zwar bevor in den Augen der Betreffenden eine Bolschewisierung Deutschlands drohte. Gewiß: demokratische Zukunftsziele haben für die Angehörigen des bürgerlich-konservativen und besonders des militärischen Widerstandes — unbeschadet ihres Bekenntnisses zum Rechtsstaat — keine Rolle gespielt. Daß jedoch die an aktivem Widerstand beteiligten Angehörigen bürgerlich-konservativer Kreise — ursprünglich notorische Vertreter der Staatsloyalität — und die mit ihnen verbundenen Offiziere *ohne* die Überzeugung von der moralischen Verwerflichkeit des herrschenden Regimes bis zum Äußersten geschritten wären, wird man ausschließen müssen. Man darf dabei gewiß nicht verkennen, daß nur eine zahlenmäßig geringe Minderheit von Offizieren aktiven Widerstand geleistet hat. Der Kreis der Sympathisanten dürfte jedoch weit größer gewesen sein, als bisher angenommen wird. Berücksichtigt man schließlich, daß wir in Deutschland jahrhundertelang eine weitgehend militarisierte Gesellschaft hatten, so wird man den Anschlag deutscher Soldaten auf ihren sogenannten Obersten Kriegsherrn als ein singuläres Faktum betrachten dürfen, das Respekt verdient.

I.

In einer anläßlich der 50. Wiederkehr der Machtübernahme Hitlers ausgestrahlten Fernseh-Sendung wurde die Frage zu klären versucht, warum bestimmte Institutionen bzw. deren Träger die Berufung Hitlers „nicht verhindert" hätten. An den bei der Aufzeichnung dieser Sendung noch lebenden General a.D. Heusinger erging die Frage, warum dies damals nicht von seiten der Reichswehr geschehen sei. In seiner Antwort hierauf betonte Heusinger wiederholt, Hitler sei eben auf legalem Wege deutscher Kanzler geworden. — Mit der Legalität der Ernennung Hitlers hatte es nun freilich eine besondere Bewandtnis. „Diese Ernennung" — so hat ein nationalsozialistischer Verfassungsrechtler von geistigem Rang zwar gesagt — „war selbstverständlich 'legal' im Sinne der äußeren Buchstabentreue; aber" — so hat er ehrlicherweise hinzugefügt — „niemand wird behaupten, daß es dem inneren Sinn der Weimarer Verfassung entsprochen hätte, daß hier ihr geschworener Feind an die Spitze des Reiches gestellt wurde[1]." Überdies hatte Reichspräsident v. Hindenburg noch im August und im November 1932 erklärt, „er könne es vor Gott, seinem Gewissen und dem Vaterland nicht verantworten, einer Partei die gesamte Regierungsgewalt zu übertragen, noch dazu einer Partei", deren Regierung „sich zwangsläufig zu einer Parteidiktatur entwickeln" würde[2]. Und Hitler selbst hatte schon 1930 seinem damals auf die Legalität seiner politischen Betätigung geleisteten Eid die Auslegung gegeben, die Verfassung schreibe nur den Boden des Kampfes vor, nicht aber das Ziel, und bezeichnenderweise hinzugefügt: „Wir werden dann allerdings, wenn wir die verfassungsmäßigen Rechte besitzen, den Staat in die Form gießen, die wir als die richtige ansehen[3]." In Anbetracht der zynischen Offenheit, mit der Hitler sich hier zu der Absicht bekannt hat, nach der Übernahme der Regierung mit Hilfe der formal sich bietenden Handhaben den Geist der Weimarer Verfassung zu mißachten, muß die Legalität der Ernennung eines Hitler zum Reichskanzler *der Sache nach* m.E. als fragwürdig bezeichnet werden. Andererseits ging in der Weimarer Zeit, also bis 1933, die herrschende Auslegung der Verfassung dahin, daß es zu den Befugnissen des Reichspräsidenten gehörte, einen Kanzler zunächst einmal nach eigenem Ermessen zu berufen (ja, daß mit der verfassungsändernden Zweidrittelmehrheit auch die Verfassung selbst beseitigt werden durfte). So konnte man — kann man — die Berufung Hitlers unter den damals gegebenen rechtlichen Voraussetzungen als *der Form nach* legal betrachten. Es wäre schon deshalb kaum gerechtfertigt, selbst von solchen damaligen hohen Kommandeuren der Reichswehr, die sich zur Wahrung und Sicherung der — unabhängig von den Sondervollmachten des Reichspräsidenten gültigen — allgemeinen freiheitlichen Prinzipien der Weimarer Verfassung verpflichtet gefühlt hätten, aus unserer Rückschau heraus zu verlangen, von ihrer obersten Führung den bewaffneten Einsatz der Reichswehr zwecks Verhinderung der Berufung Hitlers zum Reichskanzler zu fordern.

In diesem Zusammenhang liegt die — sehr viel realistischere — Frage nahe, ob sich die Reichswehr gegenüber einem etwaigen Versuch der Nationalsozialisten in den Jahren 1930-1933, gewaltsam die Macht an sich zu reißen, als zuverlässig erwiesen hätte. Die Frage darf im ganzen wohl bejaht werden. Immerhin liegt hierzu von dem ehemaligen Befehlshaber im Wehrkreis V/Stuttgart, General a.D. Liebmann, ein bemerkenswertes Zeugnis aus der Rückschau von 1951 vor. Danach war Liebmann um die Jahreswende 1932/33 der Meinung, daß im Falle

313

eines Gewaltaktes der SA „die nationalsozialistischen Sympathien in der Truppe stark in Rechnung gestellt werden" mußten, „wenn auch anzunehmen" gewesen sei, „daß bei entschlossener Führung die militärische Disziplin gesiegt haben würde". Jedenfalls seien ihm, Liebmann, „wiederholte Unterredungen" mit seinem Chef des Stabes, Oberst Höring, in Erinnerung geblieben, „bei denen wir uns entschlossen," — so heißt es weiter — „Vorbereitungen dafür zu treffen, daß Kommandeure und Offiziere, deren nationalsozialistische Einstellung bekannt war, gegebenenfalls sofort festgesetzt werden konnten"[4]. Nach dem Zeugnis des Generals a.D. Ott, seinerzeit Chef der Wehrmachtsabteilung des Reichswehrministeriums, war es übrigens „in dem isolierten Ostpreußen [...] am wenigsten gelungen, [die Truppe] von den nationalsozialistischen Einflüssen fernzuhalten"[5].

Wie stand nun der am 2. Dezember 1932 zum Reichskanzler ernannte General v. Schleicher Ende Januar 1933 zu der Frage bzw. Möglichkeit einer Verhinderung der Berufung Hitlers zum Regierungschef? Schleicher ging von der — bis in den Januar 1933 hinein berechtigten — Überzeugung aus, daß der Reichspräsident v. Hindenburg an seiner im August 1932 eindeutig erklärten Ablehnung, Hitler zum Reichskanzler zu ernennen, festhalten würde. Falls es nicht gelang, die NSDAP bzw. prominente Angehörige von ihr trotzdem zu einer Beteiligung an der Regierung oder wenigstens zu politischer Mitarbeit zu bewegen, war Schleicher bereit, es auch auf einen Kampf mit den Nationalsozialisten ankommen zu lassen. Für diesen Kampf waren „alle Vorbereitungen sorgfältig getroffen", wie er in einer am 30. Januar 1934 der „Vossischen Zeitung" übersandten, von ihr aber — angesichts der im Dritten Reich beschränkten Pressefreiheit — natürlich nicht publizierten Leserzuschrift offen erklärte. Der Kampf, so fuhr Schleicher in seinem Leserbrief-Entwurf fort, hätte seiner „festen Überzeugung nach [auch] zum Erfolg geführt [...], wenn nicht plötzlich die feierlich zugesagte Unterstützung des R[eichs]-Pr[äsidenten] ausgeblieben wäre"[6]. Unter dieser „Unterstützung" verstand Schleicher die Bereitschaft des Reichspräsidenten, nicht nur den Reichstag aufzulösen, sondern auch dessen Neuwahl über die von der Verfassung zwingend vorgeschriebene Frist von 60 Tagen hinaus zu verschieben. Eine solche Zusage im Sinne eines eindeutigen Abweichens von Artikel 25 der Weimarer Verfassung hatte Hindenburg — was bisher kaum die gebührende Beachtung gefunden hat — bereits in einer Besprechung mit dem damaligen Reichskanzler v. Papen sowie Schleicher und dem Innenminister Frhr. v. Gayl am 30. August 1932 tatsächlich gegeben[7]. Und auch im November 1932 konnte Papen mit der Bereitschaft Hindenburgs zu einem solchen Verfassungsbruch rechnen, als dieser ihn damals trotz fehlender parlamentarischer Unterstützung wieder zum Kanzler machen wollte[8]. Doch versagte bekanntlich die große Mehrheit der Minister unter führender Beteiligung Schleichers dem jeder tragfähigen Regierungsbasis entbehrenden Papen die Gefolgschaft — was Hindenburg zu seinem Leidwesen zur Entlassung Papens nötigte und, wie gesagt, am 2. Dezember 1932 zur Betrauung Schleichers mit dem Kanzleramt[9]. Als Papen, durch das Verhalten Schleichers zu dessen Gegner und zum Befürworter einer Kanzlerschaft Hitlers geworden, nach zielstrebigen Verhandlungen hinter Schleichers Rücken Hindenburg an Stelle von immerhin riskanten Manipulationen mit der Reichsverfassung schließlich die Möglichkeit eines auf alle Gruppen der politischen Rechten gestützten Kabinetts vortrug, in dem eine beträchtliche Mehrheit bürgerlich-konservativer Minister den gefährlichen Führer der NSDAP „einrahmen" würde, ließ sich Hindenburg nach längerem Widerstreben dazu bewegen, Hitler am 30. Januar zum Reichskanzler zu ernennen.

Alle wohlerwogenen und — aus der Rückschau betrachtet — treffend formulierten Bedenken gegen diesen Schritt waren mit einem Male entfallen oder verdrängt! Dies geschah einerseits, weil Hindenburg und seine bürgerlich-konservative Umgebung die Dynamik der nationalsozialistischen Bewegung und den unbändigen Machtwillen ihres Führers doch noch unterschätzten, andererseits weil sie auf die verbliebenen personellen und institutionellen Sicherungen vertrauen zu können glaubten. Es kam hinzu, daß sie einen Verfassungsbruch mit seinen denkbaren bürgerkriegsähnlichen Folgen und deren etwaigen fatalen Auswirkungen auf die Reichswehr möglichst vermeiden wollten, aber sicherlich auch, daß die mit einer Regierungsbeteiligung der radikalen Rechten sich eröffnenden gegenrevolutionären Chancen sie verlockt haben.

Die bis zu diesem Augenblick im Amt befindliche Führung der Reichswehr unter Schleicher — der bis jetzt ja selber Reichskanzler und Reichswehrminister gewesen war — und General Frhr. v. Hammerstein, dem Chef der Heeresleitung, trägt also keine, jedenfalls keine direkte Mitverantwortung dafür, daß Hitler Reichskanzler wurde. Dessen Berufung war im Grunde ein seltsames Ende des politischen Weges der Reichswehr seit 1918. Die Gefahren, die mit dem damaligen Umsturz für ihre traditionelle gesellschaftliche Position und ihre Teilhabe an der politischen Macht verbunden waren, hatten ehemalige Führer der kaiserlichen Armee mit Glück, Geschick und dank der Schwäche ihrer Gegenspieler im Rahmen einer mehr und mehr restaurativen allgemeinen Entwicklung rasch überwinden können. Die Reichswehr bilde einen „Machtfaktor im Staat, über den keiner hinweggehen" könne, äußerte im Juli 1929 der Reichswehrminister

Groener[10]. Zusammen mit ihm war sein Mitarbeiter Schleicher im Bunde mit dem Feldmarschall-Reichspräsidenten v. Hindenburg erfolgreich bemüht, zunächst einmal die Struktur der Republik im Sinne ihrer autoritär-antiparlamentarischen Staatsvorstellungen umzuwandeln, nämlich durch die Berufung einer nicht mehr an die politischen Parteien des Reichstags gebundenen, sondern auf den Reichspräsidenten gestützten Regierung[11].

Eine ernste Gefahr für die Reichswehr — sowohl für deren innere Geschlossenheit wie für die gesellschaftliche Stellung des Offiziers — entstand erst wieder durch die ebenfalls seit 1929/30 rapide anwachsende nationalsozialistische Bewegung mit ihrer nationalistischen Agitation und den ihr mindestens zugeschriebenen sozial nivellierenden Tendenzen. Schleicher seinerseits erblickte in der NSDAP ein nützliches Gegengewicht gegen „Links", war aber niemals gesonnen, ihr die alleinige Macht zu überlassen und damit Staat und Armee auszuliefern. Vielmehr sollte die Partei durch Beteiligung an der Regierungsverantwortung gleichsam „gezähmt", ihre starke „wehrfreudige" Anhängerschaft seinem militärpolitischen Ziel der Schaffung einer großen Miliz dienstbar gemacht werden und dem von ihm angebahnten autoritären Regime, mit der Reichswehr als Kern, die nötige Massenbasis liefern. Statt demokratischer Grundwerte sollte ein national und sozial orientierter „Wehrgedanke" — unter Überwindung von Pazifismus, Staatsverleumdung und Klassenkampf — den neuen Staat tragen[12]. Mit der Übernahme des Reichswehrministeriums und schließlich des Kanzleramtes durch Schleicher im Spätherbst 1932 hatte die Reichswehr bzw. ihre Führung den äußeren Höhepunkt ihrer Machtstellung erreicht. Doch blieb, obwohl Schleichers Ansehen im Offizierkorps gegenüber 1930 gestiegen war[13], seine Position stets vom Vertrauen Hindenburgs abhängig (das er nicht mehr im nötigen Maße besaß). Es liegen Zeugnisse vor, denen zufolge Schleichers nächste Mitarbeiter in der letzten Januardekade 1933 Hindenburg vor der Berufung Hitlers zum Kanzler gewarnt bzw. im Falle einer erfolglos bleibenden Warnung sogar an militärische Maßnahmen gedacht haben[14] — obwohl sie in einer Ernennung Hitlers gegenüber der von Hindenburg beabsichtigten Wiederbetrauung Papens schließlich das kleinere Übel zu erblicken schienen[15]. Sicher ist aber, daß Schleicher solche Gedanken verworfen hat, weil er — mit Recht — der Meinung war, daß Befehle zu einem wie auch immer gearteten Einsatz der Reichswehr allein von Hindenburg ausgehen konnten. Über die Chancen Schleichers — bei einer Auseinandersetzung mit den Nationalsozialisten — im Falle einer Entscheidung Hindenburgs *für* seine (Schleichers) Belassung im Kanzleramt kann nicht das letzte Wort gesprochen werden, auch weil es zur Probe aufs Exempel nicht gekommen ist. Historisch steht allerdings eines fest: Mit der Berufung Hitlers am 30. Januar 1933 war die auf dem Wege über das System der vom Reichstag unabhängigen Präsidialregierungen angestrebte Verwirklichung einer autoritär-antiparlamentarischen, eventuell monarchistischen Staatskonzeption endgültig gescheitert; jedoch hat die von seiten Hindenburgs und der Reichswehrführung jahrelang hartnäckig angestrebte Realisierung dieser Konzeption — mit der Folge einer Untergrabung der Weimarer Republik und der Entstehung gleichsam eines Machtvakuums — zum schließlichen Siege Hitlers mittelbar erheblich beigetragen. Die meisten höheren Führer der Reichswehr aber — seit Jahren unter dem Alpdruck eines Zusammenstoßes mit den Nationalsozialisten — hatten den sozusagen gleitenden Übergang der Macht auf Hitler, in Gemeinschaft mit „allen nationalen Kräften", wie es ihnen schien, und unter dem Segen des Feldmarschall-Reichspräsidenten wohl mit innerer Erleichterung aufgenommen.

Die Reaktion des Offizierkorps überhaupt war natürlich nicht einheitlich[16]. Hitlers Machtübernahme haben, vielfach mit Begeisterung, fraglos die jüngeren Offiziere begrüßt. Der Großteil der älteren stand der NSDAP als solcher schon wegen der Herkunft und des „revolutionär" anmutenden Auftretens ihrer Funktionäre vorerst reserviert gegenüber. Aber auch diesen Offizieren widerstrebte der Umbruch bald um so weniger, als Hitler ihm den Anschein einer „nationalen Erhebung" zu geben verstand. Der Effekt des Staatsaktes vom 21. März in der Potsdamer Garnisonkirche mit Hindenburg im Mittelpunkt als Verkörperung geschichtlicher Kontinuität (im Sinne bürgerlich-konservativer Vorstellungen) ist kaum zu überschätzen.

Aus Hitlers Sicht war für die ihm günstige Entwicklung seines Verhältnisses zur Armee der Glücksfall ausschlaggebend, daß sich die neuen Männer der Reichswehr — Blomberg als Minister und Reichenau als Chef des Ministeramts — für den Nationalsozialismus von vornherein aufgeschlossen zeigten. Von Nationalismus erfüllt und von der Persönlichkeit Hitlers fasziniert, waren sie mehr oder weniger blind für die Machtverschiebungen, die sich aus der Beseitigung der Parteien und anderer eigenständiger Institutionen des Staates zuungunsten der bisherigen, stets mindestens potentiell politischen Position der Reichswehr ergeben mußten. Hitler, bereits jetzt auf eine imponierende Massenbasis gestützt, schien ihnen imstande, auch die Arbeiterschaft aus internationalen Bindungen zu lösen — also eine bisher undenkbare Geschlossenheit des deutschen Volkes zu erreichen; dies würde die Wehrhaftmachung der Gesamtheit gewährleisten, so daß sich aus der Reichswehr eine „wirkliche" Armee entwickeln konnte. *Die* politische Richtlinie der neuen Männer war daher, „der nationalen Bewegung mit aller Hingabe zu dienen"[17]. Hierdurch meinten sie der Wehrmacht unter dem neuen Regime auch am ehesten eine autonome, von den Gliederungen der Partei respektierte Position — gemäß den Zusagen Hitlers — sichern zu können. Vor allem aber werden, wie Klaus-Jürgen Müller mit Recht betont hat[18], in einer Institution wie der Armee, die auf dem Prinzip von Befehl und Gehorsam aufgebaut ist, Weg und Schicksal von den Vorstellungen und Handlungen der wenigen maßgeblichen Männer an der Führungsspitze bestimmt — und dies waren 1933 Blomberg und Reichenau. Ohne weiteres ließen sie die Truppe anweisen, gegenüber der von Regierung und Partei beabsichtigten — und bald darauf brutal durchgeführten — Verfolgung der „marxistischen" Funktionäre „in wohlwollender Neutralität [zu] verharren". Unmißverständlich erklärte Reichenau im Auftrage Blombergs am 1. März 1933 bei einer Befehlshaberbesprechung (dem Sinne nach):

„Erkenntnis notwendig, daß wir in einer Revolution stehen. Morsches im Staat muß fallen; das kann nur mit Terror geschehen. Die Partei wird gegen den Marxismus rücksichtslos vorgehen. Aufgabe der Wehrmacht: Gewehr bei Fuß. Keine Unterstützung, falls Verfolgte Zuflucht bei der Truppe suchen [...]".

„Die Befehlshaber", so heißt es in diesem wichtigen Zeugnis, das ebenfalls von General Ott stammt, bisherigem Mitarbeiter Schleichers und späterem deutschen Botschafter in Tokio, „waren stark betroffen, protestierten aber nicht[19]." Einige von ihnen, darunter Rundstedt, erklärten Ott, „sie wollten sehen, wie sie diese gefährliche Weisung abschwächen könnten" —, die sich ja mit dem normalerweise geltenden Prinzip der namentlich innenpolitischen Abstinenz einer Armee gerade nicht rechtfertigen ließ. Der gleichfalls anwesende General Liebmann kommentierte von sich aus die erhaltene Anordnung, als er sie pflichtgemäß an die Kommandeure weitergab, mit dem Hinweis auf die Gefahr, daß wir „die Vertrauensstellung im Volk, die wir uns durch unser überparteiliches Verhalten in zwölfjähriger mühseliger Arbeit erworben haben, [...] durch die Entwicklung der letzten Wochen verlieren könnten"; und er versagte sich nicht die Bemerkung, daß die Reichswehr „im Ernstfalle [...] auch die Volksteile" brauche, „die jetzt wegen ihrer politischen Gesinnung der Verfolgung durch die Rechtsverbände ausgesetzt" seien[20]. In derartigen kritischen *Marginalien* erschöpfte sich aber auch offenbar die Reaktion der nachgeordneten Generale auf die Begünstigung der brutalen „Gleichschaltungs-Maßnahmen" der Partei durch die neue Führung, die diesen Kurs nun einmal bestimmt hatte. Der Vorgang war jedenfalls charakteristisch dafür, daß die liberalen Grundwerte in der Wehrmacht — bis vor kurzem noch Instrument einer verfassungsmäßig demokratischen

Republik — damals ebenso geringe Geltung besaßen wie in breiten Schichten des deutschen Volkes. Beispielsweise hat Generalfeldmarschall v. Manstein rückschauend festgestellt, daß für die Wehrmacht — zumal solange SS und Gestapo sich an sie noch nicht herangetraut hätten — „die grundsätzlichen Fragen des Verlustes der politischen Freiheiten, wie der der Meinungsäußerung, [...] geringe Bedeutung" hatten[21]. Es bedurfte also für den damaligen Offizier der Wehrmacht offensichtlich anderer Tatsachen als die bereits vorliegenden Verletzungen von Recht, Freiheit und elementarer Menschlichkeit, um Gedanken an eine Stellungnahme gegen das Regime auszulösen.

## II.

Indes schien die Entwicklung des nationalsozialistischen Regimes im Frühjahr 1934 einen Verlauf zu nehmen, der in den Augen des Offizierkorps eine Gefahr für die Reichswehr bedeutete. Wohl hatte Hitler alles getan, um den Eindruck zu vermeiden, als habe sich seit seiner Machtübernahme die Position der Armee zu ihren Ungunsten verändert — wie dies beispielsweise der französische Militärattaché in Berlin genau erkannte[22]. Am 30. Januar 1934 feierte Hitler die „herzliche Verbundenheit" zwischen den „Kräften der Revolution und den verantwortlichen Führern einer aufs äußerste disziplinierten Wehrmacht"[23] — als ob es sich um zwei gleichberechtigte politische Partner handelte. — Die Popularitätskurve Hitlers selbst war seit März 1933 fraglos noch gestiegen. Dies änderte aber nichts daran, daß nach der Jahreswende 1933/34 eine zunehmende Verschlechterung der allgemeinen Stimmung spürbar wurde. Der Rausch der „nationalen Erhebung" war im Bürgertum verflogen, die Aktionen zur Gleichschaltung der evangelischen Kirche hatten dem Regime viele Sympathien gekostet, außenpolitisch konnte es alles andere als Erfolge bieten. Tiefe Unzufriedenheit mit dem Einparteisystem, insbesondere seinen Funktionären, seiner stereotypen Propaganda, seiner Knebelung der Meinungsfreiheit, seinem Terror und seiner Korruption machte sich geltend: Der hohe Absatz deutschsprachiger Zeitungen des Auslandes im Reich war dafür ebenso bezeichnend wie der von Goebbels organisierte Versammlungsfeldzug gegen „Miesmacher und Kritikaster". Was schließlich die Reichswehr anging, so erzeugte schon das als arrogant und plebejisch empfundene Auftreten vieler Führer der längst als militärische und soziale Konkurrenz betrachteten SA — des großen Kampfverbandes der Partei — trotz aller Beschwichtigungsversuche wachsende Spannungen mit dem Offizierkorps. Der aber von Stabschef Röhm offenbar verfolgte Plan einer Umwandlung der nach

Millionen zählenden SA zum nationalsozialistischen Volksheer in Gestalt einer Miliz, welche die kleine Reichswehr umrahmen und aufsaugen sollte, lief auf eine Bedrohung ihrer Existenz hinaus.

Hier liegt aus der Rückschau von heute die Frage nahe, die auch — besonders von Publizisten — gelegentlich aufgeworfen worden ist, ob nicht angesichts der nachfolgenden eklatanten Rechtsverletzungen durch die nationalsozialistischen Machthaber Möglichkeiten für ein Eingreifen der Reichswehr gegen das Regime bestanden haben, und warum — falls solche gegeben waren — von ihnen kein Gebrauch gemacht wurde.

Was Blomberg anging, so war er seit dem Frühjahr 1933 — fraglos aus Überzeugung — bestrebt, die geistige Durchdringung des Offizierkorps mit dem sogenannten nationalsozialistischen „Gedankengut" zu fördern. In Anbetracht des zunehmenden Konflikts mit der SA intensivierte er seine Bemühungen noch, um durch solche und andere Maßnahmen — wie namentlich die Akzeptierung des „Arierparagraphen" — die Wehrmacht als „im Sinne der Regierung Hitler absolut zuverlässig" zu erweisen[24]. In der taktischen Behandlung des SA-Problems ließ Hitler durch ein monatelanges Abwarten *„die Dinge ausreifen"*, wie er selber sagte[25]. Damit wuchs die Gefahr der — sich bewaffnenden — SA in den Augen der Reichswehr in einem Maße, das diese vollends in Hitlers Arme trieb. Das hochfahrende und zügellose Auftreten mancher SA-Führer, dem Hitler scheinbar langmütig zusah, mochte dem Offizierkorps auch die — auf jedes Rechtsverfahren verzichtende — blutige Ausschaltung dieses unbotmäßigen Elements „verständlicher" machen, das längst eine Gefahr für Hitler und sein Regime selbst darstellte.

In diese Phase innerpolitischer Hochspannung fällt noch ein Unternehmen besonderer und seltsamer Art. In der Umgebung bzw. in der Dienststelle des Vizekanzlers v. Papen befand sich seit längerem eine oppositionelle Gruppe monarchisch-konservativer Richtung, die verzweigte Beziehungen mit vielen Gleichgesinnten unterhielt[26]. Die Gruppe hatte die Absicht, die verbreitete Mißstimmung im Lande und die wachsenden Spannungen zwischen Hitler und der SA sowie zwischen der SA und der Reichswehr zu dem Versuch einer Wiederherstellung geordneter Rechts- und Staatsverhältnisse zu benutzen. Dies sollte dadurch geschehen, daß man Träger noch relativ eigenständiger Institutionen wie Reichspräsident und Heeresführung „mobilisierte", zumal wenn es zu dem von der Gruppe erwarteten Putschversuch der SA kam. Wie ein Signal sollte die berühmt gewordene, von Edgar Jung entworfene Marburger Rede wirken, zu der Papens Mitarbeiter am 17. Juni 1934 den Vizekanzler veranlaßten bzw. ihren über den Redeentwurf doch erschrockenen Chef praktisch zwangen: denn sie hatten den sensationellen Text bereits der in- und ausländischen Presse zugeleitet. Die von ihren Hörern mit stürmischem Beifall aufgenommene Rede enthielt eine mittelbare, aber faktisch denkbar scharfe Verurteilung der vom NS-Regime bewirkten Entwicklung zu einem „Staatstotalismus" und zur „Vorherrschaft einer einzigen Partei". Trotz des von Goebbels sofort erlassenen Verbreitungsverbots fand die Rede durch die vorherige Verschickung und nachträgliche Herstellung zahlreicher Abschriften eine relativ weite Verbreitung und damit starke Resonanz. Die von Goebbels getroffenen Maßnahmen veranlaßten Papen zwar, Hitler für den Fall ihrer Aufrechterhaltung seine Demission anzukündigen. Vergebens aber versuchten Papens Mitarbeiter ihn zu einer sofortigen Fahrt nach Neudeck zu bewegen, wo er gemäß ihrem „Aktionsplan" Hindenburg veranlassen sollte, nach einem „kurzen Bericht" über die Lage Fritsch, den Chef der Heeresleitung, und General der Infanterie v. Rundstedt nach Neudeck zu beordern und den Ausnahmezustand zu verhängen. Sodann sollten — immer nach dem gleichen Plan dieser optimistischen Verschwörer — Hitler und Göring nach Neudeck zitiert werden und dort von Hindenburg eröffnet bekommen, „daß die Entwaffnung der SA unter der Befehlsgewalt der Reichswehr durchgeführt werden würde, ferner, daß die Verfassung vorübergehend außer Kraft gesetzt sei und die Ausübung der Regierungsgewalt auf den Reichspräsidenten als Oberbefehlshaber der Reichswehr übergehe, der mit einem zu bildenden Direktorium [bestehend aus „Fritsch, Rundstedt, Papen, Brüning, Goerdeler, — Hitler und Göring"!] die notwendigen Verordnungen erlassen werde. [...] Nach einer verhältnismäßig kurzen Periode des Ausnahmezustandes", so liest man endlich, sollte „eine Nationalversammlung zusammengerufen und von ihr die notwendige Reichs- und Verfassungsreform beschlossen" werden[27].

Offensichtlich aber waren von den Verschwörern mit den Persönlichkeiten, die als Träger ihres „Aktionsplans" figurieren sollten, gar keine festen Absprachen über seine Durchführung getroffen worden. Nicht einmal ihr „Hauptinstrument", Papen, wagten sie, „in jedem Falle bis ins letzte zu informieren" (wie es aus der Rückschau, eher noch beschönigend, heißt)[28]. Und wie wenig Papen die ihm zugedachte konspirative Rolle zu übernehmen gedachte — oder wagte oder überhaupt erfaßt hat —, geht daraus hervor, daß ihm offenbar gar nicht bewußt wurde, wie sehr es darauf ankam, Hindenburg bald und — vor allem — allein zu sprechen; ließ er sich doch nach seiner Rücktrittsdrohung von Hitler beschwichtigen und auf eine gemeinsame entscheidende Aussprache mit Hindenburg in Neudeck vertrösten. Am 21. Juni aber konnte Hitler allein dorthin fahren und Hindenburg fraglos in seinem Sinne berichten. Als Papen nach der Verhaftung Dr. Jungs endlich doch um einen Empfang beim Reichspräsidenten bat, erhielt er von Staatssekretär Meißner zur Antwort, der Gesundheitszustand des Feldmarschalls erlaube einen Besuch nicht. Und als Papen sich um die Freilassung Dr. Jungs bei Hitler bemühen wollte, ließ sich dieser von seinem Vizekanzler nicht einmal sprechen, bemerkte vielmehr nach denunziatorischen Äußerungen des gerade anwesenden Rosenberg über den „Papen-Laden": „Ich werde das ganze Büro einmal ausheben lassen[29]."

Wie die Exponenten totalitärer Systeme in der Regel, neigte Hitler nicht dazu, innenpolitische Gegner zu unterschätzen. So hat er in seinem nach allen Seiten wachen Argwohn gewiß auch die Möglichkeit bedacht, daß — solange Hindenburg noch lebte — enttäuschte bürgerlich-konservative Kreise unter Verbindung mit gleichgesinnten Führern des Heeres, welche Maßnahmen gegen die SA verlangten, mittels Einschaltung des Reichspräsidenten auf ein politisches come back spekulierten. Dafür, daß es zu einem disziplinierten, „staatspolitisch" bestimmten Eingreifen des Heeres nach den Wünschen regimegegnerischer Kräfte in das Treiben der SA zu einer „zweiten Revolution" kam, bestand jedoch auch in den Wochen vor dem 30. Juni 1934 — da elementare personelle und andere Voraussetzungen fehlten — lediglich theoretisch eine Chance: so zutreffend auch die spätere Schätzung eines Offiziers im Reichswehrministerium gegenüber dem französischen Militärattaché gewesen sein mag, wonach 1933 „vielleicht 60 Prozent" der Reichswehr mit dem Nationalsozialismus sympathisiert hätten, nach den Ereignissen des 30. Juni 1934 95 Prozent, einige Wochen vorher aber „zweifellos nur 25 Prozent"[30]. Denn Blomberg und Reichenau hielten die Zügel der Reichswehr fest in ihren Händen und legten, ihrem politischen Kurs getreu, „die Entscheidung über mögliche Präventivmaßnahmen" gegen die Führer der SA, wie ein Eingeweihter bezeugt hat, „ganz in die Hand des Kanzlers *und Parteiführers*"[31]; und sie wußten, daß dieser, wie Blomberg später sagte[32], seit Wochen zum Handeln grundsätzlich entschlossen war. Nun auch durch Papens Marburger Rede und ihr Echo gewarnt, zu lange passiv zu bleiben, leitete Hitler denn auch in der letzten Junidekade 1934 die mit Himmlers und Heydrichs Sicherheitsdienst von langer Hand vorbereitete Mordaktion in die Wege, deren Opfer außer den Röhm ergebenen SA-Führern auch eine Reihe ehemaliger, jetziger und möglicher künftiger Gegner Hitlers oder der Partei — besonders bürgerlich-konservativer Richtung — wurde. Vom Papen-Kreis wurden Edgar Jung, der Verfasser der Marburger Rede, und der Pressereferent Herbert v. Bose erschossen, Fritz Günther v. Tschirschky und drei weitere Angehörige der Vizekanzlei verhaftet; von diesen vier wurden drei zunächst in den Keller der Gestapo in der Berliner Prinz-Albrecht-Straße verbracht, drei Tage später dann in ein Konzentrationslager, aus dem Tschirschky allerdings am 6. Juli entlassen wurde. Papen selbst, als Vizekanzler „der zweithöchste Beamte des Reiches" — wie er beschwerdeführend gegenüber Hitler hervorhob —, war am 30. Juni in seiner Wohnung in Polizeihaft genommen worden — vermutlich um ihn durch diesen Hausarrest handlungsunfähig zu machen; aus ihm befreite ihn erst am Abend des 2. Juli offenbar ein Eingreifen Hindenburgs[33]!

Durch sein blitzschnelles und vor allem *präventives*, mit Terror verbundenes Zugreifen hatte Hitler nicht nur Einmischungsgelüsten Dritter gründlich vorgebeugt, sondern zugleich schlagartig vollendete Tatsachen — auch gegenüber der Reichswehr — geschaffen; und nicht zuletzt hatte er das Erscheinungsbild des Ganzen schon weitgehend in seinem politischen Interesse bestimmen können. Die willkürliche Beseitigung der gewiß zum Teil moralisch fragwürdigen Führer der SA proklamierte er unter Verkündung hochtönender Postulate für deren Reform als Beginn eines „Gesundungsprozesses", bei entrüsteter Verdammung derer, „die im Nihilismus ihr letztes Glaubensbekenntnis gefunden" hätten[34]. Einem selbständigen Eingreifen des Heeres waren jetzt auch die psychologischen Voraussetzungen weitestgehend entzogen[35]. Das Gros der — einseitig unterrichteten — Offiziere sah vor allem die Niederschlagung ihrer „Feinde", der SA-Führer; selbst Blomberg sprach von einigen „tiefbedauerlichen" Übertreibungen, in denen die Freude darüber — „unsoldatisch und unritterlich" — Ausdruck gefunden habe[36]. Jedenfalls schien sich Hitler von einer Reihe der übelsten Elemente seiner Partei entschlossen getrennt und den revolutionären Schwelbrand ausgelöscht zu haben. Der gleichzeitig ermordete General v. Schleicher erschien vielen Offizieren eher als unverbesserlicher politischer Spieler denn als Soldat und Kamerad. Von den Morden an potentiellen oder ehemaligen Gegnern hörten die meisten erst nachträglich und nur zum Teil.

An Vorbereitung und Durchführung der Aktion der SS ist nicht nur die Reichswehrführung als solche, sondern sind auch der Chef der Heeresleitung und der Chef des Truppenamtes, also Fritsch und Beck, in erheblich höherem Maße beteiligt gewesen, als früher angenommen wurde, wie wir inzwischen durch eine Spezialuntersuchung von Klaus-Jürgen Müller wissen[37]. Die zur Unterstützung des Vorgehens gegen die SA erteilten Befehle bedeuteten allerdings noch kein Einverständnis mit seiner Durchführung in Form einer Mordaktion solchen Ausmaßes — welche die Männer der Heeresleitung vielmehr entsetzt hat —, ohne daß freilich entsprechende Reaktionen ihrerseits erkennbar wären[38]. Blomberg und Reichenau aber machten sich durch die verlogene Begründung für den Tod Schleichers (Widerstand mit der Waffe bei der Verhaftung) vollends zu Komplizen des Mordes an ihm. Überhaupt „rechtfertigte" Blomberg vor den Befehlshabern der Reichswehr die „Säuberungsaktion" — selbst in bezug auf die davon betroffenen Angehörigen bürgerlich-konservativer Kreise — fast ganz nach der Version Hitlers als „auch im Interesse der Wehrmacht [...] unumgänglich nötig". Hiervon überzeugt hat er viele seiner Zuhörer offenbar nicht. Eine kriegsgerichtliche Untersuchung der Vorgänge aber, die zum Tode der Generale v. Schleicher und v. Bredow führten — wie mehrere Befehlshaber (sowie Fritsch und Beck) sie forderten —, bezeichnete Blomberg als unmöglich; hatte doch das Reichskabinett bereits am 3. Juli die in den Tagen zuvor „vollzogenen Maßnahmen" als „Staatsnotwehr" für „rechtens" erklärt. Auf der Durchführung einer Untersuchung zu bestehen, hielten die nachgeordneten Generale im Rahmen der konventionellen militärischen Disziplin nicht für angängig. Im Grunde aber waren die Führer des Heeres zum ersten Male so unmittelbar — wie durch diese Vorgänge — vor die Entscheidung zwischen Gehorsam und Mitverantwortung, zwischen Befehl und Gewissen gestellt. Und nachweislich hat das Erlebnis des 30. Juni 1934 mit seinen fortwirkenden Eindrücken bei einer Reihe von Offizieren eine innerliche Entfremdung von einem solchen Regime und seinem Beherrscher angebahnt.

Vorerst einmal aber verlief die Entwicklung klar zu Hitlers Gunsten. Das, was dieser schon im eigenen Interesse getan hatte, bezahlte Blomberg mit der folgenschweren Zustimmung zur Aufstellung einer Division bewaffneter SS. Reibungslos vollzog sich nach Hindenburgs Tod am 2. August 1934 der Übergang der Befugnisse des Reichspräsidenten auf Hitler. Damit war er Staatsoberhaupt und Oberbefehlshaber der Reichswehr geworden. Ohne gesetzliche Grundlage, nur auf sein Verordnungsrecht als Minister gestützt, befal Blomberg die sofortige Neuvereidigung der Reichswehr, und zwar jetzt nicht mehr — wie noch zufolge einer Zwischenregelung vom Dezember 1933 — auf „Volk und Vaterland", sondern allein auf Hitler persönlich. Es war gewiß kein Einzelfall, daß ein Offizier wie Stieff durch die Herauslassung der Begriffe „Volk und Vaterland" aus der Eidesformel befremdet war, sich freilich an den „Hoffnungsstrohhalm" klammerte, daß durch die enge Bindung an den Führer „ein sehr verpflichtendes Gegengewicht gegen den *Wahnsinn der Einpartei-Herrschaft* geschaffen" werde — wie er jetzt schrieb[39], obwohl er vier Jahre zuvor nichts sehnlicher gewünscht hatte als den Sieg der „nationalen Bewegung". Für den geleisteten Treueid der Wehrmacht bedankte sich Hitler regelrecht in einem Schreiben an Blomberg vom 20. August 1934[40]. Drei Tage zuvor (17.8.1935) hatte er in seiner Hamburger Rede zur bevorstehenden Volksabstimmung (19.8.1934) über seine Berufung zum Nachfolger Hindenburgs die vielzitierte sogenannte „Zwei-Säulen-Theorie" verkündet. Sie lautete:

„Die Staatsführung [...] wird von zwei Säulen getragen: politisch von der in der nationalsozialistischen Bewegung organisierten Volksgemeinschaft, militärisch von der Wehrmacht. Es wird für alle Zukunft mein Streben sein, dem Grundsatz Geltung zu verschaffen, daß der alleinige politische Willensträger in der Nation die Nationalsozialistische Partei, der einzige Waffenträger des Reiches die Wehrmacht ist[41]."

Man kann nun schwerlich sagen, daß der Wortlaut dieser Erklärung, wenn man ihren zweiten Satz aufmerksam las, irgendetwas verschleiern sollte. Denn mit dem klar formulierten Alleinanspruch, den sie der Partei auf die konkrete Gestaltung der Politik einräumte, brachte sie unmißverständlich zum Ausdruck, daß die Wehrmacht ein gehorsames Werkzeug der Politik des Parteiführers sein sollte, der auch ihr Oberster Befehlshaber war. Von einem politischen Mitspracherecht der Armee war mit keiner Silbe die Rede, vielmehr der Weg zu ihrer „Instrumentalisierung" vorgezeichnet. Im übrigen zog die berühmt gewordene Formel in gewissem Sinne auch eine Bilanz der Ereignisse vom 30. Juni 1934. Denn was an sich eine Selbstverständlichkeit hätte sein sollen, nämlich das Recht der Wehrmacht als des alleinigen Waffenträgers im Staat, gewann im Lichte seiner voraufgegangenen Bedrohung den sachlich ganz unbegründeten Charakter einer Auszeichnung, ja eines großen politischen Geschenks — mit dem sich die Wehrmacht allerdings auch begnügen sollte! Möglich, daß sich mancher über den klaren Wortlaut der Erklärung hinweggetäuscht hat. Daß aber ein kritischer Geist wie Ludwig Beck in der „Zwei-Säulen-Theorie" die „klassische Formel" für das ihm vorschwebende „ideale Grundmuster des neuen Staates", nämlich einer „Entente" zwischen den traditionellen Führungseliten und dem Führer der nationalsozialistischen Bewegung mit dem Ziele der „Erhaltung der führenden Position der militärischen Machtelite" erblickt habe — wie Klaus-Jürgen Müller meint[42] —, kann ich nicht glauben. Daß Beck von Hause aus ein militärisches und auch politisches Mitspracherecht der Heeresführung, insbesondere des Generalstabes, angestrebt hat — worin ihn seine Erfahrungen im Dritten Reich nur bestärken konnten —, steht auf einem anderen Blatt.

III.

Kaum drei Monate waren seit der blutigen Ausschaltung der SA-Gefahr für die Wehrmacht vergangen, da kam es auch zu Spannungen mit bzw. wegen der SS.

Denn die Heeresführung hatte Grund zu der Befürchtung, daß sich „nun die SS zu einer Armee neben dem Heer" entwickle. Zwar gab Himmler „feierlich" beruhigende Erklärungen ab und verstand sich auch zu praktischen Beschränkungen seiner Aspirationen, die jetzt wie später besonders von Beck kritisch überwacht und — trotz entgegenkommender Tendenzen Blombergs und Reichenaus — vorerst nicht ohne Erfolg gedämpft werden konnten[43].

Doch außer dieser Kontroverse gab es noch vielerlei weitere Anlässe für Spannungen: so Verstimmungen, Verdächtigungen und Zusammenstöße zwischen Angehörigen von Wehrmacht und Partei, irrige oder vergröbernde Meldungen der Auslandspresse und Gerüchte über Putschpläne des Heeres unter entsprechenden Beschuldigungen insbesondere des Oberbefehlshabers Fritsch, aber auch über Putschpläne der SS. Diese Spannungen hatten gegen Jahresende 1934 einen solchen Grad erreicht, daß Hitler sich am 3. Januar 1935 auf einer ganz kurzfristig in die Berliner Staatsoper einberufenen Führerversammlung zu einer demonstrativen Kundgebung seines „unerschütterlichen" Vertrauens zur Reichswehr veranlaßt sah — womit er die gewünschte Beschwichtigung auch erwirkte[44]. Selbst ein kritisch eingestellter Offizier wie General Liebmann erklärte vor der Kriegsakademie, daß „uns hier ein Vertrauen entgegengebracht" werde, „das von keinem Ehrenmann getäuscht werden" könne. Liebmann zufolge hat Hitler bei dieser Gelegenheit auch von Partei und Wehrmacht als „zwei *gleich wichtigen* Säulen" des neuen Staates gesprochen, hätte damit also seiner für die Position der Wehrmacht soviel ungünstigeren Erklärung von August 1934 — aus durchsichtigen Gründen — eine freundlichere Form gegeben[45].

Die erzielte Beruhigung hat aber offenbar nicht vorgehalten. Denn in den Befehlshaberbesprechungen rissen die politischen Mahnungen und Warnungen, die im Frühjahr 1934 verschärft eingesetzt hatten, auch jetzt nicht ab. Es dürfe nicht der Eindruck entstehen, daß die Sympathie der Reichswehr für den Nationalsozialismus „nur bis zum Hauptmann aufwärts" gehe, betonte Blomberg. „Offizierkorps strengste Zurückhaltung in seiner Kritik. [...] Telefongespräche überhört [...] Bespitzelung!", lauten Notizen über Äußerungen Fritschs. „Weltanschauung [sei] nicht zu befehlen. Wer sich aber mit dem nationalsozialistischen Staat und der Tatsache, daß [die] Wehrmacht Teil dieses Staates [sei], nicht abfinden könne", möge ein „hervorragender Mann sein; nach gewisser — jetzt noch bewilligter — Schonzeit sei aber für ihn kein Platz mehr in [der] Wehrmacht"; so wiederum Blomberg, der es einen „Verstoß gegen [die] Standesehre" nannte, „wenn Dinge, [die] den jetzigen Staat herabsetzen, herausgetragen [würden]. Feuer und Schwert dagegen!" Blomberg befahl ferner, keinesfalls zu dulden, „daß Zellenbildung gegen den Staat" erfolge oder daß „politische Diskussionsklubs" entständen, ja, er wandte sich gegen ein „Gerede" von „Ausnahmezustand und Diktatur"[46]. Andererseits sah Fritsch „vom Sommer 1935 ab [...] die Hetze der SS [...] wieder stärker" hervortreten, wofür er aus der Rückschau „das Benehmen der SS-Verfügungstruppen auf dem Truppenübungsplatz Altengrabow" bezeichnend nannte, „wo sie sich aus nichtigem Anlaß in den wüstesten Beschimpfungen des Heeres" und seiner Person ergangen seien[47]. Gewiß nicht zu überschätzen, jedoch als symptomatisch für die damalige Stimmung von Teilen des Offizierkorps wie für die Loyalität des Verfassers dürfte wohl ein von Klaus-Jürgen Müller[48] erschlossenes Rundschreiben Fritschs an alle Kommandierenden Generale vom 19. August 1935 zu werten sein, in dem es heißt:

„Aus wiederholt mir zugehenden Mitteilungen muß ich schließen, daß im Offizierkorps hier oder da über einen angeblichen Gegensatz zwischen dem Herrn Reichskriegsminister und mir gesprochen wird.
Ein solcher Gegensatz besteht nicht. Vielmehr besteht in allen grundlegenden Fragen zwischen dem Herrn Reichskriegsminister und mir eine völlige Übereinstimmung der Auffassungen. Ich ersuche daher, mit Nachdruck dafür zu sorgen, daß derartige Redereien unterbleiben. Sie werden, wie alles, was das Offizierkorps betrifft, beobachtet und weitergetragen. Sie erfahren meist die Auslegung: an der Treue des Herrn Reichskriegsministers zum heutigen Staat ist nicht zu zweifeln, — wenn also ein Gegensatz besteht, so kann er nur darin zu suchen sein, daß der Oberbefehlshaber des Heeres und sein Offizierkorps Feinde des heutigen Staates und des Führers sind ... Ferner höre ich wiederholt, daß Persönlichkeiten aus Kreisen, mit denen das Offizierkorps in Berührung kommt, ihrer gelegentlichen Unzufriedenheit mit Einzelheiten der gegenwärtigen Entwicklung etwa dahin Ausdruck geben: unsere Hoffnung ist der Oberbefehlshaber des Heeres, er wird die Sache schon in Ordnung bringen. In welcher Weise man sich das denkt, dürfte nach der persönlichen Auffassung der Einzelnen sehr verschieden sein. Zweifellos denkt aber auch der eine oder der andere an gewaltsame Maßnahmen. Ich kann hierzu nur folgendes sagen: Nach meiner festen Überzeugung ist Deutschlands Zukunft auf Gedeih und Verderb mit dem Nationalsozialismus fest verbunden. Wer schädigend gegen den nationalsozialistischen Staat handelt, ist ein Verbrecher. Würde eine derartige Handlung von mir ausgehen, so wäre sie darüber hinaus ein Akt niederträchtiger Treulosigkeit gegen die Person des Führers. Des Führers, der mir stets ein rückhaltloses Vertrauen entgegengebracht hat und entgegenbringt. — Ich kann es nur bedauern, wenn es Leute geben sollte, die mir eine solche Handlung zutrauen."

Überlegt man sich den Text dieses — vom seinem Verfasser doch für notwendig gehaltenen — Schreibens mit seinem Hinweis darauf, daß „der eine oder andere [...] aus Kreisen, mit denen das Offizierkorps in Berührung kommt, [...] auch [...] an gewaltsame Maßnahmen" zwecks Änderung des bestehenden Zustandes „denkt", so liegt fast die Frage nahe, ob unter einem anderen Oberbefehlshaber des Heeres als diesem grundloyalen Nur-Soldaten Fritsch die Haltung zumindest von Teilen des Offizierkorps damals nicht doch die Möglichkeit eines Einsatzes für die Wiederherstellung geordneter Rechts- und Staatsverhältnisse geboten hätte. Nicht wunder aber nimmt es nach alledem, daß Blomberg immer wieder auf die Schulung der Wehrmacht in der nationalsozialistischen Weltanschauung drang[49]. Er hat sich bekanntlich damit im Offizierkorps ebensowenig beliebt gemacht wie durch seine allgemeine Nachgiebigkeit gegenüber dem Regime — was aber nichts daran ändern konnte, daß (wie Hoßbach sagt) „sein Wirken maßgeblich Stellung und Einfluß der Wehrmacht im Dritten Reich bestimmte"[50]. Allerdings läßt die über Jahre hin stereotype Wiederholung von Befehlen zur geistigen Gleichschaltung der Wehrmacht vermuten, daß sie auf der unteren Ebene der Armee vorerst nicht ganz die Wirkung erzielten, die man sich „oben" von ihnen erhoffte. Freilich blieben der Kampf gegen den Kommunismus, der Ausbau der Wehrmacht und die Rückgewinnung der deutschen Großmachtstellung wichtige übereinstimmende Ziele von Offizierkorps und Hitler, die oppositionelle Regungen dämpfen konnten. Zu einer realistischen Beurteilung des damaligen Standes wie der weiteren Entwicklung der Beziehungen zwischen Wehrmacht und Nationalsozialismus gehört jedoch die Erkenntnis, daß diese Gemeinsamkeiten im „Großen" die „alltäglichen" Differenzen mit den Herrschaftsinstrumenten des Regimes ebensowenig zu entschärfen, geschweige aus der Welt zu schaffen vermochten wie den latenten fundamentalen Antagonismus zwischen einer Armee, die ihr traditionelles Eigenleben und ihre sittlichen Grundsätze bewahren wollte, und dem Nationalsozialismus mit seinem Totalitätsanspruch. Aus gutem Grund haben denn auch in diesen Jahren Teile des Offizierkorps — trotz dessen Inanspruchnahme durch die Aufgabe der Umwandlung des Freiwilligen-Heeres der 100 000 in das Volksheer der allgemeinen Wehrpflicht — die kirchen- und christentumsfeindlichen Tendenzen von Partei und Staat als schwere Belastung empfunden[51]. In einem innerpolitischen „Lagebericht" von Ende Dezember 1934, der von „unheimlichen Spannungen" in der Bevölkerung sprach, bemerkte Generalmajor Halder, damals Artillerieführer VII/München, sogar, die „Auffassung, daß die [nationalsozialistische] Bewegung die Grundlagen der christlichen Weltanschauung bedroht", müsse „notgedrungen zu einer ernsten Gegensätzlichkeit weiter Kreise gegen die Bewegung führen", zumal nach der Saarabstimmung (13.1.1935) „rücksichtslose Gewaltanwendung gegen die Geistlichkeit" befürchtet werde. „Wenn auch darüber keinerlei Zweifel" bestehe, fuhr Halder fort, „daß das Heer sich aus dem Kirchenkonflikt herauszuhalten hat", so könne „doch die Entwicklung der Dinge rasch an die Grenze führen, wo statt innerkirchlicher Fragen die Staatsautorität auf dem Spiele" stehe „und damit der Pflichtenkreis der militärischen Befehlshaber (z.B. Standortältesten) berührt" werde [52]. Dennoch glaubte die große Mehrzahl der Offiziere offenbar, sich ähnlich wie in der Weimarer Ära von den „Unerfreulichkeiten" der Politik in die „reine Sachlichkeit des Dienstes" [53] zurückziehen zu können — und zurückziehen zu dürfen, zumal sie nach wie vor zwischen der Partei und Hitler selbst einen erheblichen Unterschied machte und auch die Heeresleitung — immer noch in der Hoffnung auf eine positive Entwicklung der Dinge [54] — „die große Linie der Politik der Wehrmachtführung mit ihrer regimekonformen Tendenz im Prinzip akzeptierte" [55]. Männern wie dem Generalstabschef des Heeres, Ludwig Beck, und seinem späteren Nachfolger Franz Halder wurde jedoch die große Mitverantwortung der Wehrmacht, insbesondere des Heeres, für die weitere deutsche Entwicklung mehr und mehr bewußt [56].

## IV.

Was Beck angeht, so hatte er den Siegeszug der nationalsozialistischen Bewegung ursprünglich lebhaft begrüßt, ja, den politischen Umschwung von 1933 als „ersten großen Lichtblick seit 1918" bezeichnet [57]. Zuversichtlich dürfte er auch mindestens das Jahr 1933 hindurch auf ein gutes Einvernehmen — eine „Entente" nennt es Klaus-Jürgen Müller — der Armee mit der nationalsozialistischen Bewegung und ihrem Führer — vertraut haben. Ebenso wie für das Offizierkorps und die bürgerlich-konservativen Schichten Deutschlands überhaupt war für Beck die Revision des Versailler Vertrages mit dem Ziel einer Rückgewinnung der deutschen Großmachtstellung eine Selbstverständlichkeit. Der Weg dazu führte in seinen Augen auch über die Schaffung einer starken Militärmacht, die so umfassend und rasch erfolgen sollte, wie es die allgemeinen Umstände ihm zu erlauben schienen. Die mit der Durchführung dieser Aufrüstung während einer mehrjährigen Übergangzeit verbundenen Belastungen der deutschen diplomatischen Beziehungen und die Möglichkeit einer bewaffneten Reaktion der Nachbarn nahm Beck — grundsätzlich — in Kauf. Einige seiner Stellungnahmen in dieser Zeit zu bestimmten Schritten und Mitteln der Aufrüstung sind von der älteren Forschung unter dem Gesichtspunkt seiner schließlichen Wendung gegen Hitler bereits als erste Zeichen eines politisch bedingten Widerstandes angesehen worden; doch handelte es sich nach neueren Erkenntnissen wesentlich um Divergenzen bzw. Bedenken fachlich-technischer Natur [58]. Die Gefahren, die sich aus der Tatsache, daß eine Staatsführung wie diejenige Hit-

lers über ein militärisches Instrument von der angestrebten Stärke verfügen würde, für Deutschland ergeben konnten, hat Beck sicherlich nicht von vornherein erkannt. Soweit solche Gefahren auf Grund der sich abzeichnenden außenpolitischen Ambitionen Hitlers deutlich wurden, glaubte Beck zunächst wohl auch, sie mit Hilfe einer auf die nüchterne Betrachtung der militärischen und politischen Gesamtlage gestützten Beratung des Diktators beschwören zu können. Jedoch sah er sich frühzeitig veranlaßt, bremsend einzuwirken. So erklärte er im Mai 1934, die (vom Allgemeinen Heeresamt) bis 1. April 1935 oder gar bis 1. Oktober 1934 vorgesehene Aufstellung eines 300000-Mann-Heeres sei nicht mehr der Aufbau eines „Friedensheeres, sondern eine Mobilmachung" — und könne (in internationaler Hinsicht) „tatsächlich der Tropfen sein, der das Faß zum Überlaufen bringt"[59]. Sorgen solcher Art verstärkten sich noch durch die Mordaktion vom 30. Juni 1934. „Einem Führer bzw. einer Regierung, die sich so über alle Rechtsbegriffe hinwegsetzt, traut man auch außenpolitisch alles zu", notierte Beck als das Urteil eines so wohlorientierten Gesprächspartners wie des Staatssekretärs des Auswärtigen Amtes v. Bülow über den internationalen Eindruck jener Vorgänge, denen inzwischen noch die Ermordung des österreichischen Bundeskanzlers Dollfuß anläßlich des Wiener nationalsozialistischen Putsches vom 25. Juli 1934 gefolgt war. Der „ganze Ernst" der „trostlosen" außenpolitischen Situation müsse „der maßgebenden Stelle klargemacht" werden, meinte Bülow, und zwar durch einen „gemeinsamen Vortrag [von] Blomberg, Neurath, Göring [...] bei Hitler"[60]. „Nicht, was wir tun, sondern, wie wir es tun, ist so schlimm: Politik der Gewalt und des Treubruchs", lauteten im April 1935 Notizen Becks über Kritik von seiten des Auswärtigen Amtes (Bülow)[61].
Im übrigen ist der Generalstabschef auf der Höhe seines Lebens zu der Idealvorstellung gelangt, daß — zumal im Hinblick auf den modernen, „alle Trennungen der bürgerlich-zivilen und der militärisch-professionellen Sphäre durchbrechenden totalen Krieg" von Industriestaaten — der politische Führer und der oberste militärische Führer „in beständigem Einvernehmen miteinander" die Leitung des Ganzen innehaben und ausüben müßten (womit der vielumstrittene „Dualismus Staatsmann/Feldherr" als ein von vornherein gegebenes Faktum hinzunehmen war)[62]. Dürfte die Entstehung einer solchen Konzeption durch Becks Erleben im Dritten Reich gefördert worden sein, so konnte die zunehmende Gefahr, daß die politische Leitung an das militärische Instrument Forderungen stellte, die dieses nicht würde erfüllen können — ihn nur darin bestärken, immer wieder eine entsprechend organisierte Spitzengliederung der Wehrmacht zu fordern. Sie sollte dem „Oberbefehlshaber des Heeres [und damit auch

dem Chef des Generalstabes] das Maß an Einfluß auf die Kriegführung" einschließlich ihrer „politischen Grundlagen" verschaffen, „auf das er als Führer der Landstreitkräfte Anspruch" habe — wozu in Becks Augen auch die Beteiligung des Oberbefehlshabers bei allen wichtigen Fragen der Landesverteidigung bzw. Kriegsvorbereitung, auch im Kabinett bzw. beim Führer gehörte[63]. Eine solche Regelung mußte Beck um so notwendiger erscheinen, als er in den Jahren 1935/36 schwerlich mehr eine Akzeptierung seines idealen „dualistischen Strukturprinzips" von Hitler erhofft haben dürfte. Wie hartnäckig er auch weiterhin seine Auffassung (letztlich erfolglos) vertrat, so war ihm doch, obschon dies in den Akten begreiflicherweise kaum Niederschlag findet, sein Gegensatz zur Staatsführung in grundsätzlichen und praktischen Fragen, zumal die Divergenz der Mentalitäten, nachgerade bewußt. Als der deutsche Militärattaché im März 1936 aus London berichtete, es habe in England beruhigend gewirkt, daß der deutschen Wiederbesetzung des Rheinlandes keine militärische Planung, sondern nur eine politische Entschließung zugrundegelegen habe, verhehlte ihm Beck nicht, daß solche Feststellungen „den Generalstab gegenüber der politischen Führung in eine noch schwierigere Lage" brächten, „als er dies ohnehin schon" sei[64]. Diese Bemerkung bezog sich fraglos auf Hitler selbst und nicht auf radikale Elemente seiner Gefolgschaft; ebenso wie die scharfe Kritik, mit der Beck auf die ihm von Hoßbach berichteten Ausführungen Hitlers (in dessen berühmter Besprechung mit den Oberbefehlshabern der Wehrmachtteile und dem Außenminister Frhr. v. Neurath) vom 5. November 1937 reagierte, Hitler persönlich galt und nicht „radikalen Kräften" der Partei, mochten diese auch nach seiner Meinung „den Führer bedrängen, die inneren Probleme des [NS]-Systems durch außenpolitische Initiativen zu kompensieren"[65]. Und auch schon dem wenig aussichtsreichen und doch intensiven Versuch Becks, Ludendorff politisch zu aktivieren, lag — angesichts des sinkenden Einflusses der militärischen Führung auf den Diktator — doch die Erwägung zugrunde, daß Ludendorff der einzige sei, vor dem Hitler „noch Respekt" habe[66]. Die von Beck angestrebte Stärkung der Position der Armee sollte gewiß nicht zuletzt der Sicherung einer den Realitäten der Lage angemessenen, besonnenen Außenpolitik dienen. Denn Beck hielt einen Krieg Deutschlands mit mehreren Großmächten für verhängnisvoll und wollte keinesfalls leichtfertig aufs Spiel gesetzt wissen, was nach „Versailles" von deutscher Machtposition verblieben oder inzwischen mühsam wiederaufgebaut war. So erklärt sich z.B. seine heftige Reaktion auf die von Blomberg verlangte Vorbereitung eines gegebenenfalls „ohne Rücksicht auf den zur Zeit unzureichenden Stand unserer Rüstung" durchzuführenden Überraschungsangriffs auf die Tschechoslowakei; dieser sollte nach Ausgabe des betreffenden Stichworts „schlagartig als Überfall" erfolgen können[67]. Beck bemängelte zunächst, daß die Verfügung Blombergs nichts „über das militärische Ziel" enthalte, das „aufgrund des vom Staatsmann" — d.h. von Hitler — „dem Chef der Wehrmacht [Blomberg] bezeichneten Kriegszieles" dieser dem Oberbefehlshaber des Heeres gesetzt habe[68]. „Auf alle Fälle" könne bei dem gedachten deutschen Vorgehen „nicht einen Tag damit gerechnet werden, daß es jemals ein isoliertes Unternehmen zwischen zwei Gegnern" (Deutschland und Tschechoslowakei) bleibe. Im übrigen äußerte Beck mittelbar den — für seine allgemeinen Befürchtungen bezeichnenden — Verdacht, daß mit dem Schreiben Blombergs nicht nur eine operative Studie verlangt, sondern „jetzt schon der Eintritt in praktische Kriegsvorbereitungen beabsichtigt" sei, und bat für einen solchen Fall um Enthebung von seinem Amt, obwohl er ein Unternehmen der fraglichen Art „für eine spätere Zeit" nicht grundsätzlich ausschloß[69].

Im Mai 1937 lehnte Beck es auch ab, ein militärisches Eingreifen in Österreich gegen eine etwa versuchte Wiedereinsetzung der Habsburger planerisch vorzubereiten. Deutschland, erklärte er, sei in bezug auf sein Heer noch nicht in der Lage, das Risiko eines mitteleuropäischen Krieges herauszufordern; materiell könne es „zur Zeit und bis auf weiteres überhaupt keinen Krieg führen". Im übrigen werde die österreichische Armee Widerstand leisten, betonte Beck und scheute sich nicht, hieran ein spezifisch politisches und persönlich gewagtes — weil ausgesprochen „ketzerisches" — Argument zu knüpfen; nämlich: „Die gewaltsame Besetzung ganz Österreichs dürfte [...] soviel harte Kriegsmaßnahmen im Gefolge haben, daß auch bei Gelingen zu befürchten steht, daß das zukünftige deutsch-österreichische Verhältnis nicht unter dem Zeichen des Anschlusses, sondern des Raubs Österreichs stehen wird[70]." Logisch ergäbe sich aus dieser Stellungnahme Becks, daß er lieber die Restauration der Habsburger hinnehmen, d.h. auf den Anschluß mindestens vorerst verzichten wollte, als Österreich mit Krieg zu überziehen. Doch soll man die Logik nicht zu weit treiben. Sicherlich war Beck kein Gegner eines Anschlusses, der diesen Namen verdiente. Konnte aber jemand, der so sprach, ein besonders leidenschaftlicher Befürworter der Angliederung Österreichs sein — die doch eine wesentliche Voraussetzung für die Verwirklichung hegemonialer Zielsetzungen Deutschlands in Mitteleuropa darstellte[71]?

Seit langem ging es für Beck nicht mehr primär um die „Machterhaltung überkommener Eliten", in Sonderheit um die Sicherung der „führenden Position der militärischen Machtelite" im Dritten Reich[72], sondern um ganz konkrete, politische, die Existenz von Land und Volk betreffende Fragen — wie dies selbst noch in der verzerrenden Kritik Hitlers an einer neuen Studie des OKH zur Spitzengliederung der Wehrmacht zum Ausdruck kommt: „Das seien Bedenken Beckscher Prägung, nur um seine [Hitlers] politischen Ziele zu sabotieren"[73]. Wie würde Hitler erst reagiert haben, hätte er erfahren, daß Beck in seiner Stellungnahme zu dessen Ausführungen vom 28. Mai 1938 außer seinen militärischen und außenpolitischen Einwänden auch mit der „Ablehnung" argumentiert hatte, der „ein nicht zwingend erscheinender Krieg im Volke begegnen" würde[74]!

## V.

Inzwischen waren Ende Januar 1938 Ereignisse eingetreten, die in der Geschichte des Verhältnisses zwischen der Wehrmacht bzw. dem Heer einerseits und Hitler als Staatsoberhaupt wie als Person andererseits in doppelter Weise eine Zäsur bilden: der Sturz sowohl des Reichskriegsministers und Oberbefehlshabers der Wehrmacht, Blomberg, als auch der des Oberbefehlshabers des Heeres, Fritsch[75]. Mich mit den unterschiedlichen Auffassungen über die tieferen Gründe ihrer Entlassung durch Hitler näher auseinanderzusetzen, halte ich hier für unnötig[76]. Der Heiratsskandal Blombergs hat auf jeden Fall schon für sich allein genügt, ihn untragbar zu machen. Erst der Blomberg-Skandal aber war das auslösende Moment für den alsbaldigen Beschluß Hitlers, höchst zweifelhafte Beschuldigungen im Sinne des § 175 zu benutzen, um auch Fritsch zum Rücktritt zu zwingen[77], weil dieser ihm als Nachfolger Blombergs unerwünscht war. Daß Hitler weder das Ergebnis einer Untersuchung abwartete noch den Fritsch entlastenden Momenten, als sie sich ergaben, Beachtung schenkte, beweist, daß er Fritsch unbedingt ausschalten wollte. Sein nachträglich wiederholt geäußerter Vorwurf, Fritsch sei „das hemmende Element in der Aufrüstung" gewesen[78], war im Grunde unberechtigt[79] und auch subjektiv so wenig glaubhaft, daß man zumindest noch andere Motive hinter dem Verhalten Hitlers suchen muß, insbesondere Mißtrauen gegen die konservative Grundeinstellung und den „alt-preußischen" Typus[80] dieses — an sich durchaus loyalen — Generals. Hitler, das Oberhaupt des Deutschen Reiches, hat es fertiggebracht, dem Oberbefehlshaber des deutschen Heeres in den Räumen der Reichskanzlei einen mehrfach vorbestraften, gewerbsmäßigen Erpresser[81] als Belastungszeugen gegenüberzustellen, und der vertrauensselige Fritsch ließ sich hierauf ein. Das dann von diesem für seine Schuldlosigkeit angebotene Ehrenwort hat Hitler abgelehnt! Bevor es schließlich — nicht ohne Mitwirkung sehr glücklicher Umstände — zum gerichtlichen Freispruch „wegen erwiesener Unschuld" kam, hatte Hitler längst weitere vollendete Tatsachen geschaffen, nämlich durch Übernahme des (bisher von Blomberg innegehabten) *unmittelbaren* Oberbefehls über die Wehrmacht nunmehr auch deren faktische Leitung an sich gebracht und sich in dem neuerrichteten „Oberkommando der Wehrmacht" unter dem fügsamen Keitel einen technischen Befehlsapparat „ohne eigene Autorität"[82] zugelegt, kurz, die Wehrmacht mit alledem organisatorisch gleichgeschaltet.

Gab es keine Möglichkeit für die Generale, gemeinschaftlich gegen das, was man dem Oberbefehlshaber des Heeres angetan hatte, in angemessener Weise zu reagieren, wie es einige gefordert haben? Voraussetzung für jede Art von Aktion — sei es ein bewaffnetes Eingreifen, sei es ein kollektiver Rücktritt — wäre aber gewesen, daß Fritsch selbst spätestens nach seiner ungeheuerlichen Behandlung durch Hitler die Befehlshaber des Heeres von den Vorgängen unterrichtet hätte. Statt dessen blieb die Kenntnis der — entscheidenden — Einzelheiten vorerst auf einen sehr kleinen Kreis beschränkt, so daß Hitler den am 4. Februar in der Reichskanzlei versammelten Generalen und Admiralen den Fall in einer Form darzustellen vermochte, daß „über die tatsächliche Schuld [Fritschs] kaum noch ein Zweifel bestehen konnte"[83]. Fritsch sah noch gar nicht, mit wem er es zu tun hatte, suchte die SS oder allenfalls Göring, aber nicht Hitler hinter der Intrige und meinte seine Person hinter das „Ganze" zurückstellen zu sollen. Als er endlich am 23. Februar zu Protokoll gab, die ihm angetane schmachvolle Behandlung sei nicht nur entwürdigend für ihn, sondern entehrend für die ganze Armee, und dieses Protokoll im Heer weitergeleitet wurde[84], war der psychologische Moment für irgendeine Aktion — während eines schwebenden Verfahrens — im Grunde bereits verpaßt. Zivile Oppositionelle, die, wie Goerdeler „im Einvernehmen mit Schacht", bei einigen (über die Vorgänge noch gar nicht näher orientierten) Generalen auf ein Handeln gedrängt hatten, fanden keine Resonanz und stießen auf Bedenken hinsichtlich der Haltung von Truppe und Volk[85]. Beck tat zwar unter der Hand das Seinige, um die Sache Fritschs zu fördern, erklärte aber nach Halders Zeugnis auf dessen Drängen, die Worte Meuterei und Rebellion gebe es nicht im Lexikon des deutschen Offiziers[86] — wobei er mit so wohlgesetzten Worten wahrscheinlich weniger den eigenen Bedenken als den von ihm im Offizierkorps vermuteten Ausdruck geben wollte[87]. Der außenpolitische Triumph, den Hitler im März 1938 mit dem „Anschluß" Österreichs erzielte, überschattete den für Fritsch günstigen Ausgang seines Prozesses und beeinträchtigte vollends die psychologischen Voraussetzungen für jede Aktion zu seinen Gunsten. Im übrigen hatte Hitler wieder einmal schnell vollendete Tatsachen insofern schaffen können, als sich Brauchitsch ohne Rücksicht auf Fritsch zu dessen Nachfolger ernennen ließ, was im Heer anscheinend schon deshalb nicht auf Widerspruch stieß, weil dadurch eine Berufung Reichenaus vermieden war. Wohl kaum jemand wußte vorerst, daß Brauchitsch sich — ohne vorherige Fühlungnahme mit Beck[88] — eine Art „Wahlkapitulation" hatte auferlegen lassen; erklärte er sich doch auf die ihm von Keitel vorgelegten Fragen hin bereit, „das Heer enger an den Staat und sein Gedankengut heranzuführen", nötigenfalls einen entsprechenden Generalstabschef zu wählen, sowie einen „Wechsel in der Führung und Einstellung des Heerespersonalamts" vorzunehmen[89].

Der perfide Schlag gegen Fritsch, ihren verehrten Oberbefehlshaber, hat nun aber das Vertrauensverhältnis vieler Offiziere zu Hitler schließlich, d.h. nachdem ihnen die Einzelheiten des Schurkenstreichs bekannt wurden, tief und nachhaltig erschüttert. Nicht nur als seinen eigenen Eindruck, sondern als solchen kompetenter Gewährsmänner, nachdem Monate vergangen waren, notierte Beck Ende Juli 1938: „Der Fall v. Fritsch hat zwischen Führer und Offizierkorps der Wehrmacht eine Kluft gerissen, auch in bezug auf Vertrauen, die nie wieder zu überbrücken ist[90]." Selbst wenn dieses Urteil etwas überzogen sein sollte, so dürfte Klaus-Jürgen Müller[91] die Wirkung der Fritsch-Affäre doch allzu niedrig einschätzen, wenn er sie damit kennzeichnet, daß Hitler „in den Augen mancher Militärs" jetzt „eine nicht mehr so eindeutige Rolle" spielte wie etwa in der Röhm-Affäre, weil sein Verhalten „nun mindestens undurchsichtig" gewesen sei bzw. weil „die von ihm schließlich oktroyierten personellen und organisatorischen Lösungen [...] ihn nicht mehr zweifelsfrei als einen der Armee wohlwollenden Schiedsrichter" hätten erscheinen lassen. Die letztere Wertung scheint mir auch mit dem eigenen Urteil Müllers kaum vereinbar: die Fritsch-Affäre sei „*daher* für etliche Schlüsselfiguren des späteren Widerstandes zum Beginn einer entscheidenden Wende" geworden, wie die Beispiele Canaris, Oster und Tresckow zeigten.

Dabei ist es für „Intensität und Qualität der Reaktion der Militär-Elite", zumindest aber dieser Männer, gewiß nicht „*allein* maßgebend" gewesen, „ob und wie weit" die „Position [der Armee] innerhalb des Regimes [durch Hitlers Handeln] gefährdet wurde"[92]. Dieser „machtpolitische Aspekt", d.h. die Sorge um die künftige Stellung der Armee im NS-Regime, wird die Eindrücke mitbestimmt haben, die der Schlag gegen Fritsch beim Gros des Offizierkorps zunächst hervorgerufen hatte; doch ließ sich dieses über die „*machtpolitischen*" Auswirkungen der Affäre ja durch die Berufung Brauchitschs (statt Reichenaus) zum neuen

Oberbefehlshaber des Heeres vorerst einmal beruhigen. Was indes die genannten, in der Folge zu Exponenten der Opposition gewordenen Offiziere angeht, so hat für ihre Wendung gegen Hitler — wie für die Fortwirkung des „Falles Fritsch" im Offizierkorps überhaupt — auch und gerade „das Unmoralische, ethisch Anstößige" des Vorgehens gegen den Generaloberst[93] — "Begleiterscheinungen", die das Wesen des Regimes charakterisierten — eine erhebliche Rolle gespielt. Nicht umsonst schrieb Jodl — als Canaris mitgeteilt hatte, „in welch unwürdiger Weise die Vernehmung" von Fritsch durch die Gestapo „vor sich gegangen" sei — noch am 26. Februar (1938) in sein Tagebuch: „Wenn das in der Truppe bekannt wird, gibt es Revolution[94]."

Tatsächlich zeigen sich als Folge der Fritsch-Affäre Ansätze zur Bildung einer bürgerlich-konservativen Opposition gegen Hitler, in der sich Offiziere und Zivilisten zusammenfanden. Sie hat eine Art technisches Zentrum in der über die Vorgänge hinter den Kulissen des Dritten Reiches am besten informierten Abwehr-Abteilung unter dem Admiral Canaris und seinem Mitarbeiter Oberstleutnant Oster gefunden. Canaris, ursprünglich ein enragierter Nationalist und aktiver Gegenrevolutionär, hatte seine Illusionen über das Dritte Reich verloren[95], während Oster, dem der 30. Januar 1933 zunächst als das Ende einer sozusagen nationalen „Durststrecke" erschienen war[96], die Mordaktionen anläßlich der Röhm-Affäre die Augen geöffnet hatten[97]. Canaris und Oster traten in einen Kontakt mit Beck, der im Sommer 1938 zwischen den beiden letzteren immer enger wurde. Oster wurde der wichtigste Verbindungsmann zwischen den militärischen und zivilen Oppositionellen. Neben den gemeinsamen Bemühungen um Verteidigung und Rehabilitierung Fritschs wurden von einigen auch bereits Gewaltaktionen erwogen, so von Oster und Gisevius der Gedanke, an Hitler als dem „legalen" Staatsoberhaupt zunächst vorbeigehend die Zentrale der Gestapo durch Potsdamer Truppen zu besetzen, die Exponenten der SS zu verhaften und unter Veröffentlichung des gesammelten und dann noch vorgefundenen Belastungsmaterials Hitler vor vollendete Tatsachen zu stellen[98]. Alle Hoffnungen und Anläufe der Aktivisten endeten aber infolge der Haltung der neuen Heeresführung und der psychologisch raffinierten Behandlung der Generale durch Hitler[99] nach quälendem Ringen und Warten in Enttäuschung. Doch haben auch noch die Aussagen der an der Verschwörung des 20. Juli 1944 Beteiligten vor der Gestapo die Bildung einer Opposition gegen Hitler auf die Fritsch-Affäre zurückgeführt[100].

Schon hier aber sei auf eine Verhaltensweise hingewiesen, die bei Offizieren auffällt, welche Gegner Hitlers geworden waren, eine Verhaltensweise, die einen inneren Widerspruch enthält, der aus einer besonderen psychologischen Lage gerade des Soldaten zu erklären sein dürfte. Diese Offiziere sind nämlich auch im Falle einer Beteiligung an ausgesprochenen Widerstandsakten, einschließlich Verschwörungen gegen Hitler selbst, in aller Regel bemüht geblieben, die ihnen übertragenen dienstlichen Aufgaben nach besten Kräften zu erfüllen. Und zwar geschah dies weit weniger aus einem naheliegenden Interesse der Selbsterhaltung heraus als vielmehr aufgrund ihrer Auffassung über die spezifischen Pflichten, die sie — Hitler hin, Hitler her — als Soldaten gegenüber Deutschland erfüllen zu sollen glaubten — obschon dies, streng genommen, mittelbar wieder Hitler und seinen Vorhaben zugute kommen mußte. Da sie auch als Gegner Hitlers deutsche Nationalisten blieben, war für sie in der Wirklichkeit manches vereinbar, was uns — aus der Rückschau — schon mit ihrer eigenen Einstellung als im Prinzip unvereinbar erscheint. Ein schlagendes Beispiel dafür bietet ein Offizier wie Helmuth Groscurth: Entschiedener Gegner der Kriegspolitik Hitlers und seiner verbrecherischen Praktiken im Innern, schrieb er am 9. November 1938 in sein Tagebuch: „Ich schäme mich, noch ein Deutscher zu sein." Gleichwohl erfüllte er als Abwehr-Offizier 1938 seine dienstliche Aufgabe der „Sabotage und Zersetzung" im Sudetenland und *begrüßte* es 1939, daß Hitlers Reichstagsrede vom 28. April „die Arbeit gegen Polen frei" gebe: dies hat ihn aber nicht gehindert, im Herbst 1939 mit Eifer an der Verschwörung gegen Hitler teilzunehmen und mit den Berichten des Generalobersten Blaskowitz über die Untaten der Einsatzgruppen im besetzten Polen zu den Stäben der Westfront zu reisen — um sie „aufzuputschen", wie er wörtlich vermerkte[101]. Bis zu der Konsequenz eines Hans Oster zu gehen, im Interesse eines Hitler überdauernden Vaterlandes dem gegenwärtigen Deutschland (Hitlers) bewußt zu schaden — weil es das Verderben der Nation heraufbeschwor —, hat in aller Regel seine Offizierskameraden überfordert.

VI.

Im Sommer 1938 sollte es nun aber zu offenem politischen Widerstreit zwischen Beck und Hitler kommen. Am 28. Mai legte Hitler bekanntlich in der Reichskanzlei den Spitzen der Wehrmacht und des Auswärtigen Amtes u.a. dar, daß Deutschland „Raum" brauche, nämlich „a) in Europa, b) in Kolonien", und daß man „die Tschechei beseitigen" müsse; denn diese sei „stets unser gefährlichster Feind", namentlich in einem Krieg gegen die Westmächte mit dem Ziel einer „Erweiterung unserer Küstenbasis (Belgien, Holland)"[102]! In seiner für den Oberbefehlshaber des Heeres abgefaßten Stellungnahme zu diesem exzessiven Eroberungsplänen hielt Beck es für angezeigt, mit denjenigen Punkten zu beginnen, in denen er Hitler an sich zustimmte:

1) „Es ist richtig", schrieb er, „daß Deutschland einen größeren Lebensraum braucht, und zwar sowohl in Europa wie auf kolonialem Gebiet.
Der erstere Raum ist nur durch einen Krieg zu erwerben und wird nicht erworben durch ein Land [gemeint war von Beck fraglos die Tschechoslowakei], das in der Hauptsache selbst Zuschußgebiet ist.
Die Erwerbung kolonialen Gebietes braucht an sich nicht durch einen Krieg zu erfolgen.
2) Es ist richtig, daß die Tschechei in ihrer durch das Versailler Diktat erzwungenen Gestaltung für Deutschland unerträglich ist und ein Weg, sie als Gefahrenherd für Deutschland auszuschalten, notfalls auch durch eine kriegerische Lösung gefunden werden muß. Doch muß bei letzterer den Einsatz auch der Erfolg lohnen. [...]
3) Es ist richtig, daß verschiedene Gründe für eine baldige gewaltsame Lösung der tschechischen Frage sprechen [...][103]."

Wie sich zeigt, dachte Beck noch in den Kategorien traditioneller Machtpolitik, die damals das außenpolitische Denken wohl aller Staatsmänner und hohen Militärs in Europa beherrschten. Und da bereits eine Abtrennung des Sudetenlandes die Tschechoslowakei unweigerlich in den Machtbereich Deutschlands brachte, kann Beck auch nicht verkannt haben, daß sich hieraus eine hegemoniale Stellung Deutschlands in Mitteleuropa überhaupt ergeben mußte — wenngleich sich eine solche in seinen umfangreichen Denkschriften von 1937/38 nirgends als ein ihm vorschwebendes Ziel formuliert findet. Seiner Auffassung von der „Unerträglichkeit" der Tschechoslowakei für Deutschland dürften denn auch primär militärstrategische Erwägungen zugrunde gelegen haben[104]. Im übrigen hat Beck gegenüber den von Hitler in der berühmten Besprechung vom 5. November 1937 entwickelten „Lebensraum"-Zielen am 12. November mit den Worten kritisch Stellung bezogen:

„Nicht übersehen darf andererseits werden, daß die Bevölkerungslage als solche sich in Europa seit 1000 Jahren und länger so stabilisiert hat, daß weitgehendere Änderungen ohne schwerste und in ihrer Dauer nicht abzusehende Erschütterungen kaum noch erreichbar erscheinen und für Europa Parallelen mit Gebietsveränderungen wie für Italien in Afrika oder für Japan in Ostasien nicht gezogen werden können. Geringe Veränderungen erscheinen nach wie vor möglich. Sie dürfen aber nicht dazu führen, daß durch sie die Einheitlichkeit des deutschen Volkes, des deutschen Rassekerns, erneut [sic!] gefährdet wird[105]."

Mit Recht wertet Müller — obwohl er Becks außenpolitische Anschauungen „in einer Traditionslinie" sieht, „die ihren Ursprung im imperialistischen Denken

338

der wilhelminischen Epoche hat"[106] — die zitierten Äußerungen zur europäischen „Bevölkerungslage" als „ein Grundaxiom" Becks[107]; er zieht hieraus die treffende Folgerung: „Vom 'Raumdenken' Hitlers trennte ihn ein Abgrund[108]." Den fundamentalen Unterschied seiner Anschauungen von den Aspirationen Hitlers dokumentieren auch Becks weitere Bemerkungen zu Hitlers Ausführungen vom 5. November 1937:

„Die Größe der Gegnerschaft Frankreichs und Englands gegen einen Raum- und Machtzuwachs Deutschlands sei nicht verkannt. Die Gegnerschaft jedoch als unumstößlich bzw. unüberwindlich anzusehen, erscheint nach den bisherigen völlig unzureichenden Versuchen ihrer Beseitigung nicht am Platze. Die Politik ist die Kunst des Möglichen, alle drei Völker sind zugleich auf der Welt, noch dazu in Europa, da heißt es doch wohl zunächst, alle Möglichkeiten, sich zu arrangieren, erschöpfen, zumal angesichts des gegenseitigen Stärkeverhältnisses. Außerdem ist es auch für den Fall eines späteren Bruchs klüger[109]."

Diese Erwägungen implizierten gewiß einen Verfügungsanspruch der drei Großmächte über kleinere Staaten und Völker und schlossen auch einen begrenzten Krieg nicht grundsätzlich aus, waren aber ebensowenig von der Überzeugung bestimmt, daß ein solcher unvermeidlich sei. Den aus der vorgesehenen Entwicklung der deutschen Aufrüstung „im Verhältnis" zu derjenigen „der Umwelt" von Hitler in der Sitzung vom 5. November 1937 gezogenen Schluß, daß spätestens 1943/1945 die deutsche Raumfrage „[...] gelöst werden" müsse, hatte Beck in den erwähnten Bemerkungen dazu als „in seiner mangelnden Fundierung nicht überzeugend", in deren erster Fassung sogar als „in seiner mangelnden Fundierung niederschmetternd" bezeichnet[110].

Zu welchem Fazit kam Beck in seinen Stellungnahmen zu Hitlers Kriegsvorhaben? Alle Gründe, die sich „für eine baldige gewaltsame Lösung der tschechischen Frage" anführen ließen, würden, so schrieb er am 29. Mai, „zu Ungunsten Deutschlands überwiegen, solange die Tschechei mit der Waffenhilfe Frankreichs und Englands rechnen" könne, wie es „zur Zeit der Fall" sei[111]. Die von Hitler geplante Gewaltaktion gegen die Tschechoslowakei müsse daher, wie Beck schließlich am 16. Juli darlegte, mit einer „nicht nur militärischen [sic!], sondern allgemeinen Katastrophe für Deutschland endigen"[112]. Was Beck von Hitlers Abenteuerpolitik befürchtete, war also *weit mehr* als eine Gefährdung jener Chancen, die eine Fortsetzung der im Gange befindlichen begrenzten deutschen Revisionspolitik bot (deren man natürlich ebenfalls verlustig gegangen wäre). Was er von einer neuen deutschen Niederlage in einem großen Krieg befürchtete, war aber auch weit mehr als eine Gefährdung „der Grundlagen und Aussichten für eine künftige deutsche Hegemonialpolitik in Mitteleuropa" (wie

Müller meint)[113], war vielmehr die Vernichtung einer gerade wiedergewonnenen (begrenzten) deutschen Großmachtstellung, ja, jeglicher deutschen Machtstellung überhaupt: sprach Beck doch in seiner Vortragsnotiz für Brauchitsch vom 16. Juli 1938 unumwunden von einem drohenden „finis Germaniae"[114].

Dies erklärt auch den ungewöhnlichen Grad der Reaktion des Generalstabschefs auf Hitlers Vorhaben. Denn diese Reaktion gipfelte schließlich in der Forderung an die höchsten militärischen Führer, durch die kategorische Drohung mit ihrem geschlossenen Rücktritt Hitler zur Aufgabe seiner Kriegspläne zu zwingen. Er begründete seine Forderung an die Generale mit den berühmt gewordenen Worten: „Ihr soldatischer Gehorsam hat dort eine Grenze, wo ihr Wissen, ihr Gewissen und ihre Verantwortung die Ausführung eines Befehls verbietet[115]." Beck zielte also auf eine eindeutige, und zwar weitgehend politisch motivierte Gehorsamsverweigerung gegenüber Hitler ab, mit der die Führer eines diesem zu unbedingtem Gehorsam verpflichteten Heeres sich „geschlossen"[116] hinter dessen Oberbefehlshaber Brauchitsch stellen sollten. Und das alles wurde diesem von Beck nicht etwa hinter vorgehaltener Hand zugeflüstert, sondern schwarz auf weiß zu Papier gebracht unterbreitet: wer würde solche Ausführungen Becks überhaupt für authentisch halten, wären sie nicht schriftlich überliefert?

Wenn man aber schon so weit ging, in der Kriegsfrage den militärischen Gehorsam zu verweigern, dann lag es für Beck offensichtlich nahe, auch zu einer Bereinigung der innerpolitischen Verhältnisse zu schreiten, zumal er im Falle des besagten Einspruchs der Generale ohnehin „mit erheblichen innerpolitischen Spannungen" rechnete[117]. Beck drängte Brauchitsch daher, „in unmittelbarer oder nachfolgender Verbindung mit einem Einspruch nunmehr eine klärende Auseinandersetzung zwischen Wehrmacht und SS herbeizuführen"[118].

Drei Tage später wurde er noch deutlicher: Wenn man sich zu einem Einspruch „mit allen seinen Folgen" entschließe, so werde „zu prüfen sein, ob man diesen Schritt nicht dahin aktivieren sollte, daß man es zu einer für die Wiederherstellung geordneter Rechtszustände unausbleiblichen Auseinandersetzung mit der SS und der Bonzokratie kommen lassen muß"[119]. Beck schlug für die gedachte Aktion bereits auch werbewirksame Zielsetzungen in „kurzen, klaren Parolen" vor, von denen die erste zwar lautete: „Für den Führer!", die zweite aber bereits: „Gegen den Krieg!" Und weitere Parolen lauteten: „Friede mit der Kirche! Freie Meinungsäußerung! Schluß mit den Tschekamethoden! Wieder Recht im Reich[120]!" Mindestens diese vier Postulate waren mit Wesen und Politik des NS-Regimes unvereinbar und richteten sich keineswegs nur gegen dessen „Auswüchse". Was sie besagten, hat Beck fraglos seit längerem belastet. Wies er doch ausdrücklich darauf hin, daß das Schicksal jetzt wohl die *letzte Gelegenheit* biete, die notwendige Aktion zur Bereinigung der innerpolitischen Mißstände zu unternehmen[121]. Mit ebensoviel Recht hätte er feststellen können, daß sich jetzt zum ersten Mal die Gelegenheit zu einer solchen Aktion biete, denn schwerlich hätte er auf einen Einsatz der Generalität für einen Wandel im Innern hoffen dürfen, solange nicht, wie es eben jetzt der Fall war, eine Gefährdung der Existenz von Reich und Wehrmacht durch Hitlers Risikopolitik die psychologischen Voraussetzungen auch dafür schuf.

Umstritten ist in der Forschung freilich die Frage, ob und inwieweit die von Beck für „unausbleiblich" erklärte „Auseinandersetzung zwischen Wehrmacht und SS" sich auch gegen Hitler selbst richten sollte. Denn Beck betonte bei seinen Vorstellungen mehrmals, es könne und dürfe „kein Zweifel darüber aufkommen, daß dieser Kampf [gegen „SS und Bonzokratie" und für die „Wiederherstellung geordneter Rechtszustände"] für den Führer geführt" werde[122]. Sollte er sich aber nicht gesagt haben, daß bereits mit einer Verweigerung des militärischen Gehorsams seitens der Heeresführung gegenüber dem Diktator sozusagen der Rubikon überschritten wurde? Ist es denkbar, daß Beck nicht mit einer entschiedenen Reaktion Hitlers auf eine so „hart und brutal"[123] wie möglich abgefaßte Gehorsamsverweigerung gerechnet und nicht darüber nachgedacht haben sollte, daß und wie die Heeresführung ihrerseits dieser Reaktion zu begegnen haben würde? Vertrat er doch den vorgeschlagenen kollektiven Einspruch der Generale „mit allen seinen Folgen"! Und die Erreichung der von Beck proklamierten *innerpolitischen* Ziele setzte eine Entmachtung Hitlers ja schlechterdings voraus. Gleichwohl bemerkte Beck in derselben Vortragsnotiz (vom 19.7.1938): „Auch nur die leiseste Vermutung etwa eines Komplottes darf nicht aufkommen"; er fügte aber hinzu: „Trotzdem muß die Geschlossenheit der höchsten militärischen Führung für alle Fälle [!] hinter diesem Schritt stehen[124]." Von den möglichen „Fällen" war aber der Versuch einer gewaltsamen Reaktion von seiten Hitlers der wahrscheinlichste.

Übrigens enthält die (sozusagen am weitesten gehende) Vortragsnotiz vom 29. Juli 1938 keine Verwahrung Becks mehr gegen den etwaigen Verdacht eines Komplotts. Hingegen zeigt sie ihn stark beeindruckt durch Mitteilungen von Hitlers Adjutant Wiedemann (der sich der Opposition genähert hatte), wonach „der Führer auf dem Standpunkt [verblieb], daß ein Krieg gegen die Tschechei geführt werden müsse, *auch wenn Frankreich und England eingreifen*[125], was er an sich nicht glaubt." Nochmals drängte Beck daher Brauchitsch, als Oberbefehlshaber des Heeres „mit seinen höchsten führenden Generalen [...] für den Fall, daß der Führer auf der Durchführung des Krieges besteht", den kollektiven Rücktritt zu erklären, d.h. den Gehorsam zu verweigern, und betonte: „Die Form dieser Erklärung kann nicht eindrucksvoll, hart und brutal genug abgefaßt werden." Und Beck schloß mit den Worten:

„Wie in der Vortragsnotiz vom 16.7.38 angegeben, ist in jedem Falle mit inneren Spannungen zu rechnen; es wird hiernach notwendig sein, daß das Heer sich nicht nur auf einen möglichen Krieg" — auf den es sich seit längerem, Hitlers Befehl gemäß, konzentrierte —, „sondern auch auf eine innere Auseinandersetzung, die sich nur in Berlin abzuspielen braucht, vorbereitet. Entsprechenden Auftrag erteilen. Witzleben mit Helldorf zusammenbringen"[126], das heißt den — längst zu einem entschiedenen Gegner Hitlers gewordenen — Befehlshaber im Wehrkreis III/Berlin und den Berliner Polizeipräsidenten, der ebenfalls Gegner des NS-Regimes geworden war, in Kontakt zu bringen.

Nimmt man hinzu, daß Beck in einem Vermerk vom gleichen Tag, dem 29. Juli 1938, aufgrund erhaltener Informationen notierte: „Der Fall v. Fritsch hat zwischen Führer und Offizierkorps der Wehrmacht eine Kluft gerissen, auch in bezug auf Vertrauen, die nie wieder zu überbrücken ist. Allgemein befindet sich das Vertrauen zur Führung im Volk wie in der Wehrmacht im Schwinden"[127], so wird man sagen dürfen: Deutlicher als vollends hier konnte sich Beck — was mir manche seiner Kritiker zu übersehen scheinen — schriftlich gewiß nicht äußern; hätten ihm doch schon seine bisherigen Niederschriften unter Umständen das Leben kosten können. Wie wenig plausibel würde der Grad seines persönlichen Engagements sein, wäre es ihm wirklich nur um die „Rettung der Grundlagen einer künftigen Hegemonialpolitik in Mitteleuropa" gegangen und nicht um die Verhütung einer „allgemeinen Katastrophe für Deutschland"[128]!
Was nun die von Beck in seinen Aufzeichnungen vorgenommene Verwahrung gegen den Verdacht eines Komplotts angeht, so könnte sie auf taktischen Erwägungen beruhen, auf der empfundenen Notwendigkeit, Bedenken Dritter gegen eine Beteiligung an der „Auseinandersetzung mit SS und Bonzokratie" vorzubeugen. Möglich wäre auch, daß sich das geplante Vorgehen — ähnlich den von Oster und Gisevius anläßlich der Fritsch-Affäre geäußerten Gedanken — zunächst an Hitler vorbei mit einer (im Offizierkorps populären) Aktion gegen SS und Gestapo richten sollte und gleichsam erst im Nachzug gegen einen gewaltsam reagierenden Diktator[129]. Schon die Ausschaltung der SS, die Hitlers Herrschaftsinstrument darstellte, mußte dessen persönliche Position aufs schwerste erschüttern. — Nach alledem scheint mir auch die Auffassung, Beck habe nicht gegen Hitler, sondern um Hitler kämpfen wollen, unhaltbar[130].
Der zitierte, in meinen Augen unmißverständliche *Schlußsatz* von Becks Vor-

tragsnotiz vom 29. Juli macht einigen Autoren sichtlich zu schaffen. Claus Donate[131] erwähnt ihn überhaupt nicht; er würde auch nicht zu seiner These passen. Der verdienstvolle englische Beck-Biograph Nicholas Reynolds aber vertritt die seltsame Auffassung, mit den in der Notiz erwähnten „inneren Spannungen", derentwegen das Heer sich auf eine „innere Auseinandersetzung" vorbereiten müsse, „die sich nur in Berlin abzuspielen" brauche, und „Witzleben mit Helldorf zusammen[zu]bringen" sei, habe Beck „die Möglichkeit von inneren Unruhen" gemeint[132]. „Innere Unruhen", also spontane Auflehnungen kleinerer oder größerer Volksteile im nationalsozialistischen Polizeistaat, im Jahre 1938, weil die Politik des Diktators als kriegstreiberisch erschien? Eine völlig unhaltbare Deutung! Zunächst einmal hatte Beck in seiner Vortragsnotiz vom 16. Juli klar gesagt, was für eine Art von „inneren Spannungen" er erwartete: nämlich „erhebliche innerpolitische Spannungen", und zwar im Zusammenhang mit dem von ihm geforderten „Einspruch berufener Männer" gegen Hitlers Kriegsvorhaben in der Sudetenfrage. Unmißverständlich war ferner mit der „inneren Auseinandersetzung" von Beck eine solche „mit der SS und der Bonzokratie" gemeint, die, wie er gleichzeitig schrieb, „für die Wiederherstellung geordneter Rechtszustände unausbleiblich", d.h. ohnehin unumgänglich sei. Daß an innere Unruhen wegen Hitlers Risikopolitik im damaligen Deutschland nicht zu denken war, findet auch in der Feststellung des Berliner britischen Geschäftsträgers vom 11. September 1938 Ausdruck: „Die Stimmung geht stark gegen Krieg, aber das Volk befindet sich hilflos im Griff des Nazi-Systems [...]. Die Leute sind wie Schafe, die zur Schlachtbank geführt werden. Wenn es zum Krieg kommt, werden sie marschieren und ihre Pflicht tun, mindestens für einige Zeit[133]." Was ging im übrigen den Generalstabschef und den Oberbefehlshaber des Heeres, zumal im NS-Deutschland, die Bekämpfung etwaiger innerer Unruhen an? Dafür war dessen Polizei zuständig — *und* in der Lage! Schließlich konnte Beck wohl im Hinblick auf eine Auseinandersetzung mit der SS sagen, daß sie sich „nur in Berlin abzuspielen" brauche, aber nicht in bezug auf irgendwelche „inneren Unruhen", da es gegebenenfalls gänzlich ungewiß war, wo sie ausbrechen würden.

Übrigens enthält ein Brief von Halder vom 14. Juli 1955 an das Institut für Zeitgeschichte[134] zu unserer Fragestellung folgende Angaben:

„Als ich persönlich mit Witzleben in Verbindung trat — nach meiner Erinnerung schon vor meiner Amtsübernahme —, waren zwischen Beck und ihm ohne Zweifel schon weitgehende Erwägungen über eine Aktion gegen Hitler getroffen worden. Jedenfalls war Witzleben, als ich mit ihm Verbindung aufnahm, über die Möglichkeiten, die sich boten, völlig im Bilde. Auch die Prüfung des voraussichtlichen Verhaltens von militärischen Persönlichkeiten, die bei den Vorbereitungen und bei der Aktion selbst schwer umgangen werden konnten, war weit gediehen und waren Aushilfsmöglichkeiten erwogen. Ich habe auch keinen Zweifel darüber, daß praktische Vorbereitungen eingeleitet waren, so z.B. Fühlungsnahme mit maßgebenden Persönlichkeiten, wie Helldorf, und Erkundigungen für die Durchführung einer militärischen Aktion. Witzleben hat mir in einer unserer ersten Aussprachen zu meiner Überraschung mitgeteilt, daß er Helldorfs und seiner Polizei sicher sei. Eben weil diese Erwägungen und Vorbereitungen schon weit gediehen zu sein schienen, habe ich mich von vornherein mit Witzleben dahin geeinigt, daß *er* die Durchführung der Aktion mit den unter seinem Befehl stehenden Truppen und mit Unterstützung Helldorfs durchführen sollte, während ich selbst den Startschuß zu geben hätte und die Weiterführung der Aktion nach 'Sicherstellung' Hitlers zu übernehmen hätte, und insbesondere dafür sorgen müßte, daß der Oberbefehlshaber des Heeres im richtigen Augenblick führend hervortrete.

Meine Verbindungsnahme mit Witzleben ist beschattet von dem Geheimnis, mit dem Beck seine Gedanken und Absichten mir gegenüber umgab. Vielleicht war es auch unbewußte Abwehr gegen mein unbequemes Drängen, das er seit der Fritsch-Krise oft genug zu spüren bekommen hatte. Vielleicht war es auch seine angeborene Schweigsamkeit oder die Technik, die er sich in der Beeinflussung des Widerstandskreises angewöhnt hatte, nämlich jedem nur das zu sagen, was für die Ausübung einer bestimmten Funktion unbedingt notwendig war. Jedenfalls habe ich es damals und später oft als einen Mangel an Vertrauen empfunden, daß Beck sich mir gegenüber so ausgesprochen zurückhielt. Das war kein Mißtrauen gegen meine politische Einstellung oder gegen meine persönliche Verläßlichkeit. Vielmehr glaube ich, daß Becks überspitztes Verantwortungsgefühl ihn veranlaßt hat, solche Figuren des Widerstandskreises auf Abstand von sich zu halten, deren Selbständigkeit und Energie die von ihm allein in Anspruch genommene Verantwortung gefährden konnten."

Daß Halder hier bei der Wiedergabe seiner Eindrücke von Stand und Charakter der damaligen Planung seines Amtsvorgängers sich über Beck selbst und dessen persönliches Verhalten in eher kritischer Weise äußert, mindert gewiß nicht die Glaubwürdigkeit seines Zeugnisses.

Beck — "Kassandra ohne Überzeugungskraft"?[135] Gewiß bestand die Möglichkeit, ja Wahrscheinlichkeit, daß die Tschechoslowakei schneller, als er ursprünglich angenommen hatte, entscheidend geschlagen sein würde, daß mithin Teile der dort eingesetzten Verbände schon nach wenigen Tagen an die Westgrenze verlegt werden konnten, um Frankreich eine Intervention mindestens zu erschweren[136]. Dennoch blieb „der Kardinalpunkt", wie Beck mit Recht betonte, vorerst „stets der [...], ob es sich für Deutschland um einen Krieg nur gegen die Tschechei" oder auch gegen die Westmächte handeln würde[137]. Denn in letzterem Falle war damit zu rechnen, daß selbst eine noch so schnelle Niederwerfung der Tschechoslowakei für den Ausgang des großen Kampfes genauso irrelevant sein würde wie im Ersten Weltkrieg die Niederwerfung Serbiens — worauf Beck hingewiesen hat[138]. Gewiß konnte Beck auch „nicht über alle Zweifel" hinaus beweisen, „daß die Westmächte wirklich eingreifen würden"[139]. Bedurfte es aber überhaupt solchen Beweises, um die Mehrzahl der höheren Generale gerade in dieser Hinsicht mit größter Sorge zu erfüllen? Hat die „Sicherheit, daß die deutschen Streitkräfte für einen Krieg gegen die Tschechoslowakei stark genug waren", wirklich ihre Befürchtung verdrängt, „daß ein Weltkrieg das Ende Deutschlands bedeutete"[140]? Die vorliegenden Zeugnisse sprechen mitnichten dafür. Vielmehr waren die meisten Generale für Bedenken, wie Beck sie vertrat, doch wohl recht empfänglich, wenn Jodl konstatierte, daß „den Gegensatz zwischen der Auffassung der Generale und der des Führers [...] die Spatzen von den Dächern" pfiffen, daß der Generalstab „letzten Endes an das Genie des Führers nicht glaube", ihn „wohl mit Karl XII. vergleiche", daß „nach der Auffassung des Heeres [...] sicherlich die Westmächte eingreifen" würden[141]. Hitler selbst sind die Besorgnisse der meisten höheren Generale auch keineswegs entgangen.

Er entschloß sich deshalb ja zu dem „ganz ungewöhnlichen"[142] Schritt, deren Gehilfen, nämlich die im Kriegsfall als ihre Generalstabschefs vorgesehenen (jüngeren) Offiziere, für den 10. August auf den Berghof zu beordern, um diese in mehrstündiger Rede von der Richtigkeit seiner Auffassung zu überzeugen.

„Daß ihm dies nicht voll gelang", hat neuerdings Hitlers ehemaliger Luftwaffenadjutant v. Below bestätigt[143] — der übrigens auch die Tatsache einer „Unterhaltung" Hitlers mit Brauchitsch in der ersten Augustdekade 1938 bezeugt, wie er sie in solcher „Lautstärke" von seiten Hitlers mit einem General „nur dieses eine Mal erlebt" habe[144]. Denn auch Brauchitsch war den militärfachlichen wie politischen Argumenten Becks ja durchaus nicht unzugänglich geblieben[145].

So hatte Keitel von Hitler gehört, „daß der Oberbefehlshaber des Heeres seine Kommandierenden Generale gebeten" habe, ihn zu unterstützen, „um dem Führer die Augen zu öffnen über das Abenteuer, in das [sich] zu stürzen er [...] entschlossen" sei[146]. Jedenfalls sagt es genug, daß Brauchitsch noch am 28. September (dem für die Mobilmachung vorgesehenen Termin) Keitel „unter Hinweis auf dessen Verantwortung" beschwor, „alles beim Führer aufzubieten, daß nicht über d[as] sudetendeutsche Gebiet hinausgegangen wird"[147]! Tatsächlich durfte — wenngleich Beck ein Eingreifen der Westmächte nicht zu „beweisen" vermochte — keine verantwortungsbewußte Lagebeurteilung verkennen, daß mit der von Hitler gewollten gewaltsamen Lösung das *Risiko* ihres Eingreifens mit allen seinen möglichen Konsequenzen für Deutschland verknüpft blieb — eine Beurteilung, die durch den späteren historischen Ablauf keineswegs als widerlegt gelten kann, da die Probe aufs Exempel — auch infolge des teilweisen Nachgebens von Hitler selbst[148] — ja nicht gemacht wurde.

Man hat es — an sich begreiflicherweise — als seltsam empfunden, wie die meisten höheren Generale „einerseits" überzeugt waren, „daß ein neuer [großer] Krieg das 'finis Germaniae' bedeuten würde, andererseits im Rahmen ihrer Dienststellungen mit vollem Einsatz eben diesen Krieg vorbereiteten"[149]. Die Erklärung hierfür lag aber weder in einer Schwäche der Beck „zur Verfügung stehenden Argumentationsfaktoren" noch in der „Überzeugungskraft der Hitlerschen Rhetorik gegenüber den Generalen"[150], sondern in deren Scheu, sich gegen den Machtspruch des Diktators offen aufzulehnen — und daher im Rückzug auf das Prinzip des soldatischen Gehorsams. Auch Brauchitsch — obschon in den Augen eines Keitel „eine solche Enttäuschung"[151] — brachte es nicht über sich, die mit dem militärischen Herkommen so schwer vereinbare Aufkündigung des Gehorsams ins Werk zu setzen[152] — worauf Beck als Generalstabschef zurücktrat.

## VII.

Unter Becks Nachfolger Halder kam es jedoch im September 1938 bekanntlich zu Planungen, die sich fraglos von vornherein gegen Hitler selbst richteten. Gläubiger Christ, Abkömmling einer Offiziersfamilie und Generalstäbler alter Schule, äußerte sich Halder seit längerem, zumal seit der Fritsch-Affäre, höchst kritisch über das Geschehen im Dritten Reich, nach vorliegenden Zeugnissen schließlich auch über Hitler selbst[153]. Zudem teilte er die schweren Bedenken Becks gegen die Risikopolitik des Diktators. Zwar bildeten diese Bedenken die allgemeine geistige Grundlage für Überzeugung und Entschluß sämtlicher opponierender Militärs und Zivilisten in diesen Wochen. Gleichwohl kennzeichnet es den singulären Charakter der Situation, wenn ein Offizier von solch typischer Korrektheit wie Halder jetzt der Verschwörung gegen seinen Obersten Befehlshaber die Hand bot.

Die „Septemberverschwörung" von 1938 — "nach den Ereignissen des 20. Juli 1944" mit Recht als „das wichtigste Faktum in der Geschichte der deutschen Militäropposition" bezeichnet[154] — ist als solches kaum noch umstritten[155], obschon über wichtige Einzelheiten des Sachverhalts ebensowenig volle Klarheit erreichbar erscheint wie über ihre Chancen. Nach eigenem Zeugnis hat sich Halder in die Erwägungen Witzlebens über eine Aktion eingeschaltet, die Anfang September bereits relativ weit gediehen waren[156]. Zur Realisierung des Geplanten bedurfte es ja vor allem eines Trägers militärischer Befehlsgewalt, für den Witzleben als Berliner Wehrkreisbefehlshaber, populärer Truppenführer und Hitler-feind sich anbot. Halder überließ ihm, wie er wiederholt gesagt hat, „die gesam-te Vorbereitung des militärischen Einsatzes"[157], behielt sich aber nach Vereinba-rung mit Witzleben den Startbefehl vor sowie die Weiterführung des Ganzen nach „Sicherstellung" Hitlers. Witzleben standen für die Aktion der Komman-deur der 23. Division, Generalmajor Graf Brockdorff-Ahlefeldt, in Potsdam und der Kommandeur des Infanterieregiments 50, Oberst v. Hase, in Landsberg a.d. Warthe zur Verfügung. Auch auf den als Oberbefehlshaber im Westen vor-gesehenen General Adam konnte Witzleben rechnen[158]. Enge Beziehungen Hal-ders selbst entstanden zum Abwehrchef Canaris, der ihm „politische Orientie-rung" bringen sollte, ihn aber vor allem zum Handeln drängte[159], zumal er für den Fall eines gewaltsamen Vorgehens gegen die Tschechoslowakei von einer In-tervention der Westmächte überzeugt war[160]. Er bemühte sich um die Beschaf-fung bestätigender Informationen, so durch die von ihm geförderte Londoner Reise des Gutsbesitzers und konservativen Politikers Ewald v. Kleist-Schmenzin, der mit seinen Chamberlain zur Kenntnis gebrachten rückhaltlosen Mitteilungen bei diesem bekanntlich auf Skepsis stieß, aber von Churchill einen vor einer deutschen Gewaltaktion warnenden (inoffiziellen) Brief erhielt[161]. Über Canaris lief auch ein Teil eines vertraulichen Verkehrs zwischen Halder und dem Staats-sekretär v. Weizsäcker, zu dem noch Beck unmittelbare Beziehungen seines Nachfolgers vorbereitet hatte. Denn unter Weizsäcker bestand ja im Auswärti-gen Amt eine Oppositionsgruppe mit den Brüdern Kordt, die sich um eine „feste Haltung" der britischen Regierung bemühten, welche eine Aktion der deutschen Militärs ermöglichen würde[162]. Halder selbst wiederum trat in Kontakt mit Schacht, der seinerseits mit Witzleben Verbindung aufgenommen hatte und be-reit war, sich für eine neue Regierung zur Verfügung zu stellen[163]. Ständiger Ver-mittler zwischen allen Gruppen, besonders zwischen den Militärs und dem Aus-wärtigen Amt, blieb jedoch Oster, der mit Halder in einen ähnlichen engen Kon-takt zu treten suchte, wie er ihn schließlich mit Beck hergestellt hatte, den er nach Halders Zeugnis manchmal für Stunden in seinem Amtszimmer blockierte[164]. Die sich aus dem Vorhaben ergebenden polizeilichen Maßnahmen sollte Gisevius entwerfen. Der durch die Fritsch-Affäre dem Regime vollends entfremdete Berliner Vizepolizeipräsident Fritz-Dietlof Graf v. der Schulenburg hatte sich den Verschwörern angeschlossen, und auch mit der Förderung der ge-planten Aktion durch den Polizeipräsidenten Graf Helldorff selbst, dessen Be-fehlsbefugnissen ausschlaggebende Bedeutung zukam, konnte gerechnet wer-den.

Was die Auslösung des Putsches betraf, so ging es den Hauptbeteiligten vor allem darum, daß seine innere und äußere Rechtfertigung gegeben war. Diese war für sie gegeben, und auch die erforderliche positive Resonanz der Aktion in der kriegsabgeneigten Masse des Volkes schien ihnen gewährleistet, wenn Hitler allen entgegenstehenden Bedenken, allen Warnungen Einsichtiger zum Trotz zur Entfesselung eines Krieges von unabsehbarem Ausmaß schritt. In diesem Falle konnte er als frivoler Abenteurer, ja als Verderber des Reiches entlarvt werden. Halder war daher entschlossen, den Putsch dann — aber erst dann — auszulösen, wenn Hitler den endgültigen Befehl zum Angriff auf die Tschechoslowakei erteilt hatte[165]. Dies galt ebenso für Witzleben. Als einer der wesentlichsten Unsicherheitsfaktoren der Planung erscheint aus der Rückschau das Verhalten des Oberbefehlshabers Brauchitsch. Doch ist Halder in dieser Hinsicht offenbar zuversichtlich gewesen[166].

Zu den bedeutsamsten Einzelheiten des Aktionsplans gehörte neben der Besetzung der zentralen Nachrichtenanlagen Berlins sowie der wichtigsten Gebäude und Plätze der Stadt, insbesondere der Hauptstützpunkte von SS und Gestapo, daß ein Stoßtrupp von Freiwilligen unter der Leitung des ehemaligen „Stahlhelm"-Führers und Freikorpsangehörigen Oberstleutnant Friedrich Wilhelm Heinz einen Handstreich auf die Reichskanzlei unternehmen sollte, um sich Hitlers zu bemächtigen. Was mit diesem nach seiner Festnahme geschehen sollte, war offenbar noch nicht endgültig entschieden. Ein Attentat jedenfalls lehnten Halder und offenbar auch Witzleben grundsätzlich ab. Aus der Erwägung heraus, daß Hitler, solange er lebe, eine stärkere Macht darstelle als alle gegen ihn Verschworenen, soll Heinz jedoch seine Leute angewiesen haben, Hitler sofort niederzuschießen. Hinsichtlich der — kaum genau festgelegten — politischen Planungen nach einem gelungenen Umsturz waren sich die Hauptbeteiligten offenbar darüber einig, nach einer kurz befristeten Militärdiktatur möglichst bald verfassungsmäßige Zustände wiederherzustellen.

Auch die umfassendste Vorbereitung der Aktion aber konnte — deren Anlage nach — nichts daran ändern, daß ihre Realisierung von Faktoren abhing, die sich der Verfügung der Planer entzogen. Obwohl man in London über die „wachsende Unzufriedenheit in Deutschland mit dem Regime und mit Herrn Hitlers Führung der auswärtigen Politik", wie der Außenminister Lord Halifax schrieb[167], unterrichtet war, meinte man, Hitler mittels weitgehender Konzessionen der Tschechoslowakei befriedigen — und dadurch „die Gemäßigten in Deutschland stärken" zu können! Die Hoffnung, dies — nach Chamberlains überraschendem Besuch in Berchtesgaden — durch die Prag aufgezwungene Abtretung des Sudetenlandes erreicht zu haben, trog jedoch. Daß Hitler vielmehr bei seinem Godesberger Treffen mit dem britischen Premier die bisherige Verhandlungsgrundlage zerstörte und die Entscheidung über Krieg oder Frieden von der Erfüllung überspannter Bedingungen hinsichtlich der Formen und Fristen der (grundsätzlich gar nicht mehr strittigen) Übergabe des Sudetenlandes abhängig machte, um doch noch sein geheimes Maximalziel einer sofortigen Vernichtung der gesamten Tschechoslowakei zu erreichen, lieferte vollends den Beweis für seinen Willen zum Krieg — und dies nicht nur den Verschwörern. Vielmehr wurde aufgrund seiner Godesberger Forderungen ein gewisser Umschwung in der Haltung der Westmächte spürbar. Hitler geriet nunmehr in zunehmendem Maße unter psychologischen Druck. Zu seiner nachhaltigen Enttäuschung ließen sich die Ungarn nicht dazu bewegen, durch eine eigene Gewaltaktion gegen die Tschechoslowakei ihm den Scheingrund eines bereits „allgemeinen mitteleuropäischen Brandes" für sein bewaffnetes Eingreifen zu verschaffen[168]. Andererseits kamen ihm die Westmächte auch nach „Godesberg" hinsichtlich der Modalitäten der Übergabe des Sudetenlandes an Deutschland noch so weit entgegen, daß insoweit fast jeder Vorwand zum Krieg entfiel. Obendrein lieferte die Reaktion der Berliner auf den „Propagandamarsch motorisierter Truppen durch das Regierungsviertel"[169] am Abend des 27. September Hitler für die verbreitete Abneigung gegen den Krieg den deutlichsten Beweis. Doch trotz einer am frühen Nachmittag dieses 27. September erhaltenen, ihn (Hitler) offenbar erstmals beeindruckenden Warnung Chamberlains vor einer Gewaltlösung fand Weizsäcker „um Mitternacht Hitler mit Ribbentrop wieder ganz entschlossen, die Tschechoslowakei nunmehr zu vernichten"[170]. Indes kam am Vormittag des (für Hitlers endgültigen Entschluß entscheidenden) 28. September die Meldung von Mobilmachungsmaßnahmen der britischen Flotte, was nicht ohne Wirkung auf Hitler blieb. Und schließlich gab auch Mussolini den freundschaftlichen Rat zu friedlicher Lösung, dessen Ablehnung für Hitler nicht unbedenklich war. Offenbar hat erst diese Intervention ihn endgültig bewogen, sich mit einer „Etappenlösung"[171] der tschechoslowakischen Frage — höchst widerwillig — abzufinden.


Noch kurz zuvor schien für die Verschwörer die Stunde der Aktion ganz nahe gerückt. Es sollte für deren Schicksal verhängnisvoll werden, daß sie sich nicht schon aufgrund des gegenwärtigen Standes der Dinge zum Handeln entschlossen hatten. Man meinte die letzten Informationen zu verwerten, die letzten Absprachen zu treffen. Doch gegen Mittag kam die Nachricht von dem erfolgreichen Eingreifen des Duce und der bevorstehenden Konferenz der leitenden Staatsmänner in München. Damit war dem Aktionsplan gegen Hitler, so wie die Verschwörer ihn angelegt hatten, mit einem Schlage die Grundlage entzogen, das vermutlich aussichtsreichste Unternehmen zum Sturz des NS-Regimes und zur Wiederherstellung rechtsstaatlicher Ordnung in Deutschland schon im Ansatz gescheitert.

Der — objektiv gesehen — große Erfolg, den Hitler, trotz seines Grolls über die nicht erreichte Vernichtung der gesamten Tschechoslowakei, mit dem Gewinn des Sudetenlandes errungen hatte, rechtfertigte das Urteil des britischen Militärattachés in Paris:

> „Die Lage stellt einen neuen Triumph für Hitlers Diplomatie dar. Man hat überdies allen Grund zu der Annahme, daß er diesen Triumph wieder einmal im Gegensatz zu den Auffassungen seiner militärischen Führer erzielt hat. Hitlers Erfolg muß daher sein Ansehen in der Wehrmacht enorm steigern, wie in ganz Deutschland, wenn das überhaupt noch möglich ist[172]."

Der Tag von München wurde zum dies ater der deutschen Opposition gegen Hitler, zumal der militärischen. Denn der im Heer verbreitet gewesene Pessimismus war scheinbar widerlegt, der Optimismus des Diktators scheinbar gerechtfertigt worden. Auch für die Position des Heeres im Dritten Reich war ihre nachteilige Wirkung kaum geringer als die der Fritsch-Affäre samt ihren Folgen. „Im höchsten Maße bedauerlich" nannte es der Hitler völlig ergebene Wehrmachtadjutant Schmundt, „daß es nicht zum scharfen Schuß gekommen" sei[173]: ein solcher — so ergänzte er diese Äußerung noch im Februar 1939 — „hätte [...] die Stellung der Wehrmacht, insbesondere des Heeres bei Führer und Volk gefestigt — was leider notwendig" sei! Denn „durch Haltlosigkeit [!], besonders der Generalität, sei viel Vertrauen verschüttet worden [...]". Namentlich Beck habe „der Armee und dem Generalstab nicht wiedergutzumachenden Schaden zugefügt [...][174]". Diese Kritik konnte nur noch von Hitler selbst überboten werden, und sie wurde von ihm noch überboten. Am 24. Oktober ließ er nämlich Brauchitsch kommen, um ihm zu erklären, es sei „hoffentlich [...] das letzte Mal", daß er, der Führer, „in dieser Art zu Soldaten sprechen müsse. Die Wehrmacht, besonders das Heer", befinde sich „in einer bedenklichen Krise [...]". Immer „wenn in den letzten sechs Jahren [...] die politische Führung Mut gezeigt und Erfolge errungen" habe, „stand die Führung der Wehrmacht nur als retardierendes und stark hemmendes Moment im Wege[175]. [...] Dieser Zustand, [...] jeder Soldateneigenart fremd und deshalb unwürdig [...]", müsse „abgeändert werden"[176]. Die „Reichswehrerziehung" habe alledem Vorschub geleistet[177]. — Von Brauchitschs Reaktion auf Hitlers Gardinenpredigt ist nichts bekannt, außer daß aufgrund der „Besprechung des Ob.d.H. beim Führer" wenige Tage später die Verabschiedung der Generale v. Rundstedt, Geyer, Adam und Liebmann in die Wege geleitet wurde[178]. Hitler aber ließ sich in den nächsten Monaten die Indoktrination der Wehrmacht persönlich angelegen sein[179]. Tatsächlich gerieten Heer und Volk als Konsequenz von „München" noch stärker als bisher in den Griff des Regimes, was sich im Jahre 1939 verhängnisvoll auswirken sollte.

## Anmerkungen

1 Ernst Rudolf Huber, Verfassungsrecht des Großdeutschen Reiches, Hamburg ²1939, S. 45.
2 Vgl. Thilo Vogelsang, Reichswehr, Staat und NSDAP, Stuttgart 1962 (= Quellen und Darstellungen zur Zeitgeschichte, Bd 11), S. 264 und 479 (Dok. 34) sowie 322.
3 Vgl. Peter Bucher, Der Reichswehrprozeß. Der Hochverrat der Ulmer Reichswehroffiziere 1929/30, Boppard 1967 (= Wehrwissenschaftliche Forschungen, Abt. Militärgeschichtliche Studien, Bd 4), S. 270, wo — da im Prozeß kein Protokoll geführt wurde — mehrere Zeitungsberichte angeführt werden, die hinsichtlich der betreffenden Äußerung Hitlers nur geringfügig voneinander abweichen.
4 Aufzeichnungen des Generals d.Inf. a.D. Curt Liebmann 1922-1959: Institut für Zeitgeschichte (künftig zit. IfZ), ED 1/3, Bl. 481; ferner Anlage 1 zum „Fragebogen zum Thema 'Reichswehr und Nationalsozialismus vor 1933'".
5 Auszug aus einer Aufzeichnung von Gen. d. Art. a.D. Ott: „Wehrmacht und Nationalsozialismus vor der Machtergreifung", vom Nov. 1946, Bl. 2: IfZ, Zeugenschrifttum (künftig zit. ZS) Nr. 279.
6 Thilo Vogelsang, Zur Politik Schleichers gegenüber der NSDAP, in: Vierteljahrshefte für Zeitgeschichte (künftig zit. VfZG), 6 (1958), S. 89 f.
7 Vgl. bereits Vogelsang (s. Anm. 2), S. 271 f.; Abdruck der betreffenden Niederschrift Staatssekretär Meißners vom 30.8.1932 in Neudeck: Volker Hentschel, Weimars letzte Monate. Hitler und der Untergang der Republik, Düsseldorf 1978, S. 144-147.
8 Vgl. die Aktennotiz des Staatssekretärs Meißner vom 2.12.1932: Vogelsang (s. Anm. 6), S. 105 ff., sowie den Kommentar Papens vom 12.11.1957, ebd., S. 112.
9 Vgl. Vogelsang (s. Anm. 2), S. 332 ff.; jetzt auch Friedrich Karl von Plehwe, Reichskanzler Kurt von Schleicher, Esslingen 1983.
10 Francis L. Carsten, Reichswehr und Politik 1918-1933, Köln 1964, S. 325. Ähnliche Äußerungen des Chefs der Marineleitung, Admiral Raeder, vom 23.1.1928: ebd., S. 317, und wiederum Groeners von 1930: Rud. Fischer, Schleicher, Mythos und Wirklichkeit, Hamburg 1932, S. 38; Otto-Ernst Schüddekopf, Das Heer und die Republik. Quellen zur Politik der Reichswehrführung 1918 bis 1933, Hannover/Frankfurt/Main 1955, S. 238 f.
11 Vgl. meinen Beitrag: Die Wehrmacht im nationalsozialistischen Deutschland, in: Das Dritte Reich, Herrschaftsstruktur und Geschichte. Vorträge aus dem Institut für Zeitgeschichte, hrsg. von Martin Broszat und Horst Möller (= Beck'sche schwarze Reihe Nr. 280), München 1983. Aus der Rückschau bezeichnete Papen als das zunächst gemeinsam mit Schleicher verfolgte Ziel: „eine völlig neue, auf christlich-konservativer Grundlage gebildete Regierung auf die Beine [zu stellen], mit dem Ziele, der funkti-

onsunfähig gewordenen Weimarer Demokratie einen neuen Charakter durch Verfassungs- und Wahlreform zu geben. Wir hatten Hindenburgs Wort für dieses Programm verpfändet." Franz v. Papen, Der Wahrheit eine Gasse, München 1952, S. 277.

12 Vgl. Andreas Hillgruber, Militarismus am Ende der Weimarer Republik und im „Dritten Reich", in: ders., Großmachtpolitik und Militarismus im 20. Jahrhundert. 3 Beiträge zum Kontinuitätsproblem, Düsseldorf 1974, S. 43. Dazu Schüddekopf (s. Anm. 10), S. 308 ff., 325 ff.

13 Vgl. den bezeichnenden Brief des gegenüber Schleicher ursprünglich sehr kritisch eingestellten Oberleutnants Stieff vom 21.8.1932: H. Krausnick, Vorgeschichte und Beginn des militärischen Widerstandes gegen Hitler, in: Vollmacht des Gewissens, hrsg. von der Europäischen Publikation e.V., Bd I, München 1956, S. 197 f.

14 IfZ, ZS 279 (Ott): Gespräch Hammersteins mit Staatssekretär Planck, Oberst v. Bredow, Reichspressechef Marcks und General Ott.

15 Vgl. Vogelsang (s. Anm. 2), S. 388 f. Zum Folgenden: S. 403 f.

16 Vgl. Klaus-Jürgen Müller, Das Heer und Hitler. Armee und nationalsozialistisches Regime 1933-1940, Stuttgart 1969 (= Beiträge zur Militär- und Kriegsgeschichte, Bd 10), S. 35 ff.; Krausnick (s. Anm. 13), S. 201 ff.

17 Aufzeichnung General Liebmanns über die Befehlshaberbesprechung vom 1.6.1933; IfZ, ED 1/1, Bl. 61.

18 Müller (s. Anm. 16), S. 49 f.

19 Eugen Ott, Bemerkungen zu den Akten des IfZ, 1. Teil, Befehlshaberbesprechungen: IfZ, ZS 279, Bl. 19. — Aufzeichnung Liebmanns über Kommandeurbesprechungen vom 15.-17.3.1933 (IfZ, ED 1/1, Bl. 50 f.) und die von Liebmann am 3.3.1933 weitergegebenen Weisungen Blombergs (ebd., Bl. 46 f.). Hierzu und zum Folgenden auch Müller (s. Anm. 16), S. 63 f.: die Angabe des Zeitpunkts der betreffenden Befehlshaberbesprechung ist ebenso zu berichtigen wie meine ursprüngliche Angabe — s. die folgende Anm. 20 — und die von Wolfgang Sauer, Die Mobilmachung der Gewalt, in: Karl Dietrich Bracher/Wolfang Sauer/Gerhard Schulz, Die nationalsozialistische Machtergreifung. Studien zur Errichtung des totalitären Herrschaftssystems in Deutschland 1933/34, Köln-Opladen 21962 (= Schriften des Instituts für politische Wissenschaft, Bd 14), S. 722.

20 Aus einigen nach Abschluß meines Manuskripts zu: Vorgeschichte und Beginn des militärischen Widerstandes (s. Anm. 13) von General a.D. Liebmann dem IfZ übersandten Notizzetteln über eine Befehlshaberbesprechung (IfZ, ED 1/1, Bl. 40-43 mit Abschrift von der Hand Liebmanns, Bl. 44 f.), Notizzettel, die er in einem Begleitbrief vom 28.8.1955 (IfZ, ED 1/2, Bl. 361 f.) kommentiert hat, ergibt sich in Verbindung mit dem in Anm. 19 erwähnten Zeugnis von General a.D. Ott zweifelsfrei, daß die oben im Text zitierten, in den Aufzeichnungen Liebmanns über seine Mitteilungen bei den Kommandeurbesprechungen vom 15.3. in Gießen, vom 16.3 in Marburg und vom 17.3.1933 in Kassel (IfZ, ED 1/1, Bl. 50 f.) enthaltenen Bemerkungen *nicht* — wie es sonst in aller Regel der Fall ist und wie ich deshalb in meiner Arbeit (s. Anm. 13), S. 210 angenommen hatte — Erklärungen von Blomberg oder Reichenau wiedergaben, sondern Liebmanns eigene, abgeschwächte Version der ominösen Weisung der Reichswehrführung darstellen. S. auch Sauer (s. Anm. 19), S. 729. Die nachträglichen Mitteilungen ergeben ferner so gut wie zweifelsfrei, daß die Berliner Befehlshaberbesprechung, in der diese Weisung erteilt wurde, nicht (wie von L. in den erwähnten Kommandeurbesprechungen ursprünglich angegeben) „Ende Fe-

bruar", sondern am 1. März 1933 — also nicht „noch vor dem Reichstagsbrand" — stattgefunden hat.
Im übrigen bemerkt L. in dem erwähnten Brief vom 28.8.1955, die aufgefundenen Notizzettel hätten ihm „lebhaft in Erinnerung" gerufen, „mit welcher Skepsis und inneren Ablehnung wir Befehlshaber damals dem Minister [sic!] folgten". (Liebmann hat nämlich bezweifelt, daß — wie von Ott bezeugt — die Besprechung vom 1. März 1933 „von *Reichenau* im Auftrage Blombergs abgehalten worden" sei.) Blomberg hielt es immerhin für nötig, in einem Erlaß vom 14.3.1933 der „in der Truppe" entstandenen „Besorgnis, [...] die einzigartige Stellung der Wehrmacht könne gefährdet werden, [...] mit großer Deutlichkeit" entgegenzutreten! Gedrucktes Exemplar des Erlasses bei den erwähnten Aufzeichnungen Liebmanns: IfZ, ED 1/1, Bl. 48. Vgl. auch bereits Müller (s. Anm. 16), S. 66, Anm. 159.

21 Erich v. Manstein, Aus einem Soldatenleben 1887-1939, Bonn 1958, S. 275.

22 Vgl. George Castellan, Le réarmement clandestin du Reich 1930-1935. Vu par le 2e Bureau de l'Etat-Major Français, Paris 1954, S. 432: „Die Partei vereinnahmt (gagne) also die Reichswehr. Sie erobert ihren Gipfel und ihre Basis. Die Armee verliert ihre Neutralität."

23 Schulthess' Europäischer Geschichtskalender 1934, S. 44. — Zum Folgenden vgl. Krausnick (s. Anm. 13), S. 233 f.

24 Wie es in dem Erlaß Blombergs an die Befehlshaber vom 21.4.1934 wörtlich hieß: Manfred Messerschmidt, Die Wehrmacht im NS-Staat. Zeit der Indoktrination, Hamburg 1969 (= Truppe und Verwaltung, Bd 16), S. 34.

25 Zu Lutze, dem späteren Nachfolger Röhms, nach der Erinnerung des späteren Generalfeldmarschalls Frhr. v. Weichs: IfZ, ZS 182.

26 Zum Folgenden: Fritz Guenther v. Tschirschky, Erinnerungen eines Hochverräters, Stuttgart 1972, mit IfZ, ZS 568, sowie K.M. Graß' Heidelberger Dissertation von 1966: Edgar Jung, Papenkreis und Röhmkrise 1933/34; auch Theodor Duesterberg, Der Stahlhelm und Hitler, Wolfenbüttel 1949.

27 Tschirschky (s. Anm. 26), S. 176 f.

28 Ebd., S. 214, dazu S. 179.

29 Das politische Tagebuch Alfred Rosenbergs aus den Jahren 1934/35 und 1939/40, hrsg. von Hans-Günther Seraphim, Göttingen 1956, S. 31. — Zum Vorausgehenden: Tschirschky (s. Anm. 26), S. 176.

30 Castellan (s. Anm. 22), S. 442.

31 Hermann Foertsch, Schuld und Verhängnis. Die Fritsch-Krise im Frühjahr 1938 als Wendepunkt in der Geschichte der nationalsozialistischen Zeit, Stuttgart 1951, S. 54 (Hervorhebung von mir).

32 Befehlshaberbesprechung vom 5.7.1934; Aufzeichnung General Liebmanns: IfZ, ED 1/1, Bl. 108 bzw. 117 (Übertragung der Notizen durch L. in Maschinenschrift).

33 Tschirschky (s. Anm. 26), S. 188 ff., insbesondere S. 203 und 208.

34 In seiner Reichstagsrede vom 13.7.1934 (Schulthess 1934, S. 175) und in den 12 Punkten seines Befehls an den neuen Stabschef der SA, Lutze (ebd., S. 165 f.); dazu Blomberg vor den Befehlshabern am 5.7.1934 (Aufzeichnung Liebmanns: IfZ, ED 1/1, Bl. 113 bzw. 120).

35 Ohne einen Befehl Blombergs oder Hindenburgs habe er nicht handeln können, erklärte ohnehin Fritsch Papen, als dieser ihm vorhielt, wie man mit ihm, dem Vizekanzler, verfahren war. Papen (s. Anm. 11), S. 357. Ähnlich Papen in Nürnberg: IMT, Bd XVI, S. 328.

36 Befehlshaberbesprechung vom 5.7.1934 (s. Anm. 34), Bl. 106-123.

37 Reichswehr und „Röhm-Affäre", in: Militärgeschichtliche Mitteilungen, 3 (1968), S. 107-144.

38 Hierzu und zum Folgenden: Hermann Mau, Die „Zweite Revolution" — Der 30. Juni 1934, in: VfZG, 1 (1953), S. 135 ff.; Krausnick (s. Anm. 13), S. 232-235; Müller (s. Anm. 16), S. 114 ff., 128-133 und 140. — Der ehem. General der Panzertruppe Ludwig Crüwell hat scharfe Kritik daran geübt, „daß das sonst gegen Beleidigungen so mimosenhaft empfindliche Offizierkorps und insbesondere die Generalität ohne besonderen Widerspruch die Ermordung zweier Generäle hinnahm. Wenn schon keiner der damaligen höchsten Führer der Reichswehr auf die Barrikaden steigen, d.h. mit seiner Truppe sich gegen diesen Terror zur Wehr setzen wollte, warum reichte dann niemand von ihnen den Abschied ein? Ich glaube, wir jüngeren Offiziere wären hellhörig geworden, wenn z.B. Fritsch, Beck, Rundstedt und Bock den Abschied genommen hätten. — Immer wieder liest man über die Vorgänge Fritsch im Jahre 1938 und vergißt darüber, daß der 30.6.34 die erste und vielleicht schwerste Unterlassungssünde war." IfZ, ZS 24.

39 Dokumentation von Hans Rothfels (Hrsg.), Ausgewählte Briefe von Generalmajor Helmuth Stieff, in: VfZG, 2 (1954), S. 297 (Brief vom 12.8.1934). Für Bedenken mehrerer anderer Offiziere (darunter Beck) gegen die Vereidigung auf die Person Hitlers vgl. Krausnick (s. Anm. 13), S. 237 f. und Müller (s. Anm. 16), S. 136 f.

40 Wobei er beteuerte, er werde es „jederzeit" als seine „höchste Pflicht ansehen, für den Bestand und die Unantastbarkeit der Wehrmacht einzutreten" und sie „als einzigen Waffenträger in der Nation zu verankern". Schulthess 1934, S. 219.

41 Eine Überprüfung mehrerer zeitgenössischer Presseorgane — so des „Völkischen Beobachters" (Münchner Ausgabe), der „Augsburger Postzeitung" und des „Miesbacher Anzeigers" — ergibt bizarrerweise, daß diese in ihren Ausgaben vom 18.8.1934 die unter dem Stichwort „Zwei-Säulen-Theorie" berühmt gewordene Passage der Hamburger Rede Hitlers vom 17.8.1934 übereinstimmend *nicht* in der vielzitierten Fassung wiedergeben: „Diese Staatsführung [...] wird von zwei *Säulen* getragen" usw., sondern in der Fassung: „Diese Staatsführung wird von zwei *Teilen* getragen". Dies gilt auch für Schulthess' Europäischen Geschichtskalender 1934 (S. 215)! — Natürlich müßte im *Sinne* des von Hitler gewählten Bildes von „Säulen" und nicht von „tragenden Teilen" die Rede sein.
Jedenfalls aber hat Hitler entgegen den Angaben von Müller (s. Anm. 16), S. 67, und von Michael Salewski, Die bewaffnete Macht im Dritten Reich 1933-1939, in: Handbuch zur deutschen Militärgeschichte 1648-1939, München 1978, Bd 4, Abschnitt VII: Wehrmacht und Nationalsozialismus 1933-1939, S. 40, die „Zwei-Säulen-Theorie" nicht schon am 30. Januar 1934 geäußert, sondern — bezeichnenderweise — erst nach der Röhm-Affäre, nämlich in einer „Kurzform" in seiner großen Reichstagsrede vom 13.7.1934 zur „Rechtfertigung" der Mordaktion vom 30. Juni („Es gibt im Staate nur einen Waffenträger: die Wehrmacht. Und nur einen Träger des politischen Willens: dies ist die nationalsozialistische Partei." Schulthess 1934, S. 180) und in ihrer erweiterten endgültigen Fassung, wie oben gesagt, am 17. August 1934.

42 Vgl. K.-J. Müller, Armee, Politik und Gesellschaft in Deutschland 1933-1945. Studien zum Verhältnis von Armee und NS-System, Paderborn 1979, S. 68; Zitate: ders., General Ludwig Beck. Studien und Dokumente zur politisch-militärischen Vorstellungswelt und Tätigkeit des Generalstabschefs des deutschen Heeres 1933-1938, Boppard 1980, S. 54 mit 65 („Interpretationsmuster für sein [Becks] Wirken und Verhalten in diesen Anfangsjahren des Dritten Reiches"), S. 66 („Position", die der Armee „nach der Zwei-Säulen-Theorie — dieser in die neue Zeit übertragenen Formulierung

des traditionellen Dualismus des preußisch-deutschen Militärstaates — zustehen müßte"), S. 78 und S. 87; ferner: Müller, Armee (s. oben!), S. 32, S. 65 („Das war genau das, was Becks politischen Idealvorstellungen entsprach") und S. 69 („Zunächst [...] Beck überzeugt von der [...] grundsätzlichen Übereinstimmung des Regimes mit seinen Idealvorstellungen").

Gleichwohl täuscht sich Müller (s. Anm. 16), S. 67, an sich nicht darüber, daß „die Zwei-Säulen-Theorie [...] schon deswegen problematisch [war], weil die Partei als alleiniger politischer Willensträger, wie Hitler es ausgedrückt hatte, letztlich doch den absoluten Vorrang gewinnen mußte. Sie hatte vielmehr ausschließlich taktisch-propagandistischen Charakter." Vollends betont Salewski (s. Anm. 41), S. 41, daß „tatsächlich [...] vom ersten Tag der Hitlerschen Herrschaft an [...] nicht von einer Art Gleichberechtigung der Wehrmacht neben der Partei gesprochen werden konnte" und daß „Blomberg und Reichenau die Metapher von den zwei Säulen nur vorsichtig verwendet" hätten.

43 Vgl. Müller (s. Anm. 16), S. 147-154; Nicholas Reynolds, Beck: Gehorsam und Widerstand. Das Leben des deutschen Generalstabschefs 1935-1938, Wiesbaden/München 1977, S. 47-57; Müller, Beck (s. Anm. 42), S. 67-73 und 372-386.

44 Vgl. Krausnick (s. Anm. 13), S. 247-252; Müller (s. Anm. 16), S. 154-166; Reynolds (s. Anm. 43), S. 51 ff.; Müller, Beck (s. Anm. 42), S. 73 f., 76 ff.

45 Aufzeichnung betr. eine von Liebmann am 7.1.1935 an die Offiziere der Kriegsakademie gehaltene Ansprache: IfZ, ED 1/4, Bl. 548-551; dazu die Aufzeichnung Fritschs vom 1.2.1938 bei: Friedrich Hoßbach, Zwischen Wehrmacht und Hitler 1934-1938, Wolfenbüttel/Hannover 1949, S. 71.

46 Aufzeichnung General Liebmanns über Befehlshaberbesprechungen vom 1.3.1933 (IfZ, ED 1/1, Bl. 42 bzw. 45 — vgl. Anm. 20) und vom 12.1.1935 sowie über eine Kommandeurbesprechung vom 15.1.1935 (ebd., Bl. 132-138). Dazu Notizen des Generalobersten Heinrici bei Foertsch (s. Anm. 31), S. 58 f.

47 Aufzeichnung F.'s vom 1.2.1938 bei Hoßbach (s. Anm. 45), S. 71.

48 Müller, Beck (s. Anm. 42), S. 91, Anm. 133.

49 Vgl. außer dem die Wichtigkeit auch der „volkserzieherischen Aufgabe" der Wehrmacht betonenden Erlaß vom 18.12.1934 den Geheimerlaß vom 16.4.1935 über „Erziehung in der Wehrmacht" (die „unter dem Gesichtspunkt der Rasse ihre letzte Vollendung im Heeresdienst zu erhalten" habe) und den Erlaß vom 30.1.1936, betr. den „nationalpolitischen Unterricht" (auch in „Rassenlehre") an den Kriegsschulen der Wehrmachtteile (das Offizierkorps müsse „die das Volks- und Staatsleben lenkende nationalsozialistische Weltanschauung in geistiger Geschlossenheit als persönliches Eigentum und innere Überzeugung" besitzen): Messerschmidt (s. Anm. 24), S. 58 f., 64 ff. — Auch Müller (s. Anm. 16), S. 186 ff.

50 S. Hoßbach (Anm. 45), S. 76 f.; Messerschmidt (s. Anm. 24), S. 63.

51 Vgl. Krausnick (s. Anm. 13), S. 274-278; Müller (s. Anm. 16), S. 156 f., 169, 195-204; ders., Beck (s. Anm. 42), S. 73 f.

52 Siehe den vollen Wortlaut des Lageberichts vom 22.12.1934 („Geheime Kommandosache!") bei Müller (s. Anm. 16), S. 609 ff.; dazu S. 156 f.

53 So General a.D. Dietrich v. Choltitz, Soldat unter Soldaten, Konstanz/Zürich/Wien 1951, S. 17 f.

54 Bezeichnend Hoßbach (s. Anm. 45), S. 176-180. Dazu Müller (s. Anm. 16), S. 184.

55 Müller (s. Anm. 16), S. 204.

56 Die Niederschrift eines unbekannten Verfassers, die Beck am 6.1.1937 „signierte" und am 11.1.1938 Fritsch zur Kenntnis brachte, betonte, daß die Wehrmacht — die

„in unserem militärfrommen Volk ein fast unbegrenztes Vertrauen" genieße — heute in ganz anderem Maße als zu Zeiten der Monarchie die Verantwortung „für alle etwaigen kriegerischen Verwicklungen" trüge, und schloß mit den Worten: „Auf der Armee liegt ganz ausschließlich die Verantwortung für die kommenden Dinge. Vor dieser Feststellung gibt es kein Ausweichen." Wolfgang Foerster, Ein General kämpft gegen den Krieg. Aus nachgelassenen Papieren des Generalstabschefs Ludwig Beck, München 1949, S. 44-47. Dazu: ders., Generaloberst Ludwig Beck. Sein Kampf gegen den Krieg. Aus nachgelassenen Papieren des Generalstabschefs, München 1953, S. 167 f., Anm. 40.

57 Vgl. seinen Brief vom 17.3.1933 bei Müller, Beck (s. Anm. 42), Dok. 8, S. 339; Reynolds (s. Anm. 43), S. 27 ff., 35 ff.

58 Vgl. Foerster, Beck (s. Anm. 56), S. 34 ff., 50 f. (Urteil Mansteins); Müller, Beck (s. Anm. 42), S. 21 f., 207-212 und 469-477; ders., Armee (s. Anm. 42), S. 88 f.; Reynolds (s. Anm. 43), S. 91 ff.

59 Müller, Beck (s. Anm. 42), Dok. 11, S. 350-354.

60 Ebd., Dok. 12, S. 354-359.

61 Ebd., S. 437.

62 Vgl. Ludwig Beck, Studien, hrsg. und eingeleitet von H. Speidel, Stuttgart 1955, insbes. S. 23-36, 54, 60 f., 121 f., 125. Dazu Müller, Armee (s. Anm. 42), S. 60-64; ders., Beck (s. Anm. 42), S. 29-61.

63 Denkschrift Becks (o.D.), vermutlich von Ende Dezember 1935: Müller, Beck (s. Anm. 42), Dok. 36, S. 466-469, „Der Oberbefehlshaber und sein erster Berater".

64 Leo Frhr. Geyr v. Schweppenburg, Erinnerungen eines Militärattachés — London 1933-1937, Stuttgart 1949, S. 89.

65 Müller, Beck (s. Anm. 42), Dok. 43, S. 498-501; ders., Armee (s. Anm. 42), S. 72.

66 So Beck am 16.11.1938 zu Major a.D. Holtzmann (der sein „Verbindungsmann" zu Ludendorff gewesen war), laut dessen Aufzeichnung: Müller, Beck (s. Anm. 42), S. 579. Hier (Anm. 4) auch die von Holtzmann berichtete Bemerkung, die Beck nach Ludendorffs Tod (20.12.1937) über Hitler getan haben soll: „Nun hat der Kerl überhaupt keine Hemmungen mehr. Nun ist es aus." — Die zur Weitergabe an Ludendorff bestimmte Äußerung Becks von Ende Juli 1935 über Hitler, „daß dieser über allen Gehässigkeiten [seitens der Partei gegen Ludendorff] stehe, er denke viel zu vornehm" (Müller, Beck, S. 91), sollte doch wohl dem von Beck verfolgten Zweck dienen, Ludendorff — im Interesse der Wehrmacht — zur Kontaktaufnahme mit Hitler zu bewegen. — Zur ganzen Angelegenheit: Müller, Beck, S. 74-99.

67 Müller, Beck (s. Anm. 42), Dok. 29, S. 440-444.

68 Wenn Müller, Beck (s. Anm. 42), S. 226, betont, daß Beck „mit keinem Wort die politische Führung, die Staatsführung kritisierte", die ja auch weder „als weisungsgebende Instanz noch, soweit erkennbar, als Initiator in Erscheinung getreten" sei, so wäre zu vermerken, daß Beck dessen ungeachtet und sozusagen ohne Not von einem „vom Staatsmann", also von Hitler, „dem Chef der Wehrmacht bezeichneten Kriegsziel" spricht und ausgeht.

69 Ebd., Dok. 28, S. 438 f. — Wenngleich Müller, Beck (s. Anm. 42), S. 227 ff., für Becks scharf ablehnende Reaktion auf die Weisung Blombergs vom 2.5.1935 m.E. völlig ausreichende Gründe anführt, nämlich Bedenken gegen die in der Weisung für ohne weiteres möglich gehaltene „Isolierung" der gedachten Operation sowie gegen deren präventiven Charakter, meint Müller dennoch, daß „Becks massive Reaktion [...] zunächst einmal nichts anderes" gewesen sei „als eine aggressive Zurückweisung des Anspruchs des Ministers und seiner Berater, die oberste militärpolitisch- und stra-

tegisch-operative Planungsinstanz zu sein — ein Anspruch, den Beck mit Nachdruck und Hartnäckigkeit immer für den Generalstab erhoben hatte." Unbeschadet dieser Tatsache bieten die Darlegungen Becks im vorliegenden Fall m.E. keine Grundlage für eine solche Annahme — wie mir überhaupt die Bedeutung des besagten Anspruchs *als solchen* für die von Beck in den großen akuten Streitfragen dieser Jahre jeweils eingenommene Haltung von Müller allzu hoch eingeschätzt zu sein scheint.

70 Müller, Beck (s. Anm. 42), Dok. 41, S. 493-497. Hierzu ders. (s. Anm. 16), S. 235 ff.: „klarer Fall von Ressort-Obstruktion".

71 Daß Beck — wie Müller, Beck (s. Anm. 42), S. 150, meint — „das Ziel" (nämlich den Anschluß Österreichs) „völlig bejahte", ist mir nach der Art seiner (Becks) Argumentation („Raub") im vorliegenden Fall zweifelhaft. Zu weit scheint mir in Anbetracht dieser Argumentation jedenfalls die Feststellung Müllers zu gehen, daß der General „sich nur gegen eine Politik des unkalkulierbaren Kriegsrisikos wandte". Übrigens vermerkt Müller selbst (ebd., S. 148), daß Beck „gegen eine Art des Vorgehens" gewesen sei, „die ein Einvernehmen [mit den Österreichern] in Frage stellte".
Bekanntlich liegen Zeugnisse dafür vor, daß auch das (verglichen mit seinen im Mai 1937 geäußerten Befürchtungen) geringere Maß von Gewaltanwendung gegen Österreich im März 1938 Beck widerstrebt hat. (Er sprach dem Berliner österreichischen Militärattaché damals sein Mitgefühl über den Gang der Entwicklung aus: Müller selbst, ebd., S. 148, Anm. 32 und S. 494, Anm. 5, sowie Reynolds — s. Anm. 43 —, S. 127 u. 129.)
Wenn Beck sich im März 1938 Hitlers Wünschen in der Österreich-Frage fügte, so wohl wesentlich deshalb, weil er angesichts der nunmehr — durch die veränderte Haltung Italiens und vor allem Englands — wesentlich günstiger gewordenen außenpolitischen Lage ein schlechterdings „unkalkulierbares Kriegsrisiko" kaum mehr geltend machen konnte (Müller, Beck — s. Anm. 42 —, S. 150). Sicher aber geschah dies *nicht* auch deswegen, weil Hitler durch seine Rücksprache mit Beck (über die Vorbereitung des Einmarschs) am 10. März „für eine kurze geschichtliche Minute" den „Anspruch" Becks, „in derartigen Fragen den Staatsführer selbst zu beraten", erfüllt hatte (Müller, s. Anm. 16, S. 237/238, sowie ders., Ludwig Beck. Ein General zwischen Wilhelminismus und Nationalsozialismus, in: Deutschland in der Weltpolitik des 19. und 20. Jahrhunderts. Fritz Fischer zum 65. Geburtstag, hrsg. von Imanuel Geiss, Bernd Jürgen Wendt, Düsseldorf 1973, S. 522, Anm. 39); denn von einer „Beratung", die diesen Namen verdient hätte, konnte zwischen Hitler und Beck damals doch nicht die Rede sein. Beck hielt aber in Anbetracht der veränderten Situation die jetzt noch verbleibenden Streitfragen — auch im Hinblick auf mögliche Kontroversen der Zukunft — wohl nicht für „ausreichend", um persönliche Konsequenzen zu ziehen. — Im übrigen *muß* Becks vielzitierte Äußerung zu Guderian: „*Wenn* man den Anschluß *überhaupt* vollziehen *will*, ist jetzt wahrscheinlich der günstigste Moment gekommen" (Heinz Guderian, Erinnerung eines Soldaten, Heidelberg 1951, S. 42), durchaus nicht im Sinne einer uneingeschränkten Zustimmung zum Vollzug des Anschlusses verstanden werden.

72 So Müller, Beck (s. Anm. 42), S. 54. Andererseits verwahrt er sich (S. 126/127) — mit Recht — dagegen, daß „sozialreaktionäre Interessenwahrung" die Haltung Becks „bestimmt" habe.

73 Heeresadjutant bei Hitler 1938-1943, Aufzeichnungen des Majors Engel (hrsg. von Hildegard v. Kotze), Stuttgart 1974 (= Schriftenreihe der Vierteljahrshefte für Zeitgeschichte, Bd 29), S. 29; vgl. auch S. 33.

74 Müller, Beck (s. Anm. 42), Dok. 46, S. 523.

75 Vgl. Harold C. Deutsch, Das Komplott oder die Entmachtung der Generale. Blomberg- und Fritsch-Krise. Hitlers Weg zum Krieg, Zürich 1974. Ferner Krausnick (s. Anm. 13), S. 279-294; Müller (s. Anm. 16), S. 255-299.

76 Vgl. hierfür Krausnick, Vorgeschichte (s. Anm. 13), S. 279-283, sowie denselben, Die Wehrmacht (s. Anm. 11), S. 194 ff.

77 „Niemals wäre im übrigen die Sache Fritsch ins Rollen gekommen, wenn ihm [Hitler] der Kriegsminister nicht solch einen Streich gespielt hätte", berichtet der damalige Heeresadjutant Engel als Äußerung Hitlers zu ihm am 20.4.1938 (s. Anm. 73), S. 20 f.

78 So laut Engel ebd.

79 Konkretisiert hat Hitler, soweit ich sehe, diesen Vorwurf nur einmal insofern, als er (laut Angabe Keitels) am 5. Nov. 1939, nach der heftigen Auseinandersetzung (Hitlers) mit Brauchitsch wegen der Westoffensive, Keitel erklärte, Fritsch — den man „glorifiziere" — habe sich seinen (Hitlers) „Absichten [...] entgegengestellt, [...] die mittleren Jahrgänge, den sog. weißen Block, rechtzeitig auszubilden". (Nach Ansicht Keitels trug die Verantwortung dafür jedoch „in erster Linie" Blomberg.) Kriegstagebuch des OKW/Wehrmachtführungsstab 1940-1945, Bd I: 1. August 1940 — 31. Dezember 1941. Zusammengestellt und erläutert von Hans-Adolf Jacobsen, Frankfurt/M. 1965, S. 252.

80 Beck (Brief v. 22.9.1939): „[...] ein Offizier altpreußischen Stils, wie sie die heutige Zeit kaum noch kennt"; Müller, Beck (s. Anm. 42), S. 589 f.

81 Der Erpresser Schmidt war Himmler zufolge bereits am 28.12.*1936* „zu 7 Jahren Gefängnis und 10 Jahren Ehrverlust verurteilt" worden: vgl. das Schreiben an Göring vom 29.7.1942, in dem Himmler Görings „Einverständnis" erbittet, „daß ich Schmidt dem Führer zur Genehmigung der Exekution vorschlage", wozu Göring an den Rand schrieb: „Der sollte doch schon längst erschossen sein!" Müller (s. Anm. 16), S. 637.

82 Vgl. Hoßbach (s. Anm. 45), S. 85 ff., 144 f.; Foertsch (s. Anm. 31), S. 160 ff. Peter Bor, Gespräche mit Halder, Wiesbaden 1950, S. 74-80.

83 „Persönl. Erlebnis des Gen.d.Inf. a.D. Curt Liebmann i.d.J. 1938/39 (niedergeschrieben im Nov. 1939)"; IfZ, ED 1/3.

84 Unveröffentlichte Niederschrift des Rechtsanwalts Dr. R. Graf v.d. Goltz von 1945/46: „Der Fritsch-Prozeß"; IfZ, ZS 49.

85 Aufzeichnung des Gen.d.Inf. a.D. Röhricht vom 22.2.1951; IfZ, ZS 125.

86 Vgl. den von Halder am 20.6.1953 durch Unterschrift bestätigten „Zusatz zu den Aufzeichnungen zum Gespräch zwischen Generaloberst a.D. Halder und Dr. Uhlig am 2.6.53 in Königstein"; IfZ, ZS 240. Ferner: Heidemarie Gräfin Schall-Riaucour, Aufstand und Gehorsam. Offizierstum und Generalstab im Umbruch. Leben und Wirken von Generaloberst Franz Halder, Generalstabschef 1938-1942, Wiesbaden 1972, S. 220.

87 Vgl. auch Müller, Beck (s. Anm. 42), S. 24.

88 Hoßbach (s. Anm. 45), S. 155.

89 Tagebuch Jodls, in: IMT, Bd XXVIII, S. 360. — „Wahlkapitulation": Salewski (s. Anm. 41), S. 206 f.

90 Aufzeichnung vom 29.7.1938: Müller, Beck (s. Anm. 42), S. 561.

91 Zum Folgenden: Müller, Die national-konservative Opposition vor dem Zweiten Weltkrieg: Zum Problem ihrer begrifflichen Erfassung, in: Militärgeschichte. Probleme — Thesen — Wege, Stuttgart 1982 (= Beiträge zur Militär- und Kriegsgeschichte, Bd 25), S. 220.

92 Müller, Armee (s. Anm. 42), S. 114; „Allein" von M. hervorgehoben.

93 Ebd.

94 Tagebuch Jodls, in: IMT, Bd XXVIII, S. 368.

95 Vgl. Heinz Höhne, Canaris. Patriot im Zwielicht, München 1976, S. 61 ff., 243; Krausnick (s. Anm. 13), S. 271; Müller (s. Anm. 16), S. 44, 161.

96 „Spiegelbild einer Verschwörung". Die Kaltenbrunner-Berichte an Bormann und Hitler über das Attentat vom 20. Juli 1944. Geheime Dokumente aus dem ehemaligen Reichssicherheitshauptamt, hrsg. vom Archiv Peter für historische und zeitgeschichtliche Dokumentation, Stuttgart 1961, S. 302 (Anlage 1 zum Bericht vom 25.8.1944).

97 Ebd., S. 451.

98 Vgl. Krausnick (s. Anm. 13), S. 291 mit Anm. 216.

99 Vgl. den Bericht Halders für Beck vom 14.6.1938 über Hitlers „gefühlsbetonte" Begründung seines Verhaltens im Falle Fritsch im Anschluß an eine Verlesung des Fritsch freisprechenden Urteils vor den militärischen Führern am 13.6.1938 auf dem Flugplatz Barth bei Stralsund; gedruckt bei Foerster (s. Anm. 56), S. 94 ff. Dazu die Berichte von Liebmann und Sodenstern bei Foertsch (s. Anm. 31), S. 129 ff. — Krausnick (s. Anm. 13), S. 298 ff.

100 Vgl. Spiegelbild einer Verschwörung (s. Anm. 96), S. 87, 273 f., 430, 526 ff.

101 Helmuth Groscurth, Tagebücher eines Abwehroffiziers 1938-1940. Mit weiteren Dokumenten zur Militäropposition gegen Hitler, hrsg. von Helmut Krausnick und Harold C. Deutsch unter Mitarbeit von Hildegard v. Kotze, Stuttgart 1970 (= Quellen und Darstellungen zur Zeitgeschichte, Bd 19), S. 173 und 238.

102 Aufzeichnung Becks vom 28.5.1938; Müller, Beck (s. Anm. 42), Dok. 45, S. 512-520.

103 „Bemerkungen ..." vom 29.5.1938, in: ebd., Dok. 46, S. 521 f.

104 Laut Reynolds (s. Anm. 43), S. 266, Anm. 90, hat der ehemalige ungarische Militärattaché in Berlin, Kálmán Hardy, in einem Brief an Reynolds die Äußerung Becks vom September 1937 gegenüber dem ungarischen Kriegsminister Racz (vgl. Reynolds, S. 89) bezeugt (S. 106): „Solange ein Blinddarm — die Tschechei — in Mitteleuropa existiert, kann Deutschland kaum Krieg führen."

105 Bemerkungen Becks vom 12.11.1937, in: Müller, Beck (s. Anm. 42), Dok. 43, S. 499.

106 Müller, Armee (s. Anm. 42), S. 81.

107 Ders. (s. Anm. 16), S. 250.

108 Ders., Armee (s. Anm. 42), S. 82. Müller zufolge schwebte Beck auch keine „Neuauflage wilhelminischer imperialistischer Politik" vor (ebd., S. 81), wohl aber „eine grundlegende Umgestaltung der mitteleuropäischen Szenerie im Sinne einer deutschen Vormachtstellung" (ebd., S. 83).

109 Bemerkungen Becks vom 12.11.1937: Müller, Beck (Anm. 42), Dok. 43, S. 500. — Danach dürfte auch eine Einverleibung von über 7 Millionen Tschechen in das Reich Beck unerwünscht gewesen sein.

110 Ebd., S. 501.

111 „Bemerkungen ..." vom 29.5.1938: ebd., Dok. 46, S. 522.

112 Denkschrift vom 16.7.1938: ebd., Dok. 49, S. 544.

113 Müller, Armee (s. Anm. 42), S. 81. Ähnlich, allerdings „grob vereinfachend", wie er selbst es nennt, urteilt Claus Donate, Deutscher Widerstand gegen den Nationalsozialismus aus der Sicht der Bundeswehr. Freiburger phil. Dissertation, Bamberg 1976, S. 185. — Anders als in der oben im Text zitierten Formulierung bemerkt Müller neuerdings in seiner Abhandlung „Die national-konservative Opposition vor dem Zweiten Weltkrieg" (Anm. 91), S. 227, „daß Beck in einem Krieg zum unpassenden Zeit-

punkt und unter ungünstigen Bedingungen *eine Katastrophe für das Reich* sah".

114 Müller, Beck (Anm. 42), Vortragsnotiz Becks vom 16.7.1938, Dok. 50, S. 552.

115 Ebd.

116 Vortragsnotiz Becks vom 29.7.1938: ebd., Dok. 52, S. 558.

117 Vortragsnotiz vom 16.7.1938: ebd., Dok. 50, S. 553.

118 Ebd. — Beck begründete dies auch damit, Hitler solle „in kleinem Kreise erklärt haben, den Krieg gegen die Tschechei muß ich noch mit den alten Generalen führen, den Krieg gegen England und Frankreich führe ich mit einer neuen Führerschicht". Ich teile aber nicht die Ansicht Müllers (ebd., S. 308 f.), daß Beck damit vor allem auch „die unmittelbare Gefahr eines Scheiterns" seines „Konzeptes der Machtteilhabe [des Generalstabes bzw. der Militär-Elite] ausdrücken" wollte. Beck ging bei seinem erwähnten Drängen gegenüber Brauchitsch von der Feststellung aus, daß es anläßlich des von ihm (Beck) geforderten Einspruchs der Generale gegen Hitlers Kriegspolitik ohnehin zu „erheblichen innerpolitischen Spannungen" kommen würde. Noch deutlicher wird dies, wenn er in der Vortragsnotiz vom 29.7.1938 schreibt (Dok. 52, S. 559 f.), es sei „in jedem Falle mit inneren Spannungen zu rechnen; es wird *hiernach* notwendig sein, daß das Heer sich [...] auch auf eine innere Auseinandersetzung [...] vorbereitet". (Hervorhebung von mir.) Vgl. auch meine Anm. 119! Natürlich aber benutzte Beck die angebliche, von Hitler „in kleinem Kreise" getane Äußerung als ein gegenüber den Generalen besonders wirksam erscheinendes Argument.

119 Vortragsnotiz vom 19.7.1938: ebd., Dok. 51, S. 554 f. — „muß" — von Beck auch noch unterstrichen: wohl eine bewußte stilistische Inkorrektheit, um seiner Forderung mehr Nachdruck zu geben. Müller spricht S. 310 von den Überlegungen Becks „hinsichtlich einer innerpolitischen Auseinandersetzung [...] zur 'Wiederherstellung *geordneter Verhältnisse*', womit nicht zuletzt auch die Sicherung der Position der Armee gemeint" gewesen sei. In Wirklichkeit sprach Beck jedoch von der Notwendigkeit einer „Wiederherstellung geordneter *Rechtszustände*" (Müller, Beck, Dok. 51, S. 554/555).

120 Ebd., Dok. 51, S. 556.

121 Ebd., Dok. 51, S. 555. — Daß Becks „Überlegungen hinsichtlich einer innerpolitischen Auseinandersetzung" im Grunde „nichts anderes gewesen" seien „als ein letzter, verzweifelter Versuch, seinen 'Kampf gegen den Krieg' in eine andere umfassendere Dimension zu transponieren, da der Kampf auf der ursprünglichen und normalerweise angemessenen Ebene — jener der militärfachlichen und militärpolitischen Ebene — bereits gescheitert war" — wie Müller, ebd., S. 310, meint —, scheint mir schon deshalb wenig plausibel, weil für eine Realisierung der „innerpolitischen Auseinandersetzung" das Zustandekommen des militärpolitisch begründeten Einspruchs der Heeresführung gegen Hitlers Kriegsvorhaben ja nach wie vor für Beck die Voraussetzung bildete.

122 Ebd., S. 555.

123 Vortragsnotiz vom 29.7.1938: ebd., Dok. 52, S. 558.

124 Vortragsnotiz vom 19.7.1938: ebd., Dok. 51, S. 556.

125 Von Beck unterstrichen.

126 Vortragsnotiz vom 29.7.1938: Müller, Beck, Dok. 52, S. 557-560.

127 Aufzeichnung Becks vom 29.7.1938: ebd., Dok. 53, S. 561.

128 S. meine Anmerkungen 113 und 112. — Übrigens betonte auch der Chef des Stabes der Seekriegsleitung, Vizeadmiral Guse, in einer Aufzeichnung vom 17.7.1938 die „Pflicht" der militärischen Führer, eine Entwicklung rechtzeitig zu bremsen, „*die*

*den Bestand des Reiches bedroht*". Akten des OKM, 1. Abt., SKL, Ia betr. „Fall Grün", H. 2 (BA-MA, K 10-2/6). Vgl. Krausnick (s. Anm. 13), S. 311-314. Auf die Bemerkungen von Michael Salewski, Die deutsche Seekriegsleitung 1935-1945, Bd I, 1935-1941, Frankfurt/M. 1970, S. 45, sowie von Müller, Die national-konservative Opposition (s. Anm. 91), S. 230, Anm. 44, sei erwidert, daß ich (s. Anm. 13) die Denkschriften Guses und Heyes nicht als „Widerstandshandlung" bezeichnet oder dargestellt, vielmehr ausgeführt habe, daß G. und H. damals „angesichts der 'Weisung Grün' — mindestens der Sache nach — ganz ähnliche Auffassungen vertraten wie Beck". — Wie Salewski, Die bewaffnete Macht (s. Anm. 41), S. 234, feststellt, mußte Guse wegen seiner mutigen Darlegungen „seine Position räumen". Heye hätte fraglos Schlimmeres zu erwarten gehabt, wären seine höchst ketzerischen Ausführungen („dem denkenden Ausländer" erscheine „Deutschland als ein Sowjetrußland sinnverwandter Staat", der aber (anders als dieses) über seine Grenzen hinausdränge; „der Zusammenschluß der Völker unter einer Parole wie seinerzeit gegen Napoleon dürfte deshalb die besten Voraussetzungen finden") der höchsten Stelle bekanntgeworden. — In Anbetracht der sehr deutlichen Kritik Heyes an der nationalsozialistischen Innenpolitik scheint es mir trotz der bald darauf erfolgten Abfassung der berühmten Denkschrift über die „Seekriegführung gegen England [...]" durch Heye nicht gerechtfertigt, seine Stellungnahme als einen „schnell vergessenen Ausflug in den politischen Bereich" (Salewski) zu betrachten.

129 Hans Bernd Gisevius, Bis zum bitteren Ende. Vom Reichstagsbrand bis zum 20. Juli 1944, Sonderausgabe, Hamburg 1960, S. 337-340; Gerhard Ritter, Carl Goerdeler und die deutsche Widerstandsbewegung, Stuttgart 31956, S. 484; „Spiegelbild einer Verschwörung" (s. Anm. 96), S. 430; Niederschrift Graf v.d. Goltz (Anm. 84); — vgl. Krausnick (s. Anm. 13), S. 291, Anm. 216; dazu S. 305 f. und 318; Rainer Hildebrandt, Wir sind die Letzten. Aus dem Leben des Widerstandskämpfers Albrecht Haushofer und seiner Freunde, Neuwied/Berlin 1949, S. 93: „Erst im Falle, daß Hitler sich weigert und er — wie zu erwarten war — geheime Gegenmaßnahmen ergreift, wollte Beck zur Verhaftung schreiten und den Apparat des Staatsstreiches in Gang setzen."

130 Zu allem Vorstehenden (hins. Becks) vgl. auch Peter Hoffmann, Widerstand, Staatsstreich, Attentat. Der Kampf der Opposition gegen Hitler, München ³1979, S. 94-109; ders., Generaloberst Ludwig Becks militärpolitisches Denken, in: Historische Zeitschrift (zit. HZ) Bd 234 (1982), H. 1, S. 101-121. — Die Erwiderung Müllers, Militärpolitik, nicht Militäropposition!, in: HZ 235 (1983), S. 355-371.

131 S. Anm. 113.

132 Reynolds (s. Anm. 43), S. 269, Anm. 26.

133 Documents on British Foreign Policy 1919-1939. Edited by E.L. Woodward and Rohan Butler, 3rd Series, Vol. II: 1938, London 1949, S. 289.

134 IfZ, ZS 240.

135 Müller, Beck (s. Anm. 42), S. 304.

136 Ebd., S. 298-303; ferner S. 533, Anm. 24.

137 „Bemerkungen zu den Ausführungen des Führers am 28.5.1938": ebd., Dok. 46, S. 525.

138 In seinen „Betrachtungen zur gegenwärtigen militärpolitischen Lage Deutschlands" vom 5.5.1938, ebd., Dok. 44, S. 509, und in seinem Entwurf für eine Ansprache des Oberbefehlshabers des Heeres an die Generale, vermutlich von Ende Juli/Anfang August 1938, ebd., Dok. 54, S. 575.

139 Müller, ebd., S. 311 und ders., Die national-konservative Opposition (s. Anm. 91), S. 231/232.

140 Auch Müller zufolge war „die höchste Generalität [...] sich [...] einig, daß ein Weltkrieg das Ende Deutschlands bedeutete"; er sieht dennoch ihr Verhalten (gegenüber Hitlers Risikopolitik) wesentlich von dem verbleibenden Zweifel daran bestimmt, „daß ein solcher großer Krieg über den Tschechenkonflikt unweigerlich entstehen müßte" (ebd., S. 311). Vgl. dazu den folgenden Text.

141 Tagebuch Jodls, IMT, Bd XXVIII, S. 373 f.

142 Eidestattl. Erklärung von Gen.Oberst a.D. Adam für den Nürnberger Internationalen Gerichtshof, Nr. 4; IfZ, ZS 6; vgl. Foertsch (s. Anm. 31), S. 175; Aussage Mansteins: IMT, Bd XX, S. 659.

143 Nicolaus v. Below, Als Hitlers Adjutant 1937-1945, Mainz 1980, S. 113.

144 Ebd., S. 112. Dazu Brauchitschs Aussage in Nürnberg über eine „erregte Auseinandersetzung" mit Hitler Anfang August 1938 bald nach der Aussprache mit den Generalen: IMT, Bd XX, S. 621.

145 Below (s. Anm. 143), S. 103.

146 Tagebuch Jodls, IMT, Bd XXVIII, S. 378. — Dazu die bei Foerster, Beck (s. Anm. 56), S. 139, wiedergegebenen Aussagen von Gen.Oberst a.D. Adam über die Äußerung Brauchitschs zu ihm bei der Besprechung mit den Generalen am 4. August. Auf diese Besprechung bezieht sich möglicherweise — trotz des (späten) Datums 13.9.1938 der Notiz Jodls — die zitierte Information Keitels bzw. Hitlers.

147 Tagebuch Jodls, S. 388. In Anbetracht des bestehenden Angriffsplanes kann der Wunsch Brauchitschs wohl nur „politisch" gemeint gewesen sein.

148 Vgl. hierzu das sehr beachtliche Urteil Ulrich v. Hassells als wohlinformierten Zeitgenossen über „München" in seinen Tagebuchnotizen vom 29.9.1938: „Vom anderen Deutschland", Wien 1948, S. 19.

149 Salewski (s. Anm. 41), S. 239.

150 Müller, Beck (s. Anm. 42), S. 304 mit Anm. 93.

151 Tagebuch Jodls, IMT, Bd XXVIII, S. 378.

152 Hassell (s. Anm. 148), S. 19 (29.9.1938): „Brauchitsch schlägt den Kragen hoch und sagt: 'Ich bin Soldat und habe zu gehorchen.'" Ferner Brauchitsch selbst über seine bekannte heftige Auseinandersetzung mit Hitler vom 5. Nov. 1939 über die Westoffensive bei einer Besprechung mit Gen.Oberst Ritter v. Leeb „unter vier Augen: B. wollte nach Vortrag beim Führer Abschied einreichen, fand aber zu Hause den Angriffsbefehl vor. Als Soldat konnte er nun nicht mehr zurücktreten, nachdem er jetzt den Befehl erhalten hatte, denn wir sind im Kriege. Auch ein Abschied weiterer Generale kommt nicht in Frage. Das würde Meuterei sein. Der Befehl des Führers muß nun ausgeführt werden." Generalfeldmarschall Wilhelm Ritter von Leeb. Tagebuchaufzeichnungen und Lagebeurteilungen aus zwei Weltkriegen. Aus dem Nachlaß hrsg. und mit einem Lebensabriß versehen von Georg Meyer, Stuttgart 1976 (= Beiträge zur Militär- und Kriegsgeschichte, Bd 16), S. 201.

153 Vgl. Gisevius (s. Anm. 129), S. 348 f.; für weitere Belege: Krausnick (s. Anm. 13), S. 337 f. mit Anm. 378 und 379.

154 Salewski (s. Anm. 41), S. 242.

155 Zum Folgenden: Hoffmann (s. Anm. 130), S. 110-129; Müller (s. Anm. 16), S. 345-377; Krausnick (s. Anm. 13), S. 336-365; Höhne (s. Anm. 95), S. 283-299; Schall-Riaucour (s. Anm. 86), S. 232-252; Gerd R. Ueberschär, Generaloberst Halder im militärischen Widerstand 1938-1940, in: Wehrforschung 1/1973, S. 20-31; hier besonders S. 20-24; Salewski (s. Anm. 41), S. 242-257.

156 Vgl. oben, S. 343 f.

157 Aussage Halders vor der Spruchkammer vom 15.9.1948, IfZ, ZS 240. S. das Zitat bei Müller (s. Anm. 16), S. 357, Anm. 74.

158 Erklärung von Generaloberst a.D. Adam zum Spruchkammerverfahren Halders vom 24.8.1948, IfZ, ZS 240; dazu Krausnick (s. Anm. 13), S. 342. Die Version, wonach General Hoepners in Thüringen befindliche Division ggf. gegen die Leibstandarte einzusetzen von Witzleben geplant war, hat Halder später in Zweifel gezogen: vgl. Schall-Riaucour (s. Anm. 86), S. 250.

159 Brief Halders vom 14.7.1955 an das IfZ; ZS 240.

160 Hauptm. Wolf Eberhard, Adjutant Keitels, notierte über eine „Unterhaltung [Keitels?] mit Canaris" unter dem 28.9.1938: „glaubt fest an bew[affnete] Intervention der Franzosen und Engl[änder]. Stimmung im deutschen Volk sei denkbar schlecht (belegt das durch Ausk[unft] Gestapo). Wir seien nicht in der Lage, Zweifrontenkrieg zu führen. Ob.d.H. sei der gleichen Ansicht. [...]". IfZ, Sammlung Irving; maschinenschriftl. Übertragung.

161 Vgl. hierzu vor allem Hoffmann (s. Anm. 130), S. 82-86, und Krausnick (s. Anm. 13), S. 327-330; ferner Bodo Scheurig, Ewald von Kleist-Schmenzin. Ein Konservativer gegen Hitler, Oldenburg-Hamburg 1968.

162 Erich Kordt, Nicht aus den Akten ... Die Wilhelmstraße in Frieden und Krieg, Stuttgart 1950, S. 337.

163 Vgl. Krausnick (s. Anm. 13), S. 340 mit den Belegen.

164 Briefe von Gen.Ob. a.D. Halder an das IfZ, 26.4. und 14.7.1955. Dazu Krausnick (s. Anm. 13), S. 339 und 336 f.

165 Vgl. Gisevius (s. Anm. 129), S. 360 f.

166 Vgl. Halders Spruchkammeraussage vom 15.9.1948, IfZ, ZS 240; dazu Krausnick (s. Anm. 13), S. 342, 364 und 346.

167 Documents on British Foreign Policy (s. Anm. 133), Bd II, S. 324.

168 Akten zur deutschen auswärtigen Politik 1918-1945, Serie D: 1937-1945. Bd V: Polen, Südosteuropa, Lateinamerika, Klein- und Mittelstaaten. Juni 1937 — März 1939, Baden-Baden 1953, S. 303, Dazu Bd II: Deutschland und die Tschechoslowakei (1937-1938), 1950, S. 689.

169 So Jodl in seinem Tagebuch am 27.9.1938: IMT, Bd XXVIII, S. 388: „Der Führer hat für den Abend einen Propagandamarsch [...] angeordnet."

170 Ernst v. Weizsäcker, Erinnerungen, München, Leipzig, Freiburg/Br. 1950, S. 186. Hierzu und zum Vorstehenden überhaupt: Die Weizsäcker-Papiere 1933-1950, hrsg. von Leonidas E. Hill, Frankfurt/M., Berlin, Wien 1974, S. 145. Zum Zeitpunkt bestätigend: Akten zur dt. ausw. Politik (s. Anm. 168), Bd II, S. 789.

171 Als Henlein die Verhandlung mit der Prager Regierung abbrach, proklamierte er den Anschluß des Sudetenlandes an das Reich „als kurze Etappenlösung", wie er Hitler schrieb: Akten zur dt. ausw. Politik (s. Anm. 168), Bd II, S. 639.

172 Documents on British Foreign Policy (s. Anm. 133), Bd II, S. 454.

173 Groscurth (s. Anm. 101), S. 150.

174 „indem er das Vertrauen des Führers schwer erschüttert hätte." Hermann Teske, Die silbernen Spiegel. Generalstabsdienst unter der Lupe, Heidelberg 1952, S. 59 f. — Übereinstimmend: ein Aktenvermerk von Gen. a.D. Hermann Foertsch von 1952 aufgrund einer Aufzeichnung, die Oberst a.D. Teske unmittelbar nach dem Gespräch mit Oberstlt. Schmundt am 23.2.1939 abgefaßt habe; IfZ, ED 47.

175 „Diese Widerstände waren immer nur in historisch entscheidenden Momenten (Austritt aus Völkerbund — Rheinlandbesetzung — Österreich und Tschechei) unter Auf-

bietung größter Nervenstärke zu beseitigen." — Notizen von Hptm. Eberhard (s. Anm. 160); „24.10.1938: 11.00 [Uhr] Obersalzberg — 12.00 [Uhr] Ob.d.H. Besp[rechung]". — "27.10.1938: Chef: Niederschrift der Unterhaltung mit dem Führer am 24. Oktober (Obersalzberg) ist fertig. — Vorschlag: Aussprache Brauchitsch-Göring über Personalien, bevor Göring beim Führer ist."

176 Die in Anm. 175 zitierten Notizen Eberhards beginnen: „Zu Aussprache des Führers mit Ob.d.H. im Beisein Chef OKW: findet ihren Niederschlag im Protokoll Keitel. Tendenz: rückhaltlose Offenheit des Führers in bezug auf seine Mißbilligung der mil[itärischen] Führer. Reorganisation schnellstens notwendig. Gänzliches Fehlen des Vertrauens für polit[ische] Führung. Angst vor eigener Schwäche. Überschätzung der Stärke der Gegner. Letzter Appell an Ob.d.H., sich seiner Aufgabe bewußt zu sein und unverzüglich zu handeln. Geschichtl[iche] Mission!"

177 „Das kalte, rechnende, nüchterne — und damit gegenwartsfremde — Denkenwollen ist an die Stelle des charaktervollen, warmherzig durchbluteten, mutigen Wesens gebieten" (sic). — Der ehem. Heeresadjutant Engel bezeugt unter dem 16.10.1938 (S. 41 — vgl. meine Anm. 73) als Äußerung Hitlers: „Heer sei sein unsicherstes Element im Staat, noch schlimmer als das A.A. und die Justiz."

178 Hptm. Eberhard notierte unter dem 26.10.1938 (vgl. Anm. 160 und 175): „10.50 [Uhr] Chef PA [= Personalamt] bei Chef OKW". Dazu Fußnote: „Die Besprechung des Ob.d.H. am 24. Oktober beim Führer führte am 1. November zu Beurlaubung von Rundstedt, Geyer, Adam, Foerster [offenbar ein Irrtum], Liebmann u.a."

179 Vgl. u.a. Jochen Thies, Architekt der Weltherrschaft. Die „Endziele" Hitlers, Düsseldorf 1976, S. 117, 119.

Gerd R. Ueberschär

# Ansätze und Hindernisse der Militäropposition gegen Hitler in den ersten beiden Kriegsjahren (1939–1941)

## I. Zur zeitlichen und begrifflichen Einordnung

Löst man sich von einer auf das Attentat gegen Hitler am 20. Juli 1944 gerichteten teleologischen Sichtweise[1], dann ist die Zeitspanne von 1939 bis 1941 zusammen mit den kurz davor liegenden Ereignissen der Sudetenkrise im Herbst 1938 zweifellos als eine der wichtigsten Phasen des Widerstandes gegen Hitler anzusehen[2]. Betrachtet man in diesem Sinne die Aktion des 20. Juli „keineswegs [als] die einzige oder die aussichtsreichste Situation für die erfolgreiche Verwirklichung ausgereifter Projekte" der Militäropposition, wie Harold C. Deutsch betonte[3], so ist doch darauf hinzuweisen, daß für die militärischen Widerstandspläne von 1939 bis 1941 im Vergleich zum 20. Juli keine Überbetonung im Sinne eines exakt in allen Einzelheiten dokumentarisch zu belegenden oder fast gelungenen Staatsstreiches vorgenommen werden soll. Es geht auch nicht um eine Abschätzung der Chancen und Erfolgsaussichten oder um eine Wertung, welcher Umsturzplan und -versuch dramatischer ablief als der andere[4]. Der Zeitabschnitt 1939-1941 muß jedoch als besondere Etappe einer längeren Entwicklung des Widerstandes gegen Hitler gesehen werden; Ereignisse und Ergebnisse wirkten zugleich als Erfahrung weiter bis zum 20. Juli 1944.

Der Beitrag dient insofern der „Erhellung" einer einzelnen, zeitlich abgegrenzten Phase des Widerstandes gegen Hitler[5]; es soll dabei versucht werden, die Ansatzpunkte und Hindernisse der Militäropposition anhand ihrer konkreten Bemühungen und Planungen von 1939 bis 1941 aufzuzeigen. Um einen Überblick über diese Ansätze und Hemmnisse zu erhalten, ist es angebracht, kurz die Ausgangsposition zu Beginn des Jahres 1939 zu skizzieren und in großen Zügen die Versuche sowie Ziele und Beweggründe des militärischen Widerstandes gegen Hitler bis zum Sommer 1941 nachzuzeichnen.

In diesem Rahmen kann nicht auf jene Wurzeln des Verhältnisses zwischen Wehrmacht und nationalsozialistischem Regime eingegangen werden, die diese in der Forschung als „Bündnis" oder „Entente" skizzierte Beziehung seit 1933 bestimmten[6] und damit mitverantwortlich sind für die wohl eigentümliche Erscheinung jener „seltsamen, oft tragisch anmutenden Zwiespältigkeit der Haltung der deutschen Generalität und weiter Kreise des Offizierkorps"[7] zu Hitler und dem von ihm entfesselten Krieg. Gerade aus dieser Zwiespältigkeit resultierten unterschiedliche Einstellungen und Verhaltensmuster, die es schwer machen, zu allgemeinen Erklärungen über die Widerstandshaltung zu gelangen oder auch nur mit allzu weit gefaßten Begriffen zu operieren. Von grundsätzlichem Interesse ist hier jedoch die in den ersten beiden Kriegsjahren zu beobachtende, mit einer im militärischen Bereich stattfindenden Gruppenbildung verbundene Planung gewaltsamer Aktionen, die den Sturz Hitlers und des NS-Regimes zum Ziel hatten; für sie wird im folgenden generalisierend der Begriff „Militäropposition" bzw. „militärischer Widerstand" verwendet, obwohl damit in Zielsetzung, Motiven und Methoden divergierende Gruppierungen sowie verschiedene Stufen und Arten von Widerstand aufgrund der ihnen zugrundeliegenden, häufig als einheitlich bezeichneten Vorstellungen zusammengefaßt werden, was zweifellos nicht immer korrekt ist[8]. Versuche einer „bloßen Einflußnahme" auf Entscheidungen Hitlers, die eigentlich in den Bereich konstruktiver Kritik gehören, werden dann mitberücksichtigt, wenn sie Teil eines konspirativen Gesamtplanes waren bzw. von Personen unternommen wurden, die sich der Opposition gegen Hitler verschrieben hatten.

## II. Die Situation der Militäropposition nach München

Nachdem Hitler am 5. November 1937 in der Reichskanzlei vor einem ausgewählten Kreis seine auf Krieg ausgerichtete Politik dargelegt und bald darauf die dabei vorsichtig Kritik äußernden Zuhörer Blomberg, Fritsch und Neurath als Reichskriegsminister, Oberbefehlshaber des Heeres und Reichsaußenminister im Zuge der sogenannten „Blomberg-Fritsch-Krise" abgelöst hatte[9], erkannten einzelne Generale und Offiziere, daß ohne ein aufeinander abgestimmtes und gemeinsames Vorgehen das für die Wehrmacht als machtpolitischer Faktor nach dem 4. Februar 1938 verlorengegangene Terrain nicht wieder zu gewinnen war. Nach späteren Aussagen bildeten insbesondere die im Einvernehmen mit Hitler von Göring, Himmler und Heydrich inszenierten Ereignisse um die Ablösung von Generaloberst Freiherr v. Fritsch für viele den entscheidenden „Wendepunkt in ihrer Einstellung zum Regime"[10]. Sie wirkten gleichsam als Katalysator für den Übergang von allgemeiner Kritik am Regierungsstil zu Widerstandsaktivität gegenüber dem NS-Staat. Der Jahresanfang 1938 — mit der Ernennung von Joachim v. Ribbentrop zum Reichsaußenminister und von Generaloberst Walther v. Brauchitsch zum Oberbefehlshaber des Heeres sowie der Übernahme des Amtes des Reichskriegsministers durch Hitler — brachte das Ende einer von Hitler zugelassenen eigenständigen Machtposition der Wehrmacht im national-sozialistischen Staat. Als die innenpolitischen Ereignisse des Frühjahres 1938 gleichsam zum Integrationsfaktor für eine sich formierende nationalkonservati-ve Militäropposition wurden, hatte die Wehrmacht auf machtpolitischem Gebiet bereits entscheidendes Terrain verloren; zudem zeigte sich, daß nach der Vergrö-ßerung der Reichswehr zur Wehrmacht seit 1935 keine einheitliche politische Einstellung des Offizierkorps gegenüber den „Auswüchsen" des Nationalsozia-lismus mehr vorhanden war, daß vielmehr mit der Durchführung der allgemei-nen Wehrpflicht auch „nationalsozialistischer Geist" in die Wehrmacht und in das Offizierkorps „eingeströmt" war[11].

Nach den Forschungsergebnissen der von Klaus-Jürgen Müller vorgelegten bio-graphischen Arbeit über den Generalstabschef des Heeres, General der Artillerie Ludwig Beck[12], kam es in dieser Zeit aber noch zu keiner geschlossenen Opposi-tionsgruppe „der" Militärs, vielmehr zu unterschiedlich motivierten Aktivitäten auf verschiedenen Gebieten, die von einer sich ausbreitenden Unzufriedenheit über die „Lösung der Krise" getragen waren und deren Ziel die Aufdeckung der Machenschaften und Intrigen von SS, SD und Gestapo sowie die Zurückerlan-gung der alten Machtposition für die Armee war. Insofern ging es um einen sy-steminternen „innenpolitischen Machtkampf, keineswegs aber [um] irgendeine, auch nur im Ansatz auf Systemumsturz abzielende Verschwörung"[13].

Erst die sich nach dem „Anschluß" Österreichs verschärfende Sudetenkrise von April bis September 1938[14] sowie die damit verbundenen Aktionen und Denk-schriften Becks, der Hitler von seinem riskanten Kriegskurs abbringen wollte[15], führten zu einer weiteren Entwicklung der Widerstandshaltung in militärischen Kreisen. In Verbindung mit der politischen Haltung des Generalstabschefs, der letztlich die Mitverantwortung für Hitlers Politik ausdrücklich ablehnte und ver-geblich die Einstellung der von Hitler befohlenen Angriffsvorbereitungen gegen die Tschechoslowakei verlangte[16], kam es im Sommer 1938 zu direkten Kontak-ten Becks mit dem früheren Leipziger Oberbürgermeister und Reichspreiskom-missar Goerdeler, dem Reichsminister Schacht, dem Regierungsrat im Reichsin-nenministerium Gisevius, mit Vizeadmiral Canaris und Oberstleutnant Oster aus der Abwehrabteilung im Oberkommando der Wehrmacht (OKW). Oster war be-reits seit Hitlers Mordaktionen bei der sogenannten „Röhm-Affäre" am 30. Juni 1934 ein entschiedener Gegner des „Führers" und des NS-Systems[17]. Zusammen mit Becks Nachfolger als Generalstabschef des Heeres, General der Artillerie Franz Halder[18], mit dem seit April 1938 amtierenden Staatssekretär im Auswärtigen Amt, Ernst Freiherr v. Weizsäcker[19], mit dem Befehlshaber des Berliner Wehrkreises (III), General der Infanterie v. Witzleben, und dem Oberquartiermeister I, Generalleutnant Carl Heinrich v. Stülpnagel, waren Canaris[20] und Oster[21] dann auch die Hauptakteure des im September 1938 geplanten Staatsstreiches, der die Auslösung eines Krieges wegen der Sudetengebiete verhindern sollte.

Der Plan kam jedoch nicht zur Ausführung, da die von den Verschwörern selbst gesetzte Prämisse für die Aktion, nämlich Hitler der deutschen Bevölkerung gegenüber als Kriegstreiber entlarven zu können, aufgrund der Münchener Vereinbarung vom 29. September 1938 und des ausbleibenden Angriffsbefehles gegen die Tschechoslowakei letztlich nicht gegeben war. Die von Widerstandskreisen aufgenommenen Kontakte mit der britischen Regierung[22] hatten Premierminister Chamberlain und Außenminister Lord Halifax nicht von der Ernsthaftigkeit der Widerstandsbemühungen überzeugen und auch nicht davon abhalten können, mit dem deutschen Diktator mittels direkter Verhandlungen eine politische Regelung zu treffen und durch Überlassung der Sudetengebiete an das Dritte Reich die von Hitler provozierte Kriegsgefahr vorerst zu beseitigen.

Einerseits wird in der Literatur oft die Feststellung getroffen, der Putschversuch vom September 1938 sei ein „verheißungsvoller" und erfolgversprechender Plan gewesen und hätte „ohne allzu schwere innere Kämpfe zum Erfolg, d.h. zum Niederbruch des Hitler-Regimentes" geführt[23], so daß nach dem Urteil von Carl Goerdeler durch die außenpolitische Entwicklung „eine ausgezeichnete Gelegenheit [...] verpaßt worden" sei[24], andererseits werden aber auch „mancherlei Unsicherheitsfaktoren" in der Umsturzplanung konstatiert, da der für die Auslösung der Aktion vorgesehene Oberbefehlshaber des Heeres bis zuletzt keineswegs eindeutig seine Bereitschaft erklärt hatte, sich an die Spitze des Staatsstreiches zu stellen[25]. Darüber hinaus wurden wiederholt skeptische Überlegungen angestellt, ob es gelingen werde, Hitler den Soldaten und dem jüngeren Offizierkorps gegenüber als Verbrecher und Zerstörer des Reiches darzustellen[26].

Zweifellos erschwerte die außenpolitische Situation ein Handeln der Militäropposition. Es würde jedoch nicht den Tatsachen entsprechen, wollte man die erkennbar unterschiedlichen Ziele der verschiedenen Widerstandskreise als Beweis für die Fragwürdigkeit einer Opposition gelten lassen, um so für die Zeit vor Kriegsbeginn das Vorhandensein einer aktiven Oppositionsgruppe gegen Hitler völlig abzustreiten. Auch wenn es der militärischen Opposition noch an Geschlossenheit und Entschlossenheit mangelte, so hatten sich doch Offiziere zusammengefunden, die das Bild des militärischen Widerstandes in den nächsten Jahren maßgeblich bestimmten.

Nach dem Münchener Abkommen ist angesichts des unbestreitbaren Erfolges von Hitler eine gewisse Enttäuschung und Resignation in militärischen und zivilen Widerstandskreisen zu registrieren[27]; man hielt es für schwierig, nochmals eine enge Fühlungnahme der verschiedenen Oppositionellen zu erreichen. Selbst wenn man auch weiterhin die Auslösung eines Krieges durch Hitler zu verhindern wünschte, so war es fraglich, ob es gelingen würde, bei einem Umsturzversuch große Teile der Bevölkerung gegen Hitler zu mobilisieren, nachdem er derartige Erfolge vorzuweisen hatte. Von Halder werden in diesem Zusammenhang die Worte überliefert: ,,Was sollen wir nun noch tun? Es gelingt ihm [Hitler] ja alles[28]!'' Gisevius überliefert, daß er und Oster die Pläne und Ausarbeitungen erst einmal vernichteten[29]. Um zudem eine Entdeckung der vergangenen Staatsstreichpläne zu verhindern, kam es zu einer absichtlichen Lockerung der Verbindungen zwischen den einzelnen Oppositionsgruppen. Personelle Veränderungen im militärischen Bereich — z.B. wurde General der Infanterie v. Witzleben als Oberbefehlshaber zum Heeresgruppenkommando 2 nach Frankfurt versetzt — führten zu regelrechten ,,Auflösungserscheinungen'' in der Widerstandsgruppierung. Entscheidend war, daß sich sowohl Brauchitsch als auch Halder von weiteren Staatsstreichüberlegungen der radikalen Verschwörer merklich zurückzogen, da sie vorerst keine Erfolgsaussichten mehr für das Gelingen eines Umsturzversuches sahen[30]. So boten dann auch weder der Juden-Pogrom vom 9./10. November 1938 — bekannt als ,,Reichskristallnacht'' - noch die militärische Besetzung der ,,Rest-Tschechei'' am 15. März 1939 den konkreten Anlaß, um als psychologisch günstige Voraussetzung für einen Staatsstreichversuch zu dienen.

### III. Gegen Hitlers Kriegsabsicht und Westoffensive

Vor dem Hintergrund dieser knapp skizzierten Erfahrungen und der Ausgangssituation sind im Sommer 1939 die vergeblichen Bemühungen des früheren deutschen Botschafters in Rom, v. Hassell, von Reichsminister Schacht, Generalmajor Thomas, General v. Witzleben, Oster und Generaloberst a.D. Beck zu betrachten, dem Oberbefehlshaber des Heeres und seinem Generalstabschef die von Hitler heraufbeschworenen Gefahren eines neuen Krieges für Deutschland darzulegen und beide zur Aktion gegen den Diktator zu bewegen[31]. Halder hielt jedoch den günstigen Zeitpunkt zum Staatsstreich für noch nicht gekommen[32]. Man wollte erst einen entsprechenden Prestigeverlust Hitlers abwarten, so daß man mittlerweile den Kriegsbeginn nicht mehr als unmittelbaren Anlaß für den Umsturz sah. Beck kritisierte diese Einstellung und war nun der Auffassung, seinem Nachfolger fehle es „am Willen zur Tat"[33]. Ohne besonderen Nachdruck und ohne direkte Absprache mit Staatssekretär Frhr. v. Weizsäcker hat Halder dann auch in Form „einer Art Gegen-Diplomatie" die britische und französische Regierung über ihre Berliner Botschafter Henderson und Coulondre darauf hingewiesen, daß Hitler vermutlich nur noch durch eine energische und klare Haltung beider Mächte von seinen kriegerischen Absichten gegenüber Polen abzuhalten sei[34].

Als Hitler am 25. August 1939 die Angriffsvorbereitungen gegen Polen anhalten ließ, glaubte man in der Heeresführung und in Widerstandskreisen bereits daran, daß damit die Kriegsgefahr gebannt sei, Hitler somit nur geblufft habe[35]. Zu einer entscheidenden Initiative oder konkreten Umsturzplanung ist es dann am 31. August, als Hitler den endgültigen Befehl zum Angriff auf Polen gab, nicht mehr gekommen. In diesen verhängnisvollen Augusttagen von 1939 zeigte sich die Ohnmacht der nach München auseinandergefallenen Opposition. In beträchtlichem Umfange hat man sich in bezug auf Hitlers absoluten Willen zum Angriffskrieg und die rasche Zuspitzung der politischen Lage geirrt. Die „Kraftprobe auf Biegen oder Brechen" gegen Hitler und Ribbentrop — wie es Weizsäcker rückblickend formulierte — ist im Sommer 1939 vor Kriegsbeginn nicht gewagt worden[36]; Gisevius bestätigt: „An der Haltung der deutschen Opposition gibt es für diese dramatischen Tage vor Kriegsausbruch nichts zu heroisieren [...] wir müssen uns mit der schlichten Tatsache begnügen, irgend etwas Entscheidendes, irgend etwas Mitreißendes wurde nicht getan[37]."

Es dürfte für dieses Verhalten nicht unerheblich gewesen sein, daß Hitler mit dem Abschluß des deutsch-sowjetischen Nichtangriffsvertrages vom 23. August 1939 ein beeindruckender außenpolitischer Erfolg gelungen war, der ein Handeln der Militäropposition ganz entscheidend psychologisch behinderte, zumal dieses Übereinkommen innerhalb der Militärelite unterschiedlich bewertet wurde. Zudem ist zu berücksichtigen, daß es bei dem Angriff gegen Polen um eine Aktion ging, die man wohl prinzipiell billigte. Es bestand keine grundsätzliche Divergenz über die Notwendigkeit einer militärischen Lösung der Danzig-, Korridor- und Polenfrage. Die Lösung dieser Fragen hielt man in militärischen Führungskreisen zweifellos im Sinne der eigenen politischen Konzeption von der Großmachtstellung des Reiches für richtig.

Wie Halder waren auch andere Generale der Ansicht, die Grenzziehung im Osten müsse sowieso korrigiert werden[38]. Bezeichnenderweise „zuckte Brauchitsch nur noch mit den Achseln", als ihn Weizsäcker am 31. August darauf hinwies, daß der Krieg nicht auf Polen begrenzt werden könne und es doch an ihm liege, diesen Krieg zu verhindern[39]. Brauchitsch meinte nur, er müsse sich an die politischen Richtlinien Hitlers halten. Die Mitglieder der konservativen Militäropposition befanden sich insofern in einem Dilemma, als sie als nationale Sachwalter fest davon überzeugt waren, es gebe ein zu lösendes „Danzig"- und „Nord-Ost-Problem" (d.h. Polen), wie es auch Weizsäcker als politisches Ziel bezeichnet hat[40]. Gleichwohl gab es Einzelpersonen, die — wie Admiral Canaris — empört waren und „jede sittliche Grundlage" für Hitlers Kriegsabsicht vermißten[41]. Eine weitverbreitete grundsätzliche Gegenposition kam jedoch nicht zustande.

Erst die Ablehnung des von Hitler unmittelbar nach dem Erfolg in Polen beabsichtigten Angriffs im Westen[42] durch das Oberkommando des Heeres (OKH) entwickelte sich zu einem konkreten Ansatzpunkt für erneute Staatsstreichpläne der Militäropposition. Das OKH vertrat zu dieser Zeit die Auffassung, „im Westen noch auf Jahre hinaus den Krieg nur verteidigungsweise führen zu können"[43]. Auch der Chef des Wehrwirtschaftsstabes im OKW, Generalmajor Thomas, stimmte mit Halder und Brauchitsch überein, daß die schlechte rüstungs- und kriegswirtschaftliche Situation einen längeren Krieg gegen die Westmächte nicht gestatte. Hitler nahm am 9. Oktober in einer umfassenden Denkschrift[44] zur Ablehnung seines Offensivplanes durch das OKH Stellung. Seine Überlegungen trug er ferner am folgenden Tage Brauchitsch, Halder, Raeder, Göring und Keitel vor. Er bekräftigte dabei seine Absicht, bei dem unter allen Umständen noch im Herbst durchzuführenden Angriff auf Frankreich durch die Niederlande, Belgien und Luxemburg vorzugehen.

Unter Beteiligung des Leiters der Verbindungsgruppe zwischen Abwehr und OKH, Major (ab 1.10.1939 Oberstleutnant) i.G. Groscurth, und des seit Anfang Oktober eingesetzten Verbindungsmannes zwischen Halder und Weizsäcker, Vortragender Legationsrat Hasso v. Etzdorf, kam es daraufhin ab Mitte Oktober zur Bildung eines engeren Arbeitskreises um Halder im OKH, „der den Ablauf eines militärischen Vorgehens gegen Hitler im einzelnen ausarbeiten sollte"[45]. Ob Halder danach bereits zum Staatsstreich entschlossen war, ist strittig[46], da er nach anderen Angaben erst durch mehrere Denkschriften von den Staatsstreichüberlegungen der Offiziersgruppe im OKH sowie von Canaris und Oster in der Abwehr überzeugt werden mußte[47].

Die Planungen zielten darauf ab, den Staatsstreich auszulösen, sobald Hitler den Angriffsbefehl zur Westoffensive gab. Dabei sollte die Mitarbeit der höheren

Truppenbefehlshaber gewonnen werden. Zu diesem Zweck konnte vor allem an die fachlichen Einwände der Befehlshaber im Westen gegen eine Offensive angeknüpft werden, die Canaris bei einer Frontreise zur Heeresgruppe C in Erfahrung bringen konnte[48]. Sowohl der Oberbefehlshaber der Heeresgruppe C, Generaloberst Ritter v. Leeb, als auch der Oberbefehlshaber der Heeresgruppe B, Generaloberst v. Bock, legten dann auch in Denkschriften ihren Widerspruch gegen die von Hitler in Aussicht genommene Westoffensive dar[49]. Sogar der dem NS-System nahestehende Generaloberst v. Reichenau versuchte bei einem Besuch in Berlin Mitte Oktober im Auftrage Brauchitschs, Hitler die Offensive auszureden. Dies mußte jedoch als „hoffnungslos" angesehen werden[50], da Hitler sich jeder sachlichen Einwendung verschloß.

Neben den Kampf gegen die geplante Offensive trat zu jener Zeit mit zunehmender Schärfe als ein die Widerstandsplanungen vorantreibender Faktor der Abscheu vor den grausamen Verbrechen der SS-, SD- und Einsatzgruppen-Verbände in Polen, da diese Mord- und Vernichtungsaktionen unter dem Deckmantel der Militärverwaltung des Heeres durchgeführt wurden, ohne daß sie durch das OKH in eigener Verantwortung abgestellt werden konnten. Eindringlich wurde Halder darüber vom Chef des Stabes beim Generalquartiermeister, Oberst i.G. Eduard Wagner, und von Groscurth unterrichtet[51].

Um die Staatsstreichplanung voranzutreiben und schließlich auch den Oberbefehlshaber des Heeres dafür zu gewinnen, wurde am 19. Oktober 1939 eine von Erich Kordt, Legationsrat im Ministerbüro Ribbentrops, Hasso v. Etzdorf und Helmuth Groscurth angefertigte Denkschrift über „Das drohende Unheil"[52] an Beck und durch General v. Stülpnagel auch an Halder übergeben. Die Denkschrift rief dazu auf, die Regierung Hitlers „rechtzeitig" zu stürzen, da die üblichen „Argumente, Proteste oder Rücktrittserklärungen der militärischen Führung allein [...] erfahrungsgemäß weder ein Einlenken noch Nachgeben [Hitlers] bewirken" würden. Ganz offensichtlich beurteilten die Verfasser der Denkschrift das bisherige vorsichtige Vorgehen Halders und der übrigen höheren Befehlshaber in Form von Protesten gegenüber Hitler äußerst kritisch und skeptisch. Canaris und Oster versuchten Ende Oktober erneut, Stülpnagel und Halder zum raschen Handeln zu drängen.

Als Hitler nach wiederholten Verschiebungen dann den 12. November als Angriffstermin für die Offensive im Westen festlegte, gab Halder Groscurth zu verstehen, er wolle mit Brauchitsch am 5. November einen letzten Versuch bei Hitler unternehmen, um dann den Staatsstreich rechtzeitig vor der nötigen Anlaufzeit für die Operationen einzuleiten. Zuvor überzeugten sich Stülpnagel und

Halder auf getrennten Frontseiten bei einzelnen Befehlshabern der Westfront von der nach wie vor bestehenden ablehnenden Haltung gegenüber Hitlers Angriffsbefehl. Für einen direkten Putsch stellten sich bei den Sondierungen jedoch nur Leeb und Witzleben zur Verfügung; Bock und Rundstedt waren dafür nicht zu gewinnen, so daß die Reisen doch nicht die erhoffte Klarheit brachten[53]. Auch der Befehlshaber des Ersatzheeres, General der Artillerie Fromm, versagte seine Teilnahme an einem Putsch[54]. Um so wichtiger war es deshalb, den nach wie vor zögernden Oberbefehlshaber des Heeres im entscheidenden Moment mitreißen und ihn als Spitze der Widerstandsaktion vorweisen zu können. Skeptisch notierte sich jedoch Hassell nach einem Gespräch mit Goerdeler, dieser glaube nicht, „daß Brauchitsch zum Handeln zu bewegen sein würde [...]. Genügend entschlossene Generäle stünden bereit, schnell und energisch vorzugehen, wenn der Befehl von oben komme. Hierin liegt das ganze Problem[55]." Nach Rückkehr von der Frontreise beauftragte Halder Oberst Oster, die Staatsstreichpläne von 1938 „zu rekonstruieren und notfalls zu ergänzen"; auch Groscurth war angewiesen, die „Vorbereitungen anlaufen zu lassen"[56]. Ferner wurden General Thomas, Osters Mitarbeiter Gisevius und Dohnanyi, früher persönlicher Referent des Reichsjustizministers Gürtner, sowie Beck, Wagner und Schacht unterrichtet[57]. Eine Fühlungnahme mit Goerdeler war nicht möglich, da dieser sich in Schweden aufhielt. Innerhalb weniger Tage war es damit zu einer engen Koordination der verschiedenen militärischen und zivilen Widerstandsgruppen gekommen.

Die entscheidende Unterredung Brauchitschs mit Hitler am 5. November 1939 nahm jedoch für den Oberbefehlshaber einen unerwarteten Verlauf. Zwar lehnte Hitler den geforderten Verzicht auf seine Angriffsabsicht ab — und insofern wäre die gewünschte Ausgangsbasis für den Staatsstreich der militärischen Opposition vorhanden gewesen —, doch dann brach Hitler den Vortrag Brauchitschs abrupt ab und überschüttete den Oberbefehlshaber des Heeres mit schweren Vorwürfen und Anklagen gegen den im OKH-Hauptquartier vorherrschenden destruktiven „Geist von Zossen", dessen Vernichtung er androhte[58].

Halder befürchtete sofort, daß die Staatsstreichpläne verraten worden seien, und befahl bei seiner Rückkehr ins Zossener Hauptquartier, alle Unterlagen zu vernichten[59]. Groscurth gegenüber erklärte der Generalstabschef, der Angriffstermin stehe nunmehr fest, und es sei keine Möglichkeit mehr vorhanden, sich dem Befehl entgegenzustellen[60]. Brauchitsch, der zweifellos bis dahin immer noch mit einem Nachgeben Hitlers gerechnet hatte, lehnte eine Teilnahme an der Verschwörung ab, als er den Angriffsbefehl auf seinem Schreibtisch liegen hatte.

Eine „Meuterei" wollte er nicht anführen, wie er Leeb erklärte[61]. Halder meinte, somit müsse man die Umsturzpläne aufgeben.

Von dieser Überzeugung ließ sich der Generalstabschef nicht mehr abbringen. Groscurths Vorschlag, Beck, Goerdeler und Schacht einzuschalten, lehnte er ab. Statt dessen erklärte er, wenn man denn durchaus ein Attentat durchführen wolle, solle eben Canaris die Aktion leiten[62]. Die Oppositionsgruppe um Oster und Canaris in der Abwehr sah jedoch keine Möglichkeit, ohne das OKH als befehlsgebende Stelle die Verantwortung für den Staatsstreich zu übernehmen. Letztlich entzogen Halder und Brauchitsch mit ihrer Bereitwilligkeit, Hitlers Angriffsbefehl nunmehr zu akzeptieren, der weiteren Planung für einen Umsturz „praktisch den Boden"[63]. Der 5. November 1939 muß demnach als Wendepunkt für die Staatsstreichplanungen im Herbst und Winter 1939/40 angesehen werden. Von diesem Tage an war Halders Haltung nicht nur „durch wachsende Zweifel an der Tat- und Schlagkraft der militärischen Widerstandsgruppe und durch Niedergeschlagenheit, vielleicht sogar durch (unbewußte) Resignation bestimmt"[64], sondern letztlich mangelte es an der ernsthaften Entschlossenheit zu einer Aktion. Die dann im weiteren Verlauf parallel zu den mehrmaligen Verschiebungen des Angriffstermines für die Westoffensive bis zum Frühjahr 1940 stattfindenden Versuche, den Generalstabschef doch noch für eine Staatsstreichaktion zu gewinnen, waren im Sinne konkreter Widerstandsabsichten nur noch ein vergebliches „Nachspiel"[65].

Aufgrund dieser Stagnation kam es bei den verschiedenen Widerstandskreisen zu gegenseitigen Vorwürfen, zu Resignation und Uneinigkeit über die Beurteilung weiterer Erfolgsaussichten eines direkten Widerstandes gegen Hitler. Groscurth, wie Oster einer der entschiedensten Hitlergegner, erklärte in diesen Wochen verbittert, „diese unentschlossenen Führer ekeln einen an[66]." Auch Witzleben gelang es in nächster Zeit nicht, Halder von der Richtigkeit einer Aktion gegen Hitler zu überzeugen. Eine erneute Reise Stülpnagels zu den Heeresgruppenoberbefehlshabern der Westfront führte ebenfalls zu keinen neuen Ansatzmöglichkeiten für eine Staatsstreichaktion; danach äußerten Halder und Stülpnagel gegenüber Groscurth und Oster, Beck und Oster sollten sich nicht so sehr exponieren[67]. Ohne positives Ergebnis blieb auch Mitte November ein Besuch Halders bei Weizsäcker[68].

Sogar die ersten Informationen über die gelungene Kontaktaufnahme des Münchener Rechtsanwalts Dr. Josef Müller aus dem Amt Ausland/Abwehr mit dem englischen Gesandten beim Vatikan[69] brachten keinen Umschwung im OKH. Eindringlich erklärte Beck in seiner Denkschrift vom 20. November 1939, es komme darauf an, den „von vornherein aussichtslosen Weltkrieg je eher je besser zu liquidieren"[70] — dies war eine Erkenntnis, die Halder und Brauchitsch in dieser Rigorosität am Ende des Jahres 1939 zweifellos nicht gewonnen hatten, zumal Hitler gerade in einer fast zweistündigen Rede vor ca. 180-200 Generalen und Stabsoffizieren am 23. November 1939 ein Ruhmeslied auf die Kampfkraft der deutschen Wehrmacht angestimmt und dabei insbesondere dem OKH vorgehalten hatte: „Alles liegt in der Hand des militärischen Führers. Mit dem deutschen Soldaten kann ich alles machen, wenn er gut geführt wird [...]. Ich zertrete jeden rücksichtslos, der sich diesem Siegeswillen nicht beugt[71]." Brauchitsch, der in dem anschließenden Gespräch mit Hitler aufgrund dieser offenkundigen Vertrauenskrise seinen Rücktritt anbot, den Hitler jedoch ablehnte, konzentrierte danach seine Arbeit auf den rein dienstlichen Bereich und war nicht bereit, weitere politische oder verschwörerische Möglichkeiten gegen Hitlers Kriegspolitik zu erörtern. Halder erklärte Generalmajor Thomas, der ihn kurz darauf im Auftrage des preußischen Finanzministers Popitz, von Goerdeler, Beck und Oster nochmals dazu aufforderte, die Ausweitung des Krieges — notfalls durch Verhaftung Hitlers — zu verhindern, Brauchitsch sei dazu „nicht zu bewegen"[72]. Man habe außerdem keine Persönlichkeit, die man an Hitlers Stelle dem Volk präsentieren könne. Zudem richte sich Englands Kampf nicht nur gegen die Nazis, sondern gegen das ganze deutsche Volk. Mit ähnlichen Worten erläuterte Halder dann auch Groscurth seine Ablehnung. Er meinte[73], es sei wirklich „nicht zu ertragen, daß Deutschland auf die Dauer ein Helotenvolk Englands" sei. Wie Hassell überliefert, kam Admiral Canaris zu dem Ergebnis, „es habe keinen Zweck mehr, etwas in der Richtung zu versuchen"[74].

Enttäuschend und zugleich für den Zustand der Militäropposition zum Jahresbeginn 1940 symptomatisch verlief auch ein Gespräch zwischen Beck und Halder am 16. Januar 1940. Halder machte deutlich, daß er sich nicht zur Durchführung eines „Kapp-Putsches" drängen lassen wolle. Nach seiner Einschätzung war keine breite Basis für ein Losschlagen vorhanden, da die Truppe nach wie vor an den „Führer" glaube[75]. Goerdeler, der über die Entschlußlosigkeit der Generale „verzweifelt" war, entwickelte im März/April nochmals eine rege Aktivität und hatte mit dem Generalstabschef mehrere Unterredungen. Die Gespräche verstärkten jedoch nur Halders Abneigung gegen jeden Druck von ziviler Seite aus. In einem abschließenden Brief an Goerdeler lehnte Halder dann eindeutig eine Aktion während des Krieges ab und erklärte, daß der Krieg erst „durchgeschlagen werden müsse, ein Kompromißfriede sei sinnlos"[76].

Über die allgemeinen politischen Beweggründe der Widerstandsbemühungen im Winter 1939/40 informiert das im Januar/Februar 1940 von Hassell, Beck und Goerdeler zusammengestellte politische Programm für eine Regime-Änderung nach gelungenem Staatsstreich[77]. Unter der Regentschaft eines Reichsverwesers sollte ein Verfassungsrat die neue Verfassungsordnung ausarbeiten. Ferner sollte die Freiheit von Presse, Wissenschaft und Lehre wieder hergestellt werden. Die Auflösung der NSDAP und des Einheitsstaates durch Wiedererrichtung der alten Reichsländer sowie die Einsetzung eines Gesetzesrates, der alle Gesetze seit Regierungsantritt Hitlers zu überprüfen hatte, dokumentiert ohne Zweifel die fundamentale Gegnerschaft dieser Gruppe zum NS-Staat. Darüber hinaus verdeutlichen die beabsichtigte sofortige Aufhebung der Judengesetze und die geplante Übertragung der vollziehenden Gewalt an die Wehrkreisbefehlshaber, daß die von Oster und Groscurth sorgfältig registrierten und von mehreren Befehlshabern wie den Generalen Petzel, Ulex und Blaskowitz — seit November 1939 empört angeprangerten Raub- und Mordaktionen der SS im besetzten Polen[78] ein nicht gering einzuschätzendes Motiv für die Widerstandshaltung gegen Hitler und sein System im Winter 1939/40 waren.

Andererseits offenbart ein Befehl Brauchitschs über „Heer und SS" vom 7. Februar 1940[79], daß er Verständnis zeigte für die im Rahmen der „Sicherung des deutschen Lebensraumes" in Polen „notwendige und vom Führer angeordnete Lösung volkspolitischer Aufgaben", die ganz „zwangsläufig zu sonst ungewöhnlichen, harten Maßnahmen gegenüber der polnischen Bevölkerung des besetzten Gebietes führen" müßten. Er billigte sogar eine zu erwartende „weitere Verschärfung dieser Maßnahmen" und entzog damit weiteren Protesten einzelner Offiziere gegen die Mordaktionen in Polen den Boden. Dennoch wird man im Gegensatz zu Christof Dipper[80] der prinzipiellen Betroffenheit und moralischen Empörung über die „Judenpolitik" bzw. die gesamte „NS-Judenverfolgungs- und Vernichtungspolitik" — gerade nach Kriegsbeginn, als die Wehrmacht damit unmittelbar viel stärker in Berührung kam — nicht nur eine „Funktion eines Auskunftsmittels über den Stand der Koalition" mit dem Nationalsozialismus, sondern viel stärker die Funktion des auslösenden Moments einer konsequenten prinzipiellen Widerstandshaltung gegenüber dem NS-Regime zubilligen müssen. Es bleibt die Frage, warum man diese Offiziere nicht stärker zum Widerstand heranzog. Zumindest erscheint es unverständlich, daß die in Offizierkreisen entstandene Verunsicherung und Empörung nicht mehr für die Zwecke der Militäropposition genutzt wurden, um deren Planungen damit voranzutreiben.

Inzwischen hatten sich bis Frühjahr 1940 — neben zum Teil vergeblichen Bemühungen von Theo Kordt, deutscher Geschäftsträger in London, und Ulrich v. Hassell in der Schweiz sowie von Adam v. Trott zu Solz, Legationsrat im Auswärtigen Amt, in den USA[81] — erfolgversprechende außenpolitische Sondierungen und Gespräche ergeben, die Josef Müller in Becks und Osters Auftrag seit Ende September im Vatikan aufgenommen hatte[82]. Über Papst Pius XII. kam es dabei mit dem britischen Gesandten beim Hl. Stuhl, Sir Francis d'Arcy Osborne, zum Austausch von politischen Fragen und Antworten, die eine spätere Verhandlungsgrundlage darstellen konnten. Ziel der Sondierungen war es, die Zusage der Westmächte zu erhalten, daß sie eine Staatsstreichsituation in Deutschland nicht zu militärischen Offensivmaßnahmen ausnutzen würden, sowie Zusicherungen über Friedensbedingungen zu erlangen, die einer Regierung nach Hitlers Sturz gewährt würden. Die Erklärungen der Westmächte sollten dann quasi die Entscheidung zum Staatsstreich herbeiführen.

Schon die ersten Ergebnisse im Oktober 1939 ließen die Bereitschaft des Papstes zur Vermittlung und eine gewisse Aufgeschlossenheit der britischen Regierung für die Annäherungsversuche der deutschen Opposition erkennen[83]. Die Gespräche wurden jedoch aufgrund des „Venlo"-Zwischenfalles vom 9. November 1939, bei dem zwei britische Geheimdienstoffiziere von Heydrichs Sicherheitspolizei an der deutsch-holländischen Grenze in eine Falle gelockt und nach Deutschland verschleppt wurden, kurzfristig unterbrochen, kamen dann aber im Februar 1940 zum Abschluß. Müller konnte Ende Februar/Anfang März das Ergebnis mit Dohnanyi in Berlin in einem umfangreichen Bericht zusammenfassen[84]. Dieser „X-Bericht" sollte Halder und Brauchitsch vorgelegt werden, um beide doch noch zu einer Aktion zu veranlassen.

Es war jedoch bereits ein schlechtes Omen, daß Halder den für die Übergabe arrangierten Besuch von Hassell absagte, so daß schließlich General Thomas dem Generalstabschef am 4. April 1940 den Bericht vorlegte[85]. Nach dem Zeugnis von Thomas und Müller nannte der nach dem 20. Juli 1944 verlorengegangene Bericht folgende Bedingungen für eine Vermittlung des Papstes mit England im Falle einer Widerstandsaktion[86]: Beseitigung Hitlers und Ribbentrops, klare Trennung von den bisherigen Machthabern des NS-Regimes durch Bildung einer neuen Regierung, kein deutscher Angriff im Westen, Fortbestand der Grenzen von 1937, Abstimmung in Österreich über Verbleib bei Deutschland.

Halder, der die Papiere dem Oberbefehlshaber des Heeres zwar vorlegte, nutzte die Gelegenheit jedoch nicht, Brauchitsch im persönlichen Gespräch von der damit auf außenpolitischem Gebiet verbundenen Chance zu überzeugen. Als Thomas den Bericht wieder abholte, schilderte ihm Halder die ablehnende Reaktion Brauchitschs, der gesagt habe: „Sie hätten mir das nicht vorlegen sollen. Das ist glatter Landesverrat, das mitzumachen kommt für mich unter keinen Umständen in Frage. Im Kriege ist für den Soldaten keinerlei Verbindung mit einer ausländischen Macht zulässig[87]." Die vom Oberbefehlshaber des Heeres darüber hinaus verlangte Verhaftung der an der Aktion beteiligten Verschwörer lehnte Halder jedoch entschieden ab. Die Vorstellungen erzielten letztlich „gar keinen Erfolg"[88]. Halder und Brauchitsch waren nicht bereit, aufgrund der Ergebnisse dieser außenpolitischen Sondierungen wieder konspirative Pläne aufzunehmen. Wenige Tage darauf kam es nach dem militärischen Triumph bei dem am 9. April 1940 begonnenen Feldzug gegen Dänemark und Norwegen zu einem weiteren Anstieg von Hitlers Prestige, so daß die bevorstehende Westoffensive bei vielen oppositionell eingestellten Armeeführern immer weniger als entscheidender Ansatzpunkt einer Staatsstreichaktion angesehen wurde.

Im Auftrag Becks hat dann Müller Anfang Mai 1940 im Vatikan seinen Kontaktleuten mitgeteilt, daß eine Aktion der Generale nun doch nicht zu erwarten sei und daß der Angriff im Westen, verbunden mit einer Neutralitätsverletzung Belgiens, Luxemburgs und der Niederlande, unmittelbar bevorstehe[89]. Durch diesen Akt des formellen Landesverrates distanzierte sich der um Beck versammelte militärisch-zivile Widerstandskreis einerseits mit aller Deutlichkeit von Hitlers Kriegspolitik und bevorstehender Angriffsabsicht, andererseits konnte dadurch dokumentiert werden, daß die „römischen Gespräche" kein Täuschungsmanöver der deutschen Seite waren.

Außer der Mitteilung Müllers, die über den Vatikan an die Regierungen in Belgien, Holland, England und Frankreich gelangte, erhielten die Westmächte und die neutralen Staaten noch eine genauere Warnung über die alsbald beginnende Westoffensive, die bei Erörterung und Bekanntwerden im Kreis der Militäropposition zweifellos von Halder und dem Oberbefehlshaber des Heeres noch weniger gebilligt und noch schärfer als Landesverrat bezeichnet worden wäre als Müllers Kontakte; sie hätte dann wohl auch zu einem tiefgehenden Bruch in der ohnehin sehr heterogen zusammengesetzten militärischen Widerstandsgruppe geführt. Aufgrund persönlicher Gewissensentscheidung und der Einschätzung, daß es nicht möglich sei, über Halder und Brauchitsch auf Hitler einzuwirken, um die Ausweitung des Krieges zu verhindern, hatte der Chef der Zentralabteilung im Amt Ausland/Abwehr, Oberst Hans Oster, ab Anfang Oktober 1939 wiederholt dem ihm befreundeten niederländischen Militärattaché, Major J.G. Sas, von Hitlers Entschluß, den Angriff im Westen gegen Frankreich mit einem

378

Überfall auf Belgien, Luxemburg und die Niederlande zu verbinden, Mitteilung gemacht[90]. Auch am Abend des 9. Mai 1940 versetzte Oster den Attaché in die Lage, den für den nächsten Tag beabsichtigten Angriff sowohl seiner Regierung in Den Haag als auch dem belgischen Militärattaché anzukündigen. Da sich aber Osters frühere Warnungen seit Oktober 1939 aufgrund der wiederholten Terminverschiebungen durch Hitler bisher nicht als richtig erwiesen hatten, schenkte die niederländische Regierung auch dieser erneuten Warnung nicht die gebührende Achtung. Die Regierung in London wurde erst gar nicht über die geheime Mitteilung informiert, so daß die von Oster verfolgte Absicht, durch ein Scheitern des deutschen Angriffs aufgrund einer gut vorbereiteten und nicht zu überraschenden Abwehrstellung der Westmächte indirekt auf Hitlers Position und Handeln einzuwirken, nicht zum gewünschten Erfolg führte. Statt dessen brachte der am 10. Mai 1940 begonnene Westfeldzug einen imposanten Sieg der deutschen Wehrmacht, der zugleich Hitlers Stellung als Oberster Befehlshaber der Wehrmacht im Dritten Reich in ganz entscheidendem Maße aufwertete und den Diktator nach der Waffenstillstandsvereinbarung mit Frankreich im Wald von Compiègne am 22. Juni 1940 auf den Höhepunkt seiner politischen Macht brachte.

Neuere Untersuchungen von Harold C. Deutsch[91] und Rainer A. Blasius[92] haben mittlerweile das Ergebnis gebracht, daß nicht nur Oster und Müller den Akt des formellen Landesverrates begingen. Auch Generaloberst v. Reichenau, Staatssekretär Frhr. v. Weizsäcker und Oberst Warlimont haben — zum Teil über mehrere Vermittlungspersonen — zu verschiedenen Zeiten von 1938 bis 1940 Hitlers Kriegs- und Angriffstermine an das Ausland weitergegeben. Es kann deshalb nicht mehr angebracht sein, die Frage nach der Zulässigkeit des Landesverrates im Rahmen von Widerstandshandlungen singulär als „Fall Oster"[93] darzustellen. Ferner dürfte es für die weitere Erörterung dieser Frage wenig hilfreich sein, die aufgrund einer Ausnahmesituation nach persönlicher Gewissensentscheidung und in alleiniger Verantwortung im Einzelfall durchgeführte Konspiration mit dem potentiellen Gegner, um den Krieg oder dessen Ausweitung zum Weltkrieg zu verhindern, mit einem im Auftrage und zum Teil in finanzieller Abhängigkeit von einer ausländischen Macht kontinuierlich betriebenen landesverräterischen Handeln zu vergleichen. Man kann der Militäropposition nicht einerseits den Vorwurf machen, es habe ihr an Konsistenz im Kampf gegen Hitler und an der grundsätzlichen Bereitschaft, das Letzte zu wagen, gemangelt und andererseits versuchen, die außergewöhnlichen Handlungsweisen Osters, Müllers und Weizsäckers aus dem Bereich des Widerstandes in den Grenzbereich zum verwerflichen, aus Gewinnsucht, Eigennutz oder niederen Beweggründen betriebenen Landesverrat abzudrängen. Oster selbst hat übrigens den Vorwurf des Landesverrates für sein Handeln zurückgewiesen und es als seine Pflicht betrachtet, „Deutschland und damit die Welt von dieser [nationalsozialistischen] Pest zu befreien"[94].

## IV. Zustimmung und Fachkritik zu „Barbarossa"

Nach dem militärischen Erfolg über Frankreich konnten die Sicherheitsdienststellen im Juni/Juli 1940 mit großer Zufriedenheit in ihren geheimen Lageberichten[95] über die „im gesamten deutschen Volk" vorhandene „innere Geschlossenheit und enge Verbundenheit von Front zu Heimat" Meldung machen. Der Tätigkeit einer Opposition und sonstiger Gegnergruppen sei „überall der aufnahmefähige Boden entzogen", hieß es in den Berichten, alles schaue „dankbar und mit Vertrauen auf den Führer und seine von Sieg zu Sieg eilende Wehrmacht". Das „veränderte psychologisch-politische Klima" — wie es Helmut Krausnick einmal bezeichnet hat[96] — kam auch in der Haltung führender Generale zum Ausdruck. Der spätere Generalquartiermeister Wagner notierte sich in seinen Aufzeichnungen, die „hohen Herrn Oberbefehlshaber" seien „unleidlich vor Beschäftigungslosigkeit"[97]; Weizsäcker berichtet, „auch diejenigen Generale, die vor dem 10.5.1940 einer Offensive gegen Westen abgeneigt waren, sind jetzt von ihrer Zweckmäßigkeit überzeugt, sprechen abfällig vom Gegner und wollen nicht mehr gern an ihre früheren Urteile erinnert werden", neue Aufgaben erklärten sie sehr bald für „reizvoll"[98].

Vor dem Hintergrund dieser Siegeseuphorie und „tiefen Freude" muß auch die Haltung zu dem von Hitler Ende Juli 1940 gefaßten Entschluß, den bisherigen Vertragspartner Sowjetunion zu überfallen und damit sein „Ostprogramm" zu verwirklichen[99], gesehen werden. Obwohl beispielsweise Halder und Brauchitsch — ähnlich wie Weizsäcker — noch im Januar 1941 der „Sinn" dieses neuen von Hitler mit der Weisung Nr. 21 vom 18. Dezember 1940 befohlenen Krieges gegen die UdSSR „nicht klar" war[100], haben sich beide an die routinemäßige Bearbeitung und Umsetzung der Hitlerschen Entscheidungen in einer umfangreichen operativen Planung gemacht und damit weitgehend auf ihre rein dienstliche Tätigkeit zurückgezogen.

Gleichsam als Hemmnis für das Aufkommen einer schärferen Widerstandshaltung gegen Hitlers neue Kriegsabsicht ist einerseits auf die übereinstimmende Auffassung über die Geringschätzung der militärischen Stärke der UdSSR und andererseits auf den weitgehenden Gleichklang mit der NS-Propaganda bis 1939 in bezug auf die Einschätzung des Kommunismus als mitverantwortlich für die deutsche Niederlage von 1918 und den Niedergang der deutschen Großmachtstellung nach dem Ersten Weltkrieg zu verweisen. Für diese Affinität zu den aus der NS-Ideologie geborenen politischen Zielsetzungen ist z.B. die Einstellung des zum Widerstandskreis um Oberst Oster zählenden Korvettenkapitäns Franz Liedig symptomatisch, der in einer Denkschrift zur militärischen Lage vom Dezember 1939 dazu aufforderte, „die bolschewistische Weltgefahr einzudämmen" und sich militärisch gegen das „noch immer asiatisch-ungeschlachte, unberechenbare und skrupellose Staatsgebilde, wie es das heutige Rußland ist", zu wenden[101]. So begünstigten traditionelle Hegemonievorstellungen gegenüber der Sowjetunion und Osteuropa sowie eine militant antikommunistische Grundhaltung die Aufnahme des neuen Hitlerschen Kriegszieles in den militärischen Führungskreisen. Es kam folglich zu keinen nachhaltigen Einwänden gegen den Entschluß, die Sowjetunion zu überfallen. Gleichwohl wurde verhaltene Kritik geäußert[102] — so von Weizsäcker, Jodl und Warlimont. Auch Hitlers Paladine Ribbentrop, Göring und Keitel sollen anfangs Bedenken geäußert haben. Am eindringlichsten hat wohl Großadmiral Raeder aus ressort-spezifischen Gründen versucht, Hitler vom Ostkrieg abzubringen und ihn für die schwerpunktmäßige Fortsetzung des Krieges gegen Großbritannien zu gewinnen.

Diese Einwände resultierten weniger aus grundsätzlicher Gegenposition als vielmehr aus dem Wunsch, eine zeitliche Verschiebung des „Unternehmens Barbarossa" bis nach Abschluß des Krieges gegen England zu erreichen, um die Gefahr des Zweifrontenkrieges abzuwenden. In der Regel akzeptierte man grundsätzlich die Richtigkeit des Kampfes gegen den Bolschewismus, war man überwiegend von den Erfolgsaussichten innerhalb weniger Wochen überzeugt[103]. So blieben denn auch sorgfältige Analysen — wie die im Oktober 1940 vorgelegten, für Generaloberst Halder bestimmten Warnungen des Gesandtschaftsrates v. Walther aus der Deutschen Botschaft in Moskau, der vor den ökonomischen und gesamtstrategischen Folgen des neuen Krieges warnte[104] — erfolglos. Es läßt sich feststellen, daß im Gegensatz zu den Widersprüchen vor Beginn des Westfeldzuges von 1939/40 bei der Entscheidung Hitlers zur militärischen Ostlösung keine Ansatzmöglichkeiten für die Formierung einer mit Staatsstreichüberlegungen verbundenen Militäropposition gesehen wurden.

Als Hitler im Verlauf der weiteren Befehle für den Angriff auf die Sowjetunion nach Jahresbeginn 1941 in ganz entscheidendem Maße den Kriegsvorbereitungen auf völkerrechtlich-politischem Gebiet den Stempel eines rassen-ideologischen

Vernichtungskrieges aufdrückte und keinen Zweifel an der besonderen Qualität dieses Krieges ließ, hat man im Kreis um Hassell, Beck, Oster, Popitz und Goerdeler die Hoffnung gehabt[105], daß es durch Verweigerung bei Annahme und Ausführung der „verbrecherischen Befehle" — wie des „Barbarossa-Erlasses" vom 13. Mai 1941 oder des „Kommissarbefehls" vom 6. Juni 1941[106] — zu einem neuen Anstoß für eine Umsturzaktion kommen könnte. Man kam aber nach Hassell „zu dem Ergebnis, daß auch diesmal nichts zu erwarten sei". Vergeblich hat auch Oberstleutnant Henning v. Tresckow im Stab der Heeresgruppe Mitte seinen Oberbefehlshaber und Onkel, Generalfeldmarschall v. Bock, bedrängt, gemeinsam mit den anderen Oberbefehlshabern im Osten diese Befehle nicht zu akzeptieren[107]. Bock gab sich jedoch mit einem mündlichen Protest beim OKH zufrieden.

Bezeichnend für die Hitlers Vorstellungen zum Teil entgegenkommende Einstellung innerhalb der Militäropposition ist ein von Generaloberst Erich Hoepner Anfang Mai 1941 über die Grundlagen der Kriegführung gegen die UdSSR an die ihm unterstellte Panzergruppe 4 herausgegebener Befehl[108]. Hoepner, der seit 1938 zum militärischen Widerstandskreis zu rechnen ist und nach anderen Zeugenaussagen den Angriff auf die UdSSR als Deutschlands „Harakiri" bezeichnet hat, griff darin — wohl ohne zwingenden Anlaß — Hitlers berüchtigte Ausführungen über die beabsichtigte rücksichtslose Kampfführung gegen die Rote Armee vom 30. März 1941 auf und bezeichnete den Krieg gegen die Sowjetunion als „Verteidigung europäischer Kultur gegen moskowitisch-asiatische Überschwemmung, [als] Abwehr des jüdischen Bolschewismus"; der Krieg müsse „mit unerhörter Härte geführt werden" und zur „erbarmungslosen, völligen Vernichtung des Feindes" führen. Hoepner erklärte seinen Soldaten ferner, es dürfe insbesondere „keine Schonung für die Träger des heutigen russisch-bolschewistischen Systems" geben. Betroffen über solche Befehle notierte sich Hassell in seinem Tagebuch: Man habe sich damit „auf das Hitlerische Manöver eingelassen, das Odium der Mordbrennerei der bisher allein belasteten SS auf das Heer zu übertragen"[109].

Der ausbleibende entschiedene und nachhaltige Protest auf der einen Seite sowie die geschäftsmäßige Beteiligung andererseits — so auch von Generaloberst Halder — bei der Ausarbeitung und Umsetzung der Hitlerschen Ausrottungs- und Vernichtungsvorstellungen in konkrete Befehle und Anweisungen für die eigene Truppe offenbaren dann auch das hohe Maß an Mitverantwortlichkeit der Wehrmacht- und Heeresführung am radikalen Vernichtungskrieg gegen die UdSSR.

Erst die nach dem Überfall am 22. Juni 1941 einzelnen Offizieren angesichts der Mordaktionen und Kriegsverbrechen immer deutlicher werdende eigene Verstrickung hat im Bereich der Heeresgruppe Mitte zur Bildung der engeren Widerstandsgruppe um Oberstleutnant v. Tresckow geführt[110], die sich dann ab Herbst 1941 wieder intensiv darum bemühte, die Militäropposition neu zu formieren, um neuen Staatsstreichplänen eine breitere Basis und ihnen durch Verbesserung der äußeren und inneren Voraussetzungen eine größere Aussicht auf Erfolg zu verschaffen[111], als dies bei einzelnen Attentatsüberlegungen in der Zeit vom Sommer 1940 bis Sommer 1941 in Berlin und im Stabe Witzlebens in Paris der Fall war[112]. Ab Winter 1941/42 gab schließlich auch die Niederlage vor Moskau den Anlaß, die Bereitschaft mancher Offiziere zum Widerstand gegen Hitler nach diesem militärischen Rückschlag erheblich zu fördern.

## V. „Anti-Kriegsausweitungsgruppe" und fundamentale Hitlergegner

Will man zusammenfassend die Ansätze und Hindernisse der Militäropposition für die Zeit von 1939 bis 1941 erfassen, um zugleich die Gründe für das Nicht-Zustandekommen eines militärischen Staatsstreiches gegen Hitler zu verstehen, so muß man auf die inneren und äußeren Schwierigkeiten verweisen, die einer Militäropposition gegen Hitler und dem Gelingen eines Umsturzversuches entgegenstanden[113]. Als Ergebnis läßt sich dabei festhalten, daß „die Militäropposition" von 1939 bis 1941 kein einheitliches, in sich geschlossenes und auf allgemein übereinstimmende Zielvorstellungen ausgerichtetes Phänomen war. Anstoß für ein oppositionelles und verschwörerisches Verhalten gegen Hitler und den NS-Staat bildeten unterschiedliche Auffassungen als Teilgruppe innerhalb der Herrschaftselite des Dritten Reiches (z.B. bei Reichenau und Schacht) über den weiteren außen- und machtpolitischen Weg, die teilweise auch verkürzt als ressort-spezifische Gründe zu kennzeichnen sind. Hinzu kamen moralisch-ethische Beweggründe, die — gleichsam innenpolitisch motiviert — aus den verbrecherischen Handlungsweisen der NS-Machthaber resultierten (z.B. bei Oster und Groscurth). Dadurch sind einerseits Übereinstimmungen mit den nationalsozialistischen Hegemonieplänen in der außenpolitischen Zielvorstellung einer deutschen Großmachtstellung zu konstatieren[114], wobei man jedoch die Hitlersche Fortsetzung und Ausweitung des Krieges zum „europäischen Großkrieg" oder Weltkrieg gegen Frankreich, Großbritannien und die USA ablehnte und verhindern wollte, und andererseits prinzipielle politische Gegenpositionen zu registrieren, die Grundlage einer unerbittlichen Gegnerschaft zum NS-System waren.

Dementsprechend *konnten* ganz unterschiedliche Ereignisse und Beobachtungen wie Hitlers Absicht zum Angriff im Westen oder die Praktiken der NS-Juden- und Vernichtungspolitik in Polen sowie der Entschluß zum Krieg gegen die Sowjetunion oder die Ankündigung der Hitlerschen Vernichtungspolitik gegen die Bevölkerung der UdSSR Anlaß und Ansatzpunkt für eine stärkere Formierung der Militäropposition mit sich daraus ergebenden konkreten Staatsstreichüberlegungen sein. Als besonderes Dilemma für die militärische Widerstandsgruppe erwies sich ferner die Erkenntnis, erst dann gegen Hitler erfolgreich handeln zu können, wenn dessen Ansehen bei der deutschen Bevölkerung und im jüngeren Offizierkorps durch einen größeren militärischen Rückschlag schwerwiegend erschüttert sei.

In der Gruppe um Beck, Oster, Gisevius und Groscurth wurden ab 1939 sehr viel weitreichendere Absichten mit dem Ziel eines gewaltsamen Regime-Sturzes verfolgt als im Vergleich zur „Anti-Kriegsausweitungsgruppe" um Halder und Brauchitsch. Zum Hemmnis struktureller Art für diese, energisch auf die Beseitigung Hitlers zielende Gruppe wurde die Überzeugung, daß man beim Umsturzversuch an der Spitze nicht auf die befehlsgebende Autorität Brauchitschs und Halders verzichten wollte, man also die Unterstützung der in erster Linie viel stärker um die Verhinderung der Kriegsfortführung und Kriegsausweitung bemühten Funktionsträger zu gewinnen suchte; nur mit ihnen meinte der Kreis um Oster-Groscurth-Gisevius, ein gewisses Maß an Aussicht auf Erfolg beim Staatsstreich zu erzielen. Die beiden Haupt-Repräsentanten dieser Gruppe — Brauchitsch und Halder — waren jedoch von der Notwendigkeit eines gewalttätigen Umsturzes mit einem Attentat gegen Hitler nie so recht überzeugt, zumal sie keine direkte Bestätigung von seiten der Westmächte gerade auf dem für sie so wichtigen außenpolitischen Gebiet erhielten, nämlich die Umsturzsituation im Reich militärisch dann nicht auszunutzen. Die Furcht vor Hitlers falscher Kriegspolitik reichte nicht aus, um ein tragfähiges Fundament für eine kontinuierliche und entschlossene Opposition zu bilden. Einen Alleingang — eventuell gegen Brauchitsch — lehnten sowohl Halder als auch die Gruppe um Canaris und Oster ab. Der Generalstabschef hielt es nicht für möglich, ohne den Oberbefehlshaber des Heeres die Mehrzahl der führenden Heeresgeneralität uneingeschränkt für eine Staatsstreichaktion gewinnen zu können. Dies war ein Ergebnis, das auch auf die Erfahrungen Becks vom Sommer 1938 zurückging. Halder lehnte es ferner ab, eine ausufernde Militärrevolte anzuführen, die schon bei Beginn die militärische Ordnung und institutionellen Strukturen auflöste, indem man den Oberbefehlshaber des Heeres überging.

Nach der Absage Brauchitschs und Halders zerfiel die Militäropposition ab November 1939 wieder in einzelne oppositionell eingestellte Hitlergegner, deren Widerstandshaltung gleichwohl prinzipieller Art sein konnte. Die fundamentalen Hitlergegner waren zwar gleichsam auf sich allein zurückgeworfen, sie bildeten jedoch die Kristallisationsmöglichkeit für eine neue Oppositionsgruppe um jüngere Offiziere, deren Widerstandshaltung insbesondere vom Erlebnis des Ostkrieges und angesichts der bevorstehenden Katastrophe von dem Verantwortungsgefühl um die Zukunft Deutschlands geprägt war; die dann auch bereit waren, ohne die Leitfigur des Oberbefehlshabers des Heeres oder des Generalstabschefs zu handeln.

Auf die Frage, inwieweit auch die Haltung der Gegner der Hitlerschen Kriegsausweitungspolitik aus grundsätzlicher Motivation resultierte oder ob sie „nur" stärker der gewünschten Durchsetzung einer alternativen Strategie und Kriegspolitik innerhalb der Herrschaftselite zuzuordnen ist, können wohl erst detailliertere Untersuchungen zur Grundhaltung der Militäropposition nach Kriegsbeginn eine Antwort geben. Sie müßten im Rahmen einer graduell und zeitlich differenzierteren Beschreibung — ähnlich wie es Klaus-Jürgen Müller am Beispiel Becks für die Vorkriegszeit getan hat[115] — dann stärker auf die vergleichbaren Verhaltensweisen und das Wirken als jeweilige Funktionsträger des Dritten Reiches eingehen. Dies ergänzend, müßte ferner ein umfangreiches Forschungsobjekt über den Widerstand im Bereich des einzelnen Soldaten oder Offiziers aus der Truppe ähnlich den neueren Studien über den NS-Alltag und den Widerstand der Bevölkerung in Bayern[116] Auskunft geben.

Gleichwohl ist prinzipiell anzumerken, daß die Gegner der Kriegsausweitungspolitik sich gegenüber Hitler sehr wohl im Widerstand befanden, indem sie ihm nämlich auf dem Weg in den großen und totalen Krieg die von ihm verlangte volle Gefolgschaft verweigerten. Insofern sind die Überlegungen und Planungen zum Staatsstreich 1939/40 ein Beleg für die Tatsache, daß der militärische Widerstand nicht erst 1944 aufkam, als man erkennen mußte, daß der Krieg verloren war, sondern bereits für die ersten Kriegsjahre nachzuweisen ist, als Hitler noch von Sieg zu Sieg schritt.

*Anmerkungen*

1 Vgl. die Darstellung bei Karl Dietrich Bracher, Auf dem Wege zum 20. Juli 1944, in: Widerstand und Verweigerung in Deutschland 1933 bis 1945, hrsg. von Richard Löwenthal u.a., Berlin/Bonn 1982, S. 143-172; Eberhard Zeller, Geist der Freiheit. Der Zwanzigste Juli, München [4]1963; sowie umfassend Peter Hoffmann, Widerstand,

Staatsstreich, Attentat. Der Kampf der Opposition gegen Hitler, München [3]1979, dort auch weitere Angaben zur Literatur; ebenso in der Bibliographie von Regine Büchel, Der Deutsche Widerstand im Spiegel von Fachliteratur und Publizistik seit 1945, München 1975.
Der Verf. dankt Prof. Dr. H. Krausnick, Stuttgart, Prof. Dr. M. Messerschmidt, Freiburg, Dr. R.-D. Müller, Freiburg und H.U. Stenger, Frankfurt, für mehrere Hinweise und Anregungen.

2 Zur Periodisierung nach vier „Runden" vgl. Harald C. Deutsch, Verschwörung gegen den Krieg. Der Widerstand in den Jahren 1939-1940, München 1969, S. 4.

3 Ebd., S. 2.

4 Vgl. dazu die Hinweise bei Kurt Sendtner, Die deutsche Militäropposition im ersten Kriegsjahr, in: Vollmacht des Gewissens, Bd 1, Frankfurt/Berlin 1960, S. 385-532, insbes. S. 531.

5 Ähnlich Erich Kosthorst, Die deutsche Opposition gegen Hitler zwischen Polen- und Frankreichfeldzug, Bonn [3]1957 (= Schriftenreihe der Bundeszentrale für Heimatdienst, H. 8), S. 9.

6 Vgl. Fritz Fischer, Bündnis der Eliten. Zur Kontinuität der Machtstrukturen in Deutschland 1871-1945, Düsseldorf 1979; Andreas Hillgruber, Großmachtpolitik und Militarismus im 20. Jahrhundert. 3 Beiträge zum Kontinuitätsproblem, Düsseldorf 1974; Klaus-Jürgen Müller, Armee, Politik und Gesellschaft in Deutschland 1933-1945. Studien zum Verhältnis von Armee und NS-System, Paderborn [3]1979; sowie ders., Das Heer und Hitler. Armee und nationalsozialistisches Regime 1933-1940, Stuttgart 1969 (= Beiträge zur Militär- und Kriegsgeschichte, Bd 10).

7 Walter Görlitz, Die deutsche Militäropposition 1939 bis 1945, in: Frankfurter Hefte, 4 (1949), S. 230-237, hier S. 230.

8 So auch die Hinweise bei Klaus-Jürgen Müller, Die nationalkonservative Opposition vor dem Zweiten Weltkrieg: Zum Problem ihrer begrifflichen Erfassung, in: Militärgeschichte. Probleme — Thesen — Wege, hrsg. vom MGFA, Stuttgart 1982 (= Beiträge zur Militär- und Kriegsgeschichte, Bd 25), S. 215-242; zu den Entwicklungsstufen und Arten des Widerstandes siehe Dieter Ehlers, Technik und Moral einer Verschwörung. Der Aufstand am 20. Juli 1944, Bonn [2]1965; Eberhard Bethge, Adam von Trott und der deutsche Widerstand, in: Vierteljahrshefte für Zeitgeschichte (= VfZG), 11 (1963), S. 213-223, insbes. S. 217 ff.; Peter Hüttenberger, Vorüberlegungen zum „Widerstandsbegriff", in: Theorien in der Praxis des Historikers. Forschungsbeispiele und ihre Diskussion, hrsg. von Jürgen Kocka, Göttingen 1977 (= Geschichte und Gesellschaft, Sonderheft 3), S. 117-134.

9 Auf die Vorgänge soll hier nicht näher eingegangen werden; vgl. dazu die Arbeit von Harold C. Deutsch, Das Komplott oder die Entmachtung der Generale. Blomberg- und Fritsch-Krise. Hitlers Weg zum Krieg, o.O. (München) 1974, mit Angabe der älteren Literatur.

10 Vgl. Osters Aussage in: Spiegelbild einer Verschwörung. Die Kaltenbrunner-Berichte an Bormann und Hitler über das Attentat vom 20. Juli 1944. Geheime Dokumente aus dem ehemaligen Reichssicherheitshauptamt, hrsg. vom Archiv Peter für historische und zeitgeschichtliche Dokumentation, Stuttgart 1961, S. 30, 430, 451; Romedio Galeazzo Graf von Thun-Hohenstein, Der Verschwörer. General Oster und die Militäropposition, Berlin 1982, S. 77; Müller, Das Heer und Hitler, S. 580; ders., Armee, Politik und Gesellschaft, S. 114.

11 Müller, Armee, Politik und Gesellschaft, S. 119, bezeichnet die Auswüchse als „partikulare Negativ-Erscheinungen des Regimes"; zum Zitat nach einem Ausspruch Hit-

lers in seinen Tischgesprächen siehe Henry Picker, Hitlers Tischgespräche im Führer-hauptquartier. Vollständig überarbeitete und erweiterte Neuausgabe, Stuttgart 1977, S. 325 (21.5.1942). Zum Kontext vgl. Manfred Messerschmidt, The Wehrmacht and the Volksgemeinschaft, in: Journal of Contemporary History, 18 (1983), S. 728.

12 Klaus-Jürgen Müller, General Ludwig Beck. Studien und Dokumente zur politisch-militärischen Vorstellungwelt und Tätigkeit des Generalstabschefs des deutschen Heeres 1933-1938, Boppard 1980, dort auch Hinweise auf weitere biographische Skizzen über Beck. Vgl. zum folgenden Müller, Die national-konservative Opposition, S. 223 f.

13 Ebd., S. 225.

14 Siehe dazu Helmut Krausnick, Zum militärischen Widerstand gegen Hitler 1933-1939. Möglichkeiten, Ansätze, Grenzen und Kontroversen, in diesem Band, S. 311 ff.

15 Über die unterschiedliche Bewertung der Bereitschaft Becks, aus machtstaatlichen Überlegungen dennoch einen Angriffskrieg zu führen, vgl. die Kontroverse zwischen Peter Hoffmann, Generaloberst Ludwig Becks militärpolitisches Denken, in: Historische Zeitschrift ( = HZ), 234 (1982), H. 1, S. 101-121, und Klaus-Jürgen Müller, Militärpolitik, nicht Militäropposition! Eine Erwiderung, in: HZ, 235 (1982), H. 2, S. 355-371.

16 Müller, Das Heer und Hitler, S. 317 ff.; ders., General Ludwig Beck, S. 304 ff., 528 ff.; Wolfgang Foerster, Generaloberst Ludwig Beck. Sein Kampf gegen den Krieg. Aus nachgelassenen Papieren des Generalstabschefs, München 1953, S. 118 ff.

17 Nach Thun-Hohenstein, Der Verschwörer, S. 52, geriet Oster seit dem 30.6.1934 „immer mehr auf Oppositionskurs"; vgl. auch Osters Angabe nach den Kaltenbrunner-Berichten: Spiegelbild einer Verschwörung, S. 451.

18 Zur unterschiedlichen Beurteilung Halders vgl. Heidemarie Gräfin Schall-Riaucour, Aufstand und Gehorsam. Offizierstum und Generalstab im Umbruch. Leben und Wirken von Generaloberst Franz Halder, Generalstabschef 1938-1942, Wiesbaden 1972, und kritischer Gerd R. Ueberschär, Generaloberst Halder im militärischen Widerstand 1938-1940, in: Wehrforschung, 1/1973, S. 20-31.

19 Vgl. Rainer A. Blasius, Für Großdeutschland — gegen den großen Krieg. Staatssekretär Ernst Frhr. von Weizsäcker in den Krisen um die Tschechoslowakei und Polen 1938/39, Köln/Wien 1981.

20 Siehe Heinz Höhne, Canaris. Patriot im Zwielicht, München 1976, mit Hinweisen zu weiterer Literatur und älteren Biographien.

21 Vgl. nun die umfassende Biographie von Thun-Hohenstein, Der Verschwörer.

22 Vgl. u.a. Hans Boehm-Tettelbach, Ein Mann hat gesprochen, in: Rheinische Post vom 10.7.1948, S. 2; Erich Kordt, Nicht aus den Akten ..., Stuttgart 1950, S. 252, 279.

23 Gerhard Ritter, Carl Goerdeler und die deutsche Widerstandsbewegung, Stuttgart 1956, S. 202; vgl. Paul Kluke, Rede zum Gedenken des 20. Juli 1944, Frankfurter Universitätsreden, H. 39 (1966), S. 16; Hans Rothfels, Die deutsche Opposition gegen Hitler. Eine Würdigung. Neuausgabe Frankfurt 1969, S. 67.

24 Ritter, Goerdeler, S. 204 f.; Hans Bernd Gisevius, Bis zum bitteren Ende. Vom Reichstagsbrand bis zum 20. Juli 1944, Hamburg 1961, S. 378. Zur Einschätzung Goerdelers siehe auch A.P. Young, The 'X' Documents. Edited by Sidney Aster, London 1974, S. 113 ff.

25 Siehe Müller, Das Heer und Hitler, S. 365; Ueberschär, Generaloberst Halder, S. 20 ff.; Gisevius, Bis zum bitteren Ende, S. 377.

26 Vgl. die Aussage von H.B. Gisevius in: Der Prozeß gegen die Hauptkriegsverbrecher vor dem Internationalen Militärgerichtshof (= IMT), Nürnberg 1947, Bd 12, S. 234.

27 Vgl. Ulrich von Hassell, Vom Andern Deutschland. Aus den nachgelassenen Tagebüchern 1938-1944, Frankfurt 1964, S. 59; Helmut Krausnick, Vorgeschichte und Beginn des militärischen Widerstandes gegen Hitler, in: Vollmacht des Gewissens, Bd 1, Frankfurt/Berlin 1960, S. 371; Müller, Das Heer und Hitler, S. 393; Müller, Die national-konservative Opposition, S. 237 f.

28 Walter Görlitz, Der deutsche Generalstab. Geschichte und Gestalt 1657-1945, Frankfurt 1950, S. 481; vgl. auch die Angabe bei Gert Buchheit, Soldatentum und Rebellion. Die Tragödie der deutschen Wehrmacht, Rastatt/Baden 1961, S. 192.

29 Gisevius, Bis zum bitteren Ende, S. 378.

30 Peter Bor, Gespräche mit Halder, Wiesbaden 1950, S. 124; Hjalmar Schacht, Abrechnung mit Hitler, Berlin/Frankfurt 1949, S. 90 f.

31 Schacht, Abrechnung mit Hitler, S. 90 f.; Georg Thomas, Gedanken und Ereignisse, in: Schweizerische Monatshefte für Politik, Wirtschaft und Kultur, 25 (1945), H. 9, S. 537-559, hier S. 542.

32 Gisevius, Bis zum bitteren Ende, S. 395, 404.

33 Müller, Das Heer und Hitler, S. 396.

34 Krausnick, Vorgeschichte und Beginn des militärischen Widerstandes, S. 377; Müller, Die national-konservative Opposition, S. 241; Müller, Das Heer und Hitler, S. 394 f.

35 So insbesondere die Einschätzung Weizsäckers, siehe Blasius, Für Großdeutschland, S. 132, 139. Weitere Hinweise bei Müller, Das Heer und Hitler, S. 416.

36 Blasius, Für Großdeutschland, S. 140.

37 Gisevius, Bis zum bitteren Ende, S. 403 f.

38 Ebd., S. 395; vgl. die scharfe Kritik an Brauchitsch und Halder bei Friedrich Hoßbach, Zwischen Wehrmacht und Hitler 1934-1938, Göttingen ²1965, S. 176. Siehe ferner Gotthard Breit, Das Staats- und Gesellschaftsbild deutscher Generale beider Weltkriege im Spiegel ihrer Memoiren, Boppard 1973 (= Wehrwissenschaftliche Forschungen, Abt. Militärgeschichtliche Studien, Bd 17), S. 185 ff.; Müller, Das Heer und Hitler, S. 392 mit Anm. 73.

39 Die Weizsäcker-Papiere 1933-1950, hrsg. von Leonidas E. Hill, Berlin 1974, S. 164 (7.9.1939, Nachtrag zum 31.8.1939).

40 Ebd., S. 173.

41 Helmuth Groscurth, Tagebücher eines Abwehroffiziers 1938-1940. Mit weiteren Dokumenten zur Militäropposition gegen Hitler, hrsg. von Helmut Krausnick und Harold C. Deutsch unter Mitarbeit von Hildegard von Kotze, Stuttgart 1970 (= Quellen und Darstellungen zur Zeitgeschichte, Bd 19), S. 179 (24.8.1939).

42 Generaloberst Franz Halder: Kriegstagebuch. Tägliche Aufzeichnungen des Chefs des Generalstabes des Heeres 1939-1942, Bd I: Vom Polenfeldzug bis zum Ende der Westoffensive (14.8.1939 — 30.6.1940). Bearbeitet von Hans-Adolf Jacobsen, Stuttgart 1962, S. 84 (25.9.1939).

43 Walter Warlimont, Im Hauptquartier der deutschen Wehrmacht 1939-1945, Frankfurt 1964, S. 51; vgl. Hans-Adolf Jacobsen, Fall Gelb. Der Kampf um den deutschen Operationsplan zur Westoffensive 1940, Wiesbaden 1957, S. 10; Das Deutsche Reich und der Zweite Weltkrieg, hrsg. vom MGFA, Bd 2: Die Errichtung der Hegemonie auf dem europäischen Kontinent, Stuttgart 1979, S. 238 ff., 241 ff. (Umbreit) und Kriegstagebuch des Oberkommandos der Wehrmacht (Wehrmachtführungsstab) 1940-1945. Geführt von Helmuth Greiner und Percy E. Schramm, Bd I: 1. August

1940 — 31. Dezember 1941, zusammengestellt und erläutert von H.-A. Jacobsen, Frankfurt 1965, S. 950.

44 Vgl. Dokument 052-L in: IMT, Bd 37, S. 466-486.

45 Kordt, Nicht aus den Akten, S. 356 f.; vgl. auch Müller, Das Heer und Hitler, S. 498; Kosthorst, Die deutsche Opposition, S. 56; Sendtner, Die deutsche Militäropposition, S. 395, 405, 426; Hoffmann, Widerstand, S. 167. Groscurth, Tagebücher, S. 51 ff., 217 ff.

46 Müller, Das Heer und Hitler, S. 481, S. 499 ff., 507; Ueberschär, Generaloberst Halder, S. 25 f.

47 Verschiedene parallel laufende Bemühungen und Vorbereitungen konstatierte auch Ritter, Goerdeler, S. 502 mit Anm. 13.

48 Deutsch, Verschwörung gegen den Krieg, S. 204 mit Anm. 49, und Höhne, Canaris, S. 367 f.

49 Kosthorst, Die deutsche Opposition, S. 159-166; Halder, Kriegstagebuch, Bd I, S. 104; Generalfeldmarschall Wilhelm Ritter von Leeb. Tagebuchaufzeichnungen und Lagebeurteilungen aus zwei Weltkriegen. Aus dem Nachlaß herausgegeben und mit einem Lebensabriß versehen von Georg Meyer, Stuttgart 1976 (= Beiträge zur Militär- und Kriegsgeschichte, Bd 16), S. 49 ff., 188, 468 ff.

50 Halder, Kriegstagebuch, Bd I, S. 107.

51 Groscurth, Tagebücher, S. 231 ff.

52 Ebd., S. 219, 498-503, auch zum folgenden Zitat; vgl. Hassell, Vom Andern Deutschland, S. 85 f. Kordt, Nicht aus den Akten, S. 359-366.

53 Halder, Kriegstagebuch, Bd I, S. 116; Sendtner, Die deutsche Militäropposition, S. 406; Hoffmann, Widerstand, S. 173; Kosthorst, Die deutsche Opposition, S. 61 f.; Leeb, Tagebuchaufzeichnungen, S. 194 f.

54 Halder, Kriegstagebuch, Bd I, S. 116; Hoffmann, Widerstand, S. 173; Sendtner, Die deutsche Militäropposition, S. 423 f.; Kosthorst, Die deutsche Opposition, S. 62.

55 Hassell, Vom Andern Deutschland, S. 85.

56 Gisevius, Bis zum bitteren Ende, S. 416; Thun-Hohenstein, Der Verschwörer, S. 163 f.; Groscurth, Tagebücher, S. 223.

57 Außerdem war an die Teilnahme der Generale v. Witzleben, Olbricht, Hoepner, Geyr v. Schweppenburg, v. Reichenau und v. Falkenhausen gedacht; vgl. Groscurth, Tagebücher, S. 222 f. mit Anm. 579.

58 Halder, Kriegstagebuch, Bd I, S. 120; Groscurth, Tagebücher, S. 224; Müller, Das Heer und Hitler, S. 521 f.

59 Deutsch, Verschwörung gegen den Krieg, S. 248 f.; Gisevius, Bis zum bitteren Ende, S. 418.

60 Groscurth, Tagebücher, S. 225, 305.

61 Leeb, Tagebuchaufzeichnungen, S. 201.

62 Groscurth, Tagebücher, S. 61, 225; Gisevius, Bis zum bitteren Ende, S. 419; Ritter, Goerdeler, S. 504 f., Anm. 29.

63 Deutsch, Verschwörung gegen den Krieg, S. 269 f.

64 Sendtner, Die deutsche Militäropposition, S. 426; vgl. Deutsch, Verschwörung gegen den Krieg, S. 272, und Müller, Das Heer und Hitler, S. 525.

65 Groscurth, Tagebücher, S. 63.

66 Ebd., S. 225.

67 Ebd., S. 228 ff.; vgl. Vincenz Müller, Ich fand das wahre Vaterland, hrsg. von Klaus Mammach, Berlin (Ost) 1963, S. 373 f.

68 Groscurth, Tagebücher, S. 232; Halder, Kriegstagebuch, Bd I, S. 128.

69 Vgl. dazu umfassend Josef Müller, Bis zur letzten Konsequenz. Ein Leben für Frieden und Freiheit, München 1975, S. 80 ff.

70 Groscurth, Tagebücher, S. 486-490.

71 Ebd., S. 234 f., 414-418; IMT, Bd 26, Dok. 789-PS, S. 327-336; vgl. Jacobsen, Fall Gelb, S. 58 ff.

72 Thomas, Gedanken und Ereignisse, S. 546, auch zum Folgenden.

73 Siehe die Angaben bei Groscurth, Tagebücher, S. 236; Hassell, Vom Andern Deutschland, S. 93 f.

74 Hassell, Vom Andern Deutschland, S. 95; vgl. Groscurth, Tagebücher, S. 246 f.

75 Thomas, Gedanken und Ereignisse, S. 546; Halder, Kriegstagebuch, Bd I, S. 159; Gert Buchheit, Ludwig Beck, ein preußischer General, München 1964, S. 228 f.; Hoffmann, Widerstand, S. 192 f.; Müller, Das Heer und Hitler, S. 556 f.

76 Hassell, Vom Andern Deutschland, S. 128; Ritter, Goerdeler, S. 226.

77 Hassell, Vom Andern Deutschland, S. 332-336, auch zum Folgenden.

78 Blaskowitz war Oberbefehlshaber Ost, Petzel war Wehrkreisbefehlshaber im Warthegau und Ulex Militärbefehlshaber in Krakau. Zu Einzelheiten siehe Hans Rothfels (Hrsg.), Ausgewählte Briefe von Generalmajor Helmuth Stieff (Dokumentation), in: VfZG, 2 (1954), S. 291-305 (vgl. bes. im Brief vom 21.11.1939: „Ich schäme mich, ein Deutscher zu sein"); Helmut Krausnick, Hitler und die Morde in Polen. Ein Beitrag zum Konflikt zwischen Heer und SS um die Verwaltung der besetzten Gebiete (Dokumentation), in: VfZG, 11 (1963), S. 196-209; Müller, Das Heer und Hitler, S. 426-456; Helmut Krausnick/Hans-Heinrich Wilhelm, Die Truppe des Weltanschauungskrieges. Die Einsatzgruppen der Sicherheitspolizei und des SD 1938-1942, Stuttgart 1981 (= Quellen und Darstellungen zur Zeitgeschichte, Bd 22), S. 102 ff.

79 Oberbefehlshaber des Heeres Nr. 231/40 geh. vom 7.2.1940 betr.: Heer und SS, in: Bundesarchiv-Militärarchiv Freiburg, Alliierte Prozesse 9/NOKW-1799. Zu einem ähnlichen Befehl von Generaloberst v. Küchler vom 22.7.1940 vgl. Manfred Messerschmidt, Völkerrecht und „Kriegsnotwendigkeit" in der deutschen militärischen Tradition seit den Einigungskriegen, in: German Studies Review, 6 (1983), S. 237-269, hier S. 250 ff., und Krausnick/Wilhelm, Die Truppe des Weltanschauungskrieges, S. 112.

80 Christof Dipper, Der deutsche Widerstand und die Juden, in: Geschichte und Gesellschaft, 9 (1983), S. 349-380, zum Folgenden S. 380.

81 Kordt, Nicht aus den Akten, S. 441; Gorscurth, Tagebücher, S. 311; Hans Rothfels, Adam von Trott und das State Department (Dokumentation), in: VfZG, 7 (1959), S. 318-332; ders., Trott und die Außenpolitik des Widerstandes (Dokumentation), in: VfZG, 12 (1964), S. 300-323; Christopher Sykes, Adam von Trott. Eine deutsche Tragödie, Düsseldorf 1969; Hassell, Vom Andern Deutschland, S. 112-118, 126; Deutsch, Verschwörung gegen den Krieg, S. 159 ff.

82 Vgl. Müller, Bis zur letzten Konsequenz, S. 80 ff.; Deutsch, Verschwörung gegen den Krieg, S. 107-157; Peter Ludlow, Papst Pius XII., die britische Regierung und die deutsche Opposition im Winter 1939/40, in: VfZG, 22 (1974), S. 229-341.

83 Zur Bewertung der britischen Haltung siehe J. Lonsdale Bryans, Zur britischen amtlichen Haltung gegenüber der deutschen Widerstandsbewegung, in: VfZG, 1 (1953), S. 345-351; Lothar Kettenacker, Die britische Haltung zum deutschen Widerstand während des Zweiten Weltkrieges, in: Das „Andere Deutschland" im Zweiten Weltkrieg. Emigration und Widerstand in internationaler Perspektive, hrsg. von Lothar Kettenacker, Stuttgart 1977, S. 49-76 mit Dokumentation S. 141-218.

84 Vgl. Müller, Bis zur letzten Konsequenz, S. 125.

85 Halder, Kriegstagebuch, Bd I, S. 245; Thomas, Gedanken und Ereignisse, S. 546.
86 Zur Rekonstruktion des Inhaltes vgl. Ritter, Goerdeler, S. 258; Sendtner, Die deutsche Militäropposition, S. 464 ff.; Deutsch, Verschwörung gegen den Krieg, S. 318-324; Müller, Bis zur letzten Konsequenz, S. 126, 130 ff.
87 Ritter, Goerdeler, S. 265, und Müller, Bis zur letzten Konsequenz, S. 137.
88 Hassell, Vom Andern Deutschland, S. 134.
89 Müller, Bis zur letzten Konsequenz, S. 139.
90 Vgl. dazu neuerdings Thun-Hohenstein, Der Verschwörer, S. 153 f., 190 ff.; ferner Ritter, Goerdeler, S. 263-266; Deutsch, Verschwörung gegen den Krieg, S. 96-106, 349-356; Sendtner, Die deutsche Militäropposition, S. 507-517; Jacobus G. de Beus: Morgen bei Tagesanbruch. Dramatische Stunden im Leben eines Diplomaten, Berlin 1982, S. 48 ff.
91 Deutsch, Verschwörung gegen den Krieg, S. 77-82.
92 Blasius, Für Großdeutschland, passim.
93 So noch die Zuspitzung in den älteren Arbeiten bei Hermann Graml, Der Fall Oster, in: VfZG, 14 (1966), S. 26-39; Gert Buchheit, Der deutsche Geheimdienst, München 1966, S. 286-306 (Der ,,Fall Oster" und die römischen Friedensgespräche); Fritz Bauer, Oster und das Widerstandsrecht, in: Politische Studien, 15 (1964), S. 188-194; vgl. auch die Würdigung bei Müller, Das Heer und Hitler, S. 570 ff., und Karl-Heinz Janßen, Ein Verrat für Europa: Oberst Oster warnt die Alliierten vor dem deutschen Überfall, in: Die Zeit, Nr. 20 vom 9.5.1980, S. 14.
94 Fabian von Schlabrendorff, Begegnungen in fünf Jahrzehnten, Tübingen 1979, S. 185; vgl. Graml, Der Fall Oster, S. 37, S. 39.
95 Siehe zum Folgenden: Meldungen aus dem Reich. Auswahl aus den geheimen Lageberichten des Sicherheitsdienstes der SS 1939-1944, hrsg. von Heinz Boberach, Neuwied/Berlin 1965, S. 77 (Lagebericht Nr. 99 vom 24.6.1940), S. 79 (Nr. 100 vom 27.6.1940).
96 Krausnick/Wilhelm, Die Truppe des Weltanschauungskrieges, S. 112.
97 Der Generalquartiermeister. Briefe und Tagebuchaufzeichnungen des Generalquartiermeisters des Heeres, General der Artillerie Eduard Wagner, hrsg. von Elisabeth Wagner, München 1963, S. 194 (7.7.1940).
98 Die Weizsäcker-Papiere, S. 204 (23.5.1940), S. 235 (2.2.1941, Nachtrag). Vgl. auch die Hinweise bei Breit, Staats- und Gesellschaftsbild deutscher Generale, S. 200 f.
99 Siehe dazu zusammenfassend Das Deutsche Reich und der Zweite Weltkrieg, hrsg. vom MGFA, Bd 4: Der Angriff auf die Sowjetunion, Stuttgart 1983, S. 3 ff. (Förster) und: Gerd R. Ueberschär, Hitlers Entschluß zum ,,Lebensraum"-Krieg im Osten. Programmatisches Ziel oder militärstrategisches Kalkül? In: ,,Unternehmen Barbarossa". Der deutsche Überfall auf die Sowjetunion 1941, hrsg. von Gerd R. Ueberschär und Wolfram Wette, Paderborn 1984, S. 83-110.
100 Halder, Kriegstagebuch, Bd II, S. 261, vgl. ähnlich die Notiz in: Die Weizsäcker-Papiere, S. 229 (22.12.1940): ,,Ich selbst vermag noch immer nicht zu erkennen, was der Sinn eines Frühjahrsfeldzuges gegen Rußland sein soll."
101 Abgedruckt in: Groscurth, Tagebücher, S. 509-514.
102 Zum Folgenden vgl. die Hinweise in: Das Deutsche Reich und der Zweite Weltkrieg, Bd 4, S. 282 ff. (Beitrag Boog); Andreas Hillgruber, Hitlers Strategie. Politik und Kriegführung 1940-1941, München ²1982, S. 211, 227, 396; IMT, Bd 9, S. 383 ff.; Die Weizsäcker-Papiere 1933-1950, S. 252; Generalfeldmarschall Keitel. Verbrecher oder Offizier? Erinnerungen, Briefe, Dokumente des Chefs OKW, hrsg. von Walter Gör-

litz, Göttingen 1961, S. 392; Lagevorträge des Oberbefehlshabers der Kriegsmarine vor Hitler 1939-1945, hrsg. von Gerhard Wagner, München 1972, S. 142 ff., 151 ff., 173 f.

103 Vgl. Breit, Staats- und Gesellschaftsbild deutscher Generale, S. 203.

104 Robert Gibbons, Opposition gegen ,,Barbarossa" im Herbst 1940. Eine Denkschrift aus der deutschen Botschaft in Moskau (Dokumentation), in: VfZG, 23 (1975), S. 332-340.

105 Hassell, Vom Andern Deutschland, S. 186 f., auch zum folgenden Zitat; vgl. ferner Hermann Graml, Die deutsche Militäropposition vom Sommer 1940 bis zum Frühjahr 1943, in: Vollmacht des Gewissens, Bd 2, Frankfurt 1965, S. 429 ff.

106 Zu den einzelnen Erlassen und Befehlen vgl. nun: Das Deutsche Reich und der Zweite Weltkrieg, Bd 4, S. 421 ff. (Beitrag Förster), dort auch Angabe weiterer Literatur; ebenso bei Manfred Messerschmidt, Die Wehrmacht im NS-Staat. Zeit der Indoktrination, Hamburg 1969, S. 369 ff.

107 Hoffmann, Widerstand, S. 333; Graml, Die deutsche Militäroppositon, S. 432 ff.; Rudolf-Christoph Frhr. v. Gersdorff, Soldat im Untergang, Frankfurt [2]1977, S. 86 ff.

108 Zu dem von Hoepner unterschriebenen Befehl des Kommandos der Panzergruppe 4, Ia Nr. 20/41 g.Kdos. Chefs., ,,Aufmarsch- und Kampfanweisung 'Barbarossa' (Studie)", vom 2.5.1941 siehe Bundesarchiv-Militärarchiv Freiburg, LVI. A.K., 17956/7a. Es handelt sich dabei jedoch nicht um eine unverbindliche ,,Studie", sondern um eine Anweisung zur Vorbereitung für den Fall ,,Barbarossa", der gemäß Befehl des Heeresgruppenkommandos C, Ia Nr. 8/41 g.Kdos. Chefs. vom 5.2.1941 betr. Aufmarschanweisung ,,Barbarossa" Ziff. 2.) h.) innerhalb der Heeresgruppe Leebs im Rahmen aller Vorarbeiten für ,,Barbarossa" als weiteres *Deckwort* ,,das Wort '(Studie)' beizufügen" war, siehe dazu ebd., RH 21-4/4. Die vorliegende Anweisung vom 2.5.1941 erhielt zudem am 20.6.1941 die offizielle Bezeichnung ,,Panzergruppen-Befehl Nr. 1", vgl. Kdo d. Pz.Gr. 4, Ia Nr. 290/41 g.K.Chefs., ebd., RH 21-4/10. In der Biographie von Heinrich Bücheler, Hoepner. Ein deutsches Soldatenschicksal des zwanzigsten Jahrhunderts, Herford 1980, hier vor allem S. 130 f., wird dazu keine Stellung genommen; siehe dazu Das Deutsche Reich und der Zweite Weltkrieg, Bd 4, S. 446 mit Anm. 134 (Förster).
In der vom Verf. erbetenen und 3.11.1983 verfaßten Stellungnahme und Beurteilung dieses Befehls Hoepners hält es dagegen General a.D. J.A. Graf v. Kielmansegg, der damals als 1. Generalstabsoffizier der 6. Panzerdivision unter Hoepner eingesetzt war, für nicht ausgeschlossen, daß die Diktion dieser Anweisung anhand von Befehlen vorgesetzter Stellen erfolgte und daß sie ,,keineswegs der Einstellung und Auffassung [Hoepners] entsprach", der dies zwar unterschrieben, möglicherweise jedoch in der endgültigen Formulierung dann nicht mehr überprüft habe. Der Befehl ist auszugsweise abgedr. in Ueberschär/Wette (Hrsg.), ,,Unternehmen Barbarossa", S. 305.

109 Hassell, Vom Andern Deutschland, S. 187.

110 Dazu umfassend Bodo Scheurig, Henning von Tresckow. Eine Biographie, Oldenburg [3]1973, überarb. Neuausgabe Berlin 1987; Fabian von Schlabrendorff, Offiziere gegen Hitler, Frankfurt 1962 (= Fischer Bücherei, Bd 198), S. 57 ff. ; in der Reihe ,,Deutscher Widerstand 1933-1945" liegt dazu eine Neuedition vor: ders., Offiziere gegen Hitler, neue durchges. u. erw. Ausgabe von W. Bußmann, nach der Edition von G. v. Gaevernitz. Berlin 1984.

111 Hoffmann, Widerstand, S. 335 f.

112 Zu den einzelnen Plänen vgl. ebd., S. 324 ff.

113 Zu den, insbesondere aus dem persönlichen Verhältnis zwischen Generaloberst v. Brauchitsch und General Halder resultierenden „inneren Schwierigkeiten" siehe Ueberschär, Generaloberst Halder, S. 30 f.

114 Siehe dazu vor allem Hans Mommsen, Gesellschaftsbild und Verfasungspläne des deutschen Widerstandes, in: Der deutsche Widerstand gegen Hitler, hrsg. von Walter Schmitthenner und Hans Buchheim, Köln/Berlin 1966, S. 73-167; Hermann Graml, Die außenpolitischen Vorstellungen des deutschen Widerstandes, ebd., S. 15-72; Klaus Hildebrand, Die ostpolitischen Vorstellungen im deutschen Widerstand, in: Geschichte in Wissenschaft und Unterricht, 29 (1978), S. 213-241.

115 Siehe Müller, General Ludwig Beck.

116 Zur Darstellung der „kleinen Widerstände im täglichen Leben" der Befölkerung siehe das nun abgeschlossene Projekt „Bayern in der NS-Zeit", hrsg. von Martin Broszat u.a., Bd I-VI, München 1977-1983.
Zur Problematik und neueren Literatur s. Gerd R. Ueberschär, Gegner des Nationalsozialismus 1933-1945. Volksopposition, individuelle Gewissensentscheidung und Rivalitätskampf konkurrierender Führungseliten als Aspekte der Literatur über Emigration und Widerstand im Dritten Reich zwischen dem 35. und 40. Jahrestag des 20. Juli 1944, in: Militärgeschichtliche Mitteilungen, Bd 35 (1984), S. 141-196, und den Gesamtüberblick in dem Sammelband: Der Widerstand gegen den Nationalsozialismus. Die deutsche Gesellschaft und der Widerstand gegen Hitler, hrsg. von Jürgen Schmädeke und Peter Steinbach, München/Zürich 1985, Neuausgabe [2]1986.

Peter Hoffmann

# Der militärische Widerstand in der zweiten Kriegshälfte 1942 – 1944/45

## Definitionen

Militärischen Widerstand nach Art des Jahres 1938 gab es 1942 nicht mehr[1]. Trotz Parallelen sind die auf 1938, 1938-1940 und 1942-1944 datierbaren Phasen scharf unterschieden.

Widerstand gegen den Nationalsozialismus reicht von der Ablehnung von dessen Programm und seinen Auswirkungen bis zur offenen oder heimlichen Gegentätigkeit. Widerstand gegen das nationalsozialistische Regime ist zu definieren als die offene oder versteckte Weigerung, sich der Politik des Regimes zu beugen, äußersten Falles der offene oder geheime Kampf gegen diese Politik und ihre Träger. Zu verbreiteter und langanhaltender Widerstandstätigkeit in Gestalt der passiven Verweigerung oder der Sabotage, zu einem Volkswiderstand mit der Aussicht, das Regime zu lähmen, ist es in Deutschland nicht gekommen. Die Gründe dafür sind hier nicht zu untersuchen, allenfalls anzudeuten: Solange das Regime im nationalen Sinn wenigstens oberflächlich erfolgreich war, also bis etwa 1942, ruhte es auf breiter Zustimmung, die während der dreißiger Jahre zunahm, durch Kriegsgefahr 1938 und 1939 beeinträchtigt und durch diplomatische und militärische Erfolge jeweils wieder hergestellt und erweitert wurde. Wenn auch genaue Daten fehlen, ist das Phänomen der breiten Zustimmung doch unverkennbar. Die Diktatur verhinderte zugleich jede offene Agitation gegen die Regierung, jede freie Entscheidung über ihre Politik und über Beibehaltung oder Wechsel der Regierung. Weiter beschränkten folgende Faktoren den potentiellen Volkswiderstand trotz allem individuellen Heroismus: die Mittel des Polizeistaates — das Monopol über Waffengebrauch, Nachrichtenmittel, Verkehrsmittel, Erziehung, politische Meinungsbildung, politische und gesellschaftliche Zusammenschlüsse und die mit allen technischen Mitteln arbeitende Polizei, die jede Gegenregung aufzuspüren suchte, systematisch alle Regimefeinde beseitigte und intensiv terroristisch zur Verbreitung von Furcht und Schrecken vorging.

Die natürlichen Gegner des Nationalsozialismus, Sozialdemokraten und Kommunisten, waren zu wenig entschlossen und organisiert, durch konspirative Untergrundorganisation leicht infiltrierbar und rasch zerschlagen. Helmuth Graf

Moltke beschrieb die Lage des Widerstandes nach drei Jahren Krieg, im März 1943, in einem Brief an einen englischen Freund, in dem er um Zusammenarbeit mit dem deutschen Untergrund warb[2]: Es mangle an Einigkeit, an Mitstreitern, an Nachrichtenmitteln. Es gebe keine breite geschlossene Front gegen Hitler wie in den besetzten Gebieten. Die jungen Männer, die für Revolutionen unentbehrlich seien, stünden fast alle an der Front oder seien gefallen. Das Schlimmste sei, daß man weder telephonieren noch die Post benützen könne oder Boten schicken, die Gefahren der Entdeckung durch Überprüfungen oder Zufälle bei feindlichen Bombenangriffen seien zu groß, mit vielen Menschen, mit denen man völlig einer Meinung sei, könne man nicht sprechen, weil man sie nicht den Gefahren der Gestapo-Verhörmethoden aussetzen könne. Was den Ruin Deutschlands herbeiführe, sei der Bevölkerung unbekannt oder nur nebelhaft erahnbar, nicht bewußtseinsbildend: Weder Soldaten noch Zivilisten erkennten die Kriegslage richtig: „neun Zehntel der Bevölkerung weiß nicht, daß wir Hunderttausende von Juden umgebracht haben" — der Briefschreiber beweist es selbst durch die viel zu niedere Zahl —, und niemand kenne die Zahl der Konzentrationslager und ihrer Insassen.

Die von vielen Regimegegnern nicht oder spät erkannte Unbeeinflußbarkeit der Regierung ließ keine Alternative zu einem Umsturz, der wegen der angedeuteten Bedingungen von der Verfügung über genügende physische Machtmittel, also von der passiven oder aktiven Unterstützung durch einen entscheidenden Teil der Streitkräfte abhing. In jedem Fall war der angestrebte Wechsel bzw. Umsturz nur mit im formalen Sinn ungesetzlichen Mitteln zu erreichen.

Damit war die hier nicht näher zu behandelnde Frage des Widerstandsrechts aufgeworfen. Das Widerstandsrecht ist theologisch und ethisch, in der Neuzeit vor allem naturrechtlich begründet worden. Pluralität und natürliche politische Rivalität im parlamentarischen Regierungssystem beruhen auf dem Naturrecht, das die Grundlage der amerikanischen und der französischen Revolution gewesen ist. Im Mittelalter gab es genaue Vorstellungen vom Widerstandsrecht, man findet sie in den Fürstenspiegeln, in der Lehre vom rex iustus; Luther, Beza, Althusius wären für die neuere Zeit zu nennen[3]. Zu Trägern des Widerstandes berufen waren also in erster Linie Obrigkeiten — Fürsten, Stadtregierungen gegenüber dem Kaiser —, vorgesetzte und natürliche Führer; nach deren Versagen konnte der einzelne das Recht oder die Pflicht zum Widerstand beanspruchen. Vor Ausbruch des Zweiten Weltkrieges gab es im nationalsozialistischen Deutschland offen organisierten Widerstand nur von seiten der Kirchen und der Reichswehr; danach stellten sich einzelne, meist an einflußreicher Stelle, unter

Berufung auf ihre Amtspflicht, oder in persönlicher Gewissensentscheidung gegen das Regime. Bei Ausbruch des Krieges kamen zu den Berufssoldaten und Wehrdienstpflichtigen Regimegegner aus zivilen Berufen in die Wehrmacht, z.B. in das OKW / Amt Ausland / Abwehr der Jurist und Reichsgerichtsrat Dr. Hans v. Dohnanyi als Sonderführer (Major), ferner Pfarrer Dietrich Bonhoeffer, die Juristen Dr. Hans Bernd Gisevius und Dr. Josef Müller, in Admiral Bürkners Amtsgruppe Ausland im OKW leistete der Jurist Helmuth Graf v. Moltke Kriegsdienst und der Fachmann für internationales Recht Dr. Berthold Schenk Graf v. Stauffenberg, Bruder des Generalstabsoffiziers Claus, wurde in der Völkerrechtsabteilung des OKM / 1. Seekriegsleitung Intendanturrat und schließlich Marineoberstabsrichter; Hans Bernd v. Haeften, Peter Graf Yorck, Ulrich Graf Schwerin, Hans Herwarth v. Bittenfeld dienten im Heer. Die Grenzen wurden fließend zwischen oppositionellen Berufssoldaten wie Generaloberst Beck, Generalfeldmarschall v. Witzleben, Generalmajor Stieff und Oberst i.G. Graf Stauffenberg und den der Herkunft nach dem zivilen Widerstand angehörenden Kriegsdienstleistenden; „militärischer Widerstand" ist also nicht auf Berufssoldaten zu beschränken.

Der Begriff „militärischer Widerstand" ist auch insofern zu präzisieren, als er einerseits den Widerstand einer Organisation bezeichnet gegen Gleichschaltung und Wegnahme der eigenständigen Verantwortlichkeit, ferner den Widerstand einer Institution wie des Generalstabes des Heeres gegen eine Politik, die den wohlverstandenen Aufgaben der Institution widersprach und Nation und Staat mit Existenzvernichtung bedrohte; zum anderen meint der Begriff Widerstandshandlungen von Angehörigen der Wehrmacht. Die Grenzen bleiben fließend auch in der Phase 1942-1944. Major i.G. Claus Graf Stauffenberg handelte 1942 als verantwortlicher Leiter der Gruppe II der Organisationsabteilung des Generalstabes des Heeres und setzte die verfügbaren institutionellen Mittel ein für seine der Regierungspolitik entgegengesetzten Maßnahmen in Rußland; in gleicher Weise handelten der Kriegsverwaltungsrat Graf Moltke und der Intendanturrat Dr. Berthold Graf Stauffenberg, dienstlich, bei der Neuformulierung des Kriegsrechts in Admiral Gladischs „Vorausschuß K.R." oder in Kriegsgefangenen-, Geisel- und Prisenfragen[4].

General Becks offizielle Opposition, im Namen des Generalstabes des Heeres, gegen Tempo, Ausmaß und Methoden der Rüstungen und Heeresvermehrungen, die über das durch militärische Bündnisse der Umgebung, den Rüstungsstand potentieller Gegner sowie Deutschlands Bevölkerung und Wirtschaftskraft zu rechtfertigende Maß hinausgingen, berief sich auf die Dienstanweisung für den Chef des Generalstabes des Heeres und auf die Lehre des Generals v. Clause-witz. General Beck handelte als verantwortlicher Chef der ihm anvertrauten Institution.

In der Dienstanweisung des Oberbefehlshabers des Heeres vom 31. Mai 1935 heißt es[5], das Arbeitsgebiet des Chefs des Generalstabes des Heeres umfasse „die mit der Vorbereitung und Führung eines Krieges zusammenhängenden Gebiete", „Studium und Lösung der Probleme der Kriegsführung sowie die Richtung weisende Führung auf dem Gebiet der Heerestechnik"; er mußte also über die außenpolitische und militärpolitische Lage jederzeit unterrichtet sein und „vor Entscheidungen in allen wichtigen, sein Arbeitsgebiet betreffenden Fragen seine Ansicht zum Ausdruck bringen". Das konnte Beck gegenüber Hitler nicht, auch dann nicht, als der Diktator sich zum unmittelbaren Obersten Befehlshaber der Wehrmacht gemacht hatte — abgesehen von fünf Minuten am 10. März 1938, als Hitler Beck die sofortige Ausarbeitung der Befehle für die Besetzung Österreichs befahl; Beck konnte es gegenüber dem Oberbefehlshaber des Heeres, aber das nützte nicht, auch wenn dieser die Ansichten seines Chefs des Generalstabes teilte und entsprechend an den Obersten Kriegsherrn weitergab[6].

Clausewitz hatte am 22. Dezember 1827 dem Major i.G. v. Roeder geschrieben[7]: man müsse beachten, „daß der Krieg ein politischer Akt ist, der sein Gesetz nicht ganz in sich selbst trägt, ein wahres politisches Instrument, was nicht selbst wirkt, sondern von einer Hand geführt wird. Diese Hand ist die Politik." Je mehr es in einem Kriege um Sein oder Nichtsein gehe, desto einfacher und unpolitischer erscheine er, doch fehle auch in einem solchen Kriege nie das politische Prinzip, nur falle es „mit dem Begriff der Gewalt und Vernichtung ganz zusammen" und verschwinde dem Auge. Man brauche demnach nicht zu beweisen, „daß es Kriege geben kann, wo das Ziel ein noch geringfügigeres ist, eine bloße Drohung, eine bewaffnete Unterhandlung oder, in Fällen von Bündnissen, eine bloße Scheinhandlung. Es wäre ganz unphilosophisch zu behaupten, diese Kriege gingen die Kriegskunst nichts mehr an. Sobald die Kriegskunst sich einmal genötigt sieht, einzuräumen, daß es vernünftigerweise Kriege geben kann, die nicht das Äußerste, das Niederwerfen und Vernichten des Feindes, zum Ziele haben, so muß sie auch zu allen möglichen Abstufungen hinuntersteigen, die das Interesse der Politik fordern kann. Die Aufgabe und das Recht der Kriegskunst der Politik gegenüber ist hauptsächlich zu verhüten, daß die Politik Dinge forde-re, *die gegen die Natur des Krieges sind*, daß sie aus Unkenntnis über die Wirkungen des Instruments Fehler begeht in dem Gebrauch desselben. Ich fordere also, daß überall, wo ein strategischer Entwurf möglich werden soll, das kriegerische Ziel beider Parteien festgestellt sei. Dieses Ziel geht hauptsächlich aus den großen politischen Verhältnissen beider Teile zueinander und zu denjenigen der übrigen Staaten hervor, welche an der Handlung Anteil nehmen können." Beck ließ diesen Brief Clausewitz' in einem Sonderheft der „Militärwissenschaftlichen Rundschau" Anfang März 1937 veröffentlichen, mit dem vielsagenden Untertitel „Gedanken zur Abwehr". Es war in der Zeit des Umschlagens der Politik Hitlers von Rüstungsmaßnahmen, die noch als der Verteidigung dienend vertreten werden konnten, zu expansiver Offensivstrategie, als Beck sich entsetzt äußerte über Gedanken einer größeren Intervention im spanischen Bürgerkrieg (Dezember 1936), drei Monate vor Becks Besuch in Paris, wo er vor einem neuen Krieg warnte und äußerte, es sei zunehmend schwieriger für die militärische Führung, die deutsche politische Führung an außenpolitischen Abenteuern zu hindern[7a].

Becks Opposition gegen Hitlers Kriegspolitik wurzelte noch tiefer. Mit dem älteren Moltke sah er „jeden Krieg, auch den siegreichen, als ein 'nationales Unglück'" an[8]. Seine Ansicht, eine Lösung der tschechischen Frage sei erforderlich, ist immer begleitet von dem Beweis, daß dies auf kriegerische Weise nur in einem „günstigen" Augenblick geschehen könnte, d.h. als „Aushilfe" in einem möglichen Krieg gegen Frankreich (wegen des französisch-tschechischen Bündnisses), und daß ein solcher günstiger Augenblick nie eintreten könne, weil früher oder später England und dann Amerika in einen solchen Krieg eintreten würden. Man muß ferner beachten, daß Beck laut Dienstanweisung nur mit „militärpolitischen" Erwägungen argumentieren konnte, daß er die „Perfidie" der Politik Hitlers nur intern anprangern konnte[9].
Beck hat nicht nur die Katastrophe einer unverantwortlichen, abenteuerlichen Außenpolitik vorausgesagt, sondern auch 1938 daraus die Konsequenz gezogen, als er aus Protest gegen Hitlers Politik in der tschechischen Krise und nach vergeblichen Versuchen, durch einen Kollektivschritt der Kommandierenden Generale den Staatsstreich und Umsturz herbeizuführen, im August 1938 zurücktrat.

Der Generalstab trat nach dem 4. August 1938 nie mehr mit der Geschlossenheit auf wie unter Becks Führung. Das lag nicht nur an den ganz anderen Persönlichkeiten der Nachfolger, Halder und Zeitzler, sondern auch an der weitergehenden Willfährigkeit des Oberbefehlshabers des Heeres, Brauchitsch, und an seiner persönlichen Abhängigkeit von Hitler. Gegen den Westfeldzug im Herbst 1939 sträubte sich die Heeresführung mit guten Gründen und mit Erfolg, führte ihn aber nach besserer Vorbereitung im Mai 1940 nicht ungern. Zu einem Widerstand gegen den Rußlandfeldzug ist es nicht gekommen. Der Strategiestreit von 1941, der schließlich in der Entlassung Brauchitschs und in der Übernahme des Oberbefehls über das Heer durch Hitler endete, kann nicht als Manifestation des Widerstandes gegen den Nationalsozialismus und seine Politik angesehen werden. Auch ist die tiefe Verstrickung der höheren Führer in Hitlers germanische Großreich-Ziele nicht zu übersehen. Hitler war doch nicht allein in seiner Verbitterung über den „gestohlenen" Sieg im Ersten Weltkrieg, über den Verlust des im Frieden von Brest-Litowsk kodifizierten Sieges über Rußland und der Ausdehnung der deutschen Herrschaft nach Osten[10]. Generalfeldmarschall v. Manstein gab den Krieg auch nach Stalingrad nicht verloren, wenigstens sagte er das[11], und er war damit nicht allein. Hitler wußte zwar im Dezember 1941, daß der Krieg verloren sei[12], aber für ihn war die Fortsetzung des Kampfes nicht sinnlos, weil er neben der Errichtung des germanischen Großreiches eine ihm mindestens ebenso wichtige Völkermordpolitik betrieb. Die Verstrickung der Heerführer im Osten und im Oberkommando auch in diese Politik — Stichworte sind Kommissarrichtlinien und Einsatzgruppen — ist um so tragischer, wenn sie mehr auf Schwäche denn auf Zustimmung zurückzuführen ist.

Im folgenden sind drei Aspekte des militärischen Widerstandes in der zweiten Hälfte des Krieges zu untersuchen:

1. die Organisation des militärischen Widerstandes in den drei Zentren — a) Berlin und Hauptquartier des OKH, b) Heeresgruppe Mitte, c) Militärbefehlshaber Frankreich, Oberbefehlshaber West und Heeresgruppe B — und deren Aktionen;
2. die Koordination der Zentren in der Umsturzplanung;
3. der Ablauf des Aufstandversuches und die sich daraus ergebenden Motive der Handelnden.


1. Drei Zentren des militärischen Widerstandes


a) Berlin

Das 1938 konstituierte Zentrum unter der Führung von Generaloberst Beck funktionierte auch während der Jahre 1942-1944. Aber erst Ende 1942 wurden Vorbereitungen wieder aufgenommen, die den Einzelplanungen von 1938 annähernd ebenbürtig sein konnten. Auch entschlossene Gegner Hitlers glaubten nicht, ein im Felde erfolgreiches Heer während des Siegeszuges umdrehen und gegen seinen Obersten Befehlshaber führen zu können. Hinderlich war ferner die Dezentralisation der Kommandozentren, der Heimatdienststellen des Heeres und der Wehrmacht in Berlin mit den verschiedenen Aufenthaltsorten des höchsten Feldhauptquartiers, des Führerhauptquartiers, in der „Wolfschanze" in Ostpreußen, in „Wehrwolf" bei Winniza in der Ukraine und auf dem „Berghof" bei Berchtesgaden. So hatte sich seit 1938 manches verändert, und Dr. Gisevius, der nun Anfang 1943 wieder in einem Zimmer in der Bendlerstraße saß, um die 1938er Pläne aufzufrischen, war überrascht, wie wenig sie von Generalmajor Oster auf dem neuesten Stand gehalten worden waren.

Die führenden Persönlichkeiten der Berliner Zentrale waren Beck und Oster. In der Verschwörung wirkten weiter Schlüsselfiguren wie General Olbricht im Allgemeinen Heeresamt; sein Vorgesetzter, der Chef der Heeresrüstung und Befehlshaber des Ersatzheeres, Generaloberst Fromm, wußte spätestens 1944 von der Verschwörung, duldete sie auch, ohne sie zu unterstützen. Der Wehrmachtstandortkommandant in Berlin, Generalleutnant v. Hase, war im Komplott. Im Stellvertretenden Generalkommando III. Armee-Korps und Wehrkreiskommando III (Berlin) gehörten dazu seit März 1943 der Chef des Generalstabes Generalmajor v. Rost sowie seit Juni 1944 sein Nachfolger Generalmajor Herfurth; auf den Stellvertretenden Kommandierenden General, General der Infanterie v. Kortzfleisch, konnte man jedoch nicht zählen. Ferner war eine Anzahl hoher Stabsoffiziere eingeweiht und zu aktiver Teilnahme bereit, z.B. der Erste Generalstabsoffizier, Oberstleutnant Mitzkus.

Trotz den häufigen Ortswechseln des Feldhauptquartiers des Oberkommandos und des Generalstabes des Heeres, die im Frieden in der Berliner Bendlerstraße beheimatet waren, sind die im Feldhauptquartier tätigen Verschwörer zur Berliner Zentrale zu zählen, so der Generalquartiermeister, Generalleutnant Eduard Wagner, und der Chef der Heeresnachrichtenverbindungen und Chef des Wehrmachtnachrichtenwesens, General Fellgiebel, und seine beiden Chefs des Stabes, Oberst Hahn und Generalleutnant Thiele. Generaloberst Halder, der Chef des Generalstabes des Heeres, konnte seit 1939/1940 nicht mehr zur aktiven Opposition gezählt werden, obwohl er mit ihr in Verbindung blieb. Auch sein Nachfolger seit September 1942, General Zeitzler, wußte von der Verschwörung, nahm aber nicht aktiv teil.

Das Telephonverzeichnis des OKH/Generalstab des Heeres von März 1944 führt Angehörige der Verschwörung auf beim Chef des Generalstabes des Heeres (den Adjutanten, Oberstleutnant i.G. Smend), in der Organisationsabteilung (den Abteilungschef, Generalmajor Stieff, den Gruppenleiter II, Oberstleutnant i.G. Klamroth, als Nachfolger Stauffenbergs, ferner Oberleutnant d.R. v. Hagen), in der Abteilung Fremde Heere West (den Abteilungschef, Oberst i.G. Freiherr v. Roenne), den Vertreter des Auswärtigen Amts beim OKH/Generalstab des Heeres (Vortragenden Legationsrat Major d.R. v. Etzdorf), in der Heerwesenabteilung beim General z.b.V. beim OKH (den Abteilungschef, Oberstleutnant i.G. Freiherr Freytag v. Loringhoven, und Major Schrader als Leiter der Gruppe Abwehr), beim Chef des Heeresnachrichtenwesens (den Chef des Stabes, Oberst Hahn, sowie mehrere eingeweihte Gruppenleiter), beim General der Freiwilligen-Verbände beim Chef des Generalstabes des Heeres (den Adjutanten und Verbindungsoffizier zum Reichsministerium für die besetzten Ostgebiete, Rittmeister d.R. Herwarth v. Bittenfeld), in der Leitstelle der Nachrichten-Aufklärung (den Leiter, Oberstleutnant Baron v. der Osten genannt Sacken), und den Chef des Heeresjustizwesens Dr. Sack[13]. Im OKW konnten die Verschwörer bis Anfang 1944 auf den Chef des OKW/Amt Ausland/Abwehr, Admiral Canaris zählen, bis April 1943 auf den Leiter der Zentralabteilung, Generalmajor Oster, auf eine Anzahl Mitarbeiter (Bonhoeffer, Dohnanyi, Müller, Gisevius, Guttenberg), ferner auf Moltke und seine Mitarbeiter.

Auch in anderen hohen Dienststellen gab es Verbündete, z.B. im Berliner Polizeipräsidium den Präsidenten Graf Helldorff; sein früherer Vizepräsident Fritz-Dietlof Graf v. der Schulenburg war 1940 als Leutnant der Reserve in das Heer „emigriert", diente im Infanterieregiment Nr. 9 und sammelte fieberhaft Anhänger, seit Januar 1943 im Sonderstab des Generals v. Unruh, der Dienststellen und Stäbe nach abkömmlichen Wehrdienstfähigen durchkämmte, was Schulenburg eine ausgedehnte Reisetätigkeit ermöglichte; ferner saß im Reichskriminalpolizeiamt, das zum Reichssicherheitshauptamt gehörte, der allerdings nicht eindeutig einzuordnende Direktor, Arthur Nebe.

Mag auch die Geduld auf die Probe gestellt werden, ist die Aufzählung doch nötig, um einen Begriff der Verzweigung der Verschwörung zu geben. Zugleich ist der Widerspruch zu bedenken, daß die vielen leitenden Offiziere nur in seltenen Fällen auch ihre Abteilungen in die Verschwörung einbringen konnten, wenn auch manche mit Hilfe ihrer Autorität und Verfügungsgewalt, wie etwa Stauffenberg, eine Gegenpolitik betrieben; sehr häufig blieben sie einzelne, wenn auch mit besonderen Einblicken und Möglichkeiten zu Querverbindungen.

Zu den der Berliner Zentrale verfügbaren militärischen und paramilitärischen Kräften gehörten die der Wehrmachtstandortkommandantur und dem Stellvertretenden Generalkommando unterstehenden Truppen in und um Berlin, so das Berliner Wachbataillon und einige Ersatztruppenteile, zumal das Ersatzbataillon des Infanterieregiments Nr. 9 in Potsdam durch seinen eingeweihten Kommandeur Major Meyer und dessen Adjutanten Oberleutnant v. Gottberg, die Ersatztruppen des Kommandeurs der Panzertruppen II und XXI in Frankfurt/Oder, Oberst Fritz Jäger, ferner die Heeresschulen, die dem Allgemeinen Heeresamt beim Chef der Heeresrüstung und Befehlshaber des Ersatzheeres (Chef H Rüst u. BdE) unterstanden, ferner zeitenweise das Bau-Lehr-Bataillon z.b.V. 800 in Brandenburg/Havel, inzwischen zum Regiment, Ende Oktober 1942 zur Division erweitert, wobei das I. Bataillon in Brandenburg blieb und dem OKW/Amt Ausland/Abwehr direkt unterstand; Anfang 1943 wurde die Division interimistisch von dem mitverschworenen Oberst Lahousen geführt, dann ab 1. April 1943 von Generalmajor v. Pfuhlstein; das nun für die Zwecke der Verschwörung in Frage kommende Regiment 4 wurde von Oberstleutnant Heinz, einem Veteranen der Umsturzpläne von 1938, geführt und war im März 1943 für den Umsturz verfügbar, aber im April geriet Canaris' Amt so in Mißkredit, daß der Einsatz fraglich wurde.

Grundsätzlich konnte man mit den genannten Einheiten nicht nach Belieben verfahren, man brauchte immer einen plausiblen Grund für den gedachten Einsatz: Dieser Gedanke lag den systematischen „Walküre"-Planungen Tresckows und Stauffenbergs zugrunde, von denen die Rede sein wird. Auch verliefen die Umsturzplanungen nicht so erfolgreich, wie es nach der vorstehenden Aufzählung scheinen mag, es gab immer wieder schwere Rückschläge.

Der seit 1938 in der Verschwörung beteiligte Oberbefehlshaber West in Saint Germain bei Paris, Generalfeldmarschall v. Witzleben, wurde 1942 krank und erhielt zum 15. März den Abschied. Oberstleutnant i.G. Groscurth wurde in Stalingrad vermißt. Schulenburg wurde am 2. April 1943 verhört, weil sich herumgesprochen hatte, er suche „zuverlässige" Offiziere für das Ersatz-Bataillon 9 in Potsdam, und er sollte das erklären. Beck wurde Anfang März 1943 schwer krank und mußte sich einer Operation unterziehen, er stand überdies ständig unter Gestapo-Beobachtung. Etwa zur gleichen Zeit wurde Oberst Fritz Jäger verhaftet sowie sein Sohn, der als Oberleutnant in Frankfurt/Oder lag und unvorsichtig geäußert hatte, es werde bald losgehen, sein Vater werde das Wachbataillon übernehmen; die Sache ging glimpflich ab. Jedoch gelang Himmler ein wirklich schwerer Schlag gegen die Verschwörergruppe in der Abwehr, durch eine Devisenaffäre eines V-Mannes der Münchner Abwehrdienststelle, wodurch ein weiterer „Skandal" entdeckt wurde: Der Sonderführer Dr. v. Dohnanyi in der Zentralabteilung der Abwehr, der selbst jüdische Vorfahren hatte, hatte jahrelang Juden als „Agenten" ins Ausland gebracht und so der Ermordung entzogen. Am 5. April 1943 erschien ein Kriegsgerichtsrat, Dr. Roeder, mit einem

Kommissar der Geheimen Staatspolizei bei Canaris, unterrichtete ihn von der Einleitung einer Untersuchung, ging dann zu Oster und ersuchte ihn, bei der Verhaftung Dohnanyis zugegen zu sein; durch eine Ungeschicklichkeit Osters kam dieser selbst in den Kreis der Verdächtigten, wurde unter Hausarrest beurlaubt, im Juni in die Führerreserve versetzt und am 4. März 1944 aus dem aktiven Wehrdienst entlassen, und er blieb unter Gestapo-Überwachung, wodurch alle seine Kontakte mit der Verschwörung diese aufs höchste gefährdeten. Ebenfalls am 5. April 1943 wurden Dr. Josef Müller, Dietrich Bonhoeffer und seine Schwester, Frau v. Dohnanyi, verhaftet. Das Zentrum in der Abwehr war damit ausgeschaltet. Durch den Versuch des preußischen Finanzministers Dr. Popitz und des Rechtsanwalts Langbehn, Himmler im August 1943 für den Umsturz zu gewinnen, und durch Langbehns Verhaftung arbeitete sich die Gestapo weiter in das Berliner Verschwörerzentrum vor. Im Juni 1944 wurde Oberst Staehle verhaftet, der Verbindung zur holländischen Widerstandsbewegung hielt und zum Kreis um Goerdeler und Frau Solf gehörte (in Berlin-Frohnau war er Kommandeur des Invalidenheims); am 18. Juli 1944 erging ein Haftbefehl gegen den profiliertesten der zivilen Führer der Verschwörung, Dr. Goerdeler. Goerdeler konnte nach dem 20. Juli 1944 zunächst flüchten und wurde erst am 12. August verhaftet, aber Staehle wurde schon im Juni zu gefährlichen Aussagen gebracht.


Aktionen


Im Januar 1942, im Zeichen der Winterkatastrophe in Rußland, fuhr der frühere Botschafter in Rom, Ulrich v. Hassell, im Einvernehmen mit Beck, Goerdeler, Oster, Dohnanyi und anderen zu General Alexander v. Falkenhausen nach Brüssel, wo dieser als Militärbefehlshaber in Belgien und Nordfrankreich residierte, und zu Generalfeldmarschall v. Witzleben, dem Oberbefehlshaber West in St. Germain. Der Vorschlag Becks und Goerdelers, den Staatsstreich durch einen Putsch Falkenhausens und Witzlebens vom Westen her einzuleiten, wurde von den Befehlshabern mangels geeigneter Truppen für utopisch gehalten (später, nach Errichtung der Invasionsfront, schien es solche Möglichkeiten zu geben). Gegen Ende März 1942 beschloß die Gruppe Beck — Hassell — Oster — Olbricht mit Zuziehung Goerdelers und Professor Dr. Jens Peter Jessens (beim Generalquartiermeister tätig), daß alle Fäden der Verschwörung bei Beck zusammenlaufen sollten, und seit Juli 1942 hatte die Berliner Zentrale durch den Leutnant d.R. und Rechtsanwalt Fabian v. Schlabrendorff, Ordonnanzoffizier bei

Tresckow im Stab der Heeresgruppe Mitte, ständige Verbindung zu dieser Heeresgruppe. Später im Jahr besuchte Goerdeler den Oberbefehlshaber der Heeresgruppe Nord, Generalfeldmarschall v. Küchler, in Königsberg, und den Oberbefehlshaber der Heeresgruppe Mitte, Generalfeldmarschall v. Kluge, in Smolensk, um sie für den Staatsstreich zu gewinnen, was bei Kluge gelungen zu sein schien, sich aber mehrfach als Täuschung erwies. Bei einem Treffen zwischen Goerdeler, Olbricht und Tresckow in Berlin Ende 1942 oder Anfang 1943 verpflichtete sich Olbricht, mit Hilfe von Einheiten des Ersatzheeres in Berlin und in anderen wichtigen Städten die Umwälzung durchzuführen, wenn die „Initialzündung", die Ermordung Hitlers, den „eidfreien" Zustand geschaffen hätte. Es ergab sich, daß vorderhand nur Tresckow und seine engsten Mitverschworenen, also eine Gruppe im kämpfenden Feldheer, entschlossen und fähig waren, Hitler umzubringen. Die Frage, ob vorwiegend Truppen des Ersatzheeres oder des Frontheeres die Schlüsselpositionen im Reichsgebiet besetzen und die Führer des Regimes festsetzen bzw. beseitigen sollten, war nicht klar entschieden, man entschloß sich zu einer Zwischenlösung, nämlich der Aufstellung von Spezialverbänden als mobiler Einsatztruppe.

Tresckow war an einer weiteren Berliner Aktion beteiligt, dem Versuch, eine „Änderung der Spitzengliederung" der Wehrmacht, besonders des Heeres herbeizuführen. Es gab ja damals Oberbefehlshaber verschiedener Heeresgruppen, aber keine Oberbefehlshaber für die jeweiligen Kriegsschauplätze. Der Oberbefehlshaber des Heeres, seit Dezember 1941 Hitler, war der Oberste Feldherr des Kriegsschauplatzes im Osten und führte dort durch die Heeresgruppenkommandos, intervenierte aber auch bis auf die Divisionsebene herab, zugleich assistierte ihm bei der Führung der Wehrmachtführungsstab, und als Oberbefehlshaber der Wehrmacht führte er außerdem alle anderen Teile der Wehrmacht sowie einzelne Kriegsschauplätze, wie Nordafrika, vor allem durch den Wehrmachtführungsstab, und schließlich war er noch Regierungschef, Staatsoberhaupt und Parteiführer. Im Ersten Weltkrieg hatte es einen Oberbefehlshaber der Ostfront (Oberost) gegeben, in den dreißiger Jahren gab es über die Führungsgliederung in Wehrmacht und Heer Diskussionen und Auseinandersetzungen, denen Hitler mit seinen Streichen von Januar 1938 und Dezember 1941 jeweils den Boden entzog[14]. Jedoch waren das Nebeneinander und Durcheinander der Führungsgewalten noch unerträglicher geworden und gefährdeten die Kriegführung, nicht nur wegen ihrer Unklarheit, sondern vor allem wegen des Mangels an Verläßlichkeit und Kontinuität: Selbst wenn Hitler die fachlichen Voraussetzungen gehabt hätte, die ihm ja fehlten, hätte er als einzelner unmöglich sämtliche Kriegsschauplätze mit der nötigen Aufmerksamkeit und Sorgfalt, auch nur mit dem nötigen ungeteilten Zeitaufwand führen können. Dazu kamen Rivalitäten nicht nur zwischen OKW und OKH, und zwischen diesen und verschiedenen nicht-militärischen Behörden wie Rosenbergs Reichsministerium für die besetzten Ostgebiete, den Reichskommissaren, den Himmler unterstellten Einsatzgruppen und sonstigen polizeilichen Kräften, den Rüstungs- und Arbeitseinsatz-Organisationen. Dieser Zustand hatte 1942 auch Stauffenberg in der Organisationsabteilung des Generalstabes des Heeres zur Verzweiflung getrieben[15].

Im Dezember 1941 hatte der Gruppenleiter II der Organisationsabteilung, Major i.G. Graf Stauffenberg, gemeint, die Vereinheitlichung des Oberbefehls in Hitlers Händen sei zu begrüßen; denn er hatte damals eine hohe Meinung von Hitlers strategischen Fähigkeiten. Im Laufe des Jahres 1942 erkannte er die Fehleinschätzung, als immer wieder vernünftige Maßnahmen zur Stärkung der Front aus sachfremden, propagandistischen oder rasseideologischen Gründen verhindert wurden, und er sprach mit vielen Kameraden, z.B. Major i.G. Sauerbruch, von seiner Erbitterung und Empörung. Im Februar 1942 hatte die Organisationsabteilung angeregt, aus angeschlagenen Verbänden durch Zusammenlegen wieder einsatzfähige und auf volle Kampfkraft gebrachte Divisionen zu bilden, der Vorschlag wurde im März 1942 abgelehnt, aus propagandistischen Gründen; wenig später, im Juni, kam Hitlers Verbot, Freiwilligenverbände aus Angehörigen der Völker der Sowjetunion aufzustellen; schließlich entsprachen die Rüstungskapazitäten und die völlig erschöpften Ersatzreserven in keiner Weise der wachsenden Stärke der Roten Armee[16].

Stauffenberg versuchte, durch konspirative Umgehung von Führerbefehlen, wie bei der Aufstellung der Freiwilligen-Verbände, zum Erfolg der deutschen Waffen gegen Hitlers Absichten und Handeln beizutragen[17]. Das nützte unmittelbar praktisch zu wenig, und im großen gar nichts, solange damit aus Rücksicht auf die militärische Lage ein Verbrecherregime gestützt und seine Lebensdauer verlängert wurde, ohne daß dem Reich irgendein wirklicher Nutzen erwuchs. Eine etwa bestehende Absicht, das Regime später zu stürzen, wurde so eher behindert als gefördert, und für die fortgesetzten Verbrechen war man mitverantwortlich.

Die Führungsverhältnisse Ende des Jahres 1942 waren grotesk. Am 31. Oktober und am 1. November 1942 wurde das Hauptquartier des Generalstabes des Heeres in 48stündiger Bahnfahrt von Winniza zurück nach „Mauerwald" in Ostpreußen verlegt, Hitlers Führerhauptquartier wechselte zugleich von „Wehrwolf" in der Ukraine zur „Wolfschanze" in Ostpreußen. Am 7. November schon fuhr Hitler von dort weiter im Sonderzug mit Keitel und Jodl, den Chefs des OKW und des Wehrmachtführungsstabes, nach München, um dort am 8. November die traditionelle Bierkellerrede zur Feier des Putschversuches von 1923 zu halten, bei der er nun sagte, Stalingrad, den gigantischen Umschlagplatz, habe man erobert[18]. Inzwischen wohnte er in München im „Führerbau" in seiner Privatwohnung („Führerwohnung") am Prinzregentenplatz und zog am 14. November nach dem „Berghof" um. Der Wehrmachtführungsstab war zunächst in Ostpreußen geblieben und dann in der Nacht des 14. November in Salzburg eingetroffen, wo die Feldstaffel im Sonderzug liegenblieb, während Keitel und Jodl in der „Kleinen Reichskanzlei" im Ort Berchtesgaden, etwa 20 Fahrminuten vom „Berghof" entfernt, unterkamen. Inzwischen hatte am 23. Oktober 1942 die feldzugwendende Offensive Montgomerys in Nordafrika begonnen, die in ihrer Bedeutung zehn Tage lang nicht erkannt wurde, bis Rommel am 2. November seinen eigenmächtigen Entschluß zum Rückzug an Hitler meldete; am 11. November wurde Pétains „État français" besetzt; am 18. November begann die sowjetische Offensive bei Stalingrad; Zeitzler und der gesamte Führungsapparat des Heeres befanden sich 1000 Kilometer von Berchtesgaden entfernt in Ostpreußen[19]. Hatte Hitler vor dem 2. November in der Ukraine und in Ostpreußen die Katastrophe auf dem nordafrikanischen Kriegsschauplatz nicht zur Kenntnis genommen, so sah er nun lediglich auf das Mittelmeer und vernachlässigte das 2000 Kilometer entfernte Stalingrad und die dort heraufziehende tödliche Gefahr.

Man dachte also in Berlin daran, durch den Chef des Generalstabes des Heeres, Zeitzler, durch Olbricht, durch Fromm oder durch den Generalinspekteur der Panzertruppen, Generaloberst Guderian, bei Hitler eine „Änderung" zu bewirken. Kluge sollte Chef des Generalstabes des Heeres werden, Manstein Oberbefehlshaber — oder umgekehrt[20].

Die Trennung von Führerhauptquartier und Feldhauptquartier des Oberkommandos des Heeres und die daraus sich ergebenden Schwierigkeiten schlugen sich am 17. bzw. 18. November 1942 in einer Vortragsnotiz der Organisationsabteilung des Generalstabes des Heeres nieder, in der man die Diktion Stauffenbergs erkennen mag; sie sprach von sich überschneidenden Führungsverhältnissen und drängte auf Klarstellung[21]. Wenn man aber hoffte, Hitler zu seiner eigenen Entlassung als Oberbefehlshaber des Heeres bewegen zu können, so gab man sich phantastischen Illusionen hin. Stauffenberg tat dies nicht; er hatte, ehe den Generalstabsoffizieren die Erörterung der Frage verboten wurde, die konsequenteste und einzig realistische Lösung der Kriegsspitzengliederung gefunden: die Entmachtung Hitlers[22].

Aber schon damals, ein Jahr vor seinem Eintritt in die bestehende, von Goerdeler und Beck geführte größere Verschwörung, ging Stauffenberg noch viel weiter. Er reiste dienstlich zu Heerführern der Ostfront und versuchte in persönlichen Gesprächen im September 1942 General v. Sodenstern in seinem Hauptquartier in Starobjelsk, General Geyr v. Schweppenburg in einer Pajebude am Terek zwischen dem Schwarzen und dem Kaspischen Meer, Generalfeldmarschall v. Kleist in Shelesnowdsk, schließlich im Januar 1943 Generalfeldmarschall v. Manstein in Taganrog dazu zu bewegen, gegen Hitler vorzugehen. Am 26. September 1942, in einer Besprechung mit seinem Vorgesetzten, dem Chef der Organisationsabteilung im Generalstab, Oberstleutnant i.G. Müller-Hillebrand, und Hauptmann i.G. Bleicken von der Quartiermeisterabteilung, erklärte Stauffenberg sich selbst bereit, Hitler zu töten. Gegen Ende des Jahres 1942 hatte er sich und seine Gesprächspartner so in Gefahr gebracht, daß er sich an die Front versetzen lassen mußte[23].

b) Ostfront

Die Seele und der Motor der Umsturz-Zentrale an der Ostfront war Generalmajor Henning v. Tresckow[24]. Wie zuvor schon beim Frankreichfeldzug, glaubte Tresckow auch beim Beginn des Krieges gegen Rußland, das deutsche Heer werde rasch eine Niederlage erleiden, und der Umsturz werde dadurch psychologisch und praktisch möglich. Sobald ihm klar war, daß der Angriff gegen Rußland vorbereitet werde, bemühte er sich, damals noch Oberstleutnant i.G., als Ia des Heeresgruppenstabes (Oberbefehlshaber war bis Mitte Dezember 1941 Generalfeldmarschall v. Bock, dann Generalfeldmarschall v. Kluge), im Stab die geeigneten Offiziere zusammenzubringen. Zu ihnen gehörten: der Ia/op Oberst i.G. Schulze-Büttger (von August bis Oktober 1938 war er Adjutant bei Beck gewesen) und sein Nachfolger seit Februar 1943, Oberstleutnant i.G. v. Voß, der vorher Id (Ausbildungsfragen) im selben Stab und davor im Stab Witzlebens gewesen war; Voß' Nachfolger als Id, Major i.G. v. Oertzen; der Ib (Versorgung) Oberstleutnant i.G. Berndt v. Kleist; der Ic/AO Oberst i.G. Freiherr v. Gersdorff; die Ordonnanzoffiziere bei Bock und Kluge, Major d.R. Carl-Hans Graf v. Hardenberg, Oberleutnant d.R. Heinrich Graf v. Lehndorff, seit Juni 1942 Oberleutnant Philipp Freiherr v. Boeselager, dessen Bruder Georg den Reiterverband Boeselager, später Kavallerie-Regiment Mitte, aufstellte, das auch für den Staatsstreich zur Verfügung stehen sollte, ferner Major d.R. Schach v. Wittenau, Rittmeister Eberhard v. Breitenbuch; der Ordonnanzoffizier des Ia, Leutnant d.R. v. Schlabrendorff, sowie der des Nachrichtenführers der Heeresgruppe, Leutnant d.R. Graf v. Berg, und andere.

## Aktionen

Ende August oder Anfang September 1941 versuchte General Thomas durch persönliche Besuche bei Heeresgruppen im Osten den Umsturz zu fördern, ohne Erfolg. Ende September 1941 reiste Schlabrendorff in Tresckows Auftrag nach Berlin, um herauszufinden, ob es dort brauchbare Kristallisationspunkte gebe, und um die Bereitschaft „zu allem" im Stab der Heeresgruppe Mitte zu versichern. Tresckows Versuch, im Schock der Winterkrise Generalfeldmarschall v. Bock zu gewinnen, scheiterte im Anlauf: Bock schrie ihn an, er dulde so etwas nicht und werde sich vor den Führer stellen. Seinen Nachfolger Kluge meinte man mehrfach gewonnen zu haben, doch tatsächlich konnte man sich nicht auf ihn verlassen. Tresckow und Stauffenberg kamen zu der Überzeugung, daß rangniederere Offiziere den Umsturz herbeiführen müßten; Moltke hatte die Hoffnung auf die Generale immer schon für einen Irrtum gehalten.

Tresckow befaßte sich inzwischen mit Methoden des Attentats und ließ durch Gersdorff Sprengstoff beschaffen und ausprobieren. Obwohl er Sprengstoff für das sicherste Mittel zur Beseitigung Hitlers hielt, erwog er auch andere Verfahren, aber im Jahre 1942 kam es zu keinem Versuch, hauptsächlich weil die Voraussetzungen in Berlin nicht gesichert schienen. Anfang 1943 erklärten sich Rittmeister Schmidt-Salzmann und Oberstleutnant i.G. v. Kleist bereit, mit zehn Offizieren des Reiterverbandes „Boeselager" Hitler bei einem Frontbesuch im Kasino der Heeresgruppe zu erschießen; aber Kluge, den man unterrichten mußte, weil er dabei wäre und weil man auf seine Führung zählte, war dagegen, den Mann so beim Essen zu erschießen — und da könnten doch auch andere gefährdet werden, auf die man nicht verzichten könne. Die überraschend hereintretenden Attentäter hätten ohne genaues Zielen schon beim Eintritt in den Kasinosaal von der vom Eßtisch ziemlich weit entfernten Tür schießen müssen.

Am 17. Februar 1943 flog Hitler in plötzlichem Entschluß mitten in der Nacht zum Hauptquartier der Heeresgruppe Don in Saporoshe. Im Hauptquartier der Heeresgruppe B in Poltawa bei Generalfeldmarschall Freiherr v. Weichs hatte man gehofft, Hitler werde dort Besuch machen: hierbei wollten ihn General Lanz, Kommandeur der Armee-Abteilung Lanz, und sein Chef des Stabes, Generalmajor Dr. Speidel, mit Hilfe des Panzer-Regiments „Großdeutschland", unter Oberst d.R. Graf Strachwitz, festnehmen und bei der zu erwartenden Gegenwehr seiner Leibwachen schon auf dem vom Panzer-Regiment zu umstellenden Flugplatz erschießen lassen. Schon damals war auch Rommel durch den Stuttgarter Oberbürgermeister vom „Plan Lanz" unterrichtet.

Im selben Monat war Schlabrendorff wieder in Berlin, Olbricht wollte am 1. März die Vorbereitungen abgeschlossen haben, der Kriegstagebuchführer im Stab des Chef H Rüst u. BdE, Studienrat und Hauptmann d.R. Hermann Kaiser notierte: „Termin: 1.3.1943." Am 7. März flog Canaris mit Gefolge nach Smolensk, um eine Ic-Besprechung zu veranstalten. Er brachte seinen Chef der Zentralabteilung, Generalmajor Oster mit, den Leiter der Abteilung II (Sabotage), Oberst Lahousen, den Sonderführer Dr. v. Dohnanyi, und eine Kiste Sprengstoff für Gersdorffs Abteilung II (Sabotage).

Sechs Tage später war Hitler in Smolensk, wobei der Kasinoanschlag wegen Kluges Einspruch nicht stattfand, auch die durch Wachtruppen des Reiterverbandes Boeselager vorgesehene Erschießung Hitlers auf dem Rückweg zu seinem Auto fand nicht statt. Dafür gelang es Tresckow und Schlabrendorff, ein als Flasche Cointreau getarntes Päckchen Sprengstoff (Haftminen) mit chemischem Zeitzünder in Hitlers Focke-Wulf FW 200 „Condor" zu schmuggeln, das aber nicht explodierte, die Maschine nicht zum Absturz brachte und deshalb von Schlabrendorff unter Gefahren und Vorwänden wieder eingeholt werden mußte. Schon eine Woche später, am 21. März, hatte Gersdorff selbst Gelegenheit, den Anschlag auszuführen, bei der Heldengedenkfeier im Berliner Zeughaus, wobei die Abwehrabteilung der Heeresgruppe Mitte eine Ausstellung erbeuteten Kriegsmaterials zeigte; aber Hitler lief geradezu durch die Ausstellung, und Gersdorff konnte ihm nicht lange genug folgen, um sich mit ihm in die Luft zu sprengen.

c) Zentrale im Westen

Auch in Paris beim Militärbefehlshaber in Frankreich, in St. Germain beim Oberbefehlshaber West und in La Roche-Guyon beim Oberbefehlshaber der Heeresgruppe B existierten Verschwörerzentralen. Man zählte dort auf die Mitwirkung des Militärbefehlshabers General Karl Heinrich v. Stülpnagel und auf Stauffenbergs Vetter Oberstleutnant d.R. Dr. Cäsar v. Hofacker in Stülpnagels Verwaltungsstab, auf den Militärbefehlshaber in Belgien und Nordfrankreich, General v. Falkenhausen, und seit Frühjahr 1944 auf den Oberbefehlshaber der Heeresgruppe B, Generalfeldmarschall Rommel und seinen Chef des Generalstabes Dr. Speidel. Auf den Oberbefehlshaber West, Generalfeldmarschall v. Rundstedt (ab 2. Juli 1944 Kluge) und seinen Chef, General Blumentritt, setzte man Hoffnungen, der Oberquartiermeister, Oberst i.G. Finckh, war im Komplott.

## 2. Koordination der Zentren

Der entscheidende Einschnitt, durch den innerhalb eines Jahres mehr als ein halbes Dutzend Attentatsversuche und ein aussichtsreicher Umsturzplan in Gang gebracht wurden, war das Auftreten Tresckows und Stauffenbergs in Berlin. Tresckow war im Sommer 1943 wenige Wochen in Berlin, entwarf in der Zeit die Konzeption der Ausnützung der längst offiziell vorhandenen „Walküre"-Pläne für den Staatsstreich und wurde dann Chef des Generalstabes der 2. Armee. Stauffenberg, von schweren in Afrika erlittenen Verwundungen noch kaum genesen, arbeitete sich seit Ende September 1943 bei General Olbricht im Allgemeinen Heeresamt in Berlin als Chef des Stabes ein. Im Juni 1944 wurde er Chef des Generalstabes beim Chef H Rüst u. BdE. In Berlin bearbeitete er die „Walküre"-Pläne, für deren Auslösung und Durchführung, wie sich zeigte, nur er selbst die Gewähr bot. Zugleich suchte er einen Attentäter, der die Voraussetzung dafür schaffen sollte. Denn es handelte sich um die Quadratur des Kreises: Erst der eidfreie Zustand bot Aussicht, daß die von der Berliner Verschwörerzentrale ausgegebenen Befehle nicht durch Gegenbefehle neutralisiert, sondern zur Ergreifung der vollziehenden Gewalt ausgeführt würden.

Nur Angehörige der Wehrmacht konnten Hitler beseitigen, und die Sicherheitsmaßnahmen konnten nur mit dienstlich motiviertem Zugang zu Hitler unterlaufen werden. Andererseits wollten die meisten der Offiziere, die Hitlers Sturz wünschten, nichts gegen den lebenden Eidträger unternehmen. Die Vorbedingung für alle anderen Umsturzhandlungen mußte durch das Attentat eigentlich von denselben Leuten geschaffen werden, die erst *danach* überhaupt in Aktion treten wollten — mit ganz wenigen, zu wenigen Ausnahmen. Die „inneren Unruhen", die die Auslösung der „Walküre"-Befehle und die Übernahme der vollziehenden Gewalt durch das Ersatzheer rechtfertigen sollten, mußte man erst selbst durch das Attentat herbeiführen.

Hauptmann Kaisers Formel trifft das Dilemma: „Der Eine will handeln, wenn er Befehl erhält, der Andere befehlen, wenn gehandelt ist." Der dem Obersten Befehlshaber geleistete Eid mußte von Dritten gebrochen werden, der Oberste Befehlshaber mußte beseitigt werden, damit weiteres geschehen konnte. Der status quo der Machtverhältnisse im Staat mußte verändert werden, ehe der Umsturz eigentlich in Gang kommen konnte.

Anders ausgedrückt: Weil nur militärische Mittel, d.h. im praktischen Fall Mittel des Heeres bzw. des Ersatzheeres, den Umsturz bewirken und Hitler beseitigen konnten, waren die im allgemeinen am meisten nationalistischen und konservativen Kräfte der Nation allein dazu in der Lage. Nationalismus und

Patriotismus im herkömmlichen Sinn mußten überwunden werden, ehe mitten im Kriege die eigene Regierung und die eigene oberste militärische Führung beseitigt werden konnte. Da der Krieg verloren war, konnte das Ziel nun auch nicht mehr der Sieg sein, sondern nur das Ende der Kampfhandlungen, vielleicht ein Friedensschluß. Dieser sollte von Soldaten herbeigeführt werden, doch wieder nicht in herkömmlicher Weise durch Zwingen des Feindes, sondern durch Errichtung eines Regimes, dessen erste Aufgabe der Abbruch des Kampfes wäre. Das System des militärischen Gehorsams, der Nationalismus und damit zusammenhängend die alliierten Kriegsziele, standen dem Ziel des Abbruchs des Kampfes vor der militärischen Vernichtung diametral entgegen.

Das war jedoch nur einer der Gründe für die Nichtbeteiligung der meisten höheren Führer. Wer sich auf den einem längst tausendfach eidbrüchigen Obersten Befehlshaber geschworenen Eid berief, war unfähig, klar zu denken, oder unterlag anderen Einflüssen. Macht, historischer Kriegsruhm auch beim Verlust des Krieges und die von den Feldmarschällen akzeptierten Taschengelder von 4000 Mark monatlich, dazu in vielen Fällen riesige Dotationen, waren gewiß Faktoren[25]; das angenommene Geld warf auf alle Empfänger den Schatten der Korruption — wenn sie sich davon nicht befreiten durch den Kampf gegen den Verderber Deutschlands. Schließlich konnten die alliierten Kriegsziele als für viele unüberwindliches Hindernis des Umsturzes angesehen werden.

Bis hin zum 20. Juli 1944 erschien fast allen, abgesehen von wenigen konsequent und klar denkenden Verschwörern wie Bonhoeffer oder Moltke, die bedingungslose Kapitulation gegenüber den Kriegsgegnern unannehmbar. 1941 bis 1943 konnte sie, 1943 bis 1944 mußte sie bedeuten, daß Deutschland von der Roten Armee besetzt würde; denn die Westalliierten kamen in Italien nicht recht voran, in Frankreich bis August 1944 auch nicht, bis 6. Juni 1944 waren sie noch nicht einmal mit bedeutenden Kräften dort aufgetreten. Kein Patriot konnte zu einer Besetzung durch die Sowjetunion die Hand reichen angesichts ihres Verhaltens in Polen, in den baltischen Ländern und in Finnland, angesichts der Massengräber von Katyn, mehr noch angesichts des Verhaltens deutscher Soldaten, Einsatzgruppen, Sicherheitskräfte gegenüber der russischen Bevölkerung, gegenüber Juden, Kommissaren, echten oder angeblichen Partisanen, gegenüber Millionen russischer Kriegsgefangener, angesichts grauenhafter deutscher Verbrechen von ungeheuerlichen Ausmaßen. Die Verschwörer konnten nicht hoffen, lange genug politisch zu überleben, bis das Ende des Kampfes und der Friede erreicht gewesen wären, wenn sie ein solches Ende und gar den Verlust der von Hitler vor dem 1. September 1939 erreichten Revisionen des Versailler Vertrages hingenommen hätten. Alles lief darauf hinaus, daß die bedingungslose Kapitulation unannehmbar war.

Seit Churchill und Roosevelt auf der „Prince of Wales" in Placentia Bay am 14. August 1941 die Atlantik-Charta vereinbart hatten, galt als Kriegsziel der Westmächte die Entwaffnung der Nationen, die andere angegriffen hatten oder mit Angriff bedrohten; gemeint war nur Deutschland, wie Churchill die Charta gegenüber Roosevelt kommentierte: Gegenüber Feindstaaten enthalte die Charta keinerlei Zusicherungen[26]. Im Januar 1943 wurde das in Casablanca mit der Formel von der bedingungslosen Kapitulation nur deutlicher ausgesprochen. Am 1. Januar 1942 schon hatten überdies 26 Staaten im Washington Pact beschlossen, daß keiner der Unterzeichner-Staaten einen separaten Waffenstillstand mit Deutschland schließen werde. Das war keine Formalität, sondern das eiserne Gesetz der Kriegskoalition: Die Westmächte konnten den Krieg nicht ohne die Rote Armee gewinnen oder hielten jedenfalls deren Beitrag in Europa und nach dem Sieg über Deutschland auch in Asien für unentbehrlich. Noch nach der Invasion der Normandie im Juni 1944 wird in der amerikanischen diplomatischen Korrespondenz immer wieder die Notwendigkeit eines sowjetischen Beitrages zum Krieg gegen Japan erwähnt.

Für einen Umsturz, der der neuen Regierung genügend Handlungsfreiheit für die Erreichung ihrer Mindestziele gegeben hätte — für Waffenstillstand, Frieden und Wahrung der völkischen, territorialen und politischen Integrität Deutschlands —, waren also entsprechende alliierte Zusicherungen vor dem Staatsstreich nötig. Nach der Wende des Krieges 1942/1943 (Afrika, Schlacht im Atlantik, Italien, Stalingrad und Kursk) hatten die Alliierten in West und Ost keinen Grund, irgend jemandem irgendwelche Zusicherungen zu geben. Sollte die Besetzung durch die Rote Armee verhindert werden, blieb nur eine einseitige Kapitulation nach Westen, sofern die Westmächte sie anzunehmen gewillt waren.

In zahlreichen Sondierungen bei den Westalliierten — bei sowjetischen Stellen blieben schon die ersten Schritte zur Kontaktaufnahme erfolglos — versuchte man schließlich, eine Milderung der Formel der bedingungslosen Kapitulation zu erreichen. Dies gelang überhaupt nicht. Die Westmächte ließen sich nicht einmal auf Verhandlungen über eine Teilkapitulation ein. Noch im Dezember 1943, wenige Tage vor seiner Verhaftung, reiste Graf Moltke in die Türkei, um das Angebot der Öffnung der Front im Westen zu überbringen, falls die Formel gemildert und dem deutschen Heer erlaubt werde, im Osten eine Frontlinie etwa von Tilsit nach Lemberg zu halten.

Ebenso bemühte man sich um innenpolitische Absicherung durch Verhandlungen mit den seit Jahren beteiligten Gegnern um Goerdeler und Moltke bis hin zu österreichischen Nationalisten und zu Kommunisten im Untergrund. Erwogen wurde, mit dem Bund Deutscher Offiziere und mit dem National-Komitee „Freies Deutschland" in Verbindung zu treten, die als sogenannte antifaschistische Organisationen in sowjetischen Kriegsgefangenenlagern gebildet worden waren; doch sah man von den Kontakten ab, weil diese Organisationen zu offensichtlich Instrumente der sowjetischen Politik waren, mit deren Zielen — einem kommunistischen Deutschland — man nicht übereinstimmte. Moltke machte dies bei seiner türkischen Reise Ende 1943 unmißverständlich klar. Jedoch wurde versucht, die Duldung oder Unterstützung der illegalen Kommunistischen Partei in Deutschland zu sichern. In einer dramatischen Zusammenkunft in der Wohnung eines Berliner Arztes trafen sich am 22. Juni 1944, offenbar mit Billigung Becks und Stauffenbergs, die Sozialisten Dr. Julius Leber und Dr. Adolf Reichwein mit Führern des kommunistischen Untergrundes, Franz Jacob und Anton Saefkow, zu denen sich jedoch ein Gestapo-Spitzel zugeschlichen hatte, so daß bei einer zweiten Zusammenkunft am 4. Juli die Teilnehmer verhaftet wurden und Leber, der Verdacht geschöpft hatte und nicht hingegangen war, am 5. Juli festgenommen wurde.

Die militärischen Umsturzvorbereitungen sind durch das Stichwort „Walküre" bezeichnet. Unter diesem Stichwort sollten Truppen des Ersatzheeres, vor allem Schul- und Ausbildungstruppen, gegen etwaige innere Unruhen oder alliierte Landungen eingesetzt werden. Unruhen mochten z.B. von den Millionen Kriegsgefangener und ausländischer Arbeitskräfte herrühren. Unter der Ägide Stauffenbergs wurden die entsprechenden Mobilmachungsbefehle so modifiziert, daß mit ihrer Erteilung im Reich die Regierungsgewalt übernommen werden konnte. Unter dem Vorwand, durch Hitlers Tod seien innere Unruhen von seiten „frontfremder Parteikreise" ausgelöst worden, und diese Parteikreise versuchten der schwerringenden Front in den Rücken zu fallen, würden unter dem Stichwort „Walküre" Partei-, SS-, Gestapo- und andere Dienststellen des Regimes besetzt, ferner wichtige Objekte wie Telephon-, Telegraphen- und Rundfunkeinrichtungen, Kraftwerke, Brücken. Vertrauensleute, Verbindungsoffiziere genannt, die vorher in monatelangen Sondierungen eingeweiht und gewonnen worden waren, sollten in den 18 Stellvertretenden Generalkommandos und in Frankreich die Verschwörerzentrale repräsentieren und für die Ausführung der in der Bendlerstraße in Berlin auszugebenden Befehle sorgen. Ein paralleles Netz von Politischen Beauftragten, von denen viele auch Wehrmachtangehörige waren, meist nur kriegsbedingt, hatte entsprechende Aufgaben am Tag X zu übernehmen, die

Verbindungsoffiziere und die Stellvertretenden Kommandierenden Generale zu beraten, Partei- und Verwaltungseinrichtungen zu überwachen und grundsätzlich den Gedanken politischer Verantwortung für die militärischen Maßnahmen zu verkörpern; denn ein besonderes Merkmal dieser Militäropposition war, daß sie keinen Militärputsch anstrebte, sondern die Wiederherstellung rechtsstaatlicher Verhältnisse und ziviler, verfassungsmäßiger Regierungsverantwortung. Beck, Schulenburg und Goerdeler, vor allen aber Beck, hatten auf der Einrichtung der Politischen Beauftragten bestanden, und im Herbst 1943 hatte Beck „ultimativ" die Übergabe einer entsprechenden Liste verlangt, vorher könne und wolle die militärische Führung nicht handeln. Der zivile Charakter des Umsturzes durfte durch die Notwendigkeit militärischer Initiative an seinem Beginn nicht verdeckt werden. Man wird auch an die zu erwartenden Forderungen und Wünsche der Alliierten gedacht und sich an die Forderungen der Ententemächte 1918 und 1919 erinnert haben.

3. Ablauf des Aufstandsversuches und Motive der Handelnden

Der späte Zeitpunkt des Durchbruchs zu Attentat und Staatsstreich ist nur teilweise zu erklären durch den Mangel westlicher Zusicherungen und durch die Bedrohung durch die Rote Armee, nur teilweise durch die Haltung der höheren Führer des Heeres, und durch die Schwierigkeit, einen Attentäter mit berechenbarem Zugang zu Hitler zu gewinnen, damit Attentat und Umsturzmaßnahmen synchronisiert werden konnten — denn von der Fähigkeit der SS-Organisation, das Regime auch nach Hitlers Tod aufrechtzuerhalten, war man überzeugt; der isolierte Tod Hitlers wurde also nie für eine ausreichende Umsturzmaßnahme gehalten. Seit dem erfolgreichen Frankreichfeldzug stand man vor dem schon erwähnten Dilemma, daß ein siegreiches Heer nicht gegen seinen Obersten Kriegsherrn geführt werden konnte. Seit Anfang 1943 aber wurde der Umsturz vor allem durch bizarre Zufälle und Mißgeschicke und durch die Einbrüche der Gestapo in die Verschwörung behindert. Für den eigentlichen Putsch in Berlin war Stauffenberg unentbehrlich. Aber selbst wenn General Olbricht den „Walküre"-Staatsstreich in Berlin allein hätte leiten können, was, wie sich am 15. und 20. Juli 1944, nicht überraschend, herausstellte, nicht der Fall war, es hätte bis Juni 1944 nichts genützt, weil Stauffenberg bis dahin keinen Zugang zu Hitler hatte. Manch einer, der Zugang hatte, wollte nicht: Stieff, und die Generale Wagner und Fellgiebel. Die vielen Anläufe tatbereiter Verschwörer schließlich — wie die von Freiherr Axel v. dem Bussche, Kleist, Breitenbuch — in den Monaten November 1943, schon kurz nach Stauffenbergs Auftreten als treibende Kraft, bis März 1944 scheiterten an widrigen Umständen, teilweise an Sicherheitsmaßnahmen. Ein Plan, Hitler bei einem Besuch der Invasionsfront zu verhaften oder zu erschießen, scheiterte ebenfalls.

Schließlich entschloß sich Stauffenberg, das Attentat selbst auszuführen, was zu einer widersinnigen Situation führte: während er für die Ingangsetzung und Leitung des „Walküre"-Staatsstreichs in Berlin unentbehrlich war, mußte er in der 500 Kilometer entfernten „Wolfschanze" selbst das Attentat ausführen, kam erst zweieinhalb Stunden danach wieder in Berlin an, wo inzwischen fast nichts geschehen war. Wenn das Attentat ausgeführt war, mußte man handeln, als ob es gelungen wäre, auch bei einem Fehlschlag. Aber die Verschwörer in der Bendlerstraße in Berlin, Olbricht und Generalleutnant Thiele vor allen, waren unschlüssig, als sie von Fellgiebel aus der „Wolfschanze" eine für sie undeutliche Nachricht erhalten hatten: Fellgiebel hatte Thiele, seinem Chef des Stabes beim Chef Wehrmachtnachrichtenwesen, telephonisch sofort nach dem Attentat mitteilen lassen: auf Hitler sei ein Attentat verübt worden, das dieser überlebt habe. Gleichwohl beschlossen Thiele und Olbricht, zunächst nichts zu tun, keinen unnötigen Verdacht auf sich zu lenken, statt dessen wie gewöhnlich zum Mittagessen zu gehen. Vielleicht hatte sich Stauffenberg nach dem mißlungenen Attentat erschossen oder war erschossen worden? Vielleicht wurde er festgehalten? Viel später, am Abend, meinte Olbricht noch zu Gisevius, nun könne man sich ja wohl nicht mehr herausreden.

Als Stauffenberg gegen 16 Uhr in die Bendlerstraße kam und nun erst den Staatsstreich durch Ausgabe der vorbereiteten Befehle an die Stellvertretenden Generalkommandos in Gang zu bringen suchte, drängte, telephonisch beschwor, Anfragen energisch beantwortete, alles anzutreiben suchte, da hatte er zwar Teilerfolge, wie in Prag, in Wien, oder in Paris, wo das gesamte Gestapo-Establishment verhaftet wurde und Stülpnagel völlig Herr der Lage war, und in Berlin, wo Panzer- und andere Truppen immerhin in Bewegung kamen und teilweise das Regierungsviertel abriegelten, doch schuf die Umsturzbewegung, wie Dr. Gerstenmaier betonte, nicht genug vollendete Tatsachen, bis die Nachricht von Hitlers Überleben überall durchdrang. General Fellgiebel hatte die Sperrung der Nachrichtenverbindungen der „Wolfschanze" für die Zeit nach dem Attentat übernommen, konnte sie auch durchführen, aber nach Hitlers Überleben nicht länger als zwei Stunden aufrechterhalten. In vielen Fällen kam deshalb die Nachricht vom Attentat und von Hitlers Überleben gleichzeitig mit oder noch vor den „Walküre"-Befehlen in den Stellvertretenden Generalkommandos an.

Die Voraussetzung für den Umsturz, der „eidfreie Zustand", fehlte, und die Kommandierenden Generale oder ihre Vertreter schwenkten mehr oder weniger rechtzeitig um oder befolgten die Berliner Putschbefehle überhaupt nicht.

Stauffenberg hatte dreimal die Ausführung des Attentats versucht, am 11., 15. und 20. Juli 1944, vielleicht auch am 6. Abgesehen davon, daß er unbedingt nach Berlin zurück mußte, wäre er zu einem Pistolenattentat gar nicht fähig gewesen mit den verbliebenen drei Fingern der linken Hand — die rechte und ein Auge fehlten. Die Schwierigkeit, unmittelbar vor der Begegnung mit Hitler mit einer Aktentasche voll Sprengstoff in einem Hauptquartier voller Offiziere und hilfsbereiter Bewunderer des Obersten mit den schweren Kriegsverletzungen, in einem Feldquartier mit wenigen Barackenräumen, allein zu sein, um die Zeitzündung in Gang zu setzen, hatte am 15. Juli zum Mißlingen beigetragen. Auch hatte man Stauffenberg eingeschärft, nur ja nicht zu zünden, wenn Himmler und Göring nicht auch anwesend wären, was er am 15. Juli schließlich, zu spät, ignorierte, und was ihn am 20. nicht mehr hemmte. Aber am 20. Juli wurde Stauffenberg gerade im Augenblick des Ingangsetzens des Zünders gestört und ließ die Hälfte des mitgebrachten Sprengstoffs bei seinem Ordonnanzoffizier zurück, so daß Hitler mit dem Leben davonkam[27].

Schließlich hing an einem Faden, ob Stauffenberg nach dem Attentat noch aus der „Wolfschanze" herauskam, auch wenn kein unmittelbarer Verdacht auf ihn fiel; denn die Sicherheitsvorschriften sahen die sofortige Abriegelung aller Zugänge vor für solche Fälle, auch bei allgemeinen Explosionen, etwa wenn Wild auf eine Mine trat. Tatsächlich wollten die Wachen Stauffenberg nicht durchlassen, die Straße am Südausgang auf dem Weg zum Flugplatz war schon mit spanischen Reitern versperrt, nur mit Hilfe eines Angehörigen des Stabes des Kommandanten des Führerhauptquartiers bluffte Stauffenberg sich durch und gelangte zu dem vom Generalquartiermeister zur Verfügung gestellten Flugzeug.

Wenn also die Aussichten des Gelingens so denkbar gering waren, daß Stauffenbergs Bruder Berthold, der Marineoberstabsrichter, der am 20. Juli in seiner blauen Marineuniform in der Bendlerstraße war und dort verhaftet wurde, vor dem Umsturzversuch sagte: „Das Furchtbarste ist, zu wissen, daß es nicht gelingen kann und daß man es dennoch für unser Land und unsere Kinder tun muß"; wenn nicht nur das Gelingen des Attentats, sondern noch mehr das des Umsturzes äußerst fraglich war; wenn das Ziel der Rettung des Reiches, der freien Wiederherstellung eines anderen Deutschland, der Bestrafung der Mörder aller Grade in eigener Zuständigkeit und der Wiederherstellung des Friedens durch eine selbständig handelnde deutsche Regierung nicht möglich war: Wofür handelten dann Stauffenberg, Mertz v. Quirnheim, Gerstenmaier, Beck, Schwerin v. Schwanenfeld, Moltke, Gisevius, Tresckow, der von den Verschwörern am 20. Juli zum Oberbefehlshaber im Heimatgebiet ernannte Generaloberst Hoepner und so viele andere? Wenn die Besetzung eines Teils von Deutschland durch die Rote Armee nicht zu verhindern war, wenn das Schicksal des Volkes und des Reiches haßerfüllten Siegern bedingungslos überlassen werden mußte, wenn weder außenpolitisch noch innenpolitisch ein Erfolg möglich war, warum wurde dennoch der Aufstand gewagt?

Ging es also längst nicht mehr um materiellen Erfolg, so blieb noch die Treue gegenüber der eigenen Überzeugung, gegenüber dem Befehl des Gewissens, so blieb noch der Beweis, daß nicht alle an verantwortlichen Stellen die Verbrechen und die Untergangsstrategie geduldet hatten. Es blieb noch das Opfer für die Ehre Deutschlands.

## Anmerkungen

1 Auf Einzelnachweise wurde meist verzichtet, wenn sie die Belege des Werkes des Verfassers, Widerstand, Staatsstreich, Attentat (München, 3. neu überarb. u. erweit. Ausg. 1979) wiederholen würden (auffindbar über das dortige Register).
2 Freya von Moltke, Michael Balfour, Julian Frisby, Helmuth James von Moltke 1907-1945. Anwalt der Zukunft, Stuttgart [1975], S. 212-220.
3 Vgl. Karl Kroeschell, Deutsche Rechtsgeschichte 2, Reinbek bei Hamburg 1973, S. 184, 224-230; Ioannes Althusius, Politica methodice digesta atque exemplis sacris et profanis illustrata, cui in fine adiuncta est Oratio panegyrica de necessitate, utilitate et antiquitate scholarum, Herbornae 1603; Théodore Bèze, Du droit des magistrats, Genf 1970 (erste Ausgabe 1574).
4 Ger van Roon, Graf Moltke als Völkerrechtler im OKW, in: Vierteljahrshefte für Zeitgeschichte, 18 (1970), S. 12-61.
5 Der Oberbefehlshaber des Heeres: Dienstanweisung für den Chef des Generalstabes des Heeres im Frieden, Berlin, 31. Mai 1935, 1. Anlage zu T A Nr. 777/35 g.Kdos.T.Z., Bundesarchiv-Militärarchiv, RH 2/v. 195.
6 Peter Hoffmann, „Ludwig Beck: Loyalty and Resistance", in: Central European History, XIV (1981), S. 332-350, hier S. 339-341; Friedrich Hoßbach, Zwischen Wehrmacht und Hitler 1934-1938, Göttingen ²1965, S. 193-194, Beck an Hoßbach 20. Okt. 1938.
7 „Zwei Briefe des Generals von Clausewitz: Gedanken zur Abwehr", in: Militärwissenschaftliche Rundschau, 2 (1937), Sonderheft, S. 8-9.
7a Nicholas Reynolds, Treason Was No Crime. Ludwig Beck: Chief of the German General Staff, London 1976, S. 110-115; T. P. Conwell-Evans, None So Blind. A Study of the Crisis Years, 1930-1939. Based on the Private Papers of Group-Captain M. G. Christie, London 1947, S. 91-92.
8 Beck, Betrachtungen über den Krieg, Vortrag 24. Apr. 1940, in: Ludwig Beck, Studien, Stuttgart 1955, S. 118.
9 Becks hs. Notizen auf der Rückseite eines Berichts des Chef T 3 Oberst i.G. von Stülpnagel vom 11. Apr. 1935, in: Klaus-Jürgen Müller, General Ludwig Beck. Stu-

dien und Dokumente zur politisch-militärischen Vorstellungswelt und Tätigkeit des Generalstabschefs des deutschen Heeres 1933-1938, Boppard am Rhein 1980, Dok. Nr. 27, S. 437.

10  Vgl. Eberhard Jäckel, Hitlers Weltanschauung. Entwurf einer Herrschaft, Stuttgart ²1981, S. 29; ders., Die deutsche Kriegserklärung an die Vereinigten Staaten von 1941, in: Im Dienste Deutschlands und des Rechtes. Festschrift für Wilhelm G. Grewe, Baden-Baden 1981; Helmut Krausnick und Hans-Heinrich Wilhelm, Die Truppe des Weltanschauungskrieges. Die Einsatzgruppen der Sicherheitspolizei und des SD 1938-1942, Stuttgart 1981.

11  Christian Müller, Oberst i.G. Stauffenberg. Eine Biographie, Düsseldorf [1970], S. 278-279.

12  Kriegstagebuch des Oberkommandos der Wehrmacht (Wehrmachtführungsstab), Bd IV, Frankfurt/M. 1961, S. 55-56, 71-72, 1717-1718, 1721.

13  I./Führ.-Nachr.-Rgt. 601, Fernsprechverzeichnis des Oberkommandos des Heeres/Generalstab des Heeres, Stand vom 1.3.1944, Expl. Ober-Reichsbahnrat Kreidler, Mineis (L) b. Chef d. Trsp.W. (Photokopie im Besitz des Verfassers).

14  Vgl. Klaus-Jürgen Müller, Das Heer und Hitler. Armee und nationalsozialistisches Regime 1933-1940, Stuttgart 1969, bes. S. 205-254.

15  Müller, Stauffenberg, S. 219-280.

16  Ebd., S. 219-220, 228-229, 232.

17  Ebd., S. 247.

18  Hierzu und zum Folgenden vgl. Peter Hoffmann, Die Sicherheit des Diktators. Hitlers Leibwachen, Schutzmaßnahmen, Residenzen, Hauptquartiere, München, Zürich [1975], S. 197; KTB OKW, Bd II, Frankfurt/M. 1963, S. 855-900; Müller, Stauffenberg, S. 263.

19  KTB OKW, Bd II, S. 940, 12-13, 970, 983; Müller, Stauffenberg, S. 262-263.

20  Hoffmann, Widerstand, S. 369.

21  KTB OKW, Bd II, S. 986.

22  Müller, Stauffenberg, S. 263-264 auf Grund von „SS-Bericht über den 20. Juli: Aus den Papieren des SS-Obersturmführers Dr. Georg Kiesel", in: Nordwestdeutsche Hefte, 2 (1947), H. 1/2, S. 13-16; vgl. Georg Kießel, Das Attentat des 20. Juli 1944 und seine Hintergründe, Masch., Sandbostel 6. Aug. 1946, signiert, David-Irving-Sammlung „Papers of Prof. H.R. Trevor-Roper", Mikrofilm DJ 38, im Bes. d. Verf.; Spiegelbild einer Verschwörung. Die Kaltenbrunner-Berichte an Bormann und Hitler über das Attentat vom 20. Juli 1944, Stuttgart 1961, S. 293-294.

23  Hierzu siehe Peter Hoffmann, Claus Schenk Graf von Stauffenberg und seine Brüder, Stuttgart 1992, S. 252-254, 263-273; Prinz Wilhelm-Karl von Preußen (damals Lt., 2. Ord.Offz. in der Ia-Abt. der 1. Pz-Armee) an d. Verf. 23. Juni 1993.

24  Die folgenden Abschnitte stützen sich auf die für Hoffmann, Widerstand, S. 335, 755-756, 336, 347-360, 362, 370-371, 436, angegebenen Quellen.

25  Hoffmann, Widerstand, S. 756, Anm. 40; Frau Elisabeth v. Brauchitsch an David Irving 12. Okt. 1977, Kopie im Besitz d. Verf.

26  Hoffmann, Widerstand, S. 261; ders., Widerstand gegen Hitler. Probleme des Umsturzes, München 1979, S. 23.

27  Peter Hoffmann, „Warum mißlang das Attentat vom 20. Juli 1944?" in: Vierteljahrshefte für Zeitgeschichte 32 (1984), S. 441-462.

Peter Sauerbruch

# Bericht eines ehemaligen Generalstabsoffiziers über seine Motive zur Beteiligung am militärischen Widerstand

Die Literatur über die Ereignisse um den 20. Juli 1944, über die Hauptakteure und deren gedankliche Ausgangspunkte ist umfangreich. Aufzeichnungen der führenden Persönlichkeiten liegen aus naheliegenden Gründen kaum vor. Die Dokumentation der nationalsozialistischen Machthaber ist zweckbestimmt. Die Veröffentlichungen der wenigen Überlebenden geben wertvolle Aufschlüsse, ihre Aussagen sind aber eben auch gelegentlich widersprüchlich. Die sorgfältigen Bemühungen der Historiker haben manche Zusammenhänge erhellt. Ein ausgewogenes Geschichtsbild wird dennoch auf sich warten lassen, da es zwar mehrere Zugänge zu den Problemen, aber nur wenige passende Schlüssel gibt.

So werden auch diese Ausführungen — bei allem Bemühen zur redlichen Darstellung — nur persönliche Erlebnisse und die Sicht von meinem subjektiven Standpunkt aus beitragen können. Dabei betrachte ich mich nur als eine Randfigur.

Ich habe mit einer Reihe der in der Verschwörung führenden Soldaten in enger Berührung gestanden und war Mithelfer und Mitwisser. Meinen Weg durch die Ereignisse mußte ich mir — wie alle anderen auch — letztlich selbst suchen.

Ich stütze mich teilweise auf ein Referat, das ich auf Bitten des mit mir aus gemeinsamen Kriegszeiten her befreundeten Generals Wagemann 1977 vor den Schülern der Führungsakademie anläßlich einer Gedenkstunde an den 20. Juli gehalten habe. Wagemanns Fragestellung war damals: „Wie kam ein junger Offizier überhaupt mit dem Widerstandskreis in Berührung, und welche Reaktionen löste die Berührung aus?"

Die Fragestellung führt ganz von selbst zur Schilderung der Motivation und schließlich zu meiner Begegnung mit den Machthabern. Ich will mich bemühen, meinen Vortrag von dem Wissensstand, den wir im nachhinein über die Jahre 1933 bis 1945 gewonnen haben, freizuhalten. Ich werde mich an das halten, was ich damals wirklich wissen und erkennen konnte, und versuchen, die Wertmaßstäbe und Erlebnisse deutlich zu machen, die meiner damaligen Urteilsbildung, sicher auch manchen Irrtümern, zugrunde lagen.

Ich beginne mit einer Schilderung meines Werdeganges, der Erziehung und Denkweise, die mich geprägt haben. Ich wurde 1913 in der Schweiz geboren und lernte mein Deutsches Vaterland in dem Augenblick kennen, als im November 1918 über dieses Land das Chaos nach dem Waffenstillstand hereinbrach.

Kinder haben ein waches Unterscheidungsvermögen zwischen Ordnung und Unordnung. So werde ich auch nie die johlenden, teilweise betrunkenen Soldaten mit roten Armbinden vergessen, die bei unserer Ankunft den Hauptbahnhof meiner neuen Heimatstadt München anfüllten. In die Kämpfe zwischen Weiß und Rot wurde unsere Familie bald ernsthaft hineingezogen. Unser Haus lag im Streubereich heftigen Artilleriebeschusses. Eine Seite des Hauses wurde durch eine Granate aufgerissen, wir saßen im Keller. Im Frühjahr 1919 entging mein Vater, der tagelang in seiner Klinik die Verwundeten beider Seiten versorgte, mit knapper Not dem Todesurteil der Räteregierung. Er hatte sich geweigert, den schwer verwundeten Attentäter Kurt Eisners auszuliefern.

Die Wiederherstellung der Ordnung durch das Freikorps Epp ließ uns aufatmen. Frauen konnten wieder über die Straße gehen, ohne angepöbelt zu werden, und wir Kinder konnten uns auf den Schulweg machen. Gute Pädagogen vermittelten die Schulbildung in Volksschulen und auf dem Humanistischen Gymnasium. Heimatkunde, Geschichte und eine enge Bindung an das Vaterland waren Mittelpunkt der Erziehung.

Damals und fast noch stärker nach der Übersiedlung nach Berlin 1928 wurde mir das Joch der Reparationskosten drastisch und täglich vor Augen geführt: Eine Schuldenlast, allein deren Zinsen die deutsche Wirtschaft über Jahre nie hätte aufbringen können. Zunächst die Papiergeldmengen der Inflationszeit, dann Arbeitslose, hungernde Menschen, neureiche Typen, alle diese Eindrücke nahm der heranwachsende Junge in sich auf.

Unsere Eltern waren — wie ich es bezeichnen möchte — national/liberal eingestellt. Hegte mein Vater auch eine erhebliche Skepsis gegenüber der Hysterie Hitlerscher Massendemonstrationen und warnte er mich, einer machthungrigen Bewegung nachzulaufen, deren Programm unberechenbar sei, so glaubte er doch fest an seine deutsche Nation. Das Deutsche Reich war ja auch in seiner Jugend eben erst in volle Blüte getreten und sollte nun schon zerbrochen sein? Namen wie Hindenburg und Seeckt wurden mit Ehrfurcht genannt. Der Friedensvertrag von Versailles galt als Schandfrieden, erpreßt durch das deutsche Zugeständnis alleiniger Kriegsschuld.

Zu dem im Elternhaus vermittelten Glauben an das Vaterland hatten wir — wie eben überhaupt zu der Tradition, die die Eltern uns weitergaben — ein ungebrochenes Verhältnis. Das humanistische Gymnasium bestärkte unseren Patriotismus in etwas pathetischer Weise durch Vorbilder aus der klassischen Welt. Auch in Berlin genossen wir einen eindrucksvollen, gründlichen Geschichtsunterricht, so gut, daß ich als Abiturient noch freiwillig an einem Seminar über die Bismarcksche Bündnispolitik teilnahm. Aus heutiger Sicht hätte ich mir lieber eine gründliche Einführung in die Weimarer Verfassung gewünscht. Mit Innenpolitik haben wir Schüler uns damals sicher zu wenig beschäftigt.

Wir nahmen zur Kenntnis, daß die Weimarer Demokratie wenig funktionstüchtig war, ohne dabei zu berücksichtigen, von welch ungünstigen Voraussetzungen her sie angetreten war. Mit welcher Zähigkeit Männer wie Stresemann oder Brüning ihre Bürde getragen haben, das wurde mir erst viel später klar. Über die Tatsache, daß sich die damals führenden Schichten der neuen Demokratie weitgehend versagten oder zumindest in ihr keine Wurzeln schlugen, habe ich mir in meiner Schulzeit nur wenig Kopfzerbrechen gemacht.

Die Verlagerung des Schwerpunktes der Machtverhältnisse zugunsten der Nationalsozialisten begrüßten wir jungen Menschen nach allem, was wir vordergründig sehen konnten:

— die Beseitigung der Arbeitslosigkeit
— der Wiedergewinn der Selbstachtung unserer Nation
— die Absage an die Endgültigkeit der Vertragsbestimmungen von Versailles
— ein eindeutiges „Halt" gegen die zunehmende Aktivität der kommunistischen Partei.

Das waren Ziele, mit denen wir uns bereitwillig identifizierten. Die Bedeutung nationalsozialistischer Rassentheorien haben wir damals nicht ernst genug bewertet. Wir sahen in ihnen eher einen Angriff gegen Korruption, Skandale, Degenerationserscheinungen in Gesellschaft und Kulturleben. Nie wäre es uns aber in den Sinn gekommen, das Viertel jüdischer Mitschüler in unserer Gymnasialklasse diskriminieren zu wollen. Die zielstrebige Brutalität des Rassenwahns habe ich erst in den Jahren kurz vor dem Kriege erfaßt.

1930 entschied ich mich dafür, Soldat zu werden. Die strenge physische und psychische Ausleseprüfung, über die man diesen Beruf nur erreichen konnte, wirkte als Ansporn. Daß das deutsche Vaterland verteidigungsbereit sein mußte, schien mir in Anbetracht der Bündnissysteme ringsum selbstverständlich, der Offiziersberuf als ehrenvolle Verpflichtung. Am 1. April 1932 trat ich in das 17. bayerische Reiterregiment (später Kavallerie-Regiment 17) ein. Aus diesem Regiment sind allein vier aktive Offiziere hervorgegangen, die später nach dem 20. Juli 1944 hingerichtet wurden. Schon als Fahnenjunker begegnete ich dem damaligen Leutnant Claus Graf Schenk v. Stauffenberg. Wir freundeten uns an und blieben immer in Verbindung.

Die sogenannte „Machtergreifung" erlebte ich schon als Soldat und damit von der Tagespolitik fern. Wählen durften wir nicht, und das Wahlalter hätte ich ohnedies erst 1934 erreicht. Heimat und Geborgenheit fand ich in meinem Regiment.

Die folgenschweren Vorgänge, die das Ermächtigungsgesetz einleitete, und die trickreichen Manipulationen, mit denen sich Hitler innerhalb der „Legalität" bewegte, habe ich damals nicht durchschaut. Erst später begriff ich sie in ihrer ganzen Tragweite. Hitler selbst hat allerdings auf mich persönlich nie eine suggestive Wirkung ausgeübt. Gegen seinen äußeren Habitus, gegen seine wenig edle Kopfform und sein eher gewöhnliches Gesicht, gegen seine gesteigerte Sprechweise und seine oft unelegante Diktion lehnte sich in meinem Innern immer etwas auf.

Die Vereidigung auf Adolf Hitler — ich befand mich zu dieser Zeit als Fähnrich auf der Kavallerie-Schule — ist mir deutlich in Erinnerung geblieben. Ich zog mir damals das Mißfallen des Kommandeurs des Fähnrichslehrgangs zu, weil ich in einer der Vereidigung vorangehenden Unterrichtsstunde erklärt hatte, ich verstünde nicht, warum wir Soldaten fortan das Parteiabzeichen*) auf der Uniform zu tragen hätten. „Die Partei ist eben keine Partei mehr, sondern das Deutsche Volk", ward mir zur Antwort gegeben.

Daß die Vereidigung überstürzt und eigentlich gegen die Verfassung vorgenommen wurde — denn diese sah ja bei Ableben des Reichspräsidenten bis zu einer Neuwahl die Führung der Amtsgeschäfte durch den Präsidenten des Reichsgerichtes vor —, darüber habe ich damals sicher nicht nachgedacht. Wir vertrauten unseren Vorgesetzten und wären nie auf den Gedanken gekommen, man könne etwas „Ungesetzliches" von uns verlangen.

Die Leutnantsjahre waren voll ausgefüllt. Die Wiedereinführung der allgemeinen Wehrpflicht mit den daraus resultierenden Ausbildungsprogrammen schöpfte den Tag voll aus. Die Abende und Wochenenden gehörten der Ausbildung der Pferde für die reiterlichen Wettbewerbe.

Da Bamberg, der Standort meines Regiments, geographisch eine Schlüsselstellung für alle Mobilmachungen der kommenden Jahre einnahm, war ich als Abteilungs- und später als Regimentsadjutant voll ausgelastet, die entsprechenden Vorbereitungen für den Einmarsch in das Rheinland, den Anschluß Österreichs, die Sudetenkrise und die Einnahme der Rest-Tschechei zu treffen.

Das Jahr 1938 ist in meiner Erinnerung als das Jahr einer entscheidenden Wende festgeschrieben. Die Verbrennung der Synagoge der Stadt Bamberg erschreckte mich heftig. Aus der Stadt in die Kaserne zurückkehrende Soldaten hatten mich

---

*) Gemeint ist das Hakenkreuz in dem 1934 eingeführten Hoheitsabzeichen, das auf der rechten Seite des Uniformrocks getragen wurde.

darüber informiert. Auf mein telefonisches Angebot an den Bürgermeister und Kreisleiter, die Feuerwehren durch militärische Löschtrupps zu verstärken, erhielt ich die Antwort: „Alles ist unter Kontrolle". Wie harmlos war ich damals, daß ich diese Antwort von einer Stelle hinnahm, die, wie ich heute annehmen muß, alles genau so unter Kontrolle hatte, wie es nach Weisung ihrer Oberen laufen sollte.

Die Fritschkrise ist das weitere Ereignis, das diesem Jahr seine schicksalsschwere Bedeutung gab. Bevor ich in diesen Tagen zu einem Urlaub nach Berlin reiste, rief uns der Regimentskommandeur zusammen und las uns die offizielle Mitteilung vor, unserem Oberbefehlshaber seien schwere sittliche Verfehlungen vorzuwerfen. Sie endete mit der Auflage, striktes Stillschweigen darüber zu wahren. Kaum in Berlin angekommen, wurde ich von einer Flut von Gerüchten und Vermutungen aller Art überschüttet. Ich schwieg und hielt mich heraus. Aber meine Unruhe war geweckt. Von 1938 an sind die Zweifel an der Rechtschaffenheit des neuen Staates in mir nicht mehr verstummt.

1939 zog ich in einer Aufklärungsabteilung als Adjutant und später Schwadronschef in den Polen- und Frankreichfeldzug. Für meine weitere Entwicklung ist die Versetzung als Ordonnanzoffizier des Chefs des Generalstabes des Heeres, Generaloberst Halder, in das Hauptquartier des Oberkommandos des Heeres bedeutsam gewesen. Ich trat diesen Posten nach Beendigung des Generalstabslehrganges im Frühjahr 1941 an. Er hat mir im Laufe des Jahres, in dem ich ihn innehatte, eine Vielzahl von Einblicken gegeben, die mir in der Truppe verschlossen geblieben wären. Im Hauptquartier sah ich auch häufig Stauffenberg, der in der Organisationsabteilung tätig war.

Im Herbst 1942 geriet ich als 2. Generalstabsoffizier der 14. Panzer-Division in den Strudel der Stalingrad-Schlacht.

Im Mai 1943 wurde ich als Ic in das Oberkommando der 2. Panzer-Armee versetzt. Eine Kommandierung als Verbindungsoffizier des Generalstabes des Heeres zum General der Schlachtflieger in Rangsdorf bei Berlin führte mich Ende 1943 wieder in Stauffenbergs Nähe, der kurz darauf meine Versetzung in das Allgemeine Heeresamt erwirkte, in dem er damals als Chef des Stabes tätig war. Meine eigentliche Mitarbeit im Kreis der Verschwörer begann im Dezember 1943 und endete durch meine Versetzung als 1. Generalstabsoffizier in die 4. Panzerdivision im Frühjahr 1944. Ich bin also zu einem verhältnismäßig späten Zeitpunkt mit den bestehenden Absichten vertraut gemacht worden. Die seit 1938 — dem Jahre der Fritschkrise und des Rücktritts des Generalobersten Beck als Chef des Generalstabes — immer wieder unternommenen Versuche, Hitler auszuschalten, und die Gründe, warum sie fehlschlugen, sind mir erst damals, Ende

1943, und auch nur teilweise, bekanntgeworden. Der außenpolitische Spielraum war zu diesem späten Zeitpunkt völlig eingeengt.

Von folgenden Grundvoraussetzungen mußte damals jede Lagebeurteilung ausgehen:

1. Der Krieg war für Deutschland verloren, wenn nicht eine ans „Wunderbare" grenzende überraschende Wendung eintreten würde. Generalstabsoffiziere sollten sich vor „Wundergläubigkeit" hüten. Ich erwähne die „wunderbare Wende" deswegen, weil sie mit dem Phänomen der Gläubigkeit an der „Führer und Heilsbringer Hitler" in Zusammenhang stehend von breiten Teilen der Bevölkerung, ja auch von einer beträchtlichen Zahl von Soldaten, bis zum bitteren Ende immer noch erwartet wurde.

2. Aussichten, mit den Westmächten zu einem Separatfrieden zu kommen, waren so gut wie nicht mehr vorhanden.

3. Man mußte nach dem Ergebnis der englisch-amerikanischen Konferenz in Casablanca (Januar 1943) und der Gespräche zwischen Großbritannien, den USA und der Sowjetunion in Moskau (Oktober 1943), die dann Ende November zu der Konferenz von Teheran führten, damit rechnen, daß die Alliierten durch außenpolitische Verhandlungen kaum noch zu trennen waren. Das zwischen ihnen vereinbarte Ziel war die bedingungslose Kapitulation Deutschlands. Die spätere Aufteilung in Besatzungszonen zwischen Ost und West wurde bereits anvisiert.

Die Landung der Westalliierten in Frankreich stand noch bevor. Die Russen hatten bisher noch kein deutsches Territorium erobern können. Bestrebungen, sie nicht zu weit in den mitteleuropäischen Raum vordringen zu lassen, konnten trotz der Präjudizierung durch die genannten Konferenzen insbesondere von England erwartet werden. Das waren die einzigen Hoffnungsschimmer, die aber, wenn sie nicht erlöschen sollten, schnelles Handeln erheischten.

Diese Ausgangspunkte für eine Beurteilung der Lage waren es denn auch, die Stauffenberg Ende 1943 an den Beginn unserer Unterhaltung in Berlin stellte. Er konnte dabei an frühere Gespräche während unserer gemeinsamen Zeit im Hauptquartier OKH anschließen, insbesondere aber knüpfte er an eine Unterhaltung vom Februar 1943 an:

Zu dieser Zeit besuchte er mich in Berlin im Lazarett. Ich lag dort schwer an Gelbsucht erkrankt und zutiefst über die Katastrophe von Stalingrad erschüttert.

Den Beginn der Einschließung der 6. Armee hatte ich krank darniederliegend im Sanitätsstützpunkt meiner Division erlebt. Gerade hier auf der schmalen Landbrücke zwischen dem nach Westen gebogenen Wolga-Knie von Stalingrad und dem nach Osten ausladenden Don-Bogen trafen die Spitzen der äußeren Umfassungszange der Einschließungskräfte zusammen. Mit wenigen kampffähigen Männern und Panzerfahrzeugen aus Werkstatteinheiten versuchten wir die Russen solange abzuwehren, bis die Verwundeten in Sicherheit gebracht waren. Als die Russen wider Erwarten zögerten, uns zu verfolgen oder uns den Rückzug zu verlegen, entschloß ich mich, die letzte noch intakte Don-Brücke bei Werch Tschirskaja für eine etwaige Entlastungsoperation zum Aufreißen des inzwischen fest um die 6. Armee geschlossenen Kessels bzw. für Ausbruchsversuche aus diesem offenzuhalten. Das Unternehmen gelang, wenn auch unter großen Verlusten der kampfungewohnten Rückwärtigen Dienste und weitgehend demoralisierter versprengter Truppenteile, die ich meiner Kampfgruppe eingegliedert hatte. Einige Tage bestand noch Funkverbindung mit Teilen der eingeschlossenen Armee, die sich zum Aufbruch rüsteten. Dann wurde es still.

Daß der Brückenkopf für eine Gegenoffensive nicht genutzt werden konnte, stand bei der Obersten Führung fest, als wenige Tage darauf die Don-Front in meinem Rücken in großer Breite und Tiefe durchbrochen wurde. Wir waren darüber nicht orientiert, die Verbindungen rissen immer wieder ab. Dennoch befahl Hitler das Halten der Brücke. Ringsum schließlich völlig eingeschlossen, kämpften wir tagelang einen immer aussichtsloseren und verlustreicheren Kampf. Die Krisenlage hatte zu einem Befehlswirrwarr westlich des Don geführt. Als auf unser Drängen die Genehmigung zur Aufgabe der Brücke schließlich erteilt wurde, erreichte sie uns viel zu spät.

Doch wir waren längst zum Handeln entschlossen. Alle Erkundungen und taktischen Vorbereitungen waren abgeschlossen und halfen uns, einem chaotischen Ende zu entgehen. Ich brach nachts mit einem Haufen völlig erschöpfter Menschen und einer großen Zahl Verwundeter auf den Tschir-Abschnitt nach Westen durch. Das Unternehmen gelang. Ich selbst kam nach dessen Durchführung endgültig ins Lazarett. Die Vergeblichkeit des Kampfes an der Don-Brücke ging mir nicht mehr aus dem Kopf, bis meine Gedanken schließlich von dem noch unfaßbareren Opfer der ganzen in Stalingrad eingeschlossenen Armee, das sich zum Jahresbeginn 1943 endgültig abzeichnete, in Anspruch genommen wurden. Ich habe absichtlich versucht, eine eindringliche Schilderung dieses Ablaufes zu geben; denn er hatte mir die Augen für die Sinnlosigkeit Hitlerscher Führungsmaßnahmen geöffnet.

Stauffenberg, der an meinem Bette saß, hörte meinen Schilderungen mit großem Ernst zu. Dann fragte er mich plötzlich, warum ich über die sinnlosen Aushaltebefehle so betroffen sei. Ich hätte doch im Hauptquartier ausreichend genug Gelegenheit gehabt, den Führungsstil zu beobachten, um die Katastrophe von Stalingrad voraussehen zu können. Alsdann sprach er von den beklemmenden Zuständen im Hauptquartier und der Unfähigkeit der Oberbefehlshaber, Hitler wirksam entgegenzutreten. Er befand sich auf dem Wege nach Afrika, wo er 1. Generalstabsoffizier einer Panzer-Division werden sollte. Noch heute klingen mir seine verzweifelten Worte im Ohr: „Dies ist eine Flucht an die Front!". Er hinterließ mir einen Brief, den der am 24. September 1942 aus seinem Amt entlassene Generaloberst Halder am nächsten Tage an meinem Bett abholte.

Erst bei dem Berliner Wiedersehen mit Stauffenberg Ende 1943 erfuhr ich, daß ich einen Brief „heißen Inhalts" ahnungslos befördert hatte. Damit nun zurück zu dem Gespräch Ende 1943. Der Stauffenberg, der mir jetzt gegenübertrat und die vorher umrissene Ausgangslage skizzierte, war durch schwere Verwundungen äußerlich verändert. Seine Niedergeschlagenheit vom Frühjahr aber hatte er überwunden, sein Wille war ungebeugt, sein klarer Verstand, der unerbittlich gegen sich und andere die Dinge stets zu Ende dachte, funktionierte wie früher. Als Chef des Stabes im Allgemeinen Heeresamt unter General Olbricht hatte er sich umfassende Kenntnisse über die personelle und materielle Ersatzlage verschafft. Die Probleme in der Spitzengliederung der Wehrmacht, ebenso wie das Verhältnis der Kompetenzen von Partei und Wehrmacht, das sich immer mehr zugunsten der Partei verschob, waren ihm aus seiner Tätigkeit in der Organisationsabteilung geläufig.

Unser Gespräch endete bei der Frage, was der verantwortungsbewußte Soldat zu tun habe, um von seinem Volk und Vaterland ein Unheil abzuwehren, das immer drohender hereinbrach. Im einzelnen ergaben sich dabei etwa folgende Fragestellungen:

1. Warum war und ist die höhere militärische Führung nicht in der Lage, ihre Vorstellungen rechtzeitig durchzudrücken?

*Antwort:*
Die deutsche Generalität ist weitgehend unpolitisch bzw. politisch einseitig erzogen worden. Sie hat sich von Hitler täuschen und durch dessen Anfangserfolge blenden lassen. Überragende Köpfe, die im Clausewitz'schen Sinne den Krieg als eine Fortsetzung der Politik unter Einmischung anderer Mittel sehen und den Einsatz dieser Mittel stets im gesunden Verhältnis zu einem sinnvollen politischen Gesamtkonzept zu vertreten wissen, sind rar. Als markante Ausnahme ist Generaloberst Beck zu nennen, der 1938 sein Amt als Chef des Generalstabes zur Verfügung stellte, weil er bereits damals eine Weltallianz gegen Hitlers Pläne

voraussah, die notwendigerweise zu einem Zusammenbruch führen mußte, der den des Jahres 1918 weit in den Schatten stellen würde.

2. Müßten die Oberbefehlshaber nicht wenigstens aus ihrer rein militärhandwerklichen Sicht inzwischen erkannt haben, daß der Krieg verloren ist, und sich zum Handeln aufraffen?

*Antwort:*
Eine Reihe von Oberbefehlshabern hat sich dieser Erkenntnis gestellt.

3. Besteht dann die Möglichkeit, in einem gemeinsamen Handeln Hitler zu entmachten?

*Antwort:*
Es gibt einige wenige Oberbefehlshaber, die hierzu bereit sind. Andere berufen sich auf ihre Eidespflicht, oder sie fühlen sich der Auseinandersetzung mit dem Diktator nicht gewachsen. Es sei hier an gewisse Parallelen zur Persönlichkeit Napoleons I. erinnert.
(Tatsächlich besaß Hitler einen feinen Instinkt, mit dem er ihm Unbequemes oder Gefährliches vorausahnte und so häufig die Initiative ergriff, bevor sein Gesprächspartner überhaupt seine Argumente vorbringen konnte.)
Schließlich gab es Oberbefehlshaber, die angesichts der harten Kämpfe an der Ostfront von großer Besorgnis erfüllt waren, jedes innenpolitische Ungleichgewicht im Gefolge eines Schrittes gegen Hitler werde große Teile des an ihn glaubenden Volkes so erschüttern, daß ein solcher Schritt den Zusammenbruch der Front nach sich ziehen müsse. Die Bereitschaft der Oberbefehlshaber war uneinheitlich, schwankend, resigniert. Stauffenberg war sich damals bereits darüber im klaren, daß eine jüngere Generation die Verantwortung für aktives Handeln übernehmen müsse.

4. Stehen noch Kampfmittel völlig neuer Dimensionen und Wirkung zu erwarten?

*Antwort:*
Es sind noch einige hocheffiziente Raketentypen in der Produktion. Sie können taktisch helfen, strategisch oder operativ nichts grundsätzlich ändern.

5. Gibt es einen Ersatz für Hitler in der derzeitigen politischen Führung?

*Antwort:*

Nein, die gesamte nationalsozialistische Führung ist mit Verbrechen beschmutzt. Inwieweit die *militärische* Führung von diesen Verbrechen Kenntnis haben konnte, ist umstritten. Ich habe jedoch als Ic feststellen können, daß Himmlers Sicherheitsdiensten im rückwärtigen Armeegebiet sogenannte „Sonderaufgaben" oblagen, die sich der Zuständigkeit des Armeeoberbefehlshabers, der ja gleichzeitig oberster Gerichtsherr seines Armeegebietes war, entzogen. Den Gesamtumfang der letztlich von Hitler ausgehenden Verbrechen gegen die Menschlichkeit haben wohl nur wenige gekannt. Daß es solche Vernichtungsaktionen gab, konnte niemandem verborgen bleiben, der seine Augen offenhielt. Aber auch schon Gleichgültigkeit im Sinne des „Was ich nicht weiß, macht mich nicht heiß", war ein grober Fehler. Gerade dort, wo Kompetenzen der militärischen Führung durch den Sicherheitsdienst eingeengt wurden, war äußerste Wachsamkeit einfach eine Pflicht. Hier bot es sich an, die Konfrontation zu suchen und die traditionellen sittlichen Werte deutschen Soldatentums gegen den Einbruch des Verbrechens zu verteidigen.

Erlauben Sie mir, an dieser Stelle eine Bemerkung einzuschalten: Vor eineinhalb Jahren wurde ich gebeten, mit einer Abiturientenklasse einer Hamburger Schule über den 20. Juli zu diskutieren. Meine jungen Gesprächspartner äußerten sich anschließend kritisch:
Der militärische Widerstand habe sich nur von strategischen Erwägungen leiten lassen. Sein Anliegen wäre wohl das Verhüten eines Krieges oder, da dies nicht gelang, das Vermeiden einer Niederlage gewesen, während die sittlichen Motive gegen die nationalsozialistische Ideologie eine geringe Rolle gespielt hätten.
Dieser Eindruck mag durch die Schilderung meiner Erlebnisse, die ja zu einem späten Zeitpunkt, nämlich 1943, beginnen, ausgelöst worden sein. Von dieser Zeit ab stand die auf Deutschland zurollende militärische Katastrophe einfach durch deren tägliches Sichtbarwerden im Bombenhagel in der Heimat und in den sich jagenden Hiobsnachrichten von allen Fronten im Vordergrund.
Der aus dem Sittlichen und Religiösen geborene Widerstand hätte m.E. bereits im Jahre 1938 wirksam zum Tragen kommen müssen. Daß dem nicht so war, dafür gibt es sicher eine Reihe von Gründen, die in meinem Erlebnisbericht nicht erwähnt werden, da ich zu dieser Zeit keinerlei Verbindung zum Widerstand hatte. Aus eigener Kenntnis kann ich nur meine Eindrücke aus zwei Begegnungen mit Generaloberst Beck beitragen. Die erste fand an seinem Krankenlager in der Charité, die zweite gemeinsam mit Stauffenberg in Becks Lichterfelder Wohnung statt.

Im ersten Gespräch, in das ich — etwa Ende März/Anfang April 1943 — noch völlig ahnungslos über des Generalobersten Rolle im Widerstand hineinging, konnte ich aus seinen Fragestellungen an mich erkennen, daß er sich gedanklich intensiv mit humanitären Problemen, insbesondere der Achtung der Menschenrechte gegenüber allen Menschen, gleich welcher Rasse oder politischen Gesinnung, in den besetzten Gebieten beschäftigte. Er ermahnte mich, diesen Teil meiner Verantwortung als Offizier bitter ernst zu nehmen.

In der späteren Unterredung — etwa Mitte Februar 1944 in Becks Wohnung — kam seine tiefe Sorge zum Ausdruck, wie das deutsche Volk sich von der Schuld reinigen könne, die es durch seine Identifizierung mit einer verbrecherischen Regierung auf sich geladen hatte. Beck war — nach einem Wort über die Männer der Widerstandsbewegung, das nach dem Kriege Churchill zugeschrieben wurde — zutiefst „von der Unruhe seines Gewissens getrieben".

Stauffenberg bezog seine ganze Kraft aus einer Gläubigkeit und der hohen Achtung vor dem Menschen als Schöpfung Gottes.

Ich habe Ihnen diese Eindrücke und Überlegungen nicht vorenthalten wollen, da sie für meine damalige Gesamtschau wichtig erschienen, und setze nun die Reihe der Fragen, zu deren Beantwortung sich der Soldat durchringen mußte, fort.

6. Mit einer Ausschaltung Hitlers allein war die Umkehr nicht zu erreichen, wenngleich man Grund zur Annahme hatte, daß Himmler solchen Versuchen zunächst untätig zusehen würde, um sich dann, je nachdem, rechtzeitig als Retter zu erweisen oder selbst an die Macht zu spielen. War es dann nicht sinnvoll, den Dingen überhaupt ihren Lauf zu lassen und den Zusammenbruch als eine Art Selbstreinigungsprozeß abzuwarten?

*Antwort:*

— und hier berühren wir ein Kernstück in Stauffenbergs Denken — Die Fortsetzung des Krieges würde unzählige, unnötige Opfer an deutschen Soldaten, die völlige Zerstörung der Lebensbedingungen und ein grausames Hinmorden am Kampfe unbeteiligter Menschen fordern. Stauffenberg stellte sich immer wieder die Frage: „Wer würde als sehender und wissender militärischer Führer den Angehörigen völlig sinnlos geopferter Menschen noch ins Auge sehen können?"

7. Nun komme ich an eine zentrale Frage, die Bindung an den Fahneneid. Ich sage Ihnen ehrlich, daß ich lange gebraucht habe, gerade diese Hürde innerlich zu nehmen.

431

Stauffenberg wies mit Recht auf die *Gegenseitigkeit* der Loyalitätsverpflichtung des Eides hin.

Wann aber ist der Bruchpunkt klar erkennbar? Ich bin persönlich der Auffassung, daß die Bindung so stark verankert und die Möglichkeit, sich aus ihr zu lösen, so dornenreich sein muß, daß der Sprung nur nach schwerem inneren Kampf und aus tiefster, in meiner Generation wohl religiös zu nennender Überzeugung gewagt werden kann und darf. Die Handlung setzt außerdem kritische Auseinandersetzung mit allen wesentlichen Tatsachen, d.h. also auch deren genaue Kenntnis, voraus.

Somit wird sich dieser Entscheidung im allgemeinen nur eine Elite stellen können. Und auch eine Elite nur dann, wenn man sie nicht allein als intellektuelle Elite versteht. Hier kommt es eben nicht nur auf analytische Fähigkeit und geistige Wendigkeit an, sondern auf den ganzen Menschen und die Festigkeit, mit der sein Denken und Handeln auf überzeitlich gültige Werte gegründet ist. Die Möglichkeit, als Verräter in die Geschichte einzugehen, wird nur von dem ertragen werden, der mit sich und seinem Gewissen absolut im reinen ist. Dies erklärt auch die Tatsache, daß es im Widerstand viel Halbherzigkeit gegeben hat. Kampfgewohnte, unerschrockene Männer wurden an sich selbst irre, als sich das Schicksal in entscheidender Stunde zu Hitlers Gunsten neigte.

Stauffenberg hatte alle diese Zweifel seit langem hinter sich gelassen. Es gab für ihn keine Umkehr mehr, nachdem er alles mit seinem klaren Verstand bis zur letzten Konsequenz durchdacht hatte.

8. Waren die politischen Vorbereitungen für das Nachher nach einem Staatsstreich ausreichend?

*Antwort:*

Diese an sich wichtige Frage, der man ein umfangreiches Kapitel widmen müßte, war Ende 1943 durch die Ausgangslage in ihrer Bedeutung stark gemindert. Es würde keine neue, nur eine Übergangsregierung geben. Es kam auf die rasche Beendigung des Krieges an. Die Übergangsregierung mußte also aus Persönlichkeiten bestehen, die mit dem Vertrauen der Alliierten rechnen konnte.

Sie konnte die Vorstellungen der Besatzungsmächte hier und dort zu beeinflussen suchen. Eigenständiges Handeln würde ihr versagt bleiben. Wichtig blieb es, den Zusammenhalt der Ostfront nicht aufs Spiel zu setzen, um durch bestmögliche Bedingungen im Osten die Zivilbevölkerung vor den Schrecken russischer Eroberungstaktik bewahren zu können. Hier lag ein ganz erhebliches Wagnis. Immerhin bestand begründete Aussicht, daß die Truppenführer der Ostfront in Erkenntnis der russischen Brutalität besonnen reagieren würden. Auf eine wenigstens passive Unterstützung der oder einzelner Westmächte bestand geringe Hoffnung.

9. Die letzte Frage kreiste um die Art und Weise, in der das Attentat durchgeführt werden solle.

Die sauberste Lösung — und hierüber gab es auch bei Stauffenberg keine abweichende Auffassung — wäre die Tat, verbunden mit dem Opfer der eigenen Person, gewesen. Das Bombenattentat, bei dem auch Unschuldige geopfert werden, ist dem Soldaten fremd, es gehört in das Repertoire von Anarchisten. Es wird immer schwer zu beurteilen bleiben, ob sich wirklich keine andere Möglichkeit zur Ausschaltung der nationalsozialistischen Führung anbot. Aber bedenken wir die Umstände!

Zumindest mußten Hitler, Himmler, Göring und Bormann, wenn möglich auch Goebbels, gleichzeitig getroffen werden.

Hitler hatte seit langem ein dichtes Sicherheitsnetz um sich gezogen.

Die Bereitstellung von Truppeneinheiten zum schlagartigen Überfall mit dem Ziel der Festnahme des genannten Personenkreises war wegen der Auffälligkeit einer solchen Maßnahme kaum durchführbar.

Damit sind die Grundgedanken, die Stauffenberg mit mir damals erörterte, in etwa umrissen.

Ich habe die darauffolgenden Tage und Nächte darüber gegrübelt. Es wäre mir wohl nicht in den Sinn gekommen, den Freund preiszugeben, selbst wenn ich mich seiner Gedankenkette hätte verschließen müssen. Ich wußte zu genau, wie hart er mit sich gerungen hatte, bis in ihm die bittere Erkenntnis herangereift war, daß Deutschland sich mit einem Dämon identifiziert hatte, der es mit in das eigene Verderben reißen würde.

Ich füge noch einen Gedanken hinzu: Unter uns Regimentsangehörigen gab es eine sehr enge Kameradschaft. Ich weiß nicht, ob es eine klassische Definition für diesen Begriff gibt, für uns bedeutete er jedenfalls ein tiefes Vertrauen zueinander und Hilfsbereitschaft füreinander. Gefahr und Verantwortung, Entscheidung und Gewissensnot bleiben keinem Soldaten erspart. Sich darüber aussprechen zu können mit einem anderen, der ähnliches durchmacht, und wissen, daß der andere dieses Vertrauen nicht mißbraucht, das geschieht eben unter Kameraden. Die kameradschaftliche Bindung stellt einen eigenständigen Wert dar, der sich von je her unabhängig von dem stählernen Gerüst der Hierarchie des Befehls und Gehorsams erhalten hat. Sie war zwischen Vorgesetzten und Untergebenen genau so möglich wie zwischen Gleichgestellten.

In den Vernehmungen nach dem 20. Juli ist immer wieder deutlich geworden, wie Diktatoren und ihre Sicherheitsorgane diese echte Kameradschaft hassen und verteufeln. Ihr Werkzeug ist ja gerade gegenseitige Verunsicherung und Mißtrauen aller gegen jeden!

Ich habe vier Monate lang mit Stauffenberg zusammengearbeitet und in dieser Zeit viele der Hauptakteure kennengelernt. Keiner erreichte dasselbe Maß einer aus großer innerer Kraft entspringenden Gelassenheit wie er.

Daß er die den Staatsstreich auslösende Tat zugleich mit der Führung des Ablaufes der Verschwörung in seiner Hand vereinigen mußte, bleibt ein Makel für diejenigen, die ihm den ersten Teil hätten abnehmen können. Wenn ich das ausspreche, so beziehe ich mich selbst in diesen Vorwurf mit ein. Ich vermag auch heute nicht zu sagen, ob ich mich dazu durchgerungen haben würde, die Bombe zu zünden, falls ich zum Zeitpunkt des Attentats Stauffenberg noch zur Verfügung gestanden hätte. Stauffenberg wußte, wie nötig seine Anwesenheit nach dem Attentat in Berlin war. Er allein hielt alle Fäden in der Hand.

Schriftliche Vorbereitungen, soweit es diese überhaupt gegeben hatte, waren vernichtet. Deutliche Anzeichen sprachen dafür, daß Himmlers Sicherheitsdienst Nachschlüssel zu den Panzerschränken des Allgemeinen Heeresamtes besaß.

Die endgültigen Pläne befanden sich in wenigen Köpfen. Eine Vielfalt von Motiven einte die Verschwörergruppen zwar in der Zielsetzung, das Regime zu beseitigen, verlangte aber eine straffe Koordination nach der Tat.

— Das politische Spektrum reichte von betont konservativ monarchistischen über christlich sozialen bis zu sozialistischen Modellen.

— Es gab Zentralisten, Föderalisten und auch schon Befürworter eines europäischen Gemeinschaftsstaates.

— Der Verschwörung verbundene Gewerkschaftsführer waren besorgt, wie die Arbeiterschaft auf den Umsturz reagieren werde.

Sollte ein Chaos in den Betrieben vermieden werden, mußte es gelingen, das in krassem Gegensatz zu den Errungenschaften vor 1933 stehende System der Arbeitsfront ohne Zeit- und Vertrauensverlust in demokratische Bahnen zurückzulenken.

— Das Denken beteiligter Soldaten konzentrierte sich teilweise ausschließlich auf die Beseitigung der strategischen Führungsfehler und brachte den politischen Folgeproblemen eines Umsturzes mangelhaftes Verständnis entgegen.

— Und endlich gab es auch manche Eifersüchteleien unter den Verschwörern.

Alle mußten mit behutsamer Hand am Zügel geführt werden. Die oberste Autorität der Verschwörer, der als Statthalter ausersehene Generaloberst Beck, war ein weiser, aber damals schwerkranker Mann. So war Stauffenberg denn der unermüdliche Motor. Während der *eine* Stauffenberg die letzten Reserven mobilisierte und Aushilfen ersann, wie man die notleidende Front mit Ersatz versehen könne, kreisten die Gedanken des *anderen* Stauffenberg um den Staatsstreich und versuchten, Schwächen und Lücken der Planung zu beseitigen.

Wer heute davon spricht, daß der Ablauf des 20. Juli dilettantisch gewesen sei, möge bedenken, wie es damals unter der Diktatur Hitlers wirklich aussah!

Erst im September, meine Division kämpfte nun in Kurland, wurde ich festgenommen. Die erste Nacht nach der Festnahme verbrachte ich auf dem Gefechtsstand des XXXIX. Panzer-Korps. Der Kommandierende General v. Saucken, ein Mann, dem ich großes Vertrauen entgegenbrachte, orientierte mich, daß der Befehl zu meiner Verhaftung vom Reichsführer der SS direkt an ihn ergangen sei. Auf seine Rückfrage bei der Armee, ob dieser neue Befehlsweg seine Richtigkeit habe, erhielt er die Anweisung, die Verhaftung vorzunehmen, auch ohne einen Befehl des zuständigen Gerichtsherrn (Armmeoberbefehlshaber) erhalten zu haben. Saucken meinte dann: „Ihre Festnahme wird sich als Irrtum herausstellen!" Ich antwortete: „Herr General, es kann sein, daß ich Sie enttäuschen muß!" Hierauf Saucken: „Als Ihr Freund und Vorgesetzter rate ich Ihnen, seien Sie dort, wo man Sie jetzt hinbringt, weniger offenherzig als mir gegenüber!" Ein unerschrockener Edelmann und Kamerad, der ungeachtet der damit für ihn selbst verbundenen Gefahr mich nicht fallenließ!

Wenige Tage darauf befand ich mich im Gewahrsam der Gestapo in der Prinz-Albrecht-Straße in Berlin. Nächtliche Vernehmungen. Rasche Wechsel zwischen freundlichem Gespräch und massiver Drohung dauerten an. Aber auch in der Verlassenheit der Untersuchungshaft war noch nicht jede Menschlichkeit erstorben. Bei meiner ersten Vernehmung veranlaßte man mich, genau über die Ereignisse der Stalingrad-Schlacht zu berichten. Mitten im Gespräch wurde der mich vernehmende Beamte telefonisch abgerufen. Es entstand eine kurze Pause, die der zweite Beamte benutzte, um durch eine offene Tür ins Nebenzimmer zu gehen, wo er sich etwas zu essen holte — es war immerhin 22 Uhr. Den Raum verlassen konnte ich nicht. Zwei Wachen standen vor der Tür. Helle Lampen strahlten mir ins Gesicht. In diesem Augenblick fragte mich die Stenotypistin, die meine Vernehmung schrieb, leise, ob ich den Soldatenfriedhof bei Kalatsch am Don kenne, dort läge ihr bei einer SS-Einheit gefallener Bruder begraben. Ich bejahte und fügte hinzu, „es kann sein, daß ich sogar ein Bild davon habe, aber nachsehen kann ich erst, wenn ich hier wieder heraus bin."

Da sagte sie: „Warum sollte das nicht gelingen, außer einem Brief von Ihnen, den man bei Stauffenberg fand, hat man keine Anhaltspunkte." Ich schaltete, um welchen Brief es sich handeln könne, er war harmlos. Sollte ich in eine Falle gelockt werden, oder durfte ich vertrauen? Ich tat das letztere und habe mich durch die folgenden Vernehmungen hindurchgewunden, darauf bedacht, keinen noch Lebenden zu gefährden.

Nach vorübergehendem Aufenthalt im KZ Fürstenberg wurde ich zu meiner letzten Vernehmung dem Chef des Reichssicherheitshauptamtes Kaltenbrunner persönlich vorgeführt.

Ein merkwürdiges Erlebnis. Er verstrickte mich in ein Gespräch, in dem er offensichtlich herausfinden wollte, welche Schwächen ein Generalstabsoffizier an Hitlers Führung kritisierte. Schließlich sagte er: „Der Generalstab des Heeres rechnet nur rote gegen blaue Divisionen auf der Lagekarte gegeneinander auf, was ihm fehlt, ist der Glaube an den Führer." Ich entgegnete darauf, dann müsse doch bei der Luftwaffe alles in bester Ordnung sein, da diese von einem bewährten Nationalsozialisten aufgebaut worden sei. Ein Kommando zum General der Schlachtflieger habe mich aber deutlich über die völlig aussichtslose Unterlegenheit gerade dieses Wehrmachtteils belehrt. Kaltenbrunners Antwort: „Erlassen Sie es mir, darauf einzugehen!" Die Anzeichen für das Auseinanderfallen der Spitzengruppe mehrten sich.

Die Vernehmung endete mit der Feststellung Kaltenbrunners: „Ich hoffe, es ist Ihnen klar, daß ich Ihnen hätte einen Strick drehen können, wenn ich das gewollt hätte, aber es sind schon zu viele von den jungen Offizieren, die unser Volk dringend braucht, verurteilt worden." — Ich schwieg begreiflicherweise zu dieser Äußerung.

Ich habe das Rätsel, warum er mir den Strick nicht gedreht hat, bis heute nicht lösen können. Sicher weiß ich — denn das erwähnte Kaltenbrunner im Laufe der Vernehmung —, daß sich Generaloberst Jodl (Chef Wehrmachtführungsstab) energisch um meine Freilassung bemüht hatte.

Eine andere Vermutung ist die, daß meine Inhaftierung gleichzeitig meinen Vater treffen sollte. Er war mit Generaloberst Beck, den er auch als Arzt behandelte, befreundet, und er gehörte seit vielen Jahren der Mittwochsgesellschaft an, aus deren Mitgliederkreis einige gewichtige Persönlichkeiten der Teilnahme am Widerstand überführt wurden und ihr Leben ließen. Meine Vermutung erhielt dadurch eine gewisse Rechtfertigung, daß Kaltenbrunner meinen Vater verständigte, er möge mich nach meiner Vernehmung im Reichssicherheitshauptamt abholen. Zu meinem Erstaunen trat also plötzlich mein Vater in Kaltenbrunners Zimmer. Es entspann sich in meiner Gegenwart ein kurzes Gespräch, in dem Kaltenbrunner ihm Vorhaltungen machte, er mißbrauche seinen ärztlichen Be-

ruf, um seine schützende Hand über Juden zu halten. Mein Vater antwortete ihm: „Ich halte meine Hand über jeden, der mich als Arzt braucht."
Ich stellte mich innerlich schon darauf ein, wieder in die Zelle zurückgeschickt zu werden. Aber ich war frei. Nach der Entlassung meldete ich mich beim Chef des Generalstabes, inzwischen Generaloberst Guderian. Meinen Wunsch auf Übernahme eines Regiments oder Bataillons lehnte er ab. Er befahl mir, im Generalstab zu bleiben und auf meinen Posten als Ia der 4. Panzer-Division zurückzukehren. Ich gehorchte.

Der Wimpel des Divisionsstabes steckte an einem verkommenen lettischen Schulhaus. Die Ordonnanzoffiziere des Divisionsstabes hatten sich zu meiner Wiederbegrüßung vor der Haustür aufgestellt und sangen, von einer Ziehharmonika begleitet, den damals wohlbekannten Schlager: „Peter, Peter, wo warst Du heute Nacht?" Das war ihre lockere und doch vielsagende Art, ihre Meinung auszudrücken. Über die Gründe meiner Abwesenheit wurde nicht weiter gesprochen.

Die Truppe durfte mit Recht erwarten, daß sich unsere ganze Aufmerksamkeit hier und jetzt darauf richtete, den Russen das Eindringen in unsere dünne, überanstrengte Front zu verwehren. Hier endet mein aus persönlichem Erleben schöpfender Bericht über die Ereignisse um den 20. Juli.

Zur Abrundung meiner Erlebnisse noch ein Ereignis aus dem Frühjahr 1947: Ich wurde damals anläßlich der Anklage gegen die Feldmarschälle List und Freiherr v. Weichs vor dem Alliierten Nürnberger Gerichtshof über deutsche Führungsmaßnahmen in Jugoslawien und Albanien vernommen. Offensichtlich über meine Verbindung zum militärischen Widerstand unterrichtet, stellte mir der amerikanische Vernehmungsbeamte auch zu diesem Thema Fragen. Anschließend gab er in zynischer Weise seine Einschätzung des deutschen Widerstandes zum besten: „Dieser wollte Hitler ja nur beseitigen, um nun seinerseits mit einer aus Militaristen, Reaktionären und Industriellen zusammengesetzten Machtgruppe den deutschen Imperialismus fortzusetzen." — Man sieht, Klischeevorstellungen sind langlebig.

Das Attentat ist nicht gelungen. Auslegungen darüber, was geschehen wäre, wenn es zum Erfolg geführt hätte, gibt es viele. Sie sind müßig. Fest steht, daß ohne letzte Klarheit der Gedanken und ohne die Anerkennung einer Macht, die über all unserem menschlichen Tun steht, niemand die Kraft zur Tat gegen den Diktator aufbringen konnte. Stauffenberg ist hierfür Beispiel und Vorbild.

Nach dem Untergang des Offizierkorps 1945 brauchte es sicher Zeit, bis deutsche Offiziere wieder zum Selbstverständnis ihrer Bestimmung zurückfanden.

Die Erinnerung an ihre Vorgänger, die Tag für Tag in härtesten Abwehrschlachten ihr Letztes gegeben haben, half ihnen, auf die Vergangenheit wieder stolz zu sein. Aber sie brauchten m.E. ebenso das Beispiel des 20. Juli, um die *Grenzsituationen,* in die ein Offizier in letzter Verantwortung gestellt werden kann, voll begreifen zu können.

Ich sprach zu Ihnen aus einer Zeit, die ein Großteil unserer heutigen Bundeswehroffiziere nicht mehr bewußt miterlebt hat und in deren brutales Gesicht sie nicht geblickt haben.

Aus der heutigen Sicht kommt uns sicher vieles davon eigenartig, manches fast unwirklich vor. Aber das ist meine Erfahrung: Je konzentrierter sich unser Leben abspielt, um so bunter beginnt es sich zu äußern.

Geschichte wiederholt sich nie in deckungsgleicher Form. Wohl aber stellt sie uns Menschen in gewissen Abständen immer wieder vor ähnliche Situationen, Spielarten des einmal schon Dagewesenen. Eine Blanco-Vollmacht auf richtiges Handeln, die uns unsere Zweifel abnimmt, bleibt uns versagt. Wollen wir uns auf den mannigfaltigen Wegen, die durch unsere Zeit führen, nicht verirren, so bleibt uns nur die Fähigkeit zu klarem und aufrichtigem Denken und zum Lauschen auf die Stimme unseres Gewissens als eine der vielen Möglichkeiten des Menschen.

Alexander Fischer

# Die Bewegung „Freies Deutschland" in der Sowjetunion: Widerstand hinter Stacheldraht?

In dem selbstverordneten Wettstreit um die rechte Bewahrung des nationalen Erbes der Deutschen, wie ihn die DDR seit ihrer Gründung mehr oder minder heftig mit der Bundesrepublik Deutschland führt[1], nahm und nimmt die Bewegung „Freies Deutschland" als „Kampfbündnis" von Kommunisten mit Vertretern von Bürgertum und Adel eine Sonderstellung ein. Die Geschichte[2] dieser im Jahre 1943 in der Sowjetunion aus dem Nationalkomitee „Freies Deutschland" und dem Bund Deutscher Offiziere gebildeten, in der DDR gelegentlich zu einem Teil „der weltumspannenden Anti-Hitler-Koalition" hochstilisierten Bewegung[3] erschließe nämlich dem deutschen Volke, so behauptete es jedenfalls ein führender Funktionär der SED wie Hermann Matern im Jahre 1957, „einen wichtigen Abschnitt der dramatischen Geschichte des Kampfes deutscher Patrioten zur Rettung des Vaterlandes aus faschistischer Barbarei und vor der drohenden nationalen Katastrophe"[4]. In der DDR erfreut sich vor allem das Nationalkomitee bis in unsere Tage hoher Wertschätzung: Die Gründung des Nationalkomitees „Freies Deutschland", so schrieb das Zentralorgan der SED anläßlich des vierzigsten Jahrestages dieses Vorganges am 12. Juli 1983, sei „ein Markstein in der Geschichte des deutschen antifaschistischen Widerstandes und des Kampfes ihrer führenden Kraft, der KPD"[5].

Im allgemeinen historischen Bewußtsein hierzulande dürften derartige Deutungen bis heute kaum einen Niederschlag gefunden haben. Geprägt von einer Historiographie und von einer Publizistik, die Widerstand zunächst vor allem mit dem 20. Juli 1944 und seinem Umfeld gleichsetzten[6], blieb die Bewegung „Freies Deutschland", wie ihr Historiograph Bodo Scheurig schon frühzeitig festgestellt hat, „von Anfang an verfemt". Wo immer von ihr die Rede war, erweckte sie stets von neuem „die abwehrende Leidenschaft, die jede maßvolle Erörterung unterdrückt"[7]. Noch 35 Jahre nach Kriegsende konnte Karl-Heinz Frieser bei Befragungen von ehemaligen Kriegsgefangenen zur Vorbereitung seiner im Jahre 1981 erschienenen und damit vorerst letzten Monographie über das Nationalkomitee immer wieder die Erfahrung machen, daß bei seinen Gesprächspartnern die Ereignisse des Zweiten Weltkrieges weitgehend bewältigt schienen, ein Reizwort jedoch geblieben war, das „für viele ein Trauma, für manche auch ein Tabu" darstellte: Es lautete „Nationalkomitee 'Freies Deutschland' "[8].

Mit den folgenden Ausführungen wird nicht der Anspruch erhoben, eine endgültige Klärung der Frage zu erreichen, ob die Bewegung „Freies Deutschland" als ein Teil der deutschen Widerstandsbewegung gegen Hitler anzusehen sei. Vielmehr geht es zunächst einmal darum, mit unserem heutigen Wissen über die Beweggründe jener Offiziere und Soldaten zu informieren, deren Entscheidung für eine Mitarbeit in sowjetkommunistisch beherrschten Organisationen nicht nur von den meisten ihrer Schicksalsgenossen in sowjetischer Kriegsgefangenschaft als eine Perversion deutschen Soldatentums angesehen worden ist. Erst danach kann in kritischer Distanz zur politischen Vereinnahmung des Nationalkomitees durch die DDR im Hinblick auf das Thema „Der militärische Widerstand gegen Hitler und das NS-Regime" der Versuch einer wertenden Stellungnahme gewagt werden. Dementsprechend gliedern sich die folgenden Darlegungen in drei Abschnitte: Zunächst wird versucht, die Voraussetzungen und die Entstehungsgeschichte des Nationalkomitees „Freies Deutschland" wie des Bundes Deutscher Offiziere zu klären. Im Anschluß daran ist beabsichtigt, eine kritische Bewertung der Historiographie der DDR über die Bewegung „Freies Deutschland" vorzunehmen. Abschließend geht es darum, einen Denkanstoß im Hinblick auf die Frage zu geben, ob und inwieweit Nationalkomitee und Offiziersbund als ein Teil der deutschen Widerstandsbewegung gegen Hitler begriffen werden können. Letzteres geschieht in der Erkenntnis, daß die Erörterung dieser Frage besonders dann not tut, wenn sich — wie am Beispiel des Nationalkomitees festzustellen — erweist, daß die Nachwirkungen einer historischen Erscheinung viel intensiver sind als ihr unmittelbarer Erfolg.

I

Die Bewegung „Freies Deutschland" war keine spontane Gründung des Sommers 1943. Versuche, deutsche Soldaten zum Widerstand, zum Kampf gegen Hitler und sein „Drittes Reich" zu veranlassen, gab es auf sowjetischer Seite von Beginn des Rußlandfeldzuges an[9]. In seinen Tagebuchaufzeichnungen berichtet Walter Ulbricht über entsprechende Aktivitäten deutscher kommunistischer Emigranten unter Kontrolle sowjetischer Dienststellen: Ihre Haupttätigkeit nach dem deutschen Überfall vom 22. Juni 1941, so schrieb das damalige Mitglied des Zentralkomitees der KPD, habe „in der Aufklärung der deutschen Bevölkerung und der deutschen Soldaten über das Kriegsverbrechen Hitlers" sowie in der Unterstützung der Politischen Hauptverwaltung der Roten Armee „bei der Ausarbeitung von Informationen über den Zustand der deutschen Truppen sowie von Flugblättern gegen die abenteuerliche Politik des Hitlerfaschismus" bestanden[10]. Über die inhaltliche Ausrichtung dieser Bemühungen wurde in einem Rundfunkpropaganda-Lagebericht des OKW vom 14. Juli 1941 korrekt festgestellt, daß ihr Ziel sowohl die „Herbeiführung der militärischen Niederlage Deutschlands durch Demoralisierung der deutschen Wehrmacht und des deutschen Volkes, insbesondere des deutschen Rüstungsarbeiters", als auch der „Zusammenbruch des nationalsozialistischen Staatsgefüges" gewesen sei[11].

Weil das Feindbild der Roten Armee wie ihrer deutschen Helfer aus den Reihen der KPD offenkundig von der Überzeugung getragen war, daß im Falle eines Krieges mit Sowjetrußland alsbald in Deutschland eine Revolution gegen das Hitler-Regime ausbrechen werde, richteten die sowjetischen und die kommunistischen deutschen Propagandisten der Politischen Hauptverwaltung der Roten Armee das Hauptaugenmerk aus ihrer Sicht folgerichtig zunächst „auf die eigentliche Zersetzungstätigkeit", wie die unverhüllten Aufforderungen zu Desertion und Sabotage in dem OKW-Bericht genannt wurden. So kam es vor, daß die — gelegentlich sogar als „Genossen" angesprochenen — deutschen Soldaten in dutzendfacher Wiederholung aufgefordert wurden, zur Sowjetarmee überzulaufen, die Waffen umzukehren und für ein sozialistisches Deutschland zu kämpfen[12]. Zugleich ergingen an die deutschen Rüstungsarbeiter bis ins einzelne gehende Anweisungen, „was zu tun und zu lassen sei, damit die deutsche Kriegsmaschine zum Entgleisen gebracht wird, damit Räder und Getriebe stehen bleiben, Eisenbahnzüge zusammenstoßen und damit der Prozentsatz von Ausschuß und Blindgängern in der Rüstungsproduktion hoch ist"[13].

Als freilich nach wochenlanger „Aufklärung" der erhoffte Erfolg ausblieb und in Moskau der Verdacht aufzukeimen begann, es könnte Hitler vielleicht gelungen sein, „das Klassenbewußtsein der [deutschen Arbeiter] völlig auszulöschen"[14], rückte neben Frontagitation und Rundfunkpropaganda die Arbeit unter den Kriegsgefangenen immer stärker in den Mittelpunkt der Bemühungen. Wie ein auf Initiative Georgi Dimitrovs, des Generalsekretärs der Kommunistischen Internationale, zurückgehender Aufruf von 158 sorgfältig aus „verschiedenen Klassen und Schichten des werktätigen Volkes" ausgewählten Soldaten zeigt, vertraute man in Moskau dabei auch weiterhin auf die Durchschlagskraft der „antifaschistischen" Diversions- und Aufstandsparolen[15]. Indessen blieb dieser „Appell der 158", der von der sowjetischen wie von der Historiographie der DDR als „ein wichtiges Zeugnis der deutschen Widerstandsbewegung" bezeichnet wird[16], ebenso ein Aufruf ohne Widerhall, wie sich die politisch-ideologische Offensive der Roten Armee und der mit ihr verbundenen „antifaschistischen Kräfte des deutschen Volkes" als ein Fehlschlag erwies.

441

Auch eindrucksvolle Zeugnisse geistiger Unabhängigkeit kriegsgefangener deutscher Soldaten wie Ernst Hadermanns von bürgerlichem Patriotismus geprägtes und humanistischem Geist verpflichtetes „Manneswort eines deutschen Hauptmanns" aus dem Jahre 1942, mit dessen Hilfe „nationale Töne in das klassenkämpferische Einerlei der sowjetischen Propaganda an der Front und in den Gefangenenlagern" eingeführt wurden[17], konnten nicht darüber hinwegtäuschen, daß alle diese ernsthaften Aufforderungen aus der Sowjetunion zum Widerstand gegen Hitler lange Zeit ohne jegliches Echo blieben. Erst im Sommer 1943 trat eine Situation ein, die einer militärischen Widerstandsaktion gegen Hitler Sinn und Ziel zu geben schien. Es ist in der westlichen Forschung heute unumstritten, daß sie von sowjetischer Seite herbeigeführt wurde: Unter dem Eindruck des Scheiterns von Sonderfriedensgesprächen in Stockholm[18], zudem enttäuscht von der aus Moskauer Sicht halbherzigen Kriegführung seiner westlichen Verbündeten[19], begann Stalin seinerzeit wieder auf die deutsche Karte zu setzen. Er versuchte, sein kurzfristig verfolgtes außenpolitisches Ziel, die Herauslösung der Sowjetunion aus dem Verbund der „Anti-Hitler-Koalition", mit Hilfe einer nationalen Sammlungsbewegung deutscher Hitlergegner durchzusetzen. Unberührt von der damaligen deutschlandpolitischen Standardformel der Alliierten, der „bedingungslosen Kapitulation", „hißte er die deutschnationale Fahne und die Flagge der deutsch-russischen Freundschaft"[20].

Spektakulärer Ausdruck dieser patriotischen Variante der Stalinschen Deutschlandpolitik war der im Sommer 1943 von den sowjetischen Behörden gestattete „Zusammenschluß antifaschistischer Kräfte" zur Bewegung „Freies Deutschland". Sie bestand aus dem langfristig vorbereiteten, jedoch offiziell erst am 12. und 13. Juli 1943 von kriegsgefangenen Angehörigen der Wehrmacht und kommunistischen deutschen Emigranten gegründeten Nationalkomitee „Freies Deutschland" (NKFD) sowie aus dem kurzfristig am 11. und 12. September desselben Jahres ins Leben gerufenen, auf „die Spitzen der Wehrmacht" ausgerichteten Bund Deutscher Offiziere (BDO). Unter dem Gründungsmanifest des Nationalkomitees fanden sich die Namen von Offizieren und Soldaten aller Dienstgrade sowie — ohne ausdrücklichen Hinweis auf ihre Parteizugehörigkeit — mit Wilhelm Pieck, Walter Ulbricht und Wilhelm Florin die Namen der führenden Vertreter der nach Moskau emigrierten Spitze der KPD; unter dem „An die deutschen Generale und Offiziere!" sowie „An Volk und Wehrmacht!" gerichteten Aufruf des Offiziersbundes standen die Unterschriften von z.T. hochrangigen und hochdekorierten Angehörigen nahezu aller Waffengattungen: vom Kommandierenden General des LI. Armeekorps, General der Artillerie Walther v. Seydlitz, über den Kommodore des Kampfgeschwaders 51 „Edelweiß", Major Egbert v. Frankenberg und Proschlitz, sowie die Ritterkreuzträger und Hauptleute Erich Domaschk und Paul Markgraf bis hin zum Obersturmführer Walter Meyer von der SS-Totenkopf-Division[21].

Die große Publizität in Rundfunk und Presse, die den Gründungsversammlungen des Nationalkomitees im Stadtsowjet von Krasnogorsk wie des Offiziersbundes im Lager Lunjowo von sowjetischer Seite sogleich verschafft worden ist, hat frühzeitig den Eindruck entstehen lassen, als habe es sich bei der Bewegung „Freies Deutschland" vor allem um ein Druckmittel der Moskauer Außenpolitik gegenüber den westlichen Alliierten gehandelt. Es läßt sich auch nicht ganz ausschließen, daß ein solcher Effekt von den sowjetischen Initiatoren der Gründung, zu denen wohl auch Stalin selbst gerechnet werden muß, erzielt werden sollte. Indessen sprechen gewichtige Anzeichen dafür, daß in erster Linie die deutsche Wehrmachtführung oder eine innerdeutsche Opposition dazu veranlaßt werden sollte, Hitler zu beseitigen und einen Waffenstillstand anzustreben, der im Jahre 1943 noch im russischen Interesse lag[22].

Durch die sensationelle, dem deutschlandpolitischen Prinzip der „Anti-Hitler-Koalition" zuwiderlaufende Gründung des Nationalkomitees „Freies Deutschland" wollte Moskau offenbar einen solch ungewöhnlichen Schritt erleichtern und dem deutschen Volk seine grundsätzliche Bereitschaft zu einer politischen Zusammenarbeit mit einem künftigen deutschen Staat ohne Hitler dokumentieren. Dabei sollte mit dem Zugeständnis, einen eigenen Offiziersbund zu bilden, vor allem der Wehrmacht ein Zeichen gegeben werden, durch den Sturz des Diktators die Voraussetzungen für eine sofortige Beendigung der Kampfhandlungen zu schaffen.

Was die verantwortlichen sowjetischen Funktionäre bewog, auf die Zusammenarbeit mit einer deutschen Widerstandsregierung zu setzen, kann nur vermutet werden. Es gab jedenfalls Anzeichen dafür, daß die Sowjetunion damals „keinen revolutionären Umschwung in Deutschland verlangte, sondern bereit war, mit einem demokratisch regierten Reich Frieden zu machen", wie es ein führendes Mitglied der Bewegung „Freies Deutschland", der ehemalige Generalmajor Dr. Otto Korfes, bei seiner Gefangennahme im Kessel von Stalingrad Kommandeur der 295. Infanteriedivision, ausdrückte[23]. Sieht man von einer nüchternen Analyse der außenpolitischen und der militärischen Interessenlage der Sowjetunion einmal ab, die eine solche Interpretation ebenfalls als haltbar erscheinen läßt, dann wären hier zu nennen

— das „nach eingehenden Beratungen mit dem Nationalkomitee und den Generalen des Offiziersbundes" angeblich geäußerte Einverständnis der sowjetischen Regierung, „daß Nationalkomitee und Offiziersbund das deutsche

Heer aufforderten, die Waffen zu behalten, unter seinen Führern diszipliniert zusammen zu bleiben und gesondert zur Grenze zurückzugehen"[24];

— die im Auftrag der sowjetischen Regierung von General Melnikow an General v. Seydlitz gemachte Zusicherung, Moskau werde bei einer erfolgreichen Aktion der Wehrmachtführung gegen Hitler ein Reich in den Grenzen von 1937 akzeptieren und als Bedingung lediglich „eine bürgerlich-demokratische Regierung" fordern, „die durch Freundschaftsverträge mit dem Osten verbunden sein sollte"[25];

— die verstärkten Versuche politisch-ideologischer Einflußnahme auf die Wehrmacht und die deutsche Bevölkerung durch die sogenannte Frontorganisation des Nationalkomitees[26];

— vor allem jedoch die Unerbittlichkeit Dmitrij Manuilskijs, des verantwortlichen Vertreters des ZK der KPdSU in der Politischen Hauptverwaltung der Roten Armee, gegenüber den klassenkämpferischen Intentionen der kommunistischen Emigranten, d.h. die entscheidende Rolle sowjetischer Funktionäre beim Zustandekommen der Bewegung „Freies Deutschland", insbesondere jedoch des Bundes Deutscher Offiziere[27].

Unübersehbar blieb, daß die Bewegung „Freies Deutschland" mit einer beträchtlichen Hypothek belastet war: mit dem Zwang zum Erfolg. Das Nationalkomitee und der zur Erhöhung von dessen Glaubwürdigkeit gebildete Offiziersbund waren mit den von ihnen eingeleiteten Maßnahmen — z.B. mit den millionenfach über den deutschen Linien abgeworfenen Flugblättern, mit der in ganz Europa vernehmbaren Stimme des Senders „Freies Deutschland", mit den zahlreichen persönlichen Briefen kriegsgefangener Generale an ihre Kameraden auf der anderen Seite der Front und mit den unzähligen Aufrufen an die Soldaten der Wehrmacht über Grabenlautsprecher — auf ein kurzfristiges Ziel ausgerichtet: auf die Auslösung des „Rächermarsches der Wehrmacht gegen Hitler" und die damit verbundene Herauslösung der Sowjetunion aus der „Anti-Hitler-Koalition"[28]. Als sich nach einem halben Jahr intensiver Bemühungen herausstellte, daß die von der Bewegung „Freies Deutschland" ausgegebene Losung „Beendigung des Krieges durch eine geordnete Rückführung der Wehrmacht nach Deutschland" in einen „Wald des Schweigens" (Heinrich Gerlach) fiel, war es um die deutsche „Anti-Hitler-Koalition" geschehen. Nationalkomitee und Offiziersbund hatten zwar „einen Wechsel auf die Zukunft gezogen", so faßte Bodo Scheurig die Situation am Ende des Jahres 1943 zusammen, aber „Führung und Truppe hatten ihn nicht eingelöst". Auf der 6. Plenartagung des Nationalkomitees Anfang Januar 1944 wurden die Konsequenzen gezogen: Die neue Parole „Einstellung der Kampfhandlungen und Übertritt auf die Seite des

Nationalkomitees" kam dem Eingeständnis der Führungsgremien von Nationalkomitee und Offiziersbund gleich, daß die Bewegung „Freies Deutschland" keine Chance mehr besaß, ihr ursprünglich vorgegebenes politisches Ziel, den Sturz
Hitlers, zu verwirklichen[29].

Die Unbedenklichkeit, mit der sich die Sowjets daraufhin derer entledigten, die
sie nicht länger brauchten oder die nicht umzulernen bereit waren, und die Unerbittlichkeit, mit der sie diese schließlich straften, verdeutlicht ein heute in östlichen Darstellungen gern übersehenes Faktum: daß die Bewegung „Freies
Deutschland" den Gesetzen eines politischen Kräftespiels unterlag, die weder
von ihrer Vollversammlung noch von ihrem Geschäftsführenden Ausschuß oder
gar von ihrem Präsidenten bestimmt werden konnten. Ihr Schicksal zeigt vielmehr, daß es sich bei der Koalition auf Zeit zwischen Angehörigen der Wehrmacht und kommunistischen Funktionären um nichts anderes als ein Instrument
der sowjetischen Deutschlandpolitik handelte. Diese Feststellung wird durch die
Tatsache unterstrichen, daß ab der Jahreswende 1943/44 die nichtkommunistischen Mitglieder der Bewegung bei den Vorbereitungsarbeiten für ein neues
Deutschland allenfalls die Rolle von Statisten und Hilfswilligen zu spielen vermochten. All dies macht die Beantwortung der Frage, ob die Bewegung „Freies
Deutschland" einschränkungslos der deutschen Widerstandsbewegung gegen
Hitler zugeordnet werden kann, nicht leichter.

II

Wenn es aufgrund unserer heutigen Einsichten einer Überlegung wert ist, über
die Frage der Einordnung der Bewegung „Freies Deutschland" in das Spektrum
der deutschen Widerstandsbewegung gegen Hitler neu nachzudenken, dann erscheint es unerläßlich, die in der DDR derzeit gängige Bewertung dieser Bewegung einer kritischen Prüfung zu unterziehen. Insbesondere verdient die Behauptung unsere Aufmerksamkeit, das Nationalkomitee „Freies Deutschland"
sei das nationale Zentrum des Widerstandskampfes gegen Hitler gewesen[30]. Diese Interpretation leugnet nicht nur das Faktum, daß die kommunistischen Widerstandsgruppen in Deutschland während des Zweiten Weltkrieges keineswegs
unter der „operativen Leitung" der in Moskau residierenden Führungsspitze der
KPD handelten[31], sondern übersieht auch geflissentlich das sang- und klanglose
Ende der Bewegung „Freies Deutschland" nach Kriegsschluß.

Die Auflösung des Nationalkomitees im November 1945 erweckt wahrlich nicht
den Eindruck, als habe es sich bei diesem — wie es Walter Ulbricht im Jahre
1968 formulierte — um „die Verkörperung des anderen, des wahren Deutsch-

lands" gehandelt[32]. Auch rhetorische Glanzlichter, wie sie Erich Weinert auf der letzten Sitzung offenbar zu setzen vermochte, konnten nicht über die Erkenntnis hinwegtäuschen, daß die „Art Waffenbrüderschaft im Kampfe gegen den Faschismus", wie sie in der Sowjetunion zwischen Soldaten und Kommunisten praktiziert worden war, nicht von Dauer sein würde. Von der vielbeschworenen Gemeinschaft im Kampf gegen Hitler war jedenfalls zum Zeitpunkt der Auflösung, folgt man dem nach einer geretteten stenographischen Niederschrift angefertigten Protokoll der Schlußsitzung des Nationalkomitees, kaum noch etwas zu spüren. Der Krieg hatte vielmehr, um dem Fazit Bodo Scheurigs zu folgen, „zugunsten der Linken im Nationalkomitee entschieden"[33]. Für die gemäßigten Kräfte dieses sowjetisch kontrollierten Zweckbündnisses winkten nur noch Chancen für eine politische Rolle beim Aufbau des neuen Deutschland, wenn sie bereit waren, sich dem von der KPD beherrschten linken Flügel bedingungslos unterzuordnen. Jene aber, die nicht gewillt waren, Funktionen in der sowjetischen Besatzungszone Deutschlands zu übernehmen oder sich als Spitzel in den sowjetischen Kriegsgefangenenlagern zu verpflichten, gerieten nun in „jene heillose Verurteilungsmaschinerie, die jedem Rechte Hohn sprach und unterschiedslos Strafen der Zwangsarbeit und Verbannung verhängte"[34]. Sie verschonte letztlich auch den Präsidenten des Bundes Deutscher Offiziere und Vizepräsidenten des Nationalkomitees, General v. Seydlitz, nicht: Er wurde unter fadenscheinigen Beschuldigungen im Sommer 1950 als „Kriegsverbrecher" zum Tode verurteilt und schließlich zu 25 Jahren Kerker „begnadigt"[35].

Auch eine Bilanz der marxistisch-leninistischen Historiographie und Publizistik der DDR zum Thema „Bewegung 'Freies Deutschland'" spricht nicht gerade für die Glaubwürdigkeit der These, das Nationalkomitee habe sich ab dem Sommer 1943 zum „politischen und organisatorischen Zentrum der deutschen Antifaschisten" im Zweiten Weltkrieg entwickelt. Eher kann diese Behauptung als ein Beispiel für die in der DDR übliche Art und Weise gelten, mit der dort mit Hilfe der Geschichtsschreibung ein gesamtdeutscher Führungsanspruch untermauert werden soll. Es sei nur daran erinnert, daß im zweiten deutschen Staat erst mit einiger Verzögerung das Andenken an das Nationalkomitee wieder wachgerufen wurde. Das geschah im Jahre 1957, zwei Jahre nach der Rückkehr des Generals v. Seydlitz aus sowjetischer Haft, durch die Herausgabe des im Dezember 1945 im Manuskript abgeschlossenen Berichts des ehemaligen Präsidenten Erich Weinert[36]. Seinerzeit war im Zuge des Bemühens um Traditionsfindung für die Nationale Volksarmee (NVA) viel von deutsch-sowjetischer Waffenbrüderschaft, nicht jedoch vom Nationalkomitee als dem „politischen und organisatorischen Zentrum der deutschen Antifaschisten" die Rede[37]. Auch in dem in der

DDR ausgangs der fünfziger Jahre gängigsten Werk über den deutschen Widerstand „gegen Faschismus und Krieg" aus der Feder des späteren Außenministers Otto Winzer hieß es über den Gründungsvorgang von Krasnogorsk nur lapidar, mit der Bildung des Nationalkomitees „Freies Deutschland" habe „die Kampffront gegen Hitler [...] eine wesentliche Erweiterung" erfahren[38].

Erst als der VI. Parteitag der SED im Januar 1963 ein Programm „des umfassenden Aufbaus des Sozialismus" vorlegte und damit unmißverständlich den Führungsanspruch der DDR im Ringen um die politische Gestaltung der deutschen Nation zum Ausdruck brachte[39], änderten sich auch die historiographischen Voraussetzungen für die Darstellung und Deutung der Bewegung „Freies Deutschland". Hatte Otto Winzer im Jahre 1957 noch „führende deutsche Kommunisten und eine Anzahl bei Stalingrad gefangener Offiziere und Soldaten" fast gleichrangig für die Gründung des Nationalkomitees verantwortlich gemacht[40], war ein Jahrzehnt später und in der Folgezeit nur noch von einer Initiative des ZK der KPD die Rede[41]. Mit der damit gleichzeitig einhergehenden Sprachregelung vom Nationalkomitee „Freies Deutschland" als dem „nationalen Zentrum des antifaschistischen Widerstandskampfes" wurde nicht nur die Funktion der KPD — und in ihrer Nachfolge der SED — als politische Avantgarde unterstrichen, sondern auch deutlich zu erkennen gegeben, daß für eine gleichrangige Berücksichtigung und unvoreingenommene Würdigung „bürgerlichen" Widerstandes in der Historiographie der DDR nach wie vor kein Platz mehr war.

Dieses für die SED typische Beispiel der Manipulation von Geschichte zur Legitimation ihrer Herrschaft löste nicht nur intensive, bislang freilich nicht überzeugende Bemühungen aus, zumindest für einige herausragende Persönlichkeiten aus dem Kreis der am Attentat des 20. Juli 1944 Beteiligten, z.B. für Stauffenberg, eine Verbindung zum angeblichen deutschen nationalen Widerstandszentrum in Moskau zu reklamieren[42]. Es hatte auch Folgen für die Bewertung der Bewegung „Freies Deutschland" in der Traditionspflege durch die NVA der DDR. Die „Rechten" in dieser Bewegung, die Militärs von Lunjowo, traten spürbar hinter die „Linken" von Krasnogorsk, die kommmunistischen Mitglieder des Nationalkomitees und ihre Anhänger, zurück. Für einen Mitarbeiter des Militärgeschichtlichen Instituts in Potsdam war es deshalb selbstverständlich, in der Wochenzeitung der NVA des 40. Jahrestages der Gründung des Nationalkomitees zu gedenken, nicht aber etwa acht Wochen später auch an den Jahrestag der Bildung des Offiziersbundes zu erinnern[43].

Auffällig an diesem Gedenkartikel ist die für die Historiographie der DDR typische Hervorhebung des Wirkens der sogenannten Frontorganisation des

Nationalkomitees[44]. Deren Angehörige — bei Kriegsende immerhin 1800 bis 2000 Mann — schrieben allerdings nicht nur Briefe an Truppenkommandeure von eingekesselten Verbänden der Wehrmacht, um sie zur Kapitulation aufzufordern. Sie schickten auch nicht nur deutsche Kriegsgefangene zu ihren alten Einheiten zurück, „um dort die Wahrheit über das NKFD zu verbreiten und Kameraden für den Übergang zu ihm zu gewinnen". Groß sei auch, so wird bei dieser Gelegenheit wieder einmal hervorgehoben, „die Zahl von militärischen Aufklärungs- und Erkundungseinsätzen" gewesen, die Angehörige der Frontorganisation durchgeführt hätten und deren Ergebnisse den Kommandostellen der Sowjetarmee übermittelt worden seien[45].

Diese Einsätze von Diversionstrupps oder Unternehmungen von Kampfgruppen an der Seite der Sowjetunion in der Endphase des „Großen Vaterländischen Krieges", z.B. bei den Kämpfen im Kurland-Kessel oder um Graudenz und Breslau im Winter 1944/45 sowie im Frühjahr 1945[46], sind für die Historiographie und Publizistik der DDR keine Steine des Anstoßes. Ganz im Gegenteil gehören Aktionen wie die des Leutnants Horst Viedt, der Anfang Mai 1945 mit etwa 80 deutschen „Antifaschisten" in Wehrmachtsuniformen in das umkämpfte Breslau eindrang, um — notfalls mit Waffengewalt — „Teile eingeschlossener SS-Einheiten und Soldaten zur Kapitulation [zu] bewegen"[47], in der NVA der DDR zu den selbstverständlichen Bestandteilen der Traditionen deutsch-sowjetischer Waffenbrüderschaft[48]. Es wäre freilich verfehlt, sich von diesem oder ähnlich gelagerten Beispielen den Zugang zur Erörterung der Frage verstellen zu lassen, ob oder inwieweit die Bewegung „Freies Deutschland" dem Spektrum des deutschen Widerstandes zuzuordnen sei. Zu ihrer hinreichenden Beantwortung reicht der im allgemeinen oberflächlich zwiespältige Eindruck von dieser Organisation, der von Hitler und der Wehrmachtführung „schamloser Hoch- und Landesverrat" unterstellt[49] und von der Historiographie der DDR heute u.a. bescheinigt wird, „eine feste Kampfgemeinschaft zwischen den deutschen Antifaschisten und den Angehörigen der Sowjetarmee" gewesen zu sein[50], nicht aus. Bei näherer Betrachtung dieses umstrittenen Widerstandes hinter Stacheldraht wird vielmehr deutlich, daß die parteiamtlich dekretierte Geschichtsschreibung der DDR mit ihrem klassenorientierten Widerstandsbegriff den Versuch einer Würdigung der Bewegung „Freies Deutschland" als Widerstandsorganisation eher behindert als fordert.

Für die Traditionspflege des deutschen „Arbeiter- und Bauernstaates" hat zwar vor allem das Nationalkomitee aufgehört, wie Bodo Scheurig schon im Jahre 1968 feststellen konnte, „ein Problem oder gar ein Stein des Anstoßes zu sein", jedoch geht die einseitige Festlegung auf die kommunistischen Emigranten sowie auf die der Antifa-Bewegung verpflichteten Generale, Offiziere und Soldaten so weit, daß an der Identität von Original und parteiamtlicher Überlieferung erhebliche Zweifel angebracht sind[51]. Eine hierzulande erforderliche Differenzierung in der Bewertung des Widerstandes aus den Kriegsgefangenenlagern in der Sowjetunion wird daher die ehrenhaften Motive vor allem der militärischen Mitglieder der Bewegung „Freies Deutschland" zu berücksichtigen haben, ohne den verbreiteten Opportunismus und die verständliche Lebensangst zu übersehen sowie jene Tatbestände zu verschweigen, die den Vorwurf des Hoch- und Landesverrates ohne jeden Zweifel rechtfertigen.

## III

Nach meiner Überzeugung kann kein Zweifel daran bestehen, daß sich viele militärische Mitglieder der Bewegung „Freies Deutschland" als Widerständler gegen Hitler und sein „Drittes Reich" verstanden haben. Mit dieser These können verbreitete Vorbehalte gegenüber dem *Nationalkomitee* gewiß nicht ausgeräumt werden. Es klang z.B. bei der Gründungsversammlung des Nationalkomitees eben allzu sehr nach rhetorischer Pflichtübung, wenn der kommunistische Schriftsteller Erich Weinert, Vorsitzender des Vorbereitenden Ausschusses und späterer Präsident des Nationalkomitees, davon sprach, daß man in den Lagern der Kriegsgefangenen „die Fahne der Erhebung gegen den Verderber Hitler" ergriffen habe, weil dieser sich weigere, „vom Schauplatz der Geschichte abzutreten"[52]. Weinert wirkte auch nicht dadurch überzeugender, daß er den Eindruck zu erwecken suchte, es handele sich beim Nationalkomitee um jene Kraft, die in der Lage sei, das deutsche Volk „aus seiner tödlichen Agonie zur Aktion zu treiben"[53]. Gegenüber Kriegsgefangenen eher deplaziert wirkte zudem die Erinnerung an das Zeitalter der Freiheitskämpfe und die damit verbundene Berufung auf den Freiherrn vom Stein, Ernst Moritz Arndt, Carl v. Clausewitz oder General York v. Wartenburg[54].

In deutlichem Gegensatz zu Weinerts allzu pathetischem und damit wenig glaubwürdigem Appell standen aber die in sich konsequenten Aufrufe zum Widerstand aus den Reihen des von den Stalingradkämpfern geprägten *Offiziersbundes*[55]. Es gibt eindrucksvolle Zeugnisse aus diesem Kreis, die belegen, daß ihre Aufforderung „zum gemeinsamen Kampf gegen den Mann, der das deutsche Volk zum Untergang führt, gegen Hitler"[56], aus der von ihnen durchlittenen „eisigen Atmosphäre bitterster Enttäuschung, verborgener Angst und steigender Trostlosigkeit" erwuchs[57]. Joachim Wieder, ehemaliger Leutnant und Ordonnanzoffizier in der Abteilung für Feindaufklärung (Ic) beim Stabe des VIII. Armeekorps, hat in seiner lesenswerten kritischen Auseinandersetzung mit der Schlacht um Stalingrad und der Verantwortung des Soldaten etwas von den Voraussetzungen deutlich machen können, die solch ungewöhnlichem Engagement zugrunde lagen: „Die Katastrophe, die uns zu verschlingen drohte", so faßte er seine und seiner Kameraden Empfindungen während der Schlacht an der Wolga zusammen, „enthüllte sich uns in vielfacher Hinsicht als das natürliche Ziel eines langen Irrweges, vor dem uns unsere inneren Vorbehalte nicht zurückgerissen hatten. Die geistigen Wurzeln unseres Unglücks tauchten vor unseren Blicken auf sowie die Krise des echten Soldatentums, das hier bei Stalingrad trotz aller persönlichen Einsatzbereitschaft und Aufopferung der einzelnen Soldaten zu einem seelenlosen Militarismus entartete mit mißverstandener Pflichterfüllung und mechanischen Ehrbegriffen." Man habe sich gegenseitig bewußter gemacht, so erinnert sich Wieder, „daß die herannahende militärische Katastrophe auch eine politische Katastrophe war, die Folge vermessener Anschauungen und Handlungen, durch die seit langem die gesunden Grundlagen unseres geistig-kulturellen und nationalen Lebens erschüttert worden waren". Die Parallelen zu Hadermanns „Manneswort eines deutschen Hauptmanns" aus dem Jahre 1942 sind unüberhörbar, wenn Wieder unter dem Eindruck des Sterbens von Stalingrad davon spricht, daß „eine geistfeindliche politische Machtreligion" das deutsche Volk „im zerstörerischen Kampf gegen die universalen Bildungsmächte der Antike, des Humanismus und des Christentums" immer mehr „aus der besten gemeineuropäischen Gedankenwelt und damit zugleich aus seiner Verpflichtung gegenüber den objektiven Ideen der Wahrheit, Güte und Gerechtigkeit" herausgelöst habe[58]. Die schmerzliche Empfindung, daß die soldatischen Tugenden der Tapferkeit, der Hingabe, der Treue und der Pflichterfüllung schändlich mißbraucht worden waren, löste seinerzeit offenbar unterschiedliche Reaktionen unter den Soldaten und Offizieren der 6. Armee aus. So mancher habe, so berichtet Wieder aus eigener Anschauung, „in seiner Verzweiflung angesichts des Zusammenbruchs einer ganzen Welt von Vorstellungen und im Hinblick auf die Sinnlosigkeit der Katastrophe zur Pistole gegriffen und seinem Leben ein Ende gemacht". Nicht wenige scheinen ihre innere Angst und geistige Leere hinter „einer verkrampft soldatischen Haltung" oder gar hinter „einer betonten Landsknechtsgesinnung" versteckt zu haben: „Wenn sie nun schon einmal dazu verurteilt seien ‚draufzugehen'", so wird diese Einstellung bezeugt, „dann wollten sie wenigstens bis zuletzt ihre Haut teuer verkaufen und noch möglichst viele Russen ‚mitnehmen'[59]." Wieder anderen aber öffneten die grauenvollen Erlebnisse und Bilder des Unterganges einer ganzen Armee die Augen für die von Hitler herbeigeführte Welt der Lüge, des Hasses, der Gewalt, des Unrechts und der Unmenschlichkeit. Sie erkannten schlagartig: „Wir hatten Wind gesät, jetzt mußten wir Sturm ernten[60]."

Von Selbstzweifeln geplagt, aber als Kriegsgefangene von der sowjetischen Gewahrsamsmacht psychologisch nicht ungeschickt behandelt, zeigten sich — von Opportunisten und „Kaschisten" abgesehen — nicht wenige Offiziere aus grundsätzlichen Erwägungen bereit, etwas zu unternehmen, um ihren Kameraden wie dem deutschen Volk ein ähnliches Schicksal wie das der 6. Armee zu ersparen. Sind bei einigen Namen unter dem Aufruf des Nationalkomitees diesbezüglich erhebliche Vorbehalte am Platz[61], so kann das von den meisten Unterzeichnern des Aufrufes des Offiziersbundes, vor allem von der dort versammelten militärischen Prominenz wie z.B. Walther v. Seydlitz, General der Artillerie und Kommandierender General des LI. Armeekorps; Alexander Edler v. Daniels, Generalleutnant und Kommandeur der 376. Infanteriedivision; Luitpold Steidle, Oberst und Kommandeur des Grenadierregiments 767; Alfred Bredt, Oberstleutnant und Kommandeur der Versorgungstruppen des XI. Armeekorps, oder Dr. Otto Korfes, Generalmajor und Kommandeur der 295. Infanteriedivision, nicht behauptet werden[62].

Für viele dieser erfahrenen Soldaten dürfte eine nüchterne Lagebeurteilung nicht unwesentlich zu ihrer Entscheidung beigetragen haben. Seinerzeit spielten sich die Kämpfe im Süd- und Mittelabschnitt der Ostfront ungefähr in den gleichen Räumen ab wie im September und Oktober des Jahres 1941. Der Rückzug der deutschen Armeen, so war zu leicht zu erkennen, ging schneller als ihr Vormarsch: „Vom Bug, wo Hitler im Juni 1941 begann", so rechnete das „Freie Deutschland" am 15. September 1943 in einem „Bericht zur Frontlage" vor, „bis nach Stalingrad, dem östlich[st]en Punkt, den Hitler erreichte, sind es in der Luftlinie 1500 Kilometer. Dafür benötigten die deutschen Armeen siebzehn Monate. Von Stalingrad bis nach Bachmatsch sind es 900 Kilometer, für die die russischen Armeen knapp neun Monate brauchten." Damit schien das Ergebnis dieser Rechnung einfach: „Zwei Drittel ihres Siegesmarsches im Osten hat die deutsche Armee als Todesmarsch bereits wieder in umgekehrter Richtung zurücklegen müssen. Noch 600 Kilometer und sie ist wieder dort angelangt, wo sie begann. Und vom Bug bis zur oberschlesischen Grenze sind es nur noch weitere 400 Kilometer. Dann ist der Krieg auf deutschem Boden, und dann wird es, wenn Hitler nicht zum Rücktritt gezwungen wird, keine deutsche Armee mehr geben[63]."

Lag es unter solchen Umständen nicht nahe, wenn sich zur Warnung vor einer unübersehbaren militärischen Niederlage und zur Aufklärung über die verlogenen Kriegsziele Hitlers gerade eine beträchtliche Anzahl jener Generale und Offiziere berufen fühlte, die sich von ihrem Treueid auf Hitler nach dem Massensterben an der Wolga entbunden meinte? Man wird zur Kenntnis nehmen müssen, daß vor allem die Überlebenden der Katastrophe von Stalingrad damals mit dem erklärten Ziel antraten, dem deutschen Volk „den Rettungsweg zu zeigen"[64]. Totgesagt und „zu neuem Leben entstanden", wie es in Anspielung auf die berüchtigte Thermopylen-Rede Görings vom 30. Januar 1943 hieß[65], hielten sie es für ihr Recht und ihre Pflicht, aus der bitteren Erkenntnis der Schlacht an der Wolga „die rettende Tat" hervorgehen zu lassen. Vor allem „zu den Heerführern, den Generalen, den Offizieren der Wehrmacht" gewandt, riefen sie dazu auf, Deutschland ein Schicksal, wie sie es gerade erlebt hatten, zu ersparen: „Fordert den sofortigen Rücktritt Hitlers und seiner Regierung!", so lautete ihre Devise. „Kämpft Seite an Seite mit dem Volk", so forderten sie ihre Kameraden auf, „um Hitler und sein Regime zu entfernen und Deutschland vor Chaos und Zusammenbruch zu bewahren[66]!"

Die Argumente für einen solchen „nationalen Befreiungskampf", wie ihn der Alterspräsident des Offiziersbundes, Oberstleutnant Bredt, forderte[67], entbehrten nicht der gründlichen militärischen, politischen und wirtschaftlichen Analyse. Oberst Hans Günther van Hooven, der letzte Armeenachrichtenführer der 6. Armee, erinnerte dabei nicht ohne Grund warnend an die Situation von 1918. Diesmal, so machte er auf wichtige Unterschiede zur Sachlage am Ende des Ersten Weltkrieges aufmerksam, gebe es in Deutschland keinen Reichstag, keine politischen Parteien, keine Organisationen wie damals. Es existiere auch kein Faktor, „der nach Zerschlagung der Wehrmacht das Schlimmste verhüten, Ordnung und Sicherheit verbürgen" und damit verhindern könnte, daß Deutschland „ohne eigenes Gewicht" und nur noch Objekt sei. Nur ein rechtzeitiger Friedensschluß werde an diesem voraussehbaren Schicksal etwas ändern, weil er die Wehrmacht als „das einzige Instrument bewahrt, das die Ordnung sichern und das Chaos verhindern kann". Da mit einer entsprechenden Initiative oder gar mit einem freiwilligen Rücktritt Hitlers nicht zu rechnen sei, blieb nach van Hooven nur eine — "ungeheuer schwere" - Wahl: „Entweder Krieg unter Hitler bis zur völligen Vernichtung oder Sturz des Regimes und Bildung einer neuen, starken, nationalen Volksregierung[68]."

Die gelegentliche Berufung der Offiziere auf die Prinzipien der Atlantik-Charta verdient in diesem Zusammenhang ebenso unsere Aufmerksamkeit wie ihr Eingeständnis, daß die Entscheidung für eine Mitwirkung in der Bewegung „Freies Deutschland" bei vielen von ihnen erst „nach schwerem inneren Ringen" fiel[69]. Seydlitz und seine Kameraden verzichteten auch auf jenen billigen „Griff in die Geschichte", wie ihn noch acht Wochen zuvor Erich Weinert bei der Gründung des Nationalkomitees mit seiner Berufung auf die Freiheitskriege bedenkenlos gewagt hatte. Der — wie Luitpold Steidle besonders betonte — „außergewöhnlichen Form" ihres Engagements bewußt[70], zeigten sich die Mitglieder des Offiziersbundes dazu bereit, „dem verderblichen Regime Hitlers den Kampf anzusagen und für die Schaffung einer vom Vertrauen des Volkes getragenen und auf ausreichende Machtmittel gestützten Regierung einzutreten, damit auch von unserer Seite alles geschehe, was unserem Vaterland den Frieden und eine glückliche Zukunft sichern kann"[71]. In Propagandaaktionen über die Front hinweg in Form von Rundfunkaufrufen, Lautsprecherdurchsagen und Briefkontakten sahen sie offenbar jene außergewöhnlichen Maßnahmen, die sie in ihrer außergewöhnlichen Situation für erforderlich hielten[72].

Eine Auswertung des einschlägigen Schrifttums läßt keinen Zweifel daran, daß viele Offiziere und Soldaten in den sowjetischen Lagern der ehrlichen Überzeugung waren, im Nationalkomitee „Freies Deutschland" und im Bund Deutscher Offiziere „eine von deutschen Kriegsgefangenen [...] getragene Widerstandsorganisation gegen Hitler sehen zu können"[73]. Es ist freilich auch nicht zu bestreiten, daß der militärische Widerstandsversuch in der Bewegung „Freies Deutschland" in der westdeutschen Öffentlichkeit nie den ihm gebührenden Respekt gefunden hat. Das lag weniger an der verbreiteten Auffassung, sowohl im Nationalkomitee als auch im Offiziersbund habe man versucht, „den Teufel mit Beelzebub auszutreiben"[74]. Wie Karl-Heinz Frieser kürzlich nachgewiesen hat, gründen die Vorbehalte gegenüber der Bewegung „Freies Deutschland" vor allem auf der Überzeugung, daß

1. diese im Gegensatz zu den am Staatsstreich des 20. Juli 1944 Beteiligten, deren Einsatz für deutsche Interessen unumstritten ist, als „ein Hilfsinstrument der Machtpolitik Stalins" angesehen wird,

2. ihre Glaubwürdigkeit durch ihr Wirken hinter Stacheldraht und die damit verbundene Auslieferung an die sowjetische Gewahrsamsmacht zu stark belastet war, und

3. die Widerstandskämpfer um Stauffenberg ein hohes Risiko auf sich nahmen und ihren Oppositionsversuch zum Teil mit dem Leben bezahlen mußten, während die Angehörigen der Bewegung „Freies Deutschland" unter dem Schutz ihrer Gewahrsamsmacht standen[75].

Zudem ist man gegenüber der Bewegung „Freies Deutschland" rasch mit dem Vorwurf des Hoch- und Landesverrats bei der Hand gewesen.

Diese Bezichtigungen sind zwar geeignet, auf die — von den meisten militärischen Mitgliedern der Bewegung „Freies Deutschland" auch so empfundene — außergewöhnliche Situation ihres Engagements hinter Stacheldraht aufmerksam zu machen, reichen aber m.E. nicht aus, um zumindest den Mitgliedern des Bundes Deutscher Offiziere um General v. Seydlitz die Qualität von Widerstandskämpfern gegen Hitler ganz abzusprechen. Vielmehr ist davon auszugehen, daß viele von ihnen „nur aus Gegnerschaft zum nationalsozialistischen Regime" in der Überzeugung gehandelt haben, mit den von ihnen als zweckmäßig erkannten Mitteln „zu der noch möglichen Rettung großer Teile Deutschlands und des deutschen Volkes beizutragen"[76]. Das gilt zumindest für den Zeitraum, als die Bewegung „Freies Deutschland" mit der Parole „Beendigung des Krieges durch eine geordnete Rückführung der Wehrmacht nach Deutschland" arbeitete und das sowjetische Interesse an einer Kooperation mit Deutschland als echt eingeschätzt werden kann: d.h. für den Zeitraum vom Sommer 1943 bis zum Jahreswechsel 1943/44, ehe mit der Parole „Rettung durch Übertritt auf die Seite des Nationalkomitees" die „Konzeption der Zersetzung" (Scheurig) Platz griff[77].

Daß der Bewegung „Freies Deutschland" im allgemeinen und den Militärs im Offiziersbund im besonderen der Erfolg letztlich versagt blieb, kann für die moralische Beurteilung einer Opposition hinter Stacheldraht ebensowenig ausschlaggebend sein wie das Scheitern des Attentats vom 20. Juli 1944 für eine moralische Bewertung des Kreises um Stauffenberg. Es hieße mit zweierlei Maß messen, so hat speziell im Blick auf die Rolle Walther v. Seydlitz' ein ehemaliger aktiver Offizier wider ein gängiges Urteil angeschrieben, „wenn man den innerdeutschen Widerstandskämpfern Achtung und Ehre erweist, aber einen Mann verfemt, ihm die Ehre abspricht, der ein Jahr früher aus den gleichen Motiven, mit dem gleichen Idealismus, mit der gleichen Entschlossenheit in den ihm durch die Gefangenschaft gezogenen Grenzen handelte"[78]. Diese Ungereimtheit unseres geschichtlichen Bewußtseins wird nur dann beseitigt werden können, wenn man sich hierzulande dazu durchringt, das Spektrum des militärischen Teils der deutschen Widerstandsbewegung gegen den Nationalsozialismus zu erweitern: Ihm sollten auch jene Offiziere und Soldaten zugerechnet werden, die aus sittlichem Gebot, aus menschlichem Empfinden und aus Liebe zu Volk und Heimat[79] hinter dem Stacheldraht sowjetischer Kriegsgefangenenlager nicht tatenlos zusehen wollten, wie Hitler das Deutsche Reich in den Abgrund stürzte — auch wenn sie dabei erleben mußten, „daß sie zum zweiten Mal von einem Diktator für machtpolitische Ziele mißbraucht wurden"[80].

*Anmerkungen*

1 Als Beispiele einer Geschichtsschreibung, der die DDR als „die staatliche Verkörperung der besten Traditionen der deutschen Geschichte" (Erich Honecker) verordnet wird, vgl. den vom Zentralinstitut für Geschichte der Akademie der Wissenschaften

der DDR herausgegebenen Grundriß: Klassenkampf — Tradition — Sozialismus. Von den Anfängen der Geschichte des deutschen Volkes bis zur Gestaltung der entwickelten sozialistischen Gesellschaft in der Deutschen Demokratischen Republik, Berlin (Ost) 1974; sowie das vom Wissenschaftlichen Beirat für Geschichtswissenschaft beim Ministerium für Hoch- und Fachschulwesen der DDR herausgegebene Lehrbuch: Geschichte der Deutschen Demokratischen Republik, Berlin (Ost) 1981; dazu Helmut Meier, Geschichtsbewußtsein in der Systemauseinandersetzung, in: Geschichtsbewußtsein und sozialistische Gesellschaft. Beiträge zur Rolle der Geschichtswissenschaft, des Geschichtsunterrichts und der Geschichtspropaganda bei der Entwicklung des sozialistischen Bewußtseins, Berlin (Ost) 1970, S. 56 ff.

2 Zur Geschichte der Bewegung „Freies Deutschland" in der Sowjetunion nach wie vor grundlegend: Bodo Scheurig, Freies Deutschland. Das Nationalkomitee und der Bund Deutscher Offiziere in der Sowjetunion 1943 — 1945, München 1960 (zit. Scheurig, Freies Deutschland); vgl. außerdem Gert Robel, Die deutschen Kriegsgefangenen in der Sowjetunion — Antifa, München 1974 (Zur Geschichte der deutschen Kriegsgefangenen des Zweiten Weltkrieges, Bd VIII) (zit. Robel, Antifa); und Karl-Heinz Frieser, Krieg hinter Stacheldraht. Die deutschen Kriegsgefangenen in der Sowjetunion und das Nationalkomitee „Freies Deutschland", Mainz 1981 (zit. Frieser, Krieg). Zum Forschungsstand der Historiographie der DDR vgl. die Berichte von Heinz Schumann/ Wilhelm Wehling, Literatur über Probleme der deutschen antifaschistischen Widerstandsbewegung, in: Zeitschrift für Geschichtswissenschaft (zit. ZfG), 8. Jg (1960), Sonderheft „Historische Forschungen der DDR", S. 396 f.; Gerhard Förster/Bruno Löwel/Wolfgang Schumann, Forschungen zur deutschen Geschichte 1933-1945, in: ZfG, 18. Jg (1970), Sonderband „Historische Forschungen in der DDR 1960-1970", S. 563 ff.; und Dieter Lange u.a., Forschungen zur deutschen Geschichte 1933-1945, in: ZfG, 28. Jg (1980), Sonderband „Historische Forschungen in der DDR 1970-1980", S. 284 ff.

3 Vgl. Kleines Politisches Wörterbuch, Berlin (Ost) [3]1978, S. 617; dazu Geschichte der deutschen Arbeiterbewegung, Bd 5, Berlin (Ost) 1966, S. 350.

4 So im Geleitwort zum Bericht Erich Weinerts, des ehemaligen Präsidenten des Nationalkomitees: Das Nationalkomitee „Freies Deutschland" 1943-1945. Bericht über seine Tätigkeit und seine Auswirkung, Berlin (Ost) 1957 (zit. Weinert, Nationalkomitee), S. 7.

5 „Zum 40. Jahrestag der Gründung des Nationalkomitees 'Freies Deutschland'", in: „Neues Deutschland" vom 12. Juli 1983, S. 2.

6 Als charakteristisches Beispiel dieser Sicht sei hier nur auf die verschiedenen Auflagen der Darstellung von Hans Rothfels verwiesen: Deutsche Opposition gegen Hitler. Eine Würdigung, zuletzt Frankfurt a.M. 1977. Zur Information über die Vielfalt der politischen Strömungen und praktischen Formen des deutschen Widerstandes gegen Hitler und das „Dritte Reich" vgl. Richard Löwenthal/Patrik von zur Mühlen (Hrsg.), Widerstand und Verweigerung in Deutschland 1933 bis 1945, Berlin/Bonn 1982 (zit. Widerstand und Verweigerung).

7 Scheurig, Freies Deutschland, S. 9.

8 Frieser, Krieg, S. 9.

9 Vgl. Alexander Fischer, Sowjetische Deutschlandpolitik im Zweiten Weltkrieg 1941-1945, Stuttgart 1975 (zit. Fischer, Deutschlandpolitik), S. 17 f.

10 Walter Ulbricht, Zur Geschichte der deutschen Arbeiterbewegung, Bd II, Berlin (Ost) 1963, S. 267.

11 Fischer, Deutschlandpolitik, S. 18.

12 Ernst Fischer, Erinnerungen und Reflexionen, Reinbek 1969 (zit. Fischer, Erinnerungen), S. 431.

13 Fischer, Deutschlandpolitik, S. 18; vgl. auch die Ausführungen des amtierenden Vorsitzenden der KPD, Wilhelm Pieck, in der Zeitschrift „Die Kommunistische Internationale" vom Juli 1941: Gesammelte Reden und Schriften, Bd VI, Berlin (Ost) 1979, S. 82 f.

14 K.L. Sselesnjow, Mit Walter Ulbricht im sowjetischen Kriegsgefangenenlager (Oktober 1941), in: Beiträge zur Geschichte der Arbeiterbewegung (zit. BzG), 11. Jg (1969), H. 5, S. 810 (zit. Sselesnjow, Walter Ulbricht).

15 Vgl. Fischer, Deutschlandpolitik, S. 22 ff.

16 Sselesnjow, Walter Ulbricht, S. 810; Geschichte der deutschen Arbeiterbewegung, S. 318.

17 [Ernst Hadermann,] Wie ist der Krieg zu beenden? Ein Manneswort eines deutschen Hauptmanns, Moskau o.J. [1942]. Vgl. dazu Scheurig, Freies Deutschland, S. 36 ff.; und Fischer, Deutschlandpolitik, S. 46 ff.

18 Vgl. Vojtech Mastny, Moskaus Weg zum Kalten Krieg. Von der Kriegsallianz zur sowjetischen Vormachtstellung in Osteuropa, München/Wien 1980 (zit. Mastny, Moskaus Weg), S. 91 ff.; und Fischer, Deutschlandpolitik, S. 43 ff.

19 Vgl. Geschichte der sowjetischen Außenpolitik 1917 bis 1945, Berlin (Ost) 1969, S. 483 f.

20 Helmut Krausnick/Hermann Graml, Der deutsche Widerstand und die Alliierten, in: Vollmacht des Gewissens, Bd II, Frankfurt a.M./Berlin 1965, S. 513.

21 Fischer, Deutschlandpolitik, S. 53 f.; Scheurig, Freies Deutschland, S. 42 ff. und 55 ff.; sowie ders. (Hrsg.), Verrat hinter Stacheldraht? Das Nationalkomitee „Freies Deutschland" und der Bund Deutscher Offiziere in der Sowjetunion 1943-1945, München 1965, S. 13 ff.

22 Vgl. Bodo Scheurig, Das Manifest von Krasnogorsk (zit. Scheurig, Manifest), in: ders., Um West und Ost, Hamburg 1969, S. 66. Zum Folgenden vgl. Fischer, Deutschlandpolitik, S. 54; Mastny, Moskaus Weg, S. 101.

23 Otto Korfes, Das Nationalkomitee „Freies Deutschland", seine Kritiker und seine Gegner, in: Mitteilungsblatt der Arbeitsgemeinschaft ehemaliger Offiziere, Jg 1960, H. 9, S. 12.

24 Vgl. dazu Bruno Löwel, Die Gründung des NKFD im Lichte der Entwicklung der Strategie und Taktik der KPD, in: BzG, 5. Jg (1963), H. 4, S. 625; und Gerhard Zirke, Im Tosen des Krieges geschrieben, Berlin (Ost) 1964 (zit. Zirke, Tosen des Krieges), S. 67.

25 Hans Martens, General v. Seydlitz 1942-1945. Analyse eines Konflikts, Berlin o.J. (zit. Martens, Seydlitz), S. 32 f.; vgl. dazu Scheurig, Freies Deutschland, S. 57; ders., Verrat, S. 97 f.; und Robel, Antifa, S. 81.

26 Vgl. die Angaben bei Willy Wolff, An der Seite der Roten Armee. Zum Wirken des Nationalkomitees „Freies Deutschland" an der sowjetisch-deutschen Front 1943 bis 1945, Berlin (Ost) 1973 (zit. Wolff, An der Seite), S. 41 ff.

27 Scheurig, Freies Deutschland, S. 42 f. und 51 f.

28 Fischer, Deutschlandpolitik, S. 58; vgl. außerdem Zirke, Tosen des Krieges, S. 67.

29 Scheurig, Freies Deutschland, S. 32; ders., Verrat, S. 26; Fischer, Deutschlandpolitik, S. 83; Robel, Antifa, S. 86.

30 Vgl. Grundriß der Geschichte der deutschen Arbeiterbewegung, Berlin (Ost) 1963, S. 191; Meyers Neues Lexikon in acht Bänden, Bd 6, Leipzig 1964, S. 50; und Geschichte der deutschen Arbeiterbewegung, S. 333 und 350; dazu die von der Bewegung „Freies Deutschland" in der Schweiz herausgegebene Broschüre: Um Deutschlands nächste Zukunft, Zürich o.J., S. 26 f.

31 Vgl. George Kennan/Hermann Weber (Hrsg.), Aus dem Kadermaterial der illegalen KPD 1943, in: Vierteljahrshefte für Zeitgeschichte, 20. Jg (1972), H. 4, S. 426 f.; dazu Hermann Weber, Die KPD in der Illegalität, in: Widerstand und Verweigerung, S. 99.
32 Else und Bernt von Kügelgen (Hrsg.), Die Front war überall. Erlebnisse und Berichte vom Kampf des Nationalkomitees „Freies Deutschland", Berlin (Ost) ³1968 (zit. Kügelgen, Front), S. 11.
33 Scheurig, Verrat, S. 37 und 254 ff.
34 Scheurig, Freies Deutschland, S. 171.
35 Martens, Seydlitz, S. 64 ff.
36 Weinert, Nationalkomitee. Vgl. dazu die kritischen Anmerkungen von Bodo Scheurig: Freies Deutschland, S. 188.
37 Geschichte der deutschen Arbeiterbewegung, S. 350.
38 Otto Winzer, Zwölf Jahre Kampf gegen Faschismus und Krieg. Ein Beitrag zur Geschichte der Kommunistischen Partei Deutschlands 1933 bis 1945, Berlin (Ost) 1957 (zit. Winzer, Kampf), S. 205.
39 Vgl. Protokoll der Verhandlungen des VI. Parteitages der SED, Bd IV, Berlin (Ost) 1963, S. 330 ff. und 337 ff.
40 Winzer, Kampf, S. 205.
41 Gerhard Rossmann, Der Kampf der KPD um die Einheit aller Hitlergegner, Berlin (Ost) 1963, S. 48; Zirke, Tosen des Krieges, S. 67; Geschichte der deutschen Arbeiterbewegung, S. 350; Kurt Finker, Probleme des militärischen Widerstandes und des Umsturzversuches vom 20. Juli 1944 in Deutschland, in: Christoph Kleßmann/Falk Pingel (Hrsg.), Gegner des Nationalsozialismus. Wissenschaftler und Widerstandskämpfer auf der Suche nach historischer Wirklichkeit, Frankfurt a.M./New York 1980 (zit. Finker, Probleme), S. 160.
42 Kurt Finker, Stauffenberg und der 20. Juli 1944, Berlin (Ost) 1967, S. 213; ders., Probleme, S. 179; dazu Sigrid Wegner-Korfes, Der 20. Juli 1944 und das Nationalkomitee „Freies Deutschland". Aus persönlichen Unterlagen der Familie von Oberst Ritter Albrecht Mertz v. Quirnheim, in: ZfG, 27. Jg (1979), H. 6, S. 535 ff.
43 Willy Wolff, Auf Initiative der KPD wurde vor vierzig Jahren das Nationalkomitee „Freies Deutschland" gegründet (zit. Wolff, Initiative), in: „Volksarmee", Nr. 27/1983, S. 3.
44 Zur Tätigkeit der Frontorganisation des Nationalkomitees vgl. Weinert, Nationalkomitee, S. 41 ff.; Scheurig, Freies Deutschland, S. 92 und 113 ff.; Wolff, An der Seite, passim; Robel, Antifa, S. 87 f.; und Frieser, Krieg, S. 84 ff.
45 Wolff, An der Seite, S. 17; ders., Initiative, S. 3.
46 Vgl. Wolff, An der Seite, S. 197, 230 f. und 250 f.; dazu ders., Bewaffnete Gruppen der Bewegung „Freies Deutschland", in: Kügelgen, Front, S. 251 ff.
47 Wolff, An der Seite, S. 250 f.; Werner Pilz, Horst Viedt, ein Kämpfer für das neue Deutschland, in: Kügelgen, Front, S. 346 ff.
48 Wolff, Initiative, S. 3.
49 Scheurig, Manifest, S. 64.
50 Wolff, Initiative, S. 3. Vgl. dazu Hans Gossens, Die militärpolitische Tätigkeit des Nationalkomitees „Freies Deutschland" — Bestandteil der fortschrittlichen militärischen Traditionen des deutschen Volkes, in: Zeitschrift für Militärgeschichte, 2. Jg (1963), H. 2, S. 154 ff.
51 Scheurig, Manifest, S. 67; Frieser, Krieg, S. 94.
52 Deutsche, Wohin? Protokoll der Gründungsversammlung des Nationalkomitees Freies Deutschland und des Deutschen Offiziersbundes, hrsg. vom Lateinamerikanischen Komitee der Freien Deutschen, Mexiko o.J. (zit. Protokoll), S. 18.

53 Ebd., S. 21.

54 Ebd., S. 25.

55 Vgl. als Beispiel den ersten Aufruf des Offiziersbundes: ebd., S. 79 ff.; und Scheurig, Verrat, S. 102 ff.

56 Protokoll, S. 31.

57 So Joachim Wieder, Stalingrad und die Verantwortung des Soldaten, München 1962 (zit. Wieder, Stalingrad), S. 43.

58 Ebd., S. 79.

59 Ebd., S. 80 f.

60 Ebd., S. 112.

61 Vgl. Scheurig, Freies Deutschland, S. 49.

62 Ebd., S. 53 ff.

63 Zit. nach Egbert von Frankenberg, Meine Entscheidung, Berlin (Ost) 1963, S. 170.

64 Protokoll, S. 79.

65 Vgl. Wieder, Stalingrad, S. 101 f.

66 Protokoll, S. 80 f.

67 Ebd., S. 83.

68 Ebd., S. 90 und 93.

69 Ebd., S. 98; vgl. dazu Fischer, Erinnerungen, S. 458 f.

70 Protokoll, S. 96 f.

71 Ebd., S. 100.

72 Scheurig, Freies Deutschland, S. 87 ff.; Frieser, Krieg, S. 86 ff.; Protokoll, S. 114.

73 Frieser, Krieg, S. 209.

74 Ebd., S. 208.

75 Ebd., S. 209 f.

76 Martens, Seydlitz, S. 92.

77 Scheurig, Verrat, S. 24 ff.

78 Martens, Seydlitz, S. 44.

79 Protokoll, S. 89.

80 Frieser, Krieg, S. 12.

# 25 Artikel

## zur Beendigung des Krieges

*Alle deutschen Herzen bewegt heute EINE Frage: Wie kommen wir heraus aus diesem Kriege? „Die Weiterführung des aussichtslosen Krieges würde das Ende der Nation bedeuten." So hieß es schon im Juli 1943 in unserem Manifest. Holen wir danach recht gehabt! Jawohl! Noch nie sah jeder Deutsche, wo immer er auch sei, die nahende Gefahr so klar vor Augen.*

*Hitler hat das deutsche Volk in namenloses Unglück geführt. Wir müssen es nieder herausführen. In dieser Stunde muß jeder Deutsche wissen, was er zu tun hat, dem jeder wird gebraucht. Und jeder wird für diese Stunde Rechenschaft ablegen haben vor unserer Volk, vor unserer Familie, vor sich selbst.*

*In diesem Sinne geben wir heute, da er unser geboren, und nicht als Nationalsozialist, dann findest Du die 25 Artikel zur Beendigung des Krieges.*

### Artikel 1

Dieser Krieg ist Deutschlands größtes Unglück.

Seit dreißig Jahren treiben uns die politische und wirtschaftliche Spekulanten auf den Weg des Selbstmordes: 1914–1918, 1923, 1939–1944. Durch Hitler ließ dieser Klüngel zum dritten Mal das Volk verschwenden, er sei ein „Herrenvolk" und brauche den „Lebensraum" der „Hilfsvölker". Mit dieser „Lehre" jagte er unsere arbeitsamen Volk in einen Raubkrieg schlagenvollster gegen davon ab, Ordnung im eigenen Hause zu schaffen. Das deutsche Volk aber in seiner Einfalt fördert für die angeblichen Interessen unter Völker Opfer für Opfer. Zum Dank hat unsere Welt gegen sich heraus. Dann die anderen Völker, die haben die Freiheit nicht weniger als wir. Deshalb verbünden sie sich und zerschmettern nun die Hitlerbrut und alles, was sich ihr verbindet.

### Artikel 2

„Hätte uns Hitler doch nie gegen Rußland geführt!"

Als das deutsche Volk 1941 gegen Rußland getrieben wurde, ahnte es Unheil. Es fürchtete die Übergewalt Rußlands. Jawohl, Rußland ist da die größte Macht der Welt, weil unser wirkt es die deutschen Armeen nach Westen. zerschlägt ihre Einheit, umfaßt und vernichtet ihre Teile. Und unaufhaltsam wächst seine Kraft. Seine und gehen unter. Wer sich gegen den russischen Boden klammert, geht unter. Und es ist zu verstehen! Denn Rußland ist das größte Land

der Erde, und seine Industrie ist mächtiger als die Industrie des ganzen europäischen Festlandes.

### Artikel 3

„Hätte doch Hitler nie die englischen Städte auszuhören wollen!"

Durch seine frevelhafte Drohung brachte Hitler den größten Luftkrieg der Geschichte über Deutschland. In Trümmer sinken unsere Städte. Millionen irren obdachlos umher. Breitere und vernichtender entfaltet sich mit jeder neuen Woche über deutschem Raum die Herrschaft der englisch-amerikanischen Luftwaffe. Aber auch Land-Krieg tritt gewaltiger. Truppen und Alliierten stehen im Süden gelandet, und weitere überlegene Kräfte stehen zu vernichtenden Schlägen im Westen bereit. Die Zweite Front und mit ihr die Erhebung der Völker gegen Hitlers Zwangsherrschaft stehen bevor.

### Artikel 4

„Alle Reserven gehen es zu Ende.
An allem fehlt es. An der Front fehlt es. Und in der Heimat fehlt es. Die letzten Männer werden in den Rachen des Krieges geworfen. jetzt auch Frauen und Kinder. Die letzten Reste des Wohlstandes verwandeln sich in Panzer und Kanonen. Aber alles ist zu wenig. Überlegen sind die Völker der Welt, die Hitler herausforderte, und überlegener werden sie von Tag zu Tag. Wie Hohn klingen heute Hitlers Worte: „Entscheidend für den Kriegsausgang ist der Besitz der Ukraine, des Donezbeckens als auch des Kaukasus. Deutschland wird geschlagen, als es auf seinem Gebiete nichts besitzt. Um so wie heute, Deutschland und ihm zu Ende gehen, wo es ist verloren haß!"

---

### Artikel 21

Erste Aufgabe: den Krieg beenden.

Die Abteilung der großen Ausbeuter, die schuldlose Beendigung des Krieges ist die Voraussetzung für jeden Deutschen. Nach Beendigung des Krieges hat jeder Deutsche durch die Tat beizutragen. Arbeiter, Angestellte, Unternehmer — Hitler braucht Eure Arbeit für seinen Krieg. Hitlers Krieg braucht jeder letzte Gut für seinen Krieg. Schlagt ihr die Mittel zur Weiterführung seines Krieges aus der Hand! Gegen Eure Einheit ist jede Gestapo machtlos. Die deutsche Herrschaft nicht als den Angeln gehoben werden kann. Soldaten, Offiziere, Generale — tragt in Eure Einheiten den Geist unserer Freiheitsbewegung. Schließt Euch zusammen zum Kampf gegen Hitler unter der Fahne der Nationalkomitee! Disziplin hat uns Deutsche stets ausgezeichnet. Wenn sich Volk und Wehrmacht zum gehorten Kampf gegen Deutschlands Gefährde verbinden, bleibt Hitler und seine Unentwegten als kleiner, isolierter Haufe zurück. Die Tat gegen Hitler ist heute die einzige nationale Handlung. Noch ihr wird morgen geringere werden. Noch kann jeder sich und die Gefahr nicht zu scheuen. Es wäre unwürdig, wollte un den Deutscher, der die Gefahren von Hitlers Raubkrieg in Kauf nahm, Gefahren bei der Rettung Deutschlands scheuen.

### Artikel 22

Ende des Krieges — Ende der dreißig unglücklichen Jahre.

Wie wir die Folgesungen. Nehmen wir das halt haben: Schluß mit der Vergangenheit. Schluß mit der ewig kriegslüsternen deutschen Reaktion! Nicht noch einmal soll sie das Sterben der Söhne über das Volk bringen. Die rückkehrenden Soldaten und das Volk in der Heimat werden umzugehen an die Säuberung des deutschen Hauses gehen. Für Kriegsräuber, Kriegsverbrecher und unverbesserliche Hitlerleute kann keine Rückkehr. Fort mit den Hitler, fort mit den Spekulanten aller Art! Daß endlich die gesunde Kraft des deutschen Volkes sich entfalte! Wir haben es satt, um ein paar Großverdiener willen als der Pechvogel unter den Völkern zu rein!

### Artikel 23

Die Herrschaft dem Volk!

Mit der Zwangsherrschaft muß auch Schluß sein. Wie überlebt das Volk. Es gibt keine ordnungschaffende Kraft außer dem Volk selbst. Fällt man ihm nicht in den Arm — so

endet es seine Sachen, seine Wirtschaft, seinen Staat selbst und schiedet mit natürlichem Blick fauler Elemente aus. In wirklich freier Wahl wählt das Volk seine Besten zu seinen Vertreten. Es beschließt die Verfassung, die ihm nützt, und schließt sie durch Gesetz und Schwur zu einem Gedanken der demokratischen der entrosteten Reaktion. Die Schwäche der Weimarer Republik wird sich nicht wiederholen! Die Herrschaft des Volkes ist die Herrschaft der verantwortungsfreudigen Organisation in seiner Entwicklung, seiner Meinung und ihrer Vertretung — ordnet er sich freiwillig dem höheren Willen der Gemeinschaft unter. Er kennt von ihr, sie kennt von ihm. Nur ein Volk von freien, disziplinierten Menschen ist der Bürger für Bestand und Ehre der Nation.

### Artikel 24

Zurück in die Gemeinschaft der Nationen!

Kein Volk kann allein leben. Wehe dem Volk, das die deutschen Völker nicht achtet. Wehe dem Deutschen, der noch immer nicht begreift, daß die Gemeinschaft der friedliebenden Völker auch die Grundlage der Gemeinschaft der deutschen Völker. Als der Hitler hat uns der Gemeinschaft der Völker herausgeführt. Als Sturmbock gegen uns heute wie aus allen Himmelsrichtungen heute. Verächtung, Vernichtung. Am eigenen Hochmut geht es die alte Deutschland unter, Weg mit dem anerzogenen, selbstmörderischen deutschen Dünkel! Wir haben vieles wiedergutzumachen. Ziehen wir die Folgesungen. Bemühn wir um durch ehrliche Arbeit, Ordnung und Gerechtigkeit die Rückehr in die Familie der friedliebenden Nationen. Dem wenn Deutschland, die die Völker achtet, werden auch die Völker die Achtung nicht versagen.

### Artikel 25

Und dann zum Wiederaufbau!

Wieviel Kraft und guten Glauben hat das deutsche Volk — so oben in der schlechtesten Sache der Welt gewandt und verloren! Wie sähe heute Deutschland aus — hätten wir diese Kraft aufgewandt für Deutschland selbst! Für Euch, ehemalige Nationalsozialisten, die der Hitler eingesetzt und betrogen hat! für Euch, die unbändbaren Stirnendelig wird da sein. Wo ist der Deutsche, den es nicht drängt, die Heimat wiederaufzubauen! Und sollte vielleicht das deutsche Schaffen, in dem zu leben lohnt! Die Welt hat uns beim Zertören gesehen. Möge sie uns beim Aufbauen sehen!

Diese 25 Artikel gelten für jeden nationalbewußten Deutschen. Für Dich, deutscher Arbeiter. Für Dich, Bauer. Für Dich, deutscher Soldat. Für Dich, deutscher Ingenieur, Arzt und Gelehrter. Für Dich, deutscher Beamter und Angestellter. Für Dich, deutscher Künstler und Wissenschaftler, Hitler ins Nichts geführt hat. Für Dich, deutscher Unternehmer, dessen Betrieb Hitlers Untermänner ruinieren. Für Euch, unbegangene Deutsche, die der Hitler seit je bekämpfte. Für Euch, ehemalige Nationalsozialisten, die der Hitler einsetzt und belogen hat. Für Euch, unbändbaren Deutsche, aus allen Schichten des Volkes, zu habt noch ihr zusammenzutreten, einig wie EIN Mann — gegen Hitler, Hitlers Klüngel, Hitlers Krieg!

**Zur Rettung Deutschlands! Es lebe Deutschland!**
Die Tat ist alles! Nichtswürdig, wer zögert!

**Hitler muß fallen — damit Deutschland lebt!**

Der Chef
des Heeres-Personalamts

Nr.67/44 g.Kdos. Ag P2/Chefgr. 1a

(Bitte in der Antwort vorstehende Geschäftsnummer, das Datum und kurzen Inhalt anzugeben)

P.H.Qu., den 30. 5. 1944
Berlin W35,
Kraftgasse 23-25
Fernsprecher 21 85 91

27 Ausfertigungen
4.Ausfertigung

Hochzuverehrender Herr Generalfeldmarschall !

In der letzten Zeit sind für das Offizierkorps des Heeres erzieherische und organisatorische Maßnahmen getroffen worden, die Sie, hochzuverehrender Herr Generalfeldmarschall, interessieren werden.

Der Führer hat sich mit dieser Unterrichtung um so mehr einverstanden erklärt, als Sie, Herr Generalfeldmarschall, dadurch auch in die Lage versetzt werden, unzutreffende Auffassungen richtigzustellen und in der von Führer gewünschten Richtung für das Heer und das Ganze wirken zu können.

Auch in Zukunft werde ich mir erlauben, Ihnen, Herr Generalfeldmarschall, grundsätzliche Verfügungen aus dem Arbeitsgebiet des Heerespersonalamts laufend zu übersenden.

Zu den Anlagen darf ich nachfolgende Erklärung geben:

Fall Seydlitz:

Nachdem kein Zweifel mehr darüber bestehen konnte, daß der ehemalige General von Seydlitz und andere Offiziere der reffizierten Beeinflussung demokratisch-intellektueller Emigranten in der Gefangenschaft erlegen sind, entschloß sich Generalfeldmarschall von Rundstedt, die Übrigen an den Fronten befehligenden Feldmarschälle aufzufordern, im Interesse des Heeres dem Führer gegenüber eine Treueerklärung abzugeben und die eindeutige Absage gegenüber Untreuen zum Ausdruck zu bringen. Die Erklärung hat auf dem Berg-

Berghof stattgefunden. Sie hat den Führer sehr beeindruckt und die notwendige Verfügung erfolgt, die ich nach Kenntnisnahme zu vernichten bitte, damit sie nicht in unrechte Hände fallen kann.

Wofür kämpfen wir:

Mit dem Eintritt in das fünfte Kriegsjahr hat der Führer es als seine besondere Aufgabe angesehen, vermehrten Wert auf die Festigung unserer Weltanschauung und ihrer Lehren innerhalb der Wehrmacht zu legen. Unter anderem hat der Komplex Seydlitz die Notwendigkeit erwiesen, mehr wie bisher die Wehrmacht gegen jegliche Feindpropaganda immun zu machen, und es nie wieder zu einem 1918 kommen zu lassen.

Zum Erzieher für diese Aufgabe hat der Führer innerhalb der Wehrmacht die Offiziere und insbesondere die Kommandeure selbst bestimmt. Das in einer Sonderausgabe beigefügte Heft "Wofür kämpfen wir" soll in den Besitz eines jeden Offiziers gelangen und ihm als erstes die für seine Aufgabe notwendigen Erkenntnisse vermitteln.

NS-Führungsstab:

Um den Oberbefehlshabern, Befehlshabern und Kommandeuren für ihre neue zusätzliche Aufgabe eine Unterstützung zukommen zu lassen, ist, wie in den anderen Wehrmachtteilen, auch im Heere ein NS-Führungsstab geschaffen worden. Zum Chef dieses Stabes ist der bisherige Komm. General des XIX. Geb.Korps, General der Geb.Tr. Ritter von H e n g l , befohlen worden. Die beigefügte Dienstanweisung umreißt seine Aufgabe. (1)

Offiziere im Truppensonderdienst (TSD):

Im Weltkrieg hatte man sich trotz der vorhandenen Erkenntnis der Zweckmäßigkeit nicht dazu entschließen können, dem aktiven Berufsunteroffizier den Weg in die Offizierslaufbahn zu öffnen. Es hieße den Fehler wiederholen, wenn im Gegensatz zu der Truppenoffizierslaufbahn

Die Personalbearbeitung ist daher zur Wahrung der Interessen der Kommandogewalt in das Personalamt übernommen worden.

Die Verfügung liegt bei. (4)

Den gleichen Zweck dient die anliegende Verfügung über Generalsabzeichen. (5)

<u>Werbung:</u>

Zu diesem Punkt werden beiliegende Anordnungen (Aufklärung über die Infanterie und // - Abkommen) von Interesse sein. (6 und 7)

<u>Kenntlichmachung der Nennung im Ehrenblatt des deutschen Heeres:</u>

Den vielfachen Anträgen aus der Front entsprechend hat der Führer der äußerlichen Kenntlichmachung der Soldaten, die im Ehrenblatt des deutschen Heeres genannt werden, zugestimmt. (8)

Die Ehrenblattspange ist ein goldener Eichenkranz, der ein goldenes Hakenkreuz umschließt und auf dem Bande des Eisernen Kreuzes 2. Klasse v. 1939 im Knopfloch getragen wird.

An den

Herrn Generalfeldmarschall Ritter von Leeb.

Truppenoffizierlaufbahn zum Beispiel den aus dem Unteroffizierstand kommenden Zahlmeistern die soziale Stellung der Offiziere versagt und ihnen außerdem die Laufbahn in die höheren Stellen der Verwaltung verschlossen bliebe.

Diese Frage ist durch Schaffung der "Offiziere im Truppensonderdienst" gelöst worden, in der nun Zahlmeister und Intendanten unter den gleichen Laufbahnbedingungen in den Leistungswettbewerb treten und in der beide, nachdem sie sich zunächst die Eignung zum Truppenoffizier erworben haben, mit der Stellung des Bataillonszahlmeisters anzufangen haben. Es wird dadurch der Zustand beseitigt, daß die Praktiker keinen Einfluß bekamen und die Einflußreichen vielfach keine Praxis hatten.

Auch die Wehrmachtrichter sind zu den "Offizieren im Truppensonderdienst" übernommen worden.

Die Ausführungsbestimmungen zu beiden Laufbahnen sind beigefügt. (2)

In diesem Zusammenhang dürfte eine sehr eindringliche Denkschrift des Oberbefehlshabers der 3. Armee, Generaloberst von Einem, aus dem Jahre 1917 interessieren, die mit ihren Vorschlägen für die Besetzung der Führerstellen und die Förderung der Führerpersönlichkeiten unserer heutigen Auffassung in diesen Fragen sehr nahe kommt. (3)

<u>Stärkung der Kommandogewalt:</u>

Die unmittelbaren Helfer der Truppe sind nun mit den Rechten und Pflichten der Offiziere ausgestattet. Folgerichtig war nun den Oberbefehlshabern, Befehlshabern und Kommandeuren den ausschlaggebenden Einfluß auf die Stellenbesetzung der Offiziere der Sonderlaufbahnen (San., Vet.--(W)-Kraftfahrperk.truppenoffiziere) und des Truppensonderdienstes zu sichern, während die Fachvorgesetzten nur ihr fachliches Urteil abzugeben und Vorschläge zu machen haben. <u>Die</u>

# E DEUTSCHLAND. Wehrmacht, Allgemeines. SOWJET-UNION. Außenpolitik. — Am 17. Oktober meldete das DNB zu dem sogenannten „Nationalkomitee Freies Deutschland":

Bei ihren vergeblichen Versuchen, die Schlagkraft der Front und die Widerstandskraft der Heimat zu erschüttern, bedient sich die sowjetische Agitation seit längerer Zeit eines neuen Mittels. Ein sogenanntes „N a t i o n a l k o m i t e e  F r e i e s  D e u t s c h l a n d" läßt über der Front Flugblätter abwerfen, die bei der Truppe nichts anderes als verächtliche Ablehnung finden. Die Flugblätter wärmen die alten Lügen von 1918 wieder auf, wonach dem deutschen Volk ein „Leben in Schönheit und Würde" versprochen wird, wenn es sich von seiner Führung trennt. Daß sich dahinter die Absicht verbirgt, Deutschland, wenn es erst die Waffen niedergelegt hätte, auszurotten und zu versklaven, braucht nach den Erfahrungen von 1918 und den Feindparolen von heute nicht erst betont zu werden. Die Leitung dieses Lügenkomitees bilden aus Deutschland emigrierte Juden und Kommunisten sowie auch ein ehemaliger deutscher General von Seydlitz, der vor anderthalb Jahren seine tapfer kämpfenden Truppen feige im Stich ließ und zu den Bolschewisten überlief. Er ist inzwischen durch das Reichskriegsgericht in Abwesenheit zum Tode, zur Wehrunwürdigkeit und zur Einziehung des Vermögens verurteilt worden. Die weiteren Mitglieder des Komitees sind vereinzelte Kriegsgefangene, die sich unter dem Druck eines jüdisch-bolschewistischen Terrors in ehrloser Weise dem Feind verkauft haben. Mit dieser im Solde Stalins stehenden Clique hatten auch mehrere Verschwörer und Attentäter des 20. Juli (6456 F) Verbindung aufgenommen; in einem unmittelbar nach dem Attentat auf den Führer durch Rundfunk verbreiteten Aufruf des Moskauer Komitees heißt es: „Männer wie von Stauffenberg sind aus unseren Reihen hervorgegangen..." Damit ist der eindeutige Beweis erbracht, daß die Hoch- und Landesverräter, die den Führer durch feigen Mord zu beseitigen versuchten, mit dem aus jüdisch-kommunistischen Verbrechern und feigen Überläufern bestehenden Moskauer Komitee zusammenarbeiteten. Was die Person des verräterischen ehemaligen Generals von Seydlitz angeht, so haben bereits am 19. März d. J. die an der Front eingesetzten G e n e r a l f e l d m a r s c h ä l l e des Heeres eine P r o k l a m a t i o n  a n  d e n  F ü h r e r gerichtet, in der sie ihrem Abscheu über diesen Verrat Ausdruck gaben und zugleich ihre unwandelbare Treue zum Führer bekundeten. Sie hatte folgenden Wortlaut:

„Mein Führer! Wir Generalfeldmarschälle des Heeres haben mit ernster Sorge und Bekümmernis die Gewißheit erhalten, daß der General der Artillerie Walter von Seydlitz-Kurzbach schnöden Verrat an unserer heiligen Sache übt. Damit fällt er im Dienst des Feindes der kämpfenden Front, die wir in Ihrem Auftrag zu führen die Ehre haben, in den Rücken. Dieser General hat durch seine verruchte Handlungsweise das Recht verwirkt, den Offiziersrock zu tragen, in dem annähernd 50.000 Offiziere des Heeres in diesem Krieg ihr Leben für Sie, Ihre Idee und das unter Ihnen geeinte deutsche Volk geopfert haben. Es erschüttert uns alle aufs tiefste, daß einer aus unseren Reihen Ihnen, mein Führer, der Sie die gewaltige Last der Verantwortung dieses Schicksalskampfes unseres Volkes tragen, die Treue bricht. Wir wissen, mein Führer, daß Sie zu den Offizieren und Soldaten Ihres Heeres stehen und auch selbst davon überzeugt sind, daß es sich hier um eine aufs schärfste zu verachtende Einzelerscheinung handelt. Trotzdem haben wir das Bedürfnis, in dieser Stunde als die von Ihnen berufenen und beauftragten Führer des deutschen Heeres vor Sie hinzutreten und Ihnen zu versichern, daß wir im eigenen und im Namen aller Offiziere das Band der Zusammengehörigkeit zwischen uns und diesem feigen Verräter zerschnitten haben. Er hat die geheiligte Tradition des deutschen Heldentums mit Füßen getreten. Er hat das Andenken an die Gefallenen dieses Krieges besudelt. Seine Person ist für alle Zeiten mit Schmach und Schande bedeckt. Wir versprechen Ihnen in dieser Stunde, mein Führer, jetzt erst recht in innerster Verbundenheit und nie wankender Treue zu Ihnen, mein Führer, und Ihrer Sache zu stehen. Mehr denn je wird es unsere Aufgabe sein, Ihr von hohen Idealen erfülltes Gedankengut im Heere zu verankern, so

Bericht über das Nationalkomitee Freies Deutschland in: Keesings Archiv der Gegenwart 1944.

*Bundesarchiv-Militärarchiv Freiburg RH 19 III 20*

Norbert Wiggershaus

# Zur Bedeutung und Nachwirkung des militärischen Widerstandes in der Bundesrepublik Deutschland und in der Bundeswehr

Nach seiner endgültigen Institutionalisierung war das NS-Regime — insbesondere in der Kriegssituation — nur durch die bewaffnete Macht zu stürzen, doch fußten der militärische Widerstand und die militärische Aktion auf einer breiten zivilen politischen Basis, die nahezu alle sozialen Gruppierungen und sehr unterschiedliche Motive und Ziele umfaßte, obwohl eine nachhaltige Durchdringung nicht in allen Bereichen des NS-Staates gegeben war[1]. Dies ist bei einer Beschränkung der Betrachtung auf den militärischen Widerstand stets zu berücksichtigen. Ebenso muß ständig die Tatsache im Auge behalten werden, daß militärischer Widerstand nur Anstrengung einer qualifizierten Minderheit sein konnte, auf die Einzelinitiative geistig und moralisch selbständiger sowie gut informierter Militärs beschränkt blieb, deren Ansatzpunkte nicht im rein militärischen Denken lagen, sondern in der Gewissensentscheidung des einzelnen. Und außerdem wissen wir, daß für allzu viele der Eid Anlaß und Vorwand gewesen ist, „dem Gewissenskonflikt in den bloßen Gehorsam auszuweichen und sich bis zuletzt jedem Widerstand zu versagen"[2].

Mit dem Thema „Bedeutung und Nachwirkung des Widerstandes" stehen wir am Anfang historiographischer Untersuchungen[3]. Doch soviel scheint gesichert, trotz des „Nie wieder!" im Empfinden nahezu aller Deutschen nach der totalen Niederlage und trotz des Postulats von Menschenwürde und Freiheit beim Neubeginn in Westdeutschland war der Widerstand gegen den Nationalsozialismus — anders als in anderen europäischen Ländern — lange Zeit — und vielleicht auch heute noch — nicht in der politischen Kultur verwurzelt[4]. Am tiefsten noch ist die Bedeutung des Widerstands wohl in das allgemeine Wertebewußtsein unserer Streitkräfte eingedrungen, weil in dieser sozialen Gruppe engagementlose Distanz von den Ereignissen des 20. Juli nicht möglich ist und die Entschlossenheit und die Notwendigkeit hier vielleicht am größten war, die Last der Vergangenheit zu bewältigen.

Aber woran liegt es, daß die kritische Auseinandersetzung mit Deutschlands jüngster Vergangenheit kein Anliegen der breiteren Öffentlichkeit ist, daß die Existenz und das Opfer der Widerstandskämpfer nur langsam ins allgemeine Bewußtsein dringen? Hier wirken zahlreiche Vorgänge nach: die Verleumdungskampagne des Nationalsozialismus, die ungerechte Reduzierung der Motive auf das Ziel der Abwendung einer drohenden Niederlage, der Vorwurf der Feigheit, des Verrats an der kämpfenden Truppe und des Dilettantismus bei der Durchführung des Attentats — Vorwürfe, die vor allem im Kreise der ehemaligen Soldaten Bestand hatten — weiter: eine anfängliche Diskriminierung des Widerstandes im Ausland einschließlich einer Tabuisierung durch die Besatzungsmächte, der Mangel an Informationen über Fakten und Zusammenhänge sowie eine relativ späte, erst nach der Gründung der Bundesrepublik Deutschland einsetzende Erforschung und Aufarbeitung des Widerstandes und — vielleicht am wichtigsten — die Erfolglosigkeit der Tat des 20. Juli[5]. Nicht zuletzt ist zu fragen, welches geschichtliche Ereignis *überhaupt* im Wertebewußtsein der Gesellschaft einen Platz erhalten kann[6] und ob *jemals* die Erkenntnis allgemein verbreitet sein wird, daß ein Unrechtsstaat „keinen legitimen Anspruch auf Gehorsam" erheben kann[7].

## I. *Nachkriegsgesellschaft und Widerstand*

Nach der „deutschen Katastrophe" war es dringend und wichtig, wie Friedrich Meinecke es mit seiner großen Autorität 1946 forderte, entschlossen vor der eigenen Türe zu kehren[8], damit das „grenzenlose Mißtrauen der Welt gegen uns"[9] überwunden und der geistige Kontakt mit den übrigen abendländischen Völkern wiedergewonnen werden könnte.

Die Regierenden und ein großer Teil der Bevölkerung in der Bundesrepublik Deutschland verdammten den Nationalsozialismus und Totalitarismus aus Überzeugung — wenn auch zugleich aus Sorge um die wieder zu gewinnende internationale Reputation[10].

Tatsächlich war rücksichtslos ernste Selbstprüfung und Auseinandersetzung mit der Vergangenheit in den Augen des Auslands wie in den Augen vieler Gruppen in Deutschland Prüfstein für die neue Demokratie und für eine neue Wertgebundenheit[11]. Auf der anderen Seite blieb der Widerstand für viele Deutsche auch über das Dritte Reich hinaus im Zwielicht[12].

In der Bundesrepublik Deutschland führte die Auseinandersetzung mit dem Nationalsozialismus nahezu zwangsläufig zur offiziellen Würdigung des Widerstandes allgemein und der Männer und Frauen des 20. Juli sowie zu einer Politik der Wiedergutmachung des Unrechts im Innern wie im Ausland[13], doch weder die Vorstellungen der Widerstandskämpfer noch ihre Überlebenden selbst spielten beim demokratischen Neubeginn die zunächst erwartete Rolle[14]. So verpflichtete sich Bundeskanzler Adenauer durchaus auch eingedenk der Außenwirkung am

27. September 1951 zur „moralischen und materiellen Wiedergutmachung" für im Namen des deutschen Volkes begangene Verbrechen. Die Sorge für die Witwen und Waisen der Männer, die im Kampf gegen Hitler ihr Leben für Deutschland geopfert haben, hielt er für eine „Ehrenpflicht"[15]. Im August 1954 erklärte der Kanzler im Rundfunk: „Wer aus Liebe zum deutschen Volk es unternahm, die Tyrannei zu brechen, wie das die Opfer des 20. Juli getan haben, ist der Hochschätzung und Verehrung aller würdig[16]." Der Deutsche Bundestag hatte 1953 festgestellt, daß „der aus Überzeugung oder um des Glaubens oder Gewissens willen gegen die nationalsozialistische Gewaltherrschaft geleistete Widerstand ein Verdienst um das Wohl des deutschen Volkes und Staates" gewesen sei[17].

Bis heute bekräftigen Regierungsvertreter diese Auffassung immer wieder[18]. Der Überzeugungskraft dieser Politik konnten auch die Kritiker des Widerstandes nichts entgegensetzen.

Freilich gab es nach wie vor Kreise und Kräfte, die den Widerstand zu diffamieren versuchten und u.a. mit dem unberechtigten Vorwurf des Opportunismus operierten: Erst der unmittelbar bevorstehenden Niederlage Deutschlands verdanke der Widerstand seine Entstehung. Diese Kräfte spielten keine ernstzunehmende Rolle, sie konnten ihre Schmähreden angesichts der um ernsthafte Auseinandersetzung mit der Vergangenheit bemühten Umwelt meist nur in Hinterstuben halten[19]. Trotzdem: Im Zusammenhang mit dem „Fall John" schien es Regierung und Parteien im Deutschen Bundestag notwendig, sich nachdrücklich rechtfertigend vor die Männer und Frauen des 20. Juli zu stellen[20]. Lautstarke Diskriminierungen hat es auch gegen einzelne ehemalige Exil-Politiker gegeben[21]. Zudem ist die Geschichte der Würdigung des Widerstandes nicht frei von unwürdigen Begleiterscheinungen geblieben.

Die Frage der Bedeutung des militärischen Widerstandes in der Bundesrepublik Deutschland ist mit der Schilderung der offiziellen Haltung allein freilich nicht beantwortet. Gefragt ist auch nach Würdigung und Bekenntnis relevanter gesellschaftlicher Gruppierungen, staatlicher und politischer Institutionen. Hierzu ist ein schwerpunktmäßiger Überblick am Platze.

Im politischen Spektrum liegen außer den Erklärungen von Regierungsvertretern des Bundes Gedenkreden von Bundespräsidenten, Mitgliedern von Landesregierungen und Parteirepräsentanten vor. Die erste politische Würdigung stammt von dem damaligen Vorsitzenden der CDU in der SBZ und in Berlin Andreas Hermes; sie wurde am 22. Juli 1945 gehalten[22]. Obwohl der Widerstand das Selbstverständnis von CDU und SPD mitbestimmt hat, setzt eine allgemeine Anerkennung des Widerstandes seitens der politischen Parteien und Institutionen wesentlich später ein, nämlich nach einer mehr beiläufigen Erwähnung im Sommer 1950 im Deutschen Bundestag[23] etwa ab 1952. In diesem Jahr beginnen auch die Ehrungen durch Errichtung von Mahnmalen, wie das des Ehrenhofes in der Berliner Stauffenbergstraße[24]. Die bekannteste Gedenkrede ist gewiß die des Bundespräsidenten Theodor Heuss aus dem Jahre 1954[25]. Der Höhepunkt dieser identifizierenden Stellungnahmen war Mitte der sechziger Jahre erreicht[26].

Von Politikern, Soldaten, Theologen, Hochschullehrern, Vertretern des öffentlichen Lebens allgemein sind zahlreiche Reden zum Vermächtnis des Widerstandes gehalten worden, vor allem an den jährlichen Gedenktagen. Manchen, vor allem den frühen Bekundungen merkt man die Gefahren an, die mit ihnen verbunden sind: die Gefahr, eine Pflichtübung für Demokraten zu absolvieren, statt innere Überzeugungen zu demonstrieren, und die Gefahr der oberflächlichen Lobpreisung, des deklamatorischen Pathos und der undifferenzierten Heroisierung. Die Gedenktage sind aber zunehmend zu Anstößen zur Besinnung und zur Rechenschaft geworden, tragen zur historisch-politischen Bildung und zum Abbau von Vorurteilen bei, so daß die Leistung des Widerstands gegen das Unrechtssystem im Herzen der Gesellschaft heimisch wird.

Im Dienste von Regierung, Parlament und Parteien leisten die Bundeszentrale für politische Bildung und die entsprechenden Einrichtungen der Länder seit 1952 neben den Schulen und Hochschulen wertvolle und schwierige Aufklärungsarbeit über Motive, Handlungen und Berechtigung des Widerstandes. Die Grundlage dafür bildete eine gründliche, zunehmend das gesamte Spektrum in den Blick nehmende wissenschaftliche Erforschung des Nationalsozialismus und seiner Gegner.

Vor allem der Beitrag der Schulen verdient Beachtung, wenngleich Schulbuchanalysen eine stärkere Problematisierung fordern. Der Widerstand während des Krieges, der militärische Widerstand und die Tat des 20. Juli 1944 nehmen einen breiten Raum in den Darstellungen der Schulbuchautoren ein. Der militärische Widerstand nimmt im Schulbuch auch qualitativ eine herausragende Stellung ein (während die Forschung sich schwerpunktmäßig längst anderen Gegenständen widmet). Im Vordergrund der positiven Bewertung stehen die sittlichen und religiösen Motive der Widerstandskämpfer, ihr Ziel der Wiederherstellung des Rechts, der Menschlichkeit und einer sozialen Gerechtigkeit. Zwar sind direkte Bezüge zur Gegenwart selten, doch werden die sittlichen und moralischen Kräfte über die historische Situation hinaus sichtbar und beeinflussen so das politische Bewußtsein[27].

Nicht zu unterschätzen sind auch erzieherische Wirkungen durch ernstzunehmende literarische Versuche der Vergangenheitsbewältigung, wie Romane und

Theaterstücke von Theodor Plivier („Stalingrad") und Carl Zuckmayer („Des Teufels General")[28], sowie die filmischen Interpretationen „Der 20. Juli" (1955), „Es geschah am 20. Juli" (1955) und „Operation Walküre" (1971)[29] und nicht zuletzt Diskussionen in Presse und kritischer Öffentlichkeit. So wurde auf vielfältige Weise der Boden für ein breiter gefächertes Verständnis des Widerstandes bereitet.

Es ist viel davon gesprochen worden, daß ein Gedenken an die Opfer der Hitlerdiktatur besonders geeignet sei, die furchtbaren Erfahrungen dieser Zeit an die künftigen Generationen weiterzugeben und ihnen damit klare Wertvorstellungen zu vermitteln[30]. Solche Überlegungen unterscheiden sich wohltuend von allgemeinen Verdrängungsneigungen der Deutschen nach 1945. Nach dem Urteil von Joachim Fest hat tatsächlich erst eine jüngere Generation Hitler überwunden und denkt „in einem für Deutschland ungewohnten Maße politisch, gesellschaftlich, pragmatisch" — „der Welt ist wohler dabei[31]."

Anders als den Gewerkschaften, die als wichtigste Konsequenz aus der Zeit der Diktatur, anknüpfend an ihre Opfer, die Verwirklichung der Einheitsgewerkschaft bzw. einer gewerkschaftlichen Dachorganisation[32] sowie allgemein eine bewußte Anknüpfung an die Tradition forderten, der die Opposition entsprungen war[33], fiel ehemaligen Soldaten und Soldatenverbänden ein Verständnis für das Attentat und die Attentäter schwer. Nach einer Meinungsumfrage vom Juni 1951 lehnten fast 60 Prozent der befragten ehemaligen Berufssoldaten das Attentat ab[34].

Um so mehr erstaunt die versöhnliche offizielle Auffassung des Verbandes deutscher Soldaten (VdS). Hatte der erste, bald zum Rücktritt genötigte Vorsitzende des VdS, Generaloberst a.D. Frießner, noch den „Mord am Staatsoberhaupt" als Christ und Soldat abgelehnt, in wenig differenzierten Wendungen — wenngleich er immerhin hinzufügte, die Männer vom 20. Juli hätten patriotisch und sittlich gehandelt, nur sei ihr Unternehmen zu spät und „unsoldatisch" ausgeführt worden[35] —, so fand der spätere Vorsitzende des VdS, Admiral a.D. Gottfried Hansen, im März 1951 die bekannte ausgleichende Formulierung[36]. In schroffer Form, aber konsequent, wandte sich Hansen gegen jegliche Bevorzugung von Männern des Widerstandes gegenüber den „Eidgetreuen" bei der Wiedereinstellung in den öffentlichen Dienst[37]. Freilich muß kritisch angemerkt werden, daß die Bünde auch mit zunehmendem zeitlichen Abstand ihr Verständnis für die Motive Graf Stauffenbergs und seiner Mitverschworenen nicht mehren konnten; so haben sie sich später dagegen ausgesprochen, die Männer des 20. Juli den Soldaten der Bundeswehr als Vorbilder hinzustellen[38]. Solchen Ansichten von Verbandsfunktionären der zahlenmäßig ohnehin unerheblichen

Bünde stand freilich eine überwiegende individuelle Einsicht ehemaliger Soldaten gegenüber[39].

Ohne Zweifel ist die Tatsache, daß es nennenswerten Widerstand gegen das nationalsozialistische Unrechtssystem in Deutschland gab, von größter Bedeutung für die sich entwickelnden auswärtigen Beziehungen der Bundesrepublik Deutschland gewesen, sozusagen die Grundlage für die westdeutsche Politik, Vertrauen in der Welt zu gewinnen.

Der Umsturzversuch des 20. Juli 1944 war trotz seines Scheiterns für die internationale Öffentlichkeit ein sichtbares Zeichen für die Existenz einer wenn auch kleinen Opposition gegen die Diktatur, ein Zeichen, das viele Widerstandskämpfer ganz bewußt setzen wollten.

Damit wurden auch ausländische Fehldeutungen der Haltung der Deutschen — restlose Obrigkeitsgläubigkeit, Unterwürfigkeit, monolithische Geschlossenheit — wenn nicht widerlegt, so doch wenigstens relativiert[40]. Daß diejenigen, die den Widerstand gegen den Nationalsozialismus wagten, aus allen politischen Gruppierungen und sozialen Lagern kamen, befreite von der ungerechten Anklage kollektiver Schuld, wenn es auch nicht von der „Pflicht kollektiver Scham und Haftung" entband, wie Theodor Heuss es ausdrückte[41].

Diese entscheidenden Korrekturen am damals weithin undifferenzierten Deutschlandbild im Ausland waren eine wichtige Voraussetzung für eine künftige Zusammenarbeit im Konzert der Nationen. Von Politikern verschiedener Couleur ist aber als Konsequenz nicht nur eine Verbesserung der Atmosphäre vermutet worden, sondern sogar der Gewinn eines moralischen Anspruchs, wieder deutsche Politik zu betreiben und in den Kreis der Völker zurückzukehren[42].

Natürlich war es aber in erster Linie die internationale Konstellation, die Blockbildung nach 1945, die als Motor der Einbeziehung Westdeutschlands in die aktive Politik und der Anerkennung der Bundesrepublik Deutschland als Partner wirkten[43]. Man darf angesichts der neugewonnenen Partnerschaft außerdem nicht in den Irrtum verfallen, daß es in den Kreisen des Widerstands — außer auf militärischem Gebiet — zu einer eindeutigen Option für Ost oder West gekommen sei[44]. Und vor allem war die Teilung sogar für Realisten und Pessimisten nicht vorherzusehen.

Die Akzeptierung Deutschlands als Glied in der Gemeinschaft der Völker hat den Bundespräsidenten Heinemann 1969 zu der Mahnung veranlaßt, diese Position nicht durch Gleichgültigkeit gegenüber der eigenen Vergangenheit wieder aufs Spiel zu setzen[45].

In diese Richtung weist auch das außenpolitische Vermächtnis der Angehörigen des Widerstandes. Sie hingen — ihrer Zeit gemäß — überwiegend nationalhegemonialen Ambitionen an und dachten in den Normen nationaler Machtpolitik. Die Vorstellungen von Beck, Goerdeler und Hassell über das Reich als europäische Ordnungsmacht und über Kontinentaleuropa unter deutscher Führung als „dritte Kraft" zwischen Großbritannien und der Sowjetunion sind durchaus als eine außenpolitische Alternative zu Hitler zu betrachten. Auch zielten Ideen über die Rolle Deutschlands in der internationalen Politik auf Ausgleich und Verständigung, führten jedenfalls weit fort von Hegemonievorstellungen und enthielten Auffassungen über notwendige Opfer — auch territoriale — für das Zusammenleben der Völker[46]. Dies wird von offizieller Seite heute als zusätzliche Verpflichtung empfunden, für eine „gesittete Zusammenarbeit zwischen den Völkern" einzutreten[47] und Verständigung als nationale Aufgabe zu begreifen[48]. Als Bestandteil westdeutscher Politik hat dies dazu geführt, daß unser Land als „ein verläßlicher, sogar drängender Faktor für den Frieden" gilt. „Daß dies [...] Wirklichkeit geworden ist, ist die eigentliche, die entscheidende Leistung nach dem Kriege[49]."

Bedeutung und Nachwirkung des Widerstandes in Hinblick auf politische und rechtliche Gestalt sowie politische Kultur in der Bundesrepublik Deutschland sind nicht so leicht nachzuweisen. Gerade hier zeigt sich, daß der Widerstand „nicht so sehr als folgenreiches Ereignis, sondern viel mehr durch das sittliche und politische Verhalten Zeichen gesetzt hat"[50].

Die sittlichen Motive und Antriebe der Widerstandskämpfer, gerade der Soldaten unter ihnen — Menschenwürde, Sühne, Reinigung, moralische Auflehnung gegen das Unmenschliche — sind als „wirkende Kräfte der Zukunft" bezeichnet worden[51]. In diesem Jahre noch hat der Bundesminister Windelen sein Gedenken an den 20. Juli 1944 unter den Leitgedanken von Freiheit und Menschenwürde gestellt[52]. Und viele andere offizielle Redner vor ihm haben sich zu diesem Vermächtnis bekannt.

Gewiß haben die Leitlinien der Widerstandskämpfer als Bausteine für den Neubeginn eine Rolle gespielt[53], und ohne Zweifel rührt vom Widerstand her ein beachtliches Stück neue Selbstachtung der Deutschen[54]. Eine für heute generelle politische Bedeutung ist aber darin zu sehen, daß die nationalsozialistische Machtergreifung, der Widerstand nach 1933 und das Scheitern des Umsturzversuches vom 20. Juli 1944 die Überzeugung vermitteln, „wie wichtig es ist, antiparlamentarische oder systemfeindliche Bewegungen *vor* dem Zugang zu Schaltstellen politischer Macht und politisch-parlamentarischen Sonderrechten aufzuhalten"[55]. Diese Einsicht ist in Westdeutschland ernstgenommen worden mit der Konsequenz der „wehrhaften Demokratie" des Grundgesetzes einschließlich des im Parlamentarischen Rat schon diskutierten, aber erst in den sechziger Jahren eingeführten Widerstandsrechts nach Artikel 20 Absatz 4. Er gibt dem Widerstand gegen das nationalsozialistische Unrechtssystem „die Würde des Verfassungsranges" (Eugen Gerstenmaier). Der Staatsaufbau der Bundesrepublik basierte allerdings nicht auf Vorstellungen und Plänen des Widerstandes. Dieser war auch nicht ipso facto ein Votum für die Demokratie, wenngleich — das gilt zumindest für den antitotalitären Widerstand — eines für Recht und Rechtsstaatlichkeit sowie in einem erheblichen Maße auch für Pluralismus und Toleranz, wie sie sich z.B. in der Annäherung ehemaliger innenpolitischer Gegner zeigen. Zwar erblickt Gerhard Ritter in den Mitteln, mit denen der Parlamentarische Rat die Stabilität der Bundesregierung gesichert hat, eine nahe Verwandtschaft zu Goerdelers innenpolitischen Vorschlägen, und Gerstenmaier meint, daß der Widerstand eine deutliche Wirkung auf die Struktur der Bonner Gesetze gehabt habe, doch hält sich überwiegend die Auffassung, daß das Verfassungsdenken des Widerstandes sich in allen grundsätzlichen Fragen nicht durchgesetzt habe[56]. Zur Gestaltung der freiheitlichen demokratischen Ordnung in der Bundesrepublik Deutschland hat der Widerstand nicht beigetragen.

Für den „antidemokratischen" Widerstand liegt dies auf der Hand. Der antitotalitäre Widerstand um Beck und Goerdeler aber hatte sich — zeitverhaftet und von der Funktionsfähigkeit einer Demokratie angesichts des Weimarer Beispiels nicht überzeugt — an autoritären Ordnungsvorstellungen orientiert[57]. Selbst der Arbeiter-, Frauen- und Jugendwiderstand verfocht keine Ideale, die der heutigen freiheitlich-demokratischen Grundordnung des Grundgesetzes entsprechen[58].

Einem ordnungspolitischen Leitbild dieser Art kamen die Neuordnungsdiskussionen des bürgerlich-liberalen und sozialdemokratischen „Kreisauer Kreises" um Graf Helmuth James v. Moltke und Julius Leber am nächsten. Von ihrer Zeit verhafteten Widerstandskämpfern, die zudem notwendigerweise überwiegend auf Übergangsstrukturen abzielten, kann ein Plädoyer für Normen einer liberalen Demokratie in toto auch gar nicht erwartet und verlangt werden. Kriterium für Berufung auf den Widerstand ist vielmehr die „Wiederherstellung und Sicherung des Rechts" als Summe der vielfältigen Motive des Widerstands in seiner Pluralität und Komplexität[59]. Mit dieser Alternative zur nationalsozialistischen Politik können Überlegungen in Kreisen des Widerstandes zwar nicht für die Ordnung des Grundgesetzes in Anspruch genommen werden, „wohl aber für die Prinzipien einer Grundordnung, die von der Menschenwürde ausgeht und staatliches Handeln auf die Sicherung dieser Würde bezieht. Insofern läßt sich Widerstand in allen seinen Spielarten für eine Demonstration der Prinzipien liberaler Demokratie setzen[60]."

Heute ist in der Bundesrepublik Deutschland viel von notwendigem Widerstand gegen diesen Staat und diese Gesellschaft die Rede. Dabei wird übersehen, daß allein Verfassungsbruch und Verlust der Menschenrechte — einschließlich des Versuchs dazu — Widerstand (gegen Diktatur) legitimiert, daß wir aber in einer „grundsätzlich anderen Lage als in einem totalitären Regime" leben[61].

## II. *Bundeswehr und Widerstand*

Besonderen Rang nimmt der militärische Widerstand für die auf dem Leitbild vom „Staatsbürger in Uniform" fußenden Streitkräfte der Bundesrepublik Deutschland ein. Die Bundeswehr ist in Bewertung und Würdigung des Widerstandes durchaus auch eigene Wege gegangen.

Die von einem breiten parlamentarischen Konsens getragene Wehrreform der Regierung Adenauer ist als klare Absage an Fehler der Vergangenheit zu verstehen, als Distanzierung insbesondere vom nationalsozialistischen Unrechtssystem und von der Verstrickung der Wehrmachtführung, auch hoher militärischer Truppenführer in dieses System. Zu Recht hieß das Schlüsselwort Neuanfang.

Die Kriterien der Auswahl der Mitarbeiter Theodor Blanks, die Diskussion um die Großadmirale im Deutschen Bundestag — ein wesentlicher Beitrag zur Traditionsdebatte — und die Motive für die Einrichtung des Personalgutachterausschusses für die Streitkräfte sind hinlängliche Indizien für eine deutliche Absage an die Vergangenheit.

Das Verhältnis künftiger Streitkräfte der Bundesrepublik Deutschland zur Wehrmacht war schon in den fünfziger Jahren das Hauptproblem einer verbreiteten Traditionsdiskussion. Immer war hier das Gewicht der Vergangenheit greifbar, und verpflichtend. Eine besonders klare Stellungnahme zur „Wehrmachtfrage" aus der Dienststelle Blank findet sich in der 1954 erarbeiteten Informationsschrift „Der Europäische Soldat deutscher Nationalität": „Haltung und Leistung der Mehrzahl der Offiziere, Unteroffiziere und Mannschaften, die in gutem Glauben ihre Pflicht getan, bleiben höchster Achtung wert, gleichgültig ob eine gewissenlose politische Führung sie mißbrauchte. Aber daß die Truppe in zunehmendem Maße mißbraucht werden konnte, zeigt, daß eine Reform der Grundlagen notwendig wurde, um den europäischen Soldaten von morgen mit der ihn tragenden und von ihm mitgetragenen demokratisch-freiheitlichen Lebensordnung seines Volkes bewußt zu verbinden und anstelle staatsunterwürfigen blinden Gehorsams den freiwilligen Gehorsam aus Einsicht zu setzen[62]."

Mit dem Problem der Wehrmachttradition und diesen Äußerungen dazu war eine besonders brennende Frage für das Selbstverständnis der neuen Streitkräfte

473

gestellt, die der Wertung des 20. Juli 1944. Tatsächlich beschäftigte die Problematik des Widerstandes gegen Hitler die ehemaligen Soldaten stärker als die unzweifelhafte Herkunft der neuen Streitkräfte aus der Wehrmacht. Die Tat, mit der die Männer des 20. Juli 1944 aus heutiger Sicht den Deutschen etwas von ihrer Ehre zurückgegeben haben[63], wurde kontrovers bewertet. Obwohl die nationalsozialistische Obrigkeit den Soldaten durch Mißachtung von Recht und Moral ab 1934 vor den „Konflikt zwischen den Forderungen des Befehls und des Gewissens"[64] gestellt hatte, überwog der Gehorsam bei weitem die Verweigerung, und das Attentat auf Hitler galt zumindest im Verständnis der Zeit als ein im Wortsinn unglaublicher Vorgang[65]. Trotz juristisch-wissenschaftlicher und literarischer Erörterung des Widerstandsrechts seit der Antike und obwohl einem totalen Gehorsam und der Hinnahme verbrecherischer Befehle eine ältere Tradition entgegenstand, war die Erkenntnis unter den Soldaten nicht Allgemeingut, daß ein Unrechtsstaat „keinen legitimen Anspruch auf Gehorsam" mehr erheben konnte[66]. In dem Dilemma von Eid und Widerstand, stark bestimmt durch bis hin zu Hitler festen Treuebeziehungen zwischen „Oberstem Kriegsherrn" und Armee und von festen Berufsregeln, herrschte bei der überwiegenden Zahl der Soldaten die Auffassung vor, daß der geschworene Eid zu Gehorsam gegenüber jeder politischen Führung zwinge[67]. Und das ehemalige Offizierkorps war zeitweilig jedenfalls über die Beurteilung des Attentats auf Hitler sogar „in einer jede Kameradschaft zerstörenden Weise zerrissen"[68]. Die Kontroverse darüber, ob die Haltung der Frontkämpfer oder die der Widerstandskämpfer — angesichts der Vermischung beider ohnehin ein unzutreffendes Gegensatzpaar — höher zu bewerten sei[69], war eher dazu angetan, die Fronten zu verhärten. Auch führte es gewiß nicht weiter, das Problem einfach auszuklammern[70].

Die Auseinandersetzung zwischen Tradition und Norm auf der einen und dem „Ethos einer Ausnahmesituation" auf der anderen Seite[71] konnte auch durch das Bekenntnis des Bundespräsidenten zu den Motiven des Widerstands am zehnten Jahrestag des Attentats gegen Hitler noch nicht beendet werden. Heuss vermochte genausowenig wie der VdS mit seiner auf Ausgleich bedachten Formulierung aus dem Jahre 1951 öffentliche Gegenkundgebungen zu stoppen[72].

Man neigt dazu anzunehmen, die Dienststelle Blank sei dazu prädestiniert gewesen, neben ihren vielfältigen anderen Aufgaben auch zu diesem Thema eine klare Stellungnahme abzugeben. Hatten sich doch etwa die Generale Dr. Speidel und Heusinger in ihren Büchern „Invasion 1944" und „Befehl im Widerstreit" persönlich eindeutig geäußert[73]. Außer diesen beiden ehemaligen Generalen gehörten noch andere Mitarbeiter der Dienststelle an, die in den Widerstand gegen Hitler unmittelbar verwickelt waren[74]. Aber nicht nur die beiden Generale blieben zurückhaltend, auch Theodor Blank war hierzu verhältnismäßig schweigsam. Dabei lagen der Dienststelle Blank nicht wenige direkte oder indirekte Empfehlungen für eine Würdigung der Männer des Widerstands und des 20. Juli vor. Im Wehrpolitischen Arbeitskreis der CDU/CSU-Fraktion des Deutschen Bundestages etwa hatte — wie Blank bekannt war — Dr. Richard Jaeger schon im Januar 1952 betont, ein an der Verfolgung der Widerstandskämpfer des 20. Juli 1944 Beteiligter dürfe nicht Offizier werden. Im gleichen Jahr legte der Regierende Bürgermeister von Berlin, Ernst Reuter, übrigens auf Anregung des Generals der Panzertruppe a.D. Gerhard Graf v. Schwerin, in der Stauffenbergstraße den Grundstein für ein Denkmal für die Opfer des 20. Juli 1944[75]. Und von Berlin aus mahnte Dr. Walter Braun von der Stiftung „Hilfswerk 20. Juli 1944" bei der Gedenkfeier in der Stauffenbergstraße am 20. Juli 1955: „Möge der Geist eines Ludwig Beck, eines Claus Stauffenberg und ihrer Kameraden im neu entstehenden deutschen Heer Leitbild, Richtschnur und verpflichtendes Erbe werden[76]!"

Trotzdem, die Dienststelle Blank äußerte sich nicht offiziell. Darüber können vereinzelte Stellungnahmen — etwa von Blank und Graf Baudissin — nicht hinwegtäuschen. Theodor Blank vertrat in der Öffentlichkeit früh die Ansicht, Beteiligung oder Nichtbeteiligung am Widerstand und am „20. Juli 1944" sei für die Betreffenden eine Gewissensentscheidung gewesen, „die wir in jedem Falle zu respektieren haben"[77]. Graf Baudissin setzte sich 1955 in der „Wehrkunde" für eine Tradition ein, wie sie durch den profilierten Widersacher Hitlers, Generaloberst Ludwig Beck, gewiesen sei[78]. Im gleichen Jahr versicherte er in der renommierten amerikanischen Zeitschrift „Foreign Affairs", die innere Auseinandersetzung mit Problemen wie „Reichswehr im Staat von Weimar", „Drittes Reich", „20. Juli 1944" und „Nürnberg" werde dem Offizier die Frage nach dem eigenen Standort stellen. „Jedem Offizier werden historische Daten und Unterlagen zur Verfügung stehen, mit deren Hilfe er sein Urteil bilden kann[79]." Und in dem Entwurf für Interview-Fragen für die Einstellungsgespräche mit ehemaligen Offizieren fand sich früh die Frage: „Wie würden Sie den 20. Juli erklären[80]?"

Wie läßt sich diese Zurückhaltung der Dienststelle Blank nach außen erklären? Vielleicht bewirkte hier die Kritik aus bestimmten Kreisen ehemaliger Soldaten, in der Dienststelle Blank bevorzuge man die „Widerstandskämpfer", zunächst eine Scheu, diese bevorzugt zu würdigen. Es sollte wohl, auch im Sinne von Theodor Heuss' Rede am 20. Juli 1954, niemand herabgesetzt werden, der den Nationalsozialismus *nicht* bekämpft hatte. Auch trifft gewiß zu, daß die wissenschaftliche Durchdringung des Problems, daß Stellungnahmen aus Politik und

Wissenschaft abgewartet werden sollten. Nahe liegt vor allem die Überlegung, daß der Gehorsam nicht erschüttert werden sollte. Als nicht von der Hand zu weisen erscheint aber auch die Sorge, nicht diejenigen potentiellen Freiwilligen zu verprellen, die als Frontsoldaten sich verraten gefühlt und das Attentat abgelehnt hatten und sich noch nicht klargemacht hatten, wann der Eid nicht die höchste Maxime soldatischen Verhaltens ist. Hier bestand zweifellos eine Gefahr falscher Kompromisse[81]. Der junge Nachwuchs, das zeigte sich bald, sympathisierte ganz überwiegend mit den Männern des 20. Juli, nicht zuletzt weil ihre Tat das Selbstbewußtsein zu stärken geeignet war.

All der genannten Behutsamkeit der Dienststelle Blank standen aber doch schon eindeutig praktische Schritte gegenüber. So erhielt 1956 die ehemalige SS-Ordensburg Sonthofen den Namen „Generaloberst-Ludwig-Beck-Kaserne". Theodor Blank hatte den Verteidigungsausschuß des Deutschen Bundestages angerufen, ob es politisch-psychologisch schädlich sei, an diesem Ort die ersten Lehrgänge für die neuen Streitkräfte durchzuführen. Der Ausschuß wollte mit der Benennung gute soldatische Traditionen, Tugenden und Haltungen herausstellen, um den „Dämon Nazismus" auch in dieser Hinsicht zu bändigen. Außerdem erfolgten schon früh Überlegungen zur Frage des Gehorsams und der Eidesproblematik. Sie führten schließlich — anders als im Nationalsozialismus mit seiner Eidesbindung an die Person Hitlers — in der Bundeswehr zu Eides- und Gelöbnisformeln, die den Soldaten an Recht und Freiheit des deutschen Volkes und an die sittlichen Grundlagen der Verfassung binden.

Besonders wichtig war die Einsetzung des Personalgutachterausschusses für die Streitkräfte durch den Deutschen Bundestag im Sommer 1955 — in voller Übereinstimmung mit der Dienststelle Blank. Der Ausschuß verwirklichte den Vorschlag, den das „Institut zur Förderung öffentlicher Angelegenheiten" unter dem ehemaligen schleswig-holsteinischen Ministerpräsidenten Theodor Steltzer als Ergebnis einer Tagung führender Persönlichkeiten des öffentlichen Lebens eingebracht hatte, die Haltung zum 20. Juli 1944 zum Prüfstein für eine sorgfältige Auswahl des Führerkorps aller Ebenen zu machen[82]. Bei seiner eigenen Gutachtertätigkeit wie in den für die Prüfgruppen der Annahmeorganisation der Bundeswehr entworfenen Richtlinien für die Prüfung der persönlichen Eignung von Offizieren legte der Ausschuß besonderen Wert auf eine klare Stellungnahme des Bewerbers zum Problem des 20. Juli 1944, ohne daß eine Bekenntnis, wohl aber Verständnis für diesen singulären Vorgang erwartet wurde.

In diesen Richtlinien heißt es: „Der Soldat ist in seinem Gewissen gebunden an unvergängliche sittliche Gebote. Im Bewußtsein überzeitlicher Verantwortung achtet er die Rechte des Nächsten und dessen religiöse und politische Überzeugung. Aus solcher Einstellung muß der künftige Soldat die Gewissensentscheidung der Männer des 20. Juli 1944 anerkennen. Dies wird er verbinden mit der Achtung vor ihnen und vor den vielen anderen Soldaten, die im Gefühl der Pflicht ihr Leben bis zum Ende eingesetzt haben[83]."

Daß die Prüfgruppen der Annahmeorganisation der Streitkräfte von Beginn ihrer Tätigkeit an im Sinne der Richtlinien des Personalgutachterausschusses nach dieser Formulierung verfuhren, war ein erstes Anzeichen für eine kommende offizielle Äußerung der Bundeswehrführung zur Bewertung von Motiven und Taten der Angehörigen der Widerstandsbewegung.

Während die Dienststelle Blank sich also noch Zurückhaltung auferlegte und für die Zukunft auf die Urteilsfähigkeit des Offizierkorps und auf die Bildungsarbeit in den Streitkräften vertraute, nahm das Verteidigungsministerium die Herausforderung auch nach Auffassung kritischer Beobachter „sofort" an und stellte Geist und Ethos der Männer und Frauen des 20. Juli als beispielhaft für die Soldaten der Bundeswehr hin[84].

In der Bewertung der möglichen Gründe für das offene Bekenntnis der Bundeswehr zu den Motiven und Taten der am Widerstand Beteiligten gehen die Meinungen indes auseinander. Hans Herzfeld betonte die „auch ethisch unvermeidliche Folgerung" aus der ganzen politischen Lage Deutschlands in der Nachkriegszeit. Christian Müller, ein späterer Biograph Stauffenbergs, urteilte im Jahre 1966, die Bundeswehr habe sich in der richtigen Erkenntnis zu den Männern des Widerstands bekannt, daß in der jüngeren Vergangenheit des deutschen Volkes der 20. Juli den einzigen „Lichtblick in der dunkelsten Zeit" darstelle[85].

Am Beginn der Auseinandersetzung mit dem Widerstand in der Bundeswehr stand der später publizierte, weit verbreitete und in der Öffentlichkeit sehr positiv aufgenommene Vortrag des Majors Dr. Trentzsch über den 20. Juli 1944 vor dem ersten Lehrgang für höhere Offiziere im Frühjahr 1956 in Sonthofen[86]. Mit dem Vortrag sollte gezielt der Anstoß zum Durchdenken des Problems, zur eigenen Gewissensentscheidung und zur Vergangenheitsbewältigung gegeben werden. In gründlicher Analyse des Totalitarismus erblickte Trentzsch die Chancen für eine richtige und gerechte Bewertung der Widerstandsfrage. Die Bedeutung des Vortrages lag aber auch in der Tatsache, daß er „als offizielle Stellungnahme des Ministeriums zu dem umstrittenen Thema gelten" sollte[87].

Die nächste markante Äußerung erfolgte im „Handbuch Innere Führung" im Jahre 1957[88]. Es baut auf in Sonthofen während des ersten Lehrgangs für höhere

Offiziere gehaltenen Referaten auf und trägt somit in seinem Kapitel „Widerstand" deutlich die Handschrift Trentzschs. Der Widerstand wurde hier aus generellen sittlich-religiösen Gründen gerechtfertigt. Hervorgehoben wurde die Verantwortung, jene anomalen Zustände nicht wiederkehren zu lassen und — mit dem Blick nach Osten — *jede* totalitäre Versuchung auszuschließen. Während Trentzsch 1956 jedem einzelnen die persönliche Stellungnahme überlassen wollte, enthielt des „Handbuch Innere Führung" die Aufforderung, „die Haltung des Widerstandes gegen das Unrecht mit in unsere Tradition" hineinzunehmen, verstärkt noch durch Zitierung der Richtlinien des Personalgutachter-Ausschusses.

Den Soldaten, die die Tat des 20. Juli weiterhin ablehnten, galten deutliche Worte: „Doch liefert uns der Eid nicht total den Menschen aus. Es ist nicht der Wille des Höchsten, daß der Vereidigte seine sittlichen Maßstäbe nunmehr vom Eidträger bezöge, daß seine Verantwortung nur noch eine begrenzte und mittelbare wäre, daß sein Gewissen von jetzt ab zu schweigen hätte und daß somit derjenige, der den Eid hält, seine Existenz als sittlich gegründete Person zutiefst gefährdete oder gar aufgäbe." Und an andere Stelle: „Wer unseren Diensteid und seinen Auftrag ernst nimmt, kann nur mit tiefem Dank und Bewunderung auf diese Männer [des 20. Juli] als seine Vorbilder blicken." Schließlich heißt es: „Die bis zuletzt Gehorchenden hatten bis heute hinreichend Gelegenheit, sich ein zutreffendes Bild vom Nationalsozialismus zu machen. Der Einsichtige wird anerkennen, daß die Beurteilung der sittlichen und politischen Lage durch die Widerständler zutreffend war [...]. Jeder sollte sich heute um Verständnis für den damaligen Standort des anderen bemühen."

Aus dem Jahre 1959 datiert der erste Tagesbefehl eines Generalinspekteurs zum 20. Juli. Heute ist diese Form der Würdigung bereits selbst eine Tradition. Damals nannte General Heusinger die „Tat des 20. Juli 1944 — eine Tat gegen das Unrecht und gegen die Unfreiheit —", einen „Lichtpunkt in der dunkelsten Zeit Deutschlands". Heusingers Aufruf enthält ein Bekenntnis zur Pflicht der Gewissenserforschung und Gewissensentscheidung auch für Soldaten. „Wir Soldaten der Bundeswehr stehen in Ehrfurcht vor dem Opfer dieser Männer, deren Gewissen durch ihr Wissen aufgerufen war. Sie sind die vornehmsten Zeugen gegen die Kollektivschuld des deutschen Volkes. Ihr Geist und ihre Haltung sind uns Vorbild[89]."

Diese klaren Sätze fanden manchen Beifall, vor allem in den Gewerkschaften und in der SPD, die den 20. Juli in späteren Jahren als Nationalfeiertag proklamiert sehen wollte.

Mit diesem Tagesbefehl, einem eindeutigen Bekenntnis, wurde versucht, die Tat des 20. Juli 1944 für die Truppe unmißverständlich einzuordnen. Die Ziele des Widerstandes sind als verpflichtendes Erbe hervorgehoben und die Widerstandskämpfer als Vorbilder herausgestellt worden.

Der Tagesbefehl wurde maßgeblich beeinflußt von einem ausführlichen Gutachten des „Beirats für Fragen der Inneren Führung", das General Heusinger zur Frage der Neubegründung von Traditionsverhältnissen erbeten hatte. Der Beirat empfahl am 5. März 1959: „Ein Prüfstein dafür, ob die Bundeswehr aus sich selber eine echte Tradition entwickeln kann, liegt in ihrer Fähigkeit, das Ereignis des 20. Juli 1944 geistig zu bewältigen und zu würdigen. Hier liegt die Möglichkeit des Gedächtnisses an große Soldaten, die den Aufruf ihres verletzten Gewissens höher stellten als den Gehorsam gegenüber einer unwürdigen Obrigkeit. Sie lehnten sich auf gegen das Begehren der Regierenden, die Opfer des Krieges, der schon den Tod von Millionen unschuldiger Männer, Frauen und Kinder verursacht hatte, weiter sinnlos zu vermehren. Der Widerstand richtete sich auch gegen die Untergrabung des kämpferischen Ethos. Die Männer des Widerstandes wurden zu Märtyrern für die menschliche Freiheit und damit zu Vorbildern[90]."

In späteren Jahren nahm der Beirat auch zu Entwürfen eines Traditionserlasses Stellung und regte Korrekturen an, die vornehmlich die nicht einfachen Passagen der Würdigung des Widerstandes gegen Hitler betrafen. Der Beirat fand mehrfach Anlaß, Abschwächungen seiner eigenen Vorschläge zu monieren[91].

Einen weiteren Schritt zur Verdeutlichung und Bejahung des Erbes aus dem Widerstand ging die Bundeswehrführung 1961 mit der Benennung von Kasernen nach Widerstandskämpfern; bemerkenswerterweise beschränkten sich diese Benennungen nicht auf Soldaten.

Seitdem haben Minister, hohe Beamte und Generale in Reden und Ansprachen über die Tat des 20. Juli 1944 nachgedacht, angefangen mit einer Ansprache des damaligen Brigadegenerals Cord v. Hobe auf einer Feierstunde in der Berliner Stauffenbergstraße im Jahre 1959[92] bis hin zu dem Grußwort von Bundesverteidigungsminister Dr. Wörner zu Beginn dieser Tagung[93].

Der zweite Generalinspekteur der Bundeswehr, General Friedrich Foertsch (1961), und der Oberbefehlshaber Europa-Mitte, General Graf Kielmansegg (1963), verdeutlichten in ihren Reden in erster Linie, daß das Verhalten der Männer des Widerstandes nicht Hochverrat, schon gar nicht Landesverrat war, sondern eine zu bejahende soldatische Tat, begründet auf eine Gewissensentscheidung. Zugleich warben sie um Verständnis für die große Masse der Millionen Frontsoldaten, denen sich die Frage der Ausübung des Widerstandes „gar nicht stellen konnte"[94]. General Graf Kielmansegg versicherte in seiner Ansprache, daß auch der Soldat der Bundeswehr sich gegen ein klar erkanntes Unrechtssystem erheben werde. Er grenzte die grundsätzliche Widerstandspflicht gegenüber einem verbrecherischen Befehl aber deutlich gegenüber der Gehorsamspflicht des Soldaten im Rechtsstaat ab. Als Verhaltensschema sei der 20. Juli nicht zu übernehmen. „Wohl aber können und sollen die Soldaten des 20. Juli Vorbilder des Soldaten von heute sein, denn sie handelten aus ihrem Gewissen, nach ihrem Wissen im Bewußtsein ihrer Verantwortung und setzten ihr Leben dafür ein. Welch bessere Vorbilder kann es geben?"

Aus der Erfahrung seiner Auslandsverwendungen konnte Generalleutnant Graf Baudissin ein Jahr später, 1964, belegen, wieviel die Männer und Frauen des Widerstandes zur Rettung und Wiederherstellung des deutschen Ansehens in der Welt beigetragen hatten. Für Graf Baudissin selbst bestand auch kein Zweifel daran, daß der Widerstand gegen Hitler sehr viel dabei geholfen habe, dem deutschen Soldaten das Zusammenleben im Bündnis zu ermöglichen[95].

In dem schließlich in der Amtszeit des Verteidigungsministers v. Hassel herausgegebenen Erlaß „Bundeswehr und Tradition" wurde — anknüpfend an Bestimmungen des Soldatengesetzes — für die Streitkräfte eine *verbindliche* Haltung zum „Widerstand" formuliert, unter Anerkennung des Rechts — wenn nicht sogar der Pflicht —, den militärischen Gehorsam in extremen Situationen zu verweigern und Widerstand zu leisten[96].

In Abschnitt I, Absatz 3 heißt es:

„Recht und Freiheit werden nicht nur durch Gewaltanwendung, sondern auch in der Gesellschaft und im persönlichen Bereich bedroht. Unerschrockenheit und Standhaftigkeit gegenüber dieser Gefährdung gehören daher [...] in die gültige Tradition der Bundeswehr [...]. Entscheidend ist die Bereitschaft zum Opfer für Freiheit und Recht."

Eine Bekräftigung erfolgte im Abschnitt II, Absätze 13 und 14: „Der Bruch des Eides durch den Dienstherrn rechtfertigt den Widerstand aus Verantwortung. Widerstand kann und darf jedoch nicht zum Prinzip werden." (Absatz 13).

„Zuletzt nur noch dem Gewissen verantwortlich, haben sich Soldaten im Widerstand gegen Unrecht und Verbrechen der nationalsozialistischen Gewaltherrschaft bis zur letzten Konsequenz bewährt.

Solche Gewissenstreue gilt es in der Bundeswehr zu bewahren." (Absatz 14).

Hiermit war anerkannt, daß der militärische Widerstand gegen Hitler und seine Diktatur für die Bewertung militärischer Tugenden ein zusätzliches Maß gesetzt hat, an dem soldatische Haltung,neben der Bewährung im Einsatz, gemessen werden kann[97]. Die recht frühe Würdigung des „Widerstandes" und die Art der Würdigung dürfen nicht den Blick für die Schwierigkeiten verstellen, die sich auf dem Weg zum Traditionserlaß und auch noch geraume Zeit danach aufgetürmt haben. Sie unterstreichen, daß es notwendig und heilsam war, der Bundeswehr ein mahnendes und verpflichtendes Vorbild zu setzen, das dem Gehorsam Grenzen weist[98].

Die Debatte über den 20. Juli 1944 im Kreise der Soldaten hat zu einer „Auseinandersetzung zwischen Tradition und Norm auf der einen und dem Ethos einer Ausnahmesituation" auf der anderen Seite geführt[99]. Die Zahl von nahezu dreißig Referentenentwürfen für den Traditionserlaß läßt den Schluß auf tiefgreifende Gegensätze zu[100]. In der Truppe kam es sogar vor, daß die Verlesung von Tagesbefehlen zum 20. Juli sabotiert wurde.

Es ist daher nicht ganz zu Unrecht vermutet worden, daß — solange ein Großteil der Offiziere und Unteroffiziere der Bundeswehr noch aus der Wehrmacht stammte — zunächst, so eine kritische Stimme, der Forderung der Toleranz gegen Andersdenkende[101] nachgegeben worden ist. Als ungerechtfertigt erscheint indes der in diesem Zusammenhang erhobene Vorwurf, mit dem Hinweis auf den Eid seien die Gewissen der hohen Militärs beruhigt worden[102].

Nach der Herausgabe des Traditionserlasses ist die Bundeswehr zudem in Wort und Schrift recht offensiv gegen die Schwierigkeiten mit der Interpretierung des 20. Juli und gegen mangelndes Verständnis zu Felde gezogen. Daß ein intensiver politisch-pädagogischer Unterricht bis in die siebziger Jahre hinein auch notwendig war, belegt m.E. der geleistete Aufwand, den zum Beispiel die Generale Graf Baudissin, de Maizière, Ilsemann und Ferber in ihren Reden und Schriften dem Problem „Widerstand und Gehorsam" sowie dem Verhältnis von 20. Juli und Nichtbeteiligung am Widerstand nach wie vor widmen zu müssen glaubten[103]. Neben „Bekenntnis und Würdigung" stand immer auch „Erläuterung" im Vordergrund. (In der besonders schwierigen Frage der Auslieferung militärischer Geheimnisse, vor allem geplanter Angriffstermine, in der Landesverratsfrage, wurde unter den ehemaligen Soldaten noch weniger Verständnis erwartet. Daher unterblieben Stellungnahmen hierzu gänzlich.)

Wegen der Komplexität des Widerstandes und der Notwendigkeit seiner Erläuterung ist in den sechziger Jahren — insbesondere von den Publizisten Winfried Martini und Hans-Georg v. Studnitz — vor der Gefahr gewarnt worden, die Würdigung könne ins Gegenteil umschlagen[104]. Wenn diese Gefahr überhaupt je bestanden hat, dann ist sie grundsätzlich überschätzt worden.

Freilich bedeuteten offenes Bekenntnis der politischen Führung und der militärischen Spitze der Bundeswehr sowie offizielle Aufnahme in das Traditionsgut auch nicht zugleich die Verwurzelung der Geschichte und der fortwirkenden Bedeutung des Widerstandes im Bewußtsein der Soldaten.

Aber zum einen förderten die jährlichen Ansprachen und ihre publizistische Auswertung, zahlreiche Publikationen der Bundeswehr zum Widerstand, die Benennung von Kasernen nach Widerstandskämpfern und nicht zuletzt die Erläuterungen zu Bedingtheit, Sinn und Zielen des Widerstandes im staatsbürgerlichen Unterricht der Bundeswehr gewiß einen allgemeinen Prozeß der Erkenntnis und eine Entwicklung des individuellen Bewußtseins. Zum anderen wurde zugleich zunehmend erkennbar und klarer gesagt, worin das Vermächtnis der Opposition gegen Hitler und der Vorbilder für den Soldaten der Bundeswehr liegt. Ich meine hier nicht allein den verbindlichen Widerstand gegen ein Unrechtssystem. Wichtiger erscheint mir der Hinweis auf ein Gerüstetsein vor Anfechtungen und Mißbrauch menschlicher und soldatischer Werte[105] sowie das Vermächtnis zur Schärfung des politischen Bewußtseins und Verantwortungsbewußtseins, ja die Zielsetzung des politisch bewußten Offiziers[106].

An dieser positiven Entwicklung haben auch einige engagierte und sachkundige Truppenkommandeure einen maßgeblichen Anteil. Gute Beispiele hierfür sind etwa die Bemerkungen, mit denen der damalige Generalmajor Graf Kielmansegg im August 1962 auf die Diskussion reagierte, die ein Vortrag Paul Graf Yorck v. Wartenburgs in der Sigmaringer (10.) Panzerdivision in Gang gesetzt hatte[107], und die Rede des Kommandierenden Generals des I. Korps, Generalleutnant Meyer-Detring, im Juli 1966 vor dem Korpsstab in Münster[108]. Als lehrreich und anregend darf auch die Praxis gelten, die Generalmajor Kurt Gerber zur Erinnerung an den 20. Juli 1944 als Hausherr der Stauffenberg-Kaserne in Sigmaringen übte. Er ließ junge Offiziere sprechen. Sie müßten sich diesem Problem noch stellen, das seine Generation unmittelbar erlebt und erlitten hatte.

Wenn sich auch kaum Aussagen über die Auseinandersetzung innerhalb der Truppe machen lassen, Meinungsumfragen unter Soldaten vermitteln ein ausgesprochenes positives Bild der Bewertung. Lehnten 1951 noch 60 Prozent der befragten ehemaligen Berufssoldaten den Widerstand gegen das NS-Regime ab, so beurteilten 1964 schon 52 Prozent der Bundeswehrsoldaten den Umsturzversuch des 20. Juli 1944 positiv; 18 Prozent waren gegenteiliger Auffassung[109]. Eine Ende der sechziger Jahre durchgeführte Umfrage unter Offizieranwärtern und jungen Offizieren einer Heeresoffizierschule ergab, daß die Lehrgangsteilnehmer die Widerstandskämpfer „ausgesprochen positiv" beurteilten. Diejenigen militärischen Führer im Dritten Reich, die trotz Einblicks in die tatsächlichen Verhältnisse nicht zum Widerstand fanden, wurden als negativ bewertet[110].

Eine Untersuchung unter Reservisten der Bundeswehr bestätigt den Eindruck einer Hinwendung zum Erbe des Widerstands. Für 45 Prozent der Befragten galt es als ein gutes Zeichen, wenn Soldaten oder Beamte im Kriege am Widerstand teilgenommen hatten; 23 Prozent der Befragten waren gegenteiliger Auffassung, 32 Prozent unentschieden. Dieses Ergebnis kann als Auswirkung des historisch-politischen Unterrichts in den Streitkräften gewertet werden, der zunehmend von jüngeren Offizieren erteilt wurde, die die kriegsgedienten, oft im Bedürfnis der Selbstrechtfertigung und der Ehrenrettung ihrer Generation befangenen und insoweit zum Teil emotional gegen den Widerstand votierenden älteren Offiziere mehr und mehr ersetzen[111].

Neuere sozialwissenschaftliche Erhebungen über Traditionsinhalte und Traditionsfiguren zeigen, daß der 20. Juli 1944 einen zentralen Platz in den Wertvorstellungen der Streitkräfte einnimmt. „Die starke Betonung des Widerstandes gegen Hitler [...] deutet darauf hin, daß man das 'Recht zum Widerstand' gegen Unrecht (Art. 20 GG) als einen essentiellen Traditionsinhalt betrachtet." Allerdings wird daneben von Wissenschaftlern eine vereinzelte unkritische „Glorifizierung" der Widerstandskämpfer angemerkt sowie ein gewisses Unbehagen darüber konstatiert, daß der Widerstand für den Soldaten stereotyp als „Ausnahme-" und „Extrem"-Situation bezeichnet werde[112]. Die gleiche Untersuchung widerlegt mögliche Vermutungen, das Bekenntnis zum 20. Juli fuße auf einer „verordneten" Tradition[113]. Es scheint ein Prozeß individueller Traditionsannahme vorzuliegen.

In der Forschung ist seit Mitte der sechziger Jahre ein stärkeres Bemühen um Objektivierung der Darstellung des Widerstandes, eine Verlagerung des wissenschaftlichen Interesses etwa hin zu den Zukunftsperspektiven und eine neue Blickrichtung hin auf das Gesamtspektrum des Widerstandes festzustellen. Die damit einhergehende „Entmythologisierung" der Widerstandskämpfer, der Männer und Frauen des 20. Juli 1944, kann nur begrüßt werden. Daneben zeigt sich aber auch eine Tendenz, den Widerstand nach den patriarchalisch-elitären und autoritären Elementen in seinem politischen und gesellschaftlichen Denken zu beurteilen[114]. Aus diesem Grunde gibt es heute Stimmen, die auf die Attentäter des 20. Juli 1944 als Traditionsträger verzichten wollen[115].

Angesichts der bemerkenswerten Tatsache, daß der Widerstand in den „Richtlinien zum Traditionsverständnis und zur Traditionspflege in der Bundeswehr" vom 20. September 1982 nicht genannt wurde und auch bei der Vorstellung der „Richtlinien" vor der Presse nicht erwähnt worden ist (was allerdings auch von den anwesenden Journalisten nicht bemerkt wurde), ist befürchtet worden, daß auch die Bundeswehrführung unter Minister Dr. Hans Apel einen Weg abseits der Überlieferung des 20. Juli 1944 gehen wollte. Dies hätte freilich sozialdemokratischer Tradition und Politik widersprochen und war so auch nicht beabsichtigt. Vielmehr sind die „Richtlinien" vom 20. September 1982 im Zusammenhang mit der damaligen Absicht Apels zu sehen, die ZDv 12/1 „Politische Bildung in der Bundeswehr" zu überarbeiten. Im Rahmen des Themas Tradition sollte der Widerstand gegen Hitler dort — in einer konkreten Materialsammlung — aufgearbeitet werden[116].

Lassen Sie mich auf die Frage der Tragfähigkeit des Widerstandes als festen Bestandteil unseres Wertebewußtseins zurückkommen. Eine Ablehnung des Widerstandes wegen seiner überwiegend vordemokratischen, für die heutige Zeit natürlich nicht akzeptablen Ordnungsvorstellungen übersähe den Übergangscharakter vieler der in Aussicht genommenen Maßnahmen und bedeutete eine Vernachlässigung der fortschreitenden Entwicklungstendenzen nach links bei vielen gesellschafts- und verfassungspolitischen Planern der Opposition gegen das Unrechtssystem. Zum anderen und grundsätzlich ist festzustellen, daß man das Demokratieverständnis von heute als *Maßstab* zur Aburteilung der Anschauungen einer um 40 Jahre zurückliegenden und nicht selbst erlebten Zeit nicht etablieren darf[117].

Auf der Grundlage eines solchen Verständnisses sehe ich keinen Grund, unter dem Gesichtspunkt einer Vermittlung politisch-moralischer Tradition in der Demokratie das humane Grundmotiv der Reinigung, das ethisch begründete Ringen gegen das Unmenschliche und das politische Motiv des Kampfes für Freiheit und Recht, Rechtsstaatlichkeit und Menschenwürde *nicht* zu würdigen. Mehr noch: ein Abrücken von dieser Überlieferung würde in der künftigen Traditionspflege einen Mangel bewirken und könnte in der Erziehung des Führungsnachwuchses das Aufkommen anderer, unerwünschter Tendenzen begünstigen.

Aber über die Zeit hinausweisend ist — kontrastierend zur allgemein geringen unmittelbaren Wirksamkeit — doch vor allem diese Leistung: „Der 20. Juli bezeichnet das Ende der deutschen Staatsmetaphysik, das Ende des Glaubens an den Staat als solchen". Wir sind damit zurückgeführt in eine Tradition des sich auf verpflichtende Prinzipien selbst festlegenden Staates. Das ist viel[118].

## Anmerkungen

1 Richard Löwenthal, Widerstand im totalen Staat, in: Widerstand und Verweigerung in Deutschland 1933-1945, hrsg. von Richard Löwenthal und Patrik v. zur Mühlen, Berlin/Bonn 1982, S. 17; Hans Rothfels, Die deutsche Opposition gegen Hitler. Eine Würdigung, Neuausgabe Frankfurt a.M./Hamburg 1958 (= Fischer Bücherei, Bücher des Wissens 198), S. 168 f.; Karl Dietrich Bracher, Auf dem Weg zum 20. Juli 1944, in: Widerstand und Verweigerung, S. 144.
2 Bracher, Auf dem Weg zum 20. Juli 1944, S. 147.
3 Entsprechende Studien sind selten und behandeln meistens nur Teilaspekte. S. etwa

Ulrich Henke/Horst Schmidt, Die Aufarbeitung des Widerstandes von 1945 bis heute, in: Widerstand und Exil der deutschen Arbeiterbewegung 1933-1945. Grundlagen und Materialien. Mit Beiträgen von Manfred Geis u.a., Bonn 1982, S. 649-740; Claus Donate, Deutscher Widerstand gegen den Nationalsozialismus aus der Sicht der Bundeswehr. Ein Beitrag zum Problem der „Vergangenheitsbewältigung", Diss. phil. masch.-schr., Freiburg 1976; Otto-Ernst Schüddekopf, Der deutsche Widerstand gegen den Nationalsozialismus. Seine Darstellung in Lehrplänen und Schulbüchern der Fächer Geschichte und Politik in der Bundesrepublik. Im Auftrag der Forschungsgemeinschaft 20. Juli e.V., Frankfurt a.M./Berlin/München 1977 (= Geschichte lehren und lernen); Torsten-Dietrich Schramm, Der deutsche Widerstand gegen den Nationalsozialismus. Seine Bedeutung für die Bundesrepublik Deutschland in der Wirkung auf Institutionen und Schulbücher, Berlin 1980 (= Pädagogik und Soziologie, Bd 1); Peter Steinbach, Widerstand gegen den Nationalsozialismus. Geschichte und Deutung im Spannungsfeld der Traditionsbildung, in: Rudolf Lill/Heinrich Oberreuter, Machtverfall und Machtergreifung. Aufstieg und Herrschaft des Nationalsozialismus, München 1983 (= Bayerische Landeszentrale für politische Bildungsarbeit, D 21), S. 305-338.

4 Vgl. Regine Büchel, Der Deutsche Widerstand im Spiegel von Fachliteratur und Publizistik seit 1945, München 1975 (= Schriften der Bibliothek für Zeitgeschichte, Weltkriegsbücherei Stuttgart. Neue Folge der Bibliographien der Weltkriegsbücherei, H. 15), S. 2; Erich Kosthorst, Didaktische Probleme der Widerstandsforschung, in: Geschichte in Wissenschaft und Unterricht (GWU), 30 (1979), S. 552-565; Detlev Peukert, Zur Rolle des Arbeiterwiderstands im „Dritten Reich", in: Christoph Kleßmann, Falk Pingel (Hrsg.), Gegner des Nationalsozialismus. Wissenschaftler und Widerstandskämpfer auf der Suche nach historischer Wirklichkeit, Frankfurt/New York 1980, S. 73 f. Über den ausgesprochenen Tatbestand können auch die beeindruckenden Zahlen der Besucher in der Berliner Gedenkstätte Plötzensee (über 1 100 000 in den Jahren 1980-1982) nicht hinwegtäuschen. Informationszentrum Berlin. Gedenk- und Bildungsstätte, Besuchertabelle 1971-1982.

5 S. hierzu den Beitrag von Georg Meyer im vorliegenden Band. Insbesondere die knappe Information über Widerstand und 20. Juli 1944 in den ersten Jahren nach Kriegsende ist bemerkenswert. Wer etwa nach Darstellungen aus den Jahren 1946 und 1947 sucht, findet nur wenige, etwa die folgenden: Annedore Leber, Den toten immer lebendigen Freunden. Eine Erinnerung zum 20. Juli 1944, Berlin 1946; Axel Frhr. v. dem Bussche, Eid und Schuld, in: Göttinger Universitäts-Zeitung, 2 (1947), H. 7 (7. März 1947), S. 1-4; Sebastian Haffner, „Beinahe". Die Geschichte des 20. Juli 1944. Aus der Vierteljahrsschrift „Contact", London, in: Neue Auslese, 2 (1947), H. 8, S. 1-12. Und außerdem: Wen erreichten diese Schriften schon?

6 Steinbach, Widerstand, S. 305.

7 Klaus Hildebrand, Das Dritte Reich, München/Wien 1979 (= Grundriß der Geschichte, Bd 17), S. 105.

8 Friedrich Meinecke, Die deutsche Katastrophe. Betrachtungen und Erinnerungen, Wiesbaden [5]1955 (1. Aufl. 1946), S. 6.

9 Gerhard Ritter, Europa und die deutsche Frage. Betrachtungen über die geschichtliche Eigenart des deutschen Staatsdenkens, München 1948, S. 7.

10 Alfred Grosser, Deutschlandbilanz. Geschichte Deutschlands seit 1945, München 1970, S. 126, 453.

11 Ebd., S. 320, 323; Hans-Adolf Jacobsen, Wandel aus moralischer Einsicht. Von der Westintegration zur Aussöhnung mit den Völkern Osteuropas, in: Das Parlament, Nr. 4-5, 29.1./5.2.1983.

12 Karl Dietrich Bracher, Was heißt Widerstand? Gefahren einer falschen Frontstellung, in: Information für die Truppe 7/1982, S. 95.

13 Seit 1958 auch zu einer Politik der Wiederaufnahme der Strafverfolgung von NS-Verbrechen einschließlich der Verjährungsfrage.

14 Zur Rolle der Widerstandskämpfer s. Henke/Schmidt, Aufarbeitung, S. 650, 652.

15 Zit. bei Grosser, Deutschlandbilanz, S. 329 (im Zusammenhang mit den bevorstehenden deutsch-israelischen Wiedergutmachungsverhandlungen), bzw. in Frankfurter Rundschau, 3.10.1951 („Ehrenpflicht").

16 Rundfunkerklärung vom 6.8.1954, zit. in: Verhandlungen des Deutschen Bundestages, Stenographische Berichte, 2. Wahlperiode, 42. Sitzung, 16.9.1954, S. 1956. Für Adenauer sind zahlreiche weitere entsprechende Äußerungen belegbar.

17 Aus der Präambel des Bundesergänzungsgesetzes zur Entschädigung für Opfer der nationalsozialistischen Verfolgung, BGBl. I 1953, S. 1388.

18 So der Bundesminister für innerdeutsche Beziehungen Heinrich Windelen am 20. Juli 1983. Text der Rede in: Bulletin des Presse- und Informationsamtes der Bundesregierung, Nr. 79, S. 729-731, 21.7.1983.

19 Vgl. Theodor Heuss, Dank und Bekenntnis. Gedenkrede zum 20. Juli 1944, Tübingen o. J. (1954), S. 14. Veröffentlichungen wie die der „Gesellschaft für Freie Publizistik" (Verrat und Widerstand im Dritten Reich. Referate und Arbeitsergebnisse des zeitgeschichtlichen Kongresses der Gesellschaft für Freie Publizistik vom 26.-28. Mai 1978 in Kassel, Coburg 1978) haben keine große Verbreitung erfahren und wenig Wirkung erzielt.

20 Deutscher Bundestag, Sten.Ber., 2. WP, 42. und 43. Sitzung, 16. und 17.9.1954. — Otto John, Präsident des Bundesamtes für Verfassungsschutz, war unmittelbar nach der Gedenkfeier zum 10. Jahrestag des 20. Juli in Berlin unter mysteriösen Umständen nach Ost-Berlin übergewechselt. Der zur Widerstandsbewegung im weiteren Sinne gehörige John ließ erklären, er wolle mit seinem Schritt gegen das Überhandnehmen der „Nazis" in den Führungsgremien in der Bundesrepublik Deutschland demonstrieren. — Auch zehn Jahre später war Aufmerksamkeit noch geboten: Karl Christian Trentzsch, Der 20. Juli 1944 — ein Geschenk an die Zukunft, in: Sozialkundebrief für Jugend und Schule. Hessische Landeszentrale für politische Bildung, Reihe T/13. Juli 1964, S. 20.

21 S. Henke/Schmidt, Aufarbeitung, S. 664.

22 Ausführliche Wiedergabe bei Hans-Jürgen Lichtenberg, Sicherung der Freiheit. Die Haltung der CDU/CSU zum Soldatentum und ihre Sicherheits- und Wehrpolitik in den Jahren 1945-1952, Diss.phil. Köln 1979, S. 37 f.

23 S. Deutscher Bundestag, Sten.Ber., 1. WP, 72. Sitzung, 23.6.1950. — Zur Haltung von CDU und SPD s. u.a. Der deutsche Widerstand und die CDU. Dokumentation. Reden, Stellungnahmen, Erklärungen 1954-1978. Hrsg.: CDU-Bundesgeschäftsstelle, Bonn 1979; Zeitzeugen des Widerstands. Demokratische Sozialisten gegen Hitler. Über ein Symposium der Friedrich-Ebert-Stiftung berichtet Alexandra Schlingensiepen, Bonn 1983.

24 S. Informationszentrum Berlin. Gedenk- und Bildungsstätte, Reden und Ansprachen anläßlich der Feierstunden zum Gedenken an den 20. Juli 1944 im Ehrenhof Stauffenbergstraße und in der Gedenkstätte Plötzensee, maschinenschriftliche Manuskripte. Ansprache des Regierenden Bürgermeisters Ernst Reuter bei der Einweihung des Gedenksteins im Ehrenhof der Stauffenbergstraße, 20.7.1952.

25 Heuss, Dank und Bekenntnis. Weitere Äußerungen Heuss' sind für 1945 und 1952 bekannt. S. Die Neue Zeitung, 19.7.1952.

26 Steinbach, Widerstand, S. 305.

27 Schramm, Widerstand, S. 98-143. S. auch Schüddekopf, Widerstand.

28 Weitere Beispiele für die Rezeption des Widerstandes in der Belletristik sind: Werner Bergengruen, Dies Irae, 1945; Ernst Wiechert, Der Totenwald, 1945; Günther Weisenborn, Die Illegalen, 1946; Hans Fallada, Jeder stirbt für sich allein, 1948; Ernst Jünger, Heliopolis, 1949.

29 Regisseure bzw. Stauffenberg-Darsteller der drei Filme sind: Falk Harnack und Wolfgang Preiss, G. W. Pabst und Bernhard Wicki, Franz Peter Wirth und Joachim Hansen.

30 Der deutsche Widerstand. Gedenkstunde zum Jahrestag des 20. Juli 1944. Sonderdruck aus dem Bulletin des Presse- und Informationsamtes der Bundesregierung Nr. 115 und 116/1964, o.O., o.J. (Bonn 1964), S. 3 (Bundespräsident Dr.h.c. Heinrich Lübke); Informationszentrum Berlin. Ansprache MdA Winfried Tromp, 19.7.1968, S. 3; Informationszentrum Berlin, Rede Axel Frhr. v. dem Bussche, 20.7.1977, S. 5 f.; Detlev Peukert, Protest und Widerstand von Jugendlichen im Dritten Reich, in: Widerstand und Verweigerung, S. 200.

31 Joachim C. Fest, Die Unfähigkeit zu überleben, in: Karl Dietrich Bracher/Manfred Funke/Hans-Adolf Jacobsen (Hrsg.), Nationalsozialistische Diktatur 1933-1945. Eine Bilanz, Düsseldorf 1983 (= Schriftenreihe der Bundeszentrale für politische Bildung, Bd 192), S. 796.

32 Henke/Schmidt, Aufarbeitung, S. 658 ff.; Schramm, Widerstand, S. 75 ff.

33 S. etwa Walter Theimer, Des Teufels Generale, in: Gewerkschaftliche Monatshefte, 2 (1951), H. 10, S. 537-540.

34 Institut für Demoskopie, Allensbach, August 1951 (Nr. 15), zit. nach Donate, Widerstand, S. II 153. S. im übrigen den Beitrag von Meyer in diesem Band.

35 Zit. bei Theimer, Des Teufels Generale, S. 538.

36 „Der Riß, der durch den 20. Juli 1944 in unsere Reihen gebracht ist, muß überbrückt werden. Der eine von uns ist seinem Eide treu geblieben, der andere hat in weitergehender Kenntnis aller Vorgänge die Treue zu seinem Volk über die Eidespflicht gestellt. Keinem ist aus seiner Einstellung ein Vorwurf zu machen, wenn nicht Eigennutz, sondern ein edles Motiv sein Handeln bestimmt hat. Aus dieser Anerkennung des Motivs folgt, daß man Verständnis für die Handlungsweise des anderen aufbringen muß!" BA-MA, BW 2/1257, zit. in Brief des VdS-Vorsitzenden an die Kriegsheimkehrer, November 1955. Der VdS-Vorsitzende Admiral a.D. Gottfried Hansen erneuerte dieses Bekenntnis im November 1955. Ebd.

37 BA-MA, BW 9/3085, Hansen an Adenauer, 4.7.1951.

38 Krafft Frhr. Schenck zu Schweinsberg, Die Soldatenverbände in der Bundesrepublik, in: Studien zur politischen und gesellschaftlichen Situation der Bundeswehr. Erste Folge. Beiträge von Georg Picht, Hans Herzfeld, Krafft Frhr. Schenck zu Schweinsberg, Günter Howe, hrsg. von Georg Picht, Witten/Berlin 1965 (= Forschungen und Berichte der Evangelischen Studiengemeinschaft, Bd 21/I), S. 145.

39 Ebd., S. 143.

40 Rothfels, Opposition, S. 20 ff.; ders., Werden Historiker dem 20. Juli gerecht? Wider die pharisäische Kritik am deutschen Widerstand, in: Die Zeit, Nr. 29, 18.7.1969.

41 (Broschüre) Gedenkstätte Plötzensee, Berlin. Stätten der Verfolgung und des Widerstandes in Berlin 1933-1945. Hrsg.: Landeszentrale für politische Bildungsarbeit Berlin, Gedenk- und Bildungsstätte Stauffenbergstraße, 13. veränderte Aufl., Berlin 1972, S. 25.

42 S. Heuss, Dank und Bekenntnis, S. 15; Der deutsche Widerstand. Gedenkstunde 1964, S. 4 (Bundespräsident Heinrich Lübke); Freiheit und Recht, 15 (1969), H. 8/9, S. 5 (Außenminister Willy Brandt).

43 Darauf macht Büchel (Widerstand, S. 55) mit Recht aufmerksam.

44 Ebd., S. 17 f. (in der Analyse der Arbeiten von Rothfels, Boveri, Braubach, Baumont, Graml und Ritter).

45 Berliner Reden 21, Berlin 1969, S. 20 (Rede nach der Eidesleistung am 1. Juli 1969).

46 Zu den außenpolitischen Konzeptionen grundsätzlich Hermann Graml, Die außenpolitischen Vorstellungen des deutschen Widerstandes, in: Der deutsche Widerstand gegen Hitler. Vier historisch-kritische Studien von H. Graml, Hans Mommsen, Hans Joachim Reichardt und Ernst Wolf, hrsg. von Walter Schmitthenner und Hans Buchheim, Köln/Berlin 1966, S. 15-72. Für die Frage der außenpolitischen Alternative s. Klaus Hildebrand, Die ostpolitischen Vorstellungen im deutschen Widerstand, in: GWU, 29 (1978), S. 213-241. Die „modernen" Überzeugungen würdigt Rothfels, Opposition, S. 173 f.; ders., Historiker.

47 Freiheit und Recht, 15 (1969), H. 8/9. S. 5 (Willy Brandt).

48 Freiheit und Recht, 15 (1969), H. 8/9, S. 5 (Gustav Heinemann 19.7.1969).

49 Informationszentrum Berlin. Rede des Reg. Bürgermeisters von Berlin, Klaus Schütz, 19.7.1974.

50 Schramm, Widerstand, S. 139.

51 Rothfels, Opposition, S. 12.

52 Text: Bulletin, Nr. 79, S. 729-731, 21.7.1983.

53 In diesem Sinne Klaus Gotto/Hans Günther Hockerts/Konrad Repgen, Nationalsozialistische Herausforderung und kirchliche Antwort. Eine Bilanz, in: Bracher/Funke/Jacobsen (Hrsg.), Diktatur, S. 668. Ähnlich Löwenthal, Widerstand, S. 24.

54 S. die Ansprachen des ehem. Bürgermeisters von Berlin und Senators für Justiz Hermann Oxfort und des ehem. Reg. Bürgermeisters von Berlin Dietrich Stobbe am 20. Juli 1975 bzw. 20. Juli 1978, in: Informationszentrum Berlin, Landespressedienst Berlin, Nr. 136, vom 18.7.1975 und Nr. 138 vom 20.7.1978.

55 Karl Dietrich Bracher, Rückblick auf den 30. Januar. Rede auf der Veranstaltung „30. Januar 1933 — 30. Januar 1983. Erfahrung der Geschichte" im Berliner Reichstagsgebäude am 30. Januar 1983, maschinenschriftliches Manuskript, Presse- und Informationsamt des Landes Berlin, S. 20.

56 Büchel, Widerstand, S. 54.

57 Nachweis durch Hans Mommsen, Gesellschaftsbild und Verfassungspläne des deutschen Widerstandes, in: Der deutsche Widerstand gegen Hitler, S. 73-167.

58 Steinbach, Widerstand, S. 321.

59 Ebd., S. 321 ff. Die begriffliche Charakterisierung stammt von A. Kaufmann, Einleitung, in: ders. (Hrsg.), Widerstandsrecht, Darmstadt 1972, S. XII, zit. ebd., S. 322.

60 Steinbach, Widerstand, S. 329; vgl. S. 332. Ähnlich argumentiert Peukert, Arbeiterwiderstand, S. 85.

61 Bracher, Auf dem Weg zum 20. Juli 1944, S. 171; Süddeutsche Zeitung, Nr. 205, 7.9.1983, „Lohse bestreitet Widerstandsrecht" (dort das Zitat des Ratsvorsitzenden der EKD, Landesbischof Eduard Lohse).

62 BA-MA, BW 2/2846, Informationsschrift „Der Europäische Soldat deutscher Nationalität", S. 10.

63 In diesem Sinne der Generalinspekteur der Bundeswehr, General J. Brandt: Süddeutsche Zeitung 164, 21.7.1982.

64 So Generalmajor a.D. Erich Dethleffsen, mitgeteilt bei Georg Meyer, Zur Situation der deutschen militärischen Führungsschicht im Vorfeld des westdeutschen Verteidigungsbeitrages 1945-1950/51, in: Roland G. Foerster u.a., Von der Kapitulation bis

zum Pleven-Plan, München/Wien 1982 (= Anfänge westdeutscher Sicherheitspolitik 1945-1956, Bd 1), S. 662.

65 Gerhard Ritter, Der 20. Juli 1944: Die Wehrmacht und der politische Widerstand gegen Hitler, in: Schicksalsfragen der Gegenwart. Handbuch politisch-historischer Bildung, hrsg. vom Bundesministerium der Verteidigung. Innere Führung, Bd 1, Tübingen 1957, S. 349.

66 S. Anm. 7.

67 Tjarck G. Rössler, „Innere Führung" und „Staatsbürger in Uniform" - Ideologie oder Sozialtechnologie? In: Wie integriert ist die Bundeswehr? Zum Verhältnis von Militär und Gesellschaft in der Bundesrepublik, hrsg. von Ralf Zoll, München/Zürich 1979 (= Piper Sozialwissenschaft, Bd 41), S. 81.

68 BA-MA, N 271/8, Nachlaß Oberst d.R. a.D. Prof. Dr. Johann Wilhelm Mannhardt, Denkschrift „Die politische Entscheidung der alten Soldaten", 1951.

69 S. Schramm, Widerstand, S. 55 f.

70 Günther Blumentritt, Deutsches Soldatentum im europäischen Rahmen, Gießen 1952, etwa erwähnt den Widerstand nicht.

71 Hans Herzfeld, Die Bundeswehr und das Problem der Tradition, in: Studien zur politischen und gesellschaftlichen Situation der Bundeswehr I, S. 57.

72 S. die Beispiele bei Schenck zu Schweinsberg, Soldatenverbände, S. 144 f.

73 Hans Speidel, Invasion 1944. Ein Beitrag zu Rommels und des Reiches Schicksal, Tübingen/Stuttgart [4]1952; Adolf Heusinger, Befehl im Widerstreit. Schicksalsstunden der deutschen Armee 1923-1945, Tübingen/Stuttgart 1950.

74 Vgl. Meyer, Führungsschicht, S. 589.

75 Informationszentrum Berlin. Ansprache Reuters am 20.7.1952 in der Stauffenbergstraße (früher Bendlerstraße).

76 Informationszentrum Berlin. Ansprache Brauns am 20.7.1955.

77 BA-MA, BW 1/1538, Interview MdB Th. Blank mit Hans Wendt, NWDR, 9.11.1952.

78 Wolf Graf v. Baudissin, Soldatische Tradition, in: Wehrkunde, 5 (1956), H. 9, S. 437.

79 Wolf Graf v. Baudissin, Soldat für den Frieden. Entwürfe für eine zeitgemäße Bundeswehr, hrsg. und eingel. von Peter v. Schubert, München 1969, S. 165. Die seit 1957 erschienenen und in der Bundeswehr weitverbreiteten „Schicksalsfragen der Gegenwart" (s. Anm. 65) sind wichtiger Teil dieser Unterlagen.

80 MGFA, Befragungsmaterialien Generalleutnant a.D. Anton-Detlev v. Plato, Studien-Bureau, Projekt 14, Februar 1955, Interview-Fragen für Offiziere. Entwurf, Dr. S. Krenn.

81 W. Hertz-Eichenrode, Die Bundeswehr und der 20. Juli, in: Mannheimer Morgen, 17.7.1959.

82 Deutsche Gesellschaft für Auswärtige Politik, Archiv, 215 F, Tagungsprotokoll vom 8./9.12.1951.

83 Deutscher Bundestag, 3. WP, Drucksache 109, Tätigkeitsbericht des Personalgutachterausschusses für die Streitkräfte, 16.12.1957, S. 11f., sowie ebd., Anlage 3 („Richtlinien für die Prüfung der persönlichen Eignung der Soldaten von Oberstleutnant — einschließlich — abwärts" vom 13.10.1955).

84 Wilfried v. Bredow, Das Problem der „gebrochenen Tradition" für die Streitkräfte der Bundesrepublik Deutschland. Maschinenschriftliches Manuskript im Besitz des Verfassers, S. 9. Heinz Karst, Stellungnahme zur Fernsehsendung „Standortbestimmung" - „Die Bundeswehr und der 20. Juli". Bericht von Wolfgang Korruhn am Dienstag, den 20. Juli 1982 um 21.00 Uhr in der ARD.

85  Herzfeld, Tradition, S. 77; Christian Müller, Die Bundeswehr und das Recht auf Ungehorsam, in: Neue Züricher Zeitung, 4.10.1966 (das Zitat hat Müller dem Tagesbefehl General Heusingers vom 20. Juli 1959 entnommen. S. Anm. 89). Ähnlich Müller zehn Jahre zuvor Golo Mann: ,,Bessere Männer, als die Beck und Tresckow waren, hat Deutschland in Jahrhunderten nicht hervorgebracht; bessere haben nicht die Bastille gestürmt, nicht die amerikanische Unabhängigkeit erkämpft." Deutsche Zeitung und Wirtschaftszeitung Nr. 66, 18.8.1956, G. Mann, Macht und Ohnmacht der Generale.

86  Karl Christian Trentzsch, Der Soldat und der 20. Juli. Vortrag vor dem 1. Lehrgang für höhere Offiziere der Bundeswehr in Sonthofen, Darmstadt [3]1956.

87  BA-MA, BW 3/8119, XII H 1, Ergebnisbericht über die UnterabteilungsleiterBesprechung am 2. Juli 1956, 3.7.1956.

88  Handbuch Innere Führung. Hilfen zur Klärung der Begriffe, hrsg. vom Bundesministerium der Verteidigung, FüB I 6, o.O. (Bonn) [2]1960 (= Schriftenreihe Innere Führung), S. 79-87.

89  Text in: Information für die Truppe, H. 7/1959 sowie in: 20. Juli 1944, bearbeitet von Hans Royce, neubearbeitet und ergänzt von Erich Zimmermann und Hans-Adolf Jacobsen, hrsg. von der Bundeszentrale für Heimatdienst, 4. Aufl., Bonn o.J. (1961), S. 18.

90  BA-MA, BW 2/3949, Beirat für Fragen der Inneren Führung der Bundeswehr. Gutachten zur Neubegründung von Traditionsverhältnissen, 5.3.1959.

91  BA-MA, BW 2/6, Niederschrift über die Sitzung des Beirats für Fragen der Inneren Führung am 18. und 19.6.1959 (Abschr.), Anlage: Schreiben Professor H. Bohnenkamp, Sprecher des Beirats, an den Bundesminister der Verteidigung vom 22.6.1959.

92  Text: Bulletin, 22. Juli 1959.

93  S. den Bericht ,,Reaktionäre Herrschaftselite oder Teil des 'anderen Deutschlands'?", in: Bundeswehr aktuell, 19 (1983), Nr. 126, 13.10.1983.

94  Information für die Truppe, H. 8/1961, S. 491-497 (General Foertsch); Dokumente und Kommentare, Beilage zur Information für die Truppe, H. 6/1964 (General Graf Kielmansegg; dort Zitat). Würdigungen beider Reden bei Wolfgang Borgmeyer, Stellung der Bundeswehr zum 20. Juli 1944 (Aus Stellungnahmen während der Aufbauzeit), in: Europäische Wehrkunde, 25 (1967), H. 7, S. 348 ff.

95  Text der Rede Graf Baudissins von 1964 in: Dokumente und Kommentare. Beilage zur Information für die Truppe, H. 7/1967, S. 3-9.

96  Der Bundesminister der Verteidigung, Fü B I 4 — Az 35-08-07, 1.7.1965, Bundeswehr und Tradition.

97  Schramm, Widerstand, S. 56.

98  Christian Müller, Die Bundeswehr und das Recht auf Ungehorsam, in: Neue Zürcher Zeitung, 4.10.1966.

99  Herzfeld, Tradition, S. 57. Ähnlich Ritter, Der 20. Juli 1944, S. 349 f.

100  Hans-Joachim Harder, Traditionspflege in der Bundeswehr, in: ders./Nobert Wiggershaus, Tradition und Reform in den Aufbaujahren der Bundeswehr, Herford und Bonn 1985 (= Entwicklung deutscher militärischer Tradition, Bd 2).

101  Herzfeld, Tradition, S. 62, 77.

102  S. Büchel, Widerstand, S. 22.

103  Texte: Dokumente und Kommentare. Beilage zur Information für die Truppe, H. 7/1967, S. 3-9 (Baudissin; Rede von 1964); Freiheit und Recht, 15 (1969), H. 8/9, S. 6-8 (de Maizière); Carl-Gero von Ilsemann, Die Bundeswehr in der Demokratie.

Zeit der Inneren Führung, mit einer Einführung von J.A. Graf Kielmansegg, Sonderausgabe, Hamburg 1971 (= Truppe und Verwaltung, Bd 17), S. 73; Informationszentrum Berlin. Rede des Inspekteurs des Heeres, Generalleutnant Ernst Ferber, 1972, S. 7-11. Zur Sache s. auch die sehr kritische Arbeit von Donate, Widerstand, passim.

104 Winfried Martini, Heldentum und Einfalt. Der 20. Juli und die Bundeswehr, in: Bayern-Kurier, 27.7.1968; Hans-Georg von Studnitz, Rettet die Bundeswehr! Stuttgart 1967, S. 54 ff.

105 In diesem Sinne Trentzsch, Der Soldat und der 20. Juli, S. 10 f., und der damalige Staatssekretär Karl-Günther v. Hase in der Ansprache 1969, in: Freiheit und Recht, 15 (1969), H. 8/9, S. 10.

106 Carl Gero von Ilsemann, Die Innere Führung in den Streitkräften, Regensburg 1981 (= Die Bundeswehr. Eine Gesamtdarstellung, hrsg. von Hubert Reinfried und Hubert F. Walitschek, Bd 5), S. 111. Das gleiche Anliegen verfolgt die Biographie von Christian Müller, Oberst i.G. Stauffenberg, Düsseldorf 1970.

107 MGFA, Befragungsmaterialien Generalleutnant Werner Lange, Bemerkungen betr. „Vortrag Graf Yorck von Wartenburg am 20. Juli 1962", Graf Kielmansegg, 30. August 1962. Der Bruder des Grafen, Peter Graf Yorck v. Wartenburg, war als Beteiligter am Umsturzversuch hingerichtet worden. Lange war 1962 Bataillons-Kommandeur in der 10. Panzerdivision. Gewiß haben die damaligen Anstöße seinen politisch-pädagogischen Werdegang und sein heutiges Engagement zur Frage des 20. Juli 1944 mitbestimmt. S. den Leserbrief Langes in der Badischen Zeitung, Nr. 173, 31.1./1.8.1982, „Keine Hilfsschule der Nation".

108 BA-MA, Depositum Generalleutnant a.D. Wilhelm Meyer-Detring, N 480/4, Rede vom 19. Juli 1966.

109 Institut für Demoskopie, Allensbach, Studien August 1951 und 1964.

110 Heinz-Georg Macioszek, Das Problem der Tradition in der Bundeswehr. Eine empirische Untersuchung unter jungen Offizieren des Heeres, Hamburg 1969 (= Sonderhefte zur Schriftenreihe des Europa-Kollegs Hamburg, Bd 1), S. 17 ff., insbes. S. 21 f.

111 Zit. bei Peter Balke, Der politische Unterricht in der Bundeswehr. Auswertung einer Fallstudie, Diss.phil. msch.schr., Kiel 1969, S. 204.

112 Martin Esser, Das Traditionsverständnis des Offizierkorps. Eine empirische Untersuchung der gesellschaftlichen Integration der Streitkräfte. Mit seiner Einführung von Hans Ritscher (= R. v. Decker's Fachbücherei: Bundeswehr), Heidelberg/Hamburg 1982, S. 60 ff., Zitat S. 64. Die Dissertation von Claus Donate (Widerstand) liefert eine Vielzahl von Details und Anregungen. Insgesamt entspricht Donates — auch auf die 60er Jahre konzentriertes — düsteres Gemälde eines permanenten Sündenfalls aber wohl nicht der heutigen Wirklichkeit.

113 Lediglich im Hinblick auf den *Erlaß* von 1965 spricht Bredow (Gebrochene Tradition, S. 8) kritisch von einer „verordneten" Tradition.

114 S. die Beispiele bei Rothfels, Historiker.

115 Esser, Traditionsverständnis, S. 11.

116 Schreiben Dr. Hans Apel an Verfasser, 17.8.1983.

117 Rothfels, Historiker. Ähnlich Hildebrand, Das Dritte Reich, S. 185; ders., Widerstand, S. 239, Anm. 83; Kosthorst, Widerstandsforschung, S. 662 f.; und Steinbach, Widerstand, S. 321, 332.

118 Wilhelm Hennis, Politik als praktische Wissenschaft. Aufsätze zur politischen Theorie und Regierungslehre, München 1968, S. 227.

»Es widerstand, wer zum Grüßen den Hut zog, statt befehlsmäßig den Arm zu heben.«

Das Bild zeigt die Belegschaft der Werft Blohm + Voss in Hamburg beim Stapellauf des Segelschulschiffes »Horst Wessel« am 13. Juni 1936. Ein Arbeiter (oben rechts) hat die Arme verschränkt und weigert sich offensichtlich, den »deutschen Gruß« zu entbieten.

*Gedenkstätte Deutscher Widerstand, Berlin*

Heinrich Walle

# Widerstehen im NS-Regime

Methodologische Überlegungen über das Spektrum von Artikulationen gegen die nationalsozialistische Gewaltherrschaft

Die Ausstellung „Aufstand des Gewissens. Militärischer Widerstand gegen Hitler und das NS-Regime" hat sich von Anfang an bemüht, das ganze Spektrum vielfältigster Artikulationen eines Dissenses von Soldaten der ehemaligen Wehrmacht gegen den Nationalsozialismus aufzuzeigen. Dabei bildeten fast zwangsläufig die Darstellung und Dokumentation von Attentat und Umsturzversuch vom 20. Juli 1944 einen dramatischen Höhepunkt. Diese Aktionen waren auch unbestreitbar die äußerste Form von Widerstand gegen Hitler und das NS-Regime.

Dies führte dazu, daß viele Besucher der Ausstellung Handlungen, wie die des Leutnants Michael Kitzelmann, der wegen Äußerungen gegen das NS-Regime und seiner Zweifel am „Endsieg" sein Leben opfern mußte, oder des Kommandanten von „U 154", Oberleutnant zur See Oskar Kusch, der wegen seiner gegen Hitler und das NS-Regime gerichteten Äußerungen 1944 erschossen wurde, oder des Palottinerpaters Franz Reinisch, der aufgrund seiner Weigerung, den Eid auf Hitler abzulegen, sterben mußte, nicht als Widerstand anzuerkennen bereit waren, da diese Männer ja nicht gegen die NS-Herrschaft gekämpft hätten, indem sie auf deren Umsturz hinarbeiteten. Man war bestenfalls geneigt, Michael Kitzelmann oder Franz Reinisch als tragische Opfer der nationalsozialistischen Gewaltherrschaft, aber nicht als Widerstandskämpfer zu akzeptieren. Dagegen wurden die Angehörigen der Widerstandsgruppe „Weiße Rose" als Widerstandskämpfer anerkannt, da sie immerhin kämpferische Aktivitäten gezeigt hatten, indem sie Gleichgesinnte um sich scharten und Flugblätter mit dem Aufruf zum Umsturz verteilten. Doch wollte man diese Gruppierung als zum zivilen Widerstand und nicht zum militärischen Widerstand gehörend betrachten, da sich ihre Aktivitäten gegen den Nationalsozialismus auf einem rein zivilen Bereich abgespielt hatten.

Damit, daß man nur diejenigen, die auf einen Umsturz hinarbeiteten, als Widerstandskämpfer anzuerkennen bereit war, tritt noch eine Auffassung zutage, die noch aus den Nachkriegsjahren herrührt, als man zunächst nur die Männer des 20. Juli 1944 als eigentliche Widerstandskämpfer anerkannte, d.h. Personen, die sich unmittelbar die Beseitigung des nationalsozialistischen Herrschaftssystems zum Ziel gesetzt hatten. Andere Gruppierungen, sofern sie nicht zum konservativen Widerstand oder zum Widerstand kirchlicher Kreise gehörten, rückten erst viel später als Angehörige des Widerstandes ins Bewußtsein der Öffentlichkeit. Hier trat auch ein Problem der persönlichen Betroffenheit in Erscheinung, denn die Akteure des 20. Juli 1944 waren durchweg in Positionen, in denen sie auch Gelegenheit zur Teilnahme an der Verschwörung hatten. Das führte dazu, daß viele der damaligen und nicht am Widerstand beteiligten Zeitgenossen ihr regimekonformes Verhalten damit zu rechtfertigen suchten, daß sie aufgrund ihrer Stellung keine Gelegenheit zum Widerstand gegen das NS-Regime gehabt hätten. Hinzu kam, daß sich auch aufgrund der Entnazifizierung und ihrer recht vordergründigen und teilweise auch ungerechten Durchführung die Einstellung breitmachte, daß der Nationalsozialismus eigentlich von der Masse der Bevölkerung abgelehnt wurde und jeder zumindestens innerlich dagegen eingestellt gewesen sein wollte. Wer, außer den wenigen, die am Umsturzversuch teilgenommen hatten, war dann Widerstandskämpfer gewesen? Erschwerend für die Anerkennung auch anderer Aktivitäten gegen das NS-Regime war der Umstand, daß aufgrund der Verfahrensweise der Nachkriegsrechtsprechung Einzelpersonen und bestimmte Gruppierungen im nachhinein als Straftäter, Landesverräter oder schlechterdings als Kommunisten diffamiert und inkriminiert wurden, was teilweise noch bis zur Gegenwart anhält.

So wie der Historiker nicht legitimiert ist, Schuldzuweisungen zu machen, so ist er auch nicht legitimiert, die moralische „Qualität" von Widerstandskämpfern abzugrenzen. Claus Schenk Graf v. Stauffenberg, Hans Scholl, Michael Kitzelmann oder Oskar Kusch waren alle Soldaten und Männer, die aufgrund ihrer Aktivitäten gegen das Unrechtsregime des Nationalsozialismus ihr Leben eingesetzt und verloren haben. Darüber zu befinden, wer von ihnen der moralisch höherwertigere gewesen sein soll, ist keine Fragestellung der Geschichtswissenschaften. Daß die Tat des Attentäters vom 20. Juli 1944 eine andere historische Dimension hat als die Flugblattaktionen des Münchener Medizinstudenten und Sanitätsfeldwebels Hans Scholl oder die Versuche des Kommandanten von „U 154", Oberleutnant z.S. Oskar Kusch, seine Männer über den Unrechtscharakter des NS-Regimes zu informieren, ist keine Frage der moralischen Bewertung. Es ist auch keine Frage nach der Zugehörigkeit zum Widerstand, ob sich diese Personen, die hier nur als Beispiele für viele andere genannt werden, bei ihren Aktivitäten gegen das NS-Regime immer der Todesgefahr bewußt gewesen waren. Sie alle wußten, daß ein Offenbarwerden ihres Tuns für sie tödliche Folgen haben mußte, dennoch hat keiner der drei in selbstmörderischer Absicht gehandelt. Jeder dieser drei Soldaten hatte das getan, wozu er in seiner Stellung

494

und mit seinen Möglichkeiten imstande gewesen ist. Das gemeinsame Anliegen dieser Männer war, sich gegen das Unrecht zur Wehr zu setzen.

*Was bedeutet Widerstand?*

„Es dauerte lange Jahrzehnte, bis die deutschen Widerstandskämpfer ihren angemessenen Platz im deutschen Geschichtsbild fanden und nicht mehr die Objekte für den Spott und die Ignoranz der deutschen Stammtische darstellten. Erst Jahre nach der militärischen Niederlage, welche die Befreiung vom Nationalsozialismus mit sich brachte und das Hauptziel der Attentäter des 20. Juli erfüllte, konnte Widerstand gegen Hitler somit vom Nimbus des Verrats und der Feigheit befreit und ein Gespür für die sittliche Fundierung der Widerstandshaltung entwickelt werden . . .[1]"

Diese Feststellung, die Peter Steinbach am Anfang seines 1984 erschienen Aufsatzes „Der Widerstand als Thema der politischen Zeitgeschichte" traf, worin er die geschichtliche Entwicklung des Begriffs „Widerstand" und dessen breites Spektrum am Beispiel der verschiedenen Gruppierungen von Gegnern des Nationalsozialismus aus unterschiedlichen Motiven aufzeigte, weist auf die Notwendigkeit der Definition von „Widerstand" hin. Nach Arthur Kaufmann ist Widerstand nicht erst das letzte Mittel gegen einen bereits völlig pervertierten Staat. Widerstand hat vielmehr die Funktion, bereits schon den Anfängen der Perversion zu wehren. „Der beharrliche Widerstand gegen den bestehenden Zustand ist notwendig, damit Recht und Rechtsstaat immer und immer wieder regeneriert werden, so daß es zu einer solchen Ausnahmesituation gar nicht erst kommt, in der dem Unrecht allenfalls noch mittels Gewalt begegnet werden kann. So verstanden, ist der Widerstand ein Wesenselement des Rechts, gleichsam sein dynamisches Element und als solches einer gesetzlichen Fixierung naturgemäß entzogen. Widerstand in diesem Sinne ist keine Sache der Gewalt, und sollte Gewalt tatsächlich einmal nicht zu vermeiden sein, so ist sie doch keinesfalls ein Essentiale des Widerstandsrechts. Widerstand ist eine Sache des Geistes, eine staatsbürgerliche Haltung in vielfacher Schattierung: Mißtrauen gegenüber den Mächtigen, Mut zu offener Kritik, Neinsagen zum Unrecht, auch und gerade wenn es ,von oben' kommt oder die ,herrschende Meinung' ist, Weigerung, einem als verwerflich erkannten Ziel zu dienen, Kundmachung widerrechtlicher geheimer Staatsaktionen — der Möglichkeiten sind Legion.

Widerstand ist eine Absage an jene Haltung, die hierzulande als eine hochgeschätzte Tugend sogar sprichwörtlich geworden ist: ,Ruhe ist die erste Bürgerpflicht' — ,Gehorsam ist der Christen Schmuck'. Man fasse das aber nicht als eine Aufforderung zu Krawall und Revolte auf. Es geht um etwas ganz anderes: um die geistige Unruhe, das cor inquietum, und um überlegtes, eigenverantwortliches Handeln[2]."

Arthur Kaufmann erklärte dann auch, daß Widerstand nichts mit Revolution zu tun hat, diese sieht er als „Zwilling der Reaktion", denn sobald diese gesiegt habe, trachte sie, den erreichten Zustand als unabänderlich zu sichern und jede Veränderung zu verbieten.

An dieser ersten Umreißung des Begriffes Widerstand sind vier Grundaussagen wichtig: Einmal, daß Widerstand zunächst eine geistige Haltung ist, sich dem Unrecht zu widersetzen, zum anderen, daß die Äußerung einer Widerstandshaltung nicht unbedingt die Anwendung von Gewalt bedeutet, drittens, daß Widerstand, d.h. Wider-Stehen bereits dort beginnen muß, wo es gilt, den Anfängen des Unrechts zu wehren und viertens, daß Widerstand eigenverantwortliches Handeln heißt.

Professor Dr. Albrecht Haushofer, der als Angehöriger zum Kreis der Männer des Umsturzversuchs vom 20. Juli 1944 in der Nacht vom 23. zum 24. April 1945 in Berlin erschossen wurde, hatte dies in einem seiner „Moabiter Sonette", das den Titel „Schuld" trägt, in lyrischer Form zum Ausdruck gebracht.

Ich klage mich in meinem Herzen an:
ich habe mein Gewissen lang betrogen,
ich hab mich selbst und andere belogen —

ich kannte früh des Jammers ganz Bahn —
ich hab gewarnt — nicht hart genug und klar!
und heute weiß ich, was ich schuldig war ...[3].

Ähnlich wie Arthur Kaufmann hat auch Adolf Arndt den Begriff Widerstand umrissen: „Was ist denn Widerstand? Zum Widerstand wird alles, wodurch ein Mensch sich staatlichem Verlangen nach Gehorsam entzieht. Wird Staatsmacht ohne Maß so mißbraucht, daß sie totalitär nach dem Menschen greift und ihm nichts mehr als Eigenes seiner Menschlichkeit zu belassen sucht, ist jede Gebärde der Weigerung und jedes Zeichen der Mitmenschlichkeit Widerstand. Iwand [Professor Dr. Hans-Joachim Iwand war 1952 Gutachter im Prozeß gegen Generalmajor Remer, der als Major maßgeblich an der Niederschlagung des Umsturzversuchs vom 20. Juli 1944 beteiligt gewesen war, Anm. d. Verf.] bildet das Beispiel, daß widerstand, wer zum Grüßen den Hut zog, statt befehlsmäßig den Arm zu heben. In der Tat kann unter einem totalitären Regime jede Geste dieser Art einen Menschen um seine Freiheit, um sein Leben bringen[4]."

Ergänzend zur Kaufmannschen Definition betont Adolf Arndt hier vor allem, daß sich Widerstand vornehmlich in einem totalitären Regime vollzieht und bereits ein geringfügiges Offenbaren eines Andersseins oder eines Dissenses für den Betreffenden schärfste Sanktionen nach sich ziehen konnte. Die Schärfe solcher Sanktionen bestimmten daher den Charakter auch an sich unbedeutender Handlungen als Widerstand[5]. Hinzu kommt, daß sich diese Sanktionen nicht allein auf den als Regimegegner Handelnden, sondern als Terrormaßnahme auch auf seine Angehörigen und Freunde erstreckten. So wurden beispielsweise die Ehefrauen und Kinder der Verschwörer vom 20. Juli 1944 in „Sippenhaft" genommen und das Familienvermögen beschlagnahmt. Auch Heinz Hürten greift diesen Gedanken auf, wenn er in der Diskussion über Widerstandformen bemerkt, daß solche Äußerungen einer Gegnerschaft durch „die Tendenz zur Wahrung der eigenen Identität, zur Selbstbehauptung"[6] gekennzeichnet waren, indem sie dem totalitären Machtwillen des NS-Regimes Grenzen setzen wollten. Solche Handlungen mußten nicht notwendigerweise auf eine Beseitigung der nationalsozialistischen Herrschaft gerichtet gewesen sein. Mit dem Hinweis, daß Artikulationen gegen das NS-Regime — auch wenn sie nicht dessen Umsturz zum Ziel gehabt hatten — Widerstand sein konnten, hat Heinz Hürten ein weiteres wichtiges Kriterium des Widerstandsbegriffes gekennzeichnet.

*Stufen des Widerstandes*

Barbara Schellenberger untergliedert den Begriff Widerstand in drei Stufen:
1. Punktuelle Unzufriedenheit, die sich in Widerspruchshaltung äußert.
2. Resistenz durch Nichtanpassung, Selbstbewahrung der Identität, indem man sich der Gleichschaltung zu entziehen suchte.
3. Ein auf den politischen Umsturz ausgerichteter, aktiver Widerstand, verbunden mit einem generellen Nein zum NS-System[7].
In ihrer Bewertung des katholischen Jugendwiderstandes stellt sie fest: „Ob in der Form der Nichtanpassung oder des Protestes, die katholischen Jugendlichen sind sehr fühlbare persönliche Risiken eingegangen, dafür bedurfte es nicht erst eines Attentatsversuchs." Wie die Dokumentation von Arno Klönne über den Widerstand Jugendlicher im Dritten Reich an vielen erschütternden Fallbeispielen belegt[8], galt dies auch für die Angehörigen anderer Jugendgruppen und der Bündischen Jugend. Oskar Kuschs Konflikt mit dem NS-Regime während seiner Zugehörigkeit zur Bündischen Jugend wies dies in aller Deutlichkeit auf.
Selbstverständlich spielte die Zugehörigkeit zu einer sozialen Gruppe, sei es beispielsweise einer kirchlichen Organisation oder einer politischen Partei, einer ihr nachgeordneten Gliederung oder die Mitgliedschaft in der verbotenen Bündischen Jugend eine entscheidende Rolle, um mit dem NS-System in Konflikt zu geraten.

Klaus Tenfelde kommt aber zu der Feststellung: „Soziale Erklärungsansätze für Motive, Formen, Strategien und auch Wirkungen von Widerstand im engeren Sinn können [...] in der Regel nicht überzeugen. Die Bereitschaft zum Risiko für Leben und Gesundheit impliziert wohl stets einen Willensakt und geht auf oftmals langjährige, langsam reifende Überlegungen zurück[9]."

Betrachtet man die Biographien zahlreicher Männer und Frauen der unterschiedlichsten Gruppierungen des Widerstandes, so läßt sich in vielen Fällen doch eine klare und bewußt getroffene Entscheidung nachweisen. Selbst da, wo keine Zeugnisse einer Reflexion über das eigene Handeln vorliegen, legen aber die Stetigkeit und Bewußtheit, mit der sich die Betreffenden gegen das NS-Regime geäußert haben, den Schluß nahe, daß sie sich über die möglichen Sanktionen, die ihnen drohten, in irgend einer Weise bewußt gewesen sind, wenngleich sie auch nicht damit gerechnet haben mögen. Jedermann wußte in den Jahren von 1933 bis 1945, wie gefährlich schon die geringsten Äußerungen gegen das NS-Regime werden konnten.

*Militärischer Widerstand*

Wolfgang Schieder definiert Militärischen Widerstand als „organisierten" Widerstand, den er erst auf der Kommandoebene der Offiziere ansetzte. Er spricht von einem Widerstand der „unteren Linie", d.h. vom Leutnant aufwärts und von einem Widerstand der „oberen Linie", die vom Generalmajor aufwärts beginnt[10]. Schieder bezeichnet damit eine Spezialform des Widerstandes, die sich auf die Umsturzversuche seit 1938 bezog.

Peter Hoffmann definiert in seinem im vorliegenden Band enthaltenen Beitrag: „Der militärische Widerstand in der zweiten Kriegshälfte 1942 − 1944/45" Widerstand als ein Spektrum von Aktionen, die von der Ablehnung des Programms dieser Ideologie und ihren Auswirkungen bis zur offenen oder heimlichen Gegentätigkeit reichten. „Widerstand gegen das nationalsozialistische Regime ist zu definieren als die offene oder versteckte Weigerung, sich der Politik des Regimes zu beugen, äußersten Falles der offene oder geheime Kampf gegen diese Politik und ihre Träger" (S. 395).

Ergänzend stellte Hoffmann fest, daß es aufgrund der perfekten Etablierung der nationalsozialistischen Gewaltherrschaft weder „zu verbreiteter und langanhaltender Widerstandstätigkeit in Gestalt der passiven Verweigerung oder der Sabotage, zu einem Volkswiderstand mit der Aussicht, das Regime zu lähmen" (S. 395) in Deutschland nicht gekommen ist. Ähnlich wie Wolfgang Schieder sieht er den militärischen Widerstand als Sonderform. Jeder der von Angehöri-

498

gen der militärischen Führung geplanten Umsturzversuche, 1938, 1938 bis 1940 und 1942 bis 1944 war eine besondere Form des militärischen Widerstandes, der trotz Parallelen scharf zu unterscheiden ist. Generell definiert Peter Hoffmann „militärischen Widerstand" als Widerstand einer Organisation gegen Gleichschaltung und Fortnahme der eigenständigen Verantwortlichkeit, „ferner den Widerstand einer Institution wie des Generalstabes des Heeres gegen eine Politik, die den wohlverstandenen Aufgaben der Institution widersprach und Nation und Staat mit Existenzvernichtung bedrohte" (S. 397). Andererseits erkennt Hoffmann auch andere Aktionen von Wehrmachtangehörigen gegen das NS-Regime als Widerstand an, wobei die Grenzen fließend sind. Deutlich wird das vor allem am Beispiel des Oberst i.G. Helmuth Groscurth, dessen Teilnahme an den Vorbereitungen zum Staatsstreich von 1938 sich vornehmlich aus seiner Zugehörigkeit zum Generalstab des Heeres ergab, während seine gegen das NS-Regime gerichteten Aktivitäten von 1940 und vor allem 1942 in Rußland Reaktionen auf konkrete erlebte NS-Verbrechen waren.

In dieser Ausstellung wurde militärischer Widerstand gegen Hitler und das NS-Regime generell als Widerstehen von Soldaten der Wehrmacht gegen die Gewaltherrschaft des Nationalsozialismus gesehen. Das schließt die Definitionen von militärischem Widerstand von Wolfgang Schieder und Peter Hoffmann mit ein. Widerstehen von Soldaten gegen die Gewaltherrschaft des Nationalsozialismus vermeidet auch eine Ausgrenzung. Konnten sich an den Umsturzversuchen und am Attentat vom 20. Juli 1944 nur wenige Soldaten in hohen Führungspositionen beteiligen, so war die Zahl derer, die wie Michael Kitzelmann oder Oskar Kusch durch kritische Äußerungen ihrer Umwelt den Unrechtscharakter des NS-Regimes deutlich machen wollten, weitaus größer.

Nach den vorangegangenen Erörterungen über den Begriff Widerstand sollte man, um Mißverständnisse zu vermeiden, auch eher von Angehörigen des Widerstandes als von Widerstandskämpfern sprechen. Der Terminus Kämpfer beinhaltet sowohl eine agonale Komponente, impliziert aber vornehmlich die Anwendung von Gewalt, wozu nur wenige im Widerstand angesichts der erdrückenden Allmacht des NS-Staates überhaupt Gelegenheit gehabt hatten.

*Opfer der nationalsozialistischen Gewaltherrschaft*

Die Angehörigen des Widerstandes sind auch von den bloßen Opfern des NS-Regimes zu unterscheiden. Voraussetzung zum Widerstand waren — wenn auch noch so geringfügige, aber mit schweren Sanktionen bedrohte —, Artikulationen des Dissenses. Opfer des NS-Regimes waren vor allem Menschen, die ohne eigenes Zutun durch das NS-Regime an Leib und Leben geschädigt wurden, wie beispielsweise geistig Behinderte, die der Euthanasie zum Opfer gefallen waren. Opfer der nationalsozialistischen Gewaltherrschaft wurden auch Menschen, die zwar Straftaten begangen hatten, aber dafür mit unmenschlich harten Sanktionen belegt worden waren, die in keinem Verhältnis zur Schwere der Tat standen. Dadurch, daß Bagatelldelikte, wie beispielsweise Diebstahl von einigen Stücken Seife nach einem Bombenangriff, als Plünderei mit dem Tode bestraft wurden, sind diese Täter zu Schwerverbrechern abgestempelt worden, so daß die Hinterbliebenen ihre Versorgungsansprüche verloren.

Von den am Widerstand Beteiligten und den Opfern des NS-Regimes sind auch diejenigen zu unterscheiden, die zwar den Nationalsozialismus innerlich ablehnten, sich Loyalitätsbekundungen, soweit wie überhaupt damals möglich, enthielten und sich in eine Art „innere Emigration" zurückgezogen hatten.

Die Grenzen zwischen innerer Ablehnung des Nationalsozialismus und der Bereitschaft, nur die allernotwendigsten und unvermeidlichen Loyalitätsbekundungen zu äußern, bis zu den ersten erkennbaren Anzeichen einer Widerspruchshaltung waren fließend, wie auch der Versuch, Personen und ihr widerständliches Handeln in Kategorien einzuordnen, nur ein Erklärungsmodell sein kann.

*Oskar Kusch und Michael Kitzelmann als Männer des Widerstandes*

Nach diesen Überlegungen sind Oskar Kusch und Michael Kitzelmann eindeutig den Männern und Frauen des Widerstandes gegen Hitler und das NS-Regime zuzuordnen. Ihr Widerspruch zum Nationalsozialismus und dem NS-System beruhte auf einer geistigen Haltung, mit der sie sich dem Unrecht widersetzen wollten[11].

Als Jugendlicher und Angehöriger der Bündischen Jugend setzte sich Oskar Kusch gegen die Gleichschaltung und Bevormundung durch die Hitlerjugend zur Wehr und wollte dadurch die eigene Identität wahren. Er hat sich damit in der Tat, wie sein Vater zu Recht bemerkt hatte, „für eine persönliche Freiheit, für Menschlichkeit, für Menschenwürde" und damit auch für die Wahrung eines Grundrechts eingesetzt. Als Soldat hatte er sich immer wieder bemüht, seine Kameraden und Untergebenen über die Verlogenheit der NS-Propaganda und den Unrechtscharakter des NS-Systems aufzuklären.

Seine fortwährenden antinationalsozialistischen Äußerungen als Jugendlicher und als Soldat waren nicht spontaner Ausdruck einer augenblicklichen Unzufriedenheit, sondern zielstrebige Versuche, andere vom Unrechtscharakter dieses totalitären Regimes zu überzeugen. Ähnlich hatte es auch der Heeresleutnant

Michael Kitzelmann getan. Die Erlebnisse von der Verfolgung seiner Gefährten aus der Bündischen Jugend und die wiederholten Warnungen seiner Freunde legen für Oskar Kusch den Schluß nahe, daß er eine bewußte Entscheidung getroffen haben muß und sich des Risikos, das er damit einging, durchaus bewußt war. Er fühlte sich aber sicher, weil er der Kameradschaft seiner Offizierkameraden und seiner Besatzung vertraute, worin er nach seinen Erfahrungen auf „U 103" unter seinen früheren Kommandanten Winter und Janssen, die Gleichgesinnte waren, auch bestätigt wurde. Daß er für seine Äußerungen den Tod erleiden mußte, war eine Folge des nationalsozialistischen Terrorregimes. Will man seinen Widerstand nach den drei Kategorien von Barbara Schellenberger einordnen, so liegen diese an der Grenze zwischen Resistenz durch Nichtanpassung und Selbstbewahrung seiner Identität sowie dem Beginn eines auf den politischen Umsturz gerichteten aktiven Widerstandes. Als Kommandant eines U-Bootes im Fronteinsatz hatte er zu konkreten Maßnahmen, die auf einen Umsturz des NS-Regimes abzielten, keine Gelegenheit. Vor dem Kriegsgericht wurde ihm aber seine Absicht, sich daran beteiligen zu wollen, vorgeworfen.

Oskar Kuschs historische Bedeutung — und das gilt in gleicher Weise auch für Michael Kitzelmann — liegt darin, daß er kein isolierter Einzelfall war. Wie schon seine Crewkameraden bezeugten und wie aus zahlreichen Schilderungen von Wehrmachtsoldaten deutlich wird, haben nicht wenige im Kameradenkreis ihre Ablehnung des Nationalsozialismus mehr oder weniger deutlich zum Ausdruck gebracht. Einige mußten dafür ihr Leben lassen, viele hatten das Glück, von Kameraden, auch solchen, die damals noch an den Nationalsozialismus glaubten, nicht verraten worden zu sein, Männer, die persönliche Kameradschaft und damit Mitmenschlichkeit höher eingeschätzt haben als fanatische Loyalität zu einer totalitären Ideologie. Oskar Kusch hat, wie zahllose andere Wehrmachtsoldaten auch, zwischen einer militärischen Pflicht für das Vaterland und dem Mißbrauch durch ein verbrecherisches Regime unterschieden. Von diesen Männern wurde Deutschland nicht mit dem Nationalsozialismus oder der nationalsozialistischen Führung gleichgesetzt, wenngleich sie die von der NS-Propaganda betriebene Verquickung von Vaterland und Nationalsozialismus als tragischen Konflikt empfanden, aus dem sie keinen Ausweg sahen.

Oskar Kusch hat durch sein Handeln ein Zeichen gesetzt, daß die Soldaten der deutschen Wehrmacht keineswegs der monolithische Block von Vorkämpfern des Nationalsozialismus gewesen sind, als die sie von der NS-Propaganda immer wieder hingestellt wurden. Damit ist sein Schicksal eine Brücke zum Verständnis für die deutschen Soldaten des Zweiten Weltkrieges, die treu und guten Glaubens ihre Pflicht für das Vaterland erfüllt und sich dabei ehrenvoll verhalten haben.

Oskar Kuschs Leben und tragischer Tod sind auch eine Verpflichtung für die Soldaten der Bundeswehr und hier vor allem für die Soldaten der Bundesmarine. Er war ein Seeoffizier, der treu und tapfer seine militärische Pflicht erfüllt hatte, aber seine Pflicht nicht allein auf die rein militärische Erfüllung seines Auftrages einzuschränken gewillt war. Er hatte klar erkannt, daß es unverantwortlich war, seine Männer nur für verlogene Propagandaphrasen in den Kampf zu führen. Mit den Worten seines Crewkameraden Horst Frhr. v. Luttitz ist Oskar Kuschs Vermächtnis auf den einfachsten Nenner gebracht: „Er war nicht bereit, Wahrheit gegen Lüge einzutauschen!"

*Anmerkungen:*

1 Peter Steinbach, Der Widerstand als Thema der politischen Zeitgeschichte. Ordnungsversuche vergangener Wirklichkeit und politischer Reflexionen, in: Bekenntnis, Widerstand, Martyrium. Von Barmen 1934 bis Plötzensee 1944, hrsg. von Gerhard Besier und Gerhard Ringshausen, Göttingen 1984, S. 12

2 Arthur Kaufmann, Einleitung, in: Widerstandsrecht, hrsg. von Arthur Kaufmann in Verbindung mit Leonhard E. Backmann, Darmstadt 1972 (= Wege der Forschung, Bd 173), S. XIII.

3 Albrecht Haushofer, Moabiter Sonette; mit einem Nachwort von Ursula Laack-Michel, München ²1982 (1976), S. 47: XXXIX: Schuld (Abdruck des Gedichtes S. 203 in diesem Band).

4 Adolf Arndt, Agraphoi nomoi [d.i. „ungeschriebene Gesetze", Anm. d. Verf.]. Widerstand und Aufstand, in: Widerstandsrecht (wie Anm. 1), S. 528.

5 Vgl. hierzu: Klaus Tenfelde, Soziale Grundlagen von Resistenz und Widerstand, in: Der Widerstand gegen den Nationalsozialismus. Die deutsche Gesellschaft und der Widerstand gegen Hitler, hrsg. von Jürgen Schmädeke und Peter Steinbach, München ²1986 (1985, 1986), S. 809.

6 Heinz Hürten, Selbstbehauptung und Widerstand der katholischen Kirche, in: Der Widerstand gegen den Nationalsozialismus (wie Anm. 4), S. 240. Vgl. auch: Klaus Gotto, Hans Günther Hockerts, Konrad Repgen, Herausforderung und kirchliche Antwort. Eine Bilanz, in: Katholiken und Nationalsozialismus, Mainz 1980, S. 101 ff., besonders S. 102.

7 Barbara Schellenberger, Katholischer Jugendwiderstand, in: Der Widerstand gegen den Nationalsozialismus (wie Anm. 4), S. 324, auch für das folgende.

8 Arno Klönne, Gegen den Strom. Ein Bericht über Jugendopposition im Dritten Reich, hrsg. vom Hessischen Jugendring in Verbindung mit der Hessischen Landeszentrale für Heimatdienst, Hannover, Frankfurt 1958.

9 Tenfelde (wie Anm. 4), S. 807.

10 Wolfgang Schieder, Zwei Generationen im militärischen Widerstand gegen Hitler, in: Der Widerstand gegen den Nationalsozialismus (wie Anm. 4), S. 440 ff.

11 Über das Leben und den tragischen Tod von Oskar Kusch berichtet der Beitrag des Verf. über Marineoffiziere im Widerstand in diesem Band.

Richard Schröder

## Gedenkansprache bei der Zentralen Feierstunde aus Anlaß des 20. Juli 1944 am 20. Juli 1993 in Berlin-Plötzensee

Das Gedenken der Männer und Frauen des 20. Juli 1944 in Anwesenheit der Überlebenden, der Angehörigen und ihrer Nachkommen ist in der Bundesrepublik eine feste Tradition geworden. Was sie gedacht und gewollt haben, ist zu einem Teil in die Diskussionen eingegangen, die zur Gründung der Bundesrepublik Deutschland führten.

Ganz anders in der DDR. In meiner Schulzeit, in den schlimmen fünfziger Jahren, kam das Ereignis offiziell gar nicht vor. Die Nazis, hieß es, haben vor allem die Kommunisten verfolgt, und die Rote Armee hat dem Spuk ein Ende gemacht. Die DDR stehe nun auf der Seite der Sieger der Geschichte, sie habe das Alte, die Nazis, die Kapitalisten und die Großgrundbesitzer zum Teufel gejagt. Jetzt sitzen sie in Westdeutschland, hieß es, und sinnen auf Revanche. Sie, die Kriegstreiber, wollen einen Dritten Weltkrieg vom Zaune brechen.

Ich verdanke es meinen Eltern, daß ich auf dies alles nie hereingefallen bin. Zu den Massenaufmärschen der Kommunisten, den Haßtiraden des Propagandarummels, zu Behördenwillkür und Rechtsbeugung pflegten sie nur zu sagen: „wie bei den Nazis". Als ich zwölf Jahre alt war, hat mir mein Vater von Goerdeler und Stauffenberg und von der Bekennenden Kirche erzählt, und wir Kinder wußten damals: Dies Wissen müssen wir als unser Familiengeheimnis verwahren, als eine Wahrheit, die in einer Welt der Lüge und Verblendung nicht geduldet wurde.

Als meine Kinder in den achtziger Jahren zur Schule gingen, war das zum Glück anders geworden. Es durfte darüber gesprochen werden. Es konnten Bücher zum Widerstand des 20. Juli erscheinen.

Diese Gedenkstunde gilt nicht gefallenen Kameraden. „Eine Kugel kam geflogen, gilt sie mir oder gilt sie dir", nein, es geht hier nicht um die Tragik des Soldatentodes, schon gar nicht geht es um den „Heldentod fürs Vaterland" im Felde, der so oft mit falschem Pathos gefeiert worden ist. Hier waren Menschen, denen das Wort „Vaterlandsliebe" ein unschuldiges und sehr ernstes Wort war, zu der bitteren Erkenntnis gekommen, daß das Vaterland nicht von äußeren Feinden, sondern von innen her zerstört wird, weil die elementaren

503

Regeln von Recht und Anstand schamlos mit Füßen getreten werden. Diese Männer und Frauen von sehr verschiedener sozialer und weltanschaulicher Herkunft waren sich in einem jedenfalls einig: *Der Nazistaat ist ein Unrechtsstaat.* Die Nazis haben den guten Sinn von Staatlichkeit mit Füßen getreten, weil sie den Staat zum Instrument ihrer Verbrechen gemacht haben. Deshalb war für jene Männer und Frauen der status confessionis gegeben, nicht wegen irgendwelcher politischer oder gar bloß militärischer Meinungsunterschiede in Strategie und Taktik. Und deshalb mußten sie, denen die Worte Treue, Ehre und Pflicht etwas Erhabenes benannten, erkennen, daß sie den dem „Führer" geleisteten Treueid brechen mußten, um sich selbst treu zu bleiben, daß sie den scheinbar unehrenhaften Tod riskieren mußten für einen letzten Versuch, Deutschlands Ansehen in der Welt, also seine Ehre zu retten; ihr Gewissen machte ihnen Widerstand zur Pflicht und nicht Eigensinn oder Geltungsdrang.

Sein Leben für eine anerkanntermaßen gute Sache zu opfern, etwa als Lebensretter, das ist noch nicht das Schwerste, das Menschen auferlegt sein kann, denn solches Selbstopfer wird ja noch vom Trost einer dankbaren Mitwelt begleitet. Darauf konnten die Verschwörer des 20. Juli nicht rechnen, denn sie wußten, daß beim Mißlingen ihr Richter Roland Freisler heißen würde. Sie mußten mit Folter rechnen und der Zerstörung ihres Rufs, ausgeliefert noch radikaler als auf einem Schlachtfeld. Kaum jemand von uns wird in seinem Leben jemals vor einer solchen Entscheidung stehen. Kaum jemand von uns wird sagen können, wie er sich dann verhalten würde.

Ich möchte aus zwei Vernehmungen vor dem Volksgerichtshof zitieren. Fritz-Dietlof Graf von der Schulenburg: „Wir haben diese Tat auf uns genommen, um Deutschland vor einem namenlosen Elend zu bewahren. Ich bin mir klar, daß ich daraufhin gehängt werde, aber ich bereue meine Tat nicht." Und Joseph Wirmer zu Freisler: „Wenn ich hänge, Herr Präsident, habe nicht ich die Angst, sondern Sie."

Die Verschwörer waren sich keineswegs sicher, daß der Sturz Hitlers gelang. Berthold Schenk Graf v. Stauffenberg war sich sogar sicher, daß das Unternehmen nicht gelingen konnte. Zu seiner Frau sagte er sechs Tage vor dem Attentat: „Das Furchtbarste ist, zu wissen, daß es nicht gelingen kann und daß man es dennoch für unser Land und unsere Kinder tun muß." Dieses „muß" ist der höchstmögliche Ausdruck menschlicher Freiheit. Für den Christen stammt dieses „muß" aus dem Satz: „Man muß Gott mehr gehorchen als den Menschen",

504

und dieser Satz erklärt keineswegs, wie heute manche wollen, den Ungehorsam als solchen zur Tugend.

In der DDR ist die Diktatur der Nazis abgelöst worden von der Diktatur der Kommunisten, die sie selbst „Diktatur des Proletariats" nannten. Manchmal, scheint mir, liegt der Vorwurf in der Luft: „Und wo ist euer Stauffenberg? Ihr wart doch alle Opportunisten."

Wilhelm Leuschner, als Sozialdemokrat und Gewerkschaftler am 20. Juli beteiligt, schrieb am 20. August 1939: „Wir sind Gefangene in einem großen Zuchthaus. Zu rebellieren wäre genau so Selbstmord, als wenn Gefangene sich gegen ihre schwer bewaffneten Aufseher erheben würden." Daß Leuschner sich schließlich doch an der Planung eines Staatsstreichs beteiligte, war dadurch ermöglicht, daß er Verbindungen zu Hitlergegnern im Zentrum der Macht, nämlich bei der Wehrmacht fand. In der DDR gab es die Möglichkeit solcher Verbindungen nicht. Das Entscheidungszentrum lag in Moskau, und die SED hatte die sogenannten Machtapparate fester im Griff als die NSDAP. Und: spätestens als Hitler 1939 mit dem Überfall auf Polen den Zweiten Weltkrieg vom Zaune brach, mußten die Wissenden sagen: „Schlimmer kann es nicht mehr kommen." In der DDR aber mußten wir Älteren jedenfalls sagen: „Es war schon einmal schlimmer, nämlich unter Stalin." Zuletzt war die SED-Diktatur eine Diktatur mit Samthandschuhen, die die Kalaschnikow in den Schrank gestellt, aber den Schrank nicht verschlossen hatten. Mitte 1989 hat ein Staatssekretär zu einem unserer Bischöfe gesagt: „Der Platz des himmlischen Friedens ist näher, als manche denken." Sollte man antworten: „Lassen Sie doch die leeren Drohungen!"? Woher sollten wir sicher wissen, daß das leere Drohungen waren? Wußte es denn der Staatssekretär selbst ganz sicher?

Peter Graf Yorck v. Wartenburg hat vor dem Volksgerichtshof gesagt: „Das Wesentliche ist der Totalitätsanspruch des Staates gegenüber dem Staatsbürger unter Ausschaltung seiner religiösen und sittlichen Verpflichtungen vor Gott." Das hatten in der Tat beide Diktaturen gemeinsam, aber die SED hat keinen Krieg vom Zaun gebrochen, sondern mit dem „Klassenfeind" schließlich verhandelt und damit ihren Untergang vorbereitet. Die SED hat viele verfolgt und noch mehr Bürger benachteiligt. Etwas, das mit der Judenverfolgung der Nazis vergleichbar wäre, hat sie sich nicht zuschulden kommen lassen. Es ist am Ende den Deutschen im Dritten Reich nicht gelungen, Hitler zu stürzen. Sie mußten von den Alliierten tatsächlich befreit werden, weil sie sich nicht befreien konnten. Es ist aber der Bevölkerung der DDR gelungen, die SED zu stürzen, als Gorbatschov der SED die Unterstützung verweigerte.

Die Männer und Frauen des 20. Juli haben sich sehr intensiv mit der Frage beschäftigt, was denn nach dem Ende der Diktatur kommen sollte. Namentlich der Kreisauer Kreis hat sich fast ausschließlich mit diesen Fragen beschäftigt. Dabei wurden auch Fragen berührt, die heute unter dem Titel „Vergangenheitsbewältigung" verhandelt werden. Leitend war für den Kreisauer Kreis die westliche Idee des Rechtsstaats, die „Majestät des Rechtes". Eben deshalb haben sie sich gegen jede „rückwirkende Gesetzgebung" gewendet — nulla poena sine lege —, weil das Wichtigste die Rückkehr zur Rechtssicherheit und die Wiedererweckung der Rechtsüberzeugung sei. Daß es eben deshalb schwierig werde, die „Rechtsschänder" zu bestrafen, haben sie gesehen. Die Lösung, die sie vorsahen, war die Einrichtung zweier grundsätzlich unterschiedener Verfahren. Für alle „hinreichend Verdächtigen" sollte auch rückwirkend eine „deklaratorische Feststellung der Rechtsschändung" durch ein Gericht erfolgen können, um den Sinn für Gerechtigkeit wieder zu erwecken. Strafprozesse dagegen sollten sich nur des zur Tatzeit geltenden Rechts bedienen, um Willkür und Rache auszuschließen. Für die völkerrechtlichen Verbrechen der Nazis war eine internationale Strafgerichtsbarkeit vorgesehen, nicht aber eine der Sieger. Auch der Kreis um Carl Goerdeler hat sich mit diesen Fragen beschäftigt und ebenfalls rückwirkende Gesetze ausdrücklich ausgeschlossen. Denunziationen sollten strafbar sein, anonymen Anzeigen nicht nachgegangen werden, bloße Mitgliedschaft in einer der nationalsozialistischen Organisationen sollte nicht als Verbrechen gewertet werden.

Der Theologe Dietrich Bonhoeffer, der auch an der Verschwörung des 20. Juli beteiligt war, hat in einem Brief von 1943 geschrieben:

„‚Wahrhaftigkeit' heißt eben doch nicht, daß alles, was ist, aufgedeckt wird. Gott selbst hat dem Menschen Kleider gemacht, d.h. in statu corruptionis sollen viele Dinge im Menschen verhüllt bleiben, und das Böse, wenn man es schon nicht ausrotten kann, soll jedenfalls verhüllt werden; Bloßstellung ist zynisch; und wenn der Zyniker sich auch besonders ehrlich vorkommt oder als Wahrheitsfanatiker auftritt, so geht er doch an der entscheidenden Wahrheit, nämlich daß es seit dem Sündenfall auch Verhüllung und Geheimnis geben muß, vorbei."

In einem der Entwürfe Goerdelers für eine Rundfunkansprache nach Hitlers Sturz heißt es: „Das deutsche Volk muß durch allen Propagandanebel hindurch die Wahrheit und nichts als die Wahrheit erfahren."

Wer hat denn nun recht: Bonhoeffer oder Goerdeler, verhüllen oder offenbaren? Das deutsche Wort „Wahrheit" hat etwas mit „bewahren" zu tun. Was bloß schadet, kann nicht wahr sein. Wahr ist das, was Lebensmöglichkeiten bewahrt und eröffnet. Wer in diesem Sinne wahrhaftig ist, kann auch verdeckt lassen, was aufgedeckt nicht heilt.

Es soll nichts von dem vernebelt werden, was in diesen vierzig Jahren DDR geschehen ist. Aber es darf mit dem, was geschehen ist, auch nicht zynisch oder exhibitionistisch umgegangen werden. Bonhoeffer schreibt: „Der Zyniker will sein Wort dadurch wahrmachen, daß er jeweils das Einzelne, das er zu erkennen glaubt, unter Nichtbeachtung des Wirklichkeitsganzen ausspricht, und gerade dadurch zerstört er das Wirkliche völlig und sein Wort wird, auch wenn es den oberflächlichen Schein der Richtigkeit hat, unwahr."

Wer soeben noch seine Vertrauenswürdigkeit verspielt hat, kann jetzt keine Vertrauensstellung anvertraut bekommen. Aber wer sich geirrt hat, wer eine grundverkehrte Sache für eine gute Sache hielt und das jetzt weiß, wer einmal in eine tragische Verwicklung geraten ist, der muß seinen Platz unter uns ungekränkt finden können. Gerechtigkeit soll wiederhergestellt werden, so weit das möglich ist. Aber zu gläsernen Menschen soll keiner gemacht werden. Wo es ohne Schaden möglich ist, sollten wir barmherzig sein.

Was die Männer und Frauen des 20. Juli vor allem und zuerst erreichen wollten, *den Rechtsstaat*, das ist in der Bundesrepublik Deutschland erreicht und durch den Beitritt der DDR zum Geltungsbereich des Grundgesetzes auch für uns aus der DDR Wirklichkeit geworden. Das heißt ja nicht, daß alles in Ordnung ist im vereinten Deutschland. Probleme gibt es übergenug, nationale und internationale und globale. Aber wir dürfen doch nicht unsere unerfüllten Erwartungen und Hoffnungen, unsere persönlichen und globalen Ängste gegen das Gute im Bestehenden wenden, das es jedenfalls auch gibt. Hegel nannte das: die Rose im Kreuz der Gegenwart, in Auslegung von Luthers Wappen. Ich jedenfalls nehme mir die Freiheit, mich an Einigkeit und Recht und Freiheit zu freuen, und bin mir sicher: die Männer und Frauen des 20. Juli hätten ebenfalls ihre Kritik am Bestehenden mit dieser Freude verbinden können.

So ist abschließend zu bemerken: In Brechts *Lebens des Galilei* sagte der vom Widerruf des Lehrers enttäuschte Schüler: „Wehe dem Land, das keine Helden hat." Galilei wendet sich ihm zu und korrigiert: „Wehe dem Land, das Helden nötig hat."

Hermann Rahne

## Zum Widerstand gegen Hitler und das NS-Regime aus der Sicht der DDR und NVA

Der Widerstand gegen Hitler und sein verbrecherisches Regime hat ohne Zweifel in der Geschichtsschreibung und -vermittlung wie auch in der Traditionspflege der DDR und ihrer Armee eine beachtlich große Rolle gespielt. Gewiß wird es dazu noch mancher eingehenderen Untersuchung bedürfen. Doch dürfte schon heute unbestritten sein, daß nicht wenige Bürger und Soldaten des einstigen zweiten deutschen Staates sich diesem trotz zunehmender Vorbehalte immer noch verbunden fühlten angesichts dessen eindeutiger antifaschistischer Position. Überhaupt kann man dem Staat DDR manche Ungerechtigkeit und manche Menschenrechtsverletzung vorwerfen, nicht aber eine Verherrlichung der Hitler-Diktatur, des Faschismus, in irgendeiner Form. Die Verbrechen des NS-Regimes wurden in unzähligen Publikationen aller Art überwiegend korrekt und konkret dargestellt, dabei auch der tragische Mißbrauch deutscher Soldaten durch das Regime und die Verstrickung der Wehrmacht in Verbrechen der Hitler-Diktatur nicht ausgelassen, wobei es allerdings auch oft genug pauschale Urteile und Verurteilungen gegenüber den Angehörigen von NS-Organisationen und selbst der Wehrmacht gab. Andererseits wurden die Brutalitäten und Verbrechen des stalinistischen Regimes in der damaligen UdSSR, gerade auch gegenüber Deutschen und Soldaten der Wehrmacht, insbesondere nach 1945, sorgsam verschwiegen und verheimlicht.

Nicht unerwähnt soll bleiben, daß es auch in der Nationalen Volksarmee (NVA) der DDR ernstgemeinte Vorschläge gab — analog zu bestimmten Vorgängen in der Bundeswehr —, herausragende soldatische Leistungen und deren Träger in die Traditionspflege und damit in die Erziehung der Soldaten einzubeziehen. Diese Vorschläge stießen auf Ablehnung, da sie die Frage, wofür diese militärischen Leistungen vollbracht wurden, gänzlich außer acht ließen und sich mit der antifaschistischen Grundposition der NVA-Führung nicht vereinbaren ließen. Zumal legte diese wie die DDR überhaupt großen Wert darauf, sich mit Blick auf die Bundesrepublik und Bundeswehr national wie international als Alleinerbe des deutschen antifaschistischen Vermächtnisses zu repräsentieren[1]. Trotz vor allem in den 80er Jahren vielfach wachsender Unzufriedenheit über bestimmte Zustände in der DDR und trotz stärker werdender Kritik an der Poli-

509

tik der SED/DDR-Führung hat die in Jahrzehnten entstandene und geförderte antifaschistische Grundüberzeugung der Mehrheit der DDR-Bürger nicht unwesentlich dazu beigetragen, eine gewisse Identifikation mit dem „sozialistischen deutschen Staat" zu erzeugen. Nicht ganz ohne Bedeutung blieb dabei die Tatsache, daß an der Spitze der „Partei- und Staatsführung" Männer standen, die — wie bekannt — mehr oder weniger aktiv gegen das NS-Regime gekämpft und in dessen KZ und Zuchthäusern eingesessen hatten, so wie der „Generalsekretär des ZK der SED und Vorsitzende des Staatsrates der DDR" Erich Honecker.

Allerdings hat die Darstellung des deutschen Widerstandes gegen Hitlers Gewaltherrschaft in der 40-jährigen Existenz der DDR eine bemerkenswerte Entwicklung durchlaufen. Die zunächst viele Jahre völlig dominierende ahistorische Vorstellung von Persönlichkeiten und Ereignissen des antifaschistischen Kampfes, bezogen einzig und allein auf die KPD, wich dann mehr und mehr sachlicheren Darstellungen mit zum Teil bedeutenden Forschungsergebnissen[2]. Als junger DDR-Bürger besuchte der Schreiber dieser Zeilen vom Herbst 1949 bis zum Frühjahr 1953 eine Oberschule und legte hier das Abitur ab. Im Geschichtsunterricht, für den hauptsächlich ins Deutsche übersetzte sowjetische Lehrbücher zur Verfügung standen, erfuhr er über die deutsche Geschichte der Jahre von 1933 bis 1945 nicht allzuviel. Aber immerhin hörte er, daß nur die KPD unter ihrem Führer Ernst Thälmann den Faschismus kompromißlos bekämpft habe. Keinerlei Erwähnung fand der deutsche militärische Widerstand gegen Hitlers Gewaltherrschaft. Aber auch vom Kampf bürgerlicher, christlicher und sozialdemokratischer Kreise und Persönlichkeiten gegen die NS-Diktatur erfuhren die Schüler nichts, was jedoch in der damals noch fehlenden diesbezüglichen Forschung und Literatur eine gewisse Begründung fand. Dennoch muß festgestellt werden, daß eine Behandlung der ja immerhin bekannten Tat des Oberst Claus Schenk Graf v. Stauffenberg am 20. Juli 1944 im Lehrplan nicht vorgesehen war. Gleiches traf jedoch auch zu für das Wirken des „Nationalkomitees ‚Freies Deutschland'" (NKFD), obwohl doch anfangs der 50er Jahre und noch lange danach zahlreiche Angehörige des Komitees, zumeist Offiziere und selbst Generale der Wehrmacht, im DDR-Staatsapparat wie auch gerade in der Volkspolizei zum Teil hohe Funktionen bekleideten. Offenkundig aber hatten die maßgebenden Ideologen in der SED-Führung seinerzeit noch Probleme mit der Einordnung des NKFD in das gewünschte Geschichtsbild.

Wie anfangs des Jahres 1953 Tausende von Jugendlichen zwischen Elbe und Oder wurde auch der Autor davon überzeugt, daß das künftige demokratische Gesamtdeutschland, für dessen Schaffung die SED unentwegt ringe, „Nationale

510

Streitkräfte" benötige, die eine Wiederholung von Krieg und Faschismus zu verhindern hätten.

Diese neuen deutschen Streitkräfte wiederum — so wurde von den Werbern gesagt — benötigen viele Offiziere. Somit fest davon überzeugt, einer guten Sache, nämlich seinem deutschen Vaterland und dem Frieden zu dienen, trat der Autor wie viele seiner Altersgenossen und Mitabiturienten als Offizieranwärter in die Kasernierte Volkspolizei (KVP) ein[3]. Drei Jahre hindurch, vom Sommer 1953 bis zum Spätherbst 1956, besuchte er dann die Panzeroffiziersschule der KVP in Großenhain/Sachsen.

Nach dem damals für alle der zahlreichen Offiziersschulen der KVP einheitlichen Ausbildungsplan gab es im sogenannten „Sozialökonomischen Zyklus" der Lehre zwei Geschichtslehrfächer. Das war einmal das Fach „Geschichte der KPdSU", in dem das parteioffizielle und Stalin penetrant verherrlichende Lehrbuch „Geschichte der KPdSU(B). Kurzer Lehrgang" alleinige Grundlage der Ausbildung darstellte. In diesem Lehrfach, in dem für die Behandlung des Zweiten Weltkrieges aus damaliger Moskauer Sicht viel Zeit aufgewendet wurde, fand nicht einmal der antifaschistische Widerstandskampf deutscher Kommunisten eine Erwähnung oder gar Würdigung. Zum anderen existierte das Lehrfach „Deutsche Geschichte", in dem, wie sich der Autor gut erinnert, den deutschen Bauernkriegen, dem anti-napoleonischen Befreiungskampf, der deutschen Revolution von 1848/49, dem Werdegang der SPD bis zum Ersten Weltkrieg und der Geschichte der KPD, immer aus Sicht der SED-Führung, relativ viele Stunden gewidmet wurden. Inhaltlich erfuhr man über die Zeit der Hitler-Diktatur nichts Neues. Wiederum hieß es, daß die „Kommunistische Partei Deutschlands" der einzige ernsthafte innenpolitische Gegner des NS-Regimes gewesen sei, an dessen Errichtung die „verräterischen rechten SPD-Führer", das „profitgierige deutsche Monopolkapital" und natürlich die „militaristischen Generale" gleichermaßen Schuld trügen. Der Widerstand deutscher Militärs gegen Hitler und sein Regime fand keinen Platz im Lehrplan und dies an einer deutschen militärischen Lehranstalt. Offensichtlich hielten es die Verfasser der Geschichtslehrpläne für die Offiziersschulen in der damaligen Politischen Verwaltung der KVP für überflüssig, die Offizieranwärter mit Wissen über die „militaristische Verschwörung" vom 20. Juli 1944 mit ihrem „volksfeindlichen und imperialistischen Charakter" zu belasten[4]. Nicht einmal als denkwürdiges Datum der jüngsten deutschen Geschichte tauchte der 20. Juli 1944 in Publikationen der KVP auf. Der unter Federführung der Politischen Verwaltung entstandene „Taschenkalender 1954 der Kasernierten Volkspolizei" hielt denn auch den 10. Jahrestag des Attentats nicht für erwähnenswert. Genannt wurden hingegen solche Daten wie 17. Juli 1945 — Beginn der Potsdamer Konferenz, 19. Juli 1893 — Wladimir Majakowski, sowjetischer Dichter, geboren, oder 26. Juli — Tag der Kriegsflotte der UdSSR. Auch in den Kalendern der KVP und NVA späterer Jahre fand das Datum des Attentats keine Beachtung. Gleiches galt aber in den ganzen 50er Jahren noch immer für die Daten der Gründung des NKFD und des Bundes deutscher Offiziere, von denen auch in der Geschichtslehre der Offiziersschulen der KVP kein Wort zu hören war.

Nach Absolvierung der Offizierprüfung und Beförderung zum Unterleutnant, eingesetzt als Zugführer eines Panzeraufklärungszuges, oblag dem Autor nun die Durchführung des „Politunterrichtes" mit seinen Soldaten, zu dieser Zeit in der zweiten Hälfte der 50er Jahre durchweg alles noch Freiwillige der 1956 offiziell in Nationale Volksarmee umbenannten Kasernierten Volkspolizei. Auch wenn in den gemäß festem Plan abzuhandelnden Themen des „Politunterrichtes" Geschichtsprobleme nicht dominierten, so blieb es dann doch bei der Darstellung des Widerstandes gegen das NS-Regime noch immer unverändert bei einer — wie der Schreiber heute weiß — oft legendenhaften Vorstellung des Wirkens der KPD im Dritten Reich. Dabei wurde den deutschen Kommunisten, von denen nicht wenige im Kampf gegen Hitlers Unrechtsregime todesmutig ihr Leben einsetzten und es nicht selten auch verloren, stets aufrichtig Achtung und Respekt gezollt. Die nicht minder mutigen Männer des 20. Juli 1994, deren Motive und Handlungen, bildeten jedoch weiterhin zusammen mit den Angehörigen des NKFD und deren Kampf gegen Hitlers Herrschaft noch kein Thema für den „Politunterricht" in der Truppe, geschweige denn, daß sie bei der nun einsetzenden Suche nach Vorbildern für die beginnende Traditionspflege in Auswahl kamen.

So verzeichnete dann das allererste Unterrichtsmaterial zum Thema „Fortschrittliche militärische Traditionen", verfaßt von der Politischen Verwaltung des Ministeriums für Nationale Verteidigung der DDR im Jahre 1957, eine ganze Reihe von als traditionswürdig angesehenen Vorbildern[5] für die zweite deutsche Armee. Diese reichte von Thomas Münzer und den Bauernheeren von 1525 und nach einem großen Sprung durch drei Jahrhunderte deutscher Geschichte — in denen man offenkundig keine geeigneten Vorbilder entdecken konnte — über die preußischen Heeresreformer und die Landwehr von 1813, die Revolutionäre von 1848/49 bis selbst zu den deutschen Truppen in der ersten Phase des Deutsch-Französischen Krieges von 1870/71[6]. Als traditionswürdig gelten ferner die meuternden Matrosen der kaiserlichen Flotte von 1917 und die Angehörigen der Berliner Volksmarine-Division von 1919, die Rote Armee der bayerischen Räterepublik von 1919, die Rote Ruhrarmee von 1920, die bewaffneten Trupps des Anarchistenführers Max Hölz von 1921 und die Kämpfer des Hamburger Aufstandes der KPD von 1923. Auch die Mitglieder des Rotfrontkämpferbundes und die des geheimen Militärapparates der KPD wie gleichermaßen die deutschen Freiwilligen der Internationalen Brigaden im Spanischen Bürgerkrieg von 1936 bis 1939 wurden in die Reihe der Vorbilder aufgenommen. Gleiches geschah mit den Deutschen, die während des Zweiten Weltkrieges als Partisanen in anderen europäischen Ländern gegen die Wehrmacht gekämpft hatten und mit den KZ-Häftlingen des Lagers Buchenwald, die sich im April 1945 selbst befreien konnten. Die Offiziere und Generale des 20. Juli 1944 fehlten in der Reihe der Vorbilder!

Obwohl die deutsche Arbeiter- und Bauern-Armee im Jahre 1956 Uniformen einführte, die hinsichtlich der Farbe des Tuches und der Waffengattungen, der Effekten und Dienstgradabzeichen, weitgehend denen der Wehrmacht entsprachen, was im übrigen auf Hinweis namhafter sowjetischer Politiker und Militärs erfolgte[7], gab es keinen Hinweis darauf, daß in den gleichen Uniformen nicht wenige andere patriotische Deutsche — und nicht nur Kommunisten — Hitlers Regime bis zum Tode bekämpft hatten[8].

Ganz im Gegensatz zu dieser späteren Ignorierung hatte die im Moskauer Exil agierende KPD-Führung am 21. Juli 1944 das Attentat aufrichtig begrüßt. An diesem Tage sagte Anton Ackermann, Kandidat des Politbüros der KPD, im Sender des NKFD: „Wir wissen nicht, wer die Männer alle gewesen sind, die gegen Hitler gehandelt haben. Aber wir fragen auch nicht danach. Wer gegen Hitler kämpft, wer diesen schlimmsten Feind der Nation stürzen will, dem gehört die aktive Unterstützung aller ehrlichen Deutschen, aller Generale, Offiziere und Soldaten, die Unterstützung des ganzen Volkes[9]." Und am 23. Juli 1944 erschien in der Zeitung „Freies Deutschland" in der UdSSR ein Aufruf des NKFD an das deutsche Volk und an die Wehrmacht, in dem es hieß: „Jeder Schlag gegen das Hitlersystem, wer ihn auch führen möge, ist ein Schlag gegen den Todfeind unserer Nation. Jede Tat gegen Hitler und seine Helfer ist eine wahrhaft vaterländische Tat[10]."

Elf Jahre später waren diese Worte im zweiten deutschen Staat vergessen. Es war das im Jahre 1955 gedruckte Urteil des mächtigsten Mannes der DDR, des selbstbewußten und selbstherrlichen Walter Ulbricht, der sich auch als Historiker verstand, das über Jahrzehnte hinaus hierzulande für die Geschichtsdarstellung des 20. Juli 1944 verbindlich wurde. Ethische Motive und moralische Haltungen der Verschwörer in Uniform und Zivil völlig negierend schrieb er in seiner Publikation „Zur Geschichte der neuesten Zeit" „Die gleichen Kräfte der Bourgeoisie, die Hitler mit zur Macht gebracht und die Politik des faschistischen deutschen Imperialismus unterstützt hatten, solange er militärische Erfolge hatte, versuchten beim Herannahen der Niederlage einen Absprung aus dem Zuge, der dem Abgrund zueilte, um die Grundlagen der monopolkapitalistischen Herrschaft zu retten[11]."

Diese arg schematisierende Auffassung über die Entstehung des NS-Regimes komplettierte Ulbricht dann mit einer ebenso schematischen Differenzierung der Verschwörer, in dem er die tatsächlich vorhandenen unterschiedlichen Anschauungen über den weiteren Weg des deutschen Volkes nach dem Sturz der Hitler-Diktatur über Gebühr aufbauschte. So schrieb er: „Wenn die leitenden Personen, die sich um das Attentat vom 20. Juli gruppierten, damit den deutschen Imperialismus retten wollten, so besagt das nichts gegen die deutschen Patrioten aus Offizierskreisen und aus dem Bürgertum, die sich ehrlich für die Interessen des deutschen Volkes einsetzten und dabei persönliche Tapferkeit bis zu ihrem Tode bewiesen. Darunter gab es auch einige, die durchaus nicht mit der Ausschaltung der Volkskräfte einverstanden waren, sondern Verbindungen mit den aktiven Widerstandskräften aus der Arbeiterklasse aufnahmen und für ein Bündnis mit ihnen eintraten (z.B. Stauffenberg und Adam Trott)[12]."

Diese Beurteilung Stauffenbergs und einiger seiner Mitkämpfer wurde in der Folgezeit von den Historikern der DDR generell übernommen und fand so auch Aufnahme in die Geschichtslehre der Offiziersschulen der NVA. Mit seinen Ausführungen zum 20. Juli 1944 hatte Ulbricht so das fortan gültige Schema konzipiert: Wer von den Männern um den Oberst Claus Schenk Graf v. Stauffenberg tatsächlich oder nur vermeintlich bereit war, mit der KPD oder mit dem NKFD im Kampf gegen Hitler zusammenzuwirken, wurde in die Rubrik „fortschrittliche patriotische Kräfte" eingestuft. Alle anderen Akteure und Mitverschworene, voran Dr. Carl Goerdeler, galten als „Reaktionäre"[13]. Dazu zählten vorerst auch solche Persönlichkeiten wie der Generaloberst Ludwig Beck, der General der Infanterie Friedrich Olbricht und der Generalmajor Henning v. Tresckow.

Diese Schematisierung fand zweifellos in der Atmosphäre des „Kalten Krieges" einen geeigneten Nährboden. Nachdem Mitte der 50er Jahre beide deutsche Staaten mit ihren Armeen in schroff gegeneinanderstehende Militärblöcke eingebunden waren, wurde der Streit um die zutreffende Bewertung von Prozessen und Personen der deutschen Geschichte zu einem Dauerthema der Ideologen,

Politologen und Historiker beiderseits von Elbe und Werra. Dabei machten die heftigen, oft auch gehässigen Kontroversen um die Vorgänge des 20. Juli 1944, um Beweggründe, Handlungen und Unterlassungen der Verschwörer keinen Bogen. Überhaupt traf das insgesamt für die oft sehr gegensätzliche Wertung des Widerstandes gegen Hitler zu, wobei der Kampf deutscher Soldaten, Offiziere und Generale gegen das NS-Regime in besonderem Maße zum Streitobjekt wurde. Die Opfer des Widerstandes gegen Hitlers verbrecherisches Regime wurden nun zu Opfern des „Kalten Krieges"! Das galt für die in der DDR lange Zeit gültige, geringschätzende Wertung des Generaloberst Ludwig Beck und der ihm nahestehenden hochrangigen Militärs. In der damaligen Bundesrepublik Deutschland galt das für die gleichermaßen abwertende Beurteilung der Offiziere und Generale der Wehrmacht, die sich als Kriegsgefangene der Roten Armee dem Nationalkomitee „Freies Deutschland" und dem Bund deutscher Offiziere anschlossen. Obwohl vielen dieser Männer, die der Haß auf Hitler in Stalins Armee trieb, zweifellos echte patriotische Motive für ihren ungewöhnlichen Schritt — Widerstand gegen Hitler hinter sowjetischem Stacheldraht zu versuchen — zuzubilligen war, wurden sie dann nicht selten als „Verräter" diffamiert. Erinnert sei an das tragische Schicksal des Generals der Artillerie Walther v. Seydlitz, der von Hitler und von Stalin zum Tode verurteilt, dann nach seiner Freilassung sowohl in der DDR wie in der Bundesrepublik diffamiert und mißachtet wurde[14].

Zum militärischen Widerstand muß auch die Gruppe um den Oberleutnant Harro Schulze-Boysen im Reichsluftfahrtministerium gerechnet werden, die in Kenntnis der Verbrechen des Nazi-Regimes geheime Informationen nach Moskau funkte. Von naiven Idealvorstellungen über Stalins Reich befangen glaubten sie, in dessen System eine wünschenswerte Alternative für ein besseres Deutschland nach Hitler sehen zu können. Bis in die jüngste Vergangenheit wurden Schulze-Boysen und seine Kampfgefährten jedoch als primitive „Spione" verächtlich gemacht. Sie starben aber an den gleichen Galgen in Berlin-Plötzensee wie nach ihnen viele Männer des 20. Juli 1944[15]. Gleichermaßen als „Landesverräter" gebrandmarkt wurde in der Bundesrepublik Deutschland ebenfalls bis in die jüngste Vergangenheit der noch am 9. April 1945 auf Befehl Hitlers hingerichtete Generalmajor Hans Oster. Er hatte versucht, Nachbarstaaten des Deutschen Reiches vor Aggressionsakten Hitlers zu warnen. In der Bundeswehr wurde er kaum geehrt. Inzwischen weiß man jedoch, daß noch andere Militärs — wie Generaloberst Walter v. Reichenau oder der Oberst Walter Warlimont — Hitlers Angriffspläne und -termine an das Ausland weitergaben. In der einstigen DDR wurde der unermüdliche Kampf Osters gegen die Verbrechen der Hitler-Clique und für die Beendigung des Krieges entweder totgeschwiegen oder aber als bedeutungslose Opposition eines „reaktionären Generals", der noch dazu in der „verbrecherischen Abwehr" diente, abgewertet. Dazu wurde er ebenso wie in der Bundesrepublik als Landesverräter und Spion verteufelt, als einer von denen, „die sich durch Spionagetätigkeit bei den Herren von morgen rückversichern wollten"[16].

In besonderem Maße aber wurden die beiden ersten Generale der Bundeswehr, Adolf Heusinger und Hans Speidel, zur Zielscheibe von Angriffen der DDR-Politologen. Beiden Offizieren wurde Verrat an den Männern des 20. Juli 1944 vorgeworfen; sie wurden beschimpft als „Handlanger des deutschen Imperialismus, Spione des USA-Finanzkapitals, Denunzianten ihrer Kameraden"[17]. In den Jahren 1959 und 1960 erschienen mehrere Buchpublikationen mit derartigen Beschuldigungen, die dann aber, da es wohl an handfesten Beweisen fehlte, in der Folgezeit nie wieder aufgelegt wurden[18].

Sehr aufmerksam verfolgten die Ideologen und Politologen der DDR und NVA die recht konträren Diskussionen in der Bundesrepublik und Bundeswehr zum Thema „militärischer Widerstand gegen Hitlers Regime" und dabei wiederum besonders zum 20. Juli 1944. Bekanntlich lehnte eine nicht geringe Zahl von Offizieren die Aufnahme der Verschwörer in die Tradition der Bundeswehr ab, da es sich um „Eidbrüchige" handelte[19]. Seitens der anderen deutschen Armee aber wurde der Bundeswehr überhaupt die Berechtigung abgesprochen, sich auf das Vermächtnis der „patriotischen Kräfte" um Stauffenberg zu berufen. Was aber die „reaktionären Kräfte" um Goerdeler und Beck anbelangte, kam man zu der Feststellung: „Das NATO-Kriegsbündnis endlich ist die Realisierung der Ideen Becks von der Herstellung einer aggressiven sowjetfeindlichen Einheitsfront aller imperialistischen Staaten, in der der Bonner Staat — gestützt auf seine wiedererstarkte Militärmaschine — die führende Rolle anstrebt[20]." Dieser absurden Beschuldigung Becks wurde von Alfred Voerster und Otto Hennike ein nicht ganz unberechtigter Vorwurf angefügt: „Die Aufnahme des 20. Juli 1944 in die Tradition der Bundeswehr bedeutet also für den westdeutschen Soldaten nur: Er darf zwar Stauffenberg verehren, gehorchen muß er aber widerspruchslos jenen Hitlergeneralen, die diesen Stauffenberg einst als Hochverräter beschimpften[21]."

Selbstverständlich informierten seinerzeit alle Medien der DDR ausführlich über die ablehnende Haltung vieler Militärs der Bundesrepublik Deutschland gegenüber den Männern des 20. Juli 1944. Diese Haltung sowie das Verbleiben von Persönlichkeiten, die aus der NS-Zeit stark belastet waren, in hohen Bonner

Staatsämtern, das Hinschleppen von Prozessen gegen NS-Verbrecher wie im Auschwitz-Prozeß, die Namensverleihung an Bundeswehrkasernen, Alt- und Neo-Nazi-Skandale, uneingeschränkte Rentenzahlung an strafrechtlich nie verfolgte Richter, Staatsanwälte und Gestapo-Beamte Hitlers verfestigten bei zahlreichen Bürgern und Soldaten der DDR — der Autor schließ sich dabei nicht aus — den Eindruck, daß „ihr Staat" doch allein berechtigt war, sich auf das Vermächtnis aller Widerstandskämpfer zu berufen.

In den 60er Jahren erschienen in der DDR eine ganze Reihe von Geschichtsdarstellungen, die nach dem Mauerbau vom August 1961 eine historische Legitimierung des zweiten deutschen Staates versuchten. Verbindlich blieb für alle solche Publikationen hinsichtlich des 20. Juli 1944 das von Ulbricht schon 1955 vorgegebene Schema. Aber die Zahl der als „patriotische und fortschrittliche Kräfte" eingeschätzten Persönlichkeiten wurde beachtlich erweitert. Dazu zählten nun auch die Generale Fritz Lindemann, Friedrich Olbricht, Helmuth Stieff und Eduard Wagner, Oberst Albrecht Ritter Mertz v. Quirnheim und Oberleutnant Werner v. Haeften. Immerhin wurden sie in einem parteioffiziellen Geschichtswerk ausdrücklich erwähnt, das dann auch für die Lehre in der NVA als Pflichtliteratur vorgeschrieben war[22].

Überhaupt begann mit den 60er Jahren die Ehrung des Widerstandskampfes gegen das Hitler-Regime in der NVA eine immer größere Rolle zu spielen, wobei jedoch in späteren Jahren manche Inhalte dieser Traditionspflege mehr und mehr zu leeren Formen erstarrten, ohne gerade junge Menschen noch irgendwie anzusprechen. Verwiesen sei auf die seit dem 1. Mai 1962 regelmäßig aufziehende Wache vor dem Ehrenmal „Unter den Linden" in Berlin, gewidmet den „Opfern des Faschismus und Militarismus". Verwiesen sei ferner auf die Vereidigung von Wehrpflichtigen in zu Gedenkstätten umgewandelten ehemaligen KZ, wobei allerdings nie gesagt wurde, daß hier auch noch nach 1945 viele Menschen unschuldig zu Tode kamen. Im weiteren erhielten Kasernen, Truppenteile und Lehranstalten der NVA die Namen von Widerstandskämpfern verliehen und einstige KZ-Häftlinge Hitlers überreichten jungen Soldaten nach der Vereidigung ihre Kalaschnikows. Jedoch wurden nahezu ausschließlich immer nur Namen von Widerstandskämpfern aus der KPD vergeben und auch diejenigen, die die Waffen überreichten, kamen in der Regel ebenfalls aus der KPD[23].

Für das überaus starke Geschichtsinteresse unzähliger Deutscher in der DDR am 20. Juli 1944 sprach die Aufnahme der Stauffenberg-Biographie von Kurt Finker im Jahre 1967. Das Buch erlebte im Jahre 1984 die 6. Auflage. Der Potsdamer Historiker hatte eine anspruchsvolle Würdigung des Attentäters und seiner Kameraden verfaßt. Obwohl auch er die verbindliche Linie — hier Stauffenberg und Nahestehende, dort Goerdeler und andere — einhalten mußte, blieb er bei der Kritik an bestimmten Persönlichkeiten stets maßvoll und sachlich. Bezeichnenderweise erschien das Buch nicht im Dietz(SED)- oder im Militär-Verlag, sondern in dem Union-Verlag der Ost-CDU. Ganz im Gegensatz zu den nun zahlreicher vorhandenen Darstellungen des NKFD gelangte die Stauffenberg-Biographie nie auf die Liste der Pflichtliteratur in den Lehreinrichtungen der NVA, wohl aber befand es sich im Besitz vieler Offiziere[24].

Bei aller öffentlichen Anerkennung und Würdigung der Tat Stauffenbergs und seiner Mitverschworenen durch die SED und NVA-Führung gab es denn auch in der DDR nie eine Stauffenberg- oder Olbricht-Kaserne, kein Lindemann- und kein Tresckow-Regiment. Alle Truppenteile, Schulen und Einrichtungen der NVA erhielten Namen, doch der Name eines der Männer vom 20. Juli 1944 war nicht darunter! Aber auch Namen ehemaliger Offiziere aus dem NKFD wurden nur ganz spärlich verliehen.

In Dresden, einst eine der größten Garnisonen von Reichswehr und Wehrmacht, wo sich viele der führenden Köpfe des militärischen Widerstandes in gemeinsamer Dienstzeit kenne und schätzen gelernt hatten, so z.B. Feldmarschall Erwin v. Witzleben, Generaloberst Ludwig Beck, General Friedrich Olbricht, General Carl-Heinrich v. Stülpnagel, Generalmajor Hans Oster u.a., erinnerte zu DDR-Zeiten nichts an diese Männer. Keine Kaserne, keine Straße, kein Platz trug ihre Namen. Im Armeemuseum der DDR erinnerte lediglich ein Foto Stauffenbergs unter einem viel größeren Foto Thälmanns an diesen großen Patrioten. Die Kaserne der einstigen Infanterieschule der Reichswehr, in der der Fahnenjunker Stauffenberg seine erste Offizierausbildung erhielt, bekam den Namen „Ernst Draeger", eines Militärkaders der KPD, verliehen, den nichts mit dieser traditionsreichen Stätte, die viele der Männer des militärischen Widerstandes gesehen hatte, verband.

Die formalen Würdigungen Stauffenbergs und seiner Mitverschworenen blieben in der DDR letztlich immer nur Lippenbekenntnisse. Ihr Vermächtnis — Kampf bis zum Tod gegen ein menschenverachtendes Regime — wurde nicht zur Tradition der NVA. Für die maßgeblichen Ideologen in Strausberg blieben die Männer des 20. Juli 1944 stets doch nur suspekte Militärs, die Hitlers Siege mitgemacht hatten, aber ihm die Niederlagen übelnahmen[25]. An dieser Einstellung änderte sich auch nichts, als in den 80er Jahren infolge des Helsinki-Prozesses

518

und der deutsch-deutschen Gespräche das politische Klima in der DDR weit offener wurde. Aber immerhin konnte nun auch in einer NVA-Publikation Generaloberst Ludwig Beck auch positiv gewertet werden[26].

Es waren freimütige und historisch engagierte Drehbuchautoren und Fernsehdokumentare der DDR, die in der gelockerten politischen Atmosphäre der 80er Jahre das Thema 20. Juli 1944 aufgriffen und gestalteten. Der erste Fernsehfilm dieser Zeit zu dem markanten Datum der deutschen Geschichte galt dem Leutnant Peter Graf Yorck v. Wartenburg. Nach einer literarischen Vorlage schilderte der Film Leben und Tod dieses couragierten Humanisten, zugehörig dem Kreisauer Kreis. Es erregte damals ein gewisses Aufsehen in der DDR, daß nun auch der Widerstand eines Aristokraten gegen das Hitler-Regime — und nicht wie bisher, nur der von Kommunisten — im Fernsehen dargestellt werden konnte[27]. In der zweiten Hälfte der 80er Jahre gingen dann auch heute noch sehenswerte reine Dokumentarfilme über den Sender, gewidmet den Militärs v. Tresckow, v. Stauffenberg und Olbricht. Aufwendig erarbeitet, unter Einbeziehung einer Vielzahl von Bild-, Schrift- und Filmdokumenten, ließen die Dokumentare Ehefrauen, Verwandte und überlebende Kameraden in ihren Produktionen zu Worte kommen. Erstaunlich frei von lange Zeit einst gültigen ideologischen Schablonen gaben diese Filme einprägsame Lebensbilder der deutschen Patrioten[28].

Nach der „Wende" traf der Minister für Abrüstung und Verteidigung, Rainer Eppelmann, am 22. Juni 1990 Festlegungen zur Traditionspflege, die die bislang offizielle Einseitigkeit in der Auswahl von Vorbildern, immer nur aus den Reihen der KPD ausgewählt, beseitigte[29]. Von nun an sollten auch Stauffenberg und seine Mitkämpfer traditionswürdige Persönlichkeiten für die deutschen Soldaten zwischen Elbe und Oder werden. Schließlich erfolgte am 20. Juli 1990, am 46. Jahrestage des Attentats, die Vereidigung aller Soldaten der „Noch-DDR" auf den neuen, von der Volkskammer am 26. April 1990 beschlossenen Fahneneid. Auf dem Festakt mit militärischem Zeremoniell in Strausberg an diesem Tage sprach Minister Eppelmann und würdigte den 20. Juli als symbolhaft für den ganzen Widerstand gegen Hitler und das nationalsozialistische Terrorregime, ein Widerstand, der vor allem ein politischer, ein moralischer und ein von tiefem Humanismus geprägter gewesen sei. In dieser Tradition habe man ab September 1989 immer wieder gelebt und gehandelt. „Und das im Herbst 1989, das waren nicht nur einige Pastoren, das waren eben unter anderem auch einige Offiziere und Soldaten der Nationalen Volksarmee, die sich rational und emotional dieser Tradition verpflichtet fühlten[30]."

# Anmerkungen

1 Vgl. Heinz Hoffmann, Sozialistische Landesverteidigung. Aus Reden und Aufsätzen 1963 bis Februar 1970, Teil 1, Berlin 1971, S. 468.

2 Siehe insbesondere die Arbeiten des Potsdamer Historikers Kurt Finker, Stauffenberg und der 20. Juli 1944 (zusammen mit Annerose Busse), 6. überarbeitete Auflage, Berlin 1984 und ders., Graf Moltke und der Kreisauer Kreis, Berlin 1978. Siehe ferner den Aufsatz Finkers: Politischer Realismus und militärisches Verantwortungsbewußtsein. Einige geschichtliche Erfahrungen aus dem 20. Juli 1944, in Militärgeschichte, 23. Jg., H. 3, 1984, und den Bericht über das Wissenschaftliche Kolloquium anläßlich des 40. Jahrestages des Attentats auf Hitler am 20. Juli 1944, auf dem Finker das Hauptreferat hielt, in Militärgeschichte, 23. Jg., H. 6, 1984. Auch die Potsdamer Historikerin Sigrid Wegner-Korfes konnte in ihrem Aufsatz: Realpolitische Haltung bei Offizieren der Familien Mertz von Quirnheim, Korfes und Dieckmann, in: Militärgeschichte, 25. Jg., H. 3, 1986, interessante neue Tatsachen publizieren. Gleiches traf zu für den Dresdener Historiker Wolfgang Welkerling mit seiner Arbeit: Ein Wehrmachtgeneral auf dem Weg zum Antifaschisten. Zur Biographie des Generals der Artillerie Fritz Lindemann (1894 – 1944), in: Zeitschrift für Geschichtswissenschaft, 37. Jg., H. 9, 1989.

3 Erstmalig wurden im Jahre 1953 viele Abiturienten in der DDR für die Offizierslaufbahn in der KVP geworben, die damals bereits mehr oder weniger als Nationale Streitkräfte bezeichnet wurden.

4 Vgl. Wilhelm Ersil, Zur Verfälschung des Charakters der Verschwörung vom 20. Juli 1944 durch die westdeutsche Geschichtsschreibung, in: Kommission der Historiker der DDR und der UdSSR; Protokoll der wissenschaftlichen Tagung in Leipzig vom 25. bis 30. November 1957 in zwei Bänden, Bd II, Probleme der Geschichte des Zweiten Weltkrieges, Berlin 1958, S. 379 ff. Vgl. ferner Wolf Stern, Die Auslandsverbindungen der Verschwörer des 20. Juli 1944 im Lichte der Konferenz von Casablanca im Januar 1943, in: Materialien der wissenschaftlichen Konferenz der Kommission der Historiker der DDR und der UdSSR zum Thema „Der deutsche Imperialismus und der zweite Weltkrieg" vom 14. bis 19. Dezember 1959 in Berlin, Bd 4, Berlin 1961, S. 621 ff.

5 Vgl. Material für den Politunterricht. Fortschrittliche militärische Traditionen des deutschen Volkes, Bd 3, Verlag des Ministeriums für Nationale Verteidigung, Berlin 1957.

6 Letzere wurden in der Folgezeit dann nie wieder als traditionswürdig für die NVA genannt.

7 Vgl. Heinz Hoffmann, Moskau — Berlin. Erinnerungen an Freunde, Kampfgenossen und Zeitumstände, Berlin 1989, S. 309.

8 Vgl. Oskar Bluth, Uniform und Tradition. Verlag des Ministeriums für Nationale Verteidigung, Berlin 1956.

9 Zitiert nach Finker, Stauffenberg (wie Anm. 2), S. 278.

10 Ebd., S. 279.

11 Walter Ulbricht, Zur Geschichte der neuesten Zeit. Die Niederlage Hitlerdeutschlands und die Schaffung der antifaschistisch-demokratischen Ordnung, Bd 1, 1. Halbband, Berlin 1955, S. 39.

12 Ebd., S. 45.

13 Trotz der scharfen Kritik an Goerdeler und dessen „reaktionären Absichten" sorgte Ulbricht für dessen Familie soweit und solange er konnte. Vgl. Heinz Voßke, Walter Ulbricht. Biographischer Abriß, Berlin 1983, S. 17

14 Vgl. Gerald Diesener, Ein verfemter Patriot: Walther v. Seydlitz, in: Militärgeschichte, 29. Jg., H. 6, 1990, S. 546 ff.

15 Die sachlichste, wenn auch nicht tendenzlose Darstellung der Schulze-Boysen Gruppe findet sich bei Karl Heinz Biernat/Luise Kraushaar, Die Schulze-Boysen/Harnack-Organisation im antifaschistischen Kampf, Berlin 1970. Bis heute lesenswert ist die allererste Darstellung der Widerstandsgruppe von Klaus Lehmann, Widerstandsgruppe Schulze-Boysen, Berlin 1948, in der allerdings von der Weitergabe geheimer Informationen an Moskau noch nichts berichtet wurde, da es dem Autor nicht bekannt war. Der sowjetische Historiker Daniil Melnikow leugnete dann jedoch noch in der ins Deutsche übersetzten 2. überarbeiteten Auflage seines Buches ,20. Juli 1944. Legende und Wirklichkeit', Berlin 1966 (!), daß die Gruppe geheime Informationen an die UdSSR lieferte.

16 Ersil (wie Anm. 4), S. 635. Vgl. ferner Hermann Rahne, ,,Als reaktionärer Militär'' Jahrzente fehlinterpretiert. Hans Oster — ein Hitler-Gegner in der ,,Abwehr'', in: Sächsische Zeitung, 9.8.1991, Beilage, S. 2.

17 Zur Vorgeschichte der Verschwörung vom 20. Juli 1944. Von einem Autorenkollektiv des Institutes für Deutsche Militärgeschichte unter der Leitung von Oberst W. Stern, Berlin 1960, S. 87.

18 Dazu zählten Annelie und Andrew Thorndike/Karl Raddatz, Unternehmen Teutonenschwert. Die große Karriere eines kleinen Spions, Berlin 1959; Joachim Hellwig/Hans Oley, Der 20. Juli 1944 und der Fall Heusinger, Berlin 1959, und Joachim Krüger/Joachim Schulz, Kriegsverbrecher Heusinger. 45 Jahre im Solde des deutschen Imperialismus, Berlin 1960.

19 Vgl. Hans-Joachim Harder/Norbert Wiggershaus, Tradition und Reform in den Aufbaujahren der Bundeswehr, Herford und Bonn 1985, S. 71 ff. und S. 110 ff. Zur DDR-Sicht vgl. Wolfgang Jahn, Zur Traditionsreihe des Militärgeschichtlichen Forschungsamtes der Bundeswehr, in: Militärwesen, 32. Jg., H. 7, 1988, S. 67.

20 Alfred Voerster/Otto Hennicke, Der Mißbrauch der patriotischen Bestrebungen der Gruppe um Oberst Stauffenberg in der Verschwörung des 20. Juli 1944 zur Schaffung einer Tradition für die Bundeswehr, in: Der deutsche Imperialismus und der zweite Weltkrieg (wie Anm. 4), Bd 4, S. 650.

21 Ebd., S. 650.

22 Vgl. Geschichte der deutschen Arbeiterbewegung in 8 Bänden. Hrsg. vom Institut für Marxismus-Lininismus beim ZK der SED, Bd 5, Berlin 1966, S. 413.

23 Erst in den 80er Jahren wurden auch einige wenige Namen von Angehörigen der Block-Parteien an Truppenteile verliehen, so z.B. der von Johannes Dieckmann.

24 Der Autor hat das in seiner langjährigen Dienstzeit als Lehrstabsoffizier an der Militärakademie ,,Friedrich Engels'' immer wieder feststellen können.

25 Bezeichnenderweise war es nicht die SED-Partei-Hochschule, nicht die Polit-Hochschule der NVA, die Militärakademie oder das Militärgeschichtliche Institut, die im Jahre 1984 erstmalig ein Wissenschaftliches Kolloquium zum 40. Jahrestag des 20. Juli 1944 veranstalteten, sondern die Historiker-Gesellschaft der DDR und das Zentralinstitut für Geschichte an der Akademie der Wissenschaften der DDR.

26 Vgl. Geschichte der Militärpolitik KPD (1918−1945). Von einem Autorenkollektiv des Militärgeschichtlichen Institutes der DDR und der Militärakademie ,,Friedrich-Engels'', Berlin 1987, S. 400.

27 Vgl. Katharina Steinke, Antifa-Filme als Nische? Ein Gespräch mit dem Drehbuchautor Eberhard Görner, in: Deutschland-Archiv, 26. Jg., H. 5, 1993, S. 536 ff.

28 Allerdings gab es auch Kritik an diesen Filmen, wie es der Autor als wissenschaftlicher Berater am Film über den General Olbricht persönlich erlebte. Die Kritik ging in die Richtung, ,,wieso man diese Militaristen jetzt so aufwerte''?

29 Vgl. Militärreform in der DDR, Nr. 24, 1990.

30 ,,trend'' Militär-Wochenblatt, 17/1990, S. 3.

Höhepunkt einer gemeinsamen Exkursion sowjetischer und NVA-Soldaten — eine Kranzniederlegung an der Gedenkstätte für Ernst Thälmann im ehemaligen Konzentrationslager Buchenwald in den 60er Jahren.                                                          *Militärhistorisches Museum Dresden*

Vereidigung an der Gedenkstätte der Sozialisten in Berlin Friedrichsfelde im Mai 1969.

*Militärhistorisches Museum Dresden*

Vereidigung der Wehrpflichtigen an der Nationalen Mahn- und Gedenkstätte Buchenwald, dem ehemaligen Konzentrationslager, im Mai 1974.

*Militärhistorisches Museum Dresden*

Ines Reich

# Erinnern und verweigern

Der 20. Juli 1944 in der öffentlichen und wissenschaftlichen Wahrnehmung
der sowjetischen Besatzungszone und der DDR[1]

Der Umsturzversuch vom 20. Juli 1944 war in der öffentlichen und wissenschaftlichen Wahrnehmung in der sowjetischen Besatzungszone (SBZ) und der
DDR umstritten. Das Ereignis, seine Akteure und ihre Handlungmotivationen
gehören zu jenen historischen Phänomenen, die erst spät vorbehaltlos in das Geschichtsbild der DDR integriert wurden. Diese Problematik spiegelt sich beispielhaft — sowohl in ihrer inhaltlichen wie zeitlichen Dimension — in der Geschichte zweier Leipziger Straßen wider, die den Namen des ehemaligen Ober-
bürgermeisters der Stadt und Widerstandskämpfers Carl Friedrich Goerdelers
trugen, dem wohl prominentesten Verschwörer, mit dem die DDR die größten
Schwierigkeiten hatte.

In Jahre 1945 gab es zwei Goerdeler-Straßen, die aber bald aus dem Stadtbild
verschwanden. Danach erhielt 1947 ein Teil einer großen Ausfahrstraße aus der
Stadt den Namen Goerdeler-Straße. Sie wurde im Jahre 1953 in Philipp-Müller-
Straße[2] umbenannt. Erst Mitte der 80er Jahre setzten dann Bemühungen ein,
wieder eine Straße nach Goerdeler zu benennen, die im November 1991 realisiert werden konnten. Seitdem heißt ein Teil des historischen Ringes mitten im
Zentrum Leipzigs Goerdelerring[3].
Auch wenn Straßenumbenennungen als politisch sensible Vorgänge gelten können, dokumentieren sie in groben Zügen doch ein Rezeptionsverhalten, das sich
im einzelnen viel komplizierter und vielschichtiger darstellte.

*Erinnern und würdigen*

In der SBZ stand die Beschäftigung mit dem Widerstand unter dem Einfluß der
politischen Haupttendenzen der Zeit: Machtpolitik der Alliierten in Ost und
West, Kalter Krieg, sich restaurierender und mit USA-Starthilfe prosperieren-
der Kapitalismus in den Westzonen/BRD und fortschreitende Durchsetzung des
Stalinismus in der SBZ/DDR.

In dieser politischen Ausgangssituation war ein generelles Bekenntnis zum gesamten deutschen Widerstand vorhanden, wobei es nicht nur um den Nachweis der bloßen Existenz eines anderen, antifaschistischen Deutschlands ging, sondern auch die Breite und Vielfalt des Widerstandes dokumentiert werden sollten[4]. Das Anknüpfen an den Antifaschismus versuchte eine Art „Kontinuität des politischen Anstandes über die Epochenschwelle des Jahres 1945 zu begründen"[5]. Die zahlreichen Feierlichkeiten, die in Erinnerung an die deutschen Widerstandskämpfer in den Jahren 1945 und 1946 in Berlin durchgeführt wurden, können dafür ebenso als Beleg gelten wie beispielsweise Straßenumbenennungen in den unmittelbaren Nachkriegsjahren. Diese Entwicklungen vollzogen sich auf der Grundlage eines breiten antifaschistisch-demokratischen Konsenses, der schon bald einem unaufhaltsamen Erosionsprozeß unterlag.

Die publizistische und historische Darstellung des 20. Juli war zunächst durch ein ambivalentes Interpretationsmuster geprägt, das gleichermaßen Erinnerung und Ehrung, alternative Bewertungen sowie Kritik und Verurteilung einschloß. Sie ging mit der Legitimation eines politischen Neubeginns eine enge Verbindung ein. Alles bewegte sich auf einer noch sehr schmalen Quellenbasis, und die Diskussionen fanden vorrangig in der Presse und Publizistik statt. Die Ursachen dafür lagen im Charakter der Presse als operativem Medium, aber auch in der alliierten Medienpolitik, die das Erscheinen von Quellenpublikationen aus dem Widerstand und Darstellungen über den Widerstand nur im Ausland — vorrangig in der Schweiz — möglich machte. Hinzu kam, daß es eine historische Widerstandsforschung im eigentlichen Sinne an den Universitäten der SBZ nicht gab. Nur die Forschungsstelle der Vereinigung der Verfolgten des Naziregimes (VVN) widmete sich in diesen Jahren der Sicherung und Sammlung von Dokumenten und Materialien sowie der Erforschung des gesamten deutschen Widerstandes und seiner Popularisierung, wobei der Kreis des 20. Juli ein gleichberechtigter Forschungsschwerpunkt[6] neben anderen war. In diesem Zusammenhang entstanden kurze Lebensbilder über die Beteiligten am Umsturzversuch, die Tiefenschärfe in den getroffenen Einschätzungen aufweisen und die Widerstandtätigkeit dieses Personenkreises vorbehaltlos würdigen.

In dem Bemühen, den 20. Juli und seine Akteure in die legitimierende und stabilisierende historische Traditionslinie des sowjetisch besetzten Nachkriegsdeutschlands zu integrieren, sind würdigende Äußerungen von Anton Ackermann[7], Jakob Kaiser[8], Gustav Dahrendorf[9] und Otto Grotewohl[10] überliefert. Die Presse[11], insbesondere die nichtsozialistische Parteipresse[12], thematisierte den Attentatsversuch und ehrte die Teilnehmer. Dabei spielte entweder eine Rolle, daß sich die entsprechende Partei dem einzelnen Widerstandskämpfer personell oder im Sinne einer programmatischen Traditionslinie verbunden fühlte, oder daß eine gewisse Gruppenidentität als Widerstandskämpfer zugrunde lag. Autoren wie Kaiser beispielsweise, ein Mann der christlichen Gewerkschaften und Mitbegründer der CDU in Berlin, besaß Verbindung zu Personen aus dem Kreis des 20. Juli und hatte gemeinsam mit diesen im Widerstand gestanden. Darüber hinaus trug ein Teil der Printmedien dazu bei, Dokumente des Widerstandes in Deutschland überhaupt bekannt zu machen.

Diese Formen der Würdigung und historischen Erinnerung zeugten von demokratischen Ansätzen, die es im Geschichtsbild und Traditionsverständnis in der SBZ gegeben hatte und die kritische, alternative Bewertungen zuließen. Von der Sowjetischen Militäradministration (SMAD) und der Sozialistischen Einheitspartei Deutschlands (SED) wurde das bis zu einem gewissen Grade toleriert, was aber keinesweg darüber hinwegtäuschen soll, daß der bürgerlich-aristokratische Widerstand nur bedingt in dem von der Besatzungsmacht bereits 1945 deutlich abgesteckten Geschichtsbild lag, das von der SBZ/DDR übernommen wurde. Die Sowjetunion, die im Gegensatz zu den anderen Alliierten bereits 1945 den 20. Juli 1944 thematisierte — Verlautbarungen über einen eigenständigen deutschen Widerstandskampf gegen das NS-Regime lagen zunächst nicht im Interesse der vier Besatzungsmächte —, verurteilte das Ereignis entgegen der überlieferten unmittelbar positiven Reaktion vom Sommer 1944 sofort als imperialistisch-restaurative Verschwörung ohne Verbindung zu den Volksmassen[13].

Die alliierte Haltung nach 1945 zum Kreis des 20. Juli blieb nicht unwidersprochen. Wilhelm Meißner setzte im „Neuen Deutschland" im Januar 1947 in einem Artikel grundsätzlich dagegen: „Jene Generale, die mit den zum 20. Juli 1944 führenden Vorgängen in Verbindung gebracht werden, dem Kreis der antifaschistischen Widerstandsbewegung zuzuzählen, ist weder Torheit noch ein politisches Manöver[14]."

Die abwertende Auffassung von sowjetischer Seite über den 20. Juli setzte sich — trotz der Bemühungen, zu positiven Deutungen zu gelangen — bereits nach einem Jahr in der SBZ durch, weil Politiker der SED und SED-nahe Historiker sie sich fast ausnahmslos zu eigen machten oder sie ihnen aufgezwungen wurde. Zwischen den beiden Formen der Meinungsänderung kann schwerlich differenziert werden, da aufgrund der Quellenlage diese Vorgänge nur an der Oberfläche sichtbar werden, wie zum Beispiel in der Zurechtweisung positiver Stimmen anläßlich des 20. Juli 1945 durch die „Tägliche Rundschau"[15], dem Organ der SMAD, an dem aber auch deutsche Autoren mitarbeiteten, oder anhand von Dokumentenvergleichen. Als bekanntestes Beispiel für einen solchen Positionsumschwung gilt wohl Anton Ackermann, der im Dezember 1947 die von ihm noch 1944/45 beschworene Gemeinsamkeit aller Widerstandskämpfer aufkündigte und statt dessen die Doktrin propagierte, derzufolge es sich bei den bürgerlich-konservativen Aktivitäten — mit geringen Ausnahmen — nicht um wirklichen Widerstand, sondern nur um andere Methoden — Ausschaltung Hitlers, Beseitigung terroristischer Überspitzungen — zur Erhaltung der imperialistischen Klassenherrschaft gehandelt habe[16]. Auch Meißner veränderte seine Auffassungen in einem Gedenkartikel zum 20. Juli 1947[17].

Die negative Bewertung und Kritik, die den bürgerlich-aristokratischen Widerstand traf, wurde weiter ausgeprägt. Sie erwuchs größtenteils aus politisch determinierten Maßstäben. Die Bestrebungen der Beteiligten des 20. Juli wurden vor allem mit dem Argument diskreditiert, daß sie lediglich verschiedene Fraktionen innerhalb der deutschen Herrschaftsträger verkörperten, die nur andere Methoden zur Erhaltung ihrer Herrschaft angesichts der Kriegsniederlage anwenden wollten[18] und deshalb nicht in der Lage gewesen seien, eine echte Opposition zu bilden[19]. Im Zusammenhang damit erfuhr der deutsche Widerstand eine Differenzierung zwischen der „echten" antifaschistischen Volksbewegung, die getragen worden sei von marxistischen, bewußten Antifaschisten, und der bürgerlichen Widerstandsbewegung, repräsentiert vom „antihitlerischen"[20] Kreis des 20. Juli. Diese dichotomische Sichtweise, die bereits 1946 nachzuweisen ist[21], wurde seit 1947 allgemein vertreten[22]. Darin kam ein Widerstandsverständnis zum Ausdruck, das Widerstand vornehmlich als Klassenkampf definierte.

Das durchaus vorhandene Kooperationsverhalten späterer Hitlergegner nach 1933 wurde einseitig hervorgehoben und die politischen Motive auf die bloße Beseitigung Hitlers reduziert[23]. Besonders extreme Angriffe sprachen den Männern des 20. Juli sogar die Absicht ab, den Krieg beenden zu wollen und unterstellten ihnen eine „antinationale Politik"[24].

Diese Interpretation hatte ihre theoretische Wurzel in der Faschismus-Definition der Kommunistischen Internationale von 1933, die zwar auf die ökonomischen Grundlagen des Faschismus verwies, aber ungenügend die soziologische und ideologisch-psychologische Komponente des Phänomens sowie die Differenzierungen und Verschiebungen innerhalb der Eliten berücksichtigte. Damit konnte der Widerstand von Herrschaftsträgern nicht erklärt werden. Außerdem führten der „Methodenunterschied" und das eng fixierte „Kooperationsverhalten" dazu, daß die Entstehung von oppositionellem Verhalten zu spät angesetzt wurde. Deshalb blendete die Widerstandsforschung der DDR die militärische Opposition von 1938/39 lange Zeit aus. Erst Ende der 70er und Anfang der 80er Jahre beschäftigten sich erste Aufsätze mit diesem Thema[25].

Die Arbeiten über den Attentatsversuch Claus Philipp Schenk Graf v. Stauffenbergs konzentrierten sich inhaltlich vor allem auf die Rekonstruktion der konkreten Geschehensabläufe sowie auf die Analyse der Ursachen für das Scheitern des Umsturzversuchs. Die Hauptursache für das Scheitern der Aktion wurde bis in die 80er Jahre hinein in der fehlenden Verwurzelung der Verschwörung im Volk gesehen. Dem liegt ein Denkansatz zugrunde, der von einer überdimensionalen Bedeutung der Rolle der Volksmassen in der Geschichte ausging. Es gab sogar Auffassungen, die aufgrund der fehlenden Massenbasis und des ausgeprägten Kooperationsverhaltens der Mitglieder der Bewegung des 20. Juli die „Volksfeindlichkeit"[26] des Staatsstreichs ableiteten. Die Angemessenheit des Interpretationsansatzes: Haltung zu den Volksmassen bzw. zur Entfaltung einer revolutionären Volksbewegung blieb damals nicht unangezweifelt[27].

Bereits in den ersten Nachkriegsjahren deutete sich die Tendenz an, bestimmte Personen und Personengruppen aus dem Kreis des 20. Juli positiv herauszuheben wie Stauffenberg, Friedrich Olbricht und Wilhelm Leuschner, andere hingegen wie Goerdeler und Ludwig Beck zu verurteilen und ihnen ihre Widerstandsleistung abzuerkennen[28]. Dazu wurden selbst zugestandene Differenzierungen[29] innerhalb der Teilnehmer und „Kreise" genutzt. „Es wäre ein Fehler", so Ackermann 1947, „die Opfer des 20. Juli aus den Reihen der Gewerkschafter und Sozialdemokraten mit der Militärgruppe oder mit Popitz und Goerdeler auf eine Stufe zu stellen. Vor allen Dingen muß über Genossen wie Leuschner festgestellt werden, daß sie zum bewußten und unversöhnlichen antifaschistischen Lager gehörten und sich im Unterschied zu vielen anderen ehemaligen sozialdemokratischen und Gewerkschaftsführern nicht auf eine Abwartehaltung beschränkten, sondern jahrelang eine geschickte aktive illegale Arbeit leisteten[30]."

Seit 1947 gerieten auch die Sozialdemokraten innerhalb der Bewegung des 20. Juli 1944 zunehmend ins Zentrum der Kritik. Ihnen wurden „antikommunistische und antisowjetische Überlegungen"[31] unterstellt, was durch eine generelle Abwertung des sozialdemokratischen und gleichzeitige Aufwertung des kommunistischen Widerstandes motiviert war[32]. Die antisozialdemokratische Argumentation eskalierte, als Albert Norden, Mitglied des ZK der KPD und des Parteivorstandes der SED, 1949 seine Entrüstung darüber äußerte, daß sich die Sozialdemokraten an der Erarbeitung einer „profaschistisch-imperialistischen Konzeption" beteiligt hätten[33] und Otto Winzer sogar Julius Leber, der im Juni 1944 in Berlin mit Vertretern der illegalen KPD verhandelt hatte, als einen Agenten des USA-Imperialismus disqualifizierte[34]. Politischer Hintergrund dieses Vorgehens gegen die Sozialdemokratie war der seit Ende der 40er Jahre durch die SED-Führung forcierte Kampf gegen den sogenannten „Sozialdemo-kratismus". Er zielte im wesentlichen auf die Liquidierung der sozialdemokrati-schen Komponente und Tradition in der SED ab, erhielt aber auch immer wie-der neue Nahrung und Pseudo-Legitimität durch Aufdeckung von konspirativen Aktivitäten des Ostbüros der SPD innerhalb der SBZ/DDR.

Die SED vertrat den Anspruch, als Partei der einheitlichen Arbeiterklasse die führende gesellschaftliche Kraft zu sein. Der Widerstandsgeschichtsschreibung fiel damit die Aufgabe zu, dies historisch zu legitimieren und der KPD eine Art Monopolstellung zuzuweisen. Das hatte eine unwissenschaftliche Hypertrophie-rung der Rolle der KPD und des kommunistischen Widerstandes sowie die Mar-ginalisierung der anderen Parteien und Widerstandsgruppen zur Folge.

Im Zusammenhang mit dieser einseitigen Ausrichtung wurde der 20. Juli 1944 nunmehr hauptsächlich aus der Perspektive des kommunistischen Widerstandes betrachtet. Die Beteiligten am Umsturzversuch und an der Staatsstreichplanung wurden an ihrer Einstellung zur KPD, zur Sowjetunion und zum Nationalkomi-tee „Freies Deutschland" (NKFD) und an ihrer Bereitschaft gemessen, mit die-sen Kräften zusammenzuarbeiten. Danach erfolgte ihre Einschätzung als „fort-schrittlich" bzw. „progressiv" oder „reaktionär". Dagegen wehrten sich u. a. Kaiser[35] und Meißner[36]. Aber das antonymische Begriffspaar wurde bis in die 80er Jahre ein Grundschema für die Beurteilung historischer Prozesse und Per-sönlichkeiten.

Aus der zweifellos vorhandenen politischen Orientierung führender Kräfte des bürgerlich-konservativen Widerstandes auf England und die USA und ihrem Bestreben, einen Einmarsch der Roten Armee nach Deutschland durch rechtzei-tige Kriegsbeendigung zu vermeiden, wurde verallgemeinernd die Schlußfolge-rung gezogen, daß der 20. Juli eine vorherrschend antisowjetische Stoßrichtung besessen habe. Dieses Kriterium galt für manche Autoren noch bis Ende der 80er Jahre[37], obwohl bereits in den ersten Nachkriegsjahren für eine differen-zierte Einschätzung der außenpolitischen Ausrichtung der Bewegung des 20. Juli plädiert[38] und 1984 festgestellt wurde, daß das Grundmotiv der Handelnden, den Krieg zu beenden, das Entscheidende in der Bewertung sein sollte[39].

Daß die Haltung zur UdSSR ein Bewertungskriterium für den Widerstand wur-de, war sowohl Ausdruck des Bekenntnisses zum „Sozialismus" stalinistischer Prägung als auch dafür, daß der Rückgriff auf bestimmte historische Traditio-nen das Staatsbewußtsein und die außenpolitische Orientierung der DDR stützen sollten. Außerdem zeigt sich darin auch die starke Einflußkraft der Besatzungs-macht auf die Ausformung des Rezeptionsverhaltens der DDR. Hermann Weber schreibt im Zusammenhang mit der Beantwortung der Frage nach einer demokratischen Vorgeschichte der DDR, daß sich „die ‚antifaschistisch-demokratische Umwälzung' der Jahre 1945 und 1946 — von der SMAD gestattet und sogar gefördert — lediglich im Rahmen der sowjetischen Strategie vollziehen"[40] konnte. Das sowjetische Interesse in bezug auf den Umgang mit dem nationalkonservativen Widerstand wurde von verschiedenen Momenten bestimmt. Einmal ging es bei der Abqualifizierung des deutschen Widerstandes darum, die Befreierrolle der Sowjetunion, ihre Position als „Sieger der Geschichte", nicht anzutasten oder zu schmälern. Außerdem lag im Kalkül, daß Personen und Programme, die von einem starken Antikommunismus und Antisowjetismus gekennzeichnet waren, nicht als Erbe begriffen werden konnten.

Die vernichtende und teilweise sachlich falsche, direkte oder implizierte Kritik am 20. Juli wurde bis Ende der 40er Jahre durch positive Deutungen relativiert und abgeschwächt. Diese wurden von Personen vertreten, die oft aus dem persönlichen Umfeld der Akteure kamen, sie von der gemeinsamen politischen Arbeit, beruflichen Tätigkeit oder aus der Zeit des Widerstandes her kannten. Daher kann das Bild vom bürgerlich-aristokratischen Widerstand in der Gesellschaft der SBZ trotz der klaren Favorisierung der marxistisch-leninistischen Negativzeichnung als noch nicht starr und festgefügt gelten.

Außerdem fiel das politische und moralische Verdikt darüber im Gegensatz zu den nachfolgenden Jahrzehnten insgesamt gesehen „gemäßigter" aus, weil dafür im wesentlichen aufgrund der noch großen Kenntnisdefizite die Substanz fehlte.

Diese kurz skizzierten Bewertungsmaßstäbe und Urteile über den 20. Juli bildeten die Ausgangsbasis für die Beschäftigung mit dem bürgerlich-aristokratischen Widerstand. Sie behinderten die wissenschaftliche Erkenntnis noch, als schon neue Forschungsergebnisse vorlagen, und förderten so die Stagnation der Widerstandsgeschichtsschreibung der DDR auf diesem Untersuchungsgebiet sowie ihre internationale Isolierung. Nur zur sowjetischen Geschichtswissenschaft gab es aufgrund der ähnlich ausgerichteten Ideologisierung des Gegenstandes bis 1984 eine nahezu völlige Übereinstimmung in den Wertungen. Dann divergierten allerdings zeitweise die Wissenschaftsauffassungen.


*Verweigern und ausgrenzen*


Von Anfang der 50er Jahre, der hohen Zeit des Stalinismus in der DDR, bis Anfang der 60er Jahre wurde die historische und publizistische Wahrnehmung des 20. Juli verstärkt durch die zunehmende Ost-West-Konfrontation beeinflußt.

Die Wissenschaft und Publizistik dieser Jahre lebte im Prinzip von der „Auseinandersetzung" mit dem „Gegner". Dabei wurde die politische Zielrichtung verfolgt, in der Systemauseinandersetzung die DDR und ihre „führende Partei" zu legitimieren und die Integration der Bundesrepublik in das westliche Bündnissystem als eine Fortsetzung der „reaktionären", „antisowjetischen" Goerdeler-Beck-Politik zu verurteilen. Voraussetzung und Folge der polemischen Ausrichtung war, daß sich die Geschichtswissenschaft der DDR in einem viel stärkeren Maße mit dem Bild des 20. Juli in der Bundesrepublik beschäftigte[41] als das umgekehrt der Fall war. Dabei gab es später durchaus ernsthafte Untersuchungen zum bundesdeutschen Rezeptionsverhalten[42].

Als Aufhänger für die antibundesdeutsche Polemik dienten die Politik der Regierung Konrad Adenauer und Karrieren wie die von Adolf Heusinger in der Bundeswehr[43]. Gefördert wurde diese Art der „Aktualisierung" historischer Vorgänge, die lange Zeit die DDR-Geschichtsschreibung bestimmen sollten, durch den Stalinismus einerseits und die lange vorherrschende einseitige Hervorhebung der Bewegung des 20. Juli in der Bundesrepublik und die Tabuisierung des kommunistischen Widerstandes in der westdeutschen Historiographie andererseits. Die Richtlinie für den ostdeutschen Umgang mit Widerstandsgeschichte gab der Beschluß des ZK der SED über „Die wichtigsten ideologischen Aufgaben der Partei" vom Oktober 1951, in dem die Historiker wegen unzureichender ideologischer Militanz kritisiert und die „wissenschaftliche Ausarbeitung der deutschen Geschichte vom Standpunkt des Marxismus-Leninismus"[44] gefordert wurde. Diese wissenschaftspolitische Vorgabe wurde im Juli 1955 mit dem Politbürobeschluß zur „Verbesserung der Forschung und Lehre in der Geschichtswissenschaft der DDR" bekräftigt, der sich an der „Erforschung und Darstellung der revolutionären Traditionen der deutschen Arbeiterbewegung, besonders der Partei der deutschen Arbeiterklasse"[45] orientierte.

Im Zuge des konzeptionellen Nachdenkens einer sich konstituierenden marxistischen Geschichtswissenschaft wurde eine selektive Geschichtsforschung präzise vorgegeben[46]. Der 20. Juli fand dabei wie beispielsweise auch der christliche, jüdische und sozialdemokratische Widerstand nur an der Peripherie Beachtung.

Vor diesem wissenschaftlichen wie politischen Hintergrund kam die Beschäftigung mit dem 20. Juli 1944 nur langsam voran. Zunehmend widmeten sich Historiker und nicht wie bisher vorwiegend Funktionäre und Politiker der DDR dem Umsturzversuch. Sie waren an der Akademie für Staats- und Rechtswissenschaften „Walter Ulbricht" in Potsdam-Babelsberg, am Institut für Marxismus-Leninismus beim ZK der SED in Berlin oder am Institut für Deutsche Militärgeschichte der Nationalen Volksarmee in Potsdam angesiedelt. Universitäre Forschung gab es kaum.

Die Aufmerksamkeit der Autoren hatte sich allmählich von der konkreten Aktion des Hitler-Attentats auf die politische, ökonomische und soziale Programmatik des nationalkonservativen Widerstandes verlagert[47], seine richtungspolitischen Unterschiede und ideengeschichtlichen Hintergründe blieben dabei aber weitgehend verborgen. In der Tendenz brachten in diesem Zusammenhang entstandene Aufsätze keine neuen Forschungsergebnisse, weil sie, von zwei Ausnahmen abgesehen[48], nicht auf neu erschlossenem Quellenmaterial aus Archiven der DDR basierten, sondern, wie ein Blick in den Anmerkungsapparat zeigt, auf Publikationen und Quellenveröffentlichungen der Bundesrepublik zurückgriffen. So wurde bereits bekanntes Material vom marxistisch-leninistischen Standpunkt referiert. Bemerkenswert ist, daß die Forschung trotz politischer Vorgaben und ideologischer Dogmen interessante und auch in der Bundesrepublik forschungsmäßig unterbelichtete Problemkreise wie z.B. den Bereich der Kommunalpolitik Goerdelers aufgriff[49]. Doch diese Studien gelangten durch die vorherrschenden Interpretationsschematismen nicht zur vollen Ausgestaltung bzw. wurden nicht weiter verfolgt, weil sie hauptsächlich als Beleg für ohnehin getroffene abwertende Einschätzungen dienten.

Insgesamt konsolidierte sich das negative Bild von der Bewegung des 20. Juli. Der Umsturzversuch erschien immer eindeutiger als ,,antisowjetisch‘‘, ,,imperialistisch‘‘, und ,,antinational‘‘[50], bis man zum Schluß kam, daß jede nähere Untersuchung zeige, ,,daß im Zusammenhang mit den Ereignissen vom 20. Juli 1944 von antifaschistischem Kampf nicht die Rede sein kann‘‘[51].

Dennoch erfuhren paradoxerweise einzelne Personen oder Gruppierungen der Bewegung des 20. Juli eine positive Bewertung. Damit wurde die dichotomische Sicht partiell aufgehoben, indem die Trennungslinie nicht mehr zwischen den Kommunisten auf der einen Seite und den bürgerlich-aristokratischen und sozialdemokratischen Hitlergegnern auf der anderen Seite verlief, sondern letztere teilweise unter Zuerkennung der Bezeichnung ,,Antifaschisten‘‘ in das Geschichtsbild der DDR hineingeholt wurden. Das betraf neben Leuschner, Olbricht teilweise den Kreisauer Kreis, aber vor allem Stauffenberg, der zum bewußt positiv gestalteten Pendant Goerdelers gemacht wurde. Goerdeler hingegen verkörperte die Inkarnation der ,,reaktionären Spitzen der Verschwörung‘‘[52], der ,,Volksfeindlichkeit‘‘[53], des ,,Antibolschewismus‘‘ und der anfänglichen ,,profaschistischen Einstellung‘‘[54].

Im Rahmen dieser teilweisen Integration von einigen Exponenten aus dem Kreis des 20. Juli in das Geschichtsbild der DDR kam es zum Ende der 50er Jahre zu einem bis in die 80er Jahre hinein einmaligen Akt öffentlicher Würdigung. In Halberstadt, dem Geburts- bzw. Wohnort von Johannes Georg und Bernhard Klamroth, wurde eine Gedenktafel für diese beiden Mitglieder der Bewegung des 20. Juli errichtet[55]. Diese seltene Form des Gedenkens und Erinnerns gründete sich auf das Engagement der Angehörigen, war aber auch aufgrund günstiger lokaler politischer Gegebenheiten möglich.

Die ansatzweise positive Beachtung des Kreisauer Kreises[56] drückte sich darin aus, daß im Jahre 1959 die These vertreten wurde, daß die Ansatzpunkte des innen- und außenpolitischen Programms des Kreisauer Kreises für die deutsche Nachkriegsentwicklung die Schlußfolgerung gestatte, „daß die Kreisauer Reformpläne selbst unter Berücksichtigung all ihrer Schwächen und Mängel im Vergleich zu den reaktionären Plänen Goerdelers und seiner Anhänger positiver einzuschätzen sind"[57]. Das muß merkwürdigerweise trotz ähnlich lautender Befunde einer sowjetischen Historikerin aus dem Jahre 1957[58] und der obligatorischen Ausgrenzung Goerdelers offensichtlich auf starke Kritik gestoßen sein und eine Disziplinierung des Verfassers nach sich gezogen haben, denn ihm wurde ein Co-Autor zur Seite gestellt, der bereits seine Konformität gezeigt hatte. Gemeinsam schrieben sie dann, zurückgefallen in das frühere Verdikt, einen korrigierenden Aufsatz, in dem auch dem Kreisauer Kreis der Charakter einer Widerstandsgruppe abgesprochen und er als „volksfeindlich" verteufelt wurde[59]. Die Auffassungen über den Kreisauer Kreis wurden seit Mitte der 60er Jahre langsam revidiert — bis dann Ende der 70er Jahre die erste Monographie zu diesem Thema in der DDR erscheinen konnte[60].

Der VI. Parteitag der SED im Januar 1963 proklamierte den „umfassenden Aufbau des Sozialismus", was auch beinhaltete, „die sozialistische Revolution auf dem Gebiet von Ideologie und Kultur weiterzuführen"[61]. Für die Widerstandsgeschichtsschreibung bedeutete das einerseits eine noch stärkere Hervorhebung des kommunistischen Widerstandes. Andererseits brachte dies auch eine stärkere Beachtung des nichtkommunistischen Widerstandes — vorausgesetzt, daß die „führende Rolle der Partei" gewährleistet war; nahm die „sozialistische Revolution" doch für sich in Anspruch, Erbe alles Fortschrittlichen und Humanistischen zu sein. Mit dem relativen Ende des Kalten Krieges wurde die Polemik, die vor allem gegen die Bundesrepublik geführt worden war, quantitativ abgeschwächt.

In diesem Kontext begann sich seit Anfang der 60er Jahre eine eigenständige, wenigstens partiell auf Primärquellen fußende Forschung zum 20. Juli zu entwickeln, deren Träger überwiegend eine nachgerückte, jüngere Historikergene-

ration an den Hochschulen und Forschungseinrichtungen der DDR war[62]. Obwohl diese Studien hinter der Folie des in den 40er und 50er Jahren politischideologisch ausgebildeten Wertungsparadigma ansetzten, gewann das nun gezeichnete Bild vom bürgerlich-aristokratischen Widerstand an Tiefenschärfe und Sachlichkeit, ohne daß schon alle schematischen Betrachtungsweisen und kurzschlüssigen Aktualisierungen verschwunden waren[63]. Auch wurden zunehmend neue Quellen aus Archiven der DDR oder durch Zeitzeugenbefragungen erschlossen und teilweise publiziert[64]. Im Zusammenhang mit der seit 1958 einsetzenden Thematisierung und Würdigung des NKFD und des Bundes Deutscher Offiziere (BDO) wurden die alten Wertungskriterien modifiziert, weil sie die Haltung, Motivation und Entscheidung von Teilen der deutschen Generalität zum Widerstand gegen das NS-Regime nicht erklären konnten. Dies strahlte auch auf die Ehrung und Betrachtung der Männer des 20. Juli aus[65].
Während der sowjetische Einfluß in der zweiten Hälfte der 40er Jahre hinsichtlich der Ausgrenzung des bürgerlichen Widerstandes normierend wirkte, gab er jetzt mit dem Buch „20. Juli 1944. Legende und Wirklichkeit" von Danyel Melnikow, das 1962 in russischer und 1964 erstmalig in deutscher Sprache erschien, den Auftakt für die Tilgung von Fehlurteilen und Voreingenommenheit der Geschichtsforschung der DDR. Der 20. Jahrestag des Attentats im Jahre 1964 brachte dann einen gewissen Durchbruch in dieser eingeschlagenen Richtung. Sichtbar wurde das am Referat von Heinrich Scheel auf der Festveranstaltung des Nationalrates der Nationalen Front und der Arbeitsgemeinschaft ehemaliger Offiziere zum 20. Jahrestag des 20. Juli[66], an einer am Zentralinstitut für Geschichte erarbeiteten Konzeption zur Darstellung der Verschwörung[67] und an dem im Rahmen der „Geschichte der deutschen Arbeiterbewegung"[68] gegebenen ersten Gesamtüberblick über den deutschen Widerstandskampf.
1967 erschien dann die erste Stauffenberg-Biographie in der DDR[69]. Damit wurde im Prinzip wissenschaftlich eingelöst, was seit Jahren politisch eingefordert worden war und u. a. in Artikelüberschriften wie „Oberst Graf von Stauffenberg gehört uns"[70] zum Ausdruck kam. Das Buch würdigte ungeachtet der „weltanschaulichen Pflichtübungen"[71] mit großer Sachlichkeit das Handeln und die Persönlichkeiten Stauffenbergs, Moltkes und ihrer Gefährten. Die offizielle Aufnahme der Monographie rief auch Probleme hervor, so daß keine Neuauflage vorgesehen wurde. Die Kritik von Historikern des Instituts für Marxismus-Leninismus beim ZK der SED und des Zentralinstituts für Geschichte in Berlin (Ost) bemängelte vor allem, daß der Klassenkampfcharakter des Widerstandes und die führende Rolle der KPD ungenügend herausgearbeitet seien, daß die Stauffenberg-Gruppe zu sehr in die Nähe der Arbeiterbewegung

gerückt worden sei[72]. Erst 1971 konnte das Buch zum zweiten Mal aufgelegt werden. Dazu mußte aber ein längeres Schlußkapitel zur „Aktualisierung" des Themas geschrieben werden, um die Druckgenehmigung des Ministeriums für Kultur zu erhalten.

Insgesamt erfuhren die Auffassungen über den 20. Juli in den 60er Jahren in mehreren Punkten eine Korrektur. Erstens wurde die Aktion in ihrer Gesamtheit positiv als „antinazistische Tat, die objektiv auf die Beseitigung der barbarischen Herrschaftsform des deutschen Imperialismus gerichtet war", bewertet. Zweitens verwies man stärker auf die Heterogenität der Bewegung, grenzte die „reaktionären" von den „fortschrittlichen" oder „progressiven" Gruppierungen deutlicher ab und nuancierte innerhalb dieser beiden Gruppierungen die Personen und Konzepte weiter aus[73]. Die herausgearbeiteten Unterschiede zwischen den „Kreisen" trugen aber nicht zum Abbau, sondern zur weiteren Ausprägung der dichotomischen Sichtweise bei, weil sie einmal Substanz für die politische und historische Verurteilung der „Reaktionäre" boten und zum anderen die Aufwertung der Gruppen „mit überwiegend fortschrittlicher Tendenz", insbesondere der Stauffenberg-Gruppe und des Kreisauer Kreises förderte. Drittens wurde über die möglichen Ergebnisse eines geglückten Attentats reflektiert.

Das öffentliche Interesse an der Bewegung des 20. Juli war sehr groß, wie das Fernseh-Dokumentarfilmprojekt von Karl Gass über den Umsturzversuch unter dem Titel „Revolution am Telefon" zeigt. Dafür sprechen auch die für westdeutsche Verhältnisse vergleichsweise hohen Auflagenhöhen, die die Stauffenberg-Biographie mit sieben Auflagen mit insgesamt über 60 000 Exemplaren bis 1989 erreichte, und die das Kreisau-Buch mit zwei Auflagen 1978 und 1980 mit über 15 000 Exemplaren erlebte. Diese Publikationen waren immer innerhalb weniger Wochen vergriffen. Außerdem wurde Anfang der 70er Jahre in politischen Kreisen der Christlich Demokratischen Union (CDU) Pläne ventiliert, ein Stauffenberg-Denkmal in der DDR zu errichten[74]. Das ist insofern bemerkenswert, weil Stauffenberg oder ein anderer Repräsentant des bürgerlich-aristokratischen Widerstands bisher nicht zum politischen Symbol im öffentlichen Leben der DDR geworden war und das offensichtlich auch nie zur Disposition gestanden hat. Stauffenbergs Name erschien auf keinem Straßenschild in der DDR mit Ausnahme Leipzigs, wo bereits in den 40er Jahren eine Straße nach ihm benannt worden war[75].

Obwohl seit Anfang der 60er Jahre Fortschritte in der Würdigung und Darstellung des 20. Juli bei gleichzeitig wachsendem öffentlichen Interesse gemacht wurden, blieb er nach wie vor ein Randgebiet in der Geschichtsforschung der DDR. Das fand auch seinen Niederschlag in den Geschichtslehrbüchern der

536

DDR. Schließlich beschäftigten sich in den 70er Jahren nur zwei größere Arbeiten direkt mit der Problematik[76]. Sie waren das Resultat der Bemühungen einzelner Historiker. Darüber hinaus thematisierte teilweise die regionalgeschichtliche Forschung Teilnehmer des bürgerlichen Widerstandes[77]. Die Ursachen für diesen geringen Befund lagen darin, daß der nationalkonservative Widerstand nie eine Position im Zentralen Forschungsplan der Gesellschaftswissenschaften hatte, der seit den 70er Jahren existierte. Das bedeutete, daß dieses Forschungsfeld keine staatliche Förderung genoß, hatte aber auch den Vorteil, daß es weniger ideologische „Gängelei" gab und die Autoren sich etwas mehr geistigen Freiraum schaffen konnten.

Die 70er Jahre brachten eine gewisse Entkrampfung und größere Vielfalt in der Forschung, in deren Folge sich Arbeitsfelder und Methodendiskussionen ausweiteten. In der Widerstandsforschung zeigte sich, daß allmählich die durch politische Gegebenheiten bestimmte Definition des Widerstandes mit den Ergebnissen der Forschung divergierte. Es wurde immer deutlicher, daß die unterschiedlichen Widerstandsformen sowie die soziale und politische Heterogenität des deutschen Widerstandes sich nicht mit der vereinfachten These: „Der antifaschistische Widerstandskampf war seinem Wesen nach Klassenkampf zwischen der Arbeiterklasse sowie anderen Werktätigen und dem Monopolkapital"[78] vereinbaren ließ. So begannen neue Überlegungen zur Widerstandsbestimmung, in deren Ergebnis die starre Definition langsam überwunden wurde und sich ein eher dynamischer Widerstandsbegriff herausbildete[79]. Diese Entwicklung wurde durch die Arbeit an dem Werk „Deutschland im zweiten Weltkrieg"[80] gefördert. Einer angemessenen Wertung und Würdigung des 20. Juli stand aber, worauf Olaf Groehler zu Recht hinweist[81], die mangelnde Kritikfähigkeit und Scheu der Geschichtswissenschaft der DDR entgegen, Fehler und Irrtümer sowie Wandlungen und Modifikationen offen zu benennen. So wurde vielen bürgerlich-aristokratischen Widerstandskämpfern Erinnerung und Würdigung verweigert.


*Vom Verweigern zum Wiedererinnern*


In den 80er Jahren wurde die historische wie publizistische Wahrnehmung des 20. Juli von folgenden innen- und wissenschaftspolitischen Entwicklungen geprägt. Die Ende der 70er Jahre entfaltete Diskussion um Erbe und Tradition förderte ebenso wie die These von der Herausbildung einer sozialistischen deutschen Nation in der DDR, so absurd sie war, objektiv die Geschichtswissenschaft, indem die Historiker aufgefordert wurden, die deutsche Geschichte in ihrer Gesamtheit, nicht nur begrenzt auf revolutionäre und proletarische Bewegungen, zu erforschen und darzustellen. Außenpolitisch beeinflußten das Geschichtsbild und die Geschichtsschreibung der DDR die im Zusammenhang mit dem KSZE-Prozeß und den Bemühungen um Entspannung und Abrüstung in Europa entstandene Forderung nach der „Koalition der Vernunft". Historische Vorformen einer solchen Koalition der Vernunft wurden nun — nicht unumstritten[82] — in der Bewegung des 20. Juli und im Kreisauer Kreis gesehen, ihre Erforschung und Popularisierung seit 1983 gefördert.

Vor diesem politischen Hintergrund veränderte sich das Bild des 20. Juli in der Wissenschaft und Öffentlichkeit. In der Zeitschrift „Militärgeschichte" erschien im März 1984 ein Artikel zum 40. Jahrestag des Attentats unter dem bis dahin ungewöhnlichen Titel „Politischer Realismus und militärisches Verantwortungsbewußtsein. Einige geschichtliche Erfahrungen aus dem 20. Juli 1944", in dem mit Bezug auf die Beteiligten am Attentat auf Hitler erstmalig für die DDR festgestellt wurde: „Für diese Tat gebührt ihnen Hochachtung und ein ehrenvoller Platz in der Geschichte des antifaschistischen deutschen Widerstandskampfes[83]."

Um die gleiche Zeit, vom 28. Februar bis 1. März 1984, fand in Sellin auf der Insel Rügen ein internationales Kolloquium zum Thema „Der Kampf gegen den Faschismus. Aspekte — Probleme — Lehren"[84] statt, an dem Historiker beider deutscher Staaten teilnahmen. Die Bedeutung dieser Konferenz lag darin, daß damit ein erster zaghafter Durchbruch in der Aufgabe der dogmatischen Verklammerung von Antifaschismus und Antiimperialismus in der DDR erreicht wurde[85]. Er ermöglichte es, die Bewegung des 20. Juli in der Folgezeit insgesamt und vorbehaltlos in die deutsche Widerstandsgeschichte zu integrieren.

In diese Situation des Aufbruchs und der Veränderung fiel im Sommer 1984 der 40. Jahrestag des Umsturzversuchs. Aus diesem Anlaß bereiteten die Historikergesellschaft der DDR und das Zentralinstitut für Geschichte der Akademie der Wissenschaften ein Kolloquium vor — es sollte das erste dieser Art in der DDR werden —, auf dem die Stellung des 20. Juli in der Geschichte des deutschen Widerstandskampfes unter grundlegenden theoretischen und methodischen Aspekten neu erörtert werden sollte. Um den Bewegungsrahmen der Neubewertung von vornherein abzustecken und somit „Ausuferungen" auszuschließen, wurde ein Grundsatzartikel in der „Einheit" und im „Neuen Deutschland" vorausgeschickt[86]. Außerdem wurde den Historikern der DDR aus „politischen Gründen" die Teilnahme an der im Juli des Jahres stattfindenden internationalen wissenschaftlichen Konferenz zum Thema „Der Widerstand gegen den

538

Nationalsozialismus. Die deutsche Gesellschaft und der Widerstand gegen Hitler" verwehrt.

Für die Geschichtswissenschaft der DDR blieb seit 1984 die Stellung der nationalkonservativen Widerstandskämpfer zur Sowjetunion, zur KPD und zur Bewegung „Freies Deutschland" nach wie vor Maßstab für die historische Bewertung des 20. Juli[87]. Auch hatte die westdeutsche Kritik, daß der 20. Juli für die SED bleibe, was er schon immer war, „polemische Waffe und Vorwand für Agitation"[88], nicht ganz unrecht, wenn die politischen Bezüge in einigen Aufsätzen und Vorträgen herangezogen wurden[89].

Dennoch wurden wesentliche Akzente neu gesetzt und dogmatische Einengungen überwunden. Erstens erschien der Umsturzversuch eindeutig als antifaschistische Aktion[90]. „Wir würdigen nicht nur den persönlichen Einsatz der Kämpfer des 20. Juli, wir würdigen auch ihren Einsatz für die Interessen des Volkes"[91], hieß es im Hauptreferat. Zweitens verlor die These vom „volksfeindlichen" Charakter der Verschwörung ihre Wirksamkeit. Drittens rückte die Stellung, die die Bewegung des 20. Juli zu den Grundfragen der Zeit einnahm, vor allem zur Beendigung des Krieges, in den Mittelpunkt der Bewertung. Viertens erkannte man allen Teilnehmer der Verschwörung zu, daß sie Hitlergegner waren und ihr Leben eingesetzt hatten. Deshalb wurden die Fragen der Kooperation und des Methodenunterschieds gründlicher untersucht und differenzierter beurteilt[92]. Fünftens gewann die Auffassung von der Entwicklung zum Widerstand als widerspruchsvoller, prozeßhafter Vorgang spürbar an Bedeutung. Sechstens wurde vermieden, „die einzelnen Teilnehmer der Verschwörung miteinander zu vergleichen, sie hinsichtlich ihrer politischen Ziele zu werten und dem einen mehr fortschrittliche Züge zu bescheinigen als dem anderen"[93]. Damit kehrte die DDR-Geschichtswissenschaft im Prinzip zu jenen Positionen zurück, wie sie bereits 1944/45 bis 1949 bestanden hatten, wenn auch nicht als „mainstream" der Wahrnehmung.

Die Umbewertung des 20. Juli in der DDR ging nicht mit ähnlichen Prozessen in der Sowjetunion konform. Dort wurden im Gegenteil noch die alten Thesen publiziert[94], so daß die Veränderungen in der DDR zwangsläufig auf Kritik stießen[95]. Auch in diesem Punkt deuten sich Gemeinsamkeiten zur unmittelbaren Nachkriegszeit an. Neue Aspekte in der Rezeption des 20. Juli in der sowjetischen Widerstandsgeschichtsschreibung wurden erst 1987 präsentiert, 1990 schlugen sie dann voll durch[96].

Von der „neuen" Sicht der DDR auf den Umsturzversuch zeugen nicht zuletzt auch eine Reihe von Gedenkveranstaltungen im Sommer 1984. Waren Gedenkfeiern anläßlich des 20. Juli 1944 seit 1945 in der SBZ/DDR ausschließlich zu allen „runden" Jahrestagen des Ereignisses veranstaltet worden, so fanden sie seit 1984 an manchen Orten der DDR — wie in der Bornstedter Kirche in Potsdam — nun regelmäßig statt und nahmen so einen festen Platz im gesellschaftlichen Leben der DDR ein. In diesem Rahmen wurden dann Gedenktafeln oder -steine gestiftet, beispielsweise 1988 in Neustrelitz für Hans-Jürgen Graf v. Blumenthal[97], in Göhren für Ulrich Wilhelm Graf Schwerin v. Schwanenfeld[98], in Potsdam für Henning und Erika v. Tresckow[99] sowie 1989 in Lübbenau für Wilhelm Graf zu Lynar[100], in Leising für Friedrich Olbricht[101] und in Potsdam für Freiherr Kurt v. Plettenberg[102]. Die Initiatoren dieser Traditionspflege waren in der Regel die Blockparteien, die NDPD, LDPD und die CDU, die sich dem 20. Juli und seinen Akteuren seit dem Bestehen ihrer Organisationen in besonderer Weise verpflichtet fühlten. Sie hatten deshalb versucht, sich dabei eine gewisse Autonomie zu erhalten. So wurden Publikationen wie zum Beispiel die beiden Widerstands-Monographien von Kurt Finker im „Union-Verlag", dem Parteiverlag der CDU, andere aber auch im Buchverlag „Der Morgen"[103], dem Parteiverlag der LDPD, herausgegeben. Die NDPD veranstaltete anläßlich des 45. Jahrestages des 20. Juli in ihrer Zentralen Parteischule in Waldsieversdorf im Juli 1989 ein wissenschaftliches Kolloquium, das in der historischen Betrachtung des Ereignisses aber systemkonform blieb[104].

Die veränderte wissenschaftliche Wahrnehmung des nationalkonservativen Widerstandes in der DDR seit Anfang 1984 brachte fruchtbare Impulse für dessen weitere Erforschung und Popularisierung. In der Folgezeit entstanden neue wissenschaftliche Arbeiten und auch Fernseh-Dokumentarfilme[105], die für die öffentliche Ausstrahlung und Aufnahme eines veränderten Geschichtsbildes wichtig waren. Bereits ein Jahr später manifestierten sich die neu gewonnenen Resultate im „Wörterbuch zur deutschen Militärgeschichte"[106] und 1989 fanden sie dann auch endlich Eingang in die Geschichtslehrbücher[107].

Die unrevidiert gebliebenen Bewertungsmaßstäbe erschwerten aber den wissenschaftlichen Zugang zu den „reaktionären" Repräsentanten des 20. Juli wie Goerdeler, Ulrich v. Hassell und Johannes Popitz und ihre Integration in das Geschichtsbild der DDR. In bezug auf die Einschätzung Goerdelers[108] hatte sich bereits 1984 eine veränderte Sicht angebahnt[109], die 1989 deutlicher wurde[110]. Finker fragte in einem Diskussionsbeitrag auf der wissenschaftlichen Konferenz „Phänomen der Weltkriege im zwanzigsten Jahrhundert" vom 31. August bis 3. September 1989 in Berlin — die Reform- und Friedensfähigkeit bürgerlicher Persönlichkeiten in den Blick nehmend —, ob das Programm Carl Goerdelers eine bürgerliche Alternative zum Krieg sei. Dabei verwies er

540

erstmalig für die DDR-Geschichtswissenschaft auf drei methodische Ausgangspositionen, von denen sich generell eine Beschäftigung mit Goerdeler leiten lassen sollte. Erstens sollte deutlicher innerhalb der herrschenden Klasse differenziert werden, um zu einem realen Bild zu gelangen, denn Goerdeler „war nicht
schlechthin ein Vertreter der deutschen Großbourgeoisie insgesamt, sondern er
war ein politischer Vertreter bestimmter Kreise der Großbourgeoisie, wobei
hier in erster Linie der Name Robert Bosch zu nennen wäre"[111].
Zweitens wurde der bisher in der DDR üblichen Betonung der expansionisti-
schen Ziele Goerdelers entgegengesetzt, daß es in dieser Zeit in Deutschland
kaum einen bürgerlichen Politiker gegeben hätte, der diese nicht gehabt habe.
Deshalb forderte der Referent: „Wir müssen, um ihm [Goerdeler — d. Verf.]
gerecht zu werden, ihn in das gesetzmäßige Bezugssystem stellen; wir können
ihn nicht messen am Programm der KPD oder der SPD, wir müssen ihn messen
an den Politikern seiner Klasse — und da ergeben sich gegenüber den aggressiven reaktionären Kräften erhebliche Unterschiede, ja sogar in der Frage des
Krieges und des Friedens prinzipielle Gegensätze. Es genügt m. E. nicht, in den
außenpolitischen Vorstellungen Goerdelers nur eine leisere Variante imperialistischer deutscher Macht- und Expansionspolitik zu sehen, wie wir es in früheren Darstellungen vorwiegend getan haben."
Drittens wurde festgestellt, daß „auch Goerdeler mit seinen Erkenntnissen und
Schlußfolgerungen einem Wandlungsprozeß, einem Lernprozeß, unterlag, der
vor allem natürlich durch die Entwicklung der militärischen und politischen Ereignisse befördert wurde".
Damit wurden genuine Bewertungskriterien für den bürgerlich-aristokratischen
Widerstand in der DDR aufgegeben und der Weg freigelegt für eine vorbehaltlose Beschäftigung mit Repräsentanten des Widerstandes.
Im Verlauf des Jahres 1990 traten in der öffentlichen Wahrnehmung des 20. Juli
wieder primär politische Aspekte in den Vordergrund. Die Nationale Volksarmee (NVA) nahm eine neue Traditionsbestimmung hinsichtlich des Umsturzversuchs vom 20. Juli vor[112]. Als Vorboten dafür können zwei Artikel in der
„Volksarmee"[113] gelten. Am 20. Juli 1990 wurde dann in fast allen Kasernen
des 46. Jahrestages des gescheiterten Bombenattentats Stauffenbergs gedacht
und zugleich über 50 000 Soldaten neu vereidigt. Der DDR-Minister für Abrüstung und Verteidigung, Rainer Eppelmann, hob in seinem Tagesbefehl hervor:
„Bewußt aus persönlicher Überzeugung geht der Armeeangehörige die Verpflichtung ein, Befehl und Gehorsam in Übereinstimmung mit Recht und Gewissen zu bringen. Damit stehen die Angehörigen der NVA auch in der Tradition der Männer des militärischen Widerstandes gegen die nationalsozialistische

Diktatur[114]." Dieser Wandel im Traditionsverständnis der NVA blieb in der Öffentlichkeit nicht ohne Widerspruch[115]. Bedenklich war in diesem Zusammenhang die völlig unreflektierte Vereinnahmung des Ereignisses und seiner Akteure sowie der unkritische Blick auf dessen publizistische und historische Wahrnehmung in der DDR, in Sonderheit in der Armee[116]. Dabei wurde vernachlässigt, daß die Anerkennung und Würdigung des 20. Juli nicht primär das Resultat des gesellschaftlichen Umbruchs seit dem Herbst 1989 waren, sondern in der politischen und wissenschaftlichen Entwicklung der DDR seit Mitte der 80er Jahre wurzelten.

Zusammenfassend kann festgestellt werden, daß die Geschichtsschreibung und Publizistik über den 20. Juli 1944 und seine öffentliche Würdigung in der SBZ und späteren DDR mehrere Entwicklungsphasen durchlaufen hat. Sie wurden von der politischen und historischen Wahrnehmung dieses Phänomens durch die sowjetische Besatzungsmacht und die sowjetische Geschichtswissenschaft sowie durch die westlichen Besatzungsmächte und die bundesdeutsche Forschung ebenso beeinflußt, wie sie von den vorherrschenden politisch-kulturellen Tendenzen der jeweiligen Zeit und bestimmten Ansätzen und Fragestellungen der DDR-Wissenschaft geprägt wurden. Dabei differierten Intensität, Umfang und Zweckgerichtetheit der Wahrnehmung sowie die Urteile über dieses Ereignis. Die Entwicklung und der Wandel in der Rezeption kann nicht, wie sich gezeigt hat, mit dem bisherigen vereinfachten Schema vom „Erinnern und Verweigern" beschrieben werden. Sie war wesentlich vielschichtiger. In den ersten Nachkriegsjahren konkurrierten beide, das positive wie negative Interpretationsmuster, miteinander. Bald setzte sich aber die Verurteilung des Umsturzversuchs durch, die in den 50er Jahren in eigenartiger Weise aufbrach. Die Tat Stauffenbergs und einiger Beteiligten erfuhr eine positive Bewertung und wurde in das Geschichtsbild der DDR integriert. Bemühungen, weitere Teilnehmer in diesem Sinne einzuschätzen, wurden „korrigierend" unterbunden. Das nunmehr eklektische Bild vom 20. Juli gestaltete sich seit den 60er Jahren zunehmend positiver und der Kreis der „progressiven" Hitlergegner wuchs schrittweise an, bis dann Mitte der 80er Jahre die vorbehaltlose und uneingeschränkte Integration des Ereignisses und seiner Teilnehmer in das Geschichtsbild erfolgte.
Damit schloß sich in der Bewertung ein Kreis, dessen Ursprünge in der unmittelbaren Reaktion im Sommer 1944 und in den ersten Nachkriegsjahren lagen.

1 Stark überarbeitete und ergänzte Fassung eines Aufsatzes, den d. Verf. bereits veröffentlichte. Vgl. Ines Reich, Der deutsche Widerstand in der Öffentlichkeit und Wissenschaft der DDR, in: Widerstand gegen den Nationalsozialismus, hrsg. von Peter Steinbach, Bonn 1994. Zum Thema vgl. weiterhin Ines Reich/Kurt Finker, Reaktionäre oder Patrioten? — Zur Historiographie und Widerstandsforschung in der DDR bis 1990, in: Der 20. Juli 1944. Bewertung und Rezeption des deutschen Widerstandes gegen das NS-Regime, hrsg. von Gerd R. Ueberschär, Köln 1994. Dies., Der 20. Juli 1944 in der Geschichtswissenschaft der SBZ/DDR seit 1945, in: Zeitschrift für Geschichtswissenschaft, 39 (1991), H. 6, S. 533−553; Werner Bramke, Widerstandsforschung in der Regionalgeschichtsschreibung der DDR. Eine kritische Bilanz, in: Sozialismus und Kommunismus im Wandel. Hermann Weber zum 65. Geburtstag, hrsg. von Klaus Schönhoven und Dieter Staritz, Köln 1993; Olaf Groehler, Zur Geschichte des deutschen Widerstandes. Leistungen und Defizite, in: Krise — Umbruch — Neubeginn. Eine kritische und selbstkritische Dokumentation der DDR-Geschichtswissenschaft 1989/90, hrsg. von Rainer Eckert, Wolfgang Küttler und Gustav Seeber, Stuttgart 1992, S. 408−418.

2 Philipp Müller, 21 Jahre alt aus München-Neuaubing stammend, wurde bei einem Jugendtreffen am 11.5.1952 gegen Remilitarisierung und Eingliederung der Bundesrepublik in das westliche Bündnissystem in Essen von der Polizei erschossen. Er war Mitglied der KPD und FDJ.

3 Leipziger Volkszeitung vom 21.11.1991.

4 Vgl. u. a. Alexander Abusch, Irrweg einer Nation, Berlin 1947.

5 Peter Steinbach, Widerstandsforschung im politischen Spannungsfeld, in: Aus Politik und Zeitgeschichte, Wochenbeilage zur Wochenzeitschrift Das Parlament, B 28/88, S. 4.

6 Stiftung Archiv der Parteien und Massenorganisationen der DDR im Bundesarchiv, ZPA I 2/3/149.

7 Anton Ackermann, Der 20. Juli 1944 und seine Lehren. Die Hintergründe großer und zugleich tragischer Ereignisse, in: Deutsche Volkszeitung vom 20.7.1945.

8 Jakob Kaiser, Die Arbeiterschaft und der 20. Juli 1944. Mutige Männer! in: Das Volk, 20.7.945.

9 Gustav Dahrendorf, Die Lehren des 20. Juli 1944. Neue Tatsachen, in: Das Volk, 20.7.5.

10 Otto Grotewohl, Wo stehen, wohin gehen wir? Weg und Ziel der deutschen Sozialdemokratie, Berlin 1945, S. 25.

11 Vgl. u. a. Neues Deutschland, 19.7.1946 und 15.1.1947; sowie Leipziger Volkszeitung, 20.7.1946 und 20.7.1949.

12 Vgl. u. a. Neue Zeit, 22.7., 29.8. und 18.11.1945, 19. und 20.7.1946, 20.7.1947, Der Morgen, 20.7.1946, 20.7. und 6.9.1949, Das Volk, 20.7.1945 und Die Union, 27.7.1946.

13 Vgl. die beiden Artikel Der 20. Juli 1944 und Die Wahrheit über den 20. Juli 1944, in: Tägliche Rundschau, 20.7.1945. Zum 20. Juli 1944 in sowjetischer Sicht vgl. Kurt Finker, Die Stellung der Sowjetunion und der sowjetischen Geschichtsschreibung zum 20. Juli 1944 in Deutschland, in: Der 20. Juli 1944 (wie Anm. 1).

14 Wilhelm Meißner, Der 20. Juli 1944: Der Anteil der Generale, in: Neues Deutschland, 11.1.1947.

15 Vgl. Zur Frage des 20. Juli, in: Tägliche Rundschau, 21.7.1945.

16 Vgl. Anton Ackermann, Legende und Wahrheit über den 20. Juli 1944, in: Einheit, 2 (1947) H. 12, S. 1172−1182.

17 Vgl. Neues Deutschland, 20.7.1947.

18 Vgl. Tägliche Rundschau, 20.7.1945.

19 Vgl. Märkische Volksstimme, 20.7.1948.

20 Vgl. Ackermann (wie Anm. 16).

21 Vgl. Tägliche Rundschau, 20.7.1946.

22 Vgl. u. a. Ackermann (wie Anm. 16).

23 Vgl. Tägliche Rundschau, 20.7.1946.

24 Ebd.

25 Vgl. u. a. Kurt Finker, Probleme des militärischen Widerstandes und des Umsturzversuches vom 20. Juli 1944 in Deutschland, in: Gegner des Nationalsozialismus. Wissenschaftler und Widerstandskämpfer auf der Suche nach historischer Wirklichkeit, hrsg. von Christoph Kleßmann und Falk Pingel, Frankfurt (Main)−New York 1980, S. 153−186.

26 Vgl. u.a. Tägliche Rundschau, 20.7.1945.

27 Vgl. Neues Deutschland, 20.7.1947.

28 Vgl. Zur Frage des 20. Juli (wie Anm. 15).

29 Vgl. Gegen die Legende vom 20. Juli 1944, in: Märkische Volksstimme, 20.7.1948.

30 Ackermann (wie Anm. 16), S. 1178.

31 Vgl. Märkische Volksstimme, 20.7.1948.

32 Vgl. Neues Deutschland, 19.7.1947.

33 Albert Norden, Die Bedeutung des 20. Juli, in: Weltbühne, 2 (1947), Nr. 13, S. 553−560.

34 Vgl. Otto Winzer, Der Friedenskampf der Kommunisten in Deutschland und die Verschwörung vom 20. Juli 1944, in: Einheit, 9 (1954), H. 7, S. 684.

35 Vgl. Kaiser (wie Anm. 8).

36 Vgl. Wilhelm Meißner, Der 20. Juli 1944: Der Anteil der Politiker, in: Neues Deutschland, 15.1.1947.

37 Vgl. Kurt Gossweiler, Der 20. Juli und die Faschismustheorie, in: Demokratie, Antifaschismus und Sozialismus in der deutschen Geschichte, hrsg. von Helmut Bleiber und Walther Schmidt, Berlin 1988, S. 296−311.

38 Vgl. Neue Zeit, 20.7.1947.

39 Vgl. Olaf Groehler/Klaus Drobisch, Der 20. Juli 1944, in: Einheit, 40 (1984), H. 7, S. 636.

40 Hermann Weber, Gab es eine demokratische Vorgeschichte der DDR? in: Gewerkschaftliche Monatshefte, 43 (1992), H. 4/5, S. 273.

41 Vgl. u. a. Wilhelm Ersil, Die Wahrheit über den 20. Juli 1944 und die Lügen der Bonner Militaristen, in: Einheit, 15 (1960), H. 7, S. 1085−1097, Hans Dress, Die Verfassungspläne Goerdelers in der Darstellung der westdeutschen Geschichtsschreibung, in: Probleme der Geschichte des zweiten Weltkrieges. Protokoll der wissenschaftlichen Tagung in Leipzig vom 25. bis 30. November 1957, Bd 2, Berlin 1958, S. 403−409.

42 Vgl. Hans Dress, Neue Tendenzen bei der Darstellung des 20. Juli 1944 in der westdeutschen Geschichtsliteratur, in: 1917−1945. Neue Probleme der Geschichte der deutschen Arbeiterbewegung in Forschung und Lehre, Protokoll der konstituierenden Tagung der Fachgruppe „Geschichte der neuesten Zeit 1917−1945" am 31.10. und 1.11.1964 in Brandenburg (Havel), Berlin 1965, S. 183−192.

43 Vgl. Joachim Hellwig/Hans Oley, Der 20. Juli 1944 und der Fall Heusinger, Berlin 1959.

44 Dokumente der SED, Bd III, Berlin 1952, S. 581.

45 Dokumente der SED, Bd V, Berlin 1956, S. 348.

46 Vgl. u. a. Leo Stern, Gegenwartsaufgaben der deutschen Geschichtsforschung, Berlin 1952.

47 Vgl. u. a. Hans Dress, Der antidemokratische und reaktionäre Charakter der Verfassungspläne Goerdelers, in: Zeitschrift für Geschichtswissenschaft, 5 (1957), H. 6, S. 1134−1159; Wilhelm Ersil, Die Drahtzieher der volksfeindlichen Verschwörung vom 20. Juli 1944 und ihre „Europa"-Pläne, in: Wissenschaftliche Zeitschrift der Deutschen

Akademie für Staats- und Rechtswissenschaften „Walter Ulbricht", 4 (1954/55), H. 5, S. 238−253; und ders., Das außenpolitische Pogramm der militärischen Verschwörung vom 20. Juli 1944, in: Deutsche Außenpolitik, 4 (1959), H. 7, S. 743−758.

48 Vgl. Axel Laise, Das Wirken Carl Goerdelers in den Jahren 1930−1936, Staatsexamensarbeit, Universität Leipzig 1962; Manfred Unger, Die „Endlösung" in Leipzig. Dokumente zur Geschichte der Judenverfolgung 1933−1945, in: Zeitschrift für Geschichtswissenschaft, 11 (1963), H. 5, S. 941−951.

49 Vgl. Hans Dress, Die Stellung der Gemeinden und Kreise im Rahmen der Verfassungspläne Goerdelers, in: Der Deutsche Imperialismus und der zweite Weltkrieg, Bd IV, Berlin 1961, S. 607−619; Laise (wie Anm. 48) und Unger (wie Anm. 48).

50 Vgl. u. a. Otto Winzer, Zwölf Jahre Kampf gegen Faschismus und Krieg. Ein Beitrag zur Geschichte der Kommunistischen Partei Deutschlands, Berlin 1955.

51 Zum Charakter der Verschwörung vom 20. Juli 1944, in: Militärwesen, 3 (1959), H. 6, S. 833.

52 Winzer (wie Anm. 34), S. 679.

53 Dress (wie Anm. 41), S. 1138.

54 Dress (wie Anm. 49), S. 608 und 612.

55 Vgl. Zwischen Harz und Bruch. Heimatzeitschrift des Kreises Halberstadt, 6 (1961), H. 9, S. 300−301; Nobert Madloch, Der 20. Juli 1944 und Halberstadt, ebd., H. 4 (1959) 7, S. 217−222.

56 Zur Rezeptionsgeschichte des Kreisauer Kreises in der DDR-Geschichtswissenschaft vgl. Kurt Finker, Der Kreisauer Kreis aus der Sicht der bisherigen DDR-Forschung, in: Deutscher Widerstand — Demokratie heute: Kirche, Kreisauer Kreis, Ethik, Militär und Gewerkschaften, hrsg. von Huberta Engel, Bonn−Berlin 1992, S. 179−202.

57 Hans Dress, Fortschrittliche und reaktionäre Tendenzen in den Reformplänen des Kreisauer Kreises, in: Der deutsche Imperialismus und der zweite Weltkrieg (wie Anm. 49), S. 606.

58 G. N. Goroskova, Die außenpolitischen Pläne der Verschwörer des 20. Juli 1944 im Lichte der westdeutschen Geschichtsschreibung, in: Protokoll der wissenschaftlichen Tagung der Kommission der Historiker der DDR und der UdSSR zum Thema „Die wichtigsten Richtungen der reaktionären Geschichtsschreibung über den zweiten Weltkrieg" in Leipzig vom 25. bis zum 30. November 1957 in zwei Bänden, Bd II, Berlin 1958, S. 389 f.

59 Hans Dress und Wilhelm Ersil, Die volksfeindliche Konzeption des Kreisauer Kreises und das nationale Rettungsprogramm der KPD, in: Staat und Recht, 9 (1960), H. 7, S. 1105−1134.

60 Kurt Finker, Graf Moltke und der Kreisauer Kreis, Berlin 1978.

61 Geschichte der Sozialistischen Einheitspartei Deutschlands. Abriß, Berlin 1978, S. 441 f.

62 Vgl. u. a. Laise (wie Anm. 48) und Unger (wie Anm. 48).

63 Vgl. u. a. Johannes Glasneck, Carl Goerdeler — Apologet der faschistischen Nah-Ost Expansion und Vorläufer des Bonner Neokolonialismus, in: Zeitschrift für Geschichtswissenschaft, 11 (1963), H. 8, 1490−1504.

64 Carl Goerdeler, Schlußbetrachtungen über die Reise Nordafrika, Vorderasien. Reisebericht vom 6. August 1939, eingeleitet von Johannes Glasneck, in: Bulletin des Arbeitskreises „Zweiter Weltkrieg", (1965), Nr. 4, S. 19−27.

65 Vgl. Stephan Wolf, Zum 14. Jahrestag des 20. Juli 1944, in: Mitteilungsblatt der Arbeitsgemeinschaft ehemaliger Offiziere, 1 (1958), Nr. 3, S. 6−11.

66 Vgl. Heinrich Scheel, Festansprache anläßlich des 20. Jahrestages des 20. Juli 1944 in Berlin, in: Mitteilungsblatt der Arbeitsgemeinschaft ehemaliger Offiziere, 7 (1964), Nr. 8, S. 3−6.

67 Konzeption zur Darstellung der Verschwörung vom 20. Juli 1944, in: Bulletin des Arbeitskreises „Zweiter Weltkrieg", (1965), Nr. 1, S. 35−46.

68 Vgl. Geschichte der deutschen Arbeiterbewegung, Bd 5, Berlin 1966.

69 Kurt Finker, Stauffenberg und der 20. Juli 1944, Berlin 1967.

70 Martin Lattmann, Oberst Graf von Stauffenberg gehört uns, in: Mitteilungsblatt der Arbeitsgemeinschaft ehemaliger Offiziere, 7 (1964), Nr. 8, S. 12.

71 Bodo Scheurig, Objektiv über Stauffenberg, in: Frankfurter Allgemeinen Zeitung, 5.9.1968.

72 Vgl. Wolfgang Schumann, Gutachten für die 2. Auflage des Buches von Kurt Finker „Stauffenberg und der 20. Juli 1944, Union-Verlag, vom 23.2.1969, Privatbesitz Finker, (Kopie im Besitz d. Verf.).

73 Konzeption zur Darstellung der Verschwörung vom 20. Juli 1944 (wie Anm. 67), S. 36, für das folgende S. 40.

74 Vgl. Brief von Kurt Finker an Werner Wünschmann, Sekretär des CDU-Hauptvorstandes, vom 2.2.1971, Privatbesitz Finker (Kopie im Besitz d. Verf.).

75 Vgl. Maoz Azaryahu, Vom Wilhelmplatz zum Thälmannplatz. Politische Symbole im öffentlichen Leben der DDR, Gerlingen 1991 (= Schriftenreihe des Instituts für Deutsche Geschichte, Universität Tel-Aviv, Bd 13), S. 197.

76 Vgl. Finker (wie Anm. 69) und Sigrid Wegner-Korfes, Der 20. Juli und das Nationalkomitee „Freies Deutschland". Aus persönlichen Unterlagen der Familie von Oberst Ritter Mertz von Quirnheim, in: Zeitschrift für Geschichtswissenschaft, 27 (1979), H. 6, S. 535−544.

77 Vgl. Helmut Arndt und Detlef Ziegs, Zur revolutionären Kommunalpolitik der KPD in den Jahren 1929/33 im Leipziger Stadtparlament, in: Jahrbuch zur Geschichte der Stadt Leipzig 1979, S. 33−55.

78 Klaus Mammach, Die deutsche antifaschistische Widerstandsbewegung 1933−1939. Geschichte der deutschen antifaschistischen Widerstandsbewegung im Inland und in der Emigration, Berlin 1974, S. 255.

79 Vgl. Werner Bramke, Der unbekannte Widerstand in Westsachsen. Zum Problem des Widerstandsbegriffs, in: Jahrbuch für Regionalgeschichte, 13 (1986), S. 220−253.

80 Vgl. Autorenkollektiv (Ltg. Wolfgang Schumann), Deutschland im zweiten Weltkrieg, Bd 1, Berlin 1974, S. 303; Bd 2, Berlin 1975, S. 578−580; Bd 3, Berlin 1979, S. 297−301; Bd 4, Berlin 1981, S. 569−571; Bd 5, Berlin 1984, S. 318−323 und Bd 6, Berlin 1984, S. 283−297.

81 Vgl. Groehler (wie Anm.1), S. 416.

82 Es gab in diesem Zusammenhang auch kritische Bemerkungen, vgl. dazu Gossweiler (wie Anm. 37), S. 308 ff.

83 Kurt Finker, Politischer Realismus und militärisches Verantwortungsbewußtsein. Einige geschichtliche Erfahrungen aus dem 20. Juli 1944, in: Militärgeschichte, 23 (1984), H. 3, S. 195.

84 Vgl. Bericht über das Kolloquium von Kurt Pätzold und Wolfgang Meinicke, in: Zeitschrift für Geschichtswissenschaft, 32 (1984), H. 8, S. 718−722.

85 Vgl. Groehler (wie Anm. 1), S. 416.

86 Vgl. Olaf Groehler und Klaus Drobisch, Der 20. Juli 1944, in: Einheit, 40 (1984), H. 7, S. 632−639, ebenso in: Neues Deutschland, 7. und 8.7.1984.

87 Vgl. u.a. Kurt Finker, Der Platz des 20. Juli 1944 in der Geschichte des deutschen antifaschistischen Widerstandskampfes, in: Wissenschaftliche Mitteilungen der Historiker-Gesellschaft der DDR, 1985, Nr. I−II, S. 19.

88 Vgl. Rhein-Neckar-Zeitung 19.7.1984.

89 Vgl. u. a. Finker (wie Anm. 83), S. 195.

90 Vgl. Groehler/Drobisch (wie Anm. 86), S. 636 und Finker (wie Anm. 83), S. 200.

91 Der Platz des 20. Juli 1944 in der Geschichte des antifaschistischen Widerstandskampfes.

Materialien des Kolloquiums vom 18. Juli 1984, veranstaltet von der Historiker-Gesellschaft der DDR und dem Zentralinstitut für Geschichte des Akademie der Wissenschaften der DDR anläßlich des 40. Jahrestages des 20. Juli 1944, in: Wissenschaftliche Mitteilungen der Historiker-Gesellschaft der DDR, 1985, Nr. I–II, S. 24.

92 Vgl. Kurt Finker, Widerstand und Geschichte des Widerstandes in der Forschung der DDR, in: Widerstand. Ein Problem zwischen Theorie und Geschichte, hrsg. von Peter Steinbach, Köln 1987, S. 104.

93 Brief von Bernhard Grabowski, Chefredakteur der Zeitung „Neuen Deutschland", an Kurt Finker vom 13.3.1984, Privatbesitz Finker (Kopie im Besitz d. Verf.).

94 Vgl. L. Bezymenskij, Anläßlich eines Jahrestages, in: Neue Zeit (Moskau, deutsche Ausgabe), Juli 1984, Nr. 30, S. 11.

95 Vgl. Tageszeitung, 20.7.1984.

96 Vgl. Finker (wie Anm. 13).

97 Vgl. Neues Deutschland, 21.7.1988.

98 Vgl. Berliner Zeitung am Abend, 20.7.1988.

99 Vgl. Neues Deutschland, 21.7.1988.

100 Vgl. Lausitzer Rundschau, 21.7.1989.

101 Vgl. Nationalzeitung, 21.7.1989 und Neues Deutschland, 21.7.1989.

102 Vgl. Brandenburgische Neueste Nachrichten, 27.11.1989.

103 Vgl. u. a. Carlheinz v. Brück, Bürger gegen Hitler. Demokraten im antifaschistischen Widerstand, Berlin 1986.

104 Vgl. Nationalzeitung, 20.7.1989.

105 Vgl. u. a.: Kurt Finker, An der Seite Stauffenbergs. Zum 100. Geburtstag von Friedrich Olbricht, in: Militärgeschichte, 27 (1988), H. 5, S. 461–463; Wolfgang Welkerling, Ein Wehrmachtsgeneral auf dem Weg zum Antifaschisten. Zur Biographie des Generals der Artillerie Fritz Lindemann, in: Zeitschrift für Geschichtswissenschaft, 37 (1989), H. 9, S. 796–811. Zu den Dokumentarfilmarbeiten vgl. u. a. Hans Bentzien, Wir haben nichts zu bereuen (1984); Rolf Schnabel, Das Attentat auf Hitler (1984); Günter Marquardt und Ulrich Teschner, Henning von Tresckow — Chef des Generalstabes oder Tod auf dem Schafott (1986); Marquardt/Jürgen Eike, General Friedrich Olbricht — ein Mann des 20. Juli 1944 (1987); Hans Bentzien/Erich Thiede, 13 Bilder über Stauffenberg (1989) und Kurt Seehafer/Jürgen Eike, Auch er wollte Hitler stürzen. Carl-Hans Graf von Hardenberg und der 20. Juli 1944 (1990).

106 Vgl. Wörterbuch zur deutschen Militärgeschichte, Berlin 1985, S. 1023–1024.

107 Vgl. Geschichte. Lehrbuch für Klasse 9, Berlin 1989, S. 188–190.

108 Zur Goerdeler-Rezeption in der DDR vgl. Ines Reich, „Lange Zeit haben wir über Goerdeler mehr geschimpft als über Goebbels." Das Bild von Carl Friedrich Goerdeler in der Wissenschaft und Öffentlichkeit der sowjetischen Besatzungszone und der DDR, in: Raum voll Leipzig, Leipzig 1994 (Arbeitsberichte des Stadtarchivs Leipzig, Neue Reihe, 1994, H. 1), S. 111.

109 Vgl. Werner Bramke, Das Vermächtnis des 20. Juli 1944, in: Leipziger Volkszeitung, 20.7.1984.

110 Vgl. Wolfgang Ebert, …eine große vaterländische Tat, in: Volksarmee, (1989), Nr. 29; Werner Fahlenkamp, Deutsche in Entscheidungssituationen, in: Der Morgen, 20.7.1989; Kurt Finker, Das Programm Carl Goerdelers — eine bürgerliche Alternative zum Krieg? (unveröffentlichter Diskussionsbeitrag auf der wissenschaftlichen Konferenz „Phänomen der Weltkriege im zwanzigsten Jahrhundert" vom 31.8. bis 3.9.1989 in Berlin (Kopie im Besitz d. Verf.).

111 Finker (wie Anm. 110), auch für das folgende.

112 Vgl. Der Tagesspiegel, 19.7.1990 und Frankfurter Allgemeine Zeitung, 20.7.1990.

113 Vgl. Ruth Krauz, „Er war fast täglich bei Stauffenberg…", und Wolfgang Ebert, …eine große vaterländische Tat, beide in: Volksarmee, (1989), Nr. 29.

114 Vgl. Brandenburgische Neueste Nachrichten, 21./22.7.1990.

115 Vgl. Neues Deutschland, 20. und 21./22.7.1990.

116 Vgl. Der 20. Juli 1944, bearb. von Kornelia Lobmeier und Volker Brunne, Berlin (Ost) 1990 (= Material zur Unterstützung der staatsbürgerlichen Bildung), S. 4.

Uta Freifrau von Aretin

# Preußische Tradition als Motiv
## für den Widerstand gegen das NS-Regime

Der 20. Juli 1944 war vor 50 Jahren, d.h. die Tat selbst und alles, was schon *vor* diesem Datum von vielen Frauen und Männern vieler Standorte, Berufe, Gesellschaftsschichten und Altersklassen geleistet wurde, ist Geschichte geworden. Und es wird immer schwieriger, der jüngeren Generation zu vermitteln, was für die Männer und Frauen geistig, physisch und ethisch schlechthin existentiell gewesen war. Mißverständnisse sind unvermeidbar, nur zu häufig werden falsche Analogien gezogen.

Es geht mir darum, einige persönliche Gedanken vorzutragen. Die Ausstellung „Aufstand des Gewissens" befand sich 1993 in der ehemaligen Kaserne des traditionsreichen Infanterie-Regiments 9 in der heutigen Henning-von-Tresckow-Straße in Potsdam. Daß aus diesem Regiment besonders viele Widerstandskämpfer hervorgegangen sind, ist schon oft gesagt worden. Daß dieses Regiment — wie kein anderes — besonders fest in preußischer Soldatentradition verwurzelt war, ist auch bekannt. Der Begriff „Preußen" ist in den letzten Monaten, zum 1000. Geburtstag von Potsdam, überstrapaziert worden: Preußen wird beschworen, verherrlicht, beschimpft, belächelt, verketzert. Die sogenannten preußischen Tugenden — Pflichtbewußtsein, Ehrlichkeit, Toleranz, Treue, Genügsamkeit — um nur einige Beispiele zu nennen, werden immer wieder hervorgehoben.

Lassen Sie mich dazu drei Grundgedanken bringen: Das Infanterie-Regiment 9 war für seinen der Freiheit verpflichteten Geist bekannt. Diese Grundhaltung ergab sich nach dem Zeugnis vieler ehemaliger Angehöriger dieses Regiments aus einer Mischung von Elitebewußtsein und den Prinzipien preußischer Tradition. Als drittes wesentliches Element — und das kommt in vielen historischen Darstellungen meiner Meinung nach etwas zu kurz — gehörte dazu die christliche Grundhaltung. Alle diese drei Elemente sind keine Begriffe, die unsere heutige Zeit prägen. Damals war es diesen Männern — von meinem Vater möchte ich es jedenfalls behaupten — eine völlig selbstverständliche innere Haltung und Lebensauffassung.

Mein Vater, Henning v. Tresckow, äußerte einmal zu meiner Mutter: „Ich verstehe nicht, wie sich heute noch Menschen als Christen bezeichnen können, die nicht gleichzeitig wütende Gegner dieses Regimes sind. Ein wirklich überzeugter Christ kann doch nur ein überzeugter Gegner sein."

Elitebewußtsein, preußische Tradition und Handeln aus christlicher Verantwortung — der berüchtigte Tag von Potsdam zeigte, daß man diese Elemente nur zu gut mißbrauchen konnte. Die damals im März 1933 in der Garnisonkirche gefeierte Versöhnung des neuen Deutschland mit alter preußischer Tradition stand am Anfang einer Entwicklung, an deren Ende der Opfertod vieler stand, deren Leben vom Geist der Freiheit, vom Geist des Infanterie-Regimentes 9 geprägt war.

Am Tag von Potsdam spielte die Orgel der Garnisonkirche das Deutschlandlied, während die Reichswehr Salut schoß. Das Glockenspiel „Üb immer Treu und Redlichkeit" wurde auf Anordnung von Goebbels das Pausenzeichen vom Deutschlandfunk. Wie Ekkehard Klausa einmal sagte, spiegelt die Geschichte des Infanterie-Regimentes 9 ein Stück preußischer Tradition im Untergang, spiegelt die geistige Igelstellung in der ungeliebten Weimarer Republik, spiegelt die Verführbarkeit durch Hitler, die Ablehnung brauner Vulgarität und schließlich ihren Widerstand. „Am 20. Juli 1944 hat der soldatische ‚Geist von Potsdam' Hitlers ‚Tag von Potsdam' widerlegt."

In der Konferenz von Potsdam feierten die Sieger ihren Sieg über diesen Geist von Potsdam. Die Bundesrepublik wurde nach 1945 in deutlicher Abgrenzung zu dem Geist von Potsdam aufgebaut. Adenauer, konservativ-katholisch, äußerte: „Wir im Westen lehnen vieles, was gemeinhin preußischer Geist genannt wird, ab." Die Hauptstadt Bonn, mit dem Charme einer kleineren Provinzstadt, wurde Ausdruck der westlich orientierten Bundesrepublik. Sie hat sich in den bald 45 Jahren ihres Bestehens einen geachteten Platz in der Welt erworben. Allerdings hätte dieses Deutschland nie den Weg zurück in die Gemeinschaft zivilisierter, geachteter Völker gefunden ohne das Erbe der Widerstandsbewegung.

Auch die DDR, die sich ja als aus dem Geist des sozialistischen Widerstandes gegen das Dritte Reich geboren betrachtete, begann just zu dem Zeitpunkt, als sie die Aufnahme in die internationale Völkergemeinschaft anstrebte, den militärischen Widerstand mit positiver Anerkennung zu bedenken.

Waren die Werte preußischer Prinzipien (Tugenden), elitären Bewußtseins und christlichen Geistes in protestantischer Strenge nicht ohne weiteres in unsere neue Demokratie einzubringen? Waren sie durch den Mißbrauch durch das Dritte Reich so sehr in Mißkredit geraten, daß sie keinen Wert mehr an sich darstellten?

Mir geht es um die Frage, inwieweit diese Werte geeignet waren, die „große Maskerade des Bösen, die alle ethischen Begriffe durcheinanderwirbelte und wo das Böse in Gestalt des Lichts, des geschichtlich Notwendigen und sozial Gerechten erschien", wie Dietrich Bonhoeffer es nannte, zu durchschauen und dann die Konsequenzen daraus zu ziehen.

Zunächst muß man feststellen, daß das Dritte Reich gerade für den der preußischen Tradition verpflichteten Soldaten Verführerisches hatte. Es hatte die in ihren Augen erfolglose Weimarer Republik überwunden und eilte von Erfolg zu Erfolg. Aus der Reichswehr war in wenigen Jahren eine hervorragend ausgerüstete Armee entstanden. In einem Eid hatte sich die Wehrmacht an Hitler persönlich gebunden. Daß die Eidesleistung in geradezu perfider Weise den Eid auf den preußischen König kopiert hatte, wurde von vielen nicht wahrgenommen. Preußische soldatische Tradition war damals in aller Munde, und was davon echt oder unecht war, war zumindest am Tag von Potsdam nicht zu unterscheiden.

Als am Abend dieses Tages in der Wohnung meiner Eltern erregte Debatten stattfanden, in denen einige Anwesende ihre Zweifel an der Aufrichtigkeit der Hitlerschen Beteuerungen äußerten, blieb mein Vater zu diesem Zeitpunkt bei seiner Überzeugung, soeben die Geburtsstunde eines neuen nationalen Deutschland erlebt zu haben, das in der Tradition des Bismarckschen Reiches stand.

Die Morde des 30. Juni 1934 ließen aufhorchen, aber es war der Reichswehrminister General Werner v. Blomberg, der dem Führer am 2. Juli 1934 dafür dankte! Ein weiterer Anstoß zu neuer Orientierung wurde gegeben, als die dem Nationalsozialismus verpflichteten sogenannten Deutschen Christen gegen Andersdenkende ihrer Kirche ins Feld zogen. Es war für viele unfaßbar, daß der Staat, zu dem die evangelische Kirche eine enge Bindung hatte, begann, gegen Christen vorzugehen, aufrechte christliche Verkündigung zu verhöhnen, und Pfarrer, wie z.B. 1937 Pastor Martin Niemöller, ihres Bekenntnisses wegen einzusperren. Zudem war es offenkundig, daß sehr viele evangelische Bischöfe im Fahrwasser der Deutschen Christen und dem Geist des Dritten Reiches blieben. Dem setzte die Bekennende Kirche im Mai 1934 die Barmer Erklärung entgegen, in der sie sich ausdrücklich als die Kirche Gottes bezeichnete. Viele evangelische Christen wurden dadurch aufgerüttelt.

Die Bekennende Kirche wurde nach 1945 häufig als kirchliche, aktive Widerstandsbewegung interpretiert. Das beruht meiner Meinung nach auf einem Mißverständnis: Die Bekennende Kirche hatte mit ihrem Bekenntnis einen eindeutigen Trennungsstrich zu dem Geist der Deutschen Christen und dem nationalsozialistischen Geist gezogen. Sie war damit zur leidenden, verfolgten Kirche geworden, aber nicht zu einer Widerstandsbewegung, die das Regime überwinden wollte. Sie wollte der Aufgabe der Kirche nachkommen: nämlich das Wort Gottes unverfälscht verkünden und für die Aufrechterhaltung der Gemeindearbeit und der Seelsorge eintreten. Die Bekennende Kirche mußte, um genau *dieser* Aufgabe nachzukommen — wie in jedem totalitärem Regime —, Kompromisse schließen. In vielen Fällen hat sie für ihre Gemeindemitglieder Entscheidungshilfen geleistet.

In dem von mir am Beginn gebrachten Zitat meines Vaters ist nicht von der *Kirche* die Rede, sondern vom *Christen*. ,,Ein Christ``, so heißt es da, ,,kann doch nur ein überzeugter Gegner sein``. Widerstand gegen diesen widerchristlichen Unrechtsstaat zu leisten, wurde — aus protestantischem Verständnis heraus — zur Entscheidung des *einzelnen*, freien Christen. Das Erschrecken über den zutiefst unchristlichen Geist des Dritten Reichs steht bei vielen, die zum aktiven Widerstand fanden, ganz am Anfang. Und von daher war es dann möglich, die Verfälschung der vom Nationalsozialismus okkupierten preußischen Tradition zu erkennen. Preußische Tradition ohne Verankerung im evangelischen Christentum ist ein Widerspruch in sich.

Zwischen der Verpflichtung zum Handeln aus christlichem Geist, der Erkenntnis einer verfälschten preußischen Tradition und dem aktiven Widerstand, der die Beseitigung des Regimes zum Ziel hatte, war es dann noch ein weiter Weg, den ich hier ja nicht im einzelnen nachzeichnen wollte.

Ich möchte aber den dritten Gedanken, den der Elite, noch einmal aufnehmen: Die Offiziere des 9. Infanterie-Regiments fühlten sich als Elite. Sie empfanden sich als Angehörige dieses Regiments zugehörig zu einer privilegierten Kaste mit besonders hohem geistigem und moralischem Anspruch. Ihre Ablehnung der Weimarer Republik und die anfängliche Hinwendung zum Dritten Reich entsprang diesem elitären Geist — und auch der Spott, mit dem sie das militärische Gehabe der braunen Machthaber bedachten, war nicht frei von elitärem Hochmut. An den berühmten Kasinoabenden wurde offen und ohne Scheu diskutiert und kritisiert. Wolf Graf v. Baudissin meinte einmal, daß diese Abende quasi die Keimzellen des späteren Widerstandes gewesen seien. Das unbedingte Vertrauensverhältnis unter den Offizieren machte wohl in den späteren Jahren die Konspiration überhaupt nur möglich. Daß die Gegner der NS-Herrschaft nicht verraten wurden, verdankten sie, wie überall in der Wehrmacht, der Solidarität des Offizierkorps. Diese „Kameradschaft im grauen Rock" galt auch für die Nationalsozialisten unter den Offizieren. Viele Generale verweigerten sich, aber sie haben nicht denunziert.

Das Bewußtsein, Elite zu sein, war eine Seite. Auf der anderen Seite waren sie von einem ausgeprägten Verantwortungsgefühl für das eigene Volk erfüllt. Sie waren, in des Wortes bestem Sinn, echte Patrioten. Sie liebten ihr Vaterland, und es war eine elitäre Entscheidung, als sie sich zum aktiven Widerstand entschlossen, um das Schicksal Deutschlands zu wenden.

In einer Diktatur wird dem einzelnen Menschen keine höhere Bindung zugebilligt als die an den Staat. Auch der NS-Staat setzte den eigenen Nutzen, d.h. den Machthaber, absolut. Damit verlor der einzelne Mensch jeden Eigenwert, seine Nützlichkeit errechnete sich nur aus seiner Nützlichkeit für das Kollektiv. Für dieses Ziel mußte er manipulierbar werden, abgetrennt von seinen moralischen und religiösen Wurzeln. Wie sagte Hitler doch so klar: „Die Vorsehung hat mich zum größten Befreier der Menschheit vorbestimmt. Ich befreie die Menschen von dem Zwang eines Selbstzweck gewordenen Geiste, von den erniedrigenden Selbstpeinigungen einer ‚Gewissen' und ‚Moral' genannten Chimäre und von den Ansprüchen einer Freiheit, denen immer nur ganz wenige Menschen gewachsen sein können."

Mit dem Letzten hatte er recht. Aber die wenigen nahmen den Anspruch der Freiheit wahr und trafen eine Entscheidung, die nur „mit äußerster Anspannung aller moralischen Kräfte", wie Carl Goerdeler es ausdrückte, erkämpft werden konnte. Sie waren keine Ehrgeizlinge und Abenteurer, sie waren keine Berufsrevolutionäre, und weil sie es eben *nicht* waren, blieben sie ja auch zweifelnd und suchend. Durfte man den Eid brechen, durfte man das Risiko auf sich nehmen, Deutschlands Niederlage im Krieg herbeizuführen, war es nicht die Pflicht eines jeden Offiziers, den Sieg zu erringen? Durfte man einen Tyrannenmord durchführen? „Ist es nicht ungeheuerlich", sagte mein Vater einmal zu einem vertrauten Begleiter, „ist es nicht ungeheuerlich, daß sich hier zwei Obersten im Generalstab der deutschen Armee darüber unterhalten, wie sie am besten das Staatsoberhaupt umbringen können!?"

Wer aus einer Tradition kam, für die es schlechthin unvorstellbar war, daß die ganze Nation der politischen und moralischen Perversion verfallen könne, mußte erst um die Revision bis dahin fraglos selbstverständlicher Vorstellungen kämpfen, ehe er die moralisch geforderten Kosequenzen zu ziehen vermochte.

Je länger der Krieg und das Regime andauerten, desto stärker trat der Gedanke an das sichtbare Opfer, der Gedanke der Sühne hervor, das Zeichen, das gesetzt werden mußte, um Deutschland wenigstens moralisch zu rehabilitieren. Nach der Niederlage von Stalingrad im Januar 1943 war klar, daß der Krieg verloren war. Die Forderung der Alliierten nach bedingungsloser Kapitulation machte es zweifelhaft, ob ein Putsch die Situation Deutschlands verbessern könne. Es war dann die Erkenntnis der unvorstellbaren, hinter der Front begangenen Verbrechen, daß man sich vor die Pflicht gestellt sah, gegen die Zerstörung humanitärer, sittlicher und christlicher Werte ein Zeugnis zu setzen. Damit war die entscheidende Dimension erreicht, aus der sich die *Notwendigkeit* und die *Rechtfertigung* ergaben, alles zu wagen.

Dietrich Bonhoeffer formulierte das in dem Satz: „Hitler ist der Antichrist. Wir müssen daher weitergehen mit unserer Arbeit und ihn ausmerzen, einerlei ob er erfolgreich ist oder nicht."
Der Staatsstreich wurde zur Notwendigkeit, um der Welt zu zeigen, daß es ein anderes Deutschland gab, ganz gleich, wie groß oder klein die Erfolgschancen waren. Aus dem Versuch, das Schicksal Deutschlands zu wenden, wurde ein Opfergang.

Sie kennen das Zitat meines Vaters in der Botschaft an Claus Graf v. Stauffenberg:
„Jetzt wird die ganze Welt über uns herfallen und uns beschimpfen. Aber ich bin nach wie vor der felsenfesten Überzeugung, daß wir recht gehandelt haben. Ich halte Hitler nicht nur für den Erzfeind Deutschlands, sondern auch für den Erzfeind der Welt. Wenn ich in wenigen Stunden vor den Richterstuhl Gottes treten werden, um Rechenschaft abzulegen über mein Tun und Unterlassen, so glaube ich mit gutem Gewissen das vertreten zu können, was ich im Kampf gegen Hitler getan habe. Wenn einst Gott Abraham verheißen hat, er werde Sodom nicht verderben, wenn auch nur zehn Gerechte darin seien, so hoffe ich, daß Gott auch Deutschland um unsertwillen nicht vernichten wird. Niemand von uns kann über seinen Tod Klage führen. Wer in unseren Kreis getreten ist, hat damit das Nessushemd angezogen. Der sittliche Wert eines Menschen beginnt erst dort, wo er bereit ist, für seine Überzeugung sein Leben hinzugeben."

Es gibt auch von anderen viele Äußerungen, die die Bereitschaft zeigen, für einen Umsturz das Leben zu riskieren, auch wenn der Erfolg zweifelhaft geworden war. Eine Elite hatte sich aus christlicher Verantwortung zum Handeln entschlossen.

Lassen Sie mich zum Schluß noch einmal hervorheben, was mir selbst wichtig erscheint: Die Offiziere vom Infanterie-Regiment 9 — und da sehe ich meinen Vater, aber das gilt natürlich auch für andere Militärs —, mußten unter Hitler erfahren, welche verheerenden Folgen gewisse Ideen der eigenen geistigen Tradition haben konnten bzw. welchen Möglichkeiten des Mißbrauchs diese Tradition ausgesetzt war. Aus ihr hatten nicht wenige, die sich später dem Widerstand anschlossen, dem NS-Regime anfangs positiv gegenüber gestanden. Für jeden einzelnen von ihnen, der sich christliches und moralisches Empfinden bewahrt hatte, mußte dann der unheilvolle Weg der Nation zum brennenden persönlichen Problem werden. Er mußte sich fragen, welche eigenen Überzeugungen er revidieren müsse, das erforderte eine radikale geistige Auseinandersetzung mit allen erlernten Wertbegriffen. Es erwies sich, daß diese Repräsentanten preußischer soldatischer Tradition über die geistige und moralische Substanz verfügten, um die unheilvollen Teile ihres Erbes zu überwinden und aus dessem wertvollen Gut Grundlagen für einen neuen Anfang zu legen. Aus den wertvollen Prinzipien preußischer Tradition und der Bereitschaft zum Handeln aus christlicher Verantwortung brachten sie es fertig, aus eigener Kraft ein Werk des *Umdenkens* und der moralischen Erneuerung für die ganze Nation zu erbringen. Darin liegt für mich der Rang und die Bedeutung ihrer Leistung.

Erich v. Manstein sagte: „Preußische Generäle putschen nicht." Es war einer der Verschwörer aus dem Infanterie-Regiment 9, Carl-Hans Graf v. Hardenberg, der rückblickend den Kommentar dazu gab: „Wir mußten mit Allem brechen, was mit der Ehre eines preußischen Soldaten verbunden war."

Die Geschichte des Widerstandes lehrt uns, welch ungewöhnlichen Grades an geistiger Wachsamkeit und sittlicher Unbeirrbarkeit es bedarf, um das Totalitäre zu durchschauen und ihm zu widerstehen. Der Bestand unserer freiheitlichen Grundordnung kann nur erhalten werden, wenn jeder einzelne von der Unabdingbarkeit dieser Grundordnung durchdrungen ist, in der Freiheit, Recht und Menschenwürde Maßstab allen Denkens und Tuns sein müssen.

Generalmajor Fritz Fromm um 1937

*Sammlung B. Kroener*

Generaloberst Fritz Fromm um 1944

*Sammlung B. Kroener*

Generaloberst Fritz Fromm als Chef der Heeresrüstung und Befehlshaber des Ersatzheeres. Zeichnung von Arthur Ahrens, um 1943

*Gedenkstätte Deutscher Widerstand*

Der bei der handgreiflichen Auseinandersetzung mit den Verschwörern am Nachmittag des 20. Juli zerbrochene Siegelring Fromms.

*Sammlung B. Kroener*

*„Ich kannte früh des Jammers ganze Bahn —*
*ich hab gewarnt — nicht hart genug und klar!*
*Und heute weiß ich, was ich schuldig war ..."*

Albrecht Haushofer          Moabit 1944/45

Bernhard R. Kroener

## *Generaloberst Fritz Fromm und der deutsche Widerstand —*
## *Annäherung an eine umstrittene Persönlichkeit\**

Wenige Tage nach der gespenstisch verlaufenen letzten Geburtstagsfeier Hitlers
und unmittelbar vor der Einschließung Berlins durch die Rote Armee versuchten
Justizbeamte das noch vorhandene Aktenmaterial ihres Ministeriums zu vernichten. Insassen des Zuchthauses Brandenburg, die meisten von ihnen Opfer
der politischen Justiz des Nationalsozialismus, hatten den Scheiterhaufen zu errichten, auf dem das in Rauch aufging, in dessen Namen sie jahrelange Haft hatten erdulden müssen.

Aber nicht nur Aktenmaterial wurde verbrannt. Unter dem Zuruf: „Immer raus
mit dem Dreck" warfen offenbar angetrunkene Beamte zwei zur Arbeit einge-
teilten Gefangenen eine verschlossene Pappschachtel zu, die den lakonischen
Vermerk „Generaloberst Fromm" trug. Offenbar in der Hoffnung, etwas Ver-
wertbares zu finden, öffneten diese das Behältnis und erblickten die verbrannten
Überreste eines menschlichen Körpers.

Mit einer für apokalyptische Zeiten erstaunlichen Pietät überantworteten die beiden aus dem kommunistischen Widerstand stammenden Gefangenen die Aschen-
reste von Fritz Fromm nicht erneut den Flammen, sondern setzten sie mit einigen begleitenden Worten am Fuße einer großen Blutbuche im Parkgelände des
Ministeriums in einer rasch ausgescharrten Mulde bei. Nach dem Kriege wuchsen an dieser Stelle Tabakspflanzen zur Selbstversorgung der Berliner, bevor in
den siebziger Jahren das gesamte Gelände großflächig überbaut wurde[1].

Stoff für ein klassisches Drama. Wer war dieser hochrangige Offizier, an den
die Erinnerung offenbar ebenso flüchtig geworden zu sein scheint, wie dies das
Regime mit seiner sterblichen Hülle beabsichtigte? Welcher Vorwurf wog so
schwer, daß man ihn noch über den Tod hinaus mit derartiger Verachtung straf-
te? Ein Blick in die historische Forschung und die Publizistik der Bundesrepu-

blik läßt erkennen, daß selbst die öffentliche Meinung vom Lebensschicksal dieses Mannes nur am Rande Notiz genommen hat[2].

Die Repräsentanten des Dritten Reiches, die sich dem Widerstand erkennbar widersetzt hatten, vor allem, wenn sie das Kriegsende nicht erlebt oder im Rahmen der alliierten Nachkriegsprozesse zum Tode verurteilt und hingerichtet worden waren, stellten den gleichmäßig düsteren Hintergrund dar, vor dem sich der Neubeginn umso heller entfalten konnte. In dieser Situation erschien es wenig opportun, die vielfältigen Schattierungen dieses systemkonformen Hintergrundes genauer auszuleuchten. Zu leicht wäre nur weniges weiß und schwarz, vieles aber als unterschiedlichste Grautönung erkennbar geworden.

So verwundert es nicht, daß auch Fromm eigentlich nur unter dem Aspekt seines Verhaltens am Tage des Attentats auf Hitler 1944 wahrgenommen und interpretiert wurde. Auf Anordnung von Generaloberst Fritz Fromm, Chef der Heeresrüstung und Befehlshaber des Ersatzheeres, waren die führenden Vertreter des militärischen Widerstandes in der Nacht vom 20. auf den 21. Juli 1944 im Hof des Bendlerblockes erschossen worden[3].

Die Repräsentanten eines „anderen Deutschlands" hatten im Angesicht des Zusammenbruchs vor aller Welt deutlich gemacht, daß ein Tyrannenmord und ein gewaltsamer Umsturz der politischen Verhältnisse als letzte Konsequenz auch dann moralisch geboten ist, wenn der Ausgang zweifelhaft erscheint. Sie sind damit zu Ikonen einer demokratisch gewendeten bundesdeutschen Identität geworden, in deren Schatten sich aber auch jene wiederfanden, denen das Schicksal nach eigenem Empfinden eine derartige Chance versagt hatte[4].

Wie bei allen Ereignissen und Personen im Umfeld einer Verschwörung erweist sich auch im Falle Fromm das Quellenmaterial als eher dürftig. Dennoch erstaunt es, daß sich selbst die wissenschaftliche Literatur in ihrer Beurteilung der Handlungsweise Fromms nur graduell vom Urteilsspruch des Volksgerichtshofes unterscheidet, der ihn wegen Feigheit zum Tode verurteilt hatte[5]. Die verbreitetste Lesart ist die, Fromm habe aus opportunistischen Erwägungen die Verschwörer töten lassen, um sich lästiger Mitwisser zu entledigen, habe auf beiden Schultern getragen, um in jedem Falle auf der Siegerseite zu stehen[6]. Erstaunlich ist die methodische Unbekümmertheit, mit der noch heute so weitgehende Schlüsse ohne eine genaue Kenntnis der Persönlichkeit und Lebensleistung des Betroffenen gezogen werden. Während die Führungselite der Wehrmacht wie auch die herausragendsten Vertreter des deutschen Widerstandes ihre Biographen gefunden haben, ist es wenig verständlich, daß Fromm, einer der Hauptakteure des 20. Juli 1944, ausgespart worden ist und in der Literatur eher konturenlos bleibt[7].

Fast hat es den Anschein, als entzöge er sich einer leichthändigen Kategorisierung in Opfer oder Täter.

Von daher erscheint es nicht nur wissenschaftlich redlich, sondern auch historisch reizvoll, den Lebensweg von Fritz Fromm nachzuzeichnen, um damit auch sein Handeln im Kräftefeld des deutschen Widerstandes umfassender und vielleicht auch zutreffender deuten zu können.

*I.*

Als Sohn eines märkischen Pfarrers hatte der Großvater Fromms, Anfang des 19. Jahrhunderts, als königlich preußischer Steuer-Inspektor den Fuß auf eine soziale Karriereleiter gesetzt, die es ihm ermöglichte, seinen Sohn in die bürgerliche Artilleriewaffe aufnehmen zu lassen, wo dieser bis zum Generalleutnant aufstieg. Eine bürgerliche Lebensleistung im Schatten der Monarchie, eine Erfahrung, die sich auch dem 1888 geborenen Friedrich mitteilte.

Geprägt durch ein nationalkonservatives Elternhaus und aufgewachsen im wilhelminischen Reich wurden für ihn die außenpolitischen Erfolge, der technische Fortschritt und die im Gegensatz dazu gleichsam zurückgebliebenen spätfeudalen sozialen Strukturen, die gerade für die bürgerlichen Angehörigen des Offizierkorps besonders schmerzhaft spürbar waren, zu den prägenden Koordinaten seiner Sozialisation[8]. Vom Vater für die Artillerielaufbahn vorgesehen, entwickelte der hünenhafte, von Natur aus empfindsame und eher etwas linkische junge Mann fast zwangsläufig eine innere Distanz zu seiner Umgebung, eine Verschlossenheit, die ihn sein ganzes Leben begleiten sollte[9]. Bei dieser Disposition wurden die Offizierexistenz und ihr geschlossener Wertekanon für ihn zu einem Sicherheit verleihenden sozialen Regelwerk. Kein Kämpfer, entwickelte der hochbegabte Artillerist auffallende organisatorische Fähigkeiten, die ihn während des Ersten Weltkrieges in Adjutanten-, später in Generalstabsstellungen bringen sollten. Das Kriegserleben, das er zunächst in Frankreich, seit Anfang 1915 an der russischen und schließlich an der rumänischen Front kennenlernte, wurde für Fromm in mehrfacher Hinsicht prägend. Der industrialisierte Massenkrieg ließ ihn rasch die von Jahr zu Jahr größer werdende Kluft zwischen einer adelig elitären Elite von Berufsmilitärs, die das Offiziersein primär als geburtsständische Qualität und nicht als erlernbare Tätigkeit ansahen, und der Masse bürgerlicher Reserveoffiziere und Soldaten erkennen[10]. Der Zusammenbruch erschien dem jungen Hauptmann daher primär als Zusammenbruch einer Monarchie, die die materiellen und seelischen Ressoucen des Reiches nicht hatte mobilisieren können.

Der Erfahrungshorizont von Fritz Fromm unterschied sich nur unwesentlich von dem seiner Kameraden, die, wie er, das Glück hatten, in die Reichswehr übernommen zu werden. Im Unterschied zu den meisten von ihnen, konnte der Organisationsfachmann Fromm sein Talent vom ersten Tage an unter Beweis stellen. Er sah seine Aufgabe in erster Linie darin, der Reichswehr, als Garant eines in Zukunft wiederzuerlangenden Großmachtstatus, auch unter extrem ungünstigen Voraussetzungen jede nur mögliche Handhabe zu verschaffen. Dieser Zielsetzung, die nichts anderes als die gewaltsame Revision der Ergebnisse von Versailles bedeutete, widmete er sich in wechselnden Funktionen, die ihn vom „Grenzschutz Ost" in Frankfurt/Oder über das Wehrkreiskommando III (Berlin)[11] in geheimer Mission in die Sowjetunion führten, ebenso wie als Haushaltsreferent des Reichskriegsministeriums im Reichstag sowie als Mitglied der deutschen Delegation bei den Genfer Abrüstungsverhandlungen[12]. Wie sehr seine politisch-militärischen Vorstellungen die communis opinio der Reichswehrführung widerspiegelten, beweist Fromms spannungslose Zusammenarbeit mit so unterschiedlichen Charakteren wie Fritsch, Hammerstein, Schleicher, Blomberg und Brauchitsch.

Die Machtübernahme des Nationalsozialismus erschien ihm zunächst als Ausdruck einer nationalen Revolution, die geeignet war, die bisherigen parlamentarischen Beschränkungen der Aufrüstung aufzuheben und einen technologischen Modernisierungsschub herbeizuführen[13]. Indem Hitler eine als „Wiederwehrhaftmachung" apostrophierte gesellschaftliche Militarisierung propagierte, versprach er die materielle und ideologische Voraussetzung der als unvermeidlich angesehenen Auseinandersetzung mit den Siegermächten von Versailles herzustellen. Wie die Masse der Reichswehroffiziere blieb auch Fromm zunächst in der Vorstellung befangen, im Kräfteparallelogramm des neuen Reiches sei die Armee der stärkere Partner[14]. Eine Annahme, die durch die Entmachtung der SA, des gefährlichsten Konkurrenten, an der Fromm durch logistische Unterstützung mitgewirkt hatte, noch bestätigt zu werden schien[15].

Mit der Ermordung von Schleicher, dessen Volksheervorstellungen er eher geteilt hatte als die Führerheerkonzeption Seecktscher Prägung, begann seine Begeisterung für die nationale Revolution, wohl früher als bei anderen führenden Vertretern der Wehrmacht, zu schwinden[16]. Seine wachsenden Zweifel am nationalsozialistischen Regime und dessen menschenverachtende Politik ordnete er jedoch bis zu einem gewissen Grade seiner grundsätzlichen programmatischen Zielsetzung, der Aufrüstung des Heeres, die in den folgenden Jahren von ihm maßgeblich bestimmt wurde, unter. In einer umfangreichen Denkschrift legte Fromm, in seiner Eigenschaft als Chef des Allgemeinen Heeresamtes, bereits im August 1936 dem Oberbefehlshaber des Heeres die Frage vor, ob bei der politischen Führung des Reiches die feste Absicht bestehe, „die Wehrmacht zu einem bestimmten schon festgelegten Zeitpunkt einzusetzen oder nicht". Die rasante, primär an politischen und militärisch-strategischen Prämissen orientierte Aufrüstung lief zunehmend Gefahr, die bestehende Friedenswirtschaft und damit die ökonomische Leistungsfähigkeit des Reiches insgesamt zu überfordern. Als erster Spitzenmilitär hatte er erkannt, daß am Ende der Aufrüstungsphase die Wehrwirtschaft in eine Kriegswirtschaft überführt werden mußte. Anderenfalls riskierte die Führung des Reiches den Kollaps der durch die unmittelbaren und mittelbaren Rüstungsaufträge ausgelasteten Volkswirtschaft. Die dem Prozeß einer forcierten Aufrüstung innewohnende Dynamik mußte zwangsläufig in einen militärischen Konflikt einmünden, auf den das Heer weder hinsichtlich der inneren Kohärenz der Verbände noch hinsichtlich seiner Ausbildung und kriegsmäßigen Bevorratung eingestellt war[17]. Fromm war sich dieses Dilemmas früher als Beck bewußt geworden[18]. Im Unterschied zu jenem sah er aber in den folgenden Jahren keine Möglichkeit, seinen Rücktritt zu provozieren, zumal der Oberbefehlshaber des Heeres, Generaloberst v. Fritsch, die Ansichten Becks unterstützte. Als Ventil erschienen ihm seine zunehmend pessimistischeren Lagebeurteilungen, mit denen er nicht hinter dem Berg hielt. Daß sie den Angehörigen des diplomatischen Korps in Berlin bekannt wurden, hat er zweifellos billigend in Kauf genommen, ob er sie aus politischen Erwägungen bewußt ausgestreut hat, läßt sich nur vermuten[19].

Die Wiederwehrhaftmachung des Reiches als Voraussetzung der dem Reich naturgemäß zukommenden Weltmachtrolle, als Fundament seiner innenpolitischen Schlüsselrolle im autoritären Führerstaat, war für Fromm wie für die gesamte militärische Elite des Dritten Reiches eine selbstverständliche Position. Auch eine gewaltsame Auseinandersetzung um die im Westen und Osten verlorenen Territorien und eine ferne Abrechnung mit dem als Drahtzieher der Novemberrevolution empfundenen marxistischen System in Moskau ordnete sich in den politischen Horizont der militärischen Führung ein[20]. Die Geschwindigkeit, mit der sich dieser Konflikt am außenpolitischen Horizont abzuzeichnen begann, versetzte die Generalität allerdings zunehmend in die Rolle des Zauberlehrlings, dem der Besen des politisch-ideologischen Hausputzes aus der vermeintlichen Kontrolle geriet. Eine militärische Niederlage, das war ihnen allen bewußt, bedeutete neben allen anderen Folgen auch ihre endgültige innenpolitische Entmachtung. Letztlich vermochte die Heeresführung nach der Fritschkrise und angesichts einer bewußt herbeigeführten Kriegsgefahr nur mehr defensiv zu reagieren[21].

Fromm, wie viele andere Militärs, sah sich in einem Dilemma gefangen, das ihn auch in den folgenden Jahren nicht mehr loslassen sollte. Hatte man sich nach dem Ersten Weltkrieg bis zum Ende der dreißiger Jahre der Wiedergewinnung der politisch-militärischen Handlungsfreiheit der Vorkriegszeit verschrieben gehabt, sah man sich nun als Steigbügelhalter eines Regimes, das leichtherzig den Weg in eine kriegerische Auseinandersetzung provozierte, die man generell zwar einkalkuliert, in der Größenordnung eines europäischen Konfliktes zu diesem Zeitpunkt aber für existentiell bedrohlich ansah. Das bedeutete für die Führungselite der Wehrmacht, soweit sie über die Tugend einer klaren Lagebeurteilung verfügte, daß man, vor dem Hintergrund eines deutlichen Verlustes von politischen Einwirkungsmöglichkeiten, nur mehr fachlich und im Rahmen der jeweiligen Kompetenzen agieren konnte. Andererseits widersprach es dem beruflichen Selbstverständnis der überwiegenden Mehrzahl der militärischen Führer, nachdem man den Weg soweit mitgegangen war und seinen Verlauf zum Teil auch aktiv mitbestimmt hatte, einen Rücktritt zu erzwingen. Die zahlreichen, interessanterweise zumeist aus den Zirkeln der Organisationsfachleute stammenden Denkschriften, die im Spätsommer 1939 vor den Risiken eines europäischen Konfliktes warnten, sprechen in dieser Richtung eine deutliche Sprache[22].

Nach Abschluß des Polenfeldzuges und im Angesicht der Auseinandersetzung mit Frankreich, dem Angstgegner der Reichswehr, erschienen Fromm Staatsstreichüberlegungen, wie realistisch sie auch immer betrieben werden mochten, als innen- wie außenpolitischer Selbstmord[23]. In seinem eigenen Befehlsbereich hatte er im Herbst 1939 erfahren können, wie rasch das Regime Positionen zu besetzen in der Lage war, die das Militär aus Unfähigkeit oder durch die Ungunst der Verhältnisse hatte räumen müssen. Im Februar 1940 offiziell zum Chef der Heeresrüstung und Befehlshaber des Ersatzheeres ernannt, mußte er bereits im März die Munitionsfertigung, einen zentralen Bereich der Heeresrüstung, an einen Vertrauten aus Hitlers unmittelbaren Umfeld abtreten. Auf dem Munitionssektor hatte sich das bewahrheitet, was Fromm und Thomas, der Chef des Wehrwirtschafts- und Rüstungsamtes, gerade hinsichtlich der militärischen Verantwortung für eine umfassende Vorbereitung der Gesellschaft für den industrialisierten Krieg immer wieder befürchtet hatten: die Zurückdrängung der militärischen Macht aus politischen Entscheidungsbereichen und ihre Reduzierung auf die eng begrenzte unmittelbare Führung des Waffenkrieges[24].

Der unerwartet rasche Sieg über Frankreich hatte für die gesamte militärische Führung, aber nicht nur für sie, geradezu katastrophale Folgen. Hitler, der militärische Dilettant, hatte ihre Befürchtungen und pessimistischen Lagebeurteilungen — wie es schien — gründlichst diskreditiert. Wollten die Militärs das innenpolitische Gewicht siegreicher Waffen nicht unnötig aufs Spiel setzen, mußten sie, unter Hinansetzung aller möglichen fachlichen Bedenken, eine durch nichts zu erschütternde Siegeszuversicht an den Tag legen. Diese Haltung fiel umso leichter, als das Bewußtsein, daß es an den Grenzen des Reiches keinen ernstzunehmenden militärischen Gegner mehr gebe, der allgemeinen Überzeugung der Wehrmachtführung entsprach. Auch der Chef der Heeresrüstung machte in dieser Hinsicht keine Ausnahme[25]. Der Eindruck, den Ulrich v. Hassell bereits im Frühjahr 1940 gewann, daß auch Fromm, dem man bisher ein gewisses Augenmaß für die Realitäten des Krieges nachgesagt hatte, ebenfalls „vom wilden Kriegsknecht gebissen" sei, dürfte durchaus zutreffend gewesen sein[26]. Im Juli 1940 nahm der Chef der Heereerüstung in Anwesenheit des Gauleiters von Berlin, Joseph Goebbels, am Brandenburger Tor den Vorbeimarsch der aus Frankreich zurückkehrenden Truppen ab. Im Bewußtsein des militärischen Sieges drängte Fromm den Vertreter des Regimes öffentlich in eine untergeordnete Position, die durch die physische Ungleichheit der beiden Männer gleichsam publikumswirksam unterstrichen wurde[27]. Goebbels hat diesen Affront nie vergessen. Aber noch einen weiteren unversöhnlichen Gegner schuf sich Fromm im Sommer 1940. Hitler, in der Erkenntnis, daß der geplante Krieg gegen die Sowjetunion in erster Linie eine Frage militärischer Organisation sein werde, informierte Ende Juli 1940 zunächst den Chef der Heeresrüstung von seinen Angriffsabsichten[28]. Dieser Vertrauensbeweis dem „starken Mann im Heimatkriegsgebiet" gegenüber, der gleichzeitig auch der Verantwortliche für das gesamte personelle Ersatzgeschäft der Wehrmacht war, ließ den Chef des Oberkommandos der Wehrmacht, Generalfeldmarschall Wilhelm Keitel, seine ungefestigte Postion als militärischer „Sekretär" des Führers und Obersten Befehlshabers besonders deutlich bewußt werden. Keitel hat dann auch in den folgenden Monaten keine Gegenheit ausgelassen, Fromms Zusicherung Hitler gegenüber, er könne die Aufrüstung des Heeres für den Ostkrieg bis zum Sommer 1941 sicherstellen, vorausgesetzt das OKW weise ihm die erforderlichen materiellen und personellen Ressoucen termingerecht zu, zu torpedieren[29]. Im Sommer 1940 stand Fromms Stern im Zenit.

Ein Jahr später erkannte er, früher als die anderen militärischen Führer, daß nach dem Scheitern des Vabanquespiels im Osten der Krieg nicht mehr zu gewinnen war. In einem mutigen Schritt, der den späteren Vorwurf des Opportunismus zumindest fragwürdig erscheinen läßt, trug er Ende Oktober 1941, also noch vor Beginn der russischen Gegenoffensive, dem Oberbefehlshaber des Heeres seine Bedenken vor und forderte diesen auf, Hitler zu einer politischen Beendigung des Krieges aus der augenblicklichen Position militärischer Stärke heraus zu veranlassen[30]. Brauchitsch, der zu diesem Zeitpunkt Fromms pessimistische Lagebeurteilung keineswegs teilte, der sich zudem seiner zunehmend schwächer werdenden Position durchaus bewußt war, hat diese Demarche offensichtlich nicht weiter verfolgt. Wenige Wochen später wandte sich Hitler mit der Aufforderung an Fromm, der unter dem Druck der Roten Armee weichenden Ostfront den dringend benötigten Ersatzbedarf zuzuführen[31]. Der Befehlshaber des Ersatzheeres befand sich damit in einer kritischen Position. Einerseits verstärkten sich seine Bedenken hinsichtlich des weiteren Verlaufs des Krieges, anderseits vermochte er sich sich nicht aus der Verantwortung zu lösen, alles zur Unterstützung der Ostfront in die Wege zu leiten. Seine Unentbehrlichkeit als militärischer Organisationsfachmann bewahrten ihm, zumindest bis zum Spätsommer 1942, seinen Einfluß bei Hitler. Gegen alle Voraussagen schien die begrenzte deutsche Offensive im Süden der Ostfront noch einmal Raum zu gewinnen, schien es zu gelingen, die sowjetischen Erdölgebiete im Kaukasus zu besetzen. Doch bereits im August 1942 ließ eine wachsende materielle und personelle Auszehrung des Ostheeres keinen Zweifel daran, daß selbst bei Erreichen der gesteckten Operationsziele die Kraft zu einem vollständigen Niederringen des sowjetischen Gegners fehlen würde. Ende November 1942, ein Jahr nach seinem Vortrag bei Brauchitsch, versuchte Fromm mit einer erneuten Denkschrift an den Oberbefehlshaber des Heeres, jetzt war es Hitler selbst, eine deutsche Friedensinitiative herbeizuführen[32]. Mit diesem Schritt hatte sich der Chef der Heeresrüstung in den Augen des Regimes als unzuverlässig diskreditiert. Selbst Speer, der Fromm als einen der wenigen Militärs schätzen gelernt hatte, der über den engen Rahmen seines Fachgebietes hinaus gesamtpolitische und wirtschaftliche Zusammenhänge in militärische Lagebeurteilungen einzubringen vermochte, gelang es nicht mehr, Fromm zu einem Vortrag mitzunehmen[33]. Der Verlust des unmittelbaren Zuganges zu Hitler markiert augenfällig den massiven Einflußverlust, den der Chef der Heeresrüstung und Befehlshaber des Ersatzheeres hatte hinnehmen müssen. Während Goebbels im Winter 1942/43 Hitler erneut für sein Konzept eines totalen Krieges zu begeistern suchte, gewann der Chef OKW mit seinem Eintritt ins Dreimännergremium neben Lammers und Bormann eine Schlüsselstellung im Verteilungskampf der personellen Ressourcen in der zweiten Kriegshälfte[34].

Für Fromm verband sich das offensichtliche Scheitern seines Lebenswerkes mit einer persönlichen Katastrophe. Im November 1942 fiel sein einziger Sohn an der Ostfront[35]. Seit Anfang 1943 scheint er resigniert zu haben, häuften sich die beruflichen Mißerfolge, verstärkte sich auch seine Entmachtung[36]. Bereits 1942 hatte er in einer auch von ihm als fair empfundenen Absprache Speer weite Bereiche der Heeresrüstung unterstellt[37]. Im Januar 1943 erfuhr er mit der Ernennung Guderians zum Inspekteur der Panzertruppen einen entscheidenden Einbruch in den Bereich des Ersatzheeres[38]. Wenig später erfolgte mit der Errichtung des Wehrmachtersatzamtes unter der Leitung von General Friedrich Olbricht eine erneute Schmälerung seines Einflusses[39]. Gleichzeitig wuchsen Fromms Rivalitäten mit den verschiedenen Ämtern des OKW, die seine Schwächung zur Arrondierung ihrer Befehlsbereiche zu nutzen verstanden. So suchte der Chef des Heeresstabes im OKW, General Walter Buhle, im Ausbildungssektor des Heeres Fuß zu fassen, während der Chef des Allgemeinen Wehrmachtamtes, General Hermann Reinecke, dem zunehmend als politisch unzuverlässig eingestuften Fromm die Aufsicht über die wehrgeistige Rüstung im Ersatzheer zu entwinden suchte[40].

Goebbels, aber auch Bormann und schließlich Himmler suchten 1943 verstärkt nach Möglichkeiten, Fromm zu ersetzen, scheiterten aber an der Unmöglichkeit, eine personelle Alternative zu der in fast zwanzig Jahren erworbenen Fachkompetenz Fromms vorzuführen. In Aussicht genommene Kandidaten, die die Gewähr ideologischer Festigkeit und persönlicher Härte boten, wie etwa Generalfeldmarschall Model, scheiterten letztlich an dieser Hürde[41].

Im Laufe des Jahres 1943 dürfte Fromm den Versuch unternommen haben, den Dienst zu quittieren, wie wohl auch seine Kontakte zum Widerstand in dieser Zeit deutlichere Konturen erfahren haben.

Seine intensiven Verbindungen zu Großindustriellen der Rüstungsbranche, seine für einen Berufsmilitär erstaunlichen wirtschafts- und finanzpolitischen Kenntnisse, sein Interesse an technischen Neuerungen und vor allem seine enge Verbindung zum Heereswaffenamt machten ihn als Lobbyisten für die Industrie interessant. Außer zu Krupp-Direktor Paul Müller bestanden enge Kontakte zum Berliner Industriellenmilieu, und hier vor allem zu Geheimrat Oskar Wessig, Generaldirektor der Rheinmetall-Borsig Werke, und Hermann Bücher von der AEG. Während Wessig Fromm eine leitende Tätigkeit bei Rheinmetall in Aussicht stellte, brachte Bücher ihn mit den Industriellen zusammen, die bereits erste Überlegungen für die wirtschaftliche Zukunft des Reiches nach Hitler anstellten. Warum die Verhandlungen mit Rheinmetall-Borsig, nachdem sie offensichtlich weit gediehen waren, scheiterten, läßt sich mit letzter Sicherheit nicht mehr rekonstruieren[42]. Ein Bündel unterschiedlich zu gewichtender Motive dürfte Fromm schließlich bewogen haben, doch nicht aus dem Amt zu scheiden. Eine tragende Grundströmung stellte dabei zweifellos seine spezifische Auffassung vom Beruf des Offiziers dar. Im Angesicht einer sich immer aussichtsloser gestaltenden Kriegslage schien es ihm mit seinem Berufsethos unvereinbar, seinen Platz zu räumen. Der Schöpfer der personellen und materiellen Ersatzgestellung des Heeres wollte nicht durch einen Amtsverzicht das Scheitern seines Lebenswerkes eingestehen. Die persönlichen Motive bilden aber nur eine Seite seiner Entscheidung. Der Kampf der Partei gegen den als unzuverlässig eingeschätzten Befehlshaber des Ersatzheeres nahm im Angesicht der sich verschärfenden Kriegslage deutlichere Züge an.

Die Ausschaltung der traditionellen Elemente der öffentlichen Verwaltung und die Überlagerung ihrer Kompetenzen durch die NSDAP trat Ende 1943 in eine neue Phase. Himmler, Reichsführer SS und Chef der deutschen Polizei, hatte im Sommer 1943 den Reichsinnenminister Frick ersetzt[43]. Anfang 1944 wurde deutlich, daß Himmler eine Gelegenheit suchte, das Gewaltmonopol der Partei durch die Kontrolle auch über das 1,2 Millionen Mann starke Ersatzheer zu vervollständigen. Nachdem er schon vor dem 20. Juli den Oberbefehl über die Volksgrenadierdivisionen übertragen erhalten hatte, lieferte das Attentat auf Hitler den Gegnern Fromms in Partei und OKW die willkommene Gelegenheit, die bewaffneten Kräfte im Heimatkriegsgebiet, die das Regime in Erinnerung an die Ereignisse vom November 1918 als eine mögliche Keimzelle revolutionärer Bestrebungen ansah, ihm den militärischen Oberbefehl zu entziehen und ihn der Kontrolle der Partei zu unterstellen[44].


*II.*


Dieser intensive Blick auf die Lebensgeschichte Fromms läßt den Betrachter die von der Widerstandsforschung vorgebrachte Interpretation seines Verhaltens als unbefriedigend empfinden. Welche Rolle aber hat Fromm im Kreise der militärischen Angehörigen des Widerstandes gespielt und welche Ereignisse haben ihn zum dem barbarischen Strafgericht in der Nacht zum 21. Juli 1944 bewogen?

Der Krieg als gewaltsame Revision der durch den Versailler Vertrag geschaffenen Verhältnisse war von Fromm als historische Notwendigkeit, wenngleich zu einem späteren Zeitpunkt als 1939, akzeptiert worden. Daß das Regime aber nicht bereit war, ihn zu beenden, als die Chancen eines militärischen Sieges in weite Ferne gerückt waren und damit der Bestand des Reiches existentiell gefährdet war, zerstörte dessen Legitimität. Hier liegt der Ansatzpunkt seiner Verbindung zum Widerstand. Er blieb aber vergleichsweise schwach ausgeprägt, da Fromm die moralische Dimension eines gewaltsamen Aufbegehrens der Notwendigkeit des Erfolges unterordnete. In einem Gespräch mit Hermann Bücher legte er 1943 mit analytischer Klarheit die entscheidenden Mängel eines Putschversuches offen[45]. Ausschlaggebend war für ihn, daß es mit an Sicherheit grenzender Wahrscheinlichkeit nicht gelingen würde, die zur Zernierung und Aushebung des Führerhauptquartiers und anderer zentraler Einrichtungen des NS-Regimes notwendigen Divisionen des Heimatheeres auf die Seite der Verschwörer zu bringen. Das Wissen um die inzwischen erreichte Durchdringung des Offizierkorps mit nationalsozialistischem Gedankengut, also die Treuebeziehung, die die Truppe Hitler gegenüber entwickelt hatte, ließ ihn an der Vorstellung zweifeln, daß allein auf dem Befehlsweg der Umsturz bewerkstelligt werden könne. Eine Neuauflage der Dolchstoßlegende schien ihm unvermeidlich.

Unter dem Eindruck zunehmender Pressionen der Partei auf die Führung des Ersatzheeres und seiner eigenen schwachen Stellung glaubte er auch im Interesse seines Amtes kein unzumutbares Risiko eingehen zu dürfen. Zweifellos stimmte er seit 1943 mit den Zielen der Verschwörer überein, ihr Vorgehen wollte er aber nicht gutheißen[46]. Insofern war es nicht blanker Opportunismus, wenn er, sollte der Aufstand wider Erwarten glücken, seine loyale Mitarbeit in Aussicht stellte. In diesen Kontext fügt sich auch ein, daß er die Verschwörer in seiner Umgebung agieren ließ[47]. Den Angehörigen der zentralen Organisationsbereiche des Heeres, denen, stärker als den Soldaten der Fronttruppe, die personelle und materielle Auszehrung der Wehrmacht Tag für Tag deutlicher vor Augen stand, bedurften nach seiner Vorstellung mehr als alle anderen des Ventils einer grundsätzlichen Kritik an den Verhältnissen. Weitgehend isoliert von den Vorgängen in einzelnen Ämtern seines Befehlsbereiches glaubte Fromm bis zum Juli 1944 wohl nicht, daß ein Putsch realisiert werden könnte. Insofern hat ihn der „Walküre"-Aufruf Olbrichts just an dem Tag, an dem Fromm im Führerhauptquartier mitgeteilt wurde, daß Himmler mit dem Oberbefehl über die Aufstellung der Volksgrenadierdivisionen bereits mehr als einen Fuß im Ersatzheer hatte, in höchstem Maße alarmiert. Von innen wie von außen begann ihm die Entwicklung immer rascher zu entgleiten. Damit ist die Ausgangslage skizziert, in der sich Fromm am Nachmittag des 20. Juli 1944 befand.

*III.*

Olbrichts Meldung vom Gelingen des Attentates hat Fromm nach den Ereignissen der vorangegangenen Tage offenbar nicht mehr überrascht[48]. Es entsprach zweifellos seiner kritischen Grundhaltung gegenüber dieser Form eines Staatsstreiches, daß er sich zunächst beim Chef OKW unmittelbar informierte, ob die zentrale Voraussetzung des Umsturzes, Hitlers Tod, zutreffe. Der innere Zwiespalt, in dem sich der Befehlshaber des Ersatzheeres befand, daß er zwar den Tod Hitlers als conditio sine qua non politischer Veränderungen ansah, aber eine Tötung des Obersten Befehlshabers durch Angehörige der Wehrmacht als verhängnisvoll einschätzte, wird in der geradezu abstrusen Ansicht deutlich, die er dem Stadtkommandanten von Berlin, General v. Hase, wenige Tage vor dem Attentat gegenüber geäußert hatte. Er hoffe, Hitler werde sich angesichts der sich täglich verschlechternden militärischen Lage das Leben nehmen[49]. In dieser Aussage verbindet sich die Ansicht, daß ein Offizier durch seinen Freitod die Konsequenzen für unverantwortliches Handeln auf sich zu nehmen habe, mit der Vorstellung, daß im Falle eines Anschlages auf Hitler eine Neuauflage der Dolchstoßlegende zu erwarten sei, die bei der noch bestehenden Führergläubigkeit in Bevölkerung und Truppe bürgerkriegsähnliche Zustände entstehen lassen könnte. Erst wenn der Gegner die Reichsgrenzen überschreite, sei mit einem Umschwung in den Köpfen zu rechnen. Vielleicht hatte Fromm tatsächlich, wie er im Januar 1944 seiner Tochter gegenüber erklärt hatte, für diesen Augenblick seine Vorkehrungen getroffen[50]. Sicher scheint zu sein, daß er Ende 1943 über Mitarbeiter Pläne ausarbeiten ließ, angeblich zur Koordination unmittelbarer Hilfeleistung nach verheerenden Bombenangriffen in der Reichshauptstadt, die vollziehende Gewalt zu übernehmen. Die Absicht kam dem Gauleiter von Berlin, Goebbels, zu Ohren, der keine Zeit verlor, Fromm mitzuteilen, daß man nicht mehr in Kaisers Zeiten lebe, womit er zweifellos die damalige Kompetenz der Militärbefehlshaber im Heimatkriegsgebiet meinte[51]. Da Goebbels auch Himmler über die Pläne des BdE informiert hatte, brachte eine Auslösung der mit seiner Unterschrift versehenen „Walküre"-Befehle Fromm in allergrößte Schwierigkeiten. Kein Wunder, daß er absolut sichergehen mußte, daß Hitler tot war. Da „Walküre" nur durch Hitler selbst oder in seinem Auftrag durch den Chef OKW befohlen werden konnte, mußte Fromm zunächst Keitel bewegen, die entsprechenden Befehle freizugeben.

Man kann sich Fromms Entsetzen unschwer vorstellen, als ihm Olbricht mitteilte, was er veranlaßt hatte. Er war aber auch zutiefst erbittert über die Art und Weise, mit der ihn seine Untergebenen, mit denen er zum Teil seit Jahren eng zusammengearbeitet hatte, in dieser auch für ihn persönlich bedrohlichen Situation überspielt hatten. Er war betroffen, daß seine Position als Befehlshaber und die mit seinem Amt verbundenen Befehlsbefugnisse zu einem Unternehmen mißbraucht worden waren, von dessen Durchführung er abgeraten hatte. Die Verhaftung von Mertz v. Quirnheim war insofern aus seiner Sicht folgerichtig[52].

Keitels Versicherung, daß Hitler lebe, hatte für Fromm, zumal sie zuvor von dessen Adjutanten bestätigt worden war, so überzeugend geklungen, daß er Stauffenberg auf sein Eingeständnis hin, die Bombe gezündet zu haben, aufforderte, sich selbst zu töten[53]. An dieser Stelle wird bei Fromm erneut ein in dieser Situation anachronistisch wirkender militärischer Ehrenstandpunkt und eine entsprechende Verhaltensmaxime erkennbar. Während er seinen Untergebenen Mertz für dessen Insubordination festnehmen lassen wollte, verlangte er von Stauffenberg, dessen Haltung er innerlich billigte, den Freitod. Als Olbricht bekannte, ebenfalls den Staatsstreich vorbereitet zu haben, ordnete er auch dessen Festnahme an. Es war dann Olbricht, der Fromm darauf hinwies, daß er sich über die wahren Machtverhältnisse täusche und ihn seinerseits festnahm. Es ist auffallend, daß bis zu diesem Zeitpunkt von Standgericht und Erschießen noch keine Rede war.

Offensichtlich trat danach ein Ereignis ein, das Fromms spätere Entscheidung begründete. Als Olbricht Fromm für verhaftet erklärte, muß es zu einem Handgemenge zwischen den beiden langjährigen Weggefährten gekommen sein, in das auch Mertz und Stauffenberg eingriffen[54]. Erst durch das Dazwischentreten der Oberleutnante Ewald Heinrich v. Kleist und Werner v. Haeften, die, aus dem Vorzimmer kommend, die Waffe auf Fromm richteten, wurde der Generaloberst überwältigt[55]. In einem seiner Briefe aus der Haft schrieb Fromm an seine Frau, daß er ihr seinen Siegelring schicke, „der am 20.7. einen Sprung bekommen hat"[56]. Es muß offenbar mehr vorgefallen sein, als nur eine Rangelei oder gar eine widerstandslose Festnahme. Möglicherweise ist die Mitteilung der langjährigen Hausgehilfin der Familie Fromm zutreffend, die berichtet hatte, der Generaloberst sei bei Betreten seiner Wohnung im Bendlerblock „blutig und außer sich" gewesen[57]. Es kann nicht ausgeschlossen werden, daß Fromm während des Handgemenges so gewaltsam zugesetzt wurde, daß sein Siegelring zerbrach. Fest steht, daß die Ereignisse ihn in höchste Erregung versetzt haben. So beobachtete sein persönlicher Adjutant nach der gemeinsamen Verhaftung: „Fromm lief aufs höchste erregt und hochrot, wie ich ihn noch nie gesehen hatte, im Zimmer auf und ab und sagte immer wieder: So etwas ist ja noch nicht dagewesen, ein Offizier legt Hand an seinen obersten Befehlshaber, die deutsche Uniform ist für immer besudelt, nie wieder kann man diesen Rock in Ehren tragen, meine Offiziere Hochverräter u.s.w. Er konnte sich garnicht beruhigen[58]. " Hier liegt ganz offensichtlich der Schlüssel für den sonst völlig unverständlichen Satz, mit dem Fromm nach seiner Befreiung den Verschwörern entgegentrat: „ So, meine Herren, jetzt mache ich es mit Ihnen so, wie Sie es heute mittag mit mir gemacht haben[59]. " In diesem Sinne sind auch die nachfolgenden „standrechtlichen" Erschießungen zu verstehen. Zunächst ist festzuhalten, daß es im formalen Sinne kein Standgericht gegeben hat, da wichtige, zwingend vorgeschriebene prozessuale Elemente dieses Verfahrens nicht beachtet worden waren. Es erscheint unverständlich, daß Fromm, der in seiner Eigenschaft als Befehlshaber des Ersatzheeres auch viele Jahre Gerichtsherr der Wehrmachtkommandantur Berlin und Vorgesetzter der Heeresrechtsabteilung war, die einschlägigen Vorschriften nicht gekannt hat[60]. Der überragende Intellekt und die politische Klugheit, die ihm auch von seinen Gegnern zu keinem Zeitpunkt abgesprochen wurde, scheint ihn in diesem Augenblick völlig verlassen zu haben. Die von der Forschung hierzu angebotenen Interpretationen wirken stark konstruiert und wenig realistisch. Für blanken Opportunismus war es in diesem Augenblick ebenso zu spät wie für eine rasche Erledigung möglicher Mitwisser der eigenen Verstrickung. Daß Fromm von Umsturzplänen wußte — wie ernst er sie auch immer genommen haben mag, — war im AHA einer ganzen Anzahl weiterer Offiziere bekannt[61].

Bisher scheint man sich auch noch nicht die Frage gestellt zu haben, warum die anwesenden Verschwörer eine so unterschiedliche Behandlung erfahren haben. Hoepner wurde ins Wehrmachtgefängnis abgeführt. Im Falle von Generaloberst Beck begegnen wir zum zweiten Mal an diesem Tag dem militärischen Freitod als der ehrenhaften Form, Konsequenzen in einer als aussichtslos erkannten Lage zu ziehen[62]. Vielleicht sollte der Tod durch Erschießen nur die treffen, die unmittelbar Hand an ihren Befehlshaber gelegt hatten. Offenbar empfand Fromm seine Offizierehre durch die Vorgänge in einer Weise verletzt, die nur in dieser Form angemessene Genugtuung erfahren konnte. Hinzu kommt, und dieses Gefühl spricht auch aus seinen Briefen, die er aus der Haft an seine Frau richtete, daß er sich von seinen engsten Mitarbeitern schmählichst hintergangen fühlte.

So schrieb er etwa unmittelbar nach dem 20. Juli aus der Ehrenhaft an seine Frau: „Ich habe immer nur zwei Dinge gekannt: Meine Arbeit und Dich. Das war mein Inhalt. Nun bin ich so leer, so nutzlos. [. . .] Was ich erlebte, im Ganzen und persönlich ist so furchtbar, wie man nicht beschreiben kann. Ich werde es nie verwinden. So betrogen und mißbraucht[63]. "

570

Ohne Fromm Gelegenheit gegeben zu haben, sich zu rechtfertigen, hatte Hitler bereits am Nachmittag des 20. Juli Himmler zum Befehlshaber des Ersatzheeres ernannt, der damit in seinem Bestreben, alle staatlichen Gewaltmittel im Heimatkriegsgebiet in seiner Hand zu vereinen, endlich Erfolg hatte[64]. Für Bormann wie auch für Goebbels stand nach den Erfahrungen, die sie seit 1942 mit Fromm hatten sammeln können, fest, daß, wie Goebbels in seinem Tagebuch niederlegte: „Generaloberst Fromm nicht nur mit von der Partie gewesen, sondern das eigentliche Haupt der ganzen Verschwörung ist[65]." Insofern war die Verhaftung des Befehlshabers des Ersatzheeres, seine Entlassung aus der Wehrmacht und, im März 1945, sein Prozeß vor dem Volksgerichtshof im Sinne des Regimes folgerichtig[66]. Wieder war es Goebbels, der am 5. März 1945 in einem Vortrag bei Hitler Fromms Tod forderte. Zwei Tage später erfolgte nach erneuter Intervention von Goebbels, mit Unterstützung Himmlers und Kaltenbrunners, das gewünschte Urteil, das am 12. März 1945 auf dem Schießstand des Zuchthauses Brandenburg vollstreckt wurde[67]. Die Perfidie seiner Häscher verfolgte den ehemaligen Generaloberst noch über das Grab hinaus. Da ihm eine unmittelbare Mitwirkung am Umsturzversuch nicht nachgewiesen werden konnte, verlegte man sich auf den Vorwurf der Feigheit, der selbst den Prozeßbeobachtern der Parteikanzlei juristisch zweifelhaft erschien. Unter den mehr als zweitausend Todeskandidaten des Zuchthauses Brandenburg trug nur noch ein weiterer Delinquent dieses für einen Soldaten unerträgliche Kainsmal[68].

Fromms Haltung, die so widersprüchlich erschien, veranlaßte nach dem Krieg immer wieder Autoren zu dem Versuch, ihn durch die Zuordnung angeblicher Aussagen für die eine oder andere Seite zu reklamieren. In diesen Zusammenhang gehört auch die kolportierte Version, Fromms letzte Worte vor seiner Hinrichtung seien: „Es lebe der Führer" gewesen[69]. Auch hier stimmen die einzelnen Bruchstücke der Überlieferung nicht zusammen. Nach Verlesung des Urteils bat der ehemalige Chef der Heeresrüstung und Befehlshaber des Ersatzheeres den zuständigen Vollstreckungsbeamten um das Recht, wenige Worte sprechen zu dürfen. Wie in einem Brennglas lassen sie am Ende einer fast vierzigjährigen militärischen Karriere noch einmal die Fixpunkte seines Handelns deutlich werden: „Ich sterbe, weil es befohlen wurde. Ich habe immer nur das Beste für Deutschland gewollt." Und zu dem Erschießungspeloton aus Justizbeamten gewandt: „Machen Sie sich keine Vorwürfe; Sie tun hier nur Ihre Pflicht. Ich stehe fest, Kameraden, schießt gut, ich danke es Euch." Seine letzten Gedanken galten seiner Frau und seinen Angehörigen. Zu einem Hoch auf den Führer bestand für ihn keine Veranlassung[70]. Sein Leichnam wurde eingeäschert und dem Reichsjustizministerium überstellt. Der Kreis schließt sich.

Obwohl die wissenschaftliche Literatur zum deutschen Widerstand inzwischen Bibliotheken füllt, blieben Persönlichkeit und Schicksal Fromms bis heute weitgehend ausgeblendet.

Er war der typische Vertreter einer Gruppe älterer Offiziere, deren prägende Lebensphase durch die militärgestützte wilhelminische Weltmachtpolitik, das Fronterleben des Ersten Weltkrieges, das Trauma von 1918 sowie die politischsozialen Folgewirkungen des Versailler Friedensschlusses gekennzeichnet war. Während sie nach dem Sturz der Monarchie eine entpersonalisierte Treuebeziehung entwickelten, deren Objekt das Reich und die Wiedererlangung seiner internationalen Machtstellung war, führte das Erlebnis des Weltkrieges gerade die Kriegstechniker unter ihnen zu dem Bekenntnis, daß nur eine umfassende Mobilisierung der Gesamtgesellschaft und ihrer Ressourcen den als unabdingbar erkannten Waffengang der Zukunft würden ermöglichen können. Gleichzeitig wurden Befehl und Gehorsam als Garanten der militärischen Hierarchie und ihrer Leistungsfähigkeit nie kritisch in Frage gestellt. Fromm hat seine zweifellos mutige Kritik stets nur im Rahmen seines Dienstweges vorgetragen, dabei bewußt seine Entmachtung in Kauf genommen. Für ihn wie für viele Offiziere seiner Generation bildete der Kanon militärischer Pflichten, Befehlsstränge und Hierarchien ein Korsett, das ihnen Halt in einer Welt versprach, deren Werte ihnen zunehmend fremder wurden. Den Zusammenbruch vor Augen, hat Fromm, ähnlich wie manche der mit ihm befreundeten Industriellen, sein Augenmerk in erster Linie darauf gerichtet, im Schutze des militärischen Apparates gesamtgesellschaftliche Strukturen über die als unausweichlich angesehene Katastrophe hinüberzuretten. Als militärischer Technokrat hat er die Chancen eines gewaltsamen Umsturzes im Innern gering veranschlagt, als Offizier wog für ihn die moralisch begründete Notwendigkeit eines offenen, vielleicht zum Scheitern verurteilten militärischen Widerstandes leichter als das Odium, im Augenblick größter Bedrohung des Reiches von außen den Bürgerkrieg im Innern ausgelöst zu haben.

Weniger Mitläufer als viele andere, denen das Schicksal eine öffentliche Bewährungsprobe ersparte, hinsichtlich der Pflicht zu Widerspruch mutiger als manch anderer, blieb Fromm in seiner Haltung zum Widerstand, ähnlich wie Feldmarschall v. Kluge, gefangen in dem Verhaltenskanon einer preußisch-deutschen Offizierexistenz des ausgehenden 19. Jahrhunderts.

Seine Haltung am Abend des 20. Juli 1944 hat jedoch keinen politisch-ideologischen Hintergrund. Sie ist weder auf opportunistisches Kalkül noch auf Angst vor entdeckter Mitwisserschaft oder gar Feigheit zurückzuführen, sondern basiert auf einer als unerträglich empfundenen Demütigung, die ihm durch die gewaltsame Amtsenthebung durch seine engsten Mitarbeiter zugefügt worden war. Kein anderer hochrangiger Wehrmachtoffizier hat während des Krieges eine derartige Behandlung von seinen Untergebenen erfahren müssen. Nach jahrelanger kameradschaftlicher Zusammenarbeit erfolgte die Aufkündigung des Vertrauensverhältnisses in einer derartig gewaltsamen Form, daß es nicht nur die Vorstellungskraft Fromms, sondern wohl auch das menschlich erträgliche Maß überstieg. Der offensichtliche Zusammenbruch seines Lebenswerkes, seine auf Betreiben des Regimes erfolgte Entmachtung und schließlich eine aus mancherlei Ursachen gespeiste physische und psychische Erschöpfung haben eine Reaktion provoziert, vor deren Hintergrund die persönliche Integrität und die unbestreitbare Lebensleistung des Chefs der Heeresrüstung und Befehlshaber des Ersatzheeres für die Nachlebenden nicht mehr sichtbar werden konnten. Diese Tragik im Leben, Handeln und Sterben des Generalobersten Fritz Fromm deutlich zu machen war das Anliegen dieses Beitrages.

*Anmerkungen*

\* Der vorliegende Beitrag gibt erste Ergebnisse einer im Entstehen begriffenen Biographie über Generaloberst Fromm und die Geschichte der deutschen Heeresrüstung zwischen 1919 und 1945 wieder. Der kritische Apparat konnte daher auf das unbedingt notwendige Maß beschränkt werden.

1 Walter Hammer, Bericht über Generaloberst Friedrich Fromm, 9.9.1951, Bundesarchiv-Militärarchiv, Freiburg (BA-MA), 1/2938; Schreiben von Frau Hildegard Fromm vom 6.10.1951, Familienarchiv Fromm, Zernien, im weiteren zitiert AFr.

2 Einen vorzüglichen Überblick über die neuere Forschung und Literatur zum deutschen Widerstand bietet der von Klaus-Jürgen Müller herausgegebene Band: Der deutsche Widerstand 1933 – 1945, Paderborn ²1990, S. 214 – 215.

3 Peter Hoffmann, Widerstand Staatsstreich Attentat. Der Kampf der Opposition gegen Hitler, München-Zürich 1985, S. 624.

4 Theodor Heuss, Bekenntnis und Dank, in Gedanken zum 20. Juli 1944. Hrsg. Forschungsgemeinschaft 20. Juli, Mainz 1984, S. 36.

5 Oberkommando des Heeres, Heerespersonalamt, Nr. 12264/44 g Ag P 2/Chefgr. Ia, 23. März 1945, Mitteilung über Verurteilung und Hinrichtung von Fromm, BA-MA, Pers 6/26.

6 So noch in der jüngst erschienenen, in ihrem Urteil ansonsten abgewogenen Biographie zur General Friedrich Olbricht: Helena H. Page, General Friedrich Olbricht — Ein Mann des 20. Juli, Bonn 1992, S. 248 – 249.

7 Generalfeldmarschall Keitel. Verbrecher oder Offizier? Erinnerungen, Briefe, Dokumente des Chefs OKW, hrsg. von Walter Görlitz, Göttingen 1961; Stefan Martens, Hermann Göring „Erster Paladin des Führers" und „Zweiter Mann im Reich", Paderborn 1985; Bodo Scheurig, Alfred Jodl. Gehorsam und Verhängnis. Biographie, Berlin, Frankfurt 1977; Christian Hartmann, Halder, Generalstabschef Hitlers 1938 – 1942, Paderborn 1991; Gerd R. Ueberschär, Generaloberst Franz Halder. Generalstabschef, Gegner und Gefangener

Hitlers, Göttingen 1991; Bodo Scheurig, Henning von Tresckow, Berlin [2]1980; Peter Hoffmann, Claus Schenk Graf von Stauffenberg und seine Brüder, Stuttgart 1992.

8  AFr, Familienchronik Fromm (1985), S. 3 f.

9  Tagebuch Richard Fromm, Januar 1901, BA-MA, MSg 1/1045; Aufnahmegesuch an Wilhelm II. für Fritz Fromm, Berlin, 13.7.1906, AFr.

10  Tagebuch von Hermann Kaiser aus dem Ersten Weltkrieg. Kaiser war als junger Reserveoffizier Ordonnanzoffizier beim Artilleriekommandeur der 76. Reserve-Division. In diesem Stabe war Fromm bis 1916 Abteilungsadjutant. Im Tagebuch finden sich zahlreiche Hinweise auf kontroverse Diskussionen über die Rolle des Offizierkorps im Kriege.

11  Vorträge Fromms vor Offizieren des Wehrkreiskommandos III über Fragen von Organisation, Rüstung und Mobilmachung im Zukunftskrieg (1925), BA-MA, RH 53-3/26.

12  Unter anderem finden sich Unterlagen zu Fromms Tätigkeit als Haushaltsreferent (1930-1931) in: BA-MA, RH 1/ v. 9.

13  Akten der Reichskanzlei. Regierung Hitler 1933-1938, Bd 1, bearb. von Karl-Heinz Minuth, Boppard 1983, S. 336 ff.

14  Erinnerungen Generaloberst Wilhelm Adam, Bd III, S. 170, (1933) mss., BA-MA, N 738/3; Bernd-Jürgen Wendt, Großdeutschland. Außenpolitik und Kriegsvorbereitung des Hitler-Regimes, München 1987, S. 72.

15  Heinz Höhne, Der Orden unter dem Totenkopf. Die Geschichte der SS, Frankfurt 1969, S. 107.

16  Hermann Woothke, Augabe, Opfer und Lohn des öffentlichen Dienstes, in: Die Höhere Schule, H. 8 (1959), S. 153–155.

17  Wilhelm Deist, Die Aufrüstung der Wehrmacht, in: Das Deutsche Reich und der Zweite Weltkrieg, Bd 1: Ursachen und Voraussetzungen der deutschen Kriegspolitik, Stuttgart [2]1991, von Wilhelm Deist u.a., S. 434 f. Ausarbeitung über den Aufbau des Friedens- und Kriegsheeres vom 1. August 1936, AHA, Nr. 1790/36 gKdos. AHA Ia, BA-MA, RH 15/70.

18  Kaus-Jürgen Müller, General Ludwig Beck. Studien und Dokumente zur politisch-militärischen Vorstellungswelt und Tätigkeit des Generalstabschefs des deutschen Heeres 1933–1938, Boppard 1980 (=Schriften des Bundesarchivs 30), S. 223.

19  Vgl. hierzu die Bemerkungen Brünings in: Heinrich Brüning, Briefe und Gespräche 1934–1945, Stuttgart 1974, S. 344; ähnlich auch der Schweizer Gesandte in Berlin: Hans Frölicher, Meine Aufgabe in Berlin. Privatdruck, Bern 1962, S. 69 f.

20  Klaus-Jürgen Müller, Das Heer und Hitler, Armee und nationalsozialistisches Regime 1933–1940. Stuttgart [2]1988, Dok. 23; Jürgen Förster, Vom Führerheer der Republik zur nationalsozialistischen Volksarmee, in: Gedenkschrift Andreas Hillgruber, Deutschland in Europa Kontinuität und Bruch, hrsg. von Jost Dülffer, Bernd Martin und Günter Wollstein, Berlin 1990, S. 311–330.

21  Bernhard R. Kroener, Strukturelle Veränderungen in der militärischen Gesellschaft des Dritten Reiches, in: Nationalsozialismus und Modernisierung, hrsg. von Michael Prinz und Rainer Zitelmann, Darmstadt 1991, S. 267–296; Klaus-Jürgen Müller, Deutsche Militär-Elite in der Vorgeschichte des Zweiten Weltkrieges, in: Die deutschen Eliten und der Weg in den Zweiten Weltkrieg, hrsg. von Martin Broszat und Klaus Schwabe, München 1989, S. 226–290.

22  Georg Thomas, Geschichte der deutschen Wehr- und Rüstungswirtschaft (1918–1943/45), hrsg. von Wolfgang Birkenfeld, Boppard 1966 (= Schriften des Bundesarchivs 14), S. 10, 148, 508; Schreiben Generalmajor Carl-Erik Koehler, ehem. ChdS beim Chef HRüst u BdE an Generalmajor a.D. Dr. Kennes, ehem. Grpltr. Rü beim Stab Chef HRüst u BdE vom 27.1.1948.

23 Harold C. Deutsch, Verschwörung gegen den Krieg. Der Widerstand in den Jahren 1939−1940, München [2]1969, S. 227−228; Kurt Sendtner, Die deutsche Militäropposition im ersten Kriegsjahr, in: Vollmacht des Gewissens, Bd I, Berlin 1960, S. 385−532, S. 419 f. Hartmann (wie Anm. 7), S.168; Ueberschär (wie Anm. 7), S.41. Die Stellungnahme Fromms seinem ChdS Oberst Kurt Haseloff gegenüber, die dieser auf Anweisung Fromms in sein Diensttagebuch aufnehmen sollte, ist inzwischen im Original aufgetaucht. Tagebuchnotizen des Chef des Stabes beim Chef HRüst u BdE 1938−1944, eine kritische Edition wird zur Zeit vom Verfasser vorbereitet.

24 Rolf-Dieter Müller, Die Mobilisierung der deutschen Wirtschaft für Hitlers Kriegführung, in: Das Deutsche Reich und der zweite Weltkrieg, Bd 5/1: Organisation und Mobilisierung des deutschen Machtbereichs 1939−1941, von Bernhard Kroener u.a., Stuttgart [2]1992, S. 406 ff.; Bernhard R. Kroener, Die personellen Ressourcen des Dritten Reiches im Spannungsfeld zwischen Wehrmacht, Bürokratie und Kriegswirtschaft, ebd., S. 819 ff.

25 Bernhard R. Kroener, Der Kampf um den „Sparstoff Mensch". Forschungskontroversen über die Mobilisierung der deutschen Kriegswirtschaft 1939−1942, in: Der Zweite Weltkrieg. Analysen − Grundzüge − Forschungsbilanz, hrsg. von Wolfgang Michalka, München 1989, S. 402−417, 411.

26 Ulrich v. Hassell, Tagebucheintrag vom 23. April 1940, in: Die Hassell-Tagebücher 1938−1944, hrsg. von Friedrich Freiherr Hiller v. Gaertringen, Berlin 1988, S. 193.

27 Pressemeldungen, wie etwa im Völkischen Beobachter vom 17.7.1940, S. 3; vom 20.7.1940, S. 1 (Photo); Frankfurter Zeitung vom 20.7.1940, S. 1; Deutsche Allgemeine Zeitung vom 20.7.1940 (Photo) lassen diese Situation auch im Bild recht deutlich erkennen; Die Tagebücher von Joseph Goebbels. Sämtliche Fragmente, hrsg. von Elke Fröhlich, Teil I, Bd 4 (1.1.1940−8.7.1940), München 1987, S. 244 f. (19.7. 1940).

28 Jürgen Förster, Hitlers Wendung nach Osten. Die deutsche Kriegspolitik 1940−1941, in: Zwei Wege nach Moskau. Vom Hitler-Stalin-Pakt zum „Unternehmen Barbarossa", hrsg. von Bernd Wegner, München 1991, S. 113−132, S. 120.

29 Noch Anfang 1944 ließ Fromm durch Mitarbeiter seines Stabes eine Geheimsachenakte zusammenstellen, verfilmen und bei mehreren stellvertretenden Generalkommandos unter Verschluß nehmen, in der die zentralen Dokumente zur Aufrüstung gegen die Sowjetunion zwischen dem 24.6.1940 und dem 29.12.1941 gesammelt waren, mit denen die destruktive Politik des OKW eindeutig belegt werden konnte. Offenbar befürchtete Fromm in der letzten Phase des Krieges ein entsprechendes Verfahren. In diesem Sinne erhielt die Akte den Decknamen „Kriegsgericht". Dank der Umsicht einiger Angehöriger des Stabes BdE ist sie erhalten geblieben und befindet sich heute im BA-MA, RH 14/14.

30 Tagebucheintrag General a. D. Heinz Gyldenfeldt, vom 26.10.1941, ebenso Tagebuchnotizen des ChdS beim Chef HRüst u BdE (Carl-Erik Koehler) vom 26.10.1941 (vgl. Anm. 23); Privattagebuch des KTB-Führers beim ChefHRüst u BdE, Hauptmann d. R. Hermann Kaiser vom 29.7.1943, BA-MA, MSg 1/1454.

31 Kroener (wie Anm. 24), S. 1000.

32 Tagebuchnotizen des ChdS beim Chef HRüst u BdE, 20./21./22.11.1942, Darstellung bei Hellmuth Reinhardt, Der Chef der Heeresrüstung und Befehlshaber des Ersatzheeres, US-Army, Historical Division, Study P-041dd, S. 168 ff.

33 Albert Speer, Erinnerungen, Berlin 1969, S. 249.

34 Bernhard R. Kroener, „Nun Volk, steh auf...!" Stalingrad und der „totale Krieg" 1942−1943, in: Stalingrad. Ereignis, Wirkung, Symbol, hrsg. von Jürgen Förster, München 1992, S. 175 f.

35 Harald Fromm, geb. 1917, gefallen am 29.11.1942 bei Bjeloi in der Nähe von Wjasma, Hauptmann in einem Artillerieregiment, Kondolenzschreiben Lammers an Fromm, vom 11.12.1942, BA-Potsdam, 07.01.4055.

36 Speer (wie Anm. 33), S. 388 für 1944; Privattagebuch H. Kaiser (wie Anm. 30), S. 181, (18.3.1943); S. 236 (29.7.1943).

37 Adelbert Reif, Albert Speer. Kontroversen um ein deutsches Phänomen, München 1978, S. 61, der hier die Befragung Speers vor dem Nürnberger Gerichtshof wiedergibt.

38 Karl J. Walde, Guderian, Berlin 1976, S. 180 ff.

39 Page (wie Anm. 6), S. 182.

40 Reinhardt (wie Anm. 32), S. 120 f.

41 Walter Görlitz, Model. Strategie der Defensive, Wiesbaden 1975, S. 159.

42 Da die Kontakte zwangsläufig vertraulich behandelt wurden, fließen die Quellen hierzu nur spärlich. Hinweise in Interview mit Frau Alix v. Winterfeld, Vorzimmerdame von Fromm, vom Dezember 1990; verschlüsselter Hinweis in Privattagebuch Hermann Kaiser, unter dem Datum 26.5.1943, der aber diesen Hinweis auf die Nachkriegszeit bezieht, MGFA, US-Study 285; Schreiben Otto Lummitzsch an Generalmajor a.D. Dr. Kennes 11.6.1952, Kopie in AFr. Erinnerungen von Frau Helga Heinke, geb. Fromm, über entsprechende Äußerungen und Vorbereitungen ihres Vaters vom 2.3.1991.

43 Dieter Rebentisch, Führerstaat und Verwaltung im Zweiten Weltkrieg. Verfassungsentwicklung und Verwaltungspolitik 1939−1945, Wiesbaden 1989, S. 499 ff.

44 Bereits am 13.7.1944 hatte Hitler auf dem Berghof vor den Kommandeuren und weiteren Offizieren der neuaufzustellenden Volksgrenadierdivisionen mitgeteilt, daß der Reichsführer SS die Betreuung der Verbände übernehmen werde. Tätigkeitsbericht des Chefs des Heerespersonalamts, General der Infanterie Rudolf Schmundt, fortgeführt von General der Infanterie Wilhelm Burgdorf, 1.10.1942−29.10.1944, hrsg. von Dermot Bradley und Richard Schulze-Kossens, Osnabrück 1984, S. 160; Adj. RF, Tgb. Nr. 11/1063/44 gKdos. vom 15.7.1944 (gez. Adolf Hitler), BA, NS 19/3910; Gerhard Rempel, Gottlob Berger and the Waffen-SS Recruitment 1939−1945, in: MGM, 27(1980), S. 107−122.

45 Schreiben Otto Lummitzsch an Generalmajor Dr. Kennes (wie Anm. 42), AFr.

46 Fabian v. Schlabrendorff, Offiziere gegen Hitler, Frankfurt 1959, S. 144−145.

47 Hoffmann (wie Anm. 3), S. 463, S. 796.

48 Hansjoachim W. Koch, Volksgerichtshof. Politische Justiz im Dritten Reich, München 1988, S. 401, Koch gibt hier die Wortprotokolle der Vernehmung Hoepners vor dem VGH wieder, aus denen eindeutig hervorgeht, daß Fromm spätestens seit dem 15. Juli über die Absichten Olbrichts — in welcher Form auch immer —, an einem Staatsstreich mitzuwirken, informiert war.

49 Mitteilung des Prozeßbeobachters der Parteikanzlei Dr. Hopf beim Prozeß gegen Generaloberst Fromm am 7.3.1945, S. 2, BA, NS 6/22.

50 Mitteilung von Frau Helga Heinke an den Verfasser 2.3.1991,

51 Peter Padfield, Himmler Reichsführer SS, London 1990, S. 492.

52 Page (wie Anm. 6), S. 284.

53 Hoffman (wie Anm. 3), S. 520; Schreiben Ernst John von Freyend an Generalmajor a.D. Dr. Kennes vom 12.1.1953, BA-MA, MSg 1/2938.

54 Prozeßbericht für Parteikanzlei (wie Anm. 49), S. 2

55 Hoffmann (wie Anm. 3), S. 520; in welchen Formen sich die Auseinandersetzung abgespielt haben dürfte, wird aus einer Stellungnahme erkennbar, die Ewald Heinrich von Kleist bald nach Kriegsende ( 14.2.1946) abgegeben hat. „Fromm der mit den Fäusten auf CL (Stauffenberg) losging und tat als ob er nie von etwas gewußt hätte beruhigte sich erst, dann allerdings sehr schnell, als Haeften und ich ihm die Pistole auf seinen dicken Bauch setz-

ten." Schlabrendorff, dessen Kenntnisse des Ablaufs von Fromm selber stammen, der sie ihm in der Haft mitgeteilt hatte, schreibt: „ Daraufhin kam es zu einem Handgemenge zwischen Fromm und Olbricht, in das Mertz und Stauffenberg eingriffen. Fromm wurde überwältigt. Ein Offizier mit Pistole betrat das Zimmer." Schlabrendorff (wie Anm. 46), S. 150. Kleist hat also offensichtlich nur einen Teil der Auseinandersetzung mit eigenen Augen gesehen. Hoffmann, der sich nur auf Kleists Aussage von 1946 abstützt, irrt hier offensichtlich. Page (wie Anm. 6), S. 284.

56 Brief Fromms an seine Frau aus der Haft, 13.9.1944, AFr. Der Siegelring, der sich noch in Familienbesitz befindet, ist an der dem Stein gegenüberliegenden Seite gebrochen. Da es sich um ein Erbstück handelt, ist der Goldreif an dieser Stelle bereits sehr dünn. Offenbar ist Fromm bei dem Handgemenge mit der Hand an eine harte Kante des Schreibtisches oder des in der Mitte seines Arbeitszimmers stehenden runden Konferenztisch aufgeschlagen. Otto Lummitzsch berichtete nach dem Kriege, Fromms ehemaliger Adjutant, wahrscheinlich Bartram oder Major der Res. Petersen, habe ihm mitgeteilt: „Da sich Fromm weigerte, wollten die Herren ihn verhaften und haben sich in schwerster Weise tätlich an ihm vergriffen. Mir wurde erzählt, daß sie sich zu einem Knäuel geballt auf dem Teppich in Fromms Zimmer herumgewälzt haben, bevor es gelang mit Hilfe einiger anderer hinzueilender Verschwörer Fromm zu überwältigen." Brief Otto Lummitzsch an Generalmajor a.D. Dr. Kennes, 11.6.1952, AFr.

57 Aufzeichnungen von Frau Helga Heinke vom Sommer 1963 über ihre Erinnerungen an die Tage um den 20.7.1944, AFr.

58 Bericht Major a.D. Heinz-Ludwig Bartram, letzter Adjutant Fromms über die Ereignisse am 20.7.1944 (Niederschrift von 1954), S. 2, BA-MA, MSg 2/214.

59 Hoffmann (wie Anm. 3), S. 622.

60 Nach dem Krieg haben Oberst a.D. Herbert Fliessbach und Rittmeister a. D. Heinz Ludwig Bartram an Eides statt erklärt, „daß am 20. Juli 1944 im Oberkommando des Heeres, Berlin Bendlerstr. 12–14 unter dem Vorsitz des Generalobersten Fromm ein Standgericht stattgefunden hat." Sie fügten hinzu: „Wir erklären dieses, da wir an diesem Tage in der Bendlerstr. persönlich anwesend waren." BA-MA MSg 1/2938 Depositum Generalmajor a.D. Dr. Kennes. Bartram hatte seine Erklärung am 21.8.1952 an den mit der Wahrnehmung der Interessen der Witwe Fromms beim Entschädigungsamt Berlin betrauten RA Josef Sprotte geschickt. Kennes hatte offenbar diese Erklärung angeregt und ihren knappen Text damit begründet: „um nicht noch Weiterungen aufkommen zu lassen, wenn noch andere Namen genannt werden oder noch weitere Einzelheiten, die zu weiteren Debatten führen könnten". Kennes an RA Sprotte, 16.8.1952. Beide Schreiben im AFr. So wissen wir heute nicht, ob Fromm, wie Hoffmann behauptet (Hoffmann [wie Anm. 3], S. 623), alle, die im Raum mit den verhafteten Verschwörern anwesend waren, zu denen auch Fliessbach und Bartram gehört haben dürften, pauschal zu einem Standgericht erklärt hat. Aber selbst dann fehlen die bei einer zu verhängenden Todesstrafe vorgeschriebenen Verteidiger für die Angeklagten (gem. 49, 51, KStVO). Rudolf Absolon, Das Wehrmachtstrafrecht im Zweiten Weltkrieg. Sammlung der grundlegenden Gesetze, Verordnungen und Erlasse, Kornelimünster 1958, S. 218.

61 Hierzu neben den grundlegenden Arbeiten von Hoffmann (wie Anm. 3); Eberhard Zeller, Geist der Freiheit. Der Zwanzigste Juli, München 1963; Opposition gegen Hitler und der Staatsstreich vom 20. Juli 1944 in der SD-Berichterstattung, hrsg. von Hans-Adolf Jacobsen, 2 Bde, Stuttgart 1989, und 20. Juli: Portraits des Widerstands, hrsg. von Rudolf Lill und Heinrich Oberreuter, Düsseldorf 1984.

62 Hoffmann (wie Anm. 3), S. 623 ff.

63 Schreiben vom 22.7.1944, AFr.

64 Fernschreiben vom Chef OKW, 20.7., 20.20 Uhr eingegangen beim Chef der Seekriegslei-

tung am 20.7., 23.41 Uhr: "Der Führer hat mit sofortiger Wirkung den Reichsführer SS Himmler zum Befehlshaber des Ersatzheeres ernannt und ihm alle entsprechenden Vollmachten gegenüber den Angehörigen des Ersatzheeres übertragen. — Es sind Befehle nur vom Reichsführer SS und von mir entgegenzunehmen. — Etwaige Befehle von Fromm, von Witzleben oder Hoeppner (sic!) sind ungültig. Der Chef OKW Keitel Generalfeldmarschall." BA-MA, RM 7/101.

65 „Angst vor einer Katastrophe" Tagebuchschreiber Goebbels (II): Das mißlungene Attentat auf Hitler vom 20. Juli 1944, in: Der Spiegel, 30(1992), S. 103; Jochen v. Lang, Der Sekretär. Martin Bormann: Der Mann, der Hitler beherrschte, Herrsching 1990, S. 171 ff.

66 Bericht Generalmajor a.D. Dr. Kennes über seine Vernehmung beim Prozeß gegen Fromm vor dem Volksgerichtshof am 7.3.1944. AFr.

67 Joseph Goebbels, Tagebücher 1945. Die letzten Aufzeichnungen. Einführung von Rolf Hochhuth, Hamburg 1977, S. 114 ff. (5.3.1945), 152 ff. (8.3.1945); der Bericht von Dr. Hopf für Bormann trägt den Hinweis „Dem Führer vorgelegt am 10.III." und am Ende Ort und Uhrzeit der Hinrichtung: Brandenburg 12.12h", BA, NS 6/22. Auf einem Schreiben des Reichsjustizministers Dr. Thierack an den Reichfinanzminister Graf Schwerin v. Krosigk, der sich, wie auch Speer, für Fromm verwandt hatte, heißt es in einem handschriftlichen Vermerk aus dem Ministerbüro: „ Die Hauptverhandlung Fromm soll, wie ich gehört habe, in dieser Woche, eine Anklage nicht wegen Verrats sondern wegen *Feigheit*" stattfinden (im Original von Minister Schwerin Krosigk. unterstrichen); BA, R2/ 24 263.

68 Die Liste der im Zuchthaus Brandenburg-Göhrden vollstreckten Todesurteile nennt für den Montag, den 12.3.1945 vier Vollstreckungen, darunter: „Fromm, Friedrich, --- ev. ehem. Generaloberst, verh. geb. 8.10.1988 (sic!) in Berlin" und den handschriftlichen Zusatz: „Feigheit", BA-Potsdam, Dr. Br. Rep. 29, Luftgau Brandenburg Gen. 101, Bl. 226 u. 226/20; Walter Hammer an Dr. Eugen Gerstenmaier, 28.7.1959, Institut für Zeitgeschichte, München (IfZ), ED 106/46.

69 So unter anderem Schlabrendorff (wie Anm. 46), S. 153.

70 Bericht Walter Hammer: Über Generaloberst Fromm vom 9. September 1951, BA-MA, MSg 1/2938. Schwäbische Zeitung vom 13.8.1949 (von Helmut Dahms, der Augenzeuge war und das „Führerhoch" kategorisch verneint und diese Aussage später eidenstattlich bekräftigt hat. BA-MA, MSG 1/2938. Der im Zuchthauskrankenhaus tätige Dr. med. Mellin erklärte in einem Schreiben vom 22.6.1954 gegenüber Walter Hammer, daß ihm im hinsichtlich einer anderen Hinrichtung von den Justizbeamten berichtet worden sei, der Verurteilte sei mit zum Hitlergruß erhobener Rechten und dem Ausruf „Heil mein Führer" dem Erschießungskommando gegenübergetreten. Von Fromm sei das nicht berichtet worden. Es wäre von den Beteiligten zweifellos erwähnt worden, wenn Fromm sich ähnlich verhalten hätte, IfZ, ED 106/45 (Dräger).

Jürgen Danyel

# „Ein Endsieg des nationalsozialistischen Deutschland ist nicht mehr möglich."

Die Widerstandsgruppe um Arvid Harnack und Harro Schulze-Boysen im Kontext der Geschichte des militärischen Widerstandes gegen das NS-Regime

In bisherigen Untersuchungen zur militärischen Opposition gegen den Nationalsozialismus wurde die Widerstandsgruppe um dem Nationalökonomen und Beamten des Reichswirtschaftsministeriums, Arvid Harnack, und den Oberleutnant der Luftwaffe und Mitarbeiter des Reichsluftfahrtministeriums, Harro Schulze-Boysen, bestenfalls als ein „Grenzbereich des militärischen Widerstandes"[1] betrachtet. Ausgangspunkt für diese Deutung war die weitestgehende Reduzierung der Widerstandsaktivitäten der Gruppe auf die Weitergabe militärischer Informationen an die sowjetische Seite und die sich daran anschließende Subsumtion des Themas „Rote Kapelle" unter die Geschichte der Geheimdienste während des Zweiten Weltkrieges.

Die Zweifel an der Zugehörigkeit der Frauen und Männer um Harnack und Schulze-Boysen zum deutschen Widerstand stützen sich dabei auf die Annahme, daß die Gruppe im Unterschied etwa zum Kreisauer Kreis und dem militärischen Widerstand mit ihrer Verbindungsaufnahme zu einer feindlichen ausländischen Macht die nationalstaatliche Souveränität Deutschlands als Wert und Bezugspunkt von Widerstandshandlungen preisgegeben habe[2]. Die inzwischen deutlich verbesserte Quellenlage hinsichtlich der Genese und Entwicklung der Widerstandsgruppe sowie ihrer ordnungspolitischen Vorstellungen für ein Deutschland nach Hitler zwingen zu einem wesentlich differenzierteren Urteil. Ferner haben rezeptionsgeschichtliche Untersuchungen zahlreiche Befunde dafür geliefert, daß die Überlieferung der NS-Verfolgungsinstanzen über die Rote Kapelle, bedingt durch die Auseinandersetzungen des Kalten Krieges, weit in die Zeit nach 1945 wirken konnte und auch das Urteil der Widerstandshistoriographie beeinflußt hat[3]. Die Frage nach dem Verhältnis von Widerstandshandlungen und der Loyalität gegenüber der eigenen Nation und ihren durch die Politik des Regime gesetzten Grenzen ist durch die Forschungen zu den außenpolitischen Fühlungnahmen der Gruppen im Umfeld des 20. Juli 1944 oder etwa durch die Debatte um die Desertion als legitime Form des Widerstandes erheblich problematisiert worden[4].

579

Schreibt man auf dem Hintergrund der Öffnung der Widerstandshistoriographie zur gesamten Breite der Opposition gegen Hitler die Geschichte der Gruppe um Harnack und Schulze-Boysen jenseits der Legenden und Zerrbilder der politischen Eiszeit „von ihren Anfängen her"[5], so erschließt sich ein weites Feld für die Untersuchung von Gemeinsamkeiten und Unterschieden zu anderen Bereichen des deutschen Widerstandes.

Mit Blick auf die Geschichte der militärischen Opposition sprechen vor allem drei Gründe für eine eingehendere Beschäftigung mit der Widerstandsgruppe: Zum einen gehörten der Gruppe zum Zeitpunkt ihrer Verhaftung im Herbst 1942 zahlreiche Wehrmachtsangehörige, darunter ranghohe Offiziere an[6]. Harro Schulze-Boysen war seit 1934 im Reichsluftfahrtministerium als Pressereferent in der Abteilung „Fremde Luftmächte" und im Rahmen einer Kommandierung in der Attachégruppe des Luftwaffenführungsstabes in Potsdam-Wildpark tätig. Zum Zeitpunkt seiner Verhaftung hatte er den militärischen Rang eines Oberleutnants der Luftwaffe inne[7]. Zum Kreis um Schulze-Boysen gehörte ab 1941 Erwin Gehrts, der seit 1935 in verschiedenen Stellungen, zuletzt als Oberst der Luftwaffe und Leiter der Vorschriften- und Lehrmittelabteilung in Görings Ministerium tätig war[8]. In der Dechiffrierabteilung des OKH arbeitete ab März 1942 Horst Heilmann, der seit seiner Studienzeit an der Auslandswissenschaftlichen Fakultät der Berliner Universität über enge Kontakte zu Harro Schulze-Boysen und zu Albrecht Haushofer verfügte[9]. Zum Widerstandskreis um Arvid Harnack gehörte der Oberleutnant der Luftwaffe Herbert Gollnow, der durch Vermittlung Schulze-Boysens ab Oktober 1941 im OKW Amt Ausland Abwehr II mit Sabotageunternehmungen an der Ostfront zu tun hatte. Darüber hinaus leisteten 1941/42 zahlreiche Mitglieder der Widerstandsgruppe ihren Wehrdienst ab und waren in dieser Zeit in Widerstandshandlungen involviert. Zu ihnen gehörten u.a. Kurt Schumacher, der von Juni 1941 bis Juli 1942 beim Landes-Schützen-Bataillon 662 in Posen stationiert war, Karl Behrens, der am 16. September 1942 während des Einsatzes an der Ostfront bei Leningrad verhaftet wurde, Heinrich Scheel, der als Wetterdienstinspektor bei der Luftwaffe diente, oder etwa Wolfgang Havemann, André Richter u.a.

Die Tatsache, daß die NS-Führung bei der Aufdeckung der Gruppe in breiterem Maße mit dem Widerstand von Wehrmachtsoffizieren aus dem Bereich der Luftwaffe konfrontiert war, führte dazu, daß die Prozesse gegen die Mitglieder der Widerstandsgruppe bis auf eine Ausnahme vor dem Reichskriegsgericht durchgeführt wurden[10]. Damit waren auch die deutlich die Mehrheit bildenden Zivilpersonen, u.a. die Frauen, der Wehrmachtgerichtsbarkeit unterworfen.

Zum zweiten ist die Berliner Rote Kapelle für den Bereich des militärischen Widerstands von Interesse, insofern die Vorbereitung und Durchführung der militärischen Expansion des nationalsozialistischen Deutschland gegen die Sowjetunion zu einem entscheidenden initiatorischen Moment für die Widerstandshandlungen der Gruppe wurde. Früher und schärfer als der militärische Widerstand des 20. Juli 1944 und der Kreisauer Kreis erkannte die Widerstandsgruppe, daß Hitler mit dem Rußlandfeldzug die Souveränität Deutschlands aufs Spiel gesetzt hatte und insofern jede Form des Widerstands gegen diese Entwicklung ein Gebot der Verantwortung für den Fortbestand des deutschen Nationalstaats darstellte. Die erhalten gebliebenen widerstandsgeschichtlichen Zeugnisse liefern für diesen Realismus aufschlußreiche Belege, so etwa, wenn die im Kreis um Schulze-Boysen 1942 entstandene Flugschrift „Die Sorge um Deutschlands Zukunft geht durch das Volk" noch vor der Schlacht von Stalingrad auf die Konsequenzen von Hitlers Krieg im Osten verweist: „Dann wird der Zusammenbruch ein Ausmaß annehmen, im Vergleich zu dem der November 1918 eine Lächerlichkeit war. Deutschland würde in den Offensiven des Sommers 1942 seine letzten Reserven opfern. Millionen Menschen würden dann noch durch Bomben und Granaten fallen oder an Hungerkrankheiten und Seuchen zugrunde gehen. Am Ende aber würden die Panik und der Reichszerfall stehen[11]." Im gleichen Sinne ist die durch Egmont Zechlin verbürgte Vorausschau Arvid Harnacks vom Winter 1941/42 zu sehen, wonach sich angesichts der Tatsache, daß Deutschland den Krieg gegen die Sowjetunion notwendig verlieren würde, jeder entscheiden müsse, „ob er östlich oder westlich der Elbe leben wolle"[12].

Drittens verdienen die ordnungspolitischen Vorstellungen der Widerstandsgruppe mit ihrer Option für einen nationalstaatlichen Wiederaufstieg Deutschlands nach Versailles, die mit einer außenpolitischen Ostorientierung im Sinne der Verständigung mit der sowjetischen Großmacht gekoppelt war, besondere Aufmerksamkeit. Mit dieser Position, die neben den kommunistischen Einflüssen an Traditionen der Bismarckschen Außenpolitik anknüpfte und sich zudem aus der Affinität der führenden Köpfe der Gruppe zu nationalrevolutionären und nationalbolschewistischen Positionen speiste[13], stellte die Widerstandsgruppe eine deutliche Alternative zum dominant westorientierten Widerstand im Umfeld des 20. Juli 1944 dar. Letzterer betrachtete die „östliche Flügelmacht, die Sowjetunion [...] aufgrund ihrer weltanschaulichen und innenpolitischen Verfaßtheit [...] durchgehend mit Mißtrauen und Ablehnung"[14]. Die Versuche von Harnack und Schulze-Boysen, mit ihren Kontakten zur sowjetischen Seite eine

Verhandlungsoption für die Beendigung des Krieges offenzuhalten, stützten sich auf die durch die nachfolgende Entwicklung bestätigte Annahme einer Ressourcenüberlegenheit der Sowjetunion gegenüber Hitlers Wehrmacht und der sich daraus ergebenden Konsequenzen für die Eigenstaatlichkeit eines militärisch besiegten Deutschlands.

In der Widerstandsgruppe um Arvid Harnack und Harro Schulze-Boysen fanden sich verschiedene Freundeskreise und Gruppen zusammen, deren Anfänge bereits in der Zeit vor 1933 lagen. In den gesellschaftspolitischen Auseinandersetzungen der Endphase der Weimarer Republik kamen in diesen Gemeinschaften Menschen mit sehr unterschiedlichen Traditionen, weltanschaulichen und politischen Bindungen in der Suche nach Alternativen zur Agonie der Weimarer Demokratie und zum heraufkommenden Nationalsozialismus zusammen. In politischen und akademischen Diskussionszirkeln, wie der von Friedrich Lenz und Arvid Harnack initiierten „Arbeitsgemeinschaft zum Studium der sowjetrussischen Planwirtschaft"[15], in Zeitschriftenredaktionen, wie dem von Harro Schulze-Boysen herausgegebenen „Gegner" und seinem Kreis[16] oder der von Adam Kuckhoff zeitweilig geleiteten „Tat"[17], in Schriftsteller- und Künstlermilieus bildeten sich Gemeinsamkeiten in den politischen Ansichten, Freundschaften, Gesprächskontakte und damit ein Reservoir von Bindungen und Beziehungen heraus, von dem aus sich unter den Bedingungen nationalsozialistischer Herrschaft Widerstandszusammenhänge formierten. Von ihrer Genese her handelte es sich bei der Widerstandsgruppierung um Harnack und Schulze-Boysen um ein von der Fähigkeit zum politischen Konsens geprägtes Geflecht von menschlichen Beziehungen, das zunächst seine politische und kulturelle Identität gegenüber dem Konformitätsdruck der nationalsozialistischen Diktatur zu behaupten suchte. Auf dem Hintergrund der nationalsozialistischen Politik mündete diese Selbstbehauptung in eine aktive und vielgestaltige Gegnerschaft zu einem als verbrecherisch erkannten System.

Beginnend mit dem Jahr 1932 sammelte sich um Arvid Harnack und seine Frau Mildred ein Kreis von Schülern des Berliner Städtischen Abendgymnasiums für Erwachsene, an dem Mildred Harnack englische Sprache und Literaturgeschichte unterrichtete. Dort gewann sie das Vertrauen einer ganzen Reihe von politisch aufgeschlossenen und gegenüber dem Nationalsozialismus kritisch eingestellten Schülern[18]. Der Kreis, zu dem der Schlosser Karl Behrens, der Schneider und literarisch ambitionierte Bodo Schlösinger, der arbeitslose Angestellte Wilhelm Utech u.a. gehörten, traf sich unter der Anleitung Harnacks zu Schulungs- und Diskussionsabenden und wurde zu einer wichtigen Keimzelle der späteren Widerstandsarbeit[19]. Aus der Wiederbegegnung Harnacks mit seiner Studienkollegin an der Universität von Wisconsin in Madison (USA), der Soziologin Greta Kuckhoff, in Berlin im Jahr 1933 erwuchs eine bis 1942 anhaltende Bindung zwischen den Harnacks und dem Ehepaar Kuckhoff, die auf verwandten wissenschaftlichen und kulturellen Interessen und einer frühen Gegnerschaft zum Nationalsozialismus basierte[20]. Gemeinsam wurden Versuche zur Gewinnung weiterer Nazigegner unternommen, so bemühten sich Harnack und Kuckhoff, den Studienfreund Adam Kuckhoffs und späteren sozialdemokratischen Kultusminister im Kabinett Braun-Severing, Adolf Grimme, für den Widerstand zu gewinnen[21]. Zu einem wichtigen Forum der kritischen Diskussion der Lage im nationalsozialistischen Deutschland wurden die engen Beziehungen von Arvid und Mildred Harnack zur amerikanischen Botschaft in Berlin. In der Amtszeit des Botschafters William E. Dodd von 1933 bis 1938, dessen Tochter Martha und Mildred Harnack eine enge Freundschaft verband, war die amerikanischen Vertretung ein Anlaufpunkt für Regimegegner und Hilfesuchende[22].

Das von Harnack in seinem Gesprächs- und Diskussionskreis mit großer methodischer Strenge praktizierte Verständnis von effektiver Widerstands- und Aufklärungsarbeit war in erster Linie auf die analytische Befähigung der Beteiligten zur Durchdringung der wirtschaftlichen und politischen Zusammenhänge des Nationalsozialismus und die Suche nach möglichen Auswegen gerichtet. Sowohl das ausgiebig betriebene und von Harnack mit großem didaktischen Anspruch begleitete Studium klassischer Wirtschaftstheorien als auch die Beschaffung und Aufbereitung von Informationen zur Situation in verschiedenen Bereichen der deutschen Gesellschaft ordneten sich in dieses Grundanliegen ein. Es sollten Leitbilder für eine künftige Neuordnung Deutschlands im Gefolge des Sturzes der nationalsozialistischen Diktatur entwickelt werden und auch ein intellektuelles Potential entstehen, das gestaltend in diesen Prozeß eingreifen sollte.

Harnacks Gesellschaftsbild war dabei entgegen zählebiger Legenden keine einfache Projektion sowjetischer Verhältnisse auf Deutschland. Vielmehr knüpfte seine Idee einer auf sozialen Ausgleich gerichteten, planwirtschaftlich organisierten Gesellschaft an Vorstellungen der deutschen Staatstheorie, Konzepte einer Gemeinwirtschaft in der Tradition von Friedrich List und an das Gedankengut eines ethisch fundierten Sozialismus an[23]. Dieses ordnungspolitische Modell sah im amerikanischen New Deal und in der sowjetischen Planwirtschaft eine Herausforderung und Alternative zur Agonie des Kapitalismus westlichliberaler Prägung in den dreißiger Jahren. Ein soziale und politische Wiedergeburt Deutschlands war für Harnack nur auf dem Hintergrund einer Verbesserung der Beziehungen mit dem großen östlichen Nachbarn in der Balance zum bisherigen dominant westlichen Einfluß denkbar[24]. Diese Sicht hat die Neuordnungs- und Zukunftspläne der Widerstandsgruppe um Harnack und Schulze-Boysen nachhaltig beeinflußt und ist eines der Hauptmotive für den entschiedenen Widerstand gegen die nationalsozialistische Expansionspolitik.

Wie auch bei der Gruppe um die Harnacks und Kuckhoffs liegen die Wurzeln des weitgefächerten Widerstandskreises um Harro Schulze-Boysen in der Zeit der frühen dreißiger Jahre. Der zunächst mit den politischen Zielen des Jungdeutschen Ordens sympathisierende und dann stärker an den nationalrevolutionären Positionen Otto Strassers und Hans Zehrers orientierte Jura-Student der Berliner Universität übernahm im März 1932 die Schriftleitung des „Gegner" in der Nachfolge von Franz Jung[25]. Die Zeitschrift und der sich um sie gruppierende Kreis von Autoren und Sympathisanten entwickelte sich zu einem Forum, in dem Schulze-Boysen seine Vorstellung einer „neuen Einheit", die traditionelle Frontstellungen zwischen „rechts" und „links" und damit das Parteiengezänk der Weimarer Demokratie überwindet, propagieren und verwirklichen konnte[26]. Auf den den Diskussionsabenden des „Gegner"-Kreises und über die ständige Präsenz in der politisch-literarischen Szene Berlins baute Harro Schulze-Boysen eine Vielzahl von politischen Kontakten auf, die von der KPD über die bündische Jugend und nationalbolschewistische Gruppen bis hinein in den sogenannten „linken" Flügel der nationalsozialistischen Bewegung reichten[27].

Eine Reihe dieser Verbindungen und die daraus entstehenden politischen Freundschaften überdauerten den Umbruch von 1933 und wurden zu Quellbezirken des späteren Widerstandskreises um Schulze-Boysen. So datierte etwa die Bekanntschaft mit dem Schriftsteller Günther Weisenborn aus dieser mit hitzigen Diskussionen angefüllten Zeit, als Harro Schulze-Boysen als Redner bei einer Debatte um dessen Studentenroman „Barbaren" in der Hochschule für Politik Eindruck machte[28]. Nach einem erneuten Zusammentreffen 1937 wurde Weisenborn in den sich formierenden Widerstandskreis einbezogen[29]. Ähnlich nahm die Freundschaft zu dem Bildhauer Kurt Schumacher und dem linken Journalisten Walter Küchenmeister ihren Ausgangspunkt in der gemeinsamen Arbeit am „Gegner" bzw. im Jahre 1935 an der Zeitschrift „Wille zum Reich"[30]. Ab Mitte der dreißiger Jahre entstand aus diesen vielfältigen persönlichen Beziehungen ein relativ stabiler Kreis, dem neben Harro und Libertas Schulze-Boysen auch Kurt Schumacher und seiner als Gebrauchsgrafikerin tätigen Frau Elisabeth die Schauspielerin Marta Husemann und deren bis 1933 als Redakteur verschiedener kommunistischer Tageszeitungen tätige Mann Walter auch Günter Weisenborn, Walter Küchenmeister und dessen Lebensgefährtin, die Ärztin Elfriede Paul, Gisella v. Pöllnitz sowie die Tänzerin Oda Schottmüller angehörten[31].

Die Biographien der um die Integrationsfiguren Arvid Harnack und Harro Schulze-Boysen vereinten Frauen und Männer verweisen auf jeweils ganz unterschiedliche lebensgeschichtliche Zugänge zum Widerstand. In ihnen wird die enorme politische und weltanschauliche Pluralität dieser Widerstandsgruppierung deutlich. Den Widerstandshandlungen der Gruppe lag ein breites Spektrum von Motiven zugrunde. Die sozialen Milieus, Traditionen und Werte, aus denen heraus sich die jeweilige Oppositionshaltung zum Nationalsozialismus formierte, spiegeln querschnittartig die damalige deutsche Gesellschaft[32]. Entsprechend vielgestaltig waren die Vorstellungen von dem, was auf dem Hintergrund der Politik der nationalsozialistischen Führung die Prioritäten des oppositionellen Handelns innerhalb der Gruppen ausmachen sollte.

Neben der Schulung und Diskussion dominierten in der Zeit bis 1939 vor allem Versuche, gezielt bestimmte Kreise der deutschen Bevölkerung anzusprechen und aufklärerisch im Sinne der Demaskierung nationalsozialistischer Propaganda und Politik zu wirken.

Greta Kuckhoff etwa beteiligte sich im Rahmen von Auftragsarbeiten für das Rassenpolitische Amt der NSDAP an der Übersetzung von Parteitagsreden und Adolf Hitlers „Mein Kampf" ins Englische[33], in der Hoffnung, daß sich das NS-Regime im Ausland über diese originären Zeugnisse seiner Ziele selbst entlarven würde. Adam Kuckhoff, Mildred Harnack und andere versuchten Gesprächszusammenhänge in Künstlerkreisen zu initiieren, um Eindrücke über kulturpolitische Entwicklungen und die Stimmung der davon betroffenen Künstler zu erhalten[34]. Überhaupt dienten die verschiedenen Versuche, authentische Informationen aus verschiedenen gesellschaftlichen Bereichen zu erhalten, zunächst allein dem Ziel, Klarheit über Strukturen, Ziele und Legitimationsmuster nationalsozialistischer Politik zu gewinnen. Diese gesellschaftsanalytische Dimension der frühen Widerstands- und Aufklärungsarbeit im jeweiligen sozialen und beruflichen Umfeld zielte auf eine stark rationale Begründung von oppositioneller Haltung und längerfristigen Handlungsstrategien im Gegensatz zu spontanen Widerstandsformen[35].

Dieser insbesondere von Harnacks Wirklichkeitsverständnis geprägte Ansatz geriet dabei immer wieder in Reibung zu dem Bedürfnis vieler Beteiligter, unmittelbar auf konkrete Maßnahmen der nationalsozialistischen Führung zu reagieren. Die systematische Diskriminierung und Verfolgung der jüdischen Bürger und schließlich der Pogrom des 9. November 1938 bildeten einen dieser Bezugspunkte der Diskussion über die Vereinbarkeit von spontaner Aktion, in diesem Falle der Hilfe für Freunde und Betroffene, und konspirativen Rücksichten[36].

Zu einem ähnlichen initiatorischen Moment für Widerstandshandlungen wurde für den Kreis um Harro Schulze-Boysen der Bürgerkrieg in Spanien und die Unterstützung der Truppen Francos durch Hitler. Während der Olympiade im Sommer 1936 übergab Libertas Schulze-Boysen einem englischen Freund die Namen in Spanien gefallener deutscher Flieger mit der Bitte, sie in der britischen Presse zu veröffentlichen[37]. In seiner Dienststelle im Reichsluftfahrtministerium erhielt Schulze-Boysen Kenntnis von der deutschen Militärhilfe für Franco, darunter von geplanten Sabotageunternehmungen der deutschen Abwehr in Barcelona. Gisella v. Poellnitz steckte daraufhin einen Brief mit einer entsprechenden Warnung in den Briefkasten der sowjetischen Botschaft in Berlin. Ihre Verhaftung durch die Gestapo blieb zunächst ohne ernste Folgen für die Gruppe[38]. Auch in den Erinnerungen Elfriede Pauls ist diese Auseinandersetzung mit den Ereignissen in Spanien und die damit verbundene Gemeinschaftserfahrung im Freundeskreis um Schulze-Boysen überliefert: „Wir kamen meist nach vorheriger Verabredung, kurz nach neunzehn Uhr zusammen, saßen bei einer Tasse Tee, manchmal aßen wir gemeinsam Abendbrot. Jedem Fremden vermittelte unsere Runde den Eindruck zwangloser Geselligkeit. Der eine kam auch mal später, ein anderer ging früher. Bis spät in die Nacht wurde ohnehin nur beraten, wenn eine besondere Frage zu Ende diskutiert werden mußte oder eine spezielle Aktion vorzubereiten war. Zu den Beratungen, Aussprachen gehörten auch Lesungen. Zum Beispiel die des Manuskripts ‚Die Moorsoldaten‘ von Wolfgang Langhoff, der inzwischen als emigrierter Schauspieler in der Schweiz lebte. Oder das Entwerfen von Flugblättern und Rundbriefen[39]."

In Verbindung mit einem Kuraufenthalt von Walter Küchenmeister in der Schweiz im Frühjahr 1939 unternahm die Gruppe einen Versuch zur Kontaktaufnahme mit dem politischen Exil. Über Wolfgang Langhoff entstand eine Verbindung zur Abschnittsleitung Süd der KPD, die jedoch nur für kurze Zeit Bestand hatte[40].

Bezeichnend für die verschiedenen Gruppen und Kreise um Harnack und Schulze-Boysen war eine enorme Fähigkeit der Beteiligten zum politischen Konsens. Gruppenbildungen im Widerstand, die ein solch breites Spektrum von Motivationen, weltanschaulichen Positionen und Zugängen zum Widerstand über einen relativ langen Zeitraum zu integrieren vermochten, bildeten in der Geschichte des deutschen Widerstands gegen den Nationalsozialismus eher die Ausnahme. Die Gruppe trug insofern typische Züge einer Sammlungsbewegung jenseits fest fixierter Organisationsstrukturen und funktionaler Hierarchien sowie politisch-hegemonialer Absichten. Dies unterschied sie etwa von den immer wieder auflodernden sektiererischen Tendenzen im kommunistischen Widerstand. Diese konnten auch durch den Diskussionsprozeß um die Volksfrontstrategie im kommunistischen Exil und Widerstand ab 1935 nicht wirklich überwunden werden und blieben trotz mancher gegenläufiger Tendenzen prägend für die politische Mentalität des kommunistischen Untergrunds[41]. Eher assoziiert der Charakter der Gruppe, wie auch ihr ordnungspolitischer Diskurs, eine Verwandschaft zu den Öffnungsbestrebungen und der geistigen Atmosphäre des Kreisauer Kreises.

Diese komplexe und offene Beziehungsgeschichte wurde sowohl in der Überlieferung der NS-Verfolgungsinstanzen und deren Variation in der frühen Widerstandspublizistik und -historiographie nach 1945 als auch in der Deutung der auf den kommunistischen Widerstand fixierten DDR-Widerstandsforschung fehlinterpretiert. Bei unterschiedlicher Gesamtwertung unterstellten beide Deutungen den inneren Gruppenbeziehungen die Zweckrationalität einer arbeitsteiligen konspirativen Organisationsstruktur. Diese aus jeweils spezifischen Legitimationsinteressen resultierende Legende von der Berliner Roten Kapelle als einer homogenen, zentral geleiteten konspirativen Organisation ist auf der Grundlage des erreichten Quellen- und Forschungsstandes nicht mehr aufrechtzuhalten.

Eine der Ursachen für diese belastbare Konsensfähigkeit in den Gruppen um Harnack und Schulze-Boysen bestand sicherlich in der Ähnlichkeit der politischen Sozialisation vieler Gruppenmitglieder, die eine politischen Prägung beinhaltete, die das Denken über von Ideologien und Parteiungen gezogene Grenzen hinaus einschloß. In den Biographien der führenden Köpfe der Gruppe, etwa in der politischen Unrast Harro Schulze-Boysens und in seinen fortgesetzten Versuchen, die Grenzen traditioneller politischer Frontstellungen zu transzendieren[42], ist dieser Zug evident. Ähnlich markante Beispiele biographischer „Hakenschläge" liefern die politische Odyssee von Karl Behrens von der

SA über die „Schwarze Front" und den Widerstandskreis um Ernst Niekisch hin zu marxistischen Ideen[43] oder Walter Küchenmeisters „unorthodoxer" Versuch, die politische Ökonomie von Marx mit der philosophischen Weltsicht Schopenhauers und Nietzsches in Beziehung zu setzen[44]. Beatrix Herlemann hat zu Recht darauf verwiesen, daß diese Affinität für politische Grenzüberschreitungen auch und gerade für die KPD-Mitglieder in der Widerstandsgruppe zutraf: „Und betrachtet man [. . .] die der KPD in langjähriger Mitgliedschaft, geistiger Verbundenheit oder auch nur in Sympathie Anhängenden, so findet man hier doch verschiedene recht untypische, nicht gerade der Parteilinie treu ergebene Vertreter. Walter Küchenmeister, 1926 aus der KPD ausgeschlossen, der Typus des geradezu bildungsversessenen Arbeiters, der sich über seine Tätigkeit als Parteijournalist hinaus ausführlich in kunst- und kulturhistorische Arbeiten vertieft, Aufsätze zu Themen wie etwa ‚Die Verweltlichung der Madonnen' verfaßt, der in der Grabrede für Wilhelm Schumacher, den Vater seines Bildhauerfreundes Kurt, dessen Verdienste als Gewerkschafter rühmt, die er sich bestimmt nicht in der RGO erworben hatte. Jener Wilhelm Schumacher war ein engagierter sozialdemokratischer Funktionär, der 1919 zur KPD übergetreten und 1924 bereits wieder ausgeschlossen war. Oder Philipp Schaeffer, promovierter Philologe, seit 1928 KP-Mitglied, ein kritischer Kopf, der sich laut Wolfgang Abendroth bei den internen Häftlingsdiskussionen im Zuchthaus Luckau über die Moskauer Prozesse nicht gerade überzeugt gezeigt hatte von der parteiamtlichen Version dieser Vorgänge, der auch keine Berührungsängste gegenüber unorthodoxen Querdenkern wie etwa dem Nationalbolschewisten Ernst Niekisch hatte[45]."

Auch die nach 1939 Jahre erfolgende beträchtliche Ausweitung der Gruppen und die Einbeziehung neuer Kreise stand in der Kontinuität zu dieser offenen Beziehungskultur. Eine Abendgesellschaft im Hause des Produktionsleiters der Filmgesellschaft „Tobis", Dr. Engelsing, führte im Sommer das Ehepaar Kuckhoff mit Harro und Libertas Schulze-Boysen zusammen[46]. In der Folgezeit kam es zu regelmäßigen Beziehungen zwischen den beiden Widerstandskreisen und damit auch zu einer engeren Zusammenarbeit zwischen Harnack und Schulze-Boysen, die sich erstmalig bereits um 1935 begegnet waren[47].

Mit dieser Zusammenführung der Gruppen um Harnack und Schulze-Boysen und deren Erweiterung durch den Kreis von Jungkommunisten um Hans Coppi[48], die Gruppe um den Psychoanalytiker John Rittmeister oder den Freundeskreis um den Schauspieler Wilhelm Schürmann-Hoerster[49] verstärkte sich die innere Differenzierung und erweiterte sich das Spektrum der Außenbeziehungen der Gruppe beträchtlich. Die einzelnen Freundeskreise und Zirkel agierten dabei oft unabhängig voneinander bzw. kamen erst bei konkreten Aktionen oder über einzelne Personen in Berührung miteinander.

Während des Krieges stieß darüber hinaus eine neue Generation zum Widerstand, deren entscheidende Sozialisationserfahrungen in der NS-Zeit lagen und deren Option für den Widerstand sich nicht mehr direkt aus den politischen Auseinandersetzungen der Weimarer Zeit oder der Tradition politischer Parteien und Verbände speiste. Die Jüngeren wie Hannelore und Fritz Thiel, Otto Gollnow, Liane Berkowitz, Friedrich Rehmer, Heinz Strelow, Eva-Maria Buch, Cato Bontjes van Beek und André Richter repräsentieren einen lebensgeschichtlichen Zugang zum Widerstand, der durch die Kriegsrealität und damit verbundene Desillusionierungen, durch eine Sensibilität für wahrgenommes Unrecht und die Spontaneität des Aufbegehrens geprägt war[50]. Hinsichtlich der Motive für oppositionelles Handeln finden sich hier viele Parallellen zur „Weißen Rose" in München und zu anderen Bereichen des Jugendwiderstands.

Nach 1939 intensivierten sich auch die Kontakte der Widerstandsgruppe mit dem kommunistischen Widerstand. Nach ihrer Haftentlassung aus dem Zuchthaus Luckau kamen mit dem Journalisten und Parteitheoretiker Wilhelm Guddorf und dem Sinologen Philipp Schaeffer zwei ehemalige KPD-Aktivisten in Berührung mit der Widerstandsgruppe. Mit deren Kontakten zum Untergrund wurden die bereits durch John Sieg initiierten Außenbeziehungen zu illegalen kommunistischen Kreisen weiter ausgebaut. Über Sieg, den die gemeinsame journalistische Arbeit in der „Tat" mit Adam Kuckhoff verband, liefen insbesondere die Verbindungen zu illegalen KPD-Kreisen in Berlin-Neukölln, wo er gemeinsam mit Herbert Grasse und Otto Grabowski die hektographierte Zeitschrift „Die innere Front" herausgab[51].

Der kommunistischen Widerstand war nach den Verhaftungswellen der Gestapo inzwischen weitestgehend individualisiert und verfügte kaum noch über eine organisatorische Basis. Hinsichtlich seines politischen Profils operierte er „nicht nur unabhängig von der KPD-Führung in Moskau", sondern entwickelte auch „andere politische Vorstellungen als die Emigrations-KPD"[52]. Im Kontrast zu den Vorstellungen und Direktiven der Moskauer Parteizentrale ging es für die Kommunisten im Innern des Landes oft um das pure Überleben.

Ungeachtet der Tatsache, daß sich die organisatorische Praxis der illegalen KPD angesichts der Verhaftungserfolge der Gestapo als unrealistisch und verfehlt erwiesen hatte, unternahm insbesondere Wilhelm Guddorf erneut den Versuch zum Wiederaufbau zentralisierter Leitungsstrukturen und stellte zu diesem Zweck Gesprächskontakte zum Hamburger Widerstand um Bernhard Bästlein, Robert Abshagen und Franz Jacob her[53]. Die somit entstandene Verzahnung der Berliner Roten Kapelle mit dem Hamburger Widerstand erwies sich widerstandsgeschichtlich als kaum effektiv. Sie hatte vielmehr die verheerende Konsequenz, daß im Zuge der Aufdeckung der Widerstandsgruppe Schulze-Boysen/Harnack auch der Hamburger Widerstand noch 1942 durch die Gestapo aufgerollt wurde[54].

Nach einer Phase innerer Verständigung im Umfeld des deutsch-sowjetischen Nichtangriffsvertrages, der insbesondere im linken Spektrum des Widerstandes zu beträchtlichen Irritationen geführt hatte[55], war die Zeit von 1940 bis 1942 durch eine deutliche Intensivierung des Widerstandes in der Gruppe um Harnack und Schulze-Boysen gekennzeichnet. Die Kriegserfahrung und die Kenntnisnahme der militärischen Vorbereitungen für den Überfall auf die UdSSR wirkten hier als eine Art Katalysator. Die in dieser Zeit entstandenen analytischen Materialien, Flugblätter und illegalen Schriften thematisierten in verschiedenen Variationen den für Deutschland verhängnisvollen Charakter der Kriegsoption Hitlers.

Eine in jeweils eigenständigen Bearbeitungen von Arvid Harnack und Wilhelm Guddorf überlieferte Schrift über das „nationalsozialistische Stadium des Monopolkapitalismus"[56] verwies auf die Zusammenhänge zwischen Wirtschaftsstrukturen und militärischer Expansion unter den Bedingungen des Nationalsozialismus und diente vor allem der Selbstverständigung innerhalb der Gruppe. Andere 1941/42 enstandenen Flugblätter und Aufklärungsschriften, wie die von Günter Weisenborn verbürgte „Napoleon"-Flugschrift[57], enthielten differenzierte, auf bestimmte Bevölkerungsgruppen zielende Argumentationsmuster oder richteten sich, wie ein der „Inneren Front" beigelegter, in französischer Sprache abgefasster Aufruf, an die nach Deutschland zwangsrekrutierten ausländischen Arbeitskräfte[58].

Eine im Kreis um Schulze-Boysen initiierte Zettelklebeaktion wandte sich mit der Frage „Krieg, Hunger, Lüge, Gestapo — wie lange noch?" gegen die nationalsozialistische Propagandaausstellung „Das Sowjetparadies" im Berliner Lustgarten, die begleitend zum Rußlandfeldzug einmal mehr antisowjetische Vorurteile bei der deutschen Bevölkerung schüren sollte[59]. An dieser nicht unumstrittenen Aktion in verschiedenen Stadtteilen Berlins nahmen unter anderem Liane Berkowitz, Hans und Hilde Coppi, Ursula Götze, John Graudenz,

590

Werner Krauss, Fritz Rehmer, Harro Schulze-Boysen, Fritz Thiel und Marie Terwiel teil.

Libertas Schulze-Boysen begann unter dem Eindruck von Gesprächen mit Heimaturlaubern von der Ostfront im Rahmen ihrer Tätigkeit bei der Deutschen Kulturfilmzentrale mit der Dokumentation von Gewaltverbrechen unter der Zivilbevölkerung in den besetzten sowjetischen Gebieten[60]. Teile des Materials fanden Eingang in eine von John Sieg und Adam Kuckhoff verfasste Schrift „Offene Briefe an die Ostfront, 8. Folge. An einen Polizeihauptmann", die angesichts der Verbrechen an der Ostfront an das Gewissen der dort operierenden Einsatzkräfte appellierte. Wie auch die anderen Flugschriften der Gruppe verzichtet sie auf bloße Agitation, sondern spricht gezielt bestimmte Gruppen unter Adaption von deren Sprachgestus und Erfahrungswelt an: „Sie gehören doch wirklich nicht zu jenen brutal-robusten Polizeibütteln, denen, ohne alle Überlegung und Menschlichkeit, die Fragen von Politik und Moral sich primitiv auflösen in Gepolter und Prügel. Sie haben immer die widerwärtigen Kreaturen verachtet und gehaßt, die ihre Gemeinheiten mit grinsender Charakterlosigkeit und Zynismus begleiten. Würde ich Ihnen sonst schreiben, wenn ich nicht annähme, daß Sie die Fähigkeit und den Mut nicht verloren haben, dem Zwang des Gewissens zu folgen, wo es in Konflikt gerät mit einer so offensichtlich bestialischen ‚Pflicht', wie es der befohlene Meuchelmord an der Sowjetbevölkerung ist[61]?!"

Im Februar 1942 geriet diese Aufklärungsarbeit der Gruppe erstmalig in die Optik der Gestapo. Beginnend mit dem 15. Februar 1942 gingen bei der Abteilung IV des RSHA aus verschiedenen Polizeirevieren Berlins Telegramme über eine auf dem Postweg verbreitete „Hetzschrift" mit dem Titel „Die Sorge um Deutschlands Zukunft geht durch das Volk" ein[62]. Als Empfänger der im Kreis um Schulze-Boysen entworfenen Schrift weist das Meldeverzeichnis der Gestapo „Vertreter der Presse, des Katholizismus und der Intelligenz" aus[63]. Am 20. Mai 1942 erhielt das Referat IV A 1d des RSHA eine Meldung der Stapoleitstelle Berlin über 260 erfaßte Exemplare der Schrift[64]. Der Brief eines SS-Oberführers machte die zuständigen Gestapo-Stellen darauf aufmerksam, daß die „vornehmlich an die bürgerlichen Intellektuellen" gerichtete und „sehr geschickt" abgefasste Schrift an sämtliche in Berlin zugelassenen Auslandsjournalisten und Beamte des Reichspropagandaministeriums verschickt worden sei[65]. Die Ermittlungen der Gestapo mußten im Verlauf des März 1942 als „aussichtslos" eingestellt werden[66].

Die erhalten gebliebene Schrift ist eines der wenigen Zeugnisse, die in authentischer Form das Selbstverständnis der Widerstandsgruppe und deren Vorstellungen einer politischen Neuordnung Deutschlands vermitteln: „Sobald sich das deutsche Volk [nach dem Sturz Hitlers — J.D.] eine neue Regierung gegeben hat, muß es sich nach neuen Freunden und Bundesgenossen in der Welt umsehen. Diese finden sich nicht unter denjenigen, die ein Interesse an der Wiederherstellung des europäischen Zustandes von 1918 bis 1939 und an einer mehr oder weniger offenen Demütigung des deutschen Volkes haben — also nicht unter den reaktionären Kreisen in Europa. Die Politik gewisser deutscher Feudaler, Diplomaten und Bankiers usw., welche davon träumen, nach einem Staatsstreich dem Lande durch die blutige Verfolgung aller bisher an der Macht Beteiligten eine neue politische Grundlage zu geben und alsdann ein restauriertes Deutschland auf Kosten Rußlands mit den ‚Plutokraten' zu versöhnen, hat keinen Boden unter den Füßen und bringt nicht den Frieden. Mit Haß, Demagogie und rückschrittlicher Gesinnung wird keine Zukunft gezimmert. Freunde unseres Volkes finden sich vielmehr unter den fortschrittlichen Kräften Europas und in der UdSSR. Die Zusammenarbeit mit diesen Kräften muß die kommende deutsche Regierung suchen. Diese Kräfte muß sie unterstützen, und sie tut dies am besten durch Übergabe der Macht in den besetzten Gebieten an freie und unabhängige Regierungen, durch sofortige Räumung der besetzten Gebiete der Sowjetunion, durch Aufkündigung des Bündnisses mit Italien und Wiedererneuerung des Freundschaftspaktes und Handelsabkommens mit der UdSSR. Auf dieser Basis wäre ein Friede möglich, bei dem die Unversehrtheit des deutschen Reiches in den Grenzen vom Frühjahr 1939 gewahrt bleiben könnte. Das deutsche Volk muß verlangen, daß es in umfassenden Handelsverträgen und Abkommen an den Gütern der Erde beteiligt wird. An jeder Abrüstung wird es in gleichem Maße teilzunehmen bereit sein wie alle anderen. Noch hätte, nach Überwindung der nationalsozialistischen Krankheit, das deutsche Volk hinreichend eigene Kräfte und genug Freunde in der Welt, um seinen ehrlichen Willen zu wirklicher Neuordnung und zu dauerhafter Sicherung des Friedens auch gegen den Widerstand feindlicher Mächte durchzusetzen[67]."

In der Abkehr Hitlers von der Verständigungspolitik mit der Sowjetunion und der Vorbereitung und Durchführung des Rußlandfeldzuges lag das wesentliche initiatorische Moment für Harnack, Schulze-Boysen und den sogenannten „inneren Kreis" der Widerstandsgruppe für die im Frühjahr 1941 beginnende Übermittlung militärischer Nachrichten an die sowjetische Seite. Diese Kontakte gehören wohl zu den am meisten umstrittenen Kapiteln der Geschichte des deutschen Widerstandes und wurden in Verbindung mit dem Verdikt der Spionage immer wieder bei der Ausgrenzung der Gruppe aus der deutschen Opposition gegen Hitler geltend gemacht. Dabei sind die Vorgänge im Umfeld des deutschen Überfalls auf die Sowjetunion durch eine Vielzahl von Legenden zugeschüttet, die nach der schrittweisen Öffnung russischer Archive und Quellenfunden in den USA als Phantasien des Kalten Krieges gelten müssen[68].

Betrachtet man diesen Schritt zur Kooperation mit den Sowjets im Kontext der gesamten Breite der Widerstandsaktivitäten der Gruppe und somit nicht in der alleinigen Fixierung auf den nachrichtendienstlichen Hintergrund, in den sich Teile der Gruppe damit begaben, so erschließen sich interessante Zusammenhänge. In der Rekonstruktion der verschiedenen Phasen des Widerstands der Gruppe wird deutlich, daß er in seinen Anfängen noch sehr stark durch die Erwartung eines Massenwiderstandes der deutschen Bevölkerung gegen das NS-Regime geprägt war. Die Orientierung nach außen ist insofern auch ein Reflex darauf, daß ein solches Aufbegehren ausblieb und die Mehrheit der Deutschen Hitler weiterhin folgte oder dessen Politik passiv duldete. Ähnlich wird die verstärkte Hinwendung der Gruppe zu anderen Widerstandsformen in der Zeit vom Herbst 1941 bis zur Verhaftung 1942 erst auf dem Hintergrund der geringen Resonanz der sowjetischen Seite auf die Warnungen aus Berlin und der an mangelnder Professionalität der Beteiligten gescheiterten Versuche zum Aufbau einer Nachrichtenverbindung verständlich.

Die im September 1940 beginnenden Kontakte zwischen Arvid Harnack und dem als Sekretär in der sowjetischen Botschaft tätigen NKWD-Mitarbeiter Alexander M. Korotkow [„Alexander Erdberg"] sind nicht ohne ihre Vorgeschichte in der Zeit um 1930/31 zu verstehen. Im Kontext der Bemühungen der von Friedrich Lenz und Harnack initiierten „ARPLAN" zu einer Verbesserung der handelspolitischen Beziehungen zwischen Deutschland und der Sowjetunion kam es zu einer Zusammenarbeit mit dem leitenden Mitarbeiter der sowjetischen Handelsvertretung in Berlin, Sergej A. Bessonow[69]. Zur gleichen Zeit fanden in der Berliner sowjetischen Botschaft regelmäßige Gespräche mit dem Sekretär der Vertretung A.W. Hirschfeld über den Stand der deutsch-sowjetischen Beziehungen statt, an denen sich neben Lenz und Harnack auch die Osteuropa-Experten Otto Hoetzsch und Klaus Mehnert sowie der Herausgeber des „Widerstand" Ernst Niekisch beteiligten[70]. Eines der Ergebnisse dieser Zusammenarbeit war die Studienreise einer Delegation der „ARPLAN" vom 20. August bis 12. September 1932 nach Moskau, Leningrad, Odessa, Kiew und in die Dnjepr-Region[71]. Diese Verständigungspolitik mit der sowjetischen

Seite entsprach der Grundüberzeugung Harnacks, daß die Anlehnung an den Osten „zwangsläufig weltanschaulich, wirtschaftlich und sozial geboten" sei und die „Mittlerrolle Deutschlands zwischen Ost und West, zwischen Versailles und Moskau" eine Auseinandersetzung „mit der im Bolschewismus erneuerten Großmacht des Ostens" verlange[72]. Nach der der Versetzung Hirschfelds und der Rückbeorderung Bessonows 1938 in die Sowjetunion, wo er verhaftet und im Bucharin-Prozeß wegen trotzkistischer Aktivitäten zu einer hohen Zuchthausstrafe verurteilt wurde, erfolgten diese Kontakte eher sporadisch und schliefen von 1938–1940 völlig ein[73].

Im Oktober 1940 erhielt Erdberg von Harnack die Information, „daß Deutschland Anfang nächsten Jahres einen Krieg gegen die Sowjetunion beginnen wird", dessen Ziel „in der Abspaltung eines Teils des europäischen Territoriums der UdSSR, von Leningrad bis zum Schwarzen Meer" bestünde[74]. Anfang März 1941 informiert Harnack die sowjetischen Botschaft über laufende Operationen der deutschen Luftwaffe zur Durchführung von Luftbildaufnahmen des sowjetischen Territoriums, eine Nachricht, die er von Schulze-Boysen erhalten hatte.

Die inzwischen anhand russischer Archivquellen dokumentierbaren Inhalte der Gespräche mit Erdberg zeigen, daß Harnack immer wieder auf Indizien aus verschiedenen wirtschaftlichen und militärischen Bereichen für die laufenden Planungen des Rußlandfeldzuges hinwies und dies zusätzlich mit Eindrücken aus Gesprächen mit Funktionsträgern des NS-Staatsapparates und des Militärs zu stützen versuchte. Nach einer ersten, von Harnack vermittelten Zusammenkunft zwischen Erdberg und Schulze-Boysen Ende März 1941 wurde dieser zunehmend in die Kontakte einbezogen. Mit dem Hinweis auf die Pläne der deutschen Luftwaffe zur Bombardierung wichtiger sowjetischer Städte und strategisch bedeutsamer Wirtschafts- und Militärobjekte versuchte auch er, die sowjetische Seite von der Ernsthaftigkeit der deutschen Angriffsvorbereitungen zu überzeugen.

In der Moskauer Zentrale des NKGB, die die genannten Informationen aus Berlin übermittelt erhielt, wurden auf der Grundlage dieser und einer ganzen Reihe gleichlautender Informationen aus diplomatischen und nachrichtendienstlichen Quellen in der ganzen Welt entsprechende Mitteilungen an die sowjetische Führung, das ZK der KPdSU und den Rat der Volkskommissare erarbeitet[75]. Stalin, Berija und ihre engste Umgebung ignorierten diese bis in die letzten Stunden vor dem Überfall eingehenden Warnungen im Glauben an die Vertragstreue Hitlers. Sowjetische Diplomaten und Militärs, wie der Botschafter der UdSSR in Berlin, Dekanossow, und dessen Militärattaché Tupikow, die die Einschätzungen verschiedener Widerstandskreise und die Erkenntnisse der Nachrichtendienste nicht als bloße „Provokation" einstuften, unterlagen Maßregelungen oder wurden Opfer des Repressionsapparates[76].

Auf eine beträchtliche Unsicherheit der sowjetischen Seite über ihre Berliner Gesprächspartner und deren Warnungen deutet auch eine von dem Leiter der ersten Hauptverwaltung [dem Auslandsnachrichtendienst — J.D.] des NKGB Fitin am 12. März 1941 veranlaßte persönliche Anfrage an Georgi Dimitroff, den Leiter des Exekutivkomitees der Kommunistischen Internationale, in der er um Informationen über Harnack, Schulze-Boysen, Kuckhoff aber auch Personen wie Ernst Jünger, Julius Leber, Georg Lukács oder Karl August Wittvogel bittet[77].

Die Klärung der Frage, wie die entstandene Verbindung im Kriegsfall aufrechterhalten werden könne, bedurfte des wiederholten Drängens — insbesondere von Schulze-Boysen gegenüber Erdberg. Die sowjetische Seite hatte für einen solchen Fall keinerlei Vorkehrungen getroffen. Mit der letztlich doch noch unmittelbar vor der Schließung der sowjetischen Botschaft und der Abschiebung ihrer Mitarbeiter beschafften Nachrichtentechnik (der Gruppe wurden zwei Funkgeräte, Funkschlüssel und Geld übergeben) unternahm ein kleiner Kreis von Eingeweihten innerhalb der Widerstandsgruppe in der Folgezeit den Versuch, eine Verbindung nach Moskau herzustellen. Dieser scheiterte letztlich an der fehlenden technischen Befähigung der Beteiligten und ging nicht über die Sendung eines Probefunkspruchs mit dem Inhalt: „Tausend Grüße allen Freunden!" hinaus[78]. Die in vielen Darstellungen zum Thema „Rote Kapelle" anzutreffenden Schilderungen eines intensiven Sendebetriebes aus Berlin nach Moskau sind quellenmäßig nicht zu belegen und gehören in das Reich der Legenden über die Widerstandsgruppe[79].

Über eine Verbindung nach Moskau erhofften sich Harnack und Schulze-Boysen Handlungsspielräume und Einflußmöglichkeiten auf die politische Verfassung eines Deutschland nach dem Sturz Hitlers. Sie gingen dabei von der realistischen Annahme aus, daß eine Neuordnung Deutschlands nach der militärischen Niederschlagung des Nationalsozialismus nicht ohne den beträchtlichen Einfluß der sowjetischen Großmacht erfolgen würde. Eine schnellstmögliche Beendigung des Krieges im Osten und ein substantielles Verständigungsangebot der Opposition innerhalb der Eliten des NS-Staates gegenüber den Sowjets wurden als einziger Weg für die Aufrechterhaltung der politischen Souveränität Deutschlands angesehen. Stalin würde unter diesen Bedingungen „keineswegs auf eine Sowjetisierung Deutschlands drängen, sondern wäre zufrieden, wenn ein nichtfaschistisches, nichtimperialistisches System in Deutschland bestehe, von dem keine aggressiven Tendenzen zu erwarten wären"[80].

In diesem Sinne erfolgte auch die Fühlungnahme mit den Widerstandskreisen im Bereich des Militärs, des Auswärtigen Amtes und im Umfeld des Kreisauer Kreises, über deren Existenz und Ziele man weitestgehend informiert war. Neben den verwandschaftlichen Kontakten Harnacks zu den Brüdern Bonhoeffer und Ernst v. Harnack[81], die eher nach den Verhaftungen 1942 widerstandsgeschichtlich relevant wurden, sind für die Jahre davor zahlreiche Gesprächskontakte von Harnack und Schulze-Boysen zu Adam v. Trott zu Solz, Albrecht Haushofer, Arnold v. Borsig, Horst v. Einsiedel, Carl Dietrich v. Trotha und Fritz Dietlof Graf v. der Schulenburg belegbar, die sich insbesondere über die Auslandswissenschaftliche Fakultät und das Reichswirtschaftsministerium ergaben[82].

Ähnlich wie bei den außenpolitischen Sondierungen von Adam v. Trott zu Solz, Helmuth James Graf v. Moltke, Carl Goerdeler, Dietrich Bonhoeffer u.a. bei den Briten und Amerikanern ging es Harnack und Schulze-Boysen letztlich um die Schaffung günstiger äußerer Rahmenbedingungen für einen durch die Opposition beabsichtigten innenpolitischen Wandel in Verbindung mit der Beendigung des Krieges. Wie zahlreiche Untersuchungen zu den außenpolitischen Aktivitäten des militärischen Widerstands und der Kreisauer inzwischen gezeigt haben, begaben sich auch dessen Emissäre bei ihren Gesprächen in Großbritannien und den USA in einen nachrichtendienstlichen Kontext[83].

Auf das Ausbleiben von Nachrichten aus Berlin reagierte der Auslandsnachrichtendienst des NKWD mit einem Hilfeersuchen an den militärischen Nachrichtendienst der UdSSR (GRU), der mit den Stützpunkten Leopold Treppers in Paris und Brüssel über eine funktionierende Organisation verfügte und mit der Résistance kooperierte. Trepper erhielt aus Moskau die Weisung, einen seiner Mitarbeiter nach Berlin zu entsenden, um Kontakt zu Schulze-Boysen und Harnack aufzunehmen und die Gründe für das Ausbleiben der Nachrichtenverbindung herauszufinden. Am 26. August 1941 bekam der für diese Aufgabe ausgewählte Anatoli Gurewitsch („Kent", „Vincente Sierra") über Funk den Auftrag, das Ehepaar Kuckhoff sowie Libertas Schulze-Boysen unter den im Funkspruch angegebenen Adressen und Telefonnummern anzulaufen[84]. Während des Besuchs von Gurewitsch in Berlin kam es zu einem mehrstündigem Gespräch mit Schulze-Boysen. Die dabei übermittelten Informationen u.a. zur Situation der deutschen Treibstoffvorräte, zur deutschen Flugzeugproduktion, zu den Möglichkeiten chemischer Kriegsführung, zu Erfolgen der deutschen Abwehr und zur Stimmung innerhalb der Kommandostellen der Wehrmacht wurden nach Gurewitschs Rückkehr nach Brüssel von dem Funker Johannes Wenzel nach Moskau übermittelt[85]. Die Verbindung der Berliner Widerstandsgruppe um Harnack und Schulze-Boysen zum sowjetischen militärischen Nachrichtendienst in Westeuropa reduziert sich somit auf die genannte einmalige Begegnung.

Für die Verfolgungsgeschichte der Widerstandsgruppe und deren spätere Deutung sollte sich diese Berührung mit der Organisation Treppers als umso folgenreicher erweisen. Während die Gruppe über einen Zeitraum von fast neun Jahren unentdeckt blieb, geriet sie nunmehr über die Überwachungs- und Fahndungstätigkeit des OKW-Amtes Ausland/Abwehr und der Geheimen Staatspolizei gegen eben diese Stützpunkte der GRU in das Blickfeld der NS-Verfolgungsinstanzen.

Ende Juni 1941 wurden von einer Funküberwachungsstelle der Wehrmacht die ersten Funksprüche aus Brüssel aufgefangen. In der Folgezeit unternahmen ein Kommando der Abwehrstelle Belgien und die mit dieser Außenstelle des Amtes Ausland/Abwehr des OKW kooperierenden Polizeifunktrupps umfangreiche Anstrengungen zur Überwachung und Lokalisierung der ausgemachten Funkstellen. Im Verlauf der Ermittlungen wurden Beamte des SD und ein Sonderkommando des Reichssicherheitshauptamtes eingeschaltet. Ein von der Abwehrstelle Belgien im März 1943 für die Abwehrabteilung des OKW erstellter Abschlußbericht belegt diese 1941/42 einsetzende Fixierung auf die Stützpunkte der GRU: „Die rein militärisch abwehrmäßigen Erfolge Mitte Dezember 1941 ließen von vornherein erkennen, daß man zum ersten Male sich mit dem russischen ND in den Westgebieten zu befassen hatte. Die Einstellung der beim ersten Zugriff (12., 13. Dezember 1941) festgenommenen Personen war im Vergleich mit anderen ausländischen Agenten eine so grundverschiedene, daß alle bisherigen Erfahrungen in den Westgebieten sich nicht ausnutzen ließen. Man mußte sehr bald zu der Erkenntnis kommen, daß der russische ND geschulte Kräfte eingesetzt hatte und sich weiter rekrutierte aus politisch geschulten kommunistischen mindestens aber linksradikalen Kreisen[86]." In den Kreisen der Funküberwachung und der Abwehr entstand auch die später von der Gestapo übernommene und auf die Berliner Widerstandsgruppe ausgedehnte Bezeichnung „Rote Kapelle". Sie spielte auf das „Konzert" der von Moskau dirigierten Funkstellen im besetzten Westeuropa an.

Im Zuge der Aufrollung der Gruppen Treppers ergaben sich erste Hinweise auf den Berliner Widerstandskreis, die durch die Dechiffrierung des genannten Funkspruchs aus Moskau im Sommer 1942 erhärtet wurden. Diese Tatsache erwies sich als ausschlaggebend für die Optik der Sonderkommission der Gestapo im Fall „Rote Kapelle". Sowohl die Männer und Frauen um Harnack und Schulze-Boysen als auch der Fall des Legationsrates im Auswärtigen Amt, Rudolf Scheliha, wurden von Anfang an unter die in Belgien und Frankreich aufgedeckten Organisationsstrukturen der sowjetischen Militäraufklärung subsumiert, gewissermaßen als deren deutscher Ableger[87]. Deutlich wird dies bereits in der Zuordnung des Falles in den Tätigkeitsbereich des für Sabotageakte, Fallschirm- und Funkagenten sowie Fälschungssachen zuständigen Referats innerhalb des RSHA-Amtes IV für Gegnerbekämpfung.

Die Annahme von der Außensteuerung der Gruppe bestätigte scheinbar auch die gängigen Lageeinschätzungen des RSHA, wie ein Bericht des Chefs der Sicherheitspolizei und des SD vom 10. Juni 1941 „über die gegen Deutschland und den Nationalsozialismus gerichtete Zersetzungsarbeit der UdSSR" belegt: „Die Hoffnung, Sowjetrußland würde sich nach Abschluß dieses Paktes [gemeint ist der deutsch-sowjetische Nichtangriffsvertrag vom August 1939 — J.D.] entsprechend der Vertragsabmachungen loyal verhalten und die Wühlarbeit gegen das Reich einstellen, war trügerisch. Im Gegenteil: Kommunistische Zersetzung, Sabotage- und Terrorversuche und äußerste Forcierung des militärischen, wirtschaftlichen und politischen Nachrichtendienstes waren die unverrückbaren — jedoch erkannten — Ziele der sowjetrussischen Machthaber[88]."

Am 31. August 1942 wurde als erster Harro Schulze-Boysen an seinem Arbeitsplatz im Reichsluftfahrtministerium verhaftet[89]. Eine Woche später am 7. September 1942 wurden Arvid und Mildred Harnack von Gestapo-Beamten an ihrem Urlaubsort in Preil an der Kuhrischen Nehrung abgeholt und in die Prinz-Albrecht-Str. 8 gebracht[90]. Libertas Schulze-Boysen geriet am 8. April 1942 im D-Zug von Berlin nach Traben-Trarbach/Mosel in die Hände der Gestapo. Am 12. September 1942 wurde Adam Kuckhoff in Prag während der Arbeit in den dortigen Barrandov-Studios und seine Frau Greta in der Berliner Wohnung der Kuckhoffs festgenommen[91]. In den folgenden Wochen verhaftete die Gestapo weit über hundert Personen. Das Ausmaß der aufgedeckten Widerstandsgruppierung um Harnack und Schulze-Boysen veranlaßte die NS-Führung, die ermittelnde Sonderkommission der Gestapo erheblich personell aufzustocken und eine absolute Geheimhaltung über die Vorgänge zu verfügen[92]. Die Brisanz des Falles für die nationalsozialistische Führung ergab sich nicht zuletzt daraus, daß sie hier erstmalig in größerem Umfang mit der Opposition von Funktionsträgern des NS-Staates und des Militärs konfrontiert war. Zudem verwiesen die Verhafteten bei den Verhören auf Motive und Traditionsbestände für ihr Handeln, die nicht ohne weiteres unter die gängigen Feindbilder der NS-Ideologie subsumierbar waren. Unter dem Erfolgsdruck der NS-Führung reduzierte dann auch die Gestapo die in der Gruppe vorhandene Breite an weltanschaulichen und politischen Motiven sowie die komplexe Beziehungsgeschichte der einzelnen Freundeskreise und Zirkel auf den Nenner des bezahlten Landesverrats[93].

In der nach Abschluß der Ermittlungen beginnenden Prozeßserie vor dem Reichskriegsgericht fungierte der von Göring eingesetzte Oberstkriegsgerichtsrat der Luftwaffe Manfred Roeder als Chefankläger: „Die Anklagevertretung in den Prozessen vor dem Reichskriegsgericht wahrte gegenüber den Argumentationsmustern der untersuchenden Gestapo ausgesprochene Kontinuität. Gegen alle Beteiligten der Widerstandsorganisation, auch jene, die keinerlei Kenntnis von der Nachrichtenübermittlung an sowjetische Stellen hatten, verhängten die Militärjuristen am Reichskriegsgericht Verdikte, ‚Spione' und ‚Verräter' zu sein. Das Verfahren, für dessen Erledigung die NS-Führung eine schnelle und exemplarische Bestrafung vor Ende 1942 verlangte, war neben großen Prozessen gegen die niederländische, die französische, die norwegische oder polnische Widerstandsbewegung in den Jahren 1942 bis 1944 wohl das umfangreichste. Das Verfahren wurde entsprechend seiner Zuständigkeiten vom RKG durchgeführt, zumal Hitler als Oberster Gerichtsherr obendrein die Verhandlung vor dem RKG angeordnet hatte[94]." Unter der Federführung Roeders wurden mehr als fünfzig der beteiligten Männer und Frauen zum Tode und zahlreiche weitere Gruppenmitglieder zu hohen Zuchthausstrafen verurteilt. Mit den noch im Dezember 1942 beginnenden Hinrichtungen in Berlin-Plötzensee wurde einer der größten deutschen Widerstandsgruppen in Deutschland ein gewaltsames Ende bereitet.


*Anmerkungen*

1 Vgl. Aufstand des Gewissens. Militärischer Widerstand gegen Hitler und das NS-Regime 1933–1945, hrsg. vom Militärgeschichtlichen Forschungsamt, Herford und Bonn 1987,

S. 128 f. Peter Hoffmann etwa spricht in seiner Untersuchung zur Opposition gegen Hitler von der „im wesentlichen kommunistisch orientierten Roten Kapelle, welche unter der Führung des im Luftfahrtministerium tätigen Oberleutnants Harro Schulze-Boysen und des Oberregierungsrats im Reichswirtschaftsministerium Dr. Arvid Harnack als Kriegsorganisation des sowjetischen Nachrichtendienstes aufgebaut war". Vgl. P. Hoffmann, Widerstand, Staatsstreich, Attentat. Der Kampf der Opposition gegen Hitler, München 1985, S. 52.

2  Zu den Ursprüngen dieser Deutung siehe u.a. F. v. Schlabrendorff, Offiziere gegen Hitler, Zürich 1951, S. 106 f.; G.A. Ritter, Carl Goerdeler und die deutsche Widerstandsbewegung, Stuttgart 1956, S. 106 f.; M. Roeder, Die Rote Kapelle. Europäische Spionage, Hamburg 1952.

3  Zur Rezeptionsgeschichte der Roten Kapelle siehe J. Danyel, Die Rote Kapelle innerhalb der deutschen Widerstandsbewegung, in: Die Rote Kapelle im Widerstand gegen den Nationalsozialismus, hrsg. von H. Coppi, J. Danyel und J. Tuchel, Berlin 1994; P. Steinbach, Die Rote Kapelle — 50 Jahre danach, in: Zeitschrift für Geschichtswissenschaft (ZfG) 41 (1993), S. 771—780 (Wiederabdruck in diesem Band); H. Coppi und J. Danyel, Abschied von Feindbildern. Zum Umgang mit der Geschichte der Roten Kapelle, in: Eva-Maria Buch und die „Rote Kapelle", hrsg. von K. Schilde, Berlin 1992, S. 55—84.

4  Siehe dazu u.a. H.O. Malone, Between England and Germany: Adam von Trott's Contacts with the British, in: Germans Against Nazism. Nonconformity, Opposition and Resistance in the Third Reich, ed. by F.R. Nicosia and L.D. Stokes, New York und Oxford 1990, S. 253—278; R.A. Blasius, Waiting for Action: The Debate on the ‚Other Germany‘ in Great Britain and the Reactions of the Foreign Office to German ‚Peace-feelers‘ 1942, ebd., S. 279—304; K. v. Klemperer, Nationale oder internationale Außenpolitik des Widerstandes, in: Der Widerstand gegen den Nationalsozialismus. Die deutsche Gesellschaft und der Widerstand gegen Hitler, hrsg. von J. Schmädecke und P. Steinbach, München/Zürich 1986; M. Balfour, Withstanding Hitler in Germany 1933—45, London und New York 1988; K.-J. Müller, Der deutsche Widerstand und das Ausland, Beiträge zum Widerstand 1933—1945, hrsg. von der Gedenkstätte Deutscher Widerstand, H. 29, Berlin 1986; P. Hoffmann, Ludwig Beck, Loyalty and Resistance, in: Central European History 14 (1981), S. 332—350; K. v. Klemperer, Adam von Trott zu Solz and Resistance Foreign Policy, ebd., S. 351—361; G. Schulz, Geheimdienste und Widerstandsbewegungen im Zweiten Weltkrieg, Göttingen 1982; H. Ben-Israel, British Reactions to the German Anti-Nazi Opposition, in: Journal of Contemporary History 20 (1985), S. 423—438; ferner die Dokumentation in P. Hoffmann, The History of the German Resistance 1933—1945, London 1977, S. 742 ff. Zur Debatte um Deserteure siehe N. Haase, Deutsche Deserteure, Berlin 1987; H. Frese, Bremsklötze am Siegeswagen der Nation, DIZ Schriften, Bd 1, Bremen 1989; Fietje Ausländer, Verräter oder Vorbilder? Deserteure und ungehorsame Soldaten im Nationalsozialismus, DIZ Schriften, Bd 2, Bremen 1992; Motive und Formen der Desertion — Gehören Deserteure zum Widerstand?, Dokumentation 78/91, hrsg. von der Evangelischen Akademie Berlin, Berlin 1990.

5  Vgl. dazu P. Steinbach, Widerstandsorganisation Harnack/Schulze-Boysen. Die „Rote Kapelle" — ein Vergleichsfall für die Widerstandsgeschichte, in: Geschichte in Wissenschaft und Unterricht (GWU) 42 (1991), S. 133—152.

6  Ein soziologisches Porträt der Widerstandsgruppe hat Jan Foitzik vorgelegt. Vgl. J. Foitzik, Gruppenbildung im Widerstand, in: Coppi/Danyel/Tuchel, Rote Kapelle. Ein vom Dezember 1942 überlieferter Untersuchungsbericht der Gestapo benennt den Anteil von Berufssoldaten in der Widerstandsgruppe mit 20%.

7  H. Coppi, Harro Schulze-Boysen — Wege in den Widerstand. Eine biographische Studie, Koblenz 1993, S. 142 ff. Zu den Biographien und Verhaftungsdaten der im folgenden ge-

nannten Personen siehe R. Griebel/M. Coburger/H. Scheel, Erfasst? Das Gestapo-Album zur Roten Kapelle, Halle 1992.

8 Siehe dazu H. Coppi, Erwin Gehrts, in: Coppi/Danyel/Tuchel, Rote Kapelle.

9 Siehe R. Hildebrand, Wir sind die Letzten. Aus dem Leben des Widerstandskämpfers Albrecht Haushofer und seiner Freunde, Berlin 1947.

10 Vgl. dazu N. Haase, Das Reichskriegsgericht und der Widerstand gegen die nationalsozialistische Herrschaft, hrsg. von der Gedenkstätte Deutscher Widerstand, Berlin 1993, S. 100 ff.; ders., Der Fall „Rote Kapelle" vor dem Reichskriegsgericht, in: Coppi/Danyel/Tuchel, Rote Kapelle.

11 Vgl. H. Scheel, Rote Kapelle und 20. Juli 1944, in: ZfG 33 (1985), S. 335.

12 E. Zechlin, Erinnerung an Arvid und Mildred Harnack, in: GWU 33 (1982), S. 401.

13 Vgl. dazu Der „Gegner"-Kreis im Jahre 1932/33 — ein Kapitel aus der Vorgeschichte des Widerstandes, Dokumentation 79/91, hrsg. von der Evangelischen Akademie Berlin, Redaktion: H. Coppi und J. Danyel, Berlin 1990.

14 K. Hildebrand, Die ostpolitischen Vorstellungen im deutschen Widerstand, in: GWU 27 (1978), S. 217.

15 Siehe dazu F. Lenz, Wirtschaftsplanung und Planwirtschaft, Berlin 1948.

16 H. Coppi, Schulze-Boysen, S. 60 ff.; Der „Gegner"-Kreis im Jahre 1931/32.

17 Adam Kuckhoff hatte von April 1928 bis 1929 die Schriftleitung der „Tat" inne und holte neue Autoren wie Alfons Paquet, Armin T.Wegner, John Sieg und Erich Müller-Kamp in die Zeitschrift. Siehe dazu A. Kuckhoff, Eine Auswahl von Erzählungen, Gedichten, Briefen, Glossen und Aufsätzen, hrsg. von G. Wiemers, Berlin 1970.

18 E. Brüning, Mildred Harnack-Fish als Literaturwissenschaftlerin, in M. Harnack-Fish, Variationen über das Thema Amerika. Studien zur Literatur der USA, Berlin und Weimar 1988, S. 166 f.; S. Ennenbach, Wer war Rose Schlösinger? Erinnerungsbericht, Gedenkstätte Deutscher Widerstand Berlin (GDW), Sammlung Rote Kapelle, RKA 154; S. Ennenbach, Rote Kapelle. Erinnerungsbericht, ebd., RKA 153. Vgl. dazu auch die im Privatbesitz von Jane Donner-Sweeney (Baltimore/USA) befindlichen Briefe Mildred Harnacks an ihre Familie, Kopien in GDW, Sammlung Rote Kapelle.

19 H. Scheel, Ein Schulungsmaterial aus dem illegalen antifaschistischen Widerstand der Roten Kapelle, in: ZfG 32 (1984), S. 36—46; Brief von Ludwig Emanuel Reindl an Ricarda Huch vom 30. März 1946, Kopie im Besitz des Verfassers.

20 G. Kuckhoff, Vom Rosenkranz zur Roten Kapelle, Berlin 1978; dies., Arvid Harnack, in: Weltbühne, XXIV. Jg. (1969), H. 44, S. 1411 ff.

21 G. Kuckhoff, Interview mit Lew Besymenski, maschinenschriftl. Protokoll der Tonbandaufzeichnung von 1968, GDW, Sammlung Rote Kapelle, S. 8 f.

22 Siehe dazu W.E. Dodd, Diplomat auf heißem Boden. Tagebuch des USA — Botschafters W.E. Dodd in Berlin 1933—1938, hrsg. von W.E. Dodd jr. und M. Dodd, Berlin 1964. Wichtige Aufschlüsse über diese Zeit liefern auch die literarisch verarbeiteten Erinnerungen Martha Dodds, die 1939 in den USA unter dem Titel „Through Embassy Eyes" und in deutscher Übersetzung 1946 mit dem Titel „Aus den Fenstern der Botschaft" erschienen. Vgl. auch S. Brysac, Arvid und Mildred Harnack. The American Connection, in: Coppi/Danyel/Tuchel, Rote Kapelle.

23 F. Lenz, In memoriam Arvid Harnack, in: Lenz, Wirtschaftsplanung, S. 93 f.; Zechlin, Erinnerung, S. 400.

24 Bereits in seiner Jenaer Doktorarbeit von 1924 beschäftigte sich Harnack mit den planwirtschaftlichen Versuchen des sozialdemokratischen Wirtschaftsministers Rudolf Wissel und des Unterstaatssekretärs im Reichswirtschaftsamt, Wichard v. Moellendorf, in der Zeit von 1919—1923. Ihre weitere Ausprägung erhalten diese Vorstellungen Harnacks während eines Studienaufenthaltes in den USA an der Universität von Wisconsin in Madison, wo er

der Arbeitsgruppe um Prof. John R. Commons, einem der geistigen Väter des New Deal, angehörte.

25 F. Jung, Mein Weg nach unten, Berlin 1967; Coppi, Harro Schulze-Boysen, S. 68 f.

26 H. Schulze-Boysen, Gegner von heute — Kampfgenossen von morgen, Berlin 1932 (Nachdruck Koblenz 1987).

27 A. Bahar, Sozialrevolutionärer Nationalismus zwischen Konservativer Revolution und Sozialismus. Harro Schulze-Boysen und der Gegner-Kreis, Koblenz 1992, L. Dupeux, Nationalbolschewismus in Deutschland 1919−1933, München 1985 (siehe hier besonders Kapitel XIX: Harro Schulze-Boysens „Gegner", Januar 1932−April 1933); K.O. Paetel, Versuchung oder Chance. Zur Geschichte des deutschen Nationalbolschewismus, Göttingen 1965 (besonders: Der Gegnerkreis, S. 189 ff.; O.E. Schüddekopf, Nationalbolschewismus in Deutschland 1918−1933, Frankfurt a.M. 1972 (besonders S. 362−365), T. Schulz, Gegner. Nationalismus, Nationalbolschewismus und Massenpsychologie, phil. Diss, Frankfurt a.M. 1980.

28 Niedersächsisches Hauptstaatsarchiv Hannover, NdS 721 Lüneburg, Acc. 69/76, Bd VII, Blatt 63.

29 G. Weisenborn, Memorial, Berlin 1987, S. 15 f.; Coppi, Harro Schulze-Boysen, S. 186 f.; M. Hahn, Ein Linker im Widerstand. Günther Weisenborn: „Die Furie", in: Erfahrung Nazideutschland. Romane in Deutschland 1933−1945, hrsg. von S. Bock und M. Hahn, Berlin und Weimar 1987, S. 231−297.

30 Die Zeitschrift „Wille zum Reich" erschien ab März 1934 als Nachfolgerin der überbündischen Zeitschrift „Die Kommenden" im Erich-Röth-Verlag Eisenach. Harro Schulze-Boysen und Walter Küchenmeister arbeiteten von Frühjahr 1935 bis zum März 1936 an der Zeitschrift mit und publizierten dort unter Pseudonym. Vgl. auch Coppi, Harro Schulze-Boysen, S. 161 ff.

31 E. Paul, Ein Sprechzimmer der Roten Kapelle, Berlin 1981, S. 87 ff.; K. Hörhold/N. Molkenbuhr, Oda Schottmüller, Berlin 1983; siehe ferner die biographischen Darstellungen in Coppi/Danyel/Tuchel, Rote Kapelle.

32 Foitzik, Gruppenbildung.

33 Kuckhoff, Rosenkranz, S. 182; dies., Interview, S. 6 f.; ferner BA Abteil. Potsdam, Nachlaß G. Kuckhoff, W-Ku 4, Bl. 126 ff.

34 Kuckhoff, Interview, S. 7; W. Brekle, Schriftsteller im antifaschistischen Widerstand 1933−1945 in Deutschland, Berlin und Weimar 1985, S. 81 f.; A. Kuckhoff, Eine Auswahl, S. 5 f.; S. Bock, Kämpfer vor dem Sieg. Adam Kuckhoff: „Der Deutsche von Bayencourt", in: Erfahrung Nazideutschland, S. 133−188.

35 F. Harnack, Vom anderen Deutschland. Teilbericht über die Harnack-Schulze-Boysen-Widerstandsorganisation, Berlin 1947, SAPMO-BArch, ZPA, V 241/3/10; J. Danyel, Profile und Organisationsformen wissenschaftlicher Arbeit in der Widerstandsgruppe um Arvid Harnack, in: Rostocker Wissenschaftshistorische Manuskripte, 1989, H. 17, S. 29−34.

36 Kuckhoff, Rosenkranz, S. 240. So halfen etwa Arvid und Mildred Harnack dem ehemaligen literarischen Leiter des Bruno Cassierer Verlages, Max Tau, bei seiner Flucht nach Norwegen im Jahre 1938. Vgl. M. Tau, Ein Flüchtling findet sein Land, Hamburg 1964, S. 175; ders., Auf dem Weg zur Versöhnung, Hamburg 1968, S. 84 f. Zu den Reaktionen auf den Pogrom siehe ferner Weisenborn, Memorial, S. 223; I. Malek-Kohler, Im Windschatten des Dritten Reiches, Freiburg 1986, S. 170; Brief von L. Schulze-Boysen an ihren Mann vom 21. November 1938, Kopie in GDW, Sammlung Rote Kapelle.

37 Hinweis von H. Coppi an den Verf. auf der Grundlage eines Schreibens von J. Haas-Heye an H. Coppi vom 4. Januar 1989.

38 Weisenborn, Memorial, S. 17. Bei dem Ehepaar Schulze-Boysens fand daraufhin eine Hausdurchsuchung statt, die jedoch keine Konsequenzen nach sich zog.

39 Paul, Sprechzimmer, S. 97.
40 Ebd., S. 112 f.; H. Teubner, Exilland Schweiz 1933-1945, Berlin 1975, S. 61 f.
41 Siehe dazu H. Weber, Die KPD in der Illegalität, in: Kommunistische Bewegung und real-
sozialistischer Staat. Beiträge zum deutschen und internationalen Kommunismus von Hermann Weber, hrsg. von W. Müller, Köln 1988, S. 183−201, R. Löwenthal, Konflikte
Bündnisse und Resultate der deutschen politischen Emigration, in: Vierteljahrshefte für
Zeitgeschichte (VfZ) 39 (1991), S. 626−636; D. Peukert, Zur Rolle des Arbeiterwiderstandes im Dritten Reich, in: Gegner des Nationalsozialismus. Wissenschaftler und Widerstandskämpfer auf der Suche nach der historischen Wirklichkeit, hrsg. von Ch. Kleßmann
und F. Pingel, Frankfurt a.M. 1980, S. 73−89; F.I. Firsow/K.K. Schirinja, Komintern.
Zeit der Prüfungen, Interview, in: Beiträge zur Geschichte der Arbeiterbewegung, 1990,
H. 1; Einige Fragen der Geschichte der Komintern, Rundtischgespräch, in: Novaja i novej-
schaja istorija, 1989, H. 2, S. 75−106 (russ.); F.I. Firsow, Stalin und die Probleme der
Politik der Einheitsfront, in: W.I. Kupzow (Hrsg.), Stranizi istorii KPSS, Moskau 1989,
S. 323−339 (russ.).
42 Vgl. Coppi, Harro Schulze-Boysen.
43 Vgl. BA Abteil. Potsdam, Zwischenarchiv Dahlwitz-Hoppegarten, Befragung W. Utech
vom Dezember 1968, vorl. Signatur AST/RK 43/109, S. 3 f.
44 Siehe die nachgelassenen Manuskripte von W. Küchenmeister im Nachlaß von Elfriede
Paul, Privatbesitz von C. und W. Küchenmeister, Jütchendorf.
45 B. Herlemann, Die Rote Kapelle und der kommunistische Widerstand, in: Coppi/
Danyel/Tuchel, Rote Kapelle.
46 Kuckhoff, Rosenkranz, S. 226 ff.; dies., Interview, S. 19 f.
47 IfZ München, ED 106, Bd 98, Brief von Rudolf Heberle an Ricarda Huch vom 12. Oktober
1946.
48 H. Scheel, Vor den Schranken des Reichskriegsgerichts, Berlin 1993; ders., Rote Kapelle.
Widerstand, Verfolgung, Haft, in: Coppi/Danyel/Tuchel, Rote Kapelle; ders., Schulfarm
Scharfenberg, Berlin 1990.
49 Siehe dazu J. Rittmeister, Hier brennt doch die Welt. Aufzeichnungen aus dem Gefängnis
1942−43, hrsg. von Ch. Teller, Gütersloh 1992. Zum sich ab 1938 um Schürmann
Horster formierenden Kreis gehörten u.a. der Bildhauer Cay v. Brockdorff und seine Frau
Erika, die Bildhauerin Ruthild Hahne, Jutta und Viktor Dubinsky, die Tänzerin Hanna Ber-
ger, der Architekt Friedrich Schauer, der Konstrukteur Karl Böhme, Wolfgang Thiess,
Herbert Grasse und Eugen Neutert.
50 Siehe dazu u.a. M.v. Beek, Erinnerungen an Cato Bontjes van Beek, in: Terror und Hoffnung in Deutschland 1933−1945. Leben im Faschismus, hrsg. von J. Beck und H. Boehn-
ke u.a., Hamburg 1980; dies., Momentaufnahmen aus einem Tagebuch, unveröffentlichtes
Typoskript, Kopie in GDW, Sammlung Rote Kapelle; R. Griebel, Die weibliche Seite des
Widerstands: Cato Bontjes van Beek, in: Eva-Maria Buch, S. 128−134; J. Tuchel, Motive
und Grundüberzeugungen des Widerstandes der Harnack/Schulze Boysen-Organisation.
Zum Denken und Handeln von Liane Berkovitz, in: ebd., S. 85−127; M. Coburger und
K. Schilde, Eva-Maria Buch. Ihre Lebensgeschichte, in: ebd., S. 14−28; J. Tuchel, Weltanschauliche Motivationen der Harnack/Schulze-Boysen-Organisation („Rote Kapelle"),
in: Kirchliche Zeitgeschichte, 1(1989), S. 268−293.
51 Vgl. dazu J. Sieg, Einer von Millionen spricht. Skizzen, Erzählungen, Reportagen, Flugschriften, hrsg. v. H. Schmidt, Berlin 1989, S. 9 f.; L. Kraushaar, Berliner Kommunisten
im Kampf gegen den Faschismus, Berlin 1981. Ein erhalten gebliebenes Exemplar der „Inneren Front" Nr. 15 vom August 1942, befindet sich in BA Abteil. Potsdam, Zwischenarchiv Dahlwitz-Hoppegarten, NJ 2, Bd 4.
52 Vgl. Weber, KPD, S. 199.

53 Siehe dazu die Protokolle der Vernehmungen von Guddorf, Bästlein, und Abshagen, BA Abteil. Potsdam, Zwischenarchiv Dahlwitz-Hoppegarten, ZC II 21, Bd 1.

54 Wilhelm Guddorf wurde am 10. Oktober 1942 in Berlin verhaftet. Am 15. Oktober 1942 begannen die Verhaftungen in Hamburg, nachdem die Gestapo im Zusammenhang mit der Aufdeckung der Widerstandsgruppe um Harnack und Schulze-Boysen bereits das Umfeld Guddorfs in den Blick genommen hatte und durch die Überwachung der Fallschirmspringer Wilhelm Fellendorf und Erna Eifler auf die Hamburger Widerstandskreise gestoßen war. Zur Aufdeckung der Hamburger Gruppe siehe Klaus Bästlein: „Hitlers Niederlage ist nicht unsere Niederlage, sondern unser Sieg!" Die Bästlein-Organisation. Zum Widerstand aus der Arbeiterbewegung in Hamburg und Nordwestdeutschland während des Krieges (1939−1945), in: Info Nr. 13 des Arbeitskreises zur Erforschung des Nationalsozialismus in Schleswig-Holstein, Kiel 1988, S. 44−89.

55 Brief von Heinrich Scheel an Ricarda Huch vom 29. Juni 1946, Kopie in GDW, Sammlung Rote Kapelle. Zu den Auswirkungen des Paktes auf den kommunistischen Widerstand siehe u.a. J. Foitzik, Die Kommunistische Partei Deutschlands und der Hitler-Stalin-Pakt, in: VfZ 37 (1989), S. 499−514.

56 Scheel, Schulungsmaterial, S. 38 f. Die von Wilhelm Guddorf bearbeitete Variante befindet sich im BA Abteil. Potsdam, Zwischenarchiv Dahlwitz-Hoppegarten, NJ 1579/13.

57 Vgl. G. Weisenborn, Der lautlose Aufstand. Bericht über die Widerstandsbewegung des deutschen Volkes 1933−1945, Hamburg 1954, S. 305−313.

58 Siehe Anm. 51. Das Flugblatt wurde von Eva-Maria Buch ins Französische übersetzt.

59 Vgl. dazu die Meldung wichtiger staatspolizeilicher Ereignisse Nr. 9 vom 20. Mai 1942, in: Gestapo-Berichte über den antifaschistischen Widerstandskampf 1933−1945, Bd 2: September 1939 bis August 1942, Berlin 1989, S. 227.

60 Alexander Spoerl, Libertas Schulze-Boysen. Erinnerungsbericht, Kopie in GDW, Sammlung Rote Kapelle; Kuckhoff, Rosenkranz, S. 307.

61 Vgl. Sieg, Einer von Millionen, S. 131; Wortlaut der Schrift auch in Kuckhoff, Eine Auswahl, S. 376−385.

62 Vgl. BA Abteil. Potsdam, St. 3/1104, Bl. 1 f.; siehe auch die entsprechende Tagesmeldung in Gestapo-Berichte, S. 180 ff.

63 Ebd., Bl. 26.

64 Ebd., Bl. 110.

65 Ebd., Bl. 41.

66 Ebd., Bl. 100.

67 Zitiert nach Scheel, Rote Kapelle und 20. Juli 1944, S. 335.

68 Eine erste Dokumentation der Quellen zur Roten Kapelle in den inzwischen schrittweise zugänglichen russischen Archiven und eine Auswertung neuerer russischer Publikationen liefern B. Chawkin/H. Coppi/J. Zorja, in: Coppi/Danyel/Tuchel, Rote Kapelle. Diese Dokumente erlauben eine differenziertere Bewertung der Kontakte der Widerstandsgruppe jenseits der durch die Ost-West-Konfrontation bedingten Feindbilder. Bereits im Februar 1989 wurden die bislang gesperrten umfangreichen Aktenbestände des amerikanischen Geheimdienstes CIC zum Komplex „Rote Kapelle" auf der Grundlage der „Freedom of Information Policy" zur Einsicht freigegeben. Sie werden im National Archives in Washington D.C. (NA Washington, OSS Archives, RG 319, ZA 020253, Box 59 und 60) aufbewahrt. Das geheimdienstliches Material (weit über 1000 Blatt) belegt das ausgeprägte Interesse der westlichen Nachrichtendienste an der „Rote Kapelle", von der sie sich Aufschlüsse über die Vorgehensweise sowjetischer Spionage erhofften. Zu den entscheidenden Informanten des CIC gehörten dabei der ehemalige Chefankläger in den Prozessen gegen die Widerstandsgruppe vor dem Reichskriegsgericht, Manfred Roeder, und Walter Huppenkothen, die unter den Decknamen „Othello" und „Fidelio" ihr im NS-Verfolgungsapparat erlang-

tes Herrschaftswissen zur Verfügung stellten und behaupteten, daß die überlebenden Mitglieder der Berliner Widerstandsgruppe weiterhin als sowjetische Agenten tätig seien. Auf dieser Grundlage wurden durch den Geheimdienst seit etwa 1947 mit einem beachtlichen technischen und organisatorischen Aufwand seinerzeit beteiligte Personen aufgespürt, überlebende Gruppenmitglieder und deren Brief- und Telefonverkehr überwacht, Personendossiers und Berichte angefertigt.

69 Zur Tätigkeit Bessonows in Berlin siehe L. Besymenski, Geheimmission in Stalins Auftrag? David Kandelaki und die sowjetisch-deutschen Beziehungen Mitte der dreißiger Jahre, in: VfZ 40 (1992), S. 339−357.

70 Vgl. Mitteilung des Ministeriums für Auswärtige Angelegenheiten der UdSSR an H. Coppi vom 8. August 1988. Für die Information danke ich H. Coppi.

71 Vgl. dazu ARPLAN. Bericht über die Studienreise nach der Sowjetunion. Zwei erhalten gebliebene Originalexemplare des Reiseberichts befinden sich in der Universitätsbibliothek der Humboldt-Universität Berlin und in der Deutschen Bücherei in Leipzig. Siehe ferner E. Niekisch, Erinnerungen eines deutschen Revolutionärs, Bd 1: Gewagtes Leben 1889−1945, Köln 1974, S. 216 ff.; ders., Betrachtungen zu einer Rußlandreise, in: Widerstand (1932), H. 10, S. 289−298; O. Hoetzsch, Eindrücke und Probleme von einer abermaligen Rußlandreise (August 1932), in: Osteuropa 7 (1932), H. 10, S. 1−10.

72 Zechlin, Erinnerung, S. 400.

73 Hirschfeld wurde im September 1935 nach Königsberg versetzt. Zur Verurteilung Bessonows siehe A.J. Wyschinski, Gerichtsreden, Berlin 1951, S. 718. Zu den Kontakten und ihrer zeitweiligen Unterbrechung siehe O. Zarew/J. Costello, Der Superagent. Der Mann der Stalin erpreßte, Wien 1993, S. 116 ff.; O. Zarew, Sprosi sebja v etot tschas rokowoj. Plany germanskowo rejcha byli iswestny v Kremle sadolgo do napadenii na SSSR, in: Trud vom 26. April 1991 (russ.). In beiden Publikationen wird Bezug auf die im Archiv des KGB (jetzt Archiv des Auslandsnachrichtendienstes der Russischen Föderation und Archiv des Ministeriums für Sicherheit der Russischen Föderation) vorhandenen Unterlagen zur Schulze-Boysen/Harnack-Gruppe genommen bzw. finden sich erstmals genaue Quellenverweise auf die Akten, die nach wie vor für ausländische Forscher nicht zugänglich sind. Bei dem russischen Autor handelt es sich um einen ehemaligen Mitarbeiter des KGB, der 1990 Zugang zu den Originalakten erhielt. In den genannten Darstellungen wird unter Hinweis auf diese Akten eine Kontinuität der geheimdienstlichen Arbeit Harnacks seit 1935 postuliert, die bereits die Gespräche mit Bessonow und Hirschfeld (die laut Zarew kein NKWD-Mitarbeiter waren) einschließt. Darüber hinaus enthält die Darstellung Zarews eine Reihe von Widersprüchen und sachlichen Fehlern, die sich aus der unkritischen Übernahme der NKWD-Quellen ergeben.

74 Vgl. Chatwin/Coppi/Zorja; auch für das folgende.

75 Siehe dazu u.a. W. A. Nowobranez, Nakanune wojny, in: Znamja, 1990, H. 6, S. 167−192 (russ.); N.I. Schljaga, Schiwaja byla bol, in: Voprosi istorii KPSS, 1991, H. 6, S. 3−16 (russ.); O.F. Suwenirow, Represii v partorganisazii RKKA v 1937−1938 gg., ebd., S. 18−31 (russ.); T.B. Toman, Partija v perwyje mesjazy wojny: 22 ijunja — nojabr 1941 g., in: ebd., 1991, H. 7, S. 37−49 (russ.); J.J. Kirschin/N.M. Ramanitschew, Nakanune 22 ijunja 1941, in: Nowaja i nowejschaja istorija, 1991, H. 3, S. 3−19 (russ.); A.S. Jakuschewski, Faktor wnesapnosti v napadenii germanii na SSSR, in: Istoria SSSR, 1991, H. 3, S. 3−28 (russ.); A raswedka doloschila, in: Sowjetskaja Rossija vom 30. Mai 1991 (russ.); M. Milsteijn, Po dannym raswedki, in: Nowoje wremja, 1990, Nr. 26 vom 22. Januar 1990 (russ.), S. 31−33; V. Tschernjawski, Macht und Ohnmacht der sowjetischen Aufklärung, in: Neue Zeit, 1991, Nr. 31, S. 14−17.

76 Vgl. dazu O. Gortschakow, Tragedija Kassandry, in: Gorizont, 1988, H. 6 und 7 (russ.).

77  Zentrum für die Aufbewahrung und Nutzung von Dokumenten der neuesten Geschichte der Russischen Föderation, Dimitroff Fonds, 495 — 74141, Bl. 36−38. Für die Information danke ich H. Coppi, der den Bestand 1993 in Moskau ausgewertet hat.

78  Vgl. Zarew, Sprosi sebja.

79  Siehe dazu Chatwin/Coppi/Zorja.

80  Zechlin, Erinnerung, S. 400.

81  F. Harnack, Vom anderen Deutschland, S. 13 ff.; ders., Bericht von 1983, in: J. Tuchel/R. Schattenfroh, Zentrale des Terrors. Prinz-Albrecht-Strasse 8: Hauptquartier der Gestapo, Berlin 1987, S. 238 ff.; A. v. Harnack, Arvid und Mildred Harnack. Erinnerungen an ihren Prozeß 1942/43, in: Die Gegenwart 2 (1947), Nr. 1/2, S. 15−18; Ernst von Harnack. Jahre des Widerstands 1932−1945, hrsg. von G.-A. v. Harnack, Pfullingen 1989.

82  Siehe dazu die Angaben von Friedrich Lenz, Humboldt Universität zu Berlin, Archiv, UK — Personalakte F. Lenz, Bd 166/3; ferner H. Hassmann, „Wo aber Gefahr ist, wächst das Rettende auch". Persönliche Erinnerungen an Fritz Dietlof Graf von der Schulenburg und Dr. Arvid Harnack, unveröffentlichtes Manuskript von 1946/47, IfZ München, Bibliothek; G. v. Roon, Neuordnung im Widerstand. Der Kreisauer Kreis innerhalb der deutschen Widerstandsbewegung, München 1967, S. 97; Brief von E. Zechlin an F. Harnack vom 31. Mai 1946, Kopie im Besitz des Verf.; ferner Hildebrand, Wir sind die Letzten.

83  Siehe Anm. 4.

84  Vgl. dazu Tschelowek kotorogo zwali Kent, in: Nedelja, 1991, Nr. 40−42 (russ.). A. Gurewitsch lebt heute in St. Petersburg. Siehe dazu auch L. Trepper, Die Wahrheit. Autobiographie, München 1975; G. Perrault, Auf den Spuren der Roten Kapelle, Wien und Frankfurt a.M. 1990. Im Zusammenhang mit dem Verfahren zur Rehabilitierung von Gurewitsch sind auch die Verhörprotokolle der Gestapo mit Gurewitsch, Trepper u.a. von 1942/43 bei der russischen Militärstaatsanwaltschaft aufgetaucht. Zum Wortlaut des Funkspruchs vgl. Chatwin/Coppi/Zorja.

85  Vgl. Chatwin/Coppi/Zorja.

86  BA Militärarchiv, Bestand RW 5/ v. 606, Bl. 1.

87  Vgl. dazu den neunzigseitigen Untersuchungsbericht der Gestapo mit dem Aktentitel „Bolschewistische Hoch- und Landesverratsorganisation im Reich und in Westeuropa ("Rote Kapelle')" vom Dezember 1942, NA Washington, OSS Archives, RG 319, ZA 020253, Box 59 und 60, Kopie in GDW, Sammlung Rote Kapelle.

88  BA, R 58/569, Bl. 3.

89  Eine Chronik der Verhaftungen liefern Coburger/Griebel/Scheel, S. 335−339.

90  Siehe dazu Zechlin, Erinnerung.

91  Vgl. BA Abteil. Potsdam, Nachlaß G. Kuckhoff, W-Ku 4, Bl. 133 ff.

92  Siehe dazu J. Tuchel, Die Gestapo-Sonderkommission „Rote Kapelle", in: Coppi/Danyel/Tuchel.

93  Kuckhoff, Interview, S. 78 f. Vgl. auch Untersuchungsbericht (wie Anm. 87).

94  Haase, Fall „Rote Kapelle". Siehe auch ders., Aus der Praxis des Reichskriegsgerichts. Neue Dokumente zur Militärgerichtsbarkeit im Zweiten Weltkrieg, in: VfZ 39 (1991) S. 379−411; ders., Reichskriegsgericht und Widerstand, S. 100 ff.

Rechts oben: Aufnahme des Ehepaares Harnack aus den 30er Jahren;
Dr. jur., Dr. phil. Arvid Harnack und Dr. phil. Mildred Harnack, geb. Fisch
darunter: erkennungsdienstliche Aufnahmen der Gestapo unmittelbar nach der Verhaftung am 7. September 1942. Arvid Harnack wurde am 22. Dezember 1942 durch den Strang hingerichtet, seine Frau am 16. Februar 1943 enthauptet.

*Gedenkstätte Deutscher Widerstand, Berlin*

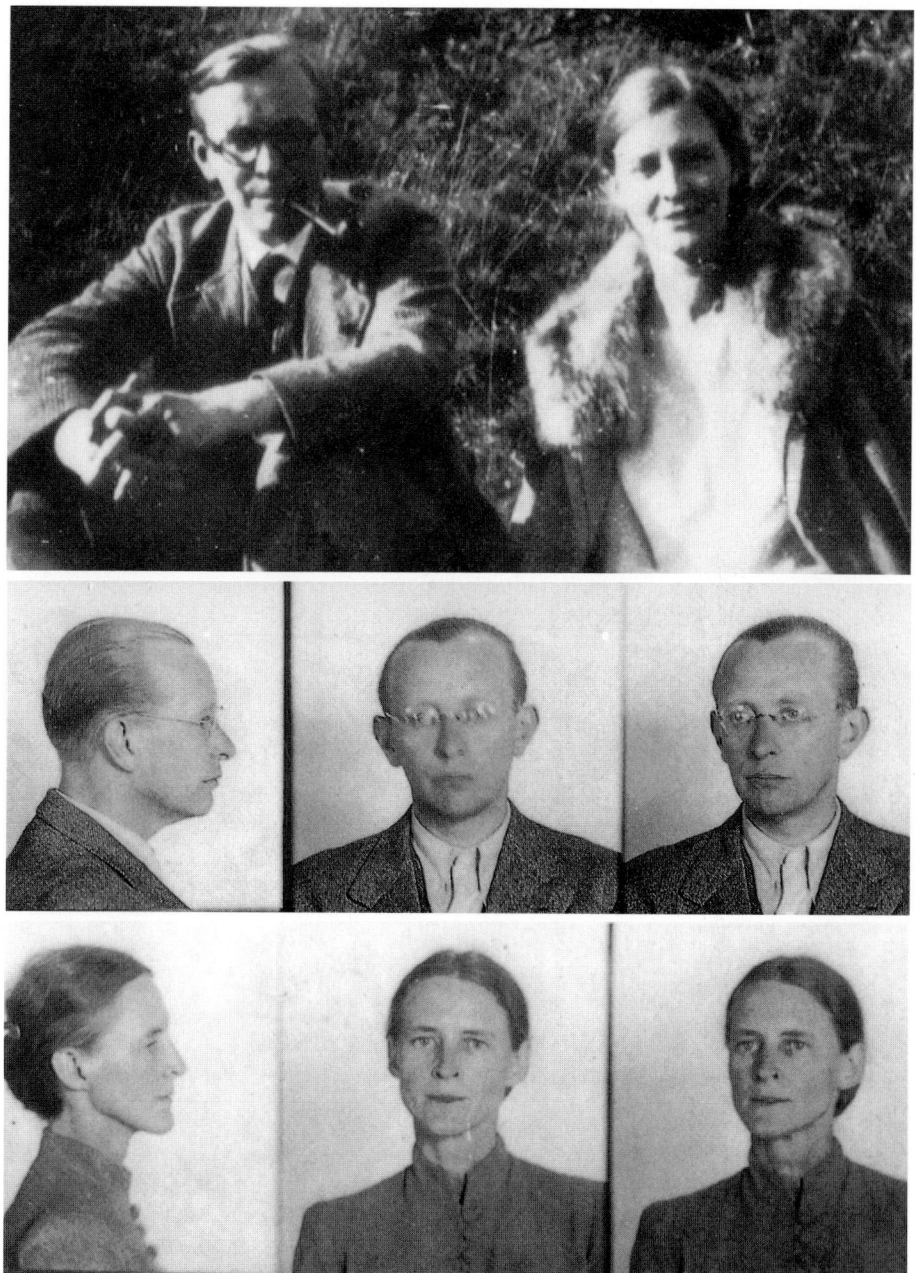

Heinrich Scheel
Aufnahme von 1940. Er wurde im Juli 1944 zu „Frontbewährung" begnadigt und geriet im
Oktober 1944 in amerikanische Kriegsgefangenschaft.

*Gedenkstätte Deutscher Widerstand, Berlin*

Oberleutnant d.R. Herbert Gollnow. Erkennungsdienstliche Aufnahme der Gestapo nach seiner
Verhaftung am 19. Oktober 1942. Er wurde am 12. Februar 1943 erschossen.

*Gedenkstätte Deutscher Widerstand, Berlin*

André Richter (eigentlich: Herbert Andreas).
Erkennungsdienstliche Aufnahme der Gestapo nach seiner Verhaftung am 23. oder 24. Januar
1943. Er fiel als Angehöriger eines Bewährungsbataillons 1945.

*Gedenkstätte Deutscher Widerstand, Berlin*

Gestapa 42 Okt. 280

Gestapa 43 Febr. 322

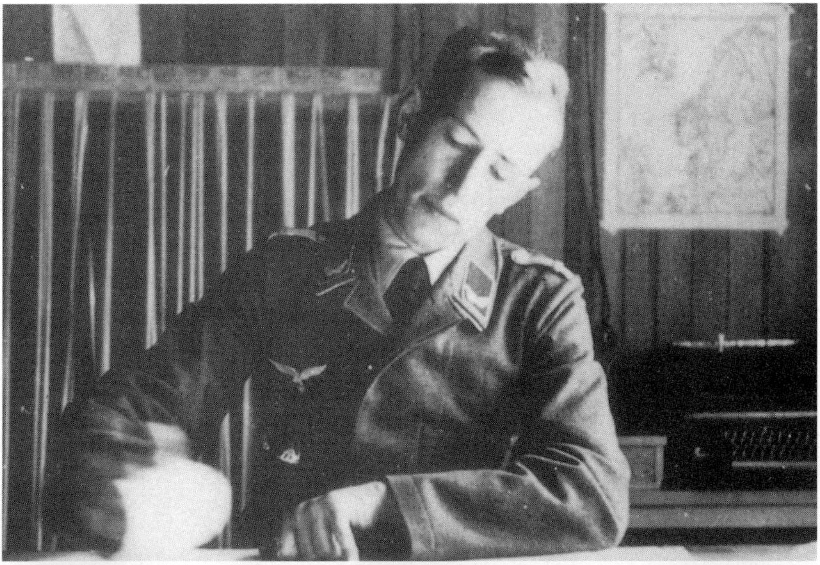

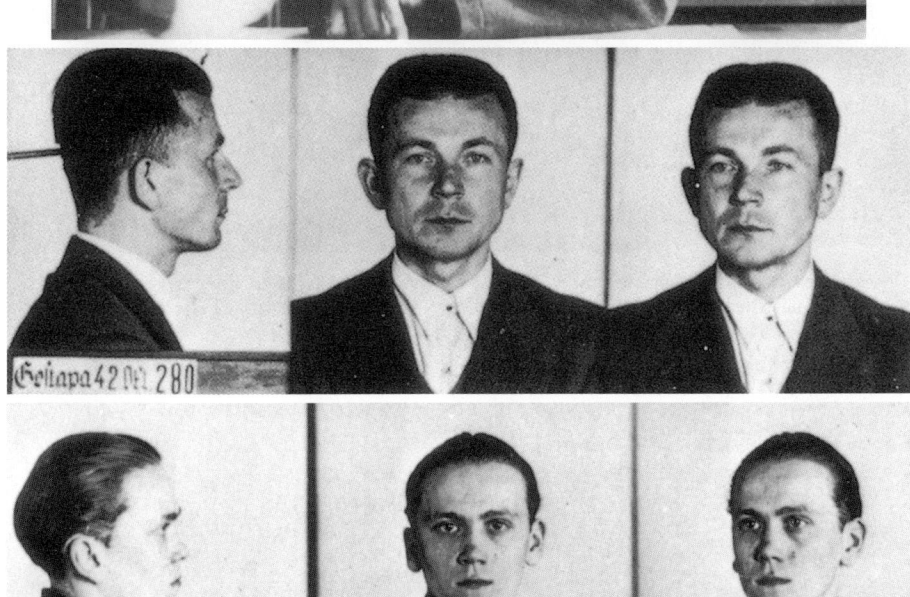

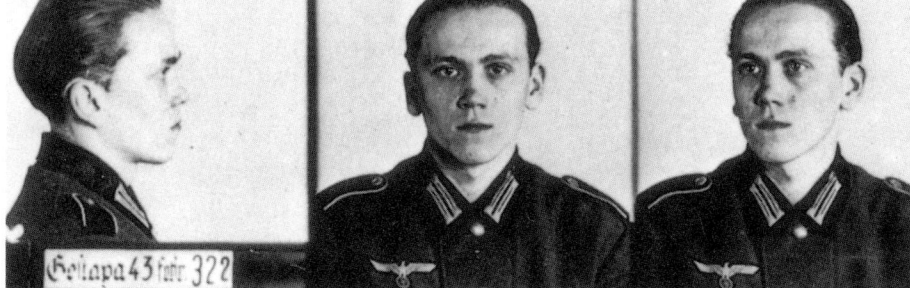

Oberst Erwin Gehrts
Er wurde am 10. Februar 1942 enthauptet.
*Gedenkstätte Deutscher Widerstand, Berlin*

Oberleutnant d.R. Harro Schulze-Boysen und seine Ehefrau Libertas, geb. Haas-Heye
Erkennungsdienstliche Aufnahmen der Gestapo unmittelbar nach der Verhaftung Harro Schulze-Boysens
am 31. August 1942 und seiner Frau am 8. September 1942. Harro Schulze-Boysen wurde am 22. Dezember 1942 durch den Strang hingerichtet, seine Frau wurde am 22. Dezember 1942 enthauptet.
*Gedenkstätte Deutscher Widerstand, Berlin*

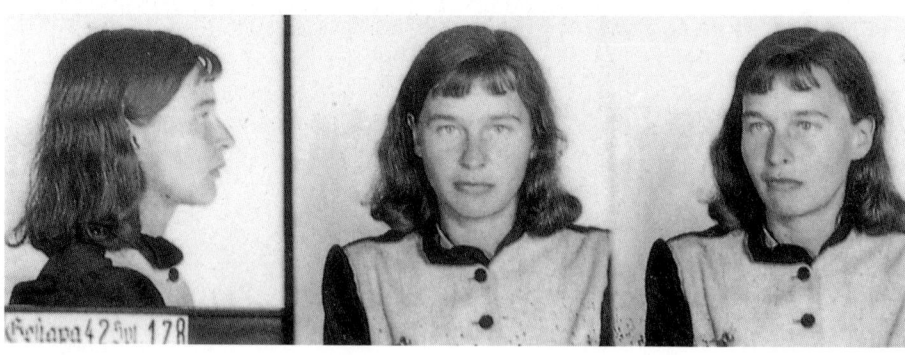

610

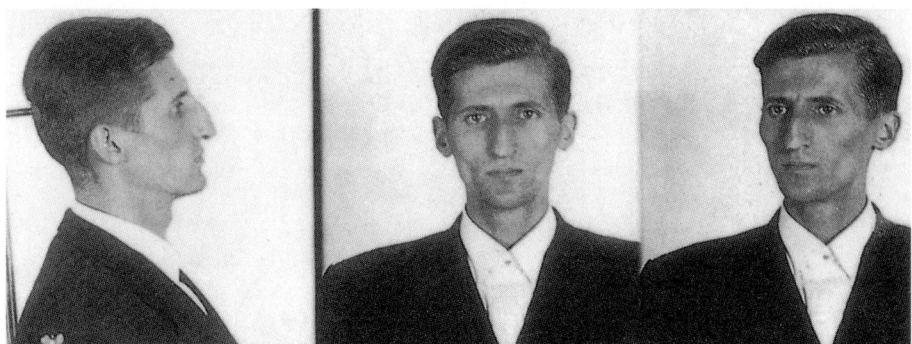

Leutnant zur See d.R. Wolfgang Havemann
Erkennungsdienstliche Aufnahme der Gestapo nach seiner Verhaftung am 26. September 1942. Nach seiner Begnadigung zu „Frontbewährung" im April 1943 geriet er 1944 in sowjetische Kriegsgefangenschaft.

Horst Heilmann
Porträt um 1941/42
Er wurde am 22. Dezember
1942 enthauptet.

Karl Behrens
Erkennungsdienstliche Aufnahme nach seiner Verhaftung am 16. September 1942. Er wurde am 13. Mai
1943 enthauptet.                                                    *Gedenkstätte Deutscher Widerstand, Berlin*

Kurt Schumacher
Aufnahme von 1941. Er wurde am
22. Dezember 1942 durch den
Strang hingerichtet.
*Gedenkstätte Deutscher Widerstand, Berlin*

Peter Steinbach

# Die „Rote Kapelle" — 50 Jahre danach*

Die Feststellung des Historikers Isiah Berlin, Geschichte spiele sich nicht zuletzt in den Köpfen der Nachlebenden ab, hat sich gerade an der Geschichte der
Widerstandsgruppe um Arvid Harnack und Harro Schulze-Boysen, der von den
nationalsozialistischen Verfolgern so bezeichneten „Roten Kapelle", bewahrheitet. Weil sich Geschichte in der Tat sehr häufig im Kopfe ereignet, haben die
Historiker darum nicht allein die Aufgabe, vergangene Wirklichkeiten zu rekonstruieren, sondern sie müssen auch falsche Bilder zerstören, die sich der Köpfe
bemächtigt haben und die die Annäherung an die faktische Geschichte behindern.

Auch die Gedenkstätte Deutscher Widerstand stellt sich dieser doppelten Aufgabe der Geschichtswissenschaft und versucht so, ihren Anspruch zu erfüllen,
dem Widerstand in seiner vollen Breite und ganzen Vielfalt, ohne den gefälligen
Blick auf geschichtspolitische Konjunkturen und leicht durchschaubare Interessen, die sich der Geschichte als Instrument einer Sinndeutung oder auch gesellschaftlicher Polarisierung bedienen, gerecht zu werden.

Seit der nun fast genau fünfzig Jahre zurückliegenden Ermordung der Regimegegner, die sich in Gruppen um Arvid Harnack und Harro Schulze-Boysen, um
Elfriede Paul, Adam Kuckhoff und Wilhelm Guddorf, um John Rittmeister,
John Sieg und Wilhelm Schürmann-Horster gesammelt haben, um nur einige
Namen zu nennen, hatte sich in den Vorstellungen der beiden deutschen Nachkriegsgesellschaften ein erstaunlich — oder besser: erschreckend festes Zerrbild
dieser Gruppe entwickelt. Dieses Bild besaß bei allen Unterschieden in den
nicht selten diametral entgegengesetzten Bewertungen eine schwer zu erschütternde Gemeinsamkeit:

Im Westen stand fest, daß sich in der Roten Kapelle vor allem Spione gesammelt
hätten, deren Tätigkeit letzlich für den Tod vieler deutscher Soldaten als Folge

---

\* Ansprache zur Eröffnung der Ausstellung zur Geschichte der Roten Kapelle in der Gedenkstätte Deutscher Widerstand in Berlin am 31. August 1992. Erstabdruck in: Zeitschrift für
Geschichtswissenschaft (ZfG), 41. Jg., 1993, H. 9, S. 771–780.

des Verrats kriegswichtiger Nachrichten an die Sowjetunion verantwortlich gewesen sei. Dies war eine schreckliche, eine, wie nun aus neuentdeckten sowjetischen Überlieferungen ersichtlich, völlig unbegründete und ungerechte Behauptung, die fast nichts über den Widerstand dieser Gruppe, um so mehr aber über die Zeit aussagte, in der dieses Verdikt gefällt wurde.

Das vielfach reklamierte Gespür für die Vielfalt der Wege in den Widerstand, für persönliche Risiken der Regimegegner, für die Unüberschaubarkeit der Anlässe und der individuellen Motivationen für den kompromißlosen Weg in die aktive Konspiration, war bis weit in die sechziger Jahre hinein nur gering entwickelt. Die Forschung pflegte vor allem den Zugang zum konservativ geprägten Widerstand, versagte aber bei vielen anderen Gruppierungen, die politisch, kulturell oder in generationsorientierter Hinsicht aus dem allgemein akzeptierten Rahmen herausfielen. Der Nationalsozialismus wurde in lebensgeschichtlichen Selbstrechtfertigungen der Überlebenden, die vielfach Mitläufer und nicht selten auch Mittäter waren, immer wieder in eine Art „positive deutsche Nationalstaatsgeschichte" integriert. Er sollte nicht selten eine kaum verhüllte Rechtfertigung erhalten, erwachsen aus dem globalen Systemkonflikt nach 1945 und der Bedrohung des, wie man sagte, „christlichen Abendlands" durch die Sowjetunion.

Die westliche Geschichte der Roten Kapelle wurde so in großem Maße zu einem Kapitel der mit dem Widerstand verwobenen Geheimdienstgeschichte, des „Kriegs im Dunkeln", und damit der medienwirksam prickelnden Grauzone von Geld, Halbwelt, Freizügigkeit, Luxus und sexueller Abhängigkeit, ja Orgien und käuflich gewordenem Verrat. Diese Mischung belastete im Rückblick Regimegegner in ganz unterschiedlicher Weise — von Beppo Römer über Hans v. Dohnanyi und Hans Oster bis zur Swing-Jugend. Besonders gravierende und verzerrende Nachwirkungen dieser spionagegeschichtlichen Gemengelage, die nicht entfernt die wahre Bedeutung dieser Widerstandsgruppe zu umschreiben vermag, sind wohl bis zur Gegenwart zu spüren. So wurde den Bearbeitern der Ausstellung über diese Widerstandsgruppe die Einsichtnahme in die beim Bundesnachrichtendienst und beim Bundesamt für Verfassungsschutz liegenden Akten zur Geschichte der „Roten Kapelle" verwehrt. Die Moskauer Akten sind offensichtlich leichter zugänglich als die Bestände des Bundesnachrichtendienstes aus Pullach bei München.

Im Osten Deutschlands wurde die Verzerrung der „Roten Kapelle" zu einer mächtigen Spionageorganisation in gewisser Weise aufgenommen; man sprach gern von „hochverdienten und sehr wirksamen Kundschaftern des Volkes", die „im Kampf für oder an der Seite der Sowjetunion" sehr Entscheidendes zur Schwächung der Kampf- und „Abwehrkraft" der deutschen Wehrmacht geleistet hätten[1]. Daß in der ehemaligen DDR eine merkwürdige Zurückhaltung bestand, die soziologische und weltanschauliche Breite dieser wohl größten und verzweigtesten deutschen Widerstandsgruppe neben dem Umkreis des Attentats- und Umsturzversuchs vom 20. Juli 1944 ganz zur Kenntnis zu nehmen, belegt die Tatsache, daß das Gestapo-Album mit den Fotos der im Herbst 1942 verhafteten tatsächlichen oder vermuteten Mitglieder dieses Kreises erst 1992 veröffentlicht werden konnte[2].

Die Vielfältigkeit der Wege von Intellektuellen, Künstlern, Medizinern, Verwaltungsbeamten, Studenten oder Angehörigen des Bürgertums in den Widerstand, die nun ähnlich exakt dokumentierbar ist wie die der Mitglieder des Kreisauer Kreises, blieb dabei ebenso auf der Strecke wie die Anerkennung des Versuchs, sich durch individuelle Selbstbehauptung und durch eine ganz persönliche Widerständigkeit den Zumutungen der NS-Zeit demonstrativ und keineswegs von vornherein auf einen Umsturz des Gesamtsystems zielenden Weise entgegenzustemmen.

Unbestreitbar ging es auch um die Setzung eines Zeichens — um an den Anspruch von Henning v. Tresckow zu erinnern —, um die Demonstration einer von den Nationalsozialisten nicht zerstörten „Substanz", ja um den Versuch, durch eine ethisch begründete politische Tat auch den deutschen Nationalstaat zu verteidigen. Wichtiger als diese moralischen Dimensionen war der DDR-Führung vor allem die Demonstration, deutsche Widerstandskämpfer hätten an der „inneren Front" zum Sieg der sowjetischen Truppen beigetragen.

Gemeinsam war beiden Deutungen die völlige Überschätzung der Wirksamkeit dieser Gruppe im Zusammenhang mit dem Kriegsverlauf sowie die mangelnde Bereitschaft Nachlebender, die ethischen und politischen Motivationen der einzelnen Regimegegner und die engen Grenzen ihres Handelns und damit den begrenzten Erfolg dieser Gruppe anzuerkennen. Man weigerte sich anzuerkennen, daß der „Rote Kapelle" genannte Kreis von Regimegegnern, realistisch betrachtet, ebenso scheiterte wie der Gesamtwiderstand, dessen Geschichte ja keine Geschichte des Erfolgs, sondern eine des Scheiterns ist. Billigte man im Westen den Regimegegnern der Militäropposition und des bürgerlichen Widerstandes aber den angesichts der NS-Verbrechen von vornherein begrenzten Anspruch zu, zumindest ein Zeichen setzen zu wollen, so sprach man den anderen Regimegegnern mit dem Hinweis, einer „anderen Diktatur" gedient zu haben,

615

diesen Anspruch ab und diffamierte sie als willfährige und deshalb ethisch nicht ernstzunehmende Werkzeuge der stalinistischen Diktatur, als „Verräter", deren Angehörigen man in den fünfziger Jahren nicht selten die Wiedergutmachung verweigerte.

Es fehlte offenbar die innere Unbefangenheit, die entscheidende Herausforderung des Gesamtwiderstands zu begreifen, ganz unterschiedliche Wertvorstellungen und Ziele als Maximen eines widerständigen Handelns und Verhaltens anzuerkennen, sieht man von souveränen Historikern wie Hans Rothfels oder um die Gerechtigkeit des Wertens bemühten Publizisten wie Margret Boveri ab, die im Scheitern der Umsturzbestrebungen und in der weltanschaulichen Gegnerschaft zum NS-Regime eine besonders entscheidende Gemeinsamkeit der Roten Kapelle mit dem Gesamtwiderstand erblickten. Deshalb waren beide wie wenige ihrer Zeitgenossen in der Lage, den großen Kreis der an der „Roten Kapelle" Beteiligten zu differenzieren.

Hätte man schon früher die geistige Unabhängigkeit besessen, die „Rote Kapelle" nicht aus den Perspektiven des in die NS-Zeit zurückprojezierten Kalten Kriegs zu deuten, wäre es um vieles leichter gewesen, die bislang unüberschaubar zahlreichen Mitglieder dieser Gruppe, die — wie andere Widerstandskämpfer auch — ihren Weg konsequent bis zum Ende gingen, samt ihren Angehörigen, ihren Kindern, Partnern, Freunden und Frauen bzw. Männern als Individuen mit ihrer ganz eigenen Lebensgeschichte anzuerkennen und so ihre Tat als Ausdruck einer „Beschwerde des Menschen" gegen staatlich sanktioniertes oder gewolltes Unrecht zu würdigen.

Gemeinsam war den Interpretationen im Osten wie im Westen die Ungerechtigkeit des historischen Urteils, denn als entscheidender Maßstab einer angemessenen historischen und politisch-moralischen Würdigung diente die Gegenwart, die durch viele Verwerfungen und Konfrontationen gezeichnete Nachkriegszeit. Erst mit dem Ende des Kalten Krieges sind entscheidende Voraussetzungen für eine den einzelnen Mitgliedern dieser Gruppe angemessene Annäherung an die vergangene Wirklichkeit gegeben.

Die Nachkriegszeit hat sich, so scheint es, zumindest im Fall der „Roten Kapelle" über viele Jahre hinweg kaum aus den Denkbahnen der NS-Zeit befreit, die das geistige Klima nach 1945 — mehr als uns bewußt ist — beeinflußt haben. So wurde die nicht nur in den Jahren vor 1945 bereits vorbereitete und nach 1945 dann oftmals ungebrochene, ganz bewußt betriebene und an den „nationalsozialistischen Antibolschewismus" anknüpfende Selektion des Widerstands in gut und schlecht, in totalitär, d.h. bolschewistisch, und angeblich demokratisch-verfassungsstaatlich, d.h. westlich liberal-demokratisch und damit zwangsläufig antisowjetisch oder antibolschewistisch, fortgesetzt.

Es war entscheidend, daß es Anfang der fünfziger Jahre im Zuge eines Strafverfahrens, das von ehemals Verfolgten gegen den ehemaligen Generalrichter und Chefankläger gegen die Mitglieder der „Roten Kapelle" Manfred Roeder, d.h. von Überlebenden der Verhöre und Strafverfahren gegen den Repräsentanten ihrer Entrechtung, wegen des Vergehens der Aussageerpressung angestrengt worden war, zu einer Umkehrung der Fronten zwischen Anklage und Verteidigung kam. Nicht Roeder mußte sich in dem eingeleiteten Ermittlungsverfahren rechtfertigen, sondern der Beschuldigte forderte seine Opfer heraus, indem er ihnen zu seiner eigenen Verteidigung vorwarf, sich seinerzeit landesverräterischer Beziehungen schuldig gemacht zu haben.

Die Ermordung der Regimegegner erschien so nicht mehr als terroristischer und willkürlicher Akt nationalsozialistischer Repression, des NS-Unrechts und der nackten Gewalt, sondern als Ergebnis ihrer Tat und ihres als „Landesverrat" gedeuteten Verhaltens. Für Roeder waren die Angeklagten Kommunisten und damit zwangsläufig Verräter, während er nicht müde wurde, die präzise und saubere Ermittlungsarbeit der Gestapo-Beamten und die Angemessenheit des Strafverfahrens zu betonen. Aussageerzwingung oder gar Rechtsbeugung wollte er sich nicht nachweisen lassen. Und er hatte mit dieser Taktik Erfolg, offenbar so sehr, daß die Akten dieses Verfahrens noch mehrere Jahrzehnte als besonders brisant galten und der zeitgeschichtlichen Forschung erst spät zur Verfügung standen.

Bis heute wirkt sich diese Selbstverteidigungsstrategie eines der prominentesten „furchtbaren Juristen"[3] seiner Zeit in der zeitgeschichtlichen Forschung aus und erklärt manchen Zeithistorikerstreit — vielleicht aus dem Unvermögen des auf Quellen fixierten Historikers, den entscheidenden Unterschied zwischen einer historischen Tatsache und einem auf die angebliche Relevanz eines Straftatsbestandes hin orientierten polizeilichen Ermittlungsergebnis wahrzunehmen oder zu akzeptieren. Es bleibt ein ganz erheblicher Unterschied, ob man sagt, dieser oder jener Widerstandskämpfer sei ein Anhänger des stalinistischen Systems gewesen, oder ob man davon ausgeht, daß die Gestapo in ihren Ermittlungsberichten behauptet, bei diesem oder jenem Regimegegner habe es sich um einen sowjetisch orientierten „bolschewistischen" Landesverräter gehandelt. Würde man den Ermittlungsakten blindlings und ohne quellenkritische Analyse glauben, würde dies auch bedeuten, daß Julius Leber für die Nachwelt ein gewalttätiger Trinker sein müßte, nur weil die Polizeibeamten nach seiner Verhaftung und schweren Verletzung erklärt hatten, sie hätten sich in der Haftzelle gegen Lebers Gewaltausbrüche und Angriffe wehren müssen.

Im Lüneburger Verfahren gegen Roeder mußte es dem Beschuldigten vor allem darum gehen, seine Handlungsweise zu rechtfertigen, indem er deutlich machte, daß die „Rote Kapelle" eine umfangreiche und kriegsentscheidende Spionageorganisation sei, deren Mitglieder rechtmäßig verhaftet, sachlich angemessen verhört und schließlich in rechtlich angemessener, geradezu gebotener Weise hingerichtet worden seien.

Bei diesem Verfahren führten so die überlebenden Täter und deren Anwälte Regie, um so mehr, als die wenigen überlebenden Opfer zu dieser Zeit bereits in den Strudel der Einflüsse gerieten, die durch den eskalierenden Kalten Krieg bedingt waren. Die Folge des sich verschärfenden Systemkonflikts war ja nicht selten die Rückprojezierung der politischen Frontstellung: „Heute auf der falschen Seite — schon damals auf der falschen Seite", so lautete nicht selten ein klassisches Argumentationsmuster, demzufolge der als antibolschewistisch gedeutete nationalsozialistische Rassen- und Weltanschauungskrieg sich als erster Akt der Auseinandersetzung zwischen Ost und West um, wie man sagte, die Rettung des „christlichen Abendlands vor dem Kommunismus" darstellte. Seine Fortsetzung fand diese Argumentation im Bedauern, mit der deutschen Wehrmacht nicht gegen die Rote Armee gekämpft zu haben.

Statt dessen knüpfte man, wie Fabian v. Schlabrendorff, der spätere Bundesverfassungsrichter und Chronist des Widerstands in der Heeresgruppe Mitte um Henning v. Tresckow, in seinem klassischen und dennoch von Neuauflage zu Neuauflage die Dynamik des Kalten Krieges spiegelnden Buches „Offiziere gegen Hitler" ganz unverblümt an den nationalsozialistischen Antibolschewismus an, indem man die Mitglieder der Roten Kapelle, dieser angeblich von Stalin und der Sowjetischen politischen Geheimpolizei (dem NKWD) finanzierten Gruppe, zu Handlangern eines totalitären Regimes, zu Verrätern der nationalen deutschen Sache erklärte und sie kurzerhand zu Vorboten der Teilung Europas und Deutschlands machte, zu Menschen, die sich in ihrem Widerstand bestenfalls darauf konzentriert hätten, den „Teufel Hitler" durch den „Beelzebub Stalin" zu ersetzen. Schlabrendorff erklärte schließlich kurzerhand die Mitglieder der „Roten Kapelle" zu Anhängern einer „anderen Diktatur" und bestritt jegliche ethische Rechtfertigungsgründe ihres Widerstands.

Bestätigt fühlte man sich weniger durch quellennah ermittelte geschichtswissenschaftliche Befunde — diese verbargen sich nicht selten in bis heute vielfach unzugänglichen Akten — als vielmehr durch die seit den fünfziger Jahren erfolgte geschichtspolitisch forcierte Ehrung der Mitglieder dieser Gruppe in der DDR. So spiegelte sich in der Verurteilung, ja Verdammnis hüben und der Wertschätzung drüben ein fast ähnliches Argumentationsmuster, wie es dann auf eine ganz andere und doch überraschend ähnliche Weise bald zur Überhöhung auf der einen und zur abschätzigen Bewertung des Widerstandes im Umkreis des 20. Juli 1944 auf der anderen Seite kam[4].

Beide deutschen Systeme konstruierten sich seit der Mitte der fünfziger Jahre zunehmend ihre eigenen widerstandsgeschichtlichen Kontinuitäten und versuchten, sich mit dem so konstruierten Widerstand zu legitimieren, dessen Mitglieder, wie wir heute wissen, letztlich für sich allein standen und weder die Ordnung des Grundgesetzes noch des sozialistischen „Arbeiter- und Bauernstaates" im Auge hatten[5].

Die Widerstandsgruppen um Harnack und Schulze-Boysen, die in den frühen vierziger Jahren aus verschiedenen Kreisen zu einer als Organisation zu bezeichnenden Gruppe verschmolzen, gehören in ganz besonderer Weise zu den Opfern des Kalten Krieges. Dieser war stets entscheidend für die Scheidung des Widerstands in eine angeblich demokratische, rechtsstaatliche und antitotalitäre und in eine totalitäre, kommunistische, stalinistisch-diktatorische Richtung.

Die „Rote Kapelle" war nicht zuletzt aufgrund von Titelgeschichten und einer Serie des Nachrichtenmagazins „Der Spiegel", das sich weitgehend des Materials aus dem Lüneburger Roeder-Verfahren bedienen konnte, als Geheimdienstorganisation festgelegt und schien deshalb nur schwer in die Widerstandsgeschichte der Bundesrepublik integrierbar. Diese große Widerstandsgruppe sollte nicht in ein Gesamtbild des Widerstands einbezogen werden, sieht man von den bewegenden Berichten des Gefängnisgeistlichen Harald Poelchau über den aufrechten Gang vieler Mitglieder dieser Gruppe zum Schafott in der Hinrichtungsstätte Plötzensee ab. Ein ausgeprägtes widerstandsgeschichtliches Trennungsdenken schied in der Regel die Erinnerungsbereitschaft selbst mancher der unmittelbar Beteiligten und verstärkte zumindest im Westen Deutschlands die Neigung von Zeitgenossen, sich durch die Verleugnung der heute nicht zu übersehenden moralischen und politisch-ethischen Beweggründe dieser Gruppe selbst zu erhöhen. Geradezu tragisch war die Leichtfertigkeit, mit der man sogar den Selbstrechtfertigungen der Verfolger glaubte, die in den fünfziger Jahren nicht selten wieder sehr einflußreiche Positionen in der Justiz einnehmen konnten und so weiterhin in der Lage waren, die mit ihrer Hilfe Ermordeten zu diffamieren und auf diese Weise die Erinnerung an diese Gruppe zu bestimmen.

Die Gedenkstätte Deutscher Widerstand hat schon vor einigen Jahren versucht, die Geschichte der „Roten Kapelle" nicht mehr von ihrem Ende, vom Lüneburger Prozeß gegen Roeder her, darzustellen und ihre Mitglieder zu bewerten, sondern die Geschichte dieser Gruppe vom Anfang her, aus sich selbst heraus, in das Bewußtsein unserer Zeit zu rücken. Diese Darstellung war noch vor wenigen Jahren umstritten und rief heftige Proteste hervor.

Inzwischen hat sich die Quellenlage außerordentlich verbessert, nicht zuletzt durch den Spürsinn der Forschungsgruppe zur Roten Kapelle um Heinrich Scheel, Jürgen Danyel, Hans Coppi, Regina Griebel, Marlies Coburger und Michael Schroedter. Die Mitglieder dieser Forschungsgruppe haben neues Material zusammengetragen, von dem im Westen Deutschlands kaum Kenntnis bestand. Das Ergebnis ihrer Recherchen hat wohl alle Erwartungen übertroffen und den soliden Grund für die Neubewertung gelegt. Man stelle sich vor, ähnliche Funde beträfen eine der anerkannten Widerstandsgruppen: frühe Arbeiten, Kinderbilder, Flugblätter, Kassiber aus der Haft, letzte Briefe, Kunstwerke. Jedermann spräche wahrscheinlich von einer kleinen zeitgeschichtlichen Forschungssensation. Die Hoffnung, mit den neuen Funden ein weitreichendes Aufsehen zu erregen, besteht nicht, wohl aber die Überzeugung, daß die begonnene und als Zwischenergebnis präsentierte Arbeit überzeugt und so die Deutung der „Roten Kapelle" aus den Gräben des Kalten Krieges heraus endgültig überwunden wird.

Viele Dokumente und Fotographien mußten aufbereitet werden und konnten als Grundstock für einen neuen Zugang genutzt werden, der sich des Mediums der Ausstellung bedient und sie zu einem wissenschaftlich ergiebigen, nicht nur ästhetisch ansprechenden Ereignis werden ließ. Zeitgeschichtliche Ausstellungen zu verwirklichen bedeutet nicht nur, ein visualisierbares Konzept zu erarbeiten. Ausstellungen entfalten immer dann eine wissenschaftlich nachhaltige Wirkung, wenn es gelingt, neue Zusammenhänge zu erhellen. Dies gelang in der Gedenkstätte Deutscher Widerstand auf überzeugende Weise und machte die aus ganz unterschiedlichen Ausgangslagen entstehende und aus individuellen lebensgeschichtlichen Anfängen erwachsende Geschichte der Gesamtgruppe „Rote Kapelle" deutlich.

Einige Mitglieder stammten aus einem geradezu großbürgerlichen, andere aus einem mittelständischen, dritte aus proletarischem Milieu. Viele hoben in sich alle politischen, intellektuellen und künstlerischen Verwerfungen des ersten Drittel unseres Jahrhunderts auf. Sie stehen für konkurrierende Ordnungsentwürfe, für vielfältige Hoffnungen und ganz unterschiedliche Erfahrungen, aber auch für politische und mentale Lagerungen, Generationen und Weltsichten.

Vergleiche mit anderen Gruppen, etwa dem Kreisauer Kreis oder dem Solf-Kreis, drängen sich in vielfältiger Weise auf: die familiäre Herkunft des einzelnen, seine Prägung durch Familientraditionen, die Bedeutung des Vertrauens als Folge zuverlässiger Freundschaft — wie im Falle der Schüler von der Schulfarm Scharfenberg — und kameradschaftlicher Berechenbarkeit als Folge beruflicher Zusammenarbeit, die entscheidende Bedeutung bündischen Aufbegehrens und Zusammenlebens, die prägende Kraft bewußt angeeigneter politischer und kultureller Traditionen, die verbindende Wirkung gemeinsamer künstlerischer, literarischer und politisch-theoretischer Interessen und nicht zuletzt auch die nachhaltig mobilisierende und von den Zeitverhältnissen distanzierende Wirkung eines persönlich erfahrenen oder an Mitmenschen aus dem Gefühl eigener Ohnmacht heraus beobachteten Unrechts werden in vielen Einzelschicksalen so deutlich, daß sich immer wieder Vergleiche mit jenen Regimegegnern aufdrängen, die völlig akzeptiert sind: etwa der Gruppe um die Geschwister Scholl oder die Freundeskreise um Helmuth James Graf v. Moltke und Peter Graf Yorck v. Wartenburg, um Adam v. Trott zu Solz und den Grafen Schwerin, um Elisabeth v. Thadden oder Hans v. Dohnanyi und Hans Oster.

Aber nicht nur in ihrer Gruppendynamik ähnelten sich diese Gruppen, sondern auch in der Breite ihrer Widerstandsformen. Sie sammelten Nachrichten über die Wirklichkeit des NS-Staates, nicht zuletzt über die Verfolgungs- und Rassenverbrechen, sie dokumentierten Untaten in der Absicht, Beweismaterial zu sammeln und die Verantwortlichen zur Rechenschaft zu ziehen, sie wandten sich an ihre Umgebung, etwa mit einer ungeschminkten, aufrüttelnden Schilderung der ihnen bekanntgewordenen Untaten. Sie appellierten auf diese Weise an den einzelnen und in schließlich zunehmender Verzweiflung an die kleine Öffentlichkeit, die sie sich selbst durch Flugblätter und Parolen unter den Bedingungen der nationalsozialistischen Diktatur schaffen mußten[6].

Aus dem Mitgefühl mit den Opfern des Unrechts erwuchs schließlich auch der Mut und die Kraft zum mitmenschlichen Handeln, der Kontakt zu Verfolgten und Unterdrückten wie etwa zu französischen Kriegsgefangenen, entstand die außerordentlich risikobeladene Bereitschaft, Nachrichten weiterzugeben und Briefe für Gefangene anzunehmen, Lebensmittelmarken zu organisieren und immer intensiver, d.h. ohne Deckung durch andere, auf die Abkürzung des Krieges hinzuwirken. Denn nur auf diese Weise ließ sich nach der Überzeugung mancher Mitglieder die Substanz des deutschen Nationalstaats bewahren, an den die meisten Regimegegner glaubten. Die Förderung dieses Zieles schloß die Zusammenarbeit mit der Sowjetunion ein. So kam es dann auch zur Weitergabe von Informationen über Deutschland und zur Kooperation mit Fallschirmagenten, die nicht selten nach 1933 emigriert waren. Ganz sicher ist, daß keineswegs hunderte, wie behauptet, sondern nur einige wenige Informationen gesprächsweise weitergegeben wurden. Dies heißt nicht, daß die Mitglieder der Gruppe nicht zu einer weitergehenden Zusammenarbeit mit den Kriegsgegnern bereit waren — im Gegenteil: sie waren dazu entschlossen. Allerdings ist es nicht zu dieser Kooperation gekommen.

Andere Widerstandskämpfer aus dem Umkreis der Militäropposition, die, wenngleich ebenfalls nicht ohne erhebliche Widerstände in der westdeutschen Nachkriegsgesellschaft, respektiert wurden, haben sich ähnlich verhalten. Hier ist vor allem an den bis tief in die Nachkriegszeit heftig umstrittenen Hans Oster zu erinnern, der den Zeitpunkt des Angriffs auf die Niederlande verriet, oder an Hans v. Herwarth, dem niemals ein ernsthafter Mensch Ehre und Gesinnung abgesprochen hat, weil er als Mitarbeiter der deutschen Botschaft in Moskau in Andeutungen gegenüber befreundeten Diplomaten aus der amerikanischen Botschaft deutsche Angriffspläne weitergegeben hat. Oster und Herwarth haben sich an westliche Regierungen gewendet und sie vor einem überfallartigen Angriff der deutschen Wehrmacht warnen wollen; die Information der sowjetischen Regierung vor allem als Zusammenarbeit mit einer anderen Diktatur moralisch zu disqualifizieren, verkennt die Entscheidungskonstellationen zu Beginn einer als Rassenkrieg geführten totalen weltanschaulichen Konfrontation, die herkömmliche Dimensionen einer militärischen Auseinandersetzung um die Hegemonie in Europa sprengte.

Es kann doch nicht angehen, daß wir den Kalten Krieg weit in die dreißiger Jahre zurückverlegen und stillschweigend so tun, als hätten sich die Mitglieder der Roten Kapelle mit ihrem Widerstand gegen den NS-Staat vor allem für die Sowjetisierung Deutschlands eingesetzt. Es ging den Mitgliedern der „Roten Kapelle" wie anderen Regimegegnern um die Beseitigung dieses Regimes mit allen Mitteln, eines Regimes, das 1942 alle Voraussetzungen eines industriemäßig betriebenen Völkermords geschaffen hatte und die denkbar engste Verbindung zwischen dem Völkermord an Juden, der Ermordung von Geisteskranken und angeblich rassisch Minderwertigen und jenem Krieg herstellte, den nur Verblendete in Übereinstimmung mit der offiziellen nationalsozialistischen Ideologie als Verteidigungskrieg rechtfertigen konnten. Die Verbrechen im Osten haben die Mitglieder der Gruppen um Harnack und Schulze-Boysen sehr bewegt. Das umfangreiche Flugblatt „Brief an einen Polizeihauptmann" (abgedruckt im Beitrag Danyel in diesem Band) spiegelt ihre Stimmung und kann nur als Ergebnis einer tiefen Erschütterung gedeutet werden.

Durch intensive Recherchen der Forschungsgruppe ist es gelungen, die familiäre Herkunft und die Erfahrungen einzelner Mitglieder der Roten Kapelle in der Weimarer Republik zu erforschen. Auch hier überrascht wieder die Vielfalt der Spektren, auch der Verirrungen in den Zeitläufen und der Verblendungen über die Möglichkeiten deutscher Politik und ihrer Alternativen, von Harro Schulze-Boysens frühem Erstaunen über Hans Delbrücks schonungslose und durch die Erforschung des Ausbruchs des Ersten Weltkriegs bestätigte Analyse der deutschen Mitverantwortung für den Ausbruch des Weltkriegs — „ich hatte immer gedacht, das wäre ein einigermaßen vernünftiger bzw. rechtsgerichteter Historiker", schrieb er einmal seiner Mutter, ganz befangen in der Vorstellungswelt des noch nicht republikanisch geläuterten Jungdeutschen Ordens — bis zu Adam Kuckhoffs und John Siegs Engagement für die dezisionistische Zeitschrift „Die Tat", die nach dem Ausscheiden beider aus dem Kreis der Mitarbeiter endgültig zur wichtigen intellektuellen Plattform der geistigen Vordenker autoritärer antirepublikanischer Politikvorstellungen wurde und eine wichtige Rolle bei der Zerstörung der Weimarer Republik spielte.

Zahlreiche Dokumente, aber auch Fotografien machen überzeugend deutlich, aus welch unterschiedlichen Ursprüngen ein neuer politischer und praktischer Zusammenhalt entstand. Widerstandsgeschichte wird hier erneut zur Geschichte der Verständigung über die mentalen Grenzen sehr heterogener Gruppen hinweg, die sich miteinander auseinandersetzen, sich aber auch auf der Basis ihrer gemeinsamen Ablehnung des NS-Regimes finden und im Zeitablauf einen engen Zusammenhalt schaffen, der erst nach dem Eindruck der Gestapo-Verhöre zu zerbrechen scheint.

Mindestens neun ganz unterschiedliche Kreise gilt es zu unterscheiden, Kreise, die sich aus ganz eigenständigen Anfängen entwickelten und sich im Laufe der Jahre bald mehr oder minder überschnitten, sich gegenseitig beeinflußten, in sich weite Teile des nicht-nationalsozialistischen Spektrums — von der Planwirtschaft bis zur Freudschen Psychoanalyse, von der Lebensreformpädagogik bis zur tänzerisch vermittelten Ausdruckskunst, von der intellektuellen Autonomie des einzelnen bis zu einem strikt moralisch begründeten Konzept des Nebeneinanders von Nationalitäten — aufnahmen, so jedes einzelne Mitglied bereichern und verändern konnten und es nicht zuletzt auch resistenter gegenüber den Zumutungen der Zeit machten.

Damit schließt sich der Bogen des Vergleichs, denn viele Denkvorstellungen für die Gestaltung des „Danach" ähnelten jenen, die auch von anderen Gruppen, etwa dem Kreisauer Kreis oder der „Grafenrunde" der jüngeren Gesinnungsfreunde von Stauffenberg bekannt sind. Es ging nicht nur um eine Verarbeitung der Eindrücke des Krieges, sondern es handelte sich schließlich auch um die Bestimmung der Konturen eines Nachkriegsdeutschlands, also um die Vorbereitung auf die kontroverse Ausgestaltung der Nachkriegsordnung, an die allein schon zu denken den Kopf kostete, wie Freisler dem Kreisauer Moltke deutlich machte.

Die vielfältige Geschichte der Verfolgung, der Verhaftung und der Verhöre der Mitglieder der „Roten Kapelle" macht deutlich, daß die Nationalsozialisten nicht jene Unterscheidungen machten, die dann einflußreiche Zeitgenossen in der Nachkriegszeit für angemessen hielten. Sie verhörten, bedrängten, isolierten, ängstigten und folterten die Verhafteten, beraubten sie jeden Schutzes und nahmen ihnen jede Möglichkeit zur Selbsterklärung und Selbstrechtfertigung. Sie setzten die Verhafteten starkem psychischen Druck aus, dem manche insoweit erlagen, als sie Aussagen machten, die andere belasteten oder den Verfolgern auslieferten. Diese Schwäche angesichts der Verfolgungen ist nur zu verständlich und läßt sich nicht als Verrat, sondern nur als Versagen in einer extremen Lebenssituation deuten.

Andere Verhaftete schienen gerade durch die scharfen Verhöre bestärkt worden zu sein, denn sie konzentrierten sich auf die innere Rechtfertigung ihres Tuns und hinterließen Aufzeichnungen von ergreifender Dichte und Ausstrahlungskraft. Trieben die Verfolger mit ihnen auch vielfach ihr zynisches, menschenverachtendes Spiel, so steigerten sich die Ausgelieferten zu einer rigiden Moralität und Radikalität, die nicht einmal mehr Raum für Selbstmitleid, für das eigene Bedauern oder auch nur für Selbstzweifel ließ. Die überlieferten und nun erstmals veröffentlichten Kassiber zeigen, daß Angst und Hoffnung nicht teilbar sind, sondern geradezu jene Menschlichkeit aller erzeugt, die unbehaust dem Druck derjenigen ausgeliefert sind, die sich das Verfolgungsrecht der Mächtigen herausnehmen, weil sie an sich als Vertreter der Staatsgewalt glauben. In ihrer Allmacht waren sie schließlich sogar davon überzeugt, sie vermöchten selbst die Bedingungen des Widerstands zu definieren und Mitmenschen, die sie als Gegenmenschen bestimmten, ermorden zu lassen.

In den überlieferten Kassibern wird Verzweiflung, werden aber auch Selbstsicherheit und Triumph deutlich. Unterlegen fühlten sich die Mitglieder der Freundeskreise um Harnack und Schulze-Boysen ihren Verfolgern nicht, so sehr die Fotos auch deutlich machen, daß sie keineswegs allein das eigene Leben riskierten, sondern daß sie auch das Leben der vertrautesten und engsten Angehörigen einsetzen mußten. Auch diese Bereitschaft zur letzten Konsequenz, zur unbedingten Radikalität ohne Ansehen der Person der Anvertrauten, verbindet die Mitglieder der „Roten Kapelle" mit vielen anderen Widerstandsgruppen der militärischen und bürgerlichen Opposition.

Erst die innere Bereitschaft zum Vergleich verringert jene Distanzierung gegenüber den Mitgliedern dieser Gruppe, die der beendete Kalte Krieg lange Jahrzehnte hindurch bewirkt hat. Der Systemkonflikt kann die Auseinandersetzung um ein historisch angemessenes Widerstandsbild nicht mehr belasten. Es kommt deshalb darauf an, diese große Widerstandsgruppe neu zu sehen und vorbehaltlos in die Gesamtgeschichte des Widerstands zu integrieren.

Diesem Anliegen hat sich die Ausstellung über die „Rote Kapelle" verschrieben, mit der die Gedenkstätte Deutscher Widerstand erneut ihren Anspruch bekräftigt, den gesamten deutschen Widerstand zu dokumentieren. Sie will sich dabei bewußt nicht an den gängigen und wandelbaren politischen Legitimitätsmustern orientieren, die den Widerstand mit der gespaltenen deutschen Nachkriegs- und Mentalitätsgeschichte verzahnen wollten. Denn diese Verzahnung ist vor allem ein Ergebnis der vielfältigen Nachkriegsdeutungen, des Kampfes um die Köpfe der Nachgeborenen und um deren historische Vorstellungskraft, also der in allen Systemen erfolgten Geschichtspropaganda, weniger aber der Widerstandsgeschichte bis 1945 selbst, dieser Geschichte vieler Neuanfänge und schließlich des tragischen Scheiterns in der Endphase des NS-Regimes.

Die Nachkriegsdeutungen konnten diesen Widerstand nicht endgültig prägen, so sehr ihn die Frage nach dem Danach bestimmte. Denn allen Regimegegnern war bewußt, daß es in ihrer eigenen gefährdenden Zeit nur — also nicht einmal: vor allem — um die Beseitigung des verhaßten und verbrecherischen NS-Regimes gehen konnte. Er zielte zumindest in Deutschland nicht auf die Etablierung einer sozialistischen oder gar einer sowjetisch geprägten Ordnung, sondern ihm ging es zuallererst um die konsequente und die bedingungslose Beseitigung eines verbrecherischen Regimes. Dessen Charakter hatten die Mitglieder der Gruppe erkannt, sei es, weil sie Opfer, sei es, weil sie Augenzeugen waren, sei es, weil sie mit den Informationen, die viele andere Deutsche auch hatten, richtiger und angemessener als diese umgingen. So finden wir nicht nur Spionageaktionen, sondern auch Versuche, Mitbürger über NS-Verbrechen aufzuklären, gleichsam — wie Moltke einmal sagte — „von Mensch zu Mensch".

Die Frage nach der Scheidung in einen totalitären und einen antitotalitären Widerstand stellte sich für die Mitglieder der „Roten Kapelle" nicht. Dafür war ihnen bewußt, daß die Gestaltung der Struktur dieser nach-nationalsozialistischen Ordnung erst anschließend, nach der Beseitigung der NS-Diktatur, erörtert und verwirklicht werden konnte und sollte.

Gemeinsam war vielen Deutungen nach 1945 die Reduktion einer Vielzahl von Aktivitäten auf die angeblich massenhafte und skrupellose Weitergabe von Nachrichten an den sowjetischen militärischen Nachrichtendienst und an den NKWD. Gemeinsam war beiden Deutungen die Vernachlässigung der vielfältigen Formen des in dieser Gruppe anzutreffenden Widerstands, der soziologischen Breite ihrer Mitglieder, des außerordentlich hohen Anteils von Frauen und Jugendlichen, die aus allen Schichten der Bevölkerung kamen und in der gemeinsamen Gegnerschaft die enggezogenen Grenzen der aus der Weimarer Republik in den Widerstand gegen den Nationalsozialismus hineinragenden Lager- und Mentalitätsgrenzen überwanden.

Wohl kaum eine andere deutsche Widerstandsgruppe wurde nach 1945 derart mit dem Vorwurf belastet, Landesverrat begangen und sich sogar in den Dienst des sowjetischen Diktators Stalin gestellt zu haben, wie dieser Kreis konsequenter Regimegegner. Besonders kraß fiel die Verurteilung durch den Freiburger Historiker Gerhard Ritter aus. Er sah in dieser Gruppe Mitte der fünfziger Jahre vor allem „Edelkommunisten", die weniger der Haß gegen Hitler, sondern auch der Reiz eines „geistigen Abenteuertums" und eines „unklaren sozialen Enthusiasmus" geeint habe. Die „Bewunderung der technisch-ökonomischen Leistung des bolschewistischen Systems" hätte sich schließlich zum „Landesverrat" gesteigert, denn die Mitglieder der „Roten Kapelle" hätten sich „bedingungslos dem Landesfeind als gefährliches Werkzeug zur Verfügung" gestellt[7].

626

Ritter, der in der Bundesrepublik Deutschland der fünfziger Jahre eine sehr gewichtige Stimme hatte, faßte seine Überzeugung in den folgenden Sätzen zusammen, die für lange Zeit die Verurteilung dieser Gruppe durch die Nachwelt bestimmten: „Mit ‚deutschem Widerstand' hatte diese Gruppe offenbar nichts zu tun; man sollte darüber keinen Zweifel lassen. Sie stand ganz eindeutig im Dienst des feindlichen Auslandes. Sie bemühte sich nicht nur, deutsche Soldaten zum Überlaufen zu bewegen, sondern verriet wichtige militärische Geheimnisse zum Verderben deutscher Truppen. Wer dazu als Deutscher imstande ist, mitten im Kampf auf Leben und Tod, hat sich von der Sache seines Vaterlandes losgelöst, er ist Landesverräter — nicht nur nach dem Buchstaben des Gesetzes[8]."

Mit diesem ebenso umfangreichen wie schrecklichen Zitat soll nicht provoziert werden. Es soll mit ihm auch keine bequeme Gegenposition aufgebaut werden, gegen die sich trefflich polemisieren läßt. Das Zitat macht deutlich, daß der Historiker keineswegs immer allein der rückwärtsgewandte Prophet ist, sondern daß er durchaus eine verhängnisvolle Wirkung für die Prägung des kollektiven Bewußtseins haben kann. Mit diesem Zitat kann man vor allem deutlich machen, welchen Preis wir als Nachlebende zu zahlen haben, wenn wir den Willen zur Selbstkorrektur einer politisch geprägten historischen Erinnerung verlieren.

Der neue Zugang zur Geschichte der „Roten Kapelle" macht so auch indirekt auf eine durchaus bestürzende Weise deutlich, wie handelnde und leidende, risikofreudige und konsequente Menschen, die ihren eigenen Weg konsequent zu Ende gehen mußten und in feindlichen, in finsteren Zeiten ihr eigenes Leben führten, die nicht selten aus einem behüteten Elternhaus kamen und Verantwortung für ihre eigenen Angehörigen zu übernehmen hatten, Positionen und Maßstäbe überwanden, die sie mit manchen Zeitgenossen geteilt hatten. Es wird aber auch deutlich, wie sie die vielfältigen engen Wahrnehmungshorizonte ihrer eigenen Zeit überwanden und so nicht nur die Zerrissenheit des Zeitalters spiegelten, sondern auch die Möglichkeiten eines Brückenschlags über Grenzen der Traditionen, Milieus und politischen Optionen hinweg. Wer dieses nicht sehen will, macht die „Rote Kapelle" weiterhin zu einem Zerrbild deutscher Widerstandsgeschichte.

Im Urteil Ritters spiegelten sich keine unumstößlichen Maßstäbe, auch keine reflektierten und an der geschichtswissenschaftlichen Überlieferung überprüften Deutungen vergangener Wirklichkeit, sondern es stellte das Resultat einer Bewertung zeitgeschichtlicher Befunde aus der Perspektive einer politisierten Geschichtswissenschaft dar, das sogar die Perspektiven der Nationalsozialisten übernahm. Dies hat als erste die Publizistin Margret Boveri erkannt. In der von Ritter propagierten „Grenzlinie zwischen sittlich erlaubtem und sittlich verwerflichem Verrat"[9] erkannte sie die entscheidende Verzeichnung der individuellen Handlungsmöglichkeiten in der NS-Zeit. Es ging nicht um „Landesverrat" im Sinne des Strafrechts und schon gar nicht im Sinne der Rechtfertigung von Mitläufern und Militärs, die bis 1945 zur Fahne standen, die das Hakenkreuz trug. Es ging um die Pflicht, sich den Zumutungen der eigenen Zeit mit aller Konsequenz und um den Preis der eigenen Existenz zu entziehen. Es ging um die Glaubwürdigkeit einer Entscheidung im totalen Staat.

Deshalb ist es nicht nur unangemessen, sondern moralisch verwerflich, die Mitglieder der „Roten Kapelle" durch den Vorwurf zu diskreditieren, sie hätten einen totalitären Staat durch einen anderen ersetzen wollen. Dies war immer das Argument der „moralisch Anspruchslosen" (Theodor Heuss), die ihr eigenes persönliches Versagen als Ausdruck nationaler Gesinnung oder gar einer besonderen Pflichtauffassung deuten wollten und doch nur dem eigenen selbstkritischen Blick auswichen.

Es ging auch nicht um die angebliche Entscheidung zwischen Bolschewismus und Nation oder gar zwischen Demokratie und Diktatur, sondern es ging um den Kampf gegen den nationalsozialistischen Unrechtsstaat, gegen seine Ziele und seine Politik. Dessen Ordnungsvorstellungen und Unterdrückungspraktiken hatten die Mitglieder der „Roten Kapelle" auf ganz unterschiedliche Weise kennengelernt: als kommunistische Gegner, als Künstler, als Opfer der Rassenpolitik, als Anhänger von Ordnungsvorstellungen und Lebensanschauungen, die den nationalsozialistischen Zielvorstellungen völlig entgegengesetzt waren.

Das Urteil Ritters könnte natürlich um ebensolche Verengungen auf der anderen Seite des politischen Spektrums ergänzt werden. Es geht aber ganz sicher nicht um eine glättende und kunstvoll austarierte Ausgewogenheit, sondern es geht um die Einsicht, daß die beiden deutschen Nachkriegsgesellschaften sich von ihren verzerrten Deutungen dieser Vergangenheit trennen.

Dazu soll beigetragen werden, indem ganz bewußt die Chancen des Umbruchs von 1989 genutzt werden, der auch die Widerstandsgeschichte von manchen ideologischen Konfrontationsmustern befreit hat. Es ist gut, daß 50 Jahre nach der Verhaftung der meisten Mitglieder der Widerstandsgruppe, die Menschen ganz unterschiedlicher Herkunft und vielfältiger Traditionen, unterschiedlicher Profession und Intellektualität, auch ganz spezifischer Motivationen und Leidensfähigkeit zusammenführte, einer eigenständigen Urteilsbildung nichts mehr entgegensteht. Dies ist in ganz entscheidendem Maße Ergebnis des Umbruchs in Europa und in Deutschland. Er hat nicht nur die unmittelbar nach dem Umbruch beginnende enge Zusammenarbeit zwischen Historikern der früheren DDR und der alten Bundesrepublik ermöglicht, sondern auch die Voraussetzungen für die Erschließung neuer Quellen geschaffen, die den Blick für individuelle Lebensgeschichten, für die verschlungenen Wege in die Konfrontation mit dem Regime, für das aus Kassibern und Hafttagebüchern sichtbar werdende Leiden eröffnet. Es wird deutlich, daß kaum ein Mitglied seinen Weg bedauerte, es wird aber auch deutlich, welchen Belastungen sie in Verhören ausgesetzt waren, wie sie standhielten, wie sie aber auch schwach wurden oder sogar, und sei es nur für eine kurze und dennoch folgenreiche Frist, versagten.

Die neue Hinwendung zur „Roten Kapelle" erfolgt in einer Zeit, in der wir die Fähigkeit zu verlieren scheinen, den Gesamtwiderstand zu würdigen, weil er sich dem NS-Regime widersetzte. Immer häufiger hört man die Aufforderung, kommunistische und bürgerliche Regimegegner zu scheiden und sie von ihren Zielen her zu bewerten: antitotalitärer bürgerlicher und angeblich totalitärer kommunistischer Widerstand wird auf diese Weise gegeneinander ausgespielt, die Gruppe der aktiven Regimegegner wird erneut selektiert. Die „Rote Kapelle" gehört zur gesamten deutschen Widerstandsgeschichte. Ihre Mitglieder zeichneten Moralität und Rigidität in gleicher Weise aus. Es geht nicht um Rechthaberei, um alte und endgültig überwundene ideologische geschichtspolitische Auseinandersetzungen, sondern es geht um die Bereitschaft, sich auf Menschen und Schicksale einzulassen, die Alternativen zu den Verfehlungen ihrer Zeit verkörperten. Es geht nicht um Rechtfertigung der Nachkriegsordnungen mit ihren Verwerfungen, Brüchen und Auseinandersetzungen, sondern um die Gerechtigkeit des historischen Urteils, auch und gerade heute, weil wir nicht selten erleben müssen, wie die Geschichte des Widerstands in seiner ganzen Vielfältigkeit ein Opfer einer oberflächlichen Umorientierung — oder sollte man sagen: Umpolung — der Geschichte zu werden droht. Fünfzig Jahre nach der Verhaftung der meisten Mitglieder dieser Gruppen, die die Nationalsozialisten unter dem Begriff „Rote Kapelle" zusammenfaßten und dem Landesverratsverdikt unterwarfen — sollten erneut die Konturen eines Bildes von gesamtdeutschem Widerstand gezeichnet werden, dem wir uns stets verpflichtet gefühlt haben — vor und nach dem Umbruch des Jahres 1989.

## Anmerkungen

1 Vgl. allgemein zum Rezeptionsproblem Peter Steinbach, Widerstandsorganisation Harnack/Schulze-Boysen: Die „Rote Kapelle" — ein Vergleichsfall für die Widerstandsgeschichte, in: GWU 42, 1991, S. 133—152.

2 Vgl. Regina Griebel/Marlies Coburger/Heinrich Scheel, Erfasst? Das Gestapo-Album zur Roten Kapelle, Halle 1992.

3 So der Titel einer nachwirkenden Studie von Ingo Müller, Furchtbare Juristen. Die unbewältigte Vergangenheit unserer Justiz, München 1987. Zum Gesamtzusammenhang der „Vergangenheitsbewältigung" vgl. auch Peter Steinbach, Nur äußerlich getilgt . . . Vergangenheitsbewältigung zwischen 1945 und 1955, in: Der schwierige Weg zur Demokratie: Die Bundesrepublik vor 40 Jahren, Düsseldorf 1990, S. 115 ff.

4 Vgl. Ines Reich/Kurt Finker, Der 20. Juli 1944 in der Geschichtswissenschaft der SBZ/DDR seit 1945, in: ZfG, 39, 1991, S. 533—553.

5 Vgl. Jürgen Danyel, Vom schwierigen Umgang mit der Schuld. Die Deutschen in der DDR und der Nationalsozialismus, in: ZfG, 40, 1992, S. 915—928.

6 Vgl. auch Heinrich Scheel, Ein Schulungsmaterial aus dem illegalen antifaschistischen Widerstand der Roten Kapelle, in: ZfG, 32, 1984, S. 36—46.

7 Gerhard Ritter, Carl Goerdeler und die deutsche Widerstandsbewegung, Stuttgart 1956, S. 107.

8 Ebd.

9 Margret Boveri, Der Verrat im 20. Jahrhundert, Reinbeck 1976, S. 192 ff.

Heinrich Walle

# Marineoffiziere im Widerstand gegen Hitler und das NS-Regime

Wer denkt schon beim Einlaufen in den „Kranzfelder-Hafen" bei Eckernförde an Korvettenkapitän Alfred Kranzfelder, nach dem dieser Marinehafen benannt ist? Auch das Lexikon der deutschen Marinegeschichte von Witthöft erwähnt ihn nicht. Alfred Kranzfelder war neben Admiral Wilhelm Canaris der einzige aktive Marineoffizier, der wegen seiner Teilnahme am Staatsstreichversuch vom 20. Juli 1944 hingerichtet wurde.

Durch die Benennung von Kasernen und Einrichtungen der Bundeswehr nach Männern des Widerstandes, wie Ludwig Beck, Erwin v. Witzleben, Claus Schenk Graf v. Stauffenberg, pflegt die Bundeswehr das Andenken von Soldaten, welche sich nicht zum willenlosen Werkzeug eines verbrecherischen Diktators machen ließen.

Die Ereignisse des 20. Juli 1944 waren der tragische Höhepunkt des militärischen Widerstandes gegen Hitler. Die Wurzeln dieses „Aufstandes des Gewissens" reichen bis in die ersten Jahre nach der Machtergreifung am 30. Januar 1933 zurück. Hatten nahezu alle Männer des militärischen Widerstandes in Hitler und seiner Bewegung die Möglichkeit einer Rückgewinnung der durch den Ersten Weltkrieg verlorengegangenen Großmachtstellung Deutschlands zu sehen geglaubt, so mußten sie bald erkennen, daß die Aufrüstungspolitik Hitlers durch ihre Maßlosigkeit zu einem neuen Weltkrieg führen mußte.

Der Versuch, Deutschland vor einem Vernichtungskrieg zu bewahren, brachte Militärs und Zivilpersonen zu einem gemeinsamen Vorgehen gegen Hitler zusammen. Was zunächst nur ein militärfachlicher Konflikt zu sein schien, zwang mit zunehmender Konsequenz zur Gewissensentscheidung. Hier sind vor allem die Denkschriften des Chefs des Generalstabes des Heeres, General der Artillerie Ludwig Beck, zu nennen. Aber auch in den Denkschriften von Vizeadmiral Guse, Chef des Stabes der Seekriegsleitung, und K.z.S. Heyes werden der Sache nach ähnliche Warnungen ausgesprochen[1]. In den Beckschen Denkschriften wird jedoch eindeutig die Schwelle zum aktiven Widerstand überschritten.

Dies geschah in der Marineführung in keiner Weise. So ist es in der Kriegsmarine auch nicht zu der Form des militärischen Widerstandes gekommen, die Peter Hoffmann in seinem Beitrag als „Widerstand einer Organisation [...] gegen

Korvettenkapitän Alfred Kranzfelder
*Gedenkstätte Deutscher Widerstand, Berlin*

Gleichschaltung und Wegnahme der eigenständigen Verantwortung" oder auch als „Widerstand einer Institution wie des Generalstabes des Heeres gegen eine Politik, die den wohlverstandenen Aufgaben der Institution widersprach und Nation und Staat mit Existenzvernichtung bedrohte", gekennzeichnet hat (S. 397).

Die für die Führung der Kriegsmarine verantwortlichen Offiziere, voran der Oberbefehlshaber der Marine, Großadmiral Erich Raeder, folgten, wenngleich mit einer Art von Resignation, dem Diktator sehenden Auges in einen Krieg, für den die Marine in keiner Weise gerüstet war. Eher sollte die Marine in Schönheit sterben, als noch einmal das Odium eines zweiten November 1918 auf sich zu nehmen, als mit den Meutereien auf der Hochseeflotte das Ende des Kaiserreiches eingeleitet wurde. Artikulationen gegen Hitler und das NS-Regime erfolgten dann von Marineoffizieren stets aus persönlicher Betroffenheit und nicht aus einem spezifisch berufsbezogenen Konflikt.

In die Zeitspanne kurz vor Kriegsausbruch fallen die Aktivitäten von Admiral Canaris, seit 1938 Chef des Amtes Ausland/Abwehr im OKW. Admiral Canaris wurde am 23. Juli 1944 verhaftet und am 9. April 1945 im KZ Flossenbürg ermordet. Hier sei auch an Canaris' Mitarbeiter FKpt. Dr. *Franz Maria Liedig* erinnert, der ebenfalls wegen seiner aktiven Beteiligung am Widerstand verhaftet wurde und 1945 im KZ Dachau von den Amerikanern befreit wurde.


*Alfred Kranzfelder und die Teilnahme von*
*Marineoffizieren an der Verschwörung gegen Hitler*

Korvettenkapitän Alfred Kranzfelder war nach dem Urteil von Admiral Gerhard Wagner „ein hochbegabter und besonders fähiger Offizier, [...] ein sympathischer und ansprechender Untergebener, der auch offen und furchtlos für seine Meinung eintrat"[2].

Kranzfelder wurde am 10. Februar 1908 in Kempten im Allgäu als Sohn eines bayerischen Juristen geboren. Nach der Reifeprüfung an der dortigen Jesuitenschule trat er am 5. April 1927 als Offizieranwärter in die Reichsmarine ein. Er wurde am 11. Oktober 1927 zum Seekadetten und am 1. April 1929 zum Fähnrich zur See befördert. Bei der Ausbildung an der Marineschule Mürwik qualifizierte er sich als Lehrgangsbester seines Jahrgangs und wurde Crew-Ältester.

Ergebnis der Vernehmung von KKpt. Alfred Kranzfelder
durch die Gestapo in den sog. »Kaltenbrunnerberichten«
Quelle: Bundesarchiv Koblenz NS 6/6

Nr. 6

1. August 1944.

Betr.: 21. Juli 1944.

Der Bericht ist die festnahmeliste Nr. 7 a
anbei 1 beigefügt.

Weitere Ergebnisse der Untersuchungen:

Verbindungen zur Seekriegsleitung:

Wenn auch das Schwergewicht des Anschlags und
aller Pläne der Verschwörergruppe in Heer lag,
so bestanden doch gewisse Verbindungen zu den
anderen Wehrmachtsteilen. Die Beziehung zur Seekriegsleitung der Kriegsmarine lief über
Berthold von S t a u f f e n b e r g , den Bruder
des Attentäters, zu Korvettenkapitän K r a n z -
f e l d e r ( vgl. Bericht vom 25.7.1944 5.4)
Das Bestreben der Verschwörer ging dahin, sich
gegenüber der Marine zu versichern, dass sie sie er-
nach gelungenen Putsch in das neue System eingli-
dert. Nach Aussage von K r a n z f e l d e r wurde
der Marine für den Kriegsverlauf mit der Ostfront als Kardinalproblem keine entscheidende
Bedeutung beigemessen.

Eine Geringschätzung der selben anderen Wehrmachtsteile kommt auch bei B e c k zum Ausdruck. So sagt P o p i t z aus, dass er die
Besonderheiten der technischen Kriegsführung
zutreffend zu beurteilen, indem er ständig betonte, dass die Luftwaffe nur eine verlängerte
Artillerie sei.

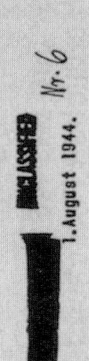

Kritik an Führer.

K r a n z f e l d e r ist im Herbst 1943 von
Berthold von S t a u f f e n b e r g angegangen
worden, wobei sich folgender kurzer Wortwechsel ergab:

" Eigentlich müsste der Führer weg",

" Nur so etwas wird sich wohl niemand finden."

" Doch, solche Leute gibt es. Die Generale
machen nicht mehr mit."

Insbesondere wurde kritisiert, dass der Führer
eisung gegeben habe, jede Handbreit Boden zu halten. es verursache dies die letzte Kraft der Trup,o
so sei richtiger, sich frühzeitig abzusetzen und
geeigneter Stelle neuen Widerstand zu leisten. Die
Generale an der Ostfront seien leider zu feige, um
sich beim Führer durchzusetzen.

Von es so weitergehe, breche die Ostfront zusammen, bevor es gelinge, den östlichen und westlichen Feind politisch gegeneinander auszuspielen.
Die Stauffenbergs sollen damals den Standpunkt
vertreten haben, dass eine öffnung, mit einem
der beiden Gegner in Verhandlung zu treten, nur
offen sei, solange die Fronten intakt blieben.
Der Zweifrontenkrieg werde auf die Dauer unterbrechen.
Man habe damals nicht an die Möglichkeit von Verhandlungen mit der Sowjet-Union gedacht, die Gefahr
des Bolschewismus sei derart, dass ein Paktieren
mit der Sowjet-Union gleichbedeutend mit dem untergang sei. Stauffenberg habe jedoch gemeint, dass

sich Verhandlungen mit England erreichen liessen, da es sich eine Auslieferung Europas an die Sowjets nicht leisten könne. England werde allerdings nicht mit Deutschland verhandeln, solange Adolf H i t l e r die Führung habe. S t a u f f e n b e r g habe damals die Ansicht gehabt, dass wir nun bündnisfähig seien, solange das Reich den Bolschewismus wirksam bekämpfen könne.

"Einstellung K r a n z f e l d e r s .

K r a n z f e l d e r hat inzwischen ein umfassendes Geständnis abgelegt. Er habe sich nicht entschliessen können, die S t a u f f e n b e r g s zur Anzeige zu bringen, da er sie als Menschen und Kameraden geschätzt habe und im Verlauf der Kriegsentwicklung selbst in eine so deprimierte Stimmung geraten sei, dass er innerlich schwankend den S t a u f f e n b e r g s c h e n Anschauungen von den Gesamtkriegslage und seinen Plänen beigepflichtet hat.

Auch aus der Vernehmung K r a n z f e l d e r s geht hervor, dass im Frühjahr 1944 die Mord- und Putschpläne gereift haben (weil man zunächst keinen Attentäter fand). Ebenso wie der in den Sprengstoffkomplex verwickelte Oberleutnant von Hagen will K r a n z f e l d e r , weil nach anfänglich äusserster Spannung nochmslang nichts geschah, sich bei dem Gedanken beruhigt haben, dass Stauffenberg nicht mehr ernsthaft an seine Absichten dachte. K r a n z f e l d e r will auch der Meinung gewesen sein, dass der Zeitpunkt verpasst und schliesslich

mit der geglückten Invasion die Entwicklung soweit fortgeschritten war, dass England nicht mehr an Verhandlungen denkt. England und die USA fühlten sich sicher so stark, dass sie sich zutrauen, mit der Sowjet-Union auch ohne Deutschland fertig zu werden Der Defaitismus führte K r a n z f e l d e r zu de Meinung, dass selbst die Beseitigung des Führers un ein Leutnungswechsel nicht mehr helfen kann.

Trotzdem hat K r a n z f e l d e r , als tha S t a f e n b e r g überraschend von seinem Entschluss Kenntnis gab, den Anschlag in Balde durchzuführen, die Verschwörung mitgemacht. Er wurde als Beauftragter in Korellen eingeteilt. Kranzfelder sollte vor allem feststellen, ob Grossadmiral D ö n i t z der gewünschten Aufforderung zu Generalfeldmarschall von

W i t z l e b e n zu kommen, Folge leisten werde. Zeichen ihm und Berthold von S t a u f f e n b e r g wurde bestimmte Stichworte vereinbart. Beispielsweise sollte sich weshalb von Stauffenberg bei geglückten Attentat fernmündlich mit "Korellen" in Verbindung setzen, sich bei K r a n z f e l d e r krank melder und dabei sagen, dass er in Berlin bleiben muss. G

Am Montag vor dem Attentat brachte der Korvettenkapi- tän J e s s e n ein angeblich in Berlin umgelaufene Gerücht mit, dass noch in dieser Woche das Führerhaupt quartier in die Luft gesprengt werden sollte. K r a n f e l d e r hat sich daraufhin nach Berlin begeben, um S t a u f f e n b e r g zu warnen. Er will ihn bei dieser Gelegenheit gefragt haben, ob er unter den jetzigen militärischen Umständen den Anschlag noch für richtig hält. S t a u f f e n b e r g habe geantwortet:

"Es gibt es keine andere Wahl der Rubikon ist überschritten."

Am 1. Oktober 1931 wurde er Leutnant zur See, am 1. Juli 1933 Oberleutnant zur See, am 1. Oktober 1936 folgte die Beförderung zum Kapitänleutnant und am 1. September 1941 erreichte er seinen letzten Dienstgrad Korvettenkapitän. Kranzfelder war Artillerist und als Lehrer an der Schiffsartillerieschule in Kiel tätig. Als Kapitänleutnant nahm er auf dem Panzerkreuzer „Admiral Scheer" an den Einsätzen dieses Schiffes während des spanischen Bürgerkrieges von 1936 bis 1938 teil[3].

Seit dem 29. Februar 1940 war er als I c in der Operationsabteilung der Seekriegsleitung tätig[4]. Die Referate Ic und Ii der SKL bearbeiten Fragen des Völkerrechtes und der Politik. Die Mehrzahl der Mitarbeiter waren Juristen und Völkerrechtler. Hinzu kam, daß man hier von der Propaganda ungefilterte Nachrichten über die politisch-militärische Lage des Seekrieges erhielt. So vollzogen eine Reihe von Angehörigen dieser beiden Referate einen Bruch mit dem NS-Regime und stellten sich einer konspirativen Tätigkeit zur Verfügung: Kapitän zur See Kupfer, Fregattenkapitän z.V. Dr. Sydney Jessen, Fregattenkapitän Dr. Arnold Mardersteig, der Chef des deutschen Nachrichtenbüros (DNB) und KTB-Offizier der Operationsabteilung, Korvettenkapitän d.r. Otto Mejer, der Korvettenkapitän d.R. Dr. Kurt Bauch, im Zivilberuf Professor für Kunstgeschichte, Admiralrichter Eckhardt und Marineoberstabsrichter Berthold Schenk Graf v. Stauffenberg, der Bruder des Attentäters[5].

Im Herbst 1943 fanden sich Berthold Graf v. Stauffenberg, KKpt. Kranzfelder und KKpt. D.R. Dr. Jessen zur gemeinsamen Teilnahme am Umsturz zusammen. Sie traten auch an K.z.S. Kupfer, damals Chef der Abteilung Nachrichtenübermittlungsdienst in der SKL, heran, der ihnen für den Zeitpunkt des Umsturzes die ungehinderte Durchgabe von Fernschreiben der Verschwörung zusagte. Nach der Dezentralisation der SKL im November 1943 mußte K.z.S. Kupfer aus technischen Gründen seine Zusage zurücknehmen[6]. Beim Staatsstreichversuch am 20. Juli 1944 sollte Kranzfelder als Beobachter im Lager „Koralle", dem Sitz der SKL in Bernau bei Berlin, feststellen, wie Großadmiral Dönitz und Admiral Meisel auf die Befehle der Verschwörer in der Bendlerstraße reagierten. Über verabredete Stichwörter sollte er Rückmeldung erstatten[7].

In seinem Band „Geist der Freiheit" zeichnete Eberhard Zeller ein Charakterbild dieses Seeoffiziers:

„In das Oberkommando der Marine reichte Stauffenberg durch einen tatbereiten Verbündeten, den Freund seines Bruders, Korvettenkapitän Alfred Kranzfelder, der als Verbindungsoffizier der Seekriegsleitung zum Auswärtigen Amt in Berlin Dienst tat. Er war — gleichaltrig mit Claus Stauffenberg — 1907 aus einer bayerischen Juristenfamilie geboren. Erst ganz ein Kind seiner Berge und Wälder, das früh schon die Sterne kannte und gern ihren Bahnen nachsann, wählte er den Beruf des Seeoffiziers, um sich etwas von der Weite der Welt zu erobern, und sah auf großer Fahrt besonders beeindruckt die östliche Welt: des Brahmanen ‚große Ruhe in sich selbst‘, die Kraft, von innen her das Leben zu bändigen und sich über Glück und Unglück zu erheben, schwebte dem feinnervig Veranlagten und später durch den Kampf mit der Krankheit Gestählten immer wieder vor als etwas, das es zu erringen lohne. Auf der Kriegsschule war er 1927 Jahrgangsbester gewesen. Als einen ‚denkenden durchgebildeten Offizier, der noch weiter als sein Metier reichte, innerlich sicher und unabhängig‘, so schildert ihn ein Mitoffizier, ‚voll klarer kühner Absichten und Pläne, mit natürlichem Sinn für das Politische‘. Ein anderer der Mitoffiziere, der von Berthold Stauffenberg und Kranzfelder ins Vertrauen gezogen wurde und später unerkannt blieb, meint von ihnen, daß sie ‚zu den sehr wenigen Mitgliedern des OKM gehörten, die in dem Teufelssabbat ihre Seele und ihre menschliche Würde behalten hätten‘. Sobald Claus Stauffenberg in Berlin erschien, gehörte Kranzfelder ihm und seinen Dingen. Wie er sich täglich gefährdet wissen mußte, sagt die Schilderung des gleichen Offiziers. Er erzählt von einem langen nächtlichen Weg zu dreien, den sie im November 1943 durch die Forste von Eberswalde machten: Kranzfelder hört dauernd Schritte und glaubt, daß sie begleitet und belauscht würden, bis man feststellt, daß es das Klappern seines eigenen ledernen Mantels ist, das ihn beunruhigt. In der gleichen Zeit findet man ihn während eine schweren Bombenangriffs im Keller bei einer befreundeten Familie in Berlin, wie er den Versammelten, aus dem Augenblick entrückend, von einem Orgelkonzert Bachscher und Mozartscher Musik erzählt, dem er vor ein paar Tagen in einem kleinen Kreis von Menschen in Paris beigewohnt hat. Kranzfelder hat mit einer verzehrenden Heftigkeit des Denkens und Fühlens nur dem einen gelebt: wie die erhoffte Erhebung gelingen könnte. Er hat sich auch durch ein Verlöbnis, dem bald die Heirat folgen sollte, vom gefährlichen Weg nicht abbringen lassen. Als seine künftige Frau die Absicht äußerte, bei einem Nichtgelingen des Attentats und den dann unabsehbaren Folgen selbst Hand an sich zu legen, um mit den Geopferten zu sterben, wies er sie zurück: auch wenn er sterbe, müsse sie leben, sich einen andern wählen und Kinder haben, damit sie ihnen die guten Eigenschaften unseres Volkes in die Seele legen könne[8].“

Nachdem der Staatsstreichversuch in den Abendstunden des 20. Juli 1944 zusammenzubrechen begann, erteilte Großadmiral Dönitz um 21.40 Uhr den Befehl zur Verhaftung von Marineoberstabsrichter Berthold Graf v. Stauffenberg, als er den Namen des Attentäters erfahren hatte. Von Berthold Graf v. Stauffenberg führte die Spur zu Kranzfelder, der am 24. Juli 1944 verhaftet wurde[9].

Anscheinend wurde Kranzfelders Mitwisserschaft durch ein belangloses Telefonat verraten, das vom „Forschungsamt“ Görings mitgeschrieben und in seinem wahren Zusammenhang erst nach den Ereignissen vom 20. Juli 1944 erkannt worden ist[10].

637

In seiner Vernehmung durch die Gestapo erklärte Kranzfelder, warum er die hochverräterischen Umtriebe nicht gemeldet habe: „Er habe sich nicht entschließen können, die beiden Stauffenbergs zur Anzeige zu bringen, da er sie als Menschen und Kameraden geschätzt habe und im Verlauf der Kriegsentwicklung selbst in eine so deprimierende Stimmung geraten sei, daß er innerlich schwankend den Stauffenbergschen Anschauungen von der Gesamtkriegslage und seinen Plänen beigepflichtet habe[11]."

Auch FKpt z.V. Dr. Jessen verhaftete man. Stauffenberg und Kranzfelder wurden am 10. August 1944 vom Volksgerichtshof zum Tode verurteilt und am gleichen Tage hingerichtet.

„Als man im Oberkommando der Marine nur noch von den Schuften redete, die sich gegen den ‚Führer' vergangen hätten, wagte einer der Kameraden zu einem jungen Admiral das Wort, vielleicht werde er es noch begrüßen, wenn sein Sohn einmal auf dem Schulschiff ‚Alfred Kranzfelder' Dienst tun könne[12]."

Dr. Jessen wurde nach langer qualvoller Haft am 25. April 1945 von den Russen befreit und war damit nur knapp dem Tode entgangen[13]. KKpt. Mejer, der Beziehungen zum Goerdeler-Kreis hatte, wurde durch mutigen Einsatz seines Vorgesetzten K.z.S. Werner Pfeiffer, Ib der SKL, aus der Haft befreit[14].

Zur Ehrung des Andenkens an Korvettenkapitän Alfred Kranzfelder hatte der Inspekteur der Marine, Vizeadmiral Karl-Adolf Zenker, am 30. Juni 1964 vorgeschlagen, den neuen am Nordufer der Eckernförder Bucht entstandenen Marinehafen „Kranzfelder-Hafen" zu benennen. Am 18. März 1980 ließ der damalige Kommandeur der Marinewaffenschule Eckernförde, Kapitän zur See Fritz Sievert, für Alfred Kranzfelder einen Gedenkstein errichten[15], der deutlich macht, daß es sich hier nicht um einen überkommenen Flurnamen, sondern um die Ehrung eines Mannes handelt, der sein Leben im Widerstand gegen Hitler und das NS-Regime opfern mußte. Kapitän Sievert hatte auch erstmalig eine Dokumentation über Alfred Kranzfelder erarbeiten lassen, die der damalige Korvettenkapitän Kurt Wachsmuth 1980 zusammengestellt hatte.


*Wehrkraftzersetzung als Tatbestand von Widerstandshandlungen*

Mit dem § 5 der Kriegssonderstrafrechtsverordnung (KSSVO) vom 17. August 1938 hatten die nationalsozialistischen Machthaber eine gesetzliche Regelung

638

geschaffen, mit der jegliche Abweichung von der durch die Propaganda vorge-schriebene Denkweise mit schwersten Sanktionen belegt werden sollte.

„§ 5 (1) Wegen Zersetzung der Wehrkraft wird mit dem Tode bestraft:
1. Wer öffentlich dazu auffordert oder anreizt, die Erfüllung der Dienstpflicht in der deutschen oder einer verbündeten Wehrmacht, oder sonst öffentlich den Willen des deutschen oder verbündeten Volkes zur wehrhaften Selbstbe-hauptung zu lähmen oder zu zersetzen sucht;
2. wer es unternimmt, einen Soldaten oder Wehrpflichtigen des Beurlaubten-standes zum Ungehorsam, zur Widersetzung oder zur Tätlichkeit gegen einen Vorgesetzten oder zur Fahnenflucht oder unerlaubten Entfernung zu verleiten oder sonst die Manneszucht in der deutschen oder einer verbünde-ten Wehrmacht zu untergraben[16]."

Zwar sollten mit der KSSVO Straftaten geahndet werden, die auch nach recht-staatlichen Grundsätzen strafwürdig waren. Dennoch war der § 5 KSSVO in sei-ner Stoßrichtung eindeutig als Instrument auf die Vernichtung nicht nur des politischen Gegners, sondern bereits schon des politisch Andersdenkenden ge-richtet. Sein Unrechtscharakter manifestierte sich bereits darin, daß hier grund-legende Menschenrechte, wie Gewissensfreiheit oder das Recht der freien Mei-nungsäußerung nicht einer kriegsbedingten Notlage entsprechend einge-schränkt, sondern total negiert wurden.

Dazu war der Inhalt dieses Paragraphen so schwammig formuliert, daß einer willkürlichen Auslegung Tür und Tor geöffnet war. Hinzu kam, daß man in der damaligen Rechtsprechung niemals danach fragte, ob sich die Äußerun-gen oder Handlungen eines Beschuldigten tatsächlich als Zersetzungshand-lungen ausgewirkt hatten. Der Begriff „Öffentlichkeit" wurde in einer Weise ausgelegt, daß selbst Äußerungen im privaten Familienkreis als „öffentlich" ge-ahndet wurden.

Wie aus vielen Gerichtsakten von Männern und Frauen, die während der NS-Zeit aufgrund ihrer gegen den Nationalsozialismus gerichteten Aktivitäten zum Tode verurteilt worden waren, deutlich wird, beruhten die Todesurteile häufig auf § 5 KSSVO, wenn es darum ging, Taten abzuurteilen, die weder Landes- noch Hochverrat waren oder sonstwie auf einen Sturz des Regimes abzielten. Am Beispiel des 1943 vom Volksgerichtshof zum Tode verurteilten Kapitäns zur See a.D. Günther Paschen und des 1944 erschossenen Oberleutnants zur

See Oskar Kusch sollen hier zwei Fälle skizziert werden, in denen Marineoffiziere ausschließlich aufgrund ihrer gegen das NS-Regime gerichteten Äußerungen unter dem Vorwand, die Wehrkraft zersetzt zu haben, umgebracht wurden.

*Günther Paschen*

Mit der Schlagzeile: „Von seinen Kameraden verlassen. Kapitän z.S. starb unter dem Beil des Henkers. [...] Paschen, eine Person, die eine Ehrung verdient hätte"[17], erinnerte die Flensburger Heimatzeitung am 20. Februar 1958 an den wegen Zersetzung der Wehrkraft nach § 5 KSSVO am 18. Oktober 1943 vom Volksgerichtshof zum Tode verurteilten Kapitän zur See a.D. Günther Paschen[18]. Das Todesurteil wurde in der vom Reichsminister der Justiz herausgegebenen „Führerinformation 1943, Nr. 172", am 26. November 1943 bekanntgegeben[19] und vermutlich am *8. November* 1943 in Berlin-Plötzensee durch das Fallbeil vollstreckt[20]. Der Artikel in der Flensburger Heimatzeitung, einem Organ der dänischen Minderheit, erinnerte damit an einen Gegner des NS-Regimes unter den Offizieren der Marine, dessen Andenken innerhalb der Marine bis heute so gut wie nicht gepflegt worden ist. „Zu der Zeit als die Flensburger Marinekameradschaft den Großadmiral a.D. Raeder zu ihrem Ehrenmitglied machte, starb in Flensburg eine Frau Paschen. Sie war Witwe des Kapitäns zur See Günther Paschen. Er war am 18. November 1943 in Brandenburg an der Havel durch das Beil hingerichtet worden. Wegen defaitistischer Äußerungen. Er starb von allen Kameraden verlassen. Großadmiral Raeder, ein Schulfreund Paschens, mit ihm durch lange Jahre verbunden, weigerte sich, etwas für seinen Freund und Kameraden zu unternehmen[21]." Der kurze Artikel berichtete dann noch, daß der 1880 in Berlin geborene Günther Paschen keinen Hehl daraus gemacht habe, daß ihm der 1939 von Hitler entfachte Krieg nicht behagt habe. Paschen habe aus den Erfahrungen des Ersten Weltkrieges gelernt. So sei er in einem gespannten Verhältnis zu Dönitz gestanden, dessen Vorstellungen über die Möglichkeiten des U-Bootkrieges er für unrealistisch gehalten habe. Das Blatt zitierte Paschens Tochter: „Mein Vater sah viel, wußte viel. Aber er trug sein Herz auf der Zunge". Er habe nicht gelernt zu katzbuckeln und zu schweigen, wenn etwas geschah, was gegen seine Überzeugung verstieß[22].

Wer war Günther Paschen? Flottillenadmiral Dr. Walter Flachsenberg, der 1928 als Seeoffizieranwärter in die Reichsmarine eingetreten war, hat ihn 1930

640

während seiner Ausbildungszeit als Fähnrich zur See an der Marineschule Mürwik als Lehrer für Artillerie und Englisch erlebt. Admiral Dr. Flachsenberg hatte 1983 ein Lebensbild dieses Seeoffiziers verfaßt, das im Folgenden wiedergegeben wird:

„Als Fähnriche betrachteten wir das halb militärische, halb zivile Lehrerkollegium der Marineschule Mürwik mit den kritischen Augen älterer Schüler. Ihr Erscheinungsbild, ihre Lehrweise, ihre ausgeprägten Eigenarten waren nahezu täglich willkommener Anlaß zu karikierender Imitation oder witziger Persiflage.

Der bemerkenswerteste unter den Lehrern war Korvettenkapitän a.D. Günther Paschen, der Englisch und Artilleriekunde unterrichtete, obwohl dieses Fach an die zuständige Waffenschule gehörte, zumal die physikalischen und chemischen Grundlagen durch die naturwissenschaftlichen Dozenten gelehrt wurden. Aber irgendwie hatte Kapitän Paschen die Geschützmechanik — ,Der Werdegang eines Geschützrohres' — und die angewandte Ballistik zu seiner Domäne gemacht.

Von seinem militärischen Werdegang her war er dazu wohl berechtigt und prädestiniert. Er galt als ausgezeichneter Artillerist, beherrschte sein Handwerk theoretisch und praktisch und besaß den Instinkt eines Jägers. Zur Tragik seiner Laufbahn wurde ein falsches Kommando in der Stunde der Bewährung, in der Skagerrakschlacht. Als Erster Artillerieoffizier des Schlachtkreuzers „Lützow" — so wurde die Fama von Crew zu Crew weitergetragen — erzielte er sehr bald Treffer über Treffer im gegnerischen Schiff, aber keine erkennbare Wirkung im Ziel. Als Munitionsart hatte er ,Sprenggranaten' statt ,Panzersprenggranaten' befohlen.

Seine kritiklose Anglophilie wurde bei ihm teilweise zur Manie. Er war mit einer Engländerin verheiratet, sprach ein gepflegtes Oxford-Englisch, trug ausschließlich englische Stoffe im Londoner Modestil und glich in seinem ganzen Wesen dem Gentleman-Ideal, verkörpert durch den soignierten Offizier im Ruhestand. Mit Vorliebe las er den PUNCH und im Englisch-Unterricht seinen Fähnrichen daraus vor. Abgesehen davon, daß seine Schüler kein Gespür für diese Art englischen Humors besaßen, falls sie den Witz überhaupt verstanden, sie quittierten, wie verabredet, seine Lektüre mit unbeweglich ernsten Gesichtern, während ihr Lehrer jeden, aber auch jeden Witz mit herzhaft lautem Lachen bedachte. Jäh bemerkte er das fehlende Echo seiner Hörer und faltete gekränkt sein Lieblingsblatt mit der bissigen Bemerkung zusammen: ,Wenn Sie über meine — er sagte: meine — Witze nicht lachen, brauche ich sie Ihnen nicht vorzulesen!' Sprach's und kratzte beleidigt seinen fast kahlen Schädel.

In seiner Artillerie experimentierte er gern und viel, um die Theorie durch die Praxis zu beweisen. So hatte er in seinem Labor eine Modellkanone herstellen lassen, um die Wirkung des Dralls, der Geschoßform und -gewichtung oder unterschiedlicher Treibladungen zu demonstrieren. Am ,Tag der Artillerie' führte er auf freier Wildbahn — auf der Rasenfläche vor der Marineschule — seine Experimente mit entsprechenden Erklärungen einem andächtig lauschenden und erwartungsvoll blickenden Publikum, an der Spitze der Kommandeur mit seinem ganzen Gefolge, vor. Nur verhielt sich das Geschoß nicht so, wie er kund getan hatte, weil ,böse Fähnriche' die Granatspitze heimlich abgeschraubt

# Der Reichsminister der Justiz

## Führerinformation
### 1943 Nr. 172

Der Volksgerichtshof hat am 18. Oktober 1943 den Kapitän zur See a. D. Günter Paschen aus Flensburg wegen Feindbegünstigung und Zersetzung der Wehrkraft zum Tode verurteilt.

Paschen, der mütterlicherseits von Dänen abstammt und mit einer Engländerin verheiratet ist, hat im Weltkrieg an der Skagerrakschlacht und später am Finnlandunternehmen teilgenommen. Zuletzt war er Verbindungsoffizier bei General von der Goltz. Nachdem er nach dem Weltkrieg seinen Abschied genommen hatte, war er von 1926 bis 1936 als Marine-Ausbildungsoffizier tätig.

Paschen, der seit seiner Pensionierung in Flensburg lebt und hier in Kreisen der dänischen Minderheit verkehrt, hat sich Ende August 1943 mit zwei ihm unbekannten Dänen, die in seinem Hause ein möbliertes Zimmer mieten wollten, in ein politisches Gespräch eingelassen. Dabei hat er zum Ausdruck gebracht, daß er an einen deutschen Sieg nicht glaube und daß er die geheimen Waffen für einen Propagandabluff halte. Ferner hat er erklärt, Dänemark sei 1864 Unrecht geschehen, und das Reich müsse Schleswig an Dänemark herausgeben.

Einer

Einer der Dänen hat sich diese Ausführungen zu eigen gemacht und, unter Berufung hierauf eine Marinehelferin, zu der er Beziehungen unterhielt, in ihrem Vertrauen auf den Sieg zu erschüttern versucht.

Das Urteil wird vollstreckt.

Berlin, den 26. November 1943.

Zweitschrift Nr. 3

*Bundesarchiv Koblenz: R 22 Reichsministerium 14089*

und das Innere mit Kreide gefüllt hatten. Erbost rief er nach seinem Adlatus Bunge, um dem rätselhaften ballistischen Fehlverhalten auf die Spur zu kommen. Bunge, ein früherer Oberdeckoffizier und Feuerwerker, der auch während des Unterrichts nach energischer Aufforderung hinter einem Verschlag auftauchte, klein, dick, behäbig und immer schmuddelig, wurde der mangelnden Sorgfalt bezichtigt, bis die Ursache geklärt werden konnte. Dabei präsentierte sich zur stillen Erheiterung der Zuschauer das ungleiche Paar in seiner ganzen Gegensätzlichkeit: Kapitän Paschen groß, hager und schlaksig, in seiner Mimik und Gestik ein moderner Don Quichote, den der phlegmatische, bauernschlaue Bunge wie des Cervantes' Vorbild Sancho Pansa haargenau ergänzte.

Eine Erscheinung wie Kapitän Paschen gehörte — das spürten wir instinktiv — zu den Außenseitern im Lehrerkollegium, wohl auch in der Crew. Ein ausgeprägter Individualist und betonter Einzelgänger, verdeckte sein extravagantes Äußere eine noble Gesinnung. Empfindsam, leicht verletzbar und schnell beleidigt, war er im Grunde wohlwollend und gutmütig. Aufrichtig bis zur Selbstverleugnung, trug er das Herz auf der Zunge und vertrat seine Überzeugung mit dem ganzen mutigen Starrsinn seines Naturells. Ein ‚Ritter ohne Furcht und Tadel' im bürgerlichen Gewande des 20. Jahrhunderts.

Mit dem Aufbau der Kriegsmarine wurde er in seiner Dienststellung als Fregattenkapitän (E) reaktiviert, aber noch vor dem Kriege als charakterisierter Kapitän z.S. aus mir nicht bekannten Gründen in den Ruhestand versetzt. Aus seiner Ablehnung des Nationalsozialismus machte er keinen Hehl; den Krieg gegen England hielt er für ein nationales Unglück.

Im Sommer 1943 äußerte er sich zwei Dänen gegenüber in seiner bekannt freimütigen Weise Zweifel über die ‚angeblichen Wunderwaffen des Führers', die er als Bluff bezeichnete, wurde durch eine mit diesen Dänen befreundete Marinehelferin denunziert und verhaftet.

‚Im Namen des deutschen Volkes' verurteilte ihn der Volksgerichtshof unter dem Vorsitz seines Präsidenten Dr. Freisler am 18. Oktober 1993 zum Tode. Die Urteilsbegründung war ebenso erschütternd wie armselig, die Wortwahl so primitiv wie verlogen. Günter Paschen hat im vierten Kriegsjahr in Flensburg zwei Dänen gesagt, er glaube nicht an den deutschen Sieg (er hatte nur berechtigte Zweifel geäußert), das Reden von neuen Waffen des Führers halte er für Propagandabluff, Schleswig sollte Dänemark ‚zurückgegeben' werden. (Diese Äußerung hat P. vor dem VGH bestritten). Damit hat er — ein hoher früherer deutscher Seeoffizier — den Willen des dänischen Volkes zur Loyalität angenagt und mittelbar auch unseren Willen zur mannhaften Wehr (!) angegriffen. Als Zersetzungspropagandist unserer Kriegsfeinde ist er für alle Zeit ehrlos. Er wird mit dem Tode bestraft[23]. Die beiden Schlußsätze der Urteilsbegründung lauten: ‚Wir alle, und vor allem auch unsere Marine, vom jüngsten Rekruten bis zum höchsten Admiral, wollen mit Recht mit einem solchen ehrlosen Verräter nichts mehr zu tun haben'[24] und: ‚Weil Paschen verurteilt ist, muß er auch die Kosten tragen'[25].

Kapitän z.S. a.D. Günther Paschen wurde am 8. November 1943 in Brandenburg durch das Beil hingerichtet. Ein Widerstandskämpfer sui generis, eine eigenwüchsige Persönlichkeit, ein unzeitgemäßer Gentleman, ein später Don Quichote, aber von tieferer Tragik als sein literarisches Vorbild, ein Mann, dem niemand in der Marine seinen Respekt verweigern wird[26]."

*Der Fall des Oberleutnants zur See Oskar Kusch*[27]

In einer dunklen Gefängniszelle sitzen zwei Schachspieler an einem Tisch. Das Kerzenlicht läßt die hageren Züge des einen Spielers in bedrohlicher Weise hervortreten, der offensichtlich seinen Gegner, der dem Betrachter den Rücken zuwendet, matt gesetzt hat. Der Verlierer dieser Partie kauert, seinen Kopf auf den rechten Arm abstützend, in sich zusammengesunken vor dem Tisch.

Dieses düstere Bild ist eine Kohlezeichnung, die der Oberleutnant zur See Oskar Heinz Kusch kurz vor seiner Erschießung am 12. Mai 1944 in einer Zelle des Marine-Untersuchungsgefängnisses in Kiel-Wik angefertigt hatte. Es drückt in erschütternder Weise die ganze Verzweiflung und Hoffnungslosigkeit des 26jährigen Offiziers aus, der sich in der Figur des Verlierers selbst dargestellt hat und mit dieser Zeichnung zum Ausdruck bringen wollte, daß er einer diabolischen Macht, verkörpert in der Gestalt des todähnlichen Gegenspielers, unerbittlich ausgeliefert war.

Oskar Heinz Kusch wurde am 6. April 1918 als Sohn des Versicherungsdirektors Heinz Kusch und seiner Ehefrau Erna, geb. Kohls in Berlin geboren. Als Zehnjähriger kam er 1928 zur Bündischen Jugend und gehörte dort der Freischar und später dem deutschen Pfadfinderbund an. 1933 wurde sein Bund in das Jungvolk der Hitlerjugend (HJ) überführt. 1935 als die von Kusch geführte Spielschar mit der HJ endgültig gleichgeschaltet wurde, schied er aus der HJ aus. Wie aus den Akten der Geheimen Staatspolizei hervorgeht, gehörte er noch bis 1937 dieser illegal weiterbestehenden Gruppierung der Bündischen Jugend an. Kusch mußte erleben, wie sein Jugendführer, der Arzt Rudi Pallas wegen illegaler Betätigung in der Jugendbewegung in ein Konzentrationslager eingewiesen wurde. Er selbst vermochte sich einer drohenden Verhaftung durch seine freiwillige Meldung als Offizieranwärter zur Kriegsmarine zu entziehen.

Nach dem 1936 abgelegten Abitur leistete er zunächst seine Dienstpflicht im Reichsarbeitsdienst ab, wo er aber auch von der Gestapo überwacht wurde und auffiel, weil er sich in „krasser Form" über die Zustände im RAD in Briefen an seine Freunde geäußert hatte.

Am 3. April 1937 trat er als Seeoffizieranwärter in die Kriegsmarine ein. Sein Entschluß, den Beruf des Marineoffiziers zu ergreifen, beruhte durchaus auf patriotischen Motiven, auch war er von der Faszination der Seefahrt ergriffen. Er

Oskar Kusch als Jugendlicher

Oberleutnant zur See Oskar Kusch als
I. W.O. von „U 103", Ende 1942.
*Privatbesitz Horst Frhr. v. Luttitz*

wollte auch den Nachstellungen von Funktionären der NSDAP entgehen, da die Soldaten der Wehrmacht keine Mitglieder der NSDAP sein durften und vor allem die Marineführung jeden Einfluß von Parteifunktionären auf den Dienstbetrieb fernzuhalten bestrebt war.

Nach erfolgreicher Absolvierung der Seeoffizierausbildung wurde er im August 1939 zum Leutnant zur See befördert. Wie viele seiner Offizierkameraden hatte sich auch Oskar Kusch freiwillig zur neu entstandenen U-Bootwaffe gemeldet und erhielt im Juni 1941 nach Beendigung seiner U-Bootausbildung sein erstes Einsatzkommando als Wachoffizier auf „U-103". Das Boot operierte im Nord-, Mittel- und Südatlantik und war unter seinem Kommandanten Werner Winter sehr erfolgreich. Kusch wurde am 1. September 1941 zum Oberleutnant zur See befördert und erhielt für seine herausragenden Leistungen 1941 das Eiserne Kreuz II. Klasse und 1942 das Eiserne Kreuz I. Klasse. Vom Juli 1942 bis Februar 1943 fuhr Kusch auf „U 103" unter dem Kommando von Gustav Adolf Janssen.

Beide Kommandanten schätzten den jungen Offizier als besonders tüchtigen Soldaten und Vorgesetzten, der seine Untergebenen mit Herz und Schwung, aber doch mit fester Hand zu führen imstande war. Sie teilten auch seine antinationalsozialistische Einstellung, aus der er in zahlreichen Gesprächen mit seinen Offizierkameraden keinen Hehl machte, wie sich einer der überlebenden Offiziere dieses Bootes später erinnerte.

Am 8. Februar 1943 übernahm Olt. z.S. Kusch „U 154" als Kommandant. Der Beginn von Kuschs Kommandantentätigkeit erfolgte zu einem Zeitpunkt, als die deutschen U-Boote aufgrund ihrer technischen Unterlegenheit und der enorm gestiegenen gegnerischen Abwehr nicht mehr in der Lage waren, große Erfolge zu erreichen und es für einen U-Bootkommandanten schon ein Erfolg war, sein Boot von einer Feindfahrt überhaupt wieder in den Heimathafen zurückbringen zu können. Kusch absolvierte als Kommandant von „U 154" vom März bis Dezember 1943 zwei lange Fernunternehmungen, die in ein Operationsgebiet südlich des Äquators vor der brasilianischen Küste führten. Auf seiner ersten Feindfahrt kam das Boot bei Cap Roque an einen Geleitzug heran und erreichte einige Erfolge. Auf der zweiten Unternehmung in das gleiche Seegebiet entging „U 154" bei einem vergeblichen Angriffsversuch nur durch das geschickte Verhalten des Kommandanten und der Besatzung mit knapper Not der Versenkung. Diese Unternehmungen in tropischen Gewässern unter fortwährender Bedro-

Zwei Zeichnungen, die Oberleutnant zur See Oskar Kusch kurz vor seiner Erschießung am 12. Mai 1944 in der Haft angefertigt hatte.

*Privatbesitz Horst Frhr. v. Luttitz*

hung durch die feindliche Abwehr, vor allem aus der Luft, müssen die physischen und seelischen Kräfte der Besatzung bis zur Grenze der Belastbarkeit strapaziert haben. Dennoch verstand es der junge Kommandant, seine Männer zu motivieren und ihnen das Gefühl zu geben, daß er ihr Leben nicht leichtsinnig aufs Spiel setzte.

„U 154" war nach 80 Tagen Feindfahrt am 20. Dezember 1943 wieder nach Lorient zurückgekehrt. Offiziere und Besatzung waren in Urlaub geschickt worden, um sich von den Strapazen der letzten Unternehmung zu erholen. Am 16. Januar 1944 wurde Kusch unerwartet telephonisch aus dem Urlaub nach Lorient zurückbeordert und bei seiner Ankunft auf dem Bahnhof verhaftet. 24 Tage nach dem Einlaufen, als alle Unterlagen der letzten Feindfahrt überprüft worden waren und das Verhalten des Kommandanten für einwandfrei erklärt worden war, hatte der I. Wachoffizier von „U 154", Oberleutnant zur See d.R. Dr. Ulrich Abel, eine Meldung abgegeben, worin er zum Ausdruck brachte, daß er auf den 189 Tagen Feindfahrt im *vergangenen* Jahr *bei Kusch fortdauernd untrügliche Beweise einer stark gegen die deutsche politische und militärische Führung eingestellte Gesinnung erlebt habe*: „Ich halte ihn deshalb für unfähig, U-Bootkommandant zu sein[28]." Auf drei Schreibmaschinenseiten erhob Abel eine Reihe von Schuldvorwürfen, die z.T. auf Ereignissen der ersten Feindfahrt Kuschs beruhten und korrekterweise im Juli 1943 hätten zur Meldung gebracht werden müssen. Abel stellte u.a. fest, *daß Kusch im März 1943 angeordnet habe, das Führerbild zu entfernen mit der Bemerkung „hier wird kein Götzendienst betrieben". Er habe erklärt, nur der Sturz Hitlers und seiner Partei könne dem deutschen Volk den Frieden bringen. Gegenüber den zur Ausbildung eingeschifften Fähnrichen habe er geäußert, über das augenblickliche Regime müßten sie als gebildete Menschen und angehende Offiziere erhaben sein; der Führer leide oft an Anfällen und sei ein wahnsinniger Utopist und größenwahnsinnig. An der bevorstehenden Niederlage des Reiches habe er keine Zweifel mehr und der Begriff des Weltjudentums sei eine Propagandalüge.* Ferner berichtete Abel, daß Kusch seine politischen Informationen durch verbotenerweise abgehörte Feindsender bezogen habe. Zuletzt bezichtigte er Kusch eines Mangels an Angriffsgeist in drei Fällen, worüber er in einer weiteren Meldung Stellung nehmen werde.

Aufgrund dieser Meldung wurde ein Haftbefehl erlassen und Oskar Kusch am 26. Januar 1944 in Kiel vor ein Kriegsgericht gestellt. Kuschs Wahlverteidiger hatte nur am Vorabend der Verhandlung kurz Gelegenheit zur Einsichtnahme in die Akten und war damit in seiner Verteidigung nachhaltig beeinträchtigt.

Abel hatte als Zeugen die Offiziere von „U 154" und die beiden Fähnriche angegeben, die damit gezwungen waren, Kuschs gegen das NS-Regime gerichteten Äußerungen zu bestätigen, wollten sie nicht selbst als Mitwisser zur Verantwortung gezogen werden. Von der Besatzung wurde keiner vernommen, im Gegenteil, den Männern von „U 154" wurde vorgetäuscht, ihr Kommandant sei krankheitshalber abgelöst worden. Diese Täuschung wurde aber vom Bordfunker erkannt und die Besatzung war tief empört, wie man ihrem Kommandanten, dem sie voll vertrauten, mitspielte. Der Vorwurf der Feigheit vor dem Feinde wurde durch einen als Gutachter bestellten älteren U-Bootkommandanten als nicht nachweisbar vom Kriegsgericht fallengelassen.

Nach einer nur wenige Stunden dauernden Verhandlung wurde Oskar Kusch zum Tode verurteilt, obwohl der Vertreter der Anklage eine Zuchthausstrafe beantragt hatte. Die Aussagen von Kuschs früheren Kommandanten Winter und Janssen, die sich als Leumundszeugen nachhaltig für ihn eingesetzt hatten, wurden nicht berücksichtigt.

Das Todesurteil beruhte in der Hauptsache auf § 5 der Kriegssonderstrafrechtsverordnung, nämlich Wehrkraftzersetzung. Wie die Urteilsbegründung deutlich werden ließ, waren die eigentlichen Gründe für das Todesurteil, daß Oskar Kusch „den Glauben an den Endsieg verloren" hatte, außerdem „seine liberalen Tendenzen, die ihn 1935 aus der HJ herausführten" und die ihn zu einer „Ablehnung des Nationalsozialismus" bewegten, ferner „die Häufung der von dem Angeklagten gebrauchten zersetzenden Äußerungen, die selbst vor der Person des Führers nicht haltmachten und zum Teil hochverräterischen Charakter trugen"[30].

Keiner von Kuschs Vorgesetzten hielt eine Begnadigung oder eine Umwandlung der Todesstrafe in eine Freiheitsstrafe für angebracht, auch nicht der Oberbefehlshaber der Marine, Großadmiral Dönitz, den Janssen noch zu einer Begnadigung umzustimmen versucht hatte. Am 12. Mai 1944 wurde Oskar Kusch in Kiel erschossen.

1946 brachte Kuschs Vater den Marinerichter und die beiden militärischen Beisitzer, den Vertreter der Anklage und alle Zeugen, die vor dem Kriegsgericht seinen Sohn belastet hatten, wegen Mordes zur Anzeige. Nach langem Hin und Her wurde dann im Frühjahr 1949 auf Anweisung des schleswigholsteinischen Justizministers Dr. Rudolf Katz, der als engagierter Sozialdemokrat und Jude Deutschland 1933 verlassen mußte, gegen Kuschs Richter, den ehemaligen Marineoberstabsrichter Karl-Heinrich Hagemann Anklage wegen Verbrechens gegen die Menschlichkeit erhoben. Das Kieler Landgericht sprach ihn in zwei Verfahren in seinen Urteilen vom 23. Mai 1949 und schließlich am 25. September 1950 aus Mangel an Beweisen frei.

Die Kieler Richter, die alle ehemalige Mitglieder der NSDAP gewesen waren, folgten der damaligen Auffassung deutscher Gerichte, daß die berüchtigte KSSVO mit ihrem § 5, Wehrkraftzersetzung, kein angesprochenes Unrechtsgesetz der nationalsozialistischen Machthaber gewesen sei, dessen einziger Zweck darin bestand, eine Handhabe zur Vernichtung politisch Andersdenkender oder Gegner des NS-Regimes zu sein. Die Kieler Richter ließen sich auch durch zahlreiche Zeugen aus den Kreisen früherer hochrangiger Marinerichter hinter das Licht führen, die behaupteten, daß die Marinejustiz während des Zweiten Weltkrieges unabhängig und nicht von den Machthabern des NS-Regimes gelenkt worden sei. Nach den Erkenntnissen der Forschung war die Wehrmachtjustiz — und das gilt auch für die Rechtspflege der Kriegsmarine — alles andere als unabhängig. Damit entfiel der Vorwurf der Anklage, Hagemann habe vorsätzlich und bewußt mit Hilfe eines Unrechtsgesetzes einen politischen Gegner des NS-Regimes töten wollen. Nach der damaligen Rechtsauffassung deutscher Gerichte der frühen Nachkriegszeit war mit dem Fortfall der Rechtsbeugung auch eine Anschuldigung wegen Mordes nicht mehr möglich. Das Kieler Landgericht stellte zwar fest, daß das Todesurteil ungewöhnlich hart und auch juristisch unzureichend begründet war, jedoch im Ermessensspielraum eines „unabhängigen" Richters lag, der ja nach gültigem Gesetz geurteilt habe.

Dem Einwand, daß das Todesurteil vom 26. Januar 1944 nur auf politische Argumente abgestützt war, begegnete das Gericht, indem es den Aussagen der als Zeugen vernommenen militärischen Beisitzer, den Einlassungen des Angeklagten und vor allem Zeugenaussagen des auf der zweiten Unternehmung von Kusch auf „U 154" eingeschifften Bordarztes, einem Sanitätsoffizier des Heeres, Glauben schenkte. Dieser Sanitätsoffizier des Heeres hatte sich sogar über das Verhalten seines Kommandanten in Gefechtssituationen geäußert. Nach diesen Aussagen wären die politischen Gründe für das Todesurteil lediglich zeitbedingte Ausdrücke für tatsächlich stattgefundenes schwerstes militärisches Fehlverhalten gewesen. Oskar Kusch hätte durch seine antinationalsozialistischen Aussagen den Kampfgeist seiner Besatzung auf den Nullpunkt gebracht und das Leben seiner Besatzung aufs Spiel gesetzt. Aussagen von Unteroffizieren der Besatzung, die ein völlig anderes, und wie aus allen Akten nachweisbar, ein in jeder Hinsicht zutreffendes Bild von Kuschs einwandfreiem militärischen Verhalten ergaben, hat das Gericht nicht berücksichtigt. Oskar Kusch wurde damit posthum inkriminiert und als Verbrecher hingestellt; man kann durchaus sagen, er wurde zum zweiten Male zum Tode verurteilt.

Sein Richter und die beiden militärischen Beisitzer hatten sogar die Kühnheit, nachhaltig zu behaupten, auch heute noch würden sie zu ihrem Todesspruch stehen. Mit dem rechtskräftig gewordenen Urteil des Kieler Landgerichtes vom 25. September 1950 wurde erstmalig ein Wehrmachtrichter, der ein Todesurteil nach § 5 KSSVO gefällt und damit einen Soldaten ursächlich wegen seiner Äußerungen gegen das NS-Regime zum Tode verurteilt hatte, freigesprochen. Der Fall Hagemann war damit zum Präzedenzfall für ähnlich gelagerte Verfahren der 50er Jahre geworden.

Eine Auswertung von Kuschs militärischen Beurteilungen, dem Kriegstagebuch von „U 154" und den Äußerungen von überlebenden Besatzungsmitgliedern sowie der früheren Kommandanten zeigt, daß er ein tüchtiger Soldat, ein umsichtiger U-Bootkommandant und seinen Männern ein vorbildlicher Vorgesetzter gewesen ist. Einzig allein der frühere Schiffsarzt hat ihn in seinen Aussagen nach dem Kriege negativ gesehen. Wie aus den Akten hervorgeht, wollte sich der 1946 von Kuschs Vater wegen seiner vor dem Kriegsgericht erzwungenen Zeugenaussagen wegen Mordes angezeigte Sanitätsoffizier offenkundig vom Vorwurf der Denunziation eines Regimegegners freimachen, indem er auf das angebliche militärische Fehlverhalten Kuschs hinwies.

Kusch gehörte zu den vielen Soldaten der Wehrmacht, die einen deutlichen Unterschied zwischen dem Vaterland und dem NS-Regime machten und damit mit dem Propagandaklischee, das Deutschland mit dem Nationalsozialismus gleichzusetzen versuchte, brach.

Selbst das Kriegsgericht kam nicht umhin, aktenkundig festzustellen, daß dieser Regimegegner aus einem „gewissen Pflichtgefühl" seinen Dienst versah. Wie Tausende andere Soldaten auch sah er keinen Ausweg aus der tragischen Verstrickung, mit der Verteidigung des Vaterlandes auch das NS-System zu schützen. Dem Vater gegenüber hat er kurz vor der letzten Feindfahrt geäußert, daß eine Desertion für ihn nicht in Frage komme, da er dies vor seiner Besatzung und dem Vaterlande nicht verantworten konnte. So waren für ihn auch Sabotageakte als U-Bootkommandant ausgeschlossen, da er damit nur das Leben seiner Männer gefährdet hätte. Die einzige Möglichkeit, sich gegen das Unrecht des NS-Regimes zur Wehr zu setzen, sah er darin, seiner Umgebung die Verlogenheit und das Unrecht des Nationalsozialismus deutlich zu machen. Das hat Oskar Kusch, wie aus den Aussagen der überlebenden Unteroffiziere und der beiden Fähnriche deutlich wurde, immer wieder getan. Darauf beruhte auch das Vertrauen seiner Besatzung, die treu zu ihm gehalten und ihn nicht gemeldet hatte. Am deutlichsten hatte er sich an Bord gegenüber seinen Offizieren gegen das NS-Regime geäußert, von denen er aufgrund der ausgeprägten Kameradschaft gerade unter den U-Bootfahrern nie geglaubt hatte, verraten zu werden, obwohl ihn seine Freunde mehrfach gewarnt hatten. Ein nationalsozialistischer Fanatiker, der noch vor Oskar Kuschs Erschießung mit einem U-Boot untergegangen ist, hat aus persönlicher Gehässigkeit dieses Vertrauen mißbraucht.

Oskar Kuschs historische Bedeutung liegt vor allem darin, daß er kein isolierter Einzelfall war. Wie schon seine Jahrgangskameraden bezeugten und wie aus zahlreichen Schilderungen von Wehrmachtsoldaten deutlich wird, haben nicht wenige im Kameradenkreis ihre Ablehnung des Nationalsozialismus mehr oder weniger deutlich zum Ausdruck gebracht. Einige mußten dafür ihr Leben lassen, viele hatten das Glück, von Kameraden, auch solchen, die damals noch an den Nationalsozialismus glaubten, nicht verraten worden zu sein. Von Männern, die persönliche Kameradschaft und damit Mitmenschlichkeit höher eingeschätzt haben als fanatische Loyalität zu einer totalitären Ideologie.

Wie zahllose andere Wehrmachtsoldaten hat auch er zwischen einer militärischen Pflicht für das Vaterland und dem Mißbrauch durch ein verbrecherisches Regime unterschieden. Von diesen Männern wurde Deutschland nicht mit dem Nationalsozialismus gleichgesetzt, wenngleich sie die von der NS-Propaganda betriebene Verquickung von Vaterland und Nationalsozialismus als tragischen Konflikt empfanden, aus dem sie keinen Ausweg sahen.

*Anmerkungen*

1 Helmut Krausnick, Zum militärischen Widerstand gegen Hitler 1933 — 1938, Möglichkeiten, Ansätze, Grenzen und Kontroversen, in: Vorträge zur Militärgeschichte, Bd 5: Der militärische Widerstand gegen Hitler und das NS-Regime 1933 — 1945, hrsg. vom Militärgeschichtlichen Forschungsamt, Herford — Bonn 1984, S. 76, Anm. 128.
2 Michael Salewski, Die deutsche Seekriegsleitung 1935 — 1945, Bd II: 1942 — 1945, München 1975, S. 434 f.
3 Korvettenkapitän Alfred Kranzfelder. Ein Marineoffizier im Kampf gegen die nationalsozialistische Diktatur, zusammengestellt von Korvettenkapitän Kurt Wachsmuth, Presseoffizier der Marinewaffenschule Eckernförde, Maschinenschriftliches Manuskript vom 18.3.1980. Der Verfasser dankt an dieser Stelle Herrn Kapitän zur See a.D. Fritz Sievert für die freundliche Überlassung dieser Ausarbeitung. Vgl. auch: Heinrich Walle, Aufstand des Gewissens. Militärischer Widerstand gegen Hitler und das NS-Regime — Wanderausstellung des

Militärgeschichtlichen Forschungsamtes, in: Marineforum 7/8 1984, S. 233−235. Dort wurde ebenfalls an Alfred Kranzfelder erinnert. Der vorliegende Beitrag orientiert sich an diesem Aufsatz.

4 Salewski (wie Anm. 2), S. 434.

5 Ebd.

6 Peter Hoffmann, Widerstand — Staatsstreich — Attentat, München [3]1979, S. 425.

7 Bundesarchiv Koblenz (BA), NS 6/6, „Kaltenbrunnerberichte", Bericht vom 1.8.1944.

8 Eberhard Zeller, Geist der Freiheit, München 1965, S. 289 ff.

9 Salewski (wie Anm. 2), S. 435.

10 Wachsmuth (wie Anm. 3).

11 BA, NS 6/6, „Kaltenbrunnerberichte", Bericht vom 1.8.1944, S. 3.

12 Wachsmuth (wie Anm. 3).

13 Hoffmann (wie Anm. 6), S. 657.

14 Salewski (wie Anm. 2), S. 436.

15 Ebd.

16 Zit. nach: Manfred Messerschmidt, Fritz Wüllner, Die Wehrmachtjustiz im Dienste des Nationalsozialismus. Zerstörung einer Legende, Baden-Baden 1987, S. 133.

17 Flensburger Heimatzeitung vom 20.2.1958.

18 BA, R 60 I: Volksgerichtshof / 305: 2 J 557/43/1 L 132/43, Urteil in der Strafsache gegen den Kapitän zur See a.D. Günther Paschen aus Flensburg vom 18.10.1943.

19 BA, R 22, Reichsjustizministerium/4089.

20 Walter Wagner, Der Volksgerichtshof im nationalsozialistischen Staat, Stuttgart 1974, S. 317.

21 Flensburger Heimatzeitung vom 20.2.1958. Nach Walter Wagner (wie Anm. 20) starb er am 8.11.1943 in Plötzensee.

22 Flensburger Heimatzeitung vom 20.2.1958.

23 BA, R 60 I (wie Anm. 18), Blatt 1.

24 Ebd.

25 Ebd.

26 Walter Flachsenberg: In Memoriam Kapitän zur See a.D. Günther Paschen. Maschinenschriftliches Manuskript im Besitz d. Verf. Der Verfasser dankt an dieser Stelle Herrn Flottillenadmiral a.D. Dr. Walter Flachsenberg für die freundliche Überlassung seines Manuskriptes, das hier bewußt als eigener Beitrag eines Zeitzeugen eingefügt wurde.

27 Über Oskar Kusch erscheint in Kürze eine umfassende Biographie und Dokumentation des Verfassers. Der Fall „Kusch" ist quellenmäßig sehr gut belegbar. Vgl. hierzu: Heinrich Walle, Der Fall Kusch. Eine bleibende Mahnung an die Offiziere der Marine, in: Marineforum 7/8 1992, S. 234−238. Wenn nicht besonders nachgewiesen, beruht die folgende Darstellung auf den angegebenen Quellen- und Literaturhinweisen: Bundesarchiv-Zentrale Nachweisstelle (ZNS), Aachen/Kornelimünster, Archiv Nr.: K 31 40: Oskar Kusch, geb. am 6.4.1918; 1. Untersuchungsakte des Gerichts des Führers der U-Boote-West — St.L.J I 9/44 — (75 Blatt) Ersatzakte (30 Blatt); 2. Handakten (46 und 12 Blatt); Bundesarchiv-Militärarchiv, Freiburg: Archiv Nr.: RM 98/358: Kriegstagebuch U 154 vom 2. August 1941 bis 28. April 1944; Archiv Nr.: N 623/v. 6, 8, 9 und 11: Schriftlicher Nachlaß des Marineoberstabsrichters a.D. Karl Helmut Sieber: 1. Prozeß gegen GenOberst Stumpf, General August Schmidt, Marineoberstabsrichter Dr. Lüder und Hagemann; darin: Berichte aus den Kieler Nachrichten und der Schleswig-Holsteinischen Volkszeitung vom Mai 1949; 2. Briefwechsel mit ehemaligen Marinerichtern 1945−1957, Bd I; 3. Briefwechsel mit ehemaligen Marinerichtern 1947−1958, Bd II; 4. Briefwechsel mit Marinerichtern 1949, 1950, 1951, Bd IV; Deutsche Dienststelle für die Benachrichtigung der nächsten Angehörigen der ehemaligen Wehrmacht, Berlin: Marinepersonalakte des ehemaligen Oberleutnant

zur See Oskar Kusch, 33 Blatt; Landesarchiv Schleswig-Holstein, Signatur Abs. 352, Kiel: 2 Ks 9/49 (I 42/49): Schwurgericht beim Landgericht Kiel: Strafsache gegen den früheren Marineoberkriegsgerichtsrat Karl Heinrich Hagemann ... wegen Verbrechens nach Art II, Ziff. 10, 3, 5 des Kontrollgesetzes Nr. 10 pp. Urteilsbegr. vom 27.6.49; St S 309/49: Urteil des Strafsenates des Obersten Gerichtshofes für die Britische Besatzungszone, Köln, über die Revision der Staatsanwaltschaft gegen das Urteil des Schwurgerichts Kiel vom 23.5.1949, vom 18.10.1949; 2 KS 9/49 (I 174/49): Schwurgericht beim Landgericht Kiel: Strafsache gegen den früheren Marineoberkriegsgerichtsrat Karl Heinrich Hagemann wegen Verbrechens gegen die Menschlichkeit, Urteilsbegründung vom 2. November 1950; Privatbesitz Horst Freiherr v. Luttitz: Nachlaß des Versicherungsdirektors Heinz-Oskar Kusch; Arno Klönne, Gegen den Strom. Ein Bericht über Jugendopposition im Dritten Reich, hrsg. vom Hessischen Jugendring in Verbindung mit der Hessischen Landeszentrale für Heimatdienst, Hannover-Frankfurt 1958, S. 142; Jörg Friedrich, Freispruch für die Nazi-Justiz. Die Urteile gegen NS-Richter seit 1948. Eine Dokumentation, Reinbeck 1983, S. 173−182; Gerd Nehls, Erinnerung an Oskar Heinz Kusch, in: Crewbrief der Crew 17 A, II/83, S. 5−12; Karl H. Peter, Der Fall des Oberleutnant zur See Kusch: „Wider besseres Wissen zum Tode verurteilt". Stimmt das? Masch. Manuskript 1986; Walter Klenck (d. i. Horst Freiherr v. Luttitz): Wer das Schwert nimmt ... Erlebnisse im Luft- und Seekrieg 1940−1945. Bericht und Mahnung, München 1987 (Roman mit literarisch begründeten Änderungen der Fakten. Die Figur des Oskar Burk hat jedoch erkennbar die Identität Kuschs, dessen Charakter überzeugend nachgezeichnet ist).

28 BA, ZNS, RM 87 — G — K 3140: Ersatzakte, Bl. 1 und 2: Abschrift der Meldung des Olt z.S. Dr. Ulrich Abel an die 3. Unterseebootslehrdivision vom 12.1.1944, S. 1−3.

29 Ebd., S. 2.

30 BA, ZNS RM 87 — G — K 3140: Untersuchungsakten: Öffentliche Sitzung des Kriegsgerichtes des F. d. U.-West, St. L. J. I. 9/44 vom 26.1.1944: Bl. 40−49, S. 1−9.

Gerd R. Ueberschär

# Die deutsche Militäropposition zwischen Kritik und Würdigung*

Zur neueren Geschichtsschreibung über die „Offiziere gegen Hitler" bis zum 50. Jahrestag des 20. Juli 1944

Die historische Forschung im ehemaligen Westen der Bundesrepublik Deutschland hat sich nach Kriegsende nur allmählich in mehreren Entwicklungsphasen und keineswegs geradlinig mit dem Widerstand gegen das NS-Regime als einem bedeutenden Phänomen der deutschen Geschichte zwischen 1933 und 1945 beschäftigt[1]. Die spezielle Forschung zur Militäropposition gegen Hitler stand von Anfang an unter besonders schweren Belastungen, da in den ersten Jahren nach dem Kriegsende das Vorhandensein einer deutschen Opposition von den Alliierten zunächst tabuisiert und die Bedeutung des Attentats von Oberst Graf v. Stauffenberg als das Werk einer ganz kleinen Gruppe abgetan wurde, die nur gehandelt habe, weil der Krieg verloren ging. Diese Einstellung gegenüber den militärischen und nationalkonservativen Gegnern Hitlers wirkte lange nach. Einerseits hatte sich die Geschichtsschreibung mit dem Vorwurf des Landesverrates und der „Kriegsschuld" der Widerstandskämpfer auseinanderzusetzen, und andererseits hatten die jeweils vorherrschenden politischen Tendenzen einen nicht unerheblichen Einfluß auf Zielsetzung und Würdigung in der Historiographie zum Widerstand[2].

Die ersten, noch im Ausland erschienenen deutschsprachigen Arbeiten, Niederschriften und Quelleneditionen über die „Offiziere gegen Hitler"[3] bemühten sich denn auch insbesondere um den faktischen Nachweis des „Anderen Deutschland"[4] und die moralisch-ethischen Begründungen seitens der Opponenten. Dabei standen Rehabilitierung und Würdigung der militärisch-konservativen Hitlergegner ebenso im Mittelpunkt wie die detaillierten Beschreibungen des Attentats von Claus Schenk Graf v. Stauffenberg am 20. Juli 1944. Der mit militärischen Mitteln durchgeführte Umsturz- und Befreiungsversuch

---

* Es handelt sich um die überarbeitete und erweiterte Wiedergabe eines Beitrages, den der Autor in der Jahresbibliographie Bibliothek für Zeitgeschichte, Jahrgang 62, Stuttgart 1990, S. 428–442 veröffentlicht hat.

Stauffenbergs und seiner Offizierskameraden erhielt so sehr früh symbolische Bedeutung und prägte entscheidend die Begriffsbestimmung von allgemeiner „Opposition" und gezieltem „Widerstand" gegen die NS-Herrschaft.

Dabei blieb es nicht aus, daß es zumindest in der westdeutschen Forschung zur einseitigen Hervorhebung der militärisch-konservativen Widerstandsleistung kam und der Arbeiterwiderstand als Folge der politischen Situation während des Kalten Krieges größtenteils verdrängt wurde. Als Ergebnis stellte man dabei in den Vordergrund, daß dem Widerstand des Militärs „aus den Kommandobehörden ein größeres Gewicht" beizumessen sei, „weil unter den bestehenden Verhältnissen nur dieser Weg gewisse Erfolgsaussichten hatte"[5]. Dagegen betrachtete man die historischen „Versuche der politischen Linken, einen Massenwiderstand ins Leben zu rufen, als unverantwortlich".

Nach dem Abklingen des innerstaatlichen Harmonisierungsbedürfnisses und des Ost-West-Gegensatzes im Kalten Krieg kam es Mitte der sechziger Jahre zu einer Verbreiterung und Differenzierung des Widerstandsbegriffes. Die lange Zeit als „landesverräterisch" abqualifizierten Widerstandsaktivitäten von den nicht zur politisch-militärischen Elite zählenden kommunistischen und sozialdemokratischen Arbeitskreisen oder anderen Gruppen, die mit dem Ausland Kontakt hielten, wurden nun stärker beachtet und in die historische Forschung einbezogen. Zugleich wurden die ersten Analysen der politischen Zukunfts- und Zielvorstellungen des Widerstandes vorgelegt.

Seither gibt es nicht nur eine stärker kritische, sondern auch eine differenziertere Betrachtungsweise des Phänomens Widerstand, als sie den Studien der fünfziger Jahre zugrunde lag. Sie führte vor allem zu einer Revision der bislang positiven Urteile über die Motive und Verfassungspläne des militärisch-konservativen Widerstandes. Neuere Gesamtdarstellungen über das Verhältnis zwischen Reichswehr, Wehrmacht und Hitler von Klaus-Jürgen Müller und Manfred Messerschmidt[6] machten schließlich den Anteil der Militärs am „Bündnis der Eliten"[7], insbesondere für die Zeit der Errichtung der NS-Herrschaft und deren Konsolidierung von 1933 bis 1939 deutlich; denn gerade in dieser Phase hielten die führenden Militärs an ihrem Anspruch fest, sowohl „militärisch-professionelle als auch zugleich politisch-soziale Führungselite"[8] zu sein, so daß sie gegenüber der NS-Führung nach 1933 eine Politik der politisch-ideologischen Öffnung praktizierten und erst allmählich über Fragen der Taktik, Methode und konkreten Ausgestaltung der NS-Außen- und Machtpolitik Differenzen entstanden. Diese Standardwerke leiteten eine grundlegende Neubewertung der Rolle der bewaffneten Macht im Dritten Reich ein[9]; sie ermöglichten genauere Analysen der nationalkonservativen Opposition auf ihrem Weg „von der Kooperation zum Widerstand" von 1933 bis 1939[10]. Dadurch geriet das Bild vom einheitlichen Widerstand der Offiziere gegen Hitler vom Beginn der nationalsozialistischen Machtübernahme an ins Wanken.

Die Untersuchungen der unterschiedlichen Bedeutung von Militär und Arbeiterschaft für die Widerstandsbewegungen wurden auf dem 32. Historikertag im Oktober 1978 in Hamburg aufgegriffen. Dabei konnte man auf kritische Arbeiten der vorangegangenen Jahre über die politischen Absichten und Konzeptionen einzelner Widerstandskreise zurückgreifen. Noch im Vorfeld dieses Historikertages hatte sich insbesondere Klaus Hildebrand um eine zeitgemäße Einordnung und gerechte Interpretation bemüht. In seinem Beitrag über die „ostpolitischen Vorstellungen im deutschen Widerstand"[11] warnte er vor einer, die historischen Rahmenbedingungen außer acht lassenden, eilfertigen Beurteilung des militärisch- und bürgerlich-konservativen Widerstandes. Er äußerte dabei die Sorge, der Akzent der Widerstandsforschung könne sich allzu sehr auf Darstellungen des linken Widerstandes verschieben, so daß das Gewicht des nationalkonservativen Widerstandes für den einzigen in die Tat umgesetzten Umsturzversuch im Juli 1944 nicht mehr genügend berücksichtigt werde.

Die in den letzten Jahren publizierten Untersuchungen zur Opposition gegen Hitler zeigen jedoch, daß solche Befürchtungen nicht zutrafen. Die Erforschung der Aktivitäten des militärisch-konservativen Widerstandes bildet nach wie vor einen Schwerpunkt der Historiographie[12]. Dies machen insbesondere die zum 40. Jahrestag des 20. Juli 1944 neu vorgelegten oder wiederaufgelegten Publikationen von Gerhard Ritter, Fabian v. Schlabrendorff, Heinz Höhne, Rudolf Lill und Heinrich Oberreuter, Marion Thielenhaus, Bodo Scheurig und die in zeitlicher Nähe dazu veröffentlichen Arbeiten von Rainer A. Blasius, Hans v. Herwarth und Romedio Graf v. Thun-Hohenstein sowie der zur Ausstellung des Militärgeschichtlichen Forschungsamtes „Der militärische Widerstand gegen Hitler und das NS-Regime 1933 — 1945" herausgegebene umfangreiche Ausstellungskatalog deutlich[13]. Ebenso haben Untersuchungen über die politisch-moralischen Motive nach wie vor einen festen Platz im Forschungsfeld über die Militäropposition[14]. Dies kommt auch in dem von Huberta Engel im Auftrag der Forschungsgemeinschaft 20. Juli e.V. neu herausgegebenen Sammelband „Deutscher Widerstand — Demokratie heute" zum Ausdruck, in dem die Widerstandsgruppen sowohl der Gewerkschaften, Kirchen, des Kreisauer Kreises als auch des Militärs behandelt werden[15].

Verstärkte Beachtung fanden in diesem Zusammenhang auch Interpretationen, die das unterschiedliche, vor allem zeitlich variierende Widerstandsverhalten einzelner Akteure betonen[16]. Dadurch verliert die Militäropposition gegen Hitler ihren monumentalen Charakter; dies macht eine kritische Überprüfung in jedem Einzelfall erforderlich. Der differenzierende Ansatz verbindet denn auch die Widerstandsforschung mit der Debatte über das Problem von Kontinuität und Diskontinuität in der deutschen Geschichte, wie sie in der Geschichtswissenschaft der Bundesrepublik Deutschland seit Anfang der sechziger Jahre geführt wird.

Die im Anschluß daran gewonnene Erkenntnis, daß das Dritte Reich — trotz Hitlers „Führerwille" und „Führerposition" — keinesweg einen monolithischen Block darstellte, sondern von mehreren politischen Kräften und Machtzentren getragen wurde[17], ließ der partiellen und zeitlichen Einbindung von Angehörigen der Militäropposition in das NS-Herrschaftssystem eine besondere Bedeutung zukommen. Konservative Überzeugungen mit ihren Orientierungen auf alte Ordnungen und Ideale, wie sie exemplarisch in der Publikation der unvollendeten Aufzeichnungen Ulrich v. Hassells in der Haft 1944 über seinen Lebensweg und Werdegang bis 1930 oder in der Studie von Karl-Heinz Janßen und Fritz Tobias über den „Sturz der Generale" in der Blomberg-Fritsch-Krise 1938 deutlich werden[18], schlossen eine „Teilidentität der Interessen" mit dem Nationalsozialismus keineswegs aus. Gerade die nun veröffentlichten, über Haftzeit und Krieg hinweggeretteten autobiographischen Aufzeichnungen v. Hassells zeigen die schon früher konstatierte Gegensätzlichkeit der politischen Wertvorstellungen konservativer Politiker und Offiziere zum Rabaukentum und Unrechtsdenken bzw. -handeln der Nationalsozialisten. Für v. Hassell und seine politischen Freunde hatten Recht und Ordnung einen festen Platz in der Gemeinschaft, für die Nationalsozialisten waren es beiseite zu schaffende Hindernisse auf dem Weg zur Errichtung ihrer menschenverachtenden Diktatur. Allerdings konnte die „Teilidentität" der politischen Ziele auch bis zur Verstrickung einzelner Hitlergegner in verbrecherische Aktionen der kriminellen Staatsführung führen; so hat die Studie von Theo J. Schulte über die Rolle der deutschen Armee bei der Besatzungspolitik in eroberten frontnahen sowjetischen Gebieten nach dem Überfall auf die UdSSR am 22. Juni 1941 die Mitverantwortung und Teilhabe einzelner Wehrmachtsbereiche an den NS-Kriegsverbrechen im Osten detailliert nachgewiesen[19]. Daß diese Teilidentität der Ziele es insbesondere auf diplomatischem Gebiet sehr schwierig machte, entsprechende Kontakte von militärisch- und nationalkonservativen Widerstandskreisen zu den westlichen Demokratien herzustellen, belegen ebenfalls die neueren Studien von Klemens v. Klemperer und Ulrich Schlie über die Auslandskontaktversuche vor und nach Beginn des Zweiten Weltkrieges sowie der von David N. Dilks und Klaus-Jürgen Müller herausgegebene deutschbritische Sammelband über die Haltung Großbritanniens zum deutschen Widerstand von 1933 bis 1944[19a].

Die kritischen Forschungsansätze haben folglich das Bild von einem permanenten und unerschütterlichen Widerstand von der ersten bis zur letzten Stunde verblassen lassen. Dies gilt sowohl für die alltäglichen Verweigerungsformen aus Arbeiterkreisen als auch für die Opposition aus Militärkreisen. Es kann heute kein „Schönheitsfehler" in der Biographie eines konservativen Hitlergegners mehr sein, anfängliche Zustimmung, Mitverantwortung und Anpassung oder auch Fehleinschätzung des NS-Regimes nach 1933 als Schwächen und Irrtümer beim Namen zu nennen, wie dies überzeugend in den neuesten biographischen Arbeiten von Ulrich Heinemann über Fritz-Dietlof Graf v. der Schulenburg[20], von Gregor Schöllgen über Ulrich v. Hassell[21] und von Marianne Meyer-Krahmer über ihren Vater Carl Goerdeler[22] oder in den von Rudolf Lill und Heinrich Oberreuter neu herausgegebenen „Porträts des Widerstands"[23] dargestellt wird. Auch die Widerstandshaltung einzelner Offiziere und Soldaten muß im Spannungsverhältnis zwischen prinzipieller Opposition und partieller Bereitschaft zu Anpassung und Mitwirkung beschrieben werden. Insofern ist der Widerstand „in seiner Polarität als Antinomie zur Diktatur Hitlers, aber auch als Teil der Geschichte des Dritten Reiches und seines Ortes innerhalb der modernen deutschen Geschichte" darzustellen, wie es Klaus Hildebrand formuliert hat[24].

Es ist heute kaum noch möglich, den nationalkonservativen und militärischen Widerstand insgesamt als direkten Vorläufer der freiheitlich-demokratischen Grundordnung und liberalen Gesellschaftsform der Bundesrepublik darzustellen oder ihn als Verbindungsglied zwischen der Weimarer Republik und der heutigen Republik zu betrachten. Derartige Versuche laufen nach dem Urteil von Hans Mommsen auf „eine tendenzielle Fehlbeurteilung" hinaus und wären eine „unangemessene Inanspruchnahme des Vermächtnisses der deutschen Opposition" für die Bundesrepublik Deutschland[25].

Ebenso ist es ein fragwürdiger Versuch, Teilbereiche oder Einzelpersönlichkeiten des Widerstandes wie etwa Graf Stauffenberg entweder für das politische Legitimationsbedürfnis der ehemaligen beiden deutschen Teilstaaten zu instrumentalisieren, wie dies in besonderem Maße in der Historiographie der DDR geschah[26], oder als „Symbol der deutschen Einheit"[27] hinzustellen. Zwar fühlte sich Stauffenberg für das „ganze Deutschland" als „das Reich" verantwortlich, doch konnte er sich kaum konkret eine Ost-West-Teilung des deutschen Vaterlandes vorstellen, wie sie dann von 1949 bis 1990 bestand. Den patriotischen Aspekt betont Wolfgang Venohr auch in seiner neuen als „dokumentarische und szenerische Rekonstruktion" angelegten Beschreibung des „Weges zum 20. Juli 1944"[28]. Die DDR-Historiographie machte es sich früher leicht, die vielfältigen Erscheinungsformen des Widerstandes mittels pauschaler Bewertungen und grober Einteilung in „progressiv" und „reaktionär" einzuordnen. Wie leicht dadurch ein ganzer Widerstandskreis der Schwarz-Weiß-Malerei während des Kalten Krieges zum Opfer fiel, haben vielfältige Publikationen in Ost und West über die „Rote Kapelle" gezeigt. Daß es sich bei diesem Kreis um Arvid Harnack und Harro Schulze-Boysen um eine breitgestreute, aus fast allen sozialen Schichten stammende Widerstandsgruppe handelte, vermag nun neben den Arbeiten von Peter Steinbach, Johannes Tuchel und Jürgen Danyel[29] ebenso überzeugend Hans Coppi mit seiner Dissertation über den Luftwaffen-Oberleutnant Harro Schulze-Boysen zu dokumentieren[30]. Zur Gruppe um Schulze-Boysen zählte zum Beispiel auch der Luftwaffen-Oberst Erwin Gerths. Wie Hans Coppi in seiner biographischen Studie, so versucht ebenso der Reprint des erstmals 1947 vom Vater von Harro Schulze-Boysen verfaßten, jedoch unter dem Namen der Tante Elsa Boysen veröffentlichen Berichtes den Weg und die Positionen Schulze-Boysens in den Widerstand gegen Hitler aufzuhellen[31]. Dabei werden auch die letzten Begegnungen und Abschiedsworte nach der Verurteilung zum Tode durch den sogenannten „Volksgerichtshof" beschrieben. Beeindruckend ist die Offenheit und Entschlossenheit, mit der Schulze-Boysen nach der Festnahme im vollen Bewußtsein der Todesgefahr seinen Kampf gegen das NS-Regime bekannte.

Allerdings kam es schon in den letzten fünf Jahren vor dem Ende des DDR-Staates zu differenzierteren Einschätzungen und neuen Teilerkenntnissen; denn die SED-Führung akzeptierte 1984 die Bestrebung, „alle Personen und Sachverhalte des deutschen Widerstandskampfes" zu erfassen und ordnete endlich zum 40. Jahrestag des 20. Juli das Attentat Stauffenbergs dem antifaschistischen Widerstand zu, wie insbesondere die mehrfach aufgelegte biographische Studie des Potsdamer Historikers Kurt Finker über Stauffenberg oder dessen Arbeit über den Kreisauer Kreis dokumentiert[32]. Die besondere Heraushebung des Widerstandes der Kommunisten blieb allerdings bestehen. Erst nach dem Sturz des SED-Regimes begannen verstärkte und von der Parteidoktrin nicht mehr beeinflußte sowie teilweise sogar offizielle Versuche, die lange Zeit vorgenommene Reduzierung des deutschen Widerstandes allein auf den kommunistischen Teil aufzuheben und die Offiziere des 20. Juli singulär als „traditionsbildend" und „geschichtsträchtig" zu erschließen[33].

Es macht heute Mühe, einzelne Angehörige der Militäropposition gleichsam heroisiert als konsequente Widerstandskämpfer von der ersten Stunde des Dritten

Reiches an und als strahlende „Helden" zu verehren[34]. Die historische Forschung vermag nämlich zu zeigen, daß die sich erst allmählich herausbildende Distanz zum NS-Regime in vielen Fällen als Fachkritik einsetzte, die zunächst nicht an den Grundfesten des diktatorischen Systems rüttelte, vielmehr dieses sogar effizienter machen wollte. Nur wenige Offiziere faßten frühzeitig den unumstößlichen Entschluß, einen gewalttätigen Sturz Hitlers und seines Regimes konsequent zu planen und anzustreben.

Dieser Befund schmälert jedoch keineswegs Mut und Motivation der militärisch-konservativ geprägten Oppositionsgruppe in ihrem Kampf gegen das Unrechtsregime der Nationalsozialisten während des Krieges. Es ist deshalb auch zu Recht von Klaus-Jürgen Müller und Hans Mommsen darauf hingewiesen worden, daß mit der veränderten Betrachtungsweise, deren Mittelpunkt eben nicht allein die Suche und Frage nach dem „Aufstand des Gewissens" ist, „durchaus keine Abwertung" verbunden oder gar beabsichtigt ist[35]. Es kommt vielmehr darauf an, der früheren, vereinfachten Heroisierung und Monumentalisierung das tatsächliche, differenzierte Erscheinungsbild und die Komplexität des deutschen Widerstandes entgegenzusetzen; es kann dabei nicht um Wunschbilder gehen, sondern um das Erkennen der historischen Realität.

Über die Vielfalt und Komplexität des Widerstandes informieren sehr gut die knapp resümierende neue Gesamtdarstellung von Hartmut Mehringer und Peter Steinbach[36] sowie die von Jürgen Schmädeke und Peter Steinbach herausgegebenen Sammelbände; der eine erschien als Fazit eines anläßlich des 40. Jahrestages des 20. Juli 1944 in Berlin durchgeführten internationalen Symposiums[37], der andere präsentiert die Forschungsergebnisse zum 50. Jahrestag im Sommer 1994[38]. Einen ähnlichen Überblick gibt das nunmehr in gelungener Weise von Wolfgang Benz und Walter H. Pehle zusammengestellte „Lexikon des deutschen Widerstandes"[39], zu dem man eine auf die Länder Europas und Einzelpersonen bezogene Ergänzung in dem von Peter Steinbach und Johannes Tuchel herausgegebenen „Lexikon des Widerstandes 1933−1945" findet.

Mehrere Neuausgaben und neu kommentierte Editionen von Quellen bieten inzwischen für die Darstellung sowohl der Vielfalt innerhalb des Widerstandes als auch der Rigorosität und tief empfundenen Abscheu vor dem Terrorregime der Nationalsozialisten ebenfalls eine breitere Basis als früher[40]. Dies ermöglichen insbesondere die von Beate Ruhm v. Oppen in erweiterter Form neuaufgelegten „Briefe an Freya" von Helmuth James Graf v. Moltke sowie der Nachdruck von dessen gesammelten Briefen als „Anwalt der Zukunft" und die nun von

Horst Mühleisen erstmals umfassend herausgegebenen Briefe von Hellmuth Stieff in vortrefflicher Weise[41]. Sie lassen nicht nur die persönlichen Widerstandsmotive der Briefeschreiber, sondern auch die Gründe hervortreten, „warum viele der hohen Beamten, Militärs, Diplomaten, Geschäftsleute und Intellektuellen über verstohlene Kritik an den innenpolitischen Zuständen im Dritten Reich und an der wachsenden moralischen Verwilderung nicht hinauskamen und nicht die innere Energie aufbrachten, sich dem Dienst für das Regime zu entziehen"[42]. Dagegen sind die konsequente Widerstandshaltung und das ständige Bemühen um Gleichgesinnte von Adam v. Trott zu Solz und dem späteren Obersten Helmuth Groscurth ein beispielhafter und deutlicher Beweis für das gleichwohl in Diplomatenkreisen und im Offizierkorps vorhandene Widerstandspotential und die sich daraus ergebende Energie, sich aus tiefer, grundsätzlicher Überzeugung und „Familientradition" gegen den Nationalsozialismus zu stellen[43].

Dieses „Dilemma der deutschen Militäropposition"[44] offenbarte sich sehr deutlich bei den von Hitler herbeigeführten Kriegen gegen Polen ab 1. September 1939 und gegen die Sowjetunion ab 22. Juni 1941. In beiden Fällen kam es nicht zu ernsthaften und nachhaltigen Widerstandsaktionen, obwohl man innerhalb der Militäropposition keineswegs von der Richtigkeit der Hitlerschen Angriffsentschlüsse überzeugt war. Als der deutsche Diktator am 31. August 1939 seinen endgültigen Befehl zum Angriff auf Polen gab, unterblieb die „Kraftprobe auf Biegen und Brechen" zwischen ihm und seinen politischen Gegnern im militärisch-konservativen Lager[45]. Biographische Arbeiten über einzelne bedeutende Offiziere und Generale verdeutlichen das Fazit: Es gab damals innerhalb der Militäropposition keinen Konsens über den Standpunkt von Admiral Canaris und Oberst Oster, die der Überzeugung waren, es fehle für den Überfall auf Polen „jede sittliche Grundlage"[46]. Mehrheitlich herrschte vielmehr die Ansicht, die „Polenfrage" müsse „ja einmal gelöst werden", wie es der zum militärischen Widerstandskreis zählende General Hoepner formulierte.

Und obwohl man in diesen Kreisen ein Jahr später auch den „Sinn" des Krieges gegen die Sowjetunion nicht erkennen konnte, wie es Generalstabschef Halder kritisch formulierte[47], war man im Frühjahr und Sommer 1941 sogar bereit, Hitlers rassenideologisch motivierten Vernichtungskrieg im Osten mitzutragen und in entsprechenden Befehlen gleichsam die Basis dieses Kampfes um „Lebensraum im Osten" zu liefern[48]. Generale und Offiziere wie Oster, Canaris, v. Witzleben und v. Stülpnagel, denen schon vor Kriegsbeginn die verhängnisvollen Auswirkungen der Hitlerschen Außen- und Machtpolitik bewußt wurden und die bereits damals den gewaltsamen Sturz des Diktators und Kriegstreibers anstrebten, um den Krieg zu verhindern, und die diese Anti-Hitler-Einstellung auch in der Zeit der Siege bis 1942/43 beibehielten, bildeten die Ausnahme[49]. Gerade neuere biographische Arbeiten über „Hitlers Generalstabschef", Generaloberst Franz Halder, bezeugen die aktive Teilhabe und schuldhafte Verstrickung sowie Verantwortung der höheren Armeeführung als Ausführungsorgan des totalitären Herrschaftsanspruches im Rahmen der verbrecherischen Aktionen und Befehle des NS-Regimes[50].

Eine besondere Erörterung dürfte der Frage zukommen, inwiefern die politischen Bemühungen der Diplomaten des deutschen Auswärtigen Amtes, die vertragsgemäßen freundschaftlichen Beziehungen zwischen Berlin und Moskau in der Zeit von 1939 bis 1941 zu pflegen und auszubauen, schon als „Diplomatischer Widerstand gegen das Unternehmen Barbarossa" einzustufen sind[51]. So konstatiert denn auch Ingeborg Fleischhauer, daß bei dem deutschen Botschafter in Moskau, Graf v. der Schulenburg, „jene letzte verbale Aufrichtigkeit" fehlte, die sein Handeln auch nach außen als Widerstand gegen das Hitler-Regime erkennen ließ; zudem unterblieb jegliches moralische und politische Signal, das seine Verweigerungshaltung gleichsam öffentlich dokumentiert hätte.

Überwiegend orientierte sich die Haltung deutscher Widerstandskreise gegenüber der Sowjetunion an den antibolschewistischen Vorstellungen und Kreuzzugs-Ideen sowie militanten Feindbildern, wie sie von der NS-Propaganda vor 1939 und ab 1941 besonders betont und gefördert wurden[52]. Erst das Scheitern des „Unternehmens Barbarossa" und die Erkenntnis über die schweren Verbrechen im Osten vergrößerten dann wieder die Distanz zum Regime bei einem Teil des Offizierkorps.

Mehrere neuere Biographien über militärische Führerpersönlichkeiten — wie zum Beispiel die Studien von David Irving über Rommel, Bodo Scheurig über v. Tresckow, Klaus-Jürgen Müller über Beck, Ulrich Heinemann über Fritz-Dietlof Graf v. der Schulenburg sowie Heinrich Bücheler über Hoepner und v. Stülpnagel[53] — konstatierten denn auch die schon erwähnte Teilidentität der politischen Ziele als Ursache für das Mitwirken an herausragender Stelle als Funktionär der militärischen Elite des Dritten Reiches oder für das selbst bei später entschiedenen Hitlergegnern lange Zeit bestehende Zögern und Zaudern, wenn es darum ging, sich gegen den „Führer" zu stellen oder das Hindernis des Soldateneides gegen über dem Diktator zu überwinden.

Für die Militärs war es ferner schwierig, sich über die Haltung der Bevölkerung im Falle eines Staatsstreichversuches Gewißheit zu verschaffen. Wiederholt wurde die Frage gestellt: Was macht der deutsche Arbeiter, wer steht hinter der

Militäropposition[54]? Es bedeutete deshalb für die militärischen Widerstands-kreise einen schweren Rückschlag ihrer Bemühungen, vielfältige in- und auslän-dische Kontakte zu knüpfen sowie über die Stimmung der Bevölkerung gegen-über dem NS-System ausreichend informiert zu sein, als im Zusammenhang mit einem Ermittlungsverfahren wegen Devisenverstößen im Frühjahr 1943 sowohl der Abwehrmitarbeiter Hans v. Dohnanyi festgenommen als auch Generalmajor Oster entlassen wurden. Über diesen „Fall Dohnanyi" und die Verkettung zahl-reicher unglücklicher Umstände, die der NS-Justiz und SS-Willkür zum Schlag gegen die militärischen Verschwörer verhalfen und gleichsam das Ende der Wi-derstandsgruppe in der Abwehr unter Admiral Canaris zur Folge hatten, infor-miert vortrefflich die nunmehr publizierte juristische Dissertation von Elisabeth Chowaniec[55]. Aufgrund umfangreicher Auswertungen von Nachlaßunterlagen der Heidelberger Bonhoeffer-Forschungsstelle vermag die Juristin, den zweifel-haften Wert der Akten der Nachkriegsprozesse darzulegen. Nach ihrem über-zeugenden Urteil sollten diese Prozeßmaterialien keinesfalls unkritisch und sin-gulär als aussagekräftige Quellen herangezogen werden, da sonst die negative und diffamierende Darstellungsweise der ehemaligen Gestapobeamten, Verfol-ger und NS-Richter fortgeschrieben würde. Zum gezielten oppositionellen und humanitären Wirken von Hans v. Dohnanyi, Dietrich Bonhoeffer, Wilhelm Ca-naris und Hans Oster für einzelne Opfer der nationalsozialistischen Judenverfol-gung ab Herbst 1942 konnte Winfried Meyer in seiner 1992 abgeschlossenen Dissertation über das „Unternehmen Sieben" umfangreiches Quellenmaterial präsentieren und ein gelungenes Forschungsergebnis vorlegen[56].

In den frühen Untersuchungen nach 1945 hat die „Lösung der Eidfrage" für den Soldaten und Offizier einen breiten Raum bei der Darstellung der Widerstands-probleme eingenommen. Insbesondere vor dem Hintergrund der befreienden „Vollmacht des Gewissens"[57] jedes einzelnen Hitlergegners angesichts der von der NS-Führung verübten Verbrechen konnte die in der Forschung oftmals hoch eingeschätzte Eidfrage besser eingestuft und überwunden werden.

Sie hat in neueren Publikationen zum militärischen Widerstand — wie die Stu-dien von Friedrich Georgi über seinen Schwiegervater General Olbricht[58] und von August Graf v. Kageneck über seinen Regimentskameraden Major Roland v. Hößlin[59] verdeutlichen — nur noch insofern Bedeutung, als nun allgemein anerkannt wird, daß der Umsturz- und Befreiungsversuch des 20. Juli 1944 kei-neswegs „falsch und zu spät"[60], sondern zu Recht erfolgte, daß die Verschwö-rer gleichsam „das Letzte gewagt" haben, um Deutschland von einer kriminel-len Staatsführung und SS-Willkür zu befreien und vor dem totalen Untergang zu bewahren[61]. Wie wichtig dem Widerstandskreis um Olbricht und Stauffen-

666

berg der Einsatz für die persönliche Freiheit des einzelnen aus christlicher Grundhaltung heraus war, zeigt nun die den Chef des allgemeinen Heeresamtes würdigende Biographie von Helena P. Page[62]. Ihr gelingt es zudem, die Position und den Anteil von General Friedrich Olbricht im Widerstandskreis und am Handeln zum 20. Juli 1944 deutlicher herauszuarbeiten, als dies bislang geschah.

Im Gegensatz zu Darstellungen über den militärisch-politischen Verlauf des Zweiten Weltkrieges wird in der Historiographie zum Widerstand meist mit sehr deutlichen Worten das Versagen prominenter Feldmarschälle und Heerführer dargestellt, die sich stets von neuem von Hitlers Suggestionskraft und Überredungsvermögen blenden ließen oder die — wie im Falle des Feldmarschalls v. Manstein[63] — aufgrund abwartender und gegenüber dem „Führer" loyaler Haltung davor zurückschreckten, sich an die Spitze der Verschwörung oder ihr wenigstens zur Verfügung zu stellen. Dies gerade für Manstein detailliert zu beschreiben, ist das Verdienst seines früheren Ordonnanzoffiziers, Alexander Stahlberg, der in seinem umfassenden Lebensbericht die Bedenken und Loyalitätshaltung Mansteins anschaulich vorstellt[64]. Um so unverständlicher erscheint es der kritischen Öffentlichkeit und Forschung, daß diese Heerführer dennoch nach 1945 für Traditionszwecke in Anspruch genommen wurden. Überliefert ist die Verbitterung von Stauffenbergs Mitverschwörer, Henning v. Tresckow, der — 1944 selbst zum Generalmajor befördert — nicht verstehen konnte, daß ein Teil seiner Generalskameraden seine „Pflicht nur in der Erfüllung der ihnen erteilten Befehle sah"[65].

Vor dem Hintergrund dieser zeitgenössischen Kritik und der Beobachtung, daß insbesondere jüngere Offiziere wie die Brüder Georg und Philipp Freiherrn v. Boeselager[66], Axel Freiherr v. dem Bussche, Rudolf-Christoph Freiherr v. Gersdorff, Ewald Heinrich v. Kleist und Eberhard v. Breitenbach zum persönlichen Einsatz und Opfer für ein Attentat gegen Hitler bereit waren, hat Wolfgang Schieder den verdienstvollen Versuch unternommen, das widersprüchliche Verhalten der Militäropposition anhand von Generationsunterschieden und unterschiedlichen Generationserlebnissen mit der Trennung in eine ältere Generalsgruppe und eine jüngere, das Offizierkorps vom Leutnant bis Oberst umfassende Generation zu erklären[67]. Wie ausschlaggebend für diese jüngere Widerstandsgeneration die persönlichen Freundschafts- und Verwandtschaftsbeziehungen waren, hat Detlef Graf v. Schwerin in seiner Studie über Albrecht v. Kessel, Eduard Brücklmeier, Fritz-Dietlof Graf v. der Schulenburg, Peter Graf Yorck v. Wartenburg, Botho v. Wussow und Ulrich-Wilhelm Graf Schwerin v. Schwanenfeld dokumentiert[68]. Diese aufschlußreiche „Gruppenbiographie" des jüngsten Sohnes des am 8. September 1944 von den National-sozialisten hingerichteten Grafen Ulrich-Wilhelm v. Schwerin erschien inzwischen auch mit dem Schwerpunkt auf den Ereignissen nach der Schlacht von Stalingrad in überarbeiteter und gekürzter Version sowie als neu aufgelegtes Taschenbuch[69].

Über den Kreis der jüngeren Diplomaten informieren auch die posthum von Peter Steinbach sehr sachkundig als „document humain" herausgegebenen Aufzeichnungen von Albrecht v. Kessel für die Jahre 1933 bis 1944[70]. Ab 1943 unter Ernst v. Weizsäcker an der Deutschen Botschaft beim Vatikan tätig, blieb er dem innerdeutschen nationalkonservativ orientierten Widerstandskreis auf vielfältige Weise eng verbunden und war ein sorgfältiger Beobachter der Staatsstreichbemühungen. Seine 1944/45 geschriebenen Erinnerungen sind dadurch eine wichtige Quelle für die politischen Überlegungen und Zielvorstellungen der jüngeren „Grafenrunde".

Auf vergleichbare Weise wie v. Schwerin hat Peter Hoffmann mit seinem neuen beeindruckenden Buch über „Claus Schenk Graf von Stauffenberg und seine Brüder" eine derartige „Gruppenbiographie" vorgelegt[71]. In der umfassenden Untersuchung analysiert der in Montreal lehrende Professor für deutsche Geschichte die prägenden Faktoren für die humanitären und antitotalitären Vorstellungen von Claus, Berthold und Alexander v. Stauffenberg. Als entscheidende Einflüsse und Antriebskräfte für ihre Widerstandshaltung nennt er die schwäbisch-adelige Familientradition, das Wissen und die Kenntnis der klassischen Antike sowie die Zuneigung zur Dichtung des 19. und 20. Jahrhunderts im Kreis um Stefan George. Es ist sowohl das Verdienst von Eberhard Zeller, der nun als schon lange ausgewiesener Sachkenner des 20. Juli 1944 ebenfalls eine neue Stauffenberg-Biographie vorgelegt hat, als auch von Peter Hoffmann, auf die besondere Prägung der Brüder Stauffenberg durch Stefan George, die schon in frühen Studien ansatzweise skizziert wurde, wieder deutlich hingewiesen zu haben[72]. Denn sie kann zusätzliche Erklärungsmöglichkeiten für den „Weg zur Tat" am 20. Juli 1944 bieten. Hoffmanns herausragende Leistung für den Kenntnisstand, das Wissen und die Darstellung zum deutschen Widerstand und 20. Juli 1944 wurde inzwischen mit der ihm gewidmeten, durch Francis R. Nicosia und Lawrence D. Stokes in englischer Sprache vorgelegten Festschrift besonders gewürdigt[73]. Darin gehen insbesondere Leonidas E. Hill, Henry O. Malone, Rainer A. Blasius, Harold C. Deutsch und Heinrich Walle auf einzelne Aspekte des nationalkonservativen und militärischen Widerstands ein. Wie wichtig der verwandtschaftliche und gruppenbezogene Zusammenhalt innerhalb adliger und konservativer Offizierkreise bei ihrer Opposition gegen den Diktator war, verdeutlichen die Studien von Klaus Gerbet und Horst Mühleisen über Carl-Hans Graf v. Hardenberg, der als langjähriger Adjutant bei Generalfeldmarschall v. Bock viele Verbindungen zu oppositionellen Gesinnungsfreunden herstellen konnte[74]; dabei wurde Schloß Neuhardenberg zum Treffpunkt vieler Kreise und Besprechungen des 20. Juli 1944.

Die besondere Funktion und Aufgabe der Ehefrauen und Familien für die verschwörerischen Offiziere wird in der Zeugenbefragung und Sammlung von Dorothee v. Meding sowie in speziellen Veröffentlichungen über die Widerstandsleistung beim Kampf von „Frauen gegen die braune Diktatur" deutlich[75]. Anhand der Erinnerungen von elf Frauen aus dem Kreis des 20. Juli 1944 vermag v. Meding exemplarisch deren wichtige Rolle in den verschiedenen Widerstandskreisen in Erinnerung zu rufen. Zwar wurden viele Ehefrauen der Hitlergegner durch die von Hitler und Himmler angeordnete „Sippenhaft" verfolgt und ihre Kinder verschleppt — wie es Fey v. Hassell als Betroffene sehr eindrucksvoll beschrieb[76] —, dennoch konnten sich die Nationalsozialisten aufgrund ihres eigenen Rollenverständnisses von der unpolitischen Frau nicht vorstellen, wie tief und ernsthaft die Frauen der Offiziere und Arbeiterführer am Widerstand gegen Hitler beteiligt waren und ihre Männer unterstützten. Auch in dem von Helga Grebing und Christl Wickert herausgegebenen Sammelband über „Das ,andere Deutschland' im Widerstand gegen den Nationalsozialismus" wird besonders auf die konspirative Tätigkeit kleiner Gruppen hingewiesen; der darin abgedruckte Beitrag von Claus Tulatz beschäftigt sich zudem mit dem „Exil hinter Stacheldraht" von ehemals in 999er Bewährungseinheiten versetzten Hitlergegnern[77].

Besonderes Interesse galt und gilt immer wieder der Frage, ab wann führende Militärs gegenüber Hitler den Schritt von der speziellen Fachkritik zur grundsätzlichen Opposition mit anderen Gleichgesinnten gingen. Daß dieser Schritt bei sehr vielen Offizieren in Verbindung mit Beobachtungen und Erfahrungen nationalsozialistischer Mordverbrechen gegenüber der einheimischen Zivilbevölkerung in eroberten polnischen oder sowjetischen Gebieten erfolgte, kann Horst Mühleisen exemplarisch in seiner Studie über Generalmajor Hellmuth Stieff belegen; ein vergleichbares Zeugnis früher NS-Gegnerschaft bietet die Arbeit von Klaus v. der Groeben über Nikolaus Christoph v. Halem [78]. Stieff war tief über die NS-Verbrechen erschüttert und schämte sich danach, „ein Deutscher zu sein". Biographische Vergleichsmöglichkeiten bieten sowohl der zum 50. Jahrestag des Attentats auf Hitler neu herausgegebene Sammelband „Für Deutschland", der mehrere Portraits der „Männer des 20. Juli", darunter auch die wichtigsten beteiligten Offiziere vorstellt[79], als auch der von Klaus

Achmann und Hartmut Bühl zusammengestellte Band zum „20. Juli 1944", der Ludwig Beck, Georg v. Boeselager, Erich Hoepner, Alfred Kranzfelder, Friedrich Olbricht, Hans Oster, Claus Schenk v. Stauffenberg, Theodor Steltzer, Henning v. Tresckow und Yorck v. Wartenburg als „Lebensbilder aus dem militärischen Widerstand" exemplarisch beschreibt. In vielen Einzelfällen reicht die Quellenlage allerdings nicht aus, um für den Schritt zum Widerstand ein exaktes Datum festzumachen. So wird beispielsweise auch im Falle von Feldmarschall Rommel ein steter, schon ab 1941, spätestens jedoch ab Ende November 1942 in Verbindung mit der verlangten Räumung Nordafrikas zu beobachtender Wandel des Heerführers vom anfänglichen Anhänger und Bewunderer zum entschiedenen Gegner Hitlers in der Forschung weitgehend akzeptiert; völlig verfehlt wäre es freilich, deshalb von einer „Verschwörung der Marschälle" zu sprechen[80]. Sie kam gerade nicht zustande.

Im Zusammenhang mit der umfassenden Biographie Rommels von David Irving und dessen im rechtsextremistischen Umfeld vorgetragenen kritischen Aussagen zum 20. Juli 1944 kam es zur unsinnigen Konstruktion einer neuen Dolchstoßlegende und Verratsthese von Widerstandsleuten an der Westfront. Erfreulicherweise hat die seriöse Forschung allerdings sofort derartige Thesen über Sabotage und Verrat von seiten des militärischen Widerstandes überzeugend zurückgewiesen[81]. Gleichwohl ist das Echo überraschend, das solchen geschichtlichen Verdrehungen von der angeblichen „Kriegsschuld des Widerstandes" immer wieder Glauben schenkt. Spekulationen aus rechtsextremer Ecke, in denen die Generale Beck, Oster, Thomas, Fellgiebel und Olbricht gar als Zuträger und Informanten des sowjetischen Agentenringes der „Roten Kapelle" eingeordnet werden, führen sich allerdings selbst ad absurdum; es gibt dafür keinerlei Belege.

Über die Schwierigkeiten des amerikanischen Geheimdienstes während des Krieges sichere Erkenntnisse über den deutschen Widerstand ziviler und militärischer Kreise zu gewinnen, vermittelt der von Jürgen Heideking und Christof Mauch edierte Sammelband zum „Geheimdienstkrieg gegen Deutschland" einen trefflichen Eindruck[82]. Darin bieten Jürgen Heideking und Heike Bungert anhand der mittlerweile in Washington freigegebenen Geheimdienstakten des „Office of Strategic Services (OSS)" genauere Hinweise zu den vergeblichen Kontaktversuchen von Helmuth James Graf v. Moltke in Konstantinopel im Juli und Dezember 1943 und zur Einschätzung des „Nationalkomitees Freies Deutschland" durch die Amerikaner.

Auch die lange Zeit distanzierte Betrachtungsweise des „Bundes Deutscher Offiziere" (BDO) und des „Nationalkomitees Freies Deutschland" (NKFD), die

1943 als antifaschistische Organisation „hinter Stacheldraht" gegründet wurden und mit Appellen und Aufrufen von außen zum Sturz Hitlers aufforderten (einen neuen Ansatz bietet dazu die nun vorgelegte biographische Studie von Sigrid Wegner-Korfes über ihren Vater, Dr. Otto Korfes, zu dessen Lebensstationen in „Weimar — Stalingrad — Berlin"[83]), hat in der Widerstandsforschung inzwischen einer vorurteilsfreien Interpretation Platz gemacht. Die knapp ergänzte Neuausgabe des schon 1960 publizierten Buches von Bodo Scheurig hebt sehr stark auf die militärische Ausnahmesituation ab, in der sich die gefangengenommenen Offiziere — insbesondere nach der Niederlage in Stalingrad — befanden, um dann vom Boden des Feindes aus Bemühungen anzustellen, Deutschland vor dem politischen Untergang zu bewahren. In den Sachaussagen blieb die Neuauflage unverändert[84]. In neueren Arbeiten werden NKFD und BDO deutlicher jenem militärischen Teil der deutschen Widerstandsbewegung gegen den Nationalsozialismus zugerechnet, der „aus sittlichem Gebot, aus menschlichem Empfinden und aus Liebe zu Volk und Heimat (auch) hinter dem Stacheldraht sowjetischer Kriegsgefangenenlager" den Kampf gegen Hitler und das NS-System aufnahm[85]. Falsch ist allerdings die frühere These der ostdeutschen kommunistischen Führung, NKFD und BDO seien Wegbereiter des späteren DDR-Sozialismus gewesen. Gegen diese falsche Inanspruchnahme konnten sich beide Organisationen allerdings nicht mehr zur Wehr setzen, denn sie wurden von der sowjetischen Führung nach Kriegsende im November 1945 aufgelöst. Nach wie vor unbelegt sind Andeutungen in der DDR-Historiographie, Stauffenberg habe noch vor seinem Attentat versucht, Kontakt mit dem NKFD aufzunehmen[86]; eher gibt es Hinweise, daß er die Aktivitäten des NKFD zur Auflösung der deutschen Ostfront ablehnend verfolgt hat, da ihm und seinen militärischen Freunden gerade das Halten der Front im Osten als Pluspunkt für ihren außenpolitischen Spielraum sehr wichtig war[87].

Die mittlerweile vorliegenden Untersuchungen zur Alltagsgeschichte der Zivilbevölkerung im Dritten Reich haben schließlich auch das Blickfeld für die unterschiedlichen Widerstandsformen im militärischen Bereich geschärft; allerdings liegt bislang noch keine vergleichende Studie über Widerstand und Verfolgung im Soldatenalltag vor, so daß die Frage nach der „Volksopposition" zwar in umfangreichen regionalgeschichtlichen Arbeiten[88], jedoch nicht im Rahmen von Darstellungen über die Vielfalt individueller Verweigerungsformen im Bereich der bewaffneten Macht erörtert wird. Nur gelegentlich kann das Erstarken und Wachsen einer Widerstandshaltung anhand der persönlichen Erlebnisse und Eindrücke im Fronteinsatz, wie z.B. bei der Tätigkeit des zum Münchener Kreis der „Weißen Rose" zählenden Willi Graf als Sanitätssoldat an der Ostfront, verfolgt werden — insbesondere dann, wenn aufgrund eigener Beobachtungen über die NS-Kriegs- und Besatzungspolitik direkt Ablehnung und Abscheu erzeugt wurden[89].

Mehrere neue Publikationen über die Münchener Studentengruppe „Weiße Rose" wie z.B. die von Inge Jens herausgegebenen „Briefe und Aufzeichnungen von Hans und Sophie Scholl" und die Sammlung der Münchener Gedächtnisvorlesungen weisen auf die zentrale Bedeutung dieser persönlichen Kenntnis und Erfahrungen über die unmenschliche Besatzungspolitik im Osten für die dort als Sanitätsunteroffiziere und Hilfsärzte vorübergehend eingesetzten Studenten hin[90]. Der von Rudolf Lill herausgegebene Sammelband „Hochverrat?" skizziert insbesondere das Umfeld im Kreis von Helfern und Gesinnungsfreunden beim Kampf gegen Hitlers Regime[91].

Zudem ist es problematisch, die vielfältigen unterschiedlichen Einzelaktionen wie Fahnenflucht, Gehorsamsverweigerung, unerlaubte Entfernung von der Truppe, Selbstverstümmelung und Zersetzung der Wehrkraft generell als Ausdruck eines grundsätzlichen Widerstands- und Freiheitskampfes gegen den Nationalsozialismus zu verstehen. Bislang noch weitgehend unverbunden nebeneinander stehende Einzelfälle und biographische Skizzen über einzelne Deserteure, die in den letzten Jahren parallel zur Diskussion über die Errichtung von „Denkmalen für den unbekannten Deserteur"[92] erschienen, belegen allerdings in vielen Fällen die politischen bzw. sittlichen Motive der Auflehnung gegen das NS-Regime, auch wenn sie in der Regel nicht unmittelbar den Sturz Hitlers zum Ziele haben konnten, da der einzelne Deserteur isoliert und der bewußte Widerstand gegen den Nationalsozialismus selten das alleinige Motiv für den Entschluß zur Desertion war. Gleichwohl hat das Reichskriegsgericht Deserteure, Andersdenkende und übrige Hitlergegner durch unverhältnismäßig hohe Strafen unerbittlich verfolgt, um die totalitäre Herrschaft des NS-Systems auch innerhalb der bewaffneten Macht zu stabilisieren. Einen ersten zusammenfassenden und reichhaltig dokumentierten Überblick über das NS-konforme Wirken dieses Militärjustizapparats vermittelt der von Norbert Haase zusammengestellte Ausstellungskatalog „Das Reichskriegsgericht und der Widerstand gegen die nationalsozialistische Herrschaft" und die exemplarisch sowie detailliert am Marburger Militärgericht vorgestellte Praxis der „Militärjustiz im Nationalsozialismus"[93]. Die Todesstrafenpraxis der Militärgerichte wurde 1991 vom Bundessozialgericht „als Terrorjustiz und damit als offensichtlich unrechtmäßig im Sinne des Entschädigungsgesetzes beurteilt". Dazu ergänzend bietet die Dokumentation „Der Tod von Plötzensee" anhand der von Victor v. Gostomski während der Häftlingszeit aus der Strafanstalt geschmuggelten Dokumente so-

672

wohl eine Chronik der Anstaltsereignisse, als auch Berichte über das Schicksal zahlreicher hingerichteter NS-Gegner und ferner Hintergrundinformationen zu Gesetzen, Gerichten, Richtern und Henkern für die Jahre 1942 bis 1944[94].

Die von Jörg Kammler, Norbert Haase, Günter Fahle und Fietje Ausländer vorgelegten Forschungsergebnisse über Deserteure und Kriegsdienstverweigerer zeigen aber auch, daß Fahnenflucht nicht immer Ausdrucksform eines politisch motivierten Widerstandes war[95]. Nicht widerspruchslos wird sich deshalb die allgemeine Feststellung von Norbert Haase durchsetzen, Deserteure ebenso als Widerstandskämpfer anzusehen wie andere Widerständler gegen Hitler und dessen Herrschaft, „solange Einigkeit darüber besteht, daß der verbrecherische Charakter des Regimes jegliche Form des Widerstehens rechtfertige"[96]. Dies trifft zwar grundsätzlich zu, müßte jedoch solche Einzelfälle ausschließen, die aus Gewinnsucht, persönlichem Eigennutz oder sonstigen Beweggründen auf Kosten anderer resultierten. Deutlicher wird der oppositionelle Beweggrund allerdings bei den als Zeugen christlicher Gewissensbedenken bekannt gewordenen Eid- und Kriegsdienstverweigerern — wie z.B. die Publikationen über Hermann Stöhr, Michael Lerpscher, Franz Reinisch und Franz Jägerstätter eindrucksvoll dokumentieren[97]. Umfangreiche Zeugnisse für das Gewissensmotiv mehrerer, ausgewählter Kriegsdienstverweigerer bieten ferner die Bonner evangelisch-theologische Dissertation von Karsten Bredemeier über die Kriegsdienstverweigerung im Dritten Reich, die zudem deutlich macht, daß die Kirchen im Gewissenskonflikt mit der Wehrdienstfrage im Dritten Reich wenig Unterstützung boten[98], und für die fast kollektive Kriegsdienstverweigerung und NS-Verfolgung der Zeugen Jehovas die eindrucksvolle Untersuchung von Detlef Garbe.

Einen zusammenfassenden Überblick über das Problem „Fahnenflucht" im Militär gibt die Zusammenstellung von Franz W. Seidler, der nicht nur die Zeit des Dritten Reiches behandelt, sondern bis in das 18. Jahrhundert zurückgreift[99]. Seidler skizziert auch die Auswirkungen der ab Jahresanfang 1944 verstärkt erfolgten Aufrufe von NKFD und BDO, der Wehrmacht an der Ostfront den Rücken zu kehren und sich in ungewisse sowjetische Kriegsgefangenschaft zu begeben. Insgesamt wertet der in München lehrende Historiker die einzelnen Fälle von Fahnenflucht zurückhaltend als Ergebnis von Widerstandshandlungen. Einem ausgewählten Teilaspekt des Widerstandskampfes einfacher Soldaten widmet sich die grundlegende Studie von Hans-Peter Klausch über „Antifaschisten in SS-Uniform" im Rahmen des SS-Sonderverbandes „Dirlewanger", in den auch ehemalige Wehrmachtoffiziere strafweise überstellt worden waren[100].

Wie schwierig und heikel auch heute noch die materiellen und ideellen Forderungen nach Anerkennung und Rehabilitierung der Deserteure gegenüber den staatlichen Stellen durchzusetzen sind, umreißt der im Anschluß an eine Tagung der Geschichtswerkstatt Marburg vom Herbst 1991 publizierte Symposiumsbericht zur Diskussion über die Neubewertung der Deserteure während der NS-Zeit mit den detaillierten und informativen Referaten der Betroffenen und Fachhistoriker[101]. Auch diese Forschungen bestätigen das von Hans Mommsen formulierte Resümee, daß die Militäropposition der führenden Offiziere ein Widerstand ohne „militärisches Fußvolk" war, daß der Widerstand gegen Hitler nur von einer kleinen Minderheit der Bevölkerung getragen wurde[102]. Vielleicht gibt dieses Fazit auch eine Erklärung für die Beobachtung, daß es nach dem Attentat Stauffenbergs trotz der vielfachen militärischen Rückschläge zu einer kurzfristigen Konsolidierung des NS-Regimes kam, während der nicht nur ehemalige, von Hitler schmählich entlassene Offiziere, wie z.B. Generalleutnant Ferdinand Heim, durch eine spezielle Ergebenheitsadresse gegenüber dem Diktator nach dem 20. Juli um eine Wiederverwendung im Rahmen eines neuen Frontkommandos baten[103], sondern auch frühere Hitlergegner, wie z.B. Generalmajor Rudolf-Christoph Freiherr v. Gersdorff, sich wieder als Soldat im Frontdienst einreihten[104].

Dieses Ergebnis provoziert zugleich die Frage, ob der Widerstand doch nur ein schmaler, episodenhafter Ausschnitt der Geschichte des Dritten Reiches war, völlig untypisch für das Deutschland jener Jahre und untauglich als historisch-politischer Traditionsfaktor für die Gegenwart.

Der Streit über diese Frage wird wohl kaum anhand neuer Quellen fortgeführt werden können, sondern er wird vielmehr als Diskussion um den Interpretationsrahmen der nationalsozialistischen Herrschaft sowie ihrer Akzeptanz und Durchsetzung in der Bevölkerung in den weiteren Veröffentlichungen über das Dritte Reich seinen festen Platz haben, wie es beispielhaft zu den „varieties of German Resistance" der von David C. Large für angloamerikanische Leserkreise herausgegebene Sammelband „Contending with Hitler" darlegt[105].

Insgesamt dokumentiert diese Diskussion, daß der Widerstand gegen den Nationalsozialismus lange Zeit zu den umstrittenen Bereichen der zeitgeschichtlichen Forschung und historisch-politischen Bildung gehörte. Dies zeigen sehr detailliert die nunmehr erstmals zum 50. Jahrestag des 20. Juli 1944 vorgelegten Überblicke und Zusammenfassungen zur Rezeptionsgeschichte des Widerstandes[106]. Die dort zu verfolgenden Debatten und Erörterungen führten in den letzten Jahren — obwohl die Diskussion über Kampf und Opposition gegen Hitler noch nicht in allen Bereichen abgeschlossen ist — gleichwohl zu einem angemessenen Verständnis des Widerstandes in der seit der Zeit des Nationalsozialismus nachgewachsenen Generation[106].

*Anmerkungen*

1 Zur älteren Literatur siehe Regine Büchel: Der Deutsche Widerstand im Spiegel von Fachliteratur und Publizistik seit 1945, München 1975; neuere Überblicke bieten: Gerd R. Ueberschär: Gegner des Nationalsozialismus 1933–1945. Volksopposition, individuelle Gewissensentscheidung und Rivalitätskampf konkurrierender Führungseliten als Aspekte der Literatur über Emigration und Widerstand im Dritten Reich zwischen dem 35. und 40. Jahrestag des 20. Juli 1944, in: Militärgeschichtliche Mitteilungen (MGM), 35 (1984), S. 141–196; Kurt Finker: Widerstand und Geschichte des Widerstandes in der Forschung der DDR, in: Widerstand. Ein Problem zwischen Theorie und Geschichte, hrsg. von Peter Steinbach, Köln 1987, S. 96–112; Klaus-Jürgen Müller und Hans Mommsen: Der deutsche Widerstand gegen das NS-Regime. Zur Historiographie des Widerstandes, in: Der deutsche Widerstand 1933–1945, hrsg. von Klaus-Jürgen Müller, Paderborn u.a. 1986, S. 13–21. Dort finden sich jeweils auch Angaben zur älteren Literatur, so daß die Hinweise im folgenden auf neuere Arbeiten und Neuauflagen begrenzt bleiben können. Zu Literaturangaben insgesamt siehe auch: Bibliographie „Widerstand", hrsg. von der Forschungsgemeinschaft 20. Juli e.V., bearb. von Ulrich Cartarius, München 1984; Wolfgang Altgeld: Zur Geschichte der Widerstandsforschung. Überblick und Auswahlbibliographie, in: 20. Juli — Portraits des Widerstands, hrsg. von Rudolf Lill und Heinrich Oberreuter, Düsseldorf u.a. 1984, S. 377–391. Ergänzende Literatur- und Forschungshinweise bietet: Der 20. Juli 1944 — Bewertung und Rezeption des deutschen Widerstandes gegen das NS-Regime, hrsg. von Gerd R. Ueberschär, Köln 1994.

2 Vgl. dazu Peter Steinbach: Widerstandsforschung im politischen Spannungsfeld, in: Aus Politik und Zeitgeschichte. Beilage zur Wochenzeitung Das Parlament (1988), B 28, S. 3–21.

3 Fabian von Schlabrendorff: Offiziere gegen Hitler, Zürich 1946, Neuausg. Frankfurt 1959, Neuedition in der Reihe „Deutscher Widerstand 1933–1945" unter dem Titel: Offiziere gegen Hitler, neue durchges. u. erw. Ausg. von Walter Bußmann. Nach der Edition von Gero v. Gaevernitz, Berlin 1984.

4 Ulrich von Hassell: Vom Andern Deutschland. Aus den nachgelassenen Tagebüchern 1938–1944. Frankfurt 1964; siehe dazu auch die Neuausgabe unter dem Titel: Die Hassell-Tagebücher 1938–1944. Ulrich von Hassell. Aufzeichnungen vom Andern Deutschland. Nach der Handschrift rev. und erw. Ausg. unter Mitarb. von Klaus P. Reiß, hrsg. von Friedrich Frhr. Hiller v. Gaertringen, Berlin 1988.

5 Hans Mommsen: Die Opposition gegen Hitler und die deutsche Gesellschaft 1933–1945, in: Müller und Mommsen; Der deutsche Widerstand (wie Anm. 1) S. 22–39, hier S. 23, auch zum folgenden Zitat.

6 Klaus-Jürgen Müller: Das Heer und Hitler. Armee und nationalsozialistisches Regime 1933–1940, Stuttgart 1969, 2. Aufl. 1988; Manfred Messerschmidt: Die Wehrmacht im NS-Staat. Zeit der Indoktrination, Hamburg 1969; Klaus-Jürgen Müller: Armee, Politik und Gesellschaft in Deutschland 1933–1945. Studien zum Verhältnis von Armee und NS-System, Paderborn 1979, 4. Aufl. 1986; ders: Armee und Drittes Reich 1933–1939, Darstellung und Dokumentation unter Mitarb. von Ernst W. Hansen, Paderborn 1987, 2. unveränd. Aufl. 1989.

7 Fritz Fischer: Bündnis der Eliten. Zur Kontinuität der Machtstrukturen in Deutschland 1871–1945, Düsseldorf 1979.

8 Müller: Armee und Drittes Reich 1933–1939 (wie Anm. 6), S. 22.

9 Vgl. dazu eingehend das Nachwort in: Müller: Das Heer und Hitler (wie Anm. 6), 2. Aufl. 1988, S. 713 ff.

10 Vgl. die Zusammenfassung bei Klaus-Jürgen Müller: Die nationalkonservative Opposition 1933–1939. Von der Kooperation zum Widerstand, in: Aus Politik und Zeitgeschichte. Beilage zur Wochenzeitung das Parlament (1986), B 50, S. 19–30.

11 Klaus Hildebrand: Die ostpolitischen Vorstellungen im deutschen Widerstand, in: Geschichte in Wissenschaft und Unterricht 29 (1978), S. 313–241.

12 Siehe Ueberschär: Gegner des Nationalismus 1933–1945 (wie Anm. 1), S. 143 ff.

13 Ebd., S. 183 ff., mit genauen Literaturangaben.

14 Siehe dazu insbesondere die Arbeiten von Peter Hoffmann: Widerstand — Staatsstreich — Attentat. Der Kampf der Opposition gegen Hitler, 3. neu überarb. u. erw. Ausg., München 1979; ders.: Widerstand gegen Hitler, Probleme des Umsturzes, München 1979, 2. Aufl. 1984; ders.: Widerstand gegen Hitler und das Attentat vom 20. Juli 1944, Konstanz 1994 (= Portraits des Widerstands, Bd 2); Helmuth James Graf von Moltke: Völkerrecht im Dienste der Menschen. Dokumente, hrsg. von Ger van Roon, Berlin 1986; Aufstand des Gewissens. Der militärische Widerstand gegen Hitler und das NS-Regime 1933–1945, hrsg. vom Militärgeschichtlichen Forschungsamt, Herford u.a. 1984, 3. Aufl. 1987.

15 Deutscher Widerstand — Demokratie heute. Kirche, Kreisauer Kreis, Ethik, Militär, Gewerkschaften, hrsg. von Huberta Engel i.A. der Forschungsgemeinschaft 20. Juli e.V., Bonn u.a. 1992.

16 Vgl. u.a. Heinz Höhne: Canaris. Patriot im Zwielicht, Sonderausgabe München 1984, und Klaus-Jürgen Müller: General Ludwig Beck. Studien und Dokumente zur politisch militärischen Vorstellungswelt und Tätigkeit des Generalstabschefs des deutschen Heeres (1933–1938), Boppard 1980.

17 Vgl. dazu: Der „Führerstaat": Mythos und Realität. Studien zur Struktur und Politik des Dritten Reiches, hrsg. von Gerhard Hirschfeld und Lothar Kettenacker, Stuttgart 1981.

18 Ulrich von Hassell: Der Kreis schließt sich: Aufzeichnungen in der Haft 1944, hrsg. von Malve v. Hassell, Berlin 1994; Karl-Heinz Janßen/Fritz Tobias: Der Sturz der Generäle. Hitler und die Blomberg–Fritsch-Krise 1938, München 1994.

19 Theo J. Schulte: The German Army and Nazi Policies in Occupied Russia, Oxford u.a. 1989.

19a Klemens v. Klemperer: Die verlassenen Verschwörer. Der deutsche Widerstand auf der Suche nach Verbündeten 1938–1945. Berlin 1994; Ulrich Schlie: Kein Frieden mit Deutschland. Die geheimen Gespräche im Zweiten Weltkrieg 1939–1941, Berlin, München 1994; Großbritannien und der deutsche Widerstand 1933–1945, hrsg. von David N. Dilks und Klaus-Jürgen Müller, Paderborn 1994.

20 Ulrich Heinemann: Ein konservativer Rebell. Fritz-Dietlof Graf von der Schulenburg und der 20. Juli, Berlin 1990 (= Deutscher Widerstand 1933–1945. Zeitzeugnisse und Analysen).

21 Gregor Schöllgen: Ulrich von Hassell 1891–1944. Ein Konservativer in der Opposition, München 1990.

22 Marianne Meyer-Krahmer: Carl Goerdeler und sein Weg in den Widerstand. Eine Reise in die Welt meines Vaters, Freiburg 1989 (= Herder Taschenbuch 1553).

23 20. Juli — Porträts des Widerstands, hrsg. von Rudolf Lill und Heinrich Oberreuter. Neuaufl. als Taschenbuchausg., München 1989 (= Geschichte und Staat 281).

24 Klaus Hildebrand: Das Dritte Reich, München u.a. 1979, S. 186.

25 Hans Mommsen: Die Geschichte des deutschen Widerstands im Lichte der neueren Forschung, in: Aus Politik und Zeitgeschichte. Beilage zur Wochenzeitung Das Parlament
(1986), B 50, S. 3—18.

26 Vgl. Ueberschär: Gegner des Nationalsozialismus 1933—1945 (wie Anm. 1), S. 163 ff.
Siehe die Presseartikel zum 40. Jahrestag des 20. Juli 1944 in: Neues Deutschland. Organ
des Zentralkomittees der SED, 19.7.1984, S. 9 und in: Volksarmee, hrsg. vom Ministerium für nationale Verteidigung, Berlin-Ost (1984), Nr. 2, S. 9.

27 Wolfgang Venohr: Stauffenberg. Symbol der deutschen Einheit. Eine politische Biographie, Frankfurt u.a. 1986, unver. Neuausg. als Taschenbuch, Berlin 1990 (= Ullstein-Buch
Zeitgeschichte 33 126).

28 Wolfgang Venohr: Patrioten gegen Hitler. Der Weg zum 20. Juli 1944. Eine dokumentarische und szenerische Rekonstruktion, Bergisch Gladbach 1994; zur Betonung des Reichs-
gedankens bei Stauffenberg vgl. Klaus-Volker Gießler: Briefwechsel zwischen Claus Graf
Stauffenberg und Georg von Sodenstern von Februar/März 1939. Gedanken zum Wesen
des Soldatentums, in: Aus der Arbeit der Archive. Beiträge zum Archivwesen, zur Quellen-
kunde und zur Geschichte. Festschrift für Hans Booms, hrsg. v. Friedrich P. Kahlenberg,
Boppard 1989, S. 552—564, hier S. 563; siehe auch Harald Steffahn: Claus Schenk
v. Stauffenberg, Reinbek 1994.

29 Peter Steinbach: Widerstandsorganisation Harnack/Schulze-Boysen. Die „Rote Kapelle"
ein Vergleichsfall für die Widerstandsgeschichte, in: GWU 42 (1991), S. 133—152; ders.:
Die Rote Kapelle — 50 Jahre danach, in: ZfG 41 (1993), S. 771—780 (Wiederabdruck in
diesem Band); Johannes Tuchel: Weltanschauliche Motivationen in der Harnack/Schulze-
Boysen-Organisation („Rote Kapelle"), in: Kirchliche Zeitgeschichte 1 (1988), S. 268;
Einen Wiederabdruck älterer Beiträge (u.a. von Heinrich Scheel, Egmont Zechlin, Johannes Tuchel, Peter Steinbach und Hans Coppi) bietet der Tagungsband: Die Widerstandsorganisation Schulze-Boysen/Harnack — Die „Rote Kapelle". Tagung vom 9.—11.9.1988
im Adam von Trott-Haus. Hrsg. v. d. Evangelischen Akademie Berlin (West)/Evangeli-
sches Bildungswerk, Berlin o. J. (1988) (=Dokumentation 69/90); Hans Coppi/Jürgen
Danyel: Abschied von Feindbildern. Zum Umgang mit der Geschichte der „Roten Kapelle", in: Eva-Maria Buch und die „Rote Kapelle". Erinnerungen an den Widerstand gegen
den Nationalsozialismus, hrsg. von Kurt Schilde, Berlin 1992, S. 55—84; Johannes Tuchel:
Motive und Grundüberzeugungen des Widerstandes der Harnack/Schulze-Boysen-Organi-
sation. Zum Denken und Handeln von Liane Berkowitz, in: Eva Maria Buch und die „Rote
Kapelle", S. 85—127; ders.: Das Ende der Legenden — Die Rote Kapelle im Widerstand
gegen den Nationalsozialismus, in: Der 20. Juli 1944 — Bewertung und Rezeption (wie
Anm. 1), S. 277—290; neuerdings: Die Rote Kapelle im Widerstand gegen den National-
sozialismus, hrsg. von Hans Coppi, Jürgen Danyel und Johannes Tuchel, Berlin 1994
(=Schriften der Gedenkstätte Deutscher Widerstand, Bd. 1).

30 Hans Coppi: Harro Schulze-Boysen — Wege in den Widerstand. Eine biographische Studie, Koblenz 1993.

31 Elsa Boysen: Harro Schulze-Boysen. Das Bild eines Freiheitskämpfers. Zusammengestellt
nach seinen Briefen, nach Berichten der Eltern und anderen Aufzeichnungen, Koblenz
1992.

32 Siehe dazu den Bericht von Werner Bramke: Der antifaschistische Widerstand in der Geschichtsschreibung der DDR in den achtziger Jahren. Forschungsstand und Probleme, in:
Aus Politik und Zeitgeschichte. Beilage zur Wochenzeitung Das Parlament (1988), B 28,
S. 23—33, der für eine Vielschichtigkeit der DDR-Widerstandsforschung plädierte. Als gelungenes Beispiel dafür kann gelten: Kurt Finker: Stauffenberg und der 20. Juli 1944, Berlin (Ost) 1967, 7. überarb. Aufl. 1989; ders.: An der Seite Stauffenbergs. Zum 100. Geburtstag von Friedrich Olbricht, in: Militärgeschichte 27 (1988), S. 461—463; vgl. ferner

ders.: Der 20. Juli 1944 und die DDR-Geschichtswissenschaft, Berlin 1990 (= Beiträge zum Widerstand 1933–1945, 39). Die Positionsänderung der SED wird deutlich in dem Artikel von Olaf Groehler und Klaus Drobisch: Der 20. Juli 1944, in: Neues Deutschland, 7./8.7.1984 und in: „Einheit", 7(1984); danach folgten die Beiträge von Kurt Finker: Einige geschichtliche Erfahrungen aus dem 20. Juli 1944. Politischer Realismus und Verantwortungsbewußtsein, in: Die Wahrheit. Im Zeichen der Zeit, 14./15.7.1984; ders: Die mutige Tat des Obersten Stauffenberg gab das Signal, in: Neues Deutschland, 20.7.1984. Zum Kreisauer Kreis siehe Kurt Finker: Graf Moltke und der Kreisauer Kreis. Berlin (Ost) 1978, 2. Aufl. 1980, überarbeitete Neuausgabe unter demselben Titel Berlin 1993.

33 Siehe Der 20. Juli 1944. Bearb. v. Kornelia Lobmeier und Volker Brunne, Berlin (Ost) 1990 (=Material zur Unterstützung der staatsbürgerlichen Bildung); siehe ebenso: Die Männer des 20. Juli, in: Trend. Militärwochenblatt der NVA der DDR Nr. 9/1990, S. 4 ff.

34 Diese Schwierigkeiten zeigen sich bei der Publikation von Heinrich Bücheler: Hoepner. Ein deutsches Soldatenschicksal des zwanzigsten Jahrhunderts, Herford 1980.

35 Müller und Mommsen: Der deutsche Widerstand (wie Anm. 1), S. 16.

36 Hartmut Mehringer und Peter Steinbach: Emigration und Widerstand. Das NS-Regime und seine Gegner, München 1994.

37 Der Widerstand gegen den Nationalsozialismus. Die deutsche Gesellschaft und der deutsche Widerstand gegen Hitler, hrsg. von Jürgen Schmädeke und Peter Steinbach, Berlin 1985, 2. Aufl. München 1986, Neuausgabe München 1994.

38 Widerstand gegen den Nationalsozialismus, hrsg. für die Gedenkstätte Deutscher Widerstand von Peter Steinbach, Bonn 1994.

39 Lexikon des deutschen Widerstandes, hrsg. von Wolfgang Benz und Walter H. Pehle, Frankfurt a.M. 1994; Lexikon des Widerstandes 1933–1945, hrsg. von Peter Steinbach und Johannes Tuchel, München 1994 (=Beck'sche Reihe); ferner dazu ergänzend die Neuauflage von Ger van Roon: Widerstand im Dritten Reich. Ein Überblick, München 1979, 6., überarbeitete Aufl. 1994, sowie die Neuauflage von Widerstand im Dritten Reich. Probleme, Ereignisse, Gestalten, hrsg. von Hermann Graml, Frankfurt 1984, Neuaufl. 1994.

40 Vgl. zu den älteren Quellenpublikationen u.a. Helmuth Groscurth: Tagebücher eines Abwehroffiziers 1938–1940. Mit weiteren Dokumenten zur Militäropposition gegen Hitler, hrsg. von Helmut Krausnick und Harold C. Deutsch, Stuttgart 1970; Die Hassell-Tagebücher 1938–1944 (wie Anm. 4); zum familiären Hintergrund von Groscurths Haltung siehe Helmuth Groscurth: Christ, Patriot, Soldat. Aus Herkunft und Leben eines deutschen Offiziers, in: Militärgeschichte, N.F., 1 (1991), S. 15–22.

41 Helmuth James von Moltke: Briefe an Freya 1939–1945, hrsg. von Beate Ruhm v. Oppen, 2. durchges. und erw. Aufl. München 1991; Hellmuth Stieff: Briefe, hrsg. und eingeleitet von Horst Mühleisen, Berlin 1991 (= Deutscher Widerstand 1933–1945); Freya von Moltke, Michael Balfour, Julian Frisby: Helmuth James Graf von Moltke 1907–1945, Berlin 1991 (Nachdruck der 2. Aufl. v. 1984; erste Auflage Stuttgart 1975 mit dem Untertitel „Anwalt der Zukunft").

42 So Hans Mommsen im Geleitwort zur Neuedition der Hassell-Tagebücher (wie Anm. 4), S. 12.

43 Vgl. dazu: Groscurth: Christ, Patriot, Soldat (wie Anm. 40), S. 15–22; Claritta v. Trott zu Solz: Adam von Trott zu Solz. Lebensbeschreibung. Mit einer Einführung von Peter Steinbach, Berlin 1994.

44 Gerd R. Ueberschär: Das Dilemma der deutschen Militäropposition, Berlin 1988 (= Beiträge zum Widerstand 1933–1945, 32).

45 Ebd., S. 9.

46 Ebd., S. 10, auch zum folgenden.

47 Zur ambivalenten Haltung Halders gegenüber Hitler vgl. nun Gerd R. Ueberschär: Generaloberst Franz Halder, Generalstabschef, Gegner und Gefangener Hitlers, Göttingen 1991.

48 Vgl. „Unternehmen Barbarossa". Der deutsche Überfall auf die Sowjetunion 1941. Berichte, Analysen, Dokumente, hrsg. von Gerd R. Ueberschär und Wolfram Wette, Paderborn 1984 (überarb. Neuausg. als Fischer-Taschenbuch unter dem Titel Der deutsche Überfall auf die Sowjetunion „Unternehmen Barbarossa" 1941, Frankfurt 1991); Das Deutsche Reich und der zweite Weltkrieg, Bd 4: Der Angriff auf die Sowjetunion, Stuttgart 1983, 2. Aufl. 1987 (überarb. Neuausg. als Fischer-Taschenbuch, Frankfurt 1991).

49 Vgl. Klaus-Jürgen Müller: Witzleben — Stülpnagel — Speidel — Offiziere im Widerstand. Berlin 1988 (= Beiträge zum Widerstand 1933–1945, 7).

50 Ueberschär: Generaloberst Franz Halder (wie Anm. 47); Christian Hartmann: Halder. Generalstabschef Hitlers 1938–1942, Paderborn 1991.

51 Ingeborg Fleischhauer: Diplomatischer Widerstand gegen „Unternehmen Barbarossa". Die Friedensbemühungen der Deutschen Botschaft Moskau 1939–1941, Berlin u.a. 1991, zum folgenden Zitat S. 364, ferner dies.: Der Widerstand gegen den Rußlandfeldzug. Berlin 1978 (=Beiträge zum Widerstand 1937–1945, 31).

52 Vgl. Gerd R. Ueberschär: Die Haltung deutscher Widerstandskreise zu Hitlers Rußlandpolitik und Ostkrieg, in: Frieden mit der Sowjetunion — eine unerledigte Aufgabe, hrsg. v. Dietrich Goldschmidt, Gütersloh 1989, S. 117–134.

53 Vgl. u.a. David Irving: Rommel. Eine Biographie, Hamburg 1978, 2. Aufl. 1979; Bodo Scheurig: Henning von Tresckow. Eine Biographie, Oldenburg, 3. Aufl. 1973, ungekürzte Neuausg. als Ullstein-Taschenbuch, Frankfurt u.a. 1990 (=Zeitgeschichte 33130); Klaus-Jürgen Müller: General Ludwig Beck. Studien und Dokumente zur politisch-militärischen Vorstellungswelt und Tätigkeit des Generalstabschefs des deutschen Heeres 1933–1938, Boppard 1980; Ulrich Heinemann: Ein konservativer Rebell. Fritz-Dietlof Graf von der Schulenburg und der 20. Juli, Berlin 1990 (= Deutscher Widerstand 1933–1945). Heinrich Bücheler: Hoepner. Ein deutsches Soldatenschicksal des zwanzigsten Jahrhunderts, Herford 1980; ders.: Carl-Heinrich von Stülpnagel, Soldat — Philosoph — Verschwörer. Biographie, Berlin 1989.

54 Vgl. Ueberschär: Generaloberst Franz Halder (wie Anm. 47), S. 53.

55 Elisabeth Chowaniec: Der „Fall Dohnanyi" 1943–1945. Widerstand, Militärjustiz, SS-Willkür, München 1991 (= Schriftenreihe der Vierteljahrshefte für Zeitgeschichte, 62).

56 Winfried Meyer: Unternehmen Sieben. Eine Rettungsaktion für vom Holocaust Bedrohte aus dem Amt Ausland/Abwehr im Oberkommando der Wehrmacht, Frankfurt 1993.

57 Vgl. dazu insbesondere die beiden Sammelbände: Vollmacht des Gewissens, hrsg. von der Europäischen Publikation e.V., Bd 1: Probleme des militärischen Widerstands gegen Hitler, Frankfurt u.a. 1960; Bd 2: Der militärische Widerstand gegen Hitler im Krieg, Frankfurt u.a. 1965; siehe ferner: Aufstand des Gewissens (wie Anm. 14).

58 Friedrich Georgi: Soldat im Widerstand: General der Infanterie Friedrich Olbricht, Berlin u.a. 1988, 2. Aufl. 1989; ders.: „Wir haben das Letzte gewagt...". General Olbricht und die Verschwörung gegen Hitler, Freiburg 1990.

59 August Graf v. Kageneck: Zwischen Eid und Gewissen. Roland Hößlin. Ein deutscher Offizier, Berlin u.a. 1991.

60 So der mißverständliche Titel bei Otto John: „Falsch und zu spät". Der 20. Juli 1944. Epilog, München u.a. 1984.

61 So Georgi: „Wir haben das Letzte gewagt...." (wie Anm. 58).

62 Helena P. Page: General Friedrich Olbricht. Ein Mann des 20. Juli, Bonn, Berlin 1992.

63 Vgl. auch die Literaturhinweise bei Ueberschär: Gegner des Nationalsozialismus 1933–1945 (wie Anm. 1), S. 174 ff.

64 Alexander Stahlberg: Die verdammte Pflicht. Erinnerungen 1932 bis 1945, Frankfurt 1987, überarb. und korrigierte Taschenbuchausg. Frankfurt 1990 (= Ullsteinbuch Zeitgeschichte, 33129).

65 Fabian v. Schlabrendorff: Begegnungen in fünf Jahrzehnten, Tübingen 1979, S. 236.

66 Vgl. nun die umfangreich dokumentierte biographische Skizze von Heinz W. Doepgen: Georg v. Boeselager, Kavallerie-Offizier in der Militäropposition gegen Hitler, Herford u.a. 1986; ferner Philipp Frhr. v. Boeselager: Der Widerstand in der Heeresgruppe Mitte, Berlin 1990 (= Beiträge zum Widerstand 1933 – 1945, 40), und Antonius John: Philipp v. Boeselager. Freiherr, Demokrat, Verschwörer, Bonn, Berlin 1994.

67 Wolfgang Schieder: Zwei Generationen im militärischen Widerstand gegen den Nationalsozialismus. Die deutsche Gesellschaft und der Widerstand gegen Hitler, hrsg. von Jürgen Schmädeke und Peter Steinbach, München u.a. 1986, 2. Aufl. als unveränderte Taschenbuch-Neuausgabe München 1986, S. 436 – 459.

68 Detlef Graf v. Schwerin: „Dann sind's die besten Köpfe, die man henkt". Die junge Generation im deutschen Widerstand. München 1991.

69 Detlef Graf v. Schwerin: Die Jungen des 20. Juli 1944. Brücklmeier, Kessel, Schulenburg, Schwerin, Wussow, Yorck, Berlin 1991; ders.: „Dann sind's die besten Köpfe, die man henkt" (wie Anm. 68), Taschenbuchausgabe, München 1994.

70 Albrecht v. Kessel: Verborgene Saat. Aufzeichnungen aus dem Widerstand 1933 bis 1945, hrsg. von Peter Steinbach, Berlin, Frankfurt 1992.

71 Peter Hoffmann: Claus Schenk Graf von Stauffenberg und seine Brüder, Stuttgart 1992.

72 Eberhard Zeller: Oberst Claus Graf Stauffenberg. Ein Lebensbild. Mit einer Einführung von Peter Steinbach, Paderborn 1994; Robert Boehringer: Mein Bild von Stefan George, München 1951, 2. Aufl. Düsseldorf u.a. 1967; ders.: Die Brüder Stauffenberg o.O. 1968; Peter Hoffmann: Claus Graf Stauffenberg und Stefan George. Der Weg zur Tat, in: Jahrbuch der deutschen Schillergesellschaft 12 (1968), S. 520 – 542.

73 Germans Against Nazism. Nonconformity, Opposition and Resistance in the Third Reich. Essays in Honour of Peter Hoffmann. Ed. by Francis R. Nicosia and Lawrence D. Stokes, New York, Oxford 1990.

74 Klaus Gerbet: Carl-Hans Graf von Hardenberg 1891 — 1958. Ein preußischer Konservativer in Deutschland, Berlin 1993; (= Reihe Deutsche Vergangenheit, Bd 79); Horst Mühleisen: Patrioten im Widerstand. Carl-Hans Graf von Hardenbergs Erlebnisbericht, in: VfZG, 41 (1993), S. 419 – 477.

75 Dorothee v. Meding: Mit dem Mut des Herzens. Die Frauen des 20. Juli, Berlin 1992; vgl. dazu auch Marion Gräfin York v. Wartenburg: Die Stärke der Stille. Erzählung eines Lebens aus dem deutschen Widerstand, München 1987, 3. Aufl. 1988; siehe ferner den in Vorbereitung befindlichen Sammelband: Frauen gegen die braune Diktatur. Widerstand und Verfolgung im nationalsozialistischen Deutschland, hrsg. von Christl Wickert, Berlin 1994 (= Schriften der Gedenkstätte Deutscher Widerstand, Bd 2).

76 Vgl. Sippenhaft. Nachrichten und Botschaften der Familie in der Gestapo-Haft nach der Hinrichtung von Hans und Sophie Scholl, hrsg. von Inge Aicher-Scholl, Frankfurt a.M. 1993; Fey v. Hassell: Niemals sich beugen. Erinnerungen einer Sondergefangenen der SS, München 2. Aufl. 1991, Taschenbuchausgabe München 1993 (= Serie Piper, 1656).

77 Das „andere Deutschland" im Widerstand gegen den Nationalsozialismus. Beiträge zur politischen Überwindung der nationalsozialistischen Diktatur im Exil und im Dritten Reich., hrsg. von Helga Grebing und Christl Wickert, Essen 1994.

78 Horst Mühleisen: Hellmuth Stieff und der deutsche Widerstand, in: VfZG, 39 (1991), H. 3, S. 339 – 377, auch zum folgenden Zitat; vgl. ferner Anm. 41; Klaus v. der Groeben: Nikolaus von Halem im Widerstand gegen das Dritte Reich, Wien, Köln 1990.

79 „Für Deutschland". Die Männer des 20. Juli, hrsg. von Klemens v. Klemperer, Enrico Syring, Rainer Zitelmann, Berlin 1994; Klaus Achmann/Hartmut Bühl: 20. Juli 1944. Lebensbilder aus dem militärischen Widerstand, Berlin, Bonn, Herford 1994.

80 Siehe dazu weitere Angaben bei Ueberschär: Gegner des Nationalsozialismus 1933−1945 (wie Anm. 1), S. 175 ff.; ders. Rommel zwischen Loyalität und militärischem Widerstand. Anmerkungen zur neueren Literatur, in: Wissenschaftliche Rundschau, 29 (1980), S. 188−192; vgl. auch Dieter Ose: Erwin Rommel, in: 20. Juli — Portraits des Widerstands (wie Anm. 1), S. 253−268.

81 Siehe die Hinweise bei Ueberschär: Gegner des Nationalsozialismus 1933−1945 (wie Anm. 1), S. 177 ff., und Wolfgang Michalka: Widerstand oder Landesverrat? Die antifaschistische Opposition als Problem der Forschung, in: MGM 21 (1977), S. 207−314.

82 Geheimdienstkrieg gegen Deutschland. Subversion, Propaganda und politische Planungen des amerikanischen Geheimdienstes im Zweiten Weltkrieg, hrsg. von Jürgen Heideking und Christof Mauch, Göttingen 1993.

83 Sigrid Wegner-Korfes: Weimar — Stalingrad — Berlin. Das Leben des deutschen Generals Otto Korfes, Weiden, Bayreuth 1994; zur Arbeit des NKFD siehe den umfangreichen Katalog: Flugblätter des Nationalkomitees Freies Deutschland. Ausstellung 29. September− 2. November 1989, Konzeption: Klaus Kirchner, Red.: Eva Bliembach, Berlin 1989 (= Staatsbibliothek Preußischer Kulturbesitz, Ausstellungskatalog, 36); vgl. ferner Gerald Diesener: Der Beitritt kriegsgefangener Generale zur Bewegung „Freies Deutschland" 1944, in: Militärgeschichte 27 (1988), S. 455−460.

84 Bodo Scheurig: Verräter oder Patrioten. Das Nationalkomitee „Freies Deutschland" und der Bund Deutscher Offiziere in der Sowjetunion 1943−1945, überarb. und erg. Neuaufl. Berlin 1993.

85 Alexander Fischer: Die Bewegung „Freies Deutschland" in der Sowjetunion: Widerstand hinter Stacheldraht?, in: Aufstand des Gewissens (wie Anm. 14), S. 439−458, hier S. 454; im Urteil zurückhaltender ist Bodo Scheurig: Freies Deutschland. Das Nationalkomitee und der Bund Deutscher Offiziere in der Sowjetunion 1943−1945, Neuaufl. Köln 1984; ders.: Walther von Seydlitz-Kurzbach. General im Schatten Stalingrads, Berlin, 2. Aufl. 1987 (= Beiträge zum Widerstand 1933−1945, 23), siehe dazu auch Walther v. Seydlitz: Stalingrad. Konflikt und Konsequenz. Erinnerungen, Oldenburg u.a. 2. Aufl. 1977; James D. Carnes: General zwischen Hitler und Stalin. Das Schicksal des Walther v. Seydlitz, Düsseldorf 1980; Sigrid Wegner-Korfes: Der 20. Juli 1944 und das Nationalkomitee „Freies Deutschland". Aus persönlichen Unterlagen der Familie von Oberst Ritter Albrecht Mertz v. Quirnheim, in: Zeitschrift für Geschichtswissenschaft 27 (1979), S. 535−544; zur neueren Diskussion vgl. Horst Zank: Das Nationalkomitee und der Widerstand, in: GWU 41 (1990), S. 298−301; Peter Steinbach: Der Widerstand in seiner ganzen Breite und Vielfalt, in: ebd., S. 302−307; dagegen kritisch: Gehört das „Nationalkomitee Freies Deutschland" in die Berliner „Gedenkstätte Deutscher Widerstand"? Eine Diskussion, hrsg. vom Verband der Heimkehrer, Kriegsgefangenen und Vermißtenangehörigen Deutschlands e.V., Bonn-Bad Godesberg o.J. [1989] (= Schriftenreihe des BdH, 79); neuerdings vortrefflich zusammengefaßt von Peter Steinbach: „Widerstand hinter Stacheldraht"? — Zur Diskussion über das Nationalkomitee Freies Deutschland als Widerstandsorganisation seit 1943, in: Der 20. Juli 1944 — Bewertung und Rezeption (wie Anm. 1), S. 265−276.

86 Siehe dazu die unterschiedlichen Angaben in den verschiedenen Auflagen von Finker: Stauffenberg und der 20. Juli 1944 (wie Anm. 32), S. 208 ff. (1.Aufl.), S. 237 ff. (3. Aufl. von 1972), S. 181 ff. (6. überarb. Aufl. unter Mitarbeit von Annerose Busse von 1984), S. 187 ff. (7. überarb. Aufl. von 1989); ders.: Der 20. Juli 1944 und die DDR-Geschichtswissenschaft (wie Anm. 32), S. 15 f.

87 Vgl. Ueberschär: Die Haltung deutscher Widerstandskreise zu Hitlers Rußlandpolitik und Ostkrieg (wie Anm. 52), S. 132.

88 Vgl. Bayern in der NS-Zeit, hrsg. von Martin Broszat, Elke Fröhlich u.a., 6. Bde, München 1977–1983.

89 Vgl. dazu Willi Graf. Briefe und Aufzeichnungen, hrsg. von Anneliese Knoop-Graf und Inge Jens, Frankfurt 1988, Neuauflage als Taschenbuch Frankfurt 1994; ferner die Beiträge von Inge Jens und Anneliese Knoop-Graf in dem Sammelband: Piraten, Swings und Junge Garde. Jugendwiderstand im Nationalsozialismus, hrsg. von Wilfried Breyvogel, Bonn 1991; siehe auch Hans Scholl und Sophie Scholl. Briefe und Aufzeichnungen, hrsg. von Inge Jens, Frankfurt 1984, Neuauflage als Taschenbuch, Frankfurt 1988, 1993 (17.–18. Tsd.).

90 Die Weiße Rose und das Erbe des deutschen Widerstandes. Münchner Gedächtnisvorlesungen, München 1993 (= Beck'sche Reihe); Hans Scholl und Sophie Scholl (wie Anm. 89); Sippenhaft (wie Anm. 76)

91 Hochverrat? Die „Weiße Rose" und ihr Umfeld, hrsg. von Rudolf Lill unter Mitarbeit von Michael Kißener, Konstanz 1993 (= Portraits des Widerstands, Bd 1); zum regionalen und lokalen Umfeld siehe nun auch: 20. Juli 1944 in Baden-Württemberg, hrsg. von Rudolf Lill und Michael Kißener, Konstanz 1994 (= Portraits des Widerstands, Bd 3).

92 Vgl. die Angaben bei Ueberschär: Gegner des Nationalsozialismus 1933–1945 (wie Anm. 1), S. 182 ff., und Fritz Soergel: Deserteure-Initiativen. Vorläufige Bestandsaufnahme, in: Geschichtswerkstatt (1990), 22, S. 32–42. Zur Bremer Denkmal-Diskussion siehe z.B. die redaktionellen Beiträge, in: Weser-Report 18.3.1987, 22.3.1987, 25.3.1987; Weser-Kurier 17.1.1987, 23.1.1987, 11.–14.3.1987, 17.3.1987, 19.3.1987, 23.–25.3.1987, 27.3.1987, 28.3.1987, 3.4.1987; „die tageszeitung" 25.3.1987; Bremer Nachrichten 25.3.1987; Frankfurter Allgemeine Zeitung 6.3.1987 und 10.3.1987; weitere Hinweise nun bei Norbert Haase: Die Zeit der Kirchblüten … Zur aktuellen Denkmalsdebatte und zur Geschichte der Desertion im Zweiten Weltkrieg, in: Verräter oder Vorbilder? Deserteure und ungehorsame Soldaten im Nationalsozialismus, hrsg. von Fietje Ausländer, Bremen 1990, S. 130–156.

93 Norbert Haase: Das Reichskriegsgericht und der Widerstand gegen die nationalsozialistische Herrschaft. Katalog zur Sonderausstellung der Gedenkstätte Deutscher Widerstand in Zusammenarbeit mit der Neuen Richtervereinigung, Berlin 1993; Michael Eberlein, Roland Müller, Michael Schöngarth, Thomas Werther: Militärjustiz im Nationalsozialismus. Das Marburger Militärgericht, hrsg. von der Geschichtswerkstatt Marburg e.V., Marburg 1994.

94 Victor v. Gostomski (†), Walter Loch: Der Tod von Plötzensee. Erinnerungen, Ereignisse, Dokumente 1942–1944, Frankfurt a.M. 1993.

95 Jörg Kammler: Ich habe die Metzelei satt und laufe über … Kasseler Soldaten zwischen Verweigerung und Widerstand (1939–1945). Eine Dokumentation, Mitarb. Marc Poulain, Fuldabrück 2., verb. Aufl. 1985; Norbert Haase: Deutsche Deserteure. Mit einem Beitrag von Otl Aicher, Berlin 1. und 2. Aufl. 1987; Verräter oder Vorbilder? (wie Anm. 92); Günter Fahle: Verweigern — Weglaufen — Zersetzen. Deutsche Militärjustiz und ungehorsame Soldaten 1939–1945. Das Beispiel Ems — Jade, Bremen 1990; Deserteure. Eine notwendige Debatte, Hamburg 1990 (= Geschichtswerkstatt, 22); dort auch weitere Literaturhinweise. Zur Reaktion der militärischen „Obrigkeit" siehe Manfred Messerschmidt und Fritz Wüllner: Die Wehrmachtjustiz im Dienste des Nationalsozialismus. Zerstörung einer Legende, Baden-Baden 1987; Fritz Wüllner: Die NS-Militärjustiz und das Elend der Geschichtsschreibung. Ein grundlegender Forschungsbericht, Baden-Baden 1991.

96 Haase: Die Zeit der Kirchblüten (wie Anm. 92), S. 145.

97  Georg Bergmann: Franz Jägerstätter. Ein Leben vom Gewissen entschieden, Stein am Rhein 1980; Eberhard Röhm: Sterben für den Frieden. Spurensicherung: Hermann Stöhr (1898—1940) und die ökumenische Friedensbewegung. Mit einem Vorwort von Bischof Kurt Scharf, Stuttgart 1985; Ernst T. Mader und Jakob Knab: Das Lächeln des Esels. Das Leben und die Hinrichtung des Allgäuer Bauernsohnes Michael Lerpscher (1905—1940), Blöcktach 1987, 3. durchges. Aufl. 1988 (= Heimatkunde, 3); zu allen vier Kriegsdienstverweigerern siehe nun Johannes Kleinwächter: Frauen und Männer des christlichen Widerstandes. 13. Profile, Regensburg 1990.

 98  Karsten Bredemeier: Kriegsdienstverweigerung im Dritten Reich. Ausgewählte Beispiele, Baden-Baden 1991; Detlef Garbe: Zwischen Widerstand und Martyrium. Die Zeugen Jehovas im „Dritten Reich", München 1993 (= Studien zur Zeitgeschichte, Bd 42).

 99  Franz W. Seidler: Fahnenflucht. Der Soldat zwischen Eid und Gewissen, München 1993.

100  Hans-Peter Klausch: Antifaschisten in SS-Uniform. Schicksal und Widerstand der deutschen politischen KZ-Häftlinge, Zuchthaus- und Wehrmachtsstrafgefangenen in der SS-Sonderformation Dirlewanger, Bremen 1993 (= DIZ-Schriften, Bd 6).

101  „Ich habe die Metzelei satt…" Deserteure — Verfolgte der Militärstrafjustiz und der Militärpsychiatrie im Zweiten Weltkrieg. Ein Symposiumsbericht, hrsg. von der Geschichtswerkstatt Marburg, Marburg 1992.

102  Mommsen: Die Opposition gegen Hitler und die deutsche Gesellschaft 1933—1945 (wie Anm. 5), S. 38.

103  Generalleutnant Heim war am 26.11.1942 wegen angeblicher Schuld am Versagen seines Panzerkorps bei Stalingrad von Hitler abgelöst, dann aus dem Heer ausgestoßen und zuletzt vorzeitig verabschiedet worden. Nach einem Ergebenheitsbrief an Hitler vom 21.7.1944, in dem er als „alter nationalsozialistischer Offizier" dem „gütigen Geschick" für das Scheitern des Attentats dankte, und einem ähnlichen Schreiben an Hitlers Chefadjutanten General Schmudt wurde er reaktiviert und am 5.8.1944 zum Festungskommandanten von Boulogne ernannt, wo er jedoch am 22.9.1944 in US-Gefangenschaft geriet; zuvor war Heim noch von Hitler „in Anerkennung seiner vorbildlichen Haltung wieder zu den aktiven Generalen […] überführt" worden. Siehe dazu: Bundesarchiv-Militärarchiv Freiburg, Pers 6/614 und Msg 109/998. Die Frage, ob das ungewöhnliche Vorgehen Heims allein auf den angegebenen politischen Grund „als alter Gefolgsmann des Führers" zurückzuführen ist, muß hier offen bleiben.

104  Siehe dazu die Erinnerungen von Rudolf-Christoph Frhr. v. Gersdorff: Soldat im Untergang, Frankfurt 1977.

105  Contending with Hitler. Varieties of German Resistance in the Third Reich. Ed. by David Clay Large, Cambride: University of Cambridge Press 1991 (= Publications of the German Historical Institute Washington D.C.).

106  Der 20. Juli 1944 — Bewertung und Rezeption des deutschen Widerstandes gegen das NS-Regime, hrsg. von Gerd R. Ueberschär, Köln 1944; Peter Steinbach: Widerstand im Widerstreit. Der Widerstand gegen den Nationalsozialismus in der Erinnerung der Deutschen. Ausgewählte Studien, Paderborn 1994. Dazu auch allgemein: Widerstand in Deutschland 1933—1945. Ein historisches Lesebuch, hrsg. von Peter Steinbach und Johannes Tuchel, München 1994.

Heinrich Walle

## Der 20. Juli 1944
## Eine Chronik der Ereignisse von Attentat und Umsturzversuch

Attentat und Umsturzversuch vom 20. Juli 1944 waren trotz des Umstandes, daß die entscheidenden Maßnahmen der Verschwörer von Soldaten durchgeführt worden sind, keine Militärputsch. Die Soldaten unter den Verschwörern handelten dort, wo ihre zivilen Mitverschwörer ihrer Stellung und Funktion nach keine Gelegenheit hatten. In der Regierung Beck/Goerdeler sollten Soldaten nur die Aufgaben übernehmen, die ihnen aus fachlichen Gründen zustanden. Der Attentäter, Claus Schenk Graf v. Stauffenberg war lediglich als Staatssekretär im Kriegsministerium vorgesehen.

General der Infanterie Friedrich Olbricht, seit 1938 im Widerstand gegen Hitler und das NS-Regime aktiv, hatte in seiner Funktion als Chef des Allgemeinen Heeresamtes Pläne zur Niederschlagung von inneren Unruhen und Aufständen von Zwangsarbeitern 1943/44 ausarbeiten lassen. Diese unter dem Stichwort „Walküre" auszulösenden Alarmmaßnahmen hatte er als Tarnung von Aktionen vorgesehen, mit denen die Verschwörer die vollziehende Gewalt im Deutschen Reich an sich bringen wollten, um die nationalsozialistischen Machthaber zu entmachten und einen Umsturz im Reich und an der Front durchzuführen. Eine zivile Gegenregierung mit Generaloberst z.V. Ludwig Beck als Reichspräsident und Carl Friedrich Goerdeler als Reichkanzler sollte „die Majestät des Rechtes" wiederherstellen. Damit haben sich die Soldaten unter den Verschwörern eindeutig zu dem von Clausewitz geforderten „Primat der Politik" bekannt, aber auch neue Wege des soldatischen Selbstverständnisses beschritten, wie sie zwölf Jahre später in der Bundeswehr unter dem Leitwort „Staatsbürger in Uniform", d.h. der Integration der Streitkräfte in die Gesellschaft, verwirklicht werden sollten.

Wichtigste Ursache für das Scheitern des Umsturzversuches dürfte die Tatsache gewesen sein, daß Adolf Hitler das Attentat nur leichtverletzt überlebte. Damit fühlten sich viele Soldaten, die u.U. bereit gewesen wären, sich dem Umsturz anzuschließen, immer noch durch ihren Eid auf Hitler gebunden, zum anderen entfiel damit auch die Grundlage für die Auslösung von „Walküre".

Ein weiterer, nicht weniger bedeutsamer Grund muß in der Tatsache gesehen werden, daß es den Verschwörern nicht gelungen war, die Nachrichtenverbindungen zum Führerhauptquartier „Wolfschanze" zu unterbrechen. So konnten einmal Meldungen vom Überleben Hitlers an die verschiedenen Dienststellen und die Öffentlichkeit durchgegeben werden, zum anderen wurden vom Oberkommando der Wehrmacht, dessen Spitze sich im Führerhauptquartier „Wolfschanze" befand, oft bereits die Gegenbefehle an die jeweiligen militärischen Einheiten früher abgegeben als die von den Verschwörern ausgelösten Alarmbefehle.

Der Umstand, daß es den Verschwörern nicht gelungen war, sich die Verfügungsgewalt über die Medien zu sichern, muß ebenfalls als wichtige Ursache für das Scheitern angesehen werden. Mit unglaublichem demagogischen Geschick verstand es der Reichspropagandaminister Dr. Joseph Goebbels, vor allem durch wiederholt noch am 20. Juli 1944 ausgestrahlte Rundfunkmeldungen und dann durch die Zeitungen seit dem 21. Juli 1944, Attentat und Umsturzversuch propagandistisch als verbrecherische Handlung einiger weniger darzustellen. Die damals von der nationalsozialistischen Propaganda verbreiteten Klischees der Diffamierung des Widerstandes gegen das NS-Regime sollten noch jahrzehntelang virulent bleiben.

Im folgenden werden die zahlreichen sich in Ostpreußen, in Berlin, Paris, Wien und Prag abspielenden Einzelaktionen von Attentat und Umsturzversuch als chronologische Fakten eines komplexen Geschehens auf der Zeitachse vom 20. Juli 1944, 6.00 Uhr, bis zum 21. Juli 1944, 3.00 Uhr, wiedergegeben.

*Donnerstag, 20. Juli 1944*

*6.00 Uhr,* Berlin: Kurz nach 6.00 Uhr fährt Oberst i. G. Claus Schenk Graf v. Stauffenberg, Chef des Stabes beim Befehlshaber des Ersatzheeres, von seiner Wohnung in der Tristanstraße 8 in Berlin Nikolassee zum Flugplatz Rangsdorf.

*7.00 Uhr,* Berlin: Gegen 7.00 Uhr trifft er sich dort mit seinem Adjutanten, Oberleutnant Werner v. Haeften, und fliegt mit ihm zusammen nach Rastenburg in Ostpreußen.

*Früher Vormittag,* Paris: Oberst i. G. Eberhard Finckh, der Stellvertreter des Chefs des Stabes beim Oberbefehlshaber (OB) West, Generalfeldmarschall Günther v. Kluge, erhält vom Generalquartiermeisteramt des Oberkommandos des Heeres in Zossen das Stichwort „Übung" übermittelt, womit die Durchführung des Attentates gegen Hitler für den 20. Juli 1944 angekündigt wird. Ebenfalls wird Oberstleutnant Cäsar v. Hofacker aus dem Stab des Militärbefehlshabers von Frankreich unterrichtet.

*9.00 Uhr,* Frankreich: Der OB West, Kluge, befindet sich seit 9.00 Uhr im Wald östlich von St. Pierre-Dives auf einer bis zum Nachmittag dauernden Befehlshaberbesprechung.

*10.00 Uhr,* Führerhauptquartier „Wolfschanze" bei Rastenburg: Gegen 10.15 Uhr treffen Stauffenberg und Haeften auf dem Flugplatz des Führerhauptquartiers Rastenburg beim Gut Wilhelmsdorf mit dem Flugzeug aus Berlin ein. Sie fahren mit einem PKW über die Landstraße zum Führerhauptquartier und passieren die westliche Wache.

Gegen 10.30 Uhr frühstücken Stauffenberg und Haeften vor dem Kasino im Sperrkreis II mit Rittmeister Leonhard v. Möllendorff, dem Adjutanten des Kommandanten des Führerhauptquartiers, sowie anderen Offizieren. Es ist ein heißer Sommertag.

*11.00 Uhr,* Führerhauptquartier „Wolfschanze": Gegen 11.00 Uhr findet in der Baracke des Chefs des Wehrmachtführungsstabes im Oberkommando der Wehrmacht im Sperrkreis I eine Dienstbesprechung statt. Teilnehmer sind außer Stauffenberg und seinem Adjutanten General der Infanterie Walther Buhle, Chef des Heeresstabes beim OKW, und Generalleutnant Henning v. Thadden, Befehlshaber im Wehrkreis I (Königsberg).

*Gegen 11.00 Uhr,* Berlin: Wolf-Heinrich Graf v. Helldorff, Polizeipräsident von Berlin, führt mit Regierungsrat Hans Bernd Gisevius im Polizeipräsidium ein Gespräch.

*Gegen 11.30 Uhr,* Führerhauptquartier „Wolfschanze": Stauffenberg meldet sich beim Chef des OKW, Generalfeldmarschall Wilhelm Keitel. Zwischen 11.30 Uhr und 12.00 Uhr findet in den einzelnen Sperrkreisen die Wachablösung statt.

*12.00 Uhr,* Berlin: Kurz nach 12.00 Uhr wird der Stadtkommandant von Berlin, Generalleutnant Paul v. Hase, von Major i. G. Egbert Hayessen über das beabsichtigte Attentat informiert.

Gegen 12.30 Uhr fordert v. Hase auf Befehl des Chefs des Stabes beim Allgemeinen Heeresamt, Oberst i. G. Albrecht Ritter Mertz v. Quirnheim, beim Berliner Polizeipräsidenten acht bis zehn Kriminalbeamte an, die über die Lage in den verschiedenen Ministerien informiert sind.

In der Bendlerstraße finden sich von den Verschwörern u.a. ein: Hauptmann Ulrich-Wilhelm Graf Schwerin v. Schwanenfeld, Generaloberst Erich Hoepner sowie etwas später Polizeivizepräsident Fritz-Dietlof Graf v. d. Schulenburg, Oberregierungsrat Peter Graf Yorck v. Wartenburg, Eugen Gerstenmaier und Marineoberstabsrichter Berthold Schenk Graf v. Stauffenberg.

Führungshauptquartier „Wolfschanze": Kurz vor 12.30 Uhr begeben sich Stauffenberg und Haeften unter dem Vorwand, sich für die Lagebesprechung bei Hitler frischmachen zu wollen und das Hemd zu wechseln, in das Schlafzimmer von Keitels Adjutanten, Major Ernst John v. Freyend.

Hier aktiviert Stauffenberg, dem infolge einer Kriegsverletzung ein Auge, die rechte Hand und an der linken Hand zwei Finger fehlen, mit einer kleinen Spezialzange den Zeitzünder für die Sprengladung. Es ist sein dritter Attentatsversuch (der erste war am 11., der zweite am 15. Juli). Es gelingt Stauffenberg und seinem Adjutanten, der ihm beim Wechseln des Hemdes half, nur bei einer der beiden vorgesehenen Ein-Kilo-Sprengladungen die die Zündung auslösende Säurekapsel zu zerdrücken. Nach dem Scharfmachen der ersten Ladung und deren Verstauen in Stauffenbergs Aktentasche werden sie von Oberfeldwebel Werner Vogel gestört, der sie zur Lagebesprechung ruft. Die zweite Sprengladung verbleibt in Haeftens Aktentasche.

Stauffenberg geht jetzt zu Fuß zu der 400 m von dem Gebäude des Chefs des OKW gelegenen Lagebaracke. Die Führerlagebesprechung hat soeben begonnen. Generalleutnant Adolf Heusinger hält Vortrag über die Lage an der Ostfront.

*12.37 Uhr*, Führerhauptquartier „Wolfschanze": Keitel stellt Stauffenberg Hitler vor und meldet, daß dieser über den Einsatz von Sperrdivisionen berichten werde. Stauffenberg stellt die Tasche mit dem Sprengstoff in die Nähe Hitlers rechts neben den rechten Tischsockel und verläßt dann unter dem Vorwand telephonieren zu müssen den Raum. Die Tasche unmittelbar neben Hitler links vom rechten Tischsockel abzustellen war ihm wegen des Gedränges in dem kleinen Besprechungsraum, wo sich außer ihm noch 24 Personen befanden, unmöglich.

*Gegen 12.40 Uhr,* Führerhauptquartier „Wolfschanze": Stauffenberg verläßt den Führersperrkreis und eilt zum Zimmer des Wehrmachtnachrichtenoffiziers in der Adjutantur der Wehrmacht beim Führer, Oberstleutnant Ludolf Gerhard Sander. Dort wartet Haeften auf ihn und hier trifft er auch auf den General der Nachrichtentruppe Erich Fellgiebel. Sander bestellt für Stauffenberg und Haeften einen Wagen. Ein 8-Zylinder „Horch" mit Leutnant Erich Kretz als Fahrer steht er schon bereit.

688

*12.42 Uhr,* Führerhauptquartier „Wolfschanze": Detonation der von Stauffenberg deponierten Sprengladung. Von den 24 Personen in der Lagebaracke erleiden vier tödliche Verletzungen; fast alle anderen werden mehr oder weniger schwer verletzt. Hitler überlebt das Attentat mit leichteren Verletzungen. Aus 200 m Entfernung beobachtet Stauffenberg die Explosion. Unter dem Vorwand, nicht mehr an der Lagebesprechung teilnehmen zu müssen, sondern sofort das Mittagessen mit dem Kommandanten des Führerhauptquartiers Oberstleutnant Gustav Streve einzunehmen, beginnen Stauffenberg und Haeften mit dem von Leutnant Kretz gesteuerten „Horch" den Sperrkreis I zu verlassen.

*12.43 Uhr,* Führerhauptquartier „Wolfschanze": Der wachhabende Leutnant der Wache 1 ordnet Sperre an. Sperrkeis I wird geschlossen.

*12.44 Uhr,* Führerhauptquartier „Wolfschanze": Stauffenberg und Haeften passieren die Wache des Sperrkreises I. Stauffenbergs Ausweis wird von dem wachhabenden Leutnant anerkannt; außerdem war er diesem vom Sehen her bekannt, so daß der Leutnant keinen Verdacht schöpfte.

*12.45 Uhr,* Führerhauptquartier „Wolfschanze": Auslösung des Alarms für beide Sperrkreise. Stauffenberg wird an der „Außenwache Süd" durch den Wachhabenden, Oberfeldwebel Kolbe, aufgehalten, erhält aber von Rittmeister v. Möllendorff nach telephonischer Rücksprache die Erlaubnis zu passieren. Kurz vor 13.00 Uhr verlassen beide Offiziere „Wolfschanze" und fahren an Gut Queden vorbei in Richtung Gut Wilhelmsdorf zum Flugplatz. Unterwegs wirft Haeften die zweite, nicht gezündete Sprengladung, die in Packpapier eingewickelt ist, aus dem Wagen.

*Gegen 13.00 Uhr,* Führerhauptquartier „Wolfschanze": General Fellgiebel verhängt Nachrichtensperre über das Führerhauptquartier, aber nicht über die Leitungen der SS, die Sperre ist jedoch nicht vollkommen durchzuführen. So erfährt Reichspropagandaminister Goebbels kurz nach 13.00 Uhr in Berlin von dem Attentat, erhält aber keine näheren Angaben.

*13.15 Uhr,* Führerhauptquartier „Wolfschanze": Stauffenberg und Haeften starten zum Rückflug nach Berlin mit einem Flugzeug vom Typ „He 111", das auf Befehl des Generalquartiermeisters, General der Artillerie Eduard Wagner, bereitgestellt worden ist. General Fellgiebel und Oberst i. G. Kurt Hahn, Chef des Stabes beim Chef Heeresnachrichtenwesen, rufen Generalleutnant Fritz Thiele, Chef Wehrmachtnachrichtenverbindungen, in Berlin an und melden das Mißlingen des Attentats und teilen mit, daß Hitler nur leicht verletzt worden ist. Reichsleiter Martin Bormann, Leiter der Parteikanzlei, trifft am Tatort ein.

*13.45 Uhr,* Führerhauptquartier „Wolfschanze": Reichsführer SS, Heinrich Himmler, trifft am Tatort ein. Der Verdacht richtet sich zunächst gegen die im Führerhauptquartier beschäftigten Arbeiter der Organisation Todt. Kurz vor 14.00 Uhr trifft Generalleutnant Wilhelm Burgdorf im Führerhauptquartier ein, um die Geschäfte des beim Attentat tödlich verletzten Chefs des Heerespersonalamtes, Generalleutnant Rudolf Schmundt, zu übernehmen. Himmler fordert vom Reichskriminalamt in Berlin Fachleute zur Aufklärung des Attentats an (SS-Obergruppenführer Heinrich Müller, auch als „Gestapo-Müller" bekannt). Der Verdacht richtet sich jetzt gegen Stauffenberg. Himmler gibt Weisung, ihn bei der Landung in Rangsdorf festnehmen zu lassen.

*13.55 Uhr,* Berlin: Gisevius ruft im Reichskriminalamt den Reichskriminaldirektor, SS-Gruppenführer Arthur Nebe, an, um sich über die Situation im Führerhauptquartier näher zu informieren. Dort besitzt man jedoch noch keine detaillierten Berichte.

*Gegen 14.30 Uhr,* Paris: Oberst i. G. Finckh erhält aus Berlin das Stichwort „abgelaufen" (Attentat vollzogen). Er fährt daraufhin nach St. Germain zu Generalleutnant Günther Blumentritt, dem Chef des Generalstabes des OB West.

*Gegen 15.00 Uhr,* Führerhauptquartier „Wolfschanze": Oberst i. G. Hahn warnt Oberstleutnant i. G. Johann Adolf Graf v. Kielmansegg in der Operationsabteilung des OKW, daß alle Leitungen von der SS überwacht werden.

*Zwischen 14.45 Uhr und 15.15 Uhr,* Berlin: Stauffenberg und Haeften landen in Rangsdorf. Haeften gibt telephonisch die Nachricht vom Tode Hitlers an die Verschwörer in der Bendlerstraße durch.

*15.00 Uhr bis 16.00 Uhr,* Berlin: Leutnant Dr. Hans W. Hagen, Referent im Propagandaministerium, hält vor den Unteroffizieren des Wachbataillons „Großdeutschland" einen Vortrag über NS-Führungsfragen und berichtet über die Lage.

*15.15 Uhr,* Berlin: Erst jetzt überbringt Generalleutnant Thiele die Nachricht aus Rastenburg, die er in einem Kurzgespräch mit Fellgiebel und Hahn erfahren hatte, daß bei einer Explosion im Führerhauptquartier mehrere Personen getötet wurden.

Generaloberst Hoepner und General Olbricht warten noch mit der Auslösung der Alarmmaßnahmen für „Walküre" ab. Sie wollen erst Gewißheit haben, um nicht, wie am 15. Juli, einen zweiten Probealarm aufs Spiel zu setzen.

690

*Gegen 15.30 Uhr*, Paris: Oberst Finckh meldet Generalleutnant Blumentritt den Tod Hitlers und die Bildung einer neuen Regierung Beck—Goerdeler.

*15.50 Uhr bis 16.00 Uhr*, Berlin: Nun endlich löst General Olbricht die Alarmmaßnahmen nach dem Plan „Walküre" mit dem Stichwort „Deutschland" aus. Olbricht meldet dem Befehlshaber des Ersatzheeres, Generaloberst Friedrich Fromm, der Führer sei tot; er müsse „Walküre" auslösen. Kurz vor 16.00 Uhr ruft Fromm im Führerhauptquartier an und erhält bei seiner Rückfrage bei Keitel eine Bestätigung des Attentats, erfährt aber auch die Tatsache, daß Hitler nur leicht verletzt sei.

*Gegen 16.00 Uhr*, Führerhauptquartier „Wolfschanze": Die von Fellgiebel verhängte Nachrichtensperre wird aufgehoben.

Der Duce Benito Mussolini trifft mit einem Sonderzug auf dem Bahnhof des Führerhauptquartiers ein und besucht Hitler.

Ab 16.00 Uhr werden vom Führerhauptquartier alle Wehrkreiskommandos telephonisch oder über Funk vom Scheitern des Attentats benachrichtigt, es werden Gegenbefehle ausgegeben.

*16.10 Uhr*, Führerhauptquartier „Wolfschanze": Keitel meldet, daß Fromm sich telefonisch nach dem Attentat erkundigt habe.

*Kurz nach 16.10*, Berlin: Das Wachbataillon „Großdeutschland" erhält das Alarmstichwort für „Walküre". Der Bataillonskommandeur, Major Otto Ernst Remer, fährt zur Einweisung zum Stadtkommandanten Generalleutnant v. Hase. Bis 17.30 Uhr werden alarmiert: Heeresfeuerwerkerschule, Heereswaffenmeisterschule sowie die Landesschützenbataillone 311 und 320.

*16.20 Uhr*, Berlin: Nach seiner Informierung durch Keitel befiehlt Fromm, „Walküre" nicht einzuleiten. Polizeipräsident Graf v. Helldorf wird in die Bendlerstraße befohlen. Generaloberst z. V. Beck in Zivil und Gisevius treffen in der Bendlerstraße ein.

*16.30 Uhr*, Berlin: Hauptmann Friedrich Karl Klausing vom Allgemeinen Heeresamt überbringt dem Leiter des Nachrichtendienstes des OKW, Leutnant Georg Röhrig, ein Fernschreiben, dessen erste Zeile lautete: „Der Führer Adolf Hitler ist tot." Nach Abänderung der ersten Zeile in „Innere Unruhen" durch Klausing wird dieses Fernschreiben zwischen 17.35 Uhr und 21.03 Uhr mit höchster Dringlichkeitsstufe von Wachtmeister Tegeder und vier Fernschreiberinnen an 20 Adressen gesandt.

*Zwischen 16.30 und 17.00 Uhr*, Berlin: Jetzt treffen Stauffenberg und Haeften in der Bendlerstraße ein. Stauffenberg macht Fromm Meldung und bekennt sich dabei zum Attentat und berichtet vom Tod Hitlers. Olbricht meldet Fromm, daß er bereits „Walküre" ausgelöst hat. Als Fromm sich weigert, die Verschwörer zu unterstützen, nehmen ihn die Verschwörer fest. Beck fordert die Verschwörer auf, so zu handeln, als ob Hitler tot sei.

*16.30 Uhr*, Berlin: Für die Panzer-Ersatzbrigade Döberitz wird „Walküre" befohlen.

*Gegen 16.45 Uhr*, Berlin: Major Remer kehrt zu seinem Bataillon zurück mit dem Auftrag, das Regierungsviertel abzuriegeln.

*16.30 Uhr bis 17.00 Uhr*, Paris: Stauffenberg telephoniert mit seinem Vetter Cäsar v. Hofacker in Paris und berichtet ihm über das Attentat. Die Aktion in Paris läuft an: Der höhere Nachrichtenführer, Generalleutnant Eugen Oberhäußer, erhält den Auftrag, den gesamten ihm unterstellten Funk- und Fernsprechverkehr zwischen Frankreich und Deutschland bis auf die Linie Berlin zu sperren und die Sender in Paris zu besetzen. Der Stadtkommandant von Großparis, Generalleutnant Hans Frhr. v. Boineburg-Lengsfeld und der Chef des Stabes, Oberst Karl v. Unger, werden zum Militärbefehlshaber in Frankreich, General der Infanterie Karl Heinrich v. Stülpnagel, befohlen. Stülpnagel nimmt die Dinge energisch in die Hand.

*Gegen 17.00 Uhr*, Führerhauptquartier „Wolfschanze": Himmler ruft das Reichssicherheitshauptamt in der Prinz-Albrecht-Straße in Berlin an und befiehlt, Stauffenberg in der Bendlerstraße unauffällig festnehmen zu lassen. Im Führerhauptquartier gehen laufend Anrufe der Befehlshaber ein mit der Frage, ob Hitler wirklich tot sei.

Keitel versucht vergeblich, mit Fromm oder Olbricht in Berlin in Verbindung zu treten.

*Ab 17.00 Uhr* werden durch das Führerhauptquartier Meldungen im Rundfunk veranlaßt, die vom Attentat berichten und darauf hinweisen, daß Hitler lebe und nur leicht verletzt sei. Diese Meldungen ergehen um 17.42 Uhr, 18.28 Uhr, 18.38 Uhr, 18.42 Uhr, 19.01 Uhr, 19.15 Uhr, 20.00 Uhr und 22.00 Uhr.

*17.00 Uhr*, Berlin: General der Infanterie Joachim v. Kortzfleisch, Kommandierender General im Wehrkreis III, Berlin, erscheint in der Bendlerstraße. Als er sich weigert, den neuen Befehlen Folge zu leisten, läßt Beck ihn festnehmen.

Generalleutnant Karl Frhr. v. Thüngen übernimmt den Befehl über das Generalkommando.

*Nach 17.00 Uhr,* Berlin: Beck bestimmt Hoepner zum Befehlshaber des Ersatzheeres. SS-Oberführer Dr. Humbert Achamer-Pifrader, der den Auftrag hat Stauffenberg zu verhaften, wird von den Verschwörern festgenommen.

*Gegen 17.20 Uhr,* Führerhauptquartier „Wolfschanze": Blitzgespräch Hitler — Goebbels. Goebbels soll eine Rundfunkmeldung verbreiten lassen, daß ein Attentat verübt worden sei, Hitler aber lebe.

*10.00 Uhr bis 17.30 Uhr,* Berlin: Remer weist die Offiziere seines Bataillons in die befohlenen Aufträge ein. Leutnant Dr. Hagen, der durch die Mitteilung Remers über den Grund für die befohlenen Alarmmaßnahmen Verdacht geschöpft hat, bittet um die Erlaubnis, sich bei Goebbels orientieren zu dürfen. Er berichtet Goebbels über das Anlaufen von „Walküre". Beide vereinbaren, Major Remer kommen zu lassen, um ihn über die wahre Lage aufzuklären. Ein Ausbildungsverband der „SS-Leibstandarte Adolf Hitler" wird durch Goebbels alarmiert, aber in „Sitzbereitschaft" in der Unterkunft in der ehemaligen Kadettenanstalt in Berlin Lichterfelde belassen.
Major Remer fährt erneut zum Stadtkommandant von Berlin. Er wird danach von Hagen über dessen Unterredung mit Goebbels unterrichtet.

*17.00 Uhr bis 18.00 Uhr,* Paris: Der OB West, Generalfeldmarschall v. Kluge kehrt zu seinem Gefechtsstand nach La Roche Guyon zurück. Der Chef des Generalstabes der Heeresgruppe B, Generalleutnant Dr. Hans Speidel unterrichtet ihn über die Vorgänge in Berlin, weist jedoch auf Unklarheiten und die sich widersprechenden Nachrichten hin. Der Chef der Luftflotte 3, Generalfeldmarschal Hugo Sperrle, und der Militärbefehlshaber Frankreich, v. Stülpnagel, werden zur Besprechung nach La Roche Guyon befohlen.

*Bis 17.30 Uhr,* Berlin: Die Alarmierung der außerhalb Berlins liegen den Truppen, d.h. die Infanterieschule Döberitz, Panzertruppenschule Wünsdorf, Artillerieschule Jüterbog und Schule für Schnelle Truppen Krampnitz ist durchgeführt.

*17.50 Uhr,* Berlin: Hauptmann Klausing überbringt der Nachrichtenzentrale das Fernschreiben: „Die vollziehende Kraft wird in den Wehrkreisen den stellvertretenden Kommandierenden Generalen und den Wehrkreisbefehlshabern übertragen." Dieses Fernschreiben wird von 18.30 Uhr bis 21.22 Uhr an die entsprechenden Adressaten abgesetzt. Die Wehrkreise VII, München, und XX, Danzig, haben es nicht erhalten. Leutnant Röhrig kommen erste Bedenken.

*Gegen 18.00 Uhr,* Führerhauptquartier „Wolfschanze": Der Duce Mussolini beendet seinen Besuch und verläßt „Wolfschanze".
Hitler läßt im Auswärtigen Amt anrufen, jedoch ohne Ergebnis. Er spricht mit Goebbels und fragt nach der Rundfunkmeldung.

*18.00 Uhr,* Berlin: Leutnant v. Haeften übergibt Leutnant Röhrig das Fernschreiben, das die zweite Stufe des „Walküre"-Planes auslösen soll. Es wird zwischen 20.45 Uhr und 23.00 Uhr abgesetzt.

*Gegen 18.00 Uhr,* Paris: Das Sicherungsregiment Nr. 1, dessen Kommandeur Oberstleutnant Kurt v. Kraewel ist und das in der Ecole Militaire am Eiffelturm liegt, wird alamiert.
Die Verhaftung der SS- und SD-Führung soll um 23.00 Uhr erfolgen, um kein Aufsehen bei den Franzosen zu erregen.

*Gegen 18.00 Uhr,* Wien: Das erste Fernschreiben aus Berlin trifft ein. Der Befehlshaber im Wehrkreis XVII, Wien, General der Panzertruppe Hans-Karl Frhr. v. Esebeck, bittet Gauleiter von Wien Baldur v. Schirach, den Reichsstatthalter des Gaus Niederdonau, SS-Obergruppenführer Dr. Hugo Jury, den Gaupropagandaleiter, Eduard Frauenfeld, den Höheren SS- und Polizeiführer, SS-Obergruppenführer Wuermer, den Inspekteur der Sicherheitspolizei und des Sicherheitsdienstes, SS-Brigadeführer Karl Scharitzer, zu einer Besprechung. Schirach und Dr. Jury befanden sich allerdings außerhalb Wiens. Die übrigen werden von Offizieren des Generalkommandos festgenommen.
Es ergeht die Aufforderung, die Konzentrationslager im Inspektionsbereich bekanntzugeben. Generalleutnant Adolf Sinzinger erhält die Weisung, Festnahme und Sicherungsmaßnahmen entsprechend den Befehlen der Verschwörer aus der Bendlerstraße durchzuführen und jeden Widerstand mit Waffengewalt zu brechen.
Der Chef des Generalstabes beim Wehrkreiskommando, Oberst i.G. Heinrich Kodré, bzw. General v. Esebeck telephonieren mit Berlin.
Stauffenberg besteht auf Durchführung der gegebenen Befehle.

*Nach 18.00 Uhr,* Führerhauptquartier „Wolfschanze": Hitler unterschreibt den von Himmler ausgearbeiteten Befehlsentwurf, wodurch Himmler zum Befehlshaber des Ersatzheeres mit allen Vollmachten ernannt wird.

Generaloberst Heinz Guderian wird mit der Wahrnehmung der Geschäfte des Chefs des Generalstabes des Heeres beauftragt.

*Nach 18.00 Uhr (18.45 Uhr?)*, Berlin: Die zur Besprechung bei Fromm eintreffenden Amtsgruppenchefs, Generalleutnant Karl-Wilhelm Specht, General der Pioniere Walter Kuntze und Generalmajor Wilhelm Strecker, werden vorübergehend festgenommen. Gegen 20.30 Uhr können sie entkommen.

*18.30 Uhr*, Berlin: Das Wachbataillon „Großdeutschland" hat befehlsgemäß das Regierungsviertel abgeriegelt.

*18.30 Uhr*, Prag: Eingang des ersten Fernschreibens, das in Berlin um 16.45 Uhr aufgegeben worden war.

*Gegen 18.45 Uhr*, Berlin: Leutnant Röhrig erhält das Fernschreiben mit der Ernennung von Generaloberst Hoepner zum Befehlshaber des Ersatzheeres und Oberbefehlshaber des Heimatkampfgebietes. Dieses Fernschreiben wird erst zwischen 20.20 Uhr und 21.15 Uhr an einen Teil der Adressaten abgesetzt. Oberst Fritz Jäger meldet sich bei Generalleutnant v. Hase mit dem Auftrag, Goebbels festzunehmen.
Oberst Wolfgang Glaesemer, Kommandeur der Panzertruppenschule II in Krampnitz wird den Verschwörern in der Bendlerstraße festgesetzt; er kann gegen 22.00 Uhr fliehen.

*Bis 19.00 Uhr*, Berlin: Teile der Feuerwerkerschule beziehen im Zeughaus und Teile der Waffenmeisterschule im Berliner Schloß Alarmstellungen.

*Gegen 19.00 Uhr*, Berlin: Major Remer meldet sich bei Goebbels und wird von diesem telephonisch mit Hitler verbunden. Hitler befiehlt Remer, den Militärputsch sofort niederzuwerfen. Remer ist Hitler persönlich unterstellt. Er verlegt seinen Befehlsstand in das Vorzimmer von Goebbels. Remer telefoniert mit Major Wackernagel in Cottbus. Dieser meldet ihm, daß die Masse der Panzergrenadier-Ersatzbrigade „Großdeutschland" auf Königswusterhausen marschiere, um den Deutschlandsender zu besetzen.

*Gegen 19.00 Uhr*, Paris: Zwischen Generaloberst z. V. Beck in der Bendlerstraße in Berlin und General der Infanterie v. Stülpnagel findet ein Telefongespräch statt, in dem sich Stülpnagel rückhaltlos zu Beck bekennt und verspricht, den gesamten Sicherheitsdienst und die SS mit ihren Führern in Frankreich festzusetzen. In einem Telefonat Becks mit Kluge fordert letzterer, zuerst Gewißheit über den Tod Hitlers zu erhalten, bevor er zum Handeln bereit sei. Auf Becks Frage, ob er auf jeden Fall handeln werde, weicht Kluge aus und erklärt, er müsse sich erst ein Bild von den Vorgängen verschaffen, bevor er derartig schwerwiegende Schritte unternehme.

Wenig später meldet sich General der Infanterie Alexander Frhr. v. Falkenhausen, der kurz zuvor dienstenthobene, ehemalige Militärbefehlshaber von Belgien und Nordfrankreich, telefonisch bei Kluge, um sich über die Lage zu informieren. Kluge empfiehlt, zunächst eine Klärung der Lage abzuwarten.

*Kurz nach 19.00 Uhr*, Berlin: Es gelingt Verschwörern, eine Verbindung zur Heeresgruppe Nord im Baltikum herzustellen. Beck befiehlt deren Chef des Generalstabes, alle Vorbereitungen zu treffen, um die Heeresgruppe Nord auf die Düna und bis Ostpreußen zurückzunehmen. Die Organisationsabteilung des Oberkommandos des Heeres ruft aus Rastenburg an und teilt mit, daß das Attentat mißglückt sei. Es erfolgen pausenlos Anrufe von den stellvertretenden Kommandierenden Generalen aus dem Reich. Stauffenberg erklärt immer wieder, daß Hitler tot sei und das Heer die vollziehende Gewalt übernommen habe.

*19.00 Uhr*, Prag: General der Panzertruppe Ferdinand Schaal findet den Befehl Generalfeldmarschalls Erwin v. Witzleben vor.

*19.15 Uhr*, Prag: Schaal telefoniert mit Stauffenberg in Berlin, der ihm die Richtigkeit der Befehle bestätigt. „Es komme darauf an, nun mit allen Mitteln die vollziehende Gewalt in die Hand zu nehmen und Ruhe und Ordnung zu gewährleisten. Die befohlenen Maßnahmen gegen den SD seien beschleunigt durchzuführen." Schaal befiehlt die Auslösung der Stichworte „Odin" und „Johannes".

*19.15 Uhr*, Berlin: Leutnant Röhrig erhält das Fernschreiben: „Rundfunkcommuniquee trifft nicht zu. Führer ist tot." Es wird von 19.45 Uhr bis 20.12 Uhr abgesetzt.

*19.30 Uhr*, Berlin: Generalfeldmarschall v. Witzleben, der von den Verschwörern zum neuen Oberbefehlshaber der Wehrmacht vorgesehen ist, trifft in Uniform in der Bendlerstraße ein. Es erfolgt eine Aussprache mit Beck unter vier Augen.

*Gegen 19.30 Uhr*, Prag: General Schaal bittet den deutschen Staatsminister für Böhmen und Mähren, SS-Obergruppenführer Dr. Karl-Hermann Frank, dringend zu sich.

*19.45 Uhr,* Prag: Nürnberg hat den Befehl über den Belagerungszustand erhalten.

*Kurz vor 20.00 Uhr,* Prag: SS-Standartenführer, Ministerialrat Dr. Robert Gies, der Vertreter Franks, tritt bei General Schaal ein und wird festgehalten.

*19.45 Uhr,* Berlin: Der Leiter des Nachrichtendienstes, Leutnant Röhrig, meldet seinem Abteilungschef, Oberst Otto Köllner, die bei ihm aufgekommenen Bedenken und die von ihm bereits durchgeführten Verzögerungsmaßnahmen.

*Gegen 20.00 Uhr,* Wien: Die zu verhaftenden Parteifunktionäre und SS-Führer treffen ahnungslos im Wehrkreiskommando ein und werden dort festgenommen.

*20.00 Uhr,* Führerhauptquartier „Wolfschanze": Der Oberbefehlshaber der Kriegsmarine, Großadmiral Karl Dönitz, gibt einen Aufruf an die Kriegsmarine über den „heimtückischen Mordanschlag auf den Führer" heraus.

*Gegen 20.00 Uhr,* Paris: Der erste grundlegende Befehl mit der Unterschrift der neuen Oberbefehlshabers der Wehrmacht, Generalfeldmarschall v. Witzleben, trifft in La Roche Guyon ein und macht auf Kluge großen Eindruck, so daß dieser mit seinem Chef des Generalstabes, Blumentritt, beriet, einen Waffenstillstand im Westen einzuleiten und zunächst den V-Waffen-Beschuß gegen England einzustellen.

Ein Fernschreiben von Generalfeldmarschall Keitel trifft ein, in dem die Ungültigkeit aller Befehle von Generalfeldmarschall v. Witzleben und Generaloberst Hoepner erklärt wird. Blumentritt spricht mit dem Führerhauptquartier und mit SS-Gruppenführer Carl-Albrecht Oberg, dem Höheren SS- und Polizeiführer in Frankreich; beide Gespräche bringen jedoch keine Klarheit.
Erst ein Telephonat mit Generalmajor Helmuth Stieff im Oberkommando des Heeres im Lager „Mauerwald" in Ostpreußen brachte Klarheit darüber, daß Hitler das Attentat überlebt hatte. Daraufhin entschließt Generalfeldmarschall v. Kluge, sich nicht der Verschwörung anzuschließen.

*Gegen 20.00 Uhr,* Berlin: Die auf dem Fehrbelliner Platz in Berlin eingetroffene Panzer-Ersatzbrigade erhält vom Chef des Stabes des Generalinspekteurs der Panzertruppe, Generalmajor Wolfgang Thomale, den Befehl, den Putsch niederzuschlagen. Im Reichspropagandaministerium trifft SS-Obergruppenführer Ernst Kaltenbrunner, der Chef des Reichssicherheitshauptamtes ein, um sich ein Bild von der Lage in Berlin zu machen.

*20.15 Uhr,* Berlin: Generalfeldmarschall v. Witzleben verläßt die Bendler-straße; er hält den Umsturzversuch offenbar für gescheitert.

*20.20 Uhr bis 21.02 Uhr,* Berlin: Die Fernschreiben der Verschwörer über die Standrechtverordnungen 1-5 werden Leutnant Röhrig von einer Vorzimmer-dame ausgehändigt. Er setzt sie aber nicht mehr ab.

*20.20 Uhr,* Führerhauptquartier „Wolfschanze": Ein Fernschreiben Keitels geht an alle Wehrkreisbefehlshaber. Darin wird befohlen, daß nur noch den Be-fehlen des neuen Befehlshabers des Ersatzheeres Himmler Folge zu leisten ist.

*20.30 Uhr,* Führerhauptquartier „Wolfschanze": Der stellvertretende Chef des Wehrmachtführungsstabes, General der Artillerie Walter Warlimont, berichtet im Offizierheim Offizieren des OKW über das Attentat, das er selbst als Augen-zeuge überlebt hatte.

*20.30 Uhr,* Berlin: Es gelingt den Verschwörern, Verbindung mit Wien und Stettin herzustellen, dort hat man bereits die Gegenbefehle erhalten.

*20.35 Uhr,* Berlin: Die Nachrichtenzentrale in der Bendlerstraße nimmt das Fernschreiben Keitels auf, in dem mitgeteilt wird, daß Himmler zum Befehls-haber des Ersatzheeres ernannt worden ist. General Olbricht untersagt die Wei-tergabe.

*Zwischen 20.30 Uhr und 21.00 Uhr,* Berlin: Reichspropagandaminister Goeb-bels spricht vor dem in der Hermann-Göring-Straße, der heutigen Ebert-Straße, zusammengezogenen Wachbataillon „Großdeutschland".

*Zwischen 20.30 Uhr und 22.00 Uhr,* Wien: General v. Esebeck ruft nach dem Eintreffen der Gegenbefehle aus dem Führerhauptquartier und aus Berlin in der Bendlerstraße an, um die Widersprüche zu klären. Er spricht mit Generaloberst Hoepner.

*Gegen 20.45 Uhr,* Prag: In einem Telephonat mit Generaloberst Hoepner bittet General Schaal darum, mit SS-Obergruppenführer Frank eine Art „Ehrenab-kommen" schließen zu können, um der Lage gegenüber den Tschechen gewach-sen zu bleiben. Hoepner stimmt einer den örtlichen Verhältnissen angepaßten Regelung zu.

*20.50 Uhr,* Führerhauptquartier „Wolfschanze": Der Oberbefehlshaber der Marine, Großadmiral Dönitz, erteilt eine fernmündliche Weisung an die See-kriegsleitung über das Verhalten der Marine gegenüber den Putschisten.

*20.10 Uhr,* Paris: Ein Fernschreiben der Verschwörer aus der Bendlerstraße trifft ein: „Der Führer ist tot."

*Nach 20.00 Uhr,* Paris: Das Sicherungsregiment 1 wird durch den General beim Stadtkommandanten von Paris, Generalmajor Walther Brehmer, beauftragt, die SS- und SD-Unterkünfte zu besetzen. Die auf 22.30 Uhr festgelegten Verhaftungen sollen nicht „im Namen des Führers" erfolgen.
Beim OB West treffen Generalfeldmarschall Sperrle gemeinsam mit Oberstleutnant v. Hofacker ein. Hofacker schildert den Beginn der Erhebung. Kluge weist auf das Fernschreiben Keitels hin, daß das Attentat mißglückt sei. Es sei „unverantwortlich", jetzt einzugreifen. Ein Gespräch mit Oberst Mertz v. Quirnheim in der Bendlerstraße wird gestört. Kluge läßt die Verbindung nicht wieder herstellen.
General v. Stülpnagel bekennt, daß er alle Alarmmaßnahmen in Paris habe anlaufen lassen. General Blumentritt ruft im Auftrage Kluges in Paris an, doch gibt der Chef des Stabes beim Militärbefehlshaber, Oberst i. G. Hans-Ottfried v. Linstow, zu verstehen, daß die Maßnahmen nicht mehr aufzuhalten seien. Stülpnagel versucht nun vergeblich, Kluge zum Handeln mitzureißen, mit dem Ziel einer Einstellung des Kampfes im Westen und einer Verbindungsaufnahme mit den Alliierten. Hofacker unterstützt Stülpnagel. Kluge betont immer wieder, daß er bereit gewesen wäre mitzumachen, „wenn Hitler tot" gewesen wäre. Hofacker: „Herr Feldmarschall, Sie stehen mit ihrem Wort und mit Ihrer Ehre im Feuer. Das Schicksal von Millionen Deutschen, die Ehre der Armee liegt in Ihrer Hand."

*21.00 Uhr,* Paris: Oberst v. Linstow telephoniert mit v. Stülpnagel. Er erfährt, daß der OB West noch unentschlossen ist. Kluge versagt sich endgültig der Verschwörung und enthebt v. Stülpnagel seines Postens.

*Gegen 21.00 Uhr,* Berlin: Der Bendlerblock wird von Teilen des Wachbataillons besetzt.

*Gegen 21.15 Uhr,* Berlin: Hitler befiehlt über Goebbels dem Chef des Allgemeinen Wehrmachtamtes, General der Infanterie Hermann Reinecke, die Führung der Truppen des Stadtkommandanten und des Wachbataillons zu übernehmen und gegen die Bendlerstraße vorzugehen. Reinecke orientiert entsprechend v. Hase. Es erfolgt eine Rundfunkdurchsage: Hitler werde bald zum deutschen Volk sprechen.

*21.25 Uhr bis 22.01 Uhr,* Berlin: Das Fernschreiben Keitels von 20.35 Uhr wird vom Leiter der Nachrichtenzentrale in der Bendlerstraße durch Funk an 20 Anschriften weitergeleitet. Die bis dahin abgesetzten Fernschreiben werden jetzt gesperrt und für ungültig erklärt.

*Zwischen 21.00 Uhr und 22.00 Uhr,* Führerhauptquartier „Wolfschanze": Generalmajor Otto Herfurth, Chef des Stabes des stellvertretenden Kommandierenden Generals des III. Armeekorps, meldet in der sogenannten „Abendlage", es handele sich in Berlin um einen Militärputsch. Er habe jedoch die Zügel fest in der Hand.

*Gegen 21.30 Uhr,* Paris: Aufgrund einer Rückfrage aus Paris erklären die Verschwörer in der Bendlerstraße die Meldungen des Deutschlandsenders für nichtig.

*Nach 21.30 Uhr,* Berlin: Generalleutnant v. Hase wird von der SS verhaftet.

*21.35 Uhr,* Paris: Admiral Theodor Krancke, Oberbefehlshaber der Marinegruppenkommandos West, dem mehr als 5000 Mann unterstehen, wird durch einen Tagesbefehl von Dönitz zu „heiligem Zorn gegen unsere verbrecherischen Feinde und ihre Mietlinge" aufgerufen.

*21.40 Uhr,* Führerhauptquartier „Wolfschanze": Großadmiral Dönitz erteilt den Befehl zur Verhaftung des Marineoberstabsrichters Berthold Schenk Graf v. Stauffenberg, dem Bruder des Attentäters.

*21.45 Uhr,* Prag: General Schaal ruft erneut in Berlin an und spricht mit Generaloberst Hoepner. Dieser schildert ihm die Lage, worauf Schaal SS-Standartenführer Dr. Gies freiläßt.

*Nach 22.00 Uhr,* Wien: Nach Rücksprache mit Generalleutnant Wilhelm Burgdorf und Generalfeldmarschall Keitel im Führerhauptquartier wird der Alarm als Putschversuch erkannt und die angelaufenen Maßnahmen gestoppt.

*Nach 22.00 Uhr,* Paris: Oberst i. G. Graf Stauffenberg teilt Oberst i. G. v. Linstow in Paris mit, daß in Berlin alles verloren sei.

*Nach 22.30 Uhr,* Paris: Der Sturm auf die SS- und SD-Unterkünfte beginnt. Der Höhere SS- und Polizeiführer Frankreich, SS-Gruppenführer Oberg, wird verhaftet.

*22.30 Uhr,* Berlin: Nachdem die Truppen des Wachbataillons aus der Bendlerstraße abgezogen sind, befiehlt General Olbricht Offizieren des Hauses, dessen

Schutz zu übernehmen, sechs Generalstabsoffiziere werden als Wachhabende für die sechs Ausgänge eingeteilt.

*Nach 22.30 Uhr,* Berlin: Unter Führung der Oberstleutnante i. G. Karl Pridun, Bolko v. d. Heyde und Franz Herber sammelt sich eine Gruppe von Offizieren, die in die Verschwörung nicht eingeweiht waren, in der Bendlerstraße zur Klärung der Lage und zum „bewaffneten Gegenstoß" gegen die Verschwörer. Dieser beginnt unter der Parole: „Für oder gegen den Führer."

*22.40 Uhr,* Berlin: Oberst Wolfgang Müller von der Infanterieschule Döberitz, die seit 17.00 Uhr alarmiert worden war, meldet sich bei General Olbricht. Weil der Schulkommandeur dienstlich abwesend war und Müller erst um 20.30 Uhr vom Außendienst zurückgekehrt war, wurden die Alarmmaßnahmen erst so spät ausgeführt. Müller bittet um schriftliche Vollmacht, damit er mit den Soldaten der Infanterieschule unverzüglich die Rundfunksender in Berlin besetzen und die eingetreten Stockung beseitigen könne. Um 22.45 Uhr kehrt er mit dieser Vollmacht nach Döberitz zurück.

*22.50 Uhr,* Berlin: Der „bewaffnete Gegenstoß" im Bendlerblock endet gegen 22.50 Uhr mit der Befreiung Fromms. Generaloberst Fromm läßt die Verschwörer verhaften und verkündet ein „standgerichtliches Urteil" wegen Hoch- und Landesverrat über Olbricht, Stauffenberg, Mertz v. Quirnheim und v. Haeften.

*22.40 Uhr,* Prag: General Schaal trifft in der Dienststelle des Befehlshabers der Waffen-SS ein. Auf Forderung von SS-Obergruppenführer Dr. Frank ordnet er die sofortige Zurücknahme aller Alarmbefehle an.

*22.40 Uhr,* Wien: Die angelaufenen Maßnahmen werden gestoppt. Die Alarme laufen aus. Am 21. Juli 1944 um 05.00 Uhr ist die normale Lage in Wien wiederhergestellt.

*23.00 Uhr,* Führerhauptquartier „Wolfschanze": General der Nachrichtengruppe Erich Fellgiebel und Generalmajor Helmuth Stieff werden verhaftet.

*Gegen 23.00 Uhr,* Paris: Die entwaffneten SS- und Polizeiverbände werden ohne Widerstand in die Pariser Gefängnisse, u.a. in Fresnes, eingeliefert. Es befinden sich 1200 Mann im Gewahrsam des Heeres.

*Gegen 23.15 Uhr,* Berlin: Die Kampfgruppe des Oberleutnants Rudolf Schlee, d.h. die 4. Kompanie des Wachbataillons „Großdeutschland", besetzt den Bendlerblock.

*23.40 Uhr,* Führerhauptquartier „Wolfschanze": Es liegen Meldungen vor, daß in den Wehrkreisen II, Stettin, III, Berlin, VI, Münster, und X, Hamburg, „alles in Ordnung" sei.

*Zwischen 23.15 Uhr und 23.45 Uhr,* Berlin: Generaloberst z.V. Ludwig Beck erhält Gelegenheit zur Selbsttötung und wird nach Mißlingen von einem Feldwebel „erlöst".

*Freitag 21. Juli 1994:*

*Nach 00.00 Uhr,* Führerhauptquartier „Wolfschanze": Himmler berichtet über die Revolte in Berlin.

*00.15 Uhr bis 00.30 Uhr,* Berlin: Im Hof des Bendlerblocks werden General der Infanterie Friedrich Olbricht, Oberleutnant Werner v. Haeften, Oberst i.G. Albrecht Ritter Mertz v. Quirnheim und Oberst i.G. Claus Schenk Graf v. Stauffenberg durch ein Sonderkommando von zehn Unteroffizieren unter der Führung von Leutnant Werner Schady exekutiert. Stauffenberg stirbt mit dem Ruf: „Es lebe das heilige Deutschland!"

*00.10 Uhr bis 00.21 Uhr,* Berlin: Generaloberst Fromm sendet ein Fernschreiben an alle Wehrkreiskommandos mit dem Inhalt: „Putschversuch blutig niedergeschlagen".

*Nach 00.00 Uhr,* Paris: General v. Stülpnagel kehrt nach Paris ins Hotel Rafael zurück, Generalleutnant Hans Frhr. v. Boineburg-Lengsfeld und Oberst i.G. v. Linstow berichten ihm über das Geschehen in Paris.

*Kurz vor 01.00 Uhr,* Berlin: Im Rundfunk sprechen Hitler, Hermann Göring und Dönitz.

*Gegen 01.00 Uhr,* Paris: Unter dem Eindruck verschiedener Nachrichten entschließt sich Oberstleutnant Kurt v. Kraewel, die Gefängnisse zu öffnen, Generalleutnant v. Boineburg begibt sich zu den festgenommenen SS-Führern ins Hotel Continental und bittet SS-Gruppenführer Oberg, ihn ins Hotel Rafael zu begleiten. Dort „entschuldigt" sich General v. Stülpnagel damit, er sein einem „Mißverständnis" zum Opfer gefallen. Unter dem Hinweis auf die zahlreichen Fernschreiben kann er seine Rolle glaubhaft spielen.

*Gegen 02.00 Uhr,* Paris: Es kommt zu einer Einigung zwischen beiden Gruppen, das Ganze der Öffentlichkeit als „Übung" bekanntzugeben.

*03.00 Uhr,* Paris: Alle SS- und SD-Unterkünfte sind vom Heer geräumt, General v. Stülpnagel wird nach Berlin zur Berichterstattung befohlen.

# Literaturhinweise

Kurt Finker/Annerose Busse, Stauffenberg und der 20. Juli 1944, Berlin (Ost) 1984

Peter Hoffmann, Widerstand, Staatsstreit, Attentat. Der Kampf der Opposition gegen Hitler, 4. neu überarbeitet u. ergänzte Ausgabe, München 1985

Peter Hoffmann, Claus Schenk Graf von Stauffenberg und seine Brüder, Stuttgart [2]1992

Peter Hoffmann, Die Sicherheit des Diktators. Hitlers Leibwachen, Schutzmaßnahmen, Residenzen, Hauptquartiere, München 1975

„Spiegelbild einer Verschwörung". Die Opposition gegen Hitler und der Staatsstreich vom 20. Juli 1944 in der SD-Berichterstattung. Geheime Dokumente aus dem ehemaligen Reichssicherheitshauptamt, hrsg. von Hans-Adolf Jacobsen, 2 Bde, Stuttgart 1984

Joachim Kramarz, Claus Graf Stauffenberg. 15. November 1907 – 20. Juli 1944. Das Leben eines Offiziers, Frankfurt am Main 1965

20. Juli. Portraits des Widerstands, hrsg. von Rudolf Lill und Heinrich Oberreuter, Düsseldorf und Wien 1984

Christian Müller, Oberst i.G. Stauffenberg. Eine Biographie. Bonner Schriften zur Politik und Zeitgeschichte 3, Düsseldorf 1971

Klaus-Jürgen Müller, General Ludwig Beck. Studien und Dokumente zur politisch-militärischen Vorstellungswelt und Tätigkeit des Generalstabschefs des deutschen Heeres 1933 – 1938, Boppard am Rhein 1980

Gerhard Ritter, Carl Goerdeler und die deutsche Widerstandsbewegung, Stuttgart 1984

20. Juli 1944, hrsg. von der Bundeszentrale für Heimatdienst. Bearb. von Hans Royce und Erich Zimmermann, Bonn 1964

Bodo Scheurig, Claus Graf Schenk von Stauffenberg. Köpfe des XX. Jahrhunderts, Band 33, Berlin 1964

Bodo Scheurig, Henning von Tresckow. Eine Biographie, Oldenburg und Hamburg 1973

Eberhard Zeller, Geist der Freiheit. Der 20. Juli, München 1963

Kriegstagebuch des Oberkommandos der Wehrmacht (Wehrmachtsführungsstab) 1940 – 1945. Geführt von H. Greiner und P.E. Schramm. Im Auftrag des Arbeitskreises für Wehrforschung hrsg. von P.E. Schramm, Frankfurt a.M. 1965

Frau Eva Olbricht, Witwe von General der Infanterie Friedrich Olbricht und der Regierende Bürgermeister von Berlin, Ernst Reuter, bei der Grundsteinlegung für ein Ehrenmal im Innenhof des Bendlerblocks am 20. Juli 1952.

*Gedenkstätte Deutscher Widerstand, Berlin*

Stauffenbergstraße 13–14. Eingang zur Gedenkstätte Deutscher Widerstand in Berlin, wo 1989 die Gesamtausstellung über den deutschen Widerstand eröffnet wurde.

*Foto: Johann W. Jakob*

Johannes Tuchel

# Zur Geschichte und Aufgabe
# der Gedenkstätte Deutscher Widerstand

## 1. Der Bendlerblock

Die Gedenkstätte Deutscher Widerstand hat ihren Sitz im Bendlerblock im Berliner Bezirk Tiergarten. Zwischen 1911 und 1914 war hier ein geräumiger Komplex für das Reichsmarineamt entstanden. Das Hauptgebäude lag am Landwehrkanal in der Königin-Augusta-Straße 38−42 (ab 1933 Tirpitzufer), der Ostflügel in der Bendlerstraße 14 (heute Stauffenbergstraße). Im Hauptgebäude bewohnte der Staatssekretär des Reichsmarineamtes — bis 1916 Großadmiral Alfred von Tirpitz — eine Dienstwohnung mit 24 Zimmern. In der Bendlerstraße arbeitete das Marinekabinett. Nach 1918 fand im Bendlerblock neben der geschrumpften Marineführung auch die neugeschaffene Reichswehrführung ihren Platz. Der Sozialdemokrat Gustav Noske als Reichswehrminister zog in die frühere Wohnung von Tirpitz, ebenso sein Nachfolger Otto Geßler von 1920 bis 1928. Von 1920 bis 1926 wohnte Hans von Seeckt als Chef der Heeresleitung in der Bendlerstraße 14, im Anschluß daran General Kurt Freiherr von Hammerstein-Equord.

1934 verschanzte sich während der Mordaktion des 30. Juni General Werner Freiherr von Fritsch, Hammersteins Nachfolger seit Ende 1933, in seiner Dienstwohnung hinter schwerbewaffneten Posten. Anfang 1938 zog der letzte Oberbefehlshaber des Heeres, General Walther von Brauchitsch, in die Bendlerstraße 14. Im Hauptgebäude am Landwehrkanal residierten nach 1939 Teile der Seekriegsleitung sowie des Amtes Ausland/Abwehr im Oberkommando der Wehrmacht und Admiral Wilhelm Canaris. Den Hauptteil des Ostflügels nutzte das Allgemeine Heeresamt des Oberkommandos des Heeres unter General Friedrich Fromm, ab 1940 unter General der Artillerie Friedrich Olbricht. Am 2. Mai 1945 besetzten sowjetische Truppen den Bendlerblock, der bis zuletzt als Befehlsstand des letzten Kampfkommandanten von Berlin, General Wilhelm Weidling, gedient hatte. Nach 1945 nutzten eine Vielzahl von Dienststellen und Bundesbehörden den Bendlerblock.

Am 20. Juli 1952 legte nach einer Anregung von Angehörigen der Widerstandskämpfer des 20. Juli 1944 Eva Olbricht, die Witwe des Generals Friedrich Olbricht, den Grundstein für ein Ehrenmal im Innenhof des Bendlerblocks. Am 20. Juli 1953 enthüllte Ernst Reuter, der Regierende Bürgermeister von Berlin, das von dem Bildhauer Richard Scheibe geschaffene Ehrenmal, die Bronzefigur eines jungen Mannes mit gebundenen Händen. Vor dem Ehrenmal befindet sich ein Text von Edwin Redslob: „Ihr trugt die Schande nicht — Ihr wehrtet Euch — Ihr gabt das große ewig wache Zeichen der Umkehr — Opfernd Euer heißes Leben — Für Freiheit, Recht und Ehre."

Am 20. Juli 1955 wurde die damalige Bendlerstraße in „Stauffenbergstraße" umbenannt. Am 20. Juli 1962 enthüllte der Berliner Bürgermeister Franz Amrehn im Ehrenhof eine Tafel mit den Namen der am 20. Juli 1944 hier erschossenen Offiziere.

Auf Anregung aus dem Kreis der Widerstandskämpfer des 20. Juli 1944 beschloß der Senat von Berlin die Einrichtung einer Gedenk- und Bildungsstätte, die über den Widerstand gegen den Nationalsozialismus informieren sollte. Die von dem Historiker Friedrich Zipfel verantwortete ständige Ausstellung wurde daraufhin am 20. Juli 1968 eröffnet. 1979 verständigten sich die Parteien im Abgeordnetenhaus von Berlin über die Absicht, die Gedenk- und Bildungsstätte zu erweitern. 1980 erfolgte die Umgestaltung des Ehrenhofes nach einem Entwurf von Professor Erich Reusch. Die Wand des Zugangs zum Ehrenhof erhielt die Inschrift „Hier im ehemaligen Oberkommando des Heeres organisierten Deutsche den Versuch, am 20. Juli 1944 die nationalsozialistische Unrechtsherrschaft zu stürzen. Dafür opferten sie ihr Leben."

1983 beauftragte der damalige Regierende Bürgermeister Richard von Weizsäcker den Historiker Professor Peter Steinbach und den Stuttgarter Gestalter Professor Hans Peter Hoch mit der umfassenden Dokumentation und Darstellung der ganzen Breite und Vielfalt des deutschen Widerstandes gegen den Nationalsozialismus in einer ständigen Ausstellung. Diese Ausstellung wurde am 20. Juli 1989 in den historischen Räumen des Staatsstreichversuches vom 20. Juli 1944 in der zweiten Etage des Bendlerblocks im Gebäudeteil an der Stauffenbergstraße eröffnet. Über 5 000 Bilder und Dokumente informieren seitdem exemplarisch über die Motive, Handlungen und Ziele von einzelnen, Kreisen, Gruppen und Organisationen im Widerstand gegen den Nationalsozialismus. Der Gebäudeteil am Landwehrkanal ist seit 1993 Berliner Dienstsitz des Bundesministeriums der Verteidigung, während zur Gedenkstätte Deutscher Widerstand neben dem Ehrenhof und der ständigen Ausstellung seit 1992 noch eine weitere Fläche für Wechsel- und Sonderausstellungen in der ersten Etage an der Stauffenbergstraße gehört. Organisatorisch ist zudem die Gedenkstätte Plötzensee am Hüttigpfad in Berlin-Charlottenburg, Ort von über 2 500 Hinrichtungen in der Zeit des Nationalsozialismus, Teil der Gedenkstätte Deutscher Widerstand.

## 2. Der historische Ort

Die Räume, in denen sich heute die ständige Ausstellung „Widerstand gegen den Nationalsozialismus" befindet, waren nicht nur die Stätte des Umsturzversuches vom 20. Juli 1944, sondern auch der Ort der Rede Adolf Hitlers vom 3. Februar 1933. Wenige Tage nach der nationalsozialistischen Machtübernahme versuchte er in den Räumen des Chefs der Heeresleitung mit einer Ansprache die Reichswehrführung für sich zu gewinnen. Ein von Generalleutnant Curt Liebmann gefertigtes handschriftliches Stichwortprotokoll zeigt die ganze Gewalttätigkeit der nationalsozialistischen Herrschaft: „Völlige Umkehrung der gegenwärtigen innenpolitischen Zustände in Deutschland. Keine Duldung der Betätigung irgendeiner Gesinnung, die dem Ziel entgegensteht (Pazifismus!). Wer sich nicht bekehren läßt, muß gebeugt werden. Ausrottung des Marxismus mit Stumpf und Stiel. [...] Wie soll politische Macht, wenn sie gewonnen ist, gebraucht werden? Jetzt noch nicht zu sagen. Vielleicht Erkämpfung neuer Exportmöglichkeiten, vielleicht — und wohl besser — Eroberung neuen Lebensraums im Osten und dessen rücksichtslose Germanisierung."

In den Räumen der Ausstellung, die auch die Arbeitszimmer von Claus Schenk Graf von Stauffenberg, Friedrich Olbricht und Albrecht Ritter Mertz von Quirnheim umfaßt und diese entsprechend kennzeichnet, wurden auch die Pläne für die Operation „Walküre" erarbeitet. Nachdem die Verschwörer um Claus Schenk Graf von Stauffenberg Ende 1943 erkannt hatten, daß die militärische Führung nicht zum gemeinsamen Handeln veranlaßt werden konnte, richteten sich ihre Bemühungen auf drei Ziele: die Ausschaltung Hitlers, die Erlangung der militärischen Befehlsgewalt und die Übernahme der Regierungsverantwortung in Deutschland. Sie stützten sich dabei auf Pläne, die unter der Bezeichnung Operation „Walküre" zur Niederschlagung von inneren Unruhen und Aufständen von Zwangsarbeitern entwickelt worden waren. Dabei sollten die vollziehende Gewalt und die militärische Führung auf den Befehlshaber des Ersatzheeres übergehen. Die Operation „Walküre" wurde hier im Allgemeinen Heeresamt von Friedrich Olbricht zusammen mit Albrecht Ritter Mertz von

Quirnheim und Stauffenberg erarbeitet. Margarete von Oven, die bereits 1933 als Sekretärin für General Kurt von Hammerstein-Equord und später auch für Generaloberst Werner Freiherr von Fritsch im Bendlerblock gearbeitet hatte, schrieb gemeinsam mit Erika von Tresckow und Ehrengard Gräfin von der Schulenburg die Entwürfe nieder und fertigte die Reinschriften an. Die Operation „Walküre" bot den Verschwörern eine fast perfekte Tarnung.

Den in Marsch zu setzenden Einheiten sollte der Eindruck vermittelt werden, nach Hitlers Tod hätten sich hohe Nationalsozialisten staatsstreichartig des Staates bemächtigen wollen. Deshalb müßten wichtige Schaltstellen der Macht, vor allem in der Reichshauptstadt Berlin, von Wehrmachtverbänden abgesperrt und notfalls auch gegen SS-Einheiten verteidigt werden. In den einzelnen Wehrkreisen sollten Truppenverbände des Ersatzheeres ebenfalls wichtige Verwaltungs- und Parteistellen besetzen. General Friedrich Olbricht löste die Operation „Walküre" bereits am 15. Juli 1944 in der Erwartung eines Anschlages auf Hitler aus und setzte Truppen aus nahegelegenen Garnisonen nach Berlin in Marsch. Als der Anschlag ausblieb, gelang es ihm, diese Operation nach wenigen Stunden zu stoppen und als Übungsalarm darzustellen.

Nach dem Attentat im Führerhauptquartier Wolfschanze gelang es am 20. Juli 1944 Claus Schenk Graf von Stauffenberg, das Führerhauptquartier zu verlassen und nach Berlin-Rangsdorf zu fliegen. In Berlin konnte Stauffenberg der Nachricht vom Überleben Hitlers zunächst keinen Glauben schenken und versuchte — gemeinsam mit seinem Freund Albrecht Ritter Mertz von Quirnheim und General Friedrich Olbricht —, die Operation „Walküre" überall im Reich anlaufen zu lassen und hohe Offiziere für den Umsturz zu gewinnen. Ihre Bemühungen scheiterten ebenso wie die von Generaloberst Ludwig Beck und Generalfeldmarschall Erwin von Witzleben, die vom Bendlerblock aus ihre ehemaligen Kameraden überzeugen und gewinnen wollten. In den späten Abendstunden war das Scheitern des Anschlags erkennbar. Der Bendlerblock, die Berliner Zentrale der Verschwörer, wurde von regimetreuen Truppen besetzt. Noch in derselben Nacht wurden Stauffenberg, dessen Adjutant Werner von Haeften, Mertz von Quirnheim und Friedrich Olbricht als die Hauptverantwortlichen des Attentats im Innenhof auf Befehl von Generaloberst Fromm erschossen. Ludwig Beck wurde zum Selbstmord gezwungen; Henning von Tresckow nahm sich wenig später an der Ostfront das Leben.

Diese Ereignisse standen im Mittelpunkt der kleinen Ausstellung, die 1968 in den ehemaligen Räumen des Allgemeinen Heeresamtes, in denen sich der

Staatsstreichversuch abgespielt hatte, eröffnet wurde. Nachdem in den 70er Jahren erkennbar wurde, daß diese Ausstellung einem erweiterten Widerstandsbegriff nicht mehr entsprechen konnte, wurde nach der Neugestaltung des Ehrenhofes auch eine grundlegende Neubearbeitung der ständigen Ausstellung begonnen.

### 3. Zur Ausstellung „Widerstand gegen den Nationalsozialismus"

Die Ausstellung richtet sich an unterschiedlichste Besucher. Vor dem Hintergrund der Tatsache, daß heute allgemeinhistorische Grundkenntnisse sowie Kenntnisse über die Breite und Vielfalt der Widerstandsformen und Entwicklungen von Widerstandshaltungen, von Widerstandsmanifestationen und den Zielen des Widerstandes nicht mehr vorausgesetzt werden können, müssen die ersten Ziele der Ausstellung die Hinführung und die Dokumentation von Zielen, Motiven und Handlungen der Widerstandskämpfer und -kämpferinnen sein.

Das Konzept kann jedoch nicht vorrangig durch das Ziel bestimmt sein, schulverwendungsfähiges Erstwissen zu erschließen, denn das Verständnis für die Lebenslagen in einem totalen Staat stellt sich bei Jugendlichen heute ebensowenig selbstverständlich ein wie das Gespür für das existentielle Anliegen und die Bedrohung von Regimegegnern und Widerstandskämpfern im Nationalsozialismus. Deshalb geht die Ausstellung von der Annahme aus, daß sich Besucher und insbesondere Besuchergruppen bereits vor der Besichtigung der Ausstellung auf die Thematik eingelassen haben und erste Kenntnisse mitbringen. Der Vorbereitung auf die Ausstellung dient eine Vielzahl von Materialien, die die Gedenkstätte Deutscher Widerstand zur Verfügung stellt.

Die thematische Konzeption orientiert sich zum einen an differenzierter Verwendung des Widerstandsbegriffs und will dabei zugleich die zeitliche Entwicklung, die graduelle Steigerung, schließlich die Zuspitzung zur aktiven Konspiration anschaulich machen. Dies läßt sich nur ermöglichen, wenn möglichst vielfältige und thematisch sowie historisch breite Dimensionen des Widerstandes im Spiegel von Lebensschicksalen, Aktionen der Widerstandsgruppen und Verfolgungsmaßnahmen des nationalsozialistischen Staates sichtbar und anschaulich, aber auch inhaltlich verständlich gemacht werden. Hieraus erklärt sich die thematische und zeitliche Differenzierung des Gesamtkomplexes „Widerstand" in 26 Raum- und Themeneinheiten, wie Widerstand aus der Arbeiterbewegung, Widerstehen aus dem christlichen Glauben, Widerstehen in Kunst und Wissenschaft, Widerstand und Exil, Der Kreisauer Kreis, Die Weiße Rose, Die Rote Kapelle, aber auch die Darstellung des bürgerlichen, des „nationalkonservativen" und des militärischen Widerstandes in seiner Entfaltung bis hin zur Steigerung im Anschlag und Umsturzversuch des Sommers 1944.

Wichtig ist, daß die einzelnen Abschnitte immer wieder Bezug nehmen auf die politischen Entwicklungen und die Verbrechen des NS-Regimes. Dies ist vor allem im dritten Teil der Ausstellung, der sich mit Hilfen für Verfolgte, Widerstand von Juden, Widerstand von Häftlingen, Widerstand aus der Arbeiterschaft und Widerstand aus den Kirchen nach 1939 befaßt, von besonderer Bedeutung. Hier wird auch auf den Widerstand im Kriegsalltag, auf den Widerstand von Jugendlichen und auf den Kampf aus der Kriegsgefangenschaft (Nationalkomitee Freies Deutschland) besonders eingegangen.

Die Gestaltungskonzeption zielt darauf, jeden thematisch spezifizierten Widerstandsbereich durch eine zurückhaltende, aber dennoch identifizierbare Visualisierung der Einzelräume auch emotional spürbar werden zu lassen. Dies geschieht durch die Entwicklung von spezifischen Objektträgern, aber auch durch eine Staffelung der Präsentationsebenen: Leitbilder auf der Ebene unmittelbarer Anschaulichkeit, Vertiefungselemente mit Hilfe von Objektträgern wie Tischen, Pulten und Wänden und nicht zuletzt in der dritten Ebene mit Vertiefungsmappen, die eine gründliche Auseinandersetzung mit Spezialthemen gestatten. Die Leitbilder gestatten dem eiligen und deshalb an oberflächlichen Eindrücken interessierten Besucher den ersten Zugang, prägen zugleich aber auch in einer unverwechselbaren Form den Gesamtraum und stellen die Verbindung zwischen Raumthema und den Intensivierungsbereichen her. Die Vertiefungsmappen können bis zu 50 Bilder und Dokumente aufnehmen und bieten in ihrer kommentierten Präsentation, die eine Interpretation der Objekte in widerstandshistorischer Perspektive enthält, sowohl die Erfüllung kognitiver Bedürfnisse als auch unterschiedlichste Formen des Gedenkens und Erinnerns.

Die Konzeption der Ausstellung zeichnet sich also nicht allein durch die Zielvorstellung aus, möglichst breit den Widerstand in seinen politischen, konfessionellen, kulturellen und weltanschaulichen Bezügen anschaulich zu machen und dabei an das Schicksal der Regimegegner zu erinnern, sondern will zugleich in Gestalt einer Beschreibung von verschiedenen Dimensionen und Möglichkeiten das Gespür für die Vielfältigkeit aktiver Gegnerschaft zum Nationalsozialismus wecken. Der Zuschauer kann sich auf Lebensgeschichten einlassen, er kann die Auswirkungen nationalsozialistischer Unterdrückung und Verfolgung in persönlichen Konsequenzen einschätzen und auf diese Weise auch seine „soziale Phantasie" schulen. Die Resonanz der Besucher in den fünf Jahren seit der Eröffnung der Ausstellung hat bestätigt, daß dieses Konzept angenommen wird.

Während der Aufbauphase der Ausstellung, die von einem wissenschaftlichen Beirat begleitet wurde, gab es intensive Diskussionen über eine weitergehende Durchinszenierung der Ausstellung. Bewußt haben sich die Gestalter der Ausstellung aber gegen den Nachbau von Kellern, Zellen und Geräten auf der einen, gegen die Präsentation von nicht zweifelsfrei authentischen Objekten auf der anderen Seite entschieden. Zum einen kann von dem Ausstellungsort selbst eine tiefe Wirkung ausgehen, denn in diesen Räumen sprach Hitler, arbeitete Stauffenberg und wurde Ludwig Beck zum Selbstmord gezwungen. Damit wird das große Spannungsverhältnis nationalsozialistischer Herrschaft sichtbar.

Zum anderen war der Widerstand sehr aspekt- und facettenreich: Die Vielfalt der Ziele und Motivationen, der Anstöße und Hoffnungen, die Steigerung der Verfolgung bis hin zu Terror und Vernichtung, die Wandelbarkeit der aus dem Gegensatz zum Regime folgenden Gefahr lassen sich deshalb nicht in einem einzigen dreidimensionalen Objekt oder einem einzigen Dokument sichtbar machen. Die unterschiedlichen Formen des Widerstandes, die Darstellung einer kollektiven Haltung, der einsame Entschluß zum Sich-Widersetzen — hinter all diesem verbergen sich eigenständige Qualitäten des Widerstandes, die die Einschränkung dieses Begriffes auf die politische Konspiration heute nicht mehr möglich machen.

Die Ausstellung hat diese Schwierigkeiten, die einer griffigen Festlegung des Widerstandsbegriffes entgegenstehen, zu spiegeln. Sie hat aber auch dem Besucher ein Angebot zur Lösung dieser Probleme zu unterbreiten: Durch Trennung der Bereiche, durch Parallelisierungen, durch Beziehungen und Entwicklungen. So kann in Ansätzen eine Ausstellungserzählung entstehen, die zugleich über weltanschauliche Motivationen und über die Persönlichkeit der Handelnden informiert und eine persönliche Annäherung möglich macht.

Peter Steinbach, der wissenschaftliche Leiter der Ausstellung, hat dies einmal zusammengefaßt: „Die Auseinandersetzung mit einem integralen Widerstandsverständnis verspricht zugleich große Relevanz für eine politische Bildung, die sich an Wertvorstellungen der Toleranz, des Pluralismus, der Menschenwürde, des bewußten Respekts vor dem Andersdenkenden orientiert und im Kompromiß politischer Vorstellungen ein positives Ziel erblickt. Im Widerstand gegen den Nationalsozialismus werden nicht nur diese allgemeinen Kernbereiche der rechtsstaatlich, parlamentarisch und pluralistisch geprägten freiheitlichen Verfassungsordnung plausibel, sondern läßt sich auf das Gespür für die Bedeutung fundamentaler Kompromisse auf der Grundlage des gegenseitigen Respekts vor dem Andersdenkenden entwickeln — abgesehen davon, daß Widerstand nur anschaulich begründet werden kann vor dem Hintergrund des nationalsozialistischen, d. h. politisch-verbrecherischen Gegenbildes. Insofern erschließt sich auch die emotionale Dimension des Gegenstandes durch gleichzeitige Vergegenwärtigung von nationalsozialistischer Geschichte und Widerstand gegen die Politik des Dritten Reiches, gegen Verbrechen und Krieg. Auf dieser Grundlage kann Widerstand als Gegensatz und Produkt seiner Zeit verdeutlicht und das Gespür für seine Grenzen und Leistungen geweckt werden."

## 4. Zur Bildungsarbeit

Die Gedenkstätte Deutscher Widerstand ist ein Ort der Erinnerung, der politischen Bildungsarbeit und des aktiven Lernens. Sie will zeigen, wie sich einzelne und Gruppen in den Jahren 1933 bis 1945 gegen die nationalsozialistische Diktatur gewehrt und wie sie ihre Handlungsspielräume genutzt haben.

Die Auseinandersetzung mit dem Widerstand gegen den Nationalsozialismus besitzt aber nicht nur eine historische Dimension. An diesem Beispiel können Reaktionsmöglichkeiten auf die Verletzung von demokratischen Rechten und Menschenrechten zu jeder Zeit und an jedem Ort geschärft werden. Diesen Zielen fühlt sich die gesamte politische Bildungsarbeit der Gedenkstätte Deutscher Widerstand verpflichtet. Sie bietet eine große Auswahl von Möglichkeiten: Da die Ausstellung in ihren 26 Bereichen mittlerweile mehr als 5 000 Fotos und Dokumente über die gesamte Breite und Vielfalt des Kampfes gegen den Nationalsozialismus präsentiert, ist die Auseinandersetzung mit dem Thema „Widerstand" durchaus exemplarisch möglich.

Führungen durch vorher ausgewählte Bereiche der Ausstellung mit Informationsgesprächen über beispielhafte Widerstandsaktivitäten einzelner oder von Gruppen sowie über deren Motive und Ziele stellen einen wichtigen Schwerpunkt der Arbeit der Gedenkstätte dar. Die Themen können bei der Anmeldung oder vor der Veranstaltung direkt abgesprochen werden. In der Regel werden möglichst kleine Gruppen (etwa 10 bis 15 Besucher) gebildet und einem Referenten oder einer Referentin zugeordnet, die den Besuchern die Ausstellung nicht im Stile einer „Kastellan-Führung" erschließen, sondern als Gesprächs-

712

Einer der Räume der Gesamtausstellung in der Gedenkstätte Deutscher Widerstand, Berlin. Im Auftrage vom damaligen Regierenden Bürgermeister von Berlin, Richard von Weizsäcker, wurde diese, das ganze Spektrum des Widerstandes umfassende Ausstellung durch den Historiker Prof. Dr. Peter Steinbach und den Gestalter Prof. Hans Peter Hoch erarbeitet.

*Gedenkstätte Deutscher Widerstand, Berlin*

partner und Vermittler des historischen Geschehens zur Verfügung stehen. Durch die Vielzahl an Materialien ist die Autonomie des Besucher oder der Gruppe bei der Themenauswahl sehr groß.

Diese Führung mit Informationsgespräch ist ein, wenn auch variables und jeweils an die Gruppe angepaßtes, Standardprogramm. Fragen und Diskussionen sind erwünscht. Die Gedenkstätte versteht sich nicht als ein Museum, sondern als ein Ort des aktiven Lernens und der politischen Bildung. Anschließend an die Führung ist nach Absprache eine Filmvorführung möglich, für die in der Gedenkstätte eine große Anzahl von Dokumentar- und Spielfilmen zur Verfügung stehen.

Durch die sorgfältige Absprache von Einzelthemen bei der Anmeldung der jeweiligen Jugendlichen- oder Erwachsenengruppe ist es möglich, ein Höchstmaß an Identifikations- und Verstehensmöglichkeiten für die jeweilige Zielgruppe zu gewährleisten. Für den Einzelbesucher selbst stehen in der Ausstellung Raumbeschreibungen, faksimilierte Dokumente, Zeitübersichten und Hintergrundmaterialien zur Verfügung, die ebenso wie ein Kurzführer vertiefende Informationen enthalten. Diese Materialien wenden sich vor allem an die nicht mehr schulspezifisch eingeschränkte Öffentlichkeit und tragen insbesondere den Anforderungen Rechnung, die an eine ständige historische Ausstellung gestellt werden müssen. Die Arbeit an diesen Materialien ist nicht abgeschlossen; Ergänzungen der Ausstellung und der Begleitmaterialien — die für eine historische Ausstellung auf heutigem Stand unverzichtbar sind — finden regelmäßig statt.

Das zweite, vertiefende Angebot neben der Führung ist das Seminar. Seminare können als halb-, ganz- oder mehrtägige Veranstaltungen durchgeführt werden. Dazu empfiehlt sich eine rechtzeitige Anmeldung und Absprache über Themen und inhaltliche Einzelheiten sowie über den organisatorischen und zeitlichen Ablauf der Veranstaltung. Die Seminarform leitet über zu einer dritten Möglichkeit, den Fort- und Weiterbildungsveranstaltungen besonders für Lehrer der Fächer Geschichte, politische Bildung und Sozialkunde, aber auch für andere Multiplikatoren etwa in der Bildungs- und Ausbildungsarbeit bei Gewerkschaften, Bundeswehr, Polizei und Verwaltung.

Erste Versuche mit selbständigen Schüler- oder Studierendenprojektgruppen, die mit Unterstützung der Gedenkstätte eigene Ausstellungen erarbeitet haben, waren erfolgreich und sollen fortgesetzt werden.

Hinzu kommen regelmäßige öffentliche Film- und Vortragsveranstaltungen, die unterschiedliche Dimensionen des Widerstandes ansprechen, aber auch versuchen, neue biographische Arbeiten einem breiteren Kreis bekannt zu machen.

## 5. Sonderausstellungen

Seit 1992 stehen der Gedenkstätte Deutscher Widerstand in neuen Räumen Möglichkeiten für vielbeachtete Wechsel- und Sonderausstellungen zur Verfügung. Besondere Aufmerksamkeit erregte 1992 die Ausstellung „Die Rote Kapelle — Ein Portrait der Widerstandsgruppe in Fotografien und Selbstzeugnissen". Diese Ausstellung, in Kooperation von Wissenschaftlern aus den beiden ehemaligen Teilen Berlins erstellt und damit in einer Zeit des Übergangs ein gemeinsamer Versuch der Integration, stellte die Rote Kapelle als eindeutigen Bestandteil des Widerstandes gegen den Nationalsozialismus dar und ermöglichte eine breite Diskussion über neue Materialien zur Geschichte dieser Gruppe. Diese Ausstellung ist mittlerweile u.a. in Frankfurt am Main, Karlsruhe und Köln gezeigt worden.

Auch die Ausstellung „Das Reichskriegsgericht und der Widerstand gegen die nationalsozialistische Herrschaft", die seit 1992 als Wanderausstellung bei der Gedenkstätte Deutscher Widerstand ausgeliehen werden kann, widmete sich einem bisher unbeachteten Einzelaspekt der nationalsozialistischen Verfolgung. Die von dem Historiker Norbert Haase erarbeitete Ausstellung zeigt, welche Bedeutung das Reichskriegsgericht als Verfolgungsinstrument gegenüber dem deutschen und dem europäischen Widerstand besessen hat.

Im Mittelpunkt des Jahres 1994 steht eine Sonderausstellung über „Terror und Verfolgung nach dem 20. Juli 1944". Hier sollen nicht nur die Prozesse vor dem Volksgerichtshof und das Schicksal der Widerstandskämpfer nach dem 20. Juli 1944 gezeigt werden, sondern auch die Auswirkungen, die der nationalsozialistische Terror gegenüber den Familien mit „Sippenhaft" und Kinderverschleppung äußerte. Der Haß des nationalsozialistischen Systems gegenüber jeglicher Form der Neubildung von Widerstand und Opposition steht im Vordergrund dieser Ausstellung. Zugleich wird 1994 gemeinsam mit dem Militärgeschichtlichen Forschungsamt und dem Presse- und Informationsamt der Bundesregierung eine englischsprachige Wanderausstellung über den Widerstand gegen den Nationalsozialismus erarbeitet.

## 6. Veröffentlichungen

Die Gedenkstätte Deutscher Widerstand veröffentlicht eine Vielzahl von Materialien. Dazu gehören neben den Begleitmaterialien zur Ausstellung „Widerstand gegen den Nationalsozialismus", die vor allem Raumblätter und Faksimiles zu Einzelthemen enthalten, die „Beiträge zum Widerstand 1933 – 1945", in denen Vorträge oder Aufsätze von Zeitzeugen und Wissenschaftlern zu verschiedenen Aspekten des Widerstandes dargestellt werden.

Die Reihe „Widerstand in Berlin 1933 – 1945", herausgegeben von Hans-Rainer Sandvoß, präsentiert die Ergebnisse eines langfristigen Forschungsprojektes über den Widerstand in den einzelnen Bezirken Berlins. Bisher liegen sieben Publikationen vor.

Die „Schriften der Gedenkstätte Deutscher Widerstand", herausgegeben von Peter Steinbach und Johannes Tuchel, präsentieren seit 1994 neue Forschungsergebnisse und Quelleneditionen.

Die ersten Bände der Reihe beschäftigen sich mit der Roten Kapelle im Widerstand gegen den Nationalsozialismus, dem Widerstand und der Verfolgung von Frauen im Nationalsozialismus, den Aufzeichnungen Kurt Loewenheims über die Gruppe Neu Beginnen sowie mit einer zeitgenössischen Darstellung des Wirkens von Adam von Trott zu Solz.

Sämtliche Reihen werden fortgesetzt. Auf Wunsch schickt die Gedenkstätte Deutscher Widerstand ein ausführliches Publikationsverzeichnis zu.

## 7. Forschungsstelle zur Widerstandsgeschichte

Seit dem 1. Januar 1993 haben die Freie Universität Berlin, Fachbereich Politische Wissenschaft, Abteilung Historische Grundlagen der Politik, und die Gedenkstätte Deutscher Widerstand mit der finanziellen Unterstützung der Volkswagen-Stiftung die Forschungsstelle zur Widerstandsgeschichte errichtet. Die Forschungsstelle zur Widerstandsgeschichte, die zunächst von der Volkswagen-Stiftung auf fünf Jahre finanziert wird, hat sich zum Ziel gesetzt, bisher unbekannte Felder des Widerstandes zu untersuchen, neuen Fragestellungen nachzugehen und bisher nicht erschlossene Quellenbestände zu verarbeiten.

Erste Ergebnisse der Forschungsstelle zur Widerstandsgeschichte wurden 1994 mit dem „Lexikon des Widerstandes 1933 – 1945" veröffentlicht; weitere

Publikationen sind in Vorbereitung. Der Beirat der Forschungsstelle, dem Vertreter aus Wissenschaft und Politik angehören, wird von Prof. Dr. Klaus-Jürgen Müller von der Universität der Bundeswehr in Hamburg geleitet.


## 8. Ausblick

Die Gedenkstätte Deutscher Widerstand hat es in den vergangenen Jahren verstanden, durch ihr Konzept der Verknüpfung von politischer Bildungsarbeit, Ausstellungen und Publikationen jährlich knapp 60 000 Besucher anzusprechen. Vor dem Hintergrund eines verstärkten Rechtsextremismus hat diese Arbeit an zusätzlicher Bedeutung gewonnen. Auch wenn — wie die Leiterin der KZ-Gedenkstätte Dachau, Barbara Distel, Anfang 1994 betonte — „Gedenkstättenbesuche kein Allheilmittel" gegenüber dem Rechtsextremismus sind, so kann die Gedenkstätte Deutscher Widerstand dem einzelnen Besucher doch ein Gespür für die Möglichkeiten und die Grenzen widerständigen Handelns gegenüber einem Unrechtssystem deutlich machen.

Vor dem Hintergrund der Tatsache, daß die Gedenkstätte Deutscher Widerstand eine zentrale und nationale Bedeutung besitzt, haben sich das Land Berlin, deren Senatsverwaltung für Kulturelle Angelegenheiten die Gedenkstätte Deutscher Widerstand heute angegliedert ist, und die Bundesrepublik Deutschland darauf verständigt, gegen Ende des Jahres 1994 die nichtrechtsfähige Stiftung „Gedenkstätte Deutscher Widerstand" zu gründen. Dies wird die Arbeit der Gedenkstätte Deutscher Widerstand für die Zukunft konsolidieren und es ihr ermöglichen, ihrem Auftrag nachzukommen. Denn immer noch gilt das, was Bundespräsident Theodor Heuss 1954 über die Männer und Frauen im Widerstand gegen die NS-Diktatur gesagt hat: „Die Scham, in die Hitler uns Deutsche gezwungen hatte, wurde durch ihr Blut vom besudelten deutschen Namen wieder weggewischt. Das Vermächtnis ist noch in Wirksamkeit, die Verpflichtung noch nicht eingelöst."

Anforderungen von Informationsmaterial und Publikationslisten sowie Anmeldung von Besuchergruppen:
Gedenkstätte Deutscher Widerstand
Stauffenbergstraße 13 – 14
10785 Berlin
Telefon 0 30 / 26 54-22 02
Telefax 0 30 / 26 54-22 30

Peter Sauerbruch

## *Schlußworte*

Die eingehenden Diskussionen der vergangenen Tage haben in mir die qualvollen Denkvorgänge, die Aussprache mit dem eigenen Gewissen, in jenen Jahren wieder aufleben lassen.

Wie Graf Kielmansegg ausgeführt hat, waren wir unwissend in Rechtsgeschichte, ungeschult im Umgang mit Rechtsbegriffen und unerfahren in der Begegnung mit Diktatoren. Wir waren dazu ausgebildet und durch unseren Eid auf die Verfassung der Weimarer Republik bereit, den Rechtsstaat zu schützen. Wir wurden durch die Vereidigung auf den Diktator Hitler überrumpelt und dann vor die durch den Krieg erschwerte Aufgabe gestellt, den Diktator zu beseitigen. Die in diesem Seminar diskutierten Erfahrungen und das von Graf Kielmansegg erwähnte in unserer Verfassung verankerte Widerstandsrecht können einer nächsten Generation eine Entscheidungshilfe geben. Aber sie legen ihr zugleich eine hohe Verantwortung auf.

Die vornehmste Aufgabe der Bundeswehr bleibt m.E., sich darauf vorzubereiten und entschlossen zu bleiben, den in unserer Verfassung festgelegten Staat nach außen zu verteidigen.

Das Widerstandsrecht soll verhindern, daß es jemand unternimmt, die in der Verfassung festgelegte demokratische Grundordnung zu beseitigen. Dann kann, wenn andere Abhilfe nicht möglich ist — also im äußersten Fall —, der Augenblick zum Widerstand gekommen sein. Das Widerstandsrecht darf nie dazu mißbraucht werden, die demokratische Grundordnung unseres Staates aufzulösen.

Manch einen mag die große Freiheit, die er in der Bundesrepublik genießt, dazu verleiten, Unmuts- und Protestgefühle zum Ausgangspunkt von für ihn völlig gefahrlosen Gedankenspielereien — und noch mehr — über die Notwendigkeit zum Widerstand zu machen. Es bedarf aber immer und zuallererst der eindeutigen und sauberen Klarstellung: Was ist Widerstand? Wozu muß er in letzter Konsequenz gebraucht, wozu darf er nicht mißbraucht werden? Unsere Generation kann nur davor warnen, mit einem solchen Recht leichtfertig umzugehen.

Eine unregierbare Demokratie — das lehrt die Geschichte, auch die der bitteren 30er Jahre — schlägt zwangsläufig in Diktatur um.

Als einer, der viel über die Vergangenheit nachgedacht hat, gebe ich den Jüngeren den Rat:

1. Erziehen Sie sich selbst zu diszipliniertem Denken.

   Ich habe versucht, Ihnen in meinem Vortrag zu verdeutlichen, welche Zucht ein Stauffenberg seinem Denken angelegt hat.

2. Prüfen Sie Ihr Gewissen sorgfältig und bleiben Sie gegenüber der mit ihrer soldatischen Aufgabe verbundenen Verantwortung aufrichtig.

Abschließend zitiere ich Dietrich Bonhoeffer, einen Zeugen aus der betrachteten Zeit:

„Niemand erfährt das Geheimnis der Freiheit, es sei denn durch Zucht."

# Die Autoren

*Dr. med. Uta Freifrau von Aretin*
München

*Dr. Jürgen Danyel*
Forschungsschwerpunkt Zeithistorische Studien der Förderungsgesellschaft
Wissenschaftliche Neuvorhaben
Am Kanal 4/4a
14467 Potsdam

*Professor Dr. Alexander Fischer*
Seminar für osteuropäische Geschichte der
Rheinischen-Friedrich-Wilhelms-Universität Bonn
Lennéstraße 1
53113 Bonn

*Professor Dr. Peter Hoffmann*
Department of History, McGill University
855 Sherbrooke Street West, Montreal, PQ, Canada H 3A 2 T7

*Johann Adolf Graf von Kielmansegg*
General a.D.
Batzenbergstraße 7
79189 Bad Krozingen

*Professor Dr. Helmut Krausnick (†)*

*Privatdozent Dr. phil. habil. Bernhard R. Kroener*
Wissenschaftlicher Oberrat
Militärgeschichtliches Forschungsamt
Zeppelinstraße 128
14471 Potsdam

*Professor Dr. Klaus-Jürgen Müller*
Hochschule der Bundeswehr Hamburg
Postfach 70 08 22
22043 Hamburg

*Dr. Hermann Rahne*
Militärhistorisches Museum Dresden
Olbrichtplatz 3
01076 Dresden

*Ines Reich*
Potsdam

*Dr. Günter Roth*
Brigadegeneral
Amtschef Militärgeschichtliches Forschungsamt
Zeppelinstraße 128
14471 Potsdam

*Peter Sauerbruch*
Oberleutnant i.G. a.D.
Haus Brunnick
83708 Kreuth

*Professor Dr. Dr. h.c. Richard Schröder*
Theologische Fakultät der
Humboldt Universität zu Berlin
Unter den Linden 6
10099 Berlin

*Professor Dr. Peter Steinbach*
Historische Grundlagen der Politik,
Fachbereich Politische Wissenschaften
Freie Universität Berlin
Ihnestraße 21
14195 Berlin

*Dr. Johannes Tuchel*
Leiter der Gedenkstätte Deutscher Widerstand
Stauffenbergstraße 13 – 14
10785 Berlin

*Dr. Gerd R. Ueberschär*
Wissenschaftlicher Oberrat
Militärgeschichtliches Forschungsamt
Zeppelinstraße 128
14471 Potsdam

*Dr. Heinrich Walle*
Fregattenkapitän
Militärgeschichtliches Forschungsamt
Zeppelinstraße 128
14471 Potsdam

*Dr. Norbert Wiggershaus*
Oberst
Militärgeschichtliches Forschungsamt
Zeppelinstraße 128
14471 Potsdam

722

## Die Mitarbeiter

### Konzeption, Schautafeln und Katalog

Fregattenkapitän Dr. Heinrich Walle, Militärgeschichtliches Forschungsamt, Zeppelinstraße 128, 14471 Potsdam

### Leihgeber und Bildarchive

Archiv der sozialen Demokratie/Friedrich-Ebert-Stiftung, Bonn; Bundesarchiv Koblenz; Bundesarchiv-Militärarchiv Freiburg; Gedenkstätte Deutscher Widerstand, Berlin; Institut für Zeitgeschichte, München; Kommission für Zeitgeschichte, Bonn; Konrad Adenauer Stiftung, St. Augustin; Landesarchiv Berlin; Landesbildstelle Berlin; Zentrale Stelle der Landesjustizverwaltungen, Ludwigsburg; Oberstleutnant a.D. Philipp Freiherr von Boeselager, Kreuzberg/Ahr; Oberst i.G. Groscurth, Bonn; Hilla Freifrau von Grumppenberg, Köln; Oberstleutnant Reinhard von Plessen, Bonn.

### Mitarbeiter der Erstfassung von Ausstellung und Katalog

Ausstellung und Katalog wurden durch die engagierte Mitarbeit vieler Damen und Herren ermöglicht:
*Amt für Nachrichtenwesen der Bundeswehr:* Oberstleutnant Steen M.A., Leutnant Modes, Oberfeldwebel Hasenberg, Oberfeldwebel Hübner, Feldwebel Derschug, Stabsunteroffizier Behns, Stabsunteroffizier Krüger, Unteroffizier Jung, Unteroffizier Koglin, Obergefreiter UA Lang, Obergefreiter Flick, Gefreiter Giffels, Gefreiter Voss.
*Archiv der sozialen Demokratie / Friedrich-Ebert-Stiftung*: Leitender Archivar Werner Krause, Dr. Ulrich Cartarius M.A., Wilfried Wedde.
*Bundesarchiv Koblenz*: Leitender Archivdirektor Dr. Heinz Boberach, Archivdirektor Dr. Thomas Trumpp, Archivoberrätin Elisabeth Kinder, Archivoberrat Dr. Peter Bucher, Archivoberrat Dr. Josef Henke, Archivoberrat Dr. Rainer Hofmann, Regierungsrat Dr. Tilman Koops, Meinrad Nilges, Doris Rittgen.
*Bundesarchiv-Militärarchiv Freiburg*: Leitender Archivdirektor Dr. Manfred Kehrig, Archivoberrat Günther Montfort, Archivrat Dr. Ulrich Ringsdorf, Eleonore Müller.
*Bundesministerium der Verteidigung*: Ministerialrat Dr. Walter Loch, Fregattenkapitän Jürgen Heibei M.A.

Die Mitarbeiter des Graphischen Zeichenbüros, der Textverarbeitung, der Druckerei sowie der Fotostelle.

*Bundeszentrale für politische Bildung*: Horst Pötzsch
*Dokumentationszentrum der Bundeswehr*: Oberst Beyer, Oberregierungsrat Anders, Hans Tesch
*Gedenk- und Bildungsstätte Stauffenbergstraße, Berlin*: Horst Göbel, Dipl. pol. Johannes Tuchel.
*Institut für Zeitgeschichte*: Archivrat Hermann Weiß
*Kommission für Zeitgeschichte*: Dr. Ulrich von Hehl
*Konrad Adenauer Stiftung*: Dr. Günter Buchstab
*Landesarchiv Berlin*: Landesarchivdirektor Dr. Hans J. Reichardt, Herr Siewert

*Militärgeschichtliches Forschungsamt Freiburg*: Major Günter Fuß, Hauptmann Ivo Baudler, Oberfeldwebel Eduard Flutura, Dipl. Ing. Hans Gaenshirt, Ulf Balke, Christa Grampe

*Stabs- und Versorgungsbataillon im BMVg*: Oberstleutnant Dieter Zeigert, Major Rolf Ochsenreiter, Major Peter Reisch.

*Zentrale Stelle der Landesjustizverwaltungen*: Leitender Oberstaatsanwalt Streim, Frau Doms.

*Wissenschaftliche Beratung*: Oberstleutnant i.G. Rainer Ditté M.A., Dr. Friedrich Freiherr Hiller von Gaertringen, Oberst i.G. Friedhelm Klein M.A., Direktor und Professor Dr. Manfred Messerschmidt, Wissenschaftlicher Rat Dr. Reinhard Stumpf, Wissenschaftlicher Oberrat Dr. Gerd R. Ueberschär, alle Militärgeschichtliches Forschungsamt.

*Graphische Gestaltung der Ausstellung*: Rolf Pirrwitz, Bundesministerium der Verteidigung.

*Plakatgestaltung*: Jacob Engels, Bundesministerium der Verteidigung.

*Modell „Bendlerblock"*: Obergefreiter d.R. Eckehart Hiller, Stabs- und Versorgungsbataillon im Bundesministerium der Verteidigung.


**Mitarbeiter der neugestalteten Ausstellung und der 4. durchgesehenen und wesentlich erweiterten Auflage des Kataloges**

*Wissenschaftliche Beratung:* Oberst i.G. Dr. Roland G. Foerster, Militärgeschichtliches Forschungsamt, Professor Dr. Peter Steinbach, Freie Universität Berlin, Dr. Johannes Tuchel, Leiter der Gedenkstätte Deutscher Widerstand, Berlin

*Organisatorische Unterstützung:* Ministerialrat Dr. Jürgen Bertram, Oberst i.G. Friedhelm Klein M.A., Fregattenkapitän Dr. Jörg Duppler, Hans Christian Lohmann, alle Bundesministerium der Verteidigung.

Oberstleutnant Herbert Giebelmann, Stabsfeldwebel Bernhard Hoster, Oberfeldwebel Michael Beck, Oberfeldwebel Roland von Appen, Robert Schmieder, Silvana Topp, alle Amt für Nachrichtenwesen der Bundeswehr, Zentrale Fotolabore, Köln/Wahn.

Oberstleutnant Jürgen Hillerkus, Oberleutnant Rüdiger Schütz, Oberfeldwebel Karl Eckstein, Hauptgefreiter Frank Baron, Gefreiter Jörg Keller, alle Stabs- und Versorgungsbataillon BMVg.

*Lektorat:* Therese Trésoret-Michaely, Militärgeschichtliches Forschungsamt

*Graphische Gestaltung der Ausstellung:* Firma Phoenix Design, Bonn, Hauptmann d.R. Johann W. Jakob.

# Bundeswehr und neue Sicherheitspolitik - Garanten für den Frieden

**SICHERHEITSPOLITIK**

Hans-Martin Ottmer /
Karl Diefenbach (Hrsg.)

## Die Entwicklung deutscher Sicherheitspolitik und die Geschichte der Bundeswehr 1945-1992

Herausgegeben im Auftrag des
Bundesministerium der Verteidigung
112 Seiten, 21 x 29,7 cm, 177 s/w-Abbildungen
und 3 Karten, Broschur, ISBN 3-8132-0418-9

Ausgehend von den unmittelbaren Folgen des Zweiten Weltkrieges für Deutschland wird in knapper Form die Ausformung der Blockbildung in Ost und West mit dem einhergehenden "Kalten Krieg" dargestellt. Die Schrift enthält die kurzgefaßte Geschichte der Bundeswehr bis zur Entscheidung über den Einsatz in Somalia. Eine Chronik der Bundeswehr rundet dieses wichtige und informative Werk ab.

VERLAGSGRUPPE

## KOEHLER/MITTLER

BERLIN • BONN • HERFORD

Wir planen und organisieren.
Wir gestalten und produzieren.
Wir digitalisieren und visualisieren.
Alles für Messe und Ausstellung.

Messestand der Bundeswehr
Öffentlichkeitsarbeit